2015上海教育年鉴

SHANGHAI EDUCATIONAL YEARBOOK

上海市教育委员会　编

上海人民出版社

《2015上海教育年鉴》编委会

第十二届全国学生运动会 7 月 28 日至 8 月 2 日在上海举行

开幕式“绳彩飞扬”节目引来观众阵阵欢呼

开幕式上，“阳光少年”与女子帆船奥运冠军对话，描绘出美丽的中国梦

第十二届全国学生运动会篮球决赛

第十二届全国学生运动会健美操比赛

第十二届全国学生运动会武术比赛

8 月 2 日，第十二届全国学生运动会闭幕式在浦江游轮上举行

第十二届全国学生运动会上海组委会获特殊贡献奖

“阳光少年号”“活力园丁号”地铁专列开通仪式暨第十二届全国学生运动会开幕式倒计时 30 天活动

副市长翁铁慧做客上海电视台《对话市长》节目谈上海高考改革

2014 上海高考现场

上海科技大学举行首届本科生暨 2014 级研究生开学典礼

12 月 28 日，李政道图书馆在上海交通大学落成

上海市学科评价联合实验室揭牌

《2014 上海基础教育信息化趋势蓝皮书》发布

爱飞翔 · 乡村教师培训 2014（上海）启动仪式举行

“教育因你而更有价值”2014 上海教育年度新闻人物颁奖

上海高校开展首个烈士纪念日活动

学生清明祭扫烈士陵园

一年级新生参加学校升旗仪式

中学生参观上海雷锋纪念馆

小学生参加“小树伴我成长”植树节活动

向国旗行礼——未成年人践行社会主义核心价值观暨网上签名寄语启动仪式

学生参加“蓝天下的至爱”慈善活动

国家教育督导检查组认定：上海义务教育均衡整体通过评估

小学“牵手计划”课堂示范课程

全面推行公办小学免费晚托班

高雅艺术进校园——歌剧院演员为学生现场演绎歌剧名作

关注教师心理健康

为家长开设“建立和谐亲子关系”心理课程

开展“护校安园”志愿者活动

上海内地西藏高中班学生喜迎新学期

举行特殊儿童医教结合服务大型义诊咨询活动

“不放弃一个学生”谢小双先进事迹报告会举行

“舞向未来”艺术教育实验成果展示

5 月 30 日，孔子学院（课堂）工作研讨会召开

6 月 27 日，“送给学生的歌 · 一份特殊的毕业礼”音乐会在上海交通大学举行

9—12 月，举行上海大学生原创音乐大赛

9 月 29 日，上海温哥华电影学院开学典礼举行

2014 年大学新生军训

高校师生进行消防疏散演练

大学生专场招聘会吸引众多求职者

复旦大学举办首届乐跑赛

毕业季，高校毕业生相互留影

上海纽约大学举办职业时装秀

金色梦想——2014上海市老年教育成果（艺术作品）展在中华艺术宫举行

“上海学习网”永久性老年教育作品成果网上展厅上线

老年学员学习民乐

展示剪纸技艺

第十届全民终身教育活动周茶艺展示

徐汇区湖南社区举办教育咨询会

浦东新区开展未成年人歌咏活动

飞机维修专业学生在老师指导下进行实训

外教为烹饪专业学生授课

新疆内职班学生到上海学习

徐汇区中等职业教育校园体育节开幕式

上海中学生参加北极科学考察

全国青少年教育机器人奥林匹克竞赛在枫泾中学举行

第 35 届世界头脑奥林匹克中国区决赛在华师大二附中举行

长宁实验小学获 2013—2014DI 上海青少年创新思维大赛 C 组项目总冠军

上海高校参展工博会：上海交通大学展台

上海高校参展工博会：高校展台

上海科技活动周——学生们的“科学盛宴”

上海首届学生职业体验日活动：小厨师

开展了解传统节日，传承民俗文化活动

校园开放日活动之一：盛装大巡游

校园开放日活动之一：自办跳蚤市场

校园开放日活动之一：展示教师风采

小记者采访艺术家

大型立体画亮相申城校园

4 月 29 日，“书法名家进校园”活动启动仪式在上海市第一师范附属小学举行

七宝中学学生展示自制的题为《百年车辙》上海电车纪念地图

根据真实支教经历改编的音乐剧《心手相连》首演

上海中学学生参加 48 小时户外生存体验

上海百名青少年在中华艺术宫体验当代艺术创作

上海中小学传承优秀传统文化活动（制瓷）

“成长第一步”活动在曹杨第二中学附属学校启动

7—12 月，举办上海市“新沪杯”中学生法律知识竞赛

美国年度教师与松江区教师互动交流

法国中学生到沪进行文化交流

上海纽约大学国际学生学习古筝演奏

第十一届上海教育博览会教育国际化展 4 月 11—13 日在上海展览中心举办

青浦区学生受邀参加土耳其儿童节庆祝活动

2014 中国国际教育巡回展（上海站）举行

上海金山区学生合唱艺术团在奥地利维也纳演出

英国教育大臣在上海访问

第二十届人类表演学国际大会在上海戏剧学院开幕

华东理工大学学生合唱团在匈牙利第十届 Cantemus 国际合唱节上获金奖

闵行中学棒球队获市运会棒球比赛（A 组）冠军

市学生阳光体育大联赛定向越野比赛

校园运动会上激烈的拔河比赛

编辑说明

一、《上海教育年鉴》是上海市教育委员会编纂的按年度发布上海教育改革和发展情况的专业性年鉴。它是上海各级教育行政部门、各级各类学校执行党和国家的教育法律法规与方针政策、做好教育工作的经验总结，是上海教育事业发展进程的真实记录。

二、编纂本年鉴是为教育管理决策、教育科学研究提供参考，为宣传交流上海教育改革与发展成就设立窗口，为关注和研究上海教育的相关单位与个人提供信息资料。

三、本年鉴的基本内容有："特载""法律 法规 规章 文件""各级各类教育""区县教育""高等学校""教育科研与考试、评估机构""教育电视、报刊与教育集团""教育人物""大事记""教育统计"。

四、本年鉴栏目为"栏目—分目—条目"三级结构层次，以条目为主要载体。为便于检索，卷首设中英文目录，卷末有索引。索引分主题词索引、人名索引和串文图片索引。

五、本年鉴记述时限为2014年1月1日至12月31日，部分内容、数据涉及2014年前。个别资料延续到2015年3月。

六、本年鉴稿件由上海市教育委员会相关处室、直属单位，各区县教育行政部门，各高等院校等有关单位提供。

目　录

特　载

法律　法规　规章　文件

各级各类教育

综合类

基础教育

职业教育

高等教育

徐汇区

普陀区

闸北区

虹口区

杨浦区

浦东新区

嘉定区

宝山区

上海外国语大学

上海财经大学

上海海关学院

上海对外经贸大学

上海应用技术学院

上海海事大学

上海科技大学

上海纽约大学

上海电力学院

上海海洋大学

教育科研与考试、评估机构

上海市教育科学研究院

上海市教育考试院

上海教育报刊总社

上海远程教育集团

教育人物

大事记

教育统计

索　引

Contents

Special Articles

Laws, Regulations and Documents

Various Educations at Different Levels

Miscellanies

Basic Education

Vocational Education

Higher Education

Xuhui District

Jing'an District

Changning District

Putuo District

Zhabei District

Hongkou District

Yangpu District

Pudong New District

Minhang District

Jiading District

Baoshan District

Jinshan District

Songjiang District

Qingpu District

Fengxian District

Chongming County

High Schools

Fudan University

Shanghai Jiao Tong University

Shanghai Jiao Tong University School of Medical

Tongji University

East China University of Science and Technology

Donghua University

East China Normal University

Shanghai Civil Aviation College

University of Shanghai for Science and Technology

Shanghai Normal University

Shanghai University of International Business and Economics

New York University Shanghai

Shanghai University of Electric Power

Shanghai Ocean University

East China University of Political Science and Law

Shanghai University of Sport

Shanghai Theatre Academy

Shanghai Conservatory of Music

Shanghai Sanda University

Shanghai Second Polytechnic University

Shanghai Business School

Shanghai Jianqiao University

Shanghai Aurora College

Shanghai Minyuan Vocational College

Shanghai Ouhua Vocational Technical College

Shanghai Sipo Polytechnic

Shanghai Zhongqiao College

Shanghai Film Art Academy

Shanghai Open University

Institutions of Scientific Research, Examination and Evaluation on Education

Shanghai Education Evaluation Institute

Educational TV, Press and Education Group

Shanghai Education Television Station

Shanghai Educational Press Group

Shanghai Distance Education Group

Educational Personage

Chronicles

Educational Statistics

Index

特　载

Special Articles

青年要自觉践行社会主义核心价值观
——在北京大学师生座谈会上的讲话

（2014年5月4日）

中共中央总书记、国家主席、中央军委主席　习近平

各位同学，各位老师，同志们：

今天是五四青年节，很高兴来到北京大学同大家见面，共同纪念五四运动95周年。首先，我代表党中央，向北京大学全体师生员工，向全国各族青年，致以节日的问候！向全国广大教育工作者和青年工作者，致以崇高的敬意！

刚才，朱善璐同志汇报了学校工作情况，几位同学、青年教师分别作了发言，大家讲得都很好，听后很受启发。这是我到中央工作以后第五次到北大，每次来都有新的体会。在洋溢着青春活力的校园里一路走来，触景生情，颇多感慨。我感到，当代大学生是可爱、可信、可贵、可为的。

五四运动形成了爱国、进步、民主、科学的五四精神，拉开了中国新民主主义革命的序幕，促进了马克思主义在中国的传播，推动了中国共产党的建立。五四运动以来，在中国共产党领导下，一代又一代有志青年“以青春之我，创建青春之家庭，青春之国家，青春之民族，青春之人类，青春之地球，青春之宇宙”，在救亡图存、振兴中华的历史洪流中谱写了一曲曲感天动地的青春乐章。

北京大学是新文化运动的中心和五四运动的策源地，是这段光荣历史的见证者。长期以来，北京大学广大师生始终与祖国和人民共命运，与时代和社会同前进，在各条战线上为我国革命、建设、改革事业作出了重要贡献。

党的十八大提出了“两个一百年”奋斗目标。我说过，现在，我们比历史上任何时期都更接近实现中华民族伟大复兴的目标，比历史上任何时期都更有信心、更有能力实现这个目标。

行百里者半九十。距离实现中华民族伟大复兴的目标越近，我们越不能懈怠，越要加倍努力，越要动员广大青年为之奋斗。

光阴荏苒，物换星移。时间之河川流不息，每一代青年都有自己的际遇和机缘，都要在自己所处的时代条件下谋划人生、创造历史。青年是标志时代的最灵敏的晴雨表，时代的责任赋予青年，时代的光荣属于青年。

广大青年对五四运动的最好纪念，就是在党的领导下，勇做走在时代前列的奋进者、开拓者、奉献者，以执着的信念、优良的品德、丰富的知识、过硬的本领，同全国各族人民一道，担负起历史重任，让五四精神放射出更加夺目的时代光芒。

同学们、老师们！

大学是一个研究学问、探索真理的地方，借此机会，我想就社会主义核心价值观问题，同各位同学和老师交流交流想法。

我想讲这个问题，是从弘扬五四精神联想到的。五四精神体现了中国人民和中华民族近代以来追求

的先进价值观。爱国、进步、民主、科学，都是我们今天依然应该坚守和践行的核心价值，不仅广大青年要坚守和践行，全社会都要坚守和践行。

人类社会发展的历史表明，对一个民族、一个国家来说，最持久、最深层的力量是全社会共同认可的核心价值观。核心价值观，承载着一个民族、一个国家的精神追求，体现着一个社会评判是非曲直的价值标准。

古人说："大学之道，在明明德，在亲民，在止于至善。"核心价值观，其实就是一种德，既是个人的德，也是一种大德，就是国家的德、社会的德。国无德不兴，人无德不立。如果一个民族、一个国家没有共同的核心价值观，莫衷一是，行无依归，那这个民族、这个国家就无法前进。这样的情形，在我国历史上，在当今世界上，都屡见不鲜。

我国是一个有着13亿多人口、56个民族的大国，确立反映全国各族人民共同认同的价值观"最大公约数"，使全体人民同心同德、团结奋进，关乎国家前途命运，关乎人民幸福安康。

每个时代都有每个时代的精神，每个时代都有每个时代的价值观念。国有四维，礼义廉耻，"四维不张，国乃灭亡。"这是中国先人对当时核心价值观的认识。在当代中国，我们的民族、我们的国家应该坚守什么样的核心价值观？这个问题，是一个理论问题，也是一个实践问题。经过反复征求意见，综合各方面认识，我们提出要倡导富强、民主、文明、和谐，倡导自由、平等、公正、法治，倡导爱国、敬业、诚信、友善，积极培育和践行社会主义核心价值观。富强、民主、文明、和谐是国家层面的价值要求，自由、平等、公正、法治是社会层面的价值要求，爱国、敬业、诚信、友善是公民层面的价值要求。这个概括，实际上回答了我们要建设什么样的国家、建设什么样的社会、培育什么样的公民的重大问题。

中国古代历来讲格物致知、诚意正心、修身齐家、治国平天下。从某种角度看，格物致知、诚意正心、修身是个人层面的要求，齐家是社会层面的要求，治国平天下是国家层面的要求。我们提出的社会主义核心价值观，把涉及国家、社会、公民的价值要求融为一体，既体现了社会主义本质要求，继承了中华优秀传统文化，也吸收了世界文明有益成果，体现了时代精神。

富强、民主、文明、和谐，自由、平等、公正、法治，爱国、敬业、诚信、友善，传承着中国优秀传统文化的基因，寄托着近代以来中国人民上下求索、历经千辛万苦确立的理想和信念，也承载着我们每个人的美好愿景。我们要在全社会牢固树立社会主义核心价值观，全体人民一起努力，通过持之以恒的奋斗，把我们的国家建设得更加富强、更加民主、更加文明、更加和谐、更加美丽，让中华民族以更加自信、更加自强的姿态屹立于世界民族之林。

建设富强民主文明和谐的社会主义现代化国家，实现中华民族伟大复兴，是鸦片战争以来中国人民最伟大的梦想，是中华民族的最高利益和根本利益。今天，我们13亿多人的一切奋斗归根到底都是为了实现这一伟大目标。中国曾经是世界上的经济强国，后来在世界工业革命如火如荼、人类社会发生深刻变革的时期，中国丧失了与世界同进步的历史机遇，落到了被动挨打的境地。尤其是鸦片战争之后，中华民族更是陷入积贫积弱、任人宰割的悲惨状况。这段历史悲剧决不能重演！建设富强民主文明和谐的社会主义现代化国家，是我们的目标，也是我们的责任，是我们对中华民族的责任，对前人的责任，对后人的责任。我们要保持战略定力和坚定信念，坚定不移走自己的路，朝着自己的目标前进。

中国已经发展起来了，我们不认可"国强必霸"的逻辑，坚持走和平发展道路，但中华民族被外族任意欺凌的时代已经一去不复返了！为什么我们现在有这样的底气？就是因为我们的国家发展起来了。现在，中国的国际地位不断提高、国际影响力不断扩大，这是中国人民用自己的百年奋斗赢得的尊敬。想想近代以来中国丧权辱国、外国人在中国横行霸道的悲惨历史，真是形成了鲜明对照！

中华文明绵延数千年，有其独特的价值体系。中华优秀传统文化已经成为中华民族的基因，植根在中国人内心，潜移默化影响着中国人的思想方式和行为方式。今天，我们提倡和弘扬社会主义核心价值观，必须从中汲取丰富营养，否则就不会有生命力和影响力。比如，中华文化强调"民惟邦本""天人合一""和而不同"，强调"天行健，君子以自强不息""大道之行也，天下为公"；强调"天下兴亡，匹夫有责"，主张以德治国、以文化人；强调“君子喻于义”“君子坦荡荡”“君子义以为质”；强调“言必信，行必果”“人而无信，不知其可也”；强调“德不孤，必有邻”“仁者爱人”“与人为善”“己所不欲，勿施于人”“出入相友，守望相助”“老吾老以及人之老，幼吾幼以及人之幼”“扶贫济困”“不患寡而患不均”，等等。像这样的思想和理念，不论过去还是现在，都有其鲜明的民族特色，都有其永不褪色的时代价值。这些思想和理念，既随着时间推移和时代变迁而不断与时俱进，又有其自身的连续性和稳定性。我们生而为中国人，最根本的是我们有中国人的独特精神世界，有百姓日用而不觉的价值观。我们提倡的社会主义核心价值观，就充分体现了对中华优秀传统文化的传承和升华。

价值观是人类在认识、改造自然和社会的过程中产生与发挥作用的。不同民族、不同国家由于其自然条件和发展历程不同，产生和形成的核心价值观也各有特点。一个民族、一个国家的核心价值观必须同这个民族、这个国家的历史文化相契合，同这个民族、这个国家的人民正在进行的奋斗相结合，同这个民族、这个国家需要解决的时代问题相适应。世界上没有两片完全相同的树叶。一个民族、一个国家，必须知道自己是谁，是从哪里来的，要到哪里去，想明白了、想对了，就要坚定不移朝着目标前进。

去年12月26日，我在纪念毛泽东同志诞辰120周年座谈会上讲话时说：站立在960万平方公里的广袤土地上，吸吮着中华民族漫长奋斗积累的文化养分，拥有13亿中国人民聚合的磅礴之力，我们走自己的路，具有无比广阔的舞台，具有无比深厚的历史底蕴，具有无比强大的前进定力。中国人民应该有这个信心，每一个中国人都应该有这个信心。我们要虚心学习借鉴人类社会创造的一切文明成果，但我们不能数典忘祖，不能照抄照搬别国的发展模式，也绝不会接受任何外国颐指气使的说教。

我说这话的意思是，实现我们的发展目标，实现中国梦，必须增强道路自信、理论自信、制度自信，“千磨万击还坚劲，任尔东南西北风”。而这“三个自信”需要我们对核心价值观的认定作支撑。

我为什么要对青年讲讲社会主义核心价值观这个问题？是因为青年的价值取向决定了未来整个社会的价值取向，而青年又处在价值观形成和确立的时期，抓好这一时期的价值观养成十分重要。这就像穿衣服扣扣子一样，如果第一粒扣子扣错了，剩余的扣子都会扣错。人生的扣子从一开始就要扣好。“凿井者，起于三寸之坎，以就万仞之深。”青年要从现在做起、从自己做起，使社会主义核心价值观成为自己的基本遵循，并身体力行大力将其推广到全社会去。

广大青年树立和培育社会主义核心价值观，要在以下几点上下功夫。

一是要勤学，下得苦功夫，求得真学问。知识是树立核心价值观的重要基础。古希腊哲学家说，知识即美德。我国古人说：“非学无以广才，非志无以成学”大学的青春时光，人生只有一次，应该好好珍惜。为学之要贵在勤奋、贵在钻研、贵在有恒。鲁迅先生说过：“哪里有天才，我是把别人喝咖啡的工夫都用在工作上的。”大学阶段，“恰同学少年，风华正茂”，有老师指点，有同学切磋，有浩瀚的书籍引路，可以心无旁骛求知问学。此时不努力，更待何时？要勤于学习、敏于求知，注重把所学知识内化于心，形成自己的见解，既要专攻博览，又要关心国家、关心人民、关心世界，学会担当社会责任。

二是要修德，加强道德修养，注重道德实践。“德者，本也。”蔡元培先生说过：“若无德，则虽体魄智力发达，适足助其为恶。”道德之于个人、之于社会，都具有基础性意义，做人做事第一位的是崇德修身。这就是我们的用人标准为什么是德才兼备、以德为先，因为德是首要、是方向，一个人只有明大德、守公德、严私德，其才方能用得其所。修德，既要立意高远，又要立足平实。要立志报效祖国、服务人民，这是大德，养大德者方可成大业。同时，还得从做好小事、管好小节开始起步，“见善则迁，有过则改”，踏踏实实修好公德、私德，学会劳动、学会勤俭，学会感恩、学会助人，学会谦让、学会宽容，学会自省、学会自律。

三是要明辨，善于明辨是非，善于决断选择。“学而不思则罔，思而不学则殆。”是非明，方向清，路子正，人们付出的辛劳才能结出果实。面对世界的深刻复杂变化，面对信息时代各种思潮的相互激荡，面对纷繁多变、鱼龙混杂、泥沙俱下的社会现象，面对学业、情感、职业选择等多方面的考量，一时有些疑惑、彷徨、失落，是正常的人生经历。关键是要学会思考、善于分析、正确抉择，做到稳重自持、从容自信、坚定自励。要树立正确的世界观、人生观、价值观，掌握了这把总钥匙，再来看看社会万象、人生历程，一切是非、正误、主次，一切真假、善恶、美丑，自然就洞若观火、清澈明了，自然就能作出正确判断、作出正确选择。正所谓“千淘万漉虽辛苦，吹尽狂沙始到金”。

四是要笃实，扎扎实实干事，踏踏实实做人。道不可坐论，德不能空谈。于实处用力，从知行合一上下功夫，核心价值观才能内化为人们的精神追求，外化为人们的自觉行动。《礼记》中说：“博学之，审问之，慎思之，明辨之，笃行之。”有人说：“圣人是肯做功夫的庸人，庸人是不肯做功夫的圣人。”青年有着大好机遇，关键是要迈稳步子、夯实根基、久久为功。心浮气躁，朝三暮四，学一门丢一门，干一行弃一行，无论为学还是创业，都是最忌讳的。“天下难事，必作于易；天下大事，必作于细。”成功的背后，永远是艰辛努力。青年要把艰苦环境作为磨炼自己的机遇，把小事当作大事干，一步一个脚印往前走。滴水可以穿石。只要坚韧不拔、百折不挠，成功就一定在前方等你。

核心价值观的养成绝非一日之功，要坚持由易到难、由近及远，努力把核心价值观的要求变成日常的行为准则，进而形成自觉奉行的信念理念。不要顺利的时候，看山是山、看水是水，一遇挫折，就怀疑动摇，看山不是山、看水不是水了。无论什么时候，我们都要坚守在中国大地上形成和发展起来的社会主义核心价值观，在时代大潮中建功立业，成就自己的宝贵人生。

同学们、老师们！

党中央作出了建设世界一流大学的战略决策，我们要朝着这个目标坚定不移前进。办好中国的世界一流大学，必须有中国特色。没有特色，跟在他人后面亦步亦趋，依样画葫芦，是不可能办成功的。这里可以套用一句话，越是民族的越是世界的。世界上不会有第二个哈佛、牛津、斯坦福、麻省理工、剑桥，但会有第一个北大、清华、浙大、复旦、南大等中国著名学府。我们要认真吸收世界上先进的办学治学经验，更要遵循教育规律，扎根中国大地办大学。

鲁迅先生说：“北大是常为新的，改进的运动的先锋，要使中国向着好的，往上的道路走。”党的十八届三中全会吹响了全面深化改革的号角，也对深化我国高等教育改革提出了明确要求。现在，关键是把蓝图一步步变为现实。全国高等院校要走在教育改革前列，紧紧围绕立德树人的根本任务，加快构建充满活力、富有效率、更加开放、有利于学校科学发展的体制机制，当好教育改革排头兵。我也希望北京大学通过埋头苦干和改革创新，早日实现几代北大人创建世界一流大学的梦想。

教师承担着最庄严、最神圣的使命。梅贻琦先生说：“所谓大学者，非谓有大楼之谓也，有大师之谓也。”我体会，这样的大师，既是学问之师，又是品行之师。教师要时刻铭记教书育人的使命，甘当人梯，甘当铺路石，以人格魅力引导学生心灵，以学术造诣开启学生的智慧之门。

各级党委和政府要高度重视高校工作，始终关心和爱护学生成长，为他们放飞青春梦想、实现人生出彩搭建舞台。要全面深化改革，营造公平公正的社会环境，促进社会流动，不断激发广大青年的活力和创造力。要强化就业创业服务体系建设，支持帮助学生们迈好走向社会的第一步。各级领导干部要经常到学生们中去、同他们交朋友，听取他们的意见和建议。

现在在高校学习的大学生都是20岁左右，到2020年全面建成小康社会时，很多人还不到30岁；到本世纪中叶基本实现现代化时，很多人还不到60岁。也就是说，实现“两个一百年”奋斗目标，你们和千千万万青年将全过程参与。有信念、有梦想、有奋斗、有奉献的人生，才是有意义的人生。当代青年建功立业的舞台空前广阔、梦想成真的前景空前光明，希望大家努力在实现中国梦的伟大实践中创造自己的精彩人生。

我相信，当代中国青年一定能够担当起党和人民赋予的历史重任，在激扬青春、开拓人生、奉献社会的进程中书写无愧于时代的壮丽篇章！

（刊于2014年5月5日《人民日报》）

在2014年秋季上海高校党政负责干部会议上的讲话(摘要)

(2014年8月28日)

上海市副市长　翁铁慧

今年2月,国务院决定在"一市两校"开展教育综合改革试点,"两校"即北京大学、清华大学,"一市"即上海市。这半年多来,《上海市教育综合改革方案(2014—2020年)》(以下简称《综改方案》)的编制是我们一项重中之重的工作,在座不少书记、校长也贡献了许多真知灼见。4月24日,上海市委书记韩正、市长杨雄带队赴京出席国务院专题会议。会上,国务院副总理刘延东和教育部、发改委、财政部、人社部等国家部委充分肯定了上海的《综改方案》,并表示大力支持。7月18日,国家教育体制改革领导小组第11次全体会议审议并原则通过了《综改方案》。

《综改方案》重点提出了10个方面共52条改革措施,整体结构为"1+1+4+4",其中第一个"1"是转变政府职能、提升教育治理能力;第二个"1"是加强德育、体育和美育工作;第一个"4"是推动基础教育、职业教育、高等教育和终身教育四大领域改革发展;第二个"4"是考试招生制度改革、社会力量办学、教育国际化和教育信息化四大方面的改革支撑,主要围绕"政府如何管好教育""如何办好各级各类教育""如何为教育综合改革构建有力支撑保障"三个问题。

下面就《综改方案》中高等教育综合改革部分,简要谈两个方面的内容。

一、高等教育领域综合改革的重点任务

重点聚焦人才培养、特色发展与开放联动三个方面。

首先,人才培养是高校的办学之本,当前尤其要保障本科生教学质量。

高校人才培养首先要从高考招生选拔这一源头抓起。现行高考制度为改革开放以后选拔人才、培养人才奠定了非常重要的基础,具有相当的公平性。但与此同时,现行高考制度的一些弊端确实制约了高校选拔合适的人才。比如,按照现在的高考选拔制度,人才的知识结构不尽科学。现在上海高考是"3+1",分文科、理科。我和高校的专家们交流,他们觉得学生到高校学习交叉学科时非常吃力,像前沿的材料学科,需要物理、化学背景,但现行高考制度不能提供这样的支撑。再比如,现行高考普遍采取"单一总分评价"的方式,学生和学校之间缺乏双向选择性。特别是实施平行志愿之后,"分分计较"的问题更加严重,很难体现学生独特的个性特长和高校合理的选拔要求。

高考改革势在必行。高考改革下要对基础教育整个布局、模式产生非常大的影响,上连到我们高等教育的人才选拔和培养模式,包括将来的学科发展。所以,在这次教育综合改革中,把招生考试制度改革作为其中一项重中之重的举措。根据中央的统一部署,上海和浙江"一市一省"是这次全国高考改革的试点地区,已在国务院教改领导小组会议和国务院常务会议上原则通过。

上海高考改革方案在确保"公平底线"的基础上着力破解三大主要问题:一是打破"一考定终身"。把一次高考的决定权重新合理分解到高中三年,给予学生更多选择机会,允许学生结合自身实际和兴趣,自主选择科目、难易程度和考试时间，引导学生打好基础，保护兴趣、发展特长。二是破除“单一标准”。一方面以多维知识评价标准取代单一总分标准，更加注重增强学生知识结构的综合性和知识学习的应用性。高校可根据办学特色、定位以及不同学科门类或专业培养的需要，从6门学业水平等级考科目中分专业（或学科大类）提出0—3门科目要求，学生满足其中任何1门要求，即符合报考条件。另一方面，着力建立高中学生综合素质评价制度，以过程写实等方式促使思想道德素质养成等方面细化、具体化，并作为重要参考逐步在高校招生录取中加以使用。对此，高校应提前公布应用综合素质评价的具体办法。综合素质评价可以先在有依法自主招生权的高校使用，当然结果必须公开。三是克服“一刀切”。针对研究型人才和应用型人才不同的选拔培养特点，上海将对普通高校和高等职业教育采取不同选拔方式，高等职业教育着重完善“文化素质＋职业技能”的评价方式，并通过采取与普通高校统一高考分流制度等举措，引导实践能力强的学生主动选择高等职业教育。

按照这样的改革设计，高校的招生选择空间将会增大不少。以往，高校只有一个总分排名，没有太多的选择权利，所以高校就会有抱怨：学生这个不好那个不好。但这次高考改革后，制度就会逼迫高校去思考到底想要招收什么样的学生这一问题。

高考改革还处在渐进的过程中，还不能说理想目标已经一蹴而就了。高考改革已经为进一步优化高校人才培养的生源提供了条件。从根本而言，高考改革还只能说是一种外力，内因还在于我们高校能不能真正把本科生教育教学的质量提高上去。

在综合改革方案中重点提出三条：

第一，大学一定要把本科生教学作为学校办学的根本，把它看作是生命线。政府将把高校的本科生教学质量作为评价学校办学水平最重要的指标，着力引导高校创新一流本科教育发展模式，支持高校以国际同类一流专业为参照，建设一批教学内容和方式达到国际水平的本科专业，并与国际同类高水平大学实现学分互认。还将支持高校参加国际专业教育认证，参照国际质量标准加强专业建设。

第二，要把教师的人和心都拉回课堂。对此，既要做思想工作，要引导教师把教书育人作为自己的天职，同时还要做出制度安排。比如说，现在的普遍现象是：一方面，刚留校的青年教师是上课的主力军，但他们没有授课的经验，不具备独立授课的资格。另一方面，教授本应是上课的主力军，但现在有的教授却认为评上教授就可以不上课了。所以，我们马上要出台的一个制度，就是刚留校的青年教师不能上讲坛，一定要先担任2—3年的助教工作，等到积累一定的经验后再上讲坛；另一个制度则是要求所有教授必须为本科生授课，而且要上基础课或专业基础课，并且以此作为教授任职的基本条件，不上讲坛是不能当教授的。这样的制度安排是为了促使教师更加投入教学，将来要在现代大学制度构建中把它固化下来。

第三，要想方设法增进师生之间的交流，事实上师生之间的交流也是教师把心放在教学上的体现。对此，我们既要激发教师的主观能动性，又要用制度构建来加以保障。为此，我们要求，教授开课后要有office time，而且要向学生公开，以此希望增加教师与学生的交流。

其次，关于特色发展，关键是要从“一列纵队”转向“多列纵队”，促进高校内涵发展“有特色”。

在审议教育综改方案时，刘延东副总理曾指出：现在全国高校有2000多所，但最大的问题是同质化。这种问题在上海高校中同样存在。怎样来破解呢？我们重点从学校定位和学科定位两个角度切入。

关于学校定位。将通过构建高校二维分类标准体系引导学校合理定位。在这次教育综合改革中，我们从人才培养主体功能和学科设置情况两个维度，构建高校二维分类标准体系：横向维度上，按照学科门类及一级学科发展情况，将高校划分为综合性、多科性、特色性三类；纵向维度上，按照承担人才培养和学术研究功能，划分为学术研究、应用研究、应用技术、应用技能四类。根据这个二维分类体系和各高校发展定位，初步把68所高校放进相应“九宫格”里。但这并不是说就此不变了。接下来要跟各高校继续沟通，共同研究怎样定位更加科学。比如，把复旦大学、上海交通大学、同济大学、华东师范大学4所高校放在学术研究加综合性大学的“格子”里，若这4所高校认为不属于这个“格子”的，可以自己再选；其他高校如果想要放进这个“格子”，也是可以的。但是一旦确定下来，每一个“格子”里高校的发展定位、投入方式、评价方式和管理方式是不一样的。

关于学科定位。将通过实施高峰和高原学科建设计划、支持高校开展“2011计划”和智库建设，引导高校聚焦优势、特色办学。市委、市政府已审议并通过《上海高等学校学科发展与优化布局规划(2014—2020年)》，这也是教育综改的一项重要内容。核心目标是推动落实上海市中长期教育规划纲要精神，分类建设20个左右世界一流水平高峰学科点和200个左右达到国内一流水平高原学科群。

为支持高峰高原学科建设，将在投入、评价和人事三方面加以配套保障。在投入方面，将实施“个性化投入”。选择若干高峰高原学科建立“特区”，由高校对照国际标杆，根据学科发展现状及建设目标，提出投入总量和结构需求，经科学论证后给予相应的个性化支持，并实施基于整体绩效目标的考核机制。在评价方面，将完善学科同行评议和动态调整机制，根据国际可比较的质量标准、对经济社会发展的实际贡献度等要素，建立绩效评价指标和同行评议制度，并在此基础上实施高峰高原学科动态调整机制。在人事方面，将支持部分高校结合高峰高原学科建设，在校内试点建立若干教学科研和人才“特区”，实施“非升即走”或“非升即转”的用人机制。

关于支持高校开展“2011计划”和智库建设。对于“2011计划”，2014年上海的申报评审情况总体不错，有4个(上海交通大学3个，同济大学1个)进入答辩环节并高居前列，如全部顺利通过，有望与北京并列第一。这样，上海“2011”协同创新中心总数将位列全国第三。从上海交通大学校长张杰介绍交大的做法，我们感觉到，开展“2011计划”，学科底蕴和合理定位都非常关键。从国家“2011计划”认定的情况看，基础前沿研究的需求很大。基础前沿研究正是上海高校的强项。按照“不求所有，但求所优”的思路，重点建设若干个活跃在国际学术前沿的学科以及一批高水平的标志性成果，从而为在相应协同创新领域成为领头羊提供支撑。

对于高校智库建设，将加快建设一批支撑国家和区域发展、具有资政启民影响力的高端智库，推动智库研究人员以“旋转门”方式跨界柔性流动，支持复旦大学打造“中国大学智库论坛”这一国家品牌；与教育部合作，在华东师范大学、上海市教育科学研究院共建基于大数据的国家教育决策支撑系统，努力建成一流教育决策国家智库。为保障这两项工作，市政府将着力建立激发活力的协同创新机制，探索建立协同创新主体间人员、经费双向流动，科研成果充分共享等机制，积极开展知识产权处置权和收益权下放至高校试点，引导高校制定自我约束、风险自控的实施规则，自主制定知识产权处置及收益分配等政策，自主确定职务发明人的奖励比例。同时，将改革科研经费和知识产权管理办法，完善间接费用核定和管理机制，形成间接费用核定额度与学校科研信用等级挂钩的机制；规范直接费用编制与支出管理，合理调整劳务费开支范围，赋予直接费用开支使用更加灵活的空间。将尽快建立科研信用管理制度，按信用评级实行分类管理，将严重不良信用记录者记入“黑名单”。

再次，关于开放联动，重点是要以产教融合的思路为应用型人才培养和发展现代职业教育做出贡献。

上海的社会经济发展需要大量的应用型人才，无论是第二产业还是现代服务业都是如此。一年半来，我们主动对接18个行业需求，对近千家企业进行调研，在就行业需求作出深入分析的基础上研究编制了职业教育规划。通过规划，职业教育也有中端、高端之分。随着上海产业转型升级步伐加快，高端职业技能人才的需求会更大。当前上海先进制造业中有10个专业极其缺乏现场工程师和高端人才，在现代服务业中中高端职业人才都存在较大缺口。

目前，正着力贯通“中职—高职—应用本科—专业学位研究生”这个纵向体系，并着力创新教育培养模式。为此，首先将着重改革应用型本科教育，引导和促进一批行业特色鲜明、专业设置与职业岗位联系密切的普通本科院校转型为职业教育，并推动应用型本科高校的专业设置由以学科为导向逐步转变为以行业和岗位要求为导向。其次将努力建立覆盖专业硕士与专业博士、行业与学校共同参与、相对完整的高层次应用型人才培养体系,在完善住院医师规范化培训与临床医学硕士专业学位相结合改革的基础上,逐步推广运用到教育、艺术等专业学位类别,以满足行业产业对高层次人才的需求。此外,还将形成紧密对接行业产业需求的教学标准修订和应用机制、人才需求定期发布制度、专业调整快速响应机制。

二、抓住机遇,迎接挑战,以更加奋发有为的精神状态推进高校新一轮改革发展

推进实施上海教育综合改革工作,为上海各高校的改革发展创造了难得的机遇。如何抓住机遇迎接高等教育所面临的挑战,是摆在各位校长书记面前的重要课题。这里主要讲三个问题:

一是如何切实用好高校办学自主权。教育综合改革中,既要努力改变"政府放权"不够的状况,又要着力解决学校"用权不好"的问题。这就涉及到政府"如何发球"、高校"怎么接球"。

作为政府而言,将着力建立基于规划的统筹管理机制,重点抓好规划引领、资源配置与科学评价三件事。在规划方面,高校布局结构、学科布局结构和现代职业教育体系三大规划的编制工作,已接近尾声。在资源配置方面,重点改革教育经费投入、使用机制。在这次教育综改中,将建立以经常性经费投入为主的高校财政投入机制。对高校的投入,主要依据规划和绩效评估结果。2014年,对地方高校的经常性经费与专项经费投入比例从以往的3∶7调整为接近7∶3(68%∶32%),经常性经费将由高校按照内涵发展需要自主安排。在科学评价方面,将加强"分类指导、分类评价",避免用一把尺子衡量。前面,讲到对高校进行二维分类,与此相适应,对"九宫格"中不同高校,评价的标准也将不一样,关键看能不能在各自的"纵队"中争创一流、争创特色。同时,将积极引入社会评价。比如,对职业教育质量的评价,将更多发挥行业、企业的主体作用,把行业的标准和岗位的要求,作为评价的重要依据。为保障政府真正把权力下放到位,探索政府对高校"负面清单"管理模式,进一步落实高校办学自主权,将分"两步走":先编制"权力清单",在此基础上形成"负面清单"。

对高校而言,政府管理方式转变之后,如何用好办学自主权还需要一个适应过程。高校必须加快建立中国特色现代大学制度,用制度的形式更加明确办学理念,更有效地动员、调度、整合校内外的各种资源,更专业地管理学校等。其中比较关键的是"如何用好权力"和"如何管好资源"。

关于如何用好权力,关键是要优化学校内部治理结构。①进一步发挥校务委员会的作用,《综改方案》要求大学章程明确校务委员会参与决策的权限及程序,校务委员会讨论确定学校中长期发展规划并监督学校贯彻实施、审议学校年度预决算报告,接受校长年度述职并提出质询。校务委员会主任由政府作为举办者另行委派。②进一步落实二级学院的主体地位。高校应该进一步健全院系领导决策管理和教代会的民主管理等制度,在学生招录与选拔、人才培养、师资聘任、经费使用等方面,给予院系主导权。③规范学术权力和行政权力的正确行使。当前,不少高校存在行政权力和学术权力贴得太紧,甚至二者合流的问题。我在以前的会上曾谈过,今天再次强调,不管个人的学术造诣、学术成就有多高,一旦走上重要行政管理岗位之后,最重要职责就是学校的改革发展,必须首先是教育家、管理专家,其次才是科学家、技术专家,绝不能把自己手中的行政权力变成谋取私利的工具。

关于如何管好资源,关键是要完善校内资源配置机制,特别要健全完善学校内部管理体制机制和质量自控机制。比如,通过改革高等教育投入机制,政府交给学校统筹的经费增长了不少,学校领导自主决定和统筹学校改革发展的空间有了明显扩大,但目前看来,不少学校的内部管理并没有跟上。不少高校仍沿用传统的分钱、包干、考评的方法。预算编制、预算执行、预算管理等方面的健全完善都存在滞后情况。这表面上是经费使用的问题,实际上反映的是学校资源配置和质量自控机制的缺乏。针对这个问题,正启动相应措施来支撑高校管好用好资源。比如,市委常委会审议通过了《上海市地方公办高等学校总会计师管理办法》,在地方公办高校设置总会计师岗位。总会计师将是学校副校级领导,协助校长对学校财务会计等工作实行规范化、专业化管理。与此同时,还将建立起教育拨款咨询机制,把高校财务管理状况和经费

使用监督评估机制的完善情况，作为实施拨款方式改革的基本前提，以及调整投入的重要依据。

二是如何保持战略定力。高等教育要实现质量提升、特色发展，必须要有战略定力，坚持“有所为，有所不为”，既要有坚守也要有舍弃。比如，对于学校定位，要坚守学校自身的传统和特色，要舍弃那种脱离自身基本条件和发展基础，片面追求“大而全”的做法。我们通过二维分类体系把 68 所高校初步定位后，有些高校不服气，不服气不要紧，关键是要清楚自己所在的那个“格子”的办学定位和评价标准是不是自己所长。再如，对于高峰高原学科建设。凝练高峰高原学科建设方向须基于学科自身的基础和积淀，对看准的学科要“咬定青山不放松”，对非我所长学科也要“壮士断腕”。提高本科生教学质量也需要定力。这次实行所有新进青年教师担任助教工作制度，对有些高校来说是有压力的。只要坚守人才培养质量这条生命线，短期再大的压力我们也一定能克服。另外，2014 年有 8 所市属高校试点实施骨干教师教学激励计划。这项计划要作为现代大学制度建设的应有之义，要在人事管理和教学规范等制度安排上保障经费对本科生教学质量的支撑作用，绝不能采取“算工分”、发放课时津贴等形式造成高投入、低产出的本科生教学。

三是如何完善增强改革合力的制度建设。对此，高校要重点聚焦抓好人事、收入分配、评价等改革，充分激发教师队伍的创造性和积极性。首先应该创新学校人事管理制度。探索建立教师合理流动和退出机制，政府将积极支持在沪部属高校和部分高水平地方高校实施“长聘教职制”。其次改革收入分配制度。构建符合上海高等教育行业的薪酬制度，让更多教育经费“用到人头上”，支持高校探索以岗位任务为导向的年薪制或协议年薪制。再次改革考核评价制度。完善针对不同类型、不同岗位教师的分类管理办法，使每一类型、每一岗位的教师都有明晰、可预期的发展空间。此外，高校应该积极探索吸引社会力量多元参与办学。在学校管理、人员聘用、人才培养、财务管理等方面发挥社会力量办学的体制优势。

推进实施上海教育综合改革工作，为高校新一轮改革发展提供难得的发展契机。衷心希望各高校能抓住机遇、迎接挑战，以扎扎实实的工作推动质量提升、特色发展，以实实在在的成效落实十八届三中全会的决策部署，为建设高等教育强国、为上海建设社会主义现代化国际大都市做出更大的贡献！

在2014年春季上海高校党政负责干部会议上的讲话(摘要)

（2014年2月18日）

中共上海市教育卫生工作委员会书记　陈克宏

2013年，市教卫工作党委重点推进高校领导班子建设，在领导班子思想政治建设、组织建设、制度建设、作风建设等方面开展了一系列工作，为扎实推进高等教育内涵发展奠定了良好的基础。今年，围绕立德树人根本任务，高校党建将进一步聚焦关键环节，重点推进三个方面的工作。

一、进一步加强高校宣传思想和意识形态工作，凝聚激发立德树人的正能量

宣传思想工作是党的建设重要组成部分，也是党的一大优良传统和一大政治优势。抓好高校宣传思想和意识形态工作，重点要坚持四个方面要求。

第一，进一步增强政治意识，牢牢把握高校宣传思想和意识形态工作的主导权。当前，上海高校意识形态领域的主流是好的，整体上呈现积极健康向上的面貌，但同时也存在情况复杂、斗争尖锐的局势。一是高校存在一些现象和情况需要引起警惕；二是高校意识形态敏感人员管理工作面临新的挑战。高校必须增强政治意识，绷紧意识形态这根弦，在思想观念上强化自觉性，在政治立场上增强坚定性，在反对错误观点上坚持斗争性。

第二，进一步增强责任意识，着力抓实抓好学生思想政治教育。做好新形势下的高校宣传思想和意识形态工作，学生思想政治教育是一大战略重点。必须站在“是要培养跟我们一起干的人还是培养跟我们对着干的人”的战略高度重视学生思想政治教育工作。一是要深刻把握当代大学生群体的特点变化。二是要增强高校思想政治理论课的针对性和实效性。三是要加强对大学生的日常教育引导。

第三，增强创新意识，不断提高大学生思想政治教育的针对性和感染力。新时期的高校宣传思想和意识形态工作既要能抢占舆论制高点，关键时刻不失语；又要能准确反映基层情况，及时传递师生心声；还要能妥善应对突发教育公共新闻事件，在重大问题上不缺位。要主动把握传播趋势和规律，不断创新体制机制和方法手段，利用一切可以利用的新条件、新手段，不断增强宣传思想和意识形态工作的有效性。一是要善用新媒体，重点是进一步推动“易班—学生网络互动社区”建设。二是要发挥专家优势，巩固壮大主流舆论。三是要加强典型宣传，认真讲好教育故事，传播好上海教育的声音。四是要坚持“三贴近”，及时更新话语体系。

第四，进一步增强领导意识，努力构建宣传思想和意识形态工作齐抓共管新格局。要本着对党负责、对社会负责、对大学生健康成长负责的精神，高度重视宣传思想和意识形态工作，将其摆在突出位置，不断提高政治敏锐性和鉴别力，切实做到守土有责、守土负责、守土尽责。要进一步增强“一把手工程”的责任感，进一步加强阵地建设，进一步选优配强院系党组织负责人、加强意识形态工作培训，进一步落实资源保障。

二、进一步加强高校青年教师队伍建设，壮大立德树人的中坚力量

高校青年教师是高等教育事业发展的中坚力量，青年教师持有怎样的政治观、事业观和育人观，以及其表现出来的主流价值取向，对高校“培养什么人”和“怎样培养人”具有十分重要的影响。必须把对青年教师的思想引导和职业引导放在同等位置，积极创造良好的文化、制度和政策环境，使青年教师更加有自信、有底气、有能力担负起教书育人的职责。

第一，改进青年教师思想政治工作，加强对青年教师的思想政治引导。重点要加强三个方面的教育引导工作。一是引导青年教师自觉加强品性陶冶和言传身教，自觉把关注自身、关注学生、关注事业、关注国家统一起来。二是更加深入细致地做好青年教师的政治教育工作，增强青年教师道路自信、理论自信与制度自信的“底气”。三是要加强对青年教师的人文关怀，营造关心支持青年教师发展的文化氛围。

第二，完善青年教师培养体系建设，促进青年教师专业发展。要进一步增强工作紧迫感，切实发挥责任主体作用，完善制度，常抓落实，创新方法，把促进青年教师专业发展作为一项常规性、基础性的工作认真抓实抓好。一是要认真对照落实国家和本市关于加强青年教师队伍建设的各项要求。二是要抓住有利青年教师专业发展的关键因素。三是要加强时间安排、制度支撑、经费投入等方面的保障。

第三，推进教师人事管理制度改革，为青年教师脱颖而出创造有利环境。要充分重视和发挥制度创新在聚人、用人、育人方面的重要作用，积极推进高校教师薪酬待遇、编制管理、岗位设置等方面更大的政策突破，取得相关主管部门的更大支持。当前，高校可以重点开展三项工作。一是推动建立“教学科研特区”。二是建立健全教师分类评价考核体系。三是强化新教师培养和多元化来源。

第四，健全青年教师关爱学生成长机制，增强青年教师教书育人情怀。要从教师入校之日开始就抓好青年教师的职业道德建设，形成青年教师重视本科教学、注重人才培养的良好局面。一要强化教学激励，鼓励青年骨干教师积极投入教育教学。二要进一步明确教师教学行为规范，严格规范教师课堂教学纪律，强化学生评教制度，实行教师职务聘任、晋升的教学考核一票否决制度。三要完善教师教学绩效考核规范，结合学校特点，提炼教育教学的考核要素和考核观测点，提出考核和规范要求。

三、进一步加强高校党风廉政建设和反腐败工作，营造立德树人的良好环境

党的十八大以来，党中央对推进党风廉政建设和反腐败斗争旗帜鲜明、态度坚定、领导有力。高校领导务必要高度重视两个方面的重大变化：一是在进一步明确党风廉政建设党委主体责任和纪委监督责任的同时，强调要“制定实施切实可行的责任追究制度”，实行“一案双查”。二是纪委工作更加突出垂直领导和聚焦主业（党风廉政建设和反腐败斗争）。高校领导务必要清醒认识这些变化，深刻理解这些调整的真正意图和重大影响，警钟长鸣，严肃认真对待。

当前，必须充分认识教育系统党风廉政建设和反腐倡廉工作的长期性、复杂性、艰巨性和紧迫性，高校党委要重点落实好五个方面的主体责任。一是选拔并用好干部。二是坚决纠正损害群众利益的各种行为和问题。三是坚持和完善民主集中制和“三重一大”议事决策规则，强化对权力的制约和监督。四是领导、支持和保证纪委认真履行职责，充分发挥其监督执纪作用。五是党委主要领导同志要管好班子、带好队伍，牢固树立党委书记“不抓党风廉政建设就是严重失职”的观念，同时党委主要领导要在“讲党性、重品行、作表率”和廉洁自律方面成为党员干部的楷模。

在加强党风廉政建设和反腐败工作中，务必要始终坚持制度为先、教育为主，通过加强和改进制度建设与党员干部教育管理，努力形成党员干部不想腐、不能腐、不敢腐的良好局面。

在2014年春季上海高校党政负责干部会议上的讲话(摘要)

（2014年2月18日）

上海市教育委员会主任　苏　明

一、2013年上海高等教育改革发展情况

（一）加强统筹谋划和顶层设计。编制学科发展规划、高校布局结构规划、现代职业教育体系规划，整体规划上海高等教育目标任务，优化高校类型结构。启动财政高等教育经费投入机制改革，赋予高校更大经费自主统筹权。开展“十大工程”专项资金支持项目（地方本科院校）建设情况中期绩效评价。

（二）推动教育机制制度创新。启动教育国际合作与交流综合改革试验区共建。上海纽约大学、上海科技大学正式设立并招生。第一批行业高校划转工作顺利完成。在沪“985”高校建设绩效明显，启动上海大学部市共建。全面实施民办高校“强校工程”和“强师工程”。

（三）大力提升教育教学质量。本科方面，发布2013年本科预警专业名单。开展卓越工程、医学、法学、教师教育、新闻传播、会计等培养基地建设。开展本科专业教学评估。启动上海高校课程资源共享中心建设。高职高专方面，分层次推进示范性高职院校建设，加强高职高专实训基地建设和人才培养模式改革，扩大中高职教育贯通培养模式试点范围，推动高职与应用型本科课程衔接。研究生培养方面，构建新型研究生教育投入机制和资助体系。临床医学硕士专业学位教育与住院医师规范化培训结合改革试验成效初显。7篇博士论文进入2013年全国“百篇优博”公示名单。

（四）提升知识创新和服务能力。推进实施“上海2011计划”，召开上海市“高等学校创新能力提升计划”推进会，建立“上海高校张江协同创新研究院”，重点支持培育11个协同创新中心。启动上海高校新型智库建设，召开“上海高校新型智库建设推进会”，“中国高校智库论坛秘书处”落户上海，设立上海高校智库研究与管理中心，打造“国际智库高端论坛”。首批10个上海高校新型智库立项、8个智库培育项目同时启动。搭建高等教育与行业企业深度协同平台，实施高校教师和企业人员柔性流动和股权激励。2013年国家科技奖励大会上，上海高校及其附属医院共获奖19项，占全市获奖总数36.5%。

（五）提升高等教育国际化水平。试点引进经营性中外合作培训机构，实施“负面清单”管理。实施“走出去”战略，促进优质教育资源共享，新增4所孔子学院。完善服务体系，在沪留学生达5.38万人，其中学历生和长期生占81.2%。建设一批标志性中外合作机构。实施第四批上海高校学生海外学习实习计划、高校中青年教师国外访学计划、“海外名师”项目、年度上海高校特聘教授计划。

（六）做好招考改革与就业服务。出台进城务工人员随迁子女在沪升学政策，采用积分制办法，有序安排随迁子女在沪各学段就读。深化高中学业水平考试应用，推动高水平大学把高中学业水平考试成绩作为自主招生初试依据。深化“春招”和专科层次自主招生改革，完善专科层次自主招生。2013年全市高校应届大学毕业生的总体就业率95.8%。

下一步要着力做好“四对关系”的协调衔接：一是政府的发展规划、投入支持，要与高校的目标定位、特色发展进一步协调；二是落实高校办学自主权，要与提升高等教育治理能力进一步协调；三是提升人才培养质量，要与建设高水平教师队伍进一步协调；四是提升知识创新和知识服务能力，要与激发基层学术组织活力进一步协调。

二、2014 年主要工作安排

全年工作指导思想：深化改革、攻坚克难，积极研究破解深层次的体制机制障碍，以改革创新的精神先行先试；突出重点、务求实效，抓住重点领域和关键环节，把改革方案落地为具体实践。

（一）促进高等教育治理能力现代化。增强高校经费自主统筹权，实施完善 13 大类生均综合定额标准体系，把高校内涵建设经费“打包”下达。健全经费使用综合监督机制，在地方公办高校试点实施总会计师制度。创新评估体系激发改革活力，构建由整体办学水平评估、教育教学水平评估、高校内涵建设水平与财政教育经费使用情况评估三个方面构成的评估体系。推进管办评相对分离，完善高校决策和管理机制，强化社会评价功能。完善高校内部治理结构，加快建立地方高校章程核准委员会及其核准机制，争取用一年半左右时间完成全市地方高校章程核准。贯彻落实《高等学校学术委员会规程》，推动健全高校学术委员会制度。

（二）推进教育制度机制改革先行先试。支持在沪部属高校新一轮建设，配合教育部做好在沪部属高校新一轮改革发展的地方配套支持，重点建设一批重大项目。促进地方本科院校转型发展，重点引导部分地方本科院校特别是原隶属行业企业的高校加快转型发展步伐，建设成为应用技术大学。完善高校教师薪酬分配体系，争取率先制定上海高校机构编制标准，推动高校建立分类评价考核制度，鼓励高校结合实际，探索建立多种形式的教师流动机制，试行专职科研工作合同制度。构建完善基于教师资格制度的教师全过程培养体系。启动实施师资博士后制度。创新民办教育分类支持与管理方式，成立上海市民办教育发展基金会，推进“非营利性民办高校示范校”创建，完善民办学校教师年金制度，开展现代大学制度、标准化管理试点和民办学校招生收费改革。

（三）全面提升高校教育教学水平。一方面，以启动实施骨干教师教学激励计划为契机，进一步推动提升本科教育质量。建立骨干教师教学激励制度，激励骨干教师为本科生授课或指导青年教师、组建校级教学团队。完善青年教师担任助教制度，指定青年教师担任相关学科专业优秀主讲教师的助教。明确教师教学行为规范和考核要求，强化学生评教制度，实行教师职务聘任、晋升的教学考核一票否决制度，鼓励学校建立健全坐班答疑制度和校内自习辅导制度。另一方面，以调整类型结构为抓手，促进不同学位类型研究生教育协调发展。一是更加注重学术学位与专业学位的协调。启动临床医学博士专业学位教育与专科医师规范化培训结合改革，继续开展各类专业学位研究生培养模式改革，建立以提升职业能力为导向的考核体系和专业学位研究生培养质量评价方法。二是更加注重知识学习与能力培养的协调。对于学术学位，要深入实施研究生教育创新计划，加强学位点建设和人才培养模式探索，设立交叉学科研究生拔尖创新人才培养平台。对于专业学位，要贯彻落实教育部、人力资源社会保障部《关于深入推进专业学位研究生培养模式改革的意见》。

（四）完善考试招生综合评价多元录取机制。一是凸显改革的取向和路径，打破“一考定终身”格局，更加注重学生学习能力和倾向的考查，加快分类考试改革，赋予考生更大选择权，搭建终身发展平台和通道。二是明确改革的领域与目标，深化高中学业水平考试和综合素质评价改革，完善高校统一入学考试招生制度，建立适合高等职业教育特点的入学考试制度，推进成人高校自主招生考试制度改革。

（五）形成合力共同服务大学生就业创业。2014 年全市高校毕业生总量为 17.8 万人，非上海生源占比超过 60％。上海市高校毕业生就业形势预估：一是用人单位总体需求与 2013 年同期基本持平，制造业、通信业、现代社会服务业需求有小幅增长，金融业小幅下降，其他行业将保持稳定。二是高校毕业生就业的结构性矛盾依然突出，高素质应用型、技能型本科毕业生供给存在缺口。三是非上海生源毕业生的就业压力总体较大。四是就业市场竞争更加激烈。各高校要深化“一把手”工程，主动走访对接相关地区、单位需求，开拓毕业生就业新渠道，特别要重视 3—5 月毕业生就业黄金时段，鼓励引导毕业生到基层就业和自主创业，加强困难毕业生就业帮扶，拓展外省市就业渠道。

法律　法规
规章　文件

Laws，Regulations and Documents

国务院关于加快发展现代职业教育的决定

（国发〔2014〕19号）

各省、自治区、直辖市人民政府，国务院各部委、各直属机构：

近年来，我国职业教育事业快速发展，体系建设稳步推进，培养培训了大批中高级技能型人才，为提高劳动者素质、推动经济社会发展和促进就业作出了重要贡献。同时也要看到，当前职业教育还不能完全适应经济社会发展的需要，结构不尽合理，质量有待提高，办学条件薄弱，体制机制不畅。加快发展现代职业教育，是党中央、国务院作出的重大战略部署，对于深入实施创新驱动发展战略，创造更大人才红利，加快转方式、调结构、促升级具有十分重要的意义。现就加快发展现代职业教育作出以下决定。

一、总体要求

（一）指导思想。以邓小平理论、“三个代表”重要思想、科学发展观为指导，坚持以立德树人为根本，以服务发展为宗旨，以促进就业为导向，适应技术进步和生产方式变革以及社会公共服务的需要，深化体制机制改革，统筹发挥好政府和市场的作用，加快现代职业教育体系建设，深化产教融合、校企合作，培养数以亿计的高素质劳动者和技术技能人才。

（二）基本原则

——政府推动、市场引导。发挥好政府保基本、促公平作用，着力营造制度环境、制定发展规划、改善基本办学条件、加强规范管理和监督指导等。充分发挥市场机制作用，引导社会力量参与办学，扩大优质教育资源，激发学校发展活力，促进职业教育与社会需求紧密对接。

——加强统筹、分类指导。牢固确立职业教育在国家人才培养体系中的重要位置，统筹发展各级各类职业教育，坚持学校教育和职业培训并举。强化省级人民政府统筹和部门协调配合，加强行业部门对本部门、本行业职业教育的指导。推动公办与民办职业教育共同发展。

——服务需求、就业导向。服务经济社会发展和人的全面发展，推动专业设置与产业需求对接，课程内容与职业标准对接，教学过程与生产过程对接，毕业证书与职业资格证书对接，职业教育与终身学习对接。重点提高青年就业能力。

——产教融合、特色办学。同步规划职业教育与经济社会发展，协调推进人力资源开发与技术进步，推动教育教学改革与产业转型升级衔接配套。突出职业院校办学特色，强化校企协同育人。

——系统培养、多样成才。推进中等和高等职业教育紧密衔接，发挥中等职业教育在发展现代职业教育中的基础性作用，发挥高等职业教育在优化高等教育结构中的重要作用。加强职业教育与普通教育沟通，为学生多样化选择、多路径成才搭建“立交桥”。

（三）目标任务。到2020年，形成适应发展需求、产教深度融合、中职高职衔接、职业教育与普通教育相互沟通，体现终身教育理念，具有中国特色、世界水平的现代职业教育体系。

——结构规模更加合理。总体保持中等职业学校和普通高中招生规模大体相当，高等职业教育规模占高等教育的一半以上，总体教育结构更加合理。到2020年，中等职业教育在校生达到2350万人，专科层次职业教育在校生达到1480万人，接受本科层次职业教育的学生达到一定规模。从业人员继续教育达到3.5亿人次。

——院校布局和专业设置更加适应经济社会需求。调整完善职业院校区域布局，科学合理设置专业，健全专业随产业发展动态调整的机制，重点提升面向现代农业、先进制造业、现代服务业、战略性新兴产业和社会管理、生态文明建设等领域的人才培养能力。

——职业院校办学水平普遍提高。各类专业的人才培养水平大幅提升，办学条件明显改善，实训设备配置水平与技术进步要求更加适应，现代信息技术广泛应用。专兼结合的“双师型”教师队伍建设进展显著。建成一批世界一流的职业院校和骨干专业，形成具有国际竞争力的人才培养高地。

——发展环境更加优化。现代职业教育制度基本建立，政策法规更加健全，相关标准更加科学规范，监管机制更加完善。引导和鼓励社会力量参与的政策更加健全。全社会人才观念显著改善，支持和参与职业教育的氛围更加浓厚。

二、加快构建现代职业教育体系

（四）巩固提高中等职业教育发展水平。各地要统筹做好中等职业学校和普通高中招生工作，落实好职普招生大体相当的要求，加快普及高中阶段教育。鼓励优质学校通过兼并、托管、合作办学等形式，整合办学资源，优化中等职业教育布局结构。推进县级职教中心等中等职业学校与城市院校、科研机构对口合作，实施学历教育、技术推广、扶贫开发、劳动力转移培训和社会生活教育。在保障学生技术技能培养质量的基础上，加强文化基础教育，实现就业有能力、升学有基础。有条件的普通高中要适当增加职业技术教育内容。

（五）创新发展高等职业教育。专科高等职业院校要密切产学研合作，培养服务区域发展的技术技能人才，重点服务企业特别是中小微企业的技术研发和产品升级，加强社区教育和终身学习服务。探索发展本科层次职业教育。建立以职业需求为导向、以实践能力培养为重点、以产学结合为途径的专业学位研究生培养模式。研究建立符合职业教育特点的学位制度。原则上中等职业学校不升格为或并入高等职业院校，专科高等职业院校不升格为或并入本科高等学校，形成定位清晰、科学合理的职业教育层次结构。

（六）引导普通本科高等学校转型发展。采取试点推动、示范引领等方式，引导一批普通本科高等学校向应用技术类型高等学校转型，重点举办本科职业教育。独立学院转设为独立设置高等学校时，鼓励其定位为应用技术类型高等学校。建立高等学校分类体系，实行分类管理，加快建立分类设置、评价、指导、拨款制度。招生、投入等政策措施向应用技术类型高等学校倾斜。

（七）完善职业教育人才多样化成长渠道。健全“文化素质＋职业技能”、单独招生、综合评价招生和技能拔尖人才免试等考试招生办法，为学生接受不同层次高等职业教育提供多种机会。在学前教育、护理、健康服务、社区服务等领域，健全对初中毕业生实行中高职贯通培养的考试招生办法。适度提高专科高等职业院校招收中等职业学校毕业生的比例、本科高等学校招收职业院校毕业生的比例。逐步扩大高等职业院校招收有实践经历人员的比例。建立学分积累与转换制度，推进学习成果互认衔接。

（八）积极发展多种形式的继续教育。建立有利于全体劳动者接受职业教育和培训的灵活学习制度，服务全民学习、终身学习，推进学习型社会建设。面向未升学初高中毕业生、残疾人、失业人员等群体广泛开展职业教育和培训。推进农民继续教育工程，加强涉农专业、课程和教材建设，创新农学结合模式。推动一批县（市、区）在农村职业教育和成人教育改革发展方面发挥示范作用。利用职业院校资源广泛开展职工教育培训。重视培养军地两用人才。退役士兵接受职业教育和培训，按照国家有关规定享受优待。

三、激发职业教育办学活力

（九）引导支持社会力量兴办职业教育。创新民办职业教育办学模式，积极支持各类办学主体通过独资、合资、合作等多种形式举办民办职业教育；探索发展股份制、混合所有制职业院校，允许以资本、知识、技术、管理等要素参与办学并享有相应权利。探索公办和社会力量举办的职业院校相互委托管理和购买服务的机制。引导社会力量参与教学过程，共同开发课程和教材等教育资源。社会力量举办的职业院校与公办职业院校具有同等法律地位，依法享受相关教育、财税、土地、金融等政策。健全政府补贴、购买服务、助学贷款、基金奖励、捐资激励等制度，鼓励社会力量参与职业教育办学、管理和评价。

（十）健全企业参与制度。研究制定促进校企合作办学有关法规和激励政策，深化产教融合，鼓励行业和企业举办或参与举办职业教育，发挥企业重要办学主体作用。规模以上企业要有机构或人员组织实施职工教育培训、对接职业院校，设立学生实习和教师实践岗位。企业因接受实习生所实际发生的与取得收入有关的、合理的支出，按现行税收法律规定在计算应纳税所得额时扣除。多种形式支持企业建设兼具生产与教学功能的公共实训基地。对举办职业院校的企业，其办学符合职业教育发展规划要求的，各地可通过政府购买服务等方式给予支持。对职业院校自办的、以服务学生实习实训为主要目的的企业或经营活动，按照国家有关规定享受税收等优惠。支持企业通过校企合作共同培养培训人才，不断提升企业价值。企业开展职业教育的情况纳入企业社会责任报告。

（十一）加强行业指导、评价和服务。加强行业指导能力建设，分类制定行业指导政策。通过授权委托、购买服务等方式，把适宜行业组织承担的职责交给行业组织，给予政策支持并强化服务监管。行业组织要履行好发布行业人才需求、推进校企合作、参与指导教育教学、开展质量评价等职责，建立行业人力资源需求预测和就业状况定期发布制度。

（十二）完善现代职业学校制度。扩大职业院校在专业设置和调整、人事管理、教师评聘、收入分配等方面的办学自主权。职业院校要依法制定体现职业教育特色的章程和制度，完善治理结构，提升治理能力。建立学校、行业、企业、社区等共同参与的学校理事会或董事会。制定校长任职资格标准，推进校长聘任制改革和公开选拔试点。坚持和完善中等职业学校校长负责制、公办高等职业院校党委领导下的校长负责制。建立企业经营管理和技术人员与学校领导、骨干教师相互兼职制度。完善体现职业院校办学和管理特点的绩效考核内部分配机制。

（十三）鼓励多元主体组建职业教育集团。研究制定院校、行业、企业、科研机构、社会组织等共同组建职业教育集团的支持政策，发挥职业教育集团在促进教育链和产业链有机融合中的重要作用。鼓励中央企业和行业龙头企业牵头组建职业教育集团。探索组建覆盖全产业链的职业教育集团。健全联席会、董事会、理事会等治理结构和决策机制。开展多元投资主体依法共建职业教育集团的改革试点。

（十四）强化职业教育的技术技能积累作用。制定多方参与的支持政策，推动政府、学校、行业、企业联动，促进技术技能的积累与创新。推动职业院校与行业企业共建技术工艺和产品开发中心、实验实训平台、技能大师工作室等，成为国家技术技能积累与创新的重要载体。职业院校教师和学生拥有知识产权的技术开发、产品设计等成果，可依法依规在企业作价入股。

四、提高人才培养质量

（十五）推进人才培养模式创新。坚持校企合作、工学结合，强化教学、学习、实训相融合的教育教学活动。推行项目教学、案例教学、工作过程导向教学等教学模式。加大实习实训在教学中的比重，创新顶岗实习形式，强化以育人为目标的实习实训考核评价。健全学生实习责任保险制度。积极推进学历证书和职业资格证书"双证书"制度。开展校企联合招生、联合培养的现代学徒制试点，完善支持政策，推进校企一体化育人。开展职业技能竞赛。

（十六）建立健全课程衔接体系。适应经济发展、产业升级和技术进步需要，建立专业教学标准和职业标准联动开发机制。推进专业设置、专业课程内容与职业标准相衔接，推进中等和高等职业教育培养目标、专业设置、教学过程等方面的衔接，形成对接紧密、特色鲜明、动态调整的职业教育课程体系。全面实施素质教育，科学合理设置课程，将职业道德、人文素养教育贯穿培养全过程。

（十七）建设“双师型”教师队伍。完善教师资格标准，实施教师专业标准。健全教师专业技术职务（职称）评聘办法，探索在职业学校设置正高级教师职务（职称）。加强校长培训，实行五年一周期的教师全员培训制度。落实教师企业实践制度。政府要支持学校按照有关规定自主聘请兼职教师。完善企业工程技术人员、高技能人才到职业院校担任专兼职教师的相关政策，兼职教师任教情况应作为其业绩考核评价的重要内容。加强职业技术师范院校建设。推进高水平学校和大中型企业共建“双师型”教师培养培训基地。地方政府要比照普通高中和高等学校，根据职业教育特点核定公办职业院校教职工编制。加强职业教育科研教研队伍建设，提高科研能力和教学研究水平。

（十八）提高信息化水平。构建利用信息化手段扩大优质教育资源覆盖面的有效机制，推进职业教育资源跨区域、跨行业共建共享，逐步实现所有专业的优质数字教育资源全覆盖。支持与专业课程配套的虚拟仿真实训系统开发与应用。推广教学过程与生产过程实时互动的远程教学。加快信息化管理平台建设，加强现代信息技术应用能力培训，将现代信息技术应用能力作为教师评聘考核的重要依据。

（十九）加强国际交流与合作。完善中外合作机制，支持职业院校引进国（境）外高水平专家和优质教育资源，鼓励中外职业院校教师互派、学生互换。实施中外职业院校合作办学项目，探索和规范职业院校到国（境）外办学。推动与中国企业和产品“走出去”相配套的职业教育发展模式，注重培养符合中国企业海外生产经营需求的本土化人才。积极参与制定职业教育国际标准，开发与国际先进标准对接的专业标准和课程体系。提升全国职业院校技能大赛国际影响。

五、提升发展保障水平

（二十）完善经费稳定投入机制。各级人民政府要建立与办学规模和培养要求相适应的财政投入制度，地方人民政府要依法制定并落实职业院校生均经费标准或公用经费标准，改善职业院校基本办学条件。地方教育附加费用于职业教育的比例不低于30％。加大地方人民政府经费统筹力度，发挥好企业职工教育培训经费以及就业经费、扶贫和移民安置资金等各类资金在职业培训中的作用，提高资金使用效益。县级以上人民政府要建立职业教育经费绩效评价制度、审计监督公告制度、预决算公开制度。

（二十一）健全社会力量投入的激励政策。鼓励社会力量捐资、出资兴办职业教育，拓宽办学筹资渠道。通过公益性社会团体或者县级以上人民政府及其部门向职业院校进行捐赠的，其捐赠按照现行税收法律规定在税前扣除。完善财政贴息贷款等政策，健全民办职业院校融资机制。企业要依法履行职工教育培训和足额提取教育培训经费的责任，一般企业按照职工工资总额的1.5％足额提取教育培训经费，从业人员技能要求高、实训耗材多、培训任务重、经济效益较好的企业可按2.5％提取，其中用于一线职工教育培训的比例不低于60％。除国务院财政、税务主管部门另有规定外，企业发生的职工教育经费支出，不超过工资薪金总额2.5％的部分，准予扣除；超过部分，准予在以后纳税年度结转扣除。对不按规定提取和使用教育培训经费并拒不改正的企业，由县级以上地方人民政府依法收取企业应当承担的职业教育经费，统筹用于本地区的职业教育。探索利用国（境）外资金发展职业教育的途径和机制。

（二十二）加强基础能力建设。分类制定中等职业学校、高等职业院校办学标准，到2020年实现基本达标。在整合现有项目的基础上实施现代职业教育质量提升计划，推动各地建立完善以促进改革和提高绩效为导向的高等职业院校生均拨款制度，引导高等职业院校深化办学机制和教育教学改革；重点支持中等职业学校改善基本办学条件，开发优质教学资源，提高教师素质；推动建立发达地区和欠发达地区中等职业教育合作办学工作机制。继续实施中等职业教育基础能力建设项目。支持一批本科高等学校转型发展为应用技术类型高等学校。地方人民政府、相关行业部门和大型企业要切实加强所办职业院校基础能力建设，支持一批职业院校争创国际先进水平。

（二十三）*完善资助政策体系。*进一步健全公平公正、多元投入、规范高效的职业教育国家资助政策。逐步建立职业院校助学金覆盖面和补助标准动态调整机制，加大对农林水地矿油核等专业学生的助学力度。有计划地支持集中连片特殊困难地区内限制开发和禁止开发区初中毕业生到省（区、市）内外经济较发达地区接受职业教育。完善面向农民、农村转移劳动力、在职职工、失业人员、残疾人、退役士兵等接受职业教育和培训的资助补贴政策，积极推行以直补个人为主的支付办法。有关部门和职业院校要切实加强资金管理，严查“双重学籍”、“虚假学籍”等问题，确保资助资金有效使用。

（二十四）*加大对农村和贫困地区职业教育支持力度。*服务国家粮食安全保障体系建设，积极发展现代农业职业教育，建立公益性农民培养培训制度，大力培养新型职业农民。在人口集中和产业发展需要的贫困地区建好一批中等职业学校。国家制定奖补政策，支持东部地区职业院校扩大面向中西部地区的招生规模，深化专业建设、课程开发、资源共享、学校管理等合作。加强民族地区职业教育，改善民族地区职业院校办学条件，继续办好内地西藏、新疆中职班，建设一批民族文化传承创新示范专业点。

（二十五）*健全就业和用人的保障政策。*认真执行就业准入制度，对从事涉及公共安全、人身健康、生命财产安全等特殊工种的劳动者，必须从取得相应学历证书或职业培训合格证书并获得相应职业资格证书的人员中录用。支持在符合条件的职业院校设立职业技能鉴定所（站），完善职业院校合格毕业生取得相应职业资格证书的办法。各级人民政府要创造平等就业环境，消除城乡、行业、身份、性别等一切影响平等就业的制度障碍和就业歧视；党政机关和企事业单位招用人员不得歧视职业院校毕业生。结合深化收入分配制度改革，促进企业提高技能人才收入水平。鼓励企业建立高技能人才技能职务津贴和特殊岗位津贴制度。

六、加强组织领导

（二十六）*落实政府职责。*完善分级管理、地方为主、政府统筹、社会参与的管理体制。国务院相关部门要有效运用总体规划、政策引导等手段以及税收金融、财政转移支付等杠杆，加强对职业教育发展的统筹协调和分类指导；地方政府要切实承担主要责任，结合本地实际推进职业教育改革发展，探索解决职业教育发展的难点问题。要加快政府职能转变，减少部门职责交叉和分散，减少对学校教育教学具体事务的干预。充分发挥职业教育工作部门联席会议制度的作用，形成工作合力。

（二十七）*强化督导评估。*教育督导部门要完善督导评估办法，加强对政府及有关部门履行发展职业教育职责的督导；要落实督导报告公布制度，将督导报告作为对被督导单位及其主要负责人考核奖惩的重要依据。完善职业教育质量评价制度，定期开展职业院校办学水平和专业教学情况评估，实施职业教育质量年度报告制度。注重发挥行业、用人单位作用，积极支持第三方机构开展评估。

（二十八）*营造良好环境。*推动加快修订职业教育法。按照国家有关规定，研究完善职业教育先进单位和先进个人表彰奖励制度。落实好职业教育科研和教学成果奖励制度，用优秀成果引领职业教育改革创新。研究设立职业教育活动周。大力宣传高素质劳动者和技术技能人才的先进事迹和重要贡献，引导全社会确立尊重劳动、尊重知识、尊重技术、尊重创新的观念，促进形成“崇尚一技之长、不唯学历凭能力”的社会氛围，提高职业教育社会影响力和吸引力。

国务院

2014年5月2日

国务院关于深化考试招生制度改革的实施意见

（国发〔2014〕35号）

各省、自治区、直辖市人民政府，国务院各部委、各直属机构：

考试招生制度是国家基本教育制度。党的十八届三中全会对考试招生制度改革作出全面部署，今年《政府工作报告》提出了明确要求。改革开放30多年来，我国考试招生制度不断改进完善，初步形成了相对完整的考试招生体系，为学生成长、国家选才、社会公平作出了历史性贡献，对提高教育质量、提升国民素质、促进社会纵向流动、服务国家现代化建设发挥了不可替代的重要作用。这一制度总体上符合国情，权威性、公平性社会认可，但也存在一些社会反映强烈的问题，主要是唯分数论影响学生全面发展，一考定终身使学生学习负担过重，区域、城乡入学机会存在差距，中小学择校现象较为突出，加分造假、违规招生现象时有发生。为贯彻落实党中央、国务院决策部署，现就深化考试招生制度改革提出如下实施意见。

一、总体要求

（一）指导思想

高举中国特色社会主义伟大旗帜，以邓小平理论、"三个代表"重要思想、科学发展观为指导，全面贯彻党的教育方针，坚持立德树人，适应经济社会发展对多样化高素质人才的需要，从有利于促进学生健康发展、科学选拔各类人才和维护社会公平出发，认真总结经验，突出问题导向，深化考试招生制度改革，为办好人民满意的教育、建设人力资源强国提供有力保障，为实现"两个一百年"奋斗目标和中华民族伟大复兴的中国梦提供强有力的人才支撑。

（二）基本原则

坚持育人为本，遵循教育规律。把促进学生健康成长成才作为改革的出发点和落脚点，扭转片面应试教育倾向，坚持正确育人导向，践行社会主义核心价值观，深入推进素质教育，培养德智体美全面发展的社会主义建设者和接班人。

着力完善规则，确保公平公正。把促进公平公正作为改革的基本价值取向，加强宏观调控，完善法律法规，健全体制机制，切实保障考试招生机会公平、程序公开、结果公正。

体现科学高效，提高选拔水平。增加学生选择权，促进科学选才，完善政府监管机制，确保考试招生工作高效、有序实施。

加强统筹谋划，积极稳妥推进。整体设计从基础教育到高等教育考试招生制度改革，促进普通教育、职业教育、继续教育之间衔接沟通，统筹实施考试、招生和管理制度综合改革，试点先行，稳步推进。

（三）总体目标

2014年启动考试招生制度改革试点，2017年全面推进，到2020年基本建立中国特色现代教育考试招生制度，形成分类考试、综合评价、多元录取的考试招生模式，健全促进公平、科学选才、监督有力的体制机制，构建衔接沟通各级各类教育、认可多种学习成果的终身学习"立交桥"。

二、主要任务和措施

（一）改进招生计划分配方式

1. 提高中西部地区和人口大省高考录取率。综合考虑生源数量及办学条件、毕业生就业状况等因素，完善国家招生计划编制办法，督促高校严格执行招生计划。继续实施支援中西部地区招生协作计划，在东部地区高校安排专门招生名额面向中西部地区招生。部属高校要公开招生名额分配原则和办法，合理确定分省招生计划，严格控制属地招生比例。2017 年录取率最低省份与全国平均水平的差距从 2013 年的 6 个百分点缩小至 4 个百分点以内。

2. 增加农村学生上重点高校人数。继续实施国家农村贫困地区定向招生专项计划，由重点高校面向贫困地区定向招生。部属高校、省属重点高校要安排一定比例的名额招收边远、贫困、民族地区优秀农村学生。2017 年贫困地区农村学生进入重点高校人数明显增加，形成保障农村学生上重点高校的长效机制。

3. 完善中小学招生办法破解择校难题。推进九年义务教育均衡发展，完善义务教育免试就近入学的具体办法，试行学区制和九年一贯对口招生。改进高中阶段学校考试招生方式。实行优质普通高中和优质中等职业学校招生名额合理分配到区域内初中的办法。进一步落实和完善进城务工人员随迁子女就学和升学考试的政策措施。

（二）改革考试形式和内容

1. 完善高中学业水平考试。学业水平考试主要检验学生学习程度，是学生毕业和升学的重要依据。考试范围覆盖国家规定的所有学习科目，引导学生认真学习每门课程，避免严重偏科。学业水平考试由省级教育行政部门按国家课程标准和考试要求组织实施，确保考试安全有序、成绩真实可信。各地要合理安排课程进度和考试时间，创造条件为有需要的学生提供同一科目参加两次考试的机会。2014 年出台完善高中学业水平考试的指导意见。

2. 规范高中学生综合素质评价。综合素质评价主要反映学生德智体美劳全面发展情况，是学生毕业和升学的重要参考。建立规范的学生综合素质档案，客观记录学生成长过程中的突出表现，注重社会责任感、创新精神和实践能力，主要包括学生思想品德、学业水平、身心健康、兴趣特长、社会实践等内容。严格程序，强化监督，确保公开透明，保证内容真实准确。2014 年出台规范高中学生综合素质评价的指导意见。各省（区、市）制定综合素质评价基本要求，学校组织实施。

3. 加快推进高职院校分类考试。高职院校考试招生与普通高校相对分开，实行“文化素质＋职业技能”评价方式。中职学校毕业生报考高职院校，参加文化基础与职业技能相结合的测试。普通高中毕业生报考高职院校，参加职业适应性测试，文化素质成绩使用高中学业水平考试成绩，参考综合素质评价。学生也可参加统一高考进入高职院校。2015 年通过分类考试录取的学生占高职院校招生总数的一半左右，2017 年成为主渠道。

4. 深化高考考试内容改革。依据高校人才选拔要求和国家课程标准，科学设计命题内容，增强基础性、综合性，着重考查学生独立思考和运用所学知识分析问题、解决问题的能力。改进评分方式，加强评卷管理，完善成绩报告。加强国家教育考试机构、国家题库和外语能力测评体系建设。2015 年起增加使用全国统一命题试卷的省份。

（三）改革招生录取机制

1. 减少和规范考试加分。大幅减少、严格控制考试加分项目，2015 年起取消体育、艺术等特长生加分项目。确有必要保留的加分项目，应合理设置加分分值。探索完善边疆民族特困地区加分政策。地方性高考加分项目由省级人民政府确定并报教育部备案，原则上只适用于本省（区、市）所属高校在本省（区、市）招生。加强考生加分资格审核，严格认定程序，做好公开公示，强化监督管理。2014 年底出台进一步减少和规范高考加分项目和分值的意见。

2. 完善和规范自主招生。自主招生主要选拔具有学科特长和创新潜质的优秀学生。申请学生要参加全国统一高考，达到相应要求，接受报考高校的考核。试点高校要合理确定考核内容，不得采用联考方式或组织专门培训。规范并公开自主招生办法、考核程序和录取结果。严格控制自主招生规模。2015 年起推行自主招生安排在全国统一高考后进行。

3. 完善高校招生选拔机制。高校要将涉及考试招生的相关事项，包括标准、条件和程序等内容，在招生章程中详细列明并提前向社会公布。加强学校招生委员会建设，在制定学校招生计划、确定招生政策和规则、决定招生重大事项等方面充分发挥招生委员会作用。高校可通过聘请社会监督员巡视学校测试、录取现场等方式，对招生工作实施第三方监督。建立考试录取申诉机制，及时回应处理各种问题。建立招生问责制，2015 年起由校长签发录取通知书，对录取结果负责。

4. 改进录取方式。推行高考成绩公布后填报志愿方式。创造条件逐步取消高校招生录取批次。改进投档录取模式，推进并完善平行志愿投档方式，增加高校和学生的双向选择机会。2015 年起在有条件的省份开展录取批次改革试点。

5. 拓宽社会成员终身学习通道。扩大社会成员接受多样化教育机会，中等职业学校可实行注册入学，成人高等学历教育实行弹性学制、宽进严出。为残疾人等特殊群体参加考试提供服务。探索建立多种形式学习成果的认定转换制度，试行普通高校、高职院校、成人高校之间学分转换，实现多种学习渠道、学习方式、学习过程的相互衔接，构建人才成长“立交桥”。2015 年研究出台学分互认和转换的意见。

（四）改革监督管理机制。

1. 加强信息公开。深入实施高校招生“阳光工程”，健全分级负责、规范有效的信息公开制度。进一步扩大信息公开的内容，及时公开招生政策、招生资格、招生章程、招生计划、考生资格、录取程序、录取结果、咨询及申诉渠道、重大事件违规处理结果、录取新生复查结果等信息。进一步扩大信息公开的范围，接受考生、学校和社会的监督。

2. 加强制度保障。健全政府部门协作机制，强化教育考试安全管理制度建设，构建科学、规范、严密的教育考试安全体系。健全诚信制度，加强考生诚信教育和诚信档案管理。健全教育考试招生的法律法规，提高考试招生法制化水平。

3. 加大违规查处力度。加强考试招生全程监督。严肃查处违法违规行为，严格追究当事人及相关人员责任，及时公布查处结果。构成犯罪的，由司法机关依法追究刑事责任。

（五）启动高考综合改革试点

1. 改革考试科目设置。增强高考与高中学习的关联度，考生总成绩由统一高考的语文、数学、外语 3 个科目成绩和高中学业水平考试 3 个科目成绩组成。保持统一高考的语文、数学、外语科目不变、分值不变，不分文理科，外语科目提供两次考试机会。计入总成绩的高中学业水平考试科目，由考生根据报考高校要求和自身特长，在思想政治、历史、地理、物理、化学、生物等科目中自主选择。

2. 改革招生录取机制。探索基于统一高考和高中学业水平考试成绩、参考综合素质评价的多元录取机制。高校要根据自身办学定位和专业培养目标，研究提出对考生高中学业水平考试科目报考要求和综合素质评价使用办法，提前向社会公布。

3. 开展改革试点。按照统筹规划、试点先行、分步实施、有序推进的原则，选择有条件的省（市）开展高考综合改革试点。及时调整充实、总结完善试点经验，切实通过综合改革，更好地贯彻党的教育方针，全面实施素质教育，增加学生的选择性，分散学生的考试压力，促进学生全面而有个性的发展。2014 年上海市、浙江省分别出台高考综合改革试点方案，从 2014 年秋季新入学的高中一年级学生开始实施。试点要为其他省（区、市）高考改革提供依据。

三、加强组织领导

（一）细化实施方案。各地各有关部门要高度重视考试招生制度改革，切实加强领导。教育部等有关部门要抓紧研究制定配套文件。各省（区、市）要结合实际制订本地考试招生制度改革实施方案，经教育部备案后向社会公布。

（二）有序推进实施。要充分考虑教育的周期性，提前公布考试招生制度改革实施方案，给考生和社会以明确、稳定的预期。及时研究解决改革中遇到的新情况新问题，不断总结经验，调整完善措施。

（三）加强宣传引导。要加大对改革方案和政策的宣传解读力度，及时回应社会关切，解疑释惑、凝聚共识，营造良好改革氛围。

国务院

2014年9月3日

国务院办公厅关于转发教育部等部门特殊教育提升计划(2014—2016年)的通知

（国办发〔2014〕1号）

各省、自治区、直辖市人民政府，国务院各部委、各直属机构：

教育部、发展和改革委员会、民政部、财政部、人力资源和社会保障部、卫生计划生育委员会、中国残疾人联合会《特殊教育提升计划（2014—2016年）》已经国务院同意，现转发给你们，请认真贯彻执行。

国务院办公厅

2014年1月8日

特殊教育提升计划（2014—2016年）

为贯彻落实党的十八大和十八届二中、三中全会精神，深入实施《国家中长期教育改革和发展规划纲要（2010—2020年）》，加快推进特殊教育发展，大力提升特殊教育水平，切实保障残疾人受教育权利，特制定本计划。

一、重要意义

发展特殊教育是推进教育公平、实现教育现代化的重要内容，是坚持以人为本理念、弘扬人道主义精神的重要举措，是保障和改善民生、构建社会主义和谐社会的重要任务。新世纪以来特别是近年来，我国特殊教育事业取得较大发展，各级政府投入明显增加，残疾儿童少年义务教育普及水平显著提高，非义务教育阶段特殊教育办学规模不断扩大，基本实现了30万人口以上的县独立设置一所特殊教育学校的目标，残疾学生在国家助学体系中得到优先保障。但总体上看，我国特殊教育整体水平不高，发展不平衡。

农村残疾儿童少年义务教育普及率不高，非义务教育阶段特殊教育发展水平偏低，特殊教育学校办学条件有待改善，特殊教育教师和康复专业人员数量不足、专业水平有待提高。因此，必须加快推进特殊教育发展，提升特殊教育水平，进一步保障残疾人受教育权利，帮助残疾人全面发展和更好融入社会，使广大残疾人共享改革发展成果，在全面建成小康社会、实现“两个百年”目标和中国梦的进程中实现幸福人生。

二、总体目标和重点任务

（一）总体目标

全面推进全纳教育，使每一个残疾孩子都能接受合适的教育。经过三年努力，初步建立布局合理、学段衔接、普职融通、医教结合的特殊教育体系，办学条件和教育质量进一步提升。建立财政为主、社会支持、全面覆盖、通畅便利的特殊教育服务保障机制，基本形成政府主导、部门协同、各方参与的特殊教育工作格局。到2016年，全国基本普及残疾儿童少年义务教育，视力、听力、智力残疾儿童少年义务教育入学率达到90%以上，其他残疾人受教育机会明显增加。

（二）重点任务

1. 提高普及水平。针对实名登记的未入学残疾儿童少年残疾状况和教育需求，采用多种形式，逐一安排其接受义务教育。积极发展残疾儿童学前教育，大力发展以职业教育为主的残疾人高中阶段教育，加快发展残疾人高等教育，逐步提高非义务教育阶段残疾人接受教育的比例。

2. 加强条件保障。提高特殊教育学校生均预算内公用经费标准。建立健全覆盖全体残疾学生的资助体系。改善特殊教育办学条件，加强残疾学生学习和生活无障碍设施建设。

3. 提升教育教学质量。研究制订盲、聋和培智三类特殊教育学校课程标准。健全适合残疾学生学习特点的教材体系。扩大特殊教育教师培养规模，加大特殊教育教师培训力度，提高特殊教育教师的专业化水平。逐步建立特殊教育质量监测评价体系。

三、主要措施

（一）扩大残疾儿童少年义务教育规模

扩大普通学校随班就读规模。尽可能在普通学校安排残疾学生随班就读，加强特殊教育资源教室、无障碍设施等建设，为残疾学生提供必要的学习和生活便利。有条件的儿童福利机构可设立特教班。

提高特殊教育学校招生能力。国家支持建设的中西部地区特殊教育学校，要在2014年秋季开学前全部开始招生。支持现有特殊教育学校扩大招生规模、增加招生类别。

组织开展送教上门。县（市、区）教育行政部门要统筹安排特殊教育学校和普通学校教育资源，为确实不能到校就读的重度残疾儿童少年提供送教上门或远程教育等服务，并将其纳入学籍管理。

（二）积极发展非义务教育阶段特殊教育

学前教育。各地要将残疾儿童学前教育纳入当地学前教育发展规划，列入国家学前教育重大项目。支持普通幼儿园创造条件接收残疾儿童。支持特殊教育学校和有条件的儿童福利机构增设附属幼儿园（学前教育部）。

高中阶段教育。普通高中和中等职业学校要积极招收残疾学生。鼓励特殊教育学校根据需要举办残疾人高中部（班）。扩大残疾人中等职业学校招生规模，紧密结合经济社会发展需求和残疾人特点合理调整专业结构，为残疾学生提供更多选择。

高等教育。各地要根据需要，有计划地在高等学校设置特殊教育学院或相关专业，满足残疾人接受高等教育的需求。高等学校要按照有关法律法规和政策，努力创造条件，积极招收符合录取标准的残疾考生，不得因其残疾而拒绝招收。要为残疾人接受成人高等学历教育提供便利。加强残疾人职业培训，提高就业创业能力。

（三）加大特殊教育经费投入力度

切实保障特殊教育学校正常运转。义务教育阶段特殊教育学校生均预算内公用经费标准要在三年内达到每年6000元，有条件的地区可进一步提高。目前标准高于每年6000元的地区不得下调。随班就读、特教班和送教上门的义务教育阶段生均公用经费参照上述标准执行。

进一步提高残疾学生资助水平。针对义务教育阶段残疾学生的特殊需要，在“两免一补”基础上进一步提高补助水平。各地可根据实际对残疾学生提供交通费补助，纳入校车服务方案统筹解决。完善非义务教育阶段残疾学生资助政策，积极推进高中阶段残疾学生免费教育。

各级财政支持的残疾人康复项目优先资助残疾儿童。安排一定比例的残疾人就业保障金，支持特殊教育学校开展劳动技能教育。中央专项彩票公益金继续支持特殊教育发展。鼓励企事业单位、社会团体和公民个人捐资助学。

（四）加强特殊教育基础能力建设

继续实施特殊教育学校建设项目。合理布局，科学规划，支持残疾人中等职业学校和高等院校新建或改扩建一批急需的基础设施，扩大残疾人接受中、高等教育的规模。支持高等学校特殊教育师范专业建设，扩建教学设施，提高特教教师培养培训能力。鼓励有条件的地区试点建设孤独症儿童少年特殊教育学校(部)。

继续实施改善特殊教育办学条件项目。支持承担随班就读残疾学生较多的普通学校设立特殊教育资源教室(中心)，配备基本的教育教学和康复设备，为残疾学生提供个别化教育和康复训练。支持特殊教育学校配备必要的教育教学、康复训练等仪器设备，开展“医教结合”实验，探索教育与康复相结合的特殊教育模式。加大对薄弱特殊教育学校配备教育教学和康复设施的支持力度。

（五）加强特殊教育教师队伍建设

完善教师管理制度。各省(区、市)要落实特殊教育学校开展正常教学和管理工作所需编制，配足配齐教职工。针对特殊教育学校学生少、班额小、寄宿生多、残疾差异大、康复类专业人员需求多、承担随班就读巡回指导任务等特点，可结合地方实际出台特殊教育学校教职工编制标准。全面落实国家规定的特殊教育津贴等特殊教育教师工资待遇倾斜政策。对在普通学校承担残疾学生随班就读教学和管理工作的教师，在绩效考核中给予倾斜。各地要为送教教师和承担“医教结合”实验的相关医务人员提供工作和交通补贴。

提高教师专业水平。研究建立特殊教育教师专业证书制度，逐步实行特殊教育教师持证上岗。制订特殊教育学校教师专业标准。推动地方确定随班就读教师、送教上门指导教师和康复训练人员等的岗位条件。将特殊教育相关内容纳入教师资格考试。教师职务(职称)评聘向特殊教育教师倾斜，将儿童福利机构特教班教师职务(职称)评聘工作纳入当地教师职务(职称)评聘规划。加大特殊教育教师培养力度，鼓励各省(区、市)择优选择师范类院校和其他高校增设特殊教育专业。鼓励高校在师范类专业中开设特殊教育课程，培养师范生的全纳教育理念和指导残疾学生随班就读的教学能力。加大国家级教师培训计划中特殊教育教师培训的比重。采取集中培训和远程培训相结合的方式，逐级开展特殊教育教师全员培训和校长、骨干教师培训。加强普通学校随班就读、资源指导、送教上门等特殊教育教师培训。

（六）深化特殊教育课程教学改革

健全课程教材体系。根据国家义务教育课程标准，结合残疾学生特点和需求，制订盲、聋和培智三类特殊教育学校课程标准。加强特殊教育教材建设，新编和改编盲、聋和培智三类特殊教育学校的义务教育阶段课程教材，覆盖所有学科所有年级。注重培养学生自尊、自信、自立、自强的精神，注重学生的潜能开发和功能补偿。增加必要的职业教育内容，强化生活技能和社会适应能力培养。

改革教育教学方法。加强个别化教育，增强教育的针对性与有效性。开展“医教结合”实验，提升残疾学生的康复水平和知识接受能力。探索建立特殊教育学校与普通学校定期举行交流活动的制度，促进融合教育。以培养就业能力为导向，强化残疾人中、高等职业学校专业特色，建好实习实训基地，进一步加强对残疾学生的就业指导。

四、组织领导

（一）加强统筹规划。各地要将发展特殊教育作为落实教育规划纲要和办好人民满意教育的重要任务，明确各级政府责任，结合本地实际制订特殊教育提升计划实施方案，明确路线图和时间表。要本着特教特办、重点扶持的原则，统筹安排相关资金，合理配置特殊教育和康复资源，切实解决制约特殊教育事业发展的瓶颈问题。

（二）建立工作机制。各地要建立政府领导负责、相关部门协同推进计划实施的工作机制，落实目标任务和主要措施，确保计划如期完成。教育部门要统筹制定特殊教育计划实施方案，加强对承担特殊教育工作学校的指导，开展特殊教育教师培养培训，依托全国中小学生学籍信息管理系统等平台，加强残疾儿童少年教育信息监测服务和动态管理。发展改革部门要把特殊教育纳入当地经济社会发展规划，加强特殊教育学校建设。财政部门要完善特殊教育投入政策，支持改善特殊教育办学条件，加大对特殊教育学生资助力度。民政部门要做好福利机构孤残儿童抚育工作。人力资源社会保障部门要完善和落实工资待遇、职称评定等方面对特殊教育教师的支持政策。卫生计生部门要做好对残疾儿童少年的医疗与康复服务。残联要继续做好未入学适龄残疾儿童少年实名调查登记工作，加强残疾儿童少年康复训练和辅具配发等工作。

（三）加强督导检查和评估验收。各地要以县（市、区）为单位，对基本普及残疾儿童少年义务教育进行评估验收，将残疾儿童少年入学率、特殊教育教师专业化水平和特殊教育保障水平等作为评估验收的主要指标，评估结果向社会公布。国家有关部门组织开展对特殊教育提升计划实施情况的专项督导检查。残疾儿童少年义务教育入学率不达标的县（市、区），不得申报全国义务教育基本均衡县。

教育部

发展和改革委员会

民政部

财政部

人力资源和社会保障部

卫生计划生育委员会

中国残疾人联合会

高等学校学术委员会规程

（教育部令第35号）

《高等学校学术委员会规程》已于2014年1月8日经教育部2014年第一次部长办公室会议审议通过，现予公布，自2014年3月1日起施行。

教育部部长　袁贵仁

2014年1月29日

第一章 总 则

第一条 为促进高等学校规范和加强学术委员会建设，完善内部治理结构，保障学术委员会在教学、科研等学术事务中有效发挥作用，根据《中华人民共和国高等教育法》及相关规定，制定本规程。

第二条 高等学校应当依法设立学术委员会，健全以学术委员会为核心的学术管理体系与组织架构；并以学术委员会作为校内最高学术机构，统筹行使学术事务的决策、审议、评定和咨询等职权。

实施本科以上教育的普通高等学校学术委员会的组成、职责与运行等，适用本规程。

第三条 高等学校应当充分发挥学术委员会在学科建设、学术评价、学术发展和学风建设等事项上的重要作用，完善学术管理的体制、制度和规范，积极探索教授治学的有效途径，尊重并支持学术委员会独立行使职权，并为学术委员会正常开展工作提供必要的条件保障。

第四条 高等学校学术委员会应当遵循学术规律，尊重学术自由、学术平等，鼓励学术创新，促进学术发展和人才培养，提高学术质量；应当公平、公正、公开地履行职责，保障教师、科研人员和学生在教学、科研和学术事务管理中充分发挥主体作用，促进学校科学发展。

第五条 高等学校应当结合实际，依据本规程，制定学术委员会章程或者通过学校章程，具体明确学术委员会组成、职责，以及委员的产生程序、增补办法，会议制度和议事规则及其他本规程未尽事宜。

第二章 组成规则

第六条 学术委员会一般应当由学校不同学科、专业的教授及具有正高级以上专业技术职务的人员组成，并应当有一定比例的青年教师。

学术委员会人数应当与学校的学科、专业设置相匹配，并为不低于15人的单数。其中，担任学校及职能部门党政领导职务的委员，不超过委员总人数的1/4；不担任党政领导职务及院系主要负责人的专任教授，不少于委员总人数的1/2。

学校可以根据需要聘请校外专家及有关方面代表，担任专门学术事项的特邀委员。

第七条 学术委员会委员应当具备以下条件：

（一）遵守宪法法律，学风端正、治学严谨、公道正派；

（二）学术造诣高，在本学科或者专业领域具有良好的学术声誉和公认的学术成果；

（三）关心学校建设和发展，有参与学术议事的意愿和能力，能够正常履行职责；

（四）学校规定的其他条件。

第八条 学校应当根据学科、专业构成情况，合理确定院系（学部）的委员名额，保证学术委员会的组成具有广泛的学科代表性和公平性。

学术委员会委员的产生，应当经自下而上的民主推荐、公开公正的遴选等方式产生候选人，由民主选举等程序确定，充分反映基层学术组织和广大教师的意见。

特邀委员由校长、学术委员会主任委员或者1/3以上学术委员会委员提名，经学术委员会同意后确定。

第九条 学术委员会委员由校长聘任。

学术委员会委员实行任期制，任期一般可为4年，可连选连任，但连任最长不超过2届。

学术委员会每次换届，连任的委员人数应不高于委员总数的2/3。

第十条 学术委员会设主任委员1名，可根据需要设若干名副主任委员。主任委员可由校长提名，全体委员选举产生；也可以采取直接由全体委员选举等方式产生，具体办法由学校规定。

第十一条 学术委员会可以就学科建设、教师聘任、教学指导、科学研究、学术道德等事项设立若干专门委员会，具体承担相关职责和学术事务；应当根据需要，在院系(学部)设置或者按照学科领域设置学术分委员会，也可以委托基层学术组织承担相应职责。

各专门委员会和学术分委员会根据法律规定、学术委员会的授权及各自章程开展工作，向学术委员会报告工作，接受学术委员会的指导和监督。

学术委员会设立秘书处，处理学术委员会的日常事务；学术委员会的运行经费，应当纳入学校预算安排。

第十二条　学术委员会委员在任期内有下列情形，经学术委员会全体会议讨论决定，可免除或同意其辞去委员职务：

(一) 主动申请辞去委员职务的；

(二) 因身体、年龄及职务变动等原因不能履行职责的；

(三) 怠于履行职责或者违反委员义务的；

(四) 有违法、违反教师职业道德或者学术不端行为的；

(五) 因其他原因不能或不宜担任委员职务的。

第三章　职 责 权 限

第十三条　学术委员会委员享有以下权利：

(一) 知悉与学术事务相关的学校各项管理制度、信息等；

(二) 就学术事务向学校相关职能部门提出咨询或质询；

(三) 在学术委员会会议中自由、独立地发表意见，讨论、审议和表决各项决议；

(四) 对学校学术事务及学术委员会工作提出建议、实施监督；

(五) 学校章程或者学术委员会章程规定的其他权利。

特邀委员根据学校的规定，享有相应权利。

第十四条　学术委员会委员须履行以下义务：

(一) 遵守国家宪法、法律和法规，遵守学术规范，恪守学术道德；

(二) 遵守学术委员会章程，坚守学术专业判断，公正履行职责；

(三) 勤勉尽职，积极参加学术委员会会议及有关活动；

(四) 学校章程或者学术委员会章程规定的其他义务。

第十五条　学校下列事务决策前，应当提交学术委员会审议，或者交由学术委员会审议并直接做出决定：

(一) 学科、专业及教师队伍建设规划，以及科学研究、对外学术交流合作等重大学术规划；

(二) 自主设置或者申请设置学科专业；

(三) 学术机构设置方案，交叉学科、跨学科协同创新机制的建设方案、学科资源的配置方案；

(四) 教学科研成果、人才培养质量的评价标准及考核办法；

(五) 学位授予标准及细则，学历教育的培养标准、教学计划方案、招生的标准与办法；

(六) 学校教师职务聘任的学术标准与办法；

(七) 学术评价、争议处理规则，学术道德规范；

(八) 学术委员会专门委员会组织规程，学术分委员会章程；

(九) 学校认为需要提交审议的其他学术事务。

第十六条　学校实施以下事项，涉及对学术水平做出评价的，应当由学术委员会或者其授权的学术组织进行评定：

（一）学校教学、科学研究成果和奖励，对外推荐教学、科学研究成果奖；

（二）高层次人才引进岗位人选、名誉（客座）教授聘任人选，推荐国内外重要学术组织的任职人选、人才选拔培养计划人选；

（三）自主设立各类学术、科研基金、科研项目以及教学、科研奖项等；

（四）需要评价学术水平的其他事项。

第十七条　学校做出下列决策前，应当通报学术委员会，由学术委员会提出咨询意见：

（一）制订与学术事务相关的全局性、重大发展规划和发展战略；

（二）学校预算决算中教学、科研经费的安排和分配及使用；

（三）教学、科研重大项目的申报及资金的分配使用；

（四）开展中外合作办学、赴境外办学，对外开展重大项目合作；

（五）学校认为需要听取学术委员会意见的其他事项。

学术委员会对上述事项提出明确不同意见的，学校应当做出说明、重新协商研究或者暂缓执行。

第十八条　学术委员会按照有关规定及学校委托，受理有关学术不端行为的举报并进行调查，裁决学术纠纷。

学术委员会调查学术不端行为、裁决学术纠纷，应当组织具有权威性和中立性的专家组，从学术角度独立调查取证，客观公正地进行调查认定。专家组的认定结论，当事人有异议的，学术委员会应当组织复议，必要的可以举行听证。

对违反学术道德的行为，学术委员会可以依职权直接撤销或者建议相关部门撤销当事人相应的学术称号、学术待遇，并可以同时向学校、相关部门提出处理建议。

第四章　运 行 制 度

第十九条　学术委员会实行例会制度，每学期至少召开1次全体会议。根据工作需要，经学术委员会主任委员或者校长提议，或者1/3以上委员联名提议，可以临时召开学术委员会全体会议，商讨、决定相关事项。

学术委员会可以授权专门委员会处理专项学术事务，履行相应职责。

第二十条　学术委员会主任委员负责召集和主持学术委员会会议，必要时，可以委托副主任委员召集和主持会议。学术委员会委员全体会议应有2/3以上委员出席方可举行。

学术委员会全体会议应当提前确定议题并通知与会委员。经与会1/3以上委员同意，可以临时增加议题。

第二十一条　学术委员会议事决策实行少数服从多数的原则，重大事项应当以与会委员的2/3以上同意，方可通过。

学术委员会会议审议决定或者评定的事项，一般应当以无记名投票方式做出决定；也可以根据事项性质，采取实名投票方式。

学术委员会审议或者评定的事项与委员本人及其配偶和直系亲属有关，或者具有利益关联的，相关委员应当回避。

第二十二条　学术委员会会议可以根据议题，设立旁听席，允许相关学校职能部门、教师及学生代表列席旁听。

学术委员会做出的决定应当予以公示，并设置异议期。在异议期内如有异议，经1/3以上委员同意，可召开全体会议复议。经复议的决定为终局结论。

第二十三条　学术委员会应当建立年度报告制度，每年度对学校整体的学术水平、学科发展、人才培养质量等进行全面评价，提出意见、建议；对学术委员会的运行及履行职责的情况进行总结。

学术委员会年度报告应提交教职工代表大会审议，有关意见、建议的采纳情况，校长应当做出说明。

第五章　附　　则

第二十四条　高等职业学校、成人高等学校可以参照本规程，结合自身特点，确定学术委员会的组成及职责，制定学术委员会章程。

第二十五条　高等学校现有学术委员会的组成、职责等与本规程不一致的，学校通过经核准的章程已予以规范的，可以按照学校章程的规定实施；学校章程未规定的，应当按照本规程进行调整、规范。

第二十六条　本规程自2014年3月1日起施行。

教育部此前发布的有关规章、文件中的相关规定与本规程不一致的，以本规程为准。

普通高等学校理事会规程(试行)

（教育部令第37号）

《普通高等学校理事会规程(试行)》已经2014年7月8日第二十一次部长办公会议审议通过，现予发布，自2014年9月1日起施行。

教育部部长　袁贵仁

2014年7月16日

普通高等学校理事会规程(试行)

第一条　为推进中国特色现代大学制度建设，健全高等学校内部治理结构，促进和规范高等学校理事会建设，增强高等学校与社会的联系、合作，根据《中华人民共和国高等教育法》及国家有关规定，制定本规程。

第二条　本规程所称理事会，系指国家举办的普通高等学校(以下简称：高等学校)根据面向社会依法自主办学的需要，设立的由办学相关方面代表参加，支持学校发展的咨询、协商、审议与监督机构，是高等学校实现科学决策、民主监督、社会参与的重要组织形式和制度平台。

高等学校使用董事会、校务委员会等名称建立的相关机构适用本规程。

第三条　高等学校应当依据本规程及学校章程建立并完善理事会制度，制定理事会章程，明确理事会在学校治理结构中的作用、职能，增强理事会的代表性和权威性，健全与理事会成员之间的协商、合作机制；为理事会及其成员了解和参与学校相关事务提供条件保障和工作便利。

第四条　高等学校应当结合实际，在以下事项上充分发挥理事会的作用：

(一) 密切社会联系，提升社会服务能力，与相关方面建立长效合作机制；

（二）扩大决策民主，保障与学校改革发展相关的重大事项，在决策前，能够充分听取相关方面意见；

（三）争取社会支持，丰富社会参与和支持高校办学的方式与途径，探索、深化办学体制改革；

（四）完善监督机制，健全社会对学校办学与管理活动的监督、评价机制，提升社会责任意识。

第五条　理事会一般应包含以下方面的代表：

（一）学校举办者、主管部门、共建单位的代表；

（二）学校及职能部门相关负责人，相关学术组织负责人，教师、学生代表；

（三）支持学校办学与发展的地方政府、行业组织、企业事业单位和其他社会组织等理事单位的代表；

（四）杰出校友、社会知名人士、国内外知名专家等；

（五）学校邀请的其他代表。

各方面代表在理事会所占的比例应当相对均衡，有利于理事会充分、有效地发挥作用。

第六条　理事会组成人员一般不少于21人，可分为职务理事和个人理事。

职务理事由相关部门或者理事单位委派；理事单位和个人理事由学校指定机构推荐或者相关组织推选。学校主要领导和相关职能部门负责人可以确定为当然理事。

根据理事会组成规模及履行职能的需要和学校实际，可以设立常务理事、名誉理事等。

第七条　理事会每届任期一般为5年，理事可以连任。

理事会可设理事长一名，副理事长若干名。理事长可以由学校提名，由理事会全体会议选举产生；也可以由学校举办者或者学校章程规定的其他方式产生。

第八条　理事、名誉理事应当具有良好的社会声誉、在相关行业、领域具有广泛影响，积极关心、支持学校发展，有履行职责的能力和愿望。

理事、名誉理事不得以参加理事会及相关活动，获得薪酬或者其他物质利益；不得借职务便利获得不当利益。

第九条　理事会主要履行以下职责：

（一）审议通过理事会章程、章程修订案；

（二）决定理事的增补或者退出；

（三）就学校发展目标、战略规划、学科建设、专业设置、年度预决算报告、重大改革举措、学校章程拟定或者修订等重大问题进行决策咨询或者参与审议；

（四）参与审议学校开展社会合作、校企合作、协同创新的整体方案及重要协议等，提出咨询建议，支持学校开展社会服务；

（五）研究学校面向社会筹措资金、整合资源的目标、规划等，监督筹措资金的使用；

（六）参与评议学校办学质量，就学校办学特色与教育质量进行评估，提出合理化建议或者意见；

（七）学校章程规定或者学校委托的其他职能。

第十条　理事会应当建立例会制度，每年至少召开一次全体会议；也可召开专题会议，或者设立若干专门小组负责相关具体事务。

第十一条　理事会会议应遵循民主协商的原则，建立健全会议程序和议事规则，保障各方面代表能够就会议议题充分讨论、自主发表意见，并以协商或者表决等方式形成共识。

第十二条　理事会可以设秘书处，负责安排理事会会议，联系理事会成员，处理理事会的日常事务等。

高等学校应当提供必要的经费保证理事会正常开展活动。

第十三条　理事会组织、职责及运行的具体规则，会议制度，议事规则，理事的权利义务、产生办法等，应当通过理事会章程予以规定。

理事会章程经理事会全体会议批准后生效。

第十四条　高等学校应当向社会公布理事会组成及其章程。

理事会应当主动公开相关信息及履行职责的情况，接受教职工、社会和高等学校主管部门的监督。

第十五条　已设立理事会或相关机构的普通高等学校，其组成或者职责与本规程不一致的，应依据本规程予以调整。

高等职业学校可以参照本章程组建理事会，并可以按照法律和国家相关规定，进一步明确行业企业代表在理事会的地位与作用。

民办高等学校理事会或者董事会依据《民办教育促进法》组建并履行职责，不适用本规程；但可参照本规程，适当扩大理事会组成人员的代表性。

第十六条　本规程自2014年9月1日起施行。

普通高等学校招生违规行为处理暂行办法

（教育部令第36号）

《普通高等学校招生违规行为处理暂行办法》已经2014年6月9日第17次部长办公会议审议通过，现予公布，自公布之日起施行。

教育部部长　袁贵仁

2014年7月8日

普通高等学校招生违规行为处理暂行办法

第一章　总　　则

第一条　为规范对普通高等学校招生违规行为的处理，保证招生公开、公平、公正，根据《中华人民共和国教育法》《中华人民共和国高等教育法》等法律法规，制定本办法。

第二条　本办法所称普通高等学校（以下简称高校）招生，是指高校通过国家教育考试或者国家认可的入学方式选拔录取本科、专科学生的活动。

高校、高级中等学校（含中等职业学校，以下简称高中）、招生考试机构、主管教育行政部门及其招生工作人员、考生等，在高校招生工作过程中，违反国家有关教育法律法规和国家高等教育招生管理规定的行为认定及处理，适用本办法。

第三条　国务院教育行政部门主管全国高校招生工作。

县级以上各级人民政府教育行政部门按照职责分工，依法处理各类违反国家高等教育招生管理制度的行为。

国务院有关主管部门在职责范围内加强对所属高校招生的监督管理。

第四条　高校招生应当遵循公开、公平、公正原则，接受考生、社会的监督。

高校招生接受监察部门的监督。

第五条　对高校招生违规行为的处理，应当事实清楚、证据确凿、依据明确、程序合法、处理适当。

第二章　违规行为认定及处理

第六条　高校违反国家招生管理规定，有下列情形之一的，由主管教育行政部门责令限期改正，给予警告或者通报批评；情节严重的，给予减少招生计划、暂停特殊类型招生试点项目或者依法给予停止招生的处理。对直接负责的主管人员和其他直接责任人员，视情节轻重依法给予相应处分；涉嫌犯罪的，依法移送司法机关处理。

（一）发布违反国家规定的招生简章，或者进行虚假宣传、骗取钱财的；

（二）未按照信息公开的规定公开招生信息的；

（三）超出核定办学规模招生或者擅自调整招生计划的；

（四）违反规定降低标准录取考生或者拒绝录取符合条件的考生的；

（五）在特殊类型招生中出台违反国家规定的报考条件，或者弄虚作假、徇私舞弊，录取不符合条件的考生的；

（六）违规委托中介机构进行招生录取，或者以承诺录取为名向考生收取费用的；

（七）其他违反国家招生管理规定的行为。

第七条　高中有下列情形之一的，由主管教育行政部门责令限期改正，给予警告或者通报批评。对直接负责的主管人员和其他直接责任人员，视情节轻重依法给予相应处分；涉嫌犯罪的，依法移送司法机关处理。

（一）未按照规定的标准和程序，以照顾特定考生为目的，滥用推荐评价权力的；

（二）未按规定公示享受优惠政策的考生名单、各类推荐考生的名额、名单及相关证明材料的；

（三）在考生报名、推荐等工作过程中出具与事实不符的成绩单、推荐材料、证明材料等虚假材料，在学生综合素质档案中虚构事实或者故意隐瞒事实的；

（四）违规办理学籍档案、违背考生意愿为考生填报志愿或者有偿推荐、组织生源的；

（五）其他违反国家招生管理规定的行为。

第八条　招生考试机构违反国家招生管理规定，有下列情形之一的，由主管教育行政部门责令限期改正，给予警告或者通报批评。对直接负责的主管人员和其他直接责任人员，视情节轻重依法给予相应处分；涉嫌犯罪的，依法移送司法机关处理。

（一）为高校擅自超计划招生办理录取手续的；

（二）对降低标准违规录取考生进行投档的；

（三）违反录取程序投档操作的；

（四）在招生结束后违规补录的；

（五）未按照信息公开的规定公开招生工作信息的；

（六）对高校录取工作监督不力、造成严重不良后果的；

（七）其他违反国家招生管理规定的行为。

第九条　省级教育行政部门违反有关管理职责，有下列情形之一的，由国务院教育行政部门责令限期改正，并可给予通报批评。对直接负责的主管人员和其他直接责任人员，由有关主管部门依法给予处分；涉嫌犯罪的，依法移送司法机关处理。

（一）出台与国家招生政策相抵触的招生规定或者超越职权制定招生优惠政策的；

（二）擅自扩大国家核定的招生规模和追加招生计划，擅自改变招生计划类型的；

（三）要求招生考试机构和高校违规录取考生的；

（四）对高校和招生考试机构招生工作监管不力、造成严重不良后果的；

（五）其他违反国家招生管理规定的行为。

第十条　招生工作人员有下列情形之一的，其所在单位应当立即责令暂停其负责的招生工作，由有关部门视情节轻重依法给予相应处分或者其他处理；涉嫌犯罪的，依法移送司法机关处理。

（一）违规更改考生报名、志愿、资格、分数、录取等信息的；

（二）对已录取考生违规变更录取学校或者专业的；

（三）在特殊类型招生中泄露面试考核考官名单或者利用职务便利请托考核评价的教师，照顾特定考生的；

（四）泄露尚未公布的考生成绩、考生志愿、录取分数线等可能影响录取公正信息的，或者对外泄露、倒卖考生个人信息的；

（五）为考生获得相关招生资格弄虚作假、徇私舞弊的；

（六）违反回避制度，应当回避而没有回避的；

（七）索取或收受考生及家长财物，接受宴请等可能影响公正履职活动安排的；

（八）参与社会中介机构或者个人非法招生活动的；

（九）其他影响高校招生公平、公正的行为。

第十一条　考生有下列情形之一的，应当如实记入其考试诚信档案。下列行为在报名阶段发现的，取消报考资格；在入学前发现的，取消入学资格；入学后发现的，取消录取资格或者学籍；毕业后发现的，由教育行政部门宣布学历、学位证书无效，责令收回或者予以没收；涉嫌犯罪的，依法移送司法机关处理。

（一）提供虚假姓名、年龄、民族、户籍等个人信息，伪造、非法获得证件、成绩证明、荣誉证书等，骗取报名资格、享受优惠政策的；

（二）在综合素质评价、相关申请材料中提供虚假材料、影响录取结果的；

（三）冒名顶替入学，由他人替考入学或者取得优惠资格的；

（四）其他严重违反高校招生规定的弄虚作假行为。

违反国家教育考试规定、情节严重受到停考处罚，在处罚结束后继续报名参加国家教育考试的，由学校决定是否予以录取。

第三章　招生责任制及责任追究

第十二条　实行高校招生工作问责制。高校校长、招生考试机构主要负责人、教育行政部门主要负责人是招生工作的第一责任人，对本校、本部门、本地区的招生工作负全面领导责任。

在招生工作中，因违规行为造成严重后果和恶劣影响的，除追究直接负责人的责任外，还应当根据领导干部问责的相关规定，对有关责任人实行问责。

第十三条　对在高校招生工作中违规人员的处理，由有权查处的部门按照管理权限，依据《中华人民共和国行政监察法》《行政机关公务员处分条例》《事业单位工作人员处分暂行规定》等相关规定，依法予以监察处理、作出处分决定或者给予其他处理。

第十四条　高校招生工作以外的其他人员违规插手、干预招生工作，影响公平公正、造成严重影响和后果的，相关案件线索移送纪检监察机关或者司法机关查处。

第十五条　出现本办法第二章规定的违规情形的，有关主管部门应当立即启动相关程序，进行调查处理。情节严重、影响恶劣或者案情复杂、社会影响大的，应当及时上报，必要时由国务院教育行政部门参与或者直接进行处理。

第十六条　对有关责任人员违规行为的处理，应当按照国家规定的程序进行。对有关责任人员和考生的违规行为调查和收集证据，应当有2名以上工作人员。作出处理决定之前，应当听取当事人的陈述和申辩。

第十七条　对处理决定不服的有关责任人员和考生，可以按照国家有关规定提出复核或者申诉；符合法律规定受案范围的，可以依法提起行政复议或者诉讼。

第四章　附　　则

第十八条　本办法所称特殊类型招生，是指自主选拔录取、艺术类专业、体育类专业、保送生等类型的高校招生。

第十九条　研究生招生、成人高校招生有关违规行为的处理，参照本办法执行。

第二十条　本办法自发布之日起施行。

教育部关于印发《中小学教师违反职业道德行为处理办法》的通知

（教师〔2014〕1号）

各省、自治区、直辖市教育厅（教委），新疆生产建设兵团教育局：

现将《中小学教师违反职业道德行为处理办法》印发给你们，请遵照执行。

教育部

2014年1月11日

中小学教师违反职业道德行为处理办法

第一条　为规范教师职业行为，保障教师、学生的合法权益，根据《中华人民共和国教育法》《中华人民共和国未成年人保护法》《中华人民共和国教师法》《教师资格条例》等法律法规，制定本办法。

第二条　本办法所称中小学教师是指幼儿园、特殊教育机构、普通中小学、中等职业学校、少年宫以及地方教研室、电化教育等机构的教师。

前款所称中小学教师包括民办学校教师。

第三条　本办法所称处分包括警告、记过、降低专业技术职务等级、撤销专业技术职务或者行政职务、开除或者解除聘用合同。其中，警告期限为6个月，记过期限为12个月，降低专业技术职务等级、撤销专业技术职务或者行政职务期限为24个月。

第四条　教师有下列行为之一的，视情节轻重分别给予相应处分：

（一）在教育教学活动中有违背党和国家方针政策言行的；

（二）在教育教学活动中遇突发事件时，不履行保护学生人身安全职责的；

（三）在教育教学活动和学生管理、评价中不公平公正对待学生，产生明显负面影响的；

（四）在招生、考试、考核评价、职务评审、教研科研中弄虚作假、营私舞弊的；

（五）体罚学生的和以侮辱、歧视等方式变相体罚学生，造成学生身心伤害的；

（六）对学生实施性骚扰或者与学生发生不正当关系的；

（七）索要或者违反规定收受家长、学生财物的；

（八）组织或者参与针对学生的经营性活动，或者强制学生订购教辅资料、报刊等谋取利益的；

（九）组织、要求学生参加校内外有偿补课，或者组织、参与校外培训机构对学生有偿补课的；

（十）其他严重违反职业道德的行为应当给予相应处分的。

第五条　学校及学校主管教育部门发现教师可能存在第四条列举行为的，应当及时组织调查，核实有关事实。作出处理决定前，应当听取教师的陈述和申辩，听取学生、其他教师、家长委员会或者家长代表意见，并告知教师有要求举行听证的权利。对于拟给予降低专业技术职务等级以上的处分，教师要求听证的，拟作出处理决定的部门应当组织听证。

第六条　给予教师处分，应当坚持公正、公平和教育与惩处相结合的原则；应当与其违反职业道德行为的性质、情节、危害程度相适应；应当事实清楚、证据确凿、定性准确、处理恰当、程序合法、手续完备。

第七条　给予教师处分按照以下权限决定：

（一）警告和记过处分，公办学校教师由所在学校提出建议，学校主管教育部门决定。民办学校教师由所在学校决定，报主管教育部门备案。

（二）降低专业技术职务等级、撤销专业技术职务或者行政职务处分，由教师所在学校提出建议，学校主管教育部门决定并报同级人事部门备案。

（三）开除处分，公办学校教师由所在学校提出建议，学校主管教育部门决定并报同级人事部门备案；民办学校教师或者未纳入人事编制管理的教师由所在学校决定并解除其聘任合同，报主管教育部门备案。

第八条　处分决定应当书面通知教师本人并载明认定的事实、理由、依据、期限及救济途径等内容。

第九条　教师有第四条列举行为受到处分的，符合《教师资格条例》第十九条规定的，由县级以上教育行政部门依法撤销其教师资格。

教师受处分期间暂缓教师资格定期注册。依据《中华人民共和国教师法》第十四条规定丧失教师资格的，不能重新取得教师资格。

教师受降低专业技术职务等级处分期间不能申报高一级专业技术职务。教师受撤销专业技术职务处分期间不能重新申报专业技术职务。

第十条　教师不服处分决定的，可以向学校主管教育部门申请复核。对复核结果不服的，可以向学校主管教育部门的上一级行政部门提出申诉。

第十一条　学校及主管教育部门拒不处分、拖延处分或者推诿隐瞒造成不良影响或者严重后果的，上一级行政部门应当追究有关领导责任。

第十二条　教师被依法判处刑罚的，依据《事业单位工作人员处分暂行规定》给予撤销专业技术职务或者行政职务以上处分。教师受到剥夺政治权利或者故意犯罪受到有期徒刑以上刑事处罚的，丧失教师资格。

第十三条　省级教育行政部门应当结合当地实际情况制定实施细则，并报国务院教育行政部门备案。

第十四条　本办法自发布之日起施行。

教育部关于印发《完善中华优秀传统文化教育指导纲要》的通知

（教社科〔2014〕3号）

各省、自治区、直辖市教育厅（教委），新疆生产建设兵团教育局，有关部门（单位）教育司（局），部属各高等学校：

经国家教育体制改革领导小组审议同意，现将《完善中华优秀传统文化教育指导纲要》印发给你们，请结合实际认真贯彻执行。

教育部

2014年3月26日

完善中华优秀传统文化教育指导纲要

为贯彻落实党的十八届三中全会关于完善中华优秀传统文化教育的精神，落实立德树人根本任务，进一步加强新形势下中华优秀传统文化教育，制定本指导纲要。

一、加强中华优秀传统文化教育的重要性和紧迫性

1. 加强中华优秀传统文化教育，是深化中国特色社会主义教育和中国梦宣传教育的重要组成部分。中国特色社会主义道路是在对中华民族5000多年悠久文明的传承中走出来的，具有深厚的历史渊源和广泛的现实基础。加强中华优秀传统文化教育，对于引导青少年学生更加全面准确地认识中华民族的历史传统、文化积淀、基本国情，认清中国特色社会主义的历史必然性，坚定走中国特色社会主义道路、实现中华民族伟大复兴中国梦的理想信念，具有重大而深远的历史意义。

2. 加强中华优秀传统文化教育，是构建中华优秀传统文化传承体系，推动文化传承创新的重要途径。当今世界，文化在综合国力竞争中的地位和作用更加凸显，越来越成为民族凝聚力和创造力的重要源泉，博大精深的中华优秀传统文化是我们在世界文化激荡中站稳脚跟的根基。青少年学生是祖国的未来，民族的希望，加强对青少年学生的中华优秀传统文化教育，对于培养中华优秀传统文化的继承者和弘扬者，推动文化传承创新，建设社会主义先进文化具有基础作用。

3. 加强中华优秀传统文化教育，是培育和践行社会主义核心价值观，落实立德树人根本任务的重要基础。世界多极化、经济全球化深入发展，国内经济社会转轨转型，深刻变革，现代传播技术迅猛发展，世界范围内各种思想文化的交流交融交锋更加频繁，社会思想观念日益活跃。青少年学生思想意识更加自主，价值追求更加多样，个性特点更加鲜明，社会上一些不良思想倾向和道德行为，对青少年学生健康成长产生了不容忽视的影响。加强中华优秀传统文化教育，对于引导青少年学生增强民族文化自信和价值观自信，自觉践行社会主义核心价值观具有重要作用。

4. 加强中华优秀传统文化教育，必须正视面临的一系列困难和挑战。改革开放以来特别是新世纪以来，中华优秀传统文化教育不断加强，取得了显著成效，对于培养学生良好思想品德和行为习惯，培育和弘扬爱国主义精神，增强文化自觉自信等方面发挥了积极作用。但是，面对新形势、新要求，中华优秀传统文化教育还存在不少突出问题，对中华优秀传统文化教育重要性的认识有待进一步提高，教育内容的系统性、整体性还明显不足，重知识讲授、轻精神内涵阐释的现象还比较普遍，课程和教材体系有待完善，教师队伍整体素质有待提升，全社会共同参与的教育合力有待加强等，有效解决这些问题，迫切需要进一步完善中华优秀传统文化教育。

二、加强中华优秀传统文化教育的指导思想、基本原则和主要内容

5. 加强中华优秀传统文化教育的指导思想。坚持以邓小平理论、“三个代表”重要思想、科学发展观为指导，深入贯彻落实党的十八大、十八届三中全会精神和习近平总书记系列重要讲话精神，全面贯彻党的教育方针，积极培育和践行社会主义核心价值观，围绕立德树人根本任务，以弘扬爱国主义为核心的团结统一、爱好和平、勤劳勇敢、自强不息的民族精神为主线，以推进大中小学中华优秀传统文化教育一体化为重点，整体规划、分层设计、有机衔接、系统推进，促进青少年学生全面发展，培养富有民族自信心和爱国主义精神的社会主义事业建设者和接班人。

6. 加强中华优秀传统文化教育的基本原则

——坚持中华优秀传统文化教育与培育和践行社会主义核心价值观相结合。要坚持历史唯物主义和辩证唯物主义的立场、观点和方法，深入挖掘和阐发中华优秀传统文化讲仁爱、重民本、守诚信、崇正义、尚和合、求大同的时代价值。要处理好继承和创新的关系，重点做好创造性转化和创新性发展。

——坚持中华优秀传统文化教育与时代精神教育和革命传统教育相结合。既要大力弘扬以爱国主义为核心的民族精神，又要积极弘扬以改革创新为核心的时代精神，继承和弘扬革命传统文化。

——坚持弘扬中华优秀传统文化与学习借鉴国外优秀文化成果相结合。既要高度重视培育学生的民族自信心、自豪感，又要注重引导学生树立世界眼光，博采众长。

——坚持课堂教育与实践教育相结合。既要充分发挥课堂教学的主渠道作用，又要注重发挥课外活动和社会实践的重要作用。

——坚持学校教育、家庭教育、社会教育相结合。既要发挥学校主阵地作用，又要加强家庭、社会与学校之间的配合，形成教育合力。

——坚持针对性与系统性相结合。既要根据不同学段学生身心发展特点，区分层次，突出重点，又要加强各学段的有机衔接，逐步推进。

7. 开展中华优秀传统文化教育的主要内容。中华优秀传统文化是中华民族语言习惯、文化传统、思想观念、情感认同的集中体现，凝聚着中华民族普遍认同和广泛接受的道德规范、思想品格和价值取向，具有极为丰富的思想内涵。加强对青少年学生的中华优秀传统文化教育，要以弘扬爱国主义精神为核心，以家国情怀教育、社会关爱教育和人格修养教育为重点，着力完善青少年学生的道德品质，培育理想人格，提升政治素养。

——开展以天下兴亡、匹夫有责为重点的家国情怀教育。着力引导青少年学生深刻认识中国梦是每个人的梦，以祖国的繁荣为最大的光荣，以国家的衰落为最大的耻辱，增强国家认同，培养爱国情感，树立民族自信，形成为实现中华民族伟大复兴的中国梦而不懈努力的共同理想追求，培养青少年学生做有自信、懂自尊、能自强的中国人。

——开展以仁爱共济、立己达人为重点的社会关爱教育。着力引导青少年学生正确处理个人与他人、个人与社会、个人与自然的关系，学会心存善念、理解他人、尊老爱幼、扶残济困、关心社会、尊重自然，培育集体主义精神和生态文明意识，形成乐于奉献、热心公益慈善的良好风尚，培养青少年学生做高素养、讲文明、有爱心的中国人。

——开展以正心笃志、崇德弘毅为重点的人格修养教育。着力引导青少年学生明辨是非、遵纪守法、坚韧豁达、奋发向上，自觉弘扬中华民族优秀道德思想，形成良好的道德品质和行为习惯，培养青少年学生做知荣辱、守诚信、敢创新的中国人。

三、分学段有序推进中华优秀传统文化教育

8. 小学低年级，以培育学生对中华优秀传统文化的亲切感为重点，开展启蒙教育，培养学生热爱中华优秀传统文化的感情。认识常用汉字，学习独立识字，初步感受汉字的形体美；诵读浅近的古诗，获得初步的情感体验，感受语言的优美；了解一些爱国志士的故事，知道中华民族重要传统节日，了解家乡的生活习俗，明白自己是中华民族的一员；初步了解传统礼仪，学会待人接物的基本礼节；初步感受经典的民间艺术。引导学生孝敬父母、尊敬师长、友爱同学、礼貌待人，养成勤俭节约、吃苦耐劳、言行一致的生活习惯和行为规范，培育热爱家乡、热爱生活、亲近自然的情感。

9. 小学高年级，以提高学生对中华优秀传统文化的感受力为重点，开展认知教育，了解中华优秀传统文化的丰富多彩。熟练书写正楷字，理解汉字的文化含义，体会汉字优美的结构艺术；诵读古代诗文经典篇目，理解作品大意，体会其意境和情感；了解中华民族历代仁人志士为国家富强、民族团结作出的牺牲和贡献；知道重要传统节日的文化内涵和家乡生活习俗变迁；感受各民族艺术的丰富表现形式和特点，尝试运用喜爱的艺术形式表达情感；培养学生对传统体育活动的兴趣爱好。引导学生学会理解他人，懂得感恩，逐步提高辨别是非、善恶、美丑的能力，开始树立人生理想和远大志向，热爱祖国河山、悠久历史和宝贵文化。

10. 初中阶段，以增强学生对中华优秀传统文化的理解力为重点，提高对中华优秀传统文化的认同度，引导学生认识我国统一多民族国家的文化传统和基本国情。临摹名家书法，体会书法的美感与意境；诵读古代诗词，初步了解古诗词格律，阅读浅易文言文，注重积累、感悟和运用，提高欣赏品位；知道中国历史的重要史实和发展的基本线索，理解国家统一和民族团结的重要性，认识中华文明的历史价值和现实意义；欣赏传统音乐、戏剧、美术等艺术作品，感受其中表达的情感和思想；参加传统礼仪和节庆活动，了解传统习俗的文化内涵。引导学生尊重各民族传统文化习俗，珍视各民族共同创造的中华优秀文明成果，培养作为中华民族一员的归属感和自豪感。

11. 高中阶段，以增强学生对中华优秀传统文化的理性认识为重点，引导学生感悟中华优秀传统文化的精神内涵，增强学生对中华优秀传统文化的自信心。阅读篇幅较长的传统文化经典作品，提高古典文学和传统艺术鉴赏能力；认识中华文明形成的悠久历史进程，感悟中华文明在世界历史中的重要地位；认识人民群众创造历史的决定作用和杰出人物的贡献，吸取前人经验和智慧，培养豁达乐观的人生态度和抵抗困难挫折的能力；感悟传统美德与时俱进的品质，自觉以中华传统美德律己修身；了解传统艺术的丰富表现形式和特点，感受不同时代、地域、民族特色的艺术风格，接触和体验祖国各地的风土人情、民俗风尚，了解中华民族丰富的文化遗产。引导学生深入理解中华民族最深沉的精神追求，更加全面客观地认识当代中国，看待外部世界，认识国家前途命运与个人价值实现的统一关系，自觉维护国家的尊严、安全和利益。

12. 大学阶段，以提高学生对中华优秀传统文化的自主学习和探究能力为重点，培养学生的文化创新意识，增强学生传承弘扬中华优秀传统文化的责任感和使命感。深入学习中国古代思想文化的重要典籍，理解中华优秀传统文化的精髓，强化学生文化主体意识和文化创新意识；深刻认识中华优秀传统文化是中国特色社会主义植根的沃土，辩证看待中华优秀传统文化的当代价值，正确把握中华优秀传统文化与中国化马克思主义、社会主义核心价值观的关系。引导学生完善人格修养，关心国家命运，自觉把个人理想和国家梦想、个人价值与国家发展结合起来，坚定为实现中华民族伟大复兴的中国梦不懈奋斗的理想信念。

四、把中华优秀传统文化教育系统融入课程和教材体系

13. 在课程建设和课程标准修订中强化中华优秀传统文化内容。围绕中华优秀传统文化教育的主要任务，适时启动课程标准修订和课程开发的研究论证、试点探索和推广评估工作。在中小学德育、语文、历史、艺术、体育等课程标准修订中，增加中华优秀传统文化内容比重。地理、数学、物理、化学、生物等课程，应结合教学环节渗透中华优秀传统文化相关内容。鼓励各地各学校充分挖掘和利用本地中华优秀传统文化教育资源，开设专题的地方课程和校本课程。开展职业院校民族文化传承与创新示范专业点建设。鼓励有条件的高等学校统一开设中华优秀传统文化必修课，拓宽中华优秀传统文化选修课覆盖面。面向各级各类学校重点建设一批中华优秀传统文化精品视频公开课。加强中华优秀传统文化相关学科建设。

14. 修订相关教材和组织编写中华优秀传统文化普及读物。根据修订后的中小学课程标准，修订相关教材。制作内容精、形式活、受欢迎的数字化课件。在高等学校统一推广使用马克思主义理论研究和建设工程重点教材《中国文化概论》。鼓励有条件的地方结合地方课程需要编写具有地域特色的中华优秀传统文化读本。组织知名专家编写多层次、成系列的普及读物。

15. 充分发挥中小学德育课和高校思想政治理论课的重要作用。促进思想政治教育与中华优秀传统文化教育的紧密结合，以爱国主义教育为核心，深入挖掘中华优秀传统文化中蕴含的丰富思想政治教育资源，进一步丰富中小学德育课和高校思想政治理论课的教学内容，创新教学方法和手段，提升教学效果。

五、全面提升中华优秀传统文化教育的师资队伍水平

16. 打造一支中华优秀传统文化教育骨干队伍。在中小学教师资格考试内容中增加中华优秀传统文化的比重。在师范院校开设中华优秀传统文化课程。鼓励民间艺人、技艺大师、非物质文化遗产传承人参与职业教育教学。建立非物质文化遗产传承人"双向进入"机制，设立技艺指导大师特设岗位，鼓励有条件的职业院校成立大师工作室。在长江学者奖励计划、新世纪优秀人才支持计划、高等学校青年教师培养计划等各类人才计划，以及"万人计划"教学名师评选中，增加传统文化教学和研究人才比重，培养和造就一批中华优秀传统文化教学名师和学科领军人才。

17. 加强面向全体教师的中华优秀传统文化教育培训。在哲学社会科学教学科研骨干研修、高校思想政治理论课骨干教师研修、高校辅导员骨干培训中加大中华优秀传统文化内容比重。在中小学教师国家级培训计划、义务教育学校校长和农村幼儿园园长研修培训计划、职业学校教师和校长素质提高计划中增加中华优秀传统文化培训内容，提高各级各类学校教师开展中华优秀传统文化教育的能力。

六、着力增强中华优秀传统文化教育的多元支撑

18. 建设不断适应时代需要的中华优秀传统文化网络教育平台。利用好现有全国文化资源共享工程、公共电子阅览室建设工程、数字图书馆推广计划等数字文化惠民工程的数据资源成果，推动优秀传统文化网络传播，制作适合互联网、手机等新兴媒体传播的传统文化精品佳作。重点打造一批有广泛影响的传统文化特色网站，支持和鼓励学校网站开设传统文化专栏。加强校园网络建设，依托高校网络文化示范中心、大学生网络文化工作室等，拓宽适合青少年学生学习特点的线上教育平台。选取一批有代表性的中华优秀传统文化经典诗文，建设"中华经典资源库"。在中国大学生在线、易班网等设立中华优秀传统文化教育专栏，进行形式活泼、内容丰富的在线学习。

19. 加强中华优秀传统文化校园教育活动。利用学校博物馆、校史馆、图书馆、档案馆等，结合校史、院史、学科史和人物史的挖掘、整理和研究，发挥其独特的文化育人作用。深入开展创建中华优秀传统文化艺术传承学校活动，邀请传统文化名家、非物质文化遗产传承人等进校园、进课堂。依托少先队、共青团、学生党支部、学生会、学生社团等，开展主题教育、理论研讨、社会实践、志愿服务、文艺体育等形式多样、丰富多彩的活动。

20. 构建互为补充、相互协作的中华优秀传统文化教育格局。充分利用博物馆、纪念馆、文化馆(站)、图书馆、美术馆、音乐厅、剧院、故居旧址、名胜古迹、文化遗产、具有历史文化风貌的街区等，组织学生进行实地考察和现场教学，建立中小学生定期参观博物馆、纪念馆、遗址等公共文化机构的长效机制。积极配合文化、新闻出版广电等部门，提倡和扶持弘扬中华优秀传统文化的各类文艺作品创作，在评奖、宣传等方面加强引导，办好青少年电视频道，做好图书出版规划，创作、出版一批青少年喜爱的影视片、音像制品和文学艺术作品，为加强中华优秀传统文化教育提供丰富、生动的教育资源。

21. 充分发挥家庭在中华传统文化教育中的重要作用。要重视发挥中小学家长委员会以及各级各类家长学校、家庭教育指导机构、校外活动场所的作用，把学校教育与家庭教育紧密结合起来，积极组织开展学生和家长共同参与的传统文化体验、主题教育实践活动、志愿者服务和公益性活动，践行中华优秀传统美德，弘扬中华优秀传统文化。倡导家长通过言传身教，形成爱国守法、遵守公德、珍视亲情、勤俭持家、邻里和睦的良好家风，营造弘扬中华优秀传统文化的家庭教育氛围。

七、加强中华优秀传统文化教育的组织实施和条件保障

22. 加强对中华优秀传统文化教育的组织领导。各级党委教育工作部门和教育行政部门要把加强对青少年学生中华优秀传统文化教育作为一项战略任务，与宣传、文化、新闻出版广电等部门以及工会、共青团、妇联等群团组织密切配合，建立健全党委统一领导、党政群齐抓共管、有关部门各负其责、全社会共同参与的工作机制，形成中华优秀传统文化教育合力。教育部统筹规划和推进中华优秀传统文化教育课程、教材、师资等建设，明确具体任务和政策措施。充分发挥专家咨询作用，为开展中华优秀传统文化教育提供智力支持。要不断完善社会力量和市场力量参与的传统文化教育投入机制，鼓励和引导多途径增加传统文化教育投入。

23. 完善中华优秀传统文化教育的评价和督导机制。研究制定中华优秀传统文化教育的评价标准，将中华优秀传统文化教育作为教育现代化监测评价指标体系的重要内容。增加中华优秀传统文化内容在中考、高考升学考试中的比重。将中华优秀传统文化教育纳入课程实施和教材使用的督导范围，定期开展评估和督导工作。

24. 加强中华优秀传统文化教育教学研究。充分利用传统文化优势学科、重点研究基地和相关科研力量，深入开展中华优秀传统文化教育教学研究，为中华优秀传统文化教育教学提供理论基础和学理支撑。鼓励各地各校组织专门力量，加强中华优秀传统文化研究机构建设，为学校和教师提供专业服务和指导。

教育部、国家发展和改革委员会、财政部、人力资源和社会保障部、农业部、国务院扶贫办关于印发《现代职业教育体系建设规划(2014—2020年)》的通知

(教发〔2014〕6号)

各省、自治区、直辖市教育厅(教委)、发展改革委、财政厅(局)、人力资源和社会保障厅(局)、农业(农牧、农村经济)厅(委、局)、扶贫办(局)，新疆生产建设兵团教育局、发展改革委、财务局、人力资源和社会保障局、

农业局，有关部门（单位）教育司（局）：

为贯彻落实党的十八大和十八届三中全会精神，贯彻落实《国家中长期教育改革和发展规划纲要（2010—2020年）》《国务院关于加快发展现代职业教育的决定》，加快发展现代职业教育，建设现代职业教育体系，服务实现全面建成小康社会目标，教育部、国家发展和改革委员会、财政部、人力资源和社会保障部、农业部、国务院扶贫办组织编制了《现代职业教育体系建设规划（2014—2020年）》。现印发给你们，请结合本地区、本部门的实际情况，认真组织实施。

教育部
国家发展和改革委员会
财政部
人力资源和社会保障部
农业部
国务院扶贫办
2014年6月16日

现代职业教育体系建设规划（2014—2020年）

目　录

（十一）加速数字化、信息化进程

（十二）建设开放型职业教育体系

五、体系建设的制度保障和机制创新

（一）完善职业教育法律体系和标准体系

（二）推进职业教育管办评分离改革

（三）深化职业教育招生考试制度改革

（四）完善校企合作的现代职业院校治理结构

（五）创新校企协同的技术技能积累机制

（六）构建适应现代职业教育体系的投入机制

（七）健全促进职业教育公平的体制机制

（八）创新职业教育区域合作机制

（九）建立职业教育服务社区机制

六、保障实施

（一）加强组织领导

（二）完善支持政策

（三）营造良好氛围

（四）加强监测评估

为全面贯彻党的十八大和十八届三中全会精神，依据《国民经济和社会发展第十二个五年规划纲要》、《国家中长期教育改革和发展规划纲要（2010—2020年）》、《国家中长期人才发展规划纲要（2010—2020年）》、《国务院关于加快发展现代职业教育的决定》和各产业、行业规划，特制定本规划。

一、规划背景

加快发展现代职业教育是党中央、国务院作出的重大战略决策。现代职业教育是服务经济社会发展需要，面向经济社会发展和生产服务一线，培养高素质劳动者和技术技能人才并促进全体劳动者可持续职业发展的教育类型。建立现代职业教育体系，是促进现代职业教育服务转方式、调结构、促改革、保就业、惠民生和工业化、信息化、城镇化、农业现代化同步发展的制度性安排，对打造中国经济升级版，创造更大人才红利，促进就业和改善民生，加强社会建设和文化建设，满足人民群众生产生活多样化的需求，实现中华民族伟大复兴的中国梦都具有重要意义。

随着新型工业化的推进和科学技术的发展，现代职业教育体系越来越成为国家竞争力的重要支撑。特别是国际金融危机以来，美、欧、日、俄、印等国家和地区都将完善现代职业教育体系作为增强国家竞争力特别是发展实体经济的战略选择，力求在新一轮国际竞争中建立巩固的、可持续的人才和技术竞争优势。

改革开放以来，我国职业教育改革发展取得了巨大成就，中高等职业教育快速发展，职业院校基础能力显著提高，产教结合、校企合作不断深入，行业企业参与不断加强，中高职衔接呈现良好势头。但是，必须清醒地看到，我国职业教育仍然存在着社会吸引力不强、发展理念相对落后、行业企业参与不足、人才培养模式相对陈旧、基础能力相对薄弱、层次结构不合理、基本制度不健全、国际化程度不高等诸多问题，并集中体现在职业教育体系不适应加快转变经济发展方式的要求上。抓住发展机遇，站在经济、社会和教育发展全局的高度，以战略眼光、现代理念和国际视野建设现代职业教育体系，加快发展现代职业教育，是促进教育公平、基本实现教育现代化和建设人力资源强国的必然选择。

二、总体要求

（一）指导思想

以邓小平理论、"三个代表"重要思想、科学发展观为指导，按照"五位一体"社会主义现代化建设总体布局和加快经济发展方式转变的总体要求，坚持以立德树人为根本，以服务发展为宗旨，以促进就业为导向，深化体制机制改革，统筹发挥好政府和市场的作用，系统设计现代职业教育的体系框架、结构布局和运行机制，推动教育制度创新和结构调整，培养数以亿计的工程师、高级技工和高素质职业人才，传承技术技能，促进就业创业，为建设人力资源强国和创新型国家提供人才支撑。

（二）建设目标

总体目标是：牢固确立职业教育在国家人才培养体系中的重要位置，到2020年，形成适应发展需求、产教深度融合、中职高职衔接、职业教育与普通教育相互沟通，体现终身教育理念，具有中国特色、世界水平的现代职业教育体系，建立人才培养立交桥，形成合理教育结构，推动现代教育体系基本建立、教育现代化基本实现。具体分两步走：

——2015年，初步形成现代职业教育体系框架。现代职业教育的理念得到广泛宣传，职业教育体系建设的重大政策更加完备，人才培养层次更加完善，专业结构更加符合市场需求，中高等职业教育全面衔接，产教融合、校企合作的体制基本建立，现代职业院校制度基本形成，职业教育服务国家发展战略的能力进一步提升，职业教育吸引力进一步增强。

——2020年，基本建成中国特色现代职业教育体系。现代职业教育理念深入人心，行业企业和职业院校（中等职业学校和高等职业学校的统称，下同）共同推进的技术技能积累创新机制基本形成，职业教育体系的层次、结构更加科学，院校布局和专业设置适应经济社会需求，现代职业教育的基本制度、运行机制、重大政策更加完善，社会力量广泛参与，建成一批高水平职业院校，各类职业人才培养水平大幅提升。

专栏1　现代职业教育体系建设量化目标

目　　标	单　位	2012年	2015年	2020年
中等职业教育在校生数	万人	2114	2250	2350
专科层次职业教育在校生数	万人	964	1390	1480
继续教育参与人次	万人次	21000	29000	35000
职业院校职业教育集团参与率	%	75	85	90
高职院校招收有实际工作经验学习者比例	%	5	10	20
职业院校培训在校生（折合数）相当于学历职业教育在校生的比例	%	14	20	30
实训基地骨干专业覆盖率	%	35	50	80
有实践经验的专兼职教师占专业教师总数的比例	%	35	45	60
职业院校校园网覆盖率	%	90	100	100
数字化资源专业覆盖率	%	70	80	100

（三）基本原则

坚持政府统筹规划。以提高质量、促进就业、服务发展为导向，发挥政府在职业教育体系建设中的引导、规范和督导作用，深化重要领域和关键环节的改革。中央政府加强职业教育体系的顶层设计，完善体系建设、管理、运行的法律法规和基本制度。扩大省级政府统筹权，鼓励各地根据区域经济社会发展需要，探索体系建设模式，推动职业教育多样化、多形式发展。

坚持市场需求导向。充分发挥市场在资源配置中的决定性作用，扩大职业院校办学自主权，推动学校面向社会需求办学，增强职业教育体系适应市场经济的能力。充分调动社会力量，吸引更多资源向职业教育汇聚，促进政府办学、企业办学和社会办学共同发展。进一步发挥行业、企业、学校和社会各方面的积极作用，激发职业教育办学活力，最大限度释放改革红利。

坚持产教融合发展。走开放融合、改革创新的中国特色现代职业教育体系建设道路，推动职业教育融入经济社会发展和改革开放的全过程，推动专业设置与产业需求、课程内容与职业标准、教学过程与生产过程对接，实现职业教育与技术进步和生产方式变革以及社会公共服务相适应，促进经济提质增效升级。

坚持各级各类教育协调发展。统筹职业教育和普通教育、继续教育发展，建立学分积累和转换制度，畅通人才成长通道。优化职业教育体系结构和空间布局，形成普通教育与职业教育相互沟通、全日制与非全日制协调发展，学历教育与非学历培训沟通衔接，公办民办共同发展的现代职业教育新格局。

三、体系的基本架构

按照终身教育的理念，形成服务需求、开放融合、纵向流动、双向沟通的现代职业教育的体系框架和总体布局。

专栏2　教育体系基本框架示意图（略，详情请登录教育部网站）

（一）职业教育的层次结构

初等职业教育。在有需要的地方继续办好初等职业教育学校。各类职业院校、培训机构和用人单位内部开展实用技术技能培训，使学习者获得基本的工作和生活技能。

中等职业教育。中等职业教育在现代职业教育体系中具有基础作用，为初高中毕业生开展基础性的知识、技术和技能教育，培养技能人才。中等职业教育是职业教育发展的重点，今后一个时期总体保持普通高中和中等职业学校招生规模大体相当。

高等职业教育。在办好现有专科层次高等职业（专科）学校的基础上，发展应用技术类型高校，培养本科层次职业人才。应用技术类型高等学校是高等教育体系的重要组成部分，与其他普通本科学校具有平等地位。高等职业教育规模占高等教育的一半以上，本科层次职业教育达到一定规模。建立以提升职业能力为导向的专业学位研究生培养模式。根据高等学校设置制度规定，将符合条件的技师学院纳入高等学校序列。

（二）职业教育的终身一体

职业辅导教育。普通教育学校为在校生和未升学毕业生提供多种形式职业发展辅导。普通高中根据需要适当增加职业技术教育内容。职业院校和普通教育学校开展以职业道德、职业发展、就业准备、创业指导等为主要内容的就业教育和服务。

职业继续教育。各类职业院校是继续教育的重要主体，通过多种教育形式为所有劳动者提供终身学习机会。企事业单位举办职工教育，建立制度化的岗位培训体系。社会培训机构是职业继续教育的重要组成部分，依法自主开展职业培训和承接政府组织的职业培训。

劳动者终身学习。增强职业教育体系的开放性和多样性，使劳动者能够在职业发展的不同阶段通过多次选择、多种方式灵活接受职业教育和培训，促进学习者为职业发展而学习，使职业教育成为促进全体劳动者可持续发展的教育。

（三）职业教育的办学类型

政府办学、企业办学和社会办学。建立政府、企业和其他社会力量共同发挥办学主体作用，公办和民办职业院校共同发展的职业教育办学体制。政府实行统一的准入制度，办好骨干职业院校，支持社会力量办学。各类主体兴办的职业院校具有同等法律地位，依法公平、公开竞争。

全日制职业教育与非全日制职业教育。增加非全日制职业教育在职业教育中的比重，发展工学交替、双元制、学徒制、半工半读、远程教育等各种灵活学习方式的职业教育。通过改革学制、学籍和学分管理制度，实现全日制职业教育和非全日制职业教育的统筹管理。

学历职业教育与非学历职业教育。职业院校同时开展学历职业教育和非学历职业教育，满足行业、企业和社区的多样化需求。职业院校和职业培训机构开展的非学历职业教育可以通过质量认证体系、学分积累和转换制度、学分银行和职业资格考试进行学历认证。

（四）职业教育的开放沟通

职业教育体系内部。系统构建从中职、专科、本科到专业学位研究生的培养体系，满足各层次技术技能人才的教育需求，服务一线劳动者的职业成长。拓宽高等职业学校招收中等职业学校毕业生、应用技术类型高等学校招收职业院校毕业生通道，打开职业院校学生的成长空间。在确有需要的职业领域，可以实行中职、专科、本科贯通培养。

职业教育与普通教育。建立职业教育和普通教育双向沟通的桥梁。普通学校和职业院校可以开展课程和学分互认。学习者可以通过考试在普通学校和职业院校之间转学、升学。普通高等学校可以招收职业院校毕业生，并与职业院校联合培养高层次应用型人才。

职业教育与人力资源市场。职业院校按照经济社会发展的需求确定人才培养的规格层次、专业体系、培养方式和质量标准。畅通一线劳动者继续学习深造的路径，增加有工作经验的技术技能人才在职业院校学生中的比重，建立在职人员学习—就业—再学习的通道，实现优秀人才在职业领域与教育领域的顺畅转换。

四、体系建设的重点任务

以现代教育理念为先导，加强现代职业教育体系建设的重点领域和薄弱环节。

（一）优化职业教育服务产业布局

大力发展现代农业职业教育。以培养新型职业农民为重点，建立公益性农民培养培训制度。推进农民继续教育工程，创新农学结合模式。以农业职业院校为主体，构建覆盖全国、服务完善的现代职业农民教育网络。依托农业高等学校、职业院校组建农业教育集团，培养多层次农业技术人才，参与农业技术推广体系建设。鼓励企业、行业协会、农业合作社举办或参与举办农业职业院校，参与涉农专业、课程和人才培养模式改革。提高农村基础教育、职业教育和成人继续教育统筹水平，促进农科教结合。推动一批县（区）在农村职业教育和成人教育改革发展方面发挥示范作用。

提升服务工业转型升级能力。根据国家发展先进制造业的战略部署，按照现代生产方式和产业技术进步要求，重点培养掌握新技术、具备高技能的高素质技术技能人才。适应战略性新兴产业、现代能源产业、海洋产业、综合交通运输体系、生态环境保护等领域的发展需要，优先发展相关新兴专业，提高中国制造和中国装备的市场竞争力，加快完善人才支撑体系。

加快培养服务现代服务业人才。根据服务业加快发展的趋势，逐步提高面向服务业的职业教育比重。重点加强服务金融、物流、商务、医疗、健康和高技术服务等现代服务业的职业教育，培养具有较高文化素质和技术技能素质的新型服务人才。深化文化艺术类职业教育改革，重点培养文化创意人才、基层文化人才，传承创新民族文化和民族工艺，推动文化产业成为国民经济支柱性产业。

加紧满足社会建设和社会管理人才需求。发挥职业教育植根社区、服务社区的重要作用，推动职业院校面向基层，积极开设城镇管理、乡村建设、社会保障、社区工作、文化体育、环境卫生、老龄服务等专业，培养下得去、留得住的有文化、懂技术、善沟通的高素质社会管理和服务工作者。

专栏3　经济和社会重点领域与技术技能人才培养

现代农业	加强农业职业教育，培养适应农业产业化和科技进步的新型职业农民。加强适应现代农业生产方式的技术人才、流通人才、经营和管理人才培养，支持农业结构战略性调整。
制造业	加快培养适应工业转型升级需要的技术技能人才，使劳动者素质的提升与制造技术、生产工艺和流程的现代化保持同步，实现产业核心技术技能的传承、积累和创新发展，促进制造业由大变强。
服务业	面向金融服务、现代物流、商务服务、社会工作服务和高技术服务领域，培养具备高尚职业道德、较高人文素养、通晓国际标准和高超技术技能的专门人才，通过人才专业化提升服务业的竞争力。适应老龄服务事业和产业发展需要，加快相关人才培养。
战略性新兴产业	坚持自主创新带动与技术技能人才支撑并重的人才发展战略，加强战略性新兴产业相关专业建设，培养、储备应用先进技术、使用先进装备和具有工艺创新能力的高层次技术技能人才。
能源产业	适应现代能源产业体系建设需要，加强新能源、可再生能源相关专业建设，加快节能环保、污染物防治与安全处置、资源回收与循环利用等相关产业技术技能人才培养。
交通运输	服务综合交通运输体系建设，改造提升交通运输相关专业，优化人才培养结构，加快轨道交通、民航、公共交通等急需技术技能人才培养，提高从业人员素质。
海洋产业	加强海洋类职业院校和专业建设，加快海洋油气业、海洋渔业、海洋船舶业等海洋传统产业，海洋交通运输业、海洋旅游业等海洋服务业，以及海洋装备制造业等海洋新兴产业急需的技术技能人才培养，为发展壮大海洋经济和增强海洋开发利用能力提供人才支撑。
社会建设与社会管理	支持职业院校围绕城乡发展、社会管理、社区服务、基层文化建设，培养基层管理和公共服务人才。
文化产业	适应文化产业的发展需要，加强文化创意、影视制作、出版发行等重点文化产业技术技能人才的培养。依托职业教育体系保护、传承和创新民族传统工艺与非物质文化遗产，培养各民族文艺人才。

（二）统筹职业教育区域发展布局

优化职业教育区域布局。各地从本区域实际出发，规划职业教育体系布局结构。东部地区和大中城市要根据经济转型升级的需要，提高中等职业教育的核心竞争力和高等职业教育的现代化水平。中西部地区要多渠道筹措资金增强职业教育基础能力，以中等职业教育为重点普及高中阶段教育，提高服务当地特色优势产业的高等职业教育质量。民族地区要从加快区域经济社会发展和促进各民族交流交融的要求出发，加快职业教育发展步伐，着力优化结构、提高质量，加强双语、“双师型”教师队伍建设，提升职业教育服务当地特色优势产业、民族文化和民族工艺、基本公共服务、社会管理和贫困家庭脱贫致富的能力。

优化职业教育城乡布局。充分发挥职业教育就业导向作用，引导农村剩余劳动力向城镇和非农产业有序转移。重点加强农民工、农民工子女和城市转岗就业人员的职业教育和培训。在城镇化建设中科学规划职业教育，院校布局更加贴近所服务的产业和社区。新增高等职业学校主要向中小城市布局。根据各主体功能区的定位，推动区域内职业院校科学定位，使每一所职业院校集中力量办好当地经济社会需要的特色优势专业（集群）。推动县区职业教育中心（中等职业学校）成为区域学历教育、技术推广、扶贫开发、劳动力转移培训和社会生活教育的开放平台，将服务网络延伸到社区、村庄、合作社、农场、企业。

（三）加快民办职业教育发展步伐

完善鼓励社会力量办学的政策环境。充分发挥社会力量举办职业教育对加快建立现代职业教育体系、激发职业教育发展活力的重要作用。完善各类职业院校设置标准，建立公开透明规范的民办职业教育准入、审批制度，稳步扩大优质民办教育规模。鼓励企业举办或参与举办职业院校，到2020年，大中型企业参与职业教育办学的比例达到80%以上。各地要把社会力量举办的职业院校纳入教育发展规划，推动民办职业院校分类管理试点，健全政府补贴、购买服务、助学贷款、基金奖励、捐资激励等制度，鼓励社会力量参与职业教育办学。对办学规范、管理严格的民办职业院校，逐步实行在核定办学规模内自主确定招生范围和年度招生计划的制度。

创新民办职业教育办学模式。支持发展一批品牌化、连锁化和中高职衔接的民办职业教育集团。积极支持各类办学主体通过独资、合资、合作等多种形式举办民办职业教育，探索发展股份制、混合所有制职业院校。开展社会力量参与公办职业院校改革建立混合所有制职业院校试点，允许社会力量通过购买、承租、委托管理等方式改造办学活力不足的公办职业院校。鼓励民间资本与公办优质教育资源嫁接合作在经济欠发达地区扩大优质职业教育资源。鼓励企业和公办职业院校合作举办混合所有制性质的二级学院。允许社会力量以资本、知识、技术、管理等要素参与办学并享有相应权利，探索在民办职业院校实行职工持股。鼓励专业技术人才、高技能人才在职业院校建设股份合作制的工作室。

（四）推动职业教育集团化发展

科学规划职业教育集团发展。职业教育集团化发展是政府主导、行业指导、企业参与的职业教育办学体制的重要实现形式，对促进教育链和产业链有机融合有重要作用。完善现有职业教育集团的治理结构、发展机制，逐步扩大各类职业院校参与率，到2020年基本覆盖所有职业院校，初步建成300个富有活力和引领作用的骨干职业教育集团。开展多元投资主体依法共建职业教育集团的改革试点。

创新职业教育集团的发展机制。按照市场导向、利益共享、合作互赢的原则，吸引各类主体参与职业教育集团建设。通过中央企业和行业龙头企业牵头、骨干职业院校牵头、行业和职业院校联合、地方政府整合职业教育资源、区域内职业院校资源共享等方式多样化发展职业教育集团。鼓励各地在重大产业建设工程中，同步规划覆盖全产业链的职业教育集团。

提升职业教育集团的发展活力。研究制定促进职业教育集团发展的支持政策。支持符合条件的职业教育集团统筹中高职衔接、专业课程建设、实训基地建设、教师队伍建设。鼓励通过领导干部交叉任职、共建技术创新平台和生产性实训基地、建立混合所有制职业院校等方式强化集团内部的利益纽带。鼓励行业特色明显的普通高等学校参与职业教育集团。鼓励职业教育集团与跨国企业、境外教育机构等开展合作。

（五）加强中等职业教育基础地位

巩固提高中等职业教育。中等职业教育是公共服务体系的重要组成部分。将普及高中阶段教育重点放在中等职业教育。坚持以就业为导向办好中等职业教育，按照系统培养、全面培养、终身教育的理念，加强思想道德和职业道德教育，强化基础文化和体育、艺术课程，加强新技术教育和技能训练，为学生全面成才、持续发展奠定扎实基础。继续探索举办职业教育和普通教育融通的综合高中。

调整优化中等职业教育布局。各地要根据本地产业、人口、教育实际和城镇化进程提出中等职业教育规划布局指导意见，指导各地从实际出发逐步优化中等职业教育学校布局和专业。鼓励优质学校通过兼并、托管、合作办学等形式，整合办学资源；对定位不明确、办学质量低、服务能力弱的学校实行调整改造或兼并重组。推动各项要素资源优化整合，逐步提高中等职业学校办学水平。

（六）优化高等职业教育结构

推进高等学校分类管理。建立高等学校分类体系，探索对研究类型高校、应用技术类型高校、高等职业学校等不同类型的高等学校实行分类设置、评价、指导、评估、拨款制度。鼓励举办应用技术类型高校，将其建设成为直接服务区域经济社会发展，以举办本科职业教育为重点，融职业教育、高等教育和继续教育于一体的新型大学。原则上现有专科高等职业学校不升格为或并入普通高等学校。各地科学规划区域内高等教育布局结构，根据国家的有关规定设置专科阶段高等学校。

引导一批本科高等学校转型发展。支持定位于服务行业和地方经济社会发展的本科高等学校实行综合改革，向应用技术类型高校转型发展。鼓励独立学院转设为独立设置的学校时定位为应用技术类型高校。鼓励本科高等学校与示范性高等职业学校通过合作办学、联合培养等方式培养高层次应用技术人才。应用技术类型高校同时招收在职优秀技术技能人才、职业院校优秀毕业生和普通高中、综合高中毕业生。各地采取计划、财政、评估等综合性调控政策引导地方本科高等学校转型发展。

加快高等职业学校改革步伐。深化高等职业学校治理结构、专业体系、培养模式、招生入学制度等关键领域改革，提升办学活力和人才培养质量。根据区域发展需要设立的高等职业学校，要强化服务社区导向，为社区提供职业教育、继续教育和普通高等学校基础课程。行业特色明显的高等职业学校，要增强服务产业导向，发挥提升产业竞争力的作用。

探索举办特色学院。鼓励大型企业、科研机构和行业协会举办或参与举办以服务产业链为目标，主要依托企业开展教学实训，人才培养和职工培训融为一体，产教、科教融合发展，专业特色明显的特色学院，新增一批优质高等职业教育资源。

（七）完善职业人才衔接培养体系

加强中高职衔接。推进中等和高等职业教育培养目标、专业设置、课程体系、教学过程等方面的衔接。探索对口合作、集团化发展等多形式的衔接方式。逐步扩大职业院校自主招生权和学习者自主选择权，形成多种方式、多次选择的衔接机制和衔接路径。充分发挥开放大学在中高职衔接中的重要作用。

完善五年制高职。以初中为起点的五年制高等职业学校，主要面向学前教育、护理、健康服务、社区服务等特殊专业领域，培养兼具较高文化素质和专业技术技能的专门人才。国家发布五年制高职专业目录。支持办好重点培养产业发展和社会建设急需人才的五年制高等职业学校。

强化学历、学位和职业资格衔接。研究探索符合职业教育特点的学位制度。完善学历学位证书和资格证书“双证书”制度，逐步实现职业教育学历学位证书体系、专业学位研究生教育与职业资格证书体系的有机衔接，探索建立各级职业教育与普通教育相衔接的制度。完善职业院校合格毕业生取得相应职业资格证书的办法。

（八）建立职业教育质量保障体系

完善校企合作、工学结合的人才培养体系。将工学结合贯穿职业教育教学全过程，学生从入学开始就接受相应的动手和实践课程，并根据培养目标同步深化文化、技术和技能学习与训练，逐步实现就业需求和人才培养的有机衔接。加强科学素养、技术思维和实践能力教育，加强实验、实训、实习和研究性学习环节。加强工程实践中心、实训基地和企业实习基地的建设，保障学习者有质量的实习实训需求。强化实习实训环节的评价考核。在有条件的企业试行职业院校和企业联合招生、联合培养的学徒制，企业根据用工需求与职业院校实行联合招生（招工）、联合培养。完善支持政策，通过政府、企业、社会、家庭等多渠道筹集学生（学徒）培养培训经费。

加强职业院校德育工作。积极培育和践行社会主义核心价值观。弘扬民族优秀文化和现代工业文明，传承民族工艺文化中以德为先、追求技艺、重视传承的优良传统。推进产业文化进教育、企业文化进校园、职业文化进课堂，将生态环保、绿色节能、清洁生产、循环经济等理念融入到教育过程，开展丰富多彩的校园文化活动，建设融合产业文化的校园文化。切实加强职业道德教育，注重用优秀毕业生先进事迹教育引导在校学生，培养具有现代职业理念和良好职业操守的高素质人才。鼓励企业与职业院校开展多种形式的文化实践活动。

健全职业教育质量评价制度。以学习者的职业道德、技术技能水平和就业质量为核心，建立职业教育质量评价体系。完善学校、行业、企业、研究机构和其他社会组织共同参与的职业教育质量评价机制。各地要加强对职业教育的督导和评估，开展以人才培养质量和服务贡献为主要内容的职业院校绩效考核。职业院校要建立内部质量评价制度，强化质量保障体系建设。注重发挥行业作用，支持行业协会开展职业院校人才培养质量评估，提高人才培养质量和结构与行业需求的匹配度。鼓励企业、用人单位开展毕业生就业质量、满意度等评价。积极支持各类专业组织等第三方机构开展质量评估。

（九）改革职业教育专业课程体系

建立产业结构调整驱动专业改革机制。办好特色优势专业，压缩供过于求的专业，调整改造办学层次、办学质量与需求不对接的专业，建立面向市场、优胜劣汰的专业设置机制。职业院校可以在政府和行业的指导下对接职业和岗位需求自主设置专业。支持职业院校设置反映未来产业变革和技术进步趋势的新专业。到2015年，基本完成新一轮专业设置改革，学校特色优势专业集中度显著提高。扩大学生选专业、转专业的自主权。建立专业设置信息发布平台和动态调整预警机制。探索建立区域中高职专业设置管理的宏观协调机制。

建立产业技术进步驱动课程改革机制。适应经济发展、产业升级和技术进步需要，建立国家职业标准与专业教学标准联动开发机制。按照科技发展水平和职业资格标准设计课程结构和内容。通过用人单位直接参与课程设计、评价和国际先进课程的引进，提高职业教育对技术进步的反应速度。到2020年，基本形成对接紧密、特色鲜明、动态调整的职业教育课程体系。

建立真实应用驱动教学改革机制。职业院校按照真实环境真学真做掌握真本领的要求开展教学活动。推动教学内容改革，按照企业真实的技术和装备水平设计理论、技术和实训课程；推动教学流程改革，依据生产服务的真实业务流程设计教学空间和课程模块；推动教学方法改革，通过真实案例、真实项目激发学习者的学习兴趣、探究兴趣和职业兴趣。

（十）完善“双师型”教师培养培训体系

改革教师资格和编制制度。根据职业教育的特点完善教师资格标准、专业技术职务（职称）评聘办法。探索在职业学校设置正高级教师职务（职称）。各地要比照普通高中和普通高等学校，根据职业教育特点核定公办职业院校教职工编制。新增教师编制主要用于引进有实践经验的专业教师，到2020年，有实践经验的专兼职教师占专业教师总数的比例达到60%以上。

改革职业院校用人制度。落实职业院校用人自主权，鼓励职业院校按照国家相关规定聘请企业管理人员、工程技术人员和能工巧匠担任专兼职教师。建立符合职业院校特点的教师绩效评价标准，绩效工资内部分配向“双师型”教师适当倾斜。探索建立行业企业举办的职业院校和民办职业院校教师年金制度。

完善教师培养制度。加强职业技术师范院校建设。依托高水平学校和大中型企业建立“双师型”职业教育师资培养基地。探索职业教育师资定向培养制度和“学历教育＋企业实训”的培养办法。加强职业教育教师队伍师德建设，增强教师从事职业教育的荣誉感和责任感。

完善教师培训制度。建立职业院校教师轮训制度，促进职业院校教师专业化发展。建立一批职业教育教师实践企业基地，实行新任教师先实践、后上岗和教师定期实践制度，专业教师每两年专业实践的时间累计不少于两个月。鼓励职业院校教师加入行业协会组织。

（十一）加速数字化、信息化进程

推进信息化平台体系建设。将信息化作为现代职业教育体系建设的基础，实现“宽带网络校校通”、“优质资源班班通”、“网络学习空间人人通”。加强职业院校信息化基础设施建设，到2015年宽带和校园网覆盖所有职业院校。加强职业教育信息化管理平台建设，到2015年基本建成职业教育信息化管理系统，并与全国公共就业信息服务平台联通，实现资源共享。加强职业教育数字化资源平台建设，到2020年，数字化资源覆盖所有专业。建立全国职业教育数字资源共建共享联盟，制定职业教育数字资源开发规范和审查认证标准，推动建设面向全社会的优质数字化教学资源库。提高开放大学信息化建设水平，到2020年信息技术应用达到世界先进水平。

加快数字化专业课程体系建设。加紧用信息技术改造职业教育专业课程，使每一个学生都具有与职业要求相适应的信息技术素养。与各行业、产业信息化进程紧密结合，将信息技术课程纳入所有专业。在专业课程中广泛使用计算机仿真教学、数字化实训、远程实时教育等技术。加快发展数字农业、智能制造、智慧服务等领域的相关专业。加强对教师信息技术应用能力的培训，将其作为教师评聘考核的重要标准。办好全国职业院校信息化教学大赛。

（十二）建设开放型职业教育体系

扩大引进优质职业教育资源。有计划地学习和引进国际先进、成熟适用的人才培养标准、专业课程、教材体系和数字化教育资源。大力引进国外智力，支持职业院校申办聘请外国专家（文教类）许可。实施跟踪和赶超战略，鼓励职业院校与国外高水平院校建立一对一合作关系。鼓励职业院校举办高水平中外合作办学机构和项目。鼓励职业院校以团队方式派遣访问学者系统学习国外先进办学模式。加强同联合国教科文组织、世界银行等国际组织和职业教育先进国家开展职业教育领域的合作和交流。

鼓励骨干职业院校走出去。服务国家对外开放战略，培育一批具有国际竞争力的职业院校。加快培养适应我国企业走出去要求的技术技能人才。积极扩大职业院校招收海外留学生的规模，探索和规范职业院校到国（境）外办学。支持承揽海外大型工程的企业与职业院校联合建立国际化人才培养基地。鼓励沿边地区的职业院校加强与周边国家的合作，提高我国教育对周边国家的辐射力、影响力。

五、体系建设的制度保障和机制创新

以产教融合为主线，建立各级政府、行业、企业、学校和社会各方面共同参与的制度创新平台，为现代职业教育体系建设提供制度保障。

（一）完善职业教育法律体系和标准体系

推动加快修订《职业教育法》。依法确立现代职业教育体系基本架构，明确各级政府的职责，规范职业院校、行业、企业等主体的权利、义务，将职业教育体系建设的成果法制化。完善促进校企合作和职业教育集团化发展的法律法规。在修订教育法、民办教育促进法、高等教育法、教师法、学位条例以及劳动、社会保障、外国专家等方面的法律法规时，按照现代职业教育体系建设的要求修订完善相关条款。

建立健全职业教育标准体系。加快制定符合职业教育特点、适应经济发展和产业升级要求的各类职业院校办学标准。完善各项标准的实施和检验制度。各地要制定规划和实施方案，到2020年，使各类职业院校基本达到国家规定的办学标准。

（二）推进职业教育管办评分离改革

转变政府管理方式。完善分级管理、地方为主、政府统筹、社会参与的管理体制，加快政府职能转变，减少部门职责交叉和分散，减少对学校教育教学具体事务的干预。各级政府加强发展战略、规划、政策、标准等制定和实施，统筹区域职业教育发展，落实职业教育投入责任，创设有利于产教融合、校企合作和社会力量参与办学的良好制度环境。赋予省级政府更大权限，扩大省级政府在现代职业教育体系建设中的统筹权。

加强行业指导、企业参与。构建职业教育行业指导体系，发挥行业在提供政策咨询服务、发布行业人才需求、推进校企合作、参与指导教育教学、开展质量评价等方面的重要作用。加强行业指导能力建设，各地和有关部门将适宜行业组织承担的职责通过授权委托、购买服务等方式交给行业组织，给予政策支持并强化服务监管。加强职业教育行业指导委员会和教学指导委员会建设。通过法制建设、政策引导、考核评价等多种途径进一步落实企业参与校企合作、支持学生实习实训、开展职工继续教育的责任。用人单位要为职工的职业继续教育和终身学习提供条件。将国有大中型企业支持职业教育列入企业履行社会责任考核内容。

扩大职业院校办学自主权。实行“负面清单”制度，深化行政审批制度改革，推动政校分开，扩大职业院校在专业设置和调整、人事管理、教师评聘、收入分配等方面的自主权。完善职业院校治理结构、内外部约束和激励机制，确保职业院校用好办学自主权。坚持和完善中等职业学校校长负责制、公办高等职业学校党委领导下的校长负责制。完善体现职业院校办学和管理特点的绩效考核内部分配机制。

健全职业教育督导评估制度。完善中等职业教育督导评估办法，制定高等职业教育督导评估办法。建立职业教育定期督导评估和专项督导评估制度。完善督导报告制度、公报制度、约谈制度、限期整改制度、奖惩制度等制度，将督导评估结果作为地方各级政府和有关部门、职业院校绩效考核的重要内容。

（三）深化职业教育招生考试制度改革

建立符合职业教育特点的招生考试制度。根据高等教育招生考试制度改革总体方案，制定高等学校考试招生制度改革的实施意见和改革方案，加快推进高等职业教育分类招考，建立符合技术技能人才成长规律的选拔机制。重点探索“知识＋技能”、单独招生、自主招生和技能拔尖人才免试等考试招生办法，为学生接受不同层次高等职业教育提供多样化入学形式。加快专业学位研究生入学考试制度改革，扩大招收有一定工作经历和实践经验的一线劳动者的比例。完善职业院校教学比赛制度，办好全国职业院校技能大赛，提升国际影响力，将学生比赛成绩作为升入高一级学校的重要依据。

扩大职业院校毕业生升学机会。扩大学校招生自主权，适度提高专科高等职业学校招收中等职业学校毕业生的比例、本科高等学校招收职业院校毕业生的比例，逐步扩大高等职业学校招收有实践经历人员的比例。对不同类型的学生实行不同的选拔方式，为不同来源学生、不同学习方式制定不同培养方案。积极探索非户籍生源在流入地参加考试升入高等职业学校的办法。鼓励农民工采取灵活多样的学习方式接受职业教育与培训。

（四）完善校企合作的现代职业院校治理结构

完善校企合作各项制度。制定促进校企合作办学法规。建立健全校企合作规划、合作治理、合作培养机制，使人才培养融入企业生产服务流程和价值创造过程。职业院校和合作企业要不断完善知识共享、课程更新、订单培养、顶岗实习、生产实训、交流任职、员工培训、协同创新等制度。推动学校把实训实习基地建在企业，企业把人才培养和培训基地建在学校。探索引校进厂、引厂进校、前店后校等校企一体化的合作形式。

推动行业、企业和社区参与职业院校治理。职业院校设立理（董）事会，50％以上的成员要来自企业、行业和社区。设立专业指导委员会，50％以上的成员要来自用人单位。完善体现职业教育特色的职业院校章程和制度，明确理（董）事会、校（院）长、专业指导委员会和教职工代表大会的职权，提高职业院校治理能力。制订符合职业教育特点的校长（院长）任职资格标准，积极推进校长聘任制改革和公开选拔试点，鼓励企业家、创业家担任校长（院长），培养和造就一批职业教育家。

（五）创新校企协同的技术技能积累机制

建立重点产业技术积累创新联合体。制定多方参与的支持政策，推动政府、学校、行业、企业的联动，促进技术技能的积累和创新。在关系国家竞争力的重要产业部门，规划建立一批企业和职业院校紧密合作的技术技能积累创新平台，促进新技术、新材料、新工艺、新装备的应用，加快先进技术转化和产业转型升级步伐。推动企业将职业院校纳入技术创新体系，强化协同创新，促进劳动者素质与技术创新、技术引进、技术改造同步提高，实现新技术产业化与新技术应用人才储备同步。推动职业院校和职业教育集团通过多层次人才培养体系和技术推广体系，主动参与企业技术创新，积极推动技术成果扩散，为科技型小微企业创业提供人才、科技服务。

支持职业教育传承民族工艺和文化。将民族特色产品、工艺、文化纳入现代职业教育体系，将民族文化融入学校教育全过程，着力推动民间传统手工艺传承模式改革，逐步形成民族工艺职业院校传承创新的现代机制。积极发展集民族工艺传承创新、文化遗产保护、高技能人才培养、产业孵化于一体的职业教育。鼓励民间艺人、技艺大师和非物质文化遗产传承人参与职业教育办学。

（六）构建适应现代职业教育体系的投入机制

落实财政性职业教育经费投入。通过调整优化财政支出结构、加强规划、制定标准等措施，加大各级政府对职业教育的投入。地方政府加强职业教育布局结构、基本建设、专业建设和教师队伍建设规划，加大对体系建设重点领域和薄弱环节的投入。2015 年底前，各地依法出台职业院校生均经费标准或公用经费标准。县级以上政府要建立职业教育经费绩效评价制度、审计监督公告制度、预决算公开制度。加强职业院校办学条件、人才培养质量、培训经费使用等方面的信息公开。加大中央财政对经济欠发达地区职业教育的转移支付力度。

充分利用社会资本发展现代职业教育。完善民办职业教育收费制度，在完善民办职业教育信息公开和质量评价标准的基础上，逐步形成主要由市场决定的收费价格形成机制。加强企业落实足额提取职工教育培训经费政策的监督检查。加大职业教育捐赠的优惠政策、典型案例、社会效益的舆论宣传。鼓励社会力量通过资金、土地、装备、技术、人才等多种要素投资职业教育。完善财政贴息贷款等政策，健全民办职业院校融资机制。鼓励发展实习实训设备融资租赁业务。支持营利性职业教育机构通过金融手段和资本市场融资。支持境内外企业积极参与职业教育中外合作办学。

加强职业教育基础能力建设。建立政府、行业、企业、个人、社会共同参与的基础能力建设多元投资机制。实施现代职业教育质量提升计划，加大“十二五”期间规划项目的推进和实施力度，启动编制“十三五”职业院校基础能力建设规划并纳入各地经济社会发展规划，重点加大对现代农业、装备制造业、现代服务业、战略性新兴产业、民族工艺和基本公共服务等领域的急需专业(集群)的支持力度。积极推进以部分地方本科高等学校为重点的转型发展试点，支持一批本科高等学校转型发展为应用技术类型高等学校，形成一批支持产业转型升级、加速先进技术转化应用、对区域发展有重大支撑作用的高水平应用技术人才培养专业集群。地方政府、相关行业部门和大型企业要切实加强所办职业院校基础能力建设，支持一批职业院校争创国际先进水平。

(七) 健全促进职业教育公平的体制机制

推动职业教育面向全社会、面向人人。广泛开展面向未升学初高中毕业生、农民、新生代农民工、退役军人、失业人员等群体的职业教育和培训。重视残疾人职业教育，充分考虑各类残疾人员的特点和社会需求，注重拓展专业教育范围，为学习者提高生活质量和就业质量服务。

加快贫困地区职业教育发展。充分发挥职业教育在扶贫开发中的重要作用，围绕贫困地区产业发展和基本公共服务需求，提高职业教育扶贫的精准度。中央和省级政府、发达地区加大对贫困地区、革命老区、民族地区、边疆地区职业教育的扶持、支援力度。改善民族地区职业院校办学条件。有计划地支持集中连片特殊困难地区内限制开发和禁止开发区初中毕业生到省(区、市)内外经济较发达地区接受职业教育。

完善职业教育资助政策体系。健全公平公正、多元投入、规范高效的职业教育国家资助政策体系。逐步建立职业院校助学金覆盖面和补助标准动态调整机制，加大对农林水地矿油核等专业学生的助学力度。推行以直补个人为主的资助经费支付办法，完善直补个人的政策设计、台账管理和监督检查机制，确保资助资金让真正需要资助的受教育者受益。综合考虑经济社会发展和职业教育改革要求，适时调整职业院校收费标准。

(八) 创新职业教育区域合作机制

完善东中西部对口支援机制。将职业教育作为东部地区对口支援中西部地区的优先领域。鼓励东部地区职业教育集团吸纳中西部地区职业院校成员，东部地区职业院校(集团)对口支援中西部地区职业院校。推动建立发达地区和欠发达地区中等职业教育合作办学工作机制。国家制定奖补政策，支持东部地区职业院校特别是示范性职业院校扩大面向中西部地区的招生规模。完善东中西部对口支援机制，扩大合作办学招生规模，组建跨区域职业教育集团，总结推广“9＋3”免费职业教育模式。改进内地西藏班、新疆中职班的招生计划安排、教学管理工作，统筹安排毕业生就业，加强民族团结教育。

深化区域内职业教育合作。鼓励各地打破行政区划限制，建立区域职业教育合作平台，协调职业教育发展政策。率先在京津冀、长三角、珠三角等地区推动职业院校跨省域合作培养人才、合作培训教师、合作开发课程、共享数字化教学资源、共享教学科研成果。

（九）建立职业教育服务社区机制

推动职业院校社区化办学。各类职业院校要发挥社区文化中心、教育中心的作用，举办各种形式短期职业教育、继续教育和文化生活类课程，向社会免费开放服务设施和数字化教育资源。到2015年，所有职业院校都要开设10门以上社区课程。

建立社区与职业院校联动机制。建立社区和职业院校联席会议制度，支持社区参与制订职业院校发展规划、校园建设规划、专业建设规划和社区服务计划，协调社区企事业单位为职业院校提供实习实践场所，加强校园周边环境综合治理。

六、保障实施

以完善工作机制和政策配套为重点，建立保障现代职业教育体系建设的政策体系和实施机制。

（一）加强组织领导

落实政府责任。中央政府负责制定职业教育体系建设法律法规、重大政策和总体发展规划。充分发挥职业教育工作部门联席会议制度的作用。加强省级政府统筹规划，赋予省级政府在学校布局规划、招生考试等方面更多的权限。加强地市级政府对区域内职业教育的统筹规划与管理。县级政府根据农村经济社会发展需要，完善县域职业教育与职业培训网络。

明确部门职责。国务院有关部门要有效运用总体规划、政策引导等手段以及税收金融、财政转移支付等杠杆，加强对职业教育的统筹协调和分类指导。教育、人力资源社会保障、发展改革、财政部门以及行业部门根据各自职责分别负责有关工作，共同推进现代职业教育体系建设。

设立专家咨询委员会。专家咨询委员会由行业、教育、人力资源社会保障等领域的专家组成，对现代职业教育体系建设的重大问题提出意见和建议。

（二）完善支持政策

将职业教育纳入产业发展和城乡建设规划。科学预测经济社会发展对各类人才的需求，推动职业教育层次和专业结构调整与区域产业结构调整相适应，职业教育课程和实训基地建设与产业技术进步相适应，适度超前储备新兴产业急需人才。完善人社部门与有关部门、行业组织联合发布年度分行业、分岗位的人才就业状况和需求预测制度。建立紧缺人才培养能力调查制度。新建城市、城市新区和各类产业集聚区建设要科学规划职业教育布局，统筹教育和产业资源，推动产教融合发展。

提高一线劳动者地位待遇。深化收入分配制度改革，提高劳动报酬在初次分配中的比重，健全国有企业、科研院校和高等学校分配激励机制。各地要创造各类人才平等就业环境，改革用人制度，取消用人和人才流动中的城乡、行业、身份、性别等限制。政府部门和企事业单位招收人员不得歧视职业院校毕业生。落实一线劳动者医疗、养老、就业等政策。鼓励企业建立高技能人才职务津贴和特殊岗位津贴制度，按照国家现行法律法规的有关规定对符合条件的高技能人才给予股份和期权等激励措施。提高相关表彰奖励中一线劳动者的比例。鼓励企业和其他用人单位按照国家有关规定建立一线劳动者表彰奖励制度。按照国家有关规定制订国家高技能人才评选标准和办法，选拔出各级各类一线能工巧匠和技术能手，鼓励其在一线岗位建功立业和带徒传承技艺。

完善税收金融支持政策。鼓励企事业单位、社会团体和公民个人通过公益性社会团体或者县级以上人民政府及其部门向职业院校进行捐赠，其捐赠支出按照现行税收法律规定在税前扣除。企业因接受实习生所发生的与取得收入有关的合理的支出，按照税收法律法规的规定在计算应纳税所得额时扣除。对职业院校自办的、以服务学生实习实训为主要目的的企业或经营活动，按照国家有关规定享受税收等优惠。完善金融支持政策。完善职业院校实习学生的实习、见习责任保险制度，完善职业院校学生实习安全管理和劳动保护制度。

完善毕业生就业创业政策。坚持“先培训，后就业”、“先培训，后上岗”原则，对从事涉及公共安全、人身健康、生命财产安全等特殊工种的劳动者，严格落实就业准入法规和政策。规范清理影响职业院校毕业生公平就业的政策。人力资源社会保障、教育部门和职业院校要加强毕业生就业的政策指导和信息服务。各级公共就业服务机构、高校毕业生就业指导服务机构要免费提供就业服务，并加大对技术技能人才的宣传和推荐。加强职业院校就业指导机构的建设，加强就业、创业教育和服务。引导毕业生转变就业观念，鼓励多渠道多形式就业，允许学生休学创业，促进创业带动就业。各地要改善创业环境，充分利用国家现有政策对职业院校毕业生创业加大支持力度。

（三）营造良好氛围

在全社会树立重视职业教育的理念。加大现代职业教育宣传力度，引导全社会树立尊重劳动、尊重知识、尊重技术、尊重创新的观念，树立劳动最光荣、劳动最崇高、劳动最伟大、劳动最美丽的观念，树立依靠辛勤劳动、诚实劳动、创造性劳动开创美好未来的观念，促进形成“劳动光荣、技能宝贵、创造伟大”的社会氛围，激发年轻人学习职业技能的积极性。大力宣传新中国成立以来涌现的优秀工人群体和“爱岗敬业、争创一流、艰苦奋斗、勇于创新、淡泊名利、甘于奉献”的劳模精神。研究设立职业教育活动周，每年开展宣传教育活动。

（四）加强监测评估

加强规划宣传。组织动员各类媒体广泛宣传本规划的主要政策，及时总结和宣传各地、各部门、各行业企业推进职业教育体系建设的典型经验和做法，形成全社会关心、支持职业教育体系建设的舆论环境和良好氛围。

建立规划实施目标责任制。各级政府要积极推进落实本规划，制定规划各项目标任务的分解落实方案，明确实施单位和实施部门，落实责任分工。各有关部门要制订工作方案，行业主管部门要指导行业企业制定实施办法。各地要围绕规划确定的战略目标、主要任务和制度安排，编制并组织实施本地区职业教育体系建设规划和行动计划，出台相关配套政策，明确时间表、路线图。

加强规划实施情况的监测和督导评估。各地要对规划实施情况进行跟踪指导检查，及时研究规划实施过程中的新情况和新问题。教育督导部门要加强对规划实施情况的督导评估，积极支持第三方机构开展评估。鼓励社会各界对规划实施情况进行监督。

教育部关于印发《中小学教科书选用管理暂行办法》的通知

（教基二〔2014〕8号）

各省、自治区、直辖市教育厅（教委），各计划单列市教育局，新疆生产建设兵团教育局：

为加强中小学教科书管理，规范教科书选用工作，适应各地教育教学需要，现将《中小学教科书选用管理暂行办法》印发给你们，请遵照执行。

教育部

2014年9月30日

中小学教科书选用管理暂行办法

第一章　总　　则

第一条　为加强中小学教科书管理，规范教科书选用工作，保障教学秩序和教学质量，更好地适应各地教育教学需要，根据教育法、义务教育法等有关规定，特制定本办法。

第二条　本办法所称教科书，是指经国务院教育行政部门审定和经授权审定的义务教育和普通高中教学用书（含配套教学图册、音像材料等）。

第三条　教科书选用应当坚持适宜性，符合本地中小学教学实际；坚持多样化，满足不同地区的需求；坚持公平、公正，保证选用过程规范、有序。

第四条　国务院教育行政部门负责制定全国中小学教科书选用政策，公布《全国中小学教学用书目录》。

省级教育行政部门负责本行政区域内中小学教科书选用的统筹管理，领导和监督教科书选用工作。

第二章　选 用 机 构

第五条　中小学教科书选用单位由省级教育行政部门根据当地实际情况确定。

第六条　选用教科书应当组织成立教科书选用委员会，具体负责教科书的选用工作。

第七条　教科书选用委员会应当由课程教材专家、教研员、中小学校长和教师等组成，其中一线教师不少于1/2。教科书选用委员会分学科组负责教科书初选工作。

第八条　教科书编写人员、出版发行人员不得担任教科书选用委员会成员。

第三章　选 用 程 序

第九条　学科组应当研读、比较《全国中小学教学用书目录》中本学科所有版本教科书，提出初选意见。

第十条　选用委员会对学科组提出的初选意见进行充分讨论，投票决定选用结果。应将会议讨论记录和投票结果记录在案。

在全省（自治区、直辖市）范围内，加强德育、语文、历史教科书选用工作统筹，其他学科教科书，义务教育每个学科要选用三种版本以上（含三种），普通高中每个学科要选用两种版本以上（含两种），特殊情况报国务院教育行政部门备案。

第十一条　教育行政部门应将教科书选用结果在本级教育部门网站上公示，对异议进行核查处理。公示期不少于7日。省级教育行政部门应将本省教科书选用结果报国务院教育行政部门备案。

第十二条　教科书版本选定使用后，应当保持稳定。小学、初中、高中每一学科教科书版本一经选定使用，在学段周期内，不得中途更换。

如需更换教科书版本，应当从起始年级开始，由学校向主管教育行政部门提出书面申请，教育行政部门应委托专业机构征求使用地区学校教师、学生及家长意见并进行评估，如确与当地教育教学实际不相适宜，由教科书选用委员会按程序选用其他版本。

第十三条　教科书选定后出现下列特殊情形之一的，应当由选用委员会按程序重新选用教科书：

（一）严重违反选用程序规定的；

（二）课前没有按时到书的；

（三）与教育部审定内容不一致的；

（四）其他严重影响教科书使用的。

第十四条　教科书选用工作一般应在当年4月底前完成，为教科书的征订、出版、发行留有足够时间。

第四章　监　　督

第十五条　任何单位和个人不得违反规定干预教科书选用过程和结果。教科书选用工作接受教育纪检监察部门的全程监督，充分发挥学生家长、社会人士对教科书选用的监督作用。

第十六条　在教科书选用工作中出现以下情形的，由上级教育行政部门责令限期改正，视情节轻重予以通报批评，并依法对相关责任人予以处分。

（一）教育行政部门及其工作人员违规干预选用过程和结果的；

（二）教科书选用委员会成员违反选用工作纪律的；

（三）选用本办法第二条规定以外的教科书的；

（四）对《全国中小学教学用书目录》删减后供选用委员会选用的。

其他行政部门及其工作人员违规干预教科书选用过程和结果的，由教育行政部门通知其所属部门依纪依规处理。

选用工作违反其他有关法律法规规定的，由有关主管部门依法查处。涉嫌受贿等犯罪行为的，移送司法机关处理。

第十七条　教科书编写、出版、发行等单位和人员不得以任何非正当竞争手段干预教科书选用。凡采用请托、行贿等不正当手段扰乱教科书正常选用秩序，省级教育行政部门必须取消其本次教科书在该行政区域内的选用，在全省进行通报，情节严重、涉嫌构成犯罪的，移送司法机关处理。

第五章　附　　则

第十八条　省级教育行政部门应当根据本办法制定实施细则。

第十九条　本办法自印发之日起施行。凡现有规定与本办法不符的，以本办法为准。

上海市人民政府关于印发《上海市深化高等学校考试招生综合改革实施方案》的通知

（沪府发〔2014〕57号）

各区、县人民政府，市政府各委、办、局：

现将《上海市深化高等学校考试招生综合改革实施方案》印发给你们，请认真按照执行。

上海市人民政府

2014年9月18日

上海市深化高等学校考试招生综合改革实施方案

为贯彻落实党的十八届三中全会精神，深化考试招生制度改革，深入实施素质教育，支撑服务国家和上海市创新驱动发展战略，根据《国务院关于深化考试招生制度改革的实施意见》，结合上海实际，现就深化高等学校考试招生综合改革制订本实施方案。

一、总体要求

改革开放以来，我国考试招生制度不断改进完善，为提高教育质量、提升国民素质、促进社会纵向流动、服务国家现代化建设发挥了重要作用，为学生成长、国家选才和社会公平作出了历史性贡献，其权威性、公正性得到了社会的普遍认可。在此过程中，本市按照国家总体部署，进行了积极探索。

当前，经济社会发展对培养多样化高素质人才提出更高要求，人民群众对接受优质、公平和多样的教育提出更高期盼。本市现行高等学校考试招生制度在评价标准、选拔方式等方面存在的不足，一定程度上导致了唯分数论、一考定终身、学生选择性不够和过度偏科等问题，影响了学生的全面发展和创新实践能力的培养，迫切需要进一步深化改革。

（一）指导思想

全面贯彻党的教育方针，践行社会主义核心价值观，坚持立德树人，以有利于促进每一个学生的终身发展、有利于科学选拔和培养人才、有利于维护社会公平公正为基本出发点，按照国家总体要求，通过深化改革，构建更加公平公正、更加科学合理的高等学校考试招生制度，为率先实现教育现代化提供支撑服务。

（二）基本原则

1. 坚持素质教育导向。着眼学生德智体美全面发展，遵循教育发展规律和人才成长规律，通过优化高等学校考试招生制度功能，扭转片面应试教育倾向，深入实施素质教育，为学生成长成才提供更多机会、更大舞台。

2. 确保公平公正公开。把促进公平公正作为改革的基本价值取向。在以考分为依据的基础上，实施分类考试、综合评价、多元录取，追求更高水平的公平。健全制度机制，切实保障考试招生程序公开、结果公正、监督有力。

3. 提高人才选拔水平。适应经济社会转型发展需要，遵循科学的人才选拔与培养规律，逐步建立多元多维评价体系，充分体现学生全面发展导向，科学评估学生综合素质状况，更多展示学生个性特长。增强高等学校与学生相互选择的多样性和匹配度，促进每一位学生健康成长，促使一批拔尖创新人才脱颖而出，培养造就大批高素质技术技能人才。

4. 注重系统综合改革。正确处理近期目标与长远目标的关系，循序渐进、稳妥实施，为未来进一步深化考试招生综合改革筑牢基础、拓展空间。正确处理教育综合改革整体设计与考试招生改革重点突破的关系，做好各项教育改革的衔接配套工作。正确处理教学与考试、考试与招生、招生与管理等关系，强化考试招生改革与人才培养的协同性。

（三）改革目标

2014 年启动本市高等学校考试招生综合改革，2017 年整体实施。到 2020 年，初步建立符合教育规律、顺应时代要求、具有上海特点的高等学校考试招生制度。

调整统一高考科目，完善普通高中学业水平考试制度，建立高中学生综合素质评价制度，形成分类考试、综合评价、多元录取、程序透明的高等学校考试招生模式。

二、主要任务和措施

（一）完善普通高中学业水平考试制度

1. 普通高中学业水平考试科目设置。从 2014 年秋季入学的高中一年级学生开始，普通高中学业水平考试设置语文、数学、外语、思想政治、历史、地理、物理、化学、生命科学、信息科技、体育与健身、艺术、劳动技术 13 门科目。引导学生认真学习每一门课程，避免过度偏科。

2. 实行合格性考试与等级性考试。合格性考试内容以普通高中课程标准中的基础型课程要求为依据，考试成绩合格是高中学生取得毕业资格的必要条件；等级性考试内容以普通高中课程标准中的基础型和拓展型课程要求为依据。

思想政治、历史、地理、物理、化学、生命科学 6 门科目设合格性和等级性考试。高中学生在完成基础型课程学习的基础上，可根据自身特长和兴趣，选择学习其中 3 门科目并参加相应的等级性考试。上述 6 门科目的合格性和等级性考试，由全市统一命题、统一组织考试、统一阅卷，确保考试安全有序、成绩真实可信。

语文、数学、外语 3 门科目仅设合格性考试，参加统一高考的学生，可以用统一高考科目考试替代相应科目的合格性考试；信息科技科目目前仅设合格性考试。

体育与健身、艺术、劳动技术 3 门科目仅设合格性考试，根据本市课程标准要求和学生平时表现，综合测评并确定其合格性成绩。通过专项督导和社会监督，依托学生综合素质评价信息平台，动态监控教学过程和结果。

3. 普通高中学业水平考试安排。各科目考试分散在高中三年，随教随考随清，为普通高中根据教学规律和学生实际，合理安排教学进度、开展教学改革、办出学校特色创造条件。

各科目的合格性和等级性考试，高中生只能参加一次。逐步探索普通高中学业水平考试向不同年级学生开放、提供两次及以上考试机会的可行性。普通高中学业水平考试允许社会考生参加。

4. 普通高中学业水平考试成绩的呈现方式。合格性考试成绩以“合格/不合格”呈现。等级性考试成绩以合格性考试成绩合格为基础，按照等第呈现为 A、B、C、D、E 五等，分别占 15%、30%、30%、20% 和 5%。

（二）建立高中学生综合素质评价制度

1. 构建高中学生综合素质评价体系。综合素质评价要突出学生思想政治素质和道德品质，客观记录学生的成长过程，整体反映学生德智体美全面发展情况和个性特长，引导学生践行社会主义核心价值观，增强社会责任感，培养创新精神和实践能力。综合素质评价是学生毕业和升学的重要参考。综合素质评价内容主要包括：学生思想品德发展状况、中华优秀传统文化素养、修习课程及其学业成绩、创新精神与实践能力、身心健康信息、兴趣爱好与个人特长等。启用高中学生综合素质评价信息化平台，建立客观、真实、准确记录信息的监督机制。

2. 积极稳妥推进高中学生综合素质评价信息的使用。2017 年起，推动高中学生综合素质评价信息在自主招生等环节中开始使用。高等学校应提前公布具体使用办法，使用情况必须规范、公开。

（三）深化统一高考考试科目改革

1. 调整统一高考科目。2017 年起，本市统一高考科目为语文、数学、外语 3 门，不分文理，考试时间安排在每年 6 月；外语考试一年举行两次，另外一次安排在每年 1 月。

2. 深化外语考试改革。外语考试包括笔试和听说测试，引导外语教学注重应用能力的培养。高中生最多参加两次外语考试，可选择其中较好的一次成绩计入高考总分。建设外语标准化考试题库和标准化考场。外语考试要为今后其他科目逐步推行标准化考试积累经验。

（四）改革统一高考招生录取模式

1. 高考成绩的构成。2017 年起，高考成绩由语文、数学、外语 3 门统一高考成绩和学生自主选择的普通高中学业水平等级性考试科目成绩构成，作为高等学校录取的基本依据。高考成绩总分满分 660 分。

其中，语文、数学、外语每门满分 150 分，3 门普通高中学业水平等级性考试科目每门满分 70 分。

2. 普通高中学业水平考试成绩计分。普通高中学业水平等级性考试成绩在计入高考总分时，由五等细化为 A+、A、B+、B、B−、C+、C、C−、D+、D、E 共 11 级，分别占 5%、10%、10%、10%、10%、10%、10%、10%、10%、10%、5%。其中，A+为满分 70 分，E 计 40 分。相邻两级之间的分差均为 3 分。

3. 高等学校招生录取的科目要求。普通本科院校可根据办学特色和定位，以及不同学科专业人才培养需要，从思想政治、历史、地理、物理、化学、生命科学 6 门普通高中学业水平等级性考试科目中，分学科大类（或专业）自主提出选考科目范围，但最多不超过 3 门。学生满足其中任何 1 门，即符合报考条件。对于没有提出选考科目要求的高等学校，学生在报考该校时无科目限制。

对于符合报考条件并达到学校投档分数线的学生，高等学校可分学科大类（或专业）提出优先录取的条件。

4. 改进高等学校统一录取模式。2016 年起，合并本科第一、第二招生批次，并按照学生的高考总分和院校志愿，分学校实行平行志愿投档和录取。在此基础上，探索学生多次选择、被多所高等学校录取的可行性，增加高等学校与学生的双向选择机会。

5. 改进专科高职统一招生方式。仅报考专科高职志愿的学生，只计语文、数学、外语 3 门统一高考成绩。专科高职依据统一高考成绩进行录取。

（五）完善和规范高等学校自主招生

根据国家统一部署，2015 年起，推行自主招生安排在统一高考以后进行。相关高校依据高考成绩和学校自主考核情况，并参考普通高中学业水平考试成绩和高中学生综合素质评价信息，选拔具有学科特长和创新潜质的优秀学生。高校要规范并公开自主招生办法、考核程序和录取结果。

（六）继续深化高等学校春季考试招生改革

2015 年起，将本市本科院校需要通过面试等方式考核学生能力的部分特色专业招生计划投放到春季考试招生中，设立面试（或技能测试）环节。春季考试招生范围由历届生扩大到高中应届毕业生，依据统一考试成绩、普通高中学业水平考试成绩、面试（或技能测试）情况进行录取。

（七）加快推进高职院校分类考试和招生

1. 完善“文化素质＋职业技能”招生录取制度。健全与普通高等学校相对分开、符合职业教育特征的专科高职院校考试招生制度。在现有基础上，2017 年起，在本市专科层次依法自主招生中，高中生应参加报考学校组织的职业适应性测试。专科高职院校依据普通高中学业水平考试成绩、职业适应性测试情况和综合素质评价信息进行录取，为深化普职融通、改革普通高中课程创造条件。

优化“三校生”参加本市专科层次依法自主招生机制。2018 年起，专科高职院校依据“三校生”的文化素质（中等职业教育的公共基础课学习水平考试、思想品德评价等）和职业技能（专业技能学习记录情况等）进行录取。

2. 进一步增强专科高职院校分类招生的吸引力。鼓励专科高职院校把特色专业招生和主要招生计划安排在统一高考之前，作为专科高职院校招生的主渠道。在本市专科层次依法自主招生中，率先探索学生多次选择、被多所专科高职院校录取的方式。

3. 改革应用本科专业招收“三校生”考试模式。2018 年起，在本市高等学校应用本科专业面向应届中等职业学校毕业生招生中，高等学校依据文化素质（中等职业教育的公共基础课学习水平考试、思想品德评价等）和职业技能（专业技能学习记录情况等）及统一考试成绩进行录取。

（八）减少和规范考试加分

根据国家统一部署，大幅减少、严格控制高考加分项目，2015 年起，取消体育、艺术等特长生加分项目。

确有必要保留的加分项目，合理设置加分分值，并按照国家有关规定执行。抓紧出台本市规范各类考试加分项目办法，逐步将高考加分的激励导向功能转移至学生综合素质评价之中。

三、保障措施

（一）加强考试内容设计和评分管理。普通高中学业水平考试，严格按照普通高中课程标准命题。统一高考科目命题根据普通高中课程标准和高等学校人才选拔要求，科学设计试题内容，增强基础性、综合性，着重考查学生独立思考和运用所学知识分析和解决问题的能力。改进评分方式，加强评卷管理，完善成绩报告。成立教育考试命题专业机构，统筹研究和推进考试命题改革。

（二）完善考试招生诚信和安全管理制度。加强学生诚信教育，健全个人、学校考试招生诚信档案，严查严处诚信失范行为。健全全市相关部门协作机制，加强高等学校考试招生安全管理，构建科学、规范、严密的教育考试招生安全体系。

（三）健全信息公开和监督查处制度。深入实施招生“阳光工程”，完善学校招生章程制定和公布制度，健全招生政策、招生计划、实施过程和录取结果等信息公开。建立责任追究制度，严肃查处考试招生中存在的违规行为，及时公布处理结果。进一步加强政府管理，引导学校健全自律机制，充分发挥社会监督作用，共同维护考试招生秩序，保证公平公正。

上海市人民政府办公厅关于印发市教委等八部门制订的《上海市特殊教育三年行动计划(2014—2016年)》的通知

（沪府办发〔2014〕19号）

各区、县人民政府，市政府各委、办、局：

市教委、市发展改革委、市财政局、市人力资源社会保障局、市卫生计生委、市编办、市民政局、市残联制订的《上海市特殊教育三年行动计划（2014—2016年）》已经市政府同意，现印发给你们，请按照执行。

上海市人民政府办公厅

2014年4月30日

上海市特殊教育三年行动计划（2014—2016年）

党和国家对特殊教育事业高度重视，党的十八大提出，要“支持特殊教育”。2014年1月8日，国务院办公厅下发了《关于转发教育部等部门特殊教育提升计划（2014—2016年）的通知》（国办发〔2014〕1号）。1月27日，国家教育体制改革领导小组办公室召开全国特殊教育工作电视电话会议，部署特殊教育工作，明确了近阶段我国特殊教育事业发展的目标与任务，指明了特殊教育发展方向。

贯彻落实党和国家的方针政策，本市把特殊教育列入率先基本实现教育现代化的重要指标，取得了一定成效。“十一五”以来，通过实施《上海市特殊教育三年行动计划（2009—2011年）》，积极为残疾学生提供多类型、高起点、高质量的特殊教育服务，取得了一定成效。为了促进上海成为国内特殊教育最发达的城市，并率先达到国际先进水平，形成有利于残疾学生可持续发展的特殊教育支持保障体系，促进特殊教育内涵发展，特制定本行动计划。

一、指导思想

以党的十八大和十八届二中、三中全会精神为指导，坚持科学发展观，促进社会和谐，推进教育公平，办人民满意的特殊教育。积极贯彻执行《特殊教育提升计划(2014—2016 年)》《国家中长期教育改革和发展规划纲要(2010—2020 年)》以及《上海市中长期教育改革和发展规划纲要(2010—2020 年)》，通过三年行动计划，建设与上海经济、社会发展相适应的特殊教育事业，进一步深化体制机制改革，加强医教结合研究，积极推动课程改革，促进特殊教育内涵发展，使本市特殊教育事业发展再上一个新台阶。

二、目标与任务

(一) 目标

围绕“为了每一个学生的终身发展”的核心理念，以关注本市每个残疾学生的身心全面发展需求为导向，围绕“完善特教体系、推进医教结合、实施融合教育、提供优质服务、促进内涵发展”的总体目标，以全面实施医教结合为推动力，积极改革创新，优化特殊教育管理方式，加强特殊教育内涵建设，提升本市特殊教育发展水平，实现特殊教育现代化。

(二) 任务

1. 进一步完善特殊教育体系。增设学前特殊教育点，全面完成义务教育阶段特教学校达标建设，建立随班就读、送教上门工作管理规范，稳步推进高中阶段教育，加快发展高等教育，满足各年龄段、各类残疾人接受教育的需求。

2. 积极推进医教结合。构建政府各职能部门合作、市—区县—教育机构、医疗机构联动的医教结合管理运行机制和专业服务体系，整合教育、卫生计生等部门资源，为残疾儿童少年提供针对性的教育、康复和保健服务。

3. 深化特教课程改革。完善医教结合的特教课程体系，建立学前特教课程，加强义务教育阶段特教学校课程建设，创新课程实施方式，提高各类残疾学生个体受教育的充分程度，全面提高特殊教育质量。

4. 加强特教师资队伍专业化建设。按照《上海市人民政府办公厅转发市教委等四部门关于加强特殊教育师资和经费配备意见的通知》(沪府办〔2012〕20 号)确定的编制标准，配备特教教师，提高特教专职康复教师、专职巡回指导教师、普通学校专职特教教师的专业能力。

三、主要措施

(一) 推进特殊教育事业发展，满足残疾学生多元教育需求

1. 继续开展特殊学校达标和无障碍建设，使每所特殊教育学校的校舍场地面积和功能、教学与康复设施设备满足各类残疾学生的生活、学习和康复需要，优化残疾学生的教学环境。

2. 推进普通学校特殊教育资源教室建设，举办特教班和随班就读学生在 10 人及以上的学校必须配备资源教室。各区县还可以根据随班就读学生分布情况，对资源教室配备进行设点布局，采用按学校、按学区、按街道、按地块等方式，配备足够的资源教室，为随班就读学生提供丰富的特殊教育资源。

3. 优化学前特殊教育设点布局。按照“就近入园”的原则，根据本地区残疾儿童的发生和分布情况，通过举办特殊幼儿园、在普通幼儿园开设学前特教班等多种方式，增设学前特教点，满足各类残疾儿童接受早期教育和康复训练的需求。编制学前特教玩具和康复设施设备配备指南，按照指南要求，为残疾儿童创设良好的早期教育环境。

4. 探索多样化的中等职业教育。各区县以就业为导向，根据残疾学生的特点，充分利用现有的职业教育资源，选择适合残疾学生学习的专业，采取多种方式，为完成九年义务教育并且有能力接受职业教育的

各类残疾学生创造继续学习的机会。

5. 大力推进残疾人高等教育。各普通高校积极利用学校资源，从符合残疾人特点、与残疾人就业相适应的要求出发，拓宽招收残疾人的专业种类，努力满足残疾人接受高等教育的需求，开展特殊教育的高等院校要为残疾学生提供更好的教学等服务。

6. 充分利用远程教育资源，拓宽残疾人终身教育渠道，开设满足各类残疾人需求的专业，为残疾人接受成人中、高等学历教育和职业教育创造条件。

（二）深化医教结合研究，实现残疾儿童少年各学段全程享有教育、康复与保健服务

1. 加强对医教结合工作的领导。各级政府整合本级各相关职能部门的力量，整体设计本地区推进医教结合的目标、实施路径与方法，研究制定有关政策和制度，建立医教结合工作的长效机制，创造性地落实各项方针政策，使医教结合工作成为推进本地区特教事业发展的新动力。

2. 增进多部门合作。根据教育、卫生计生、残联等职能部门的职责，对各部门涉及残疾儿童筛查与发现、随访、康复、教育等相关政策与制度进行梳理，根据医教结合工作要求，进一步健全各项管理制度，深化完善残疾儿童入园、入学前健康综合评估等医教结合工作，实现部门内医教结合工作常态化管理和部门间医教结合工作的无缝衔接。

3. 加大教育机构与医疗机构的合作力度。根据视力、听力、智力、肢体残疾和孤独症等各类儿童少年教育的特点，完善教育机构与医疗机构对口合作机制，各区县建立多学科结合的特殊教育医教结合指导医生队伍，增进教师与医生的合作，发挥各自的专业特长，根据残疾学生的实际需要，采取“一校一医”“一校多医”“多校一医”等灵活多样的合作方式，为各类残疾学生提供合适的医教结合服务。

4. 建立多层次互动的医教结合服务机制。充分发挥视障、听障教育指导中心和区县特殊教育指导中心在日常管理、专业评估、业务指导、学生服务和研究推广等方面的作用，建立特教指导中心与医疗机构合作机制、视障听障教育指导中心与区县特教指导中心合作机制、特教指导中心与教育机构合作机制，明确各自的工作职责和任务，分工合作，分类指导，提高医教结合服务的有效性。

5. 增强保健工作的针对性。确立“人人都是保健工作者”的理念，根据残疾学生的特点，构建特殊教育保健服务内容，重点加强相关疾病的观察与护理、合理的饮食与营养、辅助器具的使用与维护、突发事件的应急处理等。为每个残疾学生建立个人健康档案，制定涵盖课程实施、日常生活、饮食起居等多领域结合的个人保健计划，整合学校卫生保健、教育教学、后勤保障等各部门共同实施。建立健全学校保健工作制度，形成人人参与保健服务的良好氛围。

6. 跨部门共建共享残疾儿童、学生信息平台。在完成“上海市特教信息报告系统”“上海市出生缺陷残疾儿童信息报告系统”“上海市残疾儿童青少年通报系统”三个子系统开发的基础上，完成《上海市特殊教育信息通报系统》的开发，整合教育、卫生计生、残联等部门的残疾儿童发现、诊断、教育、康复等信息，通过各部门分工合作，为每个残疾儿童、学生建立电子化个人档案，并且与学籍管理系统对接，对残疾儿童、学生实施自发现开始的跟踪医教结合服务。

（三）完善课程体系，创新课程实施方式

1. 开展学前特教课程研究。创编适合不同安置方式、不同类别残疾儿童发展需要的学前特教课程纲要和课程实施指南，加强对融合环境下学前残疾儿童医教结合服务研究，提高学前特殊教育服务水平。

2. 推进盲、聋、辅读学校国家课程校本化实施。完成上海市辅读学校义务教育阶段学科课程纲要和课程指南的编制，开发适合随班就读和送教上门学生的特殊需要课程，编制随班就读、送教上门课程实施指南。

3. 增强教育评估与医学评估的结合度。关注残疾学生的身心整体发展，在对残疾学生开展医学评估的同时，编制特殊教育评估工具，开展针对性的教育评估。落实各项残疾学生评估制度，在实施入学评估的基础上，积极推进形式多样的教育过程评估，将评估贯穿于教育过程的始终，使评估成为特殊教育不可

或缺的重要环节。

4. 积极改革教育教学方法。研究医教结合背景下课程实施的新方法、新途径，聚焦残疾学生的个体差异，注重开发残疾学生潜能，针对不同年龄阶段、不同残疾类别、不同残疾程度学生的特点，采取教育与医学相结合的手段，综合利用教育机构、医疗机构、社会等各种资源，开展个性化教育，促进残疾学生个体全面发展。

5. 加强特殊教育资源库建设。整合教研、教育技术装备、远程教育以及基层学校、医疗机构等各方面力量开发文字、图片、音频、视频等多样化的课程资源，提高资源的使用效益。

（四）推进融合教育，提高随班就读教育质量

1. 进一步完善对随班就读工作的管理。将随班就读工作纳入区县教育行政部门和学校发展规划，明确发展目标，采取具体措施，落实工作团队，建立工作制度，为随班就读学生健康成长营造良好氛围。

2. 重视随班就读资源配置。编制普通学校随班就读资源教室教学与康复设施设备装备指南，根据指南的要求建设资源教室，并根据课程实施需要开发丰富的教学与康复资源，拓宽资源教室的功能。加强对资源教室、学校的其他教学资源，以及特教指导中心、医疗机构及其他社会资源的综合利用。

3. 开展随班就读教育教学改革。探索基于评估的个性化教育，根据不同残疾类别随班就读学生的实际需要，开展教育与医学评估，明确个体发展目标，注重整合运用普通学校、特教学校和学校自编特殊需要课程，为随班就读学生设计针对性的个性化教育与康复课程，安排合适的教育内容，采取集体、小组、走班、个别辅导等多种安置方式，改革课程实施方法，提高随班就读教育的有效性。

4. 各级各类特殊教育指导中心加强对随班就读工作的管理、专业服务与指导。明确各项工作要求，组织协调各方共同实施，为随班就读学生、教师、家长提供技术支持，加强对随班就读工作的考核与评估。

（五）建立工作规范，加强对送教上门工作的管理

1. 将送教上门纳入特殊教育整体工作，研究制定相关管理制度。明确送教上门对象的认定、学籍管理、送教团队建设及其工作职责、教育教学与康复、资源配置等各项工作要求，规范对送教上门工作的管理。

2. 开展送教上门教育教学研究，完善送教上门课程实施方式。整合特教指导中心、特教学校、普通学校、医疗机构、家庭等各方面资源，根据送教上门学生的特点，开展针对性的送教上门服务，加强家庭教育指导，使送教上门学生受到系统和科学规范的特殊教育。

（六）凸显特殊教育专业特色，打造优质师资队伍

1. 研究编制随班就读特教专职教师、专职巡回指导教师、专职康复教师等特殊岗位特教教师岗位标准与职责。规范对特教师资队伍的管理。

2. 根据特教师资配备编制标准，配齐、配足教师。有随班就读学生的普通学校配备 1 名专职特教教师，负责本校随班就读学生的教育教学工作，各级各类特教指导中心根据实际需要，配备不少于 3 名专职巡回指导教师，负责对本辖区内随班就读和送教上门工作的巡回指导，各类特教学校根据需要，配备专职康复教师，负责对本校残疾学生的康复训练，为学前特教班每班配备 3 名教师，负责学龄前残疾儿童教育工作，相关部门确保上述教师享有特教教师待遇。

3. 全面落实国家规定的特殊教育津贴等政策。对在普通学校承担残疾学生随班就读教学和管理工作、从事送教上门工作和学前特殊教育的教师，在绩效工资中予以适当倾斜。教师职称评聘向特殊教育教师倾斜，将儿童福利机构特教工作人员的职称评聘工作纳入评聘体系。

4. 改革特教教师在职培训制度。根据特教教师专业标准和相关特教岗位标准，以及医教结合工作对教师专业发展提出的新要求，建立由特教理论工作者、具有丰富实践经验的一线教师和医学专家三结合的培训师资团队，以教师的特殊教育、康复专业知识与技能培训为重点，开发培训内容，研究编制特殊教

育教师培训课程，并通过举办岗位培训班、专题培训班，开展理论与实践相结合的岗位培训和各种专题培训。

5. 加强特殊教育骨干教师培养。将随班就读特教专职教师、巡回指导教师、学前特教教师纳入特教骨干教师培养范围，发挥特教名师后备人才培养基地的作用，开展名师后备人才培养。通过举办特殊教育专业硕士班、组织特教教师出国培训、引进国外特教专家来沪讲学等方式，丰富培训方式，促使教师了解国际特教发展的新趋势，掌握先进的特殊教育理念、方法与技术，提高特教实践与研究能力，成为特教学科带头人，建立一支特教骨干教师队伍。

（七）加强对特教工作的领导，完善特殊教育管理体制

1. 各级政府将特殊教育的发展纳入当地教育事业发展的整体规划。根据区域内残疾学生的发生、发展和教育需求状况，整体规划特殊教育事业发展，并根据全市整体部署，研究制定符合本地区特点的特殊教育三年行动计划，整合各方面力量，切实解决当前特殊教育事业发展中的重点难点问题。

2. 市、区县有关职能部门和相关社会团体各司其职、加强合作。共同研究与制定相应政策，切实解决特殊教育事业发展尤其是实施三年行动计划、推进医教结合中的各种困难与问题。

教育部门负责统筹制定本市特殊教育事业发展规划，整体设计医教结合工作目标与任务，与卫生计生部门、残联共建残疾儿童信息库，对残疾儿童进行合理安置，实施对特教机构的日常管理和特教师资队伍建设，开展课程建设与教学科研，确保特殊教育质量。

发展改革部门负责将特殊教育纳入经济社会发展规划，加强特教学校建设。

财政部门会同有关部门制定与上海经济社会发展相适应、适合特殊教育发展需求的经费投入政策，并根据有关规定，为特殊教育事业发展提供经费保障。

人力资源社会保障部门按照国家有关规定，负责完善和落实工资待遇、职务（职称）评定等方面对特教教师的支持政策，支持教师出国（境）培训学习。

卫生计生部门负责对残疾儿童的筛查、诊断、评估与随访，与教育、残联部门共建残疾儿童信息库，组织医疗机构和医学专家为特教机构提供医学服务，制定医教结合工作相关政策和制度。

机构编制部门负责会同相关部门按照有关规定和要求，合理配备特殊教育各类教职工，为本市特教事业的科学发展提供保障。

民政部门负责福利机构的日常管理工作，开展对孤残儿童的教育与康复，关心孤残儿童生活，会同有关部门做好福利机构相关人员的职务（职称）评聘工作。

残联负责开展残疾儿童的调查摸底和随访，协助教育、卫生计生部门做好残疾学生的入学安置、医教结合服务等工作，并与教育、卫生计生部门共建残疾儿童信息库，加强残疾儿童康复训练和辅具配发等工作。

3. 完善特殊教育工作联席会议制度。建立由教育、发展改革、财政、人力资源社会保障、卫生计生、编办、民政等部门、残联等社会团体参加的特教工作联席会议，研究与协调解决特殊教育工作中的重大问题，形成各有关部门、单位支持特殊教育事业发展的合力。

4. 依托特殊教育专家咨询委员会、残疾儿童入学鉴定委员会的平台，发挥特殊教育、医学、康复、心理等专家在特殊教育重大决策、咨询与指导、残疾儿童鉴定与评估等工作中的作用。

（八）加大资金投入力度，优先支持特殊教育

1. 各级财政、教育部门按照有关规定，将特殊教育事业发展纳入财政教育经费预算，确保特殊教育经费逐年增长。实施特教学校、随班就读、送教上门、学前特教生均公用经费统一标准，并足额拨付。安排特教专项经费支持随班就读、送教上门、医教结合等，为送教上门、巡回指导教师提供交通便利，为参与“医教结合”实验的相关医务人员提供工作和交通补贴。

2. 各级财政支持的残疾人康复项目，优先资助残疾儿童，并安排一定比例的残疾人就业保障金，支持特殊教育学校和职业学校开展残疾人劳动技能教育和职业技术教育。鼓励企事业单位、社会团体和公民个人捐资助学。

3. 市、区县教育部门加强特教经费管理，健全特教经费管理制度，提高资金使用效率。

（九）加强督导，确保各项工作落到实处

1. 市、区县将特殊教育事业发展纳入教育督导范围，定期对特教工作开展专项督导，尤其是对特殊教育三年行动计划的实施情况进行督导，确保各项工作顺利实施。

2. 各有关部门、单位和媒体加强对特殊教育事业发展的宣传，大力宣传特教事业发展成绩，宣传和弘扬特教教师高尚师德和无私奉献的精神，形成全社会共同关心特教事业发展的良好氛围。

上海市教育委员会
上海市发展和改革委员会
上海市财政局
上海市人力资源和社会保障局
上海市卫生和计划生育委员会
上海市机构编制委员会办公室
上海市民政局
上海市残疾人联合会
2014 年 4 月 24 日

上海市人民政府办公厅转发市教委等十二部门《关于建立本市中小学校舍安全保障长效机制的意见》的通知

（沪府办发〔2014〕53 号）

各区、县人民政府，市政府各委、办、局：

市教委、市发展改革委、市公安局、市财政局、市建设管理委、市规划国土资源局、市水务局、市审计局、市住房保障房屋管理局、市安全监管局、市地震局、市气象局《关于建立本市中小学校舍安全保障长效机制的意见》已经市政府同意，现转发给你们，请认真按照执行。

上海市人民政府办公厅
2014 年 9 月 29 日

关于建立本市中小学校舍安全保障长效机制的意见

为贯彻落实《中华人民共和国防震减灾法》《国家中长期教育改革和发展规划纲要（2010—2020 年）》和

《国务院办公厅转发教育部等部门关于建立中小学校舍安全保障长效机制意见的通知》(国办发[2013]103号),进一步提高全市中小学校舍防震减灾能力,现就建立本市中小学校舍安全保障长效机制提出如下意见:

一、重要意义

校舍安全关系师生生命安全,社会关注度高、影响面广。市委、市政府高度重视校舍安全工作,先后组织实施了一系列校舍建设工程,全市校舍安全状况得到显著改善。特别是2009年以来,按照国家统一部署,组织实施了上海市中小学校舍安全工程,上海市中小学校舍更新、加固改造工程,上海市行业(企业)办中等职业学校校舍安全工程,全市中小学校舍安全隐患大幅减少,抗震设防能力切实增强,学校校舍安全建设管理科学化、规范化和信息化水平进一步提升,但仍有少部分学校校舍尚未达到重点设防类抗震设防标准和综合防灾要求,存在着安全隐患,必须认真解决。各区县政府、各有关部门要统一思想,提高认识,按照国家和本市的部署、要求,不断提升学校校舍安全保障水平。

二、覆盖范围

全市城镇和农村、公立和民办、教育系统和非教育系统的所有中小学、幼儿园(以下统称"学校")。

三、总体要求

学校校舍安全保障长效机制建设实行市级统筹协调、区县组织实施的工作机制。市政府统筹指导学校校舍安全保障制度体系建设;区县政府落实学校校舍安全保障主体责任,加强政策和资金保障,组织工程实施,确保辖区内各级各类学校校舍安全。以保障学校校舍安全为核心,统筹考虑教育事业发展和学校校舍使用情况,紧密结合校园建设规划,坚持建管并重,通过维修加固、重建、改扩建等多种形式,逐步消除学校校舍安全隐患,使其达到国家规定的建设标准、重点设防类抗震设防标准和综合防灾要求。同时,加强对学校校舍的日常管理和定期维护,加强信息化建设,建立健全学校校舍安全保障制度体系。

四、工作内容

(一)建立校舍安全年检制度

在日常巡视检查的基础上,根据本市《中小学幼儿园安全防范管理基本要求》(DB31/547-2011),各区县教育部门结合新学期开学准备工作,对现有学校校舍每半年组织一次安全隐患排查。经排查后需要进行鉴定的学校校舍,由各区县教育部门委托有资质的专业机构及时进行鉴定。对达到设计使用年限仍需继续使用的学校校舍或未达到重点设防类抗震设防标准的学校校舍,由学校举办者委托有资质的专业机构每年进行一次鉴定。学校校舍排查鉴定结果要及时录入中小学校舍信息管理系统。

(二)完善校舍安全隐患排除机制

对经鉴定存在安全隐患、影响安全使用的学校校舍,要及时排除隐患,各区县政府要指导学校举办者区分轻重缓急,调整学校校舍使用功能或结合校园建设规划,制定相应年度维修加固、重建、改建实施计划,并分类分步组织实施。一旦发现承重结构承载力已不能满足正常使用要求,房屋整体出现险情和其他不能安全使用的学校校舍,要拆除、停用或加固改造,做到当年出现的危房当年消除。优先考虑将部分具有条件的学校的相关建筑和设施建成应急避难场所。

(三)完善校舍安全预警机制

各区县政府要将学校校舍安全纳入当地防灾减灾总体规划,对本行政区域内学校校舍灾害风险进行综合评估,并建立多部门联动机制,指导学校编制相应的应急预案,组织师生开展应急演练,及时向学校发出灾害预警信息,妥善做好师生应急避险和转移安置工作,对存在重大安全隐患、影响安全使用的学校校舍,要及时发布安全预警。

（四）建立校舍安全信息通报公告制度

参照教育部建立的校舍安全信息通报和公报制度，建立健全本市相应制度，定期向社会发布全市学校校舍安全信息公告。各区县政府要建立相应的信息通报和公告制度。

（五）严格校舍安全项目管理制度

对学校校舍维修加固、重建、改扩建项目，必须严格执行项目法人责任制、招投标制、工程监理制、合同管理制。项目勘察、设计、施工和工程监理单位必须具有相应资质，严格执行国家和本市质量安全有关法律法规和工程建设强制性标准。建设单位要按照规定，组织勘察、设计、施工、监理等单位及项目学校进行竣工验收，并按照相关规定备案。

（六）健全校舍安全责任追究制度

对发生因学校校舍倒塌或其他因防范不力造成安全事故导致师生伤亡的区县，依法追究区县政府、区县教育部门及学校主要负责人责任。如因学校校舍选址不当或建筑质量问题导致垮塌的，评估鉴定、勘察设计、施工、监理等单位负责人要依法承担责任。对挤占、挪用、克扣、截留、套取资金、违规乱收费或玩忽职守的，依法追究相关负责人的责任。

五、保障措施

（一）加强组织领导

建立由市政府统筹协调，区县政府组织实施的学校校舍安全保障长效机制。各区县政府是保障学校校舍安全的责任主体，主要负责人要亲自抓、负总责，分管负责人具体负责。教育、发展改革、公安、财政、建设、规划、水务、审计、住房保障、安全监管、地震、气象等部门要各司其职，加强协调，密切配合。

（二）合理分担资金投入

各区县政府要将保障学校校舍安全的相关资金纳入财政预算，进一步加强统筹并予以落实，加大对农村地区的支持力度。民办中小学和外资、企事业单位举办的学校所产生的鉴定、维修、加固、重建、改扩建资金，由投资方和本单位负责落实，各区县政府给予支持指导并监管。保障学校校舍安全的相关资金实行专款专用，资金支付按照财政国库管理制度有关规定执行。

（三）落实扶持鼓励政策

继续执行《关于本市免征中小学校舍安全工程政府性基金和收费的通知》（沪财预〔2010〕89号）和《上海中小学校舍安全工程项目竣工验收工作办法》等明确的相关扶持鼓励政策。对学校校舍建设项目涉及的行政事业性收费和政府性基金，应予以免收；涉及的经营服务性收费，在服务双方协商基础上，可适当予以减收或免收。鼓励社会各界捐资捐物支持学校校舍建设。企业通过公益性社会团体或者区县以上政府及其部门对学校校舍建设的捐赠支出，按照相关税收政策规定予以税前扣除。

（四）提高管理信息化水平

中小学校舍信息管理系统是提高校舍安全管理水平的重要保障和技术支撑，各区县教育部门要及时更新数据，加强维护，完善功能，充分发挥信息管理系统在年检、预警、信息发布、隐患排除、责任追究等方面的作用，切实提高学校校舍安全管理科学化、精细化水平。

（五）加强监督检查

学校校舍安全工作实行市级定期巡查、区县经常自查的监督检查机制。各区县政府要把学校校舍安全作为教育督导的重要内容，每年向同级人大和政协报告、通报相关工作情况，接受法律监督和民主监督。同时，设置监督举报电话和公众意见箱，接受社会监督。

（六）加大安全教育和宣传力度

各级各类学校要严格落实国家和上海市教学计划规定的安全教育时间和课程，对学生开展防灾和安全教育，向师生普及安全知识。要培养师生良好的安全行为习惯，使师生掌握应急避险技能，提高防灾安全意识和自救互救能力。要采取多种形式，向全社会宣传学校校舍安全保障政策，及时总结、推广典型经验，努力营造全社会支持、推进学校校舍安全工作的良好氛围。

上海市教育委员会
上海市发展和改革委员会
上海市公安局
上海市财政局
上海市城乡建设和管理委员会
上海市规划国土资源管理局
上海市水务局
上海市审计局
上海市住房保障和房屋管理局
上海市安全生产监督管理局
上海市地震局
上海市气象局
2014 年 9 月 17 日

上海市财政局　上海市教育委员会关于印发《上海市奖学金管理实施办法》的通知

（沪财教〔2014〕36 号）

各高等学校：

现将《上海市奖学金管理实施办法》印发给你们，请按照执行。

市财政局、市教委印发的《上海市奖学金管理实施办法（试行）》（沪财教〔2008〕7 号）、《关于调整本市政府类奖助学金分配和下达办法的通知》（沪教委学〔2011〕78 号）同时废止。

上海市财政局
上海市教育委员会
2014 年 8 月 12 日

上海市奖学金管理实施办法

第一章　总　　则

第一条　为激励本市所有普通本科高校、高等职业学校学生勤奋学习、努力进取，在德、智、体、美等方面得到全面发展，根据《上海市人民政府关于建立健全普通本科高校、高等职业学校和中等职业学校家庭经济困难学生资助政策体系的实施意见》(沪府发〔2007〕35号)精神，特制定本办法。

第二条　本办法所称普通本科高校、高等职业学校是指本市所有根据国家有关规定批准设立、实施高等学历教育的全日制普通本科高等学校、高等职业学校和高等专科学校(以下简称“高校”)。

第三条　上海市奖学金由上海市政府出资设立，用于奖励高校全日制本专科(含高职、第二学士学位)学生(以下简称“学生”)中特别优秀的学生，所需资金纳入市教委部门预算。

第二章　奖励标准与基本条件

第四条　上海市奖学金的奖励标准为每人每年8000元。

第五条　上海市奖学金的基本申请条件：

(一) 热爱社会主义祖国，拥护中国共产党的领导；

(二) 遵守宪法和法律，遵守学校规章制度；

(三) 诚实守信，道德品质优良；

(四) 在校期间学习成绩优异，社会实践、创新能力、综合素质等方面表现特别突出。

第三章　名 额 分 配

第六条　上海市奖学金的名额为每年1000名。

第七条　上海市奖学金的名额分配为：250个为部属高校名额，750个为地方高校名额；部属高校和地方高校中的本、专科生结构，参照国家奖学金中的本、专科生比例结构确定；学校名额分配根据各校本、专科生人数占全市本、专科生总人数的比例计算确定；在分配名额时，适当向办学水平较高以及以农林水地矿油核等国家需要的特殊学科专业为主的高校倾斜。

第八条　每年9月1日前，由市教委会同市财政局下达上海市奖学金名额。

第四章　评　　审

第九条　上海市奖学金每学年评审一次，实行等额评审，坚持公开、公平、公正、择优的原则。

第十条　获得上海市奖学金的学生为高校在校生中二年级以上(含二年级)的学生。

同一学年内，获得上海市奖学金的家庭经济困难学生可以同时申请并获得国家助学金，但不得再申请国家奖学金或国家励志奖学金。

第十一条　各高校要根据本办法的规定，制定具体评审办法，并报市教委、市财政局备案。

第十二条　各高校学生资助管理机构具体负责组织评审工作，提出本校当年上海市奖学金获奖学生建议名单，报学校领导集体研究审定后，在校内进行不少于5个工作日的公示。公示无异议后，每年10月31日前，各高校将评审结果上报至市教委。市教委于每年11月15日前批复并公告。

第五章　奖学金发放、管理与监督

第十三条　各高校于每年11月30日前将上海市奖学金一次性发放给获奖学生，颁发上海市统一印制的奖励证书，并记入学生学籍档案。

第十四条　各高校要切实加强管理，按照规定的程序进行操作，认真做好奖学金的评审和发放工作，确保奖学金用于奖励特别优秀的学生。

第十五条　各高校必须严格执行国家相关财经法规和本办法的规定，对上海市奖学金实行分账核算，专款专用，不得截留、挤占、挪用，同时应接受财政、审计、纪检监察、主管单位等部门的检查和监督。

第六章 附 则

第十六条 按照国家和本市有关规定规范办学的民办高校(含独立学院),其招收的符合本办法规定申请条件的普通本专科(含高职、第二学士学位)学生,也可以申请上海市奖学金。各民办高校的名额分配原则依照公办高校执行。

第十七条 成人高等学校招收的全日制普通本专科(含高职)学生纳入本细则一并实施。

第十八条 本办法由市教委、市财政局负责解释。

第十九条 本办法自发布之日起施行。

附表:上海市奖学金申请表(略)

上海市财政局 上海市教育委员会关于印发《上海市普通本科高校、高等职业学校国家励志奖学金实施细则》的通知

(沪财教〔2014〕40号)

各地方高等学校:

现将《上海市普通本科高校、高等职业学校国家励志奖学金实施细则》印发给你们,请按照执行。

市财政局、市教委印发的《上海市普通本科和高校、高等职业学校国家励志奖学金实施细则(试行)》(沪财教〔2008〕3号)、《关于调整本市政府类奖助学金分配和下达办法的通知》(沪教委学〔2011〕78号)同时废止。

上海市财政局
上海市教育委员会
2014年8月12日

上海市普通本科高校、高等职业学校国家励志奖学金实施细则

第一章 总 则

第一条 为激励普通本科高校、高等职业学校家庭经济困难学生勤奋学习、努力进取,在德、智、体、美等方面得到全面发展,根据《财政部、教育部关于印发〈普通本科高校、高等职业学校国家励志奖学金管理暂行办法〉的通知》(财教〔2007〕91号)和《上海市人民政府关于建立健全普通本科高校、高等职业学校和中等职业学校家庭经济困难学生资助政策体系的实施意见》(沪府发〔2007〕35号)有关精神,特制定本实施细则。

第二条 本实施细则所称普通本科高校、高等职业学校是指本市所属根据国家有关规定批准设立、实

施高等学历教育的全日制普通本科高等学校、高等职业学校和高等专科学校(以下简称“高校”)。

第三条　国家励志奖学金用于奖励资助高校全日制本专科(含高职、第二学士学位)学生(以下简称“学生”)中品学兼优的家庭经济困难学生。

第四条　国家励志奖学金所需资金由中央与上海市按比例分担。本市承担部分所需资金纳入市教委部门预算。

第二章　奖励标准与申请条件

第五条　国家励志奖学金的奖励标准为每人每年5000元。

第六条　国家励志奖学金的基本申请条件:

(一) 热爱社会主义祖国,拥护中国共产党的领导;

(二) 遵守宪法和法律,遵守学校规章制度;

(三) 诚实守信,道德品质优良;

(四) 在校期间学习成绩优秀或学习成绩有明显进步者;

(五) 家庭经济困难,生活俭朴;

(六) 积极参加社会公益活动;

(七) 具有自我解困的意识,愿意通过自己的努力积极解决经济上的困难。

第三章　名额分配与预算下达

第七条　国家励志奖学金名额分配建议方案由市教委会同市财政局于每年5月31日前报财政部、教育部。

第八条　国家励志奖学金的奖励资助名额在全国资助面平均3%的基础上,本市每年再增加2000人,增加后的总数约为各高校在校本专科学生总人数的3.5%。

各高校国家励志奖学金的奖励资助名额分配计算办法如下:

学校名额=按各高校在校生人数分配(名额1)+按生源结构分配(名额2)。

名额1=学校在校生人数/全市在校生人数×中央下达名额×60%。

名额2=学校中西部生源人数/全市中西部在校生人数×中央下达名额×40%。

第九条　每年9月1日前,市教委会同市财政局下达国家励志奖学金名额和预算。

第四章　申 请 与 评 审

第十条　国家励志奖学金实行等额评审,坚持公开、公平、公正、择优的原则。

第十一条　国家励志奖学金申请与评审工作由各高校组织实施。各高校要根据本细则的规定,制定具体评审办法,并报市教委、市财政局备案。高校在开展国家励志奖学金评审工作中,要对农林水地矿油核等国家需要的特殊学科专业学生予以适当倾斜。

第十二条　国家励志奖学金按学年申请和评审。申请国家励志奖学金的学生为高校在校生中二年级以上(含二年级)的学生。

同一学年内,申请国家励志奖学金的家庭经济困难学生可以同时申请并获得国家助学金,但不得再申请国家奖学金或上海市奖学金。

第十三条　每年9月30日前,学生根据国家励志奖学金的基本申请条件及其他有关规定,向学校资助部门提出申请,并递交由学校提供的《普通本科高校、高等职业学校国家励志奖学金申请表》。

第十四条　高校学生资助管理机构负责组织评审,提出本校当年国家励志奖学金获奖学生建议名单,报学校领导集体研究通过后，在校内进行不少于5个工作日的公示。公示无异议后，每年10月31日前，各高校将评审结果报市教委。

第五章 奖学金发放、管理与监督

第十五条 高校于每年11月30日前将国家励志奖学金一次性发放给获奖学生，并记入学生的学籍档案。

第十六条 市财政局按本市有关规定落实国家励志奖学金所需资金并及时拨付、加强管理。

第十七条 各高校要切实加强管理，认真做好国家励志奖学金的评审和发放工作，确保国家励志奖学金真正用于资助品学兼优的家庭经济困难学生。

第十八条 各高校必须严格执行国家相关财经法规和本办法的规定，对国家励志奖学金实行分账核算，专款专用，不得截留、挤占、挪用，同时应接受财政、审计、纪检监察、主管单位等部门的检查和监督。

第六章 附 则

第十九条 各高校要按照国家有关文件，从事业收入中按规定足额提取一定的经费用于资助家庭经济困难学生。

第二十条 按照国家有关规定规范办学、举办者参照本办法第十九条规定的要求从办学收入中足额提取经费用于资助家庭经济困难学生的民办高校（含独立学院），其招收的符合本办法规定申请条件的普通本专科（含高职、第二学士学位）学生，也可以申请国家励志奖学金。各民办高校的名额分配原则依照公办高校执行。

第二十一条 成人高等学校招收的全日制普通本专科（含高职）学生纳入本细则一并实施。

第二十二条 本办法由市教委、市财政局负责解释。

第二十三条 本办法自公布之日起施行。

上海市教育委员会关于进一步完善本市义务教育学校免试就近入学工作的若干意见

（沪教委基〔2014〕2号）

各区县教育局：

为贯彻十八届三中全会精神，落实《中华人民共和国义务教育法》《上海市实施〈中华人民共和国义务教育法〉办法》，构建面向适龄儿童少年的公共教育服务体系，促进义务教育优质均衡发展，根据《教育部关于进一步做好小学升入初中免试就近入学工作的实施意见》（教基一〔2014〕1号）《教育部办公厅关于进一步做好重点大城市义务教育免试就近入学工作的通知》（教基一厅〔2014〕1号）要求（相关文件可在教育部官方网站查询下载），现就进一步完善本市义务教育学校免试就近入学工作提出如下若干意见。

一、优化配置教育资源，满足适龄儿童少年入学需求

以科学发展观为指导，适应上海城市形态布局与人口分布变化趋势，以常住人口为基数，优化配置区域教育资源。按照本市《义务教育办学标准》，合理调整学校设点布局，缩小区域内学校间办学差距。坚持公办义务教育学校全部划片“免试就近入学”原则，确保适龄儿童少年享有相应的公办学校学位，健全面向每一位学生的基本公共教育服务体系，切实保障其接受义务教育的合法权益。

二、推动优质教育资源共享，紧密中小学对口衔接

发挥优质学校辐射带动作用，形成区域优质教育资源共享机制。按照小学与初中地理位置相对就近原则，通过探索集团化办学、组建学校联合体、优质校办分校、实施委托管理等多种途径，加强小学与初中对口衔接，通过学校管理经验辐射、骨干教师柔性流动、教育教学资源共享、中小学特色衔接等内涵式发展，促进区域内学校整体提升办学水平。小学毕业生以小学对口初中为主，也可以初中划定招生地段、“电脑派位”等方式免试就近升入初中就读。

三、深化办学体制改革，增强九年一贯制学校活力

积极推进九年一贯制学校（含十二年一贯制学校）办学实践，发挥一贯制学校办学体制的优势，深化学校教育改革，不断激发办学活力。通过办学目标与培养目标的整体设计、学校管理的紧密融合、课程教学的相互衔接、师资安排的学段贯通等探索，促进教师的专业发展，整体提升学校教育质量，一贯制学校的小学毕业生一般均直接升入本校初中部就读。

四、推进“新优质学校”项目建设，办好“家门口”的学校

以“为了每一个孩子的健康快乐成长”理念为导向，积极推进区域“新优质学校”项目建设，树立一批不靠挑选生源、不靠特殊资源配置，而靠关注学生持续发展，提高教育教学质量的普通学校典型，总结提炼其办学经验，引导义务教育学校转变发展方式，通过学校管理水平的提升、课程改革的推进、教学过程的优化、师生关系的和谐，将优质教育服务惠及到每一位就近入学的学生身上。同时，要以各种形式做好学校的宣传和介绍工作，让社区和家长了解学校的教育情况，不断提高市民对“家门口好学校”的满意率。

五、坚持公平公开原则，加强特长生招生管理

落实本市“体教结合”与“文教结合”工作规划，继续做好义务教育阶段体育、艺术特长生的衔接与培养工作，加强对体育、艺术特色项目学校的整体规划和招生工作管理，健全特长生资格确认制度。经市、区县教育行政部门批准的初中学校方可招收特长生，区县招收体育、艺术特长生比例严格控制在新生年级学生总数的5%以内，小学一般不招收体育、艺术特长生。

六、推进居住地登记入学办法，做好教育配套服务工作

按照《上海市户籍人户分离人员居住登记办法》，逐步扩大本市户籍人户分离人员子女居住地登记入学试行范围，明确登记入学基本原则与办法，登记报名的学生数少于招生计划数时，按照“就近对口入学”的原则，安排学生进入义务教育阶段学校就读；登记报名学生数大于招生计划数时，则按照“户籍地与居住地一致优先”原则，先安排户籍地与实际居住地一致的适龄儿童少年，再统筹安排“人户分离”的适龄儿童少年入学。

七、坚持公办学校为主，完善随迁子女入学办法

根据本市人口管理战略要求，以及《上海市居住证管理办法》，以“合法稳定就业、合法稳定居住”为基本条件，优化调整随迁子女就读义务教育政策，凡持有效期内《上海市居住证》的进城务工人员随迁子女，或持一定期限的《上海市临时居住证》并连续办妥灵活就业登记的来沪灵活就业人员随迁子女，由区县统筹安排进入义务教育阶段公办学校就读，部分地区公办教育资源紧缺的，则统筹安排进入政府购买服务的以招收随迁子女为主的民办小学就读。

八、全面实行阳光招生，健全招生信息公开制度

各区县按照义务教育学校“免试就近入学”原则，制定本地区义务教育阶段学校招生入学工作的实施意

见及配套政策，并通过教育网站等途径主动向社会公开公办学校对口招生的区域范围、招生计划；体育、艺术特长生招生学校、招生条件、录取办法；学校办学条件以及招生咨询、监督举报电话等招生入学工作信息。各中小学校通过学校网站公告、发放新生入学《告知书》、在社区张贴《招生告示》等形式，向辖区内适龄儿童少年家长告知招生工作政策、报名时间、地点，以及报名所需携带的各类证件，健全招生信息公开制度。

九、规范学校招生行为，自觉接受社会监督

规范招生入学行为，提高治理水平。义务教育阶段学校不得将奥数成绩、英语星级考等各类学科竞赛、等级考证书与入学挂钩，不得以任何形式进行文化测试选拔学生，不得在招生计划之外自行招收学生或招收借读生、旁听生。民办中小学在统一报名时间、统一面谈时间、统一录取时间的基础上，实行网上报名办法，并向监督部门公开面谈过程，为义务教育学校"免试就近入学"营造良好社会氛围。

十、加强招生工作组织领导，健全规范有序的运行机制

区县教育行政部门要加强对义务教育招生工作的领导，健全工作推进制度、完善学校对口入学制度、招生信息公开制度和违纪违规责任追究制度，把规范招生入学工作列入学校年终考评之中。中小学责任督学要加强对义务教育学校招生工作过程督查，市、区县教育督导部门重点对区县均衡配置教育资源、保障适龄儿童少年接受义务教育的权利、义务教育阶段学校规范招生等工作进行专项督导。区县监察部门要进一步完善招生监察工作机制，依法依纪查处招生入学工作过程中的违纪违规事件，形成规范有序的义务教育免试就近入学良性运行工作机制。

上海市教育委员会

2014年1月30日

上海市教育委员会关于进一步加强本市外籍人员子女学校管理工作的通知

（沪教委外〔2014〕3号）

本市各外籍人员子女学校：

为进一步加强本市外籍人员子女学校（以下简称"学校"）各项管理工作，确保学校依法办学，保障学校师生合法权益，不断改善本市外籍人员子女的就读环境，依据《中华人民共和国教育法》、原国家教委《关于开办外籍人员子女学校的暂行管理办法》和"统筹规划、按需设立、规范办学、依法管理"的指导方针，现就进一步加强本市外籍人员子女学校管理工作通知如下：

1. 健全学校管理机制。学校应按规定设立董事会，建立健全董事会议事规则。董事会应当依照学校章程行使职权，召开会议，讨论决定学校重大事项。学校法定代表人由董事长、校长或由董事会指定的人员担任。董事长、董事会成员、学校章程、法定代表人、校长等信息如有变更须及时报我委备案。

2. 加强教师和学生管理。学校应按照中国的法律法规，做好中、外籍教职员工的招聘工作，加强日常管理和服务，维护他们合法的权益，确保各项教学活动顺利进行。学校主要招收在本市合法工作并居留的外籍人员随行子女，也可适当招收在本市合法工作并居留的香港特别行政区、澳门特别行政区和台湾地区居民的随行子女。学校不得招收境内中国公民的子女入学。

3. 加强课程和教学管理。学校作为教育教学责任主体提供教育服务，可根据各自的办学特点、学生需求等自行确定课程设置、教学计划，选定教材，但不得包含违反中国法律、损害中国国家主权、安全和社会公共利益的内容。不得开展宗教活动。学校要加强中国语言和中国文化教学，开展有助于学生了解中国历史文化的各种活动。学校须将新教材在新学年开学前3个月内报我委备案。

4. 完善学校财务与资产管理。学校须按照中国有关法律法规建立健全财务、会计及资产管理制度，加强学校内控制度建设，依法接受政府和社会的监督。学校应依法设置会计账簿，办理税务登记，开设和使用外汇账户。在每个会计年度结束时，学校应编制财务会计报告，委托社会审计机构年审，年审报告应披露关联方交易、债权债务、往来款项等重大财务会计事项，在规定时间内报我委备案。对特许权使用费、商标使用费、固定特权费、基本特权费、咨询费、管理费等无形资产项目支出，学校须提供经具有资质的第三方评估机构出具的评估报告。

学校应按办学成本合理制定收费标准并公示。学费须按学年或学期以人民币计收，提供发票，不得跨学年或学期预收。学费须全额存入学校学费专用存款账户，确保用于学校日常教育教学支出。学校不得收取学位预留金、学位押金、学额保证金等与入学相挂钩的相关费用，已收取的应逐步清退。

学校存续期间，学校对所有资产依法享有法人财产权，任何组织和个人不得侵占或挪用。

5. 加强学校日常管理。学校要指定专人加强食品卫生安全、疾病防控、消防、治安、设施及设备安全、校车安全等管理工作和制度建设。遇校园突发事件，及时向属地相关职能部门和我委汇报并保持信息沟通。学校要高度重视校车安全，严格规范校车管理。按照本市校车管理相关规定，完善校车标牌申领、换领、线路及人员变更等手续。加强驾驶员、随车照管人员岗前培训和行车安全教育工作，并接受市校车管理部门对校车安全的不定期抽检。

6. 做好涉外民办非企业单位(法人)登记、年度注册备案及办学认证工作。根据市民政局社会团体管理局的相关规定，学校应尽快完成涉外民办非企业单位(法人)登记工作。做好年度注册备案登记工作。主动参加专业机构办学质量认证，并将认证结果及时向社会公布。

各外籍人员子女补习中心、纳入本市外籍人员子女学校管理范围的本地学校国际部参照上述有关规定执行。

本文件有效期为5年，自2014年2月10日起施行。

上海市教育委员会
2014年1月9日

上海市教育委员会关于修订《上海市教育科学研究项目管理办法》的通知

(沪教委科〔2014〕13号)

各有关高等学校、各区县教育局，其他有关单位：

为了加强上海市教育科学研究项目的管理，进一步规范项目申报、评审、结项、经费使用等各项工作，特修订《上海市教育科学研究项目管理办法》，现予以印发（详见附件）。

请各有关单位根据管理办法的要求，不断加强项目的组织和管理。

附件：上海市教育科学研究项目管理办法（2014 年修订）

上海市教育委员会

2014 年 3 月 21 日

附件

上海市教育科学研究项目管理办法

（2014 年修订）

总　　则

第一条　为了加强上海市教育科学研究工作的管理，进一步规范上海市教育科学研究项目（以下简称“项目”）的申报、评审、立项、验收等各项工作，提高项目的研究水平和研究效益，更好地发挥教育科学研究对教育改革与发展的积极促进作用，特制订本管理办法。

第二条　上海市教育科学研究坚持“理论与实践相结合”的原则，解决教育改革与发展中理论问题和实践问题，推动教育科研与教学的深度融合。

第三条　上海市教育科学研究项目分：

1. 重大项目。围绕国家和上海教育改革和发展中前瞻性、战略性的重大理论创新和重大政策实践问题，开展跨学科、长周期，具有重大理论和政策突破的研究，研究周期为 3 年。上海市教育科学规划领导小组办公室编制申报指南，组织项目申报，择优支持，鼓励跨单位、跨部门和跨地区的联合攻关。

2. 重点项目。鼓励广大教育理论工作者和教育实践工作者围绕教育改革和发展的重点领域，开展教育理论和实践创新研究，研究周期为 3 年。重点项目同时确立为上海市哲学社会科学规划教育学课题。

3. 决策咨询项目。针对教育改革和发展中出现的亟须突破的问题，开展决策咨询研究，研究周期为 1 年。通过专项委托的方式进行立项。

4. 市级项目。鼓励学校第一线教育工作者开展多样化、个性化、特色化教育科研，推进基层教育改革和教育实践。研究周期为 3 年。

第四条　规划办在上海市教育科学规划领导小组的领导下负责项目申报、评审、验收等日常管理工作。

一、申报与评审

第五条　项目申报对象为本市各级各类教育工作者、教育管理工作者和科研院所的科研人员等。

第六条　项目申请人须是项目的实际主持者，应在项目中担任实质性研究工作。每一申请人同一时间内不得申报两项及以上研究项目。已承担上海市教育科学研究项目尚未结项的不得申报新的项目；结项不合格或撤销项目的项目负责人，从公布之日起 5 年内不得申报新的项目。

第七条　项目申请人向所在区县、院校、科研院所或行业归口单位送交申报材料。

第八条　所在区县、院校、科研院所或行业归口单位认真审核项目申请书，签署明确意见并加盖公章，于规定日期前报送规划办。规划办不受理个人申报，逾期报送项目不列入评审。

第九条　规划办对申报材料进行形式审查，组织专家组进行评审，经上海市教育科学规划领导小组审议，公示无异议后，由市教委正式发文公布立项项目。

二、管理与验收

第十条　项目实行两级管理，即规划办与项目承担人所属的区县、院校、科研院所或行业归口单位共同管理。区县、院校、科研院所或行业归口单位负责项目的日常管理工作，规划办定期组织对项目执行情况进行检查。

第十一条　项目负责人要确保项目研究的科学性和合理性，经费支出的真实性和规范性，并对科研成果的真实性承担相应责任，自觉接受监督和检查。

第十二条　项目计划任务一经立项后应认真履行，研究目标原则上不予调整。对于涉及项目实施过程中项目负责人、项目负责人所属单位、项目完成时间、项目中止等重大事项确需调整的，由项目负责人所属的区县、院校、科研院所及行业归口单位严格审核把关，报规划办审核备案。

第十三条　项目一经立项发布后3个月内须完成开题工作，重大项目由规划办组织开题；其他项目委托所属的区县、院校、科研院所及行业归口单位组织开题，开题报告报送规划办审核备案。

第十四条　项目实行年度检查制度，检查项目的进度、质量和经费使用情况。规划办对重大项目、重点项目组织检查；其他项目由所属的区县、院校、科研院所及行业归口单位组织年度检查，检查报告汇总后报送规划办。规划办汇总整理项目年度进展情况，形成情况专报提交上海市教育科学规划领导小组。

第十五条　项目完成后，规划办将组织专家组对项目成果进行验收，验收时须提供申请书、开题报告、年度报告、总结报告和相关成果。

项目负责人提交验收材料和相关成果，经项目承担人所属的区县、院校、科研院所或行业归口单位审核后，报送规划办。

市级项目的验收，规划办可以委托项目承担人所属的区县、院校、科研院所或行业归口单位组织。验收材料和相关成果报送规划办登记并颁发结项证书。规划办进行抽查管理，如抽查不合格，将酌情减少相关单位的申报限额。

第十六条　与项目相关的研究成果出版或发表时须在醒目位置标明“上海市教育科学研究××××项目××××年度，立项编号××××”的字样。重大项目、决策咨询项目的研究成果需报规划办审核同意后，公开出版发表、内部刊用或向有关领导、部门报送。

第十七条　结项验收分优秀、良好、合格、暂缓结项、不合格5个等级。评议等级为“合格”以上的项目，办理结项手续后，下拨预留经费。评议等级为“暂缓结项”的成果，限期整改，可以再次申请结项，再次结项验收的等级只有“合格”与“不合格”两个等级。“不合格”的项目，则不予结项，并扣留该项目研究经费，同时将酌情减少相关单位的申报限额。通过验收项目由规划办登记编号，颁发结项证书。

第十八条　鼓励项目负责人对项目研究成果开展推广，但在推广过程中，不得以上海市教育科学研究项目的名义开展经营性行为。项目负责人和项目承担单位对成果推广过程中产生的一切行为负责。

第十九条　规划办将通过通知、网站等方式及时公布项目的研究状况、成果及项目管理情况。对于不能正常履行研究的项目，将发出通知，限期改正。

第二十条　有下列情形之一者，规划办根据实际情况作出中止拨款或撤销项目的处理：

1. 年度检查情况表明，项目负责人和项目组不具备按原计划完成研究任务的条件和能力，或难以取得预期的研究成果；

2. 项目负责人长期出国或因工作变动、健康等原因不能正常开展研究工作；

3. 项目负责人在研究周期内未完成研究任务或申请一次延期后仍未完成研究任务；

4. 经查实，项目负责人存在严重的抄袭、剽窃等学术不端行为。

三、经费管理

第二十一条　项目负责人根据科研活动实际需要进行项目预算，预算一经批复，原则上不予调整。确需调整的，在结项申请日6个月之前，由项目负责人提出预算调整方案，经专家论证，报规划办审核备案。

第二十二条　项目由市教委专项资金予以资助。项目经费按相关财务制度专款专用，并依据“一次核定，分期到位，包干使用，超支不补”的原则。各项目承担单位应加强对科研经费的监督和检查，建立健全科研经费使用和管理的监督约束机制，确保项目资金合理使用。

第二十三条　重大项目经费按年度下拨，重点项目和市级项目经费当年下拨首期经费，最后一笔经费为预留经费。预留经费在项目结项后下拨，未通过结项的，不予下拨。

第二十四条　项目经费由直接费用和间接费用组成。

（一）直接费用是指在项目实施过程中发生的与之直接相关的费用。主要包括会议费、差旅费、国际合作与交流费、设备费、资料费、劳务费、专家咨询费等。

（二）间接费用是指项目承担单位为项目实施所发生的间接成本和绩效支出相关的费用，项目承担单位应结合科研人员实际贡献公开公正安排绩效支出。

第二十五条　项目结束之后应进行结题结账。项目办理结项手续后，应于预留经费到账后6个月内办完结账手续，最长不超过1年。

附　　则

第二十六条　本办法由上海市教育委员会负责解释。

第二十七条　本办法自公布之日起施行。

上海市教育委员会关于印发《上海市“2011协同创新中心”发展行动计划(2013—2017年)》的通知

（沪教委科〔2014〕16号）

各高等学校：

为深入贯彻教育部、财政部关于《高等学校创新能力提升计划》的总体要求，经与相关委办局协商，市教委制定了《上海市“2011协同创新中心”发展行动计划（2013—2017年）》，现印发给你们，请结合各高校实际，认真贯彻执行。

附件：上海市“2011协同创新中心”发展行动计划（2013—2017年）

上海市教育委员会

2014年4月1日

附件

上海市“2011 协同创新中心”发展行动计划

（2013—2017 年）

为深入贯彻教育部、财政部关于《高等学校创新能力提升计划》（以下简称“2011 计划”）的总体要求，根据上海高等学校学科发展与优化布局规划，依托上海学科优势领域和知识服务平台，积极组建培育上海市“2011 协同创新中心”，推进上海高校学科建设与区域社会经济联动发展。

一、发展目标

按照“国家急需、世界一流、制度先进、贡献重大”的总体要求，选择国际科学前沿和国家、上海经济社会发展中最为迫切的领域或方向，择优、择重组建培育一批上海市“2011 协同创新中心”，并力争其中 8—10 个被认定为国家“2011 协同创新中心”，成为支撑上海创新驱动发展战略中产学研深度融合的示范基地。

二、建设原则

坚持以前沿科学问题和重大任务为引领，以服务国家和上海市重大需求为建设主线，着力推动产学研深度融合。

坚持以体制机制创新为突破口，充分发挥市场在资源配置中的主体作用，汇聚创新资源，转变高校创新发展的方式。

坚持以同城协同为切入点，以上海高校学科优势领域为依托，围绕国家、区域社会经济发展重点领域，做大做强上海高校的学科。

坚持以质量和贡献为考核重点，建立与建设绩效相衔接的投入机制，对取得明显成效的协同创新中心，加大投入和政策支持。

三、重点任务

对接“2011 计划”，按科学前沿、文化传承、行业产业和区域发展四类进行建设。

1. 科学前沿类协同创新中心。围绕国际科学前沿的重大问题和基础科学发展的新方向与新要求，重点推进大生命基础科学、核心数学与应用、量子计算与信息、物质及材料基础科学等领域的协同创新。围绕当前国际共同关注的人类与社会发展中的重大科学问题，重点推进区域环境与可持续发展、系统生物医学与转化医学、海洋科学等领域的协同创新。重点培育激光聚变科学与应用、系统生物医学、上海数学中心、海底过程研究等协同创新中心。

2. 文化传承类协同创新中心。围绕社会发展方面需求，重点推进经济建设、政治建设、文化建设、社会建设、生态文明建设、党建以及外交与国际问题等方面的协同创新。重点培育健康领域社会风险预测和治理、立德树人与学校德育、教育决策等协同创新中心建设。

3. 行业产业类协同创新中心。围绕传统产业转型升级，重点推进高端船舶与海洋工程、高端装备制造、现代纺织、新材料、能源化工、远洋渔业、都市及生态农业发展、生物技术、医疗器械、资源综合利用与环保、种质资源及转基因生物安全等领域的协同创新。围绕战略性新兴产业发展，重点推进下一代网络、量子通讯、软件工程、节能与新能源汽车等领域的协同创新。重点培育未来媒体网络、智能型新能源汽车、煤基能源化工、远洋渔业等协同创新中心建设。

4. 区域发展类协同创新中心。对接上海区域经济建设和社会发展需求，围绕产业发展，重点推进民用航空、集成电路、新型显示、高端装备制造、光电信息技术及仪器等领域的协同创新。围绕现代服务业发展，重点推进健康医疗服务、高技术与生产性服务、工业设计与文化创意等领域的协同创新。围绕“四个中心”建设，重点推进长三角区域及长江流域经济带发展、人民币国际化及金融安全、中国（上海）自由贸易区发展、国际航运与物流等领域的协同创新。重点培育“长三角”集成电路设计与制造、高密度城镇化、民用航空复合材料、中国（上海）自由贸易试验区、特大城市社会治理、上海中医健康服务、上海高端能源装备等协同创新中心建设。

四、推进举措

本发展行动计划从科学前沿、文化传承、行业产业和区域发展等四个方面，分层次、有侧重地进行协同，有意识地在文化传承和行业产业类中更加聚焦区域发展需求和学科优势的匹配，引导高校为上海创新驱动发展战略服务。

1. 加强组织保障。依托以分管副市长为组长，市有关主管部门负责人组成的 2011 计划工作领导小组为工作机制，协同推进实施上海 2011 计划的有关工作。

2. 完善市级部门协调机制。依托市教委与市经济信息化委、市科委、张江管委会、自贸区管委会、上海市政府发展研究中心、上海社科院、上海国际问题研究院、新华社（上海分社）、上海互联网信息办公室等部门合作协议，围绕上海市“2011 协同创新中心”组建培育的任务要求，协调解决推进中的具体问题。

3. 共建上海高校张江协同创新发展研究院。该研究院由市教委、张江管委会联合建设，通过有效利用张江高新区的创新资源和政策优势，充分发挥部市共建和上海市知识服务平台优惠政策的作用，更好地服务和促进上海市“2011 协同创新中心”的建设，提供策划、培育、制度设计、政策协调、人才储备、知识产权处置、投融资等公共服务。

4. 推进上海高校实施科学研究多元评价。根据科研类型和学科特点，构建成果形式多样、评价维度多元的评价体系和协同部门之间成果共享机制，完善职称评聘和岗位聘任，健全与岗位职责、工作业绩、实际贡献紧密结合的绩效考核制度。

5. 构建人员流动机制。提供更加便利可行的人事政策保障，进一步鼓励高校教师围绕协同任务的需要，实施“旋转门”制度，形成双向流动机制。高校保留 3% 的编制额度专门用于支持教师流动，教师全职到企业工作且人事聘用关系不变的，可保留其事业编制，推动高校与企业创新人才的双向流动。

6. 建立上海高校无形资产管理制度。开展知识产权处置权和收益权下放至高校试点，推进高校技术转移中心建设，健全与科研创新活动相适应的无形资产管理制度，实施职务发明的股权激励政策，激活高校的创新活力，加快高校知识成果转移。

7. 做大做强上海高校技术市场。以市场机制集聚成果、中介、知识产权管理和投融资服务等各类要素，构建新型成果专业服务链，探索科技成果转化的协议定价和市场定价机制，提供专业化的成果定价、交易及相应的咨询服务，推动上海高校技术市场成为全国高校科技成果交易的主要平台。

8. 组建培育 2011 协同创新中心。促使优秀人才引进不受高级职称比例的限制，在新增专业学位授权点方面优先支持。

9. 加大资金投入力度。制定相应的资金管理办法，提升资金使用效益，发挥协同创新中心人员的积极性和创造性。

中共上海市教育卫生工作委员会　上海市教育委员会关于印发《上海高校思想政治理论课教师队伍建设发展规划(2014—2018年)》的通知

（沪教委德〔2014〕21号）

各高等学校：

现将《上海高校思想政治理论课教师队伍建设发展规划（2014—2018年）》印发给你们，请结合本单位的实际，认真贯彻执行。

附件：上海高校思想政治理论课教师队伍建设发展规划（2014—2018年）

中共上海市教育卫生工作委员会
上海市教育委员会
2014年7月17日

附件

上海高校思想政治理论课教师队伍建设发展规划

（2014—2018年）

为认真贯彻落实党的十八大、十八届三中全会精神和《上海市中长期教育改革和发展规划纲要（2010—2020年）》精神，办好思想政治理论课，努力建设一支高素质的高校思想政治理论课教师队伍，根据《中共中央宣传部　教育部关于进一步加强高等学校思想政治理论课教师队伍建设的意见》（教社科〔2008〕5号）、《教育部关于印发〈普通高等学校思想政治理论课教师队伍培养规划（2013—2017年）〉的通知》（教社科〔2013〕4号）和《中共上海市教育卫生工作委员会、上海市教育委员会关于印发〈上海市学校德育"十二五"规划〉的通知》（沪教委德〔2011〕59号）等文件要求，结合上海高校思想政治理论课教师队伍建设实际，特制定本规划。

一、指导思想

坚持以中国特色社会主义理论为指导，紧密结合国家和上海中长期教育规划纲要实施，紧紧围绕不断提高思想政治理论课教学针对性和有效性为目标，以深入推进中国特色社会主义理论体系进教材、进课堂、进学生头脑为主线，遵循思想政治理论课教育教学规律和教师成长发展规律，把社会主义核心价值观融入思想政治理论课教师队伍建设的全过程，建设一支"让党放心、让学生满意"的高校思想政治理论课教师队伍。

二、建设目标

聚焦立德树人根本任务，结合大中小德育课程一体化建设要求，以提高思想政治理论课教师育德意识和育德能力为中心，深入实施上海高校思想政治理论课教师"100＋50＋10"计划，即培养100名左右中青年优秀骨干教师、50名左右马克思主义理论学科拔尖人才、10名左右马克思主义理论学科领军人物，造就一支坚持正确方向、师德高尚、业务熟练、结构合理的专业化思想政治理论课教师队伍，使思想政治理论课教师师资形成梯队，骨干形成团队，学科带头人形成核心，教育引导大学生扣好人生第一粒扣子。

三、主要措施

（一）优师培养计划

1. 师资培训项目

按照入门准入、专业提高和专业化发展的需求，进一步完善新入职教师岗前培训、全员培训、课程轮训、专题研修等，有重点、分层次、多形式的教师培训体系建设；针对思想政治理论课教师不同能力素质培养需求，分对象、分主题开展模块式素养培训；注重教师社会实践研修，加强全国高校思想政治教育教师社会实践研修基地（上海）建设。

2. 优秀骨干培养项目

办好思想政治理论课中青年骨干教师高级研修班。将各类人才培养项目入选教师和思想政治理论课教学比赛获奖教师优先作为高级研修班学员，通过专题讲座、实践研修、教学观摩、结对指导等多种形式加大培养力度。每年举办1期，每期培训20人左右，时间为1年，五年共培养100人。

3. 拔尖人才锻造项目

办好思想政治理论课教师拔尖人才培养班。建立思想政治理论课教师拔尖人才库，集中优质资源提供平台与项目支撑，通过课题研修、导师带教、国内访学、海外研修等方式，为教师制定个性化培养方案，进行跟踪式培养，不定期开班，每期10人左右，3—5年为一期，努力培养锻造50名左右在全市乃至全国有一定影响的拔尖人才。

4. 领军人物培育项目

构建有利于思想政治理论课教师领军人物培育的体制机制，优化资源配置，创新平台载体，突出协同创新，促使培育对象在思想政治理论课教学、科研以及理论创新上产生重大突破性成果，努力培育10名左右在全国有影响力的领军人物。

（二）项目资助计划

5. 教学改革研究项目

设立专项研究经费，支持思想政治理论课教师进行教学研究；针对思想政治理论课建设中的瓶颈问题和关键环节，以思想政治理论课教学改革试点项目形式进行探索研究；针对重大理论和现实问题，采取定向委托资助方式组织教师团队进行联合攻关。

6. 学科发展支撑项目

设立上海市马克思主义理论学科研究生人才培养登峰计划，举办上海市马克思主义理论学科博士生论坛，加强马克思主义理论学科建设和人才培养；实施上海市马克思主义理论学科择优出版计划，对优秀马克思主义理论学科专著、思想政治理论课建设理论研究著作进行成果评选和资助出版工作，推出一批高水平的研究成果。

7. 名师团队建设项目

加强上海高校思想政治理论课名师工作室建设，建设10个左右名师工作室，不断凝聚工作室建设特色，发挥工作室的辐射和带动作用；遴选培育若干个发展潜力突出、优势特色明显、教学效果优秀的思想政治理论课优秀教学团队，形成优秀人才团队效应。

8. 人才选拔培养项目

遴选思想政治理论课教学科研成绩突出、勇于创新的青年骨干教师予以重点培养。继续在"曙光计划"等各类人才培养计划中，单列名额；继续实施"阳光计划"项目，通过持续性的经费资助、课题支持和成果展示，跟踪培养，为思想政治理论课青年骨干教师成长搭建平台。

（三）同城平台建设计划

9. 思想政治理论课与马克思主义理论学科同城协作平台建设项目

加强上海高校思想政治理论课教学协作组建设。通过协作组定期开展教学研讨交流、教师培养培训和学科建设等活动，将协作组建设成上海高校思想政治理论课教师教学研究、课程建设和师资培训重要平台。建设上海高校马克思主义理论学科同城平台，组建联合培养马克思主义理论研究生的教授团队，吸纳优秀人才参与研究生培养，促进学科人才与资源同城联动、协同支撑。

10. 思想政治理论课教学活动月建设项目

加强上海高校思想政治理论课教学活动月建设。将思想政治理论课建设有关重点工作、重要项目、重大活动进行资源整合、整体规划以教学活动月形式集中推出，为思想政治理论课教师集中搭建教学交流、展示平台。定期举办全市高校思想政治理论课教学比赛，开设上海高校思想政治理论课超级大课堂，搭建教师练兵、展示平台。

11. 思想政治理论课易班平台建设项目

加强上海高校思想政治理论课易班平台——思政易家建设。充分利用易班平台优势，促进优质教学资源共享和师生互动，建设思想政治理论课教师自我专业成长家园。完善上海高校思想政治理论课教师数据库建设，全面实时掌握队伍建设状况。

12. 身心健康关怀项目

加强上海高校思想政治理论课教师身心健康关怀。设立思想政治理论课教师人文关怀项目，组织教师开展人文素养提升的实践活动，引导教师走进名师大家讲坛和经典剧场影院；关注思想政治理论课教师心理健康状况，开设教师心理咨询与辅导活动，提升教师心理素质。关心思想政治理论课教师身体健康状况，实施优秀人才和拔尖专家定期体检疗休养计划。

四、组织领导

本规划由市教委负责组织实施。各高等学校要切实落实教社科〔2008〕5号文件和沪委办发〔2009〕1号文件，聚焦机制保障、经费投入、项目资助等关键环节，从实际出发，参照本规划制定本校思想政治理论课教师五年培养规划，通过形式多样的途径和方式，努力提高思想政治理论课教师的思想理论素养、教学水平和科研能力。

上海市教育委员会关于印发《上海市普通高中学生学籍管理办法》的通知

（沪教委基〔2014〕22号）

各区县教育局：

为全面贯彻党和国家的教育方针，推进本市普通高中实施素质教育，保障学生身心健康，促进学生德、智、体、美全面发展，提升学生整体素质，形成科学化、信息化的学业评价和管理制度，依据《中华人民共和国教育法》和《教育部中小学学生学籍管理办法》(教基一〔2013〕7 号)等有关法律法规和政策规定,结合本市实际,制定《上海市普通高中学生学籍管理办法》,现予以印发请认真执行。

附件:上海市普通高中学生学籍管理办法

上海市教育委员会

2014 年 6 月 9 日

附件

上海市普通高中学生学籍管理办法

第一章　总　　则

第一条(目的和依据)

为全面贯彻党和国家的教育方针,推进本市普通高中实施素质教育工作,保障学生身心健康,促进学生德、智、体、美全面发展,提高学生整体素质,形成科学化、信息化的学业评价和管理制度,依据《中华人民共和国教育法》以《教育部中小学学生学籍管理办法》(教基一〔2013〕7 号)等有关法律法规和政策的规定,结合本市实际,制定本办法。

第二条(适用范围)

本办法适用于本市全日制普通高中以及其他发放本市普通高中学历证书的学校。主要包括学籍建立、学籍变动、学籍注销以及学生奖惩和学籍电子化管理等。

第三条(管理职能)

市教育行政部门负责对全市普通高中学籍工作的管理、指导、监督和检查;区县教育行政部门负责对本区域内的普通高中学籍管理工作管理、指导并负责具体落实;学校负责对本校普通高中学籍工作的具体实施。各级教育行政部门和普通高中学校应有专人负责学生学籍管理工作。

本市全面实行普通高中学籍电子化管理,采用上海市基础教育学生信息管理系统(以下简称"学生信息系统")进行学生学籍信息管理,学生信息系统为全国中小学信息系统的子系统。本市普通高中在籍学生的学籍建立、变动、注销等须在学生信息系统中完成。

第二章　学制与学籍建立

第四条(学制)

本市普通高中学制为 3 年。

第五条(入学)

本市普通高中起始年级入学学生须符合当年度本市普通高中学校招生政策要求,并经过教育行政部门和考试部门确认。

第六条(注册学籍)

普通高中起始年级入学学生应凭录取通知书按学校规定的时间办理入学注册手续并缴纳学费。已在籍学生每学期应按学校规定的时间办理注册手续并缴纳学费。因故不能如期办理注册手续者,应向学校申请办理延期注册手续,注册时间最晚不得超过新学期开学后 1 个月。学生在新学期开学 1 个月后仍未办理注册手续并缴纳学费的,起始年级学生的录取通知书自动失效,已在籍学生按自动退学处理。

普通高中起始年级新生办理入学注册手续并缴纳学费后,即取得学籍。学校及所在区县教育行政部门须在学生信息系统中为取得学籍学生建立电子学籍。

第七条(学籍号管理)

本市普通高中学生实行学籍号管理,学生学籍号由全国学籍号和本市学籍号组成。

全国学籍号由教育部统一编制下发,一人一号,终身不变。

本市学籍号分为主号和副号,编码规则由市教育行政部门另行制订。学校按编码规则为起始年级在籍学生以及转入本市取得学籍的学生编制本市学籍主号及副号。

第八条(考勤)

学校建立学生考勤制度。考勤按照出勤、迟到、早退、病假、事假、旷课等项目记录。

因故不能参加学校教育教学活动的学生,应当履行请假手续。如学生无正当理由未履行请假手续或请假后未获同意而缺勤的,按旷课处理,学校应及时将相关情况通知其家长。对旷课和经常迟到、早退的学生,学校应当向其家长了解情况,及时对其进行教育并帮助改正。

第三章　学籍转学变动

第九条(转学申请)

(一) 符合下列条件的普通高中在籍学生可申请转入本市有空余学额的普通高中:

1. 学生为本市户籍;

2. 学生父母一方持有《上海市居住证》满 3 年且积分达到标准分值(学生信息须在本市居住证积分管理系统中查询确认);

3. 学生父母一方为在沪高校、科研机构博士后流动站(工作站)人员;

4. 学生父母一方及学生本人持有《上海市居住证》海外证。

(二) 本市范围内普通高中在籍学生原则上不转学。因动迁等原因可申请转入有空余学额的普通高中,转学学生当年参加本市中考分数须达到转入学校当年的统一招生录取分数。

第十条(转学程序)

学生及家长提供相关身份证明、户籍证明、学生成长记录册、参加中考成绩证明及转学原因等相关证明材料,向学校及区县教育行政部门提出申请转学。转入学校及区县教育行政部门核对申请转学学生的材料,并由学校对学生进行测试,测试同意后由学校及所在区县教育行政部门办理相关转学手续。

第十一条(转学时限)

申请转学手续一般应在学期开学和结束前后各 5 个工作日办理。

学期中途其他时间一般不予转学。起始年级第一学期以及毕业年级第二学期不予转入。

第十二条(国际课程班转学)

本市国际课程班学生转学条件按相关规定执行,转学程序和时限参照本办法第十条和第十一条执行。

第十三条(责任要求)

学校及区县教育行政部门须同步在学生信息系统中完成学生的电子学籍建立或转移。

学校及区县教育行政部门须按要求核对申请转学学生的相关材料,不得接收不符合转学条件的学生就读,也不得接收未办理转学手续的其他学校学生就读。

第四章　学籍常规变动

第十四条(升级)

学生基础型科目学年总评语文、数学科目合格(含经补考后),其他基础型科目不合格(含经补考后)的在 2 门(含 2 门)以下者,予以升级。

第十五条(跳级)

学生表现突出,学业成绩优异,已提前达到更高年级学力程度,由学生和家长提出书面申请,经学校全面考核同意并公示无异议后，可提前升入相应年级学习。

跳级在高一学年结束前 10 个工作日内办理。高二年级、高三年级不办理跳级。

第十六条（留级）

学生有下列情况之一，予以留级：

（一）学生基础型科目学年总评不合格科目达 5 门（免修科不计）及以上者，不得补考，即予留级；

（二）学生基础型科目学年总评经补考后未达到升级标准者。

学校一般应在学年结束后 5 个工作日内通知学生并办理手续。同一年级留级不超过 2 次。高中阶段留级不超过 3 次。高三年级不予留级。

第十七条（免修）

学生某一科目学业成绩特别优秀，有较强的自学能力，已达到更高年级的学习能力，由学生和家长向所在学校提出书面申请，经学校同意并公示无异议后，可予以单科免修。已单科免修的学生须参加该门科目的学业水平考试。

学生因身体原因（须提供 3 个月内本市三级医疗机构证明或区县教育行政部门指定的二级医疗机构证明）无法参加体育与健身科目学习的，由学生和其家长向所在学校提出书面申请，经学校同意后可予以体育与健身科目免修。学生应当在身体康复后（须提供 3 个月内本市三级医疗机构证明或区县教育行政部门指定的二级医疗机构证明）向学校申请恢复参加体育与健身科目学习。

第十八条（休学）

学生有下列情况之一，需连续停课 3 个月以上，可以申请休学：

（一）学生因伤病需治疗、休养的（须提供 3 个月内本市三级医疗机构证明或区县教育行政部门指定的二级医疗机构证明）；

（二）学生出国出境；

（三）其他特殊原因。

因上述原因办理休学手续，须由学生家长持相关材料向学校提出书面申请，经学校同意并报所在区县教育行政部门后，予以休学并发给休学证明。

申请休学一般按学期申请。休学时间一般不超过 2 个学期，因伤病休学学生最长不超过 6 个学期。休学期满的学生可在期满后 5 个工作日内申请办理延期休学。

学生休学期间，其学籍自动保留在学校。

第十九条（复学）

学生休学期满后 5 个工作日内应申请复学。申请复学或提前复学的学生，由学生家长向学校提出书面申请（因病休学须提供本市三级医疗机构证明或区县教育行政部门指定的二级医疗机构证明），经学校同意后即可复学。

准予复学的学生，学校可根据其实际学业程度，编入相应年级学习。

第二十条（申请退学）

符合下列情况之一，学生及家长持相关证明向学校提出书面退学申请，学校同意并报所在区县教育行政部门后注销学生学籍并根据学生实际情况发给肄业证书或学历证明：

（一）学生因患病不能坚持正常学习（须提供 3 个月内本市三级医疗机构证明或区县教育行政部门指定的二级医疗机构证明）；

（二）学生出国出境（须凭学生本人护照复印件等）；

（三）其他特殊情况。

第二十一条（自动退学）

学生有下列情况之一，视为自动退学，学校报所在区县教育行政部门后注销学生学籍，并根据学生实际情况发给肄业证书或学历证明：

（一）同一年级已连续留级2次后仍不能达到升级要求或在高中阶段已留级达3次后仍达不到升级要求的；

（二）超过休学时限规定的学生或休学期满后经学校多次联系仍未按规定办理延期休学或复学的；

（三）一学期内连续旷课超过8周或累计旷课超过10周，经学校与家长多次联系帮助教育无效的；

（四）受到学校开除学籍处分的。

第二十二条（恢复学籍）

已退学并注销学籍的未满18周岁学生，可在学期开始后5个工作日内向原学籍所在学校提出书面申请，经学校同意后可恢复学籍。

学校可对申请恢复学籍的学生进行测试并根据其实际情况编入相应年级。

第二十三条（责任要求）

学校应及时通知办理学籍常规变动的学生及家长办理各项手续，对未能按规定办理手续的学生及家长作好督促工作。

学校及区县教育行政部门须同步在学生信息系统中完成学生的电子学籍常规变动操作。

经备案实行学分制管理的普通高中，可根据学分制管理的要求自行设定升级、跳级和留级的要求。

第五章　毕业　结业　肄业

第二十四条（毕业）

（一）普通高中在籍学生修业期满，符合以下全部条件的准予毕业发给毕业证书：

1. 思想品德与行为规范综合评价合格；

2. 基础型课程参加本市普通高中学业水平考试且所有科目成绩合格（含补考）。

3. 研究型课程和拓展型课程修满规定课时，且参加社会实践活动时间累计满6周。

（二）经体育行政部门和教育行政部门确认的学生运动员，若参加本市普通高中学业水平考试6门科目（须包括政治、语文、数学、外语科目）考试成绩合格，可申请加注“学生运动员”毕业证书（证书编号“GT”）。申请“学生运动员”毕业证书除参加本市普通高中学业水平考试科目外其他条件按本条第一款执行。

（三）国际课程班学生修业期满，符合以下全部条件准予毕业发给毕业证书（加注“国际课程班”，证书编号“GJ”）：

1. 思想品德与行为规范综合评价合格；

2. 参加本市普通高中学业水平考试政治、语文、历史、地理科目考试且成绩合格；

3. 其他科目由学校根据本校国际课程班的课程方案进行考核并达到要求。

第二十五条（结业）

普通高中在籍学生修业期满，不符合毕业要求的，准予结业发给结业证书。

第二十六条（肄业）

普通高中在籍学生修完高二年级及以上学业后退学的，发给肄业证书。

第二十七条（学业证明）

普通高中在籍学生达不到毕业、结业、肄业要求的，由就读学校出具学业证明。

学生在就读期间如需学业证明和成绩证明的，学校应出具相关证明。

第二十八条（学习经历证明）

学生毕业、结业、肄业证书遗失，可向原证书颁发学校提出书面申请，学校经核实后出具学习经历证明。学习经历证明和原件具有同等法律效力。

第六章　学 生 奖 惩

第二十九条(奖励)

市、区县、学校和有关部门应当对各方面全面发展或在思想品德、学业成绩、身体锻炼及社会服务等方面表现突出的学生,给予奖励。

奖励可采取公开表扬、通报表扬、发给奖状(章)、授予荣誉称号等形式。

凡授予各级"三好学生""优秀学生干部"等称号者,均需学生民主评议推选,校务会议或行政扩大会议讨论通过,并在学校和社区张榜公示。

学校应当真实完整地将学生的奖励情况归入学校档案和本人档案。

第三十条(处分)

处分一般分为警告、严重警告、记过、留校察看和开除学籍。

学校对犯错误的学生应加强教育,促其认错悔改;必须处分的,要坚持实事求是的原则,做到程序正当、证据充分、依据明确、处分适当。

在校期间因违法犯罪被司法机关判处刑罚收监执行或受学校处分期间严重违纪且屡教不改的,给予开除学籍处分。留校察看、开除学籍处分须报区县教育行政部门后执行。

学校对学生作出处分决定前,要与学生家长进行沟通,处分须经校务会议或行政扩大会议讨论通过。处分结论要及时告知学生本人及家长。

学生对学校给予的处分不服,可向学校或学校所属行政主管部门提出申诉。学校或学校所属教育行政部门应在60日内给予书面答复。

第三十一条(教育帮助)

学校要加强对受处分学生的帮助教育。对受警告、严重警告、记过处分的学生在一学期后确有悔改表现的,学校可解除其处分。解除处分的权限与给予处分的权限一致。

已解除的处分不封存在本校,不随学生档案移交高一级学校。普通高中修业期满但留校察看处分未撤销者发放结业证书。

第三十二条(记录与实施)

学校应据实记录学生的奖惩情况,安排专人负责指导实施,并将相关信息登入学生信息系统。

第七章　学籍信息管理

第三十三条(职责分工)

市教育行政部门负责制定本市普通高中学生学籍相关政策、制度,指导、协调各区县普通高中学籍管理相关工作;负责市级学生信息管理系统运行与维护,负责与全国学生信息系统的系统对接。

区县教育行政部门按照市教育行政部门普通高中学籍管理相关政策和制度制定本地区实施细则,确定责任部门和人员负责本区县普通高中学籍管理工作,指导、协调和处理本区县所属普通高中学籍管理相关事务。区县教育行政部门负责本区县普通高中学生的信息采集、更新,负责区级学生信息系统运行与维护。

各学校要做好学校普通高中学生学籍管理工作,并根据要求在学生信息系统中做好学生信息采集、更新和核实工作以及学籍建立、变动和注销等操作工作。

各级教育行政部门和学校都应指定专门的技术人员,做好学生信息系统管理的技术维护工作,确保信息系统安全、稳定运行。

第三十四条(电子学籍管理)

每学年第一学期开学后1个月内,学校及区县教育行政部门须完成普通高中起始年级新生信息采集、核对工作,并为每一位完成注册学籍的学生建立电子学籍。

每学期开学后10个工作日内,学校及区县教育行政部门须在学生信息系统中完成各年级学籍变动操作工作。

市教育行政部门为每一位有合法身份的在籍学生发放电子学生证,电子学生证是学生学籍身份的唯一辨识凭证。

本市中小学学生电子学籍管理办法和电子学生证管理办法由市教育行政部门另行制定。

第三十五条(信息安全)

各级教育行政部门和学校应完整保留学生的全部学籍信息,为学生的学习经历证明等提供依据,定期对学生信息进行安全备份。学校合并的,其相应的学生学籍信息应移交并入学校管理;学校撤销的,其相应的学生学籍信息由学校所属教育行政部门指定单位进行管理。

各级教育行政部门和学校要建立学生信息安全使用的相关制度,采取必要的技术措施保障学生信息安全。非经教育行政部门同意,学籍信息一律不得向外提供,严防学籍信息外泄和滥用。

第八章　附　　则

第三十六条(内地民族班学生)

在本市普通高中就读的内地民族班学生按教育部相关规定参照本办法执行。

第三十七条(外籍学生)

在本市普通高中就读外籍学生管理,参照本办法执行。学生修业期满,由学校参照本办法第二十四条发放毕业证书(证书注明国别,证书编号为“GI”)。

第三十八条(港澳台学生)

在本市普通高中就读的港澳台学生的学籍管理按照本办法执行。

第三十九条(实施日期)

本办法自发布后30日起施行,其中第二十四条从2014年高一年级起执行。

本办法有效期为5年。

上海市教育委员会关于印发《加强上海市基础教育科学研究工作的意见》的通知

(沪教委科〔2014〕36号)

各区县教育局:

为深入贯彻党的十八届三中全会精神,全面落实国家和上海市中长期教育改革和发展规划纲要,切实落实全国教育科学研究工作会议相关要求，更好地发挥教育科学研究在基础教育现代化进程中的引领作用，促进教育事业科学发展，我委制定了《加强上海市基础教育科学研究工作的意见》，现予以印发，请遵照执行。

附件：加强上海市基础教育科学研究工作的意见

上海市教育委员会

2014年7月15日

附件

加强上海市基础教育科学研究工作的意见

为贯彻党的十八届三中全会精神，落实国家和上海市中长期教育改革和发展规划纲要，充分发挥教育科学研究创新理论、服务决策、指导实践的重要功能，更好地体现教育科学研究在教育改革发展中的先导性作用，促进上海基础教育事业科学发展，特提出如下意见：

一、充分认识基础教育科学研究工作的重要意义

1. 基础教育科学研究是推进教育综合改革的重要支撑。当前，上海教育正处在内涵发展、质量提升的关键时期，各种深层次矛盾逐步显现，深化教育综合改革势在必行。进一步加强基础教育科学研究工作，旨在提升区域教育创新能力，激发基础教育改革的活力，充分发挥教育科学研究的引领作用。

2. 基础教育科学研究是推进上海教育现代化的重要举措。上海基础教育处在均衡优质的发展阶段，老百姓有更高的期盼，对教育品质有更高的要求。这需要教育科学研究开展前瞻研究，创新人才培养模式，引领学校发展，引导教师专业发展，促进师生健康快乐发展；需要教育科学研究培育和提炼具有中国特色、上海特点的教育改革经验。

二、明确基础教育科学研究工作的指导思想

3. 以深化基础教育改革发展为主线，聚焦教育改革实践中的重大问题，坚持问题导向、创新驱动、协同推进、市区联动，充分发挥教育科学研究对教育改革与发展的支撑作用。

问题导向，聚焦基础教育改革和发展中的重大问题和瓶颈问题。创新驱动，创新科研方法，开展多学科协同研究。协同发展，充分发挥广大教师积极性，鼓励基层学校、教育行政部门与专业科研机构、高等院校等共同参与基础教育科学研究。市区联动，明确市区二级教育科学研究推动主体，形成市、区（县）教育科学研究联动机制。

三、加强基础教育科学研究工作的主要举措

4. 完善基础教育科学研究项目的设立。市、区分设基础教育科学研究项目。上海市教育科学规划领导小组对市级教育科学研究项目做整体规划，设立重大项目、重点项目、决策咨询项目和市级项目，对不同类别的项目给予经费资助。上海市教育科学规划领导小组办公室设在上海市教育科学研究院，统筹实施项目的过程管理。区（县）教育局对本区域的基础教育科学研究进行统筹规划，整体推进。由区（县）教育局设立的重点项目优先申报市级项目。

5. 加大对基础教育科学研究成果的奖励。健全市、区（县）两级基础教育科学研究成果的评奖制度。获得区（县）教育科学研究优秀成果奖可以优先申报市级奖项。进一步完善基础教育科学研究成果评价，重视科研成果的实效性和推广价值，对教育决策有重大影响的政策性成果，对教育教学有积极作用的实践成果、理论与实践结合效果卓著的研究成果予以表彰奖励。

6. 强化基础教育科学研究成果的推广。建立基础教育科学研究信息共享机制，建设全市基础教育科学研究信息网，实现市—区（县）—学校（园）科研信息共享。完善教育科学研究成果展示、交流与应用推广制度，推进教育科学研究成果的交流与应用。

7. 促进基础教育科学研究的交流。加强与兄弟省市的基础教育科学研究经验分享与合作研究；加强与国外教育科学研究机构的合作研究与成果交流，关注国际基础教育研究的趋势，汲取先进经验。

8. 加强教育科学研究基地的建设。建立市级基础教育科学研究基地，进一步强化教育科学研究基地对重大问题进行长周期、实证式研究。鼓励区（县）建立区（县）级基础教育科学研究基地，加强对基地运作的投入保障、业务研讨、绩效评估。建立上海高校“立德树人”教育教学研究基地，促进上海高校为基础教育教学改革服务。

9. 抓好基础教育科学研究队伍的培养。积极探索基础教育专职科研人员、基层学校校长和教师的培养机制，通过学历教育、科研专题培训、挂职锻炼、国内外学术交流、“学术休假”制度、奖励表彰等多种方式提升基础教育科学研究人员的素养，推动基础教育改革和发展。

四、加强对基础教育科学研究工作的保障

10. 强化区（县）教育局对基础教育科学研究工作的责任。区（县）教育局是发展本地区教育科学研究工作的责任主体，负责本地区教育科学研究工作的统筹规划、统一领导和保障支持，应设立专门管理部门，加强与市教委及上海市教育科学研究院的沟通与协调，促进市、区（县）教育科学研究的衔接。区（县）教育局应设立教育科学研究的专项经费，确保项目研究、信息服务、成果交流、成果奖励、队伍建设等方面的需要，形成基础教育科学研究经费随教育投入增加而逐步增长的机制。

11. 完善基础教育科学研究市区联动机制。上海市教育科学规划领导小组负责全市教育科学研究组织工作，区（县）教育局负责本地区基础教育科学研究管理和指导，形成市、区（县）教育科学研究联动机制。建立市、区（县）教育科学研究联席会议制度，由市教委牵头，各区（县）教育局、上海市教育科学规划领导小组、上海市教育科学研究院等共同参与，形成教育行政部门、业务部门与基层单位协商沟通机制，对基础教育科学研究中的重大问题与主要措施进行研究。

12. 完善基础教育科学研究工作三级网络。健全上海市教育科学研究院、区（县）教育科学研究室、基层学校（园）教科室（组）三级工作网络。基层学校（园）应建立校（园）级教科室（组），具体落实学校（园）的研究、管理与指导，将科研人员工作量纳入绩效工资考核体系，确保科研经费和科研人员待遇。

13. 完善对基础教育科学研究工作的督导。将区（县）基础教育科学研究工作列入市综合督导评估指标体系；将区（县）教科室工作列入示范性区县教师进修学院（校）的评估内容；将学校（园）教育科学研究工作列入区县教育综合督导评估指标体系；将开展教育科学研究工作的成效作为学校（园）评优和教师职称评定、职务晋升和个人考核的依据之一。

上海市教育委员会关于印发《上海高等学校学风建设实施细则》的通知

（沪教委科〔2014〕40 号）

各高等学校：

为切实加强我市高等学校学风建设，营造风清气正的育人环境和求真务实的学术氛围，根据《高等学校学术委员会规程》(教育部令第35号)、《教育部关于切实加强和改进高等学校学风建设的实施意见》(教技〔2011〕1号)、《教育部关于严肃处理高等学校学术不端行为的通知》(教社科〔2009〕3号)要求，我委制定了《上海高等学校学风建设实施细则》。现印发给你们，请遵照执行。

附件：上海高等学校学风建设实施细则

上海市教育委员会

2014年7月30日

附件

上海高等学校学风建设实施细则

第一条　为切实加强上海高校学风建设，弘扬科学精神，倡导良好的学术风气，维护高校求真务实的学术氛围，促进上海高等教育事业的健康发展，依据《教育部关于切实加强和改进高等学校学风建设的实施意见》(教技[2011]1号)，结合上海实际，制定本实施细则。

第二条　学风是高等学校的立校之本、发展之魂。学术风气是学术共同体及其成员在学术活动中表现出来的一种社会风气，是学者人格、学术精神、学术取向、学术方法、社会文化环境等多种因素的综合反映。高校学风建设既包括学生的学风，也包括教师的教风。本细则侧重于高校教师和专职科研人员、研究生的学术研究领域。

第三条　建立学术道德宣传教育制度，强调自律意识和自我道德养成。高校学风建设严格遵照《高等学校学术委员会规程》《关于严肃处理高等学校学术不端行为的通知》《高等学校科学技术学术规范指南》和《高校人文社会科学学术规范指南》。

第四条　坚持标本兼治、综合治理的原则。学风建设要坚持教育和治理相结合，把学术道德、学术规范作为新时期师生道德培训的重要内容，使师生形成以遵守学术道德为荣、以违反学术道德为耻的荣辱观。要通过教育引导、制度规范、监督约束、查处警示等途径，逐步构建优良学风形成的长效机制。

第五条　上海市教育委员会建立上海市高等学校学风建设领导小组。学风建设领导小组主要工作职责：贯彻落实国家有关法律法规和学风建设文件精神；制定本市高校学风建设相关政策文件；宏观指导、督促、检查高等学校学风建设工作；组织开展学术道德和学风建设研究及宣传教育，总结推广学风建设先进典型经验；组织调查处理学术不端异议投诉及其他重大学风问题。

第六条　高等学校是学风建设的责任主体。高校主要领导是学风建设的第一责任人。高校要充分发挥学校学术委员会的作用，成立学风建设领导小组和相应工作机构；制定本校学风建设实施意见；定期检查院系学风建设工作；受理学术不端行为的投诉；组织专家组对学术不端行为进行调查；公布和上报调查结果。

第七条　高校学风建设信息实行全方位公开化。高校网站要开设学风建设专栏，发布学风建设的实施情况，公布学风建设的年度报告。要对项目申报、项目成果、论文著作等及时网上公示，接受校内外同行专家的监督，防止学术研究的重复化，项目申报的同质化，避免资源浪费。

第八条　对高校学术委员会调查结论有异议的，当事人可以向市教委提出异议投诉，市教委信访办公室统一受理。市高等学校学风建设办公室将组织专家或委托第三方机构进行复核，形成复核意见，报上海市高等学校学风建设领导小组批准后，给予当事人答复。

第九条　学校依据有关法律法规和专家组调查结论，结合学术不端行为的性质和情节轻重，对学术不端行为进行相应处理，并报上海市高等学校学风建设办公室备案。

第十条　学术不端行为举报经查实，确为恶意或不负责任举报的，对举报人要进行严肃教育、警示，直至依法追究法律责任。对被举报人造成名誉损害的，高校应为其恢复名誉。

第十一条　建立学术不端行为处理保密制度。要从维护学术健康风气和当事人合法权益的高度，自觉执行保密制度。学术不端行为调查期间，参与组织调查的人员有义务为举报人和被举报人保密，调查过程应严格保密。凡发生泄密者，学校依据国家有关规定严肃处理。

第十二条　本《实施细则》由上海市教育委员会负责解释。

第十三条　本《实施细则》自发布之日起施行。

上海市教育委员会关于加强高校学生校外活动安全工作的通知

（沪教委学〔2014〕45 号）

各高等学校：

近年来，高校学生校外活动日益增多，校外活动期间的安全事故时有发生，为进一步规范高校校外活动的组织管理，提升校外活动的安全保障和应急处置水平，强化师生安全意识和责任意识，现将高校校外活动有关安全工作要求通知如下：

一、高度重视大学生校外活动安全工作

根据高等教育改革和发展需要，学校应当鼓励、支持和指导学生积极参加社会实践、社会服务和有序开展勤工助学等校外活动。与此同时，学校要高度重视学生校外活动的安全工作，把确保安全作为学校组织的各类校外活动的重中之重，建立“谁主管谁负责，谁申报谁负责，谁组织谁负责，谁带队谁负责”的安全责任制。对学生自发组织、参加的合法、合规的校外活动，学校要根据实际情况及时开展有关安全教育和警示工作，并对学生安全方面遇到的问题和困难给予必要帮助。

二、切实提高校外活动安全指导工作针对性

高校校外活动形式多样、主体多元，学校要明确责任主体，加强分类管理，确保安全工作的针对性、实效性。对学校组织的各类校外活动，要统筹考虑有关组织工作，认真做好安全风险评估，制定相应安全工作预案，明确安全岗位职责，提高整个活动的安全保障和应急处置能力。对校内学生团体组织的各类校外活动，要统一管理，规范申报，严格审核，有序引导。对学生个人在校期间自发参与或组织的各类校外活动，要坚持“疏堵结合”的原则，对违规、违纪的校外活动要坚决制止，对正常开展的校外活动也要做好相关安全警示教育，引导学生自我管理、自我约束、自我防范。

三、认真做好大学生安全教育工作

学校要坚持“教育先行、预防为主”的原则，把校外活动安全教育纳入大学生安全教育体系。要认真贯彻《上海市大学生安全教育大纲》有关指导意见，把对学生进行安全教育和生命教育作为一项经常性工作，融入学生日常管理和教学安排当中，积极开展生命、安全教育，普及生命、安全知识，增强学生的生命、安全意识,提高自我防范能力和自我救生能力。各类教育活动要经常化、制度化,特别是要利用新生入学、节假日前等关键时间节点,适时进行安全警示和宣传,提高教育针对性,防患于未然。

四、规范校外活动安全管理工作

规范校外活动是建设学校治理能力体系的重要内容。学校要因地、因校制宜,把校方组织的校外活动纳入学校责任保险范畴,同时积极引导和支持学生自愿参加意外伤害保险。在尊重学生意愿的前提下,学校可以为学生参加意外伤害保险创造便利条件,但不得从中收取任何费用。学校要根据《普通高等学校学生管理规定》有关原则,制定和完善各项制度规范,通过大学生入学时签订安全防范承诺书等形式,在保障学生合理、正当权益前提下,把学生是否遵守校外活动有关规章制度纳入校规校纪范畴。严格按照教育部《学生伤害事故处理办法》有关规定,坚持依法、依规处理涉及校外活动安全的学生伤害事故,保障学校和学生双方的权益。

五、完善信息排摸和应急响应机制

学校要结合已有工作条线,重点做好校内学生团体和学生个人外出活动信息收集渠道,并针对工作实际,立足建立长效机制,制定校外活动突发状况应急处置预案,明确各部门职责、处置流程和善后工作规范。坚持"从速上报,认真核实"的原则,加强值班管理制度,做好校外活动突发事件信息报送工作。

上海市教育委员会

2014年7月21日

上海市教育委员会关于印发《上海市推进特色普通高中建设实施方案(试行)》的通知

(沪教委基〔2014〕59号)

各区县教育局:

根据国家和上海市中长期教育规划纲要关于"推动普通高中多样化和特色化发展"的要求,我委制定了《上海市推进特色普通高中建设实施方案(试行)》(见附件),请认真组织学习,加强研究,结合本地区普通高中教育发展实际,指导普通高中学校深化课程改革,通过特色办学实现育人模式改革和学校可持续发展,并将推进过程中的典型做法和先进经验及时报送我委基础教育处。

附件:上海市推进特色普通高中建设实施方案(试行)

上海市教育委员会

2014年6月20日

附件

上海市推进特色普通高中建设实施方案

（试　行）

为贯彻落实《国家中长期教育改革和发展规划纲要（2010—2020年）》和《上海市中长期教育改革和发展规划纲要（2010—2020年）》精神，深化本市普通高中课程改革，促进普通高中特色多样化发展，促进高中学生全面而有个性的成长，特制定本方案。

一、指导思想

本市特色普通高中建设坚持以科学发展观和国家、上海市中长期教育规划纲要为指导，引导普通高中贯彻“为每个学生提供适合的教育”的理念，根据自身办学基础和学生实际情况，以深化课程教学改革为主要抓手，着力构建富有特色的学校课程体系以及相应的运行和管理机制，促进学生全面而有个性地发展，推动高中学校错位发展、特色发展和可持续发展，逐步形成全市普通高中教育“百花齐放”的发展格局，促进高中教育从分层教育逐步向分类教育转型。

二、建设愿景

上海市特色普通高中是指能主动适应上海城市功能定位、社会和地域经济发展以及学生发展的需求，有惠及全体学生、较为成熟的特色课程体系及实施体系，并以此为基础形成稳定独特办学风格的普通高中学校（含完中、十二年一贯制、十五年一贯制学校的高中部，下同）。

通过上海市特色普通高中建设，在全市建成一批课程特色遍及人文、社科、理工、艺体等多个领域，布局相对合理，有效满足学生多样化学习需求的特色普通高中，并发挥示范引领作用，成为各特色领域的课程建设高地和教师研训基地，推动本市高中特色课程资源的辐射共享。

三、建设原则

本市特色普通高中建设将坚持以下三个建设原则：

1. 校本化。特色普通高中建设要从学校实际出发，立足自身办学传统、文化积淀、师生特点以及办学资源等因素，找准学校特色发展方向，通过高中课程的校本化实施，逐步办出特色。

2. 递进性。特色普通高中要围绕特色课程体系建设，逐步探索与之相适应的运作机制、管理模式、队伍建设、资源建设、环境建设等，形成学校特有的办学思路，并逐步提升为办学理念。

3. 稳定性。特色普通高中要从时代特点、政策要求和学校实际出发，将特色办学内化为稳定的办学风格，形成稳定的制度架构和校园文化，展示可持续性和稳定性。

四、推进策略

本市特色普通高中建设采用“项目孵化、滚动推进；分类指导、分阶提升”的策略。

特色普通高中建设一般经历三个发展阶段：

第一阶段（特色项目阶段）：学校有1个及以上适应学生需要的富有特色的课程或项目；

第二阶段（学校特色阶段）：学校围绕特色领域，形成相应的特色课程群，形成面向全体学生、层次递进的特色课程体系，形成一定的办学特色；

第三阶段（特色学校阶段）：学校以特色领域为主线，制订发展规划，形成系统引领和支撑学校发展的办学思想、发展目标、课程体系、教师架构、管理制度、资源体系和辐射机制。

市教委组织实施上海市推进特色普通高中建设项目，通过学校自主规划、项目滚动指导、建设目标引领的方式，根据特色普通高中建设三个发展阶段的建设路径，引导普通高中学校找准发展阶段、聚焦特色课程建设，提升学校特色办学水平。通过项目实践研究，总结提炼特色课程建设的一般经验和方法，指导其他高中学校课程建设；建设一批特色普通高中、带动一批特色普通高中项目学校、引领一批高中学校主动开展课程建设，形成高中教育特色发展的不同梯队。

五、运行机制

1. 学校自主规划。各普通高中学校应立足学校办学实际，根据城市功能定位、社会和区域经济发展以及学生个性发展的需求，明确办学定位和特色方向，自主建设并做强、做优学校特色项目。达到上海市特色普通高中建设参考指标(见附件)一级指标，且已有建设惠及全体学生的特色课程体系基础的学校，应建立有效支持本校特色发展的教师团队和专家指导团队，并自主制定学校特色发展规划。

2. 区县推荐支持。已有特色发展规划的高中学校如要申请加入上海市推进特色普通高中建设项目(以下简称项目)组，需向区县教育局提出申请。区县教育局收到学校申请后，应指导学校完善特色发展规划，并向项目组推荐，推荐时需向项目组提交以下书面材料(一式3份)：学校申请书、学校特色发展规划以及区县教育局书面推荐(须有对学校参与项目实践研究的有关经费支持等说明)。鼓励区县通过区域研究项目等形式，加强对本区域特色高中建设的研究、规划和指导，引导区域内部分高中先行试验。

3. 项目滚动指导。项目组视项目运行情况接收若干高中学校进入项目组。基于城市发展的需求和特色普通高中学校的布局，课程特色领域契合本市紧缺人才培养的高中学校可优先进入项目组。参与项目的高中学校(以下简称项目高中)通过定期学习交流和研讨等活动，认同本市特色普通高中建设的价值取向，明确创建特色普通高中的阶段性目标和任务，在专家组指导下，制定符合本校特色发展需求和办学基础的发展策略、有效路径和措施，实施并完善学校特色发展规划。

4. 探索分阶管理。达到上海市特色普通高中建设参考指标二级指标的项目高中，在项目组的指导下，提炼本校特色课程体系的建设经验和成效，并发挥示范辐射作用，在一定区域范围内实现共享，学校成为该特色领域的课程高地。达到上海市特色普通高中建设参考指标三级指标的项目高中，经项目组认定后面向全市承担该特色领域的教师培训和教研活动指导工作，成为特色课程研训中心，由市教委认定其为上海市特色普通高中(同一特色领域最多2—3所)。鼓励同一特色领域的项目高中互相借鉴、良性竞争，共同做强本市高中特色课程。

六、政策保障

1. 课程保障。参与项目的高中学校应立足特色课程体系建设，大力推进课程改革。项目学校可根据本校特色课程体系建设和实施方案，调整课程设置和时间安排，自主制订学校课程计划(须经市教委审核)，原则上不得突破高中课程总课时。

2. 师资保障。对于经过评估认定为上海市特色普通高中的学校，区县要保障承担学校特色课程的开发实施和辐射指导的教师配备，所需编制由各区县在教师总编制中统筹安排。整合特色教师资源，建立特色教师合理流动与资源共享机制促进学校加强与高校、科研院所、社会专业团体以及职业学校的合作，努力建设一支满足学生个性发展和学校特色发展需要、专兼职相结合的特色师资队伍。

3. 经费保障。市教委对参与上海市特色普通高中建设项目的高中学校给予一定的经费支持(一般不超过2年，相关经费管理办法另行制定)，学校所在区县教育局要配套投入特色办学经费和后续持续发展经费。区县教育局要设立特色教师培训专项经费，进一步加大对特色教师引进和培养的力度。

4. 评价与选拔保障。鼓励学校自主探索符合自身特色教育特点的学生综合评价体系和选拔机制，对于导向正确、方案科学、可操作性强的评价体系和选拔办法，市教委将予以扩大招生范围、实行自主招生等支持。教育行政部门要积极探索对特色高中的分类指导和评价督导机制，把评价督导结果作为学校评优评先、经费划拨和政策支持的重要依据。

上海市特色普通高中建设参考指标见下表。

上海市特色普通高中建设参考指标

领域	条目	层级指标		
		一级(特色项目阶段)	二级(学校特色阶段)	三级(特色学校阶段)
发展基础	规范办学	1. 严格执行教育法律、法规及有关政策,办学行为规范。 2. 严格控制学生在校活动总量、考试科目与次数、作业量、复习资料;不单纯以学科考试成绩或升学率高低评价、奖惩教师和公布班级、学生的名次;节假日不违规给学生补课。		
	教育质量			1. 学生学业水平考试合格率保持在98%以上。 2. 学生、家长对学校整体满意度保持在90%以上。
	行政支持			1. 上级教育主管部门对本校的特色和定位给予高度期望。 2. 上级教育主管部门对学校特色发展所需师资配置、经费投入和督导评价给予专门支持。
育人目标	目标清晰程度	学校能够对特色项目的育人价值有一定的思考,对学生在特色项目中的学习体验和成长收获有一定描述。	1. 学校对未来发展的特色有较为清晰的定位,对特色的育人价值有初步的思考。 2. 学校对学生从特色教育中所获得的体验和受益有一定的认识,能够做具体的描述。	1. 学校能够较为深入地思考特色的育人价值,并将其转化为学生的成长目标。 2. 学校拥有与特色相呼应的学生成长目标体系,且能用描述性语言界定具体目标的内涵,并能对学生的共同目标和差异目标进行明确地呈现。
	目标适切程度	学校的特色项目能够回应上海经济发展和社会转型对高中生素养的需求,对学生终身学习和生涯发展具有一定意义。	学校的特色能够较好回应上海经济发展和社会转型对高中生素养的需求,对学生终身学习和生涯发展具有重要意义。	1. 学校能够根据普通高中教育特点、城市发展需求和本校特色追求,依据高中生身心发展规律,形成校本化的特色育人目标。 2. 学校有证据说明所呈现的目标适合本校学生的实际特点和发展需求,并能够实现。
课程体系	课程规划	学校对特色项目建设有计划性。	学校对特色所涉及的专门课程、相关学科等有系统思考,明确相关课程的愿景、实施策略、发展路径和保障机制。	1. 学校围绕特色育人目标整体规划学校课程,具有清晰的学校课程愿景、实施策略、发展路径和保障机制。 2. 学校制定的整体课程规划较好地明确特色课程和其他课程之间有机联系,保证实现有特色的普通高中教育。
	课程内容	学校特色项目有相应的课程作支撑,不少于30课时。	围绕特色初步形成不少于3门特色课程组成的特色课程群,不少于三分之一的学生有特色课程的学习经历。	学校已经形成不少于5门特色课程组成的特色课程群,课程群中的课程有一定的梯度层次,普及和提高兼有。
	课程实施	学校特色项目的实施取得较好成效。	1. 学校能够按照计划实施特色课程。 2. 学校相关特色课程实施方式相对灵活,注重社会实践、动手实验和操作、自主探究等。 3. 初步形成与特色相对应的学生社团,且运作良好。	1. 学校特色课程与基础型课程之间形成系列化的结合点。学校基础型课程校本化实践较好,并能开展相应的教学改进,支持特色目标的达成。 2. 课程的实施注重学生创新精神与实践能力的培养。 3. 学校充分发挥特色学生社团的价值和作用,其建设实现制度化。
	实施成效			1. 学校建立起体现特色育人目标、可操作、有效度的学生评价和课程评价方案。 2. 学校课程实施已见成效,获得学生和同行的认可和好评。学生对学校课程的满意度达90%以上。 3. 学校建立起学生发展长期跟踪与反馈数据库,检验和提升特色育人的实效。

续表

领域	条目	层级指标		
支持系统	学校文化	学校初步形成正确而清晰的办学理念，特色项目在价值追求上与其保持一致。	学校形成正确而清晰的办学理念，学校特色成为办学理念实践的重要载体。	1. 学校拥有清晰、规范而深刻的办学理念，在理念的内涵和表述中体现了特色追求。 2. 学校注重学校文化形象的设计，并能够较好反映出特色的追求。 3. 学校将特色元素融入到校园环境的布置和改造之中，具有直观、个性和吸引力。 4. 学校师生对特色发展的知晓度达100%，对特色发展的认同度达90%。
	教师发展	学校特色项目拥有较为稳定的专兼职教师，且能满足特色项目的开展。	1. 学校拥有一批专注特色培育的专兼职教师，并形成稳定的实践团队。 2. 学校教师围绕特色培育开展定期研讨和专题研究，并形成一定的研究课题和成果。	1. 学校拥有一批支持特色课程发展的特色教师队伍，学校能够为这些特色教师的专业发展提供特别支持。 2. 学校在教师研修中关注特色发展所需的相关教师素养的培训，不断提升全校教师与特色教育相关的素养和技能。 3. 学校拥有完善的教育科研组织机构和机制，通过研究提升特色的内涵品质，拥有特色教育相关研究课题和成果，并能在市层面具有一定的示范引领能力。
	保障机制	1. 学校领导对特色项目建设给予充分重视。 2. 学校能够为特色项目的实施提供必要的经费、场地和其他资源。	1. 学校将学校特色的建设作为学校整体规划的重要内容，并给予充分重视。 2. 学校能够为学校特色的建设提供必要的经费、场地和其他资源。	1. 学校将特色建设作为学校发展规划的重要部分，建立起特色建设的学校管理保障机制和全校参与机制。 2. 学校通过各种渠道取得的关于特色发展的专项经费应专款专用，制定校级专项资金使用管理办法，合理规范使用并建立校内绩效评价制度，提高资金使用效益。 3. 学校围绕特色发展更新、重组和创新专用教室，如实验室、活动室等。 4. 学校拥有一批支持特色课程建设和实施的校外伙伴，如大学、专业研究机构、企业和社区等，校外资源利用成效好。

上海市教育委员会关于印发《2015年上海市普通高校春季考试招生试点方案》的通知

（沪教委学〔2014〕60号）

各区县教育局、各有关高等学校：

为进一步深化本市普通高等学校招生考试制度改革，做好普通高校招生改革试点工作，我委制定了《2015年上海市普通高校春季考试招生试点方案》（见附件），现印发给你们，请按照执行。

附件：2015年上海市普通高校春季考试招生试点方案

上海市教育委员会

2014年10月29日

附件

2015年上海市普通高校春季考试招生试点方案

一、指导思想

依据国家有关法规以及《教育部关于〈上海市人民政府关于我市加快教育改革和发展所需配套政策的函〉的复函》(教发函〔1999〕148号)、《教育部关于进一步深化普通高等学校招生考试制度改革的意见》(教学〔1999〕3号)、《国务院关于深化考试招生制度改革的实施意见》(国发〔2014〕35号)、上海市人民政府关于印发《上海市深化高等学校考试招生综合改革实施方案》(沪府发〔2014〕57号)精神,春季考试招生试点本着有利于鼓励高校走特色发展之路;有利于推进基础教育全面实施素质教育,贯彻“为了每一个学生的终身发展”的理念,增加学生选择的机会,努力拓宽适应学生全面而有个性发展需要的成才之路和有利于高中学业水平考试改革的深化及其效能的进一步发挥,进一步提升上海教育现代化水平,满足人民群众教育需要的原则,探索建立以考试招生制度改革为突破口,形成促进学生健康成长和终身发展的育人制度体系。

二、试点院校和招生计划

2015年度共有22所试点院校参加春季考试招生,招生学校名单和招生计划见附件1。

三、春季考试报名和志愿填报

(一)报名条件

报名参加2015年春季高考的考生需符合下列条件:

1. 遵守中华人民共和国宪法和法律;

2. 身体健康;

3. 本市户籍在沪报考对象:具有上海市常住户籍的高中阶段学校历届毕业生、普通高中应届毕业生或具有同等学力者(含具有本市常住户籍的非本市高中阶段学校历届毕业生);

4. 符合下列条件之一的非本市户籍人员可在沪报考:

(1) 考生为积分达到标准分值的《上海市居住证》持证人的同住子女,且须为本市高中阶段学校毕业的历届生或本市普通高中应届毕业生;

(2) 考生为《上海市海外人才居住证》留学人员持证人的子女,且须为本市高中阶段学校毕业的历届生或本市普通高中应届毕业生;

(3) 考生父母双方或一方现属上海市常住户籍,考生本人持《上海市居住证》且须是2014年已列入本市高考报名库的历届毕业生或参加本市中考并具有本市普通高中完整学习经历的应届生;

(4) 考生父母双方或一方原属上海市常住户籍(含上海支内、支边、支疆职工或知青),且考生须是2014年已列入本市高考报名库的历届毕业生或参加本市中考并具有本市普通高中完整学习经历的应届生;

(5) 考生父母双方或一方是经市政府合作交流办认定的驻沪机构工作人员,且考生须是2014年列入本市高考报名库的历届毕业生或参加本市中考并具有本市普通高中完整学习经历的应届生;

(6) 考生为在沪定居并持有本市公安机关签发的《中华人民共和国外国人永久居留证》的外国侨民,且须为高中阶段学校历届毕业生或普通高中应届毕业生;

(7) 考生父母双方或一方是在沪博士后科研流动站(工作站)在站人员,且考生为高中阶段学校历届毕业生或普通高中应届毕业生;

(8) 考生父母为上海引进海外高层次人才(即国家和上海市的“千人计划”),且须为高中阶段学校历届毕业生或普通高中应届毕业生；

(9) 原持有上海市蓝印户口的本市普通高中应届毕业生，由各区县教育局(高招办)汇总名单后送本区公安分局或县公安局进行比对审核，经区县教育局审核后方可报名。

5. 符合下列条件之一，经相关部门锁定名单的非本市户籍人员可在沪报考：

(1) 考生父母双方或一方是经市政府合作交流办认定各地来沪投资企业工作人员，且考生须是2014年列入本市高考报名库的历届毕业生或参加本市中考并具有本市普通高中完整学习经历的应届生；

(2) 考生为梅山、大屯、鲁矿三地上海后方基地单位职工子女，且须是参加本市中考后升入高中阶段学校的历届毕业生或参加本市中考后升入普通高中的应届毕业生。

6.《上海市居住证》持证人或其同住子女在春季考试期间即2015年1月25日和26日，持证人的《上海市居住证》必须在有效期内。

7. 18至24周岁男性公民须查验兵役证(符合报名条件的外国侨民除外)。

(二) 下列人员不属于报考对象

1. 具有高等学历教育资格的高等学校在校生；

2. 高中阶段学校的在校生(含应届三校毕业生，不含应届普通高中毕业生)；

3. 在高中阶段非应届毕业年份以弄虚作假手段报名并违规参加普通高等学校招生全国统一考试的应届毕业生；

4. 因违反国家教育考试规定，被给予暂停参加高校招生考试处理且在停考期内的考生；

5. 因触犯刑法已被有关部门采取强制措施或正在服刑者。

(三) 报名时间和地点

2015年春季高考报名采取网上报名和现场确认的方式。

网上报名时间：2014年12月7日13:00—12月9日13:00

(网址：www.shmeea.com.cn或www.shmeea.edu.cn)

现场确认时间和地点：2014年12月15日—12月16日8:30—11:00，13:30—16:00。考生在网上报名后须带好相关材料办理信息确认手续，其中本市应届高中毕业生到学籍学校办理，本市户籍的高中阶段历届毕业生和同等学力考生前往户籍所在地(在职职工在工作单位所在地)的区县高校招生办公室办理信息确认手续，符合报名条件的非本市户籍高中阶段历届毕业生考生前往暂住地的区县高校招生办公室办理信息确认手续。

(四) 志愿填报

考生须在春考网上报名的同时填报志愿，每名考生可填报2所院校志愿，每校可填报3个专业志愿。

四、考试与录取办法

(一) 考试科目及计分办法

2015年春季高考科目确定为“统一文化考试＋院校自主测试”。统一文化考试采用与高中学业水平考试接轨的方式，考试科目为语文、数学、外语三门科目，其中，语文、数学两科目试卷以“高中学业水平考试＋附加试题”两部分内容构成：前一部分依据高中学业水平考试的要求命题，分值为120分；后一部分根据高考选拔要求命题，分值为30分，总分150分。外语直接使用高中学业水平试卷，分值100分。外语试卷分设英、俄、日3个语种，由报考学生任选1种。外语设听力考试，听力考试成绩计入总分。统一考试成绩总分为400分。统一考试时间：语文160分钟，数学130分钟，外语90分钟。统一文化考试均在标准化考场进行。

院校自主测试内容由招生院校根据学校及专业特点自行确定，测试科目一般为面试或技能测试，面试或技能测试科目为1门，主要考查考生学科特长基础。注重考查学生的素质和能力，注重为考生减轻备考负担。院校自主测试分值为200分。

（二）考试时间

2015年1月25—26日举行全市统一文化考试。院校自主测试在2015年2月14—15日进行。

（三）考试成绩查询与资格线的公布时间及方式

2015年2月10日20:00，考生可登录“上海招考热线”（www.shmeea.com.cn或www.shmeea.edu.cn）查询统一文化考试成绩。上海市教育考试院于当日公布本科录取最低资格线。2月11日，各试点院校公布本校自主测试资格线、测试的时间、地点。

考生如对统一文化考试成绩有疑问可于2015年2月12日9:00至16:00在“上海招考热线”申请成绩复核，2月13日12:00可再次登录该网站查看复核结果。

（四）录取

1. 考生统一考试成绩总分必须达到本市划定的本科录取最低资格线和高校公布的自主测试资格线以上且其对高中学业水平考试成绩达到高校公布的要求，方可参加高校组织的院校自主测试。

2. 各招生院校应明确春季招生考试工作责任人。根据学校事先公布并经市教委予以备案的录取办法，按照统一考试成绩和院校自主测试成绩，并参考学生综合素质评价择优录取。

3. 各招生院校要精心组织、周密安排自主测试，测试规则随招生章程报市教委备案。发放自主测试通知的比例为：公办院校不超过公布计划数的2倍，民办院校不超过公布计划数的3倍。

4. 各招生高校须公示预录取考生和候补录取资格考生的名单，候补录取资格考生公示数的比例最大不超过各校公布计划数的50%，具体由各校自行确定。已公示的预录取考生须在规定时间内到预录取的其中一所高校进行录取确认。预录取考生和列入候补名单并最终被预录取的考生，无论是否与高校进行录取确认，一律不得参加当年秋季高考。

录取工作于2015年3月7日前完成。

5. 录取考生凭招生院校录取通知书和统一印制的提档通知单，于2015年8月下旬，前往相关区县高招办或高中阶段学校等档案所在地提取纸质档案，并按招生院校的规定递送。

五、加分政策及分值

凡符合春季高考报名条件的烈士子女考生，经审核可在原始分上加20分，少数民族、归侨青年及子女、华侨子女、台湾省籍青年考生，经审核可在原始分上加5分，但上述加分分值不累加。

六、收费标准

试点院校的报名、考试费收费标准按上海市物价局、上海市财政局《关于上海市教育考试院有关考试收费等问题的复函》（沪价费〔2006〕005号）以及上海市物价局《关于普通高校、中等教育等招生报名、考试收费标准的复函》（沪价行〔2000〕第117号）规定的收费标准执行。

如被录取考生已缴纳2015年6月国家统一高考考试费用的，考生在报到注册后，由录取高校负责退费，具体办法由市教育考试院制定。

七、招生章程

1. 各试点院校应依据《中华人民共和国教育法》《中华人民共和国高等教育法》《中华人民共和国民办教育促进法》和教育部有关规定制定本校2015年春季招生章程。

2. 市属普通高等学校须于2014年10月31日前认真填写《2015年上海市普通高等学校招生章程核准备案表（正副表）》（见附件2、附件3）上报市教委。市教委将于2014年11月11日前完成各试点院校春季招生章程的审核、备案工作。

3. 各试点院校春季招生章程经市教委核准备案后应及时向社会公布，不得擅自更改。学校法定代表人应对学校春季招生章程及有关宣传材料的真实性负责。市教委将对高校招生章程的执行情况进行督查。

八、监督与管理

各级监察部门要按照《教育部关于印发〈教育部关于实行高等学校招生工作责任制及责任追究暂行办法〉的通知》(教监〔2005〕34号)和《普通高等学校招生违规行为处理暂行办法》(中华人民共和国教育部令36号)和《中共上海市教育卫生工作委员会上海市教育委员会关于印发上海市普通高等学校招生监察工作实施办法(试行)的通知》(沪教委办〔2013〕80号)精神,对2015年春季高考进行全过程监督并严肃查处各种违规行为。各招生院校在春季高考改革工作中,必须精心组织,严格管理,规范操作,不断完善招生工作制度,确保春季招生考试改革公平、公正、公开地进行。

九、其他要求

1. 上海市教育考试院依据本文件制订相关实施办法。

2. 2015年高中阶段应届毕业生政治思想品德考核由毕业学校负责;2014年毕业的高中生,以原毕业学校品德评语为主;2014年以前的毕业生,由考生所在街道、乡、镇或单位主管部门,对考生的政治思想品德作出组织鉴定。

3. 考生体检工作由招生院校组织。

希望各院校认真做好2015年上海市普通高校春季招生考试改革工作,合理确定招生计划,提高教学质量,加强内涵建设,不断推进高校考试招生工作。

附件:1. 2015年本市普通高校春季招生计划一览表
2. 2015年上海市普通高等学校招生章程核准备案表(正表)(略)
3. 2015年上海市普通高等学校招生章程核准备案表(副表)(略)
4. 2015年本市春季考试招生工作日程(略)

附件1

2015年本市普通高校春季招生计划一览表

序　号	学校名称	招生计划
1	上海理工大学	70
2	上海海事大学	70
3	华东政法大学	70
4	上海海洋大学	50
5	上海电力学院	50
6	上海大学	60
7	上海中医药大学	70
8	上海师范大学	40
9	上海对外经贸大学	60
10	上海工程技术大学	70
11	上海应用技术学院	40
12	上海金融学院	50
13	上海立信会计学院	40

续表

序　号	学校名称	招生计划
14	上海第二工业大学	80
15	上海电机学院	80
16	上海商学院	80
17	上海政法学院	70
18	上海杉达学院	160
19	上海建桥学院	160
20	上海兴伟学院	30
21	上海师范大学天华学院	120
22	上海外国语大学贤达人文经济学院	120

上海市教育委员会关于印发《关于进一步完善高等教育投入机制的若干意见》的通知

(沪教委财〔2014〕121号)

市属各高等学校:

为贯彻落实市委、市政府关于进一步完善和深化市级财政高等教育投入机制改革精神,更好地发挥财政资金使用效益,更充分地提升高校自主办学能力,推进和落实高等教育投入机制改革的要求,我委制定了《关于进一步完善高等教育投入机制的若干意见》,现印发给你们,请按照执行。

附件:关于进一步完善高等教育投入机制的若干意见

上海市教育委员会

2014年11月7日

附件

关于进一步完善高等教育投入机制的若干意见

为贯彻落实党的十八届三中、四中全会精神,深入推进国家和上海市中长期教育改革发展规划,深化高等教育投入机制改革,进一步扩大高校经费使用的自主权,进一步加强经费监督管理,现提出以下意见:

一、准确把握高等教育投入机制改革的总体目标

1. 长期目标:促进“三个转变”。以学科专业布局规划为导向,以提高本专科教育质量为重点,通过深化改革,加快实现从以专项投入为主向经常性投入为主转变、从分散投入为主向学校整体投入为主转变、从以硬件投入为主向以软件投入为主转变,增强学校自主发展能力,推动高等教育内涵式发展。

2. 近期目标：实现“三个打通”。从2014年起试行高等教育专项资金的分配与拨付方式改革，采取“经常性经费投入”与“市级统筹投入”相结合的方式。“经常性经费投入”作为地方高校部门预算，由“基本办学经费”和“内涵建设经费”两部分组成；“市级统筹投入”主要用于全市性重大教育改革发展项目。以此打通生均公用经费与经常性专项经费、打通“十大工程”专项经费与地方高等教育内涵建设相关的经费、打通用于教师队伍建设的经费。

二、扎实推进高等教育投入机制改革的主要任务

3. 加快建立以基本办学经费和内涵建设经费为主的经常性投入机制。以财政生均综合定额为分配依据编制基本办学经费预算，主要用于学校办学基本运行等方面；以项目任务整合为主要方式编制内涵建设经费预算，主要用于教学改革、学科建设、教师发展和国际化交流等方面，在具体使用上由高校按照发展规划和内涵建设要求自主安排。同时，推进试点高校综合预算管理制度。

4. 加快建立以教育改革发展重大项目为导向的市级统筹投入机制。统一建立市级财政高等教育专项资金，主要用于全市性重大教育改革发展项目，构建以学科建设、队伍建设等为核心的“高峰高原”计划，促进高水平大学建设。

5. 加快建立以提高教育项目支出效益为目标的综合监督评估机制。进一步健全高等教育专项资金预算评审、项目评估、过程监督、事后评价的制度，提高资金使用效益。

三、逐步深化高等教育经费预算管理改革工作

6. 进一步落实厉行节约要求。从严从紧编制预算，优化支出结构，激活存量财政教育资金，加大财政性资金结余的消化力度。各高校要做好结转结余资金清理，合理安排当年财政预算资金并统筹财政性资金结余，建立结转结余资金定期清理机制，做好预算资金和项目的匹配，使预算资金得到合理有效使用。

7. 进一步加强部门预算编制。规范使用功能科目，做好信息化项目预算编报、政府采购预算编报工作，提高部门预算编报的准确性。各高校要推进落实高等教育投入机制改革任务，基本支出预算应严格按照定额管理要求编制，项目支出预算要提高精细化水平，做好项目评估和可行性论证，合理安排基本办学经费和内涵建设经费。

8. 进一步强化部门预算执行。增强预算执行的时效性和均衡性，提高财政资金使用效益。各高校要建立预算执行分析制度，关注财政拨款重大项目分析，深入研究预算执行中反映出的各类问题，提出具体工作目标和改进措施。要建立预算执行与预算编制挂钩制度，建立以减少存量资金、提高资金使用效率为核心的预算执行考核评价体系。

四、继续完善高等教育专项资金评审咨询机制

9. 实行市级高等教育专项资金预算评审制度。对纳入市级财政专项资金评审范围的项目，由市财政统一评审，预算评审后纳入项目库管理。同时，各高校要积极做好专项资金的预算自评审核工作，完善项目库建设。

10. 实行高等教育专项资金项目支出评估咨询机制。建立由高等教育专家和政府行政部门、人大、政协、高校代表，以及其他社会相关人士共同参与的评估咨询机制，对高等教育专项资金的投入方向和项目轻重缓急排序提出建议，并对竞争性项目的承担主体提出咨询建议。

五、不断加强高等教育经费使用绩效评价

11. 建立地方高校内涵建设经费绩效跟踪评价制度。由高校在编制内涵建设经费预算时提出绩效目标和实现路径，市教委和市财政局等部门组织中期评估和检查，重点跟踪高校内涵建设项目的实施进度和资金使用绩效。年度终了进行绩效评价和考核，并与下一年度经费预算挂钩。

12. 加强对重大专项资金使用的绩效评价力度。各高校要开展项目支出绩效自评价，重点对本学校重大专项支出进行事后评价；要开展绩效目标跟踪评价，重点跟踪预算确定时设置的绩效目标实现情况和保障程度。绩效自评价和绩效目标跟踪评价由学校自行组织或聘请有资质的第三方评价机构开展，要将项

目的绩效评价情况与结果应用情况相结合。

六、建立健全高等教育经费使用监督检查机制

13. 实施地方高校总会计师委派制度。按照《上海市地方公办高校总会计师管理办法》，在本市地方公办高校设立总会计师岗位，协助校(院)长管理学校财经工作，加强国有资产管理，加强对高校经费使用的全过程和多方位监管。

14. 实行地方高校经费使用跟踪检查机制。由市教委财务与资产管理中心根据任务要求，对学校预算执行、专项资金使用绩效、资产管理、审计整改落实等内容进行监督检查。

15. 加强财务风险管理，强化内部控制。严格执行《行政事业单位内部控制规范(试行)》，加强自我约束、自我监督，充分利用财务信息管理系统，加强财务内控管理的信息化建设。

16. 完善财务信息公开制度。根据信息公开要求，对地方高校年度经费使用情况、绩效评价和考核结果逐步向社会公开。

2014年上海市教育委员会工作要点

2014年，上海教育工作要深入贯彻党的十八届三中全会精神，全面落实国家和上海市教育规划纲要确定的目标任务，深化教育领域综合改革，深入实施素质教育，推进人才培养模式改革，提升知识创新和知识服务能力，促进各级各类教育协调发展，为全面完成本市教育改革和发展“十二五”规划奠定坚实基础。

一、加强整体谋划和统筹协调，深入开展部市共建合作

1. 部市共建合作。深化国家教育综合改革试验区共建合作，着力在扩大省级高等教育自主统筹权、探索试点中国特色现代大学制度建设、深化基础教育课程改革、制定市属高校建设标准和小规模本科学院设置标准等领域加大探索力度。推进教育国际合作与交流综合改革试验区建设，依托中国(上海)自由贸易试验区，推进教育国际化管理机制创新，引进经营性中外合作办学机构，在中外合作办学模式、管理制度创新和专业服务引进等领域开展先行先试。加快推进部市共建上海大学相关工作。

2. 规划编制与划转学校管理。研制出台上海高等教育布局结构、上海高校学科布局结构、现代职业教育体系三个规划，根据规划引导财政教育经费的合理投入和教育资源的科学配置。启动本市教育事业“十三五”规划及其专项计划编制，谋划“十三五”教育改革发展目标和重点任务。完成行业高校隶属关系划转工作，建立教育行政部门与行业企业共建共管机制。

3. 高校评估体系构建。建立健全高校整体办学水平绩效评估制度，指导高校发展规划、招生指标和高校生均定额的调整；建立健全高校教育教学水平评估制度，指导实施骨干教师教学激励计划试点；建立健全内涵建设水平和财政教育经费使用情况评估制度，加大“高峰”“高原”学科等全市性重大教育改革发展项目投入。进一步完善现有办学条件、教学、科研等专项评估制度，构建具有上海特色的教育评估体系。

二、聚焦立德树人根本任务，增强德育工作针对性和实效性

4. 大中小学德育一体化建设。推进国家教育体制改革试点项目“整体规划大中小学德育课程”成果转化。加强全国大中小学课程德育研究协同创新中心、上海市课程德育研究发展中心和市级课程德育研究基地建设，围绕内容架构、课程融入、教师培养、资源利用和政策支持等方面，系统设计学校德育工作体系。

制定实施高校思想政治理论课教师培养计划，建立市级中小学班主任工作室联盟，开展郊区县优秀班主任分学段研修。

5. 学生校外教育。深入实施“学生创新和实践基地建设工程”，建设博雅社会教育大课堂，完善网上网下相结合的校外教育体系。深入实施青少年艺术教育彩虹行动计划，加强学校艺术课程建设，培育一批中华文化艺术传承学校和基地，创建一批市级艺术教育特色学校。进一步打造上海学生合唱团、上海学生交响乐团品牌，继续完善高雅艺术进校园活动。

三、促进城乡一体化发展，推动基础教育高位均衡

6. 城乡教育一体化建设。深入实施本市基础教育“十二五”基本建设规划，重点做好城郊结合、人口导入地区校舍的增建、补建工作。深入推进中心城区品牌学校赴大型居住社区、郊区新城对口办学和郊区农村义务教育学校委托管理工作。做好优质学校设立分校，城乡学校结对考核，组建教育集团、教育资源联盟和教育合作体等工作，促进优质教育资源共享辐射。实施“为郊区 500 所小学更新配齐实验室设施设备”和“新增 100 所学校少年宫”市政府实事项目。

7. 课程教学改革。颁布实施新一轮学前教育三年行动计划（2014—2016 年）。强化针对家庭科学育儿的指导服务，建设针对 3—6 岁儿童的指导信息推送系统。全面完成课程标准修订工作，调整修订小学一年级语文教材。全面推进小学阶段实施基于课程标准的教学和评价改革。探索建立校本课程区域共享和学生跨校选修管理机制。加强中小学作业设计研究。开展新一轮基于课程的创新实验室创建规划和建设。颁布《上海市推进特色普通高中建设实施方案》，促进高中教育特色、多样发展。总结高中学校创新素养培育经验，推进共享辐射。完成新疆班招生和扩班任务，加强内地民族班教学指导，提升教育教学质量。

8. 评价方式改革。深化基础教育综合质量评价改革，健全“绿色指标”评价自主测评制度，鼓励学校建立以校为本、基于过程的教育质量保障体系。加强中小学生综合素质评价研究，在小学、初中、高中分别进行综合素质评价试点。成立“上海市新优质学校研究中心”，推动“新优质学校”经验向郊区农村和薄弱学校辐射，并着力在初中阶段推广。深入推进家校合作，形成一批具有示范辐射作用的家校合作项目学校。

9. 特殊教育工作。颁布实施新一轮特殊教育三年行动计划（2014—2016 年）。深化特殊教育“医教结合”改革，建立残疾儿童发现、诊断和安置工作网络，完善“医教结合”特殊教育课程体系，加强特殊教育教师队伍建设，提升教学、康复和保健实施水平，形成“医教结合、按需施教、开发潜能、人人有所发展”的区域特殊教育特色。

10. 教育督导工作。做好接受国家义务教育均衡发展督导评估认定工作。开展区县“立德树人”工作综合督政，做好区县政府依法履行教育责任公示公报。开展学生体质健康暨体教结合督导工作试点。做好义务教育阶段学校就近入学专项督导。启动本市实验性示范性高中综合督导调研和试点，推进中小学校责任督学挂牌督导工作。开展督学专业培训，发挥督学、特约教育督导员和人民教育督察员的监督保障作用。

四、加快构建现代职业教育体系，培养高素质技能型人才

11. 中高职贯通与“双证融通”试点。进一步扩大中高职教育贯通培养模式试点规模和范围，加快推动中高职教育贯通课程教材开发，研究制订招生入学、学籍管理、课程一体化等相关实施办法。开展中高职立交桥“学分银行”模式试点，研究中高职课程教学衔接、学分互认的方法与途径。实施第一批 23 门“双证融通”课程改革试点，抓好第二批改革滚动试点，推动试点学校完善“双证融通”课程教学与考核方案。开展试点专业教师培训，重点提升“双证融通”专业教师的双师型素质和业务能力。

12. 职业教育教学改革。完成 50 个左右职业教育国际水平专业教学标准开发，启动专业教学标准应用试点，探索本市职业教育人才培养模式与国际对接的路径。新建一批中等职业教育开放实训中心。实施上海高职高专院校师资教学能力提升计划，培育专业负责人和骨干专任教师。开展上海高等职业教育教学质量建设工程，推动高职高专学生参与教学竞赛和职业技能竞赛。

13. 专业布局与品牌院校建设。推动156个重点建设的中等职业教育专业加快发展，开展第二批中职校精品特色专业评估验收。加强中等职业教育品牌学校和特色项目基地建设，促进第二、第三批国家级中等职业教育改革发展示范校发展，开展市级中等职业教育特色示范校创建。调整优化上海高等职业教育专业结构，主动对接社会需求。开展高职高专院校重点专业建设，实施校企合作高技能人才培养计划。深入实施上海高等职业教育“飞跃计划”，支持国家示范性高职院校向专业特色鲜明、校企深度融合、具备国际影响的方向发展，支持和促进国家骨干高职院校和上海市示范性高职院校发展。

五、创新人才培养模式，提升高等教育内涵质量

14. 投入机制改革。实施财政高等教育投入机制改革，建立以基本办学经费和内涵建设经费为主的经常性经费投入机制，制定学科大类生均综合定额标准体系。建立以教育改革发展重大项目为导向的市级统筹投入机制，引导和支持一流学科、协同创新、领军人才、高水平大学、职业教育示范校等建设。建立以提高教育项目支出效益为目标的综合监督评估机制，促进经费使用公开、透明。

15. 本科教学质量提升。深化高校课程和教材改革，建设教师教学发展中心，加强研讨性课程、全英语课程、通识教育核心课程建设，支持建设一批具有代表性的微课程，展示优质教学资源。试点实施高校骨干教师教学激励计划，引导激励骨干教师投入教学工作。实施大学生创新活动计划，将其融入第一课堂。完善大学生实践和创新能力培养体系，建设实验教学(虚拟实验教学)中心和高水平校外实习基地。

16. 研究生教育综合改革。启动临床医学博士专业学位教育与专科医师规范化培训结合试点，继续开展临床医学硕士、教育硕士、艺术硕士等专业学位研究生培养模式改革。强化专业学位研究生实践基地建设。深入实施研究生教育创新计划，举办高水平研究生学术论坛和暑期学校，建设创新项目公共服务平台，开展创新拔尖人才培养。加强研究生教育质量保障体系建设，健全研究生资助体系，实施上海高校研究生教育年度报告发布制度。开展学位授权点合格评估。

17. “上海2011计划”实施与高校新型智库建设。研究制订“上海2011计划”建设规划，推进上海高校张江协同创新研究院建设，搭建一流学科与行业企业协同创新平台，组建培育一批2011协同创新中心，争取若干中心进入国家2011协同创新中心行列。鼓励高校构建以注重质量和实际贡献为主的多元评价体系。构建全市高校三级智库体系，建立工作推进机制，引导全市高校增强资政育人能力。着力打造“中国高校智库论坛”品牌，通过定期举办战略思想沙龙、区域发展对话会、青年学者政策设计工作坊、年度高峰论坛等活动，搭建立足上海、服务国家、放眼世界的中国高校智库交流和对话平台。

18. “高原”“高峰”学科建设。深入实施“上海高校一流学科建设计划”，完善竞争性引导项目投入机制。重点支持若干学科建设成为具备国际水准或达到国内一流的学科，支持特色和应用性学科发展，提升上海高校的学科特色和优势。建立动态监测指标，择优加大对建设绩效显著学科的支持。

六、构建区域开放教育体系，推进学习型城市建设

19. 开放教育体系构建。推进上海开放大学建设，完善开放教育质量保障体系。建设终身教育“学分银行”，开展不同高校(机构)的学历教育之间、非学历证书与学历教育之间的学分转换；开展学历教育课程学分与职业资格证书双向融通转换，探索普通高校、成人高校学分转换，拓展学分银行文化休闲学习成果认定和积累范围。加强上海学习网建设，促进网上学习资源共建共享。

20. 社区教育与老年教育发展。继续推进社区教育实验区、实验街镇、实验项目建设。促进上海市民终身学习实践(体验)基地发展，拓展体验站(点)和体验项目，形成开放、多元的学习体验模式。开展文化科普资源社区配送和宣传服务。开展社区学校标准化建设，提升社区教育教师专业化水平。鼓励支持市民学习团队建设，营造终身学习良好氛围。深入实施老年学校能力提升计划，提升专用功能教室建设水平和老年学校标准化建设率。推进老年教育支持服务体系建设，建立老年教育信息资源数据库，创新师资培训模式，加强老年教育教材建设。推广养教结合模式，创新老年教育学习团队培育方式，推进标准化学习点建设。提升老年教育的覆盖面和参与率。

21. 教育培训市场管理。建立健全本市非经营性教育培训机构和经营性培训机构分类管理制度。修订《上海市教育培训机构学杂费专用存款账户管理暂行规定》及《补充规定》，深入实施教育培训机构学杂费专用存款账户制度。探索设立专项资金，支持民办教育培训机构健康发展，打造教育培训服务业高地。

七、推进分类管理改革，促进民办教育健康发展

22. 非营利性民办高校示范校创建。按照“公益性强、体制创新、特色明显、质量较高”原则，开展非营利性民办高校示范校创建工作，通过专项扶持资金给予重点支持，积极探索推动民办高校现代大学制度建设。按照“特色发展优先、改革创新优先、教育教学优先”原则，支持非营利性民办高校示范校开展教育教学改革，办出特色和水平。

23. 民办教育管理体制创新。支持建设高水平、小规模民办文理学院，探索民办高校发展新路径。建立民办教育领域的基金会，为民办教育提供多元支持。成立上海市民办高校教师专业发展中心，搭建民办高校教师教学、科研发展的公共平台。完善民办学校教师年金制度，进一步稳定民办学校骨干教师队伍。

八、加强人才培养和引进力度，提升教师队伍整体水平

24. 中小学教师队伍建设。深入推进教师资格制度改革，扩大中小学教师资格定期注册制度改革试点，完善见习教师规范化培训制度。加强特级校长柔性流动过程管理，积极探索和建立特级校长到龄延聘制度和特级校长柔性流动机制，健全中小学校长专业发展培养培训制度。深化中小学教师职称制度改革试点进一步加强教师培训工作，建设旨在提高教师课堂教学能力的研训一体教师培训课程。探索实施基础教育中青年教师、骨干教师团队发展计划。

25. 高校教师队伍建设。完善上海高校特聘教授(东方学者)岗位计划，研究实施“青年东方学者”计划，扩大人才引进覆盖面，启动实施东方教席计划。继续实施高校教师专业发展工程，深入推进中青年骨干教师国外访学计划、青年教师国内访问学者计划、教师产学研践习计划以及实验技术队伍建设计划等，加大教师自主培养力度，助推中青年教师成长成才。实施师资博士后制度、高校新教师岗前培训制度和青年教师培养资助计划，夯实青年教师发展基础。

26. 人事制度改革。实施教育系统事业单位绩效工资制度改革，指导系统各单位完善绩效工资内部分配方案和绩效考核的具体办法。研究制订高校专业技术岗位结构比例调整政策。做好行业学校划转后人员编制、岗位设置、绩效工资和职务聘任等对接工作。探索实施基础教育教师激励计划，激励优秀教师带教新手教师、中心城区教师支援郊区农村学校。

九、充分发挥区位优势，提升教育国际化和信息化水平

27. 教育国际合作与交流。继续探索引进国外各类优质教育资源开展高水平中外合作办学，支持有条件的高校筹设更多中外合作办学项目。支持上海纽约大学推进人事、招生考试和教材教学改革。探索建立国际教育认证中心，提供专业国际教育认证服务。支持本市优质高中赴境外办学，扩大上海基础教育国际影响力。完善高校学生海外学习、实习机制，探索培养具备国际视野和跨文化交往能力人才的新路径。完善来华留学生教育支撑服务体系，推动建设国际化师资队伍，打造全英语授课精品课程，开展留学预科教育，支持教育部来华留学生示范基地建设。

28. 教育国际化管理模式创新。实施外籍人员子女学校管理新机制，探索提供外籍人员子女就近入学服务。建立高校国际会议管理新机制，协助推进在沪部属高校国际会议属地审批。探索建立若干国别(地区)研究基地，加强研究咨询服务。

29. 教育数据资源中心建设。推进上海教育数据中心建设，促使各类教育业务数据有效整合与共享交换，提供教育基础信息查询、统计和分析。推进上海教育资源中心建设，探索“课程超市”服务模式，为优质资源共建共享提供支持，推进大规模开放式在线课程建设。

30. 教育信息化应用。推进学生网上互动平台与高校课程资源跨校共享平台及高校教学管理平台有效对接，整合共享优质教学资源。推进中小学数字化课程环境建设与学习评价方式转变，构建学生个人“云学习”空间。启动中小学教材数字化工程，逐步推出多媒体版电子教材和互动性电子教材。构建中职校教育“云服务”平台，推进数字化校园建设，开展创新实训中心试点，改革中职校教学与学习方式。完善全市数字化终身教育网络体系，进一步改善市民数字化学习环境。

十、坚持学生发展为本，为学生终身发展奠定良好基础

31. 文教结合改革。实施上海市文教结合三年行动计划。支持高校与演出团体联合培养艺术硕士及顶级演奏人才，积极引进更多海内外顶尖文艺人才，通过共建大师工作室等方式使其落户高校。启动建设一批高校卓越新闻人才培养基地，推动高校教师与新闻从业人员柔性流动，深化高校新闻传播专业课程教材改革。依托公共文化场馆平台提升学生文艺素养，创新学生文化志愿者形式，提升高校博物馆教育实效。

32. 学生健康促进工程。做好承办第十二届全国学生运动会的赛会组织工作。深入推进学校体育教学改革，开展学生阳光体育运动，扩大大中小学“一条龙”体育后备人才培养试点范围，建设大学生、中学生运动项目基地学校。推进学生体质健康监测中心标准化建设，促进体育师资队伍发展。加强学校卫生保健工作，开展学校卫生保健教师和卫技人员职称评审。

33. 考试招生制度改革。颁布实施2014年度随迁子女就读各级各类学校的政策。进一步规范民办中小学招生行为，健全民办中小学招生过程督查机制。推进高校入学考试改革，构建分类考试、综合评价、多元录取的考试招生体系。筹建上海市教育考试命题和评价委员会，加强考试命题建设，完善命题质量评价机制。深化高职高专自主招生改革，进一步完善“文化素质＋职业技能”考试评价制度。探索将高校春季招生对象扩大到应届高中毕业生。提升高中学业水平考试对高素质人才选拔的信度与效度，鼓励高水平大学把高中学业水平考试成绩作为学校自主招生初试依据。

34. 学生就业与资助服务。拓宽就业渠道，积极协调和开发更多适合高校毕业生的就业岗位。引导和鼓励高校毕业生到基层就业，深入开展创新创业教育，大力扶持自主创业。加强就业市场和就业信息化建设，全面提升学生职业生涯发展教育和就业指导服务水平。加大对困难群体学生和离校未就业毕业生的帮扶力度。研究制订与本市宏观人口管理精神相匹配的非上海生源高校毕业生进沪就业政策。进一步完善高校毕业生就业质量社会评价指标体系，建立高校就业质量年度报告编制和发布机制。完善中小学和幼儿园家庭经济困难学生帮困助学政策，落实普通高中国家助学金制度，全面实施义务教育学生营养改善计划，加大家庭经济困难大学生资助力度，健全从学前到大学帮困助学的全覆盖体系。加强资助工作队伍建设，完善资助信息化平台，进一步培育高校资助特色项目，提升本市学生资助工作整体水平。

35. 校园安全与后勤保障。落实新修订的《上海市未成年人保护条例》，全面实施教育部《中小学校岗位安全工作指南》和上海市《中小学幼儿园安全防范管理基本要求》。加强校车等重点事项管理，夯实校园安全基础。严格实施本市中小学安全指导意见，推广使用《上海市中小学生公共安全行为指南》教材，开展安全演练。加强工读学校建设。协调推进校园及周边综合治理。健全高校学生食堂运行长效机制，推动上海高校学生食堂运行监测中心建设。构建新型学生伙食价格形成机制，完善高校学生伙食价格平抑基金制度。构建“农校对接”平台，推进上海高校冷链物流基地建设。开展部分高校基础电力设施升级和学生公寓热水系统改造工作。完善高校节能环保监测体系，加强校园能源、绿化、环境和水质监测预警。加强节约型校园建设，建立学校合理用能的考核评价机制。

十一、着力转变政府职能，不断提升教育管理规范化水平

36. 现代学校制度建设。建立市属高校章程核准委员会，开展市属高校章程制定或修订的核准；加快中小学和幼儿园章程建设，支持学校根据章程依法自主办学。推进现代大学制度建设的研究与实践，制订本市推进现代大学制度建设的指导意见及试点方案，选择若干高校启动试点。

37. 教育法治建设与政策研究。制定上海教育法治建设行动计划(2014—2017年)。配合做好“上海市教育督导条例”立法工作，开展“上海市高校布局结构及发展规划条例”“上海市民办教育促进条例”“上海市终身教育促进条例修正案”立法调研。开展“上海市外籍人员子女学校审批与管理办法”“上海市教育评估办法”等规章制订调研，组织编写《〈上海市未成年人保护条例〉释义》。制定《上海教育行政处罚裁量基准》，完善行政执法机制。培育一批特色法治宣传品牌项目。搭建教育政策研究平台，加强前瞻性研究。开展上海教育事业与自贸区建设联动研究。探索建立司法、社区等第三方介入的在校生伤害事件调解机制。召开第六届长三角教育联动发展会议，制定2014年长三角联动发展年度计划并明确联动项目，拓展教育联动发展深度与广度。

38. 教育政风行风建设。进一步治理课堂内容课外补、公办中小学在职教师校外兼职补课、学校组织集体补课乱收费等违规行为，研究制定普通高校教师兼职有关规定，深化择校乱收费和教辅材料散滥两项治理，健全规范教育收费工作长效机制。深入实施招生“阳光工程”，严格规范各类招生录取程序。进一步清理高考加分政策，探索实施研究生招生监察工作。

39. 经费监管与审计。加大对远郊和农村地区财政教育转移支付力度，制定高中生均公用经费标准。完善土地出让教育资金管理，合理确定中等职业教育和基础教育分配的结构比例。研究制订《上海市中小学校财务制度补充规定》等财务管理制度。进一步规范直属单位出租出借、对外投资等工作。做好相关单位领导干部经济责任审计。推进直属单位、市属高校所属国有独资和控股企业2013年度财务决算审计，组织开展大型教育活动专项经费审计。继续开展教育审计督查，动态掌握教育内部审计工作进展。

40. 语言文字规范管理。完成《公共服务领域英文译写规范》国家标准承制工作。开展语言文字工作示范区(县)创建试点研究，推进高校语言文字工作评估，开展第三批语言文字规范化示范校创建工作。建成上海话有声数据库，建设上海语言文化博物馆，展示宣传上海语言资源及语言文化。开展方言政策研究，推进幼儿园开展上海话教育体验活动试点。组织开展中华经典诵读行动和汉字听写活动，组织开展第十七届全国推普宣传周活动。

2014年上海市教育工作年报

2014年，上海教育工作全面贯彻党的十八大和十八届三中、四中全会精神及习近平总书记系列重要讲话精神，认真落实国家和上海市中长期教育改革和发展规划纲要，积极深化教育领域综合改革，促进各级各类教育健康发展，为全面完成本市教育改革和发展“十二五”规划奠定了坚实的基础。

一、2014年上海教育事业发展基本情况

2014年，全市共有中小学、幼儿园、特殊教育学校及工读学校3029所，其中：小学757所，比上年减少2所；幼儿园1462所，比上年增加16所；中学768所，比上年增加6所；特殊教育学校29所，工读学校13所。共有在校学生189.6万人，其中：小学80.29万人，比上年增加1.3%；幼儿园50.29万人，比上年增加0.4%；普通初中42.68万人，比上年减少2.3%；普通高中15.74万人，比上年增加0.4%；特殊教育学生0.46万人，

比上年减少4.3%;工读学校学生0.14万人,比上年减少6.7%。义务教育入学率保持在99.9%以上,普及九年制义务教育的各项指标均达到或超过国家标准。

全市共有中等职业学校89所,其中:职业高中28所,中等专业学校54所,中等技工学校7所。共有在校生11.24万人,比上年减少15.3%。

2014年,全市初中毕业(结业)生9.22万人,比上年减少0.19万人,高中阶段新生入学率达96.9%。高中阶段(含普通高中、普通中专、职业高中、技工学校)毕业生10万人,比上年增加0.6万人。

全市共有普通高等学校68所。普通高校本专科在校学生50.66万人,比上年增加0.4%。其中:本科在校生36.46万人,比上年增加0.5%;高职高专在校生14.2万人,与上年基本持平。2014年全市高校招收普通本专科生14.19万人,毕业13.24万人。

全市共有研究生培养机构48家(不包括中国科学院上海分院和煤炭科学研究院上海分院),共有研究生13.36万人。其中:博士生2.76万人,硕士生10.60万人。全年毕业研究生3.66万人,其中博士生0.45万人,硕士生3.21万人。

全市2014年高考统考考生7.4万人,686所高校在沪实际录取67888名(不含复旦、上海交大自主招生改革试验录取1307名)。完成对外公布招生计划的106.4%。

普通本专科招生14.19万人,比上年增加0.7%,其中:本科生9.15万人,比上年减少2.1%;专科生5.04万人,比上年增加6.3%;成人本专科招生5.24万人,比上年减少3.7%,其中:本科生3.64万人,比上年减少4.7%;专科生1.60万人,比上年减少1.2%。

全市共有成人中高等学历教育学校29所,其中:独立设置成人高校14所,成人中专15所。成人高等教育和中等专业教育在校学生30.94万人,其中:成人本专科在校生16.84万人,网络本专科在校生12.25万人,成人中专1.85万人。成人本专科招生5.24万人,毕业5.16万人;网络本专科招生4.48万人,比上年减少10.9%,毕业4.90万人;成人中专招生0.76万人,毕业0.69万人。

全市共有成人职业技术培训机构691所,结业生200.71万人次。民办非学历高等教育机构218所。

全市小学教职工总数5.06万人,其中专任教师4.25万人。中学教职工总数7.85万人,其中专任教师6.31万人。

全市普通高校教职工总数7.34万人,其中专任教师4.06万人。市属高校教职工4.06万人,比上年略有减少,其中专任教师2.36万人,比上年减少0.1万人,中央部委属高校教职工3.28万人,比上年增加0.01万人;其中专任教师1.54万人,比上年增加0.01万人。普通高校专任教师中,正高级职称教师0.73万人,占18%;副高级职称教师1.30万人,占32.1%;中级职称教师1.61万人,占39.7%。

全市共有校外教育机构20所,其中,少年宫15所,少年科技站4所,少年之家1所,教职工总数1238人。共有各类老年教育机构291个,接受教育的老年人总数112万余人。

全市共有独立设置中外合作办学机构15个,非独立设置中外合作办学机构13个,中外合作办学项目152个。全市共有外籍人员子女学校37所,在读学生29552人。2014年本市各普通高校来华留学生56027人,比上年增加4.1%,其中学历生15708人。2014年全市在校港澳台及华侨学生总数10395人,其中高校2084人,各区县8311人。

2014年,上海教育经费继续稳步增长。全市财政教育投入预算为783亿元,其中公共财政预算安排的教育支出为702.6亿元,政府性基金预算安排的教育支出为80.4亿元;全市财政教育投入预算中,市本级财政教育支出为238.6亿元,区县财政教育支出为544.4亿元。

二、深化综合改革,统筹谋划上海教育改革发展

(一)编制实施上海教育综合改革方案

为深化教育领域综合改革,本市根据国家部署,于2014年初启动编制《上海教育综合改革方案(2014—

2020年)》,方案提出"3+3+3+1"的总体思路,即:"三个导向""三个统一""三个制度体系"和"一个目标"。"三个导向"是战略导向、需要导向、问题导向;"三个统一"是坚持服务国家战略与立足上海实际相统一、坚持推进综合改革与深层突破相统一、坚持勇于探索与稳步推进相统一;"三个制度体系"是育人制度体系、管办评制度体系、协同联动制度体系;"一个目标"是到2020年,率先构建系统完备、开放有序、高效公平的区域现代教育治理体系,率先实现教育现代化,在此基础上努力创建世界一流教育。改革方案包括提升政府教育治理能力、提升学生思想道德和身心综合素养以及基础教育、职业教育、高等教育、终身教育、社会力量办学、考试招生制度改革、教育国际合作与交流、教育信息化等10个方面共52条重大改革措施。

(二) 全面启动考试招生制度改革

国务院公布的《关于深化考试招生制度改革的实施意见》,选择上海、浙江作为试点省份率先开展高考综合改革。上海结合实际制定高考改革试点方案,市政府于9月19日公布《上海市深化高等学校考试招生综合改革实施方案》,主要任务和措施包括八个方面:完善高中学业水平考试制度,建立高中学生综合素质评价制度,深化统一高考考试科目改革,改革统一高考招生录取模式,完善和规范高校自主招生,深化高校"春季考试"制度改革,加快推进高职院校分类考试和招生,减少和规范考试加分。改革于2014年启动,2017年整体实施,努力形成分类考试、综合评价、多元录取、程序透明的高校考试招生模式。

(三) 编制各类教育改革发展规划

出台上海高校学科发展与优化布局规划。为优化上海高校学科整体布局结构,提升学科发展水平,对接服务国家战略和区域经济社会发展,本市于11月发布实施《上海高等学校学科发展与优化布局规划(2014—2020年)》,分类建设高峰高原学科,目标是:到2020年,力争20个左右学科点跻身国际一流水平、200个左右学科点整体水平跻身全国前列。

研制高等教育布局结构与发展规划和现代职业教育体系建设规划。适应国家战略和区域发展新需求,研制并基本完成《上海高等教育布局结构与发展规划》《上海市现代职业教育体系建设规划》,紧密结合新一轮城市总体规划和主体功能区规划,充分考虑人口变化趋势、经济社会发展和行业产业人才需求等因素,面向2020和2030年,提出优化高等教育和职业教育的规模、类型、层次结构和空间布局的目标和实现路径,促进教育资源优化整合、构建完善现代职业教育体系。

三、推进教育管理体制改革,优化教育管理方式

(一) 深化高校投入机制改革

在上海地方高校全面推行以基本办学经费和内涵建设经费为主的经常性经费投入机制,预计2014年市级财政对高等教育经费投入中,经常性经费投入约占66%、市级统筹专项投入约占34%。在教育经费监管方面,出台《上海市地方公办高等学校总会计师管理办法》,试行地方高校总会计师制度,进一步规范高校财经管理,防范财务风险。

(二) 深化学校人事制度改革

试点推行高校骨干教师教学激励计划,在上海地方高校中确定4家正式试点高校和4家试点培育高校率先推行。激励计划专项经费主要用于教师工作量补贴、超工作量补贴、指导青年教师、教学研讨、教材(课件)编写、课程建设劳务等。通过实施该激励计划,以及完善上海高校青年教师助教工作制度,重点加强对教师教学绩效的考核,规范教师行为,改善上海高校教师工作条件。推进中小学教师资格、职务(职称)及校长职级制度改革,研制中小学教师资格定期注册实施细则,试点推行校长职级制度改革,建立健全特级校长柔性流动机制和过程管理制度。

(三) 推进行业高校管理体制改革

完成上海政法学院、上海商学院、上海电机学院、上海健康职业技术学院、上海城市管理职业技术学院、上海工艺美术职业学院、上海电子信息职业技术学院、上海农林职业技术学院、上海交通职业技术学院、上海建峰职业技术学院等10所高校和6所相关联中职学校隶属关系划转。市教委已与所有划转学校的原上级主管部门签订了共建协议，推动学校继续保持与行业企业的紧密联系，深化学校办学专业优势和行业特色。

（四）创新多种形式的办学模式

推动中国社会科学院与上海市依托上海大学共建上海研究院，推动国家级智库落户上海。市政府批准同意建立上海兴伟学院，探索非营利民办高校新机制。进一步理顺上海市中医药研究院管理体制，整合上海市中医药研究院系统的资源和研究力量。指导上海新侨职业技术学院更名为上海工商职业技术学院，进一步整合学校资源，凝练办学特色。上海首个中外合作高中——上海七宝德怀特高级中学正式设立并对外招生；上海大学与加拿大温哥华电影学院正式合作举办上海温哥华电影学院并启动招生。对接本市“环东华创意产业”发展规划，东华大学与英国爱丁堡大学合作设立东华大学上海国际时尚创意学院。

（五）深化现代大学制度建设

制定《上海市属高校章程核准暂行办法》，组建上海市属高校章程核准委员会，开展第一批市属高校章程核准工作。根据教育部《全面推进依法治校实施纲要》有关要求，推进上海市中小学、幼儿园章程建设。研究制定《推进上海现代大学制度建设指导意见》，遴选7所高校实施现代大学制度建设首批试点。

（六）完善教育行政执法机制

对市教委涉及的行政权力事项进行全面梳理，初步梳理相关事项200余项。开展上海教育行政处罚裁量基准研究，完善上海教育行政处罚裁量基准制度。进一步完善依法治校工作机制，全面推进教育领域依法治校各项工作的深入开展。推进上海市学校法律顾问制度建设，鼓励区县和学校开展学校法律顾问制度的先行试行。

四、强化立德树人，全面推进素质教育

（一）全面开展中华优秀传统文化教育

开展中华优秀传统文化教育。出台《完善中华优秀传统文化教育长效机制的实施意见》，开展“2014师生经典诵读活动”“教师讲解中华经典教学技能展示活动”“教师书法教学技能展示活动”“书法名家进校园活动”，进一步创新实践载体，充分发挥各类爱国主义教育基地、科普基地、农村社会实践基地以及其他创新实践基地的作用，强化青少年对中华优秀传统文化的认同感。

开展核心价值观主题教育活动。评选践行社会主义核心价值观和弘扬中华优秀传统文化项目，组织中学、中职校开展“我们的价值观我们的中国梦——精彩课堂”展播视频征集评选。运用典型事例和丰富的教学手段，制作教育教学视频并在网上展播，引导青少年践行社会主义核心价值观。

（二）加强德育工作体系建设

创新德育师资培养模式。实施2014年上海市马克思主义理论学科研究生人才培养登峰计划和上海高校马克思主义理论学科择优出版计划，举办上海高职高专院校思政课微课教学比赛。组织开展2014年度上海高校辅导员队伍建设月系列活动，举办2014年新上岗辅导员培训、新任学工部长培训、骨干辅导员高级研修班。开展上海市优秀班主任和“十佳”班主任评选，弘扬宣传一批新时期优秀班主任的先进事迹。

开展生命教育和心理健康教育。组织开展高校心理健康教育达标中心评估，实施学校心理咨询师全员继续教育，实施心理健康教育拔尖人才计划。深入推进“学校生命教育及心理健康教育促进行动计划”，开展首批中小学心理健康教育示范校评估，推动心理健康教育规范化建设。

（三）开展各类学生文体和健康教育活动

成功举办第十二届全国学生运动会。本届学生运动会为全国大运会、中运会合并后的第一届学生运动会，于7月28日至8月2日在上海成功举办，共设田径、游泳、篮球、排球、足球、武术、健美操、乒乓球8个竞赛类项目，同时增设桥牌友谊赛。上海中学生代表团积极备战，表现突出，取得市参加历届大运会、中运会的历史最好成绩。

推进学校体育课教学改革。在17个试点高中推进高中体育专项化教学改革试点工作，组建9个项目中心组，编制9个项目教学大纲，制定高中专项化课程改革指导意见，同时为试点高中配备体能教室，实现体能教学与专项技能教学同步。启动小学体育兴趣化和初中体育多样化教学改革方案研制工作，并与高中专项化教学相衔接。

加强学校公共卫生安全工作。部署学校和托幼机构空气重污染应对工作，印发《中小学校和托幼机构空气重污染应对工作方案》并开展督导检查。开展"健康生活、幸福成长"2014年健康教育主题活动，举办2014年健康教育知识网上竞赛。开展中小学直饮水项目的验收、评估并加强运维管理。

推进学校艺术教育工作。启动小学艺术类课程改革，推进"学校艺术教育一体化"改革。承办第四届中国校园戏剧节。举办"青春放歌"——2014上海学生新年音乐会、首届学生艺术设计展、"青春民乐情腾飞中国梦"——2014年上海市大学生艺术团民乐专场音乐会、2014上海市中学生话剧展演季活动、上海夏季音乐节，"上海市学生艺术教育实践基地"挂牌成立。

举办系列科普教育活动。举办上海市第七届青少年创新峰会暨2014上海市青少年科学研究院年会、2014上海国际青少年科技博览会，开展"科普校园行"科学家巡讲活动，开展"走近国境线"——上海市青少年国防教育系列活动。

五、推动基础教育高位均衡发展，努力推进教育公平进程

（一）完善学前教育公共服务体系

优化学前教育资源配置。研究制订第三轮学前教育三年行动计划。调整幼儿入学政策，鼓励区县根据积分制度安排非本市户籍幼儿入园。加大对学前教育资源分配和布局研究，进一步完善学前教育公共服务体系建设。

推进婴幼儿早教工作试点。"育儿周周看"手机彩信指导服务在全市推开，近8万户家庭订阅。全面开展0—3岁婴幼儿养育与发展指南的研究，进一步提升本市一年四次免费早教指导服务的质量。

（二）提升义务教育均衡发展水平

做好义务教育阶段招生入学工作。坚持"免试就近入学"原则，采取有效措施，确保学生公平接受义务教育权益。继续推进本市户籍人户分离子女居住地登记入学办法，做好教育配套服务工作。坚持以公办学校为主，完善进城务工人员随迁子女入学办法，及时化解入学矛盾。坚持招生入学正确导向，通过"两个限定""两个公开""三个统一"等措施，进一步规范民办中小学招生行为。

推进委托管理和"新优质学校"建设工作。结合推进区域内义务教育均衡发展工作，落实区县对委托管理工作的责任，做好第四轮委托管理中期评估工作。加强推进"新优质学校"建设，完成编写《走向新优质——新优质学校推进项目指导手册》。开展"中小学校家校互动机制创新与实践"研究，开展"家校互动创意案例"征集活动。

推进学区化、集团化办学。明确推进学区化、集团化办学的路线图与时间表，2014年由徐汇、闸北、杨浦、金山先行试点，2015年在各区县全面推行学区化、集团化办学试点，2017年全市学区化、集团化办学形成一定的覆盖面，办好每一所家门口的学校。

做好郊区学校设施设备的配置工作。完成市政府实事项目"为500所郊区小学更新、配齐实验室设施设备项目"，为本市9个郊区县所属500多所小学的自然、劳动技术实验室室内的设施、设备和相关教学仪器进行更新、配齐，使其满足学科实验教学的要求。完成市政府实事项目"新增100所学校少年宫"，实现每个乡镇都有1所乡村学校少年宫，初步形成全国级、市级、区县级三级学校少年宫的格局。

（三）推动高中特色多样发展

研制高中课程调整方案。配合高中学业水平考试制度的改革，调整相关限定拓展科目的学习内容要求和课时。鼓励高中学校在规定课程方案总体目标和基本要求的前提下，自主设计和实施校本化课程，改革教学组织形式，试点实施走班制教学、个性化学程和学分制管理。

明确高中改革发展方向。印发《上海市推进特色普通高中建设实施方案》，引领和指导高中学校以特色课程体系及其运作机制建设为抓手实现特色发展，推进本市高中特色课程资源的辐射共享。推动区县加强对区域内高中学校特色多样发展的研究、规划和指导。

开展普通高中国际课程试点。印发《上海市教育委员会关于同意华东师范大学第二附属中学等 21 所学校开展高中国际课程试点的通知》，明确本市普通高中“中外融合”国际课程试点学校。开展本市普通高中“中外融合”国际课程试点学校年检工作。

（四）深化课程改革和评价改革

全面深化小学阶段基于课程标准的教学与评价工作（零起点教学和等第制评价）。总结并推广零起点教学和等第制评价的有效经验和做法，通过研制小学低年级教学评价指南等举措，切实推进全市小学深入实施。加强中小学作业设计与实施状况的分析，推动作业设计与实施的改进。推进课程标准修订工作，构建完善教材编写机制和教材审查标准。

积极推进中小学教育质量评价改革。完成 2014 年度“绿色指标”测试工具的自主研发，形成自主研发测试工具的规范操作制度和工具包。编写《2014 年度上海市中小学生学业质量绿色指标测试实施手册》，完成中小学教育质量综合评价改革实验区阶段性工作报告。持续推进中小学教育质量综合评价改革实验区建设，向全国辐射上海基础教育质量评价改革经验。

推进中小学数字化课程环境建设与学习评价方式转变。探索运用信息技术满足学生个性化学习和创新素养的培育，切实推动信息技术面向教学一线的深入应用。初步完成本市中小学教材数字化工作，逐步推进多媒体版电子教材和互动性电子教材。

（五）提升民族教育和特殊教育质量

落实内地中学民族班扩招任务。2014 年本市新增同济大学第一附属中学承担内地新疆高中班办班任务，上海交通大学附属中学和南汇中学分别增加 1 个内地新疆高中班的班额。指导内地中学民族班各办班学校充分利用暑期间隙，完善办学条件，着力改善民族班学生的学习和生活环境。

深入开展特殊教育研究。对 296 名报名进入学前特教机构、特殊教育学校的残疾儿童开展入学评估。成立专题研究组，开展学前特教课程实施指南、随班就读课程实施指南、送教上门管理与课程实施等专题研究，将医教结合落实到课程实施过程之中。开展特殊教育资源库建设，开发更多特教资源。

（六）全面加强督政和督学工作

整体通过义务教育均衡发展验收。完成国务院督导团来沪对 17 个区县义务教育均衡发展督导认定工作，本市成为全国第一个率先整体通过义务教育均衡发展督导认定的省份。

加强教育督导队伍专业化发展。推进落实上海市督学资格制度工作，对新认定的 323 名督学资格人员进行督学资格注册及资格证书的发放工作。重视教育督导专业引领，推进教育督导划片联合体合作机制。切实发挥“特约教育督导员”“人民教育督察员”监督保障作用。

六、创新人才培养模式，加快现代职业教育体系建设

（一）建立多样化的人才培养模式

深入推进中高职教育贯通培养模式试点。组织开展 2014 年中高职教育贯通培养模式试点申报评议工作，新增 47 个专业点，进一步扩大中高职教育贯通培养模式试点规模。启动“中等职业教育—应用本科教育”贯通培养模式试点，探索技术技能型人才培养的新途径。

开展中高职立交桥学分银行模式的研究与试点。依托上海开放大学，重点研究会计、机电一体化（机器人方向）、物流管理、旅游管理、数控技术应用 5 个试点专业的教学实施方案，包括课程衔接的模式与实施、技能认定的范畴、学分认定的方法与权限等。

继续深化"双证融通"专业改革试点。完成首批试点学校2014学年第一学期"双证融通"课程考核方案的专家论证,进一步扩大试点规模。至2014年底,本市"双证融通"改革试点共有13个专业、31个专业点,试点学校27所。

(二)深化职业教育教学改革

开展职业教育国际水平专业教学标准试点工作。完成第二批39个专业的国际水平专业教学标准的出版工作。组织开展本市第二批国际水平专业教学标准试点项目申报、评审工作,新增6个试点学校。

推进职业教育课程教学改革。启动首批14个专业教学标准的修订工作,明确总体指导思想、修订目标、主要任务和工作进程等。启动15所中职课改特色实验学校实验研究工作。继续开展"任务引领型课程教材的开发研究与示范教材研发"项目研究。完成本市第三批31所中等职业学校全面教学质量评估常态评估工作。

七、深入推进高等教育内涵建设,全面提升高等教育质量

(一)实施研究生教育综合改革

深入推进专业学位研究生教育综合改革试验。批准建设上海市专业学位研究生实践基地48项,自2012年起至今累计建设259项。继续开展临床医学硕士专业学位教育与住院医师规范化培训结合工作,启动上海市临床医学博士专业学位教育与专科医师规范化培训结合项目。继续开展教育硕士专业学位与中小学见习教师规范化培训项目,继续推进艺术院校与艺术团体紧密结合的艺术硕士培养模式改革项目。

优化完善上海高校学位授权体系。完成对16所普通高校29个本科专业申请增列学士学位授予专业的审核。完成上海开放大学增列学士学位授予单位,以及机械电子工程、软件工程和城市公共安全管理3个专业增列学士学位授予专业的审核工作。

健全研究生培养质量保障体系。推行学位与研究生教育质量年度报告发布制度,在学校发布质量报告的基础上,组织研制和发布上海市研究生教育质量报告。组织开展2013年上海市研究生优秀成果(学位论文)评选,最终确定154篇博士学位论文和162篇硕士学位论文为2013年上海市研究生优秀成果(学位论文)。

(二)切实提高本科教育教学质量

开展各类课程建设。组织开展市级精品课程的评选及其微课程推广工作,完成教育部精品资源共享课和精品视频公开课的推荐工作。组织对上海高校课程中心的中期评价工作,课程中心2013秋冬学期开课14门,4818名学生修读,3982名学生考核通过获得学分;2014年春夏学期实现开课20门,12638名学生修读。

优化学科专业评估。研制本科专业评估方案,推进高校本科专业自主评估,鼓励高校在本科专业评估的基础上,优化和调整专业设置,提升专业教学水平。完成对16所高校32个新增专业的形式审核,支持新增20个专业。

推动教育教学改革。推进高校实施大学生创新创业活动,开展高校大学生创新活动工作互评互查。布局建设一批实验教学示范中心和虚拟仿真实验教学示范中心。依托各类教学基地,面向全市乃至全国举办各类学科竞赛,形成一批在高校有影响力的大学生学科赛事。

强化教学质量管理。指导和推动高校编制和发布本科教学质量年报,所有本科高校均发布2013年度本科教学质量年报。做好高校本科教学评估规划和试点,研制上海市属高校2014—2018年本科教学评估工作总体方案。

(三)加强高校知识服务能力

推进上海高校协同创新中心建设。积极推进2014年国家"2011协同创新中心"申报工作,上海高校共提交16份国家协同创新中心申请材料，最终有4个中心入选(其中2个中心为2013年通过第一轮评审)，另有5个中心通过第一轮评审。制定实施《上海市“2011协同创新中心”发展行动计划(2013—2017年)》，选择国际科学前沿和国家、上海经济社会发展中最为迫切的领域或方向，择优、择重组建和培育上海市协同创新中心。开展高校知识服务平台中期验收，至2014年底有21个知识服务平台通过中期验收，进入上海市协同创新中心正式建设。

启动高峰高原学科建设。明确了高校高峰高原学科建设的总体目标、实施原则、实施方式等，启动上海高校高峰高原学科建设工作。强化一流学科建设的动态跟踪管理，建立一流学科建设绩效的动态监测机制。

推进上海高校智库建设。创办《决策建言——上海高校智库专报》，围绕国际关系、经济建设和人口政策等领域出版12期专报，“上海高校智库”集群优势得到充分体现，品牌影响力进一步提升。

八、健全终身教育体系，推进学习型社会建设

(一) 加强市民学习服务体系建设

推进上海学习网建设。面向全体市民，提供在线学习、活动分享、互动交流、终身学习档案与学分认证等全方位、个性化的学习云服务。12个区县已接入该网站，初步实现了学习资源的互联互通，全年在该网参与学习人数70余万人。

推进上海市民终身学习体验基地建设。全市8个体验基地共建设78个体验站点，体验项目196个。今年共举办专题体验活动96次，86万人参与活动。

强化社区教育队伍建设。成立上海市志愿者协会社区教育志愿服务总队，首批组建老年教育、专家进社区、文化艺术普及、社区科普教育、进城务工人员教育培训等5支志愿服务分队，有3000余人参与志愿服务。

优化老年教育环境。完成市政府实事项目“扶持50所老年学校标准化建设”，实际全年共扶持74所街镇老年学校开展标准化建设，新增、改建功能教室达到626个。举办“金色梦想——老年教育成果(艺术作品)进中华艺术宫”活动。出版发行《十万个为什么》(老年版)，首批10000套全部向社区居民、老年学员免费赠阅。全年参与学校老年教育人数73万人次，参加网上老年教育学习人数51万。

推进进城务工人员技能文化培训。建设20个基层职工和进城务工人员教育培训示范点，研发包括“IPTV高清点播课程和移动‘城市文化知识100问’系列”在内的IPTV高清点播课程系统，完成进城务工人员技能文化培训近10万人次。

(二) 规范民办非学历教育有序发展

加强对民办教育培训机构学杂费的监管。对民办教育培训机构学杂费专用存款账户制度实施情况进行专项检查，基本实现本市民办教育培训机构学杂费专用存款账户制度的全覆盖。会同市人力资源社会保障局和市工商局等相关职能部门，基本建立起本市经营性民办培训机构准入登记和日常监管制度。

开展经营性民办培训机构专项整治工作。开展对本市“无教育培训资质公司”擅自变更经营范围办学、民非院校未经登记备案“擅自设点办学”违规办学，以及社会“无证无照”非法办学等问题的排摸梳理和专项检查。

九、扶持与规范并举，推动民办教育向精品特色型转变

(一) 激发民办教育体制机制活力

推进非营利民办高校示范校建设。按照“公益性强、体制创新、特色明显、质量领先”的原则，对7所申报学校进行评审。对入选院校纳入“上海市非营利民办高校示范校创建计划”项目建设予以支持，建设期为3年。

开展民办中小学特色校优质园创建展示活动。组织开展民办中小学特色校(项目)、优质园创建中期展示活动，通过视频展示、实地考察、特色展板等形式集中向社会展示了学校的创建成果，总结三年工作成效。

创新民办教育扶持形式。成立上海市民办高校教师专业发展中心，构建民办高校教师专业发展长效机制，建立民办高校教师专业发展学习共同体，提升民办学校师资队伍整体水平。成立上海市民办教育发展基金会，探索建立社会多元投入支持保障体系。

（二）规范各类民办教育机构的办学行为

完善民办学校办学许可证公众信息查询平台。已在民办教育信息管理网成功申领许可证的上海市各级各类民办学校的基本信息均通过平台开放，便于社会公众对民办学校尤其是民办非学历教育机构的查询。

清理办学许可证期届满的民办教育机构。对本市民办学校进行梳理，依法清理历年来在办学许可有效期届满后，长期未依法申请延长有效期或办理终止手续的民办学校，并在新闻媒体上予以集中公告。

十、人事制度改革持续深化，师资队伍整体水平不断提升

（一）高校教师队伍建设深入推进

稳妥推进高校高层次人才队伍建设。完成2014年度东方学者遴选工作，共有90人入选。启动实施青年东方学者岗位计划。完成第十一批“中央千人”申报工作，完成2013、2014年度“长江学者”申报工作，完成2014年“百千万人才工程”国家级人选申报工作，完成第四批“上海千人”申报工作，完成新一轮上海领军人才申报工作。

加大青年教师队伍建设力度。继续推进教师专业发展工程各培养计划的有序实施，开展督查工作，确保各校对中青年教师的培养得到有效落实。开展2014年度新教师岗前培训工作，共有近600名新教师参加。启动实施师资博士后制度，2014年共有108人入选。

（二）职业教育教师队伍建设系统推进

推进中职特聘兼职教师资助管理工作。资助范围首次拓展到特聘兼职教师团队，至2014年底已覆盖到20个职教集团，并新增团队申请的资助方式。共有636位特聘兼职教师获得资助，其中个人450人、团队50个。

创新职业教育教师培训形式。开展新进教师规范化培训工作，共有来自31所学校的68名教师参加本年度培训。开展市级培训基地开放日活动，形成基地、学校育人合力，加强基地之间的相互观摩、学习与交流。开展中等职业学校教师企业实践市级培训工作，共有40所中职学校选派122名教师参加培训。

（三）基础教育教师队伍建设扎实推进

高端人才队伍建设再上新台阶。继续实施第三期“双名工程”通识培训和基地学习，开展基地视频课程资源建设工作和高校青年学者参与基地培养工作。开展北京刘彭芝、李希贵基地研修工作。实施“上海市中小学（幼儿园）中青年骨干教师团队发展计划”申报遴选工作。进一步加强特级教师队伍建设，举办2014年上海市特级教师研修班。首次选派中心城区20名新晋特级教师流动到郊区开展为期三年的支教工作。

加强教师教育支撑体系建设。完善教师教育资源体系建设，开展首批33门“研训一体”教师网络课程建设。新增34门市级共享培训课程，完成2014年春、秋季全市92029人次的教师市级共享培训课程的选课报名工作。指导区县实施见习教师规范化培训，完善上海市教育硕士专业学位教育与中小学见习教师规范化培训结合项目。

（四）各类评优评奖工作有序开展

完成全国教育系统先进集体和先进个人的评选推荐工作。共获得13个全国教育系统先进集体、13名全国模范教师、2名全国教育系统先进工作者、34名全国优秀教师、4名全国优秀教育工作者称号。上述53名个人中，有14人同时获德育和思想政治教育工作先进个人称号。

完成上海市评优表彰工作。评选出第十二批100名上海市特级教师。推选出10名上海市教书育人楷模，同时有10名教师获上海市教书育人楷模提名奖。高教系统289名教师和教育工作者获上海市育才奖；普教系统1044名教师和教育工作者获上海市园丁奖。

完成2013年上海市级教学成果奖评选工作。开展上海市级教学成果奖(基础教育)评选活动，评选出187项上海市级教学成果奖(基础教育)，从中遴选37项报送教育部参评，有36项分获基础教育国家级教学成果一、二等奖。开展上海市级教学成果奖(职业教育)评选活动，评选出130项上海市级教学成果奖(职业教育)，从中遴选18项报送教育部参评，有17项分获职业教育国家级教学成果一、二等奖。开展上海市级教学成果奖(高等教育)评选活动，评选出398项上海市级教学成果奖(高等教育)，从中遴选43项报送教育部参评，有33项分获高等教育国家级教学成果特等奖及一、二等奖，获奖数和获奖率均在全国名列前茅。

十一、推进教育合作交流，提升教育国际化水平

(一) 加强中外合作办学的制度化建设

健全中外合作办学信息平台建设。在2013年完成上海市中外合作办学管理信息平台建设第一阶段工作的基础上，首次依托平台受理中外合作办学年度办学报告，实现与市教委官网链接，向社会开放查询办学信息。

明确经营性中外合作办学培训机构举办方式。为落实《中国(上海)自由贸易区总体方案》中关于“允许设立中外合作经营性培训机构”的要求，市教委会同市工商局、市人力资源社会保障局、市商务委制定实施《中国(上海)自由贸易试验区中外合作经营性培训机构暂行管理办法》及其申请指南。

(二) 促进来华留学工作稳步发展

加强课程建设与师资培养。继续开展本市留学生全英语课程建设，2013—2014年共有22所高校的164门课程获得立项，涉及申报教师人数1003名。继续开展留学生教育师资培训，加强留学生授课教师专业外语、教学法培训。

推进外国留学生服务体系建设。开展来华留学示范基地建设，复旦、上海交大、同济和上大4所高校入围教育部首批启动的来华留学示范基地。举办第二届“寻找中国印象——上海市外国留学生中国元素创意设计大赛”。举办第七届上海市外国留学生龙舟赛。

不断拓展新兴生源市场。分别在阿尔巴尼亚、土耳其成功举办2014中国上海教育展，展会期间与土耳其海峡大学合作举办孔子学院成立十周年教育论坛。推进“留学上海”中英文网站建设和手机客户端(APP)上线，全面实现上海市政府外国留学生奖学金网上申请与录取。“留学上海”网站运行效果良好，已经成为本市外国留学生工作新闻发布、信息交流、工作支撑的重要平台。

(三) 优化外籍人员子女教育服务体系

规范外籍学校办学行为。在学校管理机制、教师和学生管理、课程和教学管理、财务与资产管理等方面，进一步规范外籍人员子女学校的办学行为。继续开展集中财务审计工作。完成年度注册备案登记工作。

稳妥推进外籍人员子女学校的开办和登记工作。批准开办“上海哈罗国际学校(筹)”。将部分具有办学特色的本地学校国际部，如复旦附中、宋庆龄学校和上海市实验学校国际部纳入外籍人员子女学校管理范围。推动上海日本人学校、上海美国学校、上海恩吉尔幼儿园等条件成熟的学校完成涉外民办非企业单位(法人)登记注册。

以多种形式传播中国传统文化。举办2014中国文化进校园系列活动，组织上海外籍人员子女学校学生参观上海的人文科技类场馆。开展“我与上海一起成长”——2014年上海外籍人员子女学校学生摄影作品大赛。

（四）深入推进与港澳台教育合作交流

加强与台湾地区教育交流。选派196人组成的上海学生体育代表团，参加“台北—上海中学生体育节”。邀请台湾科技大学等6所高校参展2014中国国际工业博览会。继续举行上海高校“百名台生看上海”活动。举办第七届海峡两岸民办（私立）高校校长论坛。

加强与港澳教育交流。启动澳门职业技术教育学生上海交流计划，22位信息科技和文化创意学生到沪交流学习。举办高校金融专业学生赴港学习实习项目，复旦大学等8所高校派出28位金融专业学生赴香港金融机构进行为期四周的学习实习。受香港教育局委托，举办第十期香港幼儿园园长培训项目。

（五）深化国际合作与交流

开展形式多样的国际合作与交流活动。举办第六届上海国际友好城市青少年夏令营，来自17个国际友好城市的121名师生参加。与法国罗阿大区签署新一轮两地教育合作协议，推进与芬兰埃斯波市在基础教育、高等教育方面的合作。开展中英数学教师交流项目，中英两国130余名小学数学教师进行互访交流。

积极推动国际组织落户上海。华东政法大学成功申办联合国世界知识产权组织暑期学校项目，2015年该项目将首次在本市进行。积极推进上海戏剧学院与联合国教科文组织国际戏剧协会合作，争取联合国教科文组织国际戏剧协会2015年落户上海。与国家体育总局乒乓球羽毛球运动管理中心、中国乒乓球协会合作，成功推动位于瑞士洛桑的国际乒联博物馆整体落户上海。

加大汉语国际推广力度。落实“新汉学计划”，提高孔子学院办学层次和质量。年内新增2所孔子学院，分别是上海中医药大学承办的美国佐治亚瑞金斯大学孔子学院、上海对外经贸大学承办的斯洛伐克考门斯基大学孔子学院。

十二、稳妥推进招生与就业工作，为学生提供良好的就学与就业环境

（一）促进本市高校招生工作公平公正

完善来沪人员随迁子女高考政策。以“合法稳定就业、合法稳定居住”为基本条件，完善权责对等、梯度赋权的随迁子女公共教育服务制度，制定了来沪人员随迁子女就读本市各级各类学校的实施意见，进一步规范并完善了本市来沪人员随迁子女的高考政策。

实施农村专项招生计划。在市属高校第一批本科招生计划中安排专门招收具有本市农村户籍学生的“地方农村专项计划”，上海大学等8所市属高校共招收118名本市农村户籍考生。为确保考试和录取工作的公平公正，报考“地方农村专项计划”的考生信息均在市教育考试院网站予以公示。

（二）不断增强高校毕业生就业创业能力

鼓励高校毕业生到城乡基层就业。在梳理历年岗位培养使用情况的基础上，继续实施“大学生村官”“三支一扶计划”和“西部计划”等基层就业项目。“大学生社区服务计划”在全市17个区县全面推广实施，进一步完善政策设计。各高校积极开展学生赴西部边远地区、重点行业、基层单位就业的引导工作，全年本市共有5188名高校毕业生赴西部十省就业，6501名高校毕业生赴中部六省就业。

优化创业服务体系。将符合条件的外省市生源高校毕业生纳入创业扶持政策范围。全年领取自主创业证的高校应届毕业生704人。编撰《上海市大学生创业指导手册》，为高校学生了解相关信息提供基础保障。高校累计提供超过1亿元的创业扶持资金，创业场地近14万平方米。

加强困难毕业生就业帮扶工作。着力完善就业帮扶机制，针对各类就业困难群体实施不同的帮扶办法，积极研究对策，落实帮扶措施，提高补贴力度。对家庭经济困难和就业困难的高校毕业生给予一次性求职补贴，补贴标准从2013年的每人800元，提高到2014年的1000元，共有2112名毕业生获得求职补贴。

加强学生生涯指导服务。推动各高校开设就业指导、职业生涯教育和创业指导课程，开展职业发展生涯教育和指导。探索就业工作信息化,引进职业性向测试平台,建立职业资料库,提高工作效率和科学化水平。

十三、优化教育资源配置及管理,为学校教育教学提供有力保障

(一)有序推进教育基本建设项目

积极推进新建及修缮项目基本建设。高校基建工作方面,推进上海科技大学浦东校区等12个已开工建设项目有序实施,推进上海体育学院国际乒乓球博物馆和中国乒乓球博物馆等重点项目的立项申报工作。加快上海金融学院民星路465号校区、上海电机学院军工路1100号校区等的置换、保留工作及上海国际舞蹈中心配套学生公寓选址工作。在中小学、中职学校基建工作方面,指导、协调区县加快规划项目实施,推进上海新闻出版职业技术学校青浦校区二期项目等。积极消除中小学校舍安全隐患,提高本市校舍综合防灾能力。

创新建设项目工作机制和平台。试点政府投资社会事业基本建设项目代建制,启动上海大学宝山校区扩建三期项目代建工作试点。建立市级建设财力建设项目财务监理制度,提高市级建设财力资金的运行效率和使用效益,保障建设项目资金高效安全使用。建立基建项目协调推进机制,定期协调有关建设项目审批、建设中遇到的问题。

(二)加快化解高校布局结构历史遗留问题

基本完成10所高校学生公寓回购工作,加快推进相关建设主体变更及房地产权证办理工作。积极推进复旦大学新闻学院及上海中医药大学浦东校区房地产权证办理等工作。

(三)提升教育经费使用效益

推动区县合理安排教育经费。会同市财政局印发《关于进一步加强2014年市对区县财政教育转移支付资金使用管理的指导意见》,提高财政教育转移支付资金使用效益,推进教育经费科学化、精细化管理。

调整基础教育各阶段生均公用经费标准。推进本市公办高中公用经费标准调整工作,修订后的标准为每生每年2400元。根据义务教育办学条件基本标准和教育教学基本需要,研究本市义务教育学校生均财政拨款基本标准,推进本市义务教育高位均衡发展。

(四)持续加大学生资助力度

完善本市学生资助管理工作体系。成立上海市教育委员会学生资助工作领导小组及工作小组,研究审定本市学生资助工作重大政策,解决本市学生资助工作中出现的突出问题。成立上海市学生资助管理中心,全面承担起上海各学段学生资助工作的政策执行和学生资助事务。

调整各类资助政策实施细则和办法。为更好地开展资助工作,对各类资助政策细则和办法进行了修改,并正式实施。会同相关部门出台本市《关于调整完善国家助学贷款相关政策措施的通知》,提高相关资助标准,加大资助力度。

(五)推进学校安全管理工作

不断加强校园安全防范。对民办中小学幼儿园开展安全风险勘查。开展校园及周边安全问题隐患集中整治行动,全市共排查学校3233所,共排查各类安全隐患2484处,已落实整改隐患2245处,未能及时整改的隐患,要求明确整改措施和完成时限。全面推动高校节能监管体系建设,启动高校能耗监测市级平台建设。开展低碳校园主题实践活动。

逐步推进公共安全教育。建立"安全教育周活动"制度,明确新学期开学第一周为"安全教育周",要求学校组织开展安全教育。与上海电视台联合制作并开播《校园安全人物微纪录片》(共10集)。联合市消防局、市公安局、市气象局和有关媒体共同制作《安全课堂第4辑》,发送至全市各大中小学校。

稳步推进未成年人保护工作。提请市委启动"上海市青少年保护委员会"更名为"上海市未成年人保护委员会"工作,并获市委、市政府批复同意。新增市高院、市检察院、市委宣传部等8家单位为市未成年人保护委员会委员。整合社会资源深入开展法制教育，积极推动毒品预防教育，举办 2014 年中小学毒品预防教育“八个一”宣传展示活动。

完善学校食品安全监控机制。加强学校后勤运行公共信息监测和分析，完善高校食品安全信息通报和风险预警机制。开展上海高校学生食堂运行管理系统软件试点工作，推动上海“农校对接”平台建设，完成高校主副食品冷链物流基地一期工程主体建设。会同市民宗委发布《上海学校清真食堂管理办法(试行)》。会同行业协会开展高校学生食堂分级管理等制度研究。

(六) 提供教育信息化平台支撑

加强教育信息化工作的整体统筹。基本确定上海大规模智慧学习平台(“上海微校”)的顶层设计。有序推进上海教育数据中心建设，启动教育信息化数据标准和规范的制定工作。完成上海教育资源中心的建设方案，推进教育资源供给新模式的建立和优质资源共享辐射效能的发挥。

促进信息技术与教育教学的有机融合。制定 2014 年度教育信息技术应用研究项目的实施方案，鼓励教师开展教育信息技术应用研究，对典型案例进行深度挖掘和推广。

十四、加强监管力度，确保各项教育改革发展工作规范有序推进

(一) 完善教育经费监管机制

加强教育发展重点项目经费监督管理和绩效评价。开展重大教育专项预算评审，强化预算管理，细化预算安排。完善教育经费常态化、制度化监管机制，重新梳理经费监管职能。制定重大教育项目支出绩效评价机制，进一步完善各类学校财务管理状况评价指标。健全教育经费综合监督评估机制。

加大教育经费监督力度。对本市中职教育费附加专项资金结转结余等开展专项检查，确保专项资金专款专用，提高政府专项资金的使用效益。发布教育经费执行监测公告，督促区县政府依法保障教育投入，对区县政府依法履行教育投入法定职责进行监督。

(二) 扎实推进教育审计工作

加强审计工作机构建设。进一步推进本市教育系统内部审计监督体制的建立与完善，促进审计机关与教育内部审计之间的合作。组建上海市教育审计中心，加强对两委直属单位财务收支、基本建设等教育经济活动的审计监督。

加强审计工作的整改力度。强化审计过程监督，针对审计发现的问题建立定期汇报和一事一议机制，在分析原因的基础上提出整改要求，逐项督促落实整改意见，建立整改联动机制。

(三) 加强政府信息公开工作

在“上海教育”网新增主动公开政府信息 418 条，全文电子化率达 100%，政府信息公开专栏访问量达 240.62万次。设立“2014 年教育实事项目”专栏，面向公众主动公开相关信息 58 条。围绕贯彻落实上海市中长期教育改革和发展规划纲要等专项规划，主动发布非公文类政府信息 44 条，全面展示本市各类教育的进展情况。向社会主动公开了 2014 年部门预算信息、2013 年部门决算信息和 2014 年部门“三公经费”预算信息、2013 年部门“三公经费”决算信息。规范处置政府信息依申请公开，共受理申请 34 件。市教委在做好自身信息公开工作的同时，注重对高校和区县教育局信息公开工作的指导和统筹，努力构建信息公开工作整体合力。

(四) 妥善化解各类信访矛盾

信访工作形势总体平稳可控，信访总量 18023 件。来访 1588 批，来电 11325 件，来信 5110 件。来访 3468 人次。共处理教育部、市政府信访办、市人大、市政协等部门转交办信访事项 1521 件；完成市党政领导批示的重要交办事项 23 件，完成市联席办交办“案清事明”专项治理事项 9 件，办结率达到 100%。建立分级分责化解信访矛盾解决群众合理诉求工作制度，明确工作职责和工作流程。进一步规范“12345”转交工单的办理流程，不断提高工单办理质量。

（五）推广和规范使用国家通用语言文字

《上海市公共场所外国文字使用规定》已于2014年9月17日，经上海市人民政府令第22号发布，成为我国第一个公共场所外国文字使用规范方面的地方政府规章，建立公共场所外文使用不规范现象的发现机制、纠错机制、服务机制。推进语言文字工作示范区（县）创建工作，开展第三批语言文字规范化示范校创建工作。督促区县语委继续做好公共场所语言文字应用的监督监测工作。推进上海话有声数据库建设工作，全面完成15个调查点的数据采录和记音入库工作，将其汇入国家总库。开展幼儿园上海话教育体验试点工作，为幼儿在园内提供更多接触和体验上海话的机会。

（六）健全直属单位管理体制

明确直属单位管理工作的管理权限、议事规则、工作职责、具体任务。根据国家事业单位分类改革的统一要求，对直属单位的职能进行全面梳理，制定直属单位职能调整的总体方案。加强直属单位干部队伍管理，建立直属事业单位领导班子任期制管理办法。加强直属单位内部管理，探索建立直属单位财务远程监管办法，有效利用现代化信息手段完善财务监管体系。健全直属企业监管机制，成立上海沪教资产管理有限公司，承接直属企业经营性国有资产管理职能，实现政企分离、事企分离，建立规范的产权关系、经营关系和收益分配关系。

各级各类教育
Various Educations at Different Levels

综　合　类

【编制教育综合改革方案】 2月，按照党的十八届三中全会决策部署，国务院决定“一市两校”（上海市和清华大学、北京大学）率先编制教育综合改革方案。上海教育综合改革基本思路是坚持“三个导向”——战略导向、需求导向、问题导向；坚持“三个统一”——服务国家战略与立足上海实际相统一，推进综合改革与深层次突破相统一，勇于探索与稳步推进相统一；实现“一个目标”——到2020年，率先构建起系统完备、开放有序、高效公平的区域现代教育治理体系，率先实现教育现代化，在此基础上创建世界一流教育。上海教育综合改革方案聚焦现阶段教育综合改革的重点领域和关键环节，提出10个方面共52条改革措施，聚焦3个领域改革：一是转变政府管理职能，形成科学的“管办评”机制；二是促进各级各类教育回归育人本原，争创世界一流；三是形成综合保障体系，服务支撑教育综合改革。（林炊利）

【教育综合改革试验区工作会议在沪召开】 11月22日，教育部和上海市政府召开部市共建国家教育综合改革试验区工作总结暨深化上海教育综合改革工作推进会。教育部党组书记、部长袁贵仁，市委副书记、市长杨雄出席会议并讲话。会议由市委副书记应勇主持，教育部副部长杜玉波、副市长翁铁慧分别代表双方签署部市深化上海教育综合改革战略合作协议。会议全面总结2010年部市共建国家教育综合改革试验区以来的建设成效。会议决定，部市共同推动和深化上海教育综合改革，签署为期7年的深化上海教育综合改革战略合作协议，确定在五大领域24项重点工作上全面开展合作，并配套建立相关合作机制，在此基础上确定部市深化上海市教育综合改革2014—2015年工作要点。（林炊利）

【教育对口支援工作】 年内，市教委按照中央有关精神和市委、市政府的部署要求，推进上海市与7省10州市教育对口支援工作，教育系统全年用于对口地区及其他地区教育对口帮扶与教育交流合作的经费投入达2.52亿元。重点开展对口地区教师培训工作，在沪举办云南小学校长、青海果洛中小学校长、贵州遵义高中校长、新疆喀什高中教育管理干部等专题培训班；安排喀什地区职校专业教师到沪进修，选派专家讲师团赴新疆喀什四县和贵州遵义师范学院进行实地讲学；继续实施新疆双语教师汉语培训项目，年内接受两批共计203名新疆少数民族双语骨干教师到沪进行汉语强化培训。加大对口地区人才培养力度，扩大内地民族班的办学规模，年内全市内地西藏初中班、高中散插班、新疆高中班和内地民族中职班的办班学校增加到28所，在校学生规模达到6288人。教育援疆取得新突破，成立上海喀什职教联盟，创新对口地区职教人才培训模式，促进喀什地区职业教育健康、持续发展。教育援助贵州遵义的工作全面开展，杨浦区、普陀区分别与遵义市对口县签订了结对共建与对口帮扶协议；两地高等院校帮扶合作有序推进，上海师范大学和上海科学技术职业学院分别与遵义师范学院、遵义职业技术学院结对高校建立了工作协商机制，启动开展校际间人员往来、干部挂职锻炼等工作。深化与对口地区中职合作办学工作，全市24所中等职业技术学校继续与云南红河州、文山州、普洱市、新疆喀什、重庆万州、湖北夷陵、青海果洛和贵州遵义等对口地区的中职学校开展中职合作办学，年内在上述地区招生2575人，在沪就读学生规模为2477人。（冯静波）

【督查督办工作】 按照市委、市政府有关督查工作的要求，市教委健全督办工作机制，加大督办工作力度，努力确保各项教育改革发展工作有序推进。为加快当前教育改革发展中重点、难点问题的推进和落实力度，按照“加强、改进、完善、提高”的要求，健全市领导决策事项的督查督办工作机制，突出督查重点，落实专职人员承担督办工作，全程跟踪列督事项进程，健全委主任碰头会专题研究机制和委秘书长督办协调机制，通过限时催办和定期报告，有效解决督办事项推进中的难点问题。全年共列督市领导决策事项 46 项，完成 32 项，继续推进 14 项。根据市委、市政府关于做好领导批示件的办理要求，完善督办工作流程，加大督办工作力度，强化督查办理期限，全年按时完成 239 件市领导批示件的落实办理工作。市教委办公室督促处室抓紧办理基层请示件，全年共完成 947 件基层请示件的督办工作。经市政府审定，“新增 100 所学校少年宫，为 500 所郊区小学更新、配齐实验室设施设备，扶持 50 所老年学校开展标准化建设”等 3 个项目被列为 2014 年度由市教委牵头实施的市政府实事项目。据市政府实事项目评议结果，3 个项目的群众满意度位列全市 28 个子项目的第一、第四、第五位。（钟　智）

【教育信息报送工作】 根据教育重点、热点、难点问题，围绕制定教育综合改革方案、招生考试制度改革、部市共建新一轮教育综合改革、进城务工人员随迁子女义务教育招生、全国学生运动会、学区化集团化办学等方面工作编发简报、专报、动态等各类信息。全年共编发《市教委简报》24 期，《每周教育信息》35 期，《领导讲话》1 期，《教育工作》4 期，《教育工作情况专报》34 期，《上海教育安全稳定专报》59 期，《教育信息》100 期，《教育参考》1 期。向教育部办公厅、上海市委、市政府办公厅报送各类信息约 200 多期。被教育部编发简报、要情 10 期，教育部门户网站“一线采风”编发 7 期，其中多篇简报、专报获得领导批示，年度积分在教育部全国排名中名列前茅。被市委、市政府办公厅录用信息约 200 期，其中高校毕业生就业等多篇信息专报国务院办公厅，获得领导批示。（沈蕴辉）

【政府信息公开工作】 年内，市教委紧密围绕国家及上海市中长期教育改革和发展规划纲要的落实以及教育综合改革的推进，不断加强服务政府、责任政府、法治政府和廉洁政府的建设。指导各区县教育局完善信息公开工作，积极有序推进高校信息公开，提升全市教育系统的政务公开和政务服务水平。①主动公开政府信息，着力做好公文类、非公文类、党政混合信息公开工作，稳步推进部门预算决算和财政性资金信息公开，加大公共服务类信息的公开力度，推进政府数据资源向社会开放。②对于公民、法人或其他组织提出的政府信息公开申请，规范受理、及时处理、认真答复。共受理政府信息公开申请 37 件，均答复完毕。③政务服务建设方面，完善行政审批事项、教育公共服务事项网上公开工作，建立民办教育机构办学许可证信息查询系统，开通上海市中外合作办学以及与港澳台地区合作办学机构和项目查询系统，新建上海市各区县学校体育场地向社区开放信息查询系统，开展“上海教育”全网无障碍改造工作。④互动交流方面，开展领导参与的在线访谈工作，通过网上公示、问卷调查、大家谈等形式开展交流互动。⑤教育系统信息公开工作方面，积极指导、推进高等学校、区县教育局信息公开工作，并开展评议。（顾晴娜）

【教育部和上海市政府共建国家教育宏观政策研究院】 为推动落实教育部和上海市政府新一轮教育综合改革共建协议，推进实施上海市教育综合改革方案，经部市共同协商，决定依托华东师范大学（简称“华东师大”）和上海市教育科学研究院（简称“市教科院”）等单位，共同建设国家教育宏观政策研究院（简称“研究院”）。研究院已先期成立，以华东师大为主管理。1 月 8 日，市教育体制改革领导小组召开第 23 次专题会议，审议并原则同意《教育部 上海市人民政府共建国家教育宏观政策研究院协议》。此后，协议文本经部市双方共同审定。①研究院紧密依托华东师大、市教科院等单位，推进国家教育现代化监测评价和教育决策服务系统建设，发挥大数据在决策研究中的支撑作用，坚持服务国家教育战略决策，服务长三角教育改革发展，服务上海教育改革和发展，服务学科建设和人才培养，服务“2011协同创新中心”建设。②研究院成立专家指导委员会，实行双主任委员制，是研究院的最高决策与指导机构，由教育部副部长鲁昕和上海市副市长翁铁慧担任主任委员。同时设立理事会，为核心领导层，负责研究院具体事务决策，由华东师大校长陈群担任理事长。研究院院长由华东师大党委书记童世骏担任，市教科院院长陈国良担任常务副院长。③部市将在经费安排、人才引进、条件保障、重大项目、研究成果推广转化等方面对研究院予以支持。双方共同支持研究院以服务决策为导向，建立开放、多元参与的协同创新合作研究机制；建设大数据统计分析和信息调查平台、教育决策仿真实验室；创新高层次教育政策与决策分析人才培养模式；积极创造条件建设上海和国家“2011协同创新中心”。（龚　晋）

【行业高校管理体制改革】 市委、市政府按照国家高等教育管理体制改革和事业单位分类改革的总体战略，结合上海高等教育改革发展的实际需求，实施行业高校管理体制改革，理顺全市行业高校办学管理体制，改善行业高校的办学发展环境，为实现上海高等教育资源优化整合奠定基础创造条件，提升上海高等教育的整体办学水平。市教卫工作党委、市教委根据2012年市政府第154次、158次常务会议和2013年1月市委常委会精神，会同相关部门、单位，积极、稳妥、有序推进行业高校管理体制改革，历时近两年，圆满完成。本次行业高校管理体制改革包括学校隶属关系划转、原行业主管部门与市教委共建划转学校两个主要工作环节，涉及上海政法学院、上海商学院、上海电机学院、上海健康职业技术学院、上海城市管理职业技术学院、上海工艺美术职业学院、上海电子信息职业技术学院、上海农林职业技术学院、上海交通职业技术学院、上海建峰职业技术学院等10所高校和6所相关联中职学校，隶属关系调整涉及学校原主管部门11个，包括5个政府部门和6家国企。市教卫工作党委、市教委会同相关部门，本着“实事求是、平稳有序”的工作原则，分三个批次，先后完成10所行业高校和6所相关联中职学校的机构编制调整整合、组织干部人事关系转接、资产清查核实、行政隶属关系划转、共建协议签署等工作。其间还妥善解决了大量长期制约学校健康、持续发展的历史遗留问题，指导学校规范人事、财务、资产管理工作，将16所学校的机构编制、组织人事、部门预算和财务资产等纳入市教委管理，全面提高各相关高校办学水平。（龚　晋）

【市级教学成果奖评选】 根据《上海市教学成果奖励办法》以及教育部总体部署，市教委会同市人力资源和社会保障局启动2013年度上海市级教学成果奖评选工作。各有关单位经组织评审、门户网站公示，共申报上海市教学成果奖1844项。经市级教学成果奖评审委员会评审，共有705项申报成果获得上海市级教学成果奖，其中高等教育398项（特等奖20项、一等奖178项、二等奖200项）、基础教育177项（特等奖19项、一等奖80项、二等奖78项）和职业教育130项（特等奖10项、一等奖40项、二等奖80项）。根据教育部的要求，市教委在本届上海市级教学成果特等奖和一等奖中，择优向教育部推荐98项教学成果参评国家级教学成果奖。经教育部评审，上海市共有87项教学成果入选国家级教学成果奖。其中，高等教育33项（特等奖1项、一等奖6项、二等奖26项）、基础教育36项（一等奖15项、二等奖21项）和职业教育18项（一等奖5项、二等奖13项）。（金　晶）

【实施高校特聘教授岗位计划】 年内，共有29所高校推荐东方学者人选328人，其中特聘教授申请者187人，讲座教授申请者107人，跟踪计划申请者34人。经专家评审、网上公示等环节，共确定90人入选2014年度“东方学者”岗位计划（含跟踪计划）。从岗位类别看，特聘教授62人，讲座教授14人，跟踪计划14人。从学校分布看，部属高校共42人，位居前三的分别为复旦大学、上海交通大学、华东师范大学；市属高校共48人，位居前三的分别为上海交通大学医学院、上海大学、上海理工大学。年内，东方学者联谊会进入常态化运作，成功举办工程与材料科学、医学两个论坛活动，促进了跨学科学术交流；开展东方学者暑期疗休养活动、编发“东方学者联谊会之声”刊物，促进东方学者加强情感和思想交流;开展东方学者教学科研工作调研,为相关主管部门完善人才政策提出建议。

(朱晨光)

【构建和完善高校青年教师培养体系】 构建和完善涵盖师资储备、岗前培训、职初培养、专业发展、人才引进等内涵的高校青年教师培养体系。首次实施师资博士后制度,建立通过博士后制度选人用人的机制,对108名入选对象进行资助。完善青年教师培养工作,569名青年教师通过高校新教师岗前培训,474名青年教师入选高校青年教师培养资助计划。实施教师专业发展工程,促进中青年教师提升专业能力,共有212名教师入选国内访问学者计划,457名教师入选国外访学进修计划,396名教师入选产学研践习计划,146名教师入选实验技术队伍建设计划。扩大海外优秀青年人才引进工作覆盖面,启动青年东方学者岗位计划实施工作。

(朱晨光)

【推动基础教育特级教师的流动】 为促进基础教育均衡发展,优化人力资源配置,发挥优秀人才的示范、辐射和引领作用,市教委在深入推进特级校长流动的基础上,将基础教育高端人才流动的对象扩大到特级教师群体,首次从中心城区选派20名新晋特级教师,流动到崇明、金山、宝山等郊区学校工作3年,帮助郊区提升办学水平。为切实推进特级教师流动工作,市教委印发加强特级教师流动工作管理的实施意见,明确规定特级教师流动方式、期限、职责任务和考核管理办法,要求特级教师3年中全天候在郊区学校工作,并且深入课堂教学一线开展教育教学工作,主动参与学校教研组、备课组活动,承担校本培训的相关课程,带教指导青年骨干教师,推进区域教师专业发展,通过公开课、示范课、讲座、专题报告、听课评课等形式,带动当地教师队伍整体水平的提高。所在学校和教育局对特级教师流动工作要按学期、学年度和终期三个阶段进行考核。终期考核结果不合格的,暂停享受特级教师津贴,延长一年流动期限,期满后重新考核,考核合格后方可恢复享受津贴并结束流动工作,连续考核不合格则取消特级称号。

(沈　燕)

【启动中小学(幼儿园)中青年骨干教师团队发展计划】 为加强基础教育教师队伍建设,创新自主培养高端教师成长的模式,发挥骨干教师在深化教育综合改革、推进素质教育中的专业示范和引领作用,提升骨干教师专业水平,培育领军人物、营造教学研究氛围,繁荣课程教学研究成果,促进教师团队出人才、出成果,2014年市教委启动“上海市中小学(幼儿园)中青年骨干教师团队发展计划”。团队是在长期合作基础上形成的实践研究集体,具有相对集中的研究领域和共同感兴趣的实践探究主题、合理的专业和年龄结构。“团队”设“领衔制度”,每个团队成员5人左右,成员中45周岁以下中青年教师不少于三分之二,成员可以同校,也可以跨校或跨区。在教师自愿组团申报和同行专家举荐的基础上,经领衔人所在区县推荐和市级评审,市教委从208个申报团队中遴选32个团队列入“团队发展计划”,其中近一半团队由特级教师担任领衔人。市教委对每个团队投入一定的工作经费,并进行定期考核评估,资助期为三年。2014新学年32个团队启动实施。市教委举办“团队发展计划”专题培训会,加强指导和管理。该计划启动以来,各团队的影响力在各自的学科领域开始逐步凸显。

(沈　燕)

【市属本科高校骨干教师教学激励计划试点实施】 为提高上海高校本科教学质量,年内,启动市属本科高校骨干教师教学激励计划试点实施工作。经过两轮专家评审并报市政府同意后,首批共确定8家试点单位,其中,上海工程技术大学、上海大学、上海交通大学医学院、上海中医药大学为正式试点高校,上海师范大学、上海海事大学、上海海洋大学、上海第二工业大学为试点培育高校。各有关高校在试点工作中重点推进了实施本科教育教学改革、激励教授副教授讲授本科生课程、建立健全教师坐班答疑和自习辅导制度、推动青年教师担任助教工作、完善教学激励配套人事制度等工作。

(朱晨光)

【中小学校长(教师)赴外籍人员子女学校进行伙伴研修】 为拓展优秀校长和教师培训途径、创新培训方法，年内，市教委实施中小学校长(教师)赴外籍人员子女学校进行伙伴研修。10月15日至12月5日，上外—黄浦外国语小学、上海市西林中学、上海市浦东中学赴上海协和国际学校，上海市大宁国际小学、上海市嘉定区迎园中学、上海市青浦高级中学赴上海长宁国际学校，上海市长宁区江苏路第五小学赴上海美国学校开展交流实践。每所学校由1名校级领导和2名骨干教师共计3人组成一个团队，赴1所国际学校学习国际学校的办学特色，在管理实践、领导风格、国际课程设置、教育教学活动、课外活动等方面，提炼出可供自己学校借鉴的经验，形成自己学校改进与发展的改革思路。参训人员在8周研修期间，在校级行政层面沟通交流，增进了解；做校长的影子，观察、体验国际学校校长的日常工作；做教师的影子，观察、体验国际学校教师的教学工作；做学生的影子，体验、感受国际学校学生的校园生活；做教师的朋友，学习、体验国际学校教师群体的发展；邀请国际学校教师上门指导，以校为本开展课堂教学交流；选派学生代表，走进国际学校开展互动交流。(杨　洁)

【市级财政高等教育投入机制改革】 2014年起，上海试行以“三个转变”为改革目标的市级财政高等教育投入机制改革。以学科专业布局规划为导向，以提高本专科教育质量为重点，通过深化改革，加快实现从专项投入为主向经常性投入为主转变、从分散投入为主向学校整体投入为主转变、从硬件投入为主向软件投入为主转变，引导学校统筹安排经费，增强自主发展能力，推动高等教育内涵发展。一是推动投入方式转变，建立以基本办学经费和内涵建设经费为主的经常性经费投入机制，增强高校在基本办学经费上的自主权；二是促进投入结构优化，建立以教育改革发展重大项目为导向的市级统筹投入机制，主要用于全市性重大教育改革发展项目，构建以一流学科建设、领军人才建设、高水平大学建设、职业教育示范校建设等为核心的高峰计划，促进高水平大学建设；三是加强经费使用监督，健全以教育项目支出效益为目标的综合监督评估机制。完善教育经费监督管理制度建设，印发《进一步完善高等教育投入机制的若干意见》《上海市教育委员会所属单位财务远程监管暂行办法》《关于加强本市研究生教育收费管理的通知》等，确保加强教育经费使用管理的指导，同时，加强对财务管理、经费使用等监督和专项检查工作。(张　茜)

【推行地方公办高校总会计师制度】 为加强全市地方公办高校财务管理工作，提升教育经费使用和资产管理专业化水平，市教卫工作党委、市教委会同市委组织部、市编办、市财政局等相关部门印发《上海市地方公办高校总会计师管理办法(试行)》。明确全市公办高校实行总会计师委派制度，针对学校有重大影响的经济活动，实行总会计师和学校校(院)长共同签署和审批制度，赋予总会计师参与学校重大财务决策的权力，发挥财务管理的专业能力，从内控管理上防范学校财务风险：一是明确岗位设置和委派形式；二是建立联签制度和工作报告制度；三是实行审计和责任追究制度。推进实施地方公办高校总会计师制度，是建立现代大学制度的重要环节，是深化财政高等教育投入机制改革的配套举措，有利于发挥委派总会计师的监督职能，从内控管理上防范学校财务风险。(宗懿琛)

【构建重点教育项目支出绩效评价制度】 加强绩效管理，建立科学、合理的预算绩效管理体系：一是完善绩效考核指标，制定分类绩效考核指标体系，根据重点项目建设目标，设置分类评价指标，细化评分标准等；二是探索建立高校财务管理状况整体评价指标体系，科学合理评价全市地方高校财务管理状况，完善地方高校财务管理状况评价指标，设立包括财务管理制度与组织、预算管理、决算管理、专项基金管理、收入管理、支出管理、资产管理、负债管理、成本费用管理、财务状况等具体指标；三是组织编制并申报绩效目标，明确要求将专项资金绩效目标编制纳入专项资金预算申报管理流程，按要求完成绩效目标的编报；四是开展重点项目支出绩效自评价及跟踪评价工作，委托第三方中介机构开展财政专项支出绩效自评价，针对评价结果研究制定整改方案，落实整改措施，提高财政资金使用效益。

(艾乐旺)

【普通高校招生考试专项改革】 ①普通高等学校招生全国统一考试工作。年内，686 所普通高校在沪公布招生总计划 42710 人(不含未作分省招生计划的艺术类专业招生计划数)。全市报名参加 6 月全国统考考生约 5.1 万人(含复旦大学、上海交通大学预录取 1020 人)，报考文史类的考生约 2.1 万人，报考理工类的考生约 3.0 万人。②春季招考。年内，全市普通高校春季招生工作共有上海师范大学等 8 所院校，计划招生 488 人，实际报到录取 310 人，完成招生总计划的 63.5%。其中 5 所本科院校计划招生 260 人，录取报到 232 人，完成本科计划的 89.23%；3 所高职专科院校计划招生 228 人，录取报到 78 人，完成高职专科招生计划的34.21%。③专科层次依法自主招生改革试点。年内，共有 33 所院校作为试点院校，招生计划 10470 人，实际录取 12322 人。④复旦大学、上海交通大学"高等学校自主选拔录取改革试验"。复旦大学、上海交通大学两校继续开展自主选拔录取改革试验，其中复旦大学录取 598 人，上海交通大学录取 709 人。⑤地方农村专项计划。全市新增地方农村专项计划，计划招生 111 人，实际录取考生 118 人。⑥"专升本"、"插班生"考试。年内，"专升本"招生院校共 18 所，计划招生 3129 人，实际录取 3045 人。经过各校申请，共有 13 所高校计划招收 486 名插班生，实际录取 432 人。⑦"三校生"招生考试。有各类三校生 9914 人参加考试，全市有 27 所高校计划招收 5465 名考生，实际录取 6360 人。 (俞治论)

【高校毕业生就业】 年内，上海高校实际毕业学生 16.86 万人，与上年基本持平，其中研究生 3.46 万人，本科生 8.62 万人，专科生(高职)4.78 万人。在上海市高校毕业生就业工作联席会议机制的推动下，在"引领创业、引导基层就业、困难群体帮扶"方面进行政策推动，搭建"创新创业教育、岗位资源共享、服务信息化"平台，健全政府部门就业创业工作联动机制，建立高校就业创业工作协作机制等，取得了较好工作成效。截至 9 月 1 日，全市毕业生就业率为 95.85%，同比上升 0.02 个百分点，其中签订就业协议 62.54%，定向委培 2.68%，参加国家地方就业项目0.29%，升学8.73%，出国 6.02%，合同就业和灵活就业 15.59%。 (李长治)

【编制发布上海高校毕业生就业质量年度报告】 年内，根据教育部的要求，编制发布《2014 年上海市高校毕业生就业质量年度报告》。该报告在对高校毕业生就业质量年度报告编制发布的目的、意义和要求进行反复探讨、对上海高校毕业生就业工作进行认真梳理和总结，对高校毕业生就业质量与人才培养质量的互动关系展开深入研究的基础上，以上海市政府、市教委等有关委办局近年出台的促进高校毕业生就业的政策文件和工作举措、市学生事务中心历年编录的上海高校毕业生就业数据资料以及上海各高校提供的毕业生就业工作成果报告、质量年度报告等为参考依据进行编制，内容包括上海高校 2014 年届毕业生就业的基本状况及其生源、去向、就业流向等分布情况；上海高校毕业生就业动态与趋势分析；上海学校毕业生就业质量社会评价；上海促进高校毕业生就业的相关政策与举措；以及上海高校毕业生生涯服务体系建设情况。与此同时，上海市 34 所本科学校也相继发布本年度毕业生就业质量报告。 (李长治)

【资助高校学生】 年内，按照市委、市政府的要求，市教委落实《教育规划纲要》精神，立足于上海教育事业改革发展的全局，按照"民生为本，重在公平；科学为纲，重在规范；发展为先，重在育人"的工作要求，做好高校学生资助工作。截至 12 月 31 日，67 所上海普通高等学校共有家庭经济困难学生人数 102228 人，占全日制普通高等学校在校学生人数的 16.19%。家庭经济特别困难学生数(特困生) 54540 人，占全日制普通高等学校在校学生人数的 8.64%。年内，全市普通高等学校共资助学生 196.8 万人次，资助总金额 24.13 亿元。主要工作：①规范制度建设，保障资助工作依法开展。完善发布国家奖学金、国家励志奖学金、国家助学金实施细则，上海市奖学金、艰苦地区就业奖励金管理实施办法等 5 个文件。出台《关于调整完善国家助学贷款相关政策措施的通知》《关于做好从本市高校征集入伍的大学生士兵退役后享受经济补助工作的通知》《上海市高校毕业生到农村基层涉农单位就业学费补偿和国家助学贷款代偿实施办法》。②加强理论研究，推动资助工作队伍建设。汇编《上海高校学生资助工作示范性特色实践项目集》。开展上海高校学生资助工作典型案例征集及评审工作。完成《2013年上海高校学生资助工作发展报告》。③创新育人模式，促进资助工作内涵发展。召开2013年度高校学生资助工作总结表彰大会。举办"感恩成才，资助圆梦"演讲比赛。开展"上海市高校学生资助工作理论研究交流活动"。④推进重点工作，充实资助政策体系。做好春节寒假期间慰问工作。指导各高校开展国家奖助学金的评审工作。增加国家助学金，确保应助尽助。开展2011—2013年上海地方高校应征入伍服义务兵役国家资助政策执行情况核查工作。推进2014—2018年度国家助学贷款新一轮合作协议签约，下达2014—2015年度国家助学贷款计划。⑤开拓资助业务，落实研究生资助政策体系。完成研究生国家奖学金评审工作，保障市属高校研究生的资助权利，实现工作的平稳过渡。建立工作网络，召开工作研讨会，进行大量调研，初步形成工作推进思路。（周红星）

【成人高校招生】 ①年内，全市招生的成人高校共74所，其中上海市成人高校65所，外省市成人高校9所。录取49599人（含"三支一扶"和"退役士兵"），完成招生计划的100%，录取率为87.6%。10月25日、26日，全市举行成人高校招生统一考试，共设19个考区，91个考点，2363个考场。应考57015人，免考2人，缺考5550人，实考51463人，缺考率9.73%。普通高职（专科）毕业生服义务兵役退役和下基层服务期满免试接受成人本科教育招生工作继续在沪进行，共录取考生157人，其中退役义务兵147人，下基层10人，比上年减少28人。②生源及录取情况。报考生源特点：25岁以下（含25岁）考生32015人，占报考数的56.15%；非上海市户口考生27452人，占报考数48.15%；具有本科及以上学历的考生有845人。录取情况特点：今年教育部采取以各省市报名人数为基础，下达计划数。本科计划数为报名数86%，专科计划数为报名数85%，计划数大幅下降。录取期间部属院校内调整部分计划，使计划完成率达100%；成人高校加强和各企事业单位的合作，增加委培计划，培养应需人才；成人各专科院校通过能力考试录取具有相应专业技能的新生；医学类护理专业、理工类建筑专业的本、专科生源比较充裕。

（丁　良、俞治论）

【曙光计划】 由上海市教育发展基金会与上海市教育委员会共同设立的人才资助项目——曙光计划已实施19年，2014年曙光学者继续发挥着重要作用。①优秀成绩硕果累累。2014年度国家科学技术奖，曙光队伍共有10个项目获奖，其中主持完成项目5项，参与项目5项。教育部2014年度高等学校科学研究优秀成果奖（科学技术），曙光队伍共有18项获奖，其中主持获奖项目10项。2014年颁发的2013年度上海市科学技术奖授奖共298项，曙光队伍涉奖39项，为全市奖项的13.09%。同时显示三大特征：主持获奖多，主持获奖达24项；高等级获奖数多，一等奖12项；年轻学者多，《上海科技报》在头版报道《为年轻喝彩》，其中3位一等奖获得者来自曙光团队。第九届上海市决策咨询研究成果奖，曙光队伍获奖13项，均为主持，其中一等奖4项、二等奖6项、三等奖3项。上海市第十二届哲学社会科学优秀成果奖，曙光队伍获奖41项，均为主持，其中一等奖8项。本届哲学社会科学优秀成果共授奖276项，曙光获奖为14.86%。②学术人才脱颖而出。31位曙光学者被聘为国务院学位委员会学科评议组成员；4位曙光学者获得国家高层次人才特殊支持计划资助；6位曙光学者获科技部国家创新人才推进计划资助；2位曙光学者获2014年上海市五一劳动奖章。截至2014年，曙光队伍共有4名院士、92名杰出青年学者、56位长江特聘教授、5个6批次国家自然基金委创新团队、20个教育部创新团队。③青年教师人才辈出。2014年度有56名青年教师入选曙光计划。按类别，自然科学类33人，人文社科类23人；按性别，男44人，女12人；按民族，汉族53人，少数民族3人；按政治身份，中共党员40人，民主党派3人；按学习经历，全部具有博士学位，25人经过海外博士或博士后学习培训；按职称分，正高级职称38人，副高级职称18人。

附:曙光计划获奖高校与项目表

单　　位	项　　目　　名　　称	姓　名
复旦大学	Navier-Stokes 方程的两类大解	雷　震
复旦大学	基于高效多色上转换纳米晶体的液体基因芯片制备及生物分析应用研究	张　凡
复旦大学	时效复杂网络传播动力学分析与控制	李　翔
复旦大学	基于生物大分子的空心微球表面微纳结构调控	陈　敏
复旦大学	欧亚大陆东西方人群在突厥族群中的混合研究	李　辉
复旦大学	干细胞不对称分裂的分子机制研究	温文玉
复旦大学	CRL 泛素连接酶调节 TNFAIP1 降解的机制与功能研究	贾立军
复旦大学	顾客忠诚计划的设计与优化研究:目标结构的视角	金立印
复旦大学	预期寿命与中国的高储能率:一个新的理论解释	章　元
复旦大学	地方政务网络沟通机制研究	沈国麟
上海交通大学	大规模相关性网络的研究	刘卫东
上海交通大学	微机械谐振器非线性参激振动机理研究	张文明
上海交通大学	金属硫化物复合薄膜材料的可控构筑及储锂性能	王开学
上海交通大学	面子与创新	张新安
上海交通大学医学院	应用蛋白酶体抑制剂治疗 MLL 白血病的分子机制及耐药机制研究	刘　晗
上海交通大学医学院	新型抗肿瘤 Fc-CD40L 融合蛋白的临床前研究	李福彬
上海交通大学医学院	2 型糖尿病肠道调控相关机制及生物标志物的研究	张翼飞
上海交通大学医学院	MiR181abcd-CTDSPL-pRB-E2F1 信号通路在脉络膜黑色素瘤生长转移中的作用机制研究	贾仁兵
同济大学	混合控制伸臂桁架超高层结构抗震设计方法研究	周　颖
同济大学	面向社交网络服务的移动互联网信息传输基本极限研究	王　成
同济大学	核心力量训练改善帕金森病运动平衡障碍的分子机制研究	靳令经
华东师范大学	强关联费米原子气体中热力学性质的研究	武海斌
华东师范大学	当文化遭遇政治:闻一多的“格律”化生存	李丹梦
华东师范大学	碳排放约束下我国适宜性技术进步方向和环境质量优化对策研究	董直庆
华东师范大学	有限同情心与分配正义	葛四友
华东师范大学	音乐本体、聆听与脑神经科学的跨学科研究	姜　蕾
华东师范大学	20 世纪 90 年代以来德国的公共历史争议研究:以纳粹历史争议为中心的考察	孟钟捷
华东理工大学	靶向毒力因子金黄色素的抗耐药菌候选新药开发和靶点研究	李　剑
华东理工大学	聚合诱导自组装偶氮苯超分子结构及其光致响应特性	林绍梁
上海外国语大学	中国的全球治理倡议与国际制度创设及改革研究	刘宏松
东华大学	三维正交机织复合材料的弹道侵彻破坏机理及热力耦合多尺度模型	孙宝忠
上海财经大学	碳排放约束下的中国绿色经济发展绩效评估:经验测算、影响因素与提升路径	邵　帅
上海第二军医大学	基于吴茱萸碱分子骨架跃迁的抗肿瘤化学生物学研究	盛春泉
上海第二军医大学	非经典 ERE 信号通路介导雌激素调控破骨细胞 TRPV5 蛋白表达的研究	叶添文
上海大学	量子绝热捷径的最优化设计及其应用	陈　玺
上海大学	加密图像压缩研究	张新鹏

续表

单　位	项　目　名　称	姓　名
上海大学	上海市新白领社会信心研究	孙秀林
上海大学	连环创业决策的形成机制研究:创业失败后的职业选择	于晓宇
上海中医药大学	艾灸对克罗恩病细胞自噬及免疫调节机制影响的研究	刘慧荣
上海师范大学	非平面有机碳纳米带的合成及性能研究	肖胜雄
上海师范大学	中国禅与美国现代诗歌转型(1912—1963)	武新玉
上海理工大学	行为驱动的社会网络演化机制及其应用研究	刘建国
上海海事大学	低回路电感新型高效波浪能发电并网逆变研究	吴卫民
上海海事大学	古代佛教造像装饰纹样的文化特征研究	刘　慧
上海戏剧学院	戏曲叙事特征及剧作思维比较研究	刘艳卉
上海体育学院	我国青少年身体活动的社会水平性研究	刘　阳
华东政法大学	人格权识别与构造的法律维度研究	韩　强
华东政法大学	我国国家安全治理能力的优化路径研究	赵庆寺
上海海洋大学	特种全海深无人潜水器总体方案研究	胡　勇
上海电力学院	新型热泵热电池储能关键技术研究	刘　方
上海对外经贸大学	我国城市比较优势研究	孙楚仁
上海第二工业大学	重症糖尿病患者用植入型传感器材料及相关器件的研究	朱志刚
上海政法学院	理论、方法和技术:大数据时代社区安全的情报研判和风险评估研究	黄　辉
上海海关学院	自由贸易区优惠关税的进口利用情况与影响因素分析	厉　力
上海社会科学院	全球反恐战争转型与中国国际反恐话语体系建设	王　震
上海科技大学	合成生物学战略工程生物灵感水下黏合材料	钟　超

(陈　悦)

【教育信息化建设】 为贯彻落实上海教育综合改革方案,推进上海教育信息化建设,完成上海教育信息化顶层设计方案,建立应用导向与统筹管理相结合的上海教育信息化建设工作推进机制。①研究制定上海教育信息化顶层设计,开展调研,完成上海教育信息化顶层设计方案。市级层面通过“一网两平台三中心”(上海教育城域网、大规模智慧学习泛在平台、上海教育综合管理决策平台、上海教育数据中心、上海教育资源中心和上海教育认证中心)建设,引领各区县、学校建设完善的教育信息化基础应用环境。②统筹推进上海教育信息化工作,完善应用导向与统筹管理相结合的上海教育信息化工作推进机制,制定《上海市教育委员会信息化项目管理办法》(试行),加强统筹信息化项目和资金投入,引导和规范合理开展信息化建设和应用。协助教育部领导开展教育信息化专题调研,完成教育部部署的教育信息化工作专项督导检查、汇报上海教育信息化进展情况等多项工作任务。召开全市教育信息化工作会议,明确阶段工作目标,全面部署上海教育信息化工作。③上海教育信息化重点工作取得进展,主干带宽达100G的上海教育城域网覆盖各级各类学校,实现宽带网络“校校通”。基本完成部署上海教育数据中心机房二期建设,开展各类相关系统或平台的测试部署工作。完成上海教育资源中心的建设方案,推进建立教育资源供给新模式和优质资源共享辐射。全面实现30余所高校跨校认证,跨校认证的“扩容”工作继续稳步推进。学生网络互动社区——易班已有91万实名注册用户,建立3.5万个网上班级和群组,日均访问量达500万次,逐步实现高校用户从学生和思政教师到所有师生的全覆盖，并向中职等其他学段及全国范围延伸。上海高校共享课程中心通过混合教学模式、学分互认等教学、管理创新等方式，全市高校更多大学生共享优质教学资源，已有30余所高校加入课程中心，开设60余门次课程，数万学生受益。上海学习网为学习者提供全方位、个性化的网络学习空间及学习支持服务，整合15000门市民学习课程，注册人数超过130万，总点击量超过13000万次。（李　乐）

【高校智库建设】 为贯彻中央《关于加强中国特色新型智库建设的意见》，落实习近平总书记关于建设中国特色新型智库的重要批示，提升上海高校围绕国家（区域）发展战略中的热点问题开展决策咨询研究、服务政府和社会需要的能力，市教委开展上海高校智库建设，主要开展了下列工作：①建设一批上海高校智库。11月25—27日组织专家对首批18个高校智库进行筹建验收，形成以实体化建设为基础，以体制机制改革为支撑，以专项任务为牵引的"1＋X＋Y"建设模式。②形成政策建议报告的选、编、送的工作机制和流程。建立与中央办公厅的密切联系机制，围绕中央重大决策和活动，定期邀请智库专家通过研讨会或提交专报的方式提出建议和对策。创办《决策建言—上海高校智库专报》。形成以《决策建言》《观点快报》《中国观》为主要载体的政策建议的报送体系，定期出版《全球思想版图》。其中，《决策建言》出版了12期，《观点快报》发行97期，《中国观》发行35期。通过这些渠道向上海市和国家各部门报送100多篇高质量的资政成果，全年完成中央就指定问题提交决策建议（俗称中办约稿）20次。有多篇得到了中央和地方政府领导的批示，并被中共中央办公厅采用。③举办"首届上海高校智库青年学者决策咨询成果转化培训班"。为提升上海社科决策咨询研究整体能力，统筹配置资源，共同推进高水平社科决策咨询研究平台建设工作，市教委、市社科规划办、市政府发展研究中心形成了"三位一体"协同推进上海高水平智库建设的机制。三家单位于12月15—20日在中国浦东干部学院合作举办首届上海高校智库青年学者决策咨询成果转化培训班，通过培训提升上海市高校智库中青年学者的政治敏锐感、责任感和使命感，使高校智库中青年学者成为向上海和国家不断提供发展规划和战略建议的中坚力量。④举办首届中国大学智库论坛年会。年会于12月6—7日在复旦大学举行，在论坛基本主题"立足中国，面向世界"下，首届年会主题定为"建设法治中国，推进国家治理体系和治理能力现代化"。教育部副部长李卫红、上海市副市长翁铁慧出席论坛年会并致辞。全国人大、全国政协、最高人民法院、最高人民检察院、中国法学会相关部门领导和高校知名专家做了专题报告。来自全国75所高校的近300位专家学者参加了论坛研讨。年会组织专家学者紧密围绕中央重大决策部署发声，展示高校研究能力，搭建政策对接平台，提高服务党和国家决策水平。（仓　平）

【高校高峰高原学科建设】 ①加强学科建设的动态监测。为强化一流学科建设的动态跟踪管理，建立一流学科建设绩效的动态监测机制。委托第三方评价机构，设定一系列观测监控指标，通过对全市高校各一流学科与标杆学校的横向比较和自身的纵向发展进行观测、比较和分析，实现对上海高校学科发展动态的有效监控。完成《上海高校一流学科学术论文表现动态分析（2013）》《上海高校学科建设动态（2014年3月）》《上海高校学科建设动态（2014年5月）》《上海地方高校人文社科类学科研究发展动态》《上海地方高校学科发展潜力评价报告》《上海市属高校与世界500强大学的差距分析》，这些动态分析及评价结果为上海高校的学科建设提供了重要的参考。②制定《〈上海高等学校学科发展与优化布局规划（2014—2020年）〉实施方案》。依据《上海市中长期教育改革和发展规划纲要》《上海高等学校学科发展与优化布局规划》，根据学科发展新的需求与目标，在组织研讨及不断完善的基础上，研究制定了《〈上海高等学校学科发展与优化布局规划（2014—2020年）〉实施方案》。《实施方案》明确了上海高校高峰高原学科建设的总体目标、实施原则、实施方式（包括立项程序、建设重点、评价与问责）、保障机制（包括组织保障、投入保障、人才政策保障、学位点建设保障）等，并于11月底和12月初分别召开部属高校和市属高校校长会议，按市教委落实教育综合改革任务的总体要求，部署启动上海高校高峰高原学科建设工作。

（刘唯聪）

【协同创新中心】 为贯彻落实《教育部、财政部关于印发高等学校创新能力提升计划实施方案的通知》文件精神，2014年主要开展了下列工作：①推进2014年国家协同创新中心申报。4月，教育部第二批协同创新中心申报工作启动，上海高校共提交16份国家协同创新中心申请材料，上海交通大学IFSA协同创新中心等4家正式立项，东华大学纺织产业关键技术协同创新中心等5家通过了第一轮评审。②完成第一、二、三批知识服务平台的验收。6月，对第一、二批上海高校知识服务平台（以下简称"平台"）进行中期验收，15个平台检查通过，挂牌为"上海市协同创新中心"或者"高校智库"并给与相应支持；8个平台需要整改。11月完成第3批上海高校知识服务平台的筹建验收工作，4个筹建验收通过，3个继续筹建。③制定《上海市"2011协同创新中心"发展行动计划（2013—2017年）》。按照"国家急需、世界一流、制度先进、贡献重大"的2011计划总体要求，排摸梳理上海高校的学科优势和上海经济社会发展的重大需求，选择国际科学前沿和国家、上海经济社会发展中最为迫切的领域或方向，择优、择重组建和培育上海市协同创新中心。形成《上海市"2011协同创新中心"发展行动计划（2013—2017年）》文本并正式印发，据此推进重点领域的协同创新中心建设。2014年确立并命名了21个上海市协同创新中心。④制定《推进上海高等学校实施科学研究多元评价的指导意见》。贯彻落实《教育部关于深化高等学校科技评价改革的意见》，制定了《推进上海高等学校实施科学研究多元评价的指导意见》，全面改革高校科研评价内容和方法，突出质量、贡献和能力提升，突出科研和经济、教育教学的紧密结合，鼓励高校根据科研类型和学科特点，构建成果形式多样、评价维度多元的评价体系。（仓 平）

【举办国防教育系列活动】 年内，市教委、团市委主办了"走近边防线"青少年国防教育活动。活动组织严密、进展顺利，形式新颖，内容丰富，参与广泛，效果显著，对青少年学生进行了一次生动的爱国主义和国防意识的教育。①"走近边防线"活动从4月份筹备，7月1日组织国防教育辅导员培训，7月5日至6日组织入选对象到东方绿舟进行国防教育训练营营员选拔初赛，选出的54名对象到上海教育电视台进行复赛，最后确定30名营员，8月2日出发到辽宁大连，走进中日甲午战争古战场。组织学生参观甲午战争纪念馆和有关遗址；听取知名教授和学者演讲解；乘坐辽宁省军区船运大队的登陆舰参观当年的甲午海战场；近距离观望了辽宁舰航母等海军新装备；听取海军大连舰艇学院教授的讲课，与专家进行交流对话。8月5日训练营全体人员返回上海。②"走近边防线"活动有创新，有发展，有亮点。一是主题鲜明。让青少年了解120年前中日甲午战争这段屈辱的历史，激发爱国热情和国防意识，牢记"勿忘国耻，强军圆梦"的主题。二是各区县的教育和选拔赛活动各具特色。在普遍进行国防教育知识学习和测试的基础上，开展知识竞赛、主题辩论、军事知识和体能培训等活动，并进行"心中的长城"电视选拔赛。三是组织有力。市教委、团市委等领导重视、关心，各区县以及东方绿舟等有关负责人认真抓落实，确保活动的顺利进行。活动还得到沈阳军区、辽宁省军区首长和机关及所属部队的大力支持，使活动成功开展。③活动取得良好的成效和社会影响，得到基层学校学生、老师和校长们的充分关注和高度评价。（黄 峰）

【举办国际青少年科技博览会】 7月17—21日，由市教委、市科委和上海科普教育发展基金会联合主办，主题为"生活中的科技创新"的2014（第五届）上海国际青少年科技博览会（以下简称"青博会"）在上海举行。这是市教委首次牵头主办的国际青少年科技交流活动。本届青博会主要分为"大型活动""现场制作友谊赛""展览展示""师生论坛""考察体验"5大板块，以及"教师科技论坛""学生科技作品交流会"等9项内容。参与主体是各国各地区13—18岁的全日制在校中学生和科技教育工作者。共有来自新加坡、澳大利亚、韩国、墨西哥、印度等国家以及中国上海和香港、澳门地区的50名学生、22名教师参加。青博会上有学生科技创新展品20件，国内外教师论文和学生科技论文40篇。本届青博会确定“生活中的科技创新”这一主题，旨在引导学生关注生活，深入生活，热爱生活，在生活中获得科技创作的源泉和灵感。组委会征集到的作品对主题作出了生动的诠释。参会代表递交的如多功能爬楼机器人、安全输液监视系统、羽毛球捡球器等科技类创意作品中，既有基于医药、交通领域的电子信息系统，也有对新型能源的应用探索。本届青博会的现场制作友谊赛在上海科技馆举行，邀请上海国际友好城市青少年夏令营的青少年学生参加，他们和青博会的代表队共分成30余个小组。每个小组须在两小时内，分别制作完成一个既满足规定要求又能发挥各自想象力、充满创意的“梦中的花园”。参赛选手们均表示自己十分享受这一动手制作过程，从中得到的深刻体验是难得的人生经历，是本次青博会之行的宝贵财富。本届青博会的活动体验环节除安排参观豫园、东方明珠等传统景点外，还安排具有浓郁中华民族特色的“国家指南针计划专项青少年基地”参观体验活动，代表们不仅参观了“天工开悟”中国古代创造发明展、“纸的文明”展，还在中国古代造纸印刷体验馆、中国古代陶瓷体验馆、“纸的乐园”、中国古代染织体验馆、中国古代青铜体验馆、中国古代建筑体验馆亲自体验造纸、印刷、古籍装帧、陶瓷制作、青花彩绘、丝绸扎染和青铜铸造等中国的传统手工艺制作。本届青博会增加了与同期在沪举办的上海国际友好城市青少年夏令营和第十届上海国际青少年互动友谊营的互动活动，邀请“互动友谊营”的青少年学生参加青博会开幕式，邀请“友城夏令营”的青少年学生参加现场制作友谊赛，青博会的学生受邀参加“互动友谊营”的“国家主题秀”和“艺术沙龙”活动。这些互动活动既扩大了青博会的影响，又促进了国际青少年的民间文化交流。

（从海鹰）

【承办第十二届全国学生运动会】 7月28日—8月2日，由教育部、国家体育总局、共青团中央主办，上海市政府承办的第十二届全国学生运动会在上海举办。本届运动会是大运会、中运会合并后的第一届学生运动会。运动会共设田径、游泳、篮球、排球、足球、武术、健美操、乒乓球8个竞赛类项目，同时增设桥牌友谊赛，8000余名各地师生来沪参赛。在传统体育比赛的基础上，本届运动会在内容和形式上作了创新，增设了一系列非竞技类活动，举办了科学论文报告会暨首届学校体育与青少年健康促进国际研讨会、学校体育博览会，开展“阳光少年”和“活力园丁”奖项评选等。上海代表团的运动员、教练员发扬风格，发挥水平，刻苦训练、积极进取，取得总分第一、奖牌榜第一、道德风尚奖的“三丰收”，充分体现了上海学校体育工作的综合水平。三大球更是取得历史性突破，男女足球和男排获冠军。各级领导对运动会给予高度评价，国务院副总理刘延东批示：“上海承办的全国学生运动会精打细算、简朴隆重，展示学生唱主角的体育魅力和青春风采，其做法与经验应予总结与坚持。”上海市市长杨雄也批示：“我们要认真总结，在全市推广和坚持。”

（柏　丹）

【第四届中国校园戏剧节在沪举行】 11月3—12日，由中国文联、教育部、上海市政府联合主办，中国剧协、上海市文联、市剧协及市教卫工作党委、市教委共同承办的“绽放青春梦想——第四届中国校园戏剧节”在上海举行。5月下旬，向各高校征集相关剧目，共收到来自17所高校的22部剧目（其中专业组3部，普通组19部）。经组委会评选，上海戏剧学院《中国梦》、上海视觉艺术学院《妈妈再爱我一次》、上海师范大学《唱出爱》、复旦大学《天之骄子》入选参赛剧目，与来自全国其他高校的29部优秀剧目在上海展演。组委会选定11个剧场作为本届校园戏剧节的展演场地，其中9个为高校剧场。本届校园戏剧节共有27台演出，惠及师生2万人次。为使校园戏剧节被更多师生知晓，此次活动宣传充分运用新媒体手段，在易班网、上海教育微博、教师博雅微信等媒体平台上进行广泛动员和宣传。中国文联、中国剧协对上海师范大学连续三届的接待工作高度评价，组委会颁发“特别组织奖”。

（蒋萍芳）

【上海市第十五届运动会举行】 10月11日至11月22日，由市体育局、市教委主办的上海市第十五届运动会举行。本届市运会大胆改革创新，市教委首次作为主办单位参与组织工作，运动会突出人才培养和青少年体质强健，设青少年组和高校组。全市17个区县代表团和42个高校代表团报名参赛，青少年组开设游泳、田径、羽毛球、棒球、篮球、拳击、皮划艇、自行车等31个大项的比赛；高校分甲、乙两组，甲组设游泳、田径、羽毛球、棒球、篮球、击剑、足球等18个大项的比赛，乙组设游泳、田径、羽毛球、篮球、足球、乒乓球、网球、排球、武术、毽球等10个大项的比赛。同时，为丰富市运会的体教结合内涵，组织开展中小学青年体育教师教学评比以及上海市"阳光少年""活力园丁"评选活动，分别评选出10节优秀体育课、上海市十佳阳光少年和上海市十佳活力园丁。本届市运会参赛人数达2.3万余人，参赛规模和竞技水平均超历届，为发掘培养优秀体育后备人才，检验全市业余训练成果，推动青少年体育的发展作出贡献。 （柏　丹）

【举办全国第四届大学生艺术展演活动】 年内，举办全国第四届大学生艺术展演上海市活动。展演活动坚持"立德树人，凸显主题，艺术育人，立足普及，鼓励创作，坚持创新"的宗旨，要求"人人主动参与艺术实践，院系认真组织艺术活动，校校建立艺术团队"。各高校成立展演活动领导小组，制订实施方案，开展富有特色的校园文化艺术活动、普及高雅艺术、举办专场比赛等吸引学生广泛参与，形成了良好的校园文化氛围。全市68所高校中，有63所推荐优秀节目和作品参加专场比赛，占高校总数的93%。展演活动设立声乐、民乐等5个项目12个场次，共有213个节目，近万名学生参加市级专场比赛。全市开展高校艺术教育论文评选和艺术作品征集展，几十所高校的数百件作品参与其中。经过专家的评审，共报送20个艺术表演节目、20件学生艺术作品、19件高校校长书画摄影作品、23篇优秀论文参加教育部评审。此次展演活动形成三大特点：一是主旨突出，重在育人。以展演活动为载体推进大学生的思想政治工作，传承优秀民族文化，弘扬民族精神。二是构架丰富，形式创新。上海各高校运用学校艺术节等载体形成观摩欣赏、参与互动、实践体验为一体的艺术教育模式；三是参与面广、注重长效。所有活动都与学校日常工作紧密结合。 （蒋萍芳）

【调研学生体质与健康】 根据《教育部等六部门关于开展2014年全国学生体质与健康调研工作的通知》要求，成立学生体质调研工作组。10月8日至11月7日期间，开展五年一次的上海市学生体质健康调研和现场测试工作，对列为教育部学生体质健康调研点的黄浦、徐汇、闸北、闵行、奉贤和浦东新区共46所中小学，以及上海交通大学、同济大学、上海大学、上海师范大学共4所高校，7—22岁男、女学生共17258人进行测试，获得有效卡片16952张，有效率为96.14%。测试项目为身体形态、身体机能、身体素质、健康检查等20余项，同时向四年级以上的学生通过问卷形式征询与体质健康相关的问题。为保证工作质量和数据的准确性，对现场测试和数据录入进行质控，并按3%比例进行学生形态部分复测，复测学生720人，测试质控总误差率为3.52%，符合测试工作要求。调研结果显示，全市7—22岁学生身体形态发育水平继续提高；肺活量等身体机能状况有所提高；耐力等部分身体素质项目有所改善；肥胖检出率基本持平，超重检出率有所上升，低体重、营养不良均有下降，正常体重人群略有增加；视力不良检出率有所上升，但上升趋势得到控制。 （柏　丹）

【编印《学生健康知识手册》系列读本】 为贯彻《关于切实提高青少年学生身心健康水平　实施学生健康促进工程的通知》等文件精神，推进中小学校健康教育工作，提高青少年学生的健康知识知晓率并促进养成健康的行为习惯，年内，根据《上海市中小学健康教育实施方案》，组织健康教育、营养、公共卫生等知名专家编写《学生健康知识手册》（以下简称《手册》）。《手册》为系列读本，按水平阶段分为"水平一"（小学1—2年级）、"水平二"（小学3—5年级）、"水平三"（初中阶段，分上下册）和"水平四"（高中阶段）四册，分别为相应年级的中小学校教师、学生及其家长提供有关运动、营养、防病、心理等基本健康知识和技能的学习辅导。截至年底，完成《手册》系列读本中的“水平二”(小学3—5年级)部分编写工作，并在黄浦、徐汇、长宁等3个区进行试点发放。“水平三”(初中阶段，分上、下两册)部分的编写也已基本完成。 （时 多）

【表彰“上海高校后勤标兵”】 第二届“上海高校后勤标兵”的评选工作自2013年9月启动后，35所高校(含民办高校)推荐了59名候选人。经评委会初评、网上和刊物公示等规范程序，评出30位获奖者。在这30位获奖者中，既有长期工作在高校后勤第一线的炊事员、宿舍管理员、维修工、校园卫生管理人员，也有从各条战线来到后勤岗位的领导，他们在后勤岗位上锐意改革，敢于承担，乐于奉献，使上海高校后勤新型保障体系的建设走在了全国的前列。3月27日，中国教育工会上海市委员会、上海高校后勤服务股份有限公司、上海市学校后勤协会、上海高校后勤服务中心在上海音乐学院举行表彰大会，来自本市各高校分管校领导，工会领导和600多名后勤干部职工参加表彰大会。

（范赛亚）

【表彰中小学幼儿园后勤管理与服务先进集体和个人】 2015年1月29日，“上海市中小学幼儿园后勤管理与服务先进集体和先进工作者”表彰大会召开，这也是普教后勤系统的首次先进表彰活动。来自全市17个区县教育局主管局长，获奖个人和集体代表近200人参加大会。上海现有中小学生165万人，每天在校就餐学生超过100万人。中小学幼儿园中的大批后勤老师，为了学校的生活秩序和师生健康长期默默无闻工作在第一线。为了进一步激发他们的工作积极性和创造性，提高后勤管理与服务水平，为教育发展提供坚实良好的后勤保障，经市教委同意，上海市中小学幼儿教师奖励基金会和上海市学校后勤协会，于2014年联合开展“上海市中小学幼儿园后勤管理与服务先进集体和先进工作者”的评选活动。此次评选活动得到各区县教育局的高度重视，学校积极参与。评选工作坚持公开、公正、公平原则；坚持面向一线人员，工作在一线的后勤职工和服务人员的比例不得少于70%，实际推荐并受到表彰的人员中，一线职工高达90%；坚持对候选单位或候选人在食品卫生、校园安全、党风廉政方面存在问题实行“一票否决”。经评选，虹口区教育财务中心等50个单位被评为后勤管理与服务先进集体，向明中学董烨等145人被评为后勤管理与服务先进工作者。 （范赛亚）

【举办高校“创新菜肴、创新点心”比赛】 11月15日，上海市学校后勤协会和相关单位在上海大学宝山校区举行首届上海高校“创新菜肴、创新点心”比赛。来自上海各高校后勤及两家餐饮公司共31个单位的133名选手带了155个参赛品种。大赛要求菜肴单价不超过6元、点心单价不超过3元。同时，菜品应具有营养性、普及性和可推广性。按照这个原则，选手们经过7个小时比赛，红白两案的前三名相继产生，其中东华大学的翡翠萝卜丸和苦瓜梨分别获得红案和白案的第一名。 （范赛亚）

【制定《学校物业管理服务规范》】 为规范学校物业管理服务，保障学校、师生及物业服务企业合法权益，充实上海市物业管理服务系列标准，由上海市学校后勤协会公寓物业管理专委会编写的《学校物业管理服务规范》(以下简称《规范》)通过上海市质量技术监督局审批，于2月发布，并于6月1日实施。《规范》主要包括学校物业管理服务的范围、规范性引用文件，术语和定义，基本要求，校舍、场地及设施设备管理，秩序维护管理，消防安全管理，住宿管理与服务，环境保洁，绿化服务，特约服务，应急管理和服务质量评价与改进共13章内容，涵盖了学校物业管理的全部内容，充分体现了学校物业管理服务的特点和要求。《规范》的发布和实施，进一步推进上海各级各类学校的物业管理朝着标准、规范、专业和有序的方向发展。 （束志平）

【上海高校学生食堂运行监测中心成立】 1月8日，上海高校学生食堂运行监测中心揭牌仪式在上海开放大学举行。出席会议的有市教委学校后勤保卫处、上海高校后勤服务中心、上海高校后勤服务股份有限公司、上海市学校后勤协会负责人，以及全市各高校后勤处长和后勤中心负责人。上海高校学生食堂运行监测中心的工作目标是：第一、搭建一个平台，统一采集上海高校学生食堂运行的各项数据并进行汇总和跟踪分析。第二，统一管理软件，规范和统一上海高校学生食堂信息管理软件的基本技术参数、运行模式和管理内容；逐步推广统一的学生食堂仓库管理软件和财务核算软件，为数据采集、整合和后期分析奠定基础。第三，监测四类数据，利用动态监测平台和后勤信息化管理系统，重点监测主副食品原材料采购价格、学生食堂销售价格、学生食堂成本变动和学生就餐支出的情况。第四，定期发布信息，展示学生食堂原材料价格、饭菜价格水平、学生就餐支出费用波动情况等实时数据；定期形成分析报告，编制"主副食品团体采购价格指数(GPPI)"，发布高校食堂原材料价格监测信息；分析高校学生食堂运行成本构成，及时评估学生食堂运行成本波动对高校食堂运行的影响，并利用网络平台及时向市教委和各高校通报等。监测中心的成立，将促进学生食堂的管理由粗放型向精细型方向转变，使高校食堂管理工作更加智能化和标准化。这项工作在全国范围内尚属首次。

（陈宾辉）

【《上海市教育督导条例》立法】 《上海市教育督导条例》(以下简称《条例》)列入 2014 年市人大常委会正式立法项目。①基本情况。开展《条例》制定调研，在听取意见，研究论证的基础上，形成《条例(草案)》，报送市政府法制办。配合市政府法制办和市人大做好《条例》草案的政府审核和人大审议工作。2015 年 2 月 11 日，上海市第十四届人民代表大会常务委员会第十九次会议正式通过《上海市教育督导条例》。②《条例》主要内容。规定了市和区、县教育督导委员会及教育督导室的职能、性质与关系等，规定了教育督导的督政、督学和评估监测内容，规定了全市督学考核标准和规范、教育督导队伍建设、专职督学的任命和晋升、督学专业培训等方面内容，规定了实施教育督导的各类事项、督导形式、督导周期、督导工作方式、督导责任区及责任督学等方面内容，督导报告的形成必须包括提交、备案、公布以及教育质量评估监测的组织开展、依法委托、结果发布等内容。 （蒋侯玲）

【开展市教委行政权力事项专项清理】 年内，市教委开展行政权力事项专项清理工作。按照市政府提出的"高度透明、高效服务，少审批、少收费、尊重市场规律、尊重群众创造"等工作要求，完成"有序、高效、优质、规范"的工作目标，共清理出行政权力事项 233 项，按期报送市审改办。本次清理的行政权力，是指行政机关和法律、法规授权的具有管理公共事务职能的组织正在实施的对公民、法人或者其他组织权利义务产生直接影响的行为，包括依申请的行政行为和依职权的行政行为。除行政审批事项已清理外，共有行政处罚等 17 项类别。其中，市教委涉及 12 项类别，需清理审核事项达 300 余项，内容涉及 22 个对外业务处室。为确保清理工作的有序开展，一是贯彻合法性、合理性、全面性、时效性原则，确保"一个不错、一个不漏"。二是明确工作步骤，7 月下旬下发通知，部署工作；7 月下旬—8 月中旬法规处和各业务处室双线开展，各自清理；8 月下旬协商论证，提交审议；9 月提交委主任办公会议审定结果，上报预审材料；10—12 月根据市审改办要求和指导意见修改完善清理报告。

（陆海佳）

【依法参加民事诉讼与处理教育行政复议】 年内，市教委履行行政复议监督职责，依法处理教育行政复议案件，维护当事人合法权益；依法接受上级行政机关和人民法院监督，配合上级行政机关和人民法院完成有关行政复议和诉讼案件审理工作。①诉讼工作。年内，市教委参加民事诉讼案件 2 宗，配合法院审理原委属企业与其他民事主体之间的财产纠纷。经过一审、二审程序，法院均驳回了对方的诉讼请求，市教委合法权益得以维护。②行政复议工作。年内，市教委处理教育行政复议案件 16 宗，其中市教委作为复议机关处理行政复议案件 14 宗，申请人以市教委作为被申请人向市政府申请行政复议案件 2 宗。与往年相比，2014 年教育行政复议有三个显著特点：一是信息公开案件大幅度增加；二是市教委经与市政府法制部门及法院协商后，第一次将高校学生不服学校不颁发毕业证书的申请纳入行政复议受案范围；三是第一次出现民办高校对市教委年检结论不服向市政府提起行政复议的案例。对于当事人提出的行政复议申请，市教委认真履行监督职责，依法查明事实，维护当事人合法权益；作为被申请人，配合上级行政复议机关完成案件审理工作，依法请求上级行政复议机关确认市教委具体行政行为合法性。（沈　洋）

【推进现代大学制度建设】 年内，市教委推进以高校章程为核心的现代大学制度建设，主要开展了以下工作：①改善政府宏观管理。一是加强与教育部及其他相关部门沟通，研究解决目前教育管理体制中存在的突出问题，推动高校办学自主权的落实；二是联合市财政局改革教育拨款制度，由以专项经费投入为主转向以经常性投入为主，提高地方高校生均公用经费定额标准。②推进高校章程建设。一是印发《上海市属高校章程核准暂行办法》，细化市属高校章程核准程序；二是成立市属高校章程核准委员会，对市属高校章程进行评议；三是召开系列高校章程建设推进会、培训会，对市属高校章程建设进行培训和指导；四是启动第一批市属高校章程核准工作，对上海大学、上海工程技术大学、上海师范大学三所高校章程进行初审与评议。③实施首批现代大学制度建设试点。一是召开现代大学制度建设调研项目结题会，总结交流2013年现代大学制度建设理论研究成果；二是印发《上海市教育委员会关于实施现代大学制度建设首批试点的通知》，确定上海大学等7所高校实施现代大学制度建设首批试点工作。④开展现代大学制度建设专题研讨。一是研究制定推进上海现代大学制度建设指导意见，明确现代大学制度建设原则、目标及任务；二是组织召开系列现代大学制度建设研讨会，梳理现代大学制度建设中存在问题并提出对策建议。（沈　洋）

【"长三角教育联动发展"有序进行】 年内，上海市教委与江苏省、浙江省、安徽省三省教育厅加强协作，推进长三角教育协作发展进程。①推动教育部出台《关于进一步推进长江三角洲地区教育改革与合作发展的指导意见》。江浙沪皖三省一市教育行政部门积极争取教育部对长三角地区教育协作发展的大力支持，推进长三角地区教育一体化发展。6月6日，教育部出台《关于进一步推进长江三角洲地区教育改革与合作发展的指导意见》。②召开第六届长三角教育联动发展研讨会。7月8日，第六届长三角教育协作会议在上海召开，主题是"学习贯彻十八届三中全会精神，全面落实教育部《关于进一步推进长江三角洲地区教育改革与合作发展的指导意见》"。会上，签署了5份省际合作协议和两份校际合作协议。会后，据新签署协议主题，组织分论坛，分组讨论各相关议题。③推进长三角教育合作项目取得新的进展。开展年度长三角教育协作发展项目实施情况的评估与监测，推进长三角教育相关协作项目的有效落实。年内，市教委主要推进21个合作项目。各合作项目有序进行，进展情况整体符合本年度长三角教育协作发展会议精神，取得良好成效，部分合作项目的成果受到教育部的高度认可。（蒋侯玲）

【加强和改进审计工作】 市教委贯彻落实市政府办公厅《关于进一步加强和改进内部审计工作的意见》等文件精神，推进全市教育系统内部审计监督体制的建立与完善，适应新时期教育综合改革关于构建充分放权和严格监管并举的财经管理机制的相关要求，作为首家试点单位，在充分调研和广泛征求意见的基础上，与审计局联合印发《关于进一步加强和改进本市教育系统内部审计工作的意见》，推进建立国家审计和内部审计合作共建机制。具体举措包括加强教育内部审计和审计机关审计计划的衔接，整合审计力量，加大审计资源和审计成果共享，提高审计整改实效，加强日常业务沟通交流等。作为首家试点单位，市教委在实践中积累经验，逐步在全市范围内形成可供参考的范例。并将以此为契机，夯实教育内部审计基础，提高审计覆盖面和审计质量，加强对教育经费使用和管理情况的监管以及对权力运行的制约，特别是通过与国家审计的合作共建着力推进解决教育事业改革和发展过程中体制机制性障碍与矛盾，促进教育领域综合改革，切实提高教育资金使用效益。（周　琳）

【总结交流中小学生"两纲"教育工作】 市教卫工作党委、市教委贯彻落实党的十八届三中全会精神，推进社会主义核心价值观教育，深化《上海市学生民族精神教育指导纲要（试行）》《上海市中小学生生命教育指导纲要（试行）》（以下简称“两纲”），总结交流各区县德育的成功经验和特色做法，促进学习反思，提高德育工作的科学性和实效性，开展全市各区县2011—2013年中小学德育工作总结交流工作。市教卫党委副书记、市教委副主任高德毅，教育部基教一司德育处负责人出席现场交流会。近年来全市在贯彻落实“两纲”，推进学校德育工作方面取得可喜成绩。在激发学生的主体作用、深化学科德育研究、探索校内外教育的有机衔接、提升教师队伍的专业素养和育人能力，尤其是校长贯彻落实“两纲”的领导力等方面，取得一定成效：一是德育内容体系更加完善，二是实施途径和方法不断丰富，三是师资队伍建设力度继续加大，四是系统内外资源进一步整合。各区县学生德育工作在三个方面出现显著变化：从“局部”向“整体”转变，工作思路日益清晰；从“外围”向“内核”深入，工作重点不断聚焦；从“格式化”向“个性化”发展，工作特色逐步凸显。（周　婷）

【建设高校辅导员队伍】 年内，以“高校辅导员队伍建设月”系列活动为抓手，积极培育和弘扬辅导员核心价值取向，聚焦团队文化建设，提升职业能力和工作水平，推动队伍专业化职业化发展。①开展培训培养工作，夯实辅导员专业能力基础。研究制订“上海高校辅导员博士培养计划”，在相关高校中单列辅导员攻读博士指标，增加录取名额，鼓励优秀辅导员在职攻读博士；依托教育部辅导员培训与研修基地（复旦大学），举办第七期骨干辅导员高级研修班，研修班为期三个月，通过专题报告、交流考察、挂职锻炼、学习研修等多种形式，提高辅导员的思想政治素质和业务水平；遴选15项“辅导员工作培育项目”，鼓励支持辅导员创造性、实效性地开展工作。②强化评优育优，打造辅导员职业交流平台。组织评选出10名“2014上海高校辅导员年度人物”，挖掘并宣传一批为人师表、爱岗敬业、无私奉献的优秀辅导员；举办第三届上海高校辅导员职业能力大赛；以“中国梦”宣传教育为主题，以易班为载体举办优秀辅导员博客（微博）评比活动；开展第十一届高校辅导员论坛征文活动，并推荐优秀论文在期刊发表。③优化团队梯队建设，营造辅导员协同发展氛围。年内，成立6个市级“辅导员工作室”；验收评选10项2014年度上海辅导员队伍建设特色项目；举办第三届上海高校辅导员团队拓展活动。（张志伟）

【推进社会主义核心价值观和中华优秀传统文化教育】 制定实施《关于建立完善培育和践行社会主义核心价值观长效机制的实施意见》和《关于完善中华优秀传统文化教育长效机制的实施意见》，以深化“六进”工作为抓手，推进社会主义核心价值观和中华优秀传统文化教育：一是“进教材”。编撰《中华优秀传统文化经典诵读》系列教材，鼓励开发区本校本专题教材。二是“进课堂”。创新中小学德育课及高校思想政治理论课教育教学，举办“超级大课堂”，改善课堂育德功能的呈现。深化“学科德育”理念，充分挖掘各门学科中社会主义核心价值观和中华优秀传统文化教育内涵。三是“进课外”。打造实践育人共同体，设计并实施中小学生社会实践家庭护照。开展“高雅艺术进校园”活动，推进上海高校大学生艺术实践基地建设和上海高校博物馆内涵建设，组织评选2014年上海大学生社会主义核心价值观和中华优秀传统文化教育优秀项目，强化实践育人、文化育人。四是“进网络”。制定实施《“易班—学生网络互动社区”建设与发展三年行动计划（2014—2016年）》。开展数字博物馆、“文化根・民族魂・中国梦——礼敬中华优秀传统文化”等专题活动。建设学生社会实践电子学生证信息平台。五是“改进教师队伍建设”。实施教师人文素养提升工程，对高校新教师实施为期3个月的脱产岗前培训。健全教师市级共享课程体系平台，建立60门左右师德与素养类的培训课程。建立32个德育实训基地。推进名师培养工程、中小学班主任带头人工作室、高校辅导员工作室等平台建设。六是“改进评价体系”。深入实施上海中小学生学业质量绿色指标。制定《上海市普通高中学生综合素质评价实施办法（征求意见稿）》。修订完善《中小学生成长记录册》。（郑　静）

【实施高校思想政治理论课教师拔尖人才培养计划】 贯彻落实《上海高校思想政治理论课教师队伍建设发展规划(2014—2018年)》文件精神，市教委启动实施上海高校思想政治理论课教师拔尖人才培养计划，重点抓好两件工作：①拟定《上海高校思想政治理论课教师拔尖人才培养办法》。由市教委德育处牵头成立《办法》起草小组；起草成员由上海高校"思政课"专家、部分高校马克思主义学院院长、青年骨干教师构成。组织上有序推进，反复调研咨询求实效。认真梳理和聚焦当前教师育德意识和能力的瓶颈问题，通过反复调研、反复座谈、多次修改，完善《办法》制订。《办法》旨在努力培养锻造一批坚持正确的政治方向、理论功底扎实、善于联系实际，具有较高教学水平和科研能力并在全市乃至全国具有一定影响的教学领军人物和学术带头人。②建设上海高校思想政治理论课教师拔尖人才数据库。通过上海高校思想政治理论课教师队伍数据库进行资料筛选，梳理历年上海高校思想政治理论课教学比赛获奖教师、阳光计划、曙光计划、教育部思想政治理论课教师择优资助计划入选教师名单，形成上海高校思想政治理论课教师拔尖人才数据库。 (宗爱东)

【推动大中小学校德育一体化建设】 科学分析大中小学校德育一体化建设的现状与需求。市教委设计调研问卷并进行数据收集，初步建立了大中小学学校德育课程一体化建设的现状分析数据库，包括一个专业化网站、两个监测与评估数据库和两个资料库。①将社会主义核心价值观内涵转化为大中小学德育顶层内容体系。构建"政治认同、国家意识、文化自信和公民人格"为重点的顶层德育内容体系架构，论证了分学段、分学科的4大方面16个二级重点指标和64个三级指标，形成了《大中小德育课程一体化内容体系论证报告》。②将德育顶层内容体系转化为课程标准和教材大纲的修改方案。上海师范大学和市教研室的课题围绕顶层德育内容体系，对思品、政治、语文等9门课程的课程标准、代表性教材进行梳理，启动《基于顶层内容体系的分学段课程教学指南》的制定工作。③着力提升教师的育德意识和育德能力。组织召开《大中小学德育课程一体化建设研究》实践试点单位第二期培训交流会议，覆盖10个省、20个地区、60所学校，上海市11个区、49所学校。同时，相关人员分赴新疆、四川、贵州、陕西等地区开展实地调研和需求对接工作。 (孙　琳)

【中小学骨干教师德育实训基地建设】 5月，市教卫工作党委、市教委举行"浸润·成长"上海市中小学骨干教师德育实训基地展示活动，回顾总结10年来德育实训基地在创新实训理念、载体和途径等方面的成果，集中展示德育实训基地在学科育人、人才孵化、德育科研、服务育人等方面取得的积极成效。①坚持核心价值引领，引导教师回归立德树人本原。把"立德树人"核心理念融入于基地理论学习、学校实践、参观考察、展示交流等实训全过程，引导教师树立崇高的育人使命、职业神圣感和正确的价值追求目标。②聚焦课堂主阵地，提升教师育德意识和能力。坚持将提升学科育人能力作为德育实训的主要任务，将教学观摩与研讨作为主要的实训方式。要求教师立足课堂、实践课堂、创新课堂，在"授、听、评"中提升育德意识和育德能力，实现育德与增智的同步提升。③探索人才孵化机制，培训模式从一元走向多元。构建具有上海特色的骨干教师育德能力孵化机制。通过名师流动站、专业发展共同体等多种培训模式，激发教师学习动力，加强合作交流，促进师生共同成长。

(周　婷)

【义务教育均衡发展督导检查工作】 3月22日，国家教育督导检查组历时6天，完成了对全市义务教育均衡发展的督导检查。全市17个区县一次性通过，上海成为全国首家整体通过的省级单位。上海市义务教育均衡发展的成果得到教育部领导、督导组专家和兄弟省市教育部门高度肯定。①督导的主要过程。3月17—22日，国务院督导委员会办公室组织督导专家，分6个小组对17个区县进行义务教育均衡发展督导检查，随机抽查学校204所；广泛听取各方意见，召开了人大代表、政协委员、校长、教师、家长座谈会共68场，发放满意度调查问卷10593份，回收有效问卷10462份，采取随机访谈等形式征求公众意见。安排到沪参加全国义务教育均衡发展督导评估推进会的各省市教育部门负责人、教育督导室主任，分5路实地考察全市义务教育优质均衡发展情况。②督导的主要意见。国家教育督导检查组宣布上海在全国率先实现了所辖区县全部通过国家义务教育发展基本均衡区县督导认定。《国家教育督导检查组对上海市17个区县义务教育均衡发展督导检查反馈意见》认定全市17个区县公众满意度均在88%以上，小学、初中综合差异系数均达到国家标准，其中小学综合差异系数在0.23至0.52之间（评估标准为不高于0.65）、初中综合差异系数在0.26至0.42之间（评估标准为不高于0.55）。上海推进义务教育均衡发展，取得显著成效，形成了“城乡一体、服务均等、保障公平、入学就近、内涵引领、公众满意”的鲜明特色。一是落实责任，推进义务教育均衡发展。将义务教育均衡发展作为率先基本实现教育现代化的重要战略，以国家教育体制改革试点项目研究成果为基础，坚持“教育公共服务均等化”指导思想，强化“为了每一个学生的终身发展”核心理念，确定了“以城郊学校建设为主促进优化资源、以共享机制和教师流动促进整体提升质量、以创新评价制度推进课程改革”发展目标。二是超前规划，确保教育资源合理配置。应对城镇化进程加快、人口剧增的趋势，进行了新一轮大规模的学校基本建设，通过教育公建配套、新（改）建、校舍修缮及抗震加固（学校安全工程）等措施，改善学校办学条件。三是强化素质，提升教师整体能力水平。明确“以教师作为义务教育优质均衡发展第一资源”的思想，提出“为学生成长发展培养高素质引路人”的重点任务，持续加大力度，促进每个教师的专业化发展，努力建设一支德才兼备、富有创新精神和实践能力的教师队伍，造就一批教育家。四是机制创新，促进集团联盟资源共享。市及各区县创新机制，按照“促进均衡，辐射品牌，资源共享，提升内涵”的基本思路，努力促进城乡一体优质资源共享。五是注重内涵，促进学生全面健康发展。牢固树立“育人为本”的教育价值观，把内涵发展的目标定位在更加关注学生和学习经历，更加关注教师和改革自觉，更加关注学校和教育全过程。六是科学评价，树立教育质量正确导向。借鉴国际先进评价理念和技术，率先探索学业质量评价、学校评价改革，探索建立教育教学质量和办学水平新的评估体系，引导学校按照规律办教育，引导社会按照正确的教育观念评价教育。七是公平服务，保障特殊群体平等权益。本着公平服务思想，重视保障各类特殊群体平等受教育的权益和机会，提供优质的教育。③督导整改的情况。督导检查组指出，当前上海义务教育发展中仍存在一些需要研究解决的问题：一是个别学校生均体育场地和生均教学用房面积不足；二是个别区县教师队伍结构性问题依然存在；三是个别区县教育资源配置和学校建设跟不上人口骤增带来的教育需求。对此，市教委、市政府教育督导室向各区县政府下发了《关于做好国家对本市义务教育均衡发展督导检查整改落实工作的函》，督促区县限期整改，并根据各区县上报的情况形成报告，将全市整改落实情况报国务院教育督导委员会办公室。

（顾　薇）

【区县政府依法履职的公示公报工作】 根据市政府关于建立对区县政府教育工作自评公报制度的规定以及2005年以来开展相关工作的流程，5月，启动2013年度区县政府教育工作年度自评工作；10月底，全市17个区县政府相继完成依法履行教育责任的年度自评报告和公报项目表；年底，《关于2013年上海市各区县政府依法履行教育责任执行情况的报告》在“上海教育”和“上海教育督导”网站上向社会公示。年内，市政府教育督导室对《区县政府教育工作年度自评公报项目表》作了较大调整：一是将义务教育均衡发展状况监测与复查制度纳入公报范畴。根据教育部《县域义务教育均衡发展督导评估暂行办法》等文件的要求，国家建立了义务教育均衡发展监测与复查制度，每年根据全国教育事业统计数据，以生均教学及辅助用房面积等八项指标，分别计算小学、初中综合差异系数，要求分别小于或等于0.65、0.55。全市自2013年起建立相应的义务教育均衡发展监测与复查制度，严格对应教育事业统计数据，由市政府教育督导室以年为周期，通过每年的公示公报发布监测数据。二是调整“教育财政拨款增长情况”表统计口径。根据市教委、市财政局、市统计局在区县教育经费执行情况通报中确认的统计口径，调整“教育财政拨款”“义务教育财政拨款”统计口径。三是建立“中小学幼儿园新建教学点情况”表。将原“教育公建配套建设情况”表调整为“中小学幼儿园新建教学点情况”表，全面统计区县大型居住区配套、新城配套、普通商品房配套、补建以及其他教育项目等新建教学点的数据，并要求附项目信息表以便进行核查。

公示公报工作以《教育法》和《义务教育法》规定的教育经费“三个增长”作为关键指标，以班额标准执行情况、教师队伍建设情况以及学校校舍资源建设与保护等若干项目作为主要内容。各项数据表明：第一，区县政府坚持教育优先发展的战略，确保教育经费“三个增长”落实到位。2013 年各区县教育财政拨款增幅均高出财政经常性收入增幅，各区县义务教育财政拨款增幅均高出财政经常性收入增幅。第二，区县政府加强教学点建设，调整教育布局，为满足日益增加的入学需求提供保障。区县自评显示，2013 年 1 月 1 日至 2013 年 12 月 31 日，全市竣工的教学点为 62 个，其中，市区 9 个，郊区 53 个。全市中小学幼儿园变更用途的共 22 所，其中，配合区县进行教育资源布局调整的 14 所。第三，区县政府充分挖掘潜力，确保班额达标情况与上年基本持平。区县自评显示，幼儿园、高中以不超过 40 人/班为标准，小学、初中以不超过 50 人/班为标准统计，2013 年各学段班额未超标情况为：幼儿园 96.53%，小学 95.29%，初中 98.1%，高中88.36%。第四，区县政府加快学校产证办理步伐，规范教育工程建设管理程序。市政府教育督导室会同市房管局、市房地产交易中心、市教委基建管理中心等部门多次召开协商会，国有土地无证学校的产证补办工作得到各区县政府的高度重视，区县自评显示，2013 年 17 个区县教学点总数为 3318 处，其中两证齐全的占 57.38%，具有单证的占 13.71%，无证的占 28.9%。（顾　薇）

【开展市实验性示范性高中综合督导试点】 根据国务院《教育督导条列》关于“对中小学每 3—5 年必须开展一次综合督导”的规定，市政府教育督导室对金山中学、延安中学开展实验性示范性高中综合督导的试点。①前期准备工作。2013 年年底，市政府教育督导室就市实验性示范性高中督导试点学校开展调研，并召开专题研讨、座谈会，当前市实验性示范性高中存在的问题：一是市实验性示范性高中办学监督处于“真空地带”，各区县年检工作的质量参差不齐，有的区县根本没有建立年检制度；二是高中教育面临新挑战，需要寻找突破口。部分区县仍以高考“升学率”作为评价学校的指挥棒和唯一标准，高中办学“同质化”现象明显，多样化、特色化未取得明显突破；三是上海综合改革的启动，高考改革制度的出台，高中教育面临了新一轮的发展机遇，上海基础教育在全国保持领先地位，实验性示范性高中责无旁贷。2014 年 2 月起，市政府教育督导室召开各层面座谈会，广泛征求意见，制定了《本市开展实验性示范性高中督导工作的实施意见》及《督导指标》。《实施意见》重点明确了督导目的：一是总结上海市实验性、示范性高中 10 多年发展历程，提升学校自主发展和主动变革的意识和能力；二是提炼与推广实验性、示范性高中的办学成果和经验，发挥示范和辐射效应；三是深化市实验性示范性高中可持续性发展建设，促进高中教育转型和内涵发展。《实施意见》确立了发展性、校本化、引领性的督导原则，以及“教育管理、课程领导力、资源配置、学生发展、示范辐射效应”等五方面的督导内容。②对金山中学、延安中学开展督导的试点情况。6 月，市政府教育督导室组织专家组对上海市延安中学和金山中学开展了实验性示范性高中督导的先行先试。督导调研组听取了两所学校校长所作的《让教育充满智慧》和《让“延安人”更好地成长》自评报告。访谈了学校领导、中层干部、教研组长、年级组长和教师等共 74 人次，召开了教师、学生座谈会 19 个，课堂观课共 33 节，查阅了相关资料，并对 273 名教师、427 名学生进行了问卷调查，围绕教育管理、资源配置、课程与教学、学生发展等，较全面地了解两所中学加强市实验性、示范性高中建设情况。督导组认为，两所学校在持续教育教学变革、引领教师专业发展、培育学生品格素养、探索创新人才培养等方面作了积极探索与实践，并富有成效。一是以先进的办学理念与实验项目，规划统领学校的持续、特色发展，破解教育改革难题。二是以改革的思想与行动,引导学校课程建设与课堂教学转型,提升教学品质。三是以多元的育人途径,注重学生品格养成和创新实践能力提升,落实立德树人根本任务。四是以整合的思路,系统构建与盘活校内外资源,发挥育人的保障作用。五是创新研训一体教研机制、引领合作共建的教师团队培养,构建优秀教师群体高地。在肯定成绩的同时,督导组对两所学校提出意见与建议。一是针对学校办学理念与育人目标的内涵再丰富问题,建议学校把发展规划中提出的发展目标与要求落实到学校的改革实践之中,增强学校规划、实验项目与研究课题的关联与匹配度,体现学校发展的逻辑脉络与线索,从而使学校的办学理念更加清晰,校长的办学从人格引领上升为思想引领。二是针对关于加快培养示范性高端教师的问题,建议要完善现代人力资源的科学管理机制,诊断学校教师发展中的瓶颈问题,做好优秀教师的"二次成长"的再培养,加大领军人才和学科骨干教师培养,系统设计教师队伍建设规划与路径,让每一位教师明确自己的专业发展目标定位,调动各类资源,搭建专业成长平台,让教师专业发展与提升成为自觉追求。三是针对增强课程架构的整体性、系统性问题,建议增强与学校办学理念、办学目标相对接匹配的课程整体性架构和系统思考,完善符合学校教育与学生发展需求的课程开发机制,增强课程的丰富性与可选择性,积极争取区县政府、教育行政部门在推进学校与高校合作方面的政策支持与机制保障,借机借势借力,使高校、社会等丰富的课程资源在促进学生创新素养培养等方面发挥更大的作用。 (张　慧)

【对上海"责任督学挂牌"以及"农村义务教育学校基本办学条件"进行专项督导】 1月,国务院教育督导委员会派出督导组对上海市中小学挂牌督导工作开展专项督导。

督导组充分肯定了上海市政府教育督导室根据上海教育现代化、国际化的要求,贯彻落实国务院《教育督导条例》和相关文件精神,在金山、长宁试点的基础上,全力推进上海中小学责任督学挂牌工作。督导组认为,上海的责任督学挂牌工作思路明确、路径清晰,通过试点、推进、完善等三个步骤推进责任督学挂牌工作,符合上海发展阶段的实际需求。并对上海建立责任督学AB角色、强化专业能力要求、制定督学工作手册、规范督导流程等机制,营造责任督学挂牌督导的良好氛围给予了高度评价。

9月14、15日,国务院教育督导委员会对上海开展农村义务教育学校基本办学条件专项督导,重点关注农村义务教育学校基本教学条件和基本生活条件。崇明县作为上海市唯一的远郊县接受了督导,督导组对上海市的"四个统一",即统一拨款标准、统一硬件配备水平、统一信息平台、统一提供教师培训与发展机会给予了高度评价。

督导组在实际调研中对上海自2008年起各区县根据城乡一体化要求,全面推进城乡教育统筹机制,上海17个区县全部通过国家义务教育发展基本均衡区县的督导认定表示肯定。督导组认为,上海在义务教育均衡发展中以"办好每一所学校,教好每一个学生,成就每一个教师"为政策导向,坚持均衡与发展相统一、政府职责落实和学校主动发展相协调、硬件建设与内涵发展并重、自主发展与城乡联动相结合,扎实推进义务教育优质均衡发展,为全国提供了值得借鉴的经验。 (周韶扬)

【对小学落实"基于课程标准的教学与评价"进行专题调研】 根据《市教委关于小学阶段实施基于课程标准的教学与评价工作的意见》精神,5月,市政府教育督导室对43所试点学校和32所非试点学校开展"基于课程标准的教学与评价"专题调研。调研组开展课堂观课255节,召开学校领导、教师等座谈会920人次,个别访谈576人次,组织教师及家长问卷6015份。调研显示的主要成效与经验:①区县教育行政部门注重顶层设计,着力区域的整体推进。各区县从指导思想、总体目标、推进策略、主要措施、实施步骤等方面对"基于课程标准的教学与评价"工作做区域层面的顶层设计,让学校在具体实践研究中有明确的方向和实施的途径。②区县教研部门注重传递与引领,发挥支持和服务的功能。各区县组织分层分类的专题培训,既有对学校校长整体性培训,学科教师实践性培训,又有工作推进中的阶段研讨与培训。同时，还加强对学校的指导和服务，教研员带着课题到基层学校，通过教学案例评析和互动研讨，解决一线教师遇到的现实问题。③基层教师关注学生差异，重视教学探索和评价方式创新。在落实“基于课程标准的教学与评价”中，各学校解读学生、解读课程，落实到每一堂课、每一个学生发展上。在教学中，各校积极探索更适合于学生发展的等第制评价，开始关注学生课堂中表现性、过程性材料的积累，强调评价的多元化。调研显示的问题：①家长问卷显示，81.61%家长认为了解或比较了解“基于课程标准的教学与评价”工作，但当学校严格按照课程标准开展教学与评价时，家长的行动与认识却存在不一致的情况。②教师普遍反映小学教材容量大，认为急需解决教材改革问题。③教师对“基于课程标准的教学与评价”提出的“多元化、表现性、过程性”评价要求专业能力准备不足。④试点学校取得了一些经验，但还需要在非试点校，乃至全市加以推广。对后续工作提出如下建议：①加强政策宣传，提高家长知行合一的认同度。一是加强对学前教育家长的宣传，将“基于课程标准的教学与评价”教学工作理念和要求提前渗透到幼儿园大班的学习活动。二是基层学校要开展家长开放日活动，增强家长对此项工作的了解度。三是要总结一年多的实践，提升政策的宣传力度，获得社会、家长对政策的认同。②增强教材编写与教学改革的契合度。一是对目前的教材进行适度调整，教材的编写要真正基于课程标准，从而克服学校、家长赶进度的后顾之忧。二是市、区教研部门要联合攻关，把各年级学科课程标准的精准要求和评价细则，细化和分解到一年级，甚至各年级每个教学单元和课堂教学目标之中。③提升基于课程标准教师专业培训的效度。一是加强市级层面的全员培训，将前期实践经验以案例形式开展培训。二是区县教研部门要基于区情与学校实际，切实把对全市试点区、试点校开展的集中培训、试点校展示成果，扩大到非试点学校的一线教师。④构建协同推进机制，加强经验分享与辐射。一是构建市、区教育行政部门间协同机制，市、区层面要将一年来试点区、试点校中涌现的好经验、好做法用制度的形式固化下来。二是强化市、区县教学研究部门间协同机制，市教研部门要出台可操作、可共享的操作指南，区县教研室要针对区情，加强对区域内基层学校的引领与指导，形成可复制与可辐射的范式样本。三是构建区域内试点校与非试点校协同机制，试点校以共建、联盟等多种协作形式，在区域内发挥引领带头作用。

（陈建青）

【加强学校及周边环境建设】 ①年内，全市有87所中小学、幼儿园（以下简称学校）周边治安、交通、市容环卫、文化环境存在问题，占全市学校总数的2.8%。其中，学校周边有乱设摊、乱堆物现象的学校占全市学校总数的1.52 %；交通设施不完善的占0.29%；有乱停车现象、交通秩序差的占1.45%。②开展护校安园行动。1—10月，全市各级公安机关共出动警力约120余万人次、辅警约49万人次开展校园巡逻守护。全市2287所小学、幼儿园共招募平安志愿者64080人，高峰时段在周边环境复杂的小学和幼儿园门口执勤，共同维护学校门口治安秩序。③开展涉校矛盾纠纷人民调解工作。1—9月，全市人民调解组织共受理涉校纠纷112件，调解成功107起，调解成功率为95.5%，制作人民调解协议书87份，累计赔偿额达922.2万元。④开展安全隐患排查和治理。对8个区210所中小学进行安全风险勘查，并逐校提出书面整改意见。联合交警、治安、消防等部门对全市10个区52所学校进行抽查，发现和整改安全隐患105处。⑤加强校园周边环境秩序管理。共核发《校车标牌》2142辆次（其中，专用校车670辆，非专用校车1472辆），审批核发校车驾驶证3085人次。全市共增设、调整交通安全设施13处，修复、更换相关交通标志19处，并视情设置移动式“P”牌临时道路停放点。全市共检查图书报刊经营场所4836家次，立案处罚70起，收缴非法图书报刊45350余册；检查全市网吧146295家次，立案处罚1339起，查处接纳未成年人的网吧13家；检查歌舞娱乐场所6348家次，立案处罚216起；检查酒吧经营场所337家次，责令整改18家，立案处罚1家；取缔无照网吧156户，抄送电信主管部门15件。（姜文娟）

【中小学生安全情况】 全市共有中小学生(含所有进城务工人员随迁子女)138.72万人,比上年减少13.15万人。据各区县教育行政部门上报统计,全年共发生中小学生各类安全事故2531起,比上年增加153起,共伤亡学生2533人,比上年增加152人。各类安全事故中,轻微伤和轻伤占97.3%,比上年上升0.2个百分点。校方责任事故占事故总数的1.3%,比上年下降0.5个百分点。非正常死亡学生68人,比上年增加8人。其中在学校非正常死亡9人,比上年减少1人;在社会和家庭中非正常死亡59人,比上年增加9人。2014年全市中小学未发生集体食物中毒、火灾等公共安全事故和自然灾害事故,校园安全总体平稳可控。 (卢 惠)

【加强中小学生安全教育】 ①完善安全教育工作机制。市教委研究制订中小学专题教育文件,明确将"安全与防范"列入专题教育之首,召开全市专题教育会议,推广安全教育经验与做法。发行《中小学生公共安全行为指南》教材70.9万册,完善上海市中小学专题教育网和公共安全教育网站建设。②建立"安全教育周活动"制度。自2014新学年起,市教委明确新学期开学第一周为"安全教育周",要求学校组织开展"六个一"安全教育。2014年安全教育周期间,全市各中小学共开展各类安全教育活动3644次,其中应急疏散演练2926次,自救互救技能训练2007次,受教育人数约达211万人次,有76.7万人次学生登录上海市中小学公共安全教育网和上海市中小学专题教育网自主学习安全网络课程,完成安全作业近88万份,取得良好的社会反响。③密切部门协作。市教委会同上海市消防局组织开展寒假学消防主题教育活动,完成消防安全示范课推荐评审工作。会同公安、交通、气象、红十字会等部门开展中小学生公共安全知识技能网上知识竞赛和现场展示活动。会同市交通委、海事局开展水上交通安全知识进校园活动周。会同全球儿童安全组织开展暑假安全作业、居家安全、安全步行等教育活动。 (卢 惠)

【加强专门学校建设】 ①全市共有专门学校13所,在校学生1789人,其中非沪籍学生146人;校外预控生4363人,其中非沪籍学生951人。现有教师419名,其中50岁以下的占82%,本科以上学历的占96.4%,中高级职称占64.4%。②年内,毕业初中学生472人,其中非沪籍学生36人,升学率95%,其中1人升入普通高中就读。毕业中职学生165人,全部升学或就业。普通高中毕业生58人,其中28人考取本科,30人考取专科。③年内,主要从三个方面加强专门学校发展:一是启动专门学校内涵提升计划。完成《上海市专门学校内涵提升三年行动计划》初稿,促进工读教育转型发展,发挥专门学校在未成年人保护和预防未成年人犯罪工作中的重要作用,把专门学校建设成为区域未成年人保护中心、未成年人法制教育中心、未成年人心理健康指导中心、未成年学生问题研究中心、家庭教育指导中心。二是加强骨干教师培养。依托"高妙根名师教育基地",加强专门学校15名骨干教师和学科带头人的培养力度,带动专门学校教育教学和学科研究水平的整体提高。三是促进学生综合发展。举办专门学校第十一届"拥抱明天"系列活动。组织13所专门学校学生开展校外拓展活动,为学生提供展示自己、提升信心的平台,促进教育转化工作的开展。 (张大飞)

【共建青少年法治教育体验基地】 9月22日,由市人民检察院、市教委和市未保办共同策划建立的"上海市青少年法治教育体验基地"在东方绿舟成立,副市长翁铁慧、市人民检察院检察长陈旭共同为基地揭牌。市教委主任苏明、市人民检察院副检察长周越强出席揭牌仪式。建立"体验基地"旨在依托东方绿舟规模化运作平台,发挥检察机关和未保部门专业优势,创新法治教育模式,拓展法治教育空间,提高法治教育和未成年人保护工作的实效性。"体验基地"针对青少年敏感好奇、富于想象、喜欢模仿等特点,运用多媒体等手段,通过微电影观看、情景剧参演、法律知识测试、游戏互动等多种形式开展普法教育。"体验基地"对每年前来参加为期一周国防教育培训的全市高一学生实现法治教育全覆盖,并全年向其他年龄段的青少年开放。

(张大飞)

【规范教育收费】 ①加大投入是规范教育收费的治本之策。2014 年全市财政教育投入预算为 783 亿元(其中,市本级财政教育支出 219.6 亿元,区县公共财政教育支出 483 亿元,政府性基金预算安排教育支出 80.4 亿元),较上年增长 5.8%。②加大教育收费公示力度。在 8 月底秋季开学前,上海市发展和改革委员会(物价局)、上海市教育委员会、上海市财政局联合向社会公示了《2014 学年主要教育收费项目与收费标准》。③开展 2013 年度上海市规范教育收费达标单位评估工作。奉贤区、普陀区、杨浦区、嘉定区、黄浦区、虹口区、青浦区教育局和上海交通大学附属中学等 8 个单位为“2013 年度上海市规范教育收费优秀达标单位”;长宁区、金山区、松江区、静安区、闸北区、徐汇区、宝山区、闵行区、崇明县、浦东新区教育局等 10 个单位为“2013 年度上海市规范教育收费达标单位”。④开展秋季规范教育收费联合大检查。10 月,市规范教育收费联席会议成员单位联合成立 4 个检查组,同时邀请市政风行风监督员代表参加。共检查了 9 所高校、15 个区县(普陀、奉贤区除外,予以免检)的 67 所中小学、幼儿园以及 5 所市教委直属中学。共发现违规收费问题 39 个(其中:高校 8 个,中小学、幼儿园 31 个),涉及违规收费金额 61 万元。⑤受理有关教育收费问题的信访投诉举报。2014 年,市规范教育收费联席会议办公室共收到群众反映教育收费方面的信访举报 18 件,查实存在违规收费问题的 13 件,违规收费金额 23.588 万元。⑥积极落实整改,严肃责任追究。2014 年,全市共查处各级各类学校违规收费问题 71 个,违规收费金额 126.528 万元,9 人受到组织处理。 (魏　健)

【公布主要教育收费项目与标准】 为进一步规范各级各类学校教育收费行为,维护学生、学校合法权益,根据国家发展改革委、教育部、财政部等部委规定,市发展改革委(物价局)、市教委、市财政局在 8 月 29 日联合对 2014 学年上海市主要的教育收费项目和收费标准予以集中公示。列入公示的包括学前教育、基础教育、中等职业教育、高等教育的主要收费项目和收费标准,以及民办高校学费收费标准。通过市发展改革委(物价局)网站、市教委网站、市财政局网站向社会公布。

(魏　健)

【市教委领导走进上海人民广播电台“政风行风热线”栏目】 3 月 30 日、11 月 29 日,市教卫工作党委副书记、市教委主任苏明两次走进上海人民广播电台“政风行风热线”栏目,接受市民电话访谈,解答市民提问。市教委副主任贾炜 11 月 29 日随同前往。为提高栏目开播受理咨询、投诉的处理时效,及时解决群众反映的急、难、愁等问题,栏目播出后,积极做好调查核实和答复工作。 (魏　健)

基 础 教 育

【2014 年概况】 全市有独立幼儿园 1462 所,其中民办幼儿园 532 所;小学 757 所,其中民办小学 174 所;普通中学 768 所,其中民办中学 107 所;特殊教育学校 29 所。内地中学民族班办班学校 21 所。全市校外教育机构中,少年宫 17 所,少年科技站 5 所,少年之家 1 所。

以综合改革为主线,推动基础教育整体内涵发展。全面贯彻落实上海市教育综合改革要求,推动区县因地制宜实施教育综合改革。与上海市深化高等学校考试招生综合改革相配套,完善普通高中学业水平考试制度,研制普通高中学生综合素质评价实施办法。研制高中课程调整方案,调整相关限定拓展科目的学习内容要求和课时，试点走班制教学、个性化学程和学分制管理。出台《上海市推进特色普通高中建设实施方案》，引领高中学校以特色课程体系及其运作机制建设为抓手实现特色发展。总结、辐射国家教育体制改革试点项目实施经验，“改革义务教育教学质量综合评价办法”“均衡配置义务教育资源，内涵发展提升质量”等成果被鉴定为“优秀”。推出第二轮特殊教育三年行动计划，加强以医教结合为重点的特殊教育内涵建设。研制第三期学前教育三年行动计划。

以机制创新为动力，促进基础教育优质均衡发展。加大统筹力度，推进城乡教育一体化。以“合法稳定工作、合法稳定居住”为基本条件，协同做好随迁子女义务教育招生入学工作。开设“新优质学校校长风采录”栏目，加强对区县推进“新优质学校”项目的指导，出版《走向新优质——新优质学校推进项目指导手册》，“新优质学校推进项目”被评为第二届上海市社会建设优秀项目。完成500所郊区小学更新和配齐设施设备、新增100所城市农村学校少年宫两项市政府实事工程。推进第四轮农村义务教育学校委托管理，落实区县对委托管理工作的管理责任。通过国家教育督导检查组对17个区县区域内义务教育均衡发展的督导验收，成为全国首个整体通过义务教育均衡发展验收的省（自治区、直辖市）。

以内涵建设为重点，提升基础教育科学发展水平。制定普通中小学课程方案修订方案，优化调整各学科课程标准。强化教材编写、出版和审读等制度，研究教材编写机制改革。完善教育质量评价体系，实施2014年度上海市中小学生学业质量绿色指标自主测试。开展数字教材编制业务规范和技术标准研究、教材数字化建设、阅读器软件和信息化平台建设，启动教学应用实践。全市推开“育儿周周看”手机彩信指导服务，近8万户家庭订阅“育儿周周看”服务；开展0—3岁婴幼儿学习与发展指南研究，探索3—6岁儿童健康水平监测和研究。深入推进小学学段基于课程标准的教学与评价，修订小学《上海市学生成长记录册》，启动小学低年级学科核心素养评价研究。完成《陪着孩子慢慢来——上海市小学新生入学家长指导手册》的编制和网络宣传。华东师范大学第二附属中学等21所学校成为高中国际课程试点学校。制定《上海市普通高中学籍管理规定》，加强对高中学籍的规范管理。投入4300余万元专项资金，改善民族班各办班学校硬件设施。对296名报名进入学前特教机构、特殊教育学校的残疾儿童开展入学评估，组织学前特教课程实施指南、随班就读课程实施指南、送教上门管理与课程实施等专题研究，完成特殊教育资源库292个特教资源开发。做好以招收随迁子女为主民办小学规范管理，指导民办中小学和幼儿园深入开展特色学校（项目）和优质园创建，举办“全市民办中小学特色校（项目）、民办优质幼儿园创建”展示活动。

（刘中正）

【实施第四轮农村义务教育学校委托管理】 2013年启动第四轮农村义务教育学校委托管理（简称托管）工作，受援学校50所，支援机构43所（家）。委托市教育评估院承担委托管理项目的过程管理和评估。各受援区县教育局于2014年对本区县各校委托管理工作进行中期评估，市教委和市教育评估院对宝山、金山、闵行等区的评估工作进行现场巡视。专家评估结果为：“达成”和“基本达成”托管中期目标的学校共49所，占总数的98%；绝大多数受援学校内涵发展成效明显，在师生发展、学校管理、教学改革、学校文化培育等方面取得不同程度的提升，形成良性的学校发展态势。托管主要采用优质教育资源的跨区域共享辐射的方式，扩大优质教育资源的覆盖面，整体带动不同地区学校的教育教学水平，为优质教育资源的跨区域流动和辐射提供了可借鉴的政策框架和运作模式，为推进义务教育优质均衡发展作出了积极探索。支援机构积极探索“价值引领，互助共赢”的托管模式和策略，受援学校借力发展，主动作为，形成了良性的学校发展态势。托管是推进农村学校内涵建设，实现学校可持续发展的有效载体。托管将“管办评”分立、联动作为基本制度框架，在转变政府职能，推进公共治理，在提升管理效益，拓展教育服务样式等方面进行了积极的探索。

（朱　蕾）

【新增100所学校少年宫】 年内，“新增100所学校少年宫”项目被列入市政府要完成的与人民生活密切相关的实事。该项目共投入资金 2500 万元，实际完成建设 106 所学校少年宫，实现全市大部分街道有 1 所学校少年宫，每个乡镇都有 1 所学校少年宫的覆盖面，基本完成上海市精神文明建设“十二五”规划目标任务，形成全国级、市级、区县级三级学校少年宫的格局。下发《关于做好 2014 年度上海市学校少年宫申报工作的通知》，明确申报条件和申报数量，鼓励区县在实地调研的基础上自主申报。经区县申报、专家初审，确定了 106 所拟建学校少年宫。其间，市文明办、市教委、市财政局联合举行了 2014 年度上海市学校少年宫建设管理工作推进会，分别就学校少年宫的建设要求、活动开展、资金使用等方面作专题培训。与此同时，市文明办、市教委多次深入基层，到学校少年宫实地调研，指导建设管理运行工作，把建设要求落到实处。学校少年宫建设的扎实推进，实现了对学校优质德育资源的整合提升，创新了课外活动的运行模式，为学生课余生活带来了新气象、新变化，为学校开展素质教育提供了好途径、好载体，也在一定程度上为解决部分学校开展学生晚托、暑托创造了良好的条件，在加强未成年人思想道德建设方面发挥了重要作用，学生的综合素养不断提升，已成为学生高兴、家长放心、群众满意的实事项目。（朱　蕾）

【试点学区化集团化办学】 2014 学年，在徐汇、闸北、杨浦、金山四区试点学区化、集团化办学。秋季开学，徐汇华理学区、田林学区，闸北实验小学教育集团，金山朱泾教育集团等一批学区和集团启动运行。2015 学年起，学区化集团化办学进入“全面推行”阶段，全市各区县将根据自身实际与需要制定学区化集团化办学三年规划。到 2017 年年底，全市基本形成学区化集团化办学新格局，“家门口的好学校”形成一定覆盖面，17 个区县创造一批鲜活经验和较为稳定的机制，基本满足老百姓对优质教育资源的需求，提升满意度。学区化办学，是在区县范围内因地制宜地按照地理位置相对就近原则，将区域内的义务教育学校结合成片进行统筹，多校协同，资源整合，让优质教育资源“不求所有，但求所用”，在共同的学区内实现分享、共建、协同发展，让同一学区里“不一样的学校一样的精彩”。集团化办学，是在一个核心机构或品牌名校的牵头组织下，依据共同办学理念和章程组建学校共同体，在学校规划、日常管理、课程建设、教师发展、设施使用等方面实现共享、互通、合作、共生，实现共同体内优质教育资源品牌的辐射推广与合成再造，主要有两种形式：同一区域内学校之间的校际联合、跨地区的学校之间的联合。（焦小峰）

【全面推进基于课程标准的教学与评价】 自 2013 学年起，市教委在全市重点推进小学一、二年级“基于课程标准的教学与评价”工作，并逐步扩大至小学中高年级。暑期，分别召开全市小学校长、学科教师专题培训会。自 2014 学年第一学期起，在全市小学全面推进此项工作。同步修订小学语文教材和小学一二年级《上海市学生成长记录册》，并启动小学低年级学科核心素养评价研究，为学校开展基于课程标准的教学与评价提供依据和载体。12 月 10 日，市教委、市政府教育督导室决定对全市小学实施“基于课程标准的教学与评价”工作开展专项督导，主要包括区县教育行政部门和教学研究部门的管理和指导情况、学校推进工作情况、基于课程标准的教学与评价落实情况、家长的了解和支持情况、特色做法或可借鉴推广的经验、工作的意见和建议。年内，完成上海市小学语文学科基于课程标准的教学与评价、推进基于课程标准的教学与评价工作机制等一系列研究报告，完成《陪着孩子慢慢来——上海市小学新生入学家长指导手册》的编制和网络宣传。分别在闵行、长宁、金山、虹口等区县，连续举行“基于课程标准的教学和评价”展示研讨活动，引导学校通过教学观察、教学开放日、学生表现过程记录等开展教学与评价活动。通过举行实践研讨活动、学校教学开放日活动、组织第三方民意调查等举措，全面推进基于课程标准的教学与评价。（金莉莉）

【研制第二轮特殊教育三年行动计划】 4 月，市政府办公厅转发市教委等八部门制定的《上海市特殊教育三年行动计划（2014—2016 年）》，确定了“完善特教体系，推进医教结合，提供优质服务，实施融合教育，促进内涵发展”的目标，以全面实施医教结合为推动力，努力在四方面实现突破：一是发展学前特教和以职业教育为主的高中阶段教育；二是完善市—区县—教育机构、医疗机构联动的医教结合管理运行机制和专业服务体系；三是完善医教结合特教课程体系，创新课程实施方式，全面提高特殊教育质量；四是加强特教师资队伍建设，提升专业化水平。提出了推进融合教育提高随班就读教育质量、建立工作规范加强对送教上门工作的管理、打造专业化优质师资队伍、完善特殊教育管理体制、加大资金投入优先支持特殊教育、加强督导和宣传等 9 项具体举措。（陈东珍）

【深入推进特殊教育医教结合】 组织开发残疾儿童感知能力、运动能力、认知能力、沟通能力、社会适应能力等教育评估工具，完善残疾儿童评估制度，开展残疾儿童健康检查和入学综合评估。组织特教教研、科研、一线教师、特教专家成立专题研究组，开展学前特教课程实施指南、随班就读课程实施指南、送教上门管理与课程实施等专题研究，将医教结合落实到课程实施过程之中。完善特殊教育服务平台建设，实现特殊教育信息通报系统与基础教育学生学籍管理系统无缝对接。开展特殊教育资源库建设，完成 292 个特殊教育资源的开发。从理论和实践两个方面对市、区县、学校不同层面的医教结合试点研究工作进行全面总结和提炼，编辑出版了《医教结合为生命添彩——上海特殊教育的新追求》《医教结合为生命添彩——上海特殊教育研究报告》《医教结合为生命添彩——上海特殊教育实践案例》。“推进医教结合，提高特殊教育水平”项目成果获得 2013 年上海市级教学成果奖（基础教育）特等奖、2014 年国家级教学成果（基础教育）二等奖。（陈东珍）

【承办区域推进“医教结合”研讨班】 11 月 24—27 日，由教育部基础教育二司主办，市教委承办的“区域推进‘医教结合’研讨班”在上海举行，推广上海开展特殊教育医教结合工作经验。部分省（自治区、直辖市）教育厅（委员会）负责特教工作处长、部分地区教育局局长、特教学校校长约 60 人出席。教育部基础教育二司巡视员李天顺作了题为“中国特殊教育发展的新思路新举措”的主题报告，阐述了我国近阶段特殊教育发展的主要任务和举措。市教委副主任贾炜作“医教结合——上海特殊教育改革之实践”主题报告，全面介绍上海开展特殊教育医教结合的基本理念、主要做法和经验体会。宝山区教育局、上海第四听障教育指导中心、宝山区培智学校、浦东新区特殊教育学校、虹口区曲阳第二幼儿园、青浦区特殊教育指导中心等单位作现场展示和交流发言，从不同层面展示医教结合管理机制建设、医教结合专业服务体系运行、特教机构、随班就读、送教上门的医教结合服务等各领域开展医教结合实践的成效。（陈东珍）

【举行中小学生学业质量绿色指标自主测试】 组建中小学生学业质量绿色指标研究团队，成立小学语文、数学，初中语文、数学、英语、科学，背景调查问卷命题中心组以及学科秘书和数据分析团队，自主研制绿色指标综合评价工具。10 月 23 日，全市抽取 317 所小学、22316 名四年级学生和 237 所中学、35633 名九年级学生参加学业测试和问卷调查，四年级和九年级的相关教师和校长、分管教学的副校长参加问卷调查。教育督导部门组织 554 名由督学和教研员组成的督查队伍，区县循环督查，分赴每一个考点，并组织由市特约教育督导员、市人民教育督察员、教育行政人员等组成的巡查队伍，奔赴 13 个区县实地查看测试现场，对校长和部分学生进行访谈。在国际专家的主持下，每个学科组织学生家长、任课教师、校长、教研员、教材主编和课程专家共同组成 16 名评委专家，设定上海市中小学生学业质量优秀、良好及合格的标准。（刘中正）

【与合肥市签订基础教育合作协议】 4 月 11 日，合肥市人民政府与上海市教育委员会签订《关于开展基础教育改革与发展合作的框架协议》。合肥市副市长吴春梅、上海市教委巡视员尹后庆代表双方签字。根据此框架协议，双方在实施薄弱学校提升工程、培育新优质学校、实施素质教育提升工程、建立健全中小学教育质量综合评价体系等方面开展合作，由上海市教委提供指导和支持，分享相关成果和经验。同日，在上海市教委基础教育处见证下，合肥市教育局、上海市教委教研室、华东师大考试与评价研究院签订了《关于开展中小学生学业质量绿色指标评价项目合作的协议》，合作领域包括评价标准研制、评价工具开发、抽样和测试管理、阅卷评分、数据处理、反馈指导等。（刘中正）

【配置500所郊区小学实验室设施设备】 2月22日，“为500所郊区小学更新、配齐实验室设施设备”列入2014年市政府要完成的与人民生活密切相关的实事。市教委统筹规划，各区县教育局积极组织实施，通过对实验室设施设备的整体完善，为郊区小学建设功能丰富、设施齐备、安全环保和对学生有吸引力的实验环境，保证各类课程和实验教学的实施，圆满完成既定任务。据统计，各级政府共投入资金1.4亿元，共完成504所小学实验室设施设备更新和配齐工作，惠及学生48.4万人。其中，179所学校修缮了实验室基础设施，379所学校更新了实验室内实验桌椅和多媒体等设备，495所学校更新、配齐了相关教学仪器；462所学校创设了学生探究活动区，配备供小学生自主探究的实验仪器，提升学生的科学素养与动手能力。该项目在2014年市政府办公厅组织的实事工程实施成效评议中，市民满意度位列28个项目之首。（龚　柳）

【评选基础教育教学成果奖】 2月12日，市教委组织开展上海市级教学成果奖（基础教育）申报，成果包括论文、教学案例、课件、软件等，经专家评审，评选出成果奖177项，其中特等奖19项，一等奖80项，二等奖78项。从市级教学成果特等奖和一等奖的成果中遴选37项报送教育部参评，有36项分获基础教育国家级教学成果一、二等奖。刘京海等申报的《成功教育探索——薄弱初中成功路径》，市教委教研室等单位申报的《上海市提升中小学（幼儿园）课程领导力行动研究》《中学物理教学的革新，数字化实验系统（DIS）的研发与应用》，叶澜等申报的《“新基础教育”学校教学改革研究》，黄浦区早期教育第一指导中心申报的《面向0—3岁婴幼儿家长的科学育儿指导的探索与实践》，复旦大学附属中学申报的《阅读“中国人”，书写“中国人”——彰显语文教育人文性的实践研究》，季浏等申报的《中国基础教育体育与健康课程改革的实践探索和理论创新》，华东师范大学松江实验中学申报的《校园原创音乐剧：塑造阳光少年，追逐青春梦想》，闸北区芷江中路幼儿园申报的《以幼儿自主学习为核心的幼儿园低结构活动探索》，上海中学申报的《聚焦志趣，激发潜能：国际视野下上海中学高中生创新素养培育实践研究》，静安区教育学院附属学校申报的《后“茶馆式”教学——走向“轻负担、高质量”的实践研究》，向明中学申报的《中学创造教育课程群建设的探索与实践》，上海市第一师范学校附属小学申报的《为了学生的愉快学习，变革课堂教学——愉快教育实验的深化发展》，育才中学申报的《普通高中学生个性化学程学习的设计与实践》，浦东新区福山外国语小学申报的《从这里走向世界——小学国际理解教育的“福山梦”》，获得一等奖，市教委教研室等单位申报的《中小学生学业质量综合评价——从PISA研究到“绿色指标”实践》等21项获得二等奖，申报成果获奖率居全国之最。（金莉莉）

【推进特色普通高中建设】 6月20日，市教委印发《上海市推进特色普通高中建设实施方案（试行）》，力争在全市建成一批课程特色遍及人文、社科、理工、艺体等多个领域，布局相对合理，有效满足学生多样化学习需求的特色普通高中，并发挥示范引领作用，成为各特色领域的课程建设高地和教师研训基地，推动全市高中特色课程资源的辐射共享。特色普通高中是指能主动适应上海城市功能定位、社会和地域经济发展以及学生发展的需求，有惠及全体学生的较为成熟的特色课程体系及实施体系，并以此为基础形成稳定独特办学风格的普通高中学校（含完中、十二年一贯制、十五年一贯制学校的高中部）。同时市教委发布上海市特色普通高中建设参考指标，包括发展基础、育人目标、课程体系、支持系统等领域。（金莉莉）

【21 所学校成为普通高中国际课程试点学校】 全市 13 所公办高中及 29 所民办高中申请以“中外融合”课程形式举办国际课程。委托市基础教育国际课程比较研究所对本市普通高中申请开展国际课程试点的学校进行专业评估。评估专家组重点考察学校拟试点开展国际课程的管理方式、课程实施方案、教材合法性合理性审查、师资队伍、办学经费等事宜。在综合分析申请材料、课程内容审查、实地考察的基础上，形成书面评估报告，出具专业评估意见。市普通高中试点开设国际课程项目推进小组召开会议，依据评估报告，通过综合分析论证，形成初步审核意见，报市教委主任办公会议审议并获得通过。华东师范大学第二附属中学、复旦大学附属中学、上海交通大学附属中学、上海市格致中学、上海市卢湾高级中学、上海市大同中学、上海市市西中学、上海市建平中学、华东师范大学附属东昌中学、上海市外国语大学附属浦东外国语学校、上海市曹杨第二中学 11 所公办高中以及上海市尚德试验学校、上海市民办平和学校、上海星河湾双语学校、上海外国语大学西外外国语学校、上海市西南位育中学、上海市世界外国语中学、上海协和双语高级中学、上海民办包玉刚实验高中、上海市文来中学、上海枫叶国际学校 10 所民办高中获准以“中外融合”形式试点高中国际课程。 （金　松）

【评选幼儿园优秀自制教玩具】 5 月 23 日，市教委与市中小学幼儿教师奖励基金会联合开展第三届上海市幼儿园优秀自制玩教具评选，评选出一等奖 35 件、二等奖 85 件、三等奖 120 件、团体奖 6 名、组织奖 6 名，14 位教师获得上海市自制玩教具能手称号。在一等奖作品中选取 30 件作品参加全国展评，获得一等奖 13 件、二等奖 11 件、三等奖 6 件，继前两届后，再次获得全国团体第一名，5 位教师获得全国自制玩教具能手称号。其中，闸北区芷江中路幼儿园选送的 7 件作品中，6 件获得上海市一等奖，5 件获得全国一等奖，是全国三届评选以来单个幼儿园获奖数量之最。2015 年 1 月 23—25 日，由市教委教育装备技术中心主办、市教委信息中心学前信息部协办、上海教育报刊总社文化中心承办的第三届上海市幼儿园优秀自制玩教具展在上海展览中心举行。 （瞿佳杰）

【召开区县教育工作会议】 3 月 7 日，市教卫工作党委、市教委召开 2014 年上半年区县教育工作会议。市教卫工作党委书记陈克宏，市教卫工作党委副书记、市教委主任苏明，市教委巡视员尹后庆出席会议并讲话。会议总结了 2013 年区县教育工作，对 2014 年区县教育改革和发展作了部署。会议提出以下要求：一是以“组合拳”攻克减负难题。全面开展基于课程标准的教学和评价，提高学生作业质量，并规范义务教育阶段学校的招生行为。二是推进考试招生制度改革下的高中改革。全面实施普通高中学业水平考试制度，改革普通高校统一入学考试招生制度，深化“春季考试”改革，推进市属本科院校招生改革，深化高职高专院校依法自主招生考试制度改革。三是以评价改革带动教学整体变革。深化“绿色指标”，开展中小学教育质量综合评价实验，健全中小学生综合素质评价体系，利用电子学生证完整记录学生社会实践经历。四是有序开展普通高中国际课程试点。五是全面抓好其他各领域改革。 （焦小峰）

【第五届长三角基础教育课程与教学改革论坛召开】 3 月 27—28 日，主题为“转型背景下的教研室建设”的第五届长三角基础教育课程与教学改革论坛在上海召开。上海市教委教研室、浙江省教育厅教研室、江苏省中小学教学研究室和长三角地区地（市）教研室负责人、教研员共同聚焦转型背景下的教研室建设。市教委巡视员尹后庆作《抓准课改引擎、实现教研转型，在基础教育内涵发展的“深水区”攻坚克难》的专题报告。与会者围绕“转型背景下的学科建设”“转型背景下的教研室建设”等主题分享学术研究与实践探索成果，并分赴上海师范大学附属卢湾实验小学、世界外国语中学、风华中学等学校进行实地观摩。 （刘中正）

【PISA“基于计算机的问题解决能力”和财经素养测评结果公布】 4 月 1 日，经济合作与发展组织（OECD）发布了 PISA 2012“基于计算机的问题解决测试”相关结果：上海学生问题解决平均成绩为536分，与中国澳门（540分）、中国香港（540分）、中国台北（534分）没有显著差异，分列第四—第七名，高于OECD平均分值（500分）。有89.4％的上海学生在问题解决上达到2级（适应未来工作和社会生活需要的最基本要求）及以上水平，有18.3％的上海学生达到高水平（5级和6级）。上海男生的问题解决平均成绩比女生高25分，性别差异在参与本次测评的各国（地区）中较大。上海学生解决静态问题的表现比互动问题好，运用知识的表现相比获得知识略有逊色。上海学生问题解决成绩受家庭背景影响的程度与OECD平均相当。上海学生和其他国家（地区）数学、阅读和科学成绩相当的学生相比，在使用计算机解决问题的表现显著。7月9日，经济合作与发展组织（OECD）发布PISA 2012财经素养测评国际报告。上海学生财经素养平均成绩603分，位列参与测评的13个国家（地区）前位，OECD平均为500分；上海学生达到2级水平的比例为98.4％，是参与国家（地区）中最高的（OECD平均为84.7％），这表明上海绝大多数学生开始能够在与个人紧密相关的情境中运用财经知识做出财经决策。上海学生达到5级精熟度水平的占42.6％，在参与国家（地区）中比例最高（OECD平均为9.7％），上海40％以上的学生具有较宏观的金融视野，能够分析和理解复杂的财经问题、解决非常规的财经问题。上海学生财经素养成绩分布比较均衡，性别差异、两端差距、不同家庭背景的学生之间的成绩差异都小于OECD平均。（金莉莉）

【“激发学生潜能”国际教育变革研讨会举行】 9月12日，由教育部中学校长培训中心、上海市教委基础教育处、上海市奉贤区教育局主办，上海市奉贤中学承办的“激发学生潜能”国际教育变革研讨会在奉贤举行。来自澳大利亚、芬兰、英国、美国、法国、南非等国的26位教育专家出席研讨会，国内200多位名校长、名教师等参加。市教委副主任贾炜作首场主题报告。研讨会除主题演讲环节，还包括“激发学生潜能的发展与评估”“激发学生潜能的学校课程设计”“激发学生潜能的教学模式建构”“激发学生潜能与育人环境营造”等4个主题12场报告，并设置“自由谈”“观点分享”等讨论环节，从内容、途径、方法、策略和技术等方面探寻优秀人才培养发展的基本规律。（刘中正）

【市基础教育三项评选颁奖】 12月30日，市教委、市中小学幼儿园教师奖励基金会共同主办，市教委教研室、闸北区教育局承办，闸北区教师进修学院、上海市大宁国际小学协办的“课程：让学生生命绽放——2014年度上海市基础教育三项评选颁奖大会暨学术论坛”举行。会上颁发了“上海市青年教师教育教学研究课题评选”“上海市基础教育教研员论文评选”和“上海市中小学中青年教师教学评选”三个奖项，还颁发了2014年度上海市网络教研优秀论文评选各奖项，并发布了三项评选成果集——《攀者有其径》丛书。大会还围绕学生发展的主题，组织学术论坛。（刘中正）

【印发“一师一优课、一课一名师”活动实施方案】 12月30日，市教委印发《上海市“一师一优课、一课一名师”活动实施方案》，实施范围为小学、初中、高中，分为教师“网上晒课”和从晒课中评选“优课”两个环节，推进信息技术融入教学“主战场”，提升中小学教师运用信息技术改进教育教学的意识与能力，推动教师教学和学生学习方式变革。力争通过三年时间，实现中小学80％以上的在编在岗教师参加网上“晒课”。2014学年各区县不少于30％的教师参加网上“晒课”，到2015学年、2016学年，各区县累计参加网上“晒课”的教师人数分别不低于60％和80％。“晒课”内容为上海版各年级、各学科教材，以服务平台公布目录为准，应包括一堂课完整的教学设计、所用的教学课件及相关资源（或资源链接）、课堂实录（可选，拟参加市级组织的“优课”评选者必选）和评测练习（可选）等。各区县根据当年度本区县参加“晒课”教师人数，按照2％—3％的比例评选区级“优课”。将从区级“优课”中评选一定数量的市级“优课”，上报参加国家“优课”评选。（焦小峰）

职业教育

【2014年概况】 年内，上海职业教育贯彻落实国家和上海市中长期教育改革和发展规划纲要，推动实施上海市职业教育"十二五"改革和发展规划各项重点工作，推动上海职业教育全面发展。

一、加强顶层设计，深化职业教育改革发展。推进"现代职业教育体系规划"编制工作，形成现代职业教育体系规划征求意见稿。完成职业教育国家级及上海市教学成果奖评审及报送工作。上海市教学成果奖共评审出10项特等奖、40项一等奖和80项二等奖。同时在特等奖和一等奖中遴选了18项成果，推荐到教育部参评职业教育国家级教学成果奖，最终获得国家级教学成果奖一等奖5项、二等奖12项。成立"上海喀什民族职业教育联盟"，开展民族班学生毕业实习和就业职业指导工作。首届新疆内职班毕业生"双证"率为100%，就业率为99%。接受喀什地区教育局和人社局派送的30名职教教师到沪2个月专业培训任务，50%学员获得中级以上国家职业资格证书，其中有2名获得高级职业资格证书。

二、深化培养模式试点，加强职业教育教学工作。推进中高职教育贯通培养模式试点，新增47个专业点，实际录取5152人。开展"中等职业教育—应用本科教育"贯通培养模式试点，探索技术技能人才培养新途径，上海应用技术学院和上海信息技术学校、上海石化工业学校在化学工程与工艺专业，上海第二工业大学和上海工业技术学校在机械工程（数控技术）专业启动相关试点，共录取124人，全部完成录取计划。深化"双证融通"专业改革试点。进一步扩大试点规模，9所中职学校对首批试点的3个专业进行扩大试点，12所中职学校对新增的7个专业开展试点。至此，上海市"双证融通"改革试点共有13个专业、31个专业点，试点学校27所。开展中等职业学校学生学业水平综合评价方案研究。开展了中职语文、数学、英语、信息技术基础4门公共基础课程标准的修订工作，在10所试点学校开展公共基础课的试测。继续开展职业教育国际水平专业教学标准试点工作。完成了第二批39个专业的国际水平专业教学标准的出版工作，共汇编成8册。新增6个试点学校。举办首届上海市中等职业学校信息化教学大赛。产生了4个特等奖、8个一等奖、19个二等奖。参加全国信息化大赛获2名全国一等奖。

三、加强师资培训，推进职业教育师资工作的系统化发展。完成2014年特聘兼职教师资助工作。目前已覆盖到20个职教集团，共有636位特聘兼职教师获得资助，其中个人450人、团队50个（共186人）。首次开展新进教师规范化培训工作，召开新进教师培训开班仪式，共有来自31所学校的68名教师参加本年度培训。建立职业教育教师和培训机构教师企业实践基地。开展上海市中等职业学校教师企业实践市级培训工作。共有40所中职学校选派122名教师参加培训。推动教师全员培训，形成市级、区县、校本三级培训方案。开展市级培训工作，共开展37个培训项目，1100余人参加培训。组织开展出国培训工作，完成赴澳大利亚出国培训工作。组织开展校长系列沙龙讲座活动，依托名校长基地，先后开展4次校长沙龙，搭建了校长之间、校长与企业专家之间的交流、沟通、合作桥梁。

四、完善招生就业管理，加强职业教育基础能力建设。年内，全市各中职校共录取学生4.3万人，毕业生总数为46866人，就业学生数为45895人，就业率为97.93%。发布了上海市中等职业学校毕业生就业十年回顾，为社会各界了解本市中职学校毕业生的就业状况、评价职业教育发展成效、提高职业教育吸引力营造良好环境。加快智慧教室及创新实验实训中心。交大卫校的口腔创新实验实训中心、大众工业学校的综合数字化数控实训中心等4个创新实验实训中心完成建设并通过验收。新增农业学校、高级技工学校、信息技术学校3所学校申报创新实验实训中心项目。对列入本年度绩效评估的41个实训中心和申报等级认定的28个实训中心进行实地评估，对13个实训中心的运行绩效评估和申报等级认定。

五、强化文化和技能引领，体现上海中职水平。成功举办首届学生职业体验日活动。4月，组织50所中等职业学校的66个市级开放实训中心、35个校级实训中心同时向社会开放。活动涉及14个专业大类、212个职业体验项目，17个区县的4.6万多名中小学生走进中职学校，参与职业体验，取得了良好成效。组织本市36所中职校、152名选手参加2014年全国职业院校技能大赛41个赛项，共获得42金62银40铜的战绩。启动上海市“星光计划”第六届中高等职业院校职业技能大赛。开展第三届中职学校“璀璨星光”校园文化节系列活动。开展“走进艺术宫”系列活动。组织部分中职学生参加11场“名家讲座”“院士(劳模)走近中职学生”等专题讲座活动；举办9场“走进大剧院”等中职专场演出活动；组织参加第十一届全国中等职业学校“文明风采”竞赛活动；完成“上海市中等职业学校民族文化传承教育基地”和“上海市中等职业学校校园文化特色品牌学校”申报评选工作。组织中职校师生参加“2014年上海—台湾学生艺术交流团”赴台湾地区与当地高中学生同台演出。连续两年组织中职学生参加上海国际艺术节“南京路天天演”，受到社会一致好评，今年获得艺术节组委会颁发的“群文活动特色项目奖”。在上海图书馆举行为期两天的第三届中职“璀璨星光”校园文化节集中展示活动，共接待4800多名中职生，近2000名社会观众。

（宋　磊）

【成立上海—喀什职业教育联盟】 年内，上海与新疆喀什合作成立全国教育援疆工作中首个职教联盟——上海—喀什职业教育联盟。该联盟将成为两地职业教育交流的新纽带，推动上海优质职业教育资源为泽普、叶城、巴楚和莎车四县职业学校8616名学生和282名专任教师提供服务，同时联盟辐射整个喀什地区21所职业学校、3.1万名学生和1700多名教师，为地区职业教育发展，培养适应社会经济发展的技能型人才提供平台。建立资源整合机制。联盟实行理事会制，两地教育和人社等部门、相关职业院校、企事业单位、行业协会等70余家加盟成员单位。完善信息沟通机制。建立用工信息和毕业生信息平台、远程教育平台、开发远程会议和交流平台、宣传联络平台等四个平台。强化项目化运作机制。上海群益职校、奉贤中专和工程技术管理学校等3所中职校与喀什当地企业签订校企合作协议。2014年起联盟实施两地师资队伍培训、课程开发、学生职业生涯指导、毕业生实习管理和毕业生就业跟踪调查、建立民族教育专家库、建设内职班就业信息平台、开发两地校企校校合作项目、开展学生职业技能大比武等八大工程。

（张福顺）

【中等职业学校招生资助就业工作】 ①招生情况。全市应届初中毕业生为9.2万人，其中上海户籍学生7.1万人。2014年上海中等职业学校安排招生计划4.7万人(不包括成人中专)，其中上海生源计划2.9万人，外省市生源计划1.8万人。共有75所全日制中等职业学校参加招生工作，另外有6所独立设置成人中等专业学校参与成人中专的招生工作。根据上海市教育考试院的录取情况统计，截至10月13日，中职校共录取学生4.3万人:其中上海生源2.3万人，外省市生源1.2人，成人中专0.8万人。中等职业学校与普通高中录取数比例为55∶45。②资助情况。年内，全市中等职业学校学生资助工作稳步实施。中职校学生享受免学费政策对象包括农村、海岛、城市低保家庭学生，就读涉农专业和奖励专业学生以及残疾学生。60.58%的中职在校学生享受免学费政策。据统计，全市13.9万人次享受免费政策，享受金额3.8亿元，其中免学费 3.1 亿元；助学金 0.7 亿元。此外，对非毕业年级学生每生每年给予 1000 元国家助学金，共有 5.2 万人次享受 0.26 亿元国家助学金。有 6596 名学生获得上海市奖学金 561.15 万元。西藏、新疆、青海果洛内地中职班学生 2619 人次纳入中职帮困助学体系，享受在沪培养经费约 2148.992 万元资助，其中，免学费513.58万元，免书簿费 74.81 万元，国家助学金 127.35 万元，生活费 769.734 万元，住宿费 129.828 万元，医疗费 33.15 万元，实习材料费 79.56 万元，活动费 46.41 万元，交通费 32.85 万元，其他生均经费 341.72 万元。③就业情况。年内，上海市中等职业学校毕业生总数为 46866 人，就业学生数为 45895 人，就业率为 97.93%。进入国家机关、企事业单位的有 19723 人，占全部就业学生的 42.97%；合法从事个体经营的有 2946 人，占 6.42%；参军等其他方式就业的有 2595 人，占 5.66%；升入高一级学校就读的 20631 人，占 44.95%。从事第一产业的毕业生数为 75 人，占全部就业学生的0.16%；从事第二产业的为 7673 人，占16.72%；从事第三产业的为 38147 人，占 83.12%。与 2013 年相比，从事第一产业和第三产业人数的比例均有所提升。（张福顺）

【举办中等职业学校第三届校园文化节】 12 月 13—14 日，由市教委主办的上海市中等职业学校第三届“璀璨星光”校园文化节集中展示活动在上海图书馆成功举办。本届活动历时一年，以立足文化育人，注重学生素质培养为核心，整合社会资源，开展了中职学生“走进大剧院”“走进音乐厅”系列活动，让学生通过观看名家名剧等方式，亲近艺术，汲取养料。开展“走进上图”系列活动，邀请知名学者、社会人士开设“名家一课”“院士一课”“劳模一课”等专题讲座，开阔学生视野。开展“走进艺术宫”系列活动，充分利用馆藏资源，将课堂搬进艺术宫，将学生的习作在艺术宫进行展示，社会反响热烈。在上图集中展示现场，以“阅会行走的书，读有故事的人”为主题的“真人图书展”，通过真人交流形式向读者展示会计、建筑、出版印刷、服装、园艺、工艺美术、数控、钟表等 8 个既有文化传承，又具有代表性的中职专业，引导社会换一种眼光打量职业教育。

创建各类平台，展现中职学生风采。将校园文化活动开展与专业建设相结合，培育了一批融合民族文化和专业特色的中职民族文化传承基地，形成了“青藤文化”等 8 个校园文化特色品牌项目以及“中国舞”等 5 个民族文化传承教育基地。首创“上海市首届学生职业体验日”活动，4.6 万余名中小学生走进中职校，推进职业启蒙教育和“普职融通”之路。组织中职校师生参加“2014 年上海—台湾学生艺术交流团”赴台与当地高中学生同台演出。连续两年组织中职学生参加上海国际艺术节“南京路天天演”，受到社会一致好评，并获得艺术节组委会颁发的“群文活动特色项目奖”。（黄　蕾）

【试点实施职业教育国际水平专业教学标准】 根据教育部要求，上海市分批组织开发、实施职业教育国际水平专业教学标准。2014 年重点推进国际水平专业教学标准的实施工作，推动国际先进经验和教学理念进入课堂。一是全面完成第二批 39 个专业的国际水平专业教学标准的出版工作，共汇编成 8 册。至此，52 个职业教育国际水平专业教学标准全部开发完成并出版，基本覆盖了各专业大类。二是形成试点实施工作机制，确保试点实施工作。推动各校成立试点工作组，包括校领导、专业主任和相关专业教师等；建立试点工作校际协作制度，加强试点学校间的交流与研究，每两个月举行一次例会；确保试点经费保障，对试点学校给予支持。三是逐步扩大试点实施规模。在 6 个试点学校的基础上，开展全市第二批国际水平专业教学标准试点项目申报、评审工作，新增 6 个试点实施学校，试点规模扩大到 12 个。试点的范围和专业覆盖面进一步扩大。试点实施学校在课改理念、能力标准、课程内容、教学模式、评价模式、职业资格证书等方面逐步与国际先进水平接轨。

（宋　磊）

高 等 教 育

【2014年概况】 年内，全市高等教育在校生达93.11万人。全市共有普通高等学校68所。普通高校教职工7.34万人(其中市属高校4.06万人)，专任教师4.06万人(其中市属高校2.36万人)。全市研究生13.36万人，普通高校本专科在校生50.66万人。招收普通本专科学生14.19万人，招收研究生4.62万人。各普通高校有留学生5.60万人。上海高校毕业生16.9万人，其中普通本专科生13.24万人、研究生3.66万人。

国务院公布的《关于深化考试招生制度改革的实施意见》，选择上海、浙江作为试点省份率先开展高考综合改革。上海结合实际制定高考改革试点方案，市政府于9月19日公布《上海市深化高等学校考试招生综合改革实施方案》。改革于年内启动，2017年整体实施。出台上海高校学科发展与优化布局规划。研制高等教育布局结构与发展规划和现代职业教育体系建设规划。在上海地方高校全面推行以基本办学经费和内涵建设经费为主的经常性经费投入机制，下发《2014年地方高校内涵建设经常性经费使用指导意见》。出台《上海市地方公办高等学校总会计师管理办法》，试行地方高校总会计师制度。

完成上海政法学院、上海商学院、上海电机学院、上海健康职业技术学院、上海城市管理职业技术学院、上海工艺美术职业学院、上海电子信息职业技术学院、上海农林职业技术学院、上海交通职业技术学院、上海建峰职业技术学院等10所高校和6所相关联中职学校隶属关系划转。市教委已与所有划转学校的原上级主管部门签订共建协议。推动中国社会科学院与上海市依托上海大学共建上海研究院，推动国家级智库落户上海。市政府批准同意建立上海兴伟学院。进一步理顺上海市中医药研究院管理体制。指导上海新侨职业技术学院更名为上海工商职业技术学院。上海大学与加拿大温哥华电影学院正式合作举办上海温哥华电影学院并启动招生。东华大学与英国爱丁堡大学合作设立东华大学上海国际时尚创意学院。

制定《上海市属高校章程核准暂行办法》，组建上海市属高校章程核准委员会，开展第一批市属高校章程核准工作。研究制定《推进上海现代大学制度建设指导意见》，遴选7所高校实施现代大学制度建设首批试点。开展“985工程”(2010—2013年)调研工作。开展对2013年上海地方本科院校“十二五”内涵建设项目的绩效评价和对2014年高等教育内涵建设项目的跟踪评价工作。开展中央财政支持地方高校发展专项资金2014年项目申报工作，国家同意支持23所地方高校的116个项目。

开展上海市级教学成果奖(高等教育)评选活动，评选出398项上海市级教学成果奖(高等教育)，从中遴选43项报送教育部参评，有33项获高等教育国家级教学成果，其中特等奖1项、一等奖6项、二等奖26项。年内，开展研究生暑期学校25项、研究生学术论坛35项、公共服务平台12项、学位点建设与人才培养模式探索项目22项、研究生创新创业能力培养专项1项。印发《上海市研究生暑期学校项目管理办法(试行)》和《上海市研究生学术论坛项目管理办法(试行)》。批准建设上海市专业学位研究生实践基地48项。继续开展临床医学硕士专业学位教育与住院医师规范化培训结合工作，启动上海市临床医学博士专业学位教育与专科医师规范化培训结合项目。继续开展教育硕士专业学位与中小学见习教师规范化培训项目，继续推进艺术院校与艺术团体紧密结合的艺术硕士培养模式改革项目。

完成对16所普通高校29个本科专业申请增列学士学位授予专业的审核。完成上海开放大学增列学士学位授予单位和3个专业增列学士学位授予专业的审核工作。推行学位与研究生教育质量年度报告发布制度。开展2013年上海市研究生优秀成果(学位论文)评选,最终确定154篇博士学位论文和162篇硕士学位论文为2013年上海市研究生优秀成果(学位论文)。开展市级精品课程的评选及其微课程推广工作,完成教育部精品资源共享课和精品视频公开课的推荐工作。组织对上海高校课程中心的中期评价工作,课程中心2013秋冬学期开课14门,4818名学生修读,3982名学生考核通过获得学分;2014年春夏学期实现开课20门,12638名学生修读。研制本科专业评估方案,推进高校本科专业自主评估。完成对16所高校32个新增专业的形式审核,支持新增20个专业。

推进高校实施大学生创新创业活动,开展高校大学生创新活动工作互评互查。布局建设一批实验教学示范中心和虚拟仿真实验教学示范中心。依托各类教学基地,面向全市乃至全国举办各类学科竞赛,形成一批在高校有影响力的大学生学科赛事。指导和推动高校编制和发布本科教学质量年报,所有本科高校均发布2013年度本科教学质量年报。做好高校本科教学评估规划和试点,研制上海市属高校2014—2018年本科教学评估工作总体方案。开展2014年中高职教育贯通培养模式试点申报评议工作,新增47个专业点。启动"中等职业教育—应用本科教育"贯通培养模式试点,探索技术技能型人才培养的新途径。开展中高职立交桥学分银行模式的研究与试点。继续深化"双证融通"专业改革试点。开展第四届"上海高职高专院校重点专业建设教学设计比武",共有27所院校的29个专业参赛。8个专业入围中央财政职业教育"以奖代补"上海高职专项资金项目。评选上海高职院校市级精品课程57门、市级教学团队30个、市级教学名师18人。全市30多所高职院校的149名"十二五"重点专业负责人参加了培训,其中129名专业负责人获得了结业证书。在上海高等职业院校在校大学生和专业教师中开展职业技能竞赛活动(竞赛等级为市级二类竞赛),共设报关技能等8项竞赛项目,在2014年全国职业院校技能大赛中,上海在高职组比赛中获得一等奖10个、二等奖9个、三等奖20个。

推进2014年国家"2011协同创新中心"申报工作,上海高校有4个中心入选(其中2个中心为2013年通过第一轮评审),另有5个中心通过第一轮评审。制定实施《上海市"2011协同创新中心"发展行动计划(2013—2017年)》。开展高校知识服务平台中期验收,至2014年底有21个知识服务平台通过中期验收。启动上海高校高峰高原学科建设工作。强化一流学科建设的动态跟踪管理,建立一流学科建设绩效的动态监测机制。推进上海高校智库建设,创办《决策建言——上海高校智库专报》。完成2014年度东方学者遴选工作,共有90人入选。启动实施青年东方学者岗位计划。完成第十一批"中央千人"申报工作,完成2013、2014年度"长江学者"申报工作,完成2014年"百千万人才工程"国家级人选申报工作,完成第四批"上海千人"申报工作,完成新一轮上海领军人才申报工作。继续推进教师专业发展工程各培养计划的有序实施。开展2014年度新教师岗前培训工作,共有近600名新教师参加。启动实施师资博士后制度,2014年共有108人入选。试点推行高校骨干教师教学激励计划,在上海地方高校中确定4家正式试点高校和4家试点培育高校率先推行。 (朱俏逍)

【推进高等教育内涵建设】 推进高等教育内涵建设,提高校级统筹能力和学校整体办学水平,完善市级财政高等教育投入机制,试行用于加强地方高校内涵建设的经常性经费,主要用于教学改革、学科专业建设、教师发展、国际化交流、学生资助和高校后勤保障等方面。市教委下发《2014年地方高校内涵建设经常性经费使用指导意见》。学校的内涵建设经费,由学校根据自身发展定位规划和内涵建设发展需求,自主统筹安排使用,报市教委备案。委托第三方评价机构,对2013年上海地方本科院校"十二五"内涵建设项目进行绩效评价,对2014年高等教育内涵建设项目进行跟踪评价。开展高校内涵建设资金动态调整审核工作。 (朱俏逍)

【“985工程”建设情况调研】 12月，市教委下发《关于开展上海高校“985工程”建设情况调研工作的通知》，会同市发展改革委、市财政局联合开展“985工程”（2010—2013年）建设情况调研工作。调研工作以听取学校汇报、专家与学校互动交流的方式开展，学校从服务地方经济社会发展取得的成效、地方财政资金使用管理情况、学校下一步发展思路和举措、对上海市开展部市合作共建的建议等方面进行汇报。最终，根据学校汇报内容和专家互动结果，形成《“985工程”（2010—2013年）建设情况调研报告》。 （朱俏道）

【中央财政支持地方高校发展】 年内，开展中央财政支持地方高校发展专项资金2014年项目申报工作。市财政局、市教委委托上海市教育评估院组织专家对学校上报的项目进行评审。经专家评审，上海市上报2014年中央财政支持地方高校发展专项资金建设项目116个（其中特色重点学科项目9个，一般央财建设项目107个）。8月，国家下达中央财政支持地方高校发展专项资金预算，上海23所高校共获得1.768亿元中央财政资金，上海市给予1.768亿元地方财政资金配套支持。 （朱俏道）

【研究生教育创新计划】 年内，设立暑期学校、学术论坛、公共服务平台、学位点建设与人才培养模式探索、研究生创新创业能力培养等项目。印发《上海市研究生暑期学校项目管理办法（试行）》和《上海市研究生学术论坛项目管理办法（试行）》。公共服务平台包括项目服务平台、指导培训与经验交流平台、学位与研究生教育创新课题研究平台和研究生教育综合服务平台等。学位点建设与人才培养模式探索项目旨在加强对上海学位与研究生教育质量现状的宏观把握与前瞻分析，引导高校主动结合经济社会发展需求，创新人才培养模式，提高人才培养质量。研究生教育创新创业能力培养主要是对研究生开展为期6个月的创新创业能力培训与创业实践，旨在大力培育高校科技创新创业的文化土壤，促进高校创新成果与技术转化，提高研究生创新创业能力。经过学校积极申报和专家认真评审，最后批准开展暑期学校25项、学术论坛35项、公共服务平台12项、学位点建设与人才培养模式探索22项，研究生创新创业能力培养专项近100项。 （杨　雪）

【专业学位研究生教育综合改革试验】 年内，设立专业学位研究生实践基地、临床医学专业学位改革试点、教育硕士专业学位改革试点、MBA课程案例库平台建设等项目。专业学位实践基地旨在推动高校更好地适应经济社会发展对高层次应用型人才的需求，鼓励行业、企事业单位等社会力量积极参与专业学位研究生培养，构建专业学位教育发展的良好环境。经学校申报和专家评审，最后批准48项。自2012年启动专业学位实践基地建设以来共建成259个基地。复旦大学、上海交通大学医学院、同济大学、上海中医药大学、第二军医大学5所高校完成临床医学硕士专业学位教育与住院医师规范化培训结合招生工作，共招收“临—住”项目研究生592人。复旦大学、上海交通大学医学院、同济大学、上海中医药大学4所高校上报2015年“临—住”项目推荐免试研究生名额155人；5所高校还探索开展临床医学博士专业学位教育与专科医师规范化培训结合项目，制订相关《实施办法》和《实施细则》，复旦大学和上海交通大学医学院启动以同等学力申请学位的“单证”培养模式。华东师范大学和上海师范大学开展教育硕士专业学位与中小学见习教师规范化培训结合招生工作。继续推进艺术院校与艺术团体紧密结合的艺术硕士培养模式改革项目。对上海电机学院、上海立信会计学院和上海第二工业大学3所高校的“服务国家特殊需求人才培养项目”进行中期考核。成立公共管理、工商管理、翻译、法律、艺术专业学位的教育指导委员会。完成金融等20种硕士专业学位类别研究生学位论文基本要求和评价指标体系研制，并全部在双盲抽检中启用。 （杨　雪）

【学位授权审核与学位授予信息年报工作】 开展学士学位授权审核，19所普通高校的30个本科专业增列为学士学位授予专业。上海开放大学增列为学士学位授予单位，其机械电子工程、软件工程和城市公共安全管理3个专业增列为学士学位授予专业。开展上海市属高校增列硕士专业学位授权点审核工作，市属硕士授权高校和上海市委党校、上海国家会计学院的30个申报点报国务院学位委员会并获得授权，另有部属高校的19个申报点也获得授权。开展上海市2013/2014学年度第一、二学期学位授予信息年报工作，按照属地原则，上海有48家学位授予单位上报学位授予信息。共上报博士学位授予信息4808条、硕士学位授予信息40331条、学士学位授予信息106289条。

（杨　雪）

【实施本科教学质量年度报告制度】 实施高校本科教学质量年度报告制度已被列入上海教育综合改革项目，主要包括：建立上海高校本科教学质量年度报告编制发布制度，组织并指导学校定期编制和发布本科教学质量年度报告；建立上海高校本科教学质量年度报告评议反馈制度，组织专家对各高校质量年度报告进行分析评议，逐步规范质量报告编制要求，修订完善质量报告评议指标及方案，并形成评议结果反馈机制；编制形成上海高校本科教学质量年度报告分析报告。为规范数据报送，年内，市教委在研究制定本科教学质量报告32项规范性数据标准的基础上，开发了教学质量核心数据申报系统并上线投入使用。从学校网上填报的情况来看，数据的完整性和规范性比上年度有明显改善。为完善专家评议，市教委组织专家组对质量报告进行了集中评议，形成初步的评议意见。为加强与学校的反馈交流，市教委还组织专家组与各高校教务处就本科教学质量报告的撰写情况及从报告中反映的本科教学状况进行面对面的交流沟通，共同形成最终的评议意见，并以正式发文的形式反馈给学校。通过专家评议及与学校交流沟通，旨在建立高校本科质量报告的持续跟踪机制，更好地指导和帮助高校推进本科教学质量报告工作，提升本科教学水平。年内，完成上海34所本科高校2013—2014学年质量报告编制和发布工作，并在分析各高校质量报告的基础上，撰写完成了上海高校质量报告分析报告报送教育部。（赵丽霞）

【本科专业评估】 上海市高校本科专业评估项目于2010年6月启动，2012年10月正式实施试点评估工作，至2014年底，共完成达标评估209个专业，其中新专业覆盖21所高校的24个专业，预警专业覆盖33所高校的185个专业。完成选优评估共7所高校16个专业。本科专业评估的指导思想是要强化专业内涵建设，突出学校主体，注重长效机制，提高本科教学水平和人才培养质量。目的是：促进专业合理定位、引导专业办出特色；推进专业结构调整与优化；建立本科专业教学状态数据库，实现教学质量常态化监控；提升高校主动服务经济社会发展需要的能力。本科专业评估分为选优评估和达标评估两类。其中选优评估是发展性评估，量化指标看增量。考查重点是专业的教学质量及其保障、专业特色、教学效果和国际化程度等。通过选优评估的专业授予"优秀专业"称号。达标评估定位为诊断性评估，即诊断其是否达到本科专业的基本标准，考查重点在于专业的人才培养目标定位、质量标准的建立和专业建设的成效，注重师资队伍建设及教师对教学工作的投入和效果。通过达标评估的专业列为"达标专业"。市教委要求上海各高校5年内对全校所有本科专业进行一次评估，制订5年一轮的评估工作规划；并对本科预警专业和有首届毕业生的新专业统一组织实施达标评估。通过试点评估的摸索，上海高校本科专业评估不断优化组织方式，采取学校专业自评、专家会议评议、实地考察相结合的方式。此外，在专家培训方面，体现"重内涵、轻形式"的工作要求，强调评估理念、指标内涵的解读、评判尺度把握等，并明确分工要求。（孔莹莹）

【启动本科应用型专业试点改革】 年内，市教委启动实施上海应用型本科专业试点改革工作。项目旨在瞄准当前职业教育体系的瓶颈，改变上海职业教育高职到头的现状，打通从中职、高职到职业本科贯通培养通道，努力构建全国职业教育的高峰。遴选合适的试点专业，通过4年一个周期的建设，在这些专业领域里，实现从中职—专科—应用型本科相衔接的职业教育培养体系。加快促进一批符合条件的本科专业从学术性向职业本科转型，建成一批职业教育特征鲜明、行业认可度高、达到国际同类高校先进水平的试点专业。通过专题研究、会议座谈、高校内部遴选、论证申报和组织专业严格遴选等程序，共确定16所高校的26个专业为首批试点专业。试点专业高校牵头成立由校领导、相关中高职学校和职能部门以及学院负责人参与的试点专业建设领导小组，统筹协调资源，建立试点专业综合改革试验区，为试点专业建设提供人、财、物、制度与政策等保障。及时研究和解决试点专业建设过程中的问题，确保试点专业建设有序推进。市教委组织专家对试点专业年度建设目标、任务完成情况进行检查，对下一年度建设方案进行论证和指导。（孔莹莹）

【开展大学生创新创业教育活动】 年内，继续开展上海市大学生创新活动计划。为提升大创活动工作水平，研究制定大学生创新活动学校自查暨调研指标体系，包括指导思想、实施过程、组织保障、活动成效、院系项目、国创计划等6个一级指标和21个二级指标，旨在引导学校切实落实“兴趣驱动，自主实践，重在过程”的原则，鼓励学校将大学生创新活动纳入人才培养方案。对照指标体系，组织开展了2013年全市高校大学生创新活动工作总结和交流互评会。继续开展市级大学生创新活动立项工作，共计立项3000余项；遴选推荐地方高校入选国创计划项目716项；组织高校参加第七届全国创新年会，上海共计21个项目（论文）入选（其中部属高校14项，地方高校7项），同济大学李翔宇等同学完成的“基于二维码的室内组合定位系统及其服务”和上海政法学院景祥雷等同学完成的“上海宣锐文化传播有限公司”获得“大学生创业项目奖”，前一个项目还在闭幕式上做大会交流报告。（赵丽霞）

【举办大学生学科竞赛活动】 为加强大学生实践能力和创新精神，提高人才培养质量，年内，继续主办上海市大学生计算机应用能力大赛、上海大学生化学实验竞赛、“上图杯”先进成图技术大赛、上海市大学生工程训练综合能力竞赛、上海市大学生机械工程创新大赛、上海市大学生工业自动化挑战赛、上海市大学生企业经营模拟沙盘大赛、上海市大学生网络商务创新应用大赛等8项竞赛活动，继续支持全国大学生数学建模竞赛、大学生电子设计竞赛、全国大学生广告艺术大赛等3项全国大赛上海赛区的竞赛活动，并首次成功主办了上海市大学生决策仿真实践大赛、上海市大学生“创造杯”大赛。为进一步规范学科竞赛活动，市教委深入参与到赛事的方案设计和组织管理工作中，提升竞赛的举办水平和质量。（赵丽霞）

【高校合作办学与教学资源共享】 ①参与西南片高校联合办学（以下简称“西南片”）的本科高校共19所。年内，12所高校注册在读辅修专业7786人，其中跨校修读2728人，授予辅修专业学士学位2636人，颁发辅修专业证书422人。东北片高校在西南片辅修专业注册在读179人，25人获辅修专业学士学位，5人获辅修专业证书。督导组对华东理工大学、东华大学、华东政法大学3所高校的辅修专业进行听课检查，对华东师范大学辅修专业毕业论文进行抽查。上海交通大学、华东师范大学、华东理工大学3所高校研究生院之间相互开放研究生课程并推广到西南片其他高校。华东理工大学成功举办了第六届上海分析测试暨西南片高校分析测试技术论坛。深化“西南片联合办学服务网”建设工作。全体高校签署“慕课课程共建共享协议”，借助上海交通大学“好大学在线”慕课平台，启动基于“慕课”的辅修专业建设，就慕课共建、慕课修读、学分互认制订了具体实施办法。②参与东北片高校联合办学（以下简称“东北片”）的本科高校共12所。现设16个跨校辅修专业，开设辅修课程149门，在读学生2526人。年内，招收辅修专业新生1074人，其中包括西南片、松江片学生37人。开设跨校选修课程16门，跨校选修359人次。加强合作办学信息网及网上学习平台建设。共召开例会5次，探讨合作办学相关事宜。建立东北片跨校辅修优秀学员奖学金制度，已有3所高校参与，共有来自9个辅修专业的42名同学获此殊荣。③参与松江大学园区（以下简称“松江片”）高校资源共享的本科高校共7所。年内，注册辅修人数为5631人，授予辅修专业学士学位1280人；开设跨校选修课程83门，修读学生4679人次。共召开9次教学协作组会议。松江片继续推进长三角交换生项目，共接收学生28人，派出学生19人。开展辅修专业问卷调查，开展《上海松江大学园区合作培养复合型、应用型人才的探索》本科重点教改项目研究，编印长三角交换生随想集，完善“松江大学园区高校教学协作网”。（朱俏逍、赵丽霞）

【分层推进高职院校建设】 ①市教委继续分三个层次推进示范性高职院校建设。一是支持上海医药高等专科学校、上海公安高等专科学校、上海工艺美术职业学院、上海旅游高等专科学校等4所国家示范性高职院校全面推进飞跃计划后示范建设，向专业特色鲜明、校企深度融合、具备国际影响的高等职业院校发展。二是完成上海电子信息职业技术学院国家骨干高职院校建设项目市级验收工作，并通过两部验收；推动上海出版印刷高等专科学校国家骨干高职院校建设项目全面展开。三是支持上海科学技术职业学院等10所上海市特色高职院校建设，围绕上海支柱产业，以专业建设为载体带动院校整体发展，从专业形态、办学形态、校园形态三个方面打造符合上海高等职业教育改革发展需要的特色高职院校。②在职业教育国家教学成果奖评选中，上海高职院校获得国家级一等奖2个、二等奖7个，其中国家示范性高职院校占4个，国家骨干高职院校占2个，上海市级特色高职院校占2个，上海市以国家示范（骨干）高职院校为龙头，市级特色高职院校为支撑，带动上海高职教育总体改革的发展战略已初见成效。（赵　坚）

【举办高职高专院校重点专业建设教学设计比赛】 年内，举办的第四届高职高专院校重点专业建设教学设计比赛活动共有27所高职院校的29个专业参赛，通过教学校长“说重点专业的顶层设计”、专业主任“说专业建设五年规划”、专业教师“说专业的核心课程设计”，组织29名校院长（或教务处长）、29个重点专业负责人、87名骨干教师参与重点专业建设教学设计的教学设计比武，促使高职院校明晰专业开发、专业设置、专业调整、专业教学、专业就业的各个环节，并把专业建设的重点落实在专业校内实训基地建设、师资队伍建设、人才培养模式改革、技术服务与社会服务四大方面，促进学校发展、教学管理、专业建设、课程设计的有机联系，引导上海高职高专院校形成务实求真的教学工作作风，带动学校专业结构的整体优化和专业建设的全面提高，形成一批特色明显、质量过硬、具有示范作用的高水平精品专业。各高职院校经过7个月的初赛复赛争夺，5所院校进入决赛，决赛采用现场评议形式。根据专家评分和各院校投票结果，最终上海交通职业技术学院、上海科技职业技术学院捧得一等奖；上海东海职业技术学院、上海思博职业技术学院和上海健康职业技术学院获二等奖。教育部和兄弟省市、兄弟院校的分管领导专程来决赛现场观摩指导，富有经验的专家评审团现场精彩点评，使得重点专业建设大比武已成为上海高职教育的一大亮点和品牌。（赵　坚）

【高校学科布局规划编制工作】 市教委自2013年3月起，开展《上海高等学校学科发展与优化布局规划（2014—2020年）》（简称《学科规划》）编制工作，组织上海交通大学、上海大学、市社科院、市教科院、市学生事务中心，以及相关行业企业专家学者参与编制，召开30余次研讨会。经反复论证修改，形成该《学科规划》。4月30日，上海市教育体制改革领导小组第十四次专题会议审议并原则同意了《学科规划》。2014年6月4日，市长杨雄、副市长翁铁慧以及相关委办局负责人听取了汇报。6月25日和6月30日，市政府副秘书长宗明先后两次召开协调会，推进对《学科规划》的修改完善工作。7月30日，市教育体制改革领导小组第十七次专题会议审议并通过该《学科规划》。11月21日，市教委下发《上海市教育委员会关于印发〈上海高等学校学科发展与优化布局规划（2014—2020年）〉的通知》，正式启动各本科高等学校学科规划工作。（杨　雪）

民办教育

【推进民办教育分类管理】 以坚持办学公益性为出发点，以体制机制的改革创新为切入点，以提高教学及办学质量和促进民办学校可持续发展为落脚点，探索与实践营利性和非营利性民办学校分类管理办法，取得进展。①创建非营利性民办高校示范校。市教委印发《上海市教育委员会关于开展非营利民办高校示范校建设工作的通知》，按照“公益性强、体制创新、特色明显、质量领先”原则，在捐资办学或以国资为主出资办学，出资人和举办者不要求取得合理回报的民办高校中遴选若干所学校，开展非营利民办高校示范校创建工作。通过示范校创建，引导民办高校走非营利办学道路，坚持民办教育公益性原则；引导民办高校开展创新体制机制改革，充分发挥民办体制机制的优势；引导民办高校努力提升办学质量，努力提高水平、办出特色。对非营利民办高校加大扶持力度，发挥政府在公共资源配置方面的引导作用，促进非营利导向的民办高等教育改革发展环境的形成。对纳入示范校创建范围的民办高校，给予政策和资源支持。主要包括：民办教育政府专项扶持资金给予重点支持；民办高校“强师工程”培训、民办高校骨干教师科研等项目，优先给予扶持；协调财政、税务等部门，探索给予非营利组织税收政策待遇。②在有条件的区域探索试点民办中小学非营利制度。在营利性和非营利性民办教育机构分类管理思路下，市教委在浦东新区试点开展民办中小学非营利制度试点。市教委对民办中小学实施非营利制度的基础和可行性以及实施路径进行调研，拟定《上海市教育委员会关于开展非营利民办中小学试点工作的通知》（讨论稿），征求各有关部门的意见。根据《关于非营利组织免税资格认定管理有关问题的通知》，与税务管理部门进行了多次协调沟通，在民办中小学非营利组织认定的条件和程序上与有关委办局达成了初步共识。浦东新区教育局拟定了《浦东新区关于民办学校适用非营利制度的指导意见》（试行），并在全区初步遴选上海民办福山正达外国语小学、上海民办浦东交中初级中学、上海民办建平远翔学校、上海民办新竹园中学、上海民办进才外国语中学等5所民办中小学，作为首批非营利制度试点学校。市教委向试点学校拨付了试点制度经费，引导学校彰显公益性和内涵发展。在区县推进教育综合改革试验区方案中，将民办中小学非营利制度试点列为区县综改重点项目之一。③探索经营性和非经营性民办非学历教育机构分类登记管理。全市共有在教育部门领取办学许可证的民办非学历教育机构1300余所、属于非营利性的民办非企业单位，在工商部门登记开展办学活动的教育公司近2000所、属于营利性的企业。根据分类管理的要求，对于在教育部门领取办学许可证的民办学校，市教委根据相关法律法规制定了相应的设置标准与管理办法，通过许可证发放、年度检查、专项评估与检查等举措，促进各校的办学规范性。对于在工商部门登记注册的经营性非学历教育机构，《上海市终身教育促进条例》中明确了相关登记与管理的原则。市教委、市人力资源和社会保障局、市工商行政管理局联合印发了《上海市经营性民办培训机构管理暂行办法》，界定了经营性民办培训机构的定义，对培训管理、人员管理提出了明确要求，并对教育部门、人保部门、工商部门的职责和权力作了规定，同时要求民办培训机构建立学杂费专用存款制度。（王纾然）

【成立上海市民办教育发展基金会】 为贯彻三中全会《决定》提出“健全基金奖励、捐资激励等制度”的精神，全面深化上海教育综合改革，在民办教育领域“先行先试”，8月，上海市民办教育发展基金会挂牌成立。该基金会由上海杉达学院、上海视觉艺术学院、上海东海职业技术学院、上海新侨职业技术学院、上海济光职业技术学院、禾佳民办教育联盟和上海培佳双语学校等七家单位筹资发起，原始资金为7730万元。该基金会是全国第一家由政府倡导、民办学校联合发起，以支持民办教育发展为宗旨的公益性基金会。基金会依法筹措各方资金，充分利用社会资源，资助民办教育改革和发展，为上海教育事业作出贡献。为保障民办教育发展基金会合法有序地运作，上海市民办教育发展基金会设立理事会为决策机构，设立监事会作为专门监督机构，健全完善外部与内部相统一的监督体系，保证基金会依据自身功能定位和章程规范，发挥对上海民办教育发展的创新促进作用。上海市民办教育发展基金会成立后依法筹措各方资金，建立社会多元投入支持保障体系，奖励为民办教育做出突出贡献的个人和集体，资助本市民办教育改革和发展，发挥基金奖励与捐资激励民办教育的作用。同时，基金会作为政府转变职能的重要标志，充分发挥非政府组织的优势，成为沟通行政部门和民办学校的桥梁纽带。基金会已正式启动实施“同舟计划”“星光计划”“萌芽计划”“合作计划”“追梦行动”等项目，并且设置相关奖励项目，开展民办教育改革调查研究，资助民办学校内涵建设与师资队伍建设等，切实为上海民办教育服务，赢得政府、学校、社会的广泛好评：一是基金会为民办教育筹资开辟了新渠道，促进社会力量捐资办学，充分发挥民办学校体制机制的灵活优势，推动捐赠制度的完善和捐赠文化的形成，为上海民办教育发展注入新的活力；二是基金会成为引导民办学校坚持公益性办学的新方式，重点支持非营利民办学校的发展，大力扶持非营利民办学校的改革创新，为非营利民办学校的可持续发展提供保障，促进非营利民办学校制度的形成，为引导民办学校坚持公益性办学探索新途径，为质量高声誉好的经营性社会培训机构创造良好的发展环境；三是实现政府民办教育治理现代化的新途径，依托社会各界力量，破解民办教育发展中的瓶颈和难题，为民办学校解决实际困难，完善民办教育公共治理和社会监管制度，是政府对民办教育治理模式现代化的重要探索。

（季秋瑜）

【创建民办中小学特色校(项目)、民办优质幼儿园】为贯彻落实《国家中长期教育改革和发展规划纲要(2010—2020)》提出的“支持民办学校创新体制机制和育人模式，提高质量，办出特色，办好一批高水平民办学校”的精神，充分发挥上海市民办幼儿园、中小学体制机制优势，形成一批注重内涵发展和特色建设，在全市和全国有影响的高水平、高质量的民办学校，市教委于2012年8月正式启动首轮上海市民办中小学特色学校(项目)、民办优质幼儿园创建工作，给予经费资助，创建周期为三年。通过自愿申报、区县推荐、专家评审等程序，全市34所民办中小学特色学校、30个民办中小学特色项目和39所民办优质幼儿园，共计103所民办学校纳入创建计划。市教委将创建学校纳入中长期教育规划纲要市级专项经费支持范围，给予经费资助。经审核后，市级财政每年给予每个特色学校创建校资助资金30万—40万元，每个特色项目创建校、优质幼儿园创建园资助资金20万元。各区县教育局也将本工作纳入区县基础教育工作整体规划，从政策和经费上给予支持和资助。为提高创建工作绩效，加强创建过程管理，切实推动创建工作顺利开展，市教委委托教育部中学校长培训中心全程指导和支持民办中小学特色学校(项目)和民办优质幼儿园的创建，开设了创建学校校(园)长培训班，通过集中研修、展示活动、外出学习、论坛研讨、专家指导等多种形式，提升创建质量与水平。教育部校长培训中心邀请上海和各地学者、校长、管理人员组成专家团队，对各校创建方案进行深入分析，结合发展实际，有针对性地指导完善创建计划。通过培训和研讨，创建学校进一步找准了自己的特色发展定位。他们根据自己的发展基础和发展需求，明晰了特色创建目标，找到了特色创建的路径，凝聚办学特色，积极发挥民办体制和机制优势，为构建以生为本、可选择、多样化、充满活力的教育生态，进行了卓有成效的实践探索。3月，市教委组织开展民办中小学特色校(项目)、优质园创建中期展示活动。通过专家进校指导、校长宣讲研讨会、校园展示日等多种形式集中展示学校特色创建成果,检验前一阶段工作成效。12 月 16 日,市教委组织 103 所创建学校在上海协和双语学校开展“民办中小学特色学校(项目)、民办优质幼儿园”创建工作总结大会,通过视频展示、学生活动、教师演示等形式集中展示总结了三年来的创建成果,呈现各校内涵发展的特色与亮点,市教卫工作党委、市教委分管领导出席会议。本次创建工作坚持“凝练特色、提升质量、以评促建、推动发展”的原则,重在过程、重在引导,不挂牌、不命名,取得良好成效。市教委组织有关专家学者和民办学校校长代表,共同探索研制创建工作的评估指标与评估办法,监测创建过程和绩效。上海市积极支持鼓励民办学校充分发挥体制机制优势,创新育人模式,凝练内涵,凸显特色。经过三年的创建工作,103 所创建学校坚持“为了每一个学生的终身发展”的改革方向,锐意改革,创造性地开展了教育实验,根据学生发展需要与教育规律,在建构学校特色课程体系、加强学生思想道德和身心综合素质、培养文化艺术素养、提升科学教育品质、拓展国际化视野等方面凸显了浓郁的上海民办教育特色。一大批民办中小学、幼儿园在创建过程中找准了办学定位,激发了办学活力,发挥了在教育改革中的“先导作用”“引领作用”和“撬动效应”。 (季秋瑜)

终 身 教 育

【2014 年概况】 年内,全市 8 大市民终身学习体验基地共建设 78 个体验站点,比上年增加 36 个,增长幅度达 85.7%;体验项目 196 个,比上年增加 100 项,增长幅度达 104.1%;专题体验活动 96 次,比上年增加 45 次,增长幅度达 88.2%;截至 9 月底,参与体验基地学习活动的市民总计超过 60 万人次。

全市 17 个区县全部参与市政府实事项目,全年共扶持 74 所街镇老年学校开展标准化建设,超过预计目标 24 个,超额 48%。建设 74 所学校共有功能教室 315 个,通过实事项目新增、改建功能教室达到 626 个,增加 311 个功能教室,增加 98.7%;老年学校原有面积 117569 平方米,建设后达到 138913 平方米,新增 21344 平方米,增长 18%,新建移动终端教室 25 个,科普保健教室 43 个,茶道礼仪教室 10 个。

举办“金色梦想——上海市老年教育成果(艺术作品)展,全市 173 件老年教育精品成果进艺术宫展出。出版发行《十万个为什么》(老年版),首批 10000 套全部向社区居民、老年学员免费赠阅。成立上海市志愿者协会社区教育志愿服务总队,首批组建老年教育、专家进社区、文化艺术普及、社区科普教育、进城务工人员教育培训等 5 支志愿服务分队,截至 10 月底,招募志愿者 3000 余人。

深入落实《上海市终身教育促进条例》“本市建立教育培训机构学杂费专用存款账户监管制度”规定,会同中国人民银行上海分行等 9 个职能部门,完成《上海市教育培训机构学杂费专用存款账户管理暂行规定》及《补充规定》等规范性文件的调研和修改,形成《上海市教育培训机构学杂费收缴和使用管理规定》,向社会征求意见后实施。

推进上海学习网建设。面向全体市民,提供在线学习、活动分享、互动交流、终身学习档案与学分认证等全方位、个性化的学习云服务。上海市大部分区县已接入该网站,初步实现了学习资源的互联互通。截至 2014 年底,网站点击量 1.4 亿,网站注册人数 130 万,网站课程 15000 门(包括区县互联互通共享课程),选课 621 万人次。 (田 田)

【推进“扶持50所街镇老年学校开展标准化建设”】 根据《上海市老年教育“十二五”规划》中“实施街镇老年学校能力提高计划”要求，落实“扶持50所老年学校开展标准化建设”项目，并纳入2014年市政府实事项目。至12月，该项目超额完成预定目标，首次实现全市17个区县全覆盖，全年共扶持74所街镇老年学校开展标准化建设，超过预计目标24个，超额率48%。参建学校原有功能教室315个，通过实事项目新增、改建功能教室达到626个，增加311个功能教室，增加率达到98.7%；老年学校原有面积117569平方米，建设后达到138913平方米，新增21344平方米，增长18%。（姚　岚）

【举办老年教育成果展】 11月20日至12月20日，市教委会同市文广局、中华艺术宫、四所市级老年大学和各区县老年教育机构，在中华艺术宫举办“金色梦想——上海市老年教育成果（艺术作品）展”，并在“上海学习网”开设老年教育作品成果网上展示厅。这是上海老年教育成果（艺术作品）首次在国家级艺术殿堂举办，展览主要以绘画、书法、摄影、手工艺等四大类作品为主，最终展出173件老年学员的作品，反映了上海老年教育30年来的发展水平。展览期间，组织参观达215批，参观人数达29895人。（姚　岚）

【完成社区教育实验工作评审】 年内，完成第四轮2013—2014年度社区教育示范街镇的创建，以及社区教育实验项目的评审验收工作。社区教育实验工作已连续四轮出台《上海市实验街镇建设指南》和《上海市实验项目指南》，对于不同类型不同基础的实验街镇、项目建设提出了基础性建设和重点创建工作的指导意见，市社区教育实验项目管理办公室（下称“市项目办”）开展“2014年上海市社区教育实验项目专题培训”，以提高区县及相关实验单位的工作能力。经过创建，全市共有87个街道（乡镇）提出申报，占备案单位总量的59%，浦东新区洋泾街道等80个街道（乡镇）被认定为“第四轮上海市社区教育示范街道（乡镇）”；第四轮实验项目工作评审验收了完成实验内容的9个重点项目和95个一般项目，并认定其中9个项目为“2013—2014年上海市社区教育示范项目”，16个项目为“2013—2014年上海市社区教育优秀项目”，79个项目通过验收。（姚　岚）

【开展红色文化进社区活动】 年内，为培育和践行社会主义核心价值观，在社区教育中融入弘扬红色文化、培育社会正气，上海市学习型社会建设与终身教育促进委员会办公室会同陈云纪念馆，在浦东、徐汇、长宁、嘉定和青浦等五区联合开展了“学习伟人精神，弘扬红色文化——红色文化进社区”试点工作。各试点区和陈云纪念馆密切合作，通过展板、讲座、木偶剧、参观等形式，将陈云同志生平展推进社区、进入教材、融入团队活动之中。各试点区完成市级的规定项目，并独创许多特色活动，扩大红色文化进社区的辐射面。据统计，这次活动中，实地参观陈云纪念馆的市民近6000人，观看陈云生平展31万人次，观看情景木偶剧《童年的足迹》3000多人，征集摄影、书法、绘画、手工艺作品等742件，优秀作品已经汇编成《成果集》。（姚　岚）

【组建社区教育志愿服务总队】 为贯彻落实《关于推进学习型社会建设指导意见》关于“发挥教育志愿者作用”的要求，动员社会各方人士共同参与社区教育志愿服务工作。市学习型社会建设与终身教育促进委员会办公室在市文明办、市志愿者协会的支持下，成立上海市志愿者协会社区教育志愿服务总队，同时成立老年教育、专家进社区、文化艺术普及、社区科普教育、进城务工人员教育培训等五支志愿服务分队。总队成立“上海市社区教育志愿服务总队管理办公室”，设在市学指办。全市成立36个工作站，分别设在17个区县社区学院、市级老年教育机构、上海教育报刊总社、上海科普教育促进中心等相关单位，街镇社区学校设立227个服务点，整合社会各方资源，扩大志愿者队伍规模。（姚　岚）

语言文字工作

【成立高校语文教育联盟】 为提升上海高校学生语言文字应用能力，提高上海高校语文教育水平，在市教委语管处、高教处指导下，经上海市5所语言文字规范化示范校发起，上海相关高校本着“自愿、交流、合作、共赢”的原则，共同成立高校语文教育联盟。联盟旨在推进上海高校语文教育的发展，整合联盟高校语文教育资源，建立一个集“教育教学、课程开发、师资培训、科学研究”为一体的高校语文教育交流、协作、共享平台。联盟成立于6月24日，市语委副主任、市教委副主任袁雯为上海高校语文教育联盟揭牌，联盟会员41家。9月22日，召开联盟会员大会，会议研究部署联盟2014—2015年的各项工作任务。国家语委副主任、教育部语用司司长姚喜双出席会议并作专题报告。 （姜冠成）

【开展“书法名家进校园”活动】 为贯彻落实《国家中长期语言文字事业改革和发展规划纲要》，弘扬中华优秀传统文化，提升学生汉字书写能力，根据《国家语委、中国书法家协会关于开展“书法名家进校园”活动的通知》要求，市语委、市教委联合市书法家协会、上海教育发展基金会开展上海市“书法名家进校园”活动。活动旨在搭建一个由中小学生、教师、书法教育工作者、书法家共同参与的活动平台，以提高汉字书写能力为目标，以书写实践为抓手，引导广大师生感受汉字和书法的魅力，激发热爱汉字、学习书写的热情，全面提升汉字书写水平。市书法家协会周至高、张淳等20名书法名家走进大中小学校开展专题讲座，讲座内容围绕书法基础常识、书法的鉴赏、书法与人文素养、书法文化精神等主题展开，每次活动时以一所学校为主，同时组织周边学校师生共同参加。在全市17个区县和部分高校共开展了20场书法名家进校园活动，约3000名师生现场感受了书法的魅力。（姜冠成）

【制订《上海市公共场所外国文字使用规定》】 9月15日，《上海市公共场所外国文字使用规定》(以下简称《规定》)经市政府审议通过，自2015年1月1日起正式施行。《规定》旨在规范公共场所外文使用，建立健全监督和管理体制，加强依法管理，营造良好的、符合国际化需求的社会语言文字环境，展示文明城市的良好形象。《规定》坚持国家通用语言文字的主体地位，坚持规范和服务相结合，强化共同监督，注重宣传教育，对公共场所外文使用管理工作中的政府部门职责、使用场所、使用及译写要求、管理及服务措施、社会监督、法律责任及执法主体等作了明确规定。《规定》作为国内首部规范外文使用的省级政府规章，可以为相关的监督、管理和服务工作提供法律依据，对全市语言文字工作加强依法管理具有重要意义。 （马晓华）

【举办“我爱汉字美”——中学生咬文嚼字活动】 为提高汉字应用能力，传承弘扬中华优秀传统文化，建设社会主义核心价值体系，市语委、市教委于1月至3月开展“我爱汉字美”——上海中学生咬文嚼字活动。活动由上海教育电视台、上海教育报刊总社承办，以“传承美丽汉字，提升应用能力”为主题，活动采用现场竞答汉字应用能力知识题的形式，设置轮答、选答和“终极对决”三大竞答环节，重点考察学生对汉字音形义的掌握理解程度和实际应用水平，同时在比赛过程中邀请路金波、李蕾、黄玉峰等文化教育界知名人士对学生竞答内容进行点评，重点展示汉字的魅力，普及汉字的文化知识，规范语言的日常使用。活动在区县和市级选拔的基础上共有24支队伍参加，每支队伍由3名来自同一所学校的初二和初一的学生组成，采用24进12、12进8、8进4、4进1的方式，共进行12场展示活动，经过激烈角逐，民办立达中学获得冠军。节目在上海教育电视台播出，引起社会各界的热烈反响。上海市文化广播影视监测中心撰写题为《我爱汉字美，荧屏获“点赞”》的报告，专门介绍活动的做法和成功经验。（姜冠成）

【开展中华经典诵读活动】 年内，全市通过采取培育“关键点”、找准“贯穿线”、扩大“宣传面”、构建“长效机制”等措施，推进中华经典诵读行动的开展。①开展培训工作，加强师资队伍建设。发挥上海市经典诵读名师工作室在师资队伍建设中的重要作用，研发培训课程，指导各区县积极开展相关培训，并在此基础上，选派应雅鹃等5位语文骨干教师参加教育部“国培计划(2014)”——中小学经典诵读教育骨干教师培训班。②加强课程建设，融入学校教育教学。将经典诵读行动贯穿学校整体教育教学活动中，纳入课程体系，结合各校的办学定位和特色，实现经典诵读行动与基础型、拓展型和研究型课程的有机结合。③开展各项活动，扩大社会影响。开展2014师生经典诵读活动、教师书法教学技能展示活动、教师讲解中华经典教学技能展示活动。共收到227份优秀诵读视频作品、86个书法教学视频作品、117个讲解中华经典教学视频作品。④开展科学研究。委托华东师范大学、嘉定区语委承担市语委“十二五”科研重点项目——《中华经典诵读长效机制研究》，努力探索经典诵读行动的长效机制。

（姜冠成）

国际交流和港澳台交流

【高校(科研院所)外国留学生教育和国际汉语推广工作】 (一)年内，共有来自187个国家和地区的56027名外国留学生在全市37所高校(科研机构)就读，比上年增加2227人，同比增长4.1%。其中硕士生与博士生分别为4200人和1100人，与上年基本持平。学习期限超过6个月的长期生39372人，占总数的70.3%；学习期限在6个月以下的短期生16655人，占总数的29.7%。①全市留学生规模超过1000人的高校14所，其中前11所高校规模均超2000人，依次为复旦大学6220人、上海交通大学5864人、华东师范大学5689人、同济大学5225人、东华大学4734人、上海外国语大学4511人、上海大学3896人、上海财经大学2609人、上海中医药大学2440人、上海师范大学2338人、上海对外经贸大学2018人。②留学生生源：留学生较多的前10位国家依次为韩国9558人、日本5635人、美国4452人、法国3854人、德国3007人、泰国2608人、俄罗斯1900人、意大利1631人、印度尼西亚1620人、哈萨克斯坦1183人。③按学科分，选读较多的5个学科依次为文学32349人、管理学7247人、经济学5144人、医学3503人、工学3465人。④按学历生规模分析，留学生较多的前10位学校依次为复旦大学2498人、上海交通大学2359人、同济大学1940人、华东师范大学1063人、东华大学977人、上海外国语大学977人、上海中医药大学942人、上海财经大学867人、上海大学622人、华东理工大学433人。年内新增上海电子信息职业技术学院、上海工商外国语职业技术学院、上海开放大学为接收外国留学生培养院校。(二)做好奖学金申请管理，提升奖学金生培养质量。全面启用上海市外国留学生政府奖学金网上申请平台，规范与提升留学生奖学金的管理水平。推进本科预科教育，提高留学生培养质量。2014年招收来自23所高校71名学员，参加新HSK考试，其中34

名学生通过4级和5级考试，另有8名学生通过6级考试。完善预科学院规章制度，编写预科学院专用教材，改建了预科学院学生宿舍，完善预科学院教学设施。（三）加强课程建设与师资培养，提高留学生教育培养水平。开展留学生全英语课程建设，2013—2014年共有22所高校的164门课程获得立项，涉及申报教师1003人。开展留学生教育师资培训，执行市教委与国家留学基金委合作的“上海市高校国际课程师资国外研修项目”，加强留学生授课教师专业外语、教学法培训。2014年再次派出38名教师赴加拿大阿尔伯塔大学和澳大利亚昆士兰大学研修。（四）推进外国留学生服务体系建设，优化来华留学环境。推进来华留学示范基地建设，复旦、上海交大、同济和上海大学4所高校入围教育部首批启动的来华留学示范基地，市教委与4校研商确定2年建设目标并给予地方经费配套。组织形式多样的留学生文体活动，丰富在沪留学生学业生活。组织参与教育部“留动中国——在华留学生阳光体育文化之旅”大型活动，全市18所高校200余名外国留学生参与。承办九州赛，东华大学取得第5名的优异成绩。举办第二届“寻找中国印象——上海市外国留学生中国元素创意设计大赛”。举办第七届上海市外国留学生龙舟赛。参加第十二届上海市“张江杯”中外友人乒乓球比赛。（五）加大对外宣传与推广，不断拓展新兴生源市场。开展上海暑期学校项目，500余名外国留学生通过参加由13所高校举办的19个项目，在沪接受为期1个月的汉语和中国文化体验课程的学习生活，参加项目的学生已遍及世界五大洲。分别在阿尔巴尼亚、土耳其成功举办2014中国上海教育展，展会期间与土耳其海峡大学合作举办孔子学院成立10周年教育论坛，扩大上海教育在国际生源市场的影响力。推进“留学上海”英文网站建设和APP上线，全面实现上海市政府外国留学生奖学金网上申请与录取。“留学上海”网站运行效果良好，成为外国留学生工作新闻发表、信息交流、工作支撑的重要平台。（六）加大汉语国际推广力度，提升中国文化国际影响力。贯彻落实国家汉办《孔子学院发展规划（2012—2020）》，制定全市实施工作方案。实施“新汉学计划”，提高办学层次和质量。推进建设特色鲜明的孔子学院、中华文化示范基地和国别研究中心。与国家汉办共同建设若干个重点项目。至年底，共有10所高校、13所中小学在20多个国家举办了孔子学院43所、孔子课堂45个。年内，新增3所孔子学院，分别是上海中医药大学承办的美国佐治亚瑞金斯大学孔子学院、上海对外经贸大学承办斯洛伐克考门斯基大学孔子学院和东华大学肯尼亚莫伊大学孔子学院。（金　晓）

【教育国际交流与合作】　①做好交流接待工作，努力拓展国际交流渠道。年内，市教委共接待来自美国、英国、德国、法国等27个国家和地区的57批来访团组，合计983人次。其中，部长级代表团8批，分别来自英国、南非、泰国、以色列、古巴、巴巴多斯、希腊、澳大利亚。其他各类各级政府、教育机构代表团组49批。与澳大利亚维多利亚州、新西兰达尼丁市、英国教育部、德国赛德尔基金会以及国际乒联新签署5份合作协议及备忘录。②推进人文交流，提升服务教育改革和发展的能力。4月，启动中英数学教师交流项目，推进中英高级别人文交流，中英两国130余名小学数学教师进行互访交流。6月，安排接待应习近平总书记邀请，到沪进行交流的哈萨克斯坦纳扎尔巴耶夫大学师生团199人。7月，安排接待应副总理刘延东邀请，到沪参加“2014中俄青年友好交流年”演出活动的俄罗斯圣彼得堡少年宫斯米尔诺夫手风琴乐团40余人。响应习近平主席“密切中德青年人交流”倡议，接待列入中德人文交流框内的德国中学生来华夏令营交流团45人。9月，组织学校参加由副总理刘延东与美国国务卿克里联合启动的“千校携手”项目，促进中美人文交流。接待韩国100名初中生来访团，促进中韩人文交流。③加强友城教育交流，助力城市外交。举办第六届上海国际友好城市青少年夏令营，来自17个国际友好城市的121名师生参加。在上海与达尼丁市结好20周年之际，签署新一轮“全面合作伙伴关系协议”，选派24名市大中学生前往达尼丁市进行短期交流。推进上海—德国汉堡学生交流项目，双方互派15名学生开展为期3周的交流。与法国罗阿大区签署新一轮两地教育合作协议。推进与芬兰埃斯波市在基础教育、高等教育方面的合作，在埃斯波市长11月访沪期间，双方联合组织研讨论坛。④支持高校参与高水平国际交流，推动国际组织落户上海。推动华东政法学院成功申办联合国世界知识产权组织暑期学校项目。推进上海戏剧学院与联合国教科文组织国际戏剧协会合作，争取联合国教科文组织国际戏剧协会落户上海。与国家体育总局乒乓球羽毛球运动管理中心、中国乒乓球协会合作，成功推动位于瑞士洛桑的国际乒联博物馆整体落户上海。⑤搭建交流平台，提升中小学生跨文化理解能力。与市外办联合举办第三届“上海中小学生走进外国驻沪总领事馆”系列活动。组织上海市8个区县15所学校共计214名中小学生参观希腊、智利、葡萄牙等9个国家驻沪总领事馆，帮助学生了解不同国家的教育、文化与风土人情。推进实施“上海市中小学非通用语种教育”项目，组建基地学校。（芦莉莉）

【港澳台交流】 ①在沪就读的港澳台侨学生稳步上升。在高校就读的学生2084人（台湾学生1289人，香港学生615人，澳门学生180人，华侨学生16人）。在中小学、幼儿园就读学生8311人（台湾3866人，香港4146人，澳门299人）。在外籍人员子女学校就读学生3343人（台湾1355人，香港1906人，澳门82人）。上海台商子女学校办学稳定，2014年在校生达1276人（幼儿园到高中）。②年内，上海市属高校赴台团组共286批，涉及1579人次，其中参加学术会议81批174人次，学术交流访问62批168人次，学生交流103批982人次。市教委及直属单位组（参）团赴台共29批次405人次。③完成高校港澳台侨学生奖学金评选。共有111名上海学生被台湾42所大学录取，其中博士生19人、硕士生32人、本科生60人。经评审，全市高校459名学生获得高校港澳台侨学生各类奖学金。④加强沪台教育交流。“台北—上海中学生体育节”成功举办。市教委派出由副主任王平任团长的196人组成的上海学生体育代表团，参加田径、游泳、女子篮球、女子排球、网球、乒乓球、羽毛球、武术（套路）、跆拳道、击剑、棒球、垒球、韵律体操共13个比赛项目以及竞技啦啦操交流表演。邀请台湾科技大学等6所高校参展2014中国国际工业博览会。继续举行上海高校“百名台生看上海”活动。举行第七届海峡两岸民办（私立）高校校长论坛。⑤加强与港澳交流。澳门教育暨青年局职业教育职业技术教育学生上海交流计划启动，22位信息科技和文化创意学生到沪交流学习。香港东华三院小学联校男、女足球队一行50人访沪，与浦东新区上南路小学比赛交流及联欢。市教委与市金融办联合举办的高校金融专业学生赴港学习实习项目继续举行，复旦大学等8所高校派出28位金融专业学生赴香港金融机构进行为期四周的学习实习。在港中资企业招聘会在复旦大学举行，为在沪高校就读的香港学生返港就业提供岗位需求。应教育部邀请，香港行政长官卓越教学奖获奖教师上海交流考察团一行40人到访上海，在沪期间，教师们访问了上海的中小学和教育研究机构，与上海教育同行们开展教学交流。由香港教育局委托市教委举办的第十期香港幼儿园园长培训项目11月举行。（陈莉莉）

【外籍人员子女学校】 ①年内，上海36所外籍人员子女学校在校生总人数29552名（幼儿园4396人，小学11681人，初中7090人，高中6385人），学生数与上年基本持平。12所学校办学规模千人以上，其中上海美国学校、上海日本人学校、上海中学国际部等三所学校在校生3000人左右。②加强学校管理，规范办学行为。年初发布《上海市教育委员会关于进一步加强本市外籍人员子女学校管理工作的通知》，在学校管理机制、教师和学生管理、课程和教学管理、财务与资产管理、日常管理、做好涉外民办非企业单位（法人）登记、年度注册备案及办学认证工作等方面，进一步规范外籍人员子女学校的办学行为。继续开展集中财务审计工作。完成年度注册备案登记工作。上海瑞金国际学校连续两年未通过年度注册备案登记，目前处于停止办学状态。严格规范校车管理，市教委会同市公安局交警总队、相关区交警支队对部分外籍人员子女学校校车安全运行情况进行抽查，保障乘坐校车学生的安全。③加强政策调研，规划未来发展。对外籍人员子女学校发展现状开展调研，深入研究学校未来发展定位、指导思想、发展形式、规划布局、规范管理等，完成《上海市外籍人员子女教育发展规划》初稿。根据上海市公安局出入境管理局在沪外籍人士随行子女的动态统计数据，及对外籍人员子女学校在校生数、各学段生数、各校学位数、学校区域分布的数据分析，完成本市外籍人员随行子女就读需求的数据分析，为本市外籍人员子女学校的区域布局和发展规划提供政策依据。对本市外籍人员子女学校中文课程现状进行调查，了解外籍人员子女学校中文课程在课程标准、课程内容、课程实施、课程保障等方面的现状、问题及挑战，提出建议。④传播中国传统文化，丰富学生课余生活。举办2014中国文化进校园系列活动，组织上海外籍人员子女学校学生参观上海的人文科技类场馆。同时结合参观活动开展“我与上海一起成长”——2014年上海外籍人员子女学校学生摄影作品大赛，9所学校选送144幅作品参赛，共评选出一等奖作品13幅，二等奖作品28幅，三等奖作品40幅。人文科技场馆参观和摄影比赛活动丰富了上海外籍人员子女学校学生的课余文化生活，成为他们在上海学习成长过程中珍藏的美好记忆。⑤推进新校开办，更多学校完成民非登记。市教委批准开办“上海哈罗国际学校(筹)”。同时，根据上海市教育综合改革试验区的工作规划，将部分具有办学特色的本地学校国际部纳入外籍人员子女学校管理范围。在已经开办国际部，并且生源稳定、办学有特色的本地学校中，将复旦附中、宋庆龄学校和上海市实验学校国际部纳入外籍人员子女学校管理。协调市社团局，推动上海日本人学校、上海美国学校、上海恩吉尔幼儿园等条件成熟的学校完成涉外民办非企业单位(法人)登记注册。⑥分享资源，开展项目研修。启动“上海市中学校长、教师赴外籍人员子女学校伙伴研修”项目，遴选出7所学校参加项目，每校一名校长、两名教师共21人到上海美国学校、上海协和国际学校和上海长宁国际学校开展。项目连续开展了8周，每周三天，由校长和骨干教师组成一个学习共同体，赴外籍人员子女学校，在小学、初中和高中三个学段随班听课、交流学习，取得良好效果。（陈莉莉）

【中外合作办学】 按照《中外合作办学条例》规定，每年3月和9月分两次集中受理中外合作办学申请。全年共受理24个项目及1家机构的申请。全年上报教育部的项目中，有9个项目和1家机构获批。教育部在2013本科及以上到期评估工作完成后，对全国中外合作办学项目进行了清理，机构和项目总量由原来的2000多个调整为1700多个。根据最新清理数据，截至2014年年底，上海中外合作办学机构和项目由原来的201个调整为180个，其中机构28个，项目152个。开展学历教育的机构和项目159个(研究生36个，本科61个、专科38个，中职(高中)24个)，非学历教育21个(含学前教育3个)。①依托重点项目，推进高校开展高水平中外合作办学。9月，作为加快上海影视产业发展的重点文教结合推进项目，经市政府批准，上海大学与加拿大温哥华电影学院合作设立上海温哥华电影学院(专修)，首批招生80余人。该学院复制了温哥华电影学院在加拿大的办学模式，建立上海大学与上海温哥华电影学院的资源共享、互促发展的合作机制，原汁原味地引进外方优质教育教学资源，借鉴影视与娱乐产业的创意及制作人才的培养模式，紧密结合上海实际情况和需求，实现引进后的吸收、融合和创新发展。为对接“环东华创意产业”发展规划，经教育部批准，东华大学与英国爱丁堡大学合作设立的东华大学上海国际时尚创意学院于9月开学。该机构的设立符合目前国家文化产业发展战略和上海创新驱动、转型发展战略的需要，符合东华大学服务上海建设国际时尚之都、设计之都的需要，也符合教育部对中外合作办学高起点、高标准、高水平的要求，对于促进中外合作办学服务经济社会发展起积极作用。年内，共招收本科生26人，其中中国大陆学生21人，全球范围内招收的国际学生5人。市教委推动同济大学与芬兰合作方设立上海国际设计创新学院(中心)等高水平合作办学。②引入优质资源，探索高中阶段中外合作办学。作为上海基础教育面对全球化时代培养国际化人才的时代回应，全市第一所独立设置中外合作高级中学——上海七宝德怀特高级中学于9月建成开学，该校是第一所具有独立法人资格的中外合作高中。年内，学校共招收学生 142 人，其中上海市学生 99 人，外省市学生 42 人，国际学生 1 人(美国)。③运行信息管理平台，提升社会公共服务能力。在上年完成上海市中外合作办学管理信息平台建设第一阶段工作的基础上，依托平台受理中外合作办学年度办学报告，实现与市教委官网链接，向社会开放查询办学信息。④做好评估工作，确保中外合作办学质量。根据教育部下发的本科及以上层次的中外合作办学机构和项目的到期评估结果，指导各高校进行整改。配合教育部做好专科层次中外合作办学到期评估的调研，切实保障中外合作办学质量。⑤加强政策研究与制定，服务自贸区建设。为落实《中国(上海)自由贸易区总体方案》中关于“允许设立中外合作经营性培训机构”的要求，扩大教育培训业对外开放，加强教育培训业对外交流与合作，市教委会同市工商局、市人力资源社会保障局及市商务委制定《中国(上海)自由贸易试验区中外合作经营性培训机构暂行管理办法》及其申请指南。制定工作流程，做好经营性中外合作办学培训机构受理审核准备工作。参与 2014 年版负面清单关于教育服务业部分的研究与制定工作。

(周勤健、栾雪莲)

区县教育

Education in Districts and Counties

黄　浦　区

【2014年概况】 全区区属教育系统有事业单位119个。其中中学32所，包括市实验性示范性高中7所、区实验性示范性高中4所（含2所完中）、完中6所、九年一贯制学校3所、初级中学14所；小学30所；幼儿园31所；特殊教育学校3所；职业教育学校4所；专门学校1所；教育学院1所；业余大学1所；公办早教机构2所；其他教育机构14个。另有民办九年一贯制学校1所、民办初级中学3所、民办中等职业学校1所。教职工8812人，其中专任教师5907人。离退休人员18434人。在校学生62824人，其中高中生9780人、职校生7203人、初中生14152人、小学生19661人、学前教育儿童11653人。区财政投入30.75亿元。

黄浦区教育工作以“办学生喜欢的学校、办人民满意的教育”为目标，围绕提高教育质量、促进教育改革、满足人民群众对优质教育的需求等任务，加强教育教学工作，开展有效的教科研，努力推进教育质量保障体系建设，切实提高教育质量，营造有利于师生身心发展的良好环境。

一、深化教育教学研究，努力提高教育质量。落实《中小学各学科贯彻落实“两纲”的指导意见》，提升德育科研效能，推动各类德育课题项目的探索研究和应用；深化“城市学校少年宫”和“学生社会实践指导站”试点建设，探索移动新媒体在主题教育和社会实践中的运用；围绕“绿色指标”导向，建设教育质量保障体系，充分利用上海市中小学学业质量检测数据，实施以绿色指标为导向的教育评价，全面评价教学质量和水平；促进义务教育均衡发展，普通高中多样化特色化发展，培养学生创新素养，办学生喜欢的学校；关注小初衔接，切实推进教育协作块和教育小区建设；依托华东师范大学、上海外国语大学等高校资源，加强教科研合作，继续深化“区域—高校”联动合作机制，推进区域教育优质均衡发展、特色发展和可持续发展；顺利通过教育部对义务教育均衡化的督政；推进现代化创新实验室建设，培育学生的创新素养；深化市八中学男子班、光明中学法语班、大境中学外语班项目，研究探索“振兴完中”项目，加强初中与高中的衔接，探索以高中学校统领、整体发展的教学协作链机制；积极创建“新优质学校”，总结提炼经验并逐步宣传推广。

二、推进教育信息化、国际化。完善区内教育信息化的基础设施，启动区域教育信息平台建设；推进信息技术在教学管理中的应用，倡导“用教育数据说话”的实证研究方法，使之成为改进教育教学研究的依据；完善区域教育国际化管理机构职能，研究国际教育动态，确定区域教育国际化目标，规范区域教育国际化工作；根据教育部、市教委的相关政策和规定，调整办学形式，规范和做好格致中学、大同中学、卢湾高级中学等高中国际课程班招生录取工作；推进与澳大利亚教育项目深度交流，积极筹建中外合作的国际学校，加强对外籍教师的规范化管理。

三、平稳推进中小学教育。按照新颁布的《关于来沪人员随迁子女就读本市各级各类学校的实施意见》，制定并实施2014年义务教育阶段学校招生入学实施意见，平稳完成初中招生录取工作。完成2014年高中招生文件、计划的编制和招生报名、录取工作。做好格致中学奉贤校区、向明中学浦江校区和其他相关的支援郊区工作。完成立达中学校长、法人代表变更，以及立达中学换发办学许可证等工作。开展“上海市中小学第一、第二创新实验室案例编写学校及2013年市级重点跟踪项目调研”工作，完成2014年新一轮基于课程的中小学创新素养实验室扶持项目的申报。加强初中与高中的衔接,探索以高中学校统领、整体发展的初高中一体化办学模式。总结梳理"基于课程标准的教学与评价"的经验,并向全市展示;实施以绿色指标为导向的教育评价,推进区教育质量保障体系的建设;继续开展小学空间环境创意设计,聚焦"零起点",更好地体现环境支持;接受教育部对上海市义务教育均衡化的督政;做好放学后看护学生的工作。

四、构建区域职业教育、终身教育体系。围绕区委、区政府颁发的《黄浦区推进终身教育体系建设三年行动计划》,组织召开"2014黄浦区学习型社会建设与终身教育工作会议";按期开展全国社区教育实验项目、上海市重点和一般实验项目的研究;梳理和调整黄浦区老年大学建制,成立黄浦区老年大学暨上海市老年大学黄浦分校;召开2014黄浦区老年教育工作会议;启动街道老年学校能力提升工程;组织策划终身教育课程推介工作;顺利开展2014年老年教育艺术节,展示区老年教育学习成果;组织策划好黄浦区全民终身学习活动周及各项市民展示活动,完成"上海市全民终身学习活动周"设立10周年回顾总结活动。上海长乐霍尔姆斯职业学校停止招生,并做好在校学生的相关工作;加强民办非学历院校档案建设,完成4家区级达标单位;开展民办非学历教育机构办学许可证有效期届满的清理工作;依法成立3家经营性培训机构;探索社区教育体验式学习模式,针对老年学习者开设了常规课程,针对中青年学习者开设了"半日体验"项目,针对未成年人设计了"暑期未成年人学习体验专场"活动,针对非定向的市民群体设计了"海派文化体验基地主题活动"。加强商贸旅游学校特色示范校建设,进一步推进中华职业学校特色示范校创建;充分发挥黄浦区职业教育集团的平台辐射和资源整合功能;按期开展承担的国家和市级社区教育实验项目的研究。

五、完善学前教育公共服务体系。黄浦区新增2所市一级幼儿园(松雪街幼儿园、海粟幼儿园)、2所区一级幼儿园(重庆南路幼儿园、永安路幼儿园)。3所市级示范幼儿园(荷花池幼儿园、蓬莱路幼儿园、思南路幼儿园)通过复验。以"示范园携手二级园、公办园带教民办园""青苹果工作坊""青年园长助推项目""民办幼托机构创建优质计划""空间环境创意设计"等举措为着力点,形成并优化学前教育管理长效机制;继续深化"幼儿园保教质量评价体系"和"学前教育医教结合"研究;会同区卫计委、区妇联等部门做好0—3岁散居儿童早教指导。完善招生软件系统;依据市教委的招生政策制定招生实施意见和办法,完善打分制,加强协调、统筹做好录取调配,公平、公开、公正地招收小部分在区域内稳定居住、稳定就业的进城务工人员随迁子女,同时对未被录取幼儿的家长做好解释与安抚工作。

深化学前特殊教育课程园本化方案的实施研究,建立学前特教园所联络员制度,进一步加强对"有特殊需要儿童的"早期关心和个别指导,进一步完善学前特殊教育指导体系。加强特殊教育医教结合管理机制建设,进一步完善特殊教育体系;进一步深化特殊教育学校内涵建设,发挥其在特殊教育领域的示范作用。提高普通学校资源教室配置水平,做好资源教师的配备与培训工作,提高特殊教育教师专业水平;继续参加市教委第二轮医教结合项目,探索医教结合背景下随班就读工作的研究;组织市第三届特教科研项目的申报、评审工作。

六、加强队伍建设,提升干部、教师专业化水平。做好干部、师资队伍引进、培养、管理和激励工作;建立校级干部培训梯队,加强骨干培养。搭建平台,鼓励支持校长成为专家型校长,成为黄浦教育的领军人物;加大投入,提升在职教师的学历水平;积极引进高素质非教师系列专业技术人员,努力满足学校办学需求;研究新一轮"区级骨干教师"、"区学科带头人"和"名师工作室"的评选办法和管理运作机制,启动新一轮区名师工作室的组建和学科带头人、骨干教师的选拔工作;研究高端教师专业水平进一步提高的各项机制,如出国培训、学术假期制度等;进一步加强对绩效工资制度改革的规范和管理;推进事业单位岗位设置调整工作。

七、优化教育资源布局,改造改善办学环境。推进上海市实验小学、中山学校二期(教育学院)、向明中学地下运动设施等重点建设项目,配合相关部门推动18号地块、115地块教育用地动迁项目,早日启动校舍建设。为提升学校安全水平,组织教育系统全体基层单位与区教育局签订《黄浦区学校安全工作责任书》;积极提高"三防"建设水平,联合公安等部门建设完成技防监督管理平台,实现区教育局技防监管系统与市监管平台联网;加强人防,继续推进保安管理工作,确保学生在校期间保安人员不少于2人,加强各类安全工作培训;持续开展隐患排查和督促整改,即查即改;强化师生安全教育,举行区级示范性学生防震减灾疏散逃生演练和防歹徒入侵校园疏散演练;加强与区综治办、区公安分局、各街道办事处、派出所等单位联动,做好学校及其周边治安、文化市场等处安全监管。

八、依法治教,加强教育管理。深入推进信息公开和行政审批制度改革,依法推进主动公开,做好申请公开的受理工作。以"一校一章程"建设和规范完善家长委员会为抓手,探索建立适合黄浦教育现代化进程需求的教育管理制度,在引导全区各校制定以学校章程为核心的符合法治精神和法律规定的学校内部管理制度体系的基础上,试点规范各校家长委员会建设。作为全国教育行政执法体制改革试点单位,参与加强教育行政执法与执法监督的研究实践,探索依法建立规范教育秩序的长效常态管理机制,完善行政执法规范,强化行政程序规范。加强干部任期内审计工作,督促基层单位严格遵守"三公"经费使用规定、预算管理、现金管理、固定资产管理、政府采购管理、内控制度管理、会计基础规范管理等相关规定。开展教育系统"三公"经费和"小金库"自查工作;完善会计结算中心的管理职能和服务规范;进一步完善教育资产管理机制。推进规范教育收费工作,严格执行国家教育收费政策,严格规范学校代办服务性收费行为,积极参与区惩防体系的试点工作。推进招生"阳光工程",加强录取过程监督,坚决查处和纠正违反规定的行为。开发小学招生信息管理平台,规范招生流程,严审证件、严控人口。加强监督检查,提升履职尽责意识。强化廉政建设,执行"一岗双责"责任制,结合教育特点,以流程设计保证相关廉政制度执行。健全教育督导与评估体系。将督学责任区建设与责任督学挂牌督导工作有机结合,实施挂牌督导,切实保证学校依法自主办学和深化内涵发展。深化学校发展性督导,全面开展新一轮以学校自主发展为导向的督导评估工作。定期开展以创新教育、学生健康快乐成长为导向的质量监测。

(严　奕、余维永、熊莉娜、张佩华、潘敏虹)

【杜占元到区视察】 1月7日,教育部副部长杜占元由市教委领导尹后庆、袁雯陪同,视察黄浦区卢湾一中心小学,了解学校"云课堂"情况,参观了学校"彩云墙",实地考察"云厨房",并观摩"云课堂"数学展示,听取"云课堂"研究的背景及特点介绍。杜占元对卢湾一中心小学"云课堂"研究给予充分肯定,指出信息技术与教学融合,要在教学中发挥积极的作用,运用信息技术必须遵从"以人为本"的原则,促进学生综合素质的提升。(季怡菁)

【创建敬业歌德课堂】 3月4日,敬业中学与德国歌德学院签订友好合作协议,围绕共同发展愿景,就德语学习、了解德国社会和德国文化等方面达成共识,双方携手推进学校教育国际化,创建"敬业歌德课堂",帮助学生和教师提高技能,拓展和提升学生学习和职业生涯能力。(戴　智)

【举办小学生核心价值观调查课题成果展示】 3月24日,由黄浦区上海市实验小学承担的市级教科研课题"小学生核心价值观现状调查与对策研究"举行成果展示活动。课题组提出了"爱祖国、守规则、敢开放、讲诚信、负责任、会学习、懂简朴、有快乐"等小学生核心价值观八大基本元素,及"听看先导""践行跟进""思情相伴""评鉴留白"四条基本路径,形成"师德先行,文化引领""课程领导,学科育人""对话互动,学会思想""资源整合,过程体验"四点育人培养方法。该课题研究成果《成长,约会明天》一书同日首发。(秦瑞波)

【举办区首届小学教学节】 4月2—23日,黄浦区首届主题为"体验中成长"的小学教学节举行。教学节的各项活动聚焦课程与教学改革,以优秀教师的教学展示,助推课堂转型,让教与学的品质惠泽每一个学生;以特色校本课程交流,辐射各小学在课程建设方面取得的成功经验;以高规格的专家培训,建构区、校质量保障体系,促进区域教育高水平

优质均衡发展。（寿钰婷）

【中小学专题教育整合实施推进会举行】 5月29日，上海市中小学专题教育整合实施推进会举行。会上，《上海市中小学专题教育整合实施指导意见（试行）》颁布。2013年8月，市教委在全市中小学开展《上海市中小学公共安全行为指南》专题教育教材试点工作，黄浦区的敬业中学、比乐中学、向明初级中学、大同初级中学、重庆北路小学、卢湾三中心小学、卢湾一中心小学、徽宁路三小学等8所学校被列为先行试点学校，试点成果包括大同初级中学的安全教育系列“微视频”课程资源，徽宁路第三小学《开启生命直通车》公共安全教育综合活动校本教材等。本次推进会上，重庆北路小学代表试点学校，作了主题交流。（王愉敏）

【新优质学校推进项目展示】 6月3日，巨鹿路第一小学举行“守护每一个特别的你”展示活动暨上海市“新优质学校”推进项目展示会。活动以“慧教学”课堂展示、学生毕业论文分享和文华沙龙等形式展示了巨鹿路第一小学以“守护童心”为核心，进行教育教学理念和课堂模式改革的成果。学校教师团队新书《在路上——“慧教学”成长记》《“慧教学”——课堂师生共同的未知》在展示会上发布。（楼海凤）

【新增3个中小学生社会实践基地】 6月20日，区中小学生社会实践基地工作研讨会召开。会上，区文明办、区教育局与上海三联集团、上海文庙、上海当代艺术博物馆代表签约共建协议。2014年新版《黄浦区中学生社会实践护照》《黄浦区小学生社会实践护照》在会上正式发布。随着3个单位的加入，黄浦区纳入“护照”范畴的社会实践基地增加到27个，根据学生特点度身定制的活动项目增加到93项。（徐　枫）

【少年合唱团获世界合唱比赛金奖】 7月19日，第八届世界合唱比赛在拉脱维亚首都里加落幕，黄浦区青少年艺术活动中心春天少年合唱团获童声组别的金奖冠军，同时在世界合唱有伴奏组别中获得了金奖季军。本次比赛共有来自73个国家和地区的460支合唱团参加，歌手达27000人。春天少年合唱团分别参加合唱有伴奏组别和童声组别的比赛。赛后，合唱团参与了冠军音乐会，与世界排名第一的南非的斯坦陵布什大学合唱团、香港拔萃合唱团共同演出。（郑　瑾）

【社会主义核心价值观教育活动】 10月10日，“美丽少年梦、成长正能量”2014年黄浦少年儿童培育和践行社会主义核心价值观暨纪念建队65周年主题活动举行。黄浦区的31个“红领巾社团”集中展示了少先队活动课、红领巾小社团、雏鹰争章等少先队品牌工作在实施素质教育、提升综合素质、引领正确价值取向、培养少年儿童全面成长等方面的积极作用。参加活动的200余名少先队员现场参与社团互动，用少年儿童喜闻乐见的形式，将社会主义核心价值观的教育融入少先队活动及校园文化建设全过程。（卞　庆）

【研讨提升教育品质的校本之路】 10月30日，区教育局举办“提升教育品质的校本之路”中学教学论坛。高中校长就高考新政进行探讨，他们认为学校应积极应对新的形势，探索走班教学、分层教学、分类辅导等教学模式，全面规划与储备师资力量，满足学生多层次选择发展需求。初中校长就高考改革新形势下的初中教学改革进行交流，他们认为要探索减负增效的有效措施，以建立和落实绿色指标评价体系为契机，加强课程的科学实施。九年一贯制学校积极寻求小初衔接路径，开展教学衔接、教材衔接和学习方法的衔接研究。（刘　丹）

【承办海峡两岸中小学教育学术研讨会】 11月18日，由上海市教育科学研究院、上海市教育学会主办，黄浦区教育局承办的“2014年海峡两岸中小学教育学术研讨会”开幕，会议主题是“学校内涵发展中的改革与创新”。来自上海、江苏、浙江、重庆、台湾等地的多位从事中小学教育研究与实践的专家学者、校长、教师参会。研讨会期间，台湾地区教育代表团访问了上海市第八中学、黄浦区卢湾一中心小学。（张宝琴）

【举行区学生阳光体育大联赛】 12月13日,"2014年黄浦区学生阳光体育大联赛"降下帷幕。这次大联赛以区内全体学生为对象,纵跨全年,覆盖中小学各学段,学生参与率、知晓率达100%,学生参与达到15万人次。本届大联赛分设全员参与的校级比赛、重点提高的区级比赛及精英参赛的市级比赛,共设有围棋、国际象棋、中国象棋、广播操、游泳、羽毛球、足球、篮球、小学生趣味游戏、健身舞比赛等19个项目。

(郑　瑾)

2014年黄浦区学生阳光体育大联赛射击比赛

【举办基于课程标准的教学与评价实践研讨】 年内,由市教委基教处、市教委教研室和黄浦区教育局共同主办了"零起点,我们这样实践……"——上海市小学"基于课程标准的教学与评价"(黄浦)实践研讨活动。黄浦区作为工作的试点区,通过统筹规划和科学部署确保该项工作的有序进行和有效落实,并使区域管理、教学管理、教师教学、学生学习、环境创设等产生一系列变化,成果惠及学校、教师和学生。研讨活动分3个专场进行课堂教学观摩研讨活动,分别由北京东路小学、上海师范专科学校附属小学和上海市实验小学的3位老师执教语、数、英3门学科,展现基于课程标准的教学实施策略,充分体现黄浦教育立足"儿童的终身发展"、促进学生"快乐成长"的教育理念。课后,卢湾实验小学作了关于校本化"零起点"教学与评价的项目实施报告。

(寿钰婷)

【展示获奖青年教师风采】 4月22—24日,"关注教师发展,培养幼教名师——市、区青年教师教育评比大赛获奖教师展示周活动"先后举行3场专场活动。荷花池幼儿园、瞿溪路幼儿园、蓬莱路幼儿园、文庙路幼儿园、奥林幼儿园和南京东路幼儿园教师分别展示集体教学活动,并就自己参与评优的成长与感悟进行交流。本次展示为获奖青年教师搭建展示、交流的平台。

(徐燕雯)

【幼儿园优秀自制玩教具作品获奖】 6月,全区组织各托幼园所开展"幼儿园优秀自制玩教具"评选。50所托幼园所共报送195件作品参加区级评选。经过专家评审与教师投票,选送28件作品报送市级评选,其中有4件作品报送全国参赛。1项获"全国幼儿园优秀自制玩教具评选"一等奖,3项获二等奖;获"第三届上海市幼儿园优秀自制玩教具评选"一等奖和二等奖的作品各4项,获三等奖的作品8项。此外,1位教师被评为"上海市能手奖",黄浦区获得"上海市第三届幼儿园优秀自制玩教具评选工作"团体奖和组织奖。

(徐燕雯)

【新增4所市民学习基地】 4月30日,区市民学习基地(学校类)工作会议暨签约仪式在黄浦区社区学院举行。会上,社区学院与4所学校签订合作协议。至此,黄浦区市民学习基地(学校类)增加至29个。市民学习基地的建设工作促进了区内公办中小学校与社区的互动,推动了黄浦区终身教育的发展、学习型社区和学习型城区的建设。同时,它也是实现区内公办学校与社区教育相互融通的有效途径之一。市民学习基地通过面向市民开设课程、开放场地、输送师资、提供公共文化资源等社区教育服务,为市民搭建多元化的学习平台,进一步完善了人人可学、处处能学的社区教育网络。

(熊莉娜)

【推介终身教育品牌课程】 6月3日,2014年终身教育品牌课程推介会召开,来自区内65所中小学职校、10个街道、社区学院和终身教育指导服务中心,以及38所民办非学历教育培训机构共170余人参会。会上推介适合中小学生和社区居民的学习内容,涉及艺术、外语、社会生活、职技等十大类百余种课程。

(熊莉娜)

【开展民办非学历院校法定代表人培训】 11月10

日，黄浦区开展2014年上海市第一届民办非学历院校法定代表人培训，旨在帮助院校法人全面了解民非教育的有关政策法规，提高依法办学、规范办学的自觉性，增强责任意识，掌握任职和办学的工作实务知识，进一步提高管理能力和自身素养。区内30家民办非学历院校的法定代表人参加学习。培训内容涵盖民办非学历教育相关政策与办学规范、财务管理、履职及风险控制等方面。（熊莉娜）

【获评全国终身学习品牌】 11月，黄浦区"市民海派文化实践体验日"项目被中国成人教育协会、全民终身学习活动周工作小组授予"全国终身学习品牌"。作为上海市首批8个市民终身学习体验基地之一，"市民海派文化体验基地"自2013年6月由市教委授牌建立以来，设立了外滩老码头、文庙等9个体验点，面向市民开展"老城厢文化""中华老字号文化"和"现代艺术文化"等三大系列22个体验项目。全年，向市民发放"市民海派文化体验活动宣传折页"1.3万册，"市民海派文化体验学习护照"13000本，其中成年人版10000本、未成年人版3000本；开设体验活动共计892次，其中常规活动770场、专题活动122场，体验人数达39405人，其中青少年的参与人数为2200人，中老年人为34285人。同时，《以"市民海派文化体验基地"为依托开发黄浦特色文化资源的实验》立为2014年全国实验项目，《区域海派文化资源向社区教育资源转化的实验》立为2013—2014市级实验项目重点项目，《中小学生海派文化实践与体验活动项目》立为2014年上海市中小学生社会实践优秀项目。（熊莉娜）

【开展民办非学历院校评优表彰活动】 12月30日，黄浦区成人教育协会开展民办非学历院校评优表彰颁奖活动。区成教协会总结民办非学历院校评优表彰工作，对获奖单位进行表彰。本次评优活动为期6个月，共计收集汇总申报材料33份，通过评议、公示，共有上海自力进修学院等18所院校获得信息公开示范奖、档案管理优秀奖和社会贡献奖等奖项。（熊莉娜）

【召开优秀教师队伍建设总结会】 6月26日，"智慧引领　主动发展"——黄浦区优秀教师队伍建设总结会召开。会议旨在继续优化区域培养模式，为优秀教师的成长、主动发展创设更好的平台和环境。区教育学院对近5年的区优秀教师队伍建设工作作了总结。9—10月，区教育系统全国模范教师、优秀教师，上海市特级教师，上海市教书育人楷模等先进个人和集体，以及上海市园丁奖获得者的先进事迹以展板形式分别在4所中学展示，全区中小幼教师前往观摩、学习。（俞　聂）

【开展暑期教师大培训】 6—7月，举行区中小学幼儿园教师暑期培训活动。培训开设29门课程，参加的教师2000余人次。面授课程共有24门，分别是特级教师讲坛、体育专项培训班、高级教师研修班、初高中毕业班语数外学科试卷解读及学科本体性知识培训、信息技术能力培训、英语教师技能培训和素养培训班等；网络课程有"教师心理问题的自我调试""班主任工作基本规范""人文关怀——师德建设的关键所在""幼儿园主题活动的设计与实施实例分析""艺术领域(美术绘画)教育活动设计与指导"等。（黄金丽）

【创新学校卫生工作指标体系评估】 8月，为了有效落实《上海市中小学学校卫生工作评估指标体系(试行)》，科学评价学校卫生工作，全面提高学生健康水平，黄浦区通过量化评估内容，形成"黄浦区中小学校卫生工作指标评估细则(试行)"，以此推进区学校卫生专项督评工作。专项督评通过"学校自评、社区复核、区级专项督评"模式在全区中小学展开，以客观评价学校卫生工作状况，针对性地给予学校指导。（徐　枫）

【"外籍教师进课堂"项目实施】 9月，在推进区教育国际化进程，创设英语语言学习氛围中，"外籍教师进课堂"项目正式实施，共13名外籍教师进入试点的42所中小学和幼儿园教授英语。5月，区组织开展"外籍教师相关情况"需求调研，并组织多名市级专家对合作方提供的外籍教师资质及教学能力进行面试遴选。7月，外籍教师走访试点学校，与学校的老师共同确定课程，制定教学计划。项目实

施后，制定了相应的管理制度。（王　菲、陈霞红）

【市语言文字规范化示范校通过评审认定】 10月28日，市级语言文字规范化评估专家组一行到黄浦区评审认定3年来黄浦区学校创建语言文字规范化示范校的情况，并就下一阶段示范校工作给予指导。评审认定汇报会上，各参评学校向专家组展示了近年来语言文字工作的成绩，展示学校的亮点和特色。梅溪小学等12所学校顺利通过上海市市级语言文字规范化示范校评审认定。（焦文燕）

【推广优秀教育科研成果工作经验】 10月28日，举办区优秀教育科研成果推广工作经验交流会。会上，卢湾二中心小学、爱童幼儿园、市南中学代表分别从学校整体推进、园本研修、教研组建设等视角介绍"借鉴优质成果、践行课程改革、提升办学成效""基于成果推广、借力园本研修、促进教师成长""依托课堂练习差异性设计，促进学生数学能力发展"3项教研项目的具体实践方法与经验。（李金钊）

【成立格致教育集团】 11月3日，经区教育局批准，格致教育集团正式成立。格致教育集团是非法人治理下的教育集团，由格致中学、格致初级中学、浦光中学、应昌期围棋学校和曹光彪小学5所学校组成。集团践行教育公平与教育均衡化发展，探索教育集团化办学新模式，在组织运行机构建设、校园文化内涵深化、内部课程开发共享、内部教师交流培养、内部学生交流培养等方面积累经验，形成制度，使集团内各成员学校的办学水平在原有基础上都有显著提升。（刘　丹）

【推进完善学校家长委员会工作】 11月25日，区教育局组织召开黄浦区中小学、幼儿园完善家长委员会工作动员部署会。区教育局完善家委会工作项目领导小组成员以及敬业中学、向明初中、黄浦一中心小学、音乐幼儿园等15家中小幼各学段基地学校参加会议。会议正式启动基地学校完善家委会试点工作，各基地学校将从家委会的组织架构、产生程序、运作制度、职能发挥等方面探索提升水平，在学校层面梳理规范、建章立制，形成学校家委会建设长效机制，为全区推进家委会工作积累经验。（顾　瓅）

【举办黄浦区青年教师论坛】 12月25日，"黄浦之光——2014黄浦区青年教师论坛"举行。论坛由黄浦区青年教师协会主办，主题为"我眼中的微课程"。微课大赛历时半年，总计收到351节微课参赛作品。经过初评、复评和专家评审，格致中学张颖等的《牛顿第一定律》、向明初级中学沈春英的《检查装置的气密性》等47件作品获得优秀设计奖。论坛沿用往届"午后频道@黄浦"微访谈的形式，来自基层学校的8位教师代表与大家分享了他们对于微课程的理解。（范杲逻）

【建立小学招生管理平台】 区"小学招生管理平台"建立。管理平台利用信息化手段，多部门联动，切实做好2014年小学招生工作。管理平台采取家长网上登记、有关部门数据比对、家长学生现场确认的方式，全面汇聚招生信息。该平台也可用于招生咨询，有助于平稳有序完成招生工作。在建立招生管理平台的基础上，区教育局还进一步完善信息甄别机制、家长沟通机制、内部信息反馈机制、多部门联动机制，全面推进招生工作规范有序开展。（潘敏虹）

附：区教育局驻地及负责人

（2014年1—12月）

地址：延安东路300号
邮编：200001
电话：33134800

区委分管常委：李　崟
区政府分管副区长：程霄玉

区教育局党工委书记：唐海宝
副书记：王伟鸣（兼）、王秀娟、刘寿华

区教育局局长：王伟鸣
副局长：杨　燕、江伟鸣、颜文生、徐辰超、余维永

徐 汇 区

【2014年概况】 全区共有各类学校182所，其中业余大学(社区学院)1所、中学37所(高级中学6所、完全中学9所、初级中学19所、一贯制学校3所)、小学44所、职校2所、中专9所、幼托园(所)87所、特殊教育学校1所、专门学校1所。在校学生11.02万余人，与2013年基本持平。全区3—6岁适龄儿童的入园率100%，九年义务教育入学率100%，高中阶段教育入学率98%。教职工1.21万余人，其中专任教师8932人(中学3410人、小学2440人、幼儿园1661人、中专1137人、其他教育机构284人)。全区具有高级职称的教师1228人(其中特级教师35人)，占教师总数的13.75%；具有中级职称的教师4479人，占教师总数的50.15%。全区专任教师学历达标率100%。社区教育情况：社区学院1所，老年大学及学校19所，社区学校13所，居委学习点306个；专职教师86人，兼职教师1609人；班级数5095个，学员数120400人次，学习团队418个，大型学习活动269个；社区教育志愿者4519名。

教育经费继续稳步增长，全年教育经费决算总收入241851.80万元。全区基础教育各阶段生均公用经费显著增长：职校达7256.32元，比2013年增长1.93%；高中达11756.96元，比2013年增长2.66%；初中达10810.41元，比2013年增长3.51%；小学达7375.86元，比2013年增长3.65%；幼儿园达7229.87元，比2013年增长2.26%；特殊教育达18188.60元，比2013年增长1.36%。继续做好学生帮困工作，向区内323名品学兼优、家境困难的学生发放“美罗奖学金”“蒂伊奖学金”“云华助学金”“康乐奖学金”“神明奖学金”和“华育励志奖学金”，共计25.4万元。区教育局通过国家义务教育均衡发展督导认定，获得国家基础教育质量监测优秀组织奖、“高雅艺术进校园”一等奖等重要奖项。承办第十二届全国学生运动会。推进教育系统廉政风险防范管理工作和“创建全国文明城区”志愿服务行动。

一、启动教育综合改革。深入贯彻落实党的十八届三中、四中全会关于深化教育综合改革的部署和要求，全面落实国家和上海市教育规划纲要确定的目标任务，以深化教育领域综合改革为核心，以创新转型、主动发展为战略，坚持领先发展，提升教育底线，持续推进区域教育高位、优质、均衡发展，为全面完成区域教育改革和发展“十二五”规划奠定坚实基础。加快教育顶层设计，研究出台《徐汇区深化教育综合改革方案》，形成10个实验项目、45项重点任务、100个改革项目的改革框架结构。总结国家教育体制改革试点项目《创新区域教育内涵发展机制》的研究成果，探索形成具有徐汇特色的教育内涵发展模式。加快新优质学校创建、高中创新实验室建设、高中课程建设、小学“绿色指标”综合素质评价系统、学校委托管理等重点领域改革。启动学区化办学教育综合改革试点项目，制定方案，建立学区管理委员会。

二、加强学生思想道德建设。围绕创建全国文明城区，深入开展未成年人思想道德建设工作，弘扬社会主义核心价值观，组织全体中小学开展一系列学生德育实践活动。加强法制、安全、国防等专题教育。组织高中学生开展学农社会实践活动。深化学校德育研究，完成市教委委托课题“以走进钱学森图书馆为样本，开展大中小学德育课程衔接研究”。徐汇区是教育部哲学社会科学研究重大课题攻关项目“大中小德育课程一体化建设研究”试点区县之一。

三、深化基础教育内涵建设。促进学前教育内涵发展，推进园长联盟建设，加强专业引领，帮助园长寻找自身专业发展生长点。开展对幼儿园申报的特色项目的评审，保证特色项目的培育和持续推进。开展对20所幼儿园的“飞行”督导，完成3所幼儿园的升等级预评估，做好2所一级幼儿园复验和4所准一级幼儿园的评审工作。开展对46所公办幼儿园的家长满意度测评，完成24所民办幼儿园年检工作。开展幼儿园教玩具制作大赛。做好“启慧”杯早教教师专业能力评比活动，协同区卫计委启动0—3岁“育儿周周看”项目。提升义务教育发展水平，推进小学课程建设三年行动计划，借助华东师大专业教学资源，启动“种子校课程提升工程”，以点带面地提高本区小学的学校课程建设水平。根据“牵手计划”的行动目标，建立联盟式发展共同体，以校长导师带教、教学指导团深入指导为抓手，加大校际联动教研的力度，组织开展3场11校联动教研活动。推进高中特色多样发展，围绕高中特色发展、课程建设，召开以“考试招生制度改革背景下的学校发展”为主题的区高中教学工作会议。完成两所民办高中(民办南模中学和民办位育中学)办学许可证申领工作，做好2015年普通高中国际课程试点申请工作。

四、做好招生入学工作。认真贯彻落实市教委等4部门《关于来沪人员随迁子女就读本市各级各类学校实施意见》和其他招生文件精神，立足区域实际，调整2014年幼儿园、小学招生政策，加强招生政策宣传，积极应对入园、入学高峰矛盾。利用区卫计委、区公安局人口办和各社区居委提供的原始数据，形成跨部门基础数据共享和入学政策衔接机制，进一步加强入学人口预测，优化政策实施流程。完善教育资源布局，新增3所幼儿园，增扩幼儿园小班31个，增扩一年级班级40个。调整和规范初中学校艺体特色项目，妥善完成高中自主招生、初中特长生招生、民办学校招生、公办初中电脑派位和对口入学等工作。做好示范幼儿园和义务教育阶段民办学校网上报名工作。

五、加大课程教学改革力度。开展中小学新课标解读工程，不断提升教师学习、理解和执行课标的能力。完成幼儿园教师《3—6岁儿童学习与发展指南》所要求的全员培训。以《信息技术支撑下课堂教学转型的研究》为抓手，积极探索从经验式走向专业化，从散点式的经验思考走向系统化的专业思考，从经验总结走向基于经验的实证研究的教研转型，以实证研究提升“教研活动课程化”的质量来推动教研转型。建设“智汇课堂”，积极探索以信息技术促进课堂教学转型，开展“空中课堂”、“移动课堂”、“翻转课堂”、“微型课堂”等教学实践与研究，为深化课程改革和教师课堂教学转型提供路径。

六、继续推进“光启行动计划”。继续推进光启基地和青少年科学研究院建设，与上海交通大学、华东师范大学等高校继续合作培养高中特长学生。推进各类科学、艺术、体育杯赛活动，在第二十九届上海市青少年科技创新大赛上区内学生获得42项一等奖，5名学生获得第十一届上海市青少年明日科技之星称号。承办上海市学生机器人比赛，获得2项第一名。承办上海市学生戏剧节，在上海市学生艺术单项比赛中区内学生获得37项金牌。继续开展民族文化培训活动，逐步扩大学校参与面。继续发挥市、区艺术团对全区的辐射功能。组织开展学生阳光体育杯赛活动和大联赛工作，参加上海市“青少年阳光体育活动”竞赛项目，承办上海市学生自编操比赛。有序推进体育社团工作。组织开展“光启区长”奖评选工作。继续开设光启讲坛。

七、完善教育人事管理。完成新一轮上海市特级教师评选推荐工作，新评7位上海市特级教师；完成市教委中青年骨干团队发展计划选拔推荐工作，6个团队成为第一批市教委骨干团队。严格新教师准入程序，2014年招录新教师355人。继续推进事业单位绩效工资制度改革，进一步完善内部分配方案和绩效考核的具体办法。继续深化中小学教师职称制度改革试点。探索建立优秀教师区域内柔性流动机制。完善教师分层分类培养机制。

(孙　慧)

【幼儿园教师“3—6岁儿童学习与发展指南”全员培训】 根据教育部和市教委部署，区教育局启动“幼儿园教师‘3—6岁儿童学习与发展指南’全员培训”工作，区教师进修学院师训部负责具体组织实施学前教师全员培训。从教研、科研和教学一线的骨干教师中选派5位后续培训的主讲教师，先期参加华东师范大学学前与特殊教育学院组织的“3—6岁儿童学习与发展指南”培训者培训，设计区级层面理论集中讲授和校本实践体验为主的两部分课程，分批组织、落实“3—6岁儿童学习与发展指南”区级培训，共近900人参加培训。

（吴　非）

【启动0—3岁“育儿周周看”项目】 2月起，区教育局在区卫计委、街道（镇）大力支持下，推行“育儿周周看”项目，对13个社区育儿中心、街道（镇）计生工作条线、社区卫生服务中心等，采用多种宣传推广途径，将宣传海报张贴在社区育儿指导中心（宝宝乐）等0—3岁婴幼儿较为集中的地区，将宣传折页发放给社区0—3岁婴幼家庭。为鼓励家长注册，区学前教育管理中心对完成注册的0—3岁婴幼儿家庭免费发放早教书籍《0—3岁婴幼儿家庭实用手册》。同时成立“育儿周周看”项目组，推出专家进社区活动。（宣　艳）

【推进市卫生局幼儿园的属地化管理】 在区分管领导牵头下，市卫计委和区教育局多次召开协调沟通会议，稳步推进市卫生局幼儿园属地化管理项目。12月3日，区教育局和市卫计委签订了市卫生局幼儿园整建制划转徐汇区之前稳妥推进的协议书，之后，市编委出具了《关于同意上海市卫生局幼儿园暨托儿所划归徐汇区管理的批复》，区教育局委派专人负责日常管理。（宣　艳）

【试点大中小德育一体化研究】 年内，区教育局参与教育部哲学社会科学研究重大课题攻关项目“大中小德育课程一体化建设研究”，德育室直接参与子课题“上海市中小学生思想道德”调研。全区18所中小学校参与的上海市级课题“构建‘责任教育’区域性跨学段一体化实施体系的实践研究”顺利结题，收到良好效果。（郑　蓉）

【学生综合评价系统启用】 年内，区教育局完成徐汇区中小学生综合评价系统（一期）的开发，上半年各大模块（学籍管理模块、体质健康模块、学业质量模块、学习因素模块、德育评价模块）在10所中小学校完成试运行工作，下半年在全区中小学校起始年级启动基于“绿色指标”导向的学生综合评价试点。（浦正权）

【未成年人思想道德建设】 区内87所中小学积极践行社会主义核心价值观，加强思想道德建设，组织开展“做一个有道德的人”实践活动12项。以“中国梦”主题教育为主线，举办“少年中国梦”“我的中国梦”等丰富多彩的实践活动。开展各类学生社会实践活动，组织暑期高中学生走进大学夏令营活动，开展高中学生“走近边防线”国防教育活动，并获得“优秀组织奖”。进一步关爱未成年人心理健康，首批申报的23所上海市中小学心理健康教育达标校在年内全部达标。（郑　蓉）

【继续推进小学课程三年行动计划】 继续推进小学课程建设三年行动计划，区内小学从课程建设内涵发展入手，从学校课程建设促进校长及教师专业发展的实际需求出发，不断加强学校课程建设。通过种子校组团发展的模式组织开展不同层面的专题培训，促进学校课程规划的研制与校本化的实施。借助小学校本课程资源平台的建设完善课程资源建设与共享机制，以此建立健全学校课程建设的专业支持体系，从而深化本区小学阶段课程改革，全面推进学校课程建设。

（梁　斌）

【小学“牵手计划”】 6月，小学“牵手计划”课堂示范课暨牵手小学联动教研活动在区第一中心小学举行。小学“牵手计划”是区教育系统“十二五”规划中推进薄弱小学建设的创新举措，主要以“牵手并进、发展共赢”愿景为纽带，通过共研、共享、共创、共进提升薄弱学校的办学质量，探索小学联盟式发展管理的新机制，最终达成“薄弱有改进，常规有突破”的联动实效，扎实推进区内小学教育优质均衡、科学和谐地发展。2013年6月“牵手计划”正式启动后，11所参与小学积极落实计划实施方案，建立健全配套机制，在专家指导团的指导协助下，充分激发学校内驱力，为助推教师专业发展和学生快乐成长创造更广阔的空间。

(孙　慧)

【区新优质学校中期建设】 义务教育阶段学校创建区“新优质学校”项目启动三年来，始终贯彻项目引领、重点突破原则，采用项目驱动策略，要求学校自愿申报、主动创建，学校确立带动教育改革的实验项目，以项目带动“新优质学校”创建工作，深化各自办学优势和特色，解决发展中的瓶颈问题，从而使整个创建过程成为学校工作持续改进和发展的过程。汾阳中学将“唤醒每个人的潜能”作为核心教育思想，着力创建“运动汾阳、艺术汾阳、创新汾阳”的SAC特色品牌。上师大一附小在新优质校创建过程中，策划研制“追梦、圆梦”系列行动，发挥教师自身特长，成功创建城市学校少年宫，面向校内学生开设兴趣小组49个、社团28个。华东理工大学附小以进一步加强课程建设为主线，紧扣“明礼、尊重、感恩、诚信”德育目标，借助华理学区资源，不断丰富学生拓展型课程与探究性课程建设。上海交通大学附小依托丰富的历史积淀和深厚的文化底蕴，在“思源·致远”理念引领下，构建德育校本特色活动，把中华民族典型民俗传统节日教育作为系列活动内容。徐浦小学结合幼小一体化办学体制的独特优势，在强化基础性课程同时，形成以“幼小混龄教育”“桥文化教育”为特色的校本课程项目。

(孙　慧)

【推进高中特色多样发展】 继续以创新实验室建设为抓手推动高中特色发展。截至年底，区属高中已有10所学校的14个创新实验室建成并投入使用，初步形成“体现学科前沿，规划布局合理，形成多元特色，促进资源共享”的创新实验室格局。区内各高中学校结合自身定位，以课程建设为抓手，积极申报创建上海市特色普通高中，市四中学和紫竹园中学入选创建首批上海市特色普通高中。

(浦正权)

【制定新一轮特教三年行动计划】 区教育局年内制定的《徐汇区特殊教育三年行动计划》中，提出要不断深化区域内特殊教育内涵发展，完善特殊教育体系，改善特殊教育办学条件，健全医教结合管理运行制度和专业服务机制，深化以个性化教育为特征的课程改革，全面提高义务教育阶段特殊教育质量。大力发展残疾人职业教育，拓宽残疾人职业教育和就业培训的渠道，营造接纳、尊重和帮助残疾学生的区域融合氛围，满足残疾学生的身心全面发展需求，保障每个残疾学生享有优质、充分、适切的教育和服务，使徐汇特殊教育事业发展再上新台阶。

(梁　斌)

【基于课程标准的教学与评价】 9月，上海市小学语文“基于课程标准的教学”研讨交流活动举行。研讨过程中，徐汇区与会代表介绍了区教育局以“分层研究，点面结合，提升效能”为原则，着力深化区域小学课程改革的情况。通过“教材解读及教学目标制定”介绍、一年级读儿歌识字学拼音阶段“数金鱼”一课的说课及教学观摩等形式，全面展现徐汇教育对“基于课程标准的教学”的研究和思考，并围绕三年级学业质量监测数据反馈、2014学年区学生学业质量评价方案，基于课程标准的教学与评价项目的意见作进一步分析解读。

(孙　慧)

【零陵中学击剑特色创建40年】 12月6日，零陵中学举行建校50周年暨击剑特色创建40周年庆祝活动。零陵中学在50年的办学历程中，秉承“为每一个学生提供适合的教育”理念，践行“以质量求生存，以特色谋发展”的办学策略，促进文化内涵发展，做实课程文化、做优精神文化，凝心聚力为社会培育优秀人才。学校具有40年历史的击剑项目是国家和上海市首批传统特色项目之一，学校将击剑文化作为校园核心文化，铸剑树人，以搏求博。年内，该校击剑队再次获上海市击剑锦标赛花剑三金、重剑一金及上海市中学生运动会击剑项目二银，为50年校庆锦上添花。

(孙　慧)

【求知小学建校110周年】 11月18日，求知小学举行建校110周年庆祝活动。110年以来，求知小学先后更名10余次，办学过程历经艰难曲折，积淀了深厚的文化底蕴，坚持并传承“自吾求知　蒙以养正”的办学理念，以高效的管理和优质的教育教学，培养了一批又一批的优秀毕业生，成为区内小学的优质教育资源之一。近年来，求知小学遵循教育规律，注重科研兴校，营造教研氛围，建设教研团队和校本课程群，保持百年老校的发展优势，让“求知”二字实至名归。（孙　慧）

【世界外国语小学获“全国五一劳动奖状”】 世界外国语小学获“全国五一劳动奖状”是对徐汇区民办教育品牌的肯定与鼓励。世界外国语小学创办于1993年，是由徐汇区政府与社会各界共同创办的一所公立转制学校。2005年7月学校转为民办学校。学校秉承“让学生走向世界，让世界走进学校”的办学理念，融中西方文化之优，已经成为高质量、有特色、国际化的现代一流民办学校。学校有境内部、境外部两个校区，共计教学班55个，学生近1500名，有教职员工136名，外籍教师32名。学校连续5届获上海市文明单位称号，并获得上海市素质教育实验校、上海市德育先进集体、上海市行为规范示范校、全国百强特色学校、全国特色学校等荣誉称号。（孙　慧）

【首届中高职贯通班结业】 近年来，徐区教育积极探索新的职业教育模式，为一流城区提供优质品牌的职业教育和培训。6月26日，徐汇职业高级中学首届中高职贯通班结业典礼暨技能展示会在该校凌云校区举行。结业式上，上海旅游高等专科学校向首届中高职贯通班的学生颁发大学录取通知书。徐汇职业高级中学“烹饪工艺与营养”专业学习期限为5年，专业培养方案依托上海旅游职业教育集团进行一体化设计，将原中职和高职各自独立的课程体系进行有效整合，合理衔接，达到文化基础加强、专业领域拓宽、实践能力提升的培养目标。（孙　慧）

【举办职业教育校园体育节】 11月28日，以“青春·梦想”为主题的2014年徐汇区中等职业教育校园体育节开幕。本次体育节由区教育局和职教集团主办的开幕式，及各中职学校自行举办的体育节或体育竞赛活动两大板块构成。开幕式举行了以学校为单位的入场仪式、极富专业特色的短节目表演、广播体操大会操、中职学校学生体育社团特色项目展示和阳光伙伴集体绑腿跑比赛，赛场外“‘青春·梦想’徐汇区中等职业学校校园体育图片展”同时举行。来自区域内各中等职业学校师生代表、企业界人士等共计400余人前来观摩表演和展览。校园艺术节、职业技能节和校园体育节是徐汇区中等职业学校学生素养工程的三大主题与载体，每年举办一项，至今已举办了全部一轮活动。（林　琛）

【推动中职校资源整合】 为贯彻落实教育部《中等职业学校学生学籍管理办法》文件精神，进一步推动区中等职业教育学校资源整合，优化布局，提高规模效应，区教育局按照稳定第一、双向选择、统筹协调的原则，通过细致有序的工作流程顺利完成徐汇职业高级中学综合高中并入上海市信息管理学校(董恒甫高级中学)的工作。（林　琛）

【实现徐汇职教集团对区域职校的全覆盖】 10月21日，区职业教育工作联席会议暨徐汇职业教育集团第二届理事会第一次全体会议举行，吸收上海市卫生学校和上海市机械工业学校两所学校为徐汇职教集团新会员。至此，区域内所有中职学校全部加入徐汇职业教育集团，从而完成徐汇职业教育区域全覆盖。截至年底，徐汇职业教育集团共有政府部门、大型企业、职业院校、社会团体共计34家成员单位，其中高等职业院校8所，中等职业学校9所。（林　琛）

【参与市老年学校能力提升工程项目】 年内，徐汇区共有4个街道(镇)(华泾镇、枫林街道、徐家汇街道和天平街道)的老年学校参与第二轮市政府实事项目“老年学校能力提升工程”。4所学校新增和改建的功能教室达31个，包括市民录播室、国学堂、园艺教室、烹饪教室、志愿者教室、云教室、科普教室、综艺教室等，教学设施配备齐全，硬件条件一流，为老年人创设了一个标识清晰、功能明确、环境舒适的学习环境。通过一系列举措，让实事项目名副其实地服务社区老年人群体。（马丹宇）

【试点推进敬老院养教结合工作】 年内，徐汇区共有14家敬老院参与“养教结合”项目工作，将多种形式的老年教育引入养老机构，为敬老院提供优质课程菜单，开展适合、适宜、适度的学习活动，探索老年教育工作的新路子。根据敬老院上报的区级信息统计，参与“养教结合”项目工作的14家敬老院共开设春季课程班73个，参加学习的老人占自理半自理人数的92.8%；开设秋季课程班77个，满意率达97%。共投入资金29.76万元，其中区教育局投入14万元、市教委下拨10万元、社会公益组织投入5.76万元。（马丹宇）

【深化社区“一街一品”建设】 年内，区教育局确立新时期品牌建设目标定位，即通过培育“一街一品”品牌建设，最大限度地提升社区教育功能定位。13个街道（镇）在品牌培育上呈现出五大特色：一是区域历史文化资源的开发利用；二是通过社区教育平台传递健康生活理念；三是新媒体新技术的应用；四是以精神层面影响“正能量”的传递；五是促进家校合作和社校联动。五大特色虽切入点不同，但都是通过“一街一品”培育，扩大社区教育的影响力：建设完成各街道（镇）“一街一品”网上展厅；加强街道（镇）品牌特色的课程教材开发、推进队伍建设和主题活动开展等；继续与上海终身教育研究院合作，做好品牌建设机制体制等方面的总结、研讨和推广工作。（马丹宇）

【推进家长学校建设试点工作】 年内，区教育局在完善家长学校管理、提升家庭教育理念、形成“家庭、学校、社会”三结合的教育氛围中，主要围绕三方面开展工作：一是理顺关系，加强家长学校三级管理网络建设；二是编写读本，提升区域家长学校办学水平；三是积极开展相关活动，扩大家长学校受众面。由于各项工作做得认真踏实，使得区家长学校三级管理网络逐步成熟，积累了教学经验，形成了办学特色，出版了《家庭教育读本》，为未成年人的健康成长创造了良好的外部环境。

（马丹宇）

【推进STEM十国际科学教育课程研究】 STEMK＋由科学（SCIENCE）、技术（TECHNOLOGY）、工程（ENGINEERING）、数学（MATHEMATICS）4个英文单词的首字母缩写而成，聚焦科学技术的应用与创新，关注学生创新精神和实践能力培养，成为当今世界课程改革新方向。STEM＋项目的主旨在于“以兴趣为中心，以学生为主体”提供更多学习实践机会，鼓励学生自主观察、发现、动手、体验，提升学生创新能力、实践能力。6月，“STEM＋国际科学教育研究”徐汇试验区启动暨项目合作备忘录签署仪式举行。10月，“STEM＋国际科学教育研究”项目课程启动暨徐汇区合作伙伴学校授牌仪式举行。年内，区内8所小学、4所幼儿园作为徐汇试验区第一批实验学校，率先参与STEM＋国际科学教育实验研究。2015年，徐汇试验区工作将拓展到高中，徐汇基础教育整体推进国际课程本土化的实验探索迈出重要一步。（孙　慧）

“STEM＋国际科学教育研究”徐汇实验区启动

【首批学生赴美参加培训】 1月，南模中学高二年级科创班全体学生赴美国休斯敦太空中心参加为期10天的中美合作“创新人才”培训项目。学生们在休斯敦太空学校了解美国太空工程，体验先进科学实验室，参加互动科技项目等系列活动。通过培训，学生们增加了对于太空及科技运用的相关了解，对团队精神、判断性思维、快速提高解决问题的能力有了新的认识。（刘　鹏）

【与香港保良局签署合作备忘录】 4月，区教育局与香港保良局2014年教育合作与交流项目备忘录签约仪式举行。自2003年双方签署《交流合作意愿书》至今10多年来，以教育文化为纽带，以活动为载体，不断探索交流的新途径。截至年底，两局已有20所学校成功结为姐妹校。签约仪式前，考察团一行走访参观姐妹校之一的徐汇区爱菊小学。

（孙　慧）

【组织对口支援地区干部教师跟岗培训】　年内，区教育局共接受10批79名来自云南屏边、泸西，四川都江堰、广安，青海西宁，黑龙江佳木斯，及西藏日喀则等地区的干部、教师挂职学习实践。有针对性地制定每一个项目方案，整合区校管理资源、院校研修资源、区内外专业资源，构建适合于不同地区教师需求的多级培训模块，提高培训有效性，提升带教教师教研水平。通过不断深化合作内涵，实现资源共享和优势互补，提升挂职学习实效。同时，通过院校合作项目《国内教师徐汇跟岗挂职培训的有效实施》，完善流程、理顺机制、增强实效，推进区域内研训一体工作。

（刘　鹏）

【举行区县教育改革巡访活动】　以“圆中国梦　办人民满意的教育”为主题的区县教育改革巡访活动在区教师进修学院附属实验中学举行。巡访活动中，东方卫视、上海教育电视台、上海人民广播电台、东方网、上海教育、新民晚报等30多家市级媒体观摩区教师进修学院附中课堂展示活动，并与区教师进修学院附中、康健外国语小学、世界外国语中学、高安路第一小学的校长和教师进行交流互动，推进落实区内课程改革系统工程。（黄健蕙）

【推进区教育系统创建全国文明城区志愿服务行动】　围绕“我的中国梦”主题，区教育局组织机关、机构志愿团队投身创建全国文明城区工作。一是健全志愿者管理组织体系，进一步建立健全工作机制，规范志愿者招募与管理制度，建立志愿者档案，严把“两关一统一”，进一步壮大志愿者队伍，区教育系统青年教工志愿者服务总队人数已逾300人，各类专项注册登记志愿者逾千人。二是完善志愿者管理及志愿服务制度建设，严格落实已有各项制度，基本形成“以原则为导向、以规范为支撑”的制度格局，制度建设使志愿者行动从过去的“人格崇拜幻想中的助人和行善”转变为“制度化、组织化体系中的助人和行善”。三是以此为契机宣传志愿服务理念，区教育系统青年教师紧紧围绕中心工作，助力创建全国文明城区工作，87家中小学单位组织青年志愿者302人次，累计服务时间906小时，上岗到位率超过99.5%。四是创新志愿服务工作模式，通过大力培育志愿文化，在教育系统广大团员青年文化建设中形成积极导向，拓宽志愿服务领域，打造志愿服务名牌活动和精品项目。

（曹雪刚、胡嘉琪）

【制订《徐汇区深化教育综合改革方案》】　年内，区教育局制订《徐汇区深化教育综合改革方案》。改革总体框架为“10＋45＋100”格局，即承担市教委“10项改革实验项目”，推进实施“45项重点任务”，组织落实“100个具体项目”。方案的总体改革思路为：一是突出区域概念，即立足区域发展定位，统筹区域优质资源，服务区域百姓需求，将区域的综合优势转化为教育优势；二是实施“双高”战略，一方面构建教育高原，坚持高位、优质、均衡发展，提升区域教育整体发展水平，另一方面攀登教育高峰，坚持超前发展，着眼未来社会发展需求和人的终身发展需求，探索教育发展新路径；三是达成“两全”目标，使全体学生都得到发展，促进学生全面发展，优化适合每一位学生终身发展的教育之路。启动“学区化办学”“新优质学校中期建设”等项目，取得良好的社会反响。10月，方案提交区府常务会审议；11月，方案提交区委常委会审议；12月，徐汇区区政府申报上海市教育综合改革整体试验区。

（俞海燕）

【率先试点学区化办学】　8月26日，市教委宣布徐汇等4个区县成为学区化集团化办学首批试点区。十八大以后，区教育局起草新一轮教育综合改革方案，明确“学区均衡”，深化“街镇均衡”的设想。选择条件成熟的街镇试行学区制，推进义务教育新一轮均衡发展。“学区均衡”有两个特点：一是从学校发展愿景和学生发展需求出发，将政府履行教育公共服务职责与学校自主发展有机结合；二是不搞“一刀切”，鼓励多种模式的试点，进而赋予学区和学校更多的办学自主权。11月，徐汇区田林—虹梅学区揭牌仪式举行。12月，以特色创建为核心的华理学区、以公民办联动为依托的康健学区揭牌

仪式举行。（孙　慧）

【加强学校安全生产工作】 年内，区教育局全年4次在全系统党政干部大会和分学段会议上部署安全生产工作。由分管领导组织带队检查安全生产工作，结合开学检查、校园周边安全检查、校车检查等，坚持做到一年两次100%全覆盖检查。与全区100多所学校签订安全生产责任书，加强安全生产责任追究，将安全责任纳入学校绩效评估，实施“一票否决”。加强相关人员培训，全年培训进城务工人员800多人次、负责安全工作教师300多人次。组织各校开展各种类型的应急疏散演练，包括防震减灾、防汛防台、消防安全、防恐防爆等。落实安全生产专项资金，共投入约3000万元。（俞海燕）

【接受国家义务教育均衡发展督导认定】 3月17—18日，区教育局接受国家义务教育均衡发展情况督导认定。国家教育督导检查组一行4人对区内12所学校进行实地督导检查。期间，检查组核查相关文件、资料数据，召开人大代表、政协委员、校长、教师、家长座谈会。徐汇教育历史源远流长、文化底蕴深厚，随着人民群众对优质教育定位及需求的提高，徐汇教育面临前所未有的机遇和挑战，通过督导检查，能够客观检验徐汇教育多年努力的具体成效，发现不足，总结经验，帮助、促进徐汇教育更上一层楼。（孙　慧）

【建立中小学责任督学工作制度】 年内，区政府教育督导室认真贯彻落实《教育部关于加强督学责任区建设的意见》及《中小学校责任督学挂牌督导办法》等相关文件精神，制定《徐汇区责任区督学挂牌督导工作实施方案》，在区域内设立9个责任区，聘任18位区内退休校长、书记作为责任区督学开展工作，制定责任区督学工作运行制度，规定责任区督学工作职责，定时、定内容到责任区内相关学校开展工作，在规范责任区督学工作、促进学校依法办学方面做出贡献。

（石建柱）

【推进学生健康促进工程】 根据上海市中小学生健康体检实施办法，联合区卫计委完成对全体在校中小学生年度健康体检。区教育局完成市体育科研重点课题《区级学生体质健康促进工作模式研究》，进一步完善学生体质健康监测三级网络建设的工作机制。承办第十二届全国学生运动会男子篮球、女子足球和乒乓球单项比赛，南模中学、位育中学和上海中学3个单项竞赛委员会分获优秀组织奖。围绕上海市第十五届运动会全面开展系列展示赛及评选活动，包括球类“小达人”竞赛、中小学青年体育教师教学评比活动、“阳光少年”评选活动、“活力园丁”评选活动、“未来之星奖”等。上海中学、南模中学、西南位育中学和上海小学被评为上海市学校体育先进集体。（吕　蔚）

【完善教师分层分类培养机制】 年内，区教育局继续围绕教师专业发展这根主线，进一步完善教师培养机制。一是完善教育系统2014—2016学年度学科（班主任）带头人、中青年骨干培养与发展培养机制，结合教育系统新一届学科（班主任）带头人、中青年骨干选拔评审工作，继承原有骨干培养的好做法，制订《徐汇区教育系统2014—2016学年度学科（班主任）带头人、中青年骨干培养与发展工作方案》，针对系统内400多位不同层级的区级骨干开发培养课程，为激发骨干专业成长内驱力，采用项目引领、任务驱动、团队合作的策略，从项目研究入手，构建一人领衔多人参与的团队研究模式、多人平等合作的共同体研究模式、一人承担的个体研究模式。目前已形成36个团队研究项目、8个共同体研究项目、30余个个体研究项目。二是完善高级教师培养机制，根据《徐汇区教育系统“十二五”教师培训工作实施意见》精神，制定《徐汇区高级教师“十二五”自主研修培训实施办法》，出台《徐汇区“十二五”高级教师“18学分”专项培训方案》。三是完善“文教”结合艺术教师培养机制。借鉴“体教”结合的成功做法，针对艺术教师（包括艺术、音乐、美术教师）的专业成长，区教育局与区文化局联手，建立文教结合艺术教师培养机制，依托区文化局、社会文艺团体、高校等优质专业培训资源，年内启动了《徐汇区“文教”结合艺术教师专题培训五年方案》，并制定具体的培训计划，对350余名艺术教师实施专业培训。（蒋　莺）

【区教育局获国家基础教育质量监测优秀组织奖】 年初，区教育局获2013年国家基础教育质量监测优秀组织奖。2013年，徐汇区被国家教育部确定为“国家基础教育质量监测”样本区，代表上海接受国家基础教育质量监测。为保证质量监测工作的规范、有序开展，区教育局成立由分管领导负责、招考中心、教育督导室等有关职能部门负责人参加的监测领导小组。在开展教育质量检测工作的过程中，区教育局注重加强考务工作培训，规范考务程序，严格考务工作纪律，确保质量检测工作规范有序进行，得到国家视导员肯定。（孙　慧）

附：区教育局驻地及负责人

（2014年1—12月）

地址：漕溪北路336号
邮编：200030
电话：64879460

区委分管常委、宣传部部长：吕晓慧
区政府分管副区长：朱成钢

区教育局党工委书记：王懋功（3月离任）、刘东昌（3月到任）
副书记：庄小凤、罗　晔

区教育局局长：庄小凤
副局长：沈建华（11月离任）、李文萱、王　彤、徐　俭

静　安　区

【2014年概况】 全区教育机构共有50个，其中，中学17所，小学12所，幼儿园12所，业余大学、教育学院、职校、青少年活动中心各1所（家），其他教育单位5家。全区在校学生29313人，其中，中学生11881人，小学生10018人，幼儿园幼儿5814人，职校生969人，业大生556人。在职教职员工3783人，其中专任教师2671人。区学科带头人141人，在职上海市特级教师14人。离退休职工7107人。

为教育教学改革创设良好的发展环境。①国家重点课题“走向个性化：发达城区教育内涵提升的实证研究”向纵深推进。组织召开个别化教学实施、个性化学校建设、长效机制探索、实证方法培训等为主题的研讨会，邀请专家学者开展专业分析指导，明确教育改革方向。开展优秀案例评选工作，搭建区域研究共享平台，发布课题《研究动态》4期，发表相关论文13篇。②提升学校课程领导力。尝试建构富有学校特色的校本化、个性化的课程体系。制定《静安区教育局关于完善校本课程建设、推进个性化教育的实施意见》，优化校本课程建设。在全国基础教育教学成果评选中，获得3项“基础教育国家级教学成果奖”一等奖，获一等奖数占全市五分之一，在各区县（包括市属单位及高校）中处于领先地位。③拓展青少年素质教育载体及项目。完成区中小学体质健康监测中心软、硬件配备和人员培训，并完成2014学年体质监测和数据上传工作，为科学决策提供依据。优化区校两级心理健康服务内涵，落实学校心理辅导室的规范化和特色化建设，发挥区学生心理健康发展中心咨询、培训和个别辅导作用，已在全区中小学开设心理辅导课程。完成创意梦工厂“幻动3D创意屋”项目，开发12个3D微课程和配套微视频，培养学生创新思维。④接受教育部对上海市义务教育均衡发展的综合督政。确保义务教育阶段学校办学标准达标率100%，确保常住人口适龄儿童的义务教育入学率100%；保持各级各类学校办公设备、体育设施设备等基础设施配置均衡；从学生的学业质量和生活质量两方面衡量学校办学效能，不分重点学校和非重点学校。

重视各类教育品牌升级和同步发展。①完成第四轮“学校发展规划”的制订。制订更具针对性的高质量学校发展规划，进一步明确学校发展的目标与方向，推动一校一品建设。②促进学前教育精

品发展。提高早教指导中心对0—3岁婴幼儿家庭的科学育儿指导能力，总结13个月—18个月婴幼儿家庭实施个别化教养指导的案例。落实《3—6岁儿童学习与发展指南》，开展示范和一级幼儿园展示交流活动，展示特色品牌课程。③推进义务教育优质均衡发展。开展小学“基于课程标准的教学与评价”项目研究试点。贯彻“绿色指标”要求，有效实施“学习准备期”、“快乐活动日”等工作，减轻学业负担和心理负担；加强初中新优质学校建设，举行公开展示活动，发挥学校在均衡发展和教育转型方面的示范作用。④加强高中教育特色发展。改革高中学生培养模式，提升学生创新素养。组织学习研读上海高考招生综合改革实施方案，加强有针对性的政策解读和区域高中课程研究。⑤保障特殊教育发展。成立区特教资源教室，针对学生个别化需求，开展感觉统整训练。召开多方合作的“医教结合”工作推进会，推动“普特融合”工作，完善教育机构与医疗机构的康复合作机制。⑥推进职业教育发展。以职业教育特色示范校创建为抓手，加强学校顶层设计和管理，举办美术衍生专业学生作业作品展示活动等。举办“逸想秀”学生作品创意展示“首秀”开幕式，展现职业教育改革亮点。⑦拓展学习型城区内涵建设。发挥“静安书友汇”、“静安国学与文化精品讲座”和“乐龄讲坛”等学习平台作用，举办国学与文化精品讲座，开展中华优秀传统文化普及、老年教育艺术节展演、学习节等活动，共享学习成果，培养社会主义核心价值观。⑧完善终身教育体系。出版《静安社区教育》，发放《网络学习资源推荐》读本等，融合传统媒体与新型媒体的功能，营造终身学习的环境和氛围。学习网现有在线课程2000余门，参与学习的已突破37万人次，最多个人网上学习时间累计超2000多学时。⑨启动教育事业“十三五”规划制订工作。召开工作动员会、专题讨论会等，围绕静安教育未来的发展思路，展开研究和思考，初步完成静安教育“十三五”发展基本思路研究。

加强学校德育工作。①推进学校德育工作分类指导。合理运用N项体验活动、父子阅读联盟、社会性情绪能力养成项目、民族精神教育月等载体，分层开展“我们的节日”“我的中国梦”“我为社会主义核心价值观代言”等中小学生个性化主题教育活动及仪式教育。七一中学、静安区教育学院附校和一师附小成功申报上海市中小学“我们与梦想同行”主题教育优秀项目。②多维度打造德育阵地，推进学生社会实践与创新活动内涵建设。发挥区青少年活动中心、社区等校外教育资源，创新活动形式，丰富活动内容，形成“静安宝贝”亲子欢乐营、“社区红领巾，相约少年梦”系列活动等特色项目。逸夫职校的“旗袍工艺制作”获上海市“我是非遗小传人”决赛铜奖。③加强学科德育资源开发，创新学科德育的评价及机制建设，提炼校本“德育品牌课程”，科学系统地开展立德树人研究。教育学院、康定中学、三中心小学教师分别获得2013年上海市德尚课题优秀成果一、二、三等奖。区青少年活动中心成功申报上海市中小学骨干教师校外教育德育实训基地。④有序推进心理健康和家庭教育工作。依托区学生心理健康发展中心，组织以考前心理调适、生涯发展规划为主题的大型公益咨询活动，举办各类心理讲座56场；加强家庭教育指导，策划设计“阅读时间——亲子阅读体验坊”项目，以主题式阅读体验的方式推动家庭教育发展。

促进学生综合素养提升。①加强科教结合工作。通过组织“青少年科技节”，帮助提升科学素养与创新能力。参与市创新大赛、明日之星展评的学校及学生，累计获市级奖项168个，在全市位于前列。其中3名学生荣获上海市“科技希望之星”称号，七一中学荣获“明日之星创新论坛”总冠军。②推动体教结合工作。启动中小学“花样跳绳”区域培训课程以打造区域特色课程，丰富体育活动课的内容和形式，完成师资培训工作。深入实施区域“体教结合专项课程”进校园工作，目前专项课程覆盖全区24所学校，涵盖18个体育项目。举办小学生体育嘉年华、第一届小学生体育夏令营等活动，促进“阳光体育”活动开展。③培育艺术教育品牌，提升学生综合素养。推进“行进乐队”专项活动，拓展和丰富学校校本课程的形式和内容，已组建中小学行进乐队5支，举办庆“六一”中小学行进乐队展演活动，展示艺术教育成果。组织静安区学生戏剧节、“上海市艺术特色学校”区级选拔等，推动艺术教育课程改革。

静安区青少年科技节

促进各校师资队伍均衡发展。①加强师德师风建设。通过评选巾帼文明岗、优秀班主任、师德标兵、师德先进个人等活动，营造尊师重教的良好氛围。②加强骨干教师的培养和选拔。完成第二批15位区教育拔尖人才选拔与新一届区学科带头人选拔，各学段单独设置比例，确保各学段骨干队伍均衡发展。在全国先进教师、区名师名校长和市、区园丁奖的评选中，被评选为全国模范教师和优秀教师的各1人，被评选为名师或名校长的有5人。启动青年教育菁英选拔活动。③多途径加强教师培训。对校本培训开展指导、督促和检查，制订《静安区校本研修指导意见（修订稿）》，规范、完善校本研修。加强教师职务培训的开发管理，完成第二期见习期教师规范化培训，启动86位见习期教师规范化培训，完善《静安区见习期教师百问百答》，实施规范培训的课程化方案。④加强“学科教学知识”课程开发与实施项目。结合区重点课题《静安区学科教学知识（PCK）培训课程开发与有效实施的研究》的研究，有步骤、分阶段实施学科教学知识培训。发挥学科教师实训基地示范引领作用，加强过程管理，组织评估，促进教师的专业发展。举办本体知识和科研论文培训班。⑤完善和推进各类学校绩效工资实施、岗位设置等人事制度改革。通过完善绩效工资的分配方案，调动教职工的工作积极性和主动性，形成以岗定薪、岗变薪变的激励机制，平稳有序地推进绩效工资的实施。⑥坚持政策导向，促进各校师资队伍均衡发展。对照《“十二五”教师人才队伍建设规划》，落实专任教师的学历层次和学分完成等任务。探索“静安教师”的招聘和管理机制，执行专业技术职务评聘结合的规定等，推动优秀教师区域流动。

坚持依法行政。①加强小学入学政策调控。开展静安区部分小学招生入学数据库的建设，建立公办小学对口入学新生数据库，规定每户地址5年内只享有一次同校对口入学机会，缓解教育资源紧缺和适龄儿童入学人数剧增的矛盾，确保教育公平公正，为学生个性化发展提供支撑。②推进教育数字化工作。鼓励并支持学校积极运用数字化教育技术来满足学生个性化学习和创新素养培育工作。相继召开信息技术应用研究项目推进会、信息技术支持个性化教育专题研讨会等，明确信息技术推进学校个性化教育教学工作中的前进方向，推动中小学教育信息技术应用研究项目的有效实施。③开展教育专项督导。启动中小学校责任督学挂牌督导，制定静安区中小学校责任督学挂牌督导工作管理办法，开展责任督学挂牌督导工作。完成小学减负增效、放学后看护、“零起点教学”等专项督导，维护教育秩序，提高学校办学效能，促进学校个性发展。

区教育局获得“2014年上海科技活动周先进集体”“2014年上海市青少年健康教育知识竞赛优秀组织奖”等荣誉。（沈　俭）

【在科技创新领域获好成绩】 在中国少年科学院1月6日主办的第九届中国少年科学院“小院士”评选活动中，静安区第二中心小学学生谌兆哲和韩艾赢被授予“小院士”称号，教师张圣高获得“全国优秀科技教师”称号。谌兆哲发明的“一种环保型包装瓶”和韩艾赢发明的“手机防盗装置”均获得一等奖。10月，在澳大利亚举办的世界青少年机器人锦标赛（RCJ）上，静安区一师附小代表队获少年组机器人搜救赛冠军。在市科委、市科技教育中心、上海广播电视台电视新闻中心12月联合推出的大型青少年科学创新节目“少年爱迪生”中，七一中学学生杨佶豪凭借作品《魔幻水下灯》获得“少年爱迪生”总冠军称号。12月初，在香港举行的亚太区“创协杯”机器人竞赛中，一师附小学生门浩天、陈泽宽、善亦文和李米捷，分别在“机器人登月赛”和“机器人创新赛”中获得冠军和季军。在12月26—29日举办的第十届中国少年科学院“小院士”评选

中，育才初级中学学生黄玮慜获得一等奖，并被授予“小院士”称号，教师刘志强获得全国优秀科技老师称号。（沈　俭）

【医教预防干预初中生心理的科研项目启动】 1月12日，市教委与市卫计委合作的科研项目《上海市初中生情绪失调医教预防干预》启动仪式举行。上海市卫计委、上海市学生心理健康教育发展中心、华东师大学前教育与特殊教育学院等单位的领导和专家，以及静安区中小学心理健康教育发展中心、部分中学校长和心理教师出席仪式。上海市精神卫生中心负责人对项目的背景、目标、内容、前期准备、阶段流程和项目评估作了详细阐述。

（沈　俭）

【规范推动家庭教育指导】 1月8日，以“深化家校互动，促进学生个性化发展”为主题的静安区德育年会在一师附小举行。年会提出要贯彻《国家中长期教育改革和发展规划纲要（2010—2020）》精神，落实《全国家庭教育指导大纲》要求，深化家校互动，在区域、学校、家庭之间构建立体通道，建立具有静安特色的中小学家庭教育指导工作体系，推动区域中小学家庭教育指导工作内涵发展。区教育局在会上推出了《关于加强静安区中小学家庭教育指导工作的指导意见（试行）》，从规范和推动学校家庭教育指导工作出发，对完善家长委员会制度、营造良好家校新关系、切实提升家长素养等方面提出了具体要求。（沈　俭）

【获全国“魅力校园”活动金奖】 1月20—23日，由中国教育电视协会、中国关心下一代工作委员会、全国校园春节联欢晚会组委会联合举办的“魅力校园”第九届全国校园文艺汇演暨第十四届全国校园春节联欢晚会活动在北京大学举办。静安区第三中心小学34名学生组成的表演队经海选，成为全国范围内获得参赛资格的120支队伍中的一员，其表演的歌舞《邋遢大王成长记》获金奖。（沈　俭）

【参加头脑奥林匹克创新大赛获好成绩】 2月23日，第三十五届世界头脑奥林匹克中国区决赛暨第二十七届中国上海头脑奥林匹克创新大赛举行。来自中国的上海、北京、浙江等13个省市与新加坡、韩国的大学、中学、小学和幼儿园的481支参赛队进行角逐。静安区4所学校7支代表队参赛，其中第一中心小学获“最具创造力富士卡奖”，市西中学、第三中心小学分别获得其所在参赛区域的亚军、季军。（沈　俭）

【落实与推进重点课题研究】 3月19日，静安区教育系统举行实证方法培训阶段汇报暨重点课题推进会。推进会上就“十二五”教育部重点课题开题进展情况作专题汇报，从课题立项的背景、开展实证方法培训、推进专题研究项目、聚焦主题搭建平台4个方面阐述了全区中小幼课题研究的进展情况，对课题的落实与推进作了部署：①稳步推进课题研究工作。开展“个性化教学设计与实施的课例征集活动”，精心组织实施。②精心组织课题研究力量。要求校长担负课题负责人的责任，组建由骨干教师构成的学校研究团队，创设多种途径、平台，促进教师之间成果经验的分享交流。③关注提升课题研究成效。注重课题研究的实践成效，要在实效性、精细化以及创新上下功夫，加强成果意识。

（沈　俭）

【“社会性和情绪能力养成”项目的研讨交流】 3月28日，“社会性和情绪能力养成”项目的研讨交流活动举行。教育部原副部长、中国科学院院士韦钰带领东南大学学习研究中心基础性研究专家团队，与静安区课程研发团队就“社会性和情绪能力养成”项目进行研讨交流。区教育局、区教育学院相关人员参加研讨。交流活动对静安区“社会性和情绪能力养成”项目5年多的研发历程进行了回顾总结。与会者一起体验了项目开发的第一代APP软件，韦钰对该项目给予了高度的肯定。（沈　俭）

【启动2014年静安区老年学校标准化建设】 4月1日，“2014年静安区老年学校标准化建设工作启动会”召开。会议就开展老年学校标准化建设实事项目的背景、时间安排、建设内容、工作要求、涉及的政府采购和工程招标流程、财务制度、内审检查、信息报送等整体情况进行了介绍、解读和说明。区教育局作了下一步工作部署，要求社区（街道）利用宣传栏、电子屏、信息网、网校等开展宣传，扩大知晓率，让老百姓充分感受社区学校标准化建设所带来的更加优质的老年教育。至2014年底，已完成两个社区老年学校标准化建设。（沈　俭）

【在“首届校园原创微视频网络展评活动”中获奖】 4月13日，由上海市中小学德育研究协会和上海教育报刊总社主办，以“美丽校园·美丽故事”为主题的上海市“首届校园原创微视频网络展评活动”颁奖典礼举行。展评活动吸引了全市17个区县1000多所学校的上万名师生参与。静安区共有8部作品获得奖项，涵盖了小学、初中、高中三个学段，其中，有5部作品获得了最佳影片奖，2部作品获得了优秀影片奖，1部作品获得了最佳指导奖。区教育学院德育室获优秀组织奖。（沈　俭）

【市“书法名家进校园”活动举行】 4月29日，上海市“书法名家进校园”活动启动仪式暨首场活动在静安区一师附小举行。教育部语用司、市教委、静安区政府、市书协、各区县教育局、部分语言文字规范化示范学校等有关负责人出席启动仪式。“书法名家进校园”活动主要包括三项内容：①组织教师开展书法课教学技能展示活动；②开展书法名家专题理论讲座活动；③由各区县语委办邀请书法名家走进校园，开展技术示范、临帖指导、习作点评、作品展示、师资培训等活动。（沈　俭）

【举办考前心理调试与生涯发展规划公益咨询活动】 5月3日，静安区心理健康中心组织举办“考前心理调适与生涯发展规划咨询辅导”为主题的公益咨询活动。活动主要面向初三、高三学生及其家长，以实时微访谈、专题心理讲座、专家现场咨询、职业与性格心理测量等方式展开。本次咨询活动设立14个心理咨询点，邀请华东师范大学和华东政法大学教授、上海市心理特级教师、杨浦区精神卫生中心院长等知名心理学专家以及20余名经验丰富的专业心理咨询师提供现场咨询。近百位家长聆听了专家主题讲座；几十位家长、学生就考前心理焦虑、厌学、人际关系困惑、上课不能集中精神、网络成瘾、该如何进行生涯规划等问题，向心理专家进行了面对面的咨询，得到了专家们的帮助与建议；40多位学生在心理咨询师的指导下上机进行心理量表测试，还得到了生涯发展方面的专业指导。（沈　俭）

【举办2014年静安区学生戏剧节】 6月5日，2014年静安区学生戏剧节开幕。本次戏剧节共分为校园剧/课本剧、诗歌朗诵、少儿歌舞剧、戏曲、校园主持人、校园微电影、名著片段排演、影视配音、校园原创剧本等专场。校园剧/课本剧展演汇集了16所学校的19个原创剧目，内容都是发生在师生身边的故事，富有时代气息，贴近学生生活，充满正能量。校园主持人大赛包括个性风采展示、指定作品朗诵和即兴互动环节三大部分。本次学生戏剧节活动对培养青少年积极的审美情趣和良好的艺术修养，丰富课余文化生活，建设健康文明的校园文化，展示中小学艺术教育成果、学生及教师风采、学校风貌，推动区域中小学校艺术教育的改革与发展，都起到了很好的作用。（沈　俭）

【举办“中华诵　2014经典诵读比赛”】 6月6日，“中华诵　2014经典诵读比赛”举行。比赛旨在引导学生通过诵读中华经典诗文感受民族厚重的文化底蕴，传承和弘扬优秀传统文化，增强民族自豪感和文化自信心，进一步加深对民族精神和优秀传统文化的理解。经过激烈竞争，一师附小获得小学组一等奖，上戏附中获得中学组一等奖。（沈　俭）

【区愉快教育研究所教育科研成果获奖】 6月，由中国教育学会主办的全国首届基础教育科研成果网络博览会评选结束。经网络初评、专家复评和组委会审核，最终评选出一等奖35项，二等奖101项，三等奖208项。静安区愉快教育研究所主编的《愉快学习　有效课堂——愉快教育学科学习设计的实践》一书获优秀成果一等奖。此书是静安愉快教育研究所在9年前承担、有65所学校参加的教育部规划课题“新课改背景下，小学学科学习设计的实践研究”的部分研究成果。（沈　俭）

【获全国小学生汉字书写知识竞赛总冠军】 7月，由中央电视台、中国教育电视台推出的大型益智节目《拼吧，小伙伴》全国小学生汉字书写知识竞赛成绩揭晓，一师附小代表队获全国总冠军称号。本次比赛分为北京、上海、南京、西安、长春、长沙、成都、福州8个赛区，每个赛区选择4所小学在中国教育电视台争夺全国总决赛权。 （沈　俭）

【在全国学生运动会游泳比赛中获奖】 7月28日至8月2日，全国第十二届学生运动会在上海举行，民立中学的6名学生作为上海中学生游泳队队员参赛，他们在比赛中打破了5项比赛纪录，获得金牌10块、银牌2块、铜牌1块，为上海中学生游泳队取得团体总分第一，男、女团体总分第一，对取得道德风尚代表队荣誉称号起到了重要作用。

【举办市中小学生游泳冠军赛】 11月29—30日，"民立杯"2014年上海市中小学生游泳冠军赛在静安区体育中心游泳馆举行。比赛由市教委、市体育局、市游泳协会、区教育局、区体育局共同承办，民立中学、静安体育中心及上海市游泳协会中小学委员会协办。比赛共设18个项目，吸引了全市的143支队伍、877名游泳好手参赛，参赛队和比赛项目为历届之最。比赛是上海市青少年游泳最高级别赛事之一，也是推进"体教结合"工作，推动体育赛事进校园，打造特色学校品牌赛事的重点工作之一。 （沈　俭）

【获3项国家级教学成果奖一等奖】 8月，教育部公布2014年国家级基础教育教学成果奖获奖项目名单。本次评选共计产生48项"基础教育国家级教学成果奖一等奖"，上海市共获15项一等奖，静安区荣获3项一等奖和1项二等奖。3项一等奖分别是静安区教育学院附校的"后'茶馆式'教学——走向'轻负担、高质量'的实践研究"、一师附小的"为了学生的愉快学习，变革课堂教学——愉快教育实验的深化发展"和育才中学的"普通高中学生个性化学程学习的设计与实践"。静安区南西幼儿园的"幼儿园'以游戏为基本活动'的课程建构与实践"获得二等奖。 （沈　俭）

【举行中高职贯通推进会】 9月12日，逸夫职校与市出版印刷高专举行中高职贯通推进会，区教育局领导出席会议。两校就中高职贯通工作机制以及具体落实的措施进行了商讨，内容涉及高职贯通中学籍、教材管理、学生甄别的具体操作等。双方将在今后的合作中优势互补和资源共享，加强专业教师和班主任的沟通和交流，使"艺术设计专业"成为上海中高职贯通专业中的优质品牌。 （沈　俭）

【与上海戏剧学院合作办学】 9月24日，区教育局与上海戏剧学院举行合作办学补充协议的签订仪式。此补充协议是在原有效期为6年（2011.9.1—2017.8.31）的合作办学协议的基础上签订的，涉及合作办学中艺术专业学生规模、学校管理、学校课程、招生毕业工作、艺术教育经费等内容，也意味着静安区教育局与上海戏剧学院和上戏附中三方将进一步完善合作办学的管理模式，确立办学方向，促进学校新的发展。 （沈　俭）

【召开"全国数字化学习先进区"推进会】 9月25日，"全国数字化学习先进区"推进会暨2014年静安区网校分校评估总结表彰会在区社区学院召开。会议公布了市民数字化学习推进工作评优中受表彰的先进个人与集体名单，并颁发了荣誉证书。区社区学院代表在会上作2014年静安区网校分校评估工作总结。静安区副区长夏以群，区教育局、区信息化委员会、区社区学院、各街道社区教育工作负责人，各居民区党组织负责人，在市民数字化学习推进工作评优中受表彰的先进个人与先进集体代表100多人到会。 （沈　俭）

【"做中学"项目学习走进学生家庭】 10月10日，"'做中学'假日科学探索——我家在行动"首场成果发布会举行。市教委、区教育局领导，"做中学"项目研究所和实施学校负责人，以及部分师生参加发布会。2014年，随着"做中学"项目学习走入学生家庭，相关的"做中学假日家庭科学探索"正式被纳入"做中学"课程体系，成为课程的重要组成部分。"做中学"探究式科学教育课程，由最初单纯的以探究为主要方式建立科学概念的"第一板块"课程，发展为由校内课堂教学、校内外联动的项目学习的“第二板块”课程，继而又变成假日科学探索“第三板块”课程。三大版块构成了旨在培养学生21世纪综合技能的面向未来的课程，产生了热烈反响。 （沈 俭）

【获全国小学语文青年教师教学观摩大赛特等奖】 10月27—30日，2014全国小学语文青年教师教学观摩评比大赛在广西举行，来自全国各省市的32名优秀教师参加比赛。两年一届的观摩评比是全国小学语文界影响最大的教师专业技能大赛，是小学语文教学改革的一个风向标。代表上海参赛的静安区一师附小谭姗姗执教的作文指导课《我》目标意识强，从甄选材料到范文引路再到现场写作，环环相扣，获得了一致好评，最终赢得了大赛的特等奖。 （沈 俭）

【赴新疆开展对口支援工作交流】 11月3日，静安区教育代表团到访新疆巴楚县，举办了教育专家讲座、沪疆两地青少年活动中心交流座谈，访问了巴楚县第二中学、县青少年活动中心和社区学校。代表团与当地中学的维吾尔族老师们进行了友好的交流。 （沈 俭）

【与崇明县教育合作办学项目签约】 11月6日，静安区与崇明县就教育合作办学项目举行签约仪式。静安区区委书记孙建平、崇明县县长马乐声、市教委副主任贾炜、静安区副区长夏以群、崇明县副县长王菁出席。静安区将委派南西幼儿园和上海市第一师范附属小学分别托管崇明新城1号地块幼儿园和21号地块小学，发挥静安优质教育资源的辐射作用，进一步提升崇明教育的办学品位。学校建成后，将向崇明对口学校派出校长（园长）、管理团队和骨干力量，并提供师资培训、课程设置和教科研等支撑，努力把两所学校办成质量优异、特色鲜明的学校。 （沈 俭）

【成立“静安白领学习联盟”】 11月10日，由区学习型城区建设与终身教育促进委员会办公室主办的“学习圆梦　乐享青春”——静安白领学习论坛暨2014年静安学习节开幕式举行。在开幕式上，命名了首批20支白领学习团队，举行了“静安白领学习联盟成立仪式”。白领学习联盟通过定期开展活动，实现资源共享、信息互通，形成一个以楼宇为圆点，资源辐射型和志趣相投型的白领学习圈，使众多白领参与到全民学习、终身学习的活动中，提升静安区楼宇白领人群的精神文化生活水平。

（沈 俭）

【获全国中学课堂实验教学展评一等奖】 在11月揭晓的2014年全国中学课堂实验教学展评活动中，静安区育才中学教师杨绿菲获一等奖。其实验教学案例《研究影响光合作用速率的环境因素》之前曾获上海市一等奖。之后她的课例又被选送参与全国中学课堂实验教学展评活动，并被推选至全国第十五届学术年会上作展示交流。 （沈 俭）

【以色列教育部长到访】 11月14日，以色列教育部长夏伊·皮隆（Rabbi Shay Piron）在以色列驻沪总领事的陪同下访问静安区上海戏剧学院附中，了解上海市在艺术教育等方面的成功经验，推动双方教育合作交流。夏伊·皮隆部长期待通过学校之间的交流促进两国学生相互了解，与中方共同探索教育的内涵发展。双方举行了合作签约仪式，上海戏剧学院附中与以色列海法市艺术学校结为友好学校，以促进双方学校的艺术教育尤其是戏剧教育的交流与合作。 （沈 俭）

【获全国教育教学信息化大赛一等奖】 11月13—16日，由中央电化教育馆举办的“第十八届全国教育教学信息化大奖赛”研讨交流活动暨颁奖会在北京举行，常熟路幼儿园提交的研讨交流项目——《滚来滚去》，获信息技术与学科教学整合课例一等奖。 （沈 俭）

【世界学前教育组织主席到访】 11月18日，世界学前教育组织（OMEP）主席访问南西幼儿园，了解游戏课程教育开展情况。到访的客人认同南西幼儿园立足游戏课程实践，让孩子“快乐玩、有效学”的理念。 （沈 俭）

【举办2014区学生艺术节】 11月21日，2014静安区学生艺术节在区青少年活动中心剧场举行。艺术节期间，全区25所中小学校的46支学生参演队伍共有1000多名学生，进行了声乐、器乐、舞蹈3个专场展演。（沈　俭）

【获第三届“全国幼儿园优秀自制教具展评”一等奖】 11月19—23日，由教育部教育装备研究与发展中心、全国妇联儿童工作部、中国学前教育研究会共同主办的第三届“永嘉杯”全国幼儿园优秀自制玩教具展评活动在浙江举行，共有877件作品进入终评。南西幼儿园选送的《笑脸迎水花》获全国幼儿园优秀自制玩教具展评活动优秀作品一等奖。此次展评活动以“落实《3—6岁儿童学习与发展指南》，倡导游戏活动”为主题，旨在调动广大幼教工作者因地制宜开展自制玩教具活动的积极性与创造性，引导和推动幼儿园自制玩教具活动健康科学发展，促进幼儿园教育质量进一步提高。（沈　俭）

【在第八届国际发明展览会上获好成绩】 11月19—22日，中国发明协会、发明者协会国际联合会(IFIA)在江苏昆山主办第八届国际发明展览会。一师附小选送的作品包括智能汽车防雨帘、使用各种塑料袋的环保垃圾桶、防止儿童窗台坠落装置等，获得了1金、2银、4铜的佳绩。（沈　俭）

【2014“三叶草杯”上海高中生英语演讲比赛举行】 11月23日，由上海教育国际交流协会和爱尔兰驻上海总领事馆主办、静安区教育局协办、静安教育交流中心承办的2014“三叶草杯”上海高中生英语演讲比赛举行。比赛旨在提高上海高中生学习英语的积极性，帮助他们了解爱尔兰历史、文化，拓宽他们的国际化视野。比赛主题为“发现爱尔兰”。比赛评委分别来自爱尔兰驻沪总领事馆、爱尔兰科克市政府、上海市教委、上海教育国际交流协会以及上海外国语大学。获胜者将获得爱尔兰旅游局和科克市政府提供的为期一周赴爱尔兰文化考察与交流机会。（沈　俭）

【举办2014未来工程师大赛】 12月12日，由区教育局、区青少年活动中心和静安实验小学共同承办的“2014年静安区未来工程师大赛”举行。全区18所中小学131支参赛队伍共同参与了“仿生机器人竞技”“桥梁结构秀”以及“幻动3D创意屋”等亲子体验互动项目。本次大赛凸显两大亮点：亲子体验和国际化科技活动理念的引进。静安区校外教育率先将“创客”理念引入青少年科技活动中，有助于整合优质社会资源，打造高品质的青少年科技教育。（沈　俭）

【市西中学“智慧校园”上线试运行】 12月15日，市西中学“智慧校园”正式上线试运行。“智慧校园”通过校园网络改造，充分利用了物联网、智能卡、信息采集、数据库等一系列现代信息技术，有利于进一步拓展学生自主性、选择性学习的空间、内容与形式。随着“智慧校园”功能的不断开发与使用，市西中学校园将逐步实现各类预约学习、数据采集与查询以及校内联络等功能，从而为学校探索个别课程制、记录学生个体学习经历、建立大数据背景下的综合评价系统等一系列教育教学改革项目提供重要保障，在实现个性化教学方面取得更大的突破。（沈　俭）

【静安智慧社区服务平台正式上线】 12月18日，“静安智慧社区服务平台正式上线暨东方网智慧屋静安数字化学习体验中心开放启动仪式”举行。静安智慧社区服务平台将围绕建设“智慧城市”的战略目标，组织居民开展信息化、数字化、智能化的新知识、新技术、新媒体的学习，促使更多居民养成数字化学习的习惯和方法，以适应信息化时代的生活与工作。（沈　俭）

【时代中学举办140周年校庆】 12月20日，以“薪火相传育桃李　躬耕树蕙谱华章”为主题的时代中学建校140周年纪念活动举行。时代中学建校于1874年，原名圣芳济学院，学校历史悠久，精英辈出。校庆活动中，学生们为广大校友表演了健美操《青春飞扬》、古诗文吟诵《赤壁赋》和青春热舞《爱时代》等节目，展现了近年来建设的具有时代中学特色的课程文化。（沈　俭）

附：区教育局驻地及负责人

（2014 年 1—12 月）

地址：南阳路 215 号
邮编：200040
电话：62790802

区委分管常委：杭春芳

区政府分管副区长：夏以群

区教育党工委书记：孙明丽
副书记：陈宇卿、朱娴华

区教育局局长：陈宇卿
副局长：戈一萍、徐　刚、周晓春

长 宁 区

【2014 年概况】 全区教育系统有 104 家机构，其中，中学 26 所(包括高级中学 4 所、完全中学 6 所、初级中学 14 所、九年一贯制学校 2 所)，小学 23 所，职校 1 所，幼儿园 36 所，特殊教育学校 3 所，专门学校 1 所，业余大学 1 所。另有托儿所 19 所，社会力量办学院校 90 所。全区在校学生 56144 人，其中中学生 18313 人、小学生 21240 人、幼儿园(包括托儿所)幼儿 13044 人、职校生 1008 人、业余大学学生 1758 人。全区教育部门在职教职工 6123 人，其中中学 2505 人，小学 1703 人，幼儿园 1017 人，职校 184 人，特殊教育 223 人，其他教育机构 491 人。离退休教职工 7282 人。

一、区域教育改革重点项目取得成效。推进以“三个指数”为重点的教育教学评价改革。完成 2013 年中小学“三个指数”测评调研，将测评结果以一校一报告的形式向学校反馈，促进学校改进教育教学和管理行为。建构“三个指数”数据的分析网络平台，为实现大数据分析提供技术支持。《上海教育》《文汇报》和《光明日报》记者对学校专访，并对长宁区“三个指数”的实践给予好评。分学段推进课程和教学改革。学前阶段，以“主题—运动”项目评价为抓手，开展第三次幼儿运动发展评价，6 所幼儿园向全区开放混龄混班运动。小学阶段，围绕“快乐拓展日”课程建设，汇编《长宁区小学课程方案集》和《长宁区小学校本课程特色科目方案集》。深化“作业效能”研究和“基于课程标准的教学与评价工作”，《区域联动提升小学作业效能的实践探索》获基础教育国家级教学成果二等奖。初中阶段，设计与实施“分层作业”，推进“阅读领航计划”。高中阶段，推进“主题轴”综合课程建设，推动区域高中多样化特色发展。全国教育科学规划课题和市教育科学研究重点课题“区域推进高中多样化特色发展的行动研究”结题。根据市教委高考改革方案，指导学校研究政策，调整课程计划和教学方式。推进教育优质均衡发展。优化学前教育资源布局，上海市“儿童世界”基金会长宁幼儿园与福泉幼儿园“一体化”整合，撤销福泉幼儿园建制。长宁区新实验幼儿园成功申报市一级园，区域内一级园数量达 12 所。推动“新优质学校”建设。开元中学、天山初中和绿苑小学 3 所市级项目学校，以及虹桥中学、长宁中学、泸定中学、省吾中学、古北路小学、复旦小学、新虹桥小学、北新泾第二小学 8 所区级项目学校明确特色发展方向，探究教学方式改革，通过“家长开放日”活动向家长、社会展示“家门口的好学校”。接受国家教育督导组对长宁区落实义务教育均衡发展督导检查。《上海 17 个区县政府推进义务教育均衡发展工作得分表》显示，在 37 个指标点、满分为 100 分值中，长宁区得分 96.60 分，在全市排名第 3 位。

二、推进教育国际化和信息化发展。召开长宁区教育国际联盟会议，推进校本化课程建设。为全区小学和 10 所初中配备全职外教。拓宽教师境外培训渠道，组织部分学科带头人赴美国培训。9 名教师经市教委选拔赴英、美、德及荷兰等国交流。

参加第十一届上海教育博览会教育国际化展，举办中澳优质教育方法比较与借鉴专题活动，与法属波利尼西亚帕皮提市建立师生友好交流项目。实施"智慧高地"有关"智慧教育"建设项目，推进"未来学习中心""网络课堂"等资源应用，建设学生自主学习平台，促进信息技术与教育教学融合。

三、结合2014年长宁教育"德育年"活动，加强未成年人思想道德建设。开展"中华经典诵读"项目等中华优秀传统文化教育活动，评选出15节区本精品课。长宁学生在市小学生"美丽汉字，追梦少年"汉字书写应用比赛中获金奖。与团区委共同组织中小学"美德少年"和"最美少年"的评选和推广活动，推出玉屏南路小学孔维楷等60名"美德少年"和复旦中学旺姆等10名"最美少年"。年内，新增古北路小学、天山第一小学、延安初中、省吾中学和仙霞高中5所城市学校少年宫和新泾中学1所乡村学校少年宫，城市（乡村）学校少年宫试点学校达16所，丰富了青少年活动平台。依托上海凝聚力工程博物馆、长宁区人民法院、携程旅行网等24家区中小学生社会实践基地，开展暑期主题教育活动，参与学生达1686人次，使区域资源成为促进未成年人健康成长的社会课堂。开展"我们的价值观，我们的中国梦——精彩课堂"等各类主题活动，弘扬以爱国主义为核心的民族精神和以改革创新为核心的时代精神。深化"明德尚法杯"校园模拟听证活动，开展第26个宪法宣传周活动，区教育局获全国"六五"普法中期先进单位称号。推进学校心理健康"医教结合"项目，完成第二批15所学校心理健康达标校的评估验收，通过率为61.5%，达到市标准。组建护校特保队，保障校园及周边安全。警校联合，开展法华镇路第三小学、姚连生中学和西郊学校3所学校的公共安全教育试点。

四、有序开展学校体育卫生工作。"三课两操两活动""学生每天一小时校园体育活动"落实到位。举办区首届青少年篮球联赛。组织中小学"青春杯""希望杯"共39项体育运动竞赛，组队参加市阳光体育大联赛11项比赛，取得良好成绩。年内，共计39472名学生参加中小学生健康体检，约占全区学生总数的97.32%。继续做好防近视、防肥胖和防龋齿工作。举办儿童伤害预防系列教程"2014年儿童用药安全——教师能力培训（上海长宁）"，组织"2014年区红十字青少年现场急救包扎竞赛活动（小学组）"。拓展素质教育途径，推进青少年创新素养培育项目。长宁区学生在市第29届青少年科技创新大赛中获一等奖58项，在全国青少年科技创新大赛中获一等奖12项。长宁实验小学获2014 DI全球青少年创新思维大赛小学C组冠军，是上海首次在该类挑战题中夺冠。举办"飞的梦想"2014长宁国际青少年科技探索活动。组织以"戏剧校园行，少年中国梦"为主题的区学生戏剧节，举办"五朵金花绽芳华"2014年区青少年民族文化展示活动。延安中学和上海市第三女子中学被评为"十二五"期间第二批市校园文化环境建设示范校。

五、发展职业教育和终身教育。深化全国社区教育示范区建设，推动社区学院转型发展。10月，启动长宁市民学习中心，为市民提供教育服务，共享学习资源。依托社区教育三级网络，实现教学点全覆盖。建立22个社区教育睦邻点，将三级网络延伸到第四级。开展第五轮教学点规范化建设评估，推动学院教师转型。完善"区街一体化"数字学习平台，推广移动学习，建设"云视课堂"。整合"六个便利服务联盟"、临空园区和携程旅行网等企业资源，开展"学习便利进楼宇"服务。组织市第十届全民终身学习活动周。推进现代职校国家中等职业教育改革发展示范学校建设。开展国家"十二五"规划课题《基于实训中心的项目课程开发与实施的实证研究》研究。参与教育部共建共享教学资源库建设项目，承担"计调业务"课程资源库的开发和建设。4门课程被市教委立项为市级精品课程。参加全国第六届职业院校技能大赛，参与市代表队的项目6项。由市教委授予计算机网络和高星级饭店运营与管理专业市级教师企业实践培训基地。促进教育服务业发展。新设5所民办非学历教育机构，非经营性教育培训机构达93所。完成90所民办非学历教育机构学杂费专用账户督查调研，学杂费专用账户正常使用率77.5%。

六、加强干部和师资队伍建设。长宁实验幼儿园周剑获全国五一劳动奖章、延安中学蔡文学获"全国模范教师"称号、天山第一小学秦禹玲被评为"全国优秀教师"。年内获评"上海市园丁奖"34人、"长宁区园丁奖"191人、"上海市特级教师"7

人。确保创新团队、区名校长培训、高端人才培养、出国培训、国际学校交流合作5大人才项目的实施。选派名校长培养对象参加长三角名校长培养、全国骨干校长高级研修班等国家和市级培训项目。推进区域教师教育工作。总结和展示初中教师参加上海师范大学高端培训项目阶段性成果。产生第二轮“教坛新秀”209人、“教学能手”584人。产生第四期“优青项目”承担人31人，第七轮学科带头人193人，其中优秀学科带头人46人。2014年，共招录教师214名，其中硕士研究生及以上学历55名。完成2013学年度122名见习教师的规范化培训。开展志愿服务活动。教师、学生志愿者完成上海亚信峰会志愿服务，推进“平安志愿者”服务活动和“教师义工队”，完成教育志愿服务中心建设。年内，区教育系统有市杰出志愿者2人、市优秀志愿者5人、市优秀志愿者集体1家、市优秀志愿者组织者1人。

七、完善教育基础设施建设，落实教育经费保障。复旦中学西部校区项目教学区施工完成实验办公综合楼结构封顶、生活区施工完成宿舍楼六层建设。完成姚连生中学总体改造项目桩基工程。新建仙霞高中体育馆项目、西郊学校整体修缮项目、虹桥中学等初中转型发展学校功能提升项目、仙霞路第二幼儿园一级园复验项目等年度修缮项目完成并交付使用。完成10所学校的直饮水工程项目的管网改造工程和设备公开招标及安装，实现中学校园直饮水全覆盖。2014年，长宁区加大教育投入力度，保障教育优质均衡发展。年内，区财政教育经费拨款17.03亿元，高于区财政经常性收入增长0.86个百分点；生均事业费3.95万元，生均公用经费1.49万元，教师人均年收入12.38万元。落实全学段帮困助学政策，全年投入帮困资金614.73万元，惠及困难学生5773人次；投入资金1025.16万元用于义务教育阶段免费教科书，资助学生67720人次。（戴　泓）

【通过国家义务教育均衡发展督导检查】 3月17—18日，国家教育督导组一行4人到长宁区，就义务教育均衡发展情况进行督导检查。长宁区委、区政府重视义务教育均衡发展，认真履行政府公共管理与公共服务职能，坚持把义务教育摆在优先发展的战略地位，率先推动义务教育的优质均衡发展，以改革精神推动义务教育形成区域特色。国家教育督导组通过查阅资料、召开座谈会、发放调查问卷等形式，并实地走访虹桥机场小学、上海市第三女子初级中学等12所学校，多角度、多方面地开展检查。国家教育督导组肯定长宁区在义务教育发展基本均衡方面所做的努力，认为长宁区义务教育接纳符合条件的适龄进城务工人员随迁子女，率先做到公平教育全覆盖。（戴　泓）

【在第二十九届市青少年科技创新大赛中获奖】 3月22日，在第29届市青少年科技创新大赛上，长宁区获310个奖项，包括一等奖58项(其中青少年科技创新项目40项)、二等奖93项、三等奖104项、专项奖53项以及优秀组织奖2项。长宁区在该次大赛中实现两个突破：入围第29届全国青少年科技创新大赛的19个项目涉及范围广泛，包括青少年科技创新项目、科幻画、教师创新成果和实践活动；延安初级中学学生叶心仪的课题《猪笼草瓶状体消化液酸碱度调节机制的初步探索》获市科学技术协会主席奖。该奖项仅设3个名额，用以奖励大赛中最优秀、最突出的青少年科技创新项目。（戴　泓）

【举行校本化实践研讨活动】 4月22日，由市教委基教处和市教委教研室主办、区教育局和区教育学院承办的“活力课堂，优＋学习”教学观摩研讨活动举行。绿苑小学作为首批市新优质学校，以“活力课堂优＋学习”为校本化实践研究的主题，参与市“基于课程标准的教学与评价”试点工作。市教委副巡视员杨国顺，市教委基教处领导，长宁区各小学校长、教师，部分学生家长及社区代表出席活动，参观学校“问题云”广场，观摩《诸葛亮和小皮匠》和《唐老鸭新传》展示课。区教育局和绿苑小学分别介绍了“基于课程标准的教学与评价”在区域内的推进情况。与会人员肯定长宁区将市教委推出的“零起点”教育落实于守望孩子的幸福，肯定“活力课堂，优＋学习”给予孩子的无限想象。（戴　泓）

【“警校联手，推进中小学公共安全教育工作”签约】 4月30日，“区警校联手，推进中小学公共安全教育工作”签约仪式举行。市教委青保处、公安长宁分局和区教育局领导出席。区教育局和公安长宁分局签订合作推进中小学生公共安全教育试点工作协议书，授予新华、天山、新泾3个派出所“区公民警校基层办学点”铜牌，并为法华镇路第三小学、姚连生中学和西郊学校颁发长宁区中小学公共安全教育试点学校证书。区教育局和公安长宁分局联合开发中小学生公共安全教育课程，实施教学试点，以提升中小学生安全防范意识，提高学生的自救自护能力，帮助学生养成良好的公共安全行为习惯。（戴　泓）

【举行小学生红十字现场急救比赛】 5月7日，结合“世界红十字日”和“全国防灾减灾日”纪念活动，在学生中推广、普及群众性救护技能，区教育局和区红十字会举行“人道心、中国梦——红十字‘救’在我身边”2014年区小学生红十字现场急救比赛，全区22所小学的学生代表参加比赛。为提高学生对现场急救的感性认识，比赛前，区红十字社区志愿者以车祸为背景开展模拟救护示范演练，向学生展示规范的操作流程和救护技术。根据小学生的年龄特点，比赛内容以止血、固定和包扎三大技术为主。（戴　泓）

【举办区首届青少年篮球联赛】 5月16日，区首届青少年篮球联赛启动仪式举行。篮球联赛采用校内班级间比赛和全体学校参加的校际主客场制比赛的竞赛办法，共有46所学校的6500余名学生参加总计956场比赛，其间穿插啦啦队比赛、摄影比赛、征文比赛等内容，具有参与面广、活动形式丰富、营造体育文化氛围的特点。（戴　泓）

长宁区首届青少年篮球联赛

【调研中小学创新实验室建设】 5月13日，由市教委基教处、市教育技术装备中心组织的中小学创新实验室建设阶段性调研工作组到长宁区调研。工作组实地考察开元学校的劳动技术创新实验中心、华东政法大学附属中学的“明德尚法”创新实验室和古北路小学的GBB科学实验室3个2013年市级重点跟踪项目。法华镇路第三小学“菌宝宝”实验室、虹桥中学《自然笔记》课程创新实验室、延安初中现代生物学实验室和创造性戏剧工作室4个项目作为2013年市级重点跟踪项目代表，仙霞高中地理信息化互动学习室和上海市第三女子初级中学都市农业与园艺生态园2个项目作为第一、二批创新实验室案例编写学校代表，分别从项目概述、课程建设、设备配置、经费使用、实施成效及下阶段工作计划等几方面介绍各自项目情况，展示取得的成效。工作组对区教育系统创新实验室项目建设工作给予好评，认为项目富有特色，体现校长较强的课程领导力和资源整合力，希望能够以创新实验室项目建设为契机，完善特色课程建设，促进教师职业发展，提高学校办学质量，促进学生健康发展。（戴　泓）

【获2014DI全球青少年创新思维大赛C组项目总冠军】 5月24日，2014DI全球青少年创新思维大赛在美国田纳西州诺克斯维尔市闭幕。DI是英语“Destination Imagination”的缩写，意思是“目的地想象”。该赛事关注对青少年，包括从学龄前儿童到大学生的创新思维的培养，内容涉及科学、技术、人文、音乐、美术等方面，旨在以快乐且富有意义的方式培养参与者的创造能力、问题解决能力和团队合作精神。2013年11月，长宁实验小学以小学组第一名的成绩获得参加2014DI全球青少年创新思维大赛的资格，并最终获得大赛C组项目全球总冠军，这是中国代表队参加DI全球青少年创新思维大赛以来首次在C组获得全球总冠军。（戴　泓）

【台湾地区彰化县儿童弦乐团到访】 8月26日，台湾地区彰化县儿童弦乐团一行47人访问区少年宫。区少年宫民乐团与彰化县儿童弦乐团进行交流演出。彰化县儿童弦乐团带来台湾地区民谣《四季红》《雨夜花变奏曲》，以及《邻家的龙猫》等卡通曲，区少年宫民乐团献上弦乐合奏《战马奔腾》《马车夫之歌》等乐曲，两支乐队还同台合奏《夜来香》。彰化县儿童弦乐团在台湾地区有一定的影响。区少年宫民乐队是市优秀学生艺术团，在全国及市学生艺术团等重大比赛中获奖，并多次应邀参与市重大活动和演出。（戴　泓）

【举行法律援助主题研讨】 9月4日，围绕“法律援助、关爱成长、守望幸福”这一主题，区青保办联手区法律援助中心组织区中小幼师生代表共同研讨法律援助工作在中小幼安全管理和安全教育中的价值、内涵和举措。市法律援助中心、区教育局和区司法局领导共同按动启动球，标志着法律援助志愿律师对口社区学校工作启动。志愿律师担任区各街道（镇）青保办、中小学、幼儿园的法律顾问，不定期地到结对社区和学校参与各种形式的法律宣传教育活动、提供法律咨询服务，为师生或家长举办法律讲座，为推动依法治区和学校依法办学提供法律帮助。区学生代表以文艺演出和微感言的形式表达对律师进校园、关心青少年成长的感谢。主题研讨后，各中小学、幼儿园领取《法律援助律师结对社区学校工作指导手册》。（戴　泓）

【庆祝第三十个教师节】 9月10日，区庆祝第三十个教师节主题活动举行。活动以“精彩三十　奠基未来”为主题，回顾了长宁区教育30年来的发展，弘扬高尚的师德师爱，激发教师教书育人的责任感和使命感。活动对全国五一劳动奖章获得者、市教书育人楷模周剑，全国模范教师蔡文学，全国优秀教师秦禹玲，以及2014年度市、区园丁奖，区教书育人模范、教书育人先进集体进行表彰。（戴　泓）

【实施区初中教师高端培训项目】 9月29日，区初中教师高端培训（教育硕士）项目汇报会召开。市教委副主任王平、上海师范大学教授张民选、区教育局领导，部分初中校长及初中教师高端培训的导师和学员参加会议。区教育局用“带好路，指好路，走好路”9个字概括区域师资队伍建设的做法。带好路，即开展见习教师的规范化培训工作；指好路，即在构建“区基础教育教师专业生涯发展规划”的基础上，搭建“三级六层”的教师培训课程建设平台；走好路，即优化教师管理和考核方式，创新教师教育方式。区初中教师高端培训项目于2012年根据《长宁区人民政府与上海师范大学基础教育发展区校合作框架协议》设置。该项目从区域内各校选拔出优秀初中教师参加，采用小组研讨式，同时在基础教育学校和大学学习，分散学习进度。高端培训学员于2013年赴英国国家与领导力学院开展为期3周的培训。年内，大部分学员在上海师范大学进修教育硕士。（戴　泓）

【长宁市民学习中心启动】 10月11日，长宁市民学习中心举行启动仪式。市教委副主任袁雯、中国成人教育协会常务副会长谢国东，区委常委、宣传部部长章卫民，副区长赵丹丹，上海开放大学、市教委、市学习型社会建设服务指导中心办公室、区教育局领导出席活动。赵丹丹在致辞中指出长宁市民学习中心是展示区域学习型城区建设成果的窗口，是为市民提供教育服务、体验、学习资源共享的平台，也是社会治理创新的探索之一。市民学习中心的建设旨在丰富市民精神文化生活、提升市民整体素质、提高市民幸福指数和城区和谐程度。袁雯、章卫民和仙霞新村街道晚晴读书会的市民代表为长宁市民学习中心揭幕。中国成人教育协会和长宁区签约，成立终身教育和学习研究中心。长宁市民学习中心致力于开发学习资源，丰富学习方式，服务终身学习，推进创建智慧、文明城区和学习型城区建设。（戴　泓）

【举行中澳优质教育方法比较与借鉴研讨会】 10月16日，中澳优质教育方法比较与借鉴研讨会举行。区委书记卞百平、区政协主席陈建兴、副区长赵丹丹，以及澳大利亚财政事务影子部长、金融服务和公积金影子部长和一二三教育集团代表出席。中澳双方代表分别致辞。中方介绍长宁区“一流教育”目标、四学段综合改革、新优质学校建设的概况，希望中澳之间加大合作力度，共同推进优质教育发展。澳方介绍了澳大利亚幼儿教育，希望中澳教育合作能够整合两国的教育优势，促进双方教育的提升。在主题发言中,区教育党工委领导介绍以学生培养为核心,以教师培训为手段,以校长能力提升为抓手,以国外先进课程为基础,通过教育国际化促进优质教育发展的情况。澳大利亚商会总经理介绍澳大利亚商会在教育方面的举措。双方都希望能够建立长期教育合作关系,形成合作项目,实现中外双方教育的互赢互利。建青实验学校校长、长宁区教育学院院长、上海市第三女子中学校长、一二三教育集团和东方启音言语治疗(中国)有限公司代表就优质教育方法进行交流发言,双方签署备忘录。 (戴 泓)

【举行2014长宁国际青少年科技探索活动】 10月25日,由区教育局、区科委主办,区少年科技指导站承办的"飞的梦想"——2014长宁国际青少年科技探索活动举行。中国、日本、德国、新西兰和波兰等10个国家和地区的300多名青少年科技爱好者组成30支代表队,参加了该次活动。科技探索活动围绕主题"飞的梦想",以保护生命、完成外星球探索任务为活动背景,对学生的科技素养进行更为多样的考验。学生在登陆、勘测和抵达3个活动环节中,要自主设计投射装置完成鸡蛋抛射任务,自行设计纸车、纸船完成运载任务,并编织纸绳将装置送达指定高度。绿苑小学和泸定中学分别获得小学组、中学组团体金奖,而X星登陆、水质勘测、地表勘测和顺利抵达的单项金奖则分别由绿苑小学、江苏路第五小学、包玉刚实验学校、姚连生中学、省吾中学和泸定中学获得。 (戴 泓)

【中小学生观看经典昆剧】 10月29—31日,长宁区9所中小学的1200名学生观看了上海昆剧团在区少年宫演出的经典昆剧《孙悟空三打白骨精》。这既是"高雅艺术进校园",也是区"虹桥文化之秋"期间区教育局组织的群文活动,更是区教育局提升区域美育的实践。活动旨在引导中小学生亲近传统,感悟经典,激发学生对了解、学习和传承优秀中华传统文化的兴趣,提升中小学生艺术审美素养。 (戴 泓)

【评比学生午餐安全质量】 11月3—4日,区学生午餐安全质量评比举行。由区疾病预防控制中心医生、区市场监督管理局领导及区政府教育督导室督学担任评委,区政风行风监督员承担监督职能,对区域内公办中小学午餐安全质量进行评比。由区教育局安全管理中心工作人员在各中小学食堂随机抽取一份学生午餐作为评比样品。中学组共抽取29份学生午餐,小学组共抽取23份学生午餐。评委分别从卫生安全(干净卫生、烧熟煮透)、基本情况(荤素搭配、色泽搭配、蔬菜种类)、数量(荤菜、小荤、蔬菜)、口味(荤菜、小荤、蔬菜、汤)4个方面对每份午餐进行评价,并将评价结果反馈学校,促进供餐工作改进。 (戴 泓)

【成立"心悦工作室"】 11月12日,区教育工会、区教育基金会成立长宁区教师心理健康辅导互助会——"心悦工作室"。工作室整合区未成年人心理健康中心资源,聘请一支由高校心理专业教授、市学生心理发展中心教授和区心理教研员组成的志愿者队伍,发挥服务学生、教师的作用。工作室设有4个服务项目:心理咨询热线,心理健康辅导,举办普及心理健康常识、自我舒缓压力和人际沟通艺术的讲座和沙龙。区教育工会在对教职丅幸福指数调研的基础上,丌展教师职业幸福实事工程,组织"区青年教师与青年白领联谊活动""当年退休教师疗休养""帮困送温暖""一校一品文化建设"等实事项目,满足不同层面教职工的精神文化需求。"心悦工作室"为教职工普及心理健康常识,增强心理健康意识,有助于提升教师职业幸福,营造和谐校园文化。 (戴 泓)

【举行区青少年民族文化展示活动】 12月2日,由区教育局主办、区学校艺术教育委员会协办、区少年宫承办的"五朵金花绽芳华"——2014年区青少年民族文化展示活动举行。参加展示活动的节目有:姚连生中学评弹团的《唐诗吴韵》、延安初中昆曲团的《红梨记·亭会》、娄山中学京昆团队的京剧《坐宫》、省吾中学越剧团的《十八相送》、新泾中学沪剧艺术团的《母亲》、长宁实验小学京剧团的《萧何月下追韩信》和愚园路第一小学向红分校小主人京剧团的《精忠报国》。长宁区自1990年在学生中普及戏曲教育,建成以昆曲、京剧、评弹、越剧、沪剧

5个剧种为代表的学生戏曲团队，并发展成为“五朵金花”戏曲教育品牌。姚连生中学评弹团和延安初中昆曲团为市级学生艺术团，获区县组一等奖；新泾中学沪剧艺术团、愚园路第一小学向红分校小主人京剧团分别获初中组一等奖、小学组二等奖。娄山中学京昆团队（原新古北中学京昆团队）、省吾中学越剧团、长宁实验小学京剧团等也在各类艺术展演中获得好成绩。（戴　泓）

【举行中小学生健康教育主题活动】 12月3日、5日，区教育局、区卫计委和区红十字会联合开展2014年区中小学生健康教育主题活动。该活动根据学生年龄特点，分别以中学生“健康好声音”和小学生“健康好技能”的形式举行。全区12所高中、19所初中参加“健康好声音”活动，学生们通过歌唱、快板、小品、朗诵、相声、沪剧等形式的表演，增强自我保健意识。小学生“健康好技能”活动展示洗手、刷牙和眼保健操这3项基本技能的全过程，培养和巩固小学生有效洗手、规范刷牙和正确眼保健。区域内23所小学（部），约140名学生参加。（戴　泓）

【承办“道德讲堂（总堂）”活动】 12月12日，区道德讲堂（总堂）第19讲举行。该活动由区教育局承办，主题为“育人梦、创新梦，美梦成真”，近200名教师代表参加活动。道德讲堂活动以“身边人讲身边事，身边人讲自己事，身边事教身边人”的形式，宣传先进教师的事迹，激励教师围绕“为了每个学生更好地学习与成长”的理念，投身教育教学改革，为建设长宁区一流教育而努力。（戴　泓）

【市盲童学校教师接受作业治疗与物理治疗培训】 12月10—12日，市盲童学校教师参加由美国帕金斯盲校的作业治疗师和物理治疗师举办的作业治疗与物理治疗培训。两名治疗师在听了市盲校多重障碍班级的课程教学后，对教师开展为期3天的培训。他们从人体的运动方式、运动的评估、平衡和体位姿势、作业治疗的诊断、作业治疗的评价及治疗方法等几个板块开展培训。参加培训的教师对物理治疗和作业治疗的概念定义、诊断、治疗手段和意义有了全新的认识，形成新的康复理念；通过与治疗师的提问和探讨，学习通过改变环境、改变任务、依据学生能力设计不同的教学活动的方法。（戴　泓）

【教育服务惠民取得成效】 2014年，长宁区多项教育服务惠民举措取得成效。①创新爱心晚托班运行机制，开设105个爱心晚托班，覆盖全区23所公办小学。②深化学生教育社会化探索，确立爱国主义教育、经济管理、文化艺术等6大类24个中小学社会实践基地。③拓展学校少年宫的服务功能，加大对社会开放力度。在原54个开放点的基础上，新增延安初中和泸定中学体育场2个夜间开放点。④坚持服务导向，助力学校活力发展。通过盘活空编岗位、增强区内流动、保留机动编制及政策向特殊情况倾斜的方法，合理配置师资。⑤加强教师培训和基建项目管理，制定《区教育系统基建设备项目储备管理办法》和《区教育系统基建设备项目论证会审管理办法》。⑥推进教育服务进社区楼宇活动，组织教师志愿者队伍在百联西郊、联合利华和博世等企业总部设点解答青年白领关心的教育问题。⑦推进终身学习服务平台建设，创建长宁市民学习中心，展示区学习型城区建设成果。（戴　泓）

附：区教育局驻地及负责人

地址：长宁路599号
邮编：200050
电话：22050000

区委分管常委：章卫民
区政府分管副区长：陈志奇（7月离任）、赵丹丹

区教育党工委书记：陈设立
　　副书记：姚　期（兼）、张　岚

区教育局局长：姚　期
　　副局长：吴玉雷（10月离任）、张健华、邵春安、熊秋菊（10月到任）

普 陀 区

【2014年概况】 全区有中学28所、小学25所、九年一贯制学校19所，在校中学生2.76万人、小学生3.43万人；幼儿园77所，在园儿童2.74万人；有职校1所，在校生0.15万人；有特殊教育学校2所，专门学校1所，在校生0.04万人；还有社区学校9所、社区学院1所、业余大学1所、职工中专1所、教育学院1所。此外，有教育中心12个、民办教育培训机构39个。

2014年，区教育局认真实施教育规划纲要，深化教育转型，完善教育公共服务体系，各级各类教育协调推进，教育质量与水平不断提升，区域教育现代化和教育强区建设有新发展。

立德树人，切实增强德育工作的实效性。深化德育课内外体系建设，编制分学段《"普陀大学堂"学生社会实践指导手册》和《2014年普陀区未成年人暑期社会实践资源》口袋书，开展"五大学堂"学生实践体验活动；完成《现代公民读本》等区域课程开发，开展"学科德育优秀案例征集"活动。加强中华优秀传统文化教育，开展"民族精神教育月"、中华传统美德教育研讨与展示等活动，传播中华优秀传统文化。晋元高级中学通过远程视频与印度泰戈尔国际学校互授太极拳和瑜伽，国家主席习近平夫人彭丽媛参观泰戈尔学校时观摩两校授课现场活动。加强德育队伍建设，全区获评"市优秀班主任"4名，"市十佳班主任"1名，"全国优秀班主任、全国优秀教师"1名。加强学校心理健康教育，区心理健康教育中心正式开放运行，落实区中小学心理健康教育联席会议制度，开展心理健康教育宣传月活动和心理活动课区级评选，30所学校被评为首批市心理健康教育达标校。普陀区连续第四次获得全市区县"两纲"实施评估"优秀"。

聚焦内涵，深化基础教育转型发展。课程改革不断深化。下发推进"提升中小学课程领导力"项目指导意见，加强学校课程建设；与华东师范大学、市教研室合办以"基于'合作学习'的微视频研究"为主题的全国第九届有效教学理论与实践研讨会。成立区教育质量监测中心，构建基于课程标准的区域学业质量评价体系。总结洵阳路小学等3所项目试点校经验，"以点带面"推进小学基于课程标准的教学与评价工作。全区获上海市基础教育教学成果奖8项，其中曹杨二中获特等奖。学生创新素养培养持续推进，举行初中"动手探究日"展示，召开学生创新素养培养推进会，发布《普陀区中小学生创新素养培养行动计划》落实情况调研报告。完成市、区两级创新实验室建设调研，组织13所学校申报第四批市级创新实验室。教育信息化推进取得成效，深化"网络环境下学习方式变革"实验项目区域核心课题"J课堂微视频研究"，初步完成平台基本架构，实现教师上传课程、学生在线学习、教师在线辅导、学习统计等功能，截至年底，上传课程视频156个，教师注册462人，学生注册4856人。教育部科技司和市教委领导到区调研教育信息化工作，光新学校在上海教育信息化工作会议上交流发言且获好评。加快教育国际化进程，与英国萨里郡签署进一步加强合作的备忘录；曹杨二中"德语DSD项目"成为市首批高中"中外融合"国际课程试点项目；上海国际学生服务中心落户普陀区；先后选送5名教师、8名校级干部赴美国、芬兰、新加坡等地进行教育培训和交流。

加强体教、医教、文教、科教和社教结合。全面落实中小学生"每天校园体育锻炼一小时"，普及阳光体育运动；开展区阳光体育竞赛19项、参赛8100余人次，参加市级竞赛21项、参赛3226人次；2门健身课程获市中小学体育优秀区本课程一等奖，2篇论文获全国科学论文报告会一等奖；承办全国第十二届学生运动会健美操项目赛；区学生体质健康监测达标率为95.24%，较上年提升1.44个百分点。加强医教结合，构建多部门联手的高危婴幼儿诊断评估、干预转介机制，建立和完善3—6岁特殊儿童以在普通班接受融合教育为主、特殊教育班为辅的教育安置形式，实现全区学前残疾儿童享有公益普惠的教育、康复与保健服务；全区50所幼儿园55个教学点配备专业医生；组织医学专家和专业教师联合对区域内视障、听障、智障随班就读学生进行定期巡回指导；与区中心医院合作，带教学校教师，开展脑瘫儿童康复训练；完成全区学校食堂规范化管理达标验收。加强文教结合，整合区域资源，建立一批适合不同年龄学生的示范性校外教育场馆；举行第二十九届学校美育节活动；组建市“彩虹计划”首批3个艺术教育工作室；甘泉外国语中学、晋元高级中学被评为市校园文化环境建设示范学校，宜川中学等6所学校被评为市艺术教育特色学校。科教结合，组织参加市青少年科技创新大赛，共获127个奖项，其中一等奖9个；新增3所“国际生态学校”。加强社教结合，组建长寿、长风社区教育联合体；建设市、区两级城市学校少年宫14所，中远实验学校、尚阳外国语学校等7所学校被评为“第三批上海市城市学校少年宫”。

推进各级各类教育协调发展。编制完成《普陀区学前教育三年行动计划(2015—2017年)》；深化“区域性推进学前健康教育行动研究”，运用“管理平台”为幼儿建立电子健康档案、为0—3岁户籍幼儿建立“健康档案卡”；全年开展8次早教服务，覆盖率98%；2所市示范园和3所市一级园接受复验，3所二级园晋升市一级园。以“新优质学校”项目为重点推进义务教育均衡优质发展，“上海市新优质学校研究所”落户普陀区；推进区素质教育先进校创建；总结可持续发展教育10年成果，深化“可持续发展教育”理论研究与实践创新；完成国家义务教育均衡发展督导认定。加强特色多样的优质高中建设，组织专家论证高中学校特色发展规划，遴选5所学校申报“上海市特色普通高中建设”项目；适应高考改革，深化高中课程教学，建立学科资源区域共享机制、改革教学组织形式、加强学生职业生涯规划指导等。区职教联盟建立人才工程、教学与实训协调、校企合作指导3个中心；曹杨职校开展中高职教育贯通培养模式试点；曹杨职校1个市精品特色专业、2门市精品课程通过评估，在全国职业院校技能大赛中获4金1银；曹杨职校接待2000多名中小学生开展职业体验活动。完善终身教育体系，2所社区学校通过市标准化建设评审，完成3所“老年学校标准化建设”市政府实事项目；曹杨等5个街镇被命名为“2014年上海市社区教育示范街(镇)”，长寿等6个街镇被评为“2013—2014年上海市学习型社区”。规范民办教育发展，委托第三方对民办幼儿园办学质量进行综合评估；完成7所民办中小学、20所民办幼儿园年检；指导2所优质民办幼儿园成功创建市一级园。开展对民办中小学、幼儿园校(园)长和举办者依法办学的专题培训。加强民办教育专项资金管理，扶持民办中小学特色校、特色项目和民办幼儿园优质园建设。全区幼儿园全面实施年金制度。

加强教育人才队伍建设。以“教师是打造中华民族梦之队的筑梦人”为主题，开展师德师风专题教育；推进教师分层分类培训，完善培训课程，提升教师综合素质；配齐配足各类教师，招聘488名教师和42名教辅人员；新建立信息技术、学生创新素养培养2个骨干教师团队，全区形成一支千人骨干教师梯队；为街镇教育联合体增加5个特殊编制，用于联合体共享；遴选特级教师后备人选，3名教师被评为市特级教师，组建区特级教师联谊会；洵阳路小学被评为全国教育系统先进集体。

加强干部队伍培训、考核与培养。举办校长通识培训、远程网络培训、新上岗干部培训等，共计465人次；引入媒体沟通模拟实训课程，提升干部媒介素养；举办校长课程领导力论坛，10名校(园)长被区政府授予“十佳校(园)长”称号；完成第一轮校长“工作坊”项目，促进干部成长和学校发展；采取“集体述职、多方认同”方式，考核评价试用期干部和助理干部，增强干部考核透明度；推荐一批基层后备干部参与“教育便民服务窗口”招生咨询与信访接待，提高年轻干部处理复杂问题的能力，增强群众观念；全年新提任干部55名，其中正职干部6名、副职干部32名、助理17名。

推进教育治理体系建设。细化进城务工人员

随迁子女就读政策，合理安排符合条件的进城务工人员随迁子女就读；开发“普陀区小学招生管理系统”，实现全区小学一年级新生报名信息联网；加强艺术、体育特长生，高中自主招生等监督监管。全区小学招收新生8271名，其中随迁子女2766名，占33.4%；幼儿园招收幼儿9080名，其中随迁子女2145名，占23.6%。严控“三公”经费执行，及时做好财政资金的信息公开；建设经费预算执行监控平台，加强过程监控，提高经费使用效益和透明度；组织财务人员培训，贯彻落实《中小学会计制度》；城市教育费附加全额纳入部门预算管理，对“免除城市义务教育学杂费等”中央专项进行绩效评价，规范使用；对家庭经济困难学生实施资助，支出帮困金551.99万元，受助学生5771人次；获市规范教育收费优秀达标区称号。完善学校内部治理结构，28所试点学校章程通过审核，促进学校依法、自主办学。推进教育行政机关改革，明晰部门职责和人员编制，简政放权。规范教育培训市场，对10所民办非经营性教育机构开展办学水平评估督查，对民办非经营性教育机构办学负责人进行依法办学培训，联合执法，整顿教育培训市场，取缔非法办学点；实施教育培训机构学杂费专用存款账户制度。加强督导，开展义务教育招生入学、基于课程标准的教学与评价、小学生放学后看护等专项督导；完成23所学校发展性督导和16所学校督导回访；修订区域幼儿园发展性督导评估标准；完成对“十二五”规划落实情况的专项督导。加强校园安全工作，逐级签订安全生产目标责任书；开展亚信峰会、国庆等重要节点以及饮用水设备等重要项目安全检查，及时整改；对30所中小学进行安全风险勘查，整改147处安全隐患；加强全区152所中小幼859名保安人员的管理；会同区公安分局，投入1600万元专项资金建立一支250人组成的护校特种应急保安队伍；排摸130所校舍的消防设施配备情况，改造消防设施，完善消防设施配备；加强校车安全管理，保障学生乘车安全。开展“校门清”专项整治活动，净化校园周边环境。推进教育行政机关改革，进一步明晰部门职责和人员编制，调整和取消3个行政审批事项。

完善教育资源布局。“环华东师大”教育资源圈建设不断加快，华东师范大学四附中异地改扩建项目完成并交付使用，华东师范大学附属外国语实验学校挂牌成立。调整杨家桥地区学校布局，曹杨九中更名、搬迁校址，办成体育特色学校。与上海理工大学合作共建一所以科技创新教育为特色的公办九年一贯制学校。上海师范大学附属二实验中学恢复施工。同济大学二附中高中部、曹杨二中教育园区项目按进度推进，分别在2015年、2016年竣工。公建配套的李子园幼儿园、铁路幼儿园及上青佳园早教中心交付使用。收回并改造2处托幼设施，改建扩班实验幼儿园阳光园、豪园幼儿园雅苑分部2个教学点，增加托幼资源。完成2所校舍加固和16所校舍大修。（顾文华、包玉全）

【合作共建“上海理工大学附属学校”】 1月8日，普陀区政府与上海理工大学共建“上海理工大学附属学校”签约仪式举行。这是一所以科技创新教育为特色的公办九年一贯制学校，建设规模36个班级，其中小学20个班、初中16个班，另设幼小衔接活动教室6个班，建筑面积27000余平方米，为公建配套设施，预计2017年建成。9月19日，学校奠基仪式举行。上海理工大学副校长刘平，普陀区副区长钱雨晴、区教育局局长范以纲等参加奠基仪式。（徐　嵘、顾文华）

【区职教联盟推进会召开】 1月15日，召开普陀区职教联盟推进会，会上举行了区职教联盟下设的教学与实训协调中心、校企合作指导中心、人才工程支持中心3个中心授牌仪式。（徐　嵘、顾文华）

【区基础教育质量监测中心成立】 1月17日，“普陀区基础教育质量监测中心”揭牌仪式举行。该中心针对普陀教育现状和亟待解决的问题，围绕“绿色指标”开展区域基础教育教学质量综合评价研究，统筹各学段现有教学质量调研，优化质量调研和评价方式，改进和完善质量监测工具，为区内各学校基础教育质量监测提供技术支持和业务指导，为教育行政决策提供依据。（顾文华、徐　嵘）

【南非基础教育代表团到访】 2月27日，以南非基础教育部部长为首包括课程政策及督导司、国际司

等负责人，以及南非驻沪总领馆人员在内的南非基础教育代表团到华东师范大学附属小学交流访问。 （顾文华、徐　嵘）

【完成全国义务教育发展均衡督导认定】 3月17—21日，全国义务教育发展基本均衡县（市、区）督导检查在上海举行，普陀区共60所义务教育学校接受督导检查认定。区长程向民、区委副书记谢坚钢会见督导检查组成员，谢坚钢陪同参加部分学校的督导检查认定。3月21日下午，教育部部长助理陈舜、教育督导办主任何秀超等教育部领导以及部分省市教育厅厅长、督导室主任在市教委主任苏明、市教委巡视员尹后庆等陪同下，参观曹杨二中附校、洵阳路小学、洛川学校，区长程向民向检查组介绍普陀区推进义务教育均衡发展工作情况。（徐　嵘、顾文华）

【参展第十一届上海教育博览会】 4月11—13日，“2014第十一届上海教育博览会教育国际化展”在上海展览中心开幕。普陀区教育局以“视界＆世界：教育点亮生活，品质提升教育”为主题参展。普陀展台设置展板、视频、互动、体验等4个展区，展示“十二五”以来区域教育国际化成果。普陀区获评“十佳展台奖”。 （顾文华、徐　嵘）

参展第十一届上海教育博览会

【3学生事迹被评为年度上海精神文明好人好事】 4月21日，上海市精神文明建设工作会议召开。普陀区北海中学沈啸宇、张弘、卞海涛等3位学生在东方绿舟勇救落水女同学事例被评为2013年度上海精神文明好人好事。 （徐　嵘、顾文华）

【华东师范大学附属外国语实验学校揭牌】 5月9日，“华东师范大学附属外国语实验学校”（简称“华外实验”）举行揭牌仪式。华东师范大学党委副书记、副校长任友群，普陀区副区长景莹等出席揭牌仪式。合作共建华外实验是普陀区优化“环华东师大”教育资源圈、提升区域教育品质的重要举措。华外实验的前身是公办九年一贯制的普雄学校。学校将充分依托华东师范大学的教育资源特别是在外语教学方面的优势，在办学体制、教育教学模式、课程体系、中外合作交流等方面进行实验性的探索与合作，突出外语特色，创建教育品牌。 （顾文华、徐　嵘）

【全面推进学校章程建设】 5月22日，区教育系统章程建设试点校项目推进会举行。10月22日，普陀区“一校一章程”首批试点28所学校的章程得到核准，正式生效。11月13日，区教育局召开全面推进学校章程建设动员大会暨培训工作会议。

（顾文华、徐　嵘）

【推进区教育信息化工作】 区教育信息化工作不断推进，成效显现。5月23日，教育部信息中心主任展涛，华东师范大学党委副书记、副校长任友群，华东师范大学信息办主任沈富可，市教委信息中心主任王明政等一行领导和专家考察普陀区教育信息化工作。5月29日，在“2014上海基础教育信息化趋势蓝皮书发布会暨论坛”上，区教育局代表作了题为《不是推翻，而是改变——微课再认识》的报告，分享普陀区“J课堂”研究与实践的成效。10月10日，教育部科技司司长王延觉在市教委副主任袁雯等陪同下，调研普陀区教育信息化工作。11月4日，光新学校校长袁华作为上海市唯一一位基础教育学校代表，在上海市教育信息化工作会议上交流发言。 （徐　嵘、顾文华）

【“彩虹行动计划”艺术教育工作室开班】 5月29日，普陀区3个市级“彩虹行动计划”艺术教育工作室开班仪式举行。这3个艺术教育工作室分别是由杨洁领衔的中学音乐工作室、王彩萍领衔的小学美术工作室和徐馨领衔的中学艺术工作室。 （徐　嵘、顾文华）

【长风教育生态共同体成立】 6月13日，长风教育生态共同体成立大会举行。长风街道办事处，华东师范大学基础教育与终身教育处、基础教育办公室的领导，长风社区内的12所中小学、幼儿园校(园)长、书记，长风社区学校常务副校长以及长风社区8家资源单位负责人出席。会上解读了《长风教育生态共同体章程》和《2014年长风教育生态共同体工作计划》。 （顾文华、徐 嵘）

【学校课程建设工作推进会召开】 6月25日，普陀区教育局召开学校课程建设工作推进会暨"J课堂"微视频研究第八次推进会。大会表彰在上海市中学阶段校本课程展示征集活动中推荐为市级共享的23门课程16所学校、在2013年普陀区小学精品校本课程评审活动中获精品课程奖的22门课程及获入围课程奖的26门课程，表扬了北海中学、真如文英中心小学等12所"J课堂"微视频项目建设优秀学校，下发区域推进"提升中小学课程领导力"项目指导意见。 （顾文华、徐 嵘）

【第十一届"沪港杯"高中生英语辩论赛举行】 7月5—9日，由区教育局主办、区教育学院承办的第十一届"沪港杯"高中生英语辩论赛举行。香港地区的新会商会陈白沙纪念中学、嘉诺撒培德书院、培英中学、圣公会吕明才中学、香港真光书院、香港仔工业学校等6所学校和普陀区的晋元高级中学、宜川中学、曹杨中学、甘泉外国语中学、培佳双语学校、长征中学等6所学校约150名辩手参加辩论赛。最终，香港联合4队和宜川中学分获冠亚军。 （顾文华、徐 嵘）

【承办第十二届全国学生运动会健美操项目比赛】 7月28日—8月2日，由教育部、国家体育总局和共青团中央主办，上海市政府承办的第十二届全国学生运动会在上海举行。普陀区政府承办了健美操项目的全部比赛。国内22个省、自治区、直辖市的运动员、教练员共485人、裁判员41人参加这一项目的比赛。普陀区成立健美操单项竞委会，区教育局、区体育局、区公安局、区食药监局、区卫计委等各部门加强协作，完善监控和管理。区教育局全面落实比赛场地和接待食宿场地的硬件改造修缮、设施设备添置以及宣传环境布置。除安排工作人员外，竞委会和比赛驻地曹杨二中、曹杨中学投入98名教师志愿者，组织54名学生志愿者，在校园环境、车辆、医务、住宿、餐饮、场地支持、媒体接待、新闻宣传报道等方面，全力以赴做好各项工作，保障赛事顺利进行。赛事于7月30日结束。赛事组织工作得到驻地运动员、裁判员、教练等的高度赞扬。 （顾文华、徐 嵘）

【彭丽媛在印度观摩晋元高级中学远程视频教学】 9月18日，国家主席习近平夫人彭丽媛在印度参观泰戈尔国际学校，观摩了该校与上海市晋元高级中学通过远程视频相互教授太极拳和瑜伽的活动场面。晋元高级中学与泰戈尔学校于2007年结成友好学校，开展师生互访活动。从2009年9月起，双方通过网络定期进行远程视频教学。5年来，晋元高级中学坚持通过视频连线、送教上门等方式，将中国优秀传统文化传送到远在印度新德里的泰戈尔国际学校。 （顾文华、徐 嵘）

【巴巴多斯国教育代表团到访】 10月11日，巴巴多斯国教育、科技和创新部长率代表团一行6人访问洵阳路小学，了解和学习上海市在基础教育方面的成功经验，推动两地教育合作交流。代表团参观校园、创新实验室、艺术长廊、阳光银行，观看教师社团活动，参与衍纸、扇面画、京剧脸谱制作、剪纸、扎染等各类学生活动。随团访问的还有巴巴多斯驻华大使等。 （顾文华、徐 嵘）

【举办全国中华传统美德教育研讨会】 10月19—20日，中华传统美德教育第二十四次研讨会暨上海市普陀区传统美德教育成果展示交流会举行。会上，普陀区被授予"中华民族传统美德教育研究与实践优秀示范单位"奖牌。研讨会期间相继举办专题研讨会、说课竞赛、书法绘画与论文评选表彰等。普陀区通过主题报告、主旨研讨发言、主题文艺演出、系列成果展览以及甘泉外国语中学、子长学校、朝春中心小学3校现场展示等形式，充分展示全区学校传统美德教育实践成果与经验。 （顾文华、徐 嵘）

【获全国青少年信息学奥林匹克联赛大奖】 在11月9—10日举行的2014年第二十届全国青少年信息学奥林匹克联赛上机编程决赛中，来自曹杨二中、宜川中学和进华中学的5名学生获高中组比赛全国一等奖。 （徐　嵘、顾文华）

【在2014年全国职业院校技能大赛中获表彰】 曹杨职校师生在2014年全国职业院校技能大赛中获奖：2名学生获“2014年上海市中等职业学校技能标兵”称号，潘志恒老师获“金牌指导教师”荣誉称号和“2014年度优秀指导教师”称号，曹杨职校获“优秀组织奖”。 （徐　嵘、顾文华）

【区教育学院获“示范性培训机构”认定】 11月13日，经过市教育评估院专家组对普陀区教育学院组织领导、基础条件、师资队伍、功能发挥、常规管理、工作实绩和特色创新等7个方面的评估，普陀区教育学院被市教委正式认定为“上海市示范性县区级教师培训机构”。 （顾文华、徐　嵘）

【“教育发展十二五规划”专项督导评估】 11月，普陀区政府教育督导委员会成立督导组，对相关委办局、街道（镇）落实教育规划情况进行专项督导。督导组先后召开了人大代表、政协委员、校长代表、教师代表、学生家长代表等4个座谈会，并对38名委办局、街镇领导，95名中小幼及社区学校校长，167名教师，674名学生，555名家长以及22名区人大代表、政协委员进行了问卷调查；11月19—21日，对区教育局、区建交委、区科委、区卫计委、区财政局、区规土局、区文化局、区体育局等8家单位重点进行了实地走访，听取了各单位自评报告、查阅了各类资料和相关数据，较全面了解了规划的实施情况。11月19日，督导组对区教育局进行现场督导，区教育局局长范以纲就教育规划基本指标完成情况、教育经费保障、优化教育资源、加强师资队伍建设、实施素质教育、学生创新素养培养、优质均衡特色化建设、信息化、国际化发展等方面向督导组作了汇报，并对区教育事业“十三五”发展规划基本思路进行阐释，督导组对区教育局积极落实教育规划的工作给予充分肯定。 （顾文华、徐　嵘）

【晋元高级中学建校110周年】 11月28—29日，在晋元高级中学110周年校庆活动中，区长程向民，市教委副主任贾炜，区委副书记谢坚钢，以及1985届校友、副区长、区公安分局党委书记、局长郑文斌，副区长钱雨晴，区教育党工委书记吴凌昱，1948届校友、中国工程院院士、上海交通大学原党委书记何友声，1949届校友、中国工程院院士、上海交通大学原校长翁史烈，1951届校友、中国工程院院士、同济大学土木工程学院原院长项海帆，上海市杨浦区人大原副主任、谢晋元将军之子谢继民，以及晋元中学老校长、外省市部分友好学校领导、晋元中学历届校友代表，与晋元中学师生一起庆祝。 （顾文华、徐　嵘）

【全国第九届有效教学理论与实践研讨会举行】 12月3日，以“基于‘合作学习’的微视频研究”为主题的全国第九届有效教学理论与实践研讨会举行，研讨会由华东师大课程与教学研究所、市教委教研室、区教育局联合主办。来自江苏、浙江、山东等十几个省市的中小学、全市课改基地学校、普陀区中小学校长及骨干教师等近500人参加研讨活动。 （顾文华、徐　嵘）

附：区教育局驻地及负责人

（2014年1—12月）

地址：大渡河路1668号
邮编：200333
电话：52564588

区委分管领导：谢坚钢
区政府分管副区长：景　莹（7月离任）、钱雨晴（9月到任）

区教育党工委书记：范以纲（2月离任）、吴凌昱（2月到任）
副书记：李学红（2月离任）、范以纲（2月到任）、丁向荣

区教育局局长：李学红（3月离任）、范以纲（3月到任，兼）
副局长：郑建国、周　飞、胡　俊、黄敏华

闸 北 区

【2014年概况】 全区学校及其他教育事业单位包括:全日制高职1所(区属),高中6所,完中9所,九年一贯制学校4所,初中17所,小学33所,中等职业学校1所,特殊教育学校4所,幼儿园55所,教师进修学院1所,其他教育事业单位10家。全区在校学生66793人,其中,全日制高职生3044人,中学生23807人,小学生23786人,中职生1056人,幼儿园幼儿15100人。

在推进区域教育综合改革,努力构建"南高、中强、北优"发展格局中,各项工作均按2014年初制订的目标取得令人满意的成绩。区教育局被评为2013年度区机关优秀部门、区机关廉政文化先进单位。

推进党建工作。在开展党的群众路线教育实践活动过程中,利用校际中心组联组学习平台,开展题为"群众有呼声,干部有行动"群众路线教育经验交流。

实施素质教育。举行"主体性行规教育实践展示暨《闸北区初中行为规范养成教育指导手册》首发活动"。编写完成区学科德育经验集《学科德育探微》丛书。3项课题获国务院认定的国家级教学成果(基础教育)一等奖。通过国家督导检查组对全区义务教育均衡发展的督导认定。在全区南、中、北地区分别选定3所中学和4所小学作为区新优质学校项目校。成立实验小学教育集团。风华中学等4所学校成为市教育委员会教学研究室"教育综合改革实验基地学校"。承办全国第十二届学生运动会男子排球项目。2014世界青少年美式台球锦标赛在回民中学举行,回民中学学生孔德京获男子U17组世界冠军。承办2014年上海市"科普在社区,科普进家庭"活动。

加强队伍建设。举办"闸北教育2013—2014年最有影响力事件揭晓暨闸北区庆祝第二十九届教师节大会"活动。承办"学楷模 立师德 铸师魂"全国教书育人楷模谢小双事迹报告会。启动首批职初教师培训。开展新一轮初中校长任期制工作。闸北区校长(书记)专业发展指导委员会的20名专家与部分中小幼校长书记结对带教。闸北八中校长刘京海被评为"中小学校长国家级培训专家库人选""2014年上海市教书育人楷模"。风华中学教师张慧获全国优秀教师、全国优秀德育课教师称号,区实验小学教师莫红娣获得全国优秀教师、全国优秀班主任称号。4名教师获得市特级教师称号,36名教师获得市园丁奖。完成闸北区教育系统第二十四届"新苗奖"与第五届"春蕾奖""百花奖"评比工作,64名教师获"新苗奖"、65名教师获"春蕾奖"、117名教师获"百花奖"。

协调发展各类教育。实施行健学院与市北高新园区"大学生实习、见习和创业项目"、市北职高与华三网络工程培训基地等多个合作项目。建成计算机网络技术中高职贯通专业实训基地一期并投入使用。启动"双导师卓越技师计划"培养项目。完成6所街道社区老年学校标准化建设并通过验收。 (万翰杰)

【区校长(书记)专业发展指导委员会成立】 1月10日,闸北区校长(书记)专业发展指导委员会举行成立仪式。区教育局邀请仇忠海、刘京海、卞松泉、郑惠萍等上海知名校长、专家与区优秀青年校长、书记进行师徒结对,开展为期3年办学工作的指导。 (万翰杰)

【举办2013上海—都江堰学生动漫画大赛颁奖展示活动】 1月19日,2013"芬达杯"上海—都江堰学生动漫画大赛颁奖展示活动在区青少年活动中心举行。"趣享动漫城""动漫梦工厂""动漫颁奖礼"三大板块呈现学生们富有创意的动漫画作品,展示学生们

在动漫活动中所感受的文化、快乐及玩趣。（万翰杰）

【西藏自治区教育厅领导慰问藏汉师生】 3月21日，西藏自治区教育厅厅长马升昌、副厅长旺堆在区教育局局长周隽、副局长刘新宇的陪同下到共康中学看望、慰问藏汉师生，并参观校园，与校长、师生代表进行交流。（万翰杰）

【调研幼儿园"上海话教育体验活动"】 4月15日，市语委、市教委领导和有关专家到安庆幼儿园进行"上海话教育体验活动"调研。他们观摩了以"新老上海"为主题的角色游戏、室内运动"弄堂游戏"和生活活动"我的点心我做主"，感受了上海话教育是如何渗透在幼儿园小朋友一日生活中的。区有关领导和专家也参加调研。安庆幼儿园、彭浦实验幼儿园是上海市上海话教育体验活动试点幼儿园，两所幼儿园在探索将上海话教育体验渗透、融入到幼儿园日常的游戏、生活、运动三大板块过程中取得了成效。（万翰杰）

【通报教育部对上海义务教育均衡发展督导情况】 4月24日，2013年度闸北区贯彻实施教育法律法规工作总结暨国家教育部对上海义务教育均衡发展督导情况通报会召开。区政府副区长、教育督导室主任鲍英菁，区教育局局长、督导室副主任周隽，区政协副秘书长孙华东等出席会议，30个区委办局、街道（镇）的分管领导、联络员和义务教育阶段中小学校长等100余人参加了会议。闸北区人民政府教育督导室作督政工作总结。周隽通报了国家教育督导检查组对上海市17个区县义务教育均衡发展督导检查的反馈意见，详细介绍了闸北区接受检查的情况。（万翰杰）

【举行上海市中小学生茶艺邀请赛】 5月10日，"2014年上海国际茶文化旅游节——上海市中小学生茶艺邀请赛"在闸北区举行。本届市中小学生茶艺邀请赛以"春之韵，茶之梦"为主题，吸引来自上海27所中小学的200余名学生参赛。参赛队伍表演中国不同民族民俗的茶文化技艺，展示丰富多彩的中华民族茶文化。（万翰杰）

【成立区实验小学教育集团】 为发挥区实验小学优质教育资源的辐射作用，满足中部地区居民群众对优质教育资源的需求，"闸北区实验小学教育集团"在区教育局协调下成立。这是区域小学办学体制、机制改革的新探索，开创了集团化办学的新路。闸北区实验小学教育集团由闸北区实验小学大宁校、实验小学龙盛校、实验小学明德校组成，实施一体化管理，做到统一办学理念、统一培养目标、统一课程设置、统一师资调配、统一对口升学。（万翰杰）

【承办第十二届全国学生运动会男子排球单项比赛】 7月28日—8月2日，第十二届全国学生运动会在上海举行。闸北区承办男子排球单项比赛，以市北中学排球队为核心组建的上海学生男子排球队获得本届全国学生运动会男子排球比赛冠军，并获得第十二届全国学生运动会上海中学生体育代表团突出贡献奖。（万翰杰）

【3项课题获国家级教学成果（基础教育）一等奖】 9月4日，教育部发布《2014年国家级教学成果奖获奖项目名单》，闸北八中《成功教育探索——薄弱初中成功路径》、风华中学《中学物理教学的革新，数字化实验系统（DIS）的研发与应用》、芷江中路幼儿园《以幼儿自主学习为核心的幼儿园低结构活动探索》获得国务院认定的国家级教学成果（基础教育）一等奖，一等奖得奖率列全市各区县第一。此外，有些课题研究项目也分别获奖，包括1个全国二等奖、2个市特等奖、4个市一等奖、3个市二等奖。（万翰杰）

【刘京海被评为"上海市教书育人楷模"】 9月4日，经各区县教育局、各高校、各相关主管部门推荐，"上海市教书育人楷模"推选委员会评审推选，广大师生和社会各界投票，推选工作领导小组审定，闸北八中校长刘京海被评为"上海市教书育人楷模"。（万翰杰）

【举行第三十届教师节主题活动】 9月10日，"'活力闸北·和谐教育'闸北教育2013—2014最有影响力事件喜讯快播暨第三十届教师节主题活动”举行。活动通过“成果篇”“人才篇”“展望篇”3个板块揭晓闸北教育一年来最有影响力十大事件，区领导为闸北区教育系统第三期名师工作室授牌，并表彰了过去一年里区教育系统涌现出的包括全国优秀教师、市教书育人楷模在内的一批先进个人。

（万翰杰）

【承办“科普在社区、科普进家庭”决赛活动】 9月20日，2014年“科普在社区、科普进家庭”决赛活动举行。本次活动由上海市教委、上海市科技艺术教育中心主办，闸北区教育局、区妇联承办。市教委副主任袁雯、闸北区副区长鲍英菁等领导出席。活动的主题是“垃圾分类我践行，生态文明再创新”。

（万翰杰）

【4所学校成为“教育综合改革实验基地学校”】 10月19日，市教委教学研究室“教育综合改革实验基地学校”揭牌仪式举行。市教委教研室领导、区教育局党政班子，以及作为实验基地的风华中学、风华初级中学、大宁国际小学、闸北区实验小学4所学校的主要负责人共同出席。（万翰杰）

【承办2014世界青少年美式台球锦标赛】 11月15—19日，2014世界青少年美式台球锦标赛举行。本次活动由国家体育总局小球运动中心、中国台球协会、上海市体育总会和闸北区政府主办，上海市台球协会、闸北区体育总会和回民中学承办。回民中学学生孔德京获男子U17组世界冠军。

（万翰杰）

承办2014世界青少年台球锦标赛

【举办第十届全国民族中学网上作品评选】 12月20日，由全国民族中学教育协会、上海市中小学幼儿教师奖励基金会和上海市电化教育馆主办的第十届全国民族中学“民教杯”信息技术与教学融合技能竞赛“网上作品”评选活动在回民中学举行。评选活动收到全国22个省、市、自治区44所民族学校提交的论文、课件、教学实录、教学网站等四类参赛作品929件，评选出一等奖72名及其他等第奖。（万翰杰）

【承办2014年度上海市基础教育三项评选颁奖大会】 12月30日，“课程：让学生生命绽放——2014年度上海市基础教育三项评选颁奖大会暨学术论坛”举行。市教委副主任贾炜、副区长鲍英菁和上海市中小幼教师奖励基金会、市教委基教处、市教委教研室等单位领导与全市各区县分管基础教育的教育局长、教育学院分管院长以及获奖教师代表400余人出席本次活动。大会公布2014年度上海市基础教育教研员论文评选、青年教师教育教学研究成果评选结果，以及上海市中青年教师教学评比产生的3个奖项，并颁发上海市网络教研评选活动奖项。（万翰杰）

附：区教育局驻地及负责人

（2014年1—12月）

地址：和田路195号
邮编：200070
电话：56630990

区委分管常委：石宝珍
区政府分管副区长：鲍英菁

区教育局党工委书记：顾筱璞
副书记：洪　波

区教育局局长：周　隽
副局长：刘新宇、徐剑宏、孙　忠

虹 口 区

【2014年概况】 虹口区教育系统有学校136所，在校学生61787人，其中公办学校学生数48352人；教职工6253人，其中专任教师数5156人。

虹口教育，以立德树人为根本，以促进教育公平、提高教育质量为重点，深化改革，突出重点，狠抓落实，讲求实效，加快推进教育现代化建设，推动区域教育转型发展，各项工作取得重要进展，为每一个学生的终身发展创造有利条件，为全面完成“十二五”规划奠定坚实基础。

加强整体谋划和统筹协调，启动教育综合改革项目。凝聚共识，统筹谋划，制定《彰显深厚人文底蕴，打造区域教育高地——虹口教育综合改革方案》，紧紧抓住活化办学体制、深化内涵建设、强化教育评价、优化队伍结构等领域，以改革促进区域教育一体化优质均衡发展，并加快启动重大改革项目实施。积极推进区教育改革和发展“十三五”规划编制前期准备工作，启动规划前期调研，谋划“十三五”教育改革发展目标和重点任务、针对教育发展的重点领域和突出问题开展研究，并将相关研究成果吸纳到新编制的教育发展规划之中，使得战略思考、重大举措、制度设计、对策建议更加科学和可行。

整合优质教育资源，深入开展区校共建合作。与华东师范大学签订《关于合作共建虹口区教师专业发展中心协议书》，双方在学历进修、职业规划、课程开发、卓越教师培养、特色项目实施、培训资源拓展、师训模式探索等领域进行深度合作，为区内教师专业发展提供更为多元、开放的平台。在华东师范大学一附中开设“孟宪承理科实验班”，在学制改革、课程教学改革、大学与高中学段贯穿教育和卓越人才培养等4个方面开展探索，带动高中教育发展和课程建设，建立学校理事会，从决策、执行、监督、评价4方面形成多元自主管理的体制机制。初步实现上海外国语大学附中东校与上海外国语大学附中同质化教学、一体化管理的目标，推动学校各项工作的有序开展，有效落实。

优化教育资源布局，推进重点项目建设。按照以人为本、布局合理、完善体系、统筹兼顾、因地制宜、循序渐进的指导思想，合理制定各个街道的教育基础设施规划调整的编制说明，形成与区域经济社会发展相匹配、与人民需求相适应的教育资源布局。着力推进重点项目建设。复兴高级中学学生宿舍楼大修工程竣工，体育馆进入内装修阶段。北虹高级中学改扩建工程全面启动，已进入桩基施工阶段。澄衷高级中学改扩建工程、上海外国语大学附中东校改造项目和国家“指南针计划”专项青少年基地扩建项目均已进入立项审批阶段或设计招标阶段。精武体育基地项目基本完工。全面完成20所幼儿园独立式火灾探测报警器安装工作。民防应急避难场所建设选址已确定，并完成设计方案进入前期施工阶段。

坚持立德树人基本导向，优化全面育人环境。认真贯彻落实教育部有关文件精神，践行社会主义核心价值观，并将核心价值观细化、落实到学科课程的德育目标之中，贯穿不同年段学生成长的全过程，同时开展不同学科的育人价值实践模式探究，促进研究成果在课堂教学中的转变和应用。充分利用国家“指南针计划”专项青少年基地资源优势，紧紧抓住学生对优秀传统文化的“感知”和“践行”两个环节，通过“文化浸润”和“实践体验”，加强对学生传统优秀文化和核心价值观教育，坚持课内外、校内外有机结合，在开放的社会大环境中为学生提供完整的教育。加强中小学生思想道德建设，重视中华传统美德教育，大力弘扬中华优秀传统文化，将其融入校园文化、学校课程以及学生行为规范中。充分利用社会公共文化活动场所及教育资源，结合重大节庆，不断创新教育常规工作，提高德育工作实效。全面落实新修订的《上海市未成年人保护条例》，深化家校合作课题研究，依托学校、家庭、社会“三位一体”的教育平台，积极营造全社会共同关心青少年健康成长的育人氛围。进一步发挥区学生心理健康教育中心功能，不断完善中小学心理健康教育服务，召开以“心理健康，绿色德育”为主题的2014年虹口区学校心理健康教育推进会暨德育工作研讨会，推进区域中小学心理健康教育的内涵发展，提升心理健康教育工作水平，保障中小学生身心健康发展。

促进教育内涵发展，深入实施素质教育。根据《虹口区义务教育综合改革的探索与实践——初中阶段教育现代化发展的行动研究》的调研成果，科学编制初中教育综合改革实施方案，形成了包括“彩虹课程”“互动教学”“绿色评价”“人才流动”“布局规划”和“经费投入”六大项目实施方案，建立了以项目实施为载体的互动合作机制，促进初中教育的改革与发展。加大创建绿色生态学校推进力度，完成绿色生态学校评价指标的制定，认真做好绿色生态学校的申报评审工作，推动创建活动在全区各校全面深入开展，促进虹口教育的质态提升和转型发展。深化学校内部治理结构的试点工作，扩大试点范围，不断完善依法办学、自主管理、民主监督、社会参与的现代学校制度建设。推进学区化、集团化办学，创新委托管理机制，重新开办华东师范大学第一附属初级中学，并委托民办新华初级中学管理学校。通过对办学体制、管理体制和教师柔性流动机制等不同领域的探索，实现共同体内优质教育资源品牌的辐射推广和合成再造。加强教学研究，制定《2014年虹口区小学基于课程标准的教学与评价实施方案》，结合市教委对区内小学“基于课程标准的教学与评价”项目推进情况的专题调研，总结相关学校的有效经验和做法，在全区各小学深入推进基于课程标准的教学与评价工作。成功举办第三届“白玉兰”教学论坛。围绕“发现并发挥学生的潜能”这一主题，通过教师嘉宾讲坛和课堂教学展示，阐述并验证“发现与发挥学生潜能”的理论价值和实践意义。高度重视学生艺术教育，大力支持艺术教育品牌的打造，承办上海市学生艺术团仲盛舞蹈团建团20周年研讨会，举办了“长大后我们就成了你——建国20周年教育教学成果汇报”专场演出。

加大人才培养力度，提升教师队伍整体水平。完善人才培养机制，着力从专业发展、师德规范的角度出发，加大教师队伍建设的推进力度。深化与华东师范大学、上海师范大学、上海戏剧学院等高校的全面合作，建设旨在提高教师课堂教学能力的研训一体教师培训课程，促进教师专业化发展水平的提高。继续加强学科高地建设，探索形成一条学科高地建设与教育人才培养深度融合的创新之路。进一步完善岗位设置，优化收入分配和评价激励机制，积极探索绩效工资背景下的人才引进与退出机制建设，确保人才合理有序流动，为虹口教育的可持续发展提供了强有力的人才资源保障。以新一轮学科带头人评选为契机，继续加大教育领军人物培养力度，充分发挥他们在推动区域教育发展中的标杆引领作用，不断提升其在全市教育系统的知名度和影响力。2014年，区内又有8名教师获评上海市特级教师。在市教委的指导和统筹协调下，围绕上海教育综合改革试验区建设，开展区“新优质学校校长风采录”联合报道活动，充分发挥各种媒体联合报道、立体传播的优势，宣传报道新优质学校校长基于绿色生态教育理念引领下的教育思想和办学实践。

进一步完善学促办与社区学院的运行机制，建立联席工作会议制度。召开2014年虹口区学习型社会建设与终身教育促进委员会工作会议，总结交流各委办局开展终身教育的经验、成果，提出2014年目标任务和工作要求，对2012—2013年度虹口区推进学习型社会建设与终身教育先进单位（集体）予以表彰。积极参与上海市第十届全民终身学习活动周活动，举办“我学我秀，虹人宏梦”虹口区首届学习型社会建设及终身教育成果展示活动，传播终身学习理念和与时俱进精神，打造学习型社会建设与终身教育品牌项目。依托虹口职教集团，构建现代职业教育体系，坚持学历教育与职业培训并举，发展融教、学、做为一体的职业教育人才培养模式。根据经济社会发展变化现状，完善专业设置和课程建设，实现双向有机对接。加强校企合作，鼓励企业通过多种形式参与职业教育，加快双师型教师队伍建设，为推动职业教育发展提供人力资源保障。

（洪　教）

【行风建设达标校(园)创建活动】 1月9日，虹口教育系统“行风建设达标校(园)”创建活动总结大会举行。会议传达2013年市教委违规收费督查整改工作推进会精神，总结2012—2013年虹口教育系统“行风建设达标校(园)”创建活动，并对20所行风创建优秀学校进行表彰。 （洪 教）

【学科高地建设方案评估论证会举行】 2月26日，虹口区2014年度学科高地建设方案评估论证会举行。市教委教研室领导以及华东师范大学、上海外国语大学等相关专家参加了论证会。会上，区教育局介绍了与市教委教研室签约的情况，市教委教研室对将要做的工作进行了诠释。华东师范大学与区教师进修学院签订了共建“虹口教师发展中心”的协议。 （洪 教）

【教育部督导检查义务教育均衡发展情况】 3月17—18日，教育部督导检查组对区义务教育均衡发展情况进行督导检查认定。督导检查组查阅了区推进义务教育均衡发展的材料，观看了义务教育均衡发展情况的宣传片，召开了区人大代表、政协委员座谈会和校长、教师、家长座谈会，并进行了问卷调查。随后分两路对区内12所义务教育阶段学校进行实地督导检查。检查组成员围绕学校基本情况、学生和班级情况、教师队伍情况、办学条件情况、经费情况等内容，查阅了相关资料，巡视了校园，并与校长、部分教师和学生进行了随机访谈。检查组对区义务教育均衡发展的总体情况给予了充分的肯定。 （洪 教）

【第三届“白玉兰教学讲坛”举行】 4月2日，在民进上海市委、区委统战部、市教育学会的指导下，由市教委基教处、市教委教研室、民进虹口区委、区教育局党工委、区教育局主办的第三届白玉兰教学讲坛举行。本届讲坛的主题为“发现并发挥学生的潜能”。总讲坛分为教师讲坛与嘉宾讲坛两个单元。在教师讲坛中，4位教师代表围绕讲坛主题，分别从高中、学前、小学、初中四个学段讲述了教师如何在日常教学活动中发现并发挥孩子的潜能。在嘉宾讲坛上，来自上海市教育科学研究院普通教育研究所和华东师范大学新基础教育研究中心的专家，分别作了题为《教育之道，道在心灵——关于潜能与灵性之“生长”》和《基于潜能发现的教育》的微报告。两位专家从深层次阐述“发现与发挥孩子潜能”的实践价值。分讲坛以各学段课堂教学展示为主，辅以专家参与的互动研讨形式。来自浙江、江苏、安徽等地近百余位教育界人士、各区县教育局分管局长、校长代表、市区民进委员、虹口区校园长、双名基地主持人、特级教师、学科带头人、校长实训班学员等400多人参加了讲坛活动。 （洪 教）

【与湖州市教育局签订战略合作协议】 4月25日，区教育局与湖州市教育局签署战略合作协议。双方将按照“优势互补、共谋发展，互惠互利、实现共赢”的原则，在教师队伍培养、开展学校结对、建立科研共享、实现信息互联等方面开展合作，建立长期、全面、深度的战略合作关系，发挥各自优势，共同推动两地教育事业又好又快地发展。 （洪 教）

【翁铁慧调研虹口教育】 8月14日，副市长翁铁慧一行到虹口区调研教育、卫生工作，并到虹口区青少年活动中心实地考察。翁铁慧在考察调研区青少年活动中心暑期运作情况时，和暑托班的小朋友们进行了亲切的交流，看望了正在中心进行舞蹈训练的社区居民，以及在中心指导学生开展科学探索的相关大学和少科站的专家，之后与虹口区政府相关领导进行了座谈交流。翁铁慧认为虹口区的教育卫生特色工作，特别是优质教育的培育，基础教育的均衡发展，家庭医生制度的落地，利用现代化通讯手段实行卫生宣教等很多方面都可圈可点，希望继续坚持义务教育阶段优质均衡、减负增效的目标和高中教育多样化发展的方向，在践行教育改革方面先行先试。翁铁慧还就如何加强教师队伍建设鼓励优秀教师和校长脱颖而出、加大和高校的强强联合促进区校共赢、积极推进教育国际化进程等提出了建议。市政府副秘书长宗明、市教委主任苏明、市卫生计生委主任沈晓初、市教委副主任王平、虹口区区长曹立强、副区长李国华，以及市教委、市卫计委、虹口区政府相关部门的负责人参加调研座谈。 （洪 教）

【庆祝第三十届教师节】 9月10日，以“感念师恩，传承师道”为主题的虹口区庆祝第三十届教师节表彰大会举行。区委领导在会上希望大家在实现中国梦的宏伟事业中肩负起历史使命，通过扎实深入的科学研究和实践探索，为虹口教育增光添彩，为早日建设成为绿色教育强区竭诚奉献。（洪 教）

【区领导调研虹口教育】 区委副书记、区长曹立强，副区长李国华一行到区教育局调研近期教育重点工作开展情况。区教育局汇报了近期和下阶段虹口教育面上的主要工作，并就虹口区教育基础设施规划调整的编制情况进行了说明。曹立强对8个街道教育基础设施规划的调整方案逐个进行现场指导，并要求区发改委、区规土局牵头，在充分听取区教育局意见的基础上，根据不同区域现有教育资源的实际情况，尽快将教育基础设施规划固定下来，形成与虹口区域经济社会发展态势、人口流动方向、区域总体规划情况相适应的教育资源布局。（洪 教）

【在市青少年科技创新大赛中获奖】 3月22日，由市科协、市教委等16家单位主办的第29届上海市青少年科技创新大赛举行，本次大赛主题为“创新·体验·成长”。通过公开展示、专家问辩、素质测评、技能测试等环节，虹口区获得一等奖5项、二等奖23项、三等奖53项、专项奖16项，其中“基于力度信息的新型POS机密码输入系统”项目首次获得美国耶鲁大学科学与工程协会“最佳项目奖”。长青学校和复兴高级中学获得上海市青少年科技创新大赛优秀组织奖。（洪 教）

【举办特殊教育医教结合大型义诊咨询活动】 4月2日，由区特殊教育康复指导中心、密云学校主办，中华医学会上海精神科分会协办的“共同关爱‘星星的孩子’——国际孤独症日暨虹口区特殊教育医教结合大型义诊咨询活动”在密云学校举行。多位专家为特殊教育一线教师和孤独症儿童的家长提供了相关政策咨询、义诊服务、心理咨询、教育指导。活动期间，有100多名家长、40名专职特教教师前来咨询。（洪 教）

【在机器人世界锦标赛上获奖】 4月23—26日，“2014年VEX机器人世界锦标赛”在美国洛杉矶阿纳海姆会展中心举行。虹口区以复兴高级中学、华东师大一附中、上外附中、民办新华初级中学、三中心小学的27名学生组成的7支代表队参加此次比赛，并分别获得“活力奖”“创新奖”“卓越奖”“发明奖”“建造奖”“裁判奖”“STEM奖”，虹口区三中心小学和民办新华初级中学分获金奖和银奖。青少年机器人活动已经成为虹口区青少年科技品牌。（洪 教）

【全国学生运动会桥牌项目入营仪式举行】 7月27日，第十二届全国学生运动会桥牌项目入营仪式在华东师范大学一附中举行。虹口区副区长、桥牌竞委会主任李国华，学生运动会桥牌竞赛委员会单位负责人，以及各代表团的运动员和教练员出席入营仪式。入营仪式前夕，市政府副秘书长宗明带领市教委、市体育局、市食药监局、市公安局相关负责人视察了桥牌比赛的赛前准备工作。（洪 教）

【获第八届亚洲机器人锦标赛VEX项目比赛金奖】 继光初级中学追梦先锋机器人社团的4名学生参加在广东东莞市举办的第八届亚洲机器人锦标赛VEX项目比赛，并夺得金奖。此次比赛吸引了来自新加坡、马来西亚，及中国台湾、中国香港、中国澳门等近200多支优秀参赛队伍。4名选手的参赛作品在接受专家技术答辩时，其独特的设计与制作及现场展示效果均得到了评委的一致肯定。（洪 教）

【华东师范大学第一附属初级中学复办】 9月1日，华东师范大学第一附属初级中学正式复办，举行了新校落成暨2014学年第一学期开学庆典。学校由民办新华初级中学委托管理，是办学体制和管理机制的创新。区教育局、华东师范大学、华东师范大学第一附属中学、民办新华初级中学四方组建了学校理事会。（洪 教）

【孟宪承理科实验班开班】 9月1日，华东师范大学一附中“孟宪承理科实验班”正式开班，这是落实区校战略合作、创新高中培养模式、提升高中生创新能力和素养的改革创新举措。“孟宪承理科实验班”学生通过华东师范大学一附中自主招生的方式，在全市选拔30名左右在理科方面有特长的学生，学生享有华东师范大学和华东师范大学一附中的双导师制，由高校和高中联合设立具有针对性的班本课程；华东师范大学的图书馆、实验室等教学辅助设施将向理科实验班学生开放，华东师范大学将为“孟宪承理科实验班”的学生提供部分特色本科先修课程，其所获学分在进入华东师范大学后予以认可。学生进入华东师范大学后，将自动入选“拔尖创新人才培养计划”，并享有一年左右的海外学习机会。 （洪 教）

【澳门校长储备人才培训班开班】 12月1日，2014年澳门校长储备人才培训班“驻校实习”阶段开班仪式在华东师范大学一附中举行。中国浦东干部学院培训部和教务部教务管理处领导，澳门大学教育学院以及虹口区教育局、区教师进修学院的相关人员，澳门方参加培训的全体学员，虹口区12所承担培训任务的中小学校长等参加了开班仪式。 （洪 教）

【指南针计划专项青少年基地建设项目现场会】 12月3日，由国家文物局、市政府主办，市教委、市文物局、虹口区政府承办的国家“指南针计划”专项青少年基地建设项目现场会举行。国家文物局副局长宋新潮、市政府副秘书长宗明等领导出席当天会议。现场会上，主办方向虹口区25所项目试点学校赠送了“指南针计划”五大模块20门课程教材，并与“指南针计划”对口的西藏日喀则地区签订支援协议。国家“指南针计划”青少年基地改扩建工程奠基仪式同时举行。 （洪 教）

【举办校(园)长实训基地项目中期推进会】 12月25日，“跨校流动引活水，实岗锻炼育人才”——虹教系统校(园)长实训基地项目中期推进会举办。校(园)长实训基地是区教育局干部人才队伍建设的创新举措，由区教育局择优命名12所学校作为校(园)长实训基地，并在全区范围内遴选出18名学员，派驻到基地学校进行实岗锻炼，由基地学校带教团队进行指导。区教育局从背景与分析、瓶颈与思考、探索与实践三个方面介绍了校(园)长实训基地的情况。基地校领导和实训基地学员分别讲述项目推进过程中的感悟。评估专家对实训学员、基地学校以及项目的整体建设情况进行评价，并提出建议。 （洪 教）

【在创新创效创业大赛中获好成绩】 南湖职校团委与区人保局团委开展共建，积极参加由团市委主办的首届“挑战杯——彩虹人生”上海市职业学校创新创效创业大赛，上报的4份参赛作品均获好成绩，其中3份创业计划分获特等奖和二、三等奖；上报的1份小发明创造获二等奖。 （洪 教）

【区首届终身教育成果展示活动举行】 9月28日，虹口区首届终身教育成果展示活动举行。活动围绕“我学我秀 虹人宏梦”这一主题，展示了虹口区近年来在学习型社会创建以及终身教育方面所取得的优秀成果和鲜活个案。 （洪 教）

附：区教育局驻地及负责人

（2014年1—12月）

地址：天宝路1058号
邮编：200092
电话：65756666

区委分管常委：刘 可
区政府分管副区长：李国华

区教育局党工委书记：潘惠琴
副书记：王 新

区教育局局长：常生龙
副局长：杨 利、周海明、孙 磊

杨 浦 区

【2014年概况】 全区共有各类学校183所，其中，高(完)中18所(民办3所)，初中33所(民办7所)，小学44所(民办2所)，幼儿园84所(民办22所)，特殊教育学校3所，中等职业教育学校1所。另有教师进修学院、少年宫、少科站等其他教育单位13个。各类学生总数85840人，其中高中生11011人(民办360人)，初中生20039人(民办5201人)，小学生30080人(民办3803人)，幼儿园幼儿22854人(民办6849人)，职业学校学生1422人，特殊教育学校学生434人。义务教育阶段进城务工人员随迁子女在校学生8457人。

全区教育单位教职工(不含民办学校教职工)7845人，其中，高中有1670人，初中有2039人，小学有2272人，幼儿园有1110人，特殊教育学校有110人，教师进修学院有110人，少年宫有38人，少科站有46人，其他教育单位有450人。全区共有专任教师7437人，其中，高级教师614人，占教师总数的8.26%；中级教师3600人，占教师总数的48.41%。专任教师学历达标率100%。

全年财政教育拨款(含区财政拨款、市转移支付和国家专项)214740万元，比2013年增长10.74%；教育附加费42400万元；教职工人均年收入11.50万元，比2013年增长7.08%。

一、深入推进基础教育创新试验区建设。创智课程体系不断完善，有20门优秀课程入选区“创智天地”课程资源库，区课程资源建设中心已建成共享课程66门，其中有15门课程的相关教材正式出版，12门优秀课程资源在“创智云课堂”课程资源平台上进行推广，初步形成的25个创智课程校际联盟覆盖了区域大部分中小学校。在建设创智课堂的过程中，完成了“创智课堂”的指标论证和《创智课堂表现样例》的编制，建立了“创智课堂指标体系工作坊”机制，成立了“创智课堂”专家指导组。同时建立13门学科26个项目研究小组，遴选20所初、高中学校开展先行试点，研制小学“创智课堂”教学评价量表，摄制涵盖各学科百余节“创智课堂”视频案例。为加强教师创新能力培育的力度，进一步推动“基于学生创新素养培育的教师创新能力建设”项目实践研究，新开设2期“教师创新能力培养工作坊”培训班，实施培训课程——“创智天地课程”36门，全年开发培育教师创新素养的教师培训网络课程达15门，参训教师达2545人次。学生素养评价基本体现“过程渗透”：在幼儿园完成了大班幼儿运动、科学基础素养起点研究项目；在小学建立了一年级零起点教学元数据库；在小学、初高中起始年级开展了创新拓展日的实效评价，推进“学业水平创新素养发展性指标”探索。

二、进一步提升实施素质教育水平。拓展区域德育实践路径，围绕“立德树人”根本任务，聚焦社会主义核心价值观教育，推进“城市学校少年宫”建设，申报创建国家、市、区“城市学校少年宫”的学校有18所，其中，杨浦小学申报创建“全国乡镇学校少年宫”，4所学校申报创建“市级城市学校少年宫”，13所学校申报创建区“学校少年宫”。持续推进“学生健康促进工程”，包括成功承办第十二届全国学生运动会男子足球竞赛项目；加强校园体育运动项目联盟建设，成立排球、游泳等项目联盟；实施“校园阳光体育积分制”，组织区域大联赛18项500余场，学生参与率达95%以上；命名新一轮区级体育传统项目校44所；加强“学生健康信息管理平台”建设，坚持探索常态化的“学生体质健康监测”运行机制，持续开展学生体质集中抽样监测和《国家学生体质健康标准》上报数据抽样监测工作，国家学生体质健康达标率逐年提高，全区平均值达到

96.8%，比2013年提高了3个百分点。强化校外教育育人功能，发挥少科站、少年宫和“沪东分院”的优势，举办第四届杨浦区高中生“双进入”探究活动，在第五届“赛复创智杯”市青少年科技创意设计评选活动中有3名学生被评为市“明日科技之星”，在市、区等各级重大赛事上学生获奖百余项，成功举办第十届长三角地区国际民族乐团展演活动。

三、促进各类教育优质均衡特色发展。学前教育普惠、优质发展，以《3—6岁幼儿学习发展指南》为引领，提升课程领导力，促进内涵提升，通过园际联盟体建设，持续推进示范园和一级园创建、复验和验收，有3所幼儿园完成市一级园争创、3所幼儿园完成市一级园复验、2所幼儿园完成市示范园验收。义务教育优质、均衡发展：丰富小学教育集团发展内涵，改进小学教育集团考核评价指标；聚焦小学“课程标准的教学与评价”和初中“学生思维品质培养的学科教与学的策略研究”，实施新一轮基础型课程校本化项目；进一步推进初中教研联合体建设，完成初中教研联合体案例征集工作；推动“新优质学校”品质建设，三门中学、鞍山实验中学参加了市级展示。高中教育特色发展形式多样，完成高中创新驱动特色发展试验项目第一轮终期评审，启动第二轮高中特色创建，以深入探索发展的途径和机制；推进创新实验室建设，有14所高中已设置创新实验室，其中市级创新实验室20个、区级6个、校级22个；进一步推进学科高地建设，制定《2014年高中学科高地建设行动方案》，充分发挥高地优质资源辐射效应。职业教育转型发展，筹建了杨浦职业教育教研室，积极推进上海音乐职业学校的筹建工作，“中餐烹饪与营养膳食”专业已立项成为第二批市“双证融通”课程与教学改革试点项目，杨浦职校在第43届世界技能大赛和全国职业院校技能大赛中获奖。

四、推进师资队伍建设和人事制度改革。加大高端人才队伍建设力度，包括启动新一轮区学科带头人和骨干教师评审工作、制定教育高端人才建设和管理办法、新建4个个性化的区“名校长工作室”。2014年有10名教师被评为市特级教师，3名教师被分别评为全国模范教师、全国优秀教育工作者、全国优秀教师。加强区本教师培训，2014年在区本研修层面累计开设培训课程124门，联合高校和社会优质办学机构合作举办各级各类培训班229个，参训教师达23892人次。平稳有序推进人事制度改革，通过启用杨浦教育人才网网上应聘系统，进一步规范教师招聘程序，采取提前启动、择优签约等手段，完善教师进编考试制度，使得新教师队伍质量明显提高；完善义务教育绩效工资改革，进一步规范绩效工资的发放管理，这一阶段学校都已较平稳地完成绩效工资方案的修订和实施；基本完成“市第二批教师资格定期注册试点工作”。

五、推进对口援教工作。与贵州遵义市教育局签订“结对共建”协议，上理工附小、鞍山实验中学、复旦实验中学、杨浦职校4所学校分别与遵义4所学校结为共建学校，先后选派3名校长、15名教师赴贵州支教，组织2批支教讲师团到遵义市讲学；继续实施“上海市第四轮农村义务教育学校托管项目”。2014年，区教育局获得“全国社会扶贫先进集体”称号。

六、促进教育国际化和教育信息化。教育国际化进程取得实质性突破：上海德法学校正式落户杨浦新江湾城；义务教育阶段的国际理解教育，举行了“首届国际理解区域文化特色校本课程实践教学比赛”活动；高中阶段的国际课程进行试点探索，举办了技能拓展课程（SDP课程）第二期学员颁证仪式暨课程展示会；17所学校经市外专局批准获得聘请外国专家单位资格。教育信息化水平不断提升：网络技术对优秀教育资源的辐射效应扩大，成功举办“网上公益学堂”10周年总结展示活动；推进基于云技术的中小学信息公共服务平台建设，完成了30多所学校的设计与应用；推进学校信息化应用项目，建设小学的“阿波罗学习银行”、上海理工大学附中和杨浦高级中学的网上阅卷系统等建成并使用；推进“创智云课堂”项目建设，在试点学校数量不断增加、教学资源不断优化的基础上，初步建成教学云平台。

七、持续优化教育生态环境。加快推进重大建设项目，正式启用区少年宫新宫，竣工并投入使用同济大学一附中新疆班、上海理工大学附中教学楼、鞍山初级中学教学楼等3个项目，启动二师附小整体重建项目，加快推进惠民中学迁建、本溪幼儿园江湾新分部项目。着力推进平安校园建设，召开安全大会，落实主体责任，增强安全意识，加强安全检查；为全区校车安装北斗导航系统，进一步落实校车安全管理；开展国防教育、民防教育、安全教育等主题活动；强化学校食堂卫生安全，开展“示范食堂”试点创建，完成98所学校食堂油水分离器安装实事项目。各类招生考试平稳有序，完善标准化考点，运用远程视频指挥系统强化关键岗位和薄弱环节监管，实现各类考试无差错、零事故。推进教育行风建设，重点加强对全区教育系统党政干部、财务人员和广大教职工的政策法规教育，着力抓好办学行为、收费行为和教师从教行为建设，对47所学校进行教育行风检查，有4所学校接受市规范收费联合检查。被评为2014年“上海市规范教育收费优秀达标区”。（言究释）

【编制《区教育综合改革方案》】 年内编制的《杨浦区教育综合改革方案》全面对接上海市教育综合改革方案，提出了九大任务共72个实施项目，明确了到2020年区域教育综合改革的路线图、任务书和时间表。（言究释）

【开展“一校一章程”编制试点】 1月，在全区15所学校探索管办评分离的“一校一章程”编制试点工作，试点学校涉及公办民办两类学校、涵盖中小幼各学段。各试点校完成“学校办学章程”初稿，区教育督导室组织学校章程建设专题交流会和学校章程审核会，完善现代学校制度体系，为促进学校依法办学、依法治教打好基础。（言究释）

【与遵义市教育局结对共建】 3月1日，区教育局与贵州省遵义市教育局举行结对共建签约仪式，双方商定通过3年一轮的结对共建，在课程教学优化、师资队伍培训、学校信息化建设等方面开展教育合作与交流。首批支教的9位校长、教师已分赴遵义市正安七中、道真玉溪中学、湄潭四小3所学校支教。（言究释）

【浙江省教育考察团到访】 3月3日，浙江省教育考察团访问同济大学一附中、杨浦小学、本溪路幼儿园新江湾部3所学校，实地考察了学校基础设施建设情况，并就校园环境规划布置、资源教室开发利用、学生活动场地建设等内容分别与各校校长进行了交流讨论。（橘　办）

【接受全国义务教育均衡发展督导评估认定】 3月18—19日，国家教育督导组对杨浦区义务教育均衡发展进行了督导评估认定。由教育部副部长刘利民率队的督导组考察参观了六一小学、上音实验学校和打虎山路第一小学，对杨浦区在推进义务教育均衡发展方面实施的集团化办学、特色化办学等给予了充分肯定。（言究释）

【在上海市青少年科技创新大赛中获奖】 3月22日，在上海科学会堂举行的第29届上海市青少年科技创新大赛上，杨浦区参赛学校获得了“学生科技创新成果”一等奖41项、二等奖93项、三等奖131项，另有3个科技实践项目获得一等奖，获奖数在全市各区县中名列前茅。（邵柯瞻）

【举行“学校生命教育区域试点”签约仪式】 4月2日，区政府与市教委举行《区域大中小学校生命教育试点协议》签约仪式，正式启动一体化构建“学校生命教育区域试点”工作。年内，制定了《生命教育三年行动计划》，成立了9个项目试点工作小组，完成了区域大中小学“生命教育的实施现状与课程建设需求”的调研。这一试点项目不仅促进了学生身心健康发展，而且为全市学校生命教育工作提供了示范引领。（言究释）

市教委与杨浦区签订“学校生命教育区域试点协议”

【成立特级校长特级教师联谊会】 4月17日，杨浦区特级校长特级教师联谊会成立大会举行。会议通过了《杨浦区特级校长特级教师联谊会条例》和区特级校长特级教师联谊会会长、副会长、秘书长名单。市特级教师联谊会顾问于漪和区教育局局长邵志勇为联谊会揭牌。区教育创新和教育未来校长班学员,区学科带头人和区骨干教师高研班学员出席了成立大会。 (任 是)

【获宋庆龄少年儿童发明奖】 4月26日,第十届宋庆龄少年儿童发明奖评选活动在中国福利会少年宫举行,民办打一外国语小学三年级学生胡若妤参赛的"可悬挂式便携茶杯座"作品,获上海赛区一等奖,并入围在广东举办的全国少年儿童发明奖比赛。 (橘 办)

【获国际可持续发展项目银奖】 4月30日,第七届国际可持续发展项目奥林匹克竞赛(环境、能源、工程)在美国休斯敦的乔治·R.布朗中心举行。上海理工大学附属中学学生吴泽宏的项目《碳纤维在乐器制作中的应用》获得了工程类银奖。 (橘 办)

【获"全国五一劳动奖章"】 4月27日,控江中学教师许敏获2014年"全国五一劳动奖章"。他在20多年的教学生涯中,秉持因材施教理念,注重探索分层教学,重视数学基础知识的传授,反对题海战术。他指导过的学生在市级以上的数学竞赛中获等第奖达百余次。 (橘 办)

【获上海教育博览会教育国际化"十佳"展台】 6月5日,"2014上海教育博览会教育国际化展"总结颁奖活动举行。杨浦区教育局获得本届展会"十佳展台奖",杨浦区选送的国际课程外籍教师Mark Coyle荣获"十佳国际教育辅导教师奖"。(付 务)

【在"家·爱青少年摄影大赛"中获奖】 6月1日,由中国人民对外友好协会主办,人民画报社与中国少年儿童报刊工作者协会小摄影家分会协办的第二届"家·爱青少年摄影大赛"颁奖仪式在京举行。二联小学3名学生分别获得全国摄影比赛银奖、铜奖和优秀奖,二联小学获全国摄影比赛优秀组织奖。 (橘 办)

【承办家庭教育优秀指导者评选活动颁奖大会】 6月11日,"第五届师爱在家庭中闪光——家庭教育优秀指导者评选活动"颁奖大会举行,全市17个区县的获奖教师180多人参加大会。本次活动由上海市中小学幼儿教师奖励基金会、上海市家庭教育研究会、上海教育报刊总社等单位共同举办,杨浦区教育局承办,旨在表彰在家庭教育指导上做出成绩的中小学教育工作者。 (橘 办)

【在全国职业院校技能大赛中获奖】 6月下旬,2014年全国职业院校技能大赛在江苏举办,在中职组"雪佛兰杯"汽车运用与维修技能大赛车身修复(钣金)项目比赛中,杨浦职校学生杨山巍获个人一等奖、周志巍老师获优秀指导教师奖;在中职组烹饪项目比赛中,杨浦职校学生李欣欣和朱苏瑞获两项面点项目个人一等奖、江凯获热菜项目个人一等奖。 (橘 办)

【承办全国学生运动会男子足球赛】 7月28—8月2日,第十二届全国学生运动会男子足球项目比赛举行。杨浦区承办此项赛事。市委市政府领导韩正、沈晓明、尹弘、翁铁慧等视察赛区组织情况,慰问了参赛队伍和志愿者。 (言究释)

【在全国青少年科技创新大赛中获奖】 8月30日,第二十九届全国青少年科技创新大赛在北京举行。区少科站的"我与科学家做'同事':优秀高中生进院士团队和高校实验室开展科研探究活动"、建设小学的"节水行动在建小"、杭州路第一小学周睿极的"多功能便携式置物架"3项成果获一等奖;上海交通大学附属中学魏喆沁的"空间湿度分布成像仪"获二等奖;控江二村小学唐韵清的"电话机听筒提示器"获三等奖;区教育局获全国优秀组织奖。 (邵柯瞻)

【谢小双当选"感动上海"年度十大人物】 9月17日,在第四届"光荣与力量——感动上海年度十大人物颁奖典礼"上,辛灵中学、风帆初级职业学校校长谢小双受到表彰,并当选第四届"感动上海"年度十大人物。谢小双爱岗敬业、带领团队多年如一日坚守在特殊教育岗位的事迹被《中国教育报》《文汇

报》等多家媒体报道。（言究释）

【在“最强技艺王”职业技能竞赛中获奖】 10月上旬，在上海市“最强技艺王”职业技能竞赛中，杨浦职业学校参赛的3名选手分别获得汽车钣金项目第一名、汽车喷漆项目第二名、汽车维修项目第三名。（橘　办）

【举行“育儿周周看”推广日活动】 10月25日，区教育局举行“育儿周周看”推广日活动，民星幼稚园和儿童世界杨浦幼儿园早教指导站设为活动的主会场。市育儿专家、区教育局领导和各街道（社区）负责人等出席了本次早教活动，新闻晨报、SMG-东方广播中心等多家媒体全程拍摄报道。（薛　倩）

【在中小学生公共安全知识和技能展示活动中获奖】 11月8日，在东方绿舟举行的2014年上海市中小学生公共安全知识和技能展示活动中，凤城新村小学、二十五中学、少云中学部分师生组成的杨浦区代表队荣获三等奖和优秀组织奖。（言究释）

【上海杨浦德法学校项目签约】 11月16日，上海杨浦德法学校项目《投资合作备忘录》签约仪式举行。区委书记陈寅、区长诸葛宇杰、德国驻沪领事馆总领事、法国驻沪领事馆副总领事，以及市教委、市城投置地（集团）有限公司相关负责人等出席签约仪式。上海杨浦德法学校落户杨浦区新江湾城。（言究释）

【调研课程与教学工作】 11月中旬，市教研室对杨浦区进行为期一周的课程与教学调研工作。本次调研“点面结合”，“点”上集中调研了12所中小学和幼儿园，“面”上通过文本分析、现场考察、问卷访谈三种方式，全面分析和判断杨浦区课程实施现状和教学真实过程。（言究释）

【获全国教育教学信息化大赛一等奖】 11月中旬，全国教育教学信息化大赛在北京举行。控江初级中学教师袁蓉荣的移动课例作品《春》，经过教学设计陈述、现场专家问题答辩及大赛组委会综合组织评审，荣获基础教育组移动终端课例一等奖。（橘　办）

【获全国优秀玩教具制作奖】 11月21—23日，第三届“永嘉杯”全国幼儿园优秀自制玩教具展评活动在浙江省温州市举办。五角场幼稚园季萍设计的《cx赛车》作品和杨浦区教师进修学院附属幼儿园蒋金言设计的《好玩的瓶与盖》作品，均获二等奖，季萍还荣获“全国自制玩教具能手”称号。（橘　办）

【举办第十届“长三角”民族乐团展演活动】 12月6日，由市教委、市文学艺术界联合会、杨浦区人民政府、上海音乐家协会联合主办的第十届“长三角”民族乐团展演活动在杨浦区少年宫举行。共有国内外71支乐团参演。区少年宫民乐团展演的“丝弦华韵”专场音乐会，展现了杨浦区民族艺术教育的成果。（邵南宫）

【获上海市青年文明号称号】 在11月下旬召开的上海市2013—2014上海市青年文明号颁奖仪式上，内江路第二小学（科任）教研组获“2013—2014上海市青年文明号”称号，其创新案例《走进印博——整合校外教育资源促进拓展课程建设的思考与实践》获得评委组肯定。（橘　办）

附：区教育局驻地及负责人

（2014年1—12月）

地址：长岭路91号
邮编：200093
电话：65017733

区委分管副书记：朱勤皓
区府分管副区长：黄　红

区教育局党委书记：顾登姝
副书记：王　芳（11月离任）

区教育局局长：邵志勇
副局长：陈爱平、吴　巍、冯　芸、朱伟峰

浦东新区

【2014年概况】 全区基础教育阶段学校610所，其中，普通中学154所，小学165所，幼儿园280所，特殊教育学校3所，专门学校1所，职业中学7所。按办学体制来分，公办学校444所，民办学校166所。还有青少年活动中心和实习学校2所校外教育单位、教育学院1所，以及教育署等15所其他教育单位。另有上海开放大学分校3所，社区学院1所，上海老年大学分校1所，以及街镇社区(成人)学校37所、居(村)委居民学习点1201个、各类学习型团队2049个、民办非学历教育机构119个。至年底，全区有市实验性示范性高中11所、区实验性示范性高中18所、市示范幼儿园7所。

基础教育阶段学校数、学生数、教职工数均占全市的五分之一强。学生数为46.69万人，其中，中学生13.94万人，小学生20.13万人，幼儿园幼儿10.98万人，特殊教育学校753人，专门学校383人，职业中学学生1.53万人。教职工数为3.94万人，其中专任教师3.29万人。

2014学年度，幼儿园招收新生人数3.5万人，小学阶段招收新生人数4.16万人，初中阶段招收新生人数2.92万人，高中招收新生人数1.19万人。全区在园幼儿10.98万人，比上学年增加1%。小学在校学生20.13万人，比上学年增加2.8%。普通中学在校学生共有13.94万人，其中初中学生10.49万人，比上学年减少2.4%，高中学生3.46万人，比上学年减少1%。职业中学在校学生1.53万人。普通高中学生与职业高中学生的比例为2.26∶1。全区参加初中毕业升学体育考试考生2.10万人，参加中考考生1.89万人，参加高考考生1.09万人。

全区有111所学校招收外籍及港澳台地区学生，其中幼儿园43所、小学24所、中学29所(含一贯制学校)、特殊教育学校2所、国际学校13所。有外籍及港澳台地区学生1.26万人，其中在公办或民办学校就读的学生3676人，在国际学校就读的学生8898人。

一、加大经费投入，推进教育基础建设。全年预算内教育经费拨款72.32亿元(含镇业教，不含市转移支付、医保、中央专项)，比上年增长10.26%，确保了教育经费“三个增长”。基本建设投资涉及41个项目，安排资金计划约7.42亿元，川沙中学、航头中学、杨思职业技术学校新建工程等有序推进。“校安工程”前三年计划实施的139个项目已全部竣工并投入使用，后三年计划18个项目中8个已完工。推进实事工程建设，为140所小学更新配齐实验室设备，完成10所中小学校直饮水工程项目，对137所学校心理辅导室进行标准化配置，完成158所学校运动场地改造，对86所学校进行校舍修缮。新开办学校19所，其中中学4所，小学5所，幼儿园10所。

二、提高校(园)长办学水平，建设高素质教师队伍。选优配强基层单位领导班子，开展校(园)级副职聘任工作。组织640余名中小幼校(园)长、书记开展了以“教育，关注人的发展”为主题的暑期专题培训。组织体育系统事业单位中层以上干部集中培训。推荐全国高中校长研修班学员2人、全国小学校长研修班学员2人、长三角优秀青年校长培训人选2人。组织2014年教师招聘工作，招录进编1510人，区内流动313人，本科及以上学历比例达100%。1485名见习教师参加规范化培训。全区有17名教师被评为市特级教师，设立37个区级名师基地(工作室)，评定区级学科带头人313名、骨干教师2080名。开展英语教师、学前教师、随班就读教师等各类专项培训，开展农村优秀教师定向培养，中小学语文、数学、英语三个学科共9个学科团队定向培养学员135名。80所学校123名教师参与2013学年区内支教与进修工作。2014学年区内支教与进修工作。组织开展“镜头中的师爱”影像大赛、“温暖人生的好老师”主题宣传活动，评选优秀师德建设项目，弘扬高尚师德。建平中学被评为“2014年全国教育系统先进集体”，2名教师获“2014年全国模范教师”称号，3名教师获“2014年全国优秀教师”称号，1名教师获“2014年度上海市教书育人楷模”提名奖。2014年评出“市园丁奖”获得者204人、“区园丁奖”获得者598人。

三、坚持立德树人，促进学生全面发展。深化“我的中国梦”主题教育活动，推进“做一个有道德的人”主题实践活动，加强未成年人思想道德建设。全区乡村学校、城市学校、少年宫等36家参与学生社会实践活动。推进心理健康教育。全区有55所学校被评为市达标校，其中5所学校被评为市示范校。加强班主任队伍建设，12人获上海市“奉贤杯”班主任基本功等第奖，区教育局获优秀组织奖。加强40所中小学、80所幼儿园上海市家庭教育指导实验基地的指导和管理。4—9月，在全区中小学开展“文明小使者——未成年人文明小博客征集”活动，征集到学生博文近1000篇，从中选取200多篇优秀博文汇编成册。

四、加强体卫艺科工作。深化体教结合，新区体教结合学校有123所，竞训成绩在全市名列前茅。开展阳光体育大联赛，有24个大项45次比赛，参赛队数333个，参赛学校477校次。卫生保健人员常态化培训。加强31个区级艺术团建设，开展第10届学生艺术节系列活动，承办2014年上海国际少年儿童文化艺术节大联欢活动，选送优秀节目参与第31届上海之春国际音乐节、上海市第6届中小学生古典诗词创作活动等重要赛事并屡获奖励。全年开展区级和参加市级以上科技竞赛和科普活动60项，获市级奖励3178项；参加国家级和国际级竞赛182人次、41校次，获国家级以上奖励56项，其中一等奖26个。采取多种措施加强传统文化教育，把川沙地区的内史第、古城墙、高桥古建筑等11处具有传统文化价值的景观，命名为传统文化教育基地；在中小学校园设立历代先贤的塑像，用《论语》《弟子规》及《道德经》等装饰校园；将浦东地区传统民间文化、民俗文化等，整合成民间曲艺、传统音乐、传统技艺、传统美术、传统舞蹈、民间体育、民间文学、传统戏剧等8大培训项目，并创建相应的61个学习场所；开展中华古代经典及现当代优秀诗文的诵读、书写、讲解活动，举办“中华诵·经典诵读行动”推进展示活动，开展“经典诵读行动·校本课程”评选活动；开展新区中小学生“美丽汉字·追梦少年”汉字听写书写应用大赛，激发学生汉字学习的兴趣，提高规范使用汉字的意识和能力。

浦东新区优秀队员(队长)夏令营

五、集聚区域资源，加快职业教育发展。一是创建“集团共建”机制。浦东职业教育集团包括学校、政府部门、行业、企业和研究机构等100余家成员单位，形成“政府引导、市场运作、校企合作、实现共赢”的格局，围绕迪士尼、商用飞机、临港等重大项目和重点区域，培养适应新区经济社会发展的知识型、发展型技能人才。二是创建“校企合作”机制。加强学校与行业企业的合作，通过工学交替，实施“订单式培养”、定向式就业，目前参与校企合作的企业近400家，并建立16家“中等职业学校优秀学生实习基地”。在海大职校等4所中职校内建立“高技能人才培养工作站”，126名学员获得高级职业资格证书。三是创建“中高职贯通”机制。航空服务学校与上海民航职业技术学院、临港科技学校与上海电机学院、振华职校与上海思博职业技术学院等15对中高职院校进行衔接，探索在专业、课程、师资、学分、就业等方面的合作，开展贯通培养试点工作。四是创建“区校共建”机制。与区内30所高校建立工作联络沟通制度，为高校在项目建设、科技创新等方面提供政策咨询服务，促进高校在专业定位等方面与新区产业发展有效对接，将“区校共建、实事共办、资源共享”落到实处。五是创建“交流合作”机制。加强教师的涉外培训，选派优秀校长和骨干教师赴国外学习。拓宽交流合作渠道，积极引进10余门国外先进课程资源，3所职业学校试点开展国际合作项目，积极推进中外合作办学。

六、扶持与监管并举，规范民办教育发展。至年底，浦东在册民非机构总数达到119所。加强经营性民办培训机构审核与管理，有31家经营性民办培训机构设立(全市最多)。健全浦东民办学校适用非营利制度教育长效动态管理机制，全力推进教育培训机构学杂费专用存款账户管理制度，加强对本区民非院校收费行为的监督管理，促进民办非学历教育健康发展。

七、推进终身教育，构建学习型社会。举办第10届浦东新区全民终身学习活动周，各街镇开展了2900余项活动。着力建设老年学校，9家老年学校标准化建设被列入2014年市政府实事项目。至年底，全区有标准化建设老年学校30所，占全区的78.95%。举办“浦东新区第6届敬老爱老助老”主题教育活动，在2014年老年教育系统“科普在社区、科普进家庭”系列活动中，参赛者获市级比赛3个一等奖、4个二等奖、1个三等奖。4所成校参加2014年市成人院校三课评比活动，获1个一等奖、2个二等奖、1个三等奖。10所成校参与上海市郊区成人院校(宝山杯)首届职业技能优秀培训项目评选活动，获3个银奖、7个铜奖。

八、推进依法治校，创新管理机制，加强学校安全管理。全面推进“一校一章程”工作。与新区司法部门联手，探索教育系统各级各类学校推行学校法律顾问制度，聘请23所律师事务所，逐一与学校签约。命名洋泾中学等66所学校为“浦东新区法制教育示范校”，举办中学生法律知识竞赛，组织开展“律师进校园活动”，推进学校法制教育。探索集团办学、委托管理、与高校合作办学、城郊结对、局镇合作、办学联合体等合作办学模式。加强安全工作，分层签订安全岗位目标责任书。推广实施《上海市中小幼安全防范管理基本要求》，健全学校安全预警机制，提高日常安全防范能力。开展安全宣传教育，加强对校长、安全员、食堂和校车管理人员等的培训工作，增强广大师生安全意识和技能。加强消防安全、校服采购、校园周边环境整治等专项检查，维护未成年人权益，为学生健康成长创造良好的条件。推进民防教育，推进全区义务教育阶段民防教育课程化，组织民防演练。

九、加快教育国际化进程。上海惠灵顿国际学校首批招收300名学生，哈罗国际学校落户外高桥获准筹办，做好耀中教育园区落户临港工作。加强与美、英、法、挪威、芬兰等20多个国家以及港澳台地区的教育交流合作。举办“浦东—加州课程比较论坛”、浦东新区生活探究课程国际研讨会等大型论坛，全区5所学校的国际课程实验班获批。新增6家聘请外籍教师试点单位，举办新区外教聘任与管理专项培训。6所中职校的6个专业按市教委要求开发了国际水平专业教学标准，进入试点实施阶段。

十、推进教育对口支援与合作交流工作。全区有20名干部、教师在海南、新疆、西藏开展对口支教、协作工作。接受河北丰宁地区、贵州黔西地区、云南西双版纳州、新疆喀什地区莎车县的校长和骨干教师共220多人来浦东新区培训；组织10名专家赴云南西双版纳州对244名骨干教师和学科带头人讲学培训。接受海南6名校长和教师来浦东新区挂职培训3个月。新选派6名校级干部和教师赴海南支教，有13名教师在新疆莎车地区支教，组织9名专家赴新疆莎车地区讲学，300余名教师听讲。南汇中学和川沙中学新招收新疆地区高中学生242名，实行混合编班教学，全区有773名新疆地区学生。有1名校长在西藏日喀则支教。新陆职校和东辉职校新招收青海果洛地区藏族学生49人，全区有79名中职藏族学生。与奉贤区教育局签订《对口综合帮扶协议书》。 (浦　教)

【通过国家教育督导检查认定】 3月19—21日，国家教育督导检查组对浦东新区申报的义务教育发展基本均衡县(市、区)进行了督导检查。督导组在审核浦东新区义务教育阶段学校办学标准相关数据的基础上，查阅浦东新区推进区域义务教育均衡发展的专题汇报材料、义务教育发展基本均衡县督导检查薄弱环节整改情况调查表及其相关佐证材料，召开人大代表与政协委员、校长、教师、家长4个座谈会，完成了30份校长、121份教师、330份学生家长和135份学生共计646份问卷调查，现场调查了昌邑小学、竹园中学等12所中小学。督导组认为，浦东新区达到国家规定的义务教育发展基本均衡县(市、区)评估认定标准。 (浦　教)

【制订各类教育公用经费拨款综合定额标准】 各类教育公用经费拨款综合定额标准制订并颁布。市示范性高中生均公用经费综合定额标准为5100元，区示范高中生均公用经费综合定额标准为4500元，一般高中生均公用综合定额标准为4100元，职校生均公用经费定额标准为5200元、5000元、4400元，初中生均公用经费定额标准为3200元，小学生均公用经费定额标准为3000元，专门学校生均公用经费定额标准为8000元，特殊教育生均公用经费定额标准为8000元，市示范性幼儿园生均公用经费综合定额标准为6000元，一、二级幼儿园生均公用经费综合定额标准为3500元。 (浦　教)

【推进高中教育教学改革】 11月6日，新区召开高考制度改革背景下的学校工作会议，要求从10个方面转变观念、管理形式，调整教学内容，全力推进高中教育教学改革。一是预判学生多样选择，提前储备人力资源。二是研究走班教学机制，创新实践管理办法。三是研究学科教学路径，筑牢学生学业根基。四是关注高校专业要求，指导学生正确选择。五是关注学生个性发展，激活学生学习潜能。六是引导学生价值追求，探索综合素质评价。七是研究外语评价标准，及时调整教学方向。八是改变数学教学策略，降低学生畏惧心理。九是合理运用春考政策，引导学生理性报考。十是提升学校课程领导，重构学校课程方案。 (浦　教)

【创建有特色的高中学校】 11月14日，新区特色高中评审会召开。新区特色高中有：建平中学的数理教育、进才中学的科艺教育、川沙中学的体育、复旦附中分校的综合素养教育、东昌中学的金融文化教育、浦东外国语学校的外语教育、周浦中学的生活教育、香山中学的美育、大团高中的海洋文化教育、北蔡高中的航海文化教育。 (浦　教)

【做好进城务工人员随迁子女入学工作】 为做好进城务工人员随迁子女入学工作，制订相关措施。一是强化组织保障。区委、区政府分管领导牵头，建立联席会议制，每两周召开专题会，及时沟通情况，研究解决矛盾问题。二是明确责任主体。对各相关职能部门和街镇进行分工，明确职责、落实责任。三是深入细致排摸。区教育局做好学前、义务教育阶段入学人口预测，排摸新区随迁子女人数及符合条件的人数，为后续应对、制订预案打好基础。四是加强宣传培训。向街镇、学校等分发相关资料，做好政策宣传解释；加强招生工作人员培训，严格核查各类证件，把好入口关。五是做好服务保障。对符合条件的随迁子女，简化程序，与常住户籍子女同步入学；对暂不符合条件的随迁子女，做好宣传解释，延长招生期限。六是形成应对机制和预案，确保招生工作平稳有序。 (浦　教)

【参加阳光体育大联赛】 4—12月，举办新区"中小学生阳光体育大联赛"。联赛安排24个大项45次比赛。全区参赛队数923个，参赛学校477校次，参赛学生数达到10.77万人次。同时，组织235支运动队参加"上海市学生阳光体育大联赛"16个项目的比赛。新区参赛队取得团体特等奖6个、一等奖79个、二等奖49个、三等奖34个；取得个人第一名8个、第二名5个、第三名10个。(浦　教)

【举办"第十届学生艺术节"】 5—9月，新区"第十届学生艺术节"举行。艺术节有校园剧/课本剧、诗朗诵和影视配音等9大活动项目，计有25部微电影、39部师生原创剧本亮相，学生参加舞台演出的达到3483人次。经选拔和市级评比，共评出一等奖19个、二等奖17个、三等奖21个。 (浦　教)

【承办国际少儿文化艺术节】 7—9月，新区青少年活动中心承办"2014年上海国际少年儿童文化艺术节浦东大联欢活动"，安排了2场交流演出、9

项体验活动。来自 8 个国家或地区的 306 名学生参加演出。活动展现了不同民族、不同国家的文化特色与艺术特性。（浦　教）

【参与第十二届全国学生运动会活动】 7 月 28 日—8 月 2 日，“第十二届全国学生运动会”在上海举行。新区承担女子排球比赛赛事、开幕式表演、开幕式观众组织、参加武术等项目比赛等任务，同时还参加大赛组委会组织的为全运会造势的首届上海市学生“龙文化”全能赛、全运会倒计时 100 天阳光伙伴集体跑比赛，以及体育论文评选、“活力园丁”评选、“阳光少年”评选等工作。南汇三中获“阳光少年绑腿跑”项目第三名。新川中学组队武术项目比赛，获 4 金 3 铜，并获得武术比赛男子团体第一名、女子团体第五名、总团体第二名的好成绩。在为运动会造势的“龙舟”项目比赛中，川中北校获第一名、上海中学东校获第八名、北蔡高级中学获第十六名。三林中学、杨思中学、育人中学在“舞龙舞狮”项目比赛中，获各自组别的第二名。秋萍学校、顾路中学在“风筝”项目比赛中分获团体第二名、第四名的好成绩。新区林苑小学体育教师陆志英被评为全国“活力园丁”。新区有六篇体育论文在全国评比中获奖。（浦　教）

【评选第七届“浦东小院士”】 11 月 22 日，新区第七届“浦东小院士”评选活动举行。经专家评审，5 名学生获第七届“浦东小院士”荣誉称号，16 名同学获“浦东小院士提名奖”。（浦　教）

【举办青少年科技创新大赛】 12 月 14 日，由新区教育局和新区科协主办，新区青少年活动中心和新区青少年科普促进会承办的“第 30 届浦东新区青少年科技创新大赛”举办。本次大赛主题为“创新·体验·成长”。全区 132 所中小学校和幼儿园的 1.37 万名师生参加大赛。经初评，有 376 个项目入围大赛终评，有 188 个项目参加终评展示。（浦　教）

【在特奥比赛中获奖】 5 月 30 日，辅读学校举办第二届“开心春运会”。6 月 16 日，浦东组队参加上海市特奥阳光韵律操比赛，辅读学校获自编操一等奖、韵律操二等奖。致立学校获韵律操团体一等奖，自编操团体二等奖。6 月 27 日，浦东组队参加 2014 年全国特奥足球赛，辅读学校获个人技术赛冠、亚军。9 月 25 日，浦东组队参加 2014 年上海市特奥滚球比赛，致立学校获团体金牌、个人 3 金 2 银 1 铜的好成绩。（浦　教）

【完善随班就读学生的管理与康复训练】 年内，新区下发《随班就读学生审批办事指南》《浦东新区随班就读生学籍管理制度》《浦东新区随班就读教研活动管理制度》《申请随班就读学籍家长须知》等文件，编写《随班就读课堂教学设计及点评》，规范随班就读学生教育教学管理工作。新区组织全区 270 名随班就读智障学生的康复训练，人均训练时间达到 120 课时；还开展第五轮自闭症干预工作，54 名自闭症学生接受干预。（浦　教）

【在技能比赛和设计大赛中获好成绩】 6 月，新区中职校组队参加全国职业院校职业技能大赛，12 名学生参加了 7 项比赛，并获 4 金 6 银 2 铜的好成绩。12 月，新区举办第三届中等职业学校学生职业技能比赛，464 名学生参加，有 162 名学生、42 个团队、17 名指导教师和 15 家组织单位获奖。6 月至 11 月，浦东职教集团举办“浦东新区第四届中职学生创业设计大赛”，激发学生创业意识。上海船厂技工学校、上海海事大学附属职业技术学校等 11 个学校上报了 50 件参赛作品。评选后有 17 个优秀项目入围决赛，最终评选出优秀组织奖 1 名、优秀指导教师奖 1 名，以及一等奖 2 名、二等奖 3 名、三等奖 4 名及若干优胜奖。（浦　教）

【举办第十届终身学习活动周】 11 月 16 日，浦东新区“第十届全民终身学习活动周开幕式”举行。活动以“终身学习、成就梦想”为主题，开展形式多样的学习活动近 2900 场次，全区参与人数达到 1.7 万人。（浦　教）

【推进社区教育标准化建设】 新区社区教育独立

门户网站正式上线启用,公众微信号开通运行。有14门微课参加全国首届微课大赛评比,获1个一等奖、3个二等奖及若干优秀奖。组织参与主题为“建智慧城市、做智慧市民”的第四届上海社区网读书活动。年内,全区有1.40万人次参加课程培训,2.12万人次参加专题讲座。在建设社区教育网络过程中,东明路街道社区学校、南码头路街道社区学校和上钢新村街道社区学校3所学校通过了2014年上海市街道社区学校标准化建设评估验收,周浦镇成人学校、新场镇成人学校、惠南镇成人学校和唐镇成人学校4所学校通过了2014年上海市乡镇成人中等文化技术学校内涵建设评估验收。全区有622个学习团队被认定为上海市老年人学习团队,其中18个被评为上海市优秀老年人学习团队。 (浦 教)

附:区教育局驻地及负责人

(2014年1—12月)

地址:浦东大道141号5号楼
邮编:200120
电话:58876321

新区区委联系常委:邓 捷(4月离任)、尤 存(4月到任)
新区政府分管副区长:谢毓敏

新区教育党工委书记:王晓科
副书记:潘 燕(3月到任)、诸惠华(6月到任)

新区教育局局长:王晓科
副局长:潘 燕(3月到任,兼)、诸惠华(7月到任,兼)、
周奇伟、郁时炼、王 浩、高国忠(12月离任)、
唐月光(3月离任)

闵 行 区

【2014年概况】 全区共有各级各类学校(教育机构)322所,其中,公办中小学100所(含特殊教育学校3所),民办中小学32所(含招收进城务工人员随迁子女为主的民办小学16所),公办幼儿园66所,集体办幼托事业管理站1所,民办幼儿园97所,全日制中等职业学校3所,成教中心2所,社区学校13所,直属单位8家。2014年度在校学生211213人,教师15147人。有社会力量举办的非学历教育机构98所,区内有2所市实验性示范性高中、2所市示范性幼儿园。新开办中小学3所,公、民办幼儿园5所(园所11所)。小学入学人数较上年减少约2393人,初中预科减少约702人,比例分别为22.9%和15.2%,完成预定目标。

全区经常性财政收入为1894633万元,比2013年增长7.77%。全年教育经费财政拨款324827万元,比2013年增长8.64%。教育经费财政拨款增长比例高于财政性经常收入增长比例。年生均教育事业费:高中34553.86元,比2013年降低4.84%;初中28343.23元,比2013年增长7.87%;小学18597.11元,比2013年增长6.07%;幼儿园20082.95元,比2013年增长0.7%;特殊教育90157.2元,比2013年增长9.5%;职校16678.13元,比2013年增长38.41%;中专14459.3元,比2013年增长65.77%。年生均公用经费:高中6959.58元,比2013年减少16.24%;初中10598.63元,比2013年增加22.93%;小学6240.5元,比2013年增加9.83%;幼儿园8890.14生,比2013年增长0.58%,特殊教育27850.27元,比2013年增长4.81%;职校8405.74元,比2013年增加49.46%;中专6557.23元,比2013年增加73.35%。全年教职工年人均总收入106137.65元,比2013年减少8085.44元,降低7.08%。

2014年,闵行教育坚持贯彻国家中长期教育发展规划和区教育工作会议精神,围绕“让闵行每

个孩子健康快乐成长”的核心目标，积极推进“优质化、信息化、国际化”发展。

一、利用社会资源，探索以政府为主体的多元服务模式。与思来氏公司合作研发教育评价指标体系，修订并开展第二轮学校绩效评价，完成社会满意度评价指标并上线试评。与天闻数媒公司等合作，深入推进电子书包项目，试点学校扩展至60个。34所学校购买电信公司支持课堂开放的“云录播”服务。与市内专业机构、全美舞蹈协会(NDI)分别合作开展“体教结合”“舞向未来”项目，受惠学生群体不断加大，其中小学三年级免费游泳教育已在全区普及。引入责任督学制度，制订《闵行区中小学校责任督学挂牌督导实施办法》，吸纳社会、家长群体高素质人士参与学校督导，加强教育对社会的开放度，增加社会对教育参与度，进一步激发教育活力。

二、加强教育均衡化发展，打造“家门口的好学校”。推进新一轮学前教育三年行动计划，启动第三轮对口联动项目，推进园际发展协作体项目，探索推进总分园捆绑式发展机制。义务教育继续加大优质教育建设力度，加强“四个结合”，促进学生健康发展。高中教育实施《上海市推进特色普通高中建设实施方案》，引导高中建立特色课程体系、特色培养模式和评价模式。职业教育依托职教联盟，与100多家企业合作开展“订单式”人才培养，开展7个中高职贯通专业试点。特殊教育推进新三年行动计划，深化医教结合，设置智障学生家长学校、自闭症家长学校。加强民办教育年检工作，提升进城人员随迁子女学校办学水平。加快建设“家门口好学校”。9所初中“新优质学校”创建工作中期评估顺利完成，启动第四轮七宝中学托管体职院附中、开元学校托管吴泾中学、晋元高中附校托管君莲学校等三个委托管理项目。七宝与马桥镇际结对项目进展顺利，两所学校开始动工。

三、推进课堂教学改进计划，实施《闵行区中小学课堂教学改进三年行动计划》，加大社会实践基地的功能开发和使用，完善实验教学方案和设计，为学生创设全面发展平台。切实落实市教委关于“基本标准的教学与评价”的要求，小学表现性评价项目取得阶段性成果。举办以“课堂教学改进”为主题的首届中小学教育学术节。全面启用“网络教研组”，将现场教研和网络教研有机结合。规范教师教研活动的学分认定办法，建立第二批学科教研训基地，构建和优化“小学科”的校际教研共同体。建立区域优质校本课程图谱，推动优质课程的在区域范围上线共享。

四、加快推进基础教育国际化，助推本土学校优质化发展。上海七宝德怀特高中开学，各项工作进展顺利。加强对国际课程引进、管理和评价，形成《闵行区国际课程实施管理评价办法》，引导民办学校国际部(班)和国际课程规范化运作。以拓展型课程为抓手，推进国际理解教育项目，探索研究《健康与幸福》等国际课程本土化实施机制。实施骨干教师和双语学科教师的国际交流与培训，扩大外教进课堂试点学校范围，与百辉培训机构合作启动WAP课程教师培训计划，组织骨干教师参加“美国年度教师上海行”等中外交流活动。举办“国际教育论坛”，搭建国际交流与研究平台，扩大闵行教育对外开放度。

五、推进教育数据中心建设，建立数字化的教育评价体系。为区内中小学校每一位教师建成专业发展档案，档案包含道德修养、研修经历、教育实践、辐射引领四大维度。学生电子成长档案建设包含身心健康、课程学业、实践体验、阅读记录、获奖荣誉、班主任评语、班级圈、亲子乐园、家校直通车等主要栏目。学校办学绩效评价中，学生发展度数据评价比重从2012学年的50%升至2013学年的70%；教师发展度评价中新增社会认同度评价指标，所占比重为5%，采用委托第三方开展的社会对教育满意度的调查数据。推出学前教育校园APP平台，10家幼儿园成为第一批试点园。启动职成教云平台系统建设，为各级各类人群提供终身学习平台。继续推进以电子学生证为载体的数字化校园建设，60所公办中小学图书馆管理系统升级，实现学生校内图书馆刷卡借阅。启动基于“云录播”的课堂教学评价系统，推进基于课程标准的课堂教学改进实践。加快推进电子书包项目。“电子书包”试验学校已达65所，占全区中小学学校半数以上。建成区“电子书包”试验应用平台，建设12门学科电子导学本，创建20万条试题资源，形成“易校园”“兴趣化学习社区”等特色项目。在全国新技术教学课例评比中获得14个一等奖。广泛推动基于教育大数据的建设与应用，形成行政管理、业务管理、教学应用到整合的面向师生用户的数据使用，为教育科学决策提供依据。

六、优化教育生态，营造教育发展良好氛围。开展“我的形象·闵行教育印象”师德风范教育，加强法制教育、心理健康教育、学风和学术规范教育。创新师德师风建设工作机制，将师德表现作为教师考核、聘任(聘用)和评价的首要内容。深化德育基地和班主任工作室建设，初步形成中小幼衔接的“责任教育”品牌课程。开展“我的青春我的团，爱远万里中国行”系列活动。开展“中国节·中国心·中国梦”主题教育活动和“家训·家规·家风尚”征集活动。开展高中生涯教育。深化体教结合，做强足球、网球、击剑、健美操区域品牌项目，组织23项阳光体育大联赛，15237名学生参与。2013学年，全区133237名中小学生参加《国家学生体质健康标准》测试，合格率达94.2%。深化医教结合，与卫计委合作，建立学生健康电子档案，“学生基本信息推送—学生体验信息反馈”机制，落实10612名学生营养午餐补助。深化艺教结合，举办“经典校园行，快乐少年梦”学生艺术节，2600名参与，15所学校成功展示“舞向未来”项目。深化科教结合，11名学生获上海市“科技希望之星”称号，成绩在全市17个区县中排第二位。深入推进家校合作项目。完善班级家庭教育指导委员会建设，落实家庭教育讲座和家庭教育指导菜单，大面积普及家庭教育科学知识。开通微信家长学校学习平台，免费为全区4万多家长提供为期一年的“中华家庭教育网网上家长学校课程”。 (闵　雯)

闵行区第一届幼儿运动嘉年华汇演开幕式

【推进校园保洁社会化改革】 9月起，区教育局所有直管的中小学和直属单位保洁工作，通过政府购买方式承包给社会企业，逐步改变闵行区校园后勤保洁编制外用工现状，纠正原辅助服务项目中所存在的退休返聘人员过多、用人不规范等问题，同时，缩减公共财政支出，减轻学校后勤保障负担。通过招投标程序，有5家企业中标，承担60余所直管中小学和直属单位的保洁工作。 (汪　炜)

【区教育局团工委获表彰】 3月，区教育局团工委发起的“闵行区青年教师志愿者联盟”被上海市精神文明建设委员会授予2012—2013年度“上海市志愿服务先进集体”。4月，区教育局团工委被共青团市委、市人保局授予“上海市青年五四奖章集体”。区教育局团工委着力“夯实基础性工作，探索发展性工作，创新特色性工作”，实践探索“一抓二促三优化”的工作模式，优化教育系统志愿者工作体系目标，成立闵行区青年教师志愿者联盟，构建形成1个重点项目、8个志愿服务共同体、X个特色活动共同构成的“1+8+X”框架体系。 (谢凯丽)

【多名教师获荣誉称号】 8月，七宝明强小学教师郭芳和浦江第一中学教师洪耀伟被教育部授予“全国优秀教师”荣誉称号，郭芳还获得“全国中小学优秀德育工作者”荣誉称号。9月，七宝中学教师刘树田被市教卫工作党委、市教委授予“上海市教书育人楷模”荣誉称号。闵行区教育学院秦书珩、闵行中学曹东辉、闵行区教育学院杨家政、文来中学陈德红、七宝中学鞠瑞利、七宝中学姚成平、闵行三中刘辉获上海市特级教师荣誉称号；4月，闵行中学教师沈瑞红被评为上海市“十佳”班主任，实验小学尤兆蕾等9位教师被评为上海市优秀班主任。莘庄中学教师李国兴，七宝中学教师李啸瑜、姚琍列入闵行区领军人才培养计划。5月，103名教育工作者获市级园丁奖称号，230名教育工作者获得区级园丁奖称号。 (汪　炜)

【完成系列数据接口开发】 12月底，闵行教育数据分析平台开发初步完成。平台包含学生发展度、教师发展度、学校发展度、学校绩效考核KPI指标四部分内容，面向中国电信IPTV、东方有线数字电视、学生个人门户，提供常态化主题数据共享服务。

（孙慧玲）

【全国数字化学习实验共同体成立】 10月28日，由北京、山东、广东等多地教育局组成的全国数字化学习实验共同体在闵行区成立。共同体将协同各地致力于推进区域数字化学习实践，共享区域教育信息化经验，达到互鉴互通、合作互助、共享共赢，努力突破数字化学习实验瓶颈，实现技术与教育教学的深度融合与创新，实现教育内涵发展与教育转型。（孙慧玲、傅　军）

【获世界头脑奥林匹克中国区决赛一等奖】 2月22日，第35届世界头脑奥林匹克中国区决赛举行。闵行区多所幼儿园参加大赛长期题“世界首届艺术节”的比赛。闵行四幼等3所幼儿园获得一等奖，龙柏二幼等5所幼儿园获得二等奖，古美中心幼儿园获得三等奖。（陈　妍）

【幼儿园营养员技能大赛】 3月，开展以“健康、智慧、创意”为主题的“幼儿园营养员技能大赛”。大赛设专业技能培训、创新厨艺研讨、幼儿园创意午餐、点心征集及评比和现场厨艺大比拼等系列活动，并于2014年5月17日在七宝中心幼儿园现场展出来自69所幼儿园的88份美食作品。脱颖而出的5位营养员进行现场厨艺的比拼，多家媒体进行专门的报道。（陈　妍）

【幼儿园特色课程建设基地】 9月19日，为切实提高闵行幼儿园课程实施品质，闵行区颁发《关于印发〈关于创建“闵行区幼儿园特色课程建设基地”的实施意见〉的通知》，并于11月进行幼儿园特色课程建设基地评选活动。经区、市级两轮评审，最终确定虹鹿幼儿园等12家单位成为“闵行区幼儿园特色课程建设基地”。（陈　妍）

【建设心理健康教育达标校】 年内，北桥小学等26所学校被市教委命名为“上海市心理健康教育达标校”。七宝中学、古美学校被授予“上海市心理健康教育示范校”。闵行区中小学生心理健康教育发展中心被授予“上海市区县中小学心理健康教育达标中心”称号。（陈　岑）

【推进美国SPARK课程培训】 年内，推进美国SPARK课程培训，课程主要由学校体育活动与教学、校外体育与健康活动、教师培训3部分组成。该课程的培训对象为闵行区全体小学体育教师。课程强调教师在课堂中只用3至5分钟的时间进行教学，将更多的活动时间留给学生。培训融合中外教学理念，拓宽小学体育教师对学校体育课程、阳光体育活动设计的思路，提高课堂教学水平。

（王　琼）

【布置“体育回家作业”】 年内，闵行区学校尝试通过布置“体育回家作业”把体育锻炼延伸到课外，与体育课堂教学形成互补。有50多所学校布置“体育回家作业”，小学以亲子锻炼为主，中学侧重自主锻炼；作业有记录，有互动、有评价、有考核。

（王　琼）

【学生亮相巴西世界杯半决赛】 7月10日，巴西世界杯半决赛荷兰对阿根廷的比赛开始前，来自上海、北京、广东、成都的四位少年护旗手亮相，其中来自上海的护旗手是闵行区文来中学八年级(12)班的徐世澳，他在年初上海阿迪达斯足球公园——FIFA世界杯护旗手选拔赛中，经过世界杯知识问答、球技展示及全英文的梦想宣言演讲，最终以总分第一的成绩获得上海赛区唯一名额。（王　琼）

【在青奥会男子佩剑项目中获奖】 8月17—20日，第二届夏季青奥会击剑比赛在南京国际博览中心击剑馆举行。在男子佩剑项目中，莘庄中学学生颜颖慧获得铜牌。（王　琼）

【举办第十一届学生艺术节】 11月28日，举行闵行区第十一届学生艺术节闭幕式暨优秀节目展演，上海交通大学附小等9所中小学分三个篇章进行了汇报演出。本届区学生艺术节以“经典校园行　快乐少年梦”为主题，分为“器乐”“书画”“戏剧”“舞蹈”“艺术单项”五大系列的10个专场比赛，共有150多所中、小、幼学校的12000多人次在区级平台展示、参赛。（黄　祎）

【在青少年科技创新大赛中获奖】 在第29届市青少年科技创新大赛中，闵行区共获一等奖59项、二等奖72项、三等奖138项、专项奖50项，在青少年科技创新成果板块共获得市一等奖51项。最终有6项科技创新成果、1项实践活动、2项科幻画、2项教师科技成果和1名优秀科技辅导员被选送参加全国青少年科技创新大赛，获得一等奖3项、二等奖2项、三等奖1项、优秀辅导员创新奖1项、青少年创新专项奖1项。在第十二届明日科技之星评选活动中，44名学生参加市级评审，4名学生获上海市“明日科技之星”称号，11名学生获上海市“科技希望之星”称号。（黄　祎）

【参加中国上海头脑奥林匹克创新大赛获奖】 2月22—23日，第三十五届世界头脑奥林匹克中国区决赛暨第二十七届中国上海头脑奥林匹克创新大赛举行，闵行区共有5个参赛队获得冠军即一等奖中的第一名，他们分别是华东师范大学二附中紫竹校区代表队、闵行中学代表队、航华二中代表队、华漕学校代表队、闵行四幼代表队。他们还同时获得在美国举行的全球总决赛的参赛资格。申莘小学代表队获富斯卡特别创造力奖。全区一、二、三等奖的获奖数量也都超过历年。（黄　祎）

【成立上海—芬兰中职教育合作交流中心】 12月，上海—芬兰中职教育合作交流中心——中芬职业教育卓越中心成立。年内，完成与芬兰合作开展的职业教育教师师资培训，培训区内教师60名；推进职业教育国际水平专业教学标准试点工作，形成职业教育人才培养目标、职业能力标准、专业课程实施、教学模式等方面与国际先进水平有效对接的合作模式，提升区域职成教的国际化水平，增强职业教育的吸引力。（隋　明、吴蓉蓉）

【建设中等职业教育示范学校】 年内，群益职校通过教育部验收，建成第二批国家级中等职业教育改革发展示范校。西南工程学校继续推进市级中等职业教育特色示范校创建工作，加强示范校立项学校过程监控和目标管理；推进数字化校园建设和创新实验实训中心建设；通过信息化手段促进企业生产环境与实际教学融合。（隋　明、吴蓉蓉）

【区职成教教师发展中心成立】 3月7日，闵行区成人教育与职业教育教师发展中心正式成立。该中心是区域开展成职校教师职业生涯规划，促进教师教育境界、专业素养和专业能力持续发展的培训管理组织。（隋　明、李丽娟）

【在全国教育康复技能大赛中获奖】 9月至11月，启音学校3位教师参加全国第二届教育康复技能大赛。3位参赛教师围绕“医教结合　综合康复”的主题，精心设计教案，制作教具、讨论教学环节，向组委会呈现出三堂精彩纷呈的教育康复课堂教学。历时3个多月的选拔，3位参赛教师从来自全国各地的600多位特殊教育教师中脱颖而出，获得全国一等奖2名、全国二等奖1名。

（岳小力）

【多项教育科研课题立项、结题】 立项国家社会科学基金“十二五”规划2014年度教育学一般课题1项。立项市教育科学研究规划项目7项。立项区级课题392项，其中，重点项目30项，规划项目60项，一般项目302项。立项上海市青年教师教育教学研究课题6项，区青年教师教育教学研究课题46项。立项区教师教学研究小课题1190项。

6—9月，对区第五届教学小课题进行结题鉴定，1372项成果鉴定为“合格”，并从中评出一等奖64项、二等奖153项、三等奖209项。11月至12月，对区级教育科学研究课题结题鉴定，515项课题通过结题，其中，36项课题鉴定为“优秀”，140项课题鉴定为“良好”，339项课题鉴定为“合格”。莘庄幼儿园“幼儿园特殊儿童个性化教育机制的研究”、浦江二中“初中学校培育‘专业共生型’教师文化的实践研究”等市级项目顺利结题。其中，莘庄幼儿园市级项目结题鉴定结果为“优秀”。

（闵　莘）

【举办区首届中小学“教育学术节”】 11月24—28日，区教育局和区教育学院主办了闵行区首届中小学“教育学术节”。学术节旨在推动课堂转型，整合各方力量，聚焦教育改革重点问题，营造学术研究氛围。学术节开设了校长论坛、教师论坛、特级教师与教研员教学展示、骨干教师与学科带头人教学展示、青年教师“希望之星”教学展示、骨干教师基地与名师工作室教学展示，以及专题项目（“新基础”生态建设、“电子书包”技术应用、“后茶馆”教学模式、国际课程与文化交流）等10个专场，分别在14个教学点、共展示113节研讨或教学活动，参与授课教师113位，研训员（科研员）79位，一线教师观摩达6500多人次。

（傅　军）

【开展教育满意度（感知度）调研】 3月至5月，教育测评与研究中心首次组织实施闵行区社会对教育满意度（感知度）调研工作，分别面向学生、家长、学校、社区等对象开展问卷调查，共有193所公办中小学和幼儿园的近10万名学生和15万余名家长，以及全区13个街镇的523名教委主任、村居负责人和社区学校校长参与问卷调查。在大规模问卷调查和现状梳理的基础上，根据各层面人员对闵行教育的感知与评价，形成《闵行区社会对教育满意度（感知度）调研报告》，并首次将社会对教育满意度评价分值纳入到对各校的绩效考核中。

（韩金环）

【“新基础教育”研究成果获奖】 3月，区教育局申报的《十五年“新基础教育”研究中的教学改革与机制创新》获2014年上海市基础教育教学成果特等奖；7月，与华东师范大学“新基础教育”研究中心合作研究的《“新基础教育”学校教学改革研究》获2014年基础教育国家级教学成果一等奖。

（韩金环）

附：区教育局驻地及负责人

（2013年1—12月）

地址：七莘路400号
邮编：201199
电话：64881398

区委分管常委、宣传部长：沈　军
区政府分管副区长：杨德妹

区教育局党委书记：朱雪平
副书记：姚计华（12月离任）

区教育局局长：王　浩
副局长：朱　越、何美龙、李光华、施云飞

嘉　定　区

【2014年概况】 全区共有小学39所、中学37所（其中高级中学7所、完全中学1所、初级中学17所，一贯制学校12所）、辅读学校1所、专门学校1所、青少年业余体校1所、幼儿园（所）71所。全区3—6岁幼儿入园率为99.9%；小学入学率、巩固率、毕业率均为100%；初中入学率为100%。高中阶段录取率99.55%；春秋两季普通高校总计录取1771人，秋季高考录取率93.48%；成人教育、社区教育培训总量达104.9万人次。

2014年，全区教育经费一般预算财政拨款229820.99万元（不含中央专项），比上年增加36894.41万元，增长19.12%。教育经费财政拨款增长比例高于财政经常收入增长比例。年生均教育事业费，高中36437元，比上年增长11.11%；初中25950元，增长11.46%；小学19413元，增长10.80%；幼儿园23945元，增长16.12%。特殊教育生均事业费146610元，比上年增长30.56%。年生均公用经费高中13814元，比上年增长19.84%；初中8977元，增长39.14%；小学7006元，增长30.20%；幼儿园8156元，增长34.30%；特殊教育51135元，增长82.74%。全区教职工年人均总收入114634元，比上年增加2467元，增长2.20%。全年合计教育经费(全口径)总投入286793.80万元，比上年增长12.57%。

一、教育基础建设。调整确定70个“十二五”发展规划建设项目。方泰小学、少体校训练馆建成交付使用，桃李园实验学校新校舍完成建设。上海修仕倍励国际学校及国际实验高中入驻嘉定新城，中福会新城幼儿园、华东师范大学附属双语学校等4个合作办学项目已动工。完成市政府实事项目“为郊区500所小学更新配齐实验室设施设备”、区政府实事项目“中小学直饮水项目”建设和6个中小学校舍安全工程项目。

二、学前教育。对56所幼儿园进行复验和分等定级、办学年检评估、章程实效性普查，取缔18个非法办学点。实施幼儿园学科改进计划，形成区本课程系列。创新公办园托管民办三级园(看护点)工作机制，出台《民办三级园课程管理实施方案》。宣传科学育儿理念，举办“育儿周周看”公益服务项目和区“第十届活力宝宝”主题展示活动，开展第二期“优贝工程”育儿培训。

三、义务教育。深入实施“新优质学校”区域项目，初步形成26所学校“联盟式”发展的区域“新优质学校”办学特色。完成市级第四轮9所学校委托管理项目中期评估，启动区域第二轮12所学校委托管理项目工作，3名中心城区特级教师流动到区内3所学校进行为期三年的教育教学工作。规范随迁子女入学入园凭证服务，出台基于“两个合法稳定”的《嘉定区来沪人员随迁子女招生入学(园)工作实施意见》，建立区随迁子女招生联席会议制度，开展违规招生清查，平稳有序完成招生工作。进一步改善随迁子女就学环境，投入230万元为民办随迁子女小学建设心理咨询室和添置教学设备。

四、德育工作。落实志愿服务、经典传承、珍爱生命、感恩励志、实践体验“五大行动”载体。开展“爱嘉学子在行动”主题教育活动，首创社会主义核心价值观歌曲《圆梦中国》，组织“我们的价值观”中小学生书法大赛、校园原创微视频展评和师生牢记社会主义核心价值观艺术创作作品征集活动。实施校外教育三年行动计划，完善区校外教育工作联席会议制度，规划区中小学生课外实践活动菜单，中小学生持电子学生证参观社会实践基地活动率在全市列第一。开发“学生幸福课程”，组织70个学科德育重点项目研究，承办“嘉定杯”市第六届中小学班主任基本功竞赛和市民办随迁子女小学民族文化进课堂展示研讨活动。5名教师被评为市优秀班主任，20名教师获评区优秀(十佳)班主任。推进学校心理健康教育规范化建设，25所中小学校成为市首批中小学心理健康教育达标校，中光高中被评为市示范校并送评国家级心理健康教育特色学校。

五、课程建设与教学。继续推进“慧雅书童”阅读计划，形成以阅读文化提升教育品质的载体。建立区校联动机制，全面实施基于品质提升的学校改进计划和教育发展引擎计划，深化学业绿色指标实验和教师教学行为改进项目研究，出版《嘉定区绿色指标案例集》。制定《嘉定区小学基于课程标准的教学与评价区域推进工作方案》，完善学生学业科学评价体系。开展“关注学科价值观”系列课堂转型展示研讨活动，编辑《基于品质提升的课堂转型纪实》案例。完成覆盖全区的教育千兆骨干网升级改造，基本建成教育资源共享云平台，初步形成数据中心、管理中心、资源中心三大中心基本架构。加快微课程、拓展课程的试点应用，形成一个开放的基于iPad支持翻转课堂的移动平台，多媒体虚拟化教育平台建设初步完成。

六、体卫艺科工作。出台“一校一品”校园体育特色建设实施方案，进一步形成“阳光、活力、多彩”的校园健身新氛围。圆满完成第12届全国学生运动会武术比赛承办任务。首次以“联赛制”开展全区校园足球、篮球活动，形成提升校园体育活动成效、培养体育专业人才的新机制。实施“新一轮青少年科技创新工程三年行动计划”，青少年科技创新人才培养中心和五大科技创新拓展基地初步建成。上海交通大学附中嘉定分校获第65届英特尔国际科学与工程大奖赛3枚金牌，真新小学获2014年全球“DI”青少年创新思维大赛2项大奖。探索区域文化传习机制，开展全国农村学校艺术教育实验区实验工作，评选第一批15所民族文化优秀传承项目示范校。

七、职业与成人教育。构建区域职业技能培训网络。大众工业学校与上海3所高校合作探索中高职贯通培养专业改革试点，开展第一批市级“双证融通”5门专业课程教学。嘉定职业教育集团完成6个校企合作重点职业教育改革与建设项目研究。实施第二轮区职工素质培训工程，累计培训4.07万人次，举办嘉定区第九届职业技能竞赛，承办上海市职工技能竞赛钳工专场。实施新一轮数字化学习社区建设三年行动计划，开展微课程在社区教育中的应用试点，完成2014年市政府实事项目“街镇老年学校标准化建设工程”和150个老年学习团队的培育目标。开展“市民学习需求大调查”和“学分银行”文化休闲教育学习成果认证项目研究，举办第十届嘉定区全民终身学习季活动，组织“红色文化进社区”系列活动。嘉定区被教育部确定为首批全国农村职业教育和成人教育示范区（县）创建单位，6个街镇获评市第四轮社区教育示范街镇，8个街镇获评市学习型社区，5个团队获评市优秀学习团队。促进民办非学历机构规范管理，召开嘉定区规范教育培训市场工作会议，在嘉定教育网公示区内54所正规民办非学历教育培训机构，对许可证过期或已不具备办学条件的办学机构予以注销并在《嘉定报》公示，组织民办教育培训机构学杂费专用存款账户制度专项检查和调研，基本实现账户制度全覆盖。

八、教师队伍建设。强化教育人才培养，实施“未来教育家”计划和学前教育“新雁计划”持续发展项目，举办学前教育名师研修班和高级研修班，启动49个双名工作室，8名校长分别参加芬兰教育培训、长三角名校长培训和全国校长国培计划培训，1名教师参加第七期美国加州影子教师培训，17名教师赴加拿大参加骨干教师培训。落实教师分层化培训。组织见习教师参加教学技能培训评比活动，285名见习教师参加规范化培训，242名副校长、教师参加卡内基培训。弘扬优秀师德师风，4名教师获评市特级教师，45名教师获市园丁奖，110名教师获区园丁奖，教师祝郁获评全国教育系统先进工作者，教师夏月珍、孙丽霞获全国优秀教师称号，夏月珍同时被授予市教书育人楷模提名奖、区教书育人模范称号。新招录教师456名，完成绩效工资分配方案优化和增资分配、教师资格注册和职称制度改革扩大试点工作，启用专业技术职务新名称，推荐3名高级职称教师参加正高级教师职务评聘。做好优秀教育人才服务工作，为94名优秀人才落实各类人才资金资助补贴和住房配售待遇。

九、创新管理机制，优化评价监督体系。制定《嘉定区教育系统项目支出预算管理办法》和《嘉定区教育系统项目支出预算报批流程》，开展绩效后评价，对全区所有学校开展财务专项检查，配合区审计局对民办随迁子女小学政府补贴资金使用管理情况进行专项审计。加强对基建项目全过程的监管和服务，修订《嘉定区教育系统工程建设项目管理办法》、《嘉定区教育系统工程建设项目招投标管理规定》、《嘉定区教育系统设备采购管理办法》。成立区教育安全管理中心，推进食堂、安保社会化管理工作，构建嘉定教育大安全格局，开通“教育微信”，拓展教育互动交流新模式。完善教育督导方式，制定《嘉定区公办中小学教育综合督导评估指标》，落实学校自评与发展性督导评估相结合机制，加大发展性指标分值权重，促进学校进一步转变办学理念。健全挂牌督学“三个一”（一月一个主题、一月一次例会、一月一次随访）工作机制，完成区第五轮中小学教育综合督导和“基于课程标准的教学与评价”等8个专项督导。接受教育部义务教育发展基本均衡督导检查，受到好评。

（梁晓峰、孙丽萍）

【区教育咨询委员会成立】 1月11日，嘉定区教育咨询委员会举行成立仪式，审议并通过嘉定区教育咨询委员会章程。嘉定区教育咨询委员会由27名专家学者组成，任期三年，市教委巡视员尹后庆受聘为委员会主任。委员会成员职责包括：对重大教育政策、重大改革事项等进行论证评议，提供咨询意见；开展调查研究，对教育改革和发展的重大问题提出政策建议等。（高校亚）

【委托管理上海市珠峰中学】 3月3日，上海市珠峰中学委托地方管理专题会议在上海市行政管理学校召开。珠峰中学是经市教委批准，于2012年5月正式成立的一所完全西藏民族中学，和上海市行政管理学校实施"一套班子、两块牌子"管理模式，教学资源共享，管理相对独立。学校设初中部和高中部，西藏高中班为四年制学籍制度，学生在预科阶段即开始参加市学业水平测试。区教育局牵头区内育才中学新疆班、嘉定一中新疆班和珠峰中学西藏高中班建立"三校合作机制"，由市民族教育专业委员会提供专业支持。（管文洁）

【"做一个有道德的人"主题活动启动】 3月4日，嘉定区未成年人思想道德建设工作推进会暨2014年中小学"做一个有道德的人"主题活动启动仪式在嘉定一中举行。与会领导为嘉定区"爱嘉学子志愿服务站"揭牌，为嘉定区"爱嘉学子志愿服务队"授旗。活动发布倡议书，倡议全体"爱嘉学子"积极行动，提升道德素养，做一个有道德的人。

（王　琦）

【区教育安全管理中心成立】 3月6日，嘉定区教育安全管理中心举行成立仪式。中心旨在贯彻落实涉及校园安全工作的各类法律、法规、标准及安全防范管理文件要求和规定；监督指导学校安全管理工作，落实各项安全措施，协助处置突发事件和安全事务；完成安全责任书的签订，落实安全管理目标责任制、责任事故追究等制度；加强对学校安全工作的检查和考评；开展安全宣传教育和培训；收集、整理校园安全相关信息；归档整理校园安全资料；协助完成上级部门对教育系统的检查和考核。（徐凤娟）

【通过义务教育发展基本均衡检查】 3月20—21日，国家教育督导检查组到嘉定区检查区域义务教育优质均衡发展情况。检查组评估表明，嘉定区通过实施一系列举措促进了全区义务教育均衡发展。实行教育经费统筹，合理分解教育经费支出负担，均衡教育支出保障水平，区域、学校之间的办学差距基本实现了硬件资源的均衡发展；创新师资培养机制，加大教育人才培养力度，完善教师管理机制，促进全区教师队伍的健康发展，义务教育阶段各学校教师结构合理，高级教师、中级教师配备基本均衡；深入推进学校文化建设三年行动计划，加大学校课程文化建设力度，学校注重学生的个性化发展、学校的可持续发展和师生的终身发展，得到了家长和社会各界的高度认可；民办随迁子女小学与公办小学牵手结对，规范办学行为，提高整体办学水平，教育质量有了较大提高，缩小了与公办小学之间办学条件和办学水平的差距。（徐秋娟）

【开展"优贝工程"，推进0—3早教】 3月26日，区教育局、区卫生计生委举行"2014年嘉定区0—3早教工作推进会"暨"优贝工程"签约仪式。"优贝工程"由区教师进修学院具体组织实施，旨在进一步提升嘉定区0—3岁婴幼儿早期教养指导与服务水平，通过将03科学育儿指导课程纳入嘉定区教师培训计划，培养一支更具科学育儿理念和科学育儿知识的专业的早教指导者队伍。（曹葆红）

【学校改进计划启动】 3月31日，嘉定区"基于品质提升的学校改进计划"启动仪式暨"我的教学主张"首届论坛在嘉定一中举行。嘉定区启动"基于品质提升的学校改进计划"，是落实《嘉定区教育发展三年行动计划》的重要举措，进一步推动嘉定教育综合改革和品质提升的重大行动。区教育局在启动仪式上作《聚焦品质提升　激励学校改进》主题报告。与会人员在首届论坛上围绕"你有自己的教学主张吗""你赞同优秀教师的标志是拥有自己的教学主张吗""你赞同每一个教师都要有自己的教学主张吗"3个问题进行了访谈。（管文洁）

【陈幼平到嘉定一中视察】 4月15日，民盟中央组织部部长陈幼平一行到嘉定一中视察基层组织建设工作。陈幼平指出，民盟嘉定一中支部工作做得好得益于各级党组织的支持，也得益于团结奋进的区委班子和爱岗敬业、有社会责任感的盟员们，值得学习和借鉴。 (张春燕)

【嘉定职业教育集团第二届理事会第一次会议召开】 4月22日，嘉定职业教育集团第二届理事会第一次会议召开。会议要求集团立足区域发展，进一步明确工作目标，加强校企合作，进一步促进创新发展，健全工作机制，进一步增强服务功能。会议审议通过了集团理事单位、集团理事长、副理事长人选、集团工作报告、集团2013年表彰决定，与会领导为获得2013年校企合作工作先进的集体和个人颁奖。 (张剑锋)

【合作规划教育发展项目】 4月28日，区教育局和市教育科学研究院普教所举行合作签约仪式。根据协议，双方在未来3年将就嘉定区品质教育3年规划、学校改进项目、教师专业发展项目、课程体系构建与实施项目、学生综合素质评价项目开展合作研究。 (高校亚、管文洁)

【共建华师大附属双语学校】 10月13日，区政府与华东师范大学签订教育战略合作框架协议，将开展教育合作和建立华东师范大学附属双语学校。区委副书记、区长杲云等出席。双方将进一步增强区校合作动力和合作紧密度，共同推动区校在新的发展阶段的合作共赢。华东师范大学附属实验学校将建在安亭镇，是一所从小学到初中、部分寄宿的九年一贯制民办学校。

(高校亚、管文洁)

【民办桃李园实验学校迁建】 5月14日，区委副书记、区长杲云等视察、调研民办桃李园实验学校新校区的建设和老校区的更新改造。民办桃李园实验学校新校区占地面积57505.6平方米，西侧规划为中学部，规划32个班级，占地面积33272平方米，东侧规划为小学部，规划25个班级，占地面积24233.6平方米。 (顾建国)

【引进中外合作办学优质教育资源】 6月13日，区教育局、新城公司和泰国城市地产签署了《关于上海修仕倍励国际学校以及上海修仕倍励国际实验高中合作框架协议》。英国修仕倍励学校是英国知名的寄宿制学校之一。泰国城市地产拟引入英国修仕倍励学校合作机制，在嘉定新城开办上海修仕倍励国际学校和上海修仕倍励实验高中。两校位于嘉定新城核心区，预计2017年9月开学，招生规模约2100人。 (管文洁)

【翁铁慧视察嘉定区学校】 8月7日，副市长翁铁慧等一行视察嘉定区德富路学校。翁铁慧肯定了交由徐汇区向阳小学委托管理的德富路学校所取得的工作成效，对嘉定教育积极打造“品质教育”，全面对接教育综合改革，坚持质量与公平并重，实现优质均衡发展给予了高度评价。

(高校亚)

【举办国际合作项目培训班】 8月25—29日，嘉定区举行民办随迁子女学校教育与健康促进国际合作项目“艺术教育与治疗”(“HEART”，Healing and Education through the Arts)培训班。这是救助儿童会创造的一种新的教育方式，通过艺术形式(如绘画、音乐、舞蹈、雕塑、手工、诗歌等)对儿童进行心理疏导，帮助他们学习如何表达和控制情绪，此方法也广泛用于提高儿童的学习能力。

(李　坚)

【承办中华传统经典诵读大会】 9月27日，中华传统经典诵读大会暨上海孔子文化节闭幕。市委常委、宣传部部长徐麟，市委宣传部副部长、市文明办主任燕爽等领导出席。嘉定区是中华经典诵读整体推进区，目前共有150多个经典诵读社团，2014年陆续举办“新生开笔礼”“百名少儿共书家风家训展示”“中式婚礼”，及第二届“林泉高致”古琴名家雅集、现代版“成人礼”等“2014上海孔子文化节”系列活动。 (辛　敏)

市民文化节中华传统经典诵读大会

【启良中学建校110周年】 10月17日，启良中学举行建校110周年纪念大会。启良中学始建于1904年，以“为每一个学生的终身发展奠基”为办学理念，以打造“和谐、活力、优质”的办学品质、办“学生喜欢、家长满意、社会信任”的优质公办初中为发展目标，以“培养有良知、爱学习的现代中学生”为育人目标。 （管文洁）

【区域教育综合改革论证研讨会举行】 11月4日，嘉定区举行区域教育综合改革论证研讨会。由区府办、区发改委、区科委(科协)、区卫生计生委、区财政局、区人社局、区教育局、区文广局、区体育局，以及各镇、街道办事处、嘉定新城(马陆镇)、嘉定工业区、菊园新区管委会等成员单位组成的教育综合改革工作小组，紧紧围绕建设现代化新型城市的目标和“市郊领先”要求，以立德树人为根本，以推进教育治理体系和治理能力现代化为主线，以“品质教育”为导向，进一步加大教育投入，全面、系统、协同深化教育综合改革，促进每一个学生的终身发展，满足人民群众多样化的教育需求，提升嘉定教育现代化水平和品质，为嘉定经济社会建设提供人才支撑和知识贡献。（高校亚）

【承办上海市贯彻“两纲”现场会】 11月4日，“育人为本　以德为先:发挥学科育人功能”——上海市中小学自然科学、技术学习领域贯彻“两纲”现场会在嘉定区举行。会议指出，德育发展要把握好“遵循学生身心发展规律，把握学科特性”的原则。（王　琦）

【清河路幼儿园建园110周年】 11月23日，清河路幼儿园建园110周年庆典活动举行。清河路幼儿园始建于1904年，是市一级幼儿园，区示范幼儿园。清河路幼儿园坚持“以人为本，和谐发展”的办园理念，秉承“团结、协作、务实、进取”的“清幼精神”，追寻“让每一个儿童的梦想都开花”的教育愿景，不断深化陶艺特色教育，形成“创想教育”体系，为社会提供高品质的幼教服务。 （曹葆红）

【举办第十届全民终身学习活动季】 11月25日，“嘉定区第十届全民终身学习活动季”开幕式举行。活动以“终身学习、成就梦想”为主题。街镇示范村、社区居委学习点建设与优秀团队成果展同时举行。开幕式上，宣布区街镇社区教育志愿者服务点成立，并表彰2014年嘉定区学习型组织建设先进单位和先进个人。2014年，嘉定区将每年10—12月确定为全民终身学习活动季，集中宣传展示全民终身学习活动成果。 （张剑锋）

【徐行小学建校100周年】 12月6日，徐行小学举行主题为“寸草春晖百年情”的建校100周年庆祝活动。徐行小学创建于1914年。学校整体架构乡土文化教育，建立以特色实践馆、朝花夕拾园等为代表的“一园、一区、十馆”校园文化格局，打造“民族・乡土・智慧・活力”为核心的校本课程，形成“以乡土文化为载体，培养学生综合素养”的学校教育特色。 （管文洁）

附:区教育局驻地及负责人

（2014年1—12月）

地址:嘉行公路601号
邮编:201808
电话:39902000

区委分管书记:周金林
区政府分管区长:李　原

区教育局党委书记:王晓燕
副书记:姚　伟,兼、金立新

区教育局局长:姚　伟
副局长:张德海、俞勇彪、朱　芳、赵国兴

宝　山　区

【**2014年概况**】　全区中等及中等以下学校294所，新开办学校7所(含4所分校)。做好进城务工人员随迁子女入学工作，小学一年级共招收非沪籍学生6515人。

一、优化城乡教育资源布局。全区结合校园校舍大修、改造、新建，优化城乡教育资源，合理布局学校。2014年全区学校基建项目，竣工项目14个、新开项目8个、启动前期项目10个。采用区内优质学校举办分校模式，拓展优质资源数量和辐射作用，区第二中心小学、杨行中心校、小主人幼儿园及青苹果幼儿园开办了分校(园)，保证新建学校高起点开办。

二、提升基础教育均衡发展水平。在普通学校开展区级“新优质学校”创建。首批21所创建学校在师资队伍建设、教育教学管理、校本课程开发等方面都有成效显现。海滨二中承办了上海市“新优质学校”创建推进项目市级示范活动。持续拓展和完善特色资源组团发展模式，成立航空模型创新联合体、应用化学创新联合体、工程技术创新联合体及乒乓球联盟、书法共同体，提高全区基础教育均衡发展水平。

三、增强教育服务经济社会能力。以职教集团和乐学品牌为依托，注重发挥职教集团功能。通过建集团网站、建专家库和外聘企业专家兼职任教等途径，促进资源整合共享。深化社区教育“乐学宝山”品牌建设，成立终身教育协作联盟，完成了6所老年学校和50个居(村)委学习点标准化建设。推出区级成人学校教师培训课程6门、市级实验项目15个、全国实验项目5个。

四、提高学生培养质量。宝山教育以陶行知教育思想为引领，坚持立德树人，初步形成了以“美丽宝山”系列活动、“1＋2＋N”校外活动、“四立教育”等为主要内容的学校德育模式。重视学生心理健康教育，大场镇小学、上海大学附中被评为上海市首批心理健康教育示范校。开展以“问题化学习”为重点的德业兼修宝山本土化教育实践，推进课堂教学方式优化，提升教育质量。2014年全区中考合格率为99.06％。

五、加强教师和干部队伍建设。把好教师准入关，实行新教师招录(含外区教师调入)进编考和学科专业考。年内对350名见习教师进行规范化培训及启动40名党员新教师3年培训。选派9名学校领导参加国内外高端培训，启动3名校(园)长“视学团”项目，1个骨干教师团队列入市中青年骨干教师团队发展计划。两位教师分别荣获“全国优秀教育工作者”、“全国优秀教师”称号，4名教师被评为“上海市特级教师”。　　(宝　教)

【**接受教育部义务教育均衡发展督导认定**】　3月18—19日，教育部第四督导检查组对宝山义务教育均衡发展情况进行督导认定。在师资、设备、图书、校舍等资源配置状况和校际间的差异及区政府在入学机会保障、经费投入保障、教师队伍保障等方面进行综合评估。督导组对宝山区义务教育均衡发展情况给予了肯定。　　(宝　教)

【**成立上海市宝山区教师进修学院实验学校**】　4月25日，上海市宝山区教师进修学院实验学校成立，该校由原上海市行知初级中学和上海市宝山区宝林路第四小学合并而成。　　(宝　教)

【**完成一校一章程制定**】　11月，根据教育部“全面推进依法治校实施纲要”精神，宝山区教育系统于2013年5月启动学校章程制定和修订工作，截至

2014年12月底,区基础教育阶段学校全部完成"一校一章程"制定工作。(宝 教)

【区书法教育共同体成立】 4月28日,区教育局举行"宝山区书法教育共同体"成立仪式。这是宝山区教育局继舞蹈、合唱、版画之后成立的第四个艺术教育共同体。大场镇中心小学等11所学校成为首批成员单位。共同体成立仪式上,宝山区教育局下发了《宝山区中小学课外文体活动工程艺术普及性项目——书法教育实施方案》。(宝 教)

【吴淞中学被评为全国环境教育示范学校】 9月—12月,在第三届"全国环境教育示范学校"评选中,吴淞中学被评为"2014年全国环境教育示范学校"。此项活动由国家环境保护部主办,自2012年起开始评选,每年评选一次,吴淞中学曾在2012年首次评选获此荣誉。(宝 教)

【上海大学与宝山教育签约】 11月20日,打造以上海大学为核心地区优质教育链研讨会暨上海大学与宝山教育冠名签约仪式在上海大学举行。会上,对"打造以上海大学为核心地区优质教育链"的相关事宜进行了规划研讨。上海大学与宝山区教育局、大场镇教委及上海大学附中实验学校、上海大学附校、上海大学附小等三所学校签订了合作协议。上海大学附中实验学校、上海大学附属学校、上海大学附小三所学校冠名。(宝 教)

【吴淞中学建校90周年】 11月8日,吴淞中学举行校庆90周年校友返校日活动暨校史馆揭幕仪式。中国工程院院士杨裕生、王威琪、王思敬等校友出席返校日活动,澳门新华学校原校长、吴淞中学老教师孙鹏飞向学校捐赠语文教学基金100万元人民币。(宝 教)

【区教育局设立三个中心】 经宝山区编办批准,宝山区教育局"上海市宝山区教育局财务结算中心"于3月24日设立。宝山区高等学校招生办公室自2014年9月1日起更名为上海市宝山区教育考试中心。宝山区教育局自2014年9月1日起撤销宝山区教育局基建管理站、宝山区教育局仪器管理站,成立宝山区教育局基建设备管理中心。(宝 教)

【承办第二届全国数学科普论坛】 4月19日,上海大学和区教育局在上海大学附中共同举办以"数学让生活更美好"为主题的"第二届全国数学科普论坛"。中国科学院院士张景中、林群和徐宗本等专家出席,并分别作了题为"数学中的意外""先发现、后证明""漫谈数学与信息技术"的科普报告。"全国数学科普论坛"由中国数学学会发起。(宝 教)

【开展名人名师进校园活动】 2014年,吴淞中学开展了"名人名师进校园"系列活动。9月5日,著名学者、文学史家、中国作家协会会员、北京大学终身教授严家炎到吴淞中学,为学生作《谈金庸小说》的文学讲座。10月30日,1966届校友、风云二号C星总指挥徐博明回到母校,为学生们作题为《气象卫星应用与发展》的知识讲座。11月13日,原吴淞中学老教师、原澳门新华学校校长孙鹏飞站在吴淞中学讲坛,与1966届的百余名学生共话母校的巨变。(宝 教)

【列入市首批推进公民科学素质示范项目】 10月,上海市公民科学素质工作领导小组办公室在全市评出了15家科普示范单位和25个科普示范项目。"宝山区中小学校科技教育项目联合体的社会化运作实践"项目被列入上海市首批推进公民科学素质示范项目。宝山区中小学校科技教育项目联合体初创于2008年,截至2014年,已成立了无土栽培、发明与知识产权等11个科技教育项目联合体。(宝 教)

【承办第十二届全国学生运动会田径比赛】 7月28日至8月2日,由市政府主办、行知中学承办的第十二届全国学生运动会田径比赛在行知中学举行。本届田径比赛共有包括香港特区、澳门特区在内的33个省、市、地区代表队、1055名裁判员、教练员和运动员参加。田径比赛共有36个项目。(宝 教)

【4名教师获上海市特级教师称号】 9月，宝山区培智学校张洁华、宝山区教师进修学院朱萍和宋亚萍、吴淞中学李玲四位老师被市政府授予市特级教师称号。宝山区现有市特级教师20人、市特级校长6人。（宝　教）

【科技作品获第八届国际发明金奖】 11月19日至22日，由中国发明协会、发明者协会国际联合会(IFIA)主办的第八届国际发明展览会在江苏昆山花桥举行，有30多个国家和地区的1000多个机构和发明人参展。2014年8月，被评为全国科技发明示范基地的宝山区罗店中心校选送的作品“安全消防栓”经评选获金奖。（宝　教）

【两位教师获教育部表彰】 9月，在第三十届教师节来临之际，宝山区陈伯吹幼儿园园长方红梅、宝山区宝林路第三小学教师朱明瑛被教育部等部门分别授予“全国优秀教育工作者”和“全国优秀教师”称号。（宝　教）

【区学联第八次代表大会召开】 11月29日，宝山区学生联合会第八次代表大会召开。团市委领导代表上海市学联参加大会并祝贺大会的召开，区委领导作了题为《汇聚学子智慧　共筑青春梦想　成就美好未来》的主题报告。会议选举上海大学附属中学等13个单位为宝山区第八届学生联合会委员单位，上海大学附属中学为主席单位。（宝　教）

附：区教育局驻地及负责人

（2014年1—12月）

地址：宝杨路158号
邮编：201999
电话：66592767

区委分管书记：袁　鹰
区府分管区长：陶夏芳

区教育局党委书记：王　岚
副书记：张晓静（兼）、沈　杰（4月到任）

区教育局局长：张晓静
副　局　长：张步华（4月离任）、钱学锋（4月离任）、陆荣林、刘　政、葛玉华（4月到任）、蒋碧艳

金　山　区

【2014年概况】 全区共有各类学校(单位)123所，其中，高中8所，完中1所，初中18所，九年一贯制学校3所，小学31所，辅读学校1所，幼儿园35所，中等职业学校2所，社区学院1所，社区学校11所。新增小学1所、幼儿园1所，撤销1所民办小学。在校学生72653人，其中中学23823人、小学27670人、幼儿园15480人、特殊教育144人、中等职业5417人、托儿所119人。在职教职工6733人，其中专任教师6216人。

学前教育提高保教质量。推广《区域化规范幼儿园保教管理工作的研究》成果，提高幼儿园保教质量。开展早教“五个一”重点项目活动，创新早教工作机制。完善民办幼儿园、看护点的监管机制，规范办学行为。

义务教育走向均衡优质。小学教育推进整体改革。分三个片区整体全面推进“基于课程标准的教学与评价”改革。开展第四轮委托管理中期评估。初中八校联盟开展教学“微课”案例研究，利用信息技术实现教育资源共建共享。启动第二轮城乡学校组团发展，从初中推广至小学、幼儿园，确定

18所学校(9组)为第二轮组团发展学校。深化“新优质学校”创建工作,组建8个项目研究共同体,以项目研究方式解决学校发展面临的瓶颈与难题。2014年顺利通过国家义务教育均衡发展督导认定。有序完成进城务工人员随迁子女招生入学工作。

高中教育多样发展。7所高中学校特色多样发展方案基本确定,亭林中学体育课程建设在软硬件方面获得市教委的支持,上海枫叶国际学校被市教委认定为首批21家开办国际课程的学校。

职业教育深化发展内涵。上海石化工业学校在全市率先开展“中—本”衔接办学试点,与上海应用技术学院合作招收首届“3+4”中—本贯通学生。上海食品科技学校与澳大利亚悉尼TAFE学院合作举办的“农产品加工与检测”专业,列入招收计划。上海中侨学院搬迁至金山。推进与第二工业大学区校合作共建工作,确定在金山区合作建设高职国际学院。

终身教育丰富学习载体。区老年大学顺利开学。5所街镇老年学校开展标准化建设,5个街镇申报创建上海市社区教育示范街镇。“上海金山、浙江嘉善、江苏吴江终身教育合作论坛”被评为2014年全国终身学习活动品牌。

课程改革不断深化。开展示范课程评选活动,评选“金山区首届示范课程”。成立3个学科发展中心,确定23所学校为首批基地学校。举行首届金山教苑论坛,展示金山区基础教育在课程领导、课程建设、课程实施、科研指导等方面的经验与成果。

教师培养注重专业引领。完成中小幼教师专业素质调研,根据调研报告有针对性开展教师培训。通过领军校长和拔尖教师高级研修班、小学高端教师研修班、“明天的导师”工程等加强高端人才培养。2014年新招聘教师306名,新进教师本科以上学历占比96.4%,高中新进教师研究生学历占35%。

加强依法治教。完成71所学校“一校一章程”的专家前置审核工作,推动学校治理从行政思维和方式向法治思维和方式的根本转变。开展规范教育收费专项培训,规范教育收费行为。

教育基建项目安全开展。推进市青少年实践活动金山基地、同凯中学、亭林大居配套幼儿园和同凯幼儿园等新建项目建设。区教育学院、学府小学、罗星城南幼儿园、临潮幼儿园等新校舍投入使用。完成张堰中学、朱行小学、师大实验中学和金盟学校等校安工程项目。完成创建3个乡村少年宫市级示范点、2个城市少年宫市级示范点,为29所学校更新、配齐实验室设施设备。基本完成管理、教学和资源三方面的信息化应用系统建设。开展5所老年学校标准化建设等市政府实事项目。

(刘丽英)

【接受国家义务教育均衡发展督导认定】 3月20—21日,国家义务教育发展基本均衡县(区)督导检查组对金山区义务教育均衡发展情况进行现场认定,对区内义务教育学校经费使用、教师队伍建设、校本课程开发、专用教室的规范化管理以及图书使用等进行了实地检查。督导检查组对金山教育工作给予充分肯定和高度评价,认为金山区在推进义务教育均衡发展上工作扎实,成效明显。

(刘丽英)

【市政协领导视察上海石化工业学校】 3月28日,市政协副主席周汉民、市委统战部副部长吴捷等到上海石化工业学校考察指导,听取了学校领导的汇报后,对学校实验实训场所表示赞赏,并对学校各项工作给予肯定。 (刘丽英)

【成立区家长委员会联盟】 4月29日,金山区家长委员会联盟成立。作为上海市首个去行政化的区级家委会联盟,自成立以来,在倡导家校牵手开设家长课堂、开展亲子体验活动、指导校级家委会工作、开发“我们的孩子”网站、整合不同领域的社会教育资源、架设家校沟通桥梁等方面进行探索与实践。 (夏其明)

【举行市“基于课程标准的教学与评价”研讨活动】 5月7日,上海市“基于课程标准的教学与评价”区域化实践研讨活动举行。区教师进修学院作了题为《三维考量等第评估》的发言,介绍了项目的工作思路和已开展的工作；金山小学作了《延展课堂时空　涂润生命底色——“基于课程标准的教学与评价”区域化实践研讨活动》的主题发言，汇报学校从目标研究、教学实践、评价实施等方面入手，探索出一条基于课标的表现性教学与评价的实践和研究发展之路。（刘丽英）

【素质教育论坛展示写字教育成果】 5月27日，区素质教育论坛暨第二轮“写好字”五年行动计划推进大会举行。论坛以“学校的重要使命——文化传承与发展”为主题，展示第二轮“写好字”五年行动计划的实施成果，探索新时期学校写字、书法教育的途径与方法，同时宣布成立“金山区学校书法教育研究交流指导中心”。（刘丽英）

【举行庆“六一”暨优秀红领巾社团展示活动】 5月29日，在金山区少年儿童庆“六一”暨优秀红领巾社团展示活动中，表彰了2013学年市级和区级247名优秀团队员，248个班、队优秀集体，首届金山区十佳“阳光少年”。团市委、区政府相关领导，区内少先队辅导员、学生家长及少年儿童代表共700余人参加。（夏其明）

【举行“信息化助推课堂教学改革”研讨会】 5月29日，区教育局与华东师范大学慕课中心共同主办“信息化助推课堂教学改革”教学观摩研讨会。金山区第二实验小学、南京游府西街小学分别展示了三节教师展示课，与会人员进行了评课及研讨。C20慕课联盟学校、市教委教研室等领导与专家参加了研讨会。（刘丽英）

C20慕课联盟课堂教学观摩研讨会

【承办市中小学“反邪教”宣传警示教育现场会】 5月30日，上海市中小学“反邪教”宣传警示教育工作现场会在金山区举行。金山区中小学反邪教宣传警示教育工作着力推进“二进三入四结合”，让广大师生在“看一看、讲一讲、唱一唱、画一画、演一演、赛一赛”等寓教于乐的活动和德育课堂教育中，接受“反邪教”知识。金山区的这一做法得到中央和市相关部门的充分肯定，并得到推广。（陈少国）

【与徐汇区签约共建学府小学】 6月13日，徐汇区教育局与金山区教育局签约共建学府小学，共同打造一所高品质小学。徐汇区教育局指派徐汇区东二小学承办金山区学府小学，东二小学校长兼任学府小学校长和法定代表人，并派出常务副校长协助校长做好开办期间的相关事务及今后的各项工作。（刘丽英）

【区学生合唱艺术团赴欧洲演出】 7月4—15日，区学生合唱艺术团赴奥地利维也纳、萨尔茨堡，捷克布拉格进行巡回演出。40名合唱团员如梦如幻的东方歌舞表演，征服了奥地利和捷克当地市民观众们，他们所到之处受到国外音乐爱好者们的喝彩。（刘丽英）

【启动第二轮城乡学校组团发展】 7月15日，金山区启动第二轮城乡学校组团发展，确定金山初级中学与吕巷中学等18所学校为第二轮城乡组团发展学校。城乡学校组团发展的目标是让更多城乡学校在教学管理、师资交流、校本研修等方面建立合作机制，实现相互帮助、共同提高，建成更多令家长满意的家门口好学校。（聂荣鑫）

【成立朱泾初中学区】 7月17日，朱泾初中学区建设启动大会举行。朱泾初中学区由朱泾地区罗星中学、西林中学、新农学校3所初中组成，3所学校成立朱泾初中学区管理委员会，在师资培训、质量监控、绩效考评等方面加强统一调控，着力推进朱泾地区初中学校优质均衡发展。（聂荣鑫）

【承办“金山杯”第九届全国青少年教育机器人奥林

匹克竞赛】 7月26—27日,“金山杯”第9届全国青少年教育机器人奥林匹克竞赛举行。全国25个省市(含香港、澳门地区)共1800余名机器人竞赛运动员参赛。与往届相比,本次竞赛活动规模大,赛事规格高,参赛人数多、竞赛项目齐全。金山区派出10支参赛队共115名运动员参加,取得11金、5银、7铜的历史最好成绩,并蝉联团体总分全国第一。 (夏其明)

【成立蒙山教育集团】 8月29日,蒙山教育集团成立暨推进大会举行。区教育局与金山工业区签署共建协议,双方合作共建蒙山教育集团,着力发挥蒙山中学教育资源优势,努力提升金山工业区辖区内中学的教育品质。蒙山教育集团由蒙山中学和朱行中学组成,实行两校一长制,设蒙山教育集团管理委员会,实行统一管理,探索集团内学校之间的教师流动、教学管理、教师培训、考核评价等方面的合作机制。 (聂荣鑫)

【举行区第三十个教师节表彰大会】 9月10日,举行金山区“师德,我们的价值观”第30个教师节表彰大会。金山区教育系统首位全国劳模、全国优秀教师沈晓宏,金山区首位特级校长汤健,上海市首届教书育人楷模吴永祥,分别为“全国教育系统先进集体”廊下小学、“全国优秀教师”徐卫东、“全国特教园丁奖”获得者邵裕萍、“上海市五一劳动奖章”获得者张斯恒,以及市、区“园丁奖”,市优秀班主任,区师德标兵颁奖。区委、区人大、区政府、区政协等相关领导出席表彰会。 (刘丽英)

【区老年大学开办】 9月16日,金山区老年教育工作会议暨区老年大学开学典礼举行。区老年大学新校区总占地面积为6472平方米,总建筑面积为2942平方米,建有15个功能教室,开设摄影、舞蹈、书画等老年人喜闻乐见的区域特色课程。

(怀雪军)

【开展学生体质健康统一测试】 10月15日至12月3日,金山区开展学生体质健康统一测试,参加抽样监测的学校有59所,涉及小学三、五年级,初中一年级至三年级,高中二年级,共有25277名学生参加。测试包括3个方面12个项目指标,为建立学生“一生一档”体质健康档案奠定了坚实基础。

(刘丽英)

【举办第四届“金嘉吴”论坛】 10月24日,第四届“上海金山、浙江嘉善、江苏吴江终身教育联盟合作论坛”在江苏吴江举办,论坛主题是“城镇化进程中市民教育服务平台建设”。在2014年全民终身教育学习活动周全国总开幕式上,“上海金山、浙江嘉善、江苏吴江终身教育合作论坛”被中国成人教育协会评为2014年全国终身学习活动品牌。 (怀雪军)

【举办全国“翻转课堂”教学观摩研讨会】 11月22日,华东师范大学慕课中心与区教育局联合举行C20慕课联盟(小学)“翻转课堂”教学观摩研讨会。研讨会分教学观摩、大会交流和互动研讨三个环节。区教育局以《聚焦应用　扎实推进》为题介绍了区教育信息化工作。第二实验小学以《一个平台　一个世界》为题作了交流汇报,以《我们与翻转课堂》为题作了“翻转课堂”专题介绍。 (刘丽英)

【举办首届金山教苑论坛】 11月27日至12月25日,首届金山教苑论坛举办。论坛分为开幕式暨校长论坛、课堂教学论坛、德育论坛、科研论坛、闭幕式暨教育资源有效整合论坛五部分,展示了金山区基础教育在课程领导、课程建设、课程实施、科研指导等方面的经验与成果。 (刘丽英)

【上海市学校少年宫建设现场推进会举行】 12月13日,上海市学校少年宫建设现场推进会召开。来自各区县文明办、教育局的领导,全国乡村学校少年宫及上海市学校少年宫建设的负责人等共聚一堂,共议学校少年宫建设。与会领导参观了廊下中学剪纸馆,观看了“爱廊园”学校少年宫开展的打莲湘、剪纸、学农等活动。金山区学校少年宫的做法被市文明办肯定为“金山模式”。 (刘丽英)

【完成第一届领军校长和拔尖教师研修】 12月25日,金山区第一届领军校长和拔尖教师高级研修班总结大会召开。这届高级研修班共有24名学员，通过两年多时间研修，学员中有2名校长被评为“上海市特级校长”，3名教师被评为“上海市特级教师”，5名教师出版个人专著。（陈　艳）

【完成村居学习点达标建设工程】 12月25日，为期3年的金山区村居学习点达标建设工程顺利完成。全区210个村居学习点创建达标，60个学习点被评为优秀学习点。村居学习点建设，对有效提高金山村居民的思想道德水平和文明素养、促进村居和谐、夯实学习型社会建设的基础起到了很好的促进作用。（怀雪军）

附：区教育局驻地及负责人

（2014年1—12月）

地址：金一东路2号
邮编：200540
电话：57944317

区委分管副书记：祝学军（12月离任）
区政府分管副区长：贾　炜（6月离任）、陆　瑾（7月到任）

区教育局党委书记：邱辉忠
副书记：韩亚弟

区教育局局长：顾宏伟
副局长：黄　萍、郑　瑛、盛明秀、樊文军（4月到任）

松　江　区

【2014年概况】 全区共有各级各类教育机构266所。其中托幼园所118所（其中，公办50所，民办68所），中小学72所（其中，公办中小学47所，特殊教育学校1所，民办中小学24所），职成教育类学校66所（其中，教师进修学校1所，中职校2所，成校13所，社会力量办学50所），其他公办教育机构10家。全区公办学校教职工8382人，其中，专任教师6802人，民办中小学、幼儿园教职工4499人。全日制学校在校学生共14.57万人。其中，义务教育阶段9.11万人（公办6.29万人，民办2.82万人），学前教育4.24万人（公办2.43万人，民办1.81万人），高中7288人（公办6667人，民办621人），中职校4948人。

加大教育经费投入，优化教育资源。全年教育经费总投入339797.21万元，比上年增长10.07%，其中区级财政教育经费拨款194240.05万元，比上年增长0.47%；城市教育费附加113850万元，比上年增长28.07%。完善教育经费区级统筹管理，92家公办单位和19家民办随迁子女小学纳入财务集中核算。年内设立7所学校（幼儿园）。推进高中创新实验室、教育信息化、中学体育场馆、义务教育阶段学校发展共同体建设，改善民办随迁子女学校办学条件，支持强师兴教、课程建设教育综合改革和内涵建设，加强薄弱学校的重点学科建设，促进区域学校均衡优质发展。完善学生资助管理服务体系，实现从幼儿园到高中扶困助学机制的全覆盖。

加强队伍建设，提升师资水平。全年共招聘教师577人，其中在职引进60人，面向社会招聘幼儿园教师30人，应届本科以上毕业生487人。在招聘的应届毕业生中，研究生以上学历占56%（其中1人为博士），学生党员占58%，师范类毕业生占73%。持续推进“强师兴教”行动计划。分层实施见习教师（1年教龄）规范化培训工作、2—5年教龄青年教师培养工程和6—10年教龄（教坛新秀）培养计划，助推青年教师成长，促进教育人才梯次发展。完善区政府津贴享受人员、区首席教师、区学科（德育）名师、区教坛新秀四级骨干教师建设体系。开展骨干教师个性化培养与学科名师高级研修工作，推进骨干教师研修共同体的研修与实践工作。开展骨干教师市、区、校三级展示与交流活动，总结和展示骨干教师特色与亮点。全年新增特级教师3位，2位教师获“全国优秀教师”荣誉称号，1位教师获市教书育人楷模荣誉称号，69位教师获市园丁奖。举办“为人为师为学”系列主题活动，组织“师爱无声·师恩有痕”师德征文，开展先进教师事迹宣讲，弘扬立德树人主旋律。评选校（园）本研修优质课程，激励探索研修新模式，提升教师课堂教学效益。探索研训一体的研修工作有效模式，不断提升培训者队伍的质量与水平。组织33名校（园）长跟岗全国、市级知名特级校（园）长，推荐2名校长书记赴境外培训。实施“卓越校长”队伍建设五年行动计划，开展2场“走向教育家办学”系列论坛。启动校长实训基地和校长文库建设工作，依托市“双名工程”“优青项目”和“长三角”骨干校长等培养平台，有效提升教育管理队伍的自身素质和工作能力。依托华东政法大学、东华大学、华东师范大学，启动以提升教师专业知识与干部管理能力为核心的“百名硕士”培育工程，目前教育行政管理硕士班已开班，22位在职干部在读。加大松江骨干教师的对外辐射力度，做好西藏地区骨干教师到松江跟岗培训。

学前教育“雁阵”发展品牌彰显。调整优质资源布局，着眼分层发展目标，优化结对联动网络，全面推行区域学前教育组团化管理新机制，园所均衡发展成效显著。深化“结对共建，合作发展”内涵建设品牌，汇编出版《群雁远行——松江学前教育合作发展的实践研究》，进一步彰显“雁阵式”管理成效。学前教育教师队伍培养经验被“上海06幼教网站”专题宣传，“减负增效”10年实践历程与研究成果在市级核心刊物《上海托幼》总结报道，并面向全市举行“减负增效，我们在行动——松江区学前教育内涵建设第二场汇报活动”。

义务教育优质发展步伐加快。稳步推进第二轮义务教育发展共同体建设，有机结合委托管理、“新优质学校”项目建设，全面实施中层干部流动、教师柔性流动，推进区域均衡优质发展，第二期流动的教师176位，第三轮153位。区级总课题《基于实践共同体的义务教育学校均衡发展研究》已批准为教育部重点课题。细化教学管理，开展分层教学实验项目研究，有效提升教学质量。全面提升研训员与教研组长的凝聚力、感召力和影响力，努力打造学科高地。开展学科教学系列论坛，撰编复习教学课例，提升毕业班工作针对性和有效性。深化学业质量评价“绿色指标”改革，逐步形成立体多维的学生评价体系。统筹区内校外教育的设点布局，编制校外教育课程，充分发挥校外教育综合育人功能。深化教育信息化应用，逐步推进“智慧校园”工程，全面启动“茸师e堂”“百课讲堂”“云间学堂”“学业质量分析系统”“数字化校园”“学生成长乐园”等网络研修、自主学习和应用平台建设，放大优质教育资源的辐射效益。

教师柔性流动总结表彰暨动员会

高中教育特色发展强力推进。召开全区高考改革工作会议，探索改革高中教学管理模式，组织开展分层教育实验项目研究，实施分层教学与走班制教学，推动高中教育的转型发展。高考改革区域工作方案在《松江报》向全区作了宣传，并发放至全区高一全体师生，社会反响良好。积极创新共享机制，建立高中教学联盟，尝试优质师资“走校制”教学，实现优质师资、优质学科资源共享。加强对高中学校分类及重点指导，开展特色高中创建工作。利用高中创新实验室，营造创新教育实践环境，提升学生的创新精神和实践能力。探索高中与高校合作办学机制，试点国际课程，拓宽高中学生学习渠道。

职成教育多元发展活力增强。加强职业教育内涵建设，成立松江区中华职业教育社，开展职业教育融会贯通试验，深化开放实训中心建设，职业技能培训规模稳定增长，毕业生升学就业率继续保持99%。14名选手参加全国职业院校技能大赛，获金牌1枚、银牌铜牌各5枚。区开放大学成立由分管区长担任主任的校务委员会，加强区域开放教育统筹能力。继续完善以开放大学、社区学院、老年大学为龙头的终身教育三级办学网络。实施老年教育“千千万”工程，举办“九亭杯”老年教育书画作品展，成立5个终身教育资源联盟，积极创建全国老年远程教育示范区。

进城务工人员随迁子女教育融合发展稳定和谐。切实依法治教，保障进城务工人员随迁子女教育权益。2014学年确保符合条件的9335名义务教育阶段随迁子女新生免费入学。继续推进公办中小学与进城务工人员随迁子女小学结对共建活动，拓宽教师研训渠道，组织进城务工人员随迁子女小学教师教学基本功大赛，提高进城务工人员随迁子女小学的办学水平和师资力量。组织参与四年级学生素质教育、“乐童成长计划”及区来沪学生作文竞赛等活动，助推进城务工人员随迁子女健康成长。集中治理非法办学行为，取缔安徽驻沪利民小学及42个无证幼儿园(点)。

教育资助惠及百姓。对226家学校食堂、18家后勤中标企业的质量进行严格的监督评估，确保全区14万余名师生饮食、10万套学生校服、20万余人次学生社会实践活动的质量与安全。充分发挥学生资助中心功能与作用，实现教育资助“全覆盖”，全年共落实学前教育、义务教育及高中阶段学生资助、营养午餐及残疾学生补助24283人次，共计1795.31万元。

资源建设稳步推进。依计划推进年度教育资源建设，完成东华附校、新闵小学、九亭第四小学、新闵幼儿园、文诚幼儿园、人乐幼儿园等区重点项目建设任务，启动新建及整体改扩建项目7个。完成松江一中、城市科技学校2所校园校舍加固工程、5所学校增扩班改造工程及5所随迁子女小学分校新增改建工程。加快设施设备配置，完成街镇老年学校标准化建设及8个高中创新实验室建设，推进小学自然、劳技专用室改造及探究实验室创建等市府实事项目建设。提升区域教育管理信息化水平，完成全区各级学校校舍、教学设备数据库建设，完善校园视频监控、宿舍视频监控系统。食堂食品质量视频监控项目一期工程51所学校食堂投入使用，二期工程83所学校食堂完成建设。

维护教育安全稳定。建立全覆盖安全责任体系，对全区186所中小幼、成职校开展安全检查整治工作，完成148所学校、幼儿园门口视频监控更新，提升学校“三防”建设水平。完善突发事件预案，落实信息及时报送，紧急信息报送工作获区委区府两办表扬。制定《松江区校车安全管理手册》，完善校车日常管理体系，强化校车日常动态监管，全年下发《校车整改告知单》31份，联合查处非法社会车辆2辆。积极开展安全知识宣教，推进应急疏散演练常态化。建立人民调解组织参与涉校纠纷调解机制，提升校园风险管控和处置突发事件能力。建立健全全区教育系统非编用工人员管理办法，积极维护系统内非编用工的改革稳定。完善未成年人保护机制，积极预防未成年人违法犯罪。

政风行风建设成效明显。深入开展党的群众路线教育实践活动，切实落实整改措施，完成整改46项，巩固教育成果。完善惩治和预防腐败长效机制，贯彻落实“八项规定”，坚持不懈纠正“四风”，落实“一岗双责”，优化教育政风行风建设。加强党务政务公开力度，保证教育行政管理的公开透明。认真接待和办理信访案件，及时查处整治各类违规违纪案件。认真做好提案办理工作，积极应对人大代表、政协委员参政、议政呼声，被区政府评为办理工作优秀单位。

督政督学职能得到强化。完善教育督导新机制，有效发挥督导的指导和服务功能。做好年度区政府教育工作的督导公示公报，促进政府部门依法履职。完善督学制度建设，提升督学队伍专业素养，发挥责任督学监督指导作用。实施公办幼儿园四年发展规划终结性评估、第二轮共同体学校建设中期评估，做好各类学校办学(园)质量评估，实施“基于课程标准的教学与评价”专项调研，推动学校依法办学和内涵发展。

现代学校制度逐步完善。继续推进教育系统“六五”普法工作，深入实施依法治教、依法治校。贯彻落实教育部《全面推进依法治校实施纲要》，全面完成"一校一章程"建设工作。全面贯彻上海市中小学校校长负责制"1＋3"文件精神，落实"三重一大"制度，完善学校法人治理结构，推进学校民主管理，提高学校管理科学化水平。

（马　强）

【接受教育部专项督导】 3月20—21日，教育部义务教育均衡发展督导认定组来松江区进行义务教育均衡发展督导。督导组随机抽查了区内12所学校（小学4所，初中2所，完中1所，九年一贯制学校5所）。区义务教育均衡发展工作亮点——卓越校长五年行动计划、学校发展共同体项目、青少年素质教育实践基地建设被写入教育部督导总报告，区义务教育均衡发展顺利通过教育部的督导评估。

（徐利荣）

【与华东政法大学签订合作框架协议】 7月1日，区教育局与华东政法大学签订合作框架协议。双方商定在合作办学、推进松江区教育特色化建设、师资培训、学生培养、德育研究、国际化交流与合作等方面联手，构建松江基础教育与大学城高等教育合作交流、共建互赢的示范性平台。根据协议，华东政法大学的优质资源将向松江区开放，以提升区内中小学教师能力以及中小学管理者、青年后备干部依法执政的能力，并选派教师担任区内中小学校法制辅导员。协议还明确，华东政法大学将与松江二中、上海外国语大学松江外国语学校等校开展项目合作。

（孙　磊）

【制定学校德育工作三年行动计划】 6月27日，区教育局下发学校德育工作三年行动计划（2014—2016年）。计划从养正达人、文化育人、课程育人、实践育人、合力育人五方面，实施核心价值观培育工程、校园文化示范工程、课程德育推进工程、心理健康教育提升工程、实践育人共同体建设工程、人生导师培养工程、"三位一体"育人工程、特殊学生关爱工程、数字德育建设工程、特色品牌创建工程等10项工程建设。

（俞红蕾）

【设立卓越教师培养基地】 3月14日，上海师范大学卓越教师培养实践教学基地在上海师范大学附属外国语中学揭牌。这是全市首个"住校式"的卓越教师培养实践教学基地。基地内设的"世承班"以上海师范大学首任校长、中国著名教育家廖世承名字命名，是上海师范大学为探索培养上海国际化大都市未来卓越教师设立的师范教育实验班。"世承班"执行独立的培养计划，具有"高标准培养模式、高起点学历体系、高比例海外深造的'三高'特点"，旨在把学生培养成在人格、学识、职业准备等方面都适合从教的优秀教师。

（金　嫕）

【获黄炎培职业教育"杰出校长奖"】 5月6日，由中华职业教育社和中国职业技术教育学会共同举办的第四届黄炎培职业教育奖颁奖大会在北京举行。上海市城市科技学校校长张巨浪荣获黄炎培职业教育"杰出校长奖"。该奖项是由中华职业教育社、中国职业技术教育学会倡导，经国务院审核通过的全国性教育奖项，2007年开始首届评选。

（张巨浪）

【启动首个社区教育资源联盟】 4月4日，由叶榭、车墩、新桥三所社区学校共同举办的"东方之光"社区教育资源联盟启动仪式及资源联盟工作室成立大会在叶榭成人学校举行。资源联盟成立以后，将加快推进学校转型发展的步伐，实现学校岗位制度化、管理精细化；加快培养社区教育中青年骨干教师、提升教师教科研水平；共同开发一批具有科学性、知识性、实用性和地域性的课程；共同编写一批知识性、休闲性、保健性的社区教育教材；力争在农村老年教育、居村学习点建设、外来人口教育、家庭教育等项目上实现创新发展。

（金明忠）

【推进老年学校标准化建设】 2014年，松江区有8所街镇老年学校完成市府实事项目——老年学校标准化建设。市、区两级财政共投入1800万元资金，建设专用功能教室90个，总建筑面积达12500多平方米。全区按照把握要求、统筹协调、及早启动的原则整体推进实事项目，努力做到先行规划、科学设计、注重细节、保证质量。

（金明忠）

【启动“苗苗学堂”志愿者活动项目】 5月4日下午，松江区第五期青年教师训练营全体学员前往复旦大学附属儿科医院启动“苗苗学堂”志愿者活动项目。复旦大学附属儿科医院党委书记徐虹教授出席启动仪式。“苗苗学堂”计划每周六下午，由五期训练营的青年教师分批次为儿科医院住院部肾脏科的小朋友们带去基础类、兴趣拓展类、心理辅导类三大课程培训。（高晓红）

【成立区青年教师教学研究会】 12月7日，松江区青年教师教学研究会成立大会召开。松江区青年教师教学研究会是松江区教育局委托松江区教育学会管理的群众性学术组织，旨在通过专家引领、同伴互助、科学研究、专题调查等，全面提高青年教师的师德素养、学科素质、教育教学能力、教育科研能力、新课程改革的实践与创新能力，努力建设一支综合素质优良，富有活力和创新精神的青年教师队伍。会议通过选举产生了青年教师教学研究会的理事，并为指导老师颁发了聘书。

（朱 永）

【实施首席教师个性化培养】 2014年，区教育局根据《松江区骨干教师管理办法》，继续实施首席教师个性化培养项目。通过首席教师与市知名专家结对，进一步拓展首席教师的教育视野，提升教育理论素养，提高区内外、市内外知名度，努力促使他们成为松江区学科领军人物。年内，举行了三场首席教师个性化培养展示交流活动，4月间，分别举行了理科专场、综合专场和文科专场共有近400名教师参加活动。（朱 永）

【实施幼儿园中青年园长跟岗培训】 10月20日，首期区中青年园长跟岗培训工作在区教师进修学院启动。8位园长将跟随4位市区名园长，就专业能力与管理艺术等方面进行脱产跟岗培训。这项活动是根据“卓越校长”五年行动计划工作要求实施的针对幼儿园园长的脱产跟岗培训项目。本次跟岗培训基地为宝山区陈伯吹幼儿园、闸北区安庆幼儿园、黄浦区荷花池幼儿园、徐汇区宛南幼儿园，脱产跟岗学习为期45天。（黄 蕾）

【承办“新阳”杯全国中学生击剑锦标赛】 7月23日，2014年“新阳”杯全国中学生击剑锦标赛拉开帷幕。本届全国中学生击剑锦标赛由中国中学生体育协会主办，松江区民乐学校承办，上海名剑青少年体育俱乐部及上海新阳半导体材料股份有限公司协办。作为国家教育部中学生最高级别的击剑赛事，吸引了来自全国各地74支参赛队伍共计866名运动员，作为承办方的松江区也派出了12支队伍参赛。在为期8天的比赛中，参赛队员们分别进行了花剑、重剑、佩剑三个剑种的男女个人和团体共12个项目的比赛，松江区民乐学校共获得6金、4银和4铜14枚奖牌。

（陈伟平）

【召开教育系统信息化工作会议】 12月18日，区教育局召开信息化工作会议。会议明确，从2015年起，松江区教育信息化工作推进三年行动计划正式实施。计划将以数字化校园、云间学堂、茸师e堂、百课讲堂、学业质量分析系统、学生成长乐园六大工程建设为工作重点，全面推进松江教育系统信息化工作。（俞红蕾）

【获国家级教育教学成果一等奖】 9月，华东师范大学松江实验中学“校园原创音乐剧：塑造阳光少年，追逐青春梦想”研究成果荣获国家级教学成果评比一等奖。该研究成果于3月获2014年上海市教学成果奖（基础教育）一等奖，在此基础之上，作为上海市基础教育优秀成果参加国家级教学成果奖的评选。国家级教学成果评比活动往年仅限于高等教育，基础教育纳入其中尚属首次。本次国家级教学成果共评出特等奖5项、一等奖148项，二等奖1167项。其中，特等奖和一等奖的成果代表赴北京参加庆祝第30个教师节暨全国教育系统先进集体和先进个人表彰大会，在人民大会堂受到中央领导接见并合影。（胡 俊）

【获评“全国科技教育创新十佳学校”】 8月27日，松江区泗泾小学在第29届全国青少年科技创新大赛上获“全国科技教育创新十佳学校”称号，成为上海市唯一一所获此荣誉称号的学校。

（张亚波）

【获全国宋庆龄发明奖金牌】 8月19日，全国第十届宋庆龄少年儿童发明奖颁奖典礼在广州市祈福实验学校举行。区三新学校学生李炯亮的“上阶梯四轮平板拖车”项目获本届大赛的金奖。这是上海代表队在本届大赛上获得的唯一一枚金牌，成为区有史以来荣获此项全国大赛金牌的首位学生。同时，指导老师叶笛获大赛的优秀辅导奖。

（张爱国）

附：区教育局驻地及负责人

（2014年1—12月）

地址：中山中路38号
邮编：201600
电话：57820485

区政府分管副区长：苏　平

区教育局党委书记：徐界生
副书记：陆娟娟

区教育局局长：陈小华
副局长：钱秋萍、杨桂龙、顾逸程、冯　雷

青　浦　区

【2014年概况】 全区共有中小学、幼儿园和特殊教育学校157所，其中有中学26所（含九年一贯制、少体校）、小学46所（含民办农民工子女小学）、幼儿园83所（含民办二级、三级幼儿园）、特殊教育学校2所。共有学生95009人。义务教育阶段学龄少儿入学率达100%。全区共有教育部门办中等职业技术学校2所，共有学生4149人。全区共有成人中等文化技术学校11所、社会力量非学历办学40所，全年各类培训人数约48万人次。2014年教育经费继续稳步增长。全区教育经费财政拨款总数为25.1850亿元，城市教育费附加7.65亿元。

2014年，青浦教育工作围绕“中长期教育改革和发展规划纲要”和“教育发展第十二个五年规划”的实施，以“办人民满意的教育”为宗旨，以“为了每一个学生的终身发展”为核心理念，从“立德树人”这一根本任务出发，牢固确立“质量立业，能力立教，资源立学，特色立校，精神立人，规范立政”的工作思想，积极实践“直面问题，向下支持，主体认真”的工作策略，努力在加强领导、完善机制、联动发展上下功夫，积极推进区域教育现代化建设。

2014年3月，全区顺利通过教育部全国义务教育发展基本均衡区督导认定。5月，全面接受了市教委教研室对青浦区开展的为期一周的课程与教学综合调研。全区被列为首批“国家级农村职业教育和成人教育示范县”创建单位，在“2014中国教育电视优秀课例”评比活动中获得一等奖2个、二等奖5个，崧泽学校被评为全国教育系统先进集体，尚美中学老师孙颂欢被评为全国优秀教师。

一、实施“学位满足工程”，进一步扩充优质教育资源。做好《青浦区政府性社会事业设施建设三年行动计划（2013.7—2016.6）》教育建设项目的规划调整工作，8个项目已开工，14个项目即将实施，14个项目调整为暂缓实施。沈巷幼儿园迁建、蒸淀幼儿园异地改扩建、小蒸幼儿园扩建、颜安小学（东部）校舍抗震加固4个项目新学年启用。复旦附中青浦分校项目稳步推进。完成小学更新配齐实验室设施设备、中小学校体质健康测试装备标准化配置、5所老年学校标准化建设、中小学创新实验室和探究活动区建设以及逸夫小学等38个学校暑期大修和其他维修项目。制定招生工作指导性意见，编制网络版非沪籍生源信息平台软件，严格地执行基本入学条件，有序做好了进城务工人员随迁子女入学工作。

二、实施“安全放心工程”，进一步加强校园安全、校车安全等工作。组织治安、交警、消防等部门开展8个批次的校园安全联合检查，完成了校园技防设施升级改造，落实上学和放学时段学校保安叠加措施。组织校园周边环境治理成员单位及各街镇进行上学和放学交通拥堵疏导工作研讨，实施错时放学、通道分流试点。推进“北斗”导航系统在校车运行管理中的应用。积极开展安全教育、禁毒宣传、防震减灾等主题教育活动，推进法制教育区本教材编纂工作，举办首届“东湖杯”中学生法律知识竞赛和“东方·上政杯”中学生模拟法庭比赛。制定《青浦区中小学公共安全教育校本课程开发与实施指导意见》并开展先行先试工作。联合区安监局在民办明天小学举行“小手牵大手　安全带回家”主题教育活动。

三、实施“质量满意工程”，进一步提升教育教学质量。深入开展“立德以为师，志行以树人”师德教育系列活动，组织了2013年度师德建设优秀项目评选、“平凡的一天”微纪实片脚本征集和拍摄工作。制定《2014年青浦区教育人才发展计划》，实施《青浦区教育局关于加强青年教师培养的实施意见》，修订“农村学校教师稳定工程”和“区名优教师工程”实施方案，完成9门学科的中青年教师课堂教学评选、中学段先进教研组评选和青年教师“青藤奖”评选工作。召开名优教师履职工作推进会议，推动名优教师的选拔和培养。成立“学科建设”联盟，推进“‘为学而教、少教多学、鼓励挑战性学习’新课堂教学模型的学科演绎”等重点项目研究。分别在凤溪中学、青浦一中、庆华小学举办学科主干知识的梳理、学校校本课程的建设、为学而教的新课堂实验等阶段性项目成果展示。开设新课堂实验讲习班，组织第三届“我的新课堂实践”群众性征文活动，举办全区新课堂实验经验交流和推介会、论坛与区域成果展示，完成《为学而教新课堂探索——先锋教师在行动》书稿的编撰。制定《青浦区中小学利用社会教育资源开展学习活动的实施指南》《青浦区乡土课程建设与实施指南》，完善学校《课程计划校本化实施方案》及相关教学计划。完成所有中小学各学段的基础性资源建设和青浦区教育数字资源网的数据传输工作。建立一支教育质量监测队伍，区、校联动对学业质量测试数据进行分析，完成了“作业情况”与“师生关系”区域调查分析报告。开展中小学实验室、专用教室及图书室专项检查与调研，从行政推动、业务指导、服务支持等方面对发现的问题进行整改。

四、实施“健康促进工程”，进一步提高青少年身心健康水平。坚持“立德树人”，推进“中国梦”主题教育，分别组织“我们的价值观　我们的中国梦——精彩课堂”展播视频征集评选、“小眼睛看世界，好行为从我做起”行为规范主题教育、社会主义核心价值观故事读本编写等活动。7个课题获得市级德育课题立项。完成了区学生心理发展辅导中心的硬件建设，建立心理健康教育专家督导团和心理辅导志愿者队伍，开展“中小学心理健康教育月”活动。分学段编制“家长学为师——青浦区家长学校读本”，积极推进“家长学校”和家教“移动”课堂试点实践，组织开展“家长学为师——打造新型家长学校”现场观摩研讨活动以及德育干部、班主任（辅导员）、心理教师培训。加强学生校外活动和假期生活指导，新增15个学生社会实践基地，毓秀学校、颜安中学等7所学校申报城市、乡村学校少年宫。组织区首届中小学武术比赛、第四届区运会青少年组田径运动会等体育竞赛活动，完成2013年区中小学生体质健康抽测工作和全国第六次学校体育场地普查工作。开展“一校一医”对接工作调研，启动“一生一档”健康档案工作。完成健康促进学校创建验收评估和中小学卫生保健室标准化建设。

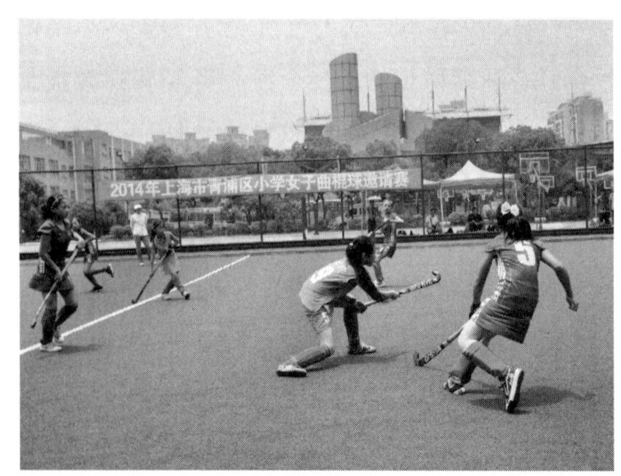

2014年青浦区小学女子曲棍球邀请赛

五、实施“创新发展工程”，进一步提升区域教育整体发展品质。推进“全国农村学校艺术教育实验县”研究工作，确立《学校艺术教育纳入本地教育综合改革，实现区域均衡发展的实践与研究》的实验项目，明确9项重点工作。举办主题为“中国梦 民族魂”区第八届学生艺术节系列活动，成立舞蹈、合唱、管乐、戏剧表演、书法5个学生艺术教育项目协作组，全面推进艺术教育工作。开发“青浦区生态文明与环境保护教育课程”，组织区中小学生头脑奥林匹克亲子擂台等比赛，举办“青少年走近科学家”系列活动，开展2013—2014年区科技教育特色示范学校评选。对庆华小学、华新中学等17所学校开展区“绿色指标”达标学校、区新优质学校、区素质教育示范学校督导评估。制定并实施《青浦区中小学校责任督学挂牌督导实施办法》，建立工作例会制度，编发4期《青浦区责任督学督导专报》。成立机器人、网络应用、微课程、校园影视、学校图书资料等5个区级协作组，举办区首届学生“机器人”竞赛。在11所中小学校先行先试，开展《“北斗”导航学生综合素质评价》项目的实践与研究。

六、加强统筹协调，努力促进各类教育优质均衡发展。学前教育开展园所管理综合调研和等级验收，推进“促进区域幼儿园保健教师专业发展的实践研究”等课题研究，组织开展保健教师（保育员）规范操作和急救知识竞赛、信管员园园通平台使用和网页制作培训、幼儿园优秀自制教玩具评选活动。印发《青浦区教育局关于小学阶段课程教学管理与实践的若干意见》，开展小学课程教学调研，组织学科教学改革专题研讨，全面推进“零起点教学，等第制评价”工作。实施管理部门蹲点联系学校工作制度，进一步优化中学教育城乡共同体工作机制，组成教学讲师团对2所高中、7所初中薄弱学科的学生进行分层分类辅导，强化对学生学业质量监测工作和中高考命题的研究。召开高考改革专题研讨会，组织进行应对高考改革的专题调研。积极打造职业教育精品课程和特色专业，完成上海工商信息学校“国家中等职业教育改革发展示范学校”创建工作，启动计算机、数控技术和航空机械维修3个专业的中高职贯通培养试点工作，制定并实施《关于进一步推进青浦区中职校校企合作基地建设的实施意见》。成人教育深化区本课程资源、“终身教育学分银行”和工作网络体系能力建设，深入开展“建智慧城市，做智慧市民”培训活动，启动“2014年青浦社区网上读书活动”“红色文化进社区”等活动，开展徐泾、赵巷、华新三镇“养教结合”工作。特殊教育调整学前阶段设点布局，制定并实施《青浦区特殊教育医教结合送教上门的实施意见》，组建随班就读、辅读学校、送教上门等3个医教结合研究组，成立自闭症儿童、脑瘫儿童、听力语言等3个康复训练研究基地，举办“课植杯”特殊教育金山、松江、嘉定、青浦四区联动课堂教学评比。严格民办教育办学审批及许可证管理，制定民办进城务工人员随迁子弟小学《关于制定结构工资方案的若干规定》《教师绩效考核补充意见》，强化校长、骨干教师业务培训和学生行为习惯培养，开展全区违法经营、违规办学、非法办学排摸，落实各类检查指导工作。

七、强化依法治教，努力确保教育有序发展。规范使用教育经费，开展《中小学校财务管理制度》《中小学校会计核算制度》等新制度培训，加强内审及各项经费保障工作。推进政风行风建设，贯彻落实中央“八项规定”要求，制定《青浦区教育系统20万元以下工程建设项目廉政风险防控工作方案》，形成《廉政风险防控手册》。启动责任督学挂牌督导工作。开展“2013—2014年度文明单位”创建中期验收，组建教育局志愿者服务总队和分队并开展志愿活动。加强工会工作，加强语言文字工作，推进政府信息公开和意见提案办理工作，完善各项保障工作。 （姚为民、刘文星）

【召开2014年教育信息化工作大会】 3月4日和10月22日相继召开的教育信息化工作大会暨第三届和第四届EDT微报告演讲，解读2014年青浦区教育信息化工作要点，表彰2013—2014年度青浦区教育信息技术竞赛评比活动的先进个人和单位。会上，佳禾小学的《信息化让学习更精彩》、辅读学校的《技术为需求服务——网络教研的探索与实践》、徐泾幼儿园的《架设 服务 跨越——信息技术助推幼儿园管理转型》、区教师进修学院的《进乎技，技进乎道》、广州视睿电子科技有限公司的《平板互动让课堂充满智慧》、区教师进修学院的《微课给我们带来什么》、瀚文小学的《放飞梦想助推成长 网聚力量》、东方中学的《交互式电子白板在物理教学中的应用和体会》、青浦高级中学的《用心观察 悉心指导——例谈校园微电影的选题与创作》、上海师悦信息科技有限公司的《浅谈学校教学管理信息化建设》分别进行了交流。 （刘文星）

【在"上海中学生咬文嚼字比赛"中获好成绩】 在由市语委、市教委主办，上海教育电视台承办的"我爱汉字美——上海中学生咬文嚼字"比赛中，青浦区东方中学周夷、郑慈懿、王逸睿、张馨怡四名学生组成的参赛队获第三名。 （刘文星）

【接受国家义务教育均衡发展督导认定】 3月20—21日，国家教育部督导检查组对青浦区义务教育均衡发展情况进行督导认定。督导检查组分两路赴青浦区12所义务教育阶段学校，就学校经费保障、教师队伍建设、教育教学设施设备、图书使用及校容校貌等情况进行实地督导检查。督导检查组对青浦教育工作给予充分肯定，并希望在校长队伍培养、教育信息化建设等方面，进一步加大改革创新力度。 （姚为民、刘文星）

【参加土耳其儿童节庆祝活动】 4月20日，应土耳其驻上海总领事馆邀请，青浦区崧泽学校、宋庆龄学校部分学生参加了土耳其儿童节庆祝活动。这是自1986年土耳其政府每年在世界各地庆祝儿童节以来，首次邀请青浦区的学校参加庆祝活动。崧泽学校学生在活动中展示了少儿武术项目。 （刘文星）

【召开"小学课程教学工作会议"】 4月29日，区教育局召开"小学课程教学工作会议"。会上，区教师进修学院作小学课程教学工作主题报告，瀚文小学、华新小学、逸夫小学、实验小学，以及毓秀学校分别从课程建设、教育教学管理、学科教学改革、教师专业成长、学业评价、学习习惯培养及建立良好师生关系等方面进行了交流。区教育局对《青浦区教育局关于小学阶段课程教学管理与实践的若干意见》作了说明。会议强调，深化课程教学改革，要突出三个重点：一是加强课程教学管理；二是进一步改进学科教学；三是进一步重视学生学习习惯的养成教育。 （刘文星）

【举办区首届学生"机器人"竞赛】 4月30日，来自11所学校的50余支代表队在实验中学参加2014年青浦区学生"机器人"竞赛。竞赛有6个项目，分别为"机器人轨迹赛""投篮机器人""机器人工程挑战赛""机器人篮球赛""机器人足球赛"和"即兴机器人拼装赛"，分为小学、初中、高中三个学段进行。竞赛为学生搭建了展示才能的舞台。 （刘文星）

【在2014年第十一届上海教育博览会获奖】 4月11—13日，第十一届上海教育博览会在上海展览中心举行。青浦区参展主题是"探寻多元文化脉络 提升水乡教育品质"，共安排了国际交流、海外学习、合作办学、师生互动4个展区。选送的宋庆龄学校"把最宝贵的东西给予儿童"获"十佳最受观众欢迎展台奖"。 （刘文星）

【举行庆祝第30届教师节主题活动】 9月10日，青浦区第30届教师节主题庆祝活动举行。主题活动中，播放了8位教师在平凡岗位上默默奉献的先进事迹微纪实片，表彰了获"全国教育系统先进集体""全国优秀教师"称号，及"上海市园丁奖"的先进集体和先进个人，还进行了"青浦教育系统志愿服务总队"的授旗仪式。 （姚为民）

【区学生艺术团受邀赴澳大利亚展演】 9月12—15日，青浦区学生艺术团受邀参加在澳大利亚怀王市举办的中国文化节。青浦区青少年活动中心和逸夫小学的学生表演了舞蹈《穿新鞋》《中国功夫》、琵琶演奏和现场书画创作等节目。艺术团精湛的技艺得到了中外友人的高度赞扬。 （刘文星）

【"北斗"导航课程化学习学生成长记录项目启动】 9月16日，"北斗"导航课程化学习学生成长记录项目启动大会召开，市教委基教处，青浦区科委、区教育局、区教师进修学院，上海位盟信息技术有限公司以及相关试点学校领导参加会议。会上解读了"北斗"导航课程化学习学生成长记录的方案。市教委希望青浦区做好试点工作，努力做到"整体设计、分步实施、立足学校、开放安全"，并为将来经验复制作好准备。 （姚为民）

【举行"红色文化进社区"展示活动】 11月5日，青浦区"红色文化进社区"文艺汇演暨总结表彰展示活动在夏阳社区文化活动中心举行。活动有三项内容，一是主题教育活动成果展，二是红色文化文艺汇演，三是主题教育活动总结表彰。作为"学习伟人精神，弘扬红色文化"——红色文化进社区活动试点区，青浦区充分利用陈云故乡的独特优势和各类红色文化资源，通过组织参观陈云生平巡展及陈云纪念馆、文艺汇演、格言、书法、摄影作品、主题学习活动征集评选等活动，进一步培育了知伟人、讲正气、作奉献、促和谐的良好风尚，宣传和弘扬了社会主义核心价值观。 （姚为民）

【举办"中小学生态文明与环境保护教育课程"现场推进会】 11月11日，由区教育局、环保局联合主办的"青浦区中小学生态文明与环境保护教育课程"现场推进会举行。与会者观摩了拓展型课程《垃圾分类》和少先队活动课《节能减排》，区环保局作"青浦区生态区创建情况"介绍，实验中学以"丰富学校课程体系　培养学生环保意识"为主题交流了学校环保课程实施情况，区教育局就实施《青浦区生态文明与环境保护教育课程》进行具体说明并提出工作要求。青浦区教育局、环保局根据教育部发布的《中小学生态环保教育实施指南》和青浦创建国家生态区的相关要求，编辑了生态环保教育地区课程——《青浦区生态文明与环境保护教育课程》（小学版、初中版、社区版）。 （刘文星）

【举办第二期"职业教育与产业转型"发展战略研讨活动】 12月17日，第二期"职业教育与产业转型"发展战略研讨活动举办，研讨会的主题为"深入推进校企合作基地建设，积极探索现代学徒制，努力构建集团化办专业的新格局"。研讨会强调要更好地支持和帮助职业教育发展：政府部门要发挥好协调统筹作用；学校和企业要合作共赢、职责共担；要加快构建集团化办专业的新格局。与会领导和专家还观摩了上海工商信息学校学生技能比武开幕表演和技能比赛。 （刘文星）

【区第八届学生艺术节闭幕】 12月27日，青浦区第八届学生艺术节闭幕式暨科技教育表彰大会在区青少年活动中心举行。大会表彰了第八届学生艺术节优秀组织奖、艺术教育先进个人以及2013—2014年青浦区科技教育特色学校（项目）。艺术节以"阳光下成长"为主题，自5月启动以来，先后开展了综合、戏剧、声乐、幼儿舞蹈、绘画等一系列比赛，涌现出一批优秀艺术团队和艺术指导老师，参与人数突破14000人次，学校参与率达100%。举办的"一分钱"——青浦籍"儿歌大王"潘振声儿歌创编活动、高雅艺术进校园、青少年走近艺术家、民族文化培训活动、中小学生美术作品展等活动均取得良好的效果和社会反响。区内5所学校被评为上海市艺术教育特色学校。 （刘文星）

【举办"我的新课堂实践"论坛暨教学评比表彰大会】 12月28日，青浦实验教育集团举办的"我的新课堂实践"论坛暨教学评比表彰大会在实验中学东校区举行。会上，来自集团内学校的8位教师在教学论坛上与大家分享自己在课程改革、课堂转型过程中的实践历程、真实体悟与鲜活经验。区教育局在会上肯定了集团近年来秉承青浦实验教育集团的优良传统，着眼学生发展、探索教学本质、深入课堂改革，在社会上赢得了良好口碑。同时要求集团及所属学校，在今后的教育发展过程中，进一步注重教师培养，加大课程改革力度，激励老师们在新的起点上，为推进青浦教育的转型发展作出新的贡献。 （姚为民）

附：区教育局驻地及负责人

（2014年1—12月）

地址：公园东路1155号
邮编：201700
电话：69713664

区委联系常委：韦　明
区政府分管副区长：蒋仁辉

区教育局党委书记：朱建忠
　　　　副书记：印国荣（兼）、朱良俊

区教育局局长：印国荣
　　　副局长：王海青、姚金生、庄惠元、江雪元

奉 贤 区

【2014 年概况】 全区共有各级各类教育机构 226 个。其中幼儿园 79 所(含民办幼儿园和民办三级幼儿园 36 所)、小学 36 所(含民办随迁子女小学 16 所)、初中 13 所、高中 7 所、九年一贯制学校 21 所、十二年一贯制学校1 所、特殊教育学校 1 所。全区共有学生 99151 人、专任教师 6757 人。其中,学前幼儿 25889 人(在民办幼儿园的 10556 人),小学生 44070 人(在民办小学的 9845 人),初中生 23099 人(在民办初中的 401 人),高中生 5978 人(在民办高中的 468 人)。义务教育阶段进城务工人员随迁子女 37832 人,占义务教育学生总数的56.32%,其中公办学校接纳率 74.05%。中等职业教育学校 3 所,教育部门办职业培训机构 10 所,社会力量办职业培训机构 42 个,民办非学历高等学校 7 所,其他教育机构 6 个。进城务工人员随迁子女招生入学工作常态化、制度化、规范化。全区共受理进城务工人员随迁子女入学申请 5314 人,经各部门审核,已经公示学位安排的进城务工人员随迁子女 4353 人(分别安置在公办学校 2954 人,在进城务工人员随迁子女民办小学 1399 人),与去年同期相比减少了 1236 人。全区公办幼儿园小班共招收进城务工人员随迁子女 1467 人,占小班总人数的 33.9%。设置审批民办高中 1 所,民办非学历培训机构 4 所。

一、制定专项规划、推进学校建设。奉贤教育围绕“打造南上海品质教育区”目标,制定区域教育中长期教育设点布局专项规划。形成《上海市奉贤区学校设点布局规划战略研究报告》并完成了区学校设点布局初步规划方案。格致中学奉贤校区、实验中学崇实校区、尚同中学建成开学。完成金池塘幼儿园搬迁。完成庄行学校、金汇学校、实验中学、青村中学、奉城二中、洪庙小学、解放路小学、头桥中学等一批改扩建、加固项目。区社区学院、齐贤小学、奉城二小、平安中学、育秀学校、江海幼儿园等一批改扩建、加固项目下半年已开工。完成房修与运动场地改造项目 86 项,总投资 8199 万元。基本完成 2.5 亿元的教育教学设施设备采购任务,重点推进中小学创新实验室建设。完成 2014 年市政府实事项目“为 40 所小学更新、配齐实验室设施设备”和区政府实事项目“20 所中小学直饮水工程”。

二、德育和心理健康教育。深入实施“333 德育工程”,设立建设南桥镇、四团镇、青村镇三所市级学生社区实践工作指导站,推进乡村、城市学校少年宫建设,推进“温馨教室”创建,开展“我的中国梦想”“中华经典诵读”“传承好家训、培育好家风、弘扬贤文化”等主题教育活动,设立区未成年人心理健康辅导中心分站,健全“区心理辅导站—各辅导分站—学校心理辅导室”的网络体系建设,区教育学院附小创建为市级心理教育示范校。采用“社工联校”“检校合作”等方式,加强法制、禁毒等教育,加强对行为问题学生帮教,预防违法犯罪。全年实施结对帮困工作,切实维护未成年人合法权益。加强平安校园建设,联防联动净化校园周边环境,为学生营造良好成长环境。完成第三轮学校德育专项检查评估工作。参与全国文明城区创建工作。在市教委开展的第三轮对区县中小学德育工作的全面考核中获“良好”成绩。14 岁的平安中学“坚强女孩”蒋怡萍被评为 2013 年度“感动奉贤”十大人物。

三、课程教学改革。以实施中小学生学业质量绿色指标为主线,整合中小学德育星级达标、教学质量综合评估、校本课程综合评估、教师专业发展评估、素质教育规划与保障五方面,形成了义务教育学校素质教育三级校评审方案。在区教育学院附小展示的课堂教学、特色课程、快乐星期五等工作,得到专家好评。成功举办以"回归教育本原 提升课堂质效"为主题的第19届教学节,并组织开展提高教学指导力跨学科听评课活动和"教学能手"评比活动,举行奉贤区中小幼微课课例征集及评选活动。实施第二轮奉贤区中小幼校本特色课程评审工作。区教育学院附小等10所学校立项创建区素质教育示范校,奉城高中立项创建区实验性示范性高中。引进澳大利亚楷模国际中学和美国洛杉矶费尔蒙特中学合作开设国际文凭课程(IBDP),引进经教育部批准的加拿大安大略省高中文凭课程。

四、城乡教育资源联盟建设。开展第二轮紧密型办学资源联盟工作。联盟参与学校拓展至全区所有基础教育阶段学校(含民办进城务工人员随迁子女小学),将联盟内容拓展至涵盖教育教学、党建、精神文明建设等各项工作,打通城乡、校际共同发展通道,促进城乡学校共建、共赢、联动发展。以南桥新城学校建设为契机,推进教育体制创新,探索教育联合体建设,扶持绿叶幼儿园、南桥小学、实验中学分别与新城的小森林幼儿园、恒贤小学、实验中学崇实校区实行一体化管理。格致中学奉贤校区已建成,9月首次招生4+1个班级,有2个班级招收奉贤区学生,奉贤区学生总数超过50%,完成了预定任务。上海民办铭远双语高级中学已落户奉贤区。推进上海市第四轮委托管理工作,完成9所委托管理学校中期评估工作。推进实施"初中毕业班提升工程",提高初中毕业班教学质量;推进华东师范大学教育部中学校长培训中心在区内初中开展的"优质化工程"等,共享高校优质教育资源。

五、教育科研工作。营造以教育课题研究推动教育教学工作的氛围,一批教育科研成果在实践运用中取得了良好成效。《依托紧密型办学资源联盟推进区域教育优质均衡发展》课题成果推动区域教育均衡优质发展取得新进展,获上海市级教学成果奖(基础教育)成果评选一等奖。推进上海市哲学社会科学和教科研重点课题《统筹城乡教育一体化发展进程中的区域教育体制机制创新研究》及其12个子课题研究,在促进城乡教育一体化发展上探索区域新思路。持续推进"一校一品"校园文化建设,构建具有地域特色的以"敬贤、学贤、践贤、育贤"为主线的校园文化体系。及时将区域教育的实践探索凝练为本土教育文化成果,出版《雏凤清声》、《彩虹飞架》等书,扩大区域教育影响力。

六、体卫艺科工作。成立区中小学生体育协会,启动阳光外国语学校校园游泳池人人学会游泳青少年培训项目,推进校园足球联盟建设,完成区中小学体质健康测试和数据上报工作(优秀率6.86%,良好33.7%,及格率55%,合格率为98.56%),开展区中小学"落实每天校园锻炼1小时"先进校评比和"阳光体育教师"评选活动。推进学校场地开放。完成《区中小学健康教育读本》编写工作。举办区学生戏剧节活动、区学生书画作品比赛和展览、区学生艺术节等活动,提高学生艺术素养。举办第二十九届上海市青少年科技创新大赛、"明日科技之星"评选活动,区青少年知识产权宣传月系列活动、青少年科技节(周)系列活动、科普进社区等活动,提高学生创新素养。完成第六届中小学生古典诗词创作比赛,举办"聆听华夏音·书写汉字韵"首届奉贤区汉字听写大赛,开展奉贤区"读懂中国,传承经典"校园文化传承系列活动等。学生在各类比赛中取得良好成绩:古华中学、育秀幼儿园学生分别获第三十五届世界头脑奥林匹克中国区决赛暨第27届中国上海头脑奥林匹克创新大赛三等奖;江海一小范曾俊同学获第十一届上海少年科学院"小院士"称号。

七、职业教育和成人教育。主动接轨区域经济社会产业发展,调整和优化中等专业学校专业结构,推进数控、机电、燃气等实训基地建设,开发汽车实训专业,形成校企合作资源联盟。加强企业职工职业培训工作,以区、镇职工学校为载体,全面推进职工教育培训工作。推进终身教育发展。完善"社区学院—社区学校—村民学校—宅基课堂"四级社区教育网络。四团成校和青村成校11月接受市评估组验收,成功创建市成人学校内涵建设示范校。南桥镇"宅基课堂"被评为2014年全国特别受百姓喜爱的"终身学习活动品牌"项目。海湾镇老年学校、金汇镇老年学校作为2014年市政府"扶持70所老年学校能力提升"受益单位，完成实事项目各项工作任务，已接受市教委验收。开展老年教育远程收视点建设，积极开展"养教结合"工作。启动"奉贤区终身学习网"平台建设，全面开展全民终身学习活动周活动。

八、学前教育。推行公办园与民办园"一帮一"捆绑式结对带教，树园幼儿园成功创建上海市一级园，顺利完成奉浦、江海、庄行三所一级园复验工作，学前教育保教水平不断提高。持续推进幼儿园三年行动计划实施效果专项督导工作。加强对民办三级幼儿园和学前看护点的规范管理。进一步完善区域"03早教"服务模式，"早教流动车农村行"从每周1次增加为每周2次，一年六次的早教指导服务一改由早教中心统一确定时间的做法为各基地、站点根据本园的实际情况自行安排时间。启动区03早教基地站点评估验收工作，促使全区03早教基地站点建设规范化、服务常态化。继续做好"育儿周周看"(03手机报)的宣传推广，保持注册率在全市领先的成绩。

九、队伍建设工作。制定教师招聘办法，严格招聘条件与程序。到南京师范大学、华中师范大学等重点师范院校招聘优秀毕业生。年内招聘新教师283人，其中，师范类比例占52%。在加强师德建设"三五"工作基础上，全面推行师德档案，促进师德考评过程化、常态化、科学化。举办第30个教师节系列活动，组建劳模创新工作室，组织开展师德建设月活动，开展"教育与梦想同行"青年教师博文大赛等主题教育活动，表彰"园丁奖"获得者、区师德建设十佳先进集体、"五表率"先进个人等，用身边人教育身边人，促进师德建设常态化。持续推进"135""128""123"等教育人才高地建设"三大工程"，深入实施"学科首席教师"培养工作，启动"双名三优"工程，不断加强"特级校长(名校长)工作室"和"特级教师(名教师)工作室"工作。2014年，选派2名校长参加了国家级校(园)长高级研修班，选派2名小学校长参加了全国小学校长高级研修班，选派2名校长参加长三角中小学名校长联合培训班，选送2名校长赴新加坡南洋理工大学攻读教育管理硕士学位，选派20名优秀校级正职到香港参加为期21天双语培训，举办全区教育系统"军训式"暑期培训班等，提升教师专业水平及管理者素养。2014年，3名教师被评为上海市特级教师。加快青年后备干部培养步伐，选拔62位优秀青年教师担任校长(园长、科长)助理，组织开展实务培训，分学段分月开展挂职跟岗锻炼。完善党支部书记初任培训制度、定期报告工作制度和党委领导定点联系支部制度。

十、科学管理、依法行政。深入开展党的群众路线教育实践活动，切实解决"四风"问题。研制《关于规范公务接待的实施意见》《关于加强学校公务车辆管理的实施意见》《关于中小学幼儿园教师违反职业道德行为的处理意见》等一批规范性文件；贯彻实施《全面推进依法治校实施纲要》，严格规范招生、教育收费、教师招聘、职称评定等工作，确保公平、公开、透明。加强工程招投标和设备采购等工作的监察，确保程序到位、操作规范。推进会计集中核算制度，加强学校管理者、财务人员专业培训，提升财务管理水平。规范行政性审批，推进审批事项网上运行，简化规范审批程序；落实中小学校责任督学挂牌督导制度，全区共设置12个责任区，明确11名专职督学和13名兼职督学，以规范办学行为，提升办学水平；开发区成立由镇(开发区)主要领导为组长的清理整治无证办学领导小组，联合卫生、维稳、规划、安监、公安、食安等部门组成联合执法小队，清理整治无证办学点工作。

(彭玉林)

【推进贤文化教育读本建设】 贤文化教育读本《奉贤教育文化丛书》系列之《雏凤清声》《彩虹飞架》等公开出版。《雏凤清声》全面总结了见习教师培训的实践探索，《彩虹飞架》反映了郊区委托管理经验与有效做法。两书作为贤文化系列教育读本下发至各级学校，推进"一校一品"校园文化建设。

(彭玉林)

【举行区中小学第二轮德育基础性评估】 3月至4月，对全区公办中小学第二轮德育工作基础性进行评估。各评估小组根据评估标准，通过听汇报、实地考察等形式，对全区57所学校2011学年至2013

学年的德育工作进行评估。南桥小学、区教育学院附小等12所学校被授予五星级学校；江山小学、肖塘小学等21所学校被授予四星级学校；西渡小学、海湾小学等24所学校在区德育工作星级评估中被评为三星级学校。（彭玉林）

【举办区第十九届教学节活动】 9月至年底，开展以“回归教育本源，提升课堂质效”为主题的区第十九届教学节活动。全区学校聚焦课堂教学转型，举行300余场活动，提升教学领导力、指导力和执行力；立足校本特色课程建设，全区认定101项校本特色课程，25个紧密型办学资源联盟体盘活优化资源，推进联盟体建设“五动”，提升教学质效；组织“教学能手”评比、“首席教师”专场、“高研班”教学展示等活动，助推教师队伍健康发展；组织教育教学论文、案例等评选，夯实教师理论功底。在教学节闭幕式上，区中小学德育工作星级达标五星级学校、学年度中小幼课程教学和保教质量奖学校及第十九届教学节“教学能手”受到表彰。（彭玉林）

【完善四级特教网络】 实施特殊教育“三年行动计划”，完善区域“特教学校—特教班—特教随班就读—送教上门”四级特教网络，做到“医教”结合，“特普”联动，最大程度满足特殊儿童学习和康复需求。（彭玉林）

【举行第十届“全民终身学习活动周”】 9月至12月，举行由区教育局与区推进学习型社会建设与终身教育指导委员会办公室联合主办的奉贤区第十届全民终身学习活动周活动。活动由上海开放大学奉贤分校承办。本届活动周的主题是“终身学习　快乐体验　成就梦想”。活动周由三个部分组成，分别是开幕仪式、学习成果展示和学习体验。活动周吸引了近3000名市民参加。奉贤区开放大学、社区学校及民非院校的师生们展示了学习成果。旗袍秀、江南丝竹、少儿舞蹈、乐器弹唱等节目，反映了奉贤区终身学习活动的丰富成果。（彭玉林）

【督导认定奉贤区义务教育均衡发展】 3月20—21日，教育部义务教育发展基本均衡县（市、区）督导检查组对奉贤区义务教育均衡发展进行督导认定。督导检查组专家听取了奉贤区义务教育发展介绍，观看了义务教育均衡发展宣传片，检查了相关文字材料，分组与人大代表及政协委员、校长代表、教师代表、家长代表进行座谈；采用调查问卷的方式对奉贤义务教育均衡发展公众满意度进行了调查。在两天时间里，督导检查组专家分成两组先后对区教育学院附小、汇贤中学、育秀实验学校、阳光外国语学校、古华中学、五四学校、青溪中学、柘林学校、西渡学校、恒贤小学、洪庙小学、钱桥学校等12所学校进行了认真细致的督导检查，并对奉贤区义务教育均衡发展予以肯定。（彭玉林）

【举行学生社会实践活动导游讲演大赛】 6月17日，区学生社会实践活动导游讲解大赛举行。来自全区6个旅行社的12位导游，围绕自定的景点，根据规定的演讲要求（规定演讲要点、规定时间），一一登台展示自己的导游风采。区教育局相关科室负责人、学校德育领导代表、交警大队领导和社会实践活动基地代表担任评委。区学生团全体导游观摩了活动全过程。（彭玉林）

【教育科研成果获奖】 在2014年上海市教学成果评选中，奉贤区获4项课题奖，其中一等奖3项，二等奖1项。中国教育学会公示的首届“基础教育科研成果网络博览会”获奖名单中，奉贤区获6项课题奖，其中一等奖1项，二等奖2项，三等奖3项。（彭玉林）

【未成年人心理辅导站分站揭牌】 5月28日，区未成年人心理辅导站分站揭牌仪式举行。揭牌仪式之后，举行了以“有效课堂中的心理学支持”为主题的心理健康教育月论坛。上海市工商职业技术学校、胡桥学校、洪庙中学的代表，分别就建设绿色课堂的经验作了交流发言。（彭玉林）

【完成“奉贤话有声数据库”建设】 在上海大学语言学教授指导下，区语委办相关人员、上海大学语言学教授先赴庄行、金汇、四团三个镇，对各镇初选的40多名方言发音人志愿者进行面试，最终确定了每个镇的初审对象上报上海大学，由专家对上报材料进行复审；接着通过面试，最终确定了三个镇方言采录的对象；然后集中10天左右的时间，对发音人进行字、词、句、语段、故事、话题等多种形式的音频和视频采录。“奉贤话有声数据库”建设工作完成。 （彭玉林）

【区青少年活动中心奉城分中心迁新址】 区青少年活动中心奉城分中心新址揭牌仪式举行。奉贤区青少年活动中心奉城分中心2004年在奉城二小成立。分中心现迁址至肇文学校内。该校地理位置优越，周围交通便利，校内设施较为完备，利于分中心的持续发展。 （彭玉林）

【获市第十五届运动会诸多奖牌】 在上海市第十五届运动会田径比赛上，区少体校运动队共获得12.5金牌。在跆拳道男子比赛中，奉贤少体校获得2枚金牌；在跆拳道女子组比赛中，获得1金2铜的佳绩。在自行车场地比赛中，区少体校自行车队继崇明公路赛获得1金1铜后，在莘庄场地赛又获得1银1铜。在帆板、拳击项目获得2块金牌后，在10月18至19日举行的田径比赛上，又获得3金5银6铜。 （彭玉林）

附：区教育局驻地及负责人

（2014年1—12月）

地址：南桥镇古华路758号
邮编：201499
电话：37597001

区委分管领导：袁晓琳
区政府分管区长：钱雨晴（8月离任）、倪闽景（9月到任）

区教育局党委书记：陆　琴
副书记：陆建国（11月离任）、施文龙（11月到任）、张　杰

区教育局局长：陆建国（11月离任）、施文龙（2014年11月到任）
副局长：陆　琴、褚继平（10月离任）、朱玉平、唐　瑛

崇　明　县

【2014年概况】 全县共有中小学、幼儿园、职校和特殊教育学校105所，其中，高中7所（含完中2所和民办1所），初中29所（含九年制学校3所和民办1所），小学29所（含民办1所），幼儿园37所（含民办2所），中专职校1所，特殊教育学校2所。另有直属单位9个、成人学校18所、上海开放大学崇明分校1所。在校中学生16492人，小学生17205人，在园幼儿9867人，中专职校生3381人，特殊教育学生453人。全县共有教职工7320人，其中专任教师5307人。在职教师中，具有中级以上职称的2919人，其中，中学高级538人，中学一级1083人，小学高级1194人，职校中级104人。高中、初中、小学、幼儿园专任教师学历达标率分别为99.85％、99.74％、100％、100％。

一、加强党组织建设和干部队伍建设。开展基层党组织晋位升级和每半年一次基层党建论坛，制定《教育系统改进作风、厉行节约的“十不”规定》，完善《教育系统党政领导干部问责办法》；落实党风廉政建设责任制，与基层单位签订党风廉政建设责任书，完善述职述廉的长效机制；建立健全青年后备干部人才库，举办各类干部培训班；加大对干部考察力度，完成对12名新任校级干部试用期

满考核工作，对20名校级干部进行调整，涉及14所学校。

二、加强师资队伍建设。重视师德师风建设，开展“镜头中的师爱”“温暖人生的好老师”等活动，宣传先进典型。长兴小学校长罗永灵获得上海市2013年度教育新闻人物提名奖和第二届最美崇明人称号，竖新小学教师龚丽娟获市教卫系统精神文明建设十佳好人好事称号；做好教师引进调配工作，引进教师234人，选派20名教师到长兴幼儿园支教，做好立项新建学校师资规划；做好教师培育工作，完成见习教师规范化培训考核工作，第三轮20个名师工作室按计划开展活动，聘请11名市区教育专家担任名师工作室外聘主持人；开展第五轮骨干教师评选，继续与上海师范大学签订学前教育专业师范生委托培养协议，并就后三年的学前教育、小学教育的委托培养达成协议；做好绩效工资完善工作，制定《崇明县教育系统事业单位完善绩效工资工作实施意见》。

三、开展未成年人思想道德建设。开展社会主义核心价值体系教育和“两纲”教育，评选县中小学十佳“道德实践风尚人物奖”，开展各类主题教育活动和两纲教育课外活动，继续深化实验学科落实“两纲”的实践研究；加强心理健康教育，启用“崇明县未成年人心理健康辅导中心”，20所学校完成心理辅导室标准化装备，举办了第三届心理健康教育活动月活动，19所中小学被评为上海市心理健康教育达标校，2所学校获上海市心理健康教育示范校称号；加强家庭教育指导，开展第二轮星级家长学校评估，举办第三期国家级家庭教育指导师培训班，实施推进“双千一百”项目，即“千名教师访万家”“千名教师牵手留守儿童”“百名家庭教育指导师进社区”，举办“传好家风好家训、扬生态美瀛洲风”系列主题活动；加强德育队伍建设，启动班主任全员培训，开展县第二届“十佳”德育工作者评选，举行第四届班主任基本功大赛，完成93个星级班集体验收工作，举办第四届“温馨教室”优秀教师团队创建活动；抓好青少年教育保护工作，开展《上海市未成年人保护条例》(2014修订)培训学习，探索学校与基层司法、公安、青保等部门共同处置学生伤害事故的化解机制，实施关爱和预防未成年人违法犯罪工作。

四、促进义务教育优质均衡发展。完善教学质量管理评价机制，建立崇明县学业质量监测中心，重新制订《崇明县中小学、幼儿园学年度考核指标》；开展义务教育“新优质”学校创建工作，完成县级“新优质”学校创建单位中期评估工作；进一步整合城乡教育资源，继续探索“集团式办学”模式，实施农村初中城北学区“主动联合，联动发展”学区化办学项目，继续做好黄浦、静安两区优质学校与崇明30所中小幼、职学校结对工作，编辑印制《结对工作经验集》，完成第四轮委托管理中期评估工作，对第二轮“双联工程”进行评估总结。

五、提高课程改革和教学水平。深化“主动·有效”课堂达标与提升工程，确定实验学校及项目，开展“教育月”系列活动，继续开展“十佳教学之星”评选；加强教学精细化管理，完善县、校两级教学常规管理专项督查制度；推进教育信息化应用，加强12所农村中小学教育信息化基地学校建设；深入开展生态教育，加强12所乡土课程实践基地学校和乡土课程学校联盟建设，开展乡土文化进校园等活动，引进国际流行的“自然学校”项目，出版《生态寻梦》一书；推进国内外教育合作项目，引进13名外籍教师进入13所中小学任教，与英国卡迪夫城市大学商谈教育合作项目。

乡土文化进校园展示

六、继续实施新一轮“学前教育三年行动计划”。完善本区域学前教育招生政策和招生办法，做好进城务工人员随迁子女入园工作；抓好早教指导工作，举办第三届03亲子嘉年华主题活动，开展指导案例、论文和自制玩教具评比，启动“育儿周周看”项目，03 早教指导率达98.4%；推进“课程优化实施项目”，完成“崇明县幼儿园保教质量监控体系现状研究报告”“区域幼儿园保教质量监控指标和评价标准指南”编制工作，对4所研究基地学校教师开展运用CLASS技术对幼儿园保教活动进行评价的培训，基地学校编制完成课程优化实施的操作要点和指导手册；加强学前教育信息化工作，构建基于信息化平台的园所管理、保教质量管理和家园互动新模式，倡导各园利用“园园通”系统创新学前教育教学新模式，在上海市“全国学前教育信息化管理系统数据直报工作”评选中获组织管理奖，在“第八届全国幼儿园信息技术应用作品评选”中获多个奖项；开展一级园创建工作，与静安区、黄浦区优质园结对联动，与市学前教育研究所开展项目合作。

七、做好体卫艺科及语言文字工作。推进实施学生健康促进工程，不断丰富学生阳光体育活动内容，实施游泳进课程项目，开展“阳光少年”和“活力园丁”评选活动，建立县学生乒乓球训练基地，开发花样跳绳县本教材，设立体育学科名师工作室，加强高层次人才及优秀教练员引进工作；做好艺术教育工作，推出崇明山歌、崇明扁担戏、瀛洲琵琶等乡土生态课程，开展艺术节、戏剧节活动，推进民族文化培训工程和“崇明乡土进校园”区域品牌创建工作，加强县级学生艺术团建设，创建“一校一品”艺术特色项目，全面推进“彩虹”乡村学校少年宫建设；做好科技教育工作，完善县级科技竞赛实施年度总积分奖励办法，开展县级科技竞赛活动26次，组队参加40次市级和7次全国科技竞赛活动，开展各类培训和科普活动；做好语言文字工作，开展市级语言文字规范化示范校创建活动、崇明县校园文化传承系列活动、推普周系列活动、新教师汉语培训活动和公共场所规范用语用字监测、整改行动。

八、推进职业教育和成人教育发展。推进上海市工程技术管理学校创建国家级示范校工作，上半年通过市教育评估院评估验收，推进职业教育集团建设；做好社区教育工作，进一步整合区域内各类终身教育资源，开展各类培训；推进乡镇成人学校、村(居)民办学点建设，老年学校标准化建设项目全部通过验收；开展第十届“全民终身教育学习周”系列活动，组织50项乡镇级以上活动。

九、加快校舍设施建设。推进长兴岛教育设施建设，完成新建76万平方米基地(配套小学、配套幼儿园)与长丰幼儿园和平安小学迁建项目(4个校区均投入使用)，新建工程技术管理学校长兴校区六幢主体工程结构封顶；推进陈家镇地区教育设施建设，完成东滩思南路幼儿园项目前期工作，基本确定上海市实验学校附属东滩学校设计方案，完成用地控规调整；裕安社区配八地块幼儿园完成主体工程，裕安社区新建小学进入施工阶段；推进新城地区教育设施建设，新城江帆小学项目和新城1号地块幼儿园进入施工阶段。

十、加强依法治教力度。会同县规范教育收费联席会议成员单位检查学校收费情况；配合县审计局做好县教育系统“2013年度预算执行及其他财政收支情况”审计工作，制订实施《崇明县教育系统领导干部经济责任审计轮审制度(试行)》；配合国务院教育督导委员会对崇明开展义务教育均衡发展督导认定，全面实行挂牌督导制度，对所有中小学实施挂牌督导，全年对18所中小幼学校进行综合性督导，对招生入学工作进行专项督导，对部分小学开展“基于课程标准教学与评价”专项督导。

(梅湘瀛)

【建立责任督学挂牌督导制度】 2月13日，“责任督学挂牌督导制度”举行启动仪式。县教育局制定《崇明县有关兼职督学聘任工作意见》和《崇明县中小学责任督学挂牌督导实施意见》，建立“挂牌督学、挂牌督导联系人和学校联络员”等3支督导队伍，划分“八个责任区”执行。 (梅湘瀛)

【接受教育部义务教育均衡发展督导认定】 3月17—18日，国家教育部督导专家组对崇明义务教育均衡发展情况进行督导认定。专家组观看了反映崇明县义务教育均衡发展状况的电视短片，查阅了档案资料，分别召开了政协委员与人大代表、校长代表、家长代表、教师代表等4个座谈会，进行了各层面问卷调查，实地走访了12所义务教育阶段学校，对崇明义务教育均衡发展予以肯定。

（梅湘瀛）

【在全国无线电通信预赛中获好成绩】 3月，崇明青少年选手在2014年“全国无线电通信锦标赛”上海预赛中再创佳绩。实验小学代表队分别获得“对讲机通信赛”团体第一名和第二名、“短波机抓抄通信赛”小学组团体第一名和第二名、“无线电管理知识赛”小学组团体第三名；东门中学代表队分别获得“短波机抓抄通信赛”初中组团体第一名、“对讲机通信赛”中学组团体第一名、“SSB线路听抄”团体第二名、“无线电管理知识赛”团体第三名；实验中学分别获得“无线电管理知识赛”团体第一名、“SSB线路听抄”团体第四名。各代表队学生还分别在多个项目中获个人第一至第六名的奖项，累计有20多个奖项。（梅湘瀛）

【与云南开展教育对口交流合作】 5月，启动与云南普洱市景东、镇沅两县的教育对口交流合作项目。这一项目为期5年。5月和10月，景东、镇沅两县分别派出20名教育管理人员和教学骨干来崇明县进行为期20天的培训，崇明中学等7所学校承担了云南教师的跟岗培训工作。9月，县教育局选派2名教师赴云南普洱市景东县支教。

（梅湘瀛）

【县教师进修学校通过建设水平评估验收】 5月19—20日，市教委专家组对县教师进修学校进行建设水平评估验收。专家们听取了《办基层学校需要的教师进修学校》的专题汇报，通过现场参观、听课观摩、查阅资料和问卷测试等形式对教师进修学校的办学功能进行了全方位的检测。对照“组织领导、基础条件、师资队伍、功能发挥、常规管理、工作实绩、特色创新”七大评估指标的内涵与分值，专家组的结论是县教师进修学校达到了2014年上海市区县教师进修学校建设水平评估标准，在组织领导和特色创新方面较为突出。（梅湘瀛）

【举办学生文化艺术节系列活动】 “2014年学生文化艺术节”于5月23日开幕，历时8个多月，于12月19日闭幕。以“走进瀛洲地　放飞少年梦”为主题，以“弘扬优秀传统文化，培育学生美好心灵”为宗旨的艺术节，有戏剧、艺术单项、艺术综合等众多比赛，吸引了全县70多所学校的2000多学生的共同参与。艺术节系列活动注重传统文化和民族精神的传承，充分挖掘崇明乡土文化，促进了“乡土文化进校园”。艺术节闭幕式上展示了“竹编织、芦苇编织、剪纸、蟹壳画脸谱”等已成为“乡土文化进校园”部分项目，并展演了在各项比赛中涌现的优秀节目。（梅湘瀛）

【在中国香港国际机械奥运会上获奖】 8月5—8日，“2014中国香港国际机械奥运会”在香港大学举行，来自马来西亚、泰国、新加坡等国家，以及中国香港地区、澳门地区和其他地区的近300多支队伍参加了比赛。由崇明县城桥中学14名师生组成的参赛队参加了10多个项目的竞赛，夺得7个冠军、6个亚军和3个季军，名次位列上海各参赛队之首。

（梅湘瀛）

【庆祝第三十届教师节】 9月10日，崇明县庆祝第三十届教师节主题活动举行。会上表彰了2013年度崇明县优秀教师——有44位教师获“市园丁”称号、126位教师获“县园丁”称号、61位教师获行政记大功奖、116位教师获行政记功奖、212位同志获“从事教育工作三十年”荣誉证书。颁奖仪式结束后，举行了主题为“继往开来，续写梦想”的教师节主题活动。（梅湘瀛）

【接受“农村学校基本办学条件”专项督导】 9月15日，教育部督导组对崇明县“农村义务教育学校基本办学条件”进行专项督导。督导组实地走访了长江小学、建设中学，重点督导农村义务教育学校基本教学条件和基本生活条件，主要包括学生课桌椅、安全饮用水、食堂就餐面积、门窗完好情况、上下学安全隐患、营养午餐、规定课程开齐等14项内容。督导组认为，崇明县作为上海市唯一的远郊县，实现了城郊基础教育一体化管理，做到了统一拨款标准、统一硬件配备水平、统一信息平台、统一提供教师培训与发展机会，全面推进城乡教育统筹

机制。（梅湘瀛）

【举行第八届“瀛通教育至爱专项基金”发放仪式】 10月27日，大爱铸就未来——第八届“瀛通教育至爱专项基金”发放仪式举行。“瀛通教育至爱专项基金”由上海瀛通集团先后出资1000万元设立，包括“瀛通帮困助学金”“瀛通优秀学生奖学金”“瀛通绿叶奖励金”三大类，用于资助和奖励本县贫困学生、优秀学生和有突出贡献的教育工作者。基金成立8年来，共有2900名学生获得“瀛通帮困奖学金”，330多名学生获得“瀛通优秀生奖学金”，300多名教师受到嘉奖鼓励。发放仪式上举行了“我与瀛通”故事演讲会。（梅湘瀛）

【6所老年学校完成标准化建设】 城桥镇、竖新镇、向化镇、新海镇、堡镇、中兴镇等6所老年学校参与市政府2014年“扶持50所老年学校开展标准化建设”实事项目。此项目从制定方案到完成审计历时8个月，已完成烹饪、计算机、缝纫、科普、书画、数码钢琴、舞蹈、影视欣赏、音乐等41个专用教室及学员报名处等辅助场所建设并投入使用。建成后的6所老年学校做到了场地标准化、配置合理化、设施人性化，为老年人创造了一个标识清晰、功能明确、环境舒适的老年教育环境，能更好地满足老年人的学习要求。崇明县已有9所老年学校完成老年学校标准化建设项目。（梅湘瀛）

【与静安区合作办学项目签约】 11月6日，静安区与崇明县就教育合作办学项目举行签约仪式。此次合作由静安区委派南西幼儿园和上海市第一师范附属小学分别托管崇明新城1号地块幼儿园和21号地块小学。其中新城1号地块幼儿园命名为“静安南西崇明县新城幼儿园”，占地7200平方米，15班规模，2016年9月1日建成使用；21号地块小学命名为“上海市一师附小崇明县江帆小学”，占地面积29470平方米，30班规模，2016年9月1日建成使用。两所学校均为公办性质。托管期限为8年，即自2016年9月1日至2024年8月31日止。（梅湘瀛）

【举行第十届全民终身学习活动周】 11月12日，“崇明县第十届全民终身学习活动周”举行开幕式。活动周回顾了崇明10年社区教育成果、开通了崇明学习网、微课堂学习、学习者风采展示，表彰了县优秀老年人学习团队、县示范性村民学校和上海市成人教育优秀项目，进行了文艺表演。活动周期间，各乡镇社区学校围绕“学习成就生态之梦”主题，组织开展了近百项各类学习活动，举办了演讲比赛、征文、手工艺作品展示、专题讲座、书画摄影、知识竞赛等学习展示活动，参加学习活动的居民达3万多人次。（梅湘瀛）

【开展第五轮骨干教师评选】 11月，县教育局启动第五轮骨干教师评选工作。本轮骨干教师评选采取个人自荐，学校推荐，专家举荐相结合，学校、专家评选和领导审定相结合的办法进行。经过3个多月的评选，共评出骨干教师694人，其中名师名校长13人、学科带头人77人、教学标兵152人、教学能手452人。本轮评选工作，更加注重工作实绩，更加注重业务表率，一批师德优秀、教育教学成绩突出的青年教师脱颖而出。（梅湘瀛）

【承办市学生阳光体育大联赛定向越野比赛】 11月22日，2014年上海市学生阳光体育大联赛定向越野比赛在崇明县东平国家森林公园结束，这是崇明县首次承办该项比赛，全市36所中小学校的72支代表队，共360名运动员参加了小学男、女，初中男、女，高中男、女共6个组别的比赛。代表崇明参赛的堡镇小学、新民中学及崇明中学包揽了全部6个组别冠军。宝山区月浦新村小学、嘉定区黄渡中学、宝山区上大附中等20支代表队分别获得了各组别的一等奖。（梅湘瀛）

【在市“赛复创智杯”科技创意评选活动中获好成绩】 第五届上海市“赛复创智杯”青少年科技创意设计评选活动于11月30日结束。本届评选活动共有1000多项作品参加评比，作品来自全市17个区县和江苏省，最终有96项成果进入终评决赛。上海市青少年科学院崇明分院4名学员完成的2个项目入围终评。《遮风罩竖轴式高效风电机》作品获特等奖,《智能电梯》虚拟演示作品获二等奖。上海市青少年科学研究院崇明分院创建于2012年下半年,有正式小院士39名、小小研究员91名、预备队员200名。(梅湘瀛)

【承办第十一届上海未来工程师大赛】 12月27—28日,由上海科普教育发展基金会、上海市科技艺术教育中心主办,崇明县城桥中学、崇明县青少年活动中心承办的"第十一届上海未来工程师大赛"在崇明县举行,全市各区县的565位学生和150位教师参加大赛。上海未来工程师大赛是一项在上海市教委、上海市科委指导下,以培养青少年学生创新和实践能力为主的大型工程类动手实践活动,项目涵盖机械、电子控制、信息技术、桥梁结构、工业设计、工程创意设计等领域。本届大赛主办方设置了桥梁承重、仿生机器人竞技场、单片机高手等八个活动项目,还设置了"3D打印"项目,并增设了即兴设计活动。崇明县青少年学生在6个大项目中获得5个项目的一等奖,2名学生被评为"未来工程师"称号,1名老师被评为"赛复"优秀指导老师。(梅湘瀛)

【翁铁慧调研崇明教育工作】 12月24—25日,副市长翁铁慧、市政府副秘书长宗明率市教委等部门负责人到崇明县调研教育等相关工作。翁铁慧对崇明县近年来积极推进义务教育均衡发展取得的成绩给予充分肯定,要求紧紧抓住上海教育综合改革的有利契机,加快推动区域教育改革发展,在义务教育领域积极开展素质教育、"绿色评价"等试点探索;对接区域绿色产业发展需求,加大职业教育应用型人才培养,并努力为高等教育发展预留好空间,支撑好与美国康奈尔大学合作办学项目建设。她要求市级相关部门要根据崇明县实际,加大对口支援力度,研究制定相关配套政策,以帮助崇明县解决文化资源缺乏等问题。她还指出,崇明县要积极回应百姓关切,一如既往、坚持不懈地加快教育、卫生、文化工作建设步伐,科学而有针对性地制定发展规划,不折不扣抓好落实,为崇明县老百姓提供更多优质便捷的教育、卫生和文化资源。(梅湘瀛)

附:县教育局驻地及负责人

(2014年1—12月)

地址:城桥镇新崇北路308号
邮编:202150
电话:59621724

县委分管常委:郝炳权
县政府分管县长:王　菁

县教育局党委书记:姚李超
副书记:黄　强(兼)

县教育局局长:黄　强
副局长:陆惠星、黄乃华、黄宗逵(1月到任)

高等学校
High Schools

复 旦 大 学

【2014年概况】 学校有直属院(系)29个(不含继续教育学院和网络教育学院),附属医院15所(其中5所筹建),设有本科专业70个,一级学科博士学位授权点35个,一级学科硕士学位授权点41个,博士专业学位授权点2个,硕士专业学位授权点27个。博士后科研流动站35个,一级学科国家重点学科11个,二级学科国家重点学科19个。在校普通本、专科生12747人,硕士研究生10888人,博士研究生5711人,留学生3103人(其中攻读学位的留学生1906人)。有专任教师2542人、专职科研人员554人。有中国科学院、中国工程院院士37人,中央"千人计划"90人,教育部"长江学者奖励计划"特聘教授82人、讲座教授41人,"国家重点基础研究发展计划(含重大科学研究计划)"项目首席科学家34人。

一、学校综合改革。①研究制定《关于推进校院两级管理体制改革的若干意见》和相关配套文件,进一步明确两级管理改革的指导思想、主要目标、具体措施和工作步骤。②加快转变校部机关职能,提升管理服务水平。一是在精简机关部门设置的基础上,2014年机关科室数减少1/4;二是推进职能梳理工作,分两批完成33个机关部门和9个群团组织、公共服务部门的职能认定工作;三是对全校规章制度进行梳理,确定有效制度545件。③加强院系能力建设,积极推进试点工作。研究制定《学院两级管理准入方案》,确定11家院系进入校院两级管理改革试点学院候选名单。④统筹推进人事管理、财务管理、资产管理、后勤体制等综合配套改革。

二、发展规划与学科建设。①2014年10月,经教育部核准,学校正式颁布《复旦大学章程》。②2014年,在QS学科排行中,学校有21个学科进入榜单,占总数的70%,其中政治与国际关系列19位,哲学列17位;在U.S.News的学科排行榜中,材料科学仅次于MIT,列全球第二。在ESI学术论文总被引次数排名中,化学、材料科学和临床医学3个学科领域进入全球前1‰。③完成"985工程"验收收尾工作,启动新一轮院系学科规划。组织7个一级学科申报上海市高峰高原计划。④加强学科数据分析,建设"ESI监测系统",完成《复旦大学ESI全景报告》。⑤修订《复旦大学学术委员会章程》,公布实施《复旦大学学术规范(试行)》和《复旦大学学术规范实施条例(试行)》,完成校学术规范委员会换届,组成第三届学术规范委员会。

三、人才培养工作。①教学成果显著。2014年,学校作为成果第一完成单位,共获得国家级教学成果奖特等奖1项、二等奖5项;上海市教学成果奖特等奖4项、一等奖22项。其中由上海医学院领衔的《我国临床医学教育综合改革的探索和创新》("5+3"医学人才培养模式)获得国家级教学成果特等奖。10门课程入选上海高校市级精品课程,22门课程入选上海市高校外国留学生英语授课示范性课程,3门课程入选上海高校示范性全英语教学课程,5项课题获上海高校本科重点教学改革立项,5门课程作为共享课程向上海乃至全国开放。"环境科学虚拟仿真实验教学中心"成功申报国家级虚拟仿真实验教学中心。②做好招生录取工作。2014年,学校共招收中国本科生2904人,硕士生3824人(其中:学术型1665人,专业型2159人),博士生1391人;录取各类外国留学生本科生190人,新招收外国留学生研究生371人。在本科生招生方面,文科、医科高招录取线在全部29个省市排名前三。首度实施面向农村贫困地区的专项计划"腾飞计划",复旦本科新生中农村考生比例达到18.8%。在研究生招生方面,985高校博士生生源比例近70%,学术学位硕士生比例超过50%。

③加强本科人才培养工作。一是进一步完善人才培养方面的文件，制订校院两级教学管理、本科教学工作考评、通识教育核心课程建设管理、拔尖计划实施、书院整体规划、本科教学国际化、教师教学基本规范、助教工作实施等方案。二是构筑“核心课程—大类基础课程—专业课程”衔接递进的本科课程体系。全年开设本科课程共6238门次，承担本科教学的教授占全体在编教授的比例达76.5%，教授参与主讲的本科课程在全部本科课程中占比为32.6%。三是创新教学方法，推进小班化教学和研讨型课程，全年推出55门次书院新生研讨课。四是推进书院建设。对学生宿舍楼进行修缮和改造，颁布实施《复旦大学本科生书院导师工作条例(试行)》。五是健全教学质量保障体系。探索实施“学业警示与试读”制度；组建教学督导组，对本科教学的各个环节进行巡视检查和评估指导。六是开展教学增能活动。举办“青年教师教学发展研修班”“青年教师教学比赛”。生命学院教师吴燕华获全国高校青年教师教学比赛一等奖。④提高研究生培养质量。一是进一步完善制度性文件，制定修订《关于加强我校研究生师生关系工作的若干意见》《研究生教育校院两级管理实施办法》，完成《2014年研究生教育质量报告》。二是实施研究生质量大检查。4月，聘请全国各高校、科研院所和研究生教育主管部门的36名专家对全校12个院系进行质量检查，以访谈和问卷相结合的形式，掌握了大量一手数据和材料。三是创新研究生培养模式。新增研究生FIST(暑期集中授课)课程62门；制定并实施新的研究生奖助方案；成立研究生服务中心，向师生提供一站式服务。⑤促进学生就业创业。截至2014年12月31日，学校2014届毕业生总体就业率为97.04%。继续推动大学生创新创业资助平台(“登辉计划”)建设，获评“2012—2014年度国家级大学生创新创业训练计划实施工作先进单位”。积极引导毕业生赴西部、基层、国家重点单位就业。其中进入重点单位的毕业生超过65%，赴西部就业同比增长6.82%，赴基层就业同比增长20%。

四、科学研究与社会服务。①理工医科到款科研经费10.18亿万元，获批“973计划”和重大科学研究计划6项，列全国高校第三位；获国家自然科学基金立项595项，资助总额超过5亿元；获国家杰出青年科学基金7项，居全国第三；优秀青年科学基金13项，居全国第四；首次获得国家基金委重大科学仪器专项；新增7个省部级科研平台；获得1项基金委创新研究群体项目；获国家科技进步二等奖2项，高等学校科学研究优秀成果奖(科学技术奖)18项。申请国内专利576项，授权专利数量287项，其中发明专利258项。全校累计有效专利数量超过1500项。②哲学社会科学全年获批的总经费1.165亿元，争取各类经费总额1.634亿元，获得国家社科基金项目44项，其中重大项目5项、重点项目9项；教育部人文社会科学规划项目66项，其中一般项目26项，列全国第二；上海市哲学社会科学规划项目33项。获上海市第十二届哲学社会科学研究优秀成果奖、第十届邓小平理论研究和宣传优秀成果97项；首次在人文社科领域作为牵头单位承担国家自然科学基金重大项目；推出国内高校首个社会科学数据平台；《长沙马王堆汉墓简帛集成》《丝绸之路地理信息系统》等一批重大成果产生重要影响。成立古籍保护研究院等跨学科交叉研究平台，新成立城市发展研究院等15个校级研究中心；继续加强发展研究院大平台建设，发展研究院形成包含10个研究中心、上海论坛和中国高校智库论坛两个常设大型论坛秘书处、上海市高校智库研究和管理中心、金融家俱乐部等的高校文科学术资政复合体。成功举办首届“中国大学智库论坛”，发挥现有智库平台作用，建成6个上海高校智库。③推进服务国家战略、服务地方发展。2014年，与贵州省、山东省、福州市以及中国商飞、上海市高等法院、中国日报社等单位签署战略合作协议，与甘肃省合作成立全国高校首家丝绸之路经济带协同发展研究院，新成立的中华古籍保护研究院成为文化部“国家古籍保护人才培训基地”，国际问题研究院入选外交部“政策研究课题重点合作单位”。2014年和地方及企业签订技术合同416个，合同总金额达1.84亿元。建立联合实验室/研究中心6个，探索校企合作新模式。定点帮扶云南省大理州永平县，对口支援云南大学、河西学院、新疆医科大学、重庆医科大学、大理学院等西部高校，获国务院扶贫开发领导小组授予的“中央国家机关等单位定点扶贫先进集体”称号。

五、师资队伍建设。推进实施各项人才计划。学校新增国家“千人计划”(含创新长期、创新短期、溯及既往、外专项目、青年项目)22人、教育部“长江学者奖励计划”特聘与讲座教授19人(其中人文社会科学7人)、百千万人才工程国家级人选1人、上海领军人才9人、上海“千人计划”16人。全年共引进各类高层次人才106人,其中直接从海外引进90人,约占引进人才总数的85%。共招聘新进教职员工174人,其中,教学科研人员117人,管理人员24人,思政人员10人,其他人员23人。聘任7位文科资深教授。一些专家教授获国际、国家和上海市各类奖项,如李大潜院士获国际工业与应用数学联合会苏步青奖,陈纪修教授获“全国模范教师”荣誉称号,赵东元院士获宝钢优秀教师特等奖,陆谷孙、王安忆教授获上海文学艺术杰出贡献奖等。健全博士后管理与培养机制,全年共招收博士后381人,其中招收留学生博士后(含外籍)40人。制定《复旦大学关于深化校院两级人事管理改革的若干意见》;指导院系做好人力资源规划编制工作;恢复《院系绩效综合评估报告》,首次尝试对教学科研单位进行定性与定量相结合的分析评估;加大“卓识计划”的实施力度,推进青年教师培养体系建设;修订《复旦大学教师高级职务聘任实施办法》;完善人才队伍分类管理体系,推进管理人员和流动科研队伍建设。落实教职工各项薪酬福利待遇改善工作。

六、附属医院工作。①医疗服务与支援工作。共有医院职工23135人,核定床位9646张。10家附属医院门急诊总量1901.3万人次,出院人数44.3万人次,住院病人手术人数28.9万人次。全面推进毕业后医学教育工作,共招收住院医师规范化培训学员598名,专科医师规范化培训学员242名。组织专家赴新疆喀什、云南永平、贵州兴义、甘肃定西等地区开展长期或短期的医疗帮扶活动。完成国家和上海市卫生计生委的医疗救治任务,在抗击西非埃博拉疫情援助中,卢洪洲获评国家卫计委授予的“最美援外医生”称号。②2014年,各附属医院共获批15个国家临床重点专科建设项目。上海医学院牵头联合9家附属医院共同成立复旦儿科医疗联合体;上海市质子重离子医院临床试验完成,成为我国首家、世界第三家拥有质子、重离子两种技术的医疗机构。推进老年医学、精神医学、口腔医学和全科医学等学科建设,复旦大学老年医学研究中心在附属华东医院挂牌成立。③区域医疗合作。与上海市区域开展医疗合作,共建复旦大学附属闵行区、静安区、青浦区中心医院,继续推动与徐汇区、浦东新区社区卫生服务中心的合作,重点推进与闵行区共建“医教研协同型健康服务体系”。落实与外省市的合作协议,厦门儿科医院(复旦大学附属儿科医院厦门分院)挂牌成立,中山医院厦门医院建设有序推进。

七、国际合作及港澳台交流合作。①国际化办学水平不断提升。派出交流学生2574人,接收各类外国留学生6220人次。国际合作项目不断增加,与29所境外大学或机构新签校际协议;复旦—巴黎高师人文硕士项目、新南威尔士大学联合MBA项目、芬兰图尔库大学工程教育国际双硕士项目、法国奥尔良大学校际交流项目等顺利启动。②国际学术科研合作不断深化。主办或承办国际及地区学术会议69个,到访长期专家108人,各类到访短期专家1200人。执行“学科创新引智计划”5个,教育部海外名师项目2个,上海市智力引进项目10个,复旦大学海外优秀学者授课项目74个。2014年度申报由国家外国专家局组织的外专千人计划7个,高端外国专家项目12个。参与全球健康计划等国际重大科技计划,在政府间合作协议框架下实施双边或多边科技合作项目。与美国韦恩大学、杜克大学、福特医院等签署合作办医协议。加强海外中国研究、国际问题和区域问题研究,新成立法国研究中心。③主动服务国家公共外交战略。参与中欧人文交流对话机制建设,在习近平主席访欧期间,联合中国人民大学、四川大学与比利时布鲁塞尔自由大学共建布鲁塞尔中欧研究院。孔子学院建设取得新进展,在诺丁汉孔子学院的基础上,成立复旦—诺丁汉新汉学研究院。在第九届全球孔子学院大会上,学校共建的奥克兰孔子学院、爱丁堡大学苏格兰孔子学院获得首设的“孔子学院开创者奖”。全年校级层面共接待外事到访400余批次,计3834人次,到访国际政要包括联合国秘书长潘基文、爱尔兰总统希金斯、巴基斯坦总统侯赛因和美国前总统卡特等34人。

八、校友、校董和筹资工作。推进并完善院系校友、筹资等两级管理体系，在11个院系开展校友数据库校院两级管理系统试点；在6个院系设立基金会分会。2014年，复旦大学财务处捐赠收入6567.34万元（包括来自复旦大学教育发展基金会〈上海/海外〉捐赠的5048.62万元）；上海复旦大学教育发展基金会接受社会捐赠收入8164.93万元；复旦大学教育发展基金会（海外）接受社会捐赠收入约1163.79万元。复旦大学财务处捐赠支出5870.61万元，其中包括复旦大学教育发展基金会〈上海/海外〉委托的捐赠支出3778.45万元，上海复旦大学教育发展基金会项目支出4718.84万元，复旦大学教育发展基金会（海外）项目支出约1380.76万元。捐赠支出主要用于奖学金、奖教金等各类奖励以及学校学科发展、基础设施建设等。

九、后勤保障工作。①提升信息管理和服务水平。完善信息管理服务平台，完成教师个人数据中心的升级和研究生个人数据中心上线试运行。启动院系数据中心建设。2014年学校获“中国教育和科研计算机网CERNET建设20周年突出贡献奖”。②全年校园基本建设在建项目8项，总建筑面积17.78万平方米，其中新开工项目4个（江湾校区化学楼、环境科学楼、物理科研楼，枫林校区一号医学科研楼），总建筑面积达13.34万平方米。完成枫林校区部分师生、生命科学学院的搬迁工作，枫林校区改扩建工程顺利推进。③着力解决师生关心的民生问题。进一步完善公租房政策，增加租住套数，缓解青年教师住房困难。实施一批涉及群众切身利益的实事项目，如开展邯郸路以南校区的综合整治；加强校内修读点建设；加大校区班车频次；启用节能监管平台，完成光华楼节能改造，完成北区学生公寓空气源热水器改造工程；在教职工常规体检中增加了相关肿瘤检测的化验指标；更新升级“教职工补充医疗保障计划”等。（甄炜旎）

【多名学生获奖】 10月，在由美国麻省理工学院举办的国际遗传工程机器设计竞赛（iGEM）世界锦标赛中，生命科学学院组织的iGEM团队获得大赛金奖。3月，在第五届全国大学生数学竞赛（决赛）中，获一等奖3人，二等奖3人。9月，在全国大学生数学建模竞赛中，获全国一等奖1项，二等奖9项。2014年全国大学生电子设计竞赛嵌入式系统专题邀请赛（英特尔杯），信息科学与工程学院2个参赛队获得全国一等奖；2014年全国大学生电子设计竞赛模拟电子系统专题邀请赛（TI杯），信息科学与工程学院2个参赛队获得全国二等奖。第38届ACM国际大学生程序设计竞赛全球总决赛，获得第19名；第31届全国部分地区大学生物理竞赛中，获得上海市一等奖8人；第五届中国大学生物理学术竞赛（团队赛）二等奖；2014年国际遗传工程机器设计竞赛世界锦标赛（团队赛）金奖。第三届全国大学生基础医学创新论坛暨实验设计大赛创新论坛一等奖1项，二等奖1项，三等奖1项，实验设计三等奖1项；全国大学生药苑论坛创新成果一等奖1项。先进材料实验室2012级博士研究生仰志斌获“2013上海大学生年度人物”称号。艺术教育中心复旦剧社的原创军旅题材话剧《天之骄子》获中国校园戏剧奖金奖，复旦大学获优秀组织奖。（甄炜旎）

【获国家科技进步奖2项】 学校附属中山医院董健领衔的“专家解答腰椎间盘突出症”、学校附属华山医院朱剑虹领衔的“脑组织修复重建和细胞示踪技术及转化应用”项目获国家科技进步奖二等奖。（甄炜旎）

【新增科学研究计划项目6项】 全年新增“973”计划1项，为基础医学院马兰“精神活性物质成瘾记忆的形成和消除”；新增重大科学研究计划4项，分别为物理系吴义政“受限磁结构中的自旋相关输运及其动力学”、生物医学研究院雷群英“代谢应激和肿瘤发生发展中蛋白质修饰动态调控及生理病理效应”、生物医学研究院文波“长非编码RNA在精子发生中的功能及机制”以及附属妇产科医院李大金“母—胎交互对话异常致妊娠相关重大疾病的分子机制”；新增973计划青年科学家专题1项，为计算机科学技术学院杨珉“移动应用恶意行为检测控制的基础理论与关键技术”。（甄炜旎）

【获国家杰出青年科学基金项目7项】 药学院蒋晨、信息学院李翔、物理学系张远波、脑科学研究院

杨振纲、化学系邓春晖、吴宇平、生物医学研究院徐彦辉共7人获得国家杰出青年科学基金项目资助。（王小华）

【多篇论文在国际顶级学术刊物发表】 3月，《自然·纳米技术》刊载物理系张远波课题组论文《黑磷场效应晶体管》。8月，《柳叶刀》刊载附属儿科医院黄国英课题组研究成果，发现一种在新生儿出生后24至72小时内采用"心脏听诊和经皮血氧饱和度测试"的简易方法，两三分钟内就可对新生儿先天性心脏病进行筛查。《自然·纳米技术》在线发表物理系吴施伟、刘韡韬、龚新高等合作成果。《自然·细胞生物学》在线发表生命科学学院钟涛研究团队关于心脏发育和细胞纤毛生物学的研究成果。10月，《自然》刊载周鸣飞团队联合研究成果"IX价铱化合物的表征"，12月，该成果入选《化学化工新闻》2014年十大化学研究。11月，《先进能源材料》刊载先进材料实验室郑耿锋课题组论文"Reduced Mesoporous Co3O4 Nanowires as Efficient Water Oxidation Electrocatalysts and Supercapacitor Electrodes"，并被选为封面。（甄炜旎）

【课程《大数据与信息传播》上线MOOCs平台】 4月1日，登录全球MOOCs平台的首门课程《大数据与信息传播》在Coursera平台上线，由新闻学院教授程士安执鞭。（甄炜旎）

【多位外国政要到访】 5月20日，巴基斯坦总统马姆努恩·侯赛因到访，出席《乌尔都语汉语词典》新书发布会。5月22日，联合国秘书长潘基文到访，并作演讲。9月9日，美国前总统吉米·卡特携夫人罗斯琳·卡特和美国卡特中心人员一行到访。12月12日，爱尔兰总统迈克尔·希金斯携夫人一行到访，并作演讲。（甄炜旎）

【杨利伟到校授课】 12月2日，航天英雄杨利伟将军应邀到校，为《军事理论》共享课程授题为"勇于担当、共筑梦想"的跨校直播互动课。（甄炜旎）

【举办首届"中国大学智库论坛"】 12月6—7日，首届"中国大学智库论坛"在复旦大学举行。论坛由教育部和上海市政府共同指导，复旦大学和论坛秘书处主办。论坛主题为"建设法治中国，推进国家治理体系和治理能力现代化"。教育部副部长李卫红、上海市副市长翁铁慧出席论坛年会并致辞。全国人大、全国政协、最高人民法院、最高人民检察院、中国法学会相关部门领导和高校知名专家到会作专题报告。来自全国75所高校的近300位专家学者参加论坛研讨。（甄炜旎）

首届"中国大学智库论坛"年会举行

附：学校负责人及地址

（2014年1—12月）

校党委书记：朱之文
副　书　记：陈立民、袁正宏、刘承功、尹冬梅
校　长：杨玉良（10月离任）　许宁生（10月到任）
常务副校长：陈晓漫
副校长：蔡达峰、桂永浩、许　征、金　力、冯晓源、陆　昉、林尚立

邯郸校区地址：邯郸路220号
邮编：200433
电话：65642222

枫林校区地址：医学院路138号
邮编：200032
电话：54237900

张江校区地址：张衡路825号
邮编：201203
电话：51355003

江湾校区地址：淞沪路2005号
邮编：200438
电话：51630011

上海交通大学

【2014 年概况】 学校的各项建设取得突出的成绩。

人才培养方面。启动工科专业国际认证，完成机械工程、电气工程与自动化、建筑学、材料科学与工程等 4 个专业的国际标准认证。新增国家级视频公开课建设课程 6 门。致远学院、交大密西根学院等试点学院 90%以上的毕业生达到世界 TOP20 大学毕业生的水平。学生就业率保持在 95%以上，其中到国家重点行业就业率超过 50%。研究生教育质量持续提升，获上海市优博论文 49 篇，优硕论文 22 篇，蝉联上海之首。新增全英文授课学科 14 个，总计 40 个，新增交换生项目 7 个，新增国家留学基金委优秀本科生国际交流项目 12 项，海外游学比例达到 38%。完成了留学生管理机构调整，出台了留学生教育发展系列政策，学位留学生新生人数比 2013 年增长 45%，其中，研究生学位留学生新生增长 89%。学生工作成绩突出，在首届“创青春”创业大赛中摘取 5 金 1 银，获冠军奖杯。

师资队伍建设方面。2014 年教师中拥有博士学位比例增加 2.6%，达到 82.9%；拥有海外博士学位比例增加 2.7%，达到 26.7%。新引进 2 位双聘院士，两院院士总计 41 人；新增“973”首席/重大科学计划 6 人，总计 50 人；8 人入选长江学者特聘教授，3 人入选讲座教授，总计 128 人；新增杰出青年基金获得者 6 人，总计 101 人；24 人入选上海千人计划，总计 110 人，继续保持在上海高校中的领先地位；新增优秀青年基金获得者 10 人，总计 37 人；新增基金委创新群体 2 个，总计 12 个。

科学研究方面。自然科学基金项目申报数、青年基金项目数、面上项目数、项目总数、资助总经费等五项指标继续保持全国第一，2014 年实现重点项目数全国第一。10 个国家社科基金重大项目获批，项目数位居全国第二；作为独立完成单位获国家级教学成果奖 6 项（其中，一等奖 2 项、二等奖 4 项），获奖数目全国最多；科研经费总额首次突破 25 亿，达到 26.1 亿。高水平论文达到 4901 篇，其中，SCI“表现不俗”论文数为 1922 篇，同比增加 881 篇，排名上升一位，位居全国高校第二。IFSA、高新船舶与深海开发装备、未来媒体网络等 3 个协同创新中心获得认定，成为目前获得协同创新中心认定数量最多的高校。转化医学国家重大科学基础设施可行性研究报告通过国家发改委评估论证。经过多年国际合作形成的“1+6 国际联合体”——“代谢与发育科学国际合作联合实验室”通过教育部立项建设论证。研究形成以“科研倍增、压力传递、师资提升、高端引领”为核心的文科未来 10 年发展规划。2014 年，社会科学 ESI 排名全球前 0.4%。实现青年“973”项目突破，师咏勇、向导老师分别获得立项；侯宗宇老师获得国防“973”立项。

国际化办学方面。成立上海交大—南加州大学文化创意产业学院；与耶鲁大学合建生物医学统计研究中心；与悉尼大学签署生物医学工程联合研究联盟协议；医学院与渥太华大学医学院联合成立上海—渥太华联合医学院，是中国和国外大学共建的第一个联合医学院；数学系入选首批“国际化示范学院”建设单位。

现代大学制度建设方面。学校综合改革方案得到国家教改办批准，成为全国第三个综合改革方案获批的高校。在“C9”高校中率先通过教育部对《大学章程》的核准。《自然》杂志发表了上海交通大学改革“三步走”的文章，向全世界介绍中国大学的教育改革经验。实施五项关键领域的改革：在人才培养模式改革上，推行致远荣誉计划和致远计划招生模式，实施工科大平台招生与培养模式改革，全面建设人才培养质量控制体系，加强研究生学位留学生培养工作。在人事制度改革上，启动学术荣誉体系、长聘教职体系建设，完成分类发展改革中期检查，构建“分类晋升、分类考核、薪酬激励”的多维度人才发展机制等。在科研体制改革上，出台科研激励政策调整方案，规划完善国防科技创新体系，制定新的中央高校基本科研业务费使用方案，调整“横向”科研策略及其经费管理办法，完善专职科研队伍建设等。在综合预算改革上，建立校院两级办学成本核算和财务决策分析机制，出台《关于学院财务综合预算改革试点工作的实施意见》，7个试点院系综合预算改革稳步推进，启动2015年全口径财务综合预算编制等。在管理机制改革上，实现行政管理与行政服务分离，优化职能配置，减少部门职责交叉和分散。推进院系综合预算管理试点。修订学术委员会章程、清理领导小组和委员会、清理院系内设三级机构、研究完善各级学院管理规范。持续推进规章制度清理，推动各项行政制度的立、改、废和规范化运作，确认有效规范性文件413件，形成处置方案文件140件。

实事工程建设。建成闵行校区第一座拥有室内游泳功能的体育场馆——致远游泳健身馆。建成李政道图书馆(全国唯一珍藏诺贝尔奖章原件的图书馆)。与上海市教委、闵行区共建交大附中闵行分校。完成徐汇校区、闵行校区部分餐厅的改造。完成铺设并启用“包玉刚健步道”(一期)。进一步加大与浦东新区、徐汇区、闵行区、奉贤区、市规土局、紫竹国家高新技术产业开发区等上海地方县区合作。与云南省共建云南(大理)研究院;与贵州省合作建设先进产业技术研究院和肿瘤研究所项目;对云南省洱源县的服务项目获得“国家定点扶贫先进集体”称号。 (章玲苓)

【韩正等到校视察、调研】 1月8日，中共上海市委常委、统战部部长沙海林到上海交大徐汇校区调研“两岸关系研究基地”建设发展。4月15日，全国政协副主席董建华访问上海交大。6月14日，上海市副市长翁铁慧等到校就协同创新中心建设和交大综合改革方案进行调研。7月9日，全国人大常委会副委员长严隽琪视察了上海交大农业与生物学院位于青浦区金泽镇河祝村瓢河村污水收集与处理工程。7月17日，上海市政协副主席王新奎一行到校访问。7月18日，上海市政协主席吴志明到校调研。7月25日，科技部党组书记、副部长王志刚一行到校调研。9月18日，上海市委常委、组织部长徐泽洲一行到校调研。11月12日，中共中央政治局委员、上海市委书记韩正赴上海交通大学调研。12月11日，上海市委副书记应勇到校调研。12月31日，教育部副部长鲁昕参加上海交通大学召开2014年度领导班子民主生活会。 (章玲苓)

【姜斯宪当选上海市人大常委会副主任】 1月23日，在上海市第十四届人民代表大会第二次会议第三次全体会议上，上海交通大学党委书记姜斯宪当选为上海市人大常委会副主任。 (章玲苓)

【综合改革方案获国家批准】 2月25日，学校成立由党委书记和校长任双组长的综合改革领导小组，负责学校综合改革的顶层设计、整体推进、监督落实。6月3日，校党委常委会审议通过综合改革方案草稿。6月9日报教育部，10月20日提交综合改革方案修订稿。12月29日，继“两校一市”后，上海交大综合改革方案获国家教改办批准。上海交通大学综合改革方案进入正式启动、全面实施阶段。 (章玲苓)

【获韬奋出版奖】 10月30日，第十二届韬奋出版奖评选在京揭晓，上海交通大学出版社社长韩建民等20位优秀出版工作者荣获本届韬奋出版奖。近年来，上海交大出版社紧紧围绕国家经济社会发展大局，坚持“专业规模化、产品经营化、业态数字化、平台国际化”理念，相继策划出版“大飞机出版工程”、《远东国际军事法庭庭审记录》等重要出版工程，成为中国学术出版“走出去”的排头兵，被誉为在“为民族做事”、“出版为国家重大战略服务”的典范。 (章玲苓)

【被授予“全国优秀科技工作者”称号】 12月15日，上海交大6位教授被授予“全国优秀科技工作者”称号，他们是：机械与动力工程学院林忠钦院士，机械与动力工程学院丁国良教授，电子信息与电气工程学院毛军发教授，生命科学技术学院姜宗来教授，医学院附属瑞金医院王卫庆教授，医学院附属第九人民医院张陈平教授。（章玲苓）

【获国家级教学成果奖】 9月4日，教育部公布了第七届国家级教学成果奖（2009—2014年）获奖成果名单，上海交通大学13项成果获2014年国家级教学成果奖。其中，12项为高等教育国家级教学成果奖。这12项中，上海交通大学作为独立完成单位获奖成果6项，一等奖2项（张杰为主要完成人的“基础学科拔尖创新人才培养的‘致远’模式的探索与实践”、林志新为主要完成人的“生命科学公共课程体系的构建与实践”）、二等奖4项（黄震为主要完成人的“创新机制和举措，提高博士生培养质量”、奚立峰为主要完成人的“国际产学合作，建设设计与制造系列课程，培养学生综合工程能力”、毛丽娟为主要完成人的“优秀运动员学生全面培养及转型发展的探索和实践”、黄钢为主要完成人的“模拟医学平台结合示范病区，构建全面提升学生临床能力的新教学模式”）；作为参与完成单位获奖成果6项，特等奖1项、二等奖5项。此外，以交大附中为独立完成单位获基础教育国家级教学成果二等奖1项。（章玲苓）

【张杰在《自然》杂志上发表署名文章】 10月16日，上海交通大学校长、中国科学院院士张杰在《自然》杂志发表《中国大学“三步走”改革——高水平师资队伍是建设世界一流大学的关键》的署名文章。文章阐述了中国高等教育发展的宏观背景、研究能力与科技产出取得的长足进步以及存在的问题，概述了他在上海交通大学如何通过系统、制度性的改革创造出创新文化氛围以及提升创新研究能力。张杰认为，如果中国研究型大学要建成世界一流大学，需要推进一系列的改革。大学的核心战略应该是落实一个全方位的激励系统框架来不断提高水平。（章玲苓）

【《Science》杂志报道上海交大暗物质探索实验成果显著】 8月26日，《Science》杂志以《探索暗物质，中国团队迎头赶上》为题，报道了上海交大牵头的PandaX科研团队暗物质探索实验取得显著成果，该实验识别WIMPs（弱相互作用重离子）的灵敏度已经达到了国际上较为领先的水平。接受采访的国际上其他几个实验合作组肯定PandaX研究团队“在暗物质研究领域取得了非常快速的发展”。《Science》文章详细介绍了PandaX研究团队、研究项目以及实验的进展情况。文章称，PandaX研究团队组建仅四年时间，建成了世界上最深的地下实验室，并利用120公斤重的液氙探测器经过17天的数据采集，没有捕捉到WIMPs的信号。相比于国外发展较早的XENON100实验，PandaX的首次探测结果在灵敏度上表现更佳。（章玲苓）

【耶鲁大学校长被授予上海交通大学名誉博士】 3月19日，上海交通大学2014年研究生毕业典礼暨学位授予仪式举行。会上同时举行耶鲁大学校长彼得·沙洛维名誉博士授予仪式。副校长徐学敏宣读了国务院学位委员会文件《关于同意授予彼得·沙洛维名誉博士学位的通知》，彼得·沙洛维作演讲。同一日，上海交通大学和耶鲁大学共建的上海交大—耶鲁联合中心宣告成立。张杰与彼得·沙洛维签署了两校共建联合中心协议。

（章玲苓）

【安泰经济与管理学院恢复建院30周年】 6月11日，上海交通大学安泰经济与管理学院恢复建院30周年大会举行。全国MBA教育指指导委员会主任、国家自然科学基金委员会管理科学部主任吴启迪，上海交通大学党委书记姜斯宪，校务委员会名誉主任、原校党委书记马德秀，原校长谢绳武等以及学院主要领导、老领导，机关部处有关领导，校友代表、学院师生出席。（章玲苓）

【中欧国际工商学院创办20周年】 11月7日，中欧国际工商学院二十周年庆祝大会在中欧上海校园举行，第十一届全国人大常委会副委员长、教育部原部长陈至立，上海市人大常委会副主任、上海交通大学党委书记姜斯宪，欧盟驻华大使馆临时代办，上海交通大学校长、中欧国际工商学院董事长张杰，中欧国际工商学院中、欧双方院长以及董事等出席大会。

比利时、意大利、瑞士、法国、卢森堡和罗马尼亚等欧盟成员国驻上海总领事馆的官员以及清华大学经济管理学院院长等海内外商学院代表出席大会。会议宣读了全国人大原委员长吴邦国的贺信、中共中央政治局委员，上海市委书记韩正在学院的书面汇报上所作的批示并转达了上海市市长杨雄的祝贺。会上，国务院新闻办原主任、中国人民大学新闻学院院长赵启正等发表演讲。（章玲苓）

【附属仁济医院建院170周年】 10月17日，上海交通大学医学院附属仁济医院建院170周年暨仁济慈善基金成立大会举行。中央政治局委员、上海市委书记韩正，全国人大常委会副委员长陈竺，全国人大常委会副委员长严隽琪，上海市委副书记、上海市市长杨雄，市人大常委会主任殷一璀，市政协主席吴志明，市委常委、浦东新区区委书记沈晓明等致信致电表示祝贺。中外嘉宾200余人到会祝贺。会上举行了“上海—渥太华联合医学院”揭牌仪式、“仁济慈善基金”成立仪式、《仁济人名录》首发式暨“院树院花”评选揭晓以及2013—2014年度“优秀仁济人”颁奖盛典。（章玲苓）

【主办重大基础设施可持续发展国际会议】 5月16日，重大基础设施可持续发展国际会议开幕。本次会议由中国土木工程学会、美国土木工程师学会和上海交通大学共同主办，世界工程组织联合会、英国土木工程师协会、国际结构安全度与可靠度学会等10个国际组织和中国科学技术协会、中国工程院等两个国内单位联合协办。会议为期三天，是历史上中国土木工程学会和美国土木工程师学会首次联合主办的国际学术会议。

（章玲苓）

【李政道图书馆落成】 12月28日，李政道图书馆落成仪式举行。上海交通大学校长张杰，全国政协教科文卫体委员会副主任、上海交通大学原党委书记马德秀，原校长谢绳武，校党委副书记朱健，副校长张安胜，李政道长子李中清教授，台湾东华大学，香港科技大学，上海图书馆，上海社科院，以及清华大学、北京大学等高校图书馆代表，上海交通大学师生代表出席落成仪式。上海交通大学校长张杰院士、李中清教授共同为“李政道图书馆”牌匾揭幕。当天，由上海交通大学物理与天文系及李政道图书馆共同主办的同步辐射国际科学研讨会在李政道图书馆召开。（章玲苓）

【获首届“创青春”全国大学生创业大赛“冠军杯”】 11月4日，首届“创青春”全国大学生创业计划大赛决赛在武汉华中科技大学落幕。本届大赛共有全国1200余所高校、近10万件参赛作品，百万大学生参与，200多家国内外知名企业观摩。经过各省市赛区的选拔，共有来自全国32个省区市及港澳地区共669件作品入围终审决赛。上海交大入选团队超过30支，作品涉及农业、能源、材料等多个领域。最终，6支团队进入决赛，取得5金1银的佳绩，并获得首届“创青春”全国大学生创业大赛“冠军杯”。（章玲苓）

上海交通大学获“创青春”全国大学生创业大赛“冠军杯”

附:学校负责人及地址

（2014年1—12月）

校党委书记:姜斯宪
常务副书记:郭新立(4月到任)
副书记:孙大麟、朱　健、张安胜(4月离任)、胡　近

校　　长:张　杰
常务副校长:林忠钦
副校长:陈国强、蔡　威、吴　旦、黄　震、张安胜、梅　宏、徐学敏

闵行校区地址：东川路 800 号
邮编：200240
总机：54740000

徐汇校区地址：华山路 1954 号
邮编：200030

黄埔校区地址：重庆南路 227 号
邮编：200025

长宁校区地址：法华镇路 535 号
邮编：200052

七宝校区地址：七莘路 2678 号
邮编：201101

上海交通大学医学院

【2014 年概况】 学院有教职医护员工 24692 人，具有高级职称在职人员 2739 人。其中，中国科学院院士 1 人，中国工程院院士 9 人，中组部“千人计划”9 人，中组部“青年千人计划”10 人，上海市“千人计划”22 人，“长江学者”特聘教授 16 人，“长江学者”讲座教授 8 人，国家“973”项目首席科学家 15 人次，国家杰出青年基金获得者 27 人，人社部百千万人才工程国家级人选 26 人，卫生部有突出贡献中青年专家 13 人，上海市领军人才 60 人，上海市东方学者特聘教授 37 人、讲座教授 10 人、团队 1 个。学院专任教师 640 人，专任教师中具有高级职称的 277 人，具有博士学位的 400 人。3 人入选中组部“青年千人计划”，6 人入选上海市“千人计划”，4 人入选“长江学者”，3 人入选“百千万人才工程国家级人选”，3 人享受“国务院政府特殊津贴”，14 人入选“东方学者”。9 人入选上海市领军人才，21 人入选上海市卫计委“上海青年医师培养资助计划”，12 人入选上海市教委“青年东方学者”，8 人入选“上海高校青年教师培养资助计划”，104 人入选市教委“国外访学进修计划”，24 人入选市教委“产学研践习计划”。高小玲获上海市人才发展基金资助，医学院黄钢等获国家级教学成果二等奖，附属仁济医院房静远获“上海市教书育人楷模”称号，基础医学院陈广洁等 6 人获“上海市育才奖”。全年共招收博士后 64 人，出站 36 人。

学院录取本科生 606 人（含港澳台学生 24 人）。录取研究生 1391 人。其中，博士生 440 人（含港澳台学生 2 人），硕士生 951 人（含港澳台学生 15 人，留学生 8 人，住院医师专业学位硕士 212 人）。继续教育学院招生 1759 人，其中，五年制本科 296 人，三年制专升本 1463 人。网络教育学院录取新生 3141 人。全年获国家级公开视频课程 1 项，上海市精品课程 3 门，上海市全英语建设项目 3 项，通过验收 2 门，获上海市教委重点教学改革项目 2 项。《常见慢性病的健康管理》成为国内首门护理慕课。新增“十二五”普通高等教育本科国家级规划教材 9 本。

年内，学院共有毕业生 1671 人，其中，本科及长学制毕业生 603 人，研究生 1068 人，总体就业率为96.8%。授予博士学位 340 人、硕士学位 731 人。继续教育共有本科、专升本和专科 3 个层次及临床医学、口腔、检验和护理等 9 个专业毕业生 1422 人，其中有 85 名学生获学士学位。网络教育学院毕业学生 3104 人，其中，本科生 1472 人，专科生 1632 人，获学士学位 16 人。

学院成立学生工作指导委员会，改革学生工作体制，贯通本科生、八年制学生、研究生工作体系。创新“班导师”工作机制，加强和改进大学生思想政治教育。开展诚信教育、礼仪教育，加强医学生理想信念、思想道德和心理健康教育。发挥易班、微信等新媒体优势，拓展学生思想教育阵地。开展学生社会实践和青年志愿者服务。2014年，附属儿童医学中心江帆获“中国五四青年奖章”，附属瑞金医院方琼当选“上海十大杰出青年”，3人获“上海市青年五四奖章”，4个集体当选“上海市青年五四奖章集体”。

学院系统各附属医院全年完成门急诊3088.58万人次、出院病人78.98万人次、住院手术52.16万人次，同比增长9.5%、12.4%和14.6%。医学院系统共有74个国家重点临床专科建设项目(不含中医)，占上海市同类项目总数的54%。专病诊治中心共建立专病数据库55个，专病临床样本库54个。学院初步建成医疗服务信息查询平台，成立上海医疗质量研究中心。参与上海国际医学中心建设；组织赴摩洛哥援助医疗队，落实援建新疆喀什地区第二人民医院、云南地(州、市)医院以及亚信峰会医疗保障等任务。年内，附属瑞金医院宁光和仁济医院夏强获第九届“中国医师奖”。

强化住院医师规范化培训。医学院各附属医院共招录住院医师846人。10家附属医院获准成为国家第一批住院医师规范化培训基地，5家附属医院成为国家级全科医师临床培养基地建设项目单位。加强专科医师培训，调整成立医学院毕业后医学教育专家委员会。新增106个专科医师规范化培训基地，总数共计191个。各培训基地共招录专科医师573名。

学院获各级各类科研项目(课题)1650项，总经费5.7亿元。其中立项纵向课题1410项，经费5.25亿元。在纵向课题中，国家级课题484项，经费3.53亿元；获科技部“973”、“863”项目6项、国际科技合作专项1项。获国家自然科学基金项目数476项，经费总额2.83亿元，继续名列全国医学院校第一。获各级科技成果奖74项，其中国家科技进步二等奖2项、高等学校科学研究优秀成果奖8项、中华医学科技奖10项、上海市科学技术奖14项、华夏医学科技奖13项、上海医学科技奖20项。附属第九人民医院张志愿获“何梁何利科学与技术进步奖”，附属第九人民医院戴尅戎获“吴阶平医学奖”，附属瑞金医院宁光获“吴阶平医药创新奖”，附属瑞金医院赵维莅、谢静远获第七届“上海市青年科技英才”称号。2014年，医学院在SCIE被收录的论文共2410篇。申请专利146项，其中中国发明专利105项，PCT(Patent Cooperation Treaty，专利合作条约)发明专利3项，中国实用新型专利38项。授权专利133项，其中中国发明专利60项，美国发明专利4项，中国实用新型专利69项。

2014年，学院推进转化医学国家重大科技基础设施建设项目实施，推进国家儿童医疗中心以及上海市高峰高原学科申报工作。完成“985工程”三期科技创新平台——转化医学研究院建设，并通过验收。推进“系统生物医学协同创新中心”建设。“教育部环境与儿童健康重点实验室”、“上海市辅助生殖与优生重点实验室”分别通过教育部和市科委验收。新建“上海市耳鼻疾病转化医学重点实验室”，获批立项建设上海高校各类研究基地6个。

扩大国际化办学。成立“上海—渥太华联合医学院”，成为国内医学教育领域第一所获得教育部正式批准的中外合作医学院。与14家海外医学院校或机构签署合作协议。接待海外高层次专家、学者、官员到访55批次312人次。申报教育部“海外名师”项目1项；获上海市“海外名师”项目2项，上海交通大学“学术大师”项目1项、“引智计划”项目8项、“985”三期国际会议专项资助6项。

根据上海市教育综合改革和建设亚洲医学中心城市的战略部署，启动“上海交通大学(医学院)浦东校区”筹建申报工作。强化区域性医疗、教学与科研合作。成立上海交通大学医学院虹桥国际医学研究院。完成公共卫生学院长宁实验中心建设。推进与上海市疾控中心在教学、科研方面的合作。

年内获“上海市平安示范单位”和“上海市安全文明校园”称号。 (葛鹏程)

【上海—渥太华联合医学院揭牌】 10月17日，由上海交通大学医学院和加拿大渥太华大学医学院联合成立的“上海—渥太华联合医学院”揭牌，并落户附属仁济医院。该项目是我国临床医学教育领域唯一一项获教育部批准的与北美高水平合作的办学项目，也是上海唯一一家获教育部批准的临床医学本科专业（英语）中外合作办学项目。

（袁蕙芸、杨　静）

“上海—渥太华联合医学院”揭牌

【实施骨干教师教学激励计划】 年内，学院作为市教委“骨干教师教学激励计划”首批4所试点高校之一，制定并落实《骨干教师教学激励计划实施方案》，组建成立34个教学团队，以“器官系统为主线，淡化学科，融形态与功能、基础与临床、医学与人文为一体”的新课程体系开展教学。

（葛鹏程）

附：学院负责人及地址

（2014年1—12月）

院党委书记：孙大麟
副　书　记：唐国瑶

院　长：陈国强
副院长：黄　钢、陈红专、章　雄、郭　莲

地址：重庆南路227号
邮编：200025
电话：63846590

同 济 大 学

【2014年概况】 2014年是同济大学建设“以可持续发展为导向的世界一流大学”的第一年。学校深入学习贯彻党的十八届三中、四中全会和习近平总书记系列重要讲话精神，坚持改革、追求卓越，以人才培养为中心，推进事业发展。

截至12月，同济大学设有36个学院（系）和二级办学机构、7家附属医院、4所附属中学。有四平路、嘉定、沪西、沪北4个校区，占地面积2.57平方公里，校舍总建筑面积1681968平方米，图书馆总藏书量437.1万余册。

全日制本科生18005人，硕士研究生13644人，博士研究生4504人。另有攻读学位外国留学生2477人。拥有专任教师2674人，其中，专业技术职务正高级886人，中国科学院院士7人，中国工程院院士7人，第三世界科学院院士2人，美国工程院外籍院士1人，瑞典皇家工程科学院外籍院士1人。中组部“千人计划”学者30人，教育部“长江计划”特聘（讲座）教授27人，“973项目”首席科学家（含国家重大基础研究计划）22人，国家杰出青年科学基金获得者34人，国家级教学名师5人。国家自然科学基金创新群体3个，教育部创新团队7个，国家级教学团队6个。

学科设置涵盖工学、理学、医学、管理学、经济学、哲学、文学、法学、教育学、艺术学10个门类。现有本科招生专业75个（其中50个专业按17个专业大类招生），硕士学位授权学科点涵盖一级学科55个，专业硕士学位授权点17个，工程硕士授权领域26个，博士学位授权学科点涵盖一级学科31个，专业博士学位授权点3个，博士后流动站25个。所有学科中，有国家一级重点学科3个、二级重点学科7个、二级重点学科（培育）3个、上海高校一流学科17个。学校有3个国家重点实验室、1个国家工程实验室、5个国家工程（技术）研究中心以及28个省部级重点实验室和工程（技术）研究中心。

（一）注重内涵发展，提高人才培养质量。学校组建考试招生改革研究团队，改革招考制度改革，实施“苗圃计划”、“筑梦计划”、“校友导师”、“暑期学校”、博士入学审核制等各项改革举措。2014年，学校本科招生4050人，基本实现“十二五”本科招生规模的规划目标；硕士研究生4196人，其中推荐免试生占45%；博士生904人，其中直升博士占26%。2014年毕业生就业率达97.48%。

推进“一拔尖、三卓越”计划。获批上海市首批国际型“卓越新闻传播人才教育培养基地”。新增“工程（土木）—法学”等4个“人才培养模式创新实验区”。通识教育体系建设不断完善。核心课程体系完成总体布局；思政教育着力提升课堂内涵；跨学科公选课《可持续发展与未来》使更多学生受益，学校通识教育的可持续发展特色凸显；大力改革德语教育，注重发挥对德传统优势。探索科教结合的创新创业教育体系，建立与之相适应的师资队伍和激励机制。2014年，学校获评“国家大学生创新创业训练计划实施工作先进单位”；同济学子获国际级奖项近300人次，获国家级奖项近700人次；“同济创业谷”获评上海市创业孵化示范园，入驻项目59个，近300名学生成为首批“创业谷会员”。在“创青春”全国大学生创业大赛上，学校获3金1银2铜，列全国第9名；获批“建筑规划景观”虚拟仿真国家级实验教学示范中心。合作或单独获得国家教学成果特等奖1项、一等奖1项、二等奖3项；3项实验教学类成果获上海市教学成果一等奖，列全市高校之首；共立项国家级“十二五”规划教材51种83册，跻身全国前十。

推进研究生教育综合改革，构建创新型高层次人才培养平台。改革研究生指导教师评聘制度，扩大学位分委员会导师资格审核自主权，推进导师的“两岗合一”和“两权分离”。修订培养方案，推进本硕博培养衔接贯通。第10个“可持续发展辅修专业”开办，按照“双导师”制模式培养的“环境与可持续发展”交叉学科博士生招生进入第二届。学校在全国研究生数学建模竞赛中获奖队数列全国第一。学校13位专家入选国务院学位委员会学科评议组成员，比往届新增4位。校学位评定委员会、分委员会、学科委员会及专业学位研究生教指委完成换届工作。

学校中德学部及中德清洁水创新研究等项目列入中德政府联合发表的《中德合作行动纲要》。对欧合作进一步加强，对美合作有新发展，与联合国机构的合作不断深化，充分发挥平台学院对人才培养的实质性作用，新签/续签交流合作和双学位培养等协议74份，召开国际会议49次。年内，全校共5600多人次出访，其中学生3200多人次；全年在校留学生5225人，其中学历学位生约占37%。学校22个学院共520多名学生参加港澳台暑期学校，与台湾逢甲大学、世新大学和香港理工大学合作举办“联合大学”，两岸三地四校400多名学生参加，实行学分互认。

加强校园文化和体育工作。围绕110周年校庆，举办土木系科百年华诞纪念活动，推进相关史书、志书编写，完善校区命名。“闻学堂”获首届全国高校图书馆服务创新大赛二等奖。举办《绿色校园》主题展览，开展“纸资源循环计划”、“绿色寝室垃圾分类”、“光盘行动”、“无烟校园”等上百项次形式多样的社团活动，吸引万余学生参与可持续发展传播和实践。提高体育教学质量，重点建设足球、羽毛球、健身塑形、游泳项目。实施学生体质健康测试工程，学生体质测试达标率从78%上升到91%。同济大学高水平运动队在仁川亚运会夺得3金1银1铜。校园足球联盟建设成效显著，代表高校在全国有关会议上作经验交流。

（二）改革人事制度，加强师资队伍建设。建设人才梯队，主动赴海外招聘人才。年内，学校5人入选长江学者（特聘教授2人，讲座教授3人），19人进入“青年千人”面试；5人入选上海千人计划，3人入选上海领军人才。引进2名长江学者（特聘教授）。设立同济大学人才基金，首批基金用于支持基金委优青计划、中组部青年拔尖创新人才计划入选者。向国外“引智”，聘请长期专家120人、短期专家1757人次，学校芬兰籍客座教授索达曼荣获中国政府友谊奖。

试行教学型师资培育、聘任、考核制度。实施高等研究院“基础学科高水平领航人才计划”，在数学、物理、化学、力学、海洋、生物、材料科学、人文社科等基础学科设立特聘研究员岗位。

区分教师类别和年龄层次，对新进教师、辅导员、研究生导师、管理人员等开展专项培训。举办教师午餐沙龙、艺术人文沙龙、青年读书沙龙、学院开放日、青年教师素质拓展活动，提升教师素质。

以“小机关、大服务”为改革思路，梳理党政机关管理岗位，实施《机关岗位设置管理办法（试行）》。校办等单位首批开展定编、定岗、定责工作试点；教学系统（教务处、研究生院、招办、质管办）启动大部制改革，成立面向师生的专项服务中心。完善派遣制员工360度考核系统，变更合作公司，推动人才派遣制度逐步转型。

实施以二级单位为管理主体的校内岗位津贴增量以及奖励性绩效津贴的发放工作，完成绩效工资改革的具体测算和方案制订，完善校内分配体制，进一步提高教职工收入。土木工程学院实施《试点学院教职试点岗位教师评聘办法》，完善“终身教职资格制”，通过教师评聘、薪酬保障、动态考核、岗位荣誉相结合的方式，形成有效的全方位激励机制，建设适合一流学科发展的师资队伍。

（三）科研和协同创新。“985工程”三期通过上海市验收。建立学科专业的动态调整机制，完成一级学科教师归队，确定“985工程”人才队伍建设和学科建设过渡经费建设方案。制定学校高峰、高原分层建设的学科建设计划，积极争取上海市高峰高原学科计划。

及时跟踪对接科技部、国家自然科学基金、教育部等新的科技计划体系和重点布局，出台10余项科研管理政策，谋划“十三五”科研。2014年学校获国家重大科学研究计划1项，杰出青年基金1项，优秀青年科学基金5项，自然基金重点项目10项，自然科学基金项目批准数列全国高校第12位。

“智能型新能源汽车协同创新中心”入选“2011计划”，成为上海市首批国家协同创新中心。学校共牵头8个协同创新中心，5个列入上海市协同创新中心，1个成为交通部协同创新中心。推进“国家海底长期科学观测系统”的申报立项工作。谋划国家重点实验室、国际联合实验室的申报，3个科研基地顺利通过评估，新增2个省部级重点实验室。通过国家标准质量体系认证监查，承担总装探索、GF973等重大项目。

年内，主持和参与获得国家奖6项，其中主持的“农村污水生态处理技术体系与集成示范”项目获得国家科技进步二等奖。申请专利1073件，授权专利605件；2013年SCI收录论文2245篇、EI收录论文2010篇（2014年统计结果），较上年有较大提升；高水平科研成果不断涌现，2014年有6篇论文发表在*Nature*及其子刊上。

文科科研进步明显，获国家社科基金重大项目2项，重点项目4项，后期资助2项；获人文社会科学省部级成果奖励6项，其中一等奖2项。聚焦经济、政治、文化、社会、生态文明、国际关系以及党建中的重大问题，着手建设一批新型智库，其中，“德国研究智库”“可持续发展与新型城镇化智库”已经启动。

（四）建章立制，完善服务保障体系。《同济大学章程》获得教育部核准并发布实施。推进校级法务管理工作，设立专职法务岗位，制定《合同管理办法》、《法律诉讼事务管理办法》等规章制度，汇编出台《突发事件应急预案》，进一步完善诉讼案件、非诉业务、纠纷防范管理工作。开展保密法制教育，提高广大师生的保密意识和能力。

汇聚全校20个业务系统的数据仓库基础平台搭建完成，开始提供面向管理层的数据管控服务和面向师生员工的信息服务。新OA系统上线运行并实现移动办公，办文、办会、办事等效率显著提高。优化无线网布局，基本实现校园无线网全覆盖。本、研教务一体化系统投入运行并不断优化。校友信息服务系统建成上线，完成32万校友数据库建设。同济大学就业分析系统上线运行。构建学生全面评价体系，多部门协作开发了记录学生第二课堂活动的信息平台。图书馆科技情报工作取得成效，为学校科研绩效分析和决策提供数据支撑。

发放各类助学、补助1.57万人次。优化本科生奖学金评选办法和流程，发放各类奖学金近6980人次。完善研究生奖助体系，自2014年秋季学期起，向纳入全国研究生招生计划的所有全日制（非在职）研究生发放国家助学金。逐步改善教职工待遇，学校从7月起每年为全体教职工购买教师补充医疗保险，以减轻学校教职工大病及门急诊医疗负担。离休干部待遇和退休人员养老金均得到提高。

做好学校财务的内控管理，加强预算执行监督，完成教育部财务管理自查自纠工作大检查。探索科研经费审计监管有效方式，实施专项审计试点，将科研经费纳入院系经济责任审计范围。做好基建项目全过程跟踪审计，对修缮项目进行事前和事后控制相结合的造价监控。对学校近几年的行政性“三公经费”进行比较分析，并加大审计监管。

优化校区空间资源配置，完善有偿使用公用房机制。调配全校公用房楼宇10幢，新增配置房屋1.7万平方米；收回、调整房屋涉及9家单位8000多平方米。盘活沪西校区房屋资源。入选全国首批“节约型公共机构示范单位”。北苑饮食广场、教授餐厅条件改善。四平路校区基本完成数字化技防系统建设，全面覆盖校园安全防范重要部位。推进“大型科学仪器设备共享”工作，通过风洞中心及土木振动台等的试点，带动和吸引更多院系加入，有效支持和促进教学科研工作。

嘉定校区投入使用10周年，已有14家单位入驻，嘉定学生数占全校总数的38%。年内，卫生所和朋园研究生公寓落成投入使用，嘉定校区体育中心工程开工建设。增加嘉定校区工作津贴，改进后勤食堂服务，购买嘉定教师公寓，为嘉定校区教职员工的工作与生活提供必要保障。

学校年度实现产业净利润2.9亿元，同比增长16%，实现上缴1.84亿元；同济产业综合水平在全国高校列前4位。同济大学国家大学科技园成为全国高校中的5家“双A”园区之一。校基金会共签署各类捐赠协议116份，到款8034万元。第一届“追求卓越奖励基金”完成评审工作，10位师生和校友获得“卓越奖”。

附属医院工作取得较大进展。附属医院的转化医学研究成果大幅提升，并在集聚转化医学高层次人才方面为学校做出突出贡献。同济医院分院（校医院）应对突发疫情，保障校园公共卫生安全，推出院士健康咨询联系制、在校大学生住院绿色通道等举措，力求为全校师生提供更好的医疗服务。

（虞　兰）

【四平路校区学生事务中心正式启用】 1月14日，四平路校区学生事务中心正式启用。四平路校区学生事务中心实行一站式服务，学生处、校团委及相关学生事务办理部门合署办公，原来分散在各处的就业咨询及事务办理、助学贷款业务、帮困助学咨询、保险理赔、出国审批、学籍证明、创新创业咨询等事务均可在事务中心大厅统一办理。

（虞　兰）

【“南海大洋钻探”IODP349航次成功实施】 1月28日，由中国科学家设计并主持的南海第二次大洋钻探——国际大洋发现计划349航次（简称IODP349航次）从我国香港启航前往南海探索四千米深海底的奥秘。同济7位教授随船参加此次科学考察。航次首席科学家由学校海洋与地球科学学院教授李春峰，学校兼职教授、美国伍兹霍尔海洋研究所研究员林间担任。该航次在南海经历了62个日夜之后，于3月30日结束。（虞　兰）

【意大利佛罗伦萨校区正式启动】 3月31日，同济大学佛罗伦萨校区揭牌仪式在意大利佛罗伦萨市举行。佛罗伦萨校区是同济大学在海外设立的首个校区，由同济大学、意大利环境部、托斯卡纳大区政府和佛罗伦萨市政府四方协议共建。该校区作为同济大学在意大利的海外教育实践基地，旨在积极推动与当地企业及知名教育文化机构的合作，开设暑期学院、艺术学科学生春季学期、师资访学等教育项目，并组织各类设计艺术交流、研讨和展示活动，致力打造全球化教育开放平台。

（虞　兰）

【多位教授获国际奖章、勋章】 4月初，因在工程结构与系统可靠性理论方面的原创性学术成果，学校土木工程学院李杰教授荣膺国际工程可靠性与结构随机动力学领域个人最高学术荣誉——美国土木工程师协会“弗洛伊登瑟尔奖章”，成为该奖设立40年来首位获奖的亚洲学者。4月，著名文化遗产保护专家、学校建筑与城市规划学院阮仪三教授，凭借数十年来为保护众多中国历史城镇与建筑所做出的突出贡献，在美国获颁2014年“亨利·霍普·里德奖”，阮仪三教授是首获此殊荣的亚洲学者。11月，校长裴钢院士被芬兰总统绍利·尼尼斯托授予芬兰狮子骑士军团指挥官勋章，以表彰他在促进中芬两国高校教育、创新和设计方面的杰出贡献，芬兰驻上海总领事龙玛丽为裴钢校长颁发勋章。（虞　兰）

【《同济大学章程》获教育部核准】 5月5日，《同济大学章程》获得教育部核准。这是1949年以来同济大学的首部章程，是学校办学和管理的“总宪章”，为依法治校提供依据。学校围绕章程建设，梳理和完善各项规章制度，形成全校制度建设与创新的良好氛围。（虞　兰）

【首次颁发“卓越奖”】 5月，“同济大学追求卓越奖励基金”首次颁发“卓越奖”，郑时龄院士、周怀阳教授等10位师生获奖。其中2人荣获卓越教师奖，2人荣获卓越服务奖，6人荣获卓越学生奖。“同济大学追求卓越奖励基金”的设立旨在大力推进学校“卓越人才培养计划”，提高教学科研管理水平。“卓越奖”设卓越教师、卓越学生和卓越服务三类奖，每学年评颁一次。（虞　兰）

【发布全球青年同济宣言】 6月5日“世界环境日”当天，主题为“生态文明与绿色经济”的“2014国际学生环境与可持续发展大会”在学校开幕，来自全球近50个国家的300余名青年学子与会，共同聚焦“可持续发展教育”“食品与健康”“生态系统与气候变化”“绿色发展”四大重要议题，分享交流各自的最新实践与思考。大会于6月10日闭幕，发布《2014全球青年同济宣言》。（虞　兰）

【中法合作发现控制凶险型疟疾的关键分子】 6月29日，由学校附属东方医院转化医学研究中心、同济大学医学院传染病与疫苗研究所张青锋博士等与法国巴斯德研究所阿图尔·舍夫教授等合作完成的研究成果，在线发表于国际顶尖学术期刊《自然》杂志。张青锋博士为该论文第一作者及共同通讯作者。论文揭示的成果是在国际上首次发现了能控制凶险型疟疾的关键调控因子——“PfRNase II”，为这一高致死性疟疾的防治提供了新的思路与治疗靶点。（虞　兰）

【与香港、台湾地区高校首次举办“联合大学”】 7月6日，由同济大学、香港理工大学、台湾逢甲大学、台湾世新大学共同主办，为期10天的“2014年联合大学（暑期·上海）”在学校开学，四所高校分别开设的四个与可持续发展相关的开放式特色通识选修课程包同时开讲。来自上述四所高校的411名在读本科学子入学上课，澳门大学8名学生也受邀参加联合大学课程学习。两岸四地高校本科学子同堂上课，相互学习，所获学分互认。（虞　兰）

【增设“人才培养模式创新实验区”】 9月，学校面向2014级本科生新增4个“人才培养模式创新实验区”，分别为工程（土木）—法学复合人才培养模式创新实验区、中德机械与能源工程人才培养模式创新实验区、化学科学与工程人才培养模式创新实验区和轨道交通复合型人才培养模式创新实验区。至此学校已开设12个各类“人才培养模式创新实验区”。（虞　兰）

【土木系科迎百年华诞】 11月8日，同济大学土木系科迎来创建100周年。学校举办了以“百年土木、继往开来”为主题的一系列学术和文化活动，海内外校友齐聚母校，共庆土木系科走过百年辉煌历程。作为中国土木工程教育的杰出代表、同济大学传统特色优势学科，百年来，同济土木系科累计培养4万余名优秀专业人才，为中国土木工程、交通运输工程领域的科技创新及一大批国家重点工程建设提供强有力的人才和科技支撑。

（虞　兰）

同济大学土木系科百年华诞

【同济学生社会实践30周年】 11月11日，“同行实践风雨路，忆济青春三十年”同济大学社会实践30周年纪念活动举行。30年来，全校各级团组织组建实践团队超过5万支，赴全国各省、市、自治区，累计参与师生近百万人次；结合国家发展战略与城市建设进程，围绕学校“知识、能力、人格”三位一体育人模式，形成八大特色社会实践序列，连续多年荣获全国大学生暑期社会实践和上海市大学生暑期社会实践优秀组织奖、全国优秀项目奖。（虞　兰）

附：学校负责人及地址

（2014年1—12月）

校党委书记：周祖翼（8月离任）、杨贤金（12月到任）

副　书　记：马锦明、姜富明、方守恩、徐建平（7月到任）

校　　　长：裴　钢

常务副校长：陈以一

副　校　长：江　波、伍　江、蒋昌俊、吴志强、葛均波、吕培明（7月到任）

四平路校区校址：四平路1239号

邮编：200092

电话：65982200

嘉定校区地址：曹安公路4800号

邮编：201804

电话：69589255

沪西校区地址：真南路500号

邮编：200331

电话：51030050

沪北校区地址：共和新路1238号

邮编：200072

电话：66052500

华东理工大学

【2014年概况】 学校贯彻党的十八大、十八届三中、四中全会和习近平总书记系列讲话精神，解放思想、开拓进取，在人才培养、师资队伍建设、科学研究、国际交流与合作、管理体制和机制改革创新等方面都取得新进展。

一、人才培养。新入选国家视频公开课程3门、上海市精品课程5门、上海市示范性全英语课程2门、上海高校外国留学生英语授课示范课程1门。入选国家“十二五”规划教材8部，完成上海市重点教改项目3项。获国家级教学成果一等奖1项、二等奖1项、上海市教学成果特等奖1项、一等奖10项、二等奖6项。

借鉴化学工程与工艺专业参与美国工程与技术鉴定委员会国际工程教育认证的经验，继续推动化学工程与工艺、环境工程和高分子材料与工程专业参与中国工程教育认证协会组织的工程教育认证。结合认证要求，重点强化工科学生工程设计能力的培养，启动《工科专业毕业设计改革》的试点工作，对教师进行工程设计教学能力培训。按照《上海市本科专业合格评估标准》的要求，组织完成了47个本科专业的自查评估工作。通过自评、定量评价和现场考察的方式，形成评估报告，为专业内涵建设和持续改进提供依据。

推进“卓越工程师教育培养计划”试点项目。5个国家级工程实践教育中心深入开展建设，校企双方联合制定人才培养方案，共同设计课程体系和教学内容，开展教学活动。

奉贤校区创新联动平台工作全面启动，成立联动平台工作班子，建立联动平台工作状态记录、跟踪和评价机制。学校本科教学研讨会围绕班导师工作展开，会议表彰模范班导师，树立班导师标兵，讨论并通过责、权、利一致的班导师工作条例，调动班导师的工作积极性。

为实现跨校区师生互动的目标，对现有“网上课程中心”进行全面升级，新系统易用性更佳，并具有学习进程管理的功能。引进 MOOCs 教学模式，提高学生的学习兴趣。校内慕课平台已经建成并通过验收，启动首批试点的6门 MOOCs 课程的立项建设工作。《教学质量状态数据中心》已建成并进入试运行阶段。该系统可收集和分析校、院、系多层次、多维度的教学基本状态数据，为学校提供常态化、定量化、综合性的教学运行状态数据和质量监控分析数据，为教学质量的持续改进、专业的内涵建设，以及本科教学工作的审核评估提供量化依据。

国家级石油和化工过程控制工程虚拟仿真实验教学中心在原有大型石化虚拟工厂平台、乙烯生产过程控制系统半实物实验平台、精馏塔先进控制系统实验平台、过程对象远程监控实验平台的基础上，2014年新建了虚拟仪器实验室、乙二醇生产过程控制系统半实物实验平台，以及面向生产计划与调度的化工过程虚拟工厂平台，并面向校内相关专业本科生开放。

加强新媒体网络平台建设，开设研究生会微博平台和研究生微信平台。2014年秋季，在化学工程与技术(涵盖化学工程、化学工艺、应用化学、工业催化、生物化工五个二级学科)及工商管理二个一级学科建设了全英文授课培养体系。建设研究院全英文课程网站和选课系统，满足国际留学生基本选课要求；制定了激励政策，鼓励教师承担全英文课程；组建了教学团队，学校高层次人才包括“千人计划”参与教学计划，吸纳部分海外教授加盟教学团队，鼓励教师选用国外原版优秀教材；进行了学分转换，鼓励中国学生选修全英文课程，硕博连读学生必须选修一门全英文课程；安排灵活的教学方式与教学时间，充分利用暑假聘请国外教授参加讲学。

华东理工大学获“创青春”全国大学生创业大赛“优胜杯”

加强实践教学环节，新增上海市级建设的实践教学基地2个。4人获评全国第二届“作出突出贡献的工程硕士学位获得者”、1人获评全国首届“工程硕士实习实践优秀成果获得者”、中石化上海工程公司实践基地获评首届“全国示范性工程专业学位研究生联合培养基地”。

二、师资队伍建设。引进、调入专任教师72人，其中：长江学者1人，特聘教授2人，教授5人、副教授15人，具有海外留学经历的教师45人；选录辅导员10人、派遣人员48人。聘请20位海内外知名学者，支持他们到校短期讲学、授课等。制定并公布《青年英才校长奖实施办法(试行)》等文件，评选产生第一届青年英才校长奖人选。推进建立校院两级师资队伍建设目标导向的任务管理机制、杰出和优秀人才的服务联系机制。

加大投入力度，重点支持相关团队申报基金委创新项目。由龙亿涛教授担任群体项目负责人的“界面光电分析化学基础研究”创新研究群体项目获得立项批准。李春忠、轩福贞入选教育部长江学者特聘教授，叶邦策、韩一帆依托兄弟高校入选教育部长江学者特聘教授，冯耀宇、朱麟勇入选国家杰出青年基金项目，钟伟民入选国家自然科学基金优秀青年基金项目。

学校获准新设管理科学与工程博士后科研流动站，依托商学院。以"煤基能源化工协同创新中心"和"光遗传学交叉研究中心"的人员聘用为试点，加大国内外公开招聘的针对性和力度，探索由专职科研人员和固定人员组成的创新科研团队的运行模式，推进人才特区建设。

三、科技创新及基地建设。承担各类科研课题1200余项，科研项目经费到款总额达44745万元（纵向经费26069万元；横向经费18676万元；其中人文科学经费2078万元）。新签订科研项目合同1031项，合同金额39578万元（纵向434项，合同金额21029；横向597项，合同金额18549万元；其中人文社科142项，合同金额2190万元）。科技论文SCI论文收录（Web SCI）1751篇，EI收录论文（Web EI）1143篇。文科发表期刊论文562篇。截至12月15日，共申请专利378件，其中，发明专利348件，公开专利569件，授权专利358件（其中发明专利291件、实用新型67件）。至12月15日共获得各类奖项30项（牵头单位20项，协作单位10项），其中国家奖3项，分别是涂善东教授（为第二完成单位）获得国家科技进步一等奖、刘昌胜教授获得国家自然科学二等奖、汪华林教授获得国家技术发明二等奖。国家能源煤气化技术研发中心、上海市多相结构材料化学工程重点实验室、上海海洋动物疫苗工程技术研究中心获准建设。完成了"煤基能源化工协同创新中心""盐湖资源化学与过程工程协同创新中心"的申报，"煤基能源化工协同创新中心"进入了答辩环节。上海生物制造产业技术研究院已完成上海市的中期验收。参与组建的"煤炭分级转化清洁发电协同创新中心"已获得教育部认定。

推进工程研究院建设。苏州、南通等实体化研究院开始操作，其中，苏州研究院首批3个中心入驻企业注册资本金超过2.5亿元；新签千万元以上横向项目3个，其中转移中心（及深圳研究院）促成山西晋煤、广州大华农两个千万级（系列项目）项目合作。

启动南通华理功能材料研究院公司、苏州工业技术研究院、张江现代生物技术研究院组建工作。完善奉贤科技园的发展工作，园区每年资助学校大学生创业基金会100万元，市大学生创业基金会配套投入100万元，每年200万元的创业基金促进和带动了大学生创业工作。

"社会工作与社会管理研究中心"为上海高校智库验收；"中国特色可持续城市化研究"为上海市社会科学创新研究基地立项；完成能源经济与管理、城市可持续发展以及食药品安全等三个交叉领域的上海高校智库申报工作。

四、国际合作和交流。学校与世界知名高校或科研机构签署18份联合培养博士生、学生交流项目、双学位项目或科研合作协议（或备忘录）。接待了国（境）外到访团组417批，合计1088人次，其中国（境）外校级领导和企业高层代表团24批，共104人次。

为培养具有国际视野、通晓国际准则、能够参与国际竞争的高素质创新型人才，学校设立专项经费支持专业学院邀请国外知名大学的教授学者短期到校为本科生、研究生讲授专业课程。共批准资助项目66项，目前已完成30个项目。

在国家"汉办"支持下筹建孔子学院，与以色列理工学院签署在该校合作建立孔子学院的合作备忘录。孔子学院项目已进入国家"汉办"与以色列理工学院协商合作协议阶段。

五、管理体制、机制改革创新。完成《华东理工大学章程》《华东理工大学综合改革方案》的制定工作。拓展学校发展的外部资源，全国性社团校友会获准注册成立。进一步发挥校董会、校友会对外联络功能，拓展与社会各界联络，建设"捐赠工作管理系统"，通过信息化手段促进基金会工作公开透明、规范管理；加强对捐赠项目的设计、策划，提升捐赠项目吸引力。（杜龙兵）

【通过ABET认证】 8月8日，接美国工程与技术鉴定委员会（简称"ABET"）通知，学校化学工程与工艺专业已通过ABET认证并获最长有效期，为中国内地高校中首个通过ABET认证的专业，有效期从2011年10月1日至2020年9月30日，共计9年。（杜龙兵）

【在泛波罗的海大学生运动会上获奖】 6月13—

19日，第30届泛波罗的海大学生运动会在爱沙尼亚举行。由学校耿亚宁、丁雪、郑诗畅3名学生组成的乒乓球队代表中国大学生参赛，郑诗畅获得女单冠军，丁雪获得女单季军，耿亚宁和郑诗畅获得女双冠军。（杜龙兵）

【实施“励志计划”】 4月，党委书记杨贤金、校长钱旭红、副书记林志华和副校长于建国等分别带队，6个由化学、物理、人文等领域专家组成的工作组分赴云南寻甸、陕西延安、河南南阳、安徽安庆、江西南昌、贵州铜仁等地的市（县），选拔优秀学生，开始实施校自主选拔的“励志计划”。“励志计划”是学校为帮助寒门子女实现上大学理想的一项举措。8月29日，《文汇报》以整版篇幅报道学校“励志计划”。（杜龙兵）

【上海生物制造技术协同创新中心成立】 4月18日由学校牵头，联合复旦大学、中国科学院上海分院、上海医药集团和上海中信国健药业有限公司等4家单位组建的上海生物制造技术协同创新中心正式成立。牵头单位代表与协同单位签约，并为第一届理事会成员颁发聘书。（杜龙兵）

【与巴斯夫签署谅解备忘录】 6月9日学校联手巴斯夫开发供应商培训课程签署谅解备忘录。校领导和巴斯夫全球采购总裁出席签约仪式并分别致辞；校商学院院长与巴斯夫全球高级副总裁代表校企双方签署备忘录。新华社、中新社、腾讯网、上海电视台、《科技日报》《Shanghai Daily》《解放日报》《中国化工报》等20余家媒体单位记者参加了其后的新闻发布会。（杜龙兵）

【建立孔子学院】 7月6—10日应以色列理工学院校长的邀请，校长钱旭红和国际教育学院常务副院长、商学院副院长一行访问以色列理工学院。访问期间，两校签署合作建设孔子学院项目备忘录。

（杜龙兵）

【气化技术取得突破性进展】 7月24日由学校和兖矿集团合作开发的多喷嘴对置水煤浆气化技术取得又一突破性进展，单炉日处理3000吨煤级的气化装置在内蒙古鄂尔多斯一次投料成功，装置运行平稳。该装置由兖州煤业鄂尔多斯能化有限公司建设，配套年产180万吨煤制甲醇及60万吨烯烃项目一期工程。（杜龙兵）

【获国际合唱节混声组金奖】 8月21日校学生合唱团荣获匈牙利第十届Cantemus国际合唱节混声组金奖，《小河淌水》一曲获“最佳表现奖”。

（杜龙兵）

【华东理工大学校友会成立】 11月1日“华东理工大学校友会”成立，来自全国各地的700余位校友代表参加成立大会。会议审议通过了校友会章程，选举产生了校友会理事会成员、负责人等。

（杜龙兵）

【华理学区启动】 11月10日由华东理工大学、华理附中、华理附小三校联动共建的华理学区正式启动。徐汇区学区化办学试点启动仪式暨华理学区揭牌仪式在华理附中举行。（杜龙兵）

【中国科学发展指数发布】 11月17日由鲍宗豪教授领衔的“中国科学发展指数——中国31个省市自治区及其区域科学发展研究”正式发布。人民网、新华网、解放网、中国新闻网、《青年报》等媒体对此进行报道。（杜龙兵）

附：学校负责人及地址

（2014年1—12月）

校党委书记：杨贤金
副书记：沈　炜、林志华、马玉录

校　长：钱旭红
副校长：陈英南、于建国、马玉录、涂善东、杨存忠、钱　锋

地址：梅陇路130号
邮编：200237
电话：64252500

东 华 大 学

【2014年概况】 学校贯彻习近平总书记系列重要讲话精神和党的十八届三中全会、四中全会精神，执行《东华大学章程》，深化改革，创新发展，推进依法治校。全校各类学生31012人，其中本科生14810人，硕士生6356人，博士生973人，成人教育学历生4173人，留学生4700人。年内招收本科生3582人，硕士生1983人，博士205人。继续教育中的学历教育规模增长12.8%，举办非学历教育项目21项，增长16.7%。毕业生整体就业率达97.93%，获评“上海市促进就业先进集体”“全国大学生就业最佳企业评选优秀组织高校”。

依法治校。进行各项规章制度的“废、改、立”，梳理可继续执行规章制度150项，废止14项，修订89项，新建29项；持续深化校院两级管理，签订各学院目标任务书，发布《学院2013年度发展基本状态报告》。召开第十届教代会暨第十八届工代会，选举产生第十八届工会委员会和经费审查委员会。

学科专业建设。对接国家发展战略和上海经济转型升级，打造纺织为“一体”，材料与设计为“两翼”的学科特色新高峰，完善重点学科布局；启动纺织、材料和设计3个优势学科的提升计划、7个上海高校一流学科建设计划、11个新一轮校级重点学科建设计划；“纺织产业关键技术协同创新中心”通过第一轮专家评审认定，“上海市高性能纤维与复合材料产学研开发中心”挂牌，“上海市协同创新中心”、“海派时尚设计及价值创造知识服务中心”通过上海教委筹建验收；新增化学生物学二级学科博士、硕士授权点，会计硕士、公共管理硕士2个专业学位硕士授权类别。

人才培养。①本科教学。宋福根教授的“优化知识体系、创建实践环节，深化‘决策支持系统导论’课程的建设与实践”项目获国家级教学成果奖二等奖；陈彬教授主讲的《时装奢侈品牌设计探秘——设计大师作品分析》获批国家级视频公开课；“卓越新闻传播人才教育培养基地”获批立项；“管理决策虚拟仿真实验教学中心”获评国家级实验教学示范中心。建成150门网络课程，“基于易班的互动教学建设”获批立项；易班网获“2014年度上海市优秀网站”称号，“基于易班的手机客户端应用”获上海市易班网建设优秀项目奖。②研究生培养。沈波的博士学位论文(王子栋教授指导)《基于不完全测量信息的非线性随机系统的滤波与控制》获全国优秀博士学位论文提名，6篇博士论文和12篇硕士论文获上海市研究生优秀学位论文；研究生论文上海市“双盲”全部通过，异议率首次为0；试点推进硕博一体化长学制研究生培养，实施“本硕一体化”公共英语课程教学改革；朱美芳教授当选第四届全国工程专业学位研究生教育指导委员会委员；东华大学—上海纺织(集团)有限公司联合培养实践基地获评全国示范性工程专业学位研究生联合培养基地。③创新创业教育。获批上海市研究生教育创新计划项目3个、上海市研究生创新创业培养专项14项；学生在各类学科竞赛中获国家级奖项44个、省市级奖项21个；获第八届“挑战杯”上海市大学生创业大赛金奖3项、银奖3项、铜奖5项；学生创业团队获上海市大学生科技创业基金资助60余项。

科学研究。顾利霞教授主持的“新型共聚酯MCDP连续聚合、纺丝及染整技术”获国家技术发明二等奖；王子栋教授、沈波教授参与的“基于环境约束和多空间分析的机器人操作理论研究”获国家自然科学二等奖。获国家自然科学基金54项，资助经费3188万元；获国家社科基金资助6项、教育部人文社会科学研究项目5项、上海哲学社会科学基金项目8项。与中共中央编译局合作共建"中共中央编译局东华大学国外马克思主义与中国问题研究中心";"高性能纤维成形及其结构调控"教育部创新团队结题获评优秀,进入教育部创新团队滚动支持计划。

师资队伍建设。实施《东华大学特聘研究员岗位设置及聘任管理办法》《东华大学励志计划实施办法(试行)》《东华大学师资博士后管理办法》等系列文件,加快引进和培育中青年学术骨干;完成人才派遣人员的转编工作;丁永生教授、顾伯洪教授入选"长江学者奖励计划"特聘教授;各有1人入选上海千人长期和短期,1人入选上海"东方学者",8人入选曙光、浦江等人才计划;选拔特聘研究员2人,新聘兼职特聘教授4人。专任教师队伍具有博士学位的比例达56.2%。公派出国(一年以上)47人,学成回国55人。

国际合作与交流。与英国爱丁堡大学合办的东华大学上海国际时尚创意学院(SCF)获教育部批准成立,9月迎来第一批新生,开设"服装与服饰设计"、"环境设计"专业;与伦敦时装学院等院校洽谈合作,开创一对多合作办学新模式。新增17项国际教育合作协议,续签3份。推进"中非高校20+20合作"教育援非项目,与肯尼亚莫伊大学共建的第一所孔子学院获批设立。获批5个高端外国专家项目,新增2个学科创新引智基地、1个海外名师项目、2个学校特色项目。师生公派出国(境)短期交流共计759人次,接待来宾388人。校际学生交换、交流项目33个,派出257人,10个项目获国家留学基金委优秀本科生项目资助。建立校际接收交换生全英语授课平台,首批设立4个模块20余门课程。举办国际电化学能源科学与技术大会、国际纺织生物医用材料论坛暨"111计划"年会、上海国际服装文化节国际时尚论坛、时尚传播与社会发展国际论坛等大型国际会议。

学生工作。帮困育人,共资助382名困难新生,其中办理缓交学费、校内借款343.37万元;全校3742人次学生获34项、助学金共计1004.17万元。体育。获中日韩三国田径对抗赛男子撑杆跳高比赛亚军;获高水平女子手球、普通大学生攀岩、体育舞蹈等比赛项目全国冠军;获上海市大学生联盟杯11人制足球赛、校园组五人制足球赛、上海市大学生足球联赛冠军;获首届亚洲大学生攀岩锦标赛亚军;获上海市第十五届运动会3金4银5铜;2人入选2016年世界大学生攀岩锦标赛中国国家集训队。

办学条件保障。建设科技创新楼、第二学院楼二期、松江校区动物实验净化房、黏胶基碳纤维生产线钢平台等工程;修缮延安路校区自动化楼、逸夫楼,松江校区体育馆等;更新延安路校区学生宿舍家具1100余套;完成两个校区的宿舍供电扩容、电气改造和空调安装,完成松江大学园区学生公寓的回购和管理权的交接。完成"校数据中心硬件平台改造"、"校园网核心出口升级改造"和"校区无线网络扩建改造工程",建设实验室智能管理系统和大型精密仪器设备资源共享平台,建设图书馆"智能RFID(射频识别技术)"、"图书馆数据中心虚拟化整合服务平台"及"图书分类法转换"项目,建成并启用由松江区出资建造的东华附属实验学校新校区,纺织服饰博物馆获全国高校博物馆育人联盟优秀育人项目一等奖,启动数字化档案馆二期建设,分析测试中心通过国家计量认证资质复审。学校出版社获第一期上海文化基金出版资助4项、上海科技专著出版资金资助1项、上海市新闻出版专项扶持资金资助2项。

(高兰兰)

【成立上海国际时尚创意学院】 2月27日,教育部同意设立东华大学上海国际时尚创意学院。4月24日,校党委书记朱民、副校长兼服装·艺术设计学院院长刘春红与爱丁堡大学校长、副校长共同为上海国际时尚创意学院揭牌。9月21日,上海国际时尚创意学院举行开学典礼,首批招收26名新生。学院为学校下属二级学院,是不以营利为目的的非独立法人且具有公益性的中外合作办学机构。学院以时尚创意学科为核心,引入国际一流艺术设计学院办学模式,与爱丁堡大学开展服装与服饰设计、环境设计2个专业的合作办学,本科学生将在英国爱丁堡大学学习两年。 (高兰兰)

上海国际时尚创意学院揭牌

【举办2014上海国际服装文化节国际时尚论坛】 4月23—27日，由学校承办的以“时尚·梦”为主题的2014上海国际服装文化节国际时尚论坛暨环东华时尚周举行。论坛含主论坛和特色论坛两大板块。来自巴黎、米兰、伦敦、东京、纽约五大时尚之都的设计院校与机构专家参加主论坛，就流行趋势预测及发布进行交流，探讨未来时尚发展方向。特色论坛举办上海品牌发展论坛并发布海派时尚流行趋势。时尚周期间，全国大学生立体服装裁剪大赛、海派时尚设计师专场服装发布会、校企合作毕业设计作品展演等11场动态秀举行，展出海派雕塑展、海派服饰时尚展、上海历史图像记忆等6场静态展，并开展创意市集、时尚剧场等活动。

（高兰兰）

【举办时尚传播与社会发展国际论坛】 4月26日，学校主办时尚传播与社会发展国际论坛。上海市委宣传部副部长燕爽，上海市社会科学界联合会党组书记、专职副主席沈国明，中国新闻教育学会会长高钢及校党政领导出席。论坛包括6场主题报告和5个主题分论坛，近百名国内外时尚界、传播界专家学者参会，就时尚传播、社会政治、品牌传播、研究范式、新媒体、文化生活等展开研讨。期间，学校时尚传播研究中心作为国内首家时尚传播研究机构，发布《中国时尚传媒发展状况分析报告》。

（高兰兰）

【设立马克思主义与中国问题研究中心】 9月13日，学校与中共中央编译局马克思主义研究部共建的东华大学国外马克思主义与中国问题研究中心举行签约、揭牌仪式。中央编译局副局长俞可平、上海市委宣传部副部长李琪、校长徐明稚等出席成立仪式。中心以社会问题和社会需求为研究导向，结合基础研究、理论研究、现实研究、文本译介，从学理性、现实性、个案性、文本学四个维度开展研究。仪式后，主题为“财产权与正义”的全国学术研讨会举行，70余名专家学者参加。（高兰兰）

【“基于易班的互动教学建设”项目获批立项】 年内，学校“基于易班的互动教学建设”项目获市教委批准立项。该项目融合信息技术与教育教学，打造大学“智慧课堂”，改革传统课堂教学模式。学校自2009年作为全国第一批试点高校开展易班建设以来，以“服务学生的成长与发展”为目标，开展易班教学资源库、名师工作室和网络思政教育等建设工程，建成147个网络“易课堂”，涵盖学校思政、数学、物理、外语等各大类公共基础课程，专业大类的学科基础必修课程和选修课程。易班网先后被评为首届上海市教育系统优秀网站、第六届全国高校百佳网站、上海市优秀网站(教育类)。（高兰兰）

【承办中国工程院项目研讨会】 4月14—15日，由中国工程院环境与轻纺工程学部主办，学校和上海大学、上海市中国工程院院士咨询与学术活动中心共同承办的中国工程院项目研讨会举行。来自相关高校、科研院所、行业协会、企业以及政府部门等70余名专家就中国工程院咨询项目——“产业用纺织材料现状及发展前景”展开研讨。与会代表就中国产业用纺织品行业拓展升级、产业用纺织品的现状与发展战略等展开研讨，为完善和提升咨询项目研究报告、制定国家产业用纺织品“十三五”发展规划提供支撑。（高兰兰）

【入选“小平科技创新团队”】 8月，在第九届中国青少年科技创新奖颁奖大会上，由郁崇文教授、张兴群副教授指导，博士生丁若垚为负责人的“麻类纤维生物脱胶技术产业化集成研发团队”入选大学生“小平科技创新团队”，获得中国青少年科技创新奖励基金资助。该团队以纺织学院和化工生物学院的研究生和本科生为主，自2009年开始自主研发新型生物脱胶技术，研究脱胶菌种的高效、规模化、低成本制备及相关脱胶工艺。其研发成果——“年产3万吨级麻类纤维生物脱胶技术产业化应用”获第十二届“挑战杯”全国大学生课外学术科技作品竞赛一等奖、第十二届上海市大学生课外学术科技作品竞赛特等奖、第十三届挑战杯全国大学生课外学术科技作品竞赛累进创新金奖、上海高校学生创造发明科技创业杯二等奖以及中国专利年会校园发明与创新优秀奖。基于技术的创业项目获第八届“挑战杯”全国大学生创业计划大赛金奖、第七届上海市大学生创业计划大赛金奖。团队拥有自主知识产权授权国家发明专利15项，发表论文20多篇，省部级以上奖励10余项。 （高兰兰）

【香港桑麻基金会颁奖】 11月22日，2014年香港桑麻基金会颁奖典礼在校举行。副校长俞建勇院士主持。香港桑麻基金会主席查美龙，香港桑麻基金会高级顾问、受托人、中国纺织工业联合会会长王天凯，香港桑麻基金会高级顾问、受托人、中国纺织工业联合会副会长孙瑞哲，校长徐明稚，中国工程院院士郁铭芳、蒋士成、姚穆，上海市教委副主任李瑞阳，香港桑麻基金会受托人查美莉，香港查氏纺织集团董事、香港桑麻基金会受托人王羽盛等出席大会。学校共有104名师生获得各类奖项。其中，材料学院张玉梅等12位教师分获桑麻纺织科技奖、桑麻奖教金。孙立军等92名学生获桑麻奖学金。 （高兰兰）

【蜘蛛丝蛋白质基因研究取得进展】 8月，学校化工生物学院孟清教授课题组蜘蛛丝蛋白质基因研究成果被 *PLoS Biology*（影响因子超过13）作为封面文章公开发表。该课题组继2012年在世界上首次克隆获得大腹圆蛛编码的捕获丝蛋白质基因（MiSp）之后，与国外专家共同对MiSp的C-端（CT）结构和功能进行解析。获得的蜘蛛编码捕获丝蛋白质基因，其编码的捕获丝蛋白质MiSp，结构划分为N-端非重复区（NT）、三个中间重复区（C）、2个间隔区（Spacer）和C-端非重复区（CT）。在 *PLoS Biology* 发表的是CT结构和功能解析的研究结果。该研究将为人工制备材料学性能类似甚至超过天然蜘蛛丝的仿生蜘蛛丝纤维奠定坚实的理论和技术基础，为开发蜘蛛丝蛋白质在疾病治疗和创伤修复等生物医学工程领域的应用提供天然生物材料。 （高兰兰）

附：学校负责人及地址

（2014年1—12月）

校党委书记：朱 民
副 书 记：殷 耀、刘淑慧、罗仪华

校 长：徐明稚
副校长：宋立群、俞建勇、陈招应、刘春红、邱 高、李永智（9月到任）

松江校区地址：人民北路2999号
邮编：201620

延安路校区地址：延安西路1882号
邮编：200051
电话：67792000

华东师范大学

【2014年概况】 学校设置2个学部、21个全日制学院、1个书院、1个马克思主义学院、12个实体研究院（所、实验室）、1个管理型学院。共含58个系、78个本科专业，其中中文、历史、数学、地理、心理

和物理6个专业是国家文理科基础科学人才培养和科学研究基地。学校现有博士学位授权一级学科26个、硕士学位授权一级学科38个,可授予19种硕士专业学位,以及教育博士专业学位,有25个博士后科研流动站。拥有教育学、地理学2个一级学科国家重点学科(涵盖教育学原理、自然地理学等13个二级学科),5个二级学科国家重点学科、5个国家重点培育学科,12个上海市重点学科和17个上海市一流学科(A类4个,B类13个)。学校理科拥有2个国家重点实验室、1个国家工程技术研究中心、1个国家野外科学观测研究站、7个教育部重点实验室和工程中心、10个上海市重点实验室和工程中心、1个教育部高等学校软科学研究基地和1个上海市软科学研究基地、1个上海高校知识服务平台;学校文科拥有6个教育部人文社会科学重点研究基地、7个上海市社会科学创新研究基地和上海市发展研究中心工作室,2个上海市高校智库。学校主办和承办20余种学报期刊,图书馆藏书435万余册,并拥有20所附属中小学及2所幼儿园。学校有教职工4024人,其中专任教师2145人,高级职称1493人,含中国科学院和中国工程院院士(全职)6人、国家"千人计划"(含"青年千人计划")入选者23人、国务院学科评议组成员15人,教育部"长江学者奖励计划"特聘教授及讲座教授27人、国家"新世纪百千万人才工程"入选者10人、国家"杰出青年科学基金"获得者24人、教育部新世纪优秀人才108人、东方学者15人、上海市优秀学科带头人27人、上海市曙光计划获得者61人、上海市科技启明星56人、"紫江学者计划"入选者105人、学校终身教授78人。在校全日制本专科生14192人,其中本科生13892人、专科生300人;在校研究生14509人,其中博士研究生2573人、硕士研究生11936人;外国留学生3100人、其中短期生872人。学校现有闵行校区和中山北路校区,校园占地总面积约207公顷。

一、现代大学制度建设。修订《华东师范大学章程》,并于9月获教育部核准并正式发布。发挥学术组织作用,推进教授治学。全年校学术委员会和各专门委员会通过了6项议事规则、12项管理制度,审议了包括新一轮学科建设方案、新版专业技术职务晋升标准在内的多项重要学术议题。健全教代会工作机制,制定二级教代会实施细则,对二级教代会的职权和议事规则等做出明确规定。组建学部,推动管理重心下移,分别于3月和10月成立地球科学学部和教育学部,探索学部制改革,推进学术权力下放和管理重心的下移。建立"大学工"体制,整合研工部、研究生院管理处、学工部、学生处、学发联、团委等学生工作部门,成立学生工作党委和学生工作协调部,构建全员育人、全过程育人、全方位育人的"大思政"工作格局。

二、人才培养。促进"招生—培养—就业"联动机制改革,继续实施"大类招生,分层培养,多元发展"的人才培养模式。本科生教育试行暑期短学期制度,开设了63门次暑期课程,为学生提供多元化的学习资源;推进教授为本科生上课制度,教授主讲课程达615门,近50%的教授直接为本科生授课。优质课程教学资源建设实现突破。本科生开课总量达到6068门次,开设通识教育课程293门次,可供学生跨专业跨院系选修课程达2984门次,有5441人次的学生修读了跨专业课程。3门科学文化素质教育类课程新入选国家精品视频公开课,6门课程新入选上海市级精品课程,2门课程荣获"上海高校示范性全英语课程"称号。在第七届国家级教学成果奖评比中,共有13项成果获奖。研究生教育方面,国际关系学获准立项上海市研究生教育创新计划,自主增列出版硕士、法律硕士专业学位授权点并获得国务院学位委员会审批同意;实施全校研究生公共政治课程改革和公共英语课程教学改革,设立了硕、博士一级学科基础课程建设项目等。研究生培养质量进一步提升。在2013年上海市研究生优秀成果(学位论文)评选中,12篇博士论文、14篇硕士论文入选;在第三届、第四届全国教育硕士优秀论文评审中分别获选9篇和8篇,数量居全国第一;12篇MBA原创案例获"全国百优",入选数位居全国第四,并荣获"最佳组织奖"。继续推进拔尖创新人才培养。60位2013级优秀学生入选拔尖创新人才培养计划,全年立项130个国家创新创业训练计划项目、140个上海市创新活动计划项目和612个大夏科研基金项目,资助学生人数超过3000人,资助金额超过400万元。

继续开展校际本科生交流合作培养项目，全年共派出交换生125名。推进本科生跨国跨境交流，全年参加国(境)外交流的本科生数量超过600人，约20%的本科生拥有海外研修经历。研究生方面，有65人申请赴国外高校攻读博士学位项目，86名博士研究生申请赴国外高校及科研机构进行联合培养。资助近250名硕博士研究生赴国(境)外交换学习、短期研修、参加国际会议。与法国高师集团续签协议，新增教育学和计算机科学两个合作学科，合作学科由6个增至8个。师范生培养体系继续完善。23名基础教育特聘教授全面参与课程教学工作；开设15门教师教育拓展类课程，13门国家级教师教育精品资源共享课建设项目通过教育部中期考核；继续实施"卓越教师培养海外交流计划"，选派32名优秀师范生赴加拿大英属哥伦比亚大学教育学院交流学习。《着眼"卓越教师"的师范生培养模式探索与实践》获得国家教学成果一等奖和上海市教学成果特等奖。继续做好帮困育人工作。学校共计安排勤工助学岗位12249个，学生收入达3246.6万元。发放各类特殊困难补助170.7万元，受助学生5394人次。完成"家庭经济困难学生预警管理系统"特色实践项目建设；"慈善爱心屋"获得了教育部高校校园文化建设优秀成果一等奖。应届毕业生总体就业率为93.22%。其中，研究生就业率为92.98%，本科生为93.68%，高职生为95.10%，应届免费师范生全部顺利就业，就业率为100%。

三、科研创新和学科建设。学科和科研增长点进一步拓展。青少年健康与运动干预进入教育部重点实验室行列；获准筹建"上海市多维度信息处理重点实验室"，新增3个上海市社会科学创新研究基地；成立华东师大—纽约大学物理联合研究中心，筹备成立上海教师发展学院，启动"长江经济支撑带"协同创新中心的筹备工作。成立新一轮学科建设领导小组和专门工作组，启动全校一级学科规划编制工作。承接重大科研任务。科技课题到校经费为28400万元，新增"973"课题2项；获得国家自然科学基金137项，其中，杰出青年基金3项，重点项目710项，优秀青年基金项目2项，面上项目68项，青年基金50项；文科到校课题经费为9841万元，比2013年增长10%；获得全国教育科学"十二五"规划课题15项，全国高校排名第一；获国家社科基金各类项目56项，其中重大项目7项，全国高校排名第六；年度项目批准数38项，全国高校排名第四，上海第一。全年共申请国内专利209项；获得高等学校科学研究优秀成果奖(科学技术)自然科学奖二等奖三项；获第十一届上海市哲学社会科学优秀成果奖和第九届上海市邓小平理论和宣传优秀成果奖45项，位居上海第二，其中获一等奖9项；何积丰院士获"上海市科技功臣"称号；徐中玉、钱谷融先生获第六届"上海文学艺术终身成就奖"。学校在国家重大的决策咨询方面取得了突破性成果。

四、师资队伍建设。完成约2800名教职工的首次聘期考核工作。修订颁布新版《高级专业技术职务任职资格与基本条件》，修订《岗位设置管理实施办法》。推进人事管理权下移到学部或院系，建立"全员聘任、分类管理、能进能出、有动力有活力"的人事制度。加强高层次人才队伍建设。申报国家"千人计划"海外高水平专家3人、"青年千人"1人，新增教育部"长江学者奖励计划"4人、"国家杰出青年基金获得者"3人、国家"万人计划"3人、"国家优秀青年科学基金获得者"2人；新增上海市"千人计划"4人、上海市"东方学者"7人、上海市"领军人才及后备"2人。陈大康、汪寿明教授获聘上海市文史研究馆馆员。重视青年教师的培养和发展。晨晖计划引进超过50人，双百计划中，理科有近10个院系和重点实验室(基地)成功引进了20余位优秀青年人才，文科也实现了突破；设立"华东师范大学青年教师发展基金"，推荐70余名青年教师申报国家留学基金委资助的各类海外研修项目，派出60余名青年教师出国合作交流。

五、国际化办学。①与上海纽约大学协同发展。在物理学、大数据、城市研究、经济金融等领域开展合作研究；选派30余位青年教师观摩学习上海纽约大学的优质课程教学；选派优秀本科生修读上海纽约大学课程；推进研究生联合培养工作；探索教师双聘制度，20名教师受聘为两校双聘教师。②拓展高质量的国际合作项目。加强与世界著名大学的紧密合作，新签或续签了61份校际层面的合作协议和备忘录。开展与美国北卡罗来纳大学教堂山分校、法国里昂商学院、瑞士洛桑酒店管理学院的合作办学项目，举行与法国高师集团在学生培养、教师交流、科学研究等方面持续推进合作。加大对合作孔子学院的支持力度，受国家汉办委托，举办了两期外方院长培训，获得国家“汉办”孔子学院“先进中方合作机构奖”。

六、管理服务工作。完善各类会议议事规则，开展师生满意度调查，推进一站式服务平台建设，规范机关管理服务，提升管理服务精细化水平。营造师大特色的大学文化。首次举行全校规模的草坪毕业典礼、毕业晚会；首次实施为期两周的新生入学教育；面向全校教师征集《师德公约》修订内容；开展大夏大学建校90周年纪念活动、刘佛年老校长诞辰100周年纪念活动；继续完善和优化学校中英法文网站主页新闻网、官方微博、官方微信等网络新媒体平台，主页新闻网发布工作动态5000余条。争取校友及社会资源服务学校发展。召开首届校友联谊会联席会议，成立了辽宁校友联谊会、国际汉语教师校友联谊会、政治学系校友联谊会、地理校友联谊会等6家校友联谊会。全年共接受各类社会捐赠5000多万元。先后与普陀区、闵行区签署新一轮合作框架协议；与上海嘉定、浙江温州、山东青岛和海南省教育厅等单位签订区校教育战略合作协议；与教育部、上海市政府、上海市教科院合作共建国家教育宏观政策研究院。 （汪　海）

【杜占元等到校视察调研】 1月7日，教育部副部长杜占元一行到校调研，重点听取国家教育决策研究协同创新中心建设情况汇报，并参观了精密光谱科学与技术国家重点实验室；1月27日，教育部副部长鲁昕到校调研国家教育决策科学研究院筹建工作，并视察了位于地理馆的上海纽约大学教学区；1月29日，上海市副市长翁铁慧一行到校看望软件学院院长、中科院院士何积丰；3月11日，上海市委副书记李希一行到校调研，听取学校工作汇报，并实地考察了学校校史馆、精密光谱科学与技术国家重点实验室、河口海岸学国家重点实验室和上海纽约大学。 （汪　海）

【入选市教委研究基地建设项目】 2月21日，上海市教委发布通知，华东师范大学历史学系沈志华主持的“冷战与当代世界研究所”、国际关系与地区发展研究院冯绍雷主持的“周边合作与发展协同创新中心”、心理与认知科学学院周永迪主持的“‘脑—认知—积极社会适应’研究基地”入选研究基地。 （汪　海）

【南非基础教育部长到访】 2月27日，南非基础教育部长安吉·莫采卡率团访问华东师范大学。双方就促进两国间基础教育领域的交流与合作进行会谈。代表团一行还参观了华东师范大学附属小学及第二附属中学。 （汪　海）

【学习科学国际大会在校召开】 3月1—6日，由经济合作与发展组织、美国国家科学基金会、联合国教科文组织、华东师范大学、上海师范大学、香港大学联合举办的“学习科学国际大会”召开。来自世界各地的研究者和相关领域专家就学习科学研究的发展进行广泛交流和深入对话，并探索如何以学习科学的研究成果为基础推动教育政策和实践的变革。联合国教科文组织助理总干事唐虔、经济合作与发展组织教育与技能部部长、美国国家科学基金会社会行为和经济科学部主任等出席。 （汪　海）

【国家教育决策协同创新中心理事会扩大会议召开】 3月15日，由华东师范大学、中国教育科学研究院、国家教育发展研究中心、上海市教育科学研究院和浙江大学等多家单位共同建设的国家教育决策协同创新中心在华东师大召开理事会扩大会议。会议讨论通过了中心建设方案、理事会章程、中心章程及相关规章制度。中国教育科学研究院、国家教育发展研究中心、上海教育科学研究院、浙江大学，以及校领导出席会议。 （汪　海）

【多项成果获上海市科技奖】 4月1日，在2013年度上海市科学技术奖励大会上，华东师范大学终身教授、软件学院院长何积丰院士荣获上海市科技功臣奖。华东师大4项成果获2013年度上海市自然科学奖，其中朱自强领衔的“半导体氧化物纳米材料特征结构导向构筑及其场发射、传感性能”和张树义领衔的“蝙蝠的生态、进化及与病毒相互关系的研究”项目获得一等奖；詹兴致的“矩阵的分析性质与组合结构研究”项目获得二等奖；陈勇的“复杂非线性演化系统的符号计算理论与方法”项目获得三等奖。一等奖总数排名与上海交通大学并列第一。（汪　海）

【“子藏”第二批成果发布】 4月12日，华东师范大学大型古籍文献整理工程“子藏”第二批成果发布会在校举行。“子藏”第二批成果包括《鬻子》《关尹子》《文子》《鹖冠子》《子华子》《亢仓子》《列子》《商君书》《韩非子》等12个系列，共收入先秦至民国时期有关子学著作672种。著名文艺理论家徐中玉、国家图书馆副馆长张志清、上海市委宣传部副部长李琪、上海新闻出版局副局长阚宁辉等出席发布会。来自中国内地和港澳台地区、韩国、日本、新加坡、马来西亚等地的120多位学者出席会议。（汪　海）

【并购金融研究中心成立】 4月28日，华东师范大学并购金融研究中心揭牌仪式举行。作为普陀区人民政府和华东师范大学区校战略合作框架内容之一，中心的成立旨在为“上海普陀并购金融集聚区”建设提供理论支撑。市金融办、普陀区委领导出席。校长陈群为中心揭牌。（汪　海）

【编译出版《普京文集》】 5月13日，由华东师范大学国际关系与地区发展研究院、俄罗斯研究中心组织编译，华东师范大学出版社和世界知识出版社联合出版的《普京文集(2012—2014)》中文版首发式在俄罗斯驻华大使馆举行。外交部副部长程国平与俄罗斯联邦驻华大使安德烈·杰尼索夫共同为文集揭幕。校党委书记童世骏应邀致辞。（汪　海）

【诺贝尔物理学奖获得者到访】 6月3日，2013年诺贝尔物理学奖得主弗朗索瓦·恩格勒教授一行到访学校，校长陈群会见恩格勒并向其颁发荣誉教授证书。（汪　海）

【举办上海城市发展新空间及深水新港学术研讨会】 6月21日，由华东师范大学国际航运物流研究院主办的“面向2040年的上海城市发展新空间及深水新港”学术研讨会在校举行。两院院士周干峙，中科院院士邱大洪，工程院院士陈吉余等七位院士出席并发言。市政府参事室主任王新奎，国家发改委、交通运输部、中国国际工程咨询公司领导与会。校党委书记童世骏致辞。（汪　海）

【召开中国富布赖特学友会(筹)全体大会】 10月16日，由中国教育国际交流协会中国富布赖特学友会(筹)主办，华东师范大学承办的2014年度中国富布赖特学友会(筹)全体大会在学校召开。大会主题为“中美关系三十五年：利益与价值的双重视角”。校党委书记童世骏，美国驻上海总领事，中国教育国际交流协会副秘书长、中国富布赖特学友会(筹)秘书长出席并致辞。上海国际问题研究院原院长杨洁勉，上海纽约大学美方校长杰夫·雷蒙等作主题报告。（汪　海）

【中法联合培养研究生项目续签协议】 11月11日，中法联合培养研究生项目五校联合工作会议暨续签协议仪式在华东师范大学举行。巴黎高师校长、加香高师校长、里昂高师校长、雷恩高师校长、法国驻沪副总领事，华东师大党委书记童世骏、校长陈群，国家留学基金委副秘书长张宁等出席并分别致辞。（汪　海）

【入选“长江学者奖励计划”】 12月4日，心理与认知学院郭秀艳教授、科学与技术跨学科高等研究院胡文浩教授、教育学部李政涛教授入选“长江学者奖励计划特聘教授”，数学系韦国芳教授入选“长江学者奖励计划讲座教授”。（汪　海）

【召开“十三五”教育规划发展战略研讨会】 12月5日，由华东师范大学主办的“十三五”教育规划发展战略研讨会举行。教育部副部长鲁昕、国家统计局副局长贾楠、上海市副市长翁铁慧、校党委书记童世骏、校长陈群出席并讲话。教育部、国家发改委、财政部、国家统计局有关司局负责人，全国各地的教育行政部门负责人，教育领域专家学者与会。同期举行了国家教育宏观政策研究院建设专家咨

询座谈会。　　（汪　海）

【获孔子学院“先进中方合作机构奖”】　12月7日，在第九届全球孔子学院大会上，华东师范大学获“先进中方合作机构奖”，中共中央政治局委员、国务院副总理、孔子学院总部理事会主席刘延东为华东师大颁奖，校长陈群接受表彰。　　（汪　海）

【举行首届教学贡献奖终评会】　12月28日，华东师范大学首届教学贡献奖终评会举行。体育与健康学院汪晓赞、地理科学学院郑祥民荣获杰出教学贡献奖。社会科学部王建新、数学系刘永明、外语学院邹为诚、化学系陈启明、学前教育与特殊教育学院姜勇、传播学院聂欣如、中文系黄人二荣获优秀教学贡献奖。　　（汪　海）

附:学校负责人及地址

（2014年1—12月）

校党委书记:童世骏
常务副书记:曹文泽
副　书　记:林在勇(1月离任)、任友群、杨昌利

校　长:陈　群
副校长:林在勇(兼,1月离任)、任友群(兼)、范　军(12月离任)、朱自强(12月到任)、郭为禄、孙真荣、梅　兵、李志斌(12月到任)、汪荣明(12月到任)

中山北路校区地址:中山北路3663号
邮编:200062
电话:62232214

闵行校区地址:东川路500号
邮编:200241
电话:54344660

上海外国语大学

【2014年概况】　学校现有教学院(系)20个，直属教学部3个。设有本科专业38个，包括语言类专业25个和非语言类专业13个。一级学科硕士学位授权点7个(下设二级学科硕士学位授权点36个)，专业硕士学位授权点3个、一级学科博士学位授权点2个(下设二级学科博士学位授权点17个)、博士后科研流动站2个。全校在职教职工1347人，其中专任教师755人。具有正高职称117人，具有副高职称247人；具有博士学位的教师450人，具有硕士学位的教师252人。全校各类学生总数15466人，其中本科生6027人、硕士研究生2670人、博士研究生423人、留学生1860人(学历生818人)、成人教育学生4018人、网络教育学生468人。当年招收本科生1554人、研究生1010人，其中硕士研究生904人、博士研究生106人。当年毕业本科生1497人，就业率约为95.7%；毕业研究生897人，其中硕士生816人、博士生81人，就业率达94.54%。当年招收来自102个国家和地区留学生4511人，其中长期生共计2871人。

一、学校规划与学科建设。①启动制定全面深化改革方案。聚焦改革重点难点，立足总体顶层设计，注重调查研究，坚持问计于民，初步形成学校全面深化改革方案。②实现政治学与新闻传播学两个一级学科的校内资源融合建设，组建新闻传播学院和国际关系与公共事务学院。③推动以国别研究为特色的跨学科研究平台整合，建立“中国学”研究项目，新增中国学、区域国别研究、汉语国际教育3个博士学位授权点，学校博士学位授权点增加到17个。④修订《学术委员会章程》，进一步明确学术权力与行政权力的边界，保证学术委员会在学位评定、学术评价、项目评审、专业建设、课程设置等学术事务中的主导地位。⑤编制《大学理事会章程》，开启社会参与办学的大门，信息公开、校务公开更加透明、全面。

二、教育教学改革。①探索人才培养新模式。

开展卓越国际化人才培养的多项试点，如导师团、导读课、全英语培养体系、国际化培养等体现专业特色的育人新机制。高级翻译学院申报的国际化专业翻译人才培养模式被评为国家级教学成果奖二等奖和上海市教学成果奖一等奖。上海市新闻传播卓越人才培育基地落地。推进思想政治理论课与外语教学相结合，启动有外国语大学特色的思想政治教育体系建设。②完善课程体系建设。年内共开设本科生课程2949门次，选课99187人次。《中阿文明交往史》获国家“精品视频公开课”称号，《高级英语》获批“国家级精品资源共享课”。③注重实践教学。大学生创新创业训练项目成果不断，85个国家级和75个市级大学生创新创业训练计划项目获立项，1项目入选全国大学生创新创业年会。④扩大教育资源共享。与国内外高校开展交流合作，接收来自港澳台、长三角等地区的交流生194人。完成农村学生招录等国家任务。⑤注重育人全过程。学生服务和管理项目不断推陈出新，就业率继续保持高位。

三、科研项目与成就。①年内，获国家级和省部级项目53项。首次获得国家社会科学基金重大项目2项、重点项目1项；获国家社会科学基金项目17项、国家自然科学基金项目2项；获教育部各类项目14项、上海市各类项目14项，横向科研项目20项。②新增2个上海市级研究基地和14个校级区域国别研究中心。获准成立上海市社会科学创新研究基地、上海发展战略研究所工作室——“中外文化软实力比较研究中心”。G20研究中心成为上海高校人文社会科学重点研究基地。③年内共发表学术论文1171篇，其中CSSCI论文251篇；北大核心期刊论文32篇，EI检索论文7篇；SSCI期刊论文7篇，出版专著55部、译著40部、教材38本，出版各类工具书24本、学术论文集15本；提交咨询报告21份。④推出《各国要情简报》和《区域研究专报》10期。实施世界主要国家基本国情系列丛书编撰工程、区域国别社会与文化系列丛书修订再版工程、区域国别研究博士文库出版工程。⑤《全球多语种信息监测与决策分析平台》项目立项，并获得校外建设经费945万元。⑥《外语界》学刊入选2014中国最具国际影响力学术期刊排名前50名。

四、师资队伍建设。①引进高层次人才6人。获批长江学者2人，“长江学者”特聘教授增至3人。7人获得浦江人才资助，1人获得人才发展资金资助。2人获得中国博士后科学基金一等资助，5人获得二等资助。②1位教师荣获2014年全国优秀教师称号，4位教师荣获上海市育才奖。③改革研究生导师遴选机制，80后青年学者首次成为博导。④在职称评定、博导评审、国务院特殊津贴评审过程中，改变投票办法，推行评审材料网上公示，使评选过程更加透明。年内认定初级职称33人，评审及认定中级职称31人、高级职称35人。⑤推进人事管理机制改革，优化人才队伍建设和学缘结构，促进人才队伍合理发展。⑥实行《上海外国语大学师资博士后管理办法》，首次招收师资博士后7人。⑦首次开展行政教辅人员岗中培训，并纳入常规培训体系。⑧“青年英才海外研修计划”入选教育部教师队伍培养示范项目。

五、国际化办学与对外合作交流。①发布《国际化发展规划与行动计划》。加入国际化慕课平台——英国FutureLearn。②制定《留学上外行动计划》(2014—2020)，年内有来自102个国家的4500多名留学生到校学习，国际学生与国内学生融合度进一步增强。③拓展全英语课程范围，国际学生已进入部分非语言专业学习。④进一步改善外国专家管理机制，提升来华专家层次。年内共接待国外到访人员253批次，1559人次，其中外国副部级以上团组10个，包括葡萄牙总统、联合国副秘书长等。⑤新签和续签校际合作协议71项，境外合作伙伴达到55个国家和地区的305个机构。与西班牙阿尔卡拉大学合作举办本科教育项目获批，学校“外语＋专业”的人才培养模式得到国家层面认可。⑥召开“国际大学翻译学院联合会(CIUTI)年会”，19个国家的45所全球顶级高校翻译学院及5个国际翻译组织参会。⑦在乌兹别克斯坦新建孔子学院1所，副总理刘延东为学校颁发“孔子学院先进中方合作机构奖”。与学校合建的意大利那不勒斯东方大学孔子学院荣获“优秀孔子学院奖”。

六、校园文化建设。①21个语种外文门户网站群上线运行，塑造上外数字化国际新形象，是全国高校语种数量最多的外文网站。发布学校视觉形象识别系统，构建专业化、立体化、规范化的视觉传播体系,用符号讲述上外故事。②《指尖上的"微"校园——上海外国语大学"微上外"网络新媒体平台项目》获教育部第七届高校校园文化建设优秀成果三等奖。校园历史记忆项目《文脉守望——听前辈讲上外故事》正式出版。③上外艺术团成为学校外事工作新名片。在国家"汉办"的安排下,艺术团赴阿根廷、智利两国 8 地演出,将具有浓郁中国元素和上外大学生气质的作品展示给当地民众,传达中华民族的优秀文化。④校旱地冰球队受国家教育部委派成为中国第一支大学生代表队赴新加坡参加旱地冰球大学生世界杯比赛。校围棋队赴海南参加全国应氏杯大学生围棋比赛,夺团体冠军。校围棋队代表中国大学生在泰国清莱包揽亚锦赛围棋大学生组团体和个人冠军。

七、管理保障与社会服务。①推进实事工程。提高青年教师课时费,增加青年教职工公寓并加强动态管理,加开两校区班车,启用学生公寓新楼,回购松江宿舍并加强主体管理,为松江校区教师办公场所和学生宿舍安装空调,改造松江校区食堂设备,新增校园文化景观,为师生提供舒心的学习工作环境。②图书馆购置纸本图书近 4 万册,比 2013 年增加 10%,新增 DeGruyter 德语期刊数据库、Fectiver 多语种报纸数据库等多个数据库,电子资源覆盖到 20 多个语种。③新增两项由个人出资的捐赠基金:"王宏爱心助学基金""思源教育奖励基金"。新增 5 个由单位捐赠的基金:"上海大众教育基金""台湾东华书局奖学金""乘鹰上外围棋发展基金""日本物语公司教育基金""棒球高水平运动队教育基金"。基金会年度新增到账资金 4260741.93 元。④拓展与上汽大众、上海纺织、上海国际问题研究院的合作,深化学校与上海地方的合作机制,继续为联合国、中宣部、商务部、外交部、国新办、上海市党政机关提供优质服务,参与中国公共外交,服务国家"走出去"战略和大都市国际化建设,形成学校与社会的良好互动。 (潘 旻)

【举办 65 周年校庆系列活动】 2014 年,上海外国语大学建校 65 周年。学校先后举办近百场学术报告和研讨会,包括"德国近十年高等教育改革与成就"国际研讨会、"丝绸之路上的文化交流"国际研讨会、中俄青年主题论坛、第四届"亚洲与中东"国际论坛、第七届全国高校俄语大赛等,国内外的知名专家学者出席。校庆期间,世界各地的校友纷纷举办联谊会,以多种形式庆祝母校 65 周年华诞。国务委员杨洁篪校友亲笔致函母校。学校在此期间建立了美国校友会,发展了香港地区校友会。 (潘 旻)

【中东研究所智库理事会成立】 1 月 12 日,上海外国语大学中东研究所智库理事会成立。学校领导、中国资深外交官和来自高校与研究机构的专家学者 30 余人出席仪式。 (潘 旻)

【翁铁慧到校调研】 1 月 14 日,副市长翁铁慧到上海外国语大学,就上外学科建设、人才队伍建设、创新能力提升等工作,进行调研并给予指导。市政府副秘书长宗明,市教卫工作党委副书记、市教委主任苏明,市教委副主任袁雯等陪同。翁铁慧就上外当前和今后长期的办学定位、加强学科建设与队伍建设、紧密对接与服务国家战略需求和区域发展需求,提出指导意见。 (潘 旻)

【涉外卓越法律人才培养实验班开班】 3 月 10 日,上海外国语大学举行首届"涉外卓越法律人才实验班"开班仪式。这是上外人才培养模式改革的又一举措。"实验班"将按照上海市教委"卓越法学教育计划"的要求,深挖"涉外"与"卓越"内涵,将其办出特色,办出水平。 (潘 旻)

【与法国巴黎高等商学院建立校际合作关系 30 周年】 4 月 24 日,作为中法建交 50 周年系列庆祝活动的组成部分,上海外国语大学与法国巴黎高等商学院(HEC,以下简称"巴黎高商")举行建立校际合作关系 30 周年(1984—2014)庆典。巴黎高商校长率团专程到沪出席庆典。出席庆典的还有上海市教委国际交流处负责人,法国驻沪副总领事,巴黎大区发展局中国代表处首席代表,上海法国工商会会长,欧莱雅等企业界代表,上外巴黎高商校友,上外法语系教师、学生等 80 余人。 (潘 旻)

【举行"中国自贸区改革与国际化复合型人才培育"

国际研讨会】 4月26—27日,“中国自贸区改革与国际化复合型人才培育”国际研讨会举行。来自中、美、加、韩等国家和地区的200多名中外专家、学者和金融界人士与会。会上还举行上海外国语大学金融创新与研究中心揭牌仪式。上海外国语大学校长曹德明与上海中欧国际工商学院院长朱晓明为中心揭牌。该中心目标是对接国家新型高校智库建设战略规划,推动上外复合型专业学科建设,提升上外在服务地方经济建设和金融决策咨询中的影响力,打造具有国际水准的金融理论与技术方法研究、人才培养、科研成果应用转化的协同创新平台,支撑创新型国家和人力资源强国建设和中国(上海)自贸区建设。 (潘 旻)

【60名大学生志愿者参与亚信峰会】 5月20—21日,亚洲相互协作与信任措施会议(CICA)第四次峰会在上海召开。本次亚信峰会的志愿者团队中,上岗志愿者共有719人,其中大学生志愿者260人。上海外国语大学共有60名大学生和近10名教师参与其中,涉及英语、阿拉伯语、俄语、日语、土耳其语、波斯语、蒙古语7个语种,为派出志愿者人数最多、涉及语种最多的高校。 (潘 旻)

【葡萄牙共和国总统到访】 5月14日,葡萄牙共和国总统率团访问上海外国语大学,并在“语言的价值”研讨会闭幕式上发表演讲,赞扬上海外国语大学在葡语专业建设与葡语人才培养上所取得的成就,并与曹德明校长一起为新成立的上海外国语大学葡萄牙研究中心揭牌。在总统见证下,上海外国语大学和葡萄牙里斯本新大学签订两校合作框架协议。根据协议,上海外国语大学的葡语专业将与里斯本新大学商学院共同创办“2+2”项目。参与该项目的学生在上外完成两年的葡语专业学习后,将赴里斯本新大学继续研读两年葡语及商科专业,毕业后可获得上海外国语大学和里斯本新大学分别颁发的学士学位。 (潘 旻)

【成立国际关系与公共事务学院】 6月27日,上海外国语大学成立国际关系与公共事务学院,旨在进一步促进上外政治学一级学科建设,为中国“走出去”国家战略提供智力支撑,并在服务国家、聚焦国别区域研究等方面形成新特色、打造新优势。学校政治学学科已拥有政治学一级博士点和博士后流动站,编辑出版核心期刊《国际观察》、《阿拉伯世界研究》,在美国出版发行国际期刊《中东与伊斯兰研究》。近年来,上外政治学研究领域的专家学者发表的论文转引数等指标,名列国内前茅。(潘 旻)

【教育部巡视组到校巡视】 10月15日—11月21日,教育部巡视组对学校开展巡视。巡视工作围绕“一个中心、四个着力”,重点针对2011年以来两任党委书记、一任行政领导班子的任职情况,通过听取工作汇报、个别谈话、专题座谈、列席重要会议、调阅会议记录和各类资料、专项调查、听取市教卫工作党委意见等方式,深入了解情况和查找问题。 (潘 旻)

【与英国慕课平台 FutureLearn 合作共建】 11月21日,上海外国语大学与英国慕课(MOOC)平台FutureLearn合作共建签约。根据协议,上海外国语大学借助FutureLearn优质在线平台,推出在线开放课程(MOOCs),为世界各地的学习者提供多样化课程。上海外国语大学成为FutureLearn在大中华区开展合作的第3所高校。 (潘 旻)

附:学校负责人及地址

(2014年1—12月)

校党委书记:姜 锋
副 书 记:李月松、王 静

校 长:曹德明
副校长:冯庆华、张 峰、杨 力、周 承

虹口校区地址:大连西路550号
邮编:200083
电话:35372000

松江校区地址:文翔路1550号
邮编:201620
电话:67701068

上海财经大学

【2014年概况】 学校设有教学单位18个、一级学科博士点6个、一级学科硕士点12个、专业学位硕士点12个、博士后科研流动站6个和本科专业38个。学校拥有会计学、经济思想史、财政学、金融学等4个国家重点学科(含培育学科),10个省部级重点学科,6个上海市一流学科,有国家经济学基础人才培养基地、国家大学生文化素质教育基地、会计与财务研究院教育部人文社科重点研究基地、国际商务汉语教学与资源开发基地(上海)和数理经济学教育部重点实验室。学校有专任教师1037名,其中教授、副教授565人。有国家"千人计划"10人、"长江学者"9人、"万人计划"教学名师领军人才1人、国家级教学名师2人、教育部创新团队1个、上海"千人计划"7人、国家杰出青年基金获得者2人、"新世纪百千万人才工程"国家级人选4人、教育部新世纪优秀人才39人。学校现有各类在校生21119人(全日制13914人),其中,本科生7956人,学术型硕士1264人,专业学位型硕士4119人,博士研究生1053人,留学生1022人。

一、人才培养。①推进本科教学改革。打造"立体课程、多元路径、个性体验"创新人才培养模式。大力推进通识教育改革,修订完善学校通识教育改革方案,构建具有财经特色的通识教育培养体系,规划和建设通识教育核心课程,提高通识教育课程质量。开展精品课程建设,新增上海市级精品课程3门、上海高校示范性全英语课程建设项目3门,立项建设通识课程69门、新生研讨课11门、高年级研讨课23门。加强国家经济学基础人才培养基地、卓越法律人才教育培养基地建设,入选"上海市卓越新闻传播人才教育培养基地"。2014年,获国家级教学成果奖二等奖2项;上海市级教学成果奖14项,其中特等奖1项、一等奖7项、二等奖6项。②启动实施新一轮研究生教育综合改革。召开研究生教育改革工作会议,全面推进和深化研究生教育综合改革,部署实施学科优化计划、导师岗聘计划、教学提升计划、学术之星计划、行业菁英计划以及支持与保障计划等六大推进计划。2014年获全国优秀博士学位论文1篇、首届"中国研究生教育成果奖"二等奖1项、第五届"全国百篇优秀管理案例"奖3项。持续发布研究生学年教育质量报告。主动对接国际教育标准,积极参与国际商学认证,顺利通过中国高质量MBA教育认证,并获准成为全球首例以"Special Academic Unit"身份进行AACSB认证的商学院,全面推进公共管理专业硕士(MPA)国际认证进程。③加强德育教育,培育志愿服务文化。通过"科学·人文"大讲堂、甲申论坛、研究生红五月、春晖大讲堂等载体,邀请中共中央政治局原常委、国务院原副总理李岚清,中国工程院院士邬贺铨、陈懋章,中国科学院院士武向平、李大潜等诸多专家学者来校开讲,构建学生科学精神与人文素养培养的常态机制。积极培育志愿服务文化,涌现出一批志愿服务品牌项目。学校兴家志愿者"十四年如一日,关注残疾人子女"服务项目被市教卫工作党委评为优秀公益项目。人文学院"爱在财大"暑期支教团获"上海市大学生社会实践十大最具影响力项目"称号。④促进学生全面发展健康成长。探索第二课堂教育成长认证体系建设,颁布实施本科生第二课堂(实践教育类)学分认定及实施办法。以"农村养老问题现状调查"为主题,启动实施2014年千村调查项目,发挥实践育人功能,该项工作得到教育部部长袁贵仁批示。重视和加强体育教育,制订学校体育工作指导意见,营造全员参与校园体育运动的良好氛围。系统规划艺术课程体系,持续开展艺术品牌活动,共举办校内专场演出14场、校外赛事演出15场、观摩演出活动5场。加大力度支持大学生创新创业训练项目，近50%的本科生在校期间都有一次参加创新创业训练机会。上财学子在大学生课外学术科技活动中再创佳绩，首夺全国“创青春”(原“挑战杯”)创业大赛金奖；在第七届中国大学生计算机设计大赛中获得国家一等奖2个、国家二等奖2个，创历史最好成绩。⑤招生就业工作继续保持良好态势。进一步拓宽招生口径，本科招生专业及方向从2013年的37个调整为2014年的22个招生专业(类)。新生生源质量持续优异，高考招生综合竞争居全国前列，在沪高考录取分数线继续保持“文三理四”的位置。加强就业指导与服务，加大毕业生跟踪调查力度，持续发布就业质量年度报告。毕业生实现高签约率和高质量就业，至年底，毕业生就业率97.85%，签约率90.96%。

开展“走千村、读中国”千村调查活动

二、学科建设。推进“高原+高峰”学科战略，召开学科建设工作会议，制定实施《学科建设规划(2014—2020年)》，研究部署学科建设任务及第四轮教育部学科评估准备工作。开展新一轮校内学科评估，发布学科发展评估报告，推动学科自检平台开发与建设。成立数学学院和外国语学院。编制完成《上海财经大学综合改革方案(2014—2020年)》并上报教育部。根据QS全球学科排名(2014)，学校“会计与金融专业”再度入围全球前150名；根据上海交通大学世界大学学科排名(2014)，学校经济学/商学学科首次进入全球前200强；根据荷兰蒂尔堡大学全球经济学院研究排名(2013)，学校经济学学科在经济学国际顶级期刊发文量位居中国高校(含港澳台)第一、亚洲第六，全球第61；根据美国亚利桑那州立大学金融学排名(2009—2013)，学校金融学位居大陆高校第一、全球103位。

三、科学研究。①2014年度学校获得国家级项目资助55项，其中，国家自然科学基金项目33项，国家社科基金项目22项。国家社科基金重大项目、重点项目立项数创历史新高，共计6项；首次获得国家自然科学杰出青年基金和优秀青年基金项目各1项，取得重要突破。2014年度全校教师共发表各类学术论文781篇，其中发表在权威期刊A的31篇、权威期刊B的105篇、SCI 62篇、SSCI 50篇。在2014年上海市第十届邓小平理论研究和宣传、第十二届哲学社会科学优秀成果奖评选中，共有24项成果获奖。②以中国(上海)自由贸易试验区协同创新中心培育建设和申报认定工作为重点，在体制机制改革、重大项目研究、提升社会影响、软硬件建设等方面取得阶段性进展。中国(上海)自由贸易试验区协同创新中心先后参与自贸试验区总体方案及其升级版、自贸试验区负面清单、自贸试验区条例和仲裁规则建设，并作为官方批准的独立第三方机构，参与完成上海自贸区政策与制度创新绩效评估，评估报告已提交国务院，为制定自贸区政策提供参考。此外，该中心先后向政府机关、行业协会、研究机构递交专家建议近40期，多次获得国家和上海市主要领导批示。③充分发挥“两部一市”共建体制优势，对接国家财税事业和上海发展新需求，制定实施两个“服务行动计划”(2014版)，认真完成4项财政部与共建院校联合研究课题，10项课题获得面向未来30年的上海发展战略研究重大课题立项，立项数居上海高校前列。24份专家建议被中央领导、教育部领导和上海市主要领导同志批示，或被国家和上海市重要内参刊载，5份系列专家建议获得上海市第十二届哲学社会科学内部探讨优秀成果奖。

四、师资队伍建设。全面启动实施“1351人才工程”项目，首批评定讲席教授10人、讲席副教授21人、创新团队10个、资深教授5人。深化职务聘任改革和教师分类管理，顺利完成聘期考核和岗位聘用工作，进一步优化学校人力资源配置，畅通各类人员发展通道，不断完善“引得进、用得好、留得住、流得动”的师资建设长效机制。学校在岗教师中高级职称占62.6%，具有博士学位教师占82.4%，取得海外博士学位教师占28.6%，具有半年以上海外学习经历的占69.4%。2014年新增中央千人计划2人，国家“万人计划”教学名师1人，长江学者特聘教授2人、讲座教授1人，国家杰出青年基金获得者1人，上海千人计划2人，上海领军人才1人，东方学者特聘教授1人、讲座教授1人，政府特贴专家3人。

五、交流与合作。①深入推进Global SUFE战略。学校与15个国家的44所大学/机构签署了55份协议，其中新增29所院所，包括美国斯坦福大学、英国剑桥大学露西·卡文迪许学院等。推动学生海外学习交流，本科生的海外学习比例已达30%。创办国际暑期夏令营，建立国际联合课堂。学校获得汉办批准分别与英国伦敦玛丽女王大学、爱沙尼亚塔林大学共建孔子学院。2014年首次在全校范围开展国际暑期课程教学，聘请来自国际一流大学教授来校开设37门课程，修读学生超过1000人次。②坚持面向社会、开放办学，探索合作发展新模式，搭建互动交流新平台，不断提升学校与社会各界的合作层次与水平。推进“三会”工作，建立健全校友会、校董会、基金会协调联动机制。上海财经大学校友会获民政部批复，并于97周年校庆纪念活动日正式成立。积极推动各地校友会的组织建设，新增地方校友会7个、海外校友会2个。加强校董会建设，发展壮大校董队伍，并以校董会为纽带，加强与地方政府、企业的交流合作，成立上海财经大学青岛财富管理研究院。

六、校园文化建设。以迎接百年校庆为契机，以回顾和发扬上财精神为主线，大力加强校园文化建设，发挥文化育人作用，培育良好的校风学风教风。全面推进实施上财赋、办学铭、校训释义、“上财精神”凝练、校园文化景观设计方案、上海财经大学图说史(1917—2017)、校歌征集和青花艺术百瓶制作等百年校庆文化建设项目，着力提升学校文化软实力。筹建中国商学博物馆，并以此加强通识教育基地建设、丰富校园文化、促进学科发展，巩固学校在中国高等商学(财经)教育中的领先地位。著名教育家、中国现代高等教育事业先驱之一、创校首任校长郭秉文先生的塑像于97周年校庆纪念活动日揭幕，期间举办了郭秉文教育思想研讨会、郭秉文校长纪念展、郭秉文奖学金颁奖仪式等系列活动。 (蒋　萍、吴怀莉)

【教育部核准《上海财经大学章程》】 5月5日，教育部发布《中华人民共和国教育部高等学校章程核准书第13号》，正式核准《上海财经大学章程》，章程文本自即日起生效，由此确立了《上海财经大学章程》作为学校“基本法”的地位，为学校现代大学制度建设奠定了基础。 (吴怀莉)

【第六届学术委员会成立】 10月14日，学校举行第六届学术委员会成立大会暨第六届第一次全体会议。第六届学术委员会目前下设学术道德、学科建设、专业技术职务评审、研究生教学指导、本科教学指导等5个专门委员会。它的成立是学校落实依法治校、实施教授治学、完善高校治理、探索构建现代大学制度的举措。 (吴怀莉)

【首批“1351人才工程”项目启动实施】 5月，对首批“1351人才工程”项目入选者进行合同规范化管理，主要包括讲席教授、讲席副教授和创新团队，明确合同期内入选者和入选团队的工作目标与研究计划，充分激发教师的科研潜力，引导教师合作研究，鼓励教师追求卓越。首批“1351人才工程”项目共评选出讲席教授10人、讲席副教授21人(含“常任轨”副教授1人)、创新团队10个(教学团队1个、青年团队3个、科研团队6个)、资深教授5人(含认定1人)。 (吴怀莉)

【承接《中国(上海)自由贸易试验区综合评估报告》项目】 经上海市人民政府批准，上海财经大学于2014年8月承接了《中国(上海)自由贸易试验区综合评估报告》项目，对自贸试验区运行一年做第三方独立评估。9月29日，上海财经大学正式提交评估报告。11月14日，赵晓雷教授出席中国(上海)自由贸易试验区综合评估情况新闻通气会并介绍了第三方独立评估报告。 (吴怀莉)

【上海财经大学校友会成立】 11月8日，在庆祝上海财经大学建校97周年之际，学校举行校友会成立大会。大会表决通过了《上海财经大学校友会章程》《上海财经大学校友会第一届理事会成员名单》。学校将围绕制度建设、组织建设、平台建设、文化建设等四方面扎实推进校友工作。

（吴怀莉）

【召开学科建设工作会议】 11月14日，学校召开学科建设工作会议。会议全面总结了“十二五”以来学科建设现状，讨论分析了学校所面临的竞争态势和存在问题，就面向2020年学科发展的目标定位、建设任务、发展路径和重大举措进行了战略部署。

（吴怀莉）

【推进服务师生实事项目】 学校在完成2013年16件服务师生实事项目的基础上，2014年实施新一批服务师生实事项目，完成了“学生宿舍无线网络全覆盖”“提供学生自助云打印服务点”“改造武东校区第三教学楼”“绿叶餐厅特色餐区改造”“建成和启用医疗健康服务中心”“启动实施学校周转房制度”“增加教职工体检项目”等项目，有效改善了师生员工工作、学习和生活条件，推进了党的群众路线教育实践活动的开展。 （吴怀莉）

附:学校负责人及地址

（2014年1—12月）

校党委书记:丛树海
副书记:刘永章、陈　宏

校　长:樊丽明
副校长:孙　铮、周仲飞、刘兰娟、方　华、黄　颖、蒋传海、陈信元、姚玲珍

校址:国定路777号
邮编:200433
电话:65904466

上海海关学院

【2014年概况】 学院全日制在校生1924人，其中，本科生1861人，硕士研究生63人。毕业本科生419人，就业率达91.65%。教职工276人(含2名海关交流干部)，专任教师145人，其中教授14人，副教授46人，具有硕士研究生以上学历的教师占专任教师的比例为86.2%。专业带头人7人，骨干教师19人；聘请客座教授6人，兼职教授14人，海关兼职教师10人，学院结对专家14人；录用新进人员24人(其中，引进高级人才3人)；教师进修学历学位2人，职称晋升6人(其中，1人正高、3人副高)，国内访学4人，国外访学3人，教师参加产学研践习6人，资助科研启动经费9人；3人获上海市育才奖。

学院以接受教育部本科教学合格评估工作为契机，全面提升应用型本科人才培养水平。坚持问题导向，扎实推进“迎评促建”工作，解决评估自查环节的薄弱问题，针对教育部评估专家反馈意见，科学制订整改方案，进一步明确学院办学定位，夯实本科教学基础。深入开展专业内涵建设，海关管理专业获得本科学士学位授予权，审计学、国际商务、物流管理通过上海市本科专业达标评估。新获批市级教改项目2项，获得市级教学成果二等奖1项；新建院级教学团队3项，新立项院级重点课程7门、院级开放(网络)课程3门、院级教改项目12项、院级试题库建设新立项7门。加强实践教学、规范实验教学管理，建立苏州海关、上海欣海报关有限公司产学研合作基地，新建

汕头海关专业实习基地，结合三期建设，启动实验教学中心建设规划，院级本科实验基础建设项目立项 3 项；新获批国家级大学生创新创业训练计划 29 项，在全国大学生英语竞赛、计算机应用与设计竞赛、数学建模竞赛和上海市高等数学竞赛、首届决策大赛等学科竞赛中，学生斩获多项奖项，应用型本科人才培养质量逐步提升。

重视科研立项、科研成果及应用与配套资金的支持。获准立项的校外各级各类科研项目共 40 项，其中，国家级 3 项、省部级 4 项、市厅局级 8 项、横向课题 3 项，接受海关总署各部门、各海关委托的研究课题共 22 项。校内科研项目自贸区专项课题、廉政课题等自筹经费新立课题 17 项。共获得课题经费 448.9 万元，其中国家级课题经费 62 万元；省部级课题经费 59 万元；市厅局级课题经费 28 万元；横向课题经费 75 万元，自贸区专项课题、廉政课题等自筹经费课题共投入 35 万元，接受海关总署各部门、各海关委托的研究课题经费 189.9 万元。另外，学院对省部级以上课题配套经费共投入 35.48 万元。教师共计发表论文 189 篇，其中，在核心期刊论文(CSSCI 和北大版)发表 35 篇，被“三大检索”收录 6 篇，论文被转载 1 篇。学院教师参与出版、编写著作 20 部，其中专著 8 部，教材 3 部，参与著作编写 9 部。学院举办了“贸易便利化与海关”等大型学术研讨会 12 次，加强了学院与海关、企业、政府部门的联系。在学院及编辑部的共同努力下，《海关与经贸研究》出版正刊 6 期、增刊 2 期，合计 8 期，刊物还获得全国高校优秀社科期刊奖，海关管理栏目获得全国高校社科期刊特色栏目。

学院共举办国内外各级各类培训班 128 期，培训各类学员 6376 人次。其中，海关计划内培训 29 期计 1790 人次，系统内委托培训 56 期计 2670 人次，面向社会培训 17 期计 1365 人次，涉外培训 14 期计 263 人次。在保持培训规模基本稳定的同时，学院坚持“特色办学，服务海关”的宗旨，引入专题研究式培训理念，形成了一些可供总署决策参考的研究成果，切实提高了培训的针对性和实效性。

全年有 15 人获国家奖学金，4 人获上海市奖学金，51 人获国家励志奖学金，55 人获企业奖助学金，109 人次在校外各级各类竞赛中获得各类奖项。组织学生参与社会实践及社区志愿者服务 65 项，累计 200 余次，参与志愿者 1896 人次。有六支团队在第八届“挑战杯”上海市大学生创业大赛市级决赛中获得铜奖。学院团委荣获 2014 年度社会实践“最佳组织奖”；“三下乡”和“知行杯”社会实践共获得上海市二等奖 1 项、三等奖 1 项，优秀项目奖 5 项。2 名教师分获上海市青年五四奖章和暑期社会实践优秀指导老师荣誉称号。　（金舒莺）

【与上海海事大学签署《合作备忘录》】 3 月 27 日，上海海事大学、上海海关学院《合作备忘录》签约仪式举行。双方就人才培养、科学研究、社会服务等方面开展深层次的合作达成了一致意见。

（贾亮亭）

【签署产学研合作协议】 9 月 18 日，上海海关学院与苏州海关、江苏飞力达国际物流股份有限公司产学研合作协议签约仪式在海关总署苏州外事教育培训基地举行。南京海关、苏州海关、江苏飞力达国际物流股份有限公司、上海海关学院及相关单位负责人出席了仪式。根据协议，双方发挥各自在海关教育领域的研究优势和海关、物流行业内的资源优势，建立全面的产学研合作关系，重点围绕人才培养、教学研发、干部培训、师资建设、学生就业、资源共享等方面开展广泛合作。　（贾亮亭）

【开展“国际海关践习和调研”活动】 10 月 6 日，海关管理系副教授胡蓉赴荷兰海关开展为期一个月的“国际海关践习和调研”活动，通过“跟班作业”获得深度体验，对国际海关管理前沿有更深了解。这是学院青年教师任职前赴海关挂职锻炼、专业教师定期赴海关交流和调研等一系列举措的内容之一，以推动教师“了解海关，融入海关”。　（房　莹）

【美国专家到校作文化智能专题讲座】 10 月 22 日，美国跨文化专家到校作文化智能专题讲座，海关管理系 2012 级学生参加讲座并积极与主讲人交流互动。由学校办公室推出的外国专家讲座项目内容丰富，本次是结合实现“涉外型人才培养”目标，专门针对海关管理专业英语特色班学生设计的小班化、互动式教学课程，以培养学生跨文化交流和以跨文化视角解读国际贸易中深层次问题或矛盾的能力。（李宛蔚）

【引进环境税国际课程】 11 月 3—14 日，学院首次自澳大利亚查尔斯特大学引进专门为硕士研究生设计的环境税国际课程。作为税务硕士培养方案中重要的特色课程，环境税国际课程旨在通过师生间的互动交流，让学生了解包括国际环境问题、碳定价、质押、修订后的《京都公约》和税收优惠等环境税的关键领域，并探究环境税的基本原则及方法。这一课程契合学院人才培养的目标定位，即为海关和外经贸事业培养应用型、复合型和涉外型的高素质人才。（金舒莺）

【教育部本科教学工作合格评估专家组到校考察】 11 月 9—13 日，教育部本科教学工作合格评估专家组一行 9 人对学院的本科教学工作进行了现场考察评估。评估专家组成员在进校考察前审阅了学院本科教学工作的自评报告和数据分析报告，进校后仔细查阅材料，深入课堂听课，调阅毕业论文和试卷，走访教学单位、职能部门，与学院各级领导进行深度访谈，考察办学设施、校外实习基地和用人单位，召开各种类型的座谈会等。经过 4 天高强度且卓有成效的评估工作，专家组于 11 月 13 日下午召开了专家意见反馈会。学院认真梳理专家组的反馈意见，开展专题研究，在此基础上制定出一套完整有效的落实整改方案，并做好整改方案的落实工作，推动学院本科教学工作水平迈上新的台阶。（曾祥霖）

【获市暑期社会实践“最佳组织奖”】 11 月 19 日，市委宣传部、市文明办、市教卫党委、市教委、团市委、市学联召开“上海大学生社会实践 30 周年成果展示会暨 2014 年上海市大学生暑期社会实践总结大会”。会上，学院获“最佳组织奖”。此外，“三下乡”和“知行杯”社会实践共获得上海市二等奖一项、三等奖一项、优秀项目奖五项；宋丽萍老师获得“优秀指导教师”称号；蒋函廷、王波两名学生获得“社会实践先进个人”称号；学院外事志愿者服务实践团获得上海大学生社会实践 30 周年最具影响力项目奖的提名。（余　越）

【《海关与经贸研究》在全国高校社科期刊评优活动中获奖】 11 月 22—23 日，由全国高等学校文科学报研究会组织召开的第五届全国高校社科期刊评优颁奖典礼暨第七届第三次理事会举行。学院《海关与经贸研究》在此次评优活动中获得全国高校优秀社科期刊、全国高校社科期刊特色栏目（海关管理）两个集体奖项，赵世璐老师获得全国高校社科期刊优秀编辑奖。（陈耀辉）

【举办“中国—欧盟海关职业化培训与能力建设”研讨会】 11 月 24—25 日，“中国—欧盟海关职业化培训与能力建设”研讨会在学院举办。来自海关总署全国海关教育培训中心、海关总署国际合作司、上海海关学院和欧盟各国的专家学者，就海关职业化培训、海关国际合作与交流及电子海关等议题展开深度研讨。研讨会为中欧海关加深理解，促进深化合作搭建了平台。其间，学院与世界海关组织能力建设司官员、欧盟有关专家就进一步加强合作、开展校际互访等交换了意见。（贾亮亭）

【与报关公司签署产学研合作协议】 12 月 5 日，上海海关学院与上海欣海报关有限公司在上海海关学院签署产学院合作协议。根据协议，双方将就人才培养、干部培训、课题研究、资源共享等方面开展深入合作。此次签约对于共同推进海关现代化建设和实践创新，拓宽上海海关学院与企业的产学研合作平台具有深远意义。（金舒莺）

与报关公司签署产学研合作协议

【与浦东开发陈列馆共建教学基地】 12月16日，上海海关学院与浦东开发陈列馆在浦东新区文物保护管理所签署了思政理论课实践教学基地共建协议。这是学院基础部(思政部)与研究生处共同推动研究生和本科生思想政治理论课程改革的有益探索，为进一步加强学院思政理论课程的实践教学，有效强化学院学生的爱国情怀，帮助他们更深入了解中国改革开发的历程和成就创造了良好的条件。 (陈振海)

附:学院负责人及地址

(2014年1—12月)

院党委书记:郑建民
副　书　记:肖建国(兼)

院　长:肖建国
副院长:丁海蒙、陈　晖、于春晖(6月到任)

地址:华夏西路5677号
邮编:201204
电话:28992899

上海民航职业技术学院

【2014年概况】 学院设有民航经济管理系和民航工程系两个系，共12个专业，分别是民航商务、航空物流、航空乘务、民航空中安全保卫、航空旅游服务、民航电子商务、航空机电设备维修、航空电子设备维修、民航安全技术管理、飞机制造技术、飞机结构维修、民航特种车辆维修专业。学院以高等职业技术教育为主体，同时开展岗位培训和成人学历教育，立足上海，面向华东，辐射全国，培养具有大专(高职)学历层次、较强实践能力，服务于民航和社会发展所需的高素质高技能型人才。

年内，学院招生2400人，报到率达91.6%。现有在校生5000余人，其中民航学院在校生3924名，最后一届民航中专和上海交职院在册学生约1100人。现有教职工281人，其中，在编人员262人，派遣制人员19人，专任教师159人，高级职称30人，中级职称76人，研究生学历75人。学院是上海中高职贯通培养的试点院校，目前与上海4所中职校联合开设3个5年制民航贯通专业。

深化教育教学改革。①开设4个新专业(航空旅游服务、民航电子商务、民航特种车辆维修和飞机结构维修)，实现当年批准当年招生。②加强专业建设，航空机电设备维修专业获批市教委2014年度“085工程”重点专业建设项目，民航安全管理专业获批市教委民航安全管理专业双证融通试点专业建设。③以英语分层教学为突破点，全面深化课堂教学改革。④探索构建上海民航中高职贯通“立交桥”的实践之路，与上海航空服务学校等4所中职学校就空中乘务、航空服务、飞机维修等专业展开合作。⑤深化校企合作，共建校外实习基地，创新人才培养模式，与上海波音、春秋航空、扬子江快运等企业共建在职乘务、机务人才培养基地，实施在校生“订单式”培养模式。⑥加大投入，抓好实训中心建设，努力打造符合专业技能人才培养目标的实训基地。机务工程训练中心和空乘实训中心等实训场所陆续投入使用。新增硬件投入1400万，引进A330水上撤离训练设备、A320舱门训练器、B737-800舱门训练器、圆形救生筏、航空安全员体技能训练等实训设备设施，为学生实践技能发展创造条件。

推进科研与教材建设。①采取多项措施促进教师教学科研能力提升，对17个院级教科研课题立项，各类教科研成果奖励资金近21万元。②获得1项上海市职教协会纵向课题、1项民航局安全工程项目和1项上海市残联的横向课题。③深化课程内涵建设，有序推进14门精品课程建设工作，支持学院教师出版个人研究成果，《民航乘务日语实用会话》等11本教材编写出版工作正在按计划逐步推进。

加强师资队伍建设。①引进和培养并举、实施人才强校战略。引进一线专业教师11人，其中7人为硕士学历，含副教授1人，工程师1人。②组织各类教师培训312人次，其中11人为境外专项培训。组织科以上干部、骨干教师、学科带头人参加教育部行政学院"干部职业素质和能力提升"网上培训。③教师刘珏、陈玮在上海市首届青年教师教学竞赛中，分获人文社会科学组和自然科学应用学科组二等奖。刘珏还在第五届"外教社杯"全国高校外语教学大赛上获上海赛区二等奖。④以罗玉梅副教授领衔的航空机电设备维修专业教学团队被授予"上海市市级教学团队"。

提高人才培养质量。①以"立德树人"为价值观，强化和优化学生管理工作，助推学生成长成才。通过强化校园文化建设，积极培育社会主义核心价值观，实施以"社会主义核心价值观"为核心的青春导航计划。②重视学生心理教育，关注学生的身心健康。通过开设心理健康课程、举行心理健康教育主题活动等多种形式，加强学生心理健康教育。③以赛促教，以赛促学，促进学生技能提高。在2014年全国职业院校技能大赛高职组"飞机发动机拆装调试与维修"比赛中，学院2支代表队分获团体二等奖和三等奖，学生王子帆获第十届全国高职高专实用英语口语大赛(上海地区复赛)非英语专业组三等奖。

加大服务社会力度。①面向民航，服务社会，充分利用行业投入的教育培训资源和专业师资优势，为行业在职人员能力提升服务。2014年，成人学历教育专本科在册学生455人。②开办民航运输、安检、机务等各类培训班86期，培训3650人次。机务66部基础执照考试和147部学校培训，承担2600多人次的培训和笔试、口试任务。首次开办空中安全保卫复训班7期，培训1500余人，获得民航公安局和各航空公司高度评价。参训人员从东航、上海航空、春秋航空、吉祥航空扩展到海南航空、深圳航空和厦门航空、新疆航空等公司。拓展培训范围，民航华东局把航空气象测报、航空通讯导航等岗位的在职培训转移到学院。

依法治校，转变作风，强化管理，结合党的群众路线教育实践活动整改，颁布29项制度，并严格制度的执行。严格执行财经纪律，强化项目和资金管理，"三公经费"较上年下降72%。在改善机关和教职工办公用房条件时，严格执行国家关于办公用房标准的有关规定，全面清理和整改超标用房。通过信息公开网络平台建设，加强院务公开，使信息透明，提高民主参政能力，促进和谐发展。 (熊晟钰)

【召开第一届教职工代表大会】 1月16—18日，学院召开第一次工会会员代表大会暨第一届教职工代表大会。大会选举产生了学院工会第一届委员会委员9人、工会第一届经费审查委员会委员3人、工会第一届女职工工作委员会委员2人、第一届教代会专门工作小组成员24人。 (熊晟钰)

【校企合作签约】 6月5日，学院和扬子江快运航空有限公司举行校企合作签约仪式，双方将在机务人才培养、"维修培训基地"建设、科技研发、学生就业以及技术互援等方面展开全面合作。 (熊晟钰)

【开展订单式培养】 10月17日，学院举行春秋航空乘务专业订单班开班仪式。该班由春秋航空股份有限公司从学院一年级空乘学生中选出44名优秀学生，按双方共同商定的专业课程，与企业合作进行订单式培养。 (熊晟钰)

【受邀组织民航客运服务技能大赛】 10月29日，新疆机场(集团)公司举办首届民航客运服务技能大赛，集团旗下乌鲁木齐国际机场、喀什机场、库尔勒机场和阿克苏机场等13个参赛队伍，共39位员工同场竞技。新疆机场(集团)公司特别邀请学院协助组织本次技能大赛。学院民航经济管理系承办具体工作并派专业师资承担考评工作。

(熊晟钰)

附:学院负责人及地址

(2014年1—12月)

院党委书记:孙　莹
副　书　记:孙　群

院　长:于　再
副院长:章恒龙、杨　征、孙　暄

地址:龙华西路1号
邮编:200232
电话:34693221

上海理工大学

【2014年概况】 学校设有18个学院、1个教学部,有30个研究所、12个研究中心和4个研究院。设有本科专业54个,有一级学科博士学位授权点5个、二级学科博士学位授权点32个、博士后科研工作流动站4个、一级学科硕士学位授权点22个、二级学科硕士学位授权点91个、硕士专业学位种类8个、工程硕士专业学位领域18个。在校全日制本科生17307人,硕士研究生6568人,博士研究生413人。2014年在校外国留学生1015人。2014年,全校教职工总数2259人,其中专任教师1292人。当年毕业本科生4246人,就业率97.22%;当年毕业研究生1569人,其中硕士生1506人、博士生63人,就业率95.09%。

一、学校行政班子换届和制度建设。经过换届动员、民主测评、民主推荐、组织考察、任前公示等环节,完成行政领导班子的换届工作。开展依法治校,初步完成《上海理工大学章程》和《学术委员会章程》修订工作,形成《上海理工大学落实"三重一大"制度实施办法》《中共上海理工大学委员会常务委员会议事规则》和《上海理工大学关于改进作风、密切联系群众的实施办法》等一系列制度文件。出台《上海理工大学关于推进新一轮改革与发展的若干意见》。推进两级管理,形成二级管理部门2014年度绩效目标基本任务;绩效工资实施方案正式实施并平稳运行,新老工资体系顺利转换;在二级学院逐步建构"指导—助力—提升"三位一体的教师培养模式。

二、教育教学改革。①创新人才培养模式,推进精品本科建设。全面推行教学答疑制度和青年教师助教制度,教授承担本科教学以及小班化教学比例提高;提高公共基础实验教学质量,搭建MOOC学习平台,筹建跨专业综合性虚拟实验室。"装备制造虚拟仿真实验教学中心"获批国家级虚拟仿真实验教学中心;获批13项上海市教学成果奖,其中一等奖6项、二等奖7项;获批上海市卓越新闻传播人才教育培养基地建设单位;获批4门上海市级精品课程、3门上海高校示范性全英课程、2个上海高校本科重点教学改革项目;6本教材入选"十二五"普通高等教育本科国家级规划教材。②创新研究生培养机制,提高研究生教育质量。出台《上海理工大学2015年研究生培养方案修(制)订意见》,发布《上海理工大学学位与研究生教育质量年度报告(2013—2014学年)》。发挥"一校八院(所)"在研究生联合培养中的示范辐射作用,推进专业学位研究生培养模式改革。制定学校硕士、博士研究生收费和奖助方案,稳步推进研究生信息服务系统建设。③推进教育国际化,国际交流与合作取得新进展。与德国汉堡应用技术大学、科堡应用技术与艺术大学和富特旺根应用技术大学合作成立中德国际学院。推进ASIIN、ABET、AACSB等专业国际认证促进专业内涵建设,"光电信息科学与工程"通过了德国ASIIN认证和欧洲ENAEE认证,能源与动力工程、机械设计制造及其自动化两个专业接受了ASIIN专家组的实地考查。与114所境外高等院校签署了各类合作协议和备忘录,在校学历留学生人数稳步上升，交流交换生人数持续增长。参加“2014第十一届上海教育博览会教育国际化展”。

三、科研规划管理。①学科建设。“生物医学工程”一级学科获批新设博士后科研流动站。新增金融、出版2个类别专业学位授权点及1个材料工程硕士专业学位领域。两位教授分别被聘为动力工程及工程热物理、系统科学学科国务院学位委员会第七届学科评议组成员，学科分析报告显示，工程学学科已接近全球该学科的前1%行列，接近程度达到81.91%。②科研平台。2014年进入上海市高等学校学科发展布局规划的高峰学科3个、高原学科3个。新增机械工业联合会重点实验室1个、上海市教委重点实验室2个、工程研究中心1个，挂牌上海市科委专业技术服务平台2个、机械工业联合会重点实验室2个，启动第一批校级重点学科和研发基地建设项目16个。上海市“现代光学系统”重点实验室阶段评估获得优秀。③协同创新系统。“上海太赫兹波谱与影像技术协同创新中心”晋升为上海市级协同创新中心。“上海市动力工程多相流动与传热重点实验室”获批上海市重点实验室。“上海高端能源装备协同创新中心”获得“培育国家2011协同创新中心”资助。成立“上海现代医疗器械研究院”、“上海电子商务发展研究院”和“中国传统文化研究所”。④科研成果。2014年国家自然科学基金获批55项，比2013年增加9项，立项资助率为23.7%，立项资助率连续三年在上海地方高校排名中居第二位；新增省部级以上人文社科基金项目21项，其中国家社科基金5项、市社科基金5项。获省部级科技奖项17项，其中第一单位奖项14项，“益生乳酸菌选育、功能解析及应用关键技术”项目获得上海市科技进步一等奖。教师发表SCI收录论文达到343篇，ESI高被引论文达到13篇，在《Nature》系列刊物上发表论文3篇。

四、人才强校战略。①推进人才强校主战略。构建高端人才引进、青年教师队伍建设和师资博士后管理等人事制度体系。2014年引进、新增沪江领军人才10人，其中中组部“创新千人”3人(长江学者1人)、“创业千人”1人、上海市东方学者5人、上海市领军人才1人。新入选人才计划11人，其中上海市千人计划2人、上海市东方学者8人、上海市领军人才1人。符合学校“沪江领军人才”要求的教师总量达47人。②实施骨干教师教学激励计划。出台《关于推进精品本科建设的实施意见》，实施“教师教学激励计划”和“教师教学能力提升计划”两个计划，构建“专业内涵建设体系”、“工程实践教育体系”、“国际化教育人才培养体系”和“质量监控保障体系”四个体系。建设教师教学发展中心，实质性启动教师教学能力培训工作。③建立多维度的人才发展机制。出台“沪江学者”特聘岗位，推出“青年副教授擂台赛”，与“教学、工程、学术”三大擂台赛并行，构成“四位一体”的教师评聘新平台，建立多维度的人才发展机制。深化教师专业发展工程，做好国内外访学计划、产学研计划、青年教师资助计划以及各类教师培训工作。

五、校园文化建设。①弘扬社会主义核心价值观。把“信义勤爱，思学志远”校训作为培育践行核心价值观的载体，挖掘大学精神，讲述校训故事，整合各种教育资源弘扬核心价值观。举办全国性“大学校训与核心价值观理论研讨会”和“社会主义核心价值观教育研讨会”。②加强宣传和文明创建工作。加强校园文化引领和新媒体阵地建设，在上海高校率先开通官方微信，上海理工大学门户网获得“全国高校百佳网站”称号。开展校内文明单位创建评比工作，完善校园形象识别系统，培育校园文化品牌，制作学校宣传片《在路上》。完成2013年度社会责任报告。③创新思想政治教育工作。开展“辅导员队伍建设月”系列活动，培育辅导员工作室14个。创建四级职业生涯教育指导体系和五级心理危机干预预防体系。开展研究生科学道德与学风建设活动。成立“大学生舆情工作室”和“易思”研发工作室。开展“奋斗的青春最美丽”等系列主题活动，拓展社会实践活动体系建设，组织“三走”阳光体育活动。④开发校本资源的教育功能。开展首届烈士纪念日和建校108年校庆纪念日活动，举办“继承先烈遗志，弘扬校训精神——上海理工大学9·30‘烈士纪念日’座谈会”和“校训，我们共同的文化基因”沪江校友座谈会，出版《1916：徐志摩在沪江大学》，开放“刘湛恩故居陈列室”，将校史文化浓缩到学校17条主要干道的命名中，形成了可看、可触、可感的教育载体。

六、后勤保障工作。①强化财务审计监管力

度。制定《上海理工大学预算经费动态调整的实施细则》,建立专项资金执行情况的定期跟踪及执行进度通报机制。强化对基建修缮项目的审计,深化财务收支项目审计及内部审计整改。持续推进中层领导干部经济责任审计,2014年对13名中层领导干部经济责任履职情况进行了审计;制定实施《上海理工大学审计整改工作实施办法》,共下达了43项审计整改意见,督促完成整改20项。②推进民生实事工程。完成“实施一线教学激励计划”、“建设校园标识指示系统”、“改善师生教学生活设施”、“执行教职工体检新标准”、“校园海安路沿线降尘设施建设”和“强化智慧校园建设”等6项实事工程。设立了教职工爱心扶助金,完善了特殊困难群体补助机制。广泛开展送温暖献爱心活动,全年发放各类困难补助救助57万余元。推进先进制造科技创新基地和第六期学生公寓两个在建工程的建设,新建项目建设规模近19万平方米。开展全校范围的资产(设备)清查,启动校园节能监管平台建设工程。推进校园截污纳管工程建设,优化校园基础设施建设。③平安校园建设。落实校院两级安全责任制,强化技防设施建设,建设校园信息安全系统,推进校园快递整治,规范校园外卖管理,构筑校园公共安全体系。④提升图文信息服务质量拓展智慧校园建设。加强数字图书馆建设,加大文献资源引进力度,制作英文版文献传递系统和图书馆用户指南,设立图书馆服务创新项目申报平台。加快推进智慧校园建设,新版信息门户上线试运行,扩大无线覆盖范围,拓展微服务内容,新开发完成了纵向项目科研管理系统。基于智慧校园的“一门式”公共服务中心信息化建设项目获2014年中国高等教育学会信息化分会优秀案例。⑤开发盘活校友资源。成立贵州校友会,推进以行业和区域为特点的校友活动;加强校友企业与学校合作,举办两场校友企业专场招聘会,牵线“上理—双星”科技战略合作,牵手庄松林院士专家工作站落户校友企业;以二级学院“校友之家”建设提升校友工作服务水平。全年教育发展基金会资助项目新增13项,校友捐赠比例逐步提高,校园捐赠文化逐渐形成。 （尚 娅）

【获2014年“全国工人先锋号”称号】 学校“上海市现代光学重点实验室”获2014年“全国工人先锋号”称号。上海市现代光学重点实验室瞄准最活跃的学术前沿与经济发展的重大需求,解决科学问题,打破技术瓶颈,近五年实验室获得973项目及子课题4项、国家863项目3项、科技部重大仪器开发专项5项(含子课题)、国家自然科学基金20项、教育部科学技术研究重点项目2项、纵向课题经费8000多万元、横向科研项目经费近4000万元。 （尚 娅）

【与普陀区签署合作办学协议】 1月8日,学校与普陀区人民政府合作举办“上海理工大学附属学校”签约。协议依托上海理工的办学实力、专家力量和优质的科技创新教育资源,合作共建一所以科技创新教育为特色的公办9年一贯制学校。 （尚 娅）

【成立中德国际学院】 2月27日,根据《教育部同意设立上海理工大学中德国际学院的函》,教育部正式批准上海理工大学与德国汉堡应用技术大学、科堡应用技术与艺术大学和富特旺根应用技术大学合作设立上海理工大学中德国际学院(Sino-German College, University of Shanghai for Science and Technology),校内合作学院为上海—汉堡国际工程学院(中德学院)、机械工程学院和光电信息与计算机工程学院,上海理工大学中德国际学院从2014年秋季开始招生。 （尚 娅）

【举办第三届上海市大学生机械工程创新大赛】 5月11日,第三届上海市大学生机械工程创新大赛暨第六届全国大学生机械设计创新大赛上海赛区预赛在上海理工大学举行。本次大赛有上海15所高校的112个项目参加,近600名选手参赛。大赛以“幻・梦课堂”为主题,内容为“教室用设备和教具的设计与制作”。上海理工大学、上海电力学院与上海大学获得大赛优秀组织奖。 （尚 娅）

【在中国服务机器人大赛中获好成绩】 5月9日至11日,由光电信息与计算机工程学院组成的机器人代表队参加了2014中国服务机器人大赛,并荣获仿真命令语言组、FOLLOW组、自由主题等项目一等奖(3项),命令语言项目、自由主题项目二等奖(2项),FOLLOW项目三等奖(1项),WhoIsWho、@Home、创新创意、非限定项目二等奖(4项)。这是学校自2012年参赛以来取得的最好成绩。 (尚 娅)

【获13项高等教育上海市级教学成果奖】 2013年有"能源与动力工程特色专业和教学高地综合建设的探索与实践""工科数学教学与学生创新能力培养体系的构建""基于工程创新人才培养的精品本科探索与实践"等6项教学成果获得上海市级教学成果一等奖,"促进教学相长的全开放型高校课程中心建设实践""电子商务实验教学平台的建设与应用"等7项成果获二等奖。 (尚 娅)

【签订产学研框架协议】 6月23日,与山东省诸城市人民政府签署共建技术转移诸城工作站协议书。7月5日,与江苏省张家港市人民政府签订全面合作协议。9月4日,与上海国际医学园区签署了联合共建上海国际医疗器械研究院合作协议。11月7日,参加沪学研工作推进大会,并与上海材料所和上海硅酸盐研究所、宝钢集团有限公司、上海电气中央研究院等签订了产学研合作协议。

(尚 娅)

【举办"大学校训与社会主义核心价值观"研讨会】 6月24日,光明日报社、上海市教卫系统思想政治工作研究会、上海理工大学联合举办"大学校训与社会主义核心价值观"研讨会。中宣部宣教局副局长常成,上海市教卫工作党委书记陈克宏,上海市委宣传部副部长李琪。上海市教卫工作党委副书记、市教委副主任高德毅,以及学校全体校领导、相关党政部门负责人出席研讨会。 (尚 娅)

【"生物医学工程"学科获批博士后科研流动站】 9月4日,人力资源和社会保障部、全国博士后管理委员会下发《关于批准新设辽宁大学哲学等291个博士后科研流动站的通知》,学校"生物医学工程"一级学科获批新设博士后科研流动站。这是继动力工程及工程热物理、管理科学与工程、光学工程等3个博士后流动站之后第4个获批的博士后科研流动站。 (尚 娅)

【成立学生专利咨询室】 10月24日,上海理工大学学生专利咨询室正式成立。学生专利咨询室的宗旨是在全校普及专利相关知识,帮助广大师生把握创意灵感,实现发明创造,引导和帮助师生将已经拥有符合国家专利要求的创意与发明通过完善的途径转化为实际成果。 (尚 娅)

【获第九届"挑战杯"大学生创业计划竞赛金奖】 11月1—4日,喻洪流教授指导的学生团队申报的《上海康为动力外骨骼手功能训练器有限责任公司》项目获第九届"挑战杯"大学生创业计划竞赛金奖。时隔12年学校再获此奖。此外,管理、能动、机械、环境团队申报的"上海辉创制冷科技有限公司"和管理学院研究生万能的"上海后米物联网技术有限公司"项目获铜奖。 (尚 娅)

获第九届"挑战杯"大学生创业计划竞赛金奖

【"低温冰箱系列化产品"获工博会银奖】 学校以"智能家居与健康生活"为主题,遴选3个重大展示项目和6个重点推荐项目参展"第十六届中国国际工业博览会"。在11月6日工博会颁奖典礼上,"低温冰箱系列化产品"被本届工博会主办方授予银奖,这是自参展工博会以来的首个奖项。 (尚 娅)

【举办第六届行为运筹学与行为运作管理国际研讨会】 12月15至16日,由上海理工大学管理学院与清华大学工业工程系联合举办的第六届行为运筹学与行为运作管理国际研讨会召开。约200名来自美国、德国、奥地利、加拿大以及中国的清华大学、南京大学、复旦大学、上海交通大学、上海理工大学等约60所高校的教授与博士生参加研讨会。

（尚　娅）

【成立电子商务发展研究院】 12月26日，上海理工大学电子商务发展研究院成立。研究院将广泛吸引国内外电子商务领域的行业专家及业界精英，凝聚各方智慧，集中上海理工大学跨学院、跨学科研究力量，通过课题研究、决策咨询、规划设计、社会培训和信息交流服务等方式，深入开展电子商务科研活动，为中国及上海市电子商务发展提供决策咨询服务，将研究院打造成为电子商务领域集科研、应用和服务于一体的，政府、企业不可或缺的现代化专业"智囊团"。（尚　娅）

附：学校负责人及地址

（2014年1—12月）

校党委书记：沈　炜

副书记：张仁杰、李　江、刘道平、王凌宇、于　莹（11月到任）

校　长：胡寿根

副校长：郑　刚（11月离任）、陈　斌、刘　平、田蔚风、王凌宇、张道方（11月到任）、吴　忠（11月到任）、孙跃东（11月到任）

军工路516号校区地址：军工路516号
邮编：200093
电话：55277040

军工路334号校区地址：军工路334号
邮编：200090

军工路1100号校区地址：军工路1100号
邮编：200093

复兴路校区地址：复兴中路1195号
邮编：200031
电话：64725420

营口路校区地址：营口路101号
邮编：200093
电话：65485551

水丰路校区地址：水丰路100号
邮编：200093
电话：65673587

上海大学

【2014年概况】 学校设有27个学院和2个校管系；设有67个本科专业、42个一级学科硕士学位授权点、174个二级学科硕士学位授权点、13种硕士专业学位（其中工程硕士含19个工程领域）；20个一级学科博士学位授权点、79个二级学科博士学位授权点、12个自主增设二级学科博士学位授权点（含3个交叉学科博士点）；19个博士后科研流动站。拥有4个国家重点学科、11个上海市一流学科，6个学科进入ESI国际学科排名全球前1%；拥有：2个科技部与上海市共建的省部共建国家重点实验室培育基地，1个国家体育总局体育社会科学重点研究基地，2个省部共建教育部重点实验室，1个教育部工程研究中心，3个国家级实验教学示范中心，4个国家级工程实践教育中心，4个教育部特色专业建设点；7个上海市重点实验室（其中2个省部共建国家重点实验室培育基地），2个上海工程技术研究中心，2个上海市专业技术服务平台，2个上海高等教育内涵建设"085工程"项目，2个上海市协同创新中心，1个上海市人民政府决策咨询研究基地，2个上海市社会科学创新研究基地，2个上

海市高校E-研究院，1个上海高校智库建设项目，1个上海高校人文艺术创新工作室，2个上海高校人文社会科学研究基地，3个上海高校重点实验室，1个上海高校工程研究中心。有专任教师2824人，其中教授577人、副教授924人，博士生导师430人，具有博士学位的教师1679人。有中国科学院院士、中国工程院院士11人，外籍院士1人；有国家"千人计划"入选者8人(含"青年千人计划"1人)、教育部"长江学者"6人(其中特聘教授5人、讲座教授1人)、国家杰出青年科学基金获得者16人；有上海市"千人计划"入选者16人(其中短期10人、长期5人、创业类1人)、上海市"东方学者"54人(其中特聘教授43人、讲座教授8人、跟踪计划3人)；享受"国务院特殊津贴"人员41人。有研究生12181人，全日制本科生23036人，高职生1006人。另外，还有成人教育学生16034人。校园占地面积近200万平方米，校舍建筑面积116万平方米，形成了以校本部为"一体"、延长校区和嘉定校区为"两翼"的"一体两翼"的校园格局。

学科建设和科学研究。组织开展高峰高原学科建设论证和申报工作，材料科学与工程、社会学、美术学、电影学4个学科申报市级高峰学科；通过上海高校一流学科中期检查，推进"085工程"项目建设工作。成立上海大学材料基因组工程研究院，并在上海市科学技术委员会支持下，牵头组建上海材料基因组工程研究院，获得上海市科学技术委员会支持经费1400余万元；高品质特殊钢冶金与制备省部共建国家重点实验室申报工作已经通过专家遴选论证。到校理工类科研经费3.13亿元，较2013年增加10.3%；落实文科纵向科研经费1759.59万元，较2013年增长9.04%；获国家社会科学基金立项年度项目20项，获国家自然科学基金项目123项，总经费8408.8万元。获上海市科学技术奖5项，其中一等奖1项；获上海市哲学社会科学优秀成果奖、邓小平理论研究和宣传优秀成果奖共20项，其中一等奖4项；《数字档案馆生态系统研究》入选国家社科基金成果文库。学校作为第一作者单位被科学引文索引扩展版(SCIE)收录论文930篇，全国高校排名第50位；被工程索引(EI)收录论文920篇，在全国高校排名第44位；被科技会议录索引(CPCI-S)收录论文359篇，全国高校排名第23位；专利申请量为930件，较2013年增长8%；专利授权量为334件，较2013年减少23.7%。学生参加各类竞赛成绩优异，累计获得国际级奖项89个、国家级奖项94个、省市级奖项177个。

师资队伍建设。培养和引进国家级高层次人才12人(次)，包括引进中国科学院院士1人、澳大利亚科学院院士1人，引进国家"973"项目首席科学家2人，引进国家"千人计划"入选者2人，培养与引进"国家杰出青年科学基金"获得者6人；培养和引进上海市领军人才2人、上海"千人计划"入选者3人、上海东方学者8人。4人获得"国家优秀青年科学基金"，14人获得上海市浦江人才计划资助，3人获得上海市启明星计划资助，7人获得上海市青年科技英才扬帆计划资助。3项成果获国家级教学成果二等奖，1项成果获市级教学成果特等奖，12项成果获市级教学成果一等奖。深化人事管理机制改革，获批成为上海市属本科高校骨干教师教学激励计划试点单位。完善岗位聘任管理制度，修订提高22个学科的高级专业技术岗位晋升聘任条件，实施绩效奖励分配制度，初步建立绩效优先、兼顾公平的新型绩效工资分配机制，推动高水平教师全方位进入本科教学一线，提升课程教学质量，形成课内、课外、课内外联动的人才培养格局。

国际化与开放合作。延长校区建设完成项目建议书申报工作和园区概念设计工作；上海温哥华电影学院正式成立并开学，首批开设4个专业；中国艺术研究院上海分院、中国社会科学院上海研究院筹建工作进展顺利；科技园区转型工作启动，与上海电影集团有限公司等单位签署战略合作协议。国际交流与合作不断深化，共举办国际会议31个，会议数量较2013年增长55%；接待爱尔兰教育部、古巴教育部等国(境)外代表团128批，共计845人次；新签署校际合作协议51份，较2013年增长75%，与英国南安普顿大学、俄罗斯莫斯科大学、日本东北大学等一批国际知名高校建立校际合作关系；45岁以下教师具有一年以上海外经历人员共507人，较2013年增长5个百分点；与法国技术大学集团合作成立"中法复杂城市联合实验室”,与澳大利亚悉尼科技大学合作成立“中澳联合研究中心”。学生海外学习(学分)项目46个,较2013年增长15%;56名研究生入选国家建设高水平大学公派研究生项目,较2013年增长100%;学生出国(境)交流人数达1752人次,较2013年增长26%。留学生工作稳步发展,学历留学生总人数达622人,较2013年增长9.3%;留学生总人数达3896人,较2013年增长7%,居全国高校第17位。孔子学院工作取得新进展,新成立巴林大学孔子学院;肯塔基大学孔子学院再次被国家“汉办”评为年度“先进孔子学院”,是全球十家两次获此殊荣的孔子学院之一。国内交流合作不断拓展,注册成立上海大学教育发展基金会,承办2014年省部共建地方高校工作研讨会,进一步加强与教育部及兄弟高校的联系。产学研合作稳步推进,累积签订横向技术合同总经费总计1.94亿元,较2013年增长7%。

管理改革工作。推进现代大学制度建设,学校成为上海市实施现代大学制度建设首批试点高校;《上海大学章程》历经公开征求意见、教代会讨论、党委常委会审定等过程,已正式提交上海市教育委员会审核。学校在2013年试点的基础上,对所有二级单位实施全系统管理。校长罗宏杰与校长办公室、科学技术处等8家单位的分管领导和部门负责人签署2014年全系统管理核心任务书。强化纪检监察工作网络,以责任制为抓手,扎实推进党风廉政建设,切实抓好查信办案,宣传落实“一岗双责”,持续深化招生考试、物资设备采购等重点领域规范化管理、行政监察和专项治理;配合市审计局完成校领导经济责任审计并及时整改。

办学支撑体系建设。校本部东区三期建设项目可行性研究报告已经上海市政府常务会议审议通过,建设面积13.35万平方米,计划投资7.8亿,由市级财力全额投入。完成校本部东区青年教师公寓、延长校区3.5万伏用户站工程的建设。采取能源合同管理模式实施燃油锅炉整体改造,全面投入使用以太阳能和空气源热泵为主要供热的新系统,节能效果明显,年节约标准煤1600余吨,能源成本减少1000余万元。智慧校园、安全校园建设已基本完成无线、有线并重的网络格局调整,完成上海大学信息化建设顶层设计方案,着力消除“信息孤岛”。全校贵重仪器设备已全部加盟贵重仪器共享平台。进一步加强数字档案馆信息化建设,提升图书馆服务能力。继续实施“实事工程”,全面实施全校教职工用餐补贴,按照“总体规划、分期完成”的原则启动学生宿舍安装空调工作,安装学生公寓空调近6000台。图书馆建筑面积5.39万平方米,馆藏纸本文献累计达386万余册,订购纸质中外文报刊3100余种,数字资源总量逾66.8TB。

(郭　秀)

【中信特钢研究院、中信特钢研究院上大分院揭牌】 3月12日,中信特钢研究院、中信特钢研究院上大分院成立暨揭牌仪式在上海大学校本部举行。中国人民政治协商会议第十届全国委员会副主席、中国工程院主席团名誉主席、中国金属学会理事长徐匡迪和中信集团董事长为中信特钢研究院揭牌;中信泰富特钢集团董事长和上海大学校长罗宏杰为中信特钢研究院上大分院揭牌,并代表双方签署产学研合作协议。中信特钢研究院以引领中国特钢产业关键产品和技术发展为目标,建设开放式的聚才、协作、创新研发平台。(许　斌)

【巴林大学孔子学院揭牌】 4月15日,巴林大学孔子学院揭牌仪式在巴林王国巴林大学新闻媒体中心举行。上海市副市长翁铁慧、巴林王国教育大臣兼巴林大学董事会主席、巴林大学校长、中国驻巴林王国大使、上海大学副校长汪敏等出席仪式。巴林王国巴林大学孔子学院是上海大学承办的第五家孔子学院。(许　斌)

【成立上海大学教育发展基金会】 5月24日,上海大学教育发展基金会举行成立大会。市社会团体管理局副局长贾勇、市教委秘书长王志伟、上海大学党委书记于信汇、校长罗宏杰共同为教育发展基金会揭牌。该基金会第一届理事会第一次会议审议并通过基金会章程、《上海大学教育发展基金会接受捐赠管理办法》、基金会2014年工作计划及基金会常设机构提案。上海大学教育发展基金会是具备独立法人资格的非公募基金会,是公益性质的非营利机构，宗旨是推动教育事业发展、资助学生、奖励教师、帮助学校建设。2014 年全年协议捐赠金额为 730 万元，实际到账 277 万元。

（许 斌）

【上海温哥华电影学院开学】 6 月 15 日，上海大学与加拿大温哥华电影学院联合举办的上海温哥华电影学院在上海电影节新闻发布会上宣布成立。9 月 29 日，上海温哥华电影学院在上海大学延长校区体育馆举行开学典礼。作为市政府加快影视产业发展的重点项目，上海温哥华电影学院引进加拿大温哥华电影学院的教学体系，是一所中外合作培养影视及娱乐人才的一年制非学历高等教育学校，首批开设电影制作、3D 动画和视觉特效、视觉传媒声音设计、影视造型设计 4 个专业。

（许 斌）

上海温哥华电影学院成立

【万钢到校视察】 6 月 16 日，科学技术部部长万钢一行到上海大学视察，参观了上海大学高温合金叶片实验室和高性能计算中心并召开座谈会。上海大学校长罗宏杰汇报了学校人才培养、学科建设、科学研究、国内外合作等方面情况，上海市现代冶金与材料制备实验室主任张捷宇从建设背景和必要性、建设定位与研究方向、现有基础、预期目标和建设进度、体制机制保障五个方面，汇报了省部共建国家重点实验室培育基地的建设情况。

（许 斌）

【溯园·上海大学校史展示园地落成】 10 月 23 日，溯园·上海大学（1922—1927）校史展示园地落成仪式举行。50 余位老上海大学师生的后代以及国家文物局科技司、上海市文物局等单位领导应邀出席。溯园·上海大学（1922—1927）校史展示园地坐落于上海大学校本部，是上海大学博物馆的室外展区，也是上海大学校史展示区，由上海大学美术学院教授王海松担任总设计，历时一年建设完成。

（许 斌）

【水面无人艇“精海 II 号”首次赴南极科考】 10 月 30 日，由上海大学机电工程与自动化学院牵头、联合交通运输部东海航海保障中心、青岛北海船舶重工有限责任公司自主研发的水面无人艇“精海 II 号”随中国第三十一次南极科考队“雪龙”号极地考察船赴南极罗斯海域进行极地海洋测绘工作，成为中国首艘远赴极地执行自主测绘的水面无人艇；上海大学机电工程与自动化学院工程师陈金波作为科考人员随队前往。上海大学和中国极地中心已合作 5 年，先后有 2 套机器人系统随“雪龙”号赴南极科考。

（许 斌）

【与英国塞奇出版公司合作出版《社会》英文刊】 11 月 11 日，上海大学与英国塞奇出版公司合作出版《社会》杂志英文刊 *Chinese Journal of Sociology*（简称 CJS）签字仪式在上海大学校本部举行。CJS 主编由美国科学院院士、上海大学杰出校友谢宇出任，上海大学社会学院副教授孙秀林任副主编。CJS 由上海大学主办，塞奇出版公司出版，季刊，以社会学的中国研究为主，计划全年出版 640 页，刊登 24 篇论文。

（许 斌）

【韩正等市领导到校调研视察】 11 月 26 日，中共中央政治局委员、中共上海市委书记韩正到上海大学国际影视产业园区视察，听取上海大学校长罗宏杰、加拿大温哥华电影学院院长詹姆斯·格里芬的工作汇报，并与学院师生进行交流。12 月 10 日，上海市人民代表大会常务委员会主任殷一璀到上海大学延长校区调研延长校区规划建设整体部署和上海温哥华电影学院办学情况，参观了上海温哥华电影学院混音室、3D 计算机教室、化妆实验室等，并与学院师生交流，听取上海大学党委书记、校长罗宏杰，上海市文化广播影视管理局局长胡劲军工作报告。8月26日，上海市副市长翁铁慧视察上海温哥华电影学院建设情况，并主持召开上海温哥华电影学院及环上大国际影视产业园区领导小组工作会议，就园区规划作工作指示。（许 斌）

【开设通识选修课“大国方略”】 11月18日，上海大学新开设的通识选修课“大国方略”开课。该课程汇集校内相关学科专家，直面中国若干重大战略和青年学生关注的热点焦点问题，以全新的视角解读中国道路和中国梦。课程开设后受到学生欢迎，引起众多媒体的关注报道。12月11日，中共中央宣传部副部长王世明一行来校调研课程建设工作，对上海大学“大国方略”课程的开设及课程的内容选择和教学模式予以肯定。（许 斌）

附：学校负责人及地址

（2014年1—12月）

校党委书记：于信汇（12月离任）、罗宏杰（兼，12月到任）
副 书 记：李友梅、忻 平（11月离任）、鲁雄刚（8月离任）
夏小和（10月到任）、徐 旭（10月到任）

校 长：罗宏杰
副校长：李友梅、徐 旭（兼，11月到任）
叶志明（11月离任）、汪 敏
丛玉豪（11月到任）、吴明红、唐 豪

校本部校址：宝山区上大路99号
邮编：200444
电话：96928188

延长校区校址：闸北区延长路149号
邮编：200072

嘉定校区校址：嘉定区塔城路453号
邮编：201800

上海工程技术大学

【2014年概况】 学校有22个院、部，10个校级科研机构，1个教育部和上海市实验教学示范中心，1个国家大学科技园。学校现有4个一级学科硕士点，2个专业硕士学位授权点，16个二级学科硕士点，86个本、专科专业（含专业方向），全日制本专科生近18500名，硕士研究生1417名。2014年，学校坚持与行业“协同育人，协同办学，协同创新”，深化产学合作教育、卓越工程教育、拔尖创新人才培养模式改革，打造“三协同”的办学与人才培养模式，深入推进内涵建设。

办学特色。逐步实现产学合作教育由“工学交替”向“工学交融”的转变，扩大产学合作教育覆盖面。2014年，共有64个专业的9511名学生参与了产学合作教育。新建产学合作基地119家，基地总数达779家。学校参加中国高等教育学会产学研合作教育分会2014年年会，作了题为《产业发展需求导向 深化人才培养模式改革》的主旨发言，办学特色受到社会各界好评。前任校长丁晓东教授撰写的《“三协同模式”产学合作教育的理论创新与实践探索》在中国高教学会产学研合作教育分会2014年年会上获得了论文成果一等奖。

制度规划。启动现代大学制度试点，编制各类方案与规划。完成《上海工程技术大学章程》（申请核准稿），制定《现代大学制度试点工作方案》，制定《上海工程技术大学二级学院管理工作条例（试行）》，规范校院二级关系与管理方式，制定《上海工程技术大学工程教育综合改革方案》，制定工程教育综合改革的任务和举措。完成“十二五”规划中期评估与后期调整工作，启动“十三五”规划前期调研，编制中长期发展规划主要指标。

协同创新。“轨道交通运营安全检测与评估服务中心”成为上海市协同创新中心，“高强激光智能加工装备关键技术产学研开发中心”完成去筹验收。大学科技园在国内成立第一个分园——海宁分园，园区11家企业获得国家创新基金项目，全面启动与3D多媒体产业巨头Unity(中国)公司的战略合作。

科学研究。获批国家自然科学基金16项、国家社科基金5项，在申报质与量上均创历史新高。获批教育部社科基金课题5项，学科结构分布更合理。SCI论文85篇，高水平论文数量明显增加。学校服装学院科研成果“高性能纳米光触媒功能性纺织品的加工关键技术及产业化”获上海市科技进步二等奖。学校管理学院申报的《“十三五”战略性新兴产业发展研究》获批国家发改委十三五规划前期研究重大课题。

教育教学。研究工程教育专业认证标准的内涵与要求，结合专业实际，按照标准开展改革与建设工作，组织学院参与工程教育专业认证的申报工作，不断夯实工程教育基础。教学成果方面，2014年，《政产学研用“五位一体”培养国际邮轮紧缺人才的创新实践》获2014年国家级教学成果二等奖。获上海市级奖17项，其中，高等教育成果特等奖1项，一等奖5项，二等奖9项，职业教育成果一等奖1项，二等奖1项，实现了学校市级教学成果奖特等奖“零”的突破，成果获奖总数为历年最高。

学生竞赛。2014年参与学科竞赛的本科学生数较2013年增加300余人，共获奖261项。其中全国一等奖4项、二等奖16项、三等奖7项，上海市特等奖4项、一等奖46项、二等奖69项、三等奖117项。其中，“飞思卡尔”智能车竞赛实现全国一等奖零的突破，大学生数学建模国家级获奖数在上海高校中位居第四，“创青春”全国大学生创业竞赛获铜奖2项。注重社团精品文化建设，单车社荣获全国大学生十佳自行车社团，OM创意联盟社荣获第35届世界头脑奥林匹克大赛全国第一名、世界第三名的好成绩。研究生在“第十届华为杯全国研究生数学建模竞赛”中获全国一等奖1队、二等奖24队、三等奖24队，为历年来之最，位列全国高校第5名。

国际交流与合作。2014年，学校新增签约合作交流院校7所，新签合作交流协议15项。新增中瑞合作办学项目1项，新增学生海外学习交流项目9项，开拓了学生双学位项目共9项，其中研究生双学位项目8项，首次选派研究生参加硕士双学位项目。与韩国蔚山大学签署《联合培养博士研究生项目合作协议书》。加拿大滑铁卢大学来访交流产学研经验。

研究生教育。获批工程硕士和艺术硕士两个硕士专业学位授权点，研究生教育由学术型硕士培养扩展到应用型硕士培养。实施“交通运输工程一级学科硕士点建设”与“纺织材料改性与功能化交叉学科研究生拔尖人才培养平台”，多渠道建立产学研联合培养基地，拓宽研究生培养途径。

职业教育。构建现代职业教育体系，创新高技能人才培养模式。“机电一体化技术”和“电气自动化技术”专业实现中高职贯通并招生，“数控技术应用—材料成型及控制工程”专业中本贯通培养方案实施，“模具设计与制造”专业获批085工程建设立项，实施“宝钢—工程大企校联合办学”，共同培养适应企业需求的高技能人才。

校园文化。开展校训主题教育、校友访谈、校庆与校友返校日等活动，依托“知行大课堂”平台，“支部手牵手，党员心连心”结对共建活动，“培育和践行社会主义核心价值观，全面提升研究生思想道德水平”系列主题活动，构建覆盖全体学生的大德育体系。学校精神文明网获评“首届上海市教育系统优秀网站”。学校“小甜橙”铁路志愿者服务队荣获由全国铁道团委、全国铁路青年志愿者协会颁发的2014年“铁路春运青年志愿者先进集体”荣誉称号。实施“广富林”计划，构建中华传统文化教育的长效机制。开通学校官方微信、“工程大青年”微信等新媒体，多渠道强化意识形态的引导，增强广大师生对工程大文化和价值的认同感，凝心聚力，更好地传播和弘扬学校特色和工程大精神。

管理改革。深化人事分配制度改革，制定《上海工程技术大学绩效工资实施方案》。深化校院二级管理体制改革，推行学院二级财务预算管理。扩大学院办学自主权，增强学院办学活力，提高学校的整体办学水平和办学效益。（冯　洁　宋　娟）

【签订多项产学研框架协议】 1月16日，与宝钢股份有限公司签订产学研战略框架协议，引入“双地点”“双身份”“双师资”“双教材”的德国“双元制”职教模式，联合培养高素质技能人才。3月10日，联合办学的“宝钢机电一体化班”正式开班。3月18日，学校科技园与海宁市签署海宁园区合作协议，为创业企业孵化、高新技术成果转化、创新创业人才培养搭建了首个设在上海市外的服务、技术和培训平台。10月24日，与上海团结普瑞玛激光设备有限公司“激光智能制造工程技术中心”签订产学研战略框架协议。 （宋 娟）

【举行航空飞行实验实训基地建设研讨会】 3月19日，学校航空飞行实验实训基地建设研讨会举行。飞行实训基地的建设将为航空运输服务、航空飞行类人才培养提供平台，实践高校与企业、行业“协同办学”“协同育人”和“协同创新”三协同模式。

（宋 娟）

【上海市“东方学者论坛”举行】 5月30日，首次上海市“东方学者论坛”举行。此次论坛以“工程与材料学科的研究进展”为主题进行交流，对学校“东方学者”的引进和培养，发挥了积极作用。 （宋 娟）

【主持评审“轨道交通16号线试运营基本条件认定”项目】 10月18日，学校轨道交通运营安全检测与评估服务中心获得上海市交通委员会批准，取得“上海市轨道交通16号线(龙阳路站—罗山路站)工程试运营基本条件认定”项目。11月26—28日，学校轨道交通运营安全检测与评估协同创新中心主持，邀请交通运输行业协会轨道交通专业委员会协助，组织了该项目的试运营基本条件的专家评审工作。该项目的中标和评审，是学校在轨道交通领域里提升影响力的一次突破性的进展。 （宋 娟）

“轨道交通16号线试运营基本条件认定”评审

【入选中国精品科技期刊顶尖论文】 2014年中国科技论文统计结果发布会公布了“领跑者5000——中国精品科技期刊顶尖论文”，城市轨道交通学院杨俭教授在铁道领域权威中文期刊《铁道学报》发表的《城市轨道交通车辆制动能量回收技术现状及研究进展》论文入选。 （宋 娟）

【联合举办长三角高教所所长沙龙】 11月6日，由学校和上海市高等教育学会联合举办、江苏省高等教育学会协办的第二届长三角高教学会、高教所所长沙龙在学校举行。会议主题为“特色办学与人才培养机制创新”，本次沙龙也是“2014上海市社联学会学术活动月专题研讨活动”之一。 （宋 娟）

【召开泛函分析国际学术会议】 11月7日到9日，泛函分析国际学术会议暨全国泛函空间理论联络组工作会议在学校举行。会议由上海工程技术大学、全国泛函分析空间理论联络组主办，由上海工程技术大学基础教学学院承办。在为期三天的会议中，国内外教授围绕泛函空间理论和应用作大会报告。报告内容反映我国在此领域中的最高水平。

（宋 娟）

【激光中心筹建工作验收会举行】 11月26日，上海高校知识服务平台筹建验收会议在学校举行。接受验收的单位为学校高强激光智能加工装备关键技术产学研开发中心。专家们对激光中心在体制机制建设、人事制度、财务管理制度、科研项目管理制度、中心未来可持续发展战略等宏观层面进行验收。上海市教委副主任、激光中心主任丁晓东肯定了激光中心在筹建期间取得的成果，并展望了激光中心的发展未来。 （宋 娟）

【在全国研究生数学建模竞赛中获奖】 12月13日，全国第十一届研究生数学建模竞赛颁奖大会在天津大学举行。学校在该次竞赛中获得全国一等奖1项、二等奖24项、三等奖24项，成功参赛奖52项，为历年来参赛队数、获奖队数最多和获奖层次最高的一次。在参赛的全国近400家高校和科研院所中，学校成绩居全国第5位。 （宋 娟）

附：学校负责人及地址

（2014 年 1—12 月）

校党委书记：滕建勇（12 月离任）
副　书　记：夏斯云、裴晓倩

校　长：丁晓东（9 月离任）、夏建国（11 月到任）
副校长：孙培雷、程维明、史健勇、鲁嘉华

松江校区地址：龙腾路 333 号
邮编：201620

电话：67791000

仙霞路校区地址：仙霞路 350 号
邮编：200336

新村路校区地址：新村路 435 号
邮编：200065

逸仙路校区地址：逸仙路 88 号
邮编：200437

上海中医药大学

【2014 年概况】 学校有全日制在校生 8120 人，其中本专科生 4497 人、研究生 2433 人、留学生 1190 人。开展本科生自主招生改革试点，完成 2017 年康复专业、中西医临床春季招生改革试点相关方案。完成“国家中医药管理局全国中医药教育质量监测中心”一期建设任务。获国家级教学成果特等奖 1 项（联合申报）、一等奖 1 项，入选国家精品视频公开课 1 门、国家资源共享课 3 门，获国家级规划教材 4 本。研究生教育获批护理和翻译硕士专业学位授权点，立项研究生课程建设项目 28 项，建设中医内科学等 8 门专业学位硕士的专业课网络课程，连续第四年国务院学位办博士论文质量抽查获所有专家全票通过。2014 年长期留学生录取报到人数同比提高约 13%，长期留学生 1190 名（其中学历生 942 人），短期留学生 1250 名。夜大学在校生人数 3393 人；参加自学考试 1413 人次，自学考新生人数 176 人。加强辅导员队伍建设，重视提升辅导员德育工作理论水平和技能。1 名辅导员获“全国模范教师”称号，1 名辅导员获“全国高等中医药院校优秀辅导员”称号。“学生事务网络信息服务平台”于 2014 年 9 月正式上线，提高学生事务管理效率，促进学生与学校、辅导员以及用人单位的信息交流。2014 届 1056 名毕业生总体就业率为 95.83%（同比上升 2.13%），就业对口率达 88%。

科学研究与产学研工作。获国家“973”计划首席科学家项目 1 项、课题 2 项，863 计划项目 1 项，重大新药创制专项课题 3 项，科技支撑计划课题 2 项。国家自然科学基金项目 111 项，连续 4 年全行业中标数量保持第一。国家级重大项目共获资助总额 7400 多万元。获上海市科技进步奖一等奖等各级各类科技奖 41 项。发表 SCI 收录论文 467 篇，CSSCI 收录论文 18 篇。校本部申请专利 74 件，授权专利 27 件。继续深化科技三级管理模式。促进知识产权管理建设，成为首批“上海市专利管理试点单位”。组建“中药创新工程研究中心”，获批成为上海教委“上海高校研究基地”；推进专业化技术转移和成果转化工作，深化以新产品研发与转让为核心的产学研联盟建设，提高学校服务社会能力。“中医健康服务走进社区和家庭”系列产品在第 16 届工博会受到广泛关注。启动学校一级学科建设规划（2015—2020）编制工作。完善学科建设绩效跟踪评价体系，重点关注并引导可与国际同类学科横向比较的客观化指标，临床医学、药理学与毒物学 2014 年 7 月起进入全球 ESI 学科序列，成为目前国内唯一有 ESI 学科的中医高校。

人才队伍建设。学校入选市教委“骨干教师教学激励计划”试点高校和“现代大学制度建设”试点高校，并全面部署实施。推进绩效工资实施工作，探索落实二级学院主体地位的改革，结合“骨干教师教学激励计划”的实施，教职工收入待遇明显提高。入选上海千人计划、海外名师、东方学者等人才计划项目10人；制订《人才引进管理办法》，继续实施“三大工程”“杏林学者和优秀团队建设计划”等培养项目，完善师资与学科人才的培养体系；改革探索“人才特区”，制定完善协同创新人才政策。

对外交流与合作。3月，学校与美国佐治亚瑞金斯大学合作举办的美国第一所中医孔子学院开学。5月主办了“第三届张江国际中医药论坛”。国家中医药管理局依托学校成立传统医学国际疾病分类与研究服务评价中心，《一次性无菌针灸针》成为国际标准化组织首个中医药国际标准。重点推进与巴黎笛卡儿大学等国际高水平高校的合作；年内全校系统教师科研人员出国讲学、进修、参加国际学术会议等293人次，占因公出访人次总数的77.9%，共有113名学生出国访学游学。

服务工作。学校出资购买“教师补充医疗保险”和“上海市总工会综合医疗保障计划”，制订《救急济难基金实施办法》，为教职工生活建立兜底保障。做好2014年预算执行与历年结余资金清理工作以及重大项目资金保障工作。完成审计项目121项，审计资金总量28087万元。完成数字化校园信息网络的万兆网线路和WIFI改造。学生事务网络信息服务平台正式上线。建立数字图书馆。科技创新楼建设项目12月开工，完成零陵路校区科技综合楼1—4层使用权回购，张江科教生活园区实施交接。投入175万元改善教师办公环境和学生就餐环境。完成节能监管监测平台构建等工程。

（刘红菊）

【推进上海中医健康服务协同创新中心建设】 上海中医健康服务协同创新中心2012年10月成立，2013年底被列为市政府首批重点支持的协同创新中心，2014年初，国家中医药管理局将中心列为“浦东国家中医药综合改革试验区的重要支撑机构”，并批准中心建设“中医药健康服务模式与应用”重点研究室，2014年市政府颁布《上海市进一步加快中医药事业发展三年行动计划（2014—2016年）》，明确提出对中心给予长期支持。4月成立上海中医健康服务协同创新中心网站。11月，中心以“中医健康服务走进社区和家庭”系列产品参加第十六届中国国际工业博览会展览，受到高度评价。中心协助学校在上海11个区县社区建立大学生健康服务固定服务点，开展202项校级健康服务研究项目。与覆盖全市60%城区的30多个社区卫生中心开展中医社区与全科医学教育，与19家医疗机构建立医教研联合体，创建了高校—附院—社区教学基地联盟。

（刘红菊）

【中医孔子学院揭牌】 经中国国家汉办批准，学校与美国佐治亚瑞金斯大学（Georgia Regents University）合作举办的中医孔子学院于3月28日揭牌。这是在美洲的第一所中医孔子学院，也是全球由汉办支持的第四所中医孔子学院。孔子学院结合上海中医药大学的中医药学科优势，面向佐治亚瑞金斯大学医学相关专业学生开设中医类课程；为该州的中医从业人员进行继续教育培训，提供到中国学习的机会；进行中医药历史与文化展示；针对社区居民的需求，开设中医药知识普及班，宣传中医药养生保健知识等。

（刘红菊）

【8个科技项目获市科技进步一等奖】 4月1日，在2013年度上海市科学技术奖励大会上，学校有8个科技项目荣获2013年度上海市科技进步奖，包括一等奖1项，二等奖2项，三等奖5项。季光教授领衔完成的“基于病证结合中医药治疗非酒精性脂肪肝的转化医学实践”获得一等奖。何建成教授领衔完成的“阴虚动风证帕金森病异动症研究与应用”、陈建杰教授领衔完成的“慢性丙型肝炎的中医辨证分型规范及扶正解毒方联合标准治疗方案干预的临床研究”获二等奖；沈远东教授、詹红生教授、陈云飞教授、张明教授和奉建芳教授等领衔完

成的5项成果分获三等奖。这是学校连续六年荣膺市科技进步一等奖。（刘红菊）

【两个学科进入ESI学科排名】 在7月16日公布的ESI学科排名中，上海中医药大学的临床医学和药理学与毒物学两个学科双双进入，是全国中医药类院校中唯一有学科进入ESI学科排名的大学。ESI是美国汤森路透集团《基本科学指标》，是当今普遍用以评价大学和科研机构国际学术水平及影响的重要指标。这标志着学校这两个学科的学术影响力达到了全球所有在上述两个学科领域开展研究机构影响力的前百分之一，也标志着学校从10多年开始的中医药学科建设的探索与实践进入了成果产出的丰收期。（刘红菊）

【区校共建附属医院】 学校与嘉定区、闵行区、长宁区、虹口区、浦东新区签订校区合作协议。4月，市教委批复上海市中西结合医院成为学校第六所附属医院；第七人民医院完成校内评审，准备迎接市教委专家评审；6月，学校与嘉定区签订"区校共建嘉定国际中医药城区"，由龙华医院负责新建嘉定中医院的任务，组成工作小组推进新院建设，已完成选址规划，正式立项；曙光医院与宝山区卫计委签署协议开始第二轮托管宝山区中西医结合医院；与长宁区共同成立领导小组，推进光华中西医结合医院成为学校附属医院；7月，学校与闵行区正式签订闵行区中医药事业传承发展战略合作协议，构建由学校附属医院和闵行区中医医院、区中西医结合医院、综合(专科)医院中医科及社区卫生服务中心中医科组成的中医医疗联合体；岳阳医院正式托管吴泾医院，并转成中西结合医院；7月，虹口区精神卫生中心成为学校实习医院。（刘红菊）

【获国家级教学成果大奖】 9月9日，在全国教育系统先进集体和先进个人表彰大会上，由上海中医药大学参与，联合复旦大学、上海交通大学、同济大学、第二军医大学完成的"我国临床医学教育综合改革的探索和创新——'5+3'模式的构建与实践"项目获国家级教学成果特等奖。由上海中医药大学主持的"文化引领、追求卓越——医学院校教师教学发展中心的探索与实践"项目获国家级教学成果一等奖。（刘红菊）

【与加拿大开展中医药学术交流】 年内，学校启动与加拿大不列颠哥伦比亚大学的学术交流项目。5月，学校组织高水平专家代表团赴该校参加两校联合举办的中医药学双边研讨会。双方在针灸、中药抗肿瘤、中药治疗神经系统疾病等研究领域进行了深入的学术交流。访问期间，校代表团分别与UBC医学院院长、森林学院院长以及药学院的教授就中医药合作研究、联合培养研究生以及学术交流等事宜进行了协商，取得满意进展。9月，UBC医学院院长一行到校访问，与学校签署合作协议，两校将开展健康医药领域人员互访、科研合作等学术交流活动。（刘红菊）

与加拿大不列颠哥伦比亚大学医学院合作签约

【成立公共健康学院】 年内，学校整合医学技术学院及学校相关学科专业，成立公共健康学院。以培养既有中医思维，又有专业职业素养和人文精神，掌握现代公共卫生知识，熟悉中医防治理论，具备中医预防保健服务能力，健康管理、健康服务能力的应用性技术型人才。学院通过优化师资队伍，引进和培养相结合，专职和兼职互为补充，形成一支公共卫生、卫生管理、营养学和中医药学为主要师资的高水平高素质的教师队伍，使其更加符合公共卫生学科可持续发展的要求，满足公共卫生专业和健康管理教育需求；突出中医治未病特色，坚持产学研结合，推进产教融合，实现专业与产业、企业岗位对接；加大开放交流力度，与世界先进水平的教学、科研、医疗机构开展多方位，深层次合作；积极参与对健康人群的未病防治指导，研究疾病营养和保健食品应用，以及食疗文化，研究"中医治未病与健康管理"科学体系和服务模式，开发各类中医健

康养生保健课程，为持续推动中医预防保健（治未病）服务发展提供有效支撑。 （刘红菊）

【成立发展规划处】 为探索学校治理新机制，健全学术管理体系，落实二级学院主体地位，经学校党委常委会讨论决定，成立“发展规划处”，负责推进学校现代大学制度建设试点工作。同时确定试点工作的主要任务和职责分工，以及由校领导牵头负责、将试点工作与推进学校内涵式发展紧密结合的工作思路。 （刘红菊）

附：学校负责人及地址

（2014年1—12月）

校党委书记：张智强
副　书　记：何星海、朱惠蓉

校　长：陈凯先（1月离任）、徐建光（1月到任）
副校长：刘　平（2月离任）、余小明（5月离任）、施建蓉、胡鸿毅、张　瑾、季　光（2月到任）

地址：蔡伦路1200号
邮编：201203
电话：51322001

上海师范大学

【2014年概况】 上海师范大学下设17个二级学院、104个研究机构。学校现有全日制本、专科学生21444人，研究生5258人，夜大学学生11960人。学校列入来华留学生中国政府奖学金院校以及上海市外国留学生预科基地，与38个国家和地区的296个高校和组织建立合作交流关系。与美国、英国、德国、法国、荷兰、俄罗斯等6个国家签有12个中外合作办学项目（11个本科层次、1个专科层次）。在校留学生人数为2338人，国别和地区超过70个。一年期以上在校的留学生882人。学校在日本广岛福山大学、非洲博茨瓦纳大学和美国密苏里大学建有三所孔子学院。

学校现有本科专业86个，有哲学、经济学、法学、教育学、文学、历史学、理学、工学、管理学、农学、艺术学等11个学科门类。中国语言文学专业为教育部批准设立的国家文科基础学科人才培养和科学研究基地，古典文献专业为全国重点培养古典文献人才的基地。旅游会展经济与管理、教师教育、汉语言文学、影视传播、英语、应用化学、生物技术、广告学、小学教育、音乐学、历史学、旅游管理、对外汉语创新人才培养模式、心理学应用人才培养模式、数学与应用数学、金融保险、广播影视新传媒等是上海市本科教育高地建设项目。

学校拥有一级学科博士点6个、二级学科博士点46个、博士后流动站9个，新批准环境科学与工程、马克思主义理论两个博士后科研流动站，有一级学科硕士点29个、二级学科硕士点161个，另外还有13个专业学位硕士点。学校有一批特色学科：比较文学与世界文学是国家重点学科；“都市文化研究中心”是教育部人文社会科学重点研究基地；资源化学实验室是省部共建教育部重点实验室；还设有都市文化、计算科学、比较语言学和国际与比较教育上海高校E-研究院。学校还拥有6个上海高校一流学科，14个上海市重点学科；16个上海市教委重点学科；5个上海市普通高校人文社会科学重点研究基地；2个上海市重点实验室和2个上海市教委重点实验室；1个上海高校智库。

学校现有教职员工2827人，其中专任教师1741人。拥有一批在国内外具有一定影响的专家、学者和优秀青年学术人才。专任教师中具有正高级专业技术职务者265人、具有副高级专业技术职务者588人；其中具有博士学位的教师770人、具有硕士学位的教师678人，占专任教师的83.17%。此外，有兼职教师595人，其中包括6名院士级的特聘教授、100余名外籍教师。

学校现有徐汇和奉贤两个主校区，占地面积154万多平方米。校舍建筑面积76万多平方米，其中教室面积9.3万平方米、学生宿舍面积27.2万平方米、校内实验室和实习场所7.1万平方米；两个中心图书馆藏书近351万册，有100多个电子图书数据库和6个具有馆藏特色的自建资料库和上海高校瓷器博物馆；因古籍数量13万册以上且善本古籍达520多种3000余册，被授予“全国古籍重点保护单位”。全校固定资产总值22.80亿元，其中教学科研仪器设备资产6.61亿元。

2014年，上海师范大学全面贯彻党的十八大和十八届三中、四中全会精神，落实深化教育领域综合改革的各项举措。

治理结构改革。根据市教委部署，制定《上海师范大学关于现代大学制度建设试点工作的方案》，启动开展为期三年的现代大学制度建设试点工作。筹建以学术委员会为核心的学术管理体系，减少行政权力对学术事务的干预。

精神文明建设。完成2013年度社会责任报告，据上海市文明办相关数据显示，上海师大承担“社会责任”状况名列全市事业单位前三名；在市级文明单位中期考核中取得优秀等第；加大“高雅艺术进校园”工作力度，两校区全年共引进优秀专业团体剧目12场；培育和推送大学生原创音乐话剧《唱出爱》，获中国校园戏剧奖、优秀剧目奖、优秀导演奖等多个奖项。加强师德师风建设，举办校领导与青年教师恳谈会、“师道永恒2014：上海师范大学迎校庆，颂师德主题活动”；举办“上图讲座进高校”人文讲座共9场；10月开通理论微信公众号“上师微言”。

学生培养。在第九届“挑战杯”全国大学生创业计划大赛中，学校获2项金奖，4项铜奖。在第二十届上海高校学生创造发明“科技创业杯”比赛中，有9个项目获得10项奖项。获2014年度国家级大学生创新创业训练计划项目56个，获上海市级大学生创新计划项目180个。研究生获全国百篇优博提名奖1篇；上海市研究生优秀学位论文12篇（含4篇博士论文和8篇硕士论文）；学校研究生在各类重要期刊上发表论文598篇，取得全国挑战杯、数学建模竞赛、英语竞赛等各类科技创新奖79项143人次。学校生源质量明显提高，完成了国家下达的“地方农村专项计划”、“中西部计划”等专项生源的招生任务。2014年，研究生就业率提升3%，本科生保持在96%。

教学改革。应对学校本科教学专业“3＋1”的办学模式，完成各专业教学资源的同步调整和配置；校管课程将以往收听实体性讲座的方式改为收听电子讲座。完成49个本科专业的第三方专业达标评估，对全校所有专业的目标定位与达至目标定位的课程体系进行整改；举办第12届教学质量月；收集整理全校31类年度常态数据，完成《上海师范大学2013年度本科教学质量年度报告》。课程建设与教学改革成果明显，入选教育部第二批“十二五”普通高等教育本科国家级规划教材书目10本，入选教育部“卓越教师培养计划改革项目”2项，获2013年上海市级教学成果奖高等教育类13项，获2014年度上海市级精品课程5门，获2014年度上海高校本科重点教学改革项目2项。

学科建设。完成《教师教育学科专业群内涵建设工程》《面向世界城市发展的特色学科专业群建设》两个规划项目和2014年2826万建设项目的经费预算编制工作。完成2014年度央财专项资金支持项目的建设规划编制和项目申报工作，获得专项资金及上海市配套资金1940万元。完成“3＋2”学位点重点建设中期检查，取得金融、旅游管理、社会工作3个专业硕士学位点。全面修订46个二级学科博士点、161个二级学科硕士点和13个专业学位硕士点的培养方案；启动研究生精品课程建设项目，选取特色课程19门，引领学位点特色发展。

师资队伍建设。全年引进教授14人，聘用长江学者讲座教授1人，新增东方学者4人、上海千人2人、海外名师3人。6人获市高校青年教师培养资助计划。环境科学与工程、马克思主义理论获批新的博士后流动站。博士后进站26人，出站23人，招录师资博士后11人。共有12人获得中国博士后科学基金资助，获得资助106万元。制定并实施《关于新进一般教学科研人员聘期考核的细则（试行）》《上海师范大学高级专业技术职务“学科代表作”送审制实施办法》《上海师范大学“人才派遣”

人员转入事业编制办法(修订)》《关于进一步规范劳务派遣用工的细则》等规章制度。组织市级、校级青年教师教学竞赛,开展辅导员建设月系列活动。

学术科研。科研立项方面,理科获批国家自然科学基金项目 23 项、上海市自然科学基金项目 15 项、教委重点创新项目 10 项、一般项目 15 项,创历年新高。文科获批国家社科基金项目 23 项,其中重大招标项目 4 项,居全国第九;获教育部人文社科项目 14 项、上海哲社项目 10 项、上海教科项目 3 项、上海市决策咨询项目 6 项。科研成果方面,理科有 52 篇文章进入 ESI 高被引论文,进入 QS 国际排名学术论文总数被引数前 400 名;获上海市哲学社会科学优秀成果奖一、二等奖 19 项。学校《高等学校文科学术文摘》再度获得第五届"全国高校社科期刊特别贡献奖"。

交流合作。全年接待来自 30 个国家和地区的 127 个访问团组计 800 人次;与 15 个国家、地区的 27 个高校和机构签订 31 个合作交流协议。公派出国教师 249 个团组、402 人次;407 名学生分赴 20 个国家和地区的 79 个学校或机构进行获得学分或学位的专业学习和社会实习,有近 600 名学生赴海外参加各类短期项目;各类赴台人员共计 149 人次。修订和出台《上海市外国留学生预科学院学籍管理规定》《上海市外国留学生预科学院学生年度评价办法》以及《上海市外国留学生预科学院专项资金管理办法》,招收 71 名外国留学预科生。引进海外优质课程。举办第五届国际艺术节、孔子学院 10 周年活动。

资源配置。第五期学生公寓交付使用;基本完成教师教育实验实训基地两栋建筑的建设。完成奉贤校区 35 kV 总降站和两座 10 kV 高配站的建设,增加供电容量 14020 kVA。完成两校区教学、办公以及生活用房的修缮工作;完成景观道路建设和学校标识系统,美化校园景观环境;基本完成节能监管体系建设一期工程,学校获评首批全国节约型公共机构示范单位。为相关学院、所、中心、实验室更新或配备各类教学、科研及实验设备,使用经费达 4144 万元。推进跨业务数据交换及集约化信息服务,提升师生信息化服务体验。

民生工程。上半年,校院两级绩效工资方案得上级主管部门审核并在校院两级教代会通过;下半年,首批骨干教师教学激励计划全面实施。学生资助方面,各类奖助学金受助人数 9000 余人次,发放总金额 1530 余万元,提供校内外勤工助学岗位 2500 余个,发放勤助金 760 余万元。落实教职工住房保障工作,发放住房补贴 19 万余元,发放租房补助 20 万余元。全年完成在职和退休职工体检约 4500 人,学生体检 15000 余人。严格落实学校各项生产安全标准,对餐厨垃圾、化学废弃物等进行专项管理和规范处理。启动学生事务中心,方便学生办事;整修教师公寓,解决教师的住宿问题;加大与奉贤区地方部门的沟通协调,解决学生出行、夜间就诊以及周边环境及配套设施等问题。学校进一步加强校园秩序管理和安全防范工作,积极应对处置突发事件,确保校园平安稳定。 (尚 师)

【庆祝建校 60 周年系列活动】 为凸显"学术校庆"的特色,从 3 月起,学校先后组织了 120 余场学术论坛和报告,邀请中外知名专家学者主讲,营造浓厚的学术科研氛围。《上海师范大学 60 年志》《师道永恒》(第三卷)出版;"教泽桃李 硕果流芳"60 年教学科研展展出等活动,展示了学校 60 年的办学历程和师大文化,"师道永恒"的师大精神。

(尚 师)

上海师范大学建校 60 周年庆典

【"大学生创新创业实践基地"挂牌】 1 月 7 日上午,上海师大"大学生创新创业实践基地"挂牌仪式在奉贤区南桥镇光明村国家级科创孵化基地举行,双方签署大学生创新创业合作框架协议。上海师大与光明村科技创业有限公司深化产学研合作，在对接产学研合作项目、开展创业计划大赛的策划和评审、实施创业教育和培训、实施大学生创业实践、开展开业指导服务、加强创新创业互动交流等领域进行具体合作。（尚　师）

【上海师大植物基因功能研究所揭牌】 2月27日，上海师范大学植物基因功能研究所揭牌。中国科学院院士、北京基因组学研究所副所长、上海生科院副院长、国家基因中心主任韩斌与上海师大党委书记陆建非共同为植物基因功能研究所揭牌。（尚　师）

【获"2013上海大学生年度人物"称号】 3月4日，在"2013上海大学生年度人物"表彰暨上海高校志愿服务育人联盟成立大会上，上海师大商学院国民经济学专业研究生黄雨艳获"2013上海大学年度人物"称号。上海师大爱心学校和"大带小"分享式阅读项目获2013年度上海高校创新性志愿服务育人项目，同时成为上海高校志愿服务育人联盟的首批会员单位。（尚　师）

【刘利民考察教师教育基地】 3月20日，教育部副部长刘利民在上海市教委主任苏明、副主任王平陪同下考察上海师范大学教师教育基地。刘利民观摩了"世承班"、师范本科班、中小学新任校长培训班、民办高校教务员培训班、"美丽中国"项目培训班的课堂教学，与课堂教师和学生进行了交流。刘利民还听取上海师大教师教育以及为全国和上海基础教育服务的有关情况。刘利民对学校工作表示肯定和赞赏。（尚　师）

【获2013年度上海市自然科学二等奖】 4月1日，在市科学技术奖励大会上，上海师大生命与环境科学学院万颖主持的"新型杂化有序介孔材料的组装及其催化作用"获自然科学二等奖。该项目属于环境催化新材料领域，针对在化工过程及水、大气污染处理过程中，介孔材料催化活性组分或特异吸附基团的稳定性、分散性、可接触性、活性和选择性等问题，开展基础科学研究，该研究丰富了介孔材料的组成和应用领域，推动了介孔材料的发展。（尚　师）

【与普林斯顿大学、新加坡国立大学组建联合实验室】 4月17日，上海师范大学、美国普林斯顿大学、新加坡国立大学及其苏州研究院等四方共同成立的"资源化学"国际联合实验室在学校举行签约仪式。"资源化学"国际联合实验室的目标是围绕水和空气化学污染的治理、资源高效利用以及污染物资源化等方向，开展基础理论研究、技术创新以及产品开发。（尚　师）

【中国非物质文化遗产传承研究中心成立】 10月16日，上海师大召开上海师范大学中国非物质文化遗产传承研究中心成立座谈会。上海市教卫工作党委书记陈克宏出席座谈会并发表讲话。非遗中心聘任了第一批13位校内外特邀研究员。成立非遗中心是学校贯彻落实党中央培育和践行社会主义核心价值观精神的举措，也是学校联合社会力量，推动优秀传统文化和非物质文化遗产在国民教育体系中传承发展的一次尝试。（尚　师）

【"全球城市论坛"举行】 10月30日，由上海市人民政府发展研究中心和世界银行主办，上海师大承办的"全球论坛：上海2050——崛起中的全球城市"举行。上海师范大学、美国巴克尼尔大学、荷兰鹿特丹伊拉斯谟大学、加拿大多伦多大学、德国奥德河畔法兰克福欧洲大学、比利时根特大学、荷兰阿姆斯特丹科技大学、澳大利亚格里菲斯大学、华东师范大学、北京交通大学和上海大学的国内外知名城市研究专家出席论坛。（尚　师）

【"植物种质资源开发中心"列为首批"上海市协同创新中心"】 11月，上海市教委发布通知，上海师大"植物种质资源开发中心"被列为首批"上海市协同创新中心"并更名为"上海市植物种质资源开发协同创新中心"。年内，该中心与上海中穗农业科技发展有限公司举行"有机蔬菜育种合作基地"揭牌仪式，与奉贤区农业委员会签订"奉贤区绿叶菜种质资源创新示范基地合作协议"和"绿叶菜种质资源创新示范合作协议"。（尚　师）

附：学校负责人及地址

（2014年1—12月）

校党委书记：陆建非（12月离任）、滕建勇（12月到任）
副　书　记：杨卫武、秦莉萍、葛卫华

校　长：张民选（6月离任）、朱自强（6月到任）
副校长：丛玉豪（11月离任）、高建华、柯勤飞、康　年、刘晓敏

徐汇校区地址：桂林路100号
邮编：200234
电话：64322881

奉贤校区地址：海思路100号
邮编：201418
电话：57122472

上海对外经贸大学

【2014年概况】 2014年，学校贯彻落实中国共产党十八届三中、四中全会精神和习近平总书记系列重要讲话精神，以国家和上海市《中长期教育改革与发展规划纲要（2010—2020）》为指导，推进转型发展，完成《上海对外经贸大学顶层设计思考》《学校未来五年发展思路》，修订《上海对外经贸大学章程》并报上海市教育委员会审核，完善内部治理结构。

师资和人才队伍建设。学校以打造高层次、国际化、应用型师资队伍为目标，修订或制定《上海对外经贸大学教师管理办法》《教师工作量管理办法》《高级专家延龄聘任管理办法》《绩效工资实施方案》《接受国内访问学者管理办法》《机关"三定"方案（初稿）》《骨干教师教学激励计划》等管理文件。截至8月31日，学校有在编教授110人、副教授320人；学校获得"2013年上海市级教学成果奖"一等奖5项、二等奖6项；1位教师入选高校与新闻单位从业人员互聘"千人计划"教师，4位教师的科研成果获得省部级奖项。

学科建设与科研工作。学校成立"高峰高原"学科建设工作领导小组，完成高峰高原学科建设申报工作；全年共申报各级各类项目近500项，获得各级纵向科研项目77项，其中国家级项目12项。学校与上海市政府发展研究中心合作发布18项自贸区专题研究项目，其中自设8项；与上海财经大学共同撰写自贸区协同创新中心的认定书；发布《2014中国（上海）自由贸易试验区蓝皮书》以及《中国战略性大宗商品发展报告（2014—2015）》。组织申报《上海高校自贸区实习基地建设方案》并获得"上海高校自贸区共建实习基地信息共享平台"项目的立项。新增一个省部级研究基地——上海市人民政府发展研究中心孙海鸣工作室。学校的上海国际贸易中心战略研究院通过市教委组织的中期检查，国际经贸治理与中国改革开放联合研究中心接受上海高校智库筹建验收工作，得到专家组的积极评价。学校与毕马威华振会计师事务所联合建设的金融学创新人才培养实践基地通过立项。

本科与研究生教育。学校制定《本科专业设置与调整管理办法》，3个专业推荐申报2014年度新设置本科专业，21个"085工程"全球通用商科人才培养本科专业建设项目正式建设，3门课程被批准立项为2014年上海高校示范性全英语教学课程建设项目，2门课程获得"上海高校示范性全英语课程"称号，4门课程被授予"上海高校市级精品课程"称号，3个项目获批2014年度上海高校本科重点教学改革项目，3种教材及参考书入选第二批"十二五"国家级规划教材，"全球通用商科人才实验班实践与探索"通过了上海高校本科重点教学改革项目验收，"上海市卓越传播人才教育培养基地

(国际型)”获批立项,以“转观念、减学分、加课程、拓知识、深理论”为原则的通识教育课程建设改革启动,学校ACCA项目班的《审计》《税法》科目通过率居全国高校之首。年内,学校专业硕士已全面覆盖经、管、文、法四大学科,研究生培养布局进一步优化完善,学校国际贸易专业面向留学生启动全英语国际班,召开第一届专业学位研究生工作会议,《研究生学业奖学金管理实施细则》等各类管理文件制定实施。学校举办高校科学道德和学风建设宣讲会、“青年书社”等各类活动。

国际交流与合作。年内,与学校合作的国(境)外院校新增11家,国别新增5个,留学生招生规模继续扩大,学校再一次获得上海市“来华留学生管理优秀工作者”称号。学校教师参加联合国亚太经社理事会(UN ESCAP)10周年大会、亚洲竞争协会2014年年会、WTO公共论坛等国际学术会议,交流学校的研究成果;学校在中东欧的孔子学院达到3所;学校中东欧研究中心成为“上海市俄罗斯东欧中亚学会”和中国欧洲学会中东欧研究分会理事单位。学校召开教育国际化工作推进会。

学生工作。截至8月31日,学校有各类学生11735人,其中研究生1619人、本科生9172人、专科生335人。学校邀请社会精英、企业高管和名师开设专题讲座,完善研究生思想政治教育工作制度,提升辅导员队伍凝聚力。学校易班工作站获上海市“2014年度十佳学生工作站”称号,1个辅导员团队项目获教育部2014年高校辅导员工作精品立项;2项课题获准立项上海市学校德育实践研究课题。学生团队或个人在各类活动和竞赛中,获得2014年上海市大学生网络商务创新应用大赛本科组冠军、第八届“挑战杯”上海市大学生创业大赛银奖、全国大学生英语竞赛C类特等奖、全国大学生数学建模竞赛上海赛区一等奖、上海市大学生决策仿真实践大赛二等奖等奖项。学校2014年高招上海二本投档线文科449分,理科439分,研究生报名人数首次突破2000人。学校获得“2014年全国大学生就业优秀组织高校”称号。

服务保障工作。学校组建预算委员会,制定《预算评估委员会管理条例》(暂行),并对2015年部门预算进行校内评估;学校完成学生公寓回购;完成年度招投标任务;学校探索审计监督全覆盖,提高审计质量和水平。学校信息化建设进入新阶段,万兆网核心升级,邮件系统扩容,数据中心一期等校园信息化系统已建成。学校图书馆采购、加工中外文新书2.3万余种,订购中外文期刊1319种,采购数据库43个;完成国际经贸信息港与央财项目所涉及的数据库资源、平台建设。学校基建和功能开发不断加快,古北新建综合楼项目开工,松江新建图书馆项目进入设计合同签订和编制可研报告阶段,松江学生实践教育基地(商务楼)基本完成装饰装修,松江学生公寓空调安装线路改造已启动;学校整合行政资源,成立古北校区管理委员会,加快古北校区的功能开发。学校安全稳定工作井然有序,校园环境明显改善。 (陈　成)

【举办上海自贸区首场经贸人才专场校园招聘会】 3月14日,上海自贸区首场经贸人才专场校园招聘会在学校古北校区举行。招聘会由学校和中国(上海)自由贸易试验区管委会、上海市教委学生事务中心联合主办。来自外贸、物流、金融、会计、法律、旅游、服务咨询等行业的130家企业,提供了包括财务管理、金融经纪、理财顾问、外销员等1600余个岗位,其中56家企业来自上海自贸区。

(王胤卿)

【举行“新丝绸之路经济带与中国国际战略”学术研讨会】 3月30日,学校国际战略与政策分析研究所与上海市国际关系学会联合举行“新丝绸之路经济带与中国国际战略”学术研讨会。来自同济大学亚太研究中心、复旦大学美国研究中心、上海社会科学院、上海市美国学会、上海国际问题研究院、上海外国语大学等高校科研机构的专家学者就“新丝绸之路经济带”提出的背景、内容以及面临的问题和挑战提出看法。 (王胤卿)

【“区域与产业发展研究中心”揭牌】 4月19日,学校“区域与产业发展研究中心”举行揭牌仪式,并与上海市经济学会、上海东方学社共同举办“区域与产业协调发展专题研讨会”。上海经济学会、复旦大学、上海交通大学、上海财经大学、华东理工大

学、华东政法大学、上海大学、同济大学和学校50余名专家学者参加揭牌仪式及研讨会。 （王胤卿）

【举办首届“学术活动月”系列活动】 5月6日，在庆祝更名大学一周年之际，学校首届“学术活动月”启动。学术活动月安排“TPP谈判的新发展——地区影响与中国对策”国际学术研讨会、中国（上海）自由贸易试验区协同创新中心蓝皮书发布会暨高层论坛等共25场学术活动，涉及经、管、文、法、理、体等多个学科领域。此外，学校先后召开“中国（上海）自贸区建设与经济法制”研讨会、第14届SUIBE-KAS WTO年度论坛、首届“新经济地理前沿学术研讨会”、中国（上海）自由贸易试验区政策与制度创新学术研讨会、自贸区法治建设与全球治理高端论坛、2014年度中日经济合作国际研讨会等重大国内外学术会议。 （王胤卿）

【举办“TPP谈判的新发展——地区影响与中国对策”国际学术研讨会】 5月10—11日，学校与上海市对外文化交流协会共同举办“TPP（跨太平洋伙伴关系协议）谈判的新发展——地区影响与中国对策”国际学术研讨会。来自韩国、新加坡、印度、美国以及中国社会科学院、中国国际问题研究所、南开大学、山东大学、浙江大学、复旦大学、上海财经大学、上海社会科学院、上海国际问题研究院等众多国内外教育、研究机构的专家学者，及商务部领导参会。与会专家、学者在会上围绕TPP谈判进程、TPP对亚太区域经济和政治的影响、中国的对策、TPP与上海自贸区建设等议题展开讨论。

（王胤卿）

“TPP谈判的新发展——地区影响与中国对策”国际学术研讨会

【刘延东视察萨格勒布大学孔子学院】 5月23日，中共中央政治局委员、国务院副总理刘延东一行视察学校在克罗地亚建立的萨格勒布大学孔子学院，并出席孔子学院建院两周年庆典活动。教育部部长袁贵仁、卫生和计划生育委员会主任李斌、科技部副部长王伟中、外交部副部长王超、国家汉办主任许琳、中国驻克罗地亚大使邓英、克罗地亚外长助理、总统高级科技教育顾问等陪同视察。

（王胤卿）

【成立“协力巨匠律师学院”】 6月28日，“上海对外经贸大学协力巨匠律师学院”揭牌仪式在学校古北校区举行。全国政协常委、上海市政协副主席周汉民，上海市政协社会和法制委员会主任缪晓宝等出席揭牌仪式。作为全国首家由律师事务所与全日制综合性大学联合办学的律师学院，SUIBE协力巨匠律师学院旨在构建全方位、多层次、宽领域的法律实务培训体系，探索中国律师业专业化发展的新途径。 （王胤卿）

【举办首届文化艺术节】 10月10日，在54周年校庆之际，学校党委宣传部、团委和校工会联合举办了以“弘扬华韵，展耀风采，共谱新篇”为主题的学校首届文化艺术节。文化艺术节包括社会主义核心价值观文化作品展示、教职工摄影展、教职工歌手大赛、校史宣传周等18项活动。 （王胤卿）

【成立“孙海鸣工作室”】 11月17日，上海市人民政府发展研究中心、上海发展战略研究所孙海鸣工作室揭牌仪式在学校古北校区隆重举行。这是学校打造的第三个发展战略研究工作室。该工作室侧重于当前国际经贸治理中大宗商品的供给与需求以及价格形成机制的研究，建立和完善大宗商品数据库，创新分析方法，结合现实着力研究大宗商品政府管制的策略和方法，为市政府提供决策咨询服务，发挥学校的特色和优势。 （陈　成）

【与西藏日喀则地区开展地校合作】 11月19日，学校会展与旅游学院教授考察团队考察西藏日喀则地区的文化产业。考察团成员分赴中线（仁布、萨迦),东线(亚东、岗巴)和西线(珠峰大本营、吉隆)开展实地调研。学校承担日喀则地区文化产业十三五发展规划研究项目。(王胤卿)

【举办上海国际金融中心建设年度论坛】 11月24日,学校与上海市金融学会联合主办"第一届上海国际金融中心建设年度论坛:自贸区建设与金融发展"学术研讨会,来自市政府、高校及银行、证券、保险等金融机构的领导和嘉宾出席论坛。本届论坛是上海市社联第八届(2014)"学会学术活动月"活动之一,论坛同时庆祝上海对外经贸大学"2011协同创新中心"成立一周年。(王胤卿)

【成立"青年领导力研究与开发中心"】 12月7日,由上海市领导科学学会与学校合办的"青年领导力研究与开发中心"成立大会暨"青年领导人才开发研究"高峰论坛举行。该中心立足学校办学优势,围绕青年领导力,尤其是青年企业家的创新力、竞争力与跨文化领导力等前沿领域开展研究与开发,建设在学术界具有重要影响的青年领导人才培养高地。(王胤卿)

【WTO-FTA法律研究所揭牌】 12月13日,上海对外经贸大学WTO-FTA法律研究所揭牌,同时举行自贸区法治建设与全球治理高端论坛。商务部、上海国际经济贸易仲裁委员会和国内著名高校法学院等单位有关领导和专家教授出席揭牌仪式和研讨会。研讨会围绕自贸区法制建设和全球治理两个主题展开。(王胤卿)

附:学校负责人及地址

(2014年1—12月)

校党委书记:张小松

副　书　记:夏斯云(6月离任)、陈　洁(6月离任)
楼军江(6月到任)、祁　明(6月到任)

校　长:孙海鸣

副校长:祁　明(7月到任)、陈　洁、叶兴国(3月离任)、
俞光虹(7月离任)、徐小薇(3月离任)、
聂　清(3月到任)、徐永林(7月到任)

松江校区地址:文翔路1900号
邮编:201620
电话:67703000

古北校区地址:古北路620号
邮编:200336
电话:52067202

上海应用技术学院

【2014年概况】 学校下设17个二级学院、2个教学部,有工、理、文、法、经、管、农、艺8大门类学科,48个本科专业。现有全日制学生16930人,其中,本科生14871人,研究生1139人。教职工1712名,其中专任教师1123名。教授121人、副教授356名,占专任教师的42.48%;具有博士学位教师459人,占专任教师的40.87%;"双师型"教师529名,占专任教师的47.1%。现有博士生导师23名、硕士生导师408名。

一、教育教学工作。学校提出以行业和岗位需求为导向的反向设计人才培养方案的思路,率先在电气工程及其自动化专业、卓越计划专业和专业综合改革项目中试点实施。成立了创新创业创意教育中心;推行"专业责任教授、课程过程考核"改革试点。完成"卓越工程师教育培养计划"第二批试点专业培养方案的修订及公示;主持召开全国新

建本科院校卓越工程师培养计划交流研讨会。探索中本贯通试点，与上海信息技术学校、上海石化工业学校推动中本贯通培养试点方案，获市教委批准，第一届学生于9月入读。

学校首获国家级教学成果奖二等奖，8个项目获上海市级教学成果奖，其中一等奖4项，二等奖4项。获评上海市级精品课程2门，上海高校示范性全英语课程建设项目1门。获批2014年上海高校本科重点教学改革项目3项。获批市属高校应用型本科试点专业2个。全年共立项校级教学成果奖重点培育项目18项。完成对14个本科专业的达标评估。

创新校企合作模式，启动“双百”建设（即建设100门校企合作课程和100项校企合作实验），出台《上海应用技术学院校企合作课程管理办法》。建成首批校企联合培养工作室13个。新增校级校外示范实习基地21个，企业专家信息库增加到143位专家。建立了校企合作网。学校成功获批安全工程专业学位授权点，首次向社会发布学位与研究生教育质量报告。

学校共组织学科技能竞赛79项，其中国际竞赛4项、市级及以上竞赛54项。获国际二等奖2项、三等奖2项；全国特等奖3项，一等奖21项，二等奖49项、三等奖71项；获华东（上海）赛区特等奖3项，一等奖10项、二等奖38项、三等奖48项。各项奖项总计290项。学校获全国学科技能竞赛优秀组织奖5项，获市级学科技能竞赛优秀组织奖1项。

二、学科建设。滚动支持前期已启动的建设项目6项，新启动建设项目3项，建设总资金达2670万元；编制了2015年“085工程”预算2785万元，2014年度学校获得中央财政支持地方高校发展专项资金额度500万元、地方配套资金额度333万元。启动2014—2015年度校第七期重点学科建设工作。完成上海市香料香精工程技术研究中心验收工作。组织“化学工程与技术”以及“安全科学与工程”两个一级学科申报“高峰高原”学科建设。启动上海市重点实验室申报工作。

三、科学研究。全校新增横向科研项目286项，合同标的额为6100万元，当年到款数4474.86万元，全年科研到款总量达到8795.5万元，按照教育部科研统计口径科研经费到达1.79亿元。应用基础研究水平整体提升，获批国家自然科学基金项目25项，获批国家哲社青年基金项目1项，获批上海市自然基金项目8项、上海市哲社项目3项；获批上海市各类科学技术奖4项；获批联盟计划项目43项。肖作兵教授主持的“新型香精制备与香气品质控制关键技术及应用”项目获国家科学技术进步二等奖。“产学研”合作方面，落实靖江市和临安市技术转移中心、台州市黄岩区全面合作等事宜，落实靖江市和奉贤区的科技特派员等。

四、国际交流。年内，学校派往海外院校学习、实习和培训的学生239名，新开发匈牙利佩奇大学等大学8个学生交流项目。与美国、加拿大、德国等10余个国家和地区的24所高校建立了联系，新增合作协议24份。全年共聘请外籍教师41人，其中长期外籍教师28名，短期外籍教师13名。获批2项上海市“海外名师”项目；聘请校级海外名师5人。

五、师资队伍。全年引进具有博士学历教师84人，其中教授4人，副教授22人。引进上海千人计划1人、东方学者2人。共有48人入选2014年市教委教师专业发展工程“四大计划”和“优青”项目；组织42名新进教师参与市教委组织的岗前培训。

六、学生工作。策划组织以践行核心价值观和“弘扬工程师文化”主题活动12项；以工程师伦理为主题的新生杯辩论赛16场。122个团队或个人获第四届“校园先锋”年度人物称号，“香精技术与风味青年团队”被授予“上海市青年五四奖章”。学生参加世界和全国性比赛、上海市运动会、上海市高校阳光体育联赛等各类体育比赛共计23项，共获各类奖项92个，同比增长26%；其中全国比赛奖项11个、上海市运动会奖项31个、上海市高校阳光联赛奖项46个、上海市高校足球联盟杯奖项4个。校橄榄球队获2014年全国大学生美式橄榄球对抗赛冠军，并代表中国大学生橄榄球队参加在瑞典举行的首届世界大学生橄榄球锦标赛，获得第五名。

推进4个辅导员工作室建设；举办第四届辅导员论坛；组织申报辅导员工作创新项目，获批辅导员工作室项目3项；打造“辅导员建设月”，开展各类辅导员培训。首次编写出版校本教材《大学生职业生涯规划实训教程》，举行首届“勇敢挑战，极限生存”大学生城市生存挑战赛和“职出未来”求职模拟大赛。毕业生就业率99.1%，签约率81.12%。选送10人参加生涯教练(BCC)培训、4人参加职业规划高级班培训、3人参加上海市创业指导师培训，2人参加上海市中级职业咨询师培训，2人参加全国高级就业指导师培训。举办“心理咨询师成长沙龙”“心理健康教育课程大赛”，做好心理危机预防工作。构建“他助—自助—助人”的资助育人框架。爱心积分制度首次与奖助学金评定挂钩，同时开展“经济困难学生资助育人项目”，实施“筑梦计划”项目。（秦　凤）

【翁铁慧到校调研】 1月2日，上海市副市长翁铁慧在市政府副秘书长宗明、市教委主任苏明、市教委副主任袁雯等陪同下，到学校奉贤校区视察调研。翁铁慧希望学校牢牢抓住应用型人才培养这个主业和生命线，坚持以应用技术服务社会，围绕发展目标强化人才队伍建设，不断推进学校创新发展。（毕劲松）

【庆祝建校60周年】 4月26日，建校60周年。着眼于大学文化传承、学术交流、师生校友互动，学校举办60周年校庆月系列活动。校庆活动隆重热烈而俭朴，突出学术性和文化品位，着力挖掘学校特有的人文精神和历史底蕴，强化师生的主人翁意识。

（毕劲松）

庆祝上海应用技术学院建校60周年

【获“上海市联盟计划——难题招标专项”资助43项】 7月3日，“2014年联盟计划——难题招标专项”资助颁证签约大会在上海市政协举行。学校获得资助项目43项，占资助项目总数的47.25%，学校应标项目数和获批项目数均为全市高等院校及科研院所第一名，相比2013年获批数增长30.3%。（毕劲松）

【获2014国家级教学成果奖】 9月，经国务院批准，教育部公布2014年(第七届)国家级教学成果奖获奖项目。学校艺术与设计学院吴飞飞、马慎毅等教师共同完成的“聋聪合一、普特互渗——特教艺术设计本科人才培养的创新实践”获国家级教学成果二等奖。这是学校首次获得国家级教学成果奖。

（毕劲松）

【13项科研技术成果亮相工博会】 11月5日，2014中国国际工业博览会在上海浦东新国际博览中心开幕。学校机械学院张而耕教授研发的“纳微米超硬物理气相沉积涂层系统及工艺技术开发”、化工学院韩生教授研发的“纳米生物磁化泡沫粉尘抑尘一体机”、城建学院张小良老师研发的“粉尘爆炸测试及防爆技术开发”、电气学院赵怀林老师的“基于物联网的机器人管家”等13项高新技术亮相此次工博会。其中，张而耕教授的项目被大会主委会评为高校展区优秀展品一等奖。这是近两年来学校参加工博会获得的最高奖项。学校获得优秀组织奖。（毕劲松）

【获国家科技进步二等奖】 肖作兵教授主持的“新型香精制备与香气品质控制关键技术及应用”项目获国家科学技术进步二等奖，实现了学校在国家级科学技术奖评选中的重大突破。肖作兵教授领衔的香精香料课题组经过13年的潜心研究，发明了基于香气与香韵协同的咸味香精制备与香气品质控制技术，开发了纳微尺度胶囊的香精制备与缓释控制技术，创立了基于仿生嗅觉原理和化学计量方法的香气品质分析技术，整体达到国际先进水平。

（毕劲松）

【签订校企合作协议】 12月4日，学校与春秋航空股份有限公司签署校企合作协议。协议内容涉及航空类专业人才培养、学科建设、专业标准建设、教学实践交流等方面的合作。（毕劲松）

附：学院负责人及地址

（2014年1—12月）

院党委书记：吴　松
副书记：宋敏娟

院　长：刘宇陆（7月到任）
　　　　卢冠忠（7月离任）

副院长：刘宇陆（7月离任）、陈东辉、叶银忠、张锁怀、张艳萍

奉贤校区地址：海泉路100号
邮编：201418
电话：60873530

徐汇校区地址：漕宝路120号
邮编：200235

上海海事大学

【2014年概况】 2014年，学校进一步明确了航运、物流、海洋等三大学科发展方向；完成了《上海海事大学章程（讨论稿）》的起草工作。梳理和完善校内各项规章制度；启动校务委员会和校友会的注册工作。

学科建设。继续推进“085工程”项目建设，开展卓越法律人才培养项目建设、“专业综合改革试点”项目建设、物流人才创新创业教育实验基地项目建设。按照教育部“卓越计划”总体目标，推进航海技术等6个教育部“卓越工程师教育培养计划”专业建设。扎实推进5个国家级工程实践教育中心建设。交通工程专业接受中国工程教育认证协会组织的工程教育认证，轮机工程专业获得英国轮机工程及海事科技学会认证证书。顺利通过国家海事局对学校“船员教育和培训质量管理体系证书”换证审核，以及挪威船级社（DNV）2008质量管理体系和三个认证规则证书的年度审核。

教学改革。获得高等教育上海市级教学成果奖10项，其中特等奖1项、一等奖3项、二等奖6项；新增上海市精品课程1门，上海高校示范性全英语教学课程2门，申报国家级精品视频公开课2门，建设全程视频课程24门；新增“十二五”普通高等教育本科国家级规划教材3本，公开出版校三年规划教材和“085工程”精品教材16本，启动航海类专业大学英语教材编写工作；3项教改课题获上海高校本科重点教学改革项目立项。航海虚拟仿真实验教学中心入选首批国家级虚拟仿真实验教学中心。年内开出实验课程368门，开出率为100%，累计开出实验项目1878项，其中综合性、设计性实验项目795项。学校分阶段、分批次安排相关专业学生1259人开展航行实习。56项大学生科技创新项目入选国家级大学生创新创业训练计划项目；立项上海大学生创新活动计划项目160项，获得资助经费160万元。校本科学生370人次在各级各类学科竞赛中获奖。获得全国大学生电子设计竞赛模拟电子系统设计专题邀请赛（TI杯）全国一等奖，获美国大学生数学建模竞赛一等奖，获第七届中国大学生计算机设计大赛全国一等奖，获第七届全国大学生先进成图技术与产品信息建模创新大赛个人全能一等奖等。启动通识必修课程试题库建设，推行教考分离制度。

研究生培养。应用统计专业、水利工程专业获硕士专业学位授权资格，获上海市研究生优秀成果（硕士学位论文）2项，获上海市研究生创新创业能力培养项目3项，23个参赛小组分获全国研究生数学建模大赛二、三等奖；研究生发表高水平学术论文获检索41篇。举办全球首期邮轮EMBA研究生班。

科研工作。召开交通运输工程、船舶与海洋工程、管理科学与工程等一流学科研讨会，开展阶段建设的绩效分析。根据《上海海事大学学术创新团队建设与管理办法》，对校级学术创新团队进行了

2013—2014学年度考核。启动上海高校高峰学科“物流工程与管理”、上海高校高原学科“交通运输工程”和“船舶与海洋工程”等申报工作。“2011协同创新中心平台”建设取得成效。“智能港口物流技术交通运输行业协同创新平台”被认定为2013年度交通运输行业以高校为主体协同创新平台。“上海国际航运研究中心”被认定为上海市协同创新中心。上海航运物流信息工程技术研究中心获上海市科委考核优秀，“深海极端环境服役材料重点实验室”列入上海高校重点实验室建设计划，“上海国际航运研究中心”列入上海高校人文社会科学重点研究基地建设计划。科技经费总量3亿元，国家级项目35项，其中国家自然科学基金29项，国家社会科学基金5项，国家科技部“973”计划重大项目子项目1项。省部级项目80项。获各类科技奖励27项，其中省部级5项，首次获得上海市第十二届哲学社会科学优秀成果奖一等奖1项。发表SCI论文112篇，发表SSCI检索论文7篇。共有88篇论文所发表的期刊被ESI数据库收录。新增ESI热点论文(ESI Hot Papers)1篇，9篇入选ESI高被引论文(ESI Highly Cited Papers)。其中在ESI本学科期刊相对排名前5%的期刊论文4篇。申请专利196项，其中，发明专利110项。授权专利103项，其中发明专利49项，同比增长23.2%。杂志总社各期刊的影响力继续提高。《水运管理》获教育部科技司“中国高校特色科技期刊”奖；《集装箱化》获中国高校科技期刊研究会“中国高校技术类科技期刊优秀团队”奖，2名编辑获中国高校科技期刊研究会“中国高校技术类科技期刊优秀编辑”奖。

师资队伍建设。1位教师被评为全国优秀教师。新增上海市领军人才1名，有上海市优秀学科带头人1名，上海市千人计划2名，上海高校特聘教授(东方学者)2名，上海市曙光学者2名、浦江学者4名、晨光学者2名、扬帆计划2名，上海市人才发展基金资助1名。新增正教授12人。出台人才引进“三大计划”，细化了人才引进各层次的要求和待遇等，规范了高层次人才引进的程序。推出新进教师预警机制，修订并颁布了新版专业技术职务聘任文件，完善了青年教授岗位培养计划。完成了绩效工资方案的设计和实施工作。学校教职工接受各类培养的人数超过300人，培养经费超过千万元。两名教师获首届上海高校青年教师教学竞赛一等奖，并获上海市五一劳动奖章。王天真老师获全国青年教师教学竞赛三等奖。辅导员队伍专业化职业化建设成绩凸显。1个项目被教育部立项为全国35个辅导员精品项目之一，获2014年上海高校辅导员职业能力竞赛二等奖1项，2人获“2014年度上海市育才奖”，1人获评“2013年上海高校辅导员年度人物”称号，获2014年上海高校“辅导员工作培育项目”立项1个。

社会服务。与中国海运(集团)总公司、上海出入境检验检疫局、江苏省南通市政府、福建省宁德市政府、普泰(香港)集团有限公司、大连港集团、浙江省舟山市政府、上海海事局、上海市交通委等单位签署了合作共建协议或合作项目协议。上海国际航运研究中心参与多项上海国际航运中心建设以及中国(上海)自由贸易试验区航运相关政策的研究，为其他省市政府相关部门提供咨询服务。中国(上海)自贸区供应链研究院积极服务中国(上海)自由贸易试验区建设和上海国际航运中心建设，成立了检验检疫政策研究所、自贸区供应链大连研究院、临港检测基地等3个实体化机构。继续教育、船员培训规模稳定，质量与效益良好。培训各类高级船员、海事系统公务员、全国交通系统干部、港航企业高级管理人员以及国际海事官员等6000余人次。与浦东新区共建上海海事大学附属职业技术学校。

国际化办学。学校与比利时安特卫普大学等5所高校签订了校际交流与合作协议，与吉布提政府签订航运人才培养协议。与世界海事大学“国际运输与物流”理学硕士合作项目、与荷兰泽兰德大学合作举办的“机械电子工程专业”等中外合作办学项目进展顺利。新增8个本科生或研究生联合培养项目。与希腊爱琴大学合作进行“极区航海技术与示范课程”研究项目。与美国麻省海事学院等40多所院校或机构开展交换学生项目、访问学生项目或短期课程进修项目，共有389名学生参与。在校生海外学习实习项目数已达48个。聘请长期海外专家4人、短期海外专家43人次到校讲授46门次专业课程，另邀请境外专家46人到校开设专题讲座50场。1人获得2014年上海市“白玉兰荣誉奖”，1人获得2014年国家外国专家局文教类高端外国专家项目资助。1人入选2014年上海海外名师项目专家。国际海事教师联合会(IMLA)上海中心成立一年来充分发挥国际组织核心作用，内外搭建广阔交流平台。学校教师向联合国国际海事组织(IMO)大会提交议案并在会上发言，反映良好。学校在海外设立的第一个分支机构“上海海事大学非洲地区中心”在加纳挂牌成立。与加纳中西非地区海事大学合作举办的物流管理海外本科教育项目现已完成五届招生。该项目第一届34名学生顺利毕业。成功举办“供应链管理国际研讨会”“第三届港口与海洋工程国际会议”“物流工程与管理国际会议”等国际会议。开始招收自费留学生。今年共招收38名留学生到校就读本、硕、博项目，另有10名预科留学生在外校进行预科阶段的学习。

招生就业和学生管理。大类招生类别扩大至10个，涵盖24个专业。2013级部分大类顺利完成专业分流工作。各类毕业生就业率为97%。学校获得上海市促进就业先进集体、上海高校毕业生就业工作创新基地、上海市职业生涯发展教育校外实践基地、2014全国大学生就业最佳企业评选“优秀组织高校”等称号。建立创新创业教育模式。上海海事大学—临港科创创业孵化苗圃稳步推进，已有25个创业项目进入创业苗圃，4支团队成功注册公司。开展学风建设月活动，组织倡导诚信考试、交流学习经验、互助学习等活动150多项。关注青年学生身心健康，开展心理咨询423人次。推行“教学管理回访”制度，提高教学管理工作。组织学生修读上海高校课程共享中心课程。认定家庭经济困难学生3443名，实现国家助学金全覆盖。通过助学贷款、“绿色通道”、学费减免等方式为3000余名困难学生解决了学费问题。年内给各类学生发放奖助学金共计7467.48万元。74名大学生应征入伍。

教育保障工作。实行校内预算体制改革，逐步下放财权，做到事权财权的统一，30%的直接公用经费由职能部门划拨到二级学院统筹使用。通过预算答辩和项目库平台建设等方式，进一步优化了财力资源配置。实现了财务收支平衡。建设了上海海事大学APP项目、感知校园项目、一卡通升级项目、无线网室外覆盖项目，以及云计算中心建设和教务实验两个信息系统。完成了中央财政支持地方高校发展专项、交通运输部专项等实验室建设项目和实验教学平台的申报工作。校办产业继续推进企业改制和改革，关停最后一家亏损企业。进行节能技改，2014年各校区总能耗同比下降了7.26%。启动第一批转编工作，有22名派遣制员工转入学校事业编制。完成临港地区首批双限房的申请工作，61位教职工经抽签获得购房资格。

精神文明建设。学校荣获“上海市文明单位”称号。完成学校VI(Visual Identity，视觉形象)全套设计，进行学校名称、logo商标注册工作。校友工作稳步推进，《校友园地》刊物首期顺利发行；校友微信公众号8月初上线。学校获“2012—2013年度上海市劳动关系和谐职工满意企事业单位”“2011—2013年度上海市教育先锋号”“上海市工人先锋号”等称号。形成学校官方微博、微信、易班为核心的新媒体矩阵平台。官方微博、官方微信成为教育部“全国教育系统官微联盟”新成员单位。校史馆建设历时近3年基本建成，进入试展阶段。学校获2014年全国大学生“三下乡”社会实践活动先进单位称号、“挑战杯”全国大学生创业大赛全国银奖2项、全国优秀实践团队1个。学校合唱团获得全国大学生艺术展演上海市第一名，入围全国决赛。同时“军魂社”获得全国百佳体育社团称号。

(朱玉飞、侯春燕)

【签订实验室资源共享协议】 1月10日下午，上海海事大学、上海海洋大学、上海电机学院共同签署《临港片区高校实验室资源共享框架协议书》。根据协议，三校将本着“开放交流、取长补短、资源共享、有偿服务”的基本准则，建立实验室设备资源共享平台，建立开放性实验项目管理信息平台，建立资源共享、实验室开放的协作机制，建立实验室建设工作的互通交流机制，组织开展校际实验室工作交流研讨活动。

(苏　娅)

【国际海事组织航海英语示范课程修订工作组举行首次会议】 4月23—25日，联合国国际海事组织航海英语示范课程修订工作组首次会议举行，此次会议由上海海事大学和国际海事教师联合会上海中心共同承办。“航海英语示范课程的修订”(HTW 1-3-7)提案是由学校相关教师起草并通过国际海事教师联合会向国际海事组织提出的。国际海事组织在HTW1工作组报告中把该示范课程的修订列为优先等级(Priority one)，要求实施修订单位在10月递交修订稿，计划2015年2月在英国伦敦召开的人为因素、培训和值班分委会第二次会议(HTW2)上对该课程进行审核。上海海事大学是中国首个具体负责和参与国际海事组织示范课程修订的高等航海院校。 (苏 娅)

上海海事大学研究生院揭牌

【研究生院成立】 5月7日，学校举行研究生教育工作会议暨研究生院成立揭牌仪式。学校领导，相关职能部门、学院负责人，研究生导师、研究生教育管理人员、学生代表等参加揭牌仪式。 (苏 娅)

【船舶电力推进实验室项目正式启动】 6月17日上午，通用电气中国有限公司(GE)与上海海事大学船舶电力推进实验设备捐赠签约仪式举行，双方共建的中国境内首家船舶电力推进及自动控制实验室项目正式启动实施。 (苏 娅)

【中国(上海)自贸区检验检疫政策研究所揭牌】 7月9日上午，中国(上海)自由贸易区检验检疫政策研究所揭牌仪式暨合作项目推进会在学校举行。上海出入境检验检疫局、中国质量认证中心华东实验室、中国海运(集团)总公司、学校领导，以及相关职能部门负责人等出席揭牌仪式。

(苏 娅)

【主办2014 SISI国际港航发展论坛】 7月3日，由上海海事大学主办，上海国际航运研究中心承办，交通运输部科学研究院、美国纽约州立大学、荷兰鹿特丹伊拉斯姆斯大学海运和港口研究中心(ESPR)、中国(上海)自贸区供应链研究院、上海高级国际航运学院、上海航蕴运输咨询有限公司、诺亚天泽保险经纪(上海)有限公司和上海长兴海洋高新技术投资发展有限公司等单位协办，交通运输部水运局、上海市交通委员会和上海市虹口区人民政府支持的“2014 SISI国际港航发展论坛——自由贸易区与港航业的互动发展”召开。行业主管部门领导、境内外知名专家学者以及自贸区和港航领域的专业人士共350多人与会。

(苏 娅)

【2014物流工程与管理国际会议举行】 10月8日，由上海海事大学和西南交通大学联合主办的2014物流工程与管理国际会议举行，来自中国、美国、奥地利、日本、韩国等国家的专家和学者参加会议。本次会议由美国土木工程师协会、美国电气和电子工程师协会、北美海外华人运输学会共同协办。会议围绕《新形势下的物流战略》主题，进行了8场学术专题报告和10场学术论文报告。

(苏 娅)

【上海木兰教育基金会30周年庆典举行】 11月10日，上海木兰教育基金会30周年庆典在校举行。美国福茂集团董事长赵锡成，美国劳工部前部长赵小兰，美国福茂集团副董事长赵安吉、总裁李明清，国务院侨务办公室、上海市政府侨办、上海市教委及学校领导出席庆典。历届获奖者代表和第三十届木兰奖学(教)金获奖人员也出席了庆典。1984年，为培养中国高等航运教育和专业人才，美国航运巨子赵锡成夫妇在中国捐赠设立“木兰基金会”。2006年11月，“木兰基金会”正式更名为“上海木兰教育基金会”。 (苏 娅)

【集装箱供应链技术研究中心工程开工奠基】 12月8日，上海海事大学新建集装箱供应链技术研究中心工程举行开工奠基仪式。集装箱供应链技术研究中心工程位于上海海事大学4号门旁，总建筑面积为13964平方米，其中地下建筑面积3967平方米，项目总投资7494万元。 （苏 娅）

附：学校负责人及地址

（2014年1—12月）

校党委书记：於世成
副　书　记：孔凡邨、门妍萍
校　　长：黄有方
副校长：金永兴、肖宝家、孔凡邨（兼）、杨万枫、王海威

临港校区地址：海港大道1550号
邮编：201306
电话：38282000

东明路校区地址：东明路1336号
邮编：200126
电话：68702503

港湾校区地址：浦东大道2600号
邮编：200129
电话：58711692

海华学院校区地址：金桥路555号
邮编：200136
电话：50389119

上海科技大学

【2014年概况】 上海科技大学是一所由上海市与中科院共同举办、共同建设，由上海市主管的全日制普通高等学校，2013年9月经教育部批复同意正式建立。学校秉持“服务国家发展战略，培养创新创业人才”的办学使命，在办学体制、决策机制、内部治理结构、教师聘任制度、人才培养模式、经费保障制度等方面深化试点中国特色现代大学制度，努力建设一所小规模、高水平、国际化的创新型大学。学校现有物质科学与技术学院、生命科学与技术学院、信息科学与技术学院、创业与管理学院4个学院，以及免疫化学研究所、iHuman研究所2个研究所。截至2014年12月底，学校有学生925人，其中本科生207人、与中科院上海分院联合培养研究生718人。教职员工总数444人，其中教学科研人员359人、行政管理人员85人。专任教师276人，其中常任教授44人，中科院特聘教授219人、外籍特聘教授13人。

治理架构。校务委员会召开两次会议，第一届第二次会议任命副校长、各学院院长，审议通过学校2013年财务决算，原则通过校园信息化建设方案；第一届第三次会议审议通过学校2015年度财务预算。已组成由校党委书记朱志远，校长江绵恒，副校长兼教务长印杰，副校长华仁长，副校长龚晋慷，校党委副书记、纪委书记兼副校长鲁雄刚组成的党政领导班子，全面领导学校各项工作。已组成由物质学院院长杨培东、生命学院院长林海帆、信息学院院长王雪红、创管学院院长李玫、免疫化学研究所所长 Richard A.Lerner、iHuman研究所所长 Raymond C.Stevens 领衔的学院/研究所负责人团队，全面领导学院/研究所各项工作。校党委、纪委成立并全面开展工作。校团委筹备组、首届学生会成立。

师资队伍。学校按照1∶10—1∶12的师生比建设一支1000人规模的专任教师队伍，规划选聘

常任教授500人和特聘教授500人。已选聘常任教授64人(到位44人,接受聘书20人),中科院特聘教授219人,外籍特聘教授13人,教师队伍中包括诺贝尔奖获得者3人、美国国家科学院院士3人、英国皇家学会会士1人、中国科学院院士23人、中国工程院院士3人、国家千人计划19人、国家外专千人计划2人、上海千人计划7人、青年千人计划5人。

招生培养。学校培养本科生、硕士研究生、博士研究生以及专业学位研究生,在校学生规模达到稳定期后为本科生2000人,研究生4000人,致力于培养面向科学发现的高级研究人才、基于技术创新与集成的高级创新人才,以及服务战略新兴产业的高级创业与管理人才。面向上海市、北京市、江苏省、浙江省、福建省、山东省、河南省、四川省和江西省9省市,在提前批次招收了首届207名本科生。本科生2014—2015学年第一学期课程教学活动(包括实验课)已在张江海科路100号教学区及合作高校(复旦大学、上海体育学院)全面开展。继续依托中科院上海分院联合招收了第二届425名研究生。继续依托中科院上海分院开展研究生培养工作,在2013—2014学年第二学期及2014—2015学年第一学期共开设了18门公共课和95门专业课,首届研究生开题报告已经完成。书院成立并全面开展工作。书院共有108名本科生导师,组成36个导师组,每组指导5—7名本科生,导师与学生定期见面,组织开展小组活动,常任教授导师轮流驻楼一周。书院举办"文明之光"等系列讲座,支持成立了22个学生社团,组织开展学生活动。

科研学术。学校针对国家在转型发展过程中,在材料、能源、环境、信息技术、人口健康等方面所面临的一系列严峻挑战,探索基于科技创新的解决方案。物质、生命、信息学院以及免疫化学研究所、iHuman研究所都已经制定了各自的学科/平台建设规划。各学院/研究所已建立共计49个研究组,包括物质学院8个研究组、生命学院10个研究组,信息学院15个研究组、免疫化学研究所9个研究组、iHuman研究所7个研究组,科研条件不断完善,科研工作全面开展。常任教授共获得国家自然科学基金项目8项、上海市各类项目8项、横向项目5项,经费总额1015万元;此外,正在与中科院科研院所和国外科研机构筹划组织一系列重大科研项目。举办了首届免疫化学国际生物论坛等5场学术会议,并举办了124场学术讲座。

对外合作。物质学院先后与美国加州大学伯克利分校化学院以及芝加哥大学分子工程研究所签署合作协议,将开展包括本科生"3+1+N"项目在内的多项合作;学校与芝加哥大学签署了校际合作备忘录,将在科研、学术、文化教育等方面开展全面合作。学校积极拓展与欧洲知名大学的合作关系,与英国牛津大学和帝国理工学院已有合作意向。学校先后于美国博通公司、西班牙桑坦德银行、上海图书馆、上海机场集团签署协议,开展多渠道、多方位的合作。

校园建设。上海科技大学在建校园位于上海浦东新区张江高科技园中区的中科院上海浦东科技园内,校园占地约59.9万平方米,总建筑面积70.25万平方米(其中地下建筑15万平方米),建筑单体52幢,规划设计充分体现"学生教师为本,教学科研融合,绿色环保智能"的理念。自2013年6月下旬正式开工以来,工程基本按计划节点推进,至2014年底已完成投资(工程量)约22亿元。在新校园启用前的过渡期间,学校主要利用中科院上海分院提供的近5万平方米的教学科研用房进行办学。

条件支撑。截至2014年底,学校完成总价值17160万元的教学、科研设备采购,其中100万元以上的大型科研设备30台(件)。校园智能化信息系统建设项目可研报告已获批准,前期工作已经启动。张江校区校园网络已经开通,支撑本科生教学和学院/研究所的科研活动。张江校区与岳阳路校区阅览室已投入使用,为师生提供近百个科技文献资源库、大量的教学参考书以及人文社科类图书。

(刘　勋)

【招收首届本科生】 1月24日,教育部批准学校2014年本科招生方案,面向全国9省市招生,采取"综合评价、择优录取、多元选择"的创新模式。2

月19日,本科招生工作全面启动。3月9日—4月13日,举行8场本科招生“校园开放日”活动,通过学科讲座、学术写作、小组讨论、团队活动、综合面试、通用素质测试等方式全面考查学生听、说、读、写、想、做能力。9月15日,207名本科新生报到并开始军训及入学教育。9月30日,举行开学典礼,入住张江校区。10月8日起,本科生课程学习在张江海科路100号教学区及合作高校全面展开。

(刘 勋)

上海科技大学首届本科生暨2014级研究生开学

【与芝加哥大学签署校际合作备忘录】 2014年6月18日,上海科技大学与芝加哥大学在美国签订了校际合作备忘录。双方在备忘录中约定,将在科研、学术、文化教育等方面展开全面合作,包括3+1+N学生培养项目、教师和博士生、博士后学者交换、交流与互访、联合开展科研项目合作、共同参与学术会议和活动等。芝加哥大学是继美国加州大学伯克利分校之后又一个与上科大建立校际合作关系的知名海外高校。

(刘 勋)

【杨雄等到校调研】 9月2日,市长杨雄、副市长翁铁慧一行到上科大张江校区,参观了校园建设工地、本科生宿舍、海科路100号教学区,听取了学校工作进展汇报。杨雄指出,筹建以来,上科大敢于突破传统模式束缚,坚持体制机制改革,探索高校办学新模式,放眼全球选聘高水平人才,面向全国招录高素质生源,首批本科生即将入学,这些进展令人鼓舞。上科大要在学校治理结构上继续加大探索创新,力争为教育综合改革闯出一条新路,为上海建设有全球影响力的科技创新中心做出应有的贡献。

(刘 勋)

【GPCR研究联盟正式启动】 10月28日,上科大iHuman研究所牵头创建的“GPCR研究联盟”正式启动。GPCR研究联盟是由国际大型制药企业与顶级科研机构结成的非营利研究机构,致力于推动G蛋白偶联受体(GPCR)的科学研究与药物研发。联盟的产业界创始成员包括安进公司(美国)、赛诺菲集团(欧洲)与小野药业(日本);学术界创始成员来自于iHuman研究所、中科院上海药物所、南加州大学(美国)。

(刘 勋)

【举办免疫化学国际生物论坛】 11月17—21日,上海科技大学免疫化学国际生物论坛在上海举行,300余人参会。以色列魏茨曼科学研究所教授、著名免疫学家Michael Sela,上海交通大学医学院教授、中国科学院院士、十二届全国人大常委会副委员长陈竺做主旨学术报告,24名来自世界知名大学、研究机构的科学家以及中科院院士做专题报告,报告内容涵盖了生物大分子结构功能、细胞信号转导、抗体药物研发、分子医学等生物医学热点领域。

(刘 勋)

附:学校负责人及地址

(2014年1—12月)

校党委书记:朱志远
副 书 记:鲁雄刚

校 长:江绵恒
副校长:印 杰、华仁长、龚晋慷、鲁雄刚(兼)

岳阳路校区地址:岳阳路319号
邮编:200031
电话:54201357

张江校区地址:海科路100号
邮编:201210

上海纽约大学

【2014年概况】 截至2014年底，上海纽约大学本科生总数为570人，其中中国学生299人，来自国内25个省、市、自治区；国际学生271人，来自世界47个国家；另有纽约大学其他校区到沪学习的交换生387人；教师人数达102人，其中，常任教授60人，双聘教授16人，访问教授26人；员工及教学辅助人员208人。

经教育部批准，上海纽约大学已设有12个专业：商业与金融、经济学、综合人文、数学、物理学、化学、生物学、神经科学、计算机科学、计算机工程、电子信息工程和互动媒体技术。

8月，位于浦东新区世纪大道1555号的上海纽约大学校区正式启用，总建筑面积为65000平方米。上海市市委书记韩正、副市长翁铁慧等到校园视察。学校接待了来自上海市各大高校、企事业单位及政府部门的人员参观访问。

2014年，学校积极推进探索、改革、创新的进程。

深化招生评价方法的改革。2014年，招收本科生286名，其中，中国学生151名，国际学生135名。招收中国学生的范围由2013年首届招生的10个试点省市扩大至全国（港澳台地区除外），除西藏和青海外，其他地区都有学生递交申请。上海纽约大学招生委员会审核所有申请材料，选拔了470名优秀学生，邀请他们参加历时24小时的“校园日活动”。在总结2013年“校园日活动”的基础上，对考察内容和方式作了微调，使每个学生都有更多机会展示自己，对学生的评价也更加客观全面。学校综合考虑高中学业成绩与表现、校园日活动的评价和高考成绩等因素，全面考察，自主招生，选拔最适合上海纽约大学培养目标和培养模式的学生。最后录取151名中国学生，来自全国23个省、市、自治区。

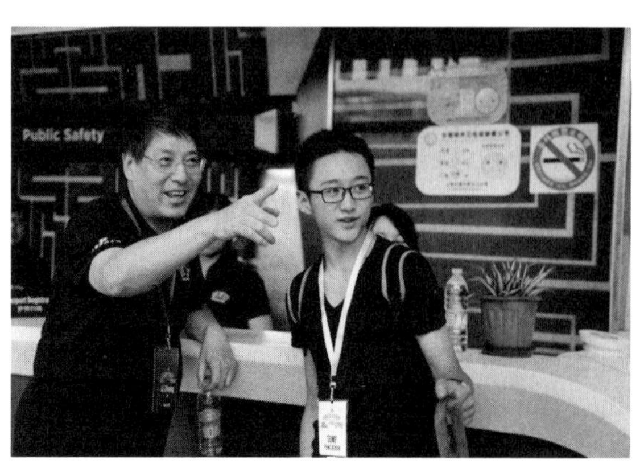

上海纽约大学新生报到

落实国际化创新人才培养模式。学校在进一步调整课程体系和教学内容的基础上，加强课堂以外的教育手段，培育学生综合能力和素养。①社会实践。全年共组织74次社会实践活动，作为课堂教学补充。与课程内容相结合，访问上海M50创意园、宝钢集团、上海当代艺术博物馆、上海电影博物馆、嘉定孔庙、徐家汇天主教堂、上海石库门博物馆（新天地）及上海创智天地等艺术、文化、科技中心。②学术讲座。学术活动部共举办80余场学术讲座，邀请海内外60多位著名学者、科学家、社会人士到学校做讲座，内容涉及金融管理与经济、历史、文学、美术、表演、电影、神经学、科技创新以及社会科学。③学生自创活动。学校鼓励学生社团组织各类有创意的活动。在众多学生自主举办的活动中，“创客上海”和“Sila会议”尤为突出。“创客上海”为中国首次大学生创客马拉松活动，由上海纽约大学学生自主举办。赛程持续24小时，250名参赛选手来自世界各地，组成65个小组，每组完成一项创新应用的开发，吸引了很多企业的关注和支持。“Sila会议”（Sila是阿拉伯语“连接”的意思）旨在促进学生与地方组织合作，利用当地资源，解决全球性环境问题，激发学生的社会责任感。来自上海各大高校的60位学子在为期3天的活动中，分组接受环境科学领域专家们的指导，通过视频制作、绘图建模、编程、手艺作品等方式各展所长，设计出与环保相关的创新项目。④职业教育。学校职业教育中心在年内组织了实习招聘会、志愿者招聘会、校内勤工俭学招聘会，吸引社会及企事业单位到学校招聘学生，为学生提供实践的机会。学校职业发展中心已与250多家大中小型企业建立了联系，让学生在工作实习和志愿服务中加深对中国社会经济发展的了解，更好地融入社会。仅2014年秋季，职业发展中心就为学生提供了近500个实习和志愿服务的岗位。

加快科研平台的建设。学校致力于建设世界一流的综合性研究型大学，从建校初期就积极建设科研平台，推进学术研究。

在第一批联合研究中心的建设基础上，新建了金融波动研究所，旨在推动对中国乃至全球金融市场的实证研究，促进学术界和金融业界在研究领域的合作，并通过金融计量技术创新的平台为学术界、金融业界，以及监管、决策部门提供及时的金融市场信息与分析，从而为金融产业及市场的发展做出贡献。科研成果产出数量稳步增加。作为刚起步的新大学，已发表64篇高水平的学术论文，其中有12篇发表在国际顶级学术期刊上。学校积极参与上海及国家各类科研项目的申请，已申请到上海科委的重大基础研究项目，正在努力争取上海市重点实验室，参与并服务于国家战略性科学研究。稳步建立国际化的合作研究和访问学者机制。全年举办了9场大型国际学术研讨会，如：大数据研讨会、第249届东方科技论坛："语言与前额叶皮层功能"学术研讨会，逾140次中小型学术研讨会和系列专题讲座，到访知名学者达150多人次。以科学研究服务社会。以设立在上海纽约大学的华东师范大学与纽约大学联合研究中心为平台，科研工作正稳步推进。通过高水平联合科学研究（如儿童身心健康调查研究、社会工作培训、数据科学应用于金融行业和社会发展等）来指导社会实践，回馈并造福社会。建立国际化的研究生培养模式。通过暑期高端培训班、国内优秀本科生暑期赴美科研实践活动、上海—纽约两地培养博士生项目、系列专题讲座等方式将人才培养与科学研究有机结合，开拓高水平储备人才培养渠道。

主动服务地方社会经济发展。学校主动对接国家、上海、浦东社会经济发展的需求，发挥国际化大学的特色和优势，承担社会责任，以智力服务社会发展。纽约大学斯特恩商学院院长彼得·亨利(Peter Henry)教授启动了上海纽约大学—浦东经济与金融大讲堂，将上海纽约大学的优质教育资源向陆家嘴金融贸易区辐射，积极为浦东经济发展服务。由诺贝尔经济学奖获得者罗伯特·恩格尔(Robert Engle)教授领衔的上海纽约大学金融波动研究所成立。在建立大数据平台的基础上，定期发布经济发展白皮书，不仅为周边金融机构、浦东经济发展提供更多服务与支撑，还将关注中国、世界各种经济发展及政策变化。波动实验室(V-Lab)是金融波动研究所的一个重要组成部分，目前该数据库包括超过6000种金融机构、资产的时间序列，对这些数据作了近29000项应用分析，每天提供大量的系列信息。

设立了院长服务奖励项目(Deans' Service Scholars)，资助学生志愿者在假期的学习服务之旅，集学习、考察与服务为一体。院长服务奖励项目为学生们提供了既能体验不同文化，又能从学术角度探索讨论社会问题，并身体力行主动参与社会服务实践的机会。学生们相继奔赴云南、四川、河南、安徽、广东等地，探访贫困地区的艾滋病村，为留守儿童上课，参与校舍建设。很多国际学生是第一次走出繁华的大上海，体验中国农村社会。在上海进行志愿服务的同学们走进睿新社区服务中心、浦东新区社会福利院等；在上海医治之家、新华阳光之家的安排下，与老年人、智障儿童等不同社会群体互动沟通。除了常规的社区志愿服务项目外，学生们还积极参加浦东潍坊社区组织的演讲、歌唱比赛等活动。通过和世界自然基金会的合作，同学们参与了"长江流域环境保护和企业责任"项目的调研工作，增长了专业知识和能力，提高了环保意识和社会责任感。 （吕颜婉倩）

【举办首届"职业发展月"系列活动】 2月25日—3月1日，上海纽约大学职业发展中心联合纽约大学沃瑟曼职业发展中心，开展一系列职业发展讲座和经验交流活动，拉开了首届"职业发展月"的序幕。3月12日，职业发展中心联合上海纽约大学学生会，举办首届“上海纽约大学职业装秀”，学生自己组织活动，展示在不同场合的正确着装。3月21日，职业发展中心举办“与职场精英下午茶活动”，为学生提供和企事业单位、公益组织的社会精英和人力资源部门的近距离交流机会。

（吕颜婉倩）

【发布中国儿童身心健康状况研究报告】 上海纽约大学社会发展研究中心于2014年春季成功开展了“中国儿童身心健康状况”的联合研究项目，进行了大规模的问卷调查，并发布了研究报告。该项目将持续跟踪被访儿童和他们的家庭，展开对儿童身心健康和成长的纵深研究，为下一阶段的跨国比较研究打下基础。（吕颜婉倩）

【举办概率论与数学统计物理学国际研讨会】 5月16日—18日，概率论与数学统计物理国际研讨会在学校举行。会议邀请到多位数学研究领域的中外著名专家参加，就该交叉领域当前的研究现状和未来发展方向进行深入交流。（吕颜婉倩）

【召开大数据研讨会】 11月21—22日，学校主办为期两天的大数据研讨会。该研讨会汇聚了来自业界及学术界大数据领域的专家。研讨会的主要议题包括“大数据与智慧城市”“医疗与气候”“社会科学与社交网络”“推荐与预测系统”“深度学习”等。会议还邀请专家学者围绕“大数据与金融”这一主题展开座谈。（吕颜婉倩）

【韩正到校调研】 9月1日，市委书记韩正前往正式启用的上海纽约大学陆家嘴校区调研，了解学校的发展情况。韩正和随行的市领导尹弘、翁铁慧一行参观了学生健康中心、职业指导中心、学术资源中心以及图书馆，并与中外师生亲切交流，了解大家的工作、学习及生活情况。韩正希望上海纽约大学按照“建成一所世界级研究型大学”的目标不断探索，始终走在办学创新的前列，培养更多具有国际视野的创新型人才。（吕颜婉倩）

【校教育发展基金会成立】 10月29日，上海纽约大学教育发展基金会正式成立，标志着上海纽约大学基金会与社会各界企业家携手，加强学校与社会之间的联系，支持高等教育的创新，共同推动我国高等教育的改革。（吕颜婉倩）

【金融波动研究所正式成立】 11月27日，上海纽约大学金融波动研究所成立。该研究所旨在推动对中国乃至全球金融市场的实证研究，促进学术界和金融界在研究领域的合作，并通过金融计量技术创新的平台为学术界、金融界，以及监管、决策部门提供及时的金融市场信息和分析，从而为金融产业及市场的发展做出贡献。（吕颜婉倩）

【获上海教育博览会教育国际化展“十佳展台奖”】 4月11—13日，上海纽约大学在第十一届上海教育博览会教育国际化展中，获得“十佳展台奖”，上海纽约大学全球学术辅导员（Global Academic Fellow）Charlotte Evans获得“十佳国际教育辅导教师奖”。作为对课堂教学的补充，上海纽约大学从全球范围的14所著名高校选聘了19名全球学术辅导员（Global Academic Felow），在写作、数学等五个专业领域对学生进行课堂以外的专门辅导。（吕颜婉倩）

附：学校负责人及地址

（2014年1—12月）

校　　长：俞立中
常务副校长：杰夫·雷蒙
教 务 长：汪小京（5月离任）、卫周安（6月到任）
副 校 长：刘虹霞（行政管理）、郑恩坦（发展战略）、
　　　　　汪小京（科学研究）（6月到任）

浦东校区地址：世纪大道1555号
邮编：200122
电话：20595500

上海电力学院

【2014年概况】 年内，学校修订完成《上海电力学院章程》，制定《上海电力学院会议审核制度》《上海电力学院因公出国（境）工作流程》《上海电力学院国内公务接待管理规定》《上海电力学院差旅费实施细则》《上海电力学院公务车配置使用管理办法》等。启动"十三五"规划的前期研究工作，开展学校总规划和学科专业建设、师资队伍建设、校园文化建设、国际交流合作、校园基本建设等专项规划的研究工作。学校新成立学科建设办公室（与科研处合署办公），成立第七届学术委员会，制订《上海电力学院科研经费管理办法》等制度文件。完成学校"教育发展基金会"第二届理事会理事长换届，设立"2014年人才引进资助计划"。《上海电力学院大力建设节能特色校园文化》项目获教育部第七届全国高校校园文化建设优秀成果一等奖。

学校在31个省（自治区、直辖市）共计招生2605名新生（其中文科在12个省招生），本科专业（专业方向）36个。录取少数民族预科班学生40人，专升本学生28人；首次在西藏自治区招生。研究生招生培养专业由12个扩展到15个，新增动力工程、电气工程、控制工程、工程管理等4个全日制专业学位工程硕士研究生的学位授予点。

一、课程和教学。修订教学大纲，推动教学改革。确定83门重点核心课程建设、23门一般课程建设、34项重点教改项目、28项一般教改项目；学校完成13个本科专业（第一批）的达标评估工作，其中电气工程及其自动化（含电力系统方向）专业评估分数达92分。在公布的2013年上海市级教学成果奖中，学校获奖11项，其中一等奖6项；获批上海市级重点教改项目3项、上海市级精品课程3门；成功申报1项"上海市应用型本科试点专业"。举办"上海'绿色电力—电力安全与环保'研究生暑期学校"，举办11场学术讲座；承办"上海'新能源与分布式能源系统'研究生学术论坛"。

继续发挥"行业、地域和区位"的优势，齐心协力做好毕业生就业指导与服务工作。截至2014年9月1日，研究生就业率为96.35%，本科就业率为95.08%，高职就业率为93.02%，学校已经向社会发布《上海电力学院2014届毕业生就业质量年度报告》。学校作为首批试点高校与"国网人才交流中心"及国网新疆、西藏、青海、四川、蒙东五家电力企业开展定向培养，选拔"非电"专业学生通过定单培养促进毕业生到少数民族、西部地区就业，探索立足专业特色的"预就业"培养模式。

二、科研和学科建设。年内，学校共获得各类纵向课题64项，其中22项（含1项合作）国家自然科学基金项目，创历史新高；教育部留学归国人员科研启动基金2项，上海市曙光计划1项、市晨光计划1项、阳光计划2项、市教委科研创新项目6项、市哲学社会科学规划课题2项、市软科学研究计划项目1项、市科委创新行动计划基础研究重点项目1项和标准专项1项、其他领域合作项目6项、扬帆计划2项、地方能力建设项目4项；市科技促进会"联盟计划"项目1项。签订横向项目149项。

获得以上海电力学院作为第一完成单位的"上海市科学技术奖"4项、为参与单位的"上海市科学技术奖"3项。获省部级奖项数较上年增长33%，其中学校参与的"大型海上风电关键技术研究与工程示范应用"科技成果，获上海市推荐申报2015国家科技成果奖资格。按照统计周期，2013年度，被SCIE收录的以学校教师为第一作者发表的论文60篇，同比增长150%，被EI收录84篇（不含会议论文），被CPCI-S收录109篇，被CSSCI收录14篇。

学校师生申请发明专利 171 项，同比增长 37%；获授权 53 项，同比增长 51%；申请实用新型专利 20 项，获授权 16 项；申请软件著作权 8 项，获授权 6 项；申请并获授权外观设计 7 项。

学校获批建设“上海市电力材料防护与新材料”重点实验室、“上海发电过程智能管控”工程技术研究中心、“高效电能应用工程研究中心”。建立“智能电网专题数据库”“电力景气指数平台”等，发布《火力发电厂能源管理体系》等多项行业标准。学校技术转移中心独立成为上海市专利试点单位，被国家科技部认定为国家级技术转移示范机构，建立全球专利数据库管理系统和新的专利申报程序。中心从全校 438 项有效专利中，梳理出 186 项有市场前景的专利，开发提高其商业价值。

三、师资队伍建设。学校引进国内外具有博士学位人才 43 名，其中国家“青年千人计划”1 名、教授 4 名、副教授 9 名。学校继续实施“1＋4”人才队伍建设计划和“汇智工程”，授聘 2 名“特聘教授”、2 名柔性“光明学者”，遴选 2 名“电院之星”、21 名“特聘研究员”。学校组织申报市教委“教师专业发展工程”和“上海高校实验技术队伍建设计划”。10 人入选“出国访学”计划，7 人入选“国内访学”计划，20 人入选“产学研践习”计划，5 人入选“高校实验技术队伍建设计划”。学校通过《上海电力学院岗位管理及绩效工资改革实施方案》，推进二级分配制度改革，完善制定《骨干教师教学激励计划方案》；新成立学校人事工作小组。

四、国际交流与合作。加强与“E8”国际电力联盟高校的交流与合作，与美国、加拿大、英国、德国、马来西亚、俄罗斯、越南等国家的高校进行交流，接待美国里昂学院、澳大利亚埃迪斯科文大学、英国斯特拉斯克莱德大学等高校师生来访；新签署 3 份校际合作协议，就加强中外合作办学、硕士双学位教育合作、教师和学生互派、合作开展科研等达成一系列合作意向；与坦桑尼亚 Royal College of Tanzania 进行洽谈，按照“1＋2”模式合作培养能源与电力领域的专门人才。

学校新聘及续聘“海外名师”24 人；长期外籍文教专家 6 人。选拔 6 名研究生赴德学习；与美国里昂学院互设学生海外学习基地，已有 3 名学生赴美长期学习；派遣 111 名学生赴英国、德国、美国、加拿大、日本等国进行海外学习。

国际留学生学历教育、非学历教育和长短期项目不断发展。目前，学校共有津巴布韦、蒙古、越南、老挝和英国的长期留学生 87 人，其中，语言生 17 人，本科生 59 人，研究生 11 人。

五、成人教育和继续教育。截至年底，学校拥有成人教育函授站(点)40 个，在籍学生 4640 人，分布在 8 个省市。学校积极开发新的生源市场，已与山西、广西、云南、内蒙古等地协商建立函授站；生源从电网和发电企业，扩展到大型设备制造企业。学历教育进行网络化改革试点，制作《电力系统》等 4 门课程的网络课件，加入上海市学分银行，较好地打通学历教育和非学历教育的界限。

共办继续教育培训班 98 个，培训学员达 6300 余人次，办班区域覆盖 20 多个省市。学校加大课件制作的力度，共录制 1200 课时；“中国电力学习网”远程主题门户实现升级，“安规题库”“企业专家专题讲座”两大模块正式上线，多家企业签约入网。“机电专业注册建造师”培训项目获评上海市终身教育(2005—2014 年)优秀项目奖。

六、学生工作。学校开展“践行核心价值观，弘扬青春正能量”系列主题教育活动、“社会主义核心价值观专题 CPM 活动月”活动、“与信仰对话”“与人生对话”理论宣讲活动等。学校易班成为全国首批 8 所易班移动端推广试点高校之一；获批上海首批 4 所“校园智慧屋”建设试点。

学校共发放本高职、研究生各类奖、助学金及资助款项近 2622 余万元，其中奖学金共计 981 余万元，有 2000 多名学生得到资助，为 153 名新生办理“绿色通道”手续直接入校。

大学生素质拓展学校更名为艺术教育中心，共开设 90 门次人文艺术类选修课。截至年底，学校共有注册志愿者 2100 名，在长期共建单位开展志愿活动 334 次，毕业生踊跃志愿报名西部志愿者，多位志愿者延长服务期。积极组织学生参加学科竞赛，获得包括大学生数学建模竞赛全国一等奖、全国大学生“飞思卡尔”杯智能汽车竞赛一等奖、中国大学生计算机设计大赛一等奖、大学生网络商务创新应用大赛全国总冠军在内的国家级与省级奖励百余项;组织学生参加“挑战杯”“节能减排大赛”“陈嘉庚青少年发明奖”等省级以上比赛。

七、基本建设。加大实验室与资产投入力度。新购设备 3393 台/件,设备附件 271 件,低值耐用品 739 台/件。采购金额比 2013 年增长 12%。学校新增和修订仪器设备采购、实验室管理等制度文件,立项开发“上海电力学院资产管理信息系统”,按要求实施政府采购。

图书馆与数字校园建设。新进图书种类 1.6 万种,共 4.1 万册(中文图书 40422 册,外文图书 783 册);装订期刊 3595 册(中文期刊 3339 册,外文期刊 256 册)。目前馆藏纸质文献累计约 115 万余册,中文期刊订阅 1159 份,外文期刊 87 份,报纸 145 份。新增 3 个数据库:“新东方多媒体学习库”、“中经网”数据库、Begell House-热能工程研究文集;取消 1 个数据库:环球英语多媒体学习库。截至年底,图书馆数字文献资源共有 42 个数据库。基本完成学校地理信息服务平台建设及基于 GIS 的房产管理系统,开通校园统一信息发布系统;开通校园“一卡通”支付宝充值服务,开设学校官方微博、校园网主网站完成改版、新建新闻中心、图片库网站;完成校级网站群系统建设;新成立媒体制作中心,新建全高清大型教学演播教室。启用“大学生园区综合管理系统”。

八、学校产业和科技园发展。学校经营性国有资产保值增值率超过 110%。在“中国国际工业博览会”上,布展项目 12 个,为历年最高,获教育部颁发“优秀组织奖”和高校展区优秀展品二等奖。开展校内外产学研,新成立“产学研服务中心”。

电力科技园引进企业 70 余家;获批国家火炬计划环境建设项目一项,成功申报上海张江专项发展资金重点项目;“光伏发电综合服务体系”建设初有成果,建成应用推广厅;设计建成 16.28 KWP 太阳能屋顶电站并成功并网,预计年发电量可达 1.7 万度。 (曹婷婷)

【翁铁慧到校调研】 1 月 8 日,上海市副市长翁铁慧到校调研,上海市政府副秘书长宗明、市教委副主任李瑞阳、陆靖等人随行。翁铁慧在座谈会上指出,电力学院一是要立足应用型人才培养方针,二是继续加强校企合作,三是对接国家能源发展战略和电力行业发展趋势,四是推进“双师型”人才队伍建设,五是加强顶层设计。 (曹婷婷)

副市长翁铁慧到上海电力学院调研

【《智能电网用储能电池性能测试技术规范》通过审定】 4 月,上海市地方标准《智能电网用储能电池性能测试技术规范》通过审定,学校为该标准起草的负责单位。该标准填补了目前国内该领域相关标准的空白。 (曹婷婷)

【获第 11 届上海大学生话剧节最佳编剧奖】 5 月 19 日,第 11 届上海大学生话剧节落幕。学校参赛剧目《七只兔子》获最佳编剧奖。该剧以 7 名校友参加剧社毕业 10 周年聚会为线索,通过导演、编剧与主演等人物关系的变化,引出了 10 年前发生在剧社的故事,获得认可。 (曹婷婷)

【召开第二届纳微尺度热辐射国际学术会议】 6 月 6 日,第二届纳微尺度热辐射国际学术会议在学校召开。来自美国、日本、法国、韩国、中国等 9 个国家和地区的 90 余名专家学者与会,就当前纳微尺度热辐射领域的最新研究成果、工程应用及发展趋势开展学术研讨。 (曹婷婷)

【参加中国国际工博会取得好成绩】 11 月 8 日,2014 年中国国际工业博览会落幕。学校共展出 12 个项目,其中“电网线路覆冰在线监测系统”科研成果获工博会高校展区“优秀展品二等奖”。 (曹婷婷)

【签署产学研战略框架合作协议】 11月17日，学校与奉贤区政府签署产学研战略框架合作协议，双方一致推进合作取得实效，通过产学研合作实现区域产业和学校事业同时发展。（曹婷婷）

【举办杨浦区高校合作组织研究生主席峰会】 12月12日，第二届杨浦区高校合作组织研究生主席峰会在学校召开。本次峰会以"实干　担当　卓越"为主题，在沪多所高校研究生代表出席峰会。（曹婷婷）

【特色体育项目获多个奖项】 学校卫冕2014年上海市校园足球联盟大学冠军杯赛；获第20届全国大学生击剑锦标赛4金1银3铜；获第28届中国大学生手球锦标赛男子乙组冠军。（曹婷婷）

【新校区建设立项】 上海市政府批复学校临港新校区地块的控制性详细规划和一期工程项目建议书。学校新校区建设项目正式立项。（曹婷婷）

【加强校友联络工作】 召开广西校友会、河南校友会大会，完成换届；开通"电院校友联络与服务社"官方微信；举办第三届校友返校日活动，全年接待1100人次校友返校，较2013年有大幅提升；依托校友资源，签订校企合作协议3项，落实"新进教师培训"等对外联络工作30余项。（曹婷婷）

附：学院负责人及地址

（2014年1—12月）

院党委书记：成旦红
副　书　记：石奇光（11月离任）、李国荣、顾春华

院　长：李和兴
副院长：石奇光（兼）（11月离任）、万　峰（11月离任）、姚秀平、张　浩、封金章（11月到任）

杨浦校区地址：长阳路2588号
邮编：200090
电话：35304231

浦东校区地址：学海路28号
邮编：201300
电话：68029912

上海海洋大学

【2014年概况】 学校有14个二级院系、3个一级学科博士学位授权点、12个一级学科硕士学位授权点，42个二级学科硕士学位授权点、3个研究生专业学位授权点、2个博士后科研流动站，42个本科专业及方向、10个高职专业。有1个国家重点学科，12个省部级重点学科、5个国家特色专业、3门国家精品课程、1个国家教学团队。年内招收普通本科生3033人；招收研究生698人，其中硕士659人、博士39人。有普通本专科生12000余人、研究生2000余人。学校拥有双聘院士2名、国家"千人计划"3名、"长江学者"特聘教授1名、国家"杰出青年基金获得者"1名、国家百千万人才工程国家级人选4名、上海"千人计划"5名、上海市东方学者18名、上海领军人才5名，拥有以国家科技进步奖获得者、国务院学位委员会学科评议组成员、国家级有突出贡献中青年专家、上海市优秀学科带头人、上海市教学名师以及中青年教授等为骨干的师资队伍。

深化教育教学改革。召开第十次本科教学工作会议，突出人才培养的中心地位，努力把全体教职员工的思想进一步统一到教书育人的根本任务上来。专业课程建设取得新成绩：获批卓越农林人

才教育培养计划改革试点项目2项、上海市精品课程3门、上海市示范性全英语教学课程3门、上海市重点教改项目2项，获上海市级教学成果奖一等奖3项、二等奖6项，另有校级教学成果奖17项、农业部优秀教材4本；重点推进“水产类人才创新创业教育实验基地”建设，建立15个校外创新创业实习基地。继续深化本科教学改革。落实首批评估专业整改工作，开展22个专业自评工作，申报市级专业选优评估；完成2014版本科人才培养方案修订工作；形成“上海海洋大学课堂教学质量评价指标体系修订方案”；完善校院两级本科教学质量报告发布制度，建立各专业办学状态数据库；加强对大学生创新活动的组织和管理，组织26项大学生学科竞赛赛事，获得国家级及市级奖项达60项，获“国家级大学生创新创业训练计划先进单位”称号；水上运动项目取得新成绩，获2014中国杯全国赛艇公开赛总决赛冠军等优异成绩。提高学生培养质量。全面修订研究生培养方案，2014年开设研究生基础前沿课程31门，推动与国外高水平大学合作开展“双学位”项目；获批市教委专业学位研究生实践基地建设项目经费100万元。推进招生改革和就业工作。一是优化招生结构，提高生源质量，学校一本招生专业及方向增加到22个，一本招生省份增加到14个；二是继续推行按学科类别招生，拓宽专业口径，灵活设置专业方向。全力做好毕业生就业工作，学校获“2014年度全国毕业生就业典型经验高校”称号。

获“中国杯”全国赛艇公开赛总决赛冠军

加强思政教育与课程建设。加强理论课程建设，增强第一课堂吸引力。获批“上海市体育和健康教育精品课程”1项、学校心理课程群建设教改项目1项；获2014年度上海高校心理健康教育微课程大赛“优秀组织奖”，1名教师获“教学比赛优秀奖”；3人获学校“最受欢迎的老师”称号；参与思想政治教育理论课“超级大课堂”活动，打造课堂教育新模式。加强辅导员队伍建设，制定激励计划和发展规划，指引发展方向。7位辅导员参加教育部培训；获得心理咨询师证书16人、高级就业指导师证书6人；4人通过市学生思想政治教育教师高级职务副高评议；2人获批学校人才计划“海燕计划”；1人获“上海高校辅导员年度人物提名奖”；1人获第三届上海高校辅导员职业能力大赛三等奖；获第三届高校辅导员团队素质拓展活动三等奖1项；获批15项市级课题项目、19项校级项目；发表论文30篇。扎实做好心理健康教育工作。获“2014年心理健康教育活动月优秀组织奖”和“上海高校心理健康教育活动月特色项目奖”；举办“2014年上海大学生心理咨询方法与途径国际研讨会”；开展两期辅导员专题培训。深化易班建设及应用。开展“超级梦想”班级建设，推进上海易班发展示范中心建设；完成基于易班的高校就业信息服务平台建设的市高校网络文化特色项目；获批基于易班手机客户端的勤工助学服务系统市高校网络文化特色项目；承办全国高校校园好声音网络大赛上海赛区临港片区活动，获“网络人气奖”“优秀组织奖”和“全国高校百佳优秀指导教师”；易班获全国高校百佳网站“最佳网络社区奖”、教育部中国大学生在线“2013—2014年度优秀校园网络通讯站”、上海市第六届“优秀网站提名奖”，1名教师获2013—2014学年(度)教育部中国大学生在线“校网通优秀指导教师”，易班学生工作站被评为“上海市十佳学生工作站”。加强学生创新和社会实践工作。市级科技创新创业赛事中获 等奖4项、二等奖5项、三等奖14项；“创青春”全国大学生创业大赛获银奖2项、铜奖2项；在第六届“知行杯”上海市大学生社会实践大赛中获得一等奖1项、三等奖2项、最佳项目奖1项、优秀项目奖7项，并连续3年获得最佳组织奖。

提高学科建设水平。推进高原高峰背景下学

科建设发展规划再确认再布局，水产、食品科学与工程、海洋科学三大主干学科经初步遴选进入市教委高峰高原学科行列，其中：水产列为高峰Ⅱ类，食品科学与工程、海洋科学进入高原Ⅰ类。多门课程获上海市级荣誉称号。《电工学》《海洋学概论》和《食品安全学》三门课程荣获2014年度“上海高校市级精品课程”称号，《国际金融》和《物理海洋学》两门课程获“上海高校示范性全英语课程”称号。另外，《海洋观测》《卫星海洋学》和《海洋生态学》三门课程入围2014年度上海高校示范性全英语课程建设项目名单。科研成果再创好成绩，学科水平不断提升。获得国家自然科学基金27项、国家社科基金1项、科技部863项目1项、国家社科项目1项、教育部人文社科5项、上海市自然基金6项、市科委重点项目1项、市农委重点攻关项目1项、市决策咨询重点项目1项等；全年立项各级各类科研项目550余项，到账科研总经费达1.46亿元；获得上海市科学技术进步奖二等奖1项、全国农牧渔业丰收一等奖1项、上海海洋科学技术特等奖1项、浦东新区科学技术进步二等奖2项；继续实施“服务于国家海洋战略的高水平海洋学科专业群建设工程”（简称“085工程”）1期17个项目，获批资金2745万元；年内共发表SCI/EI论文577篇，比2013年增加45.7%。

加强师资队伍建设。申报为上海市骨干教师教学激励计划试点单位。新增上海“千人计划”3人，1人在上海领军人才中期考核中获得优秀并获得后期资助，是年内唯一入选中期考核优秀的市属高校教授。年内，学校录用各类人员42人，其中专任教师34人、实验教辅人员8人，拥有博士学位的教师32人，占新进人员的76.0%，引进副高及以上人员6人，占新进人员的14.3%；57名教师入围2014年市教委“教师发展工程”三大进修培养计划，获得409万元资助；9人入选“上海高校实验技术队伍建设计划”。

服务社会。做好远洋渔业协同创新国家2011计划认定工作，远洋渔业协同创新中心进入上海2011计划；获得学校首个国家级国际合作研究平台——海洋生物科学国际联合研究中心、首个涉海的省部级平台——上海深渊科学工程技术研究中心、上海市2011协同创新中心——水产动物遗传育种中心、水产品加工及贮藏实验室和海洋动物系统分类与进化实验室获批上海市高校重点实验室；成立上海社会调查研究中心上海海洋大学分中心；学校健全科研经费管理制度，建立“三位一体”管理模式，加强基础性储备，做好科研项目库、人才库、成果库三个数据库建设；学校依托特色优势学科，开展文化科技卫生“三下乡”社会实践活动，举办2014年世界海洋日暨全国海洋宣传日活动，积极筹备中国渔业博物馆建设，组织“教授博士科技服务团”赴全国各省市开展科技服务，持续开展食品安全进社区宣传活动，承担上海市“科学商店”总店的任务，逐步把服务推向全国；成功举办第八届蟹文化节暨2014年“王宝和杯”全国河蟹大赛；继续加强对台湾地区苗栗大闸蟹养殖的支持力度。

开展国际交流与合作。学校与23个国家的79个学校及科研机构签署合作协议，与澳大利亚塔斯马尼亚大学合作办学的2个项目通过教育部评估。学生游学和留学规模继续扩大。2014年学校共开展22个暑期海外社会实践、实习活动项目，派送333名本科生和研究生赴海外大学、知名企业进行暑期学习、实习等游学活动。输送国(境)外友好院校留学学生达171人。学校积极做好留学生招生工作，年内共有来自20个国家的126名外国留学生在校学习。

(郝玉凤)

【建设首个国家级国际合作研究平台】 市科委转发的科技部通知，认定学校国际海洋生物科学国际联合研究中心等15家单位为2014年度国家级国际联合研究中心。中心由学校联合葡萄牙阿尔加夫大学CCMAR海洋生物研究中心、国际南极研究中心、美国密歇根州立大学、伍兹霍尔海洋研究所、缅因大学、关岛大学、奥本大学、斯特灵大学、根特大学等国际知名科研机构共同建设。这个平台的建设，旨在对国内海洋国际科技合作产生引领和示范效果，打造国内领先、国际一流的平台。

(郝玉凤)

【外籍教授入选“千人计划”】 中组部第十批“中央

千人计划”结果揭晓，学校水产与生命学院特聘教授——葡萄牙阿尔加夫大学 Adelino Canario 教授入选。这是学校首次获得中央“千人计划”创新短期项目资助。Adelino Canario 教授现任葡萄牙阿尔加夫大学 CCMAR 海洋生物研究中心主任，主要研究领域是鱼类生殖生理学、动物行为学和极地鱼类生理学等。 （郝玉凤）

【民用海洋测绘应用研究中心成立】 2014 年 1 月 9 日，我国首个民用海洋测绘应用研究中心“上海海洋大学海洋测绘应用研究中心”在校挂牌成立。海洋测绘应用研究中心瞄准国家海洋发展战略需求，将深远海测绘关键技术研究和应用作为主攻方向，通过 5 至 10 年的建设，努力成为我国重要的海洋测绘应用知识创新平台、人才培养平台和国际合作交流平台，提升我国在国际海洋测绘应用研究领域的地位。 （郝玉凤）

【筹建上海深渊科学工程技术研究中心】 依托学校建设的上海深渊科学工程技术研究中心于 2014 年 11 月经市科委批准筹建。该中心以上海市科学技术委员会为归口管理部门，以学校的海洋科学一级学科为基础，由崔维成教授担任工程技术研究中心主任。上海深渊科学工程技术研究中心（筹）以深渊科学技术流动实验室建设为抓手，主要研究深海技术和深渊科学，采用科学与技术相结合、技术攻关与市场开发相结合、民间资金与国家支持相结合的新模式。 （郝玉凤）

【获全国农牧渔业丰收奖一等奖】 由上海海洋大学为第一完成单位，上海海洋大学水产与生命学院马旭洲副教授为第一完成人的《北方稻田种养（蟹）新技术示范与推广》获 2011—2013 年度全国农牧渔业丰收奖农业技术推广成果一等奖。另外，上海海洋大学水产与生命学院成永旭教授参加完成的《稻田综合种养技术集成与示范》项目获 2011—2013 年度全国农牧渔业丰收奖农业技术推广成果一等奖；由上海海洋大学水产与生命学院戴习林教授参加完成的《微孔增氧高效健康养殖技术示范推广》项目获 2011—2013 年度全国农牧渔业丰收奖农业技术推广合作奖。 （郝玉凤）

【获 2013 年度上海市科技进步二等奖】 2014 年 4 月 1 日，上海市 2013 年度科技奖励大会在上海展览中心举行。由学校作为第一完成单位，海洋科学学院陈新军教授领衔完成的《北太平洋柔鱼资源可持续开发关键技术及应用》项目获上海市科技进步二等奖。该项目针对柔鱼渔场形成机制及栖息环境、资源量补充机制、资源评估与管理策略等关键技术问题进行深入研究，取得了一系列有重要学术价值和应用价值的成果。 （郝玉凤）

【获国家社科基金、教育部人文社科项目立项资助】 2014 年国家社科基金年度项目和青年项目公布。学校人文学院副教授焦敬伟的“社区广场健身活动博弈与改良研究”课题获得国家社科基金一般项目资助，批准总经费 20 万元。此外，经学校组织申报，教育部社科司组织专家评审，共有 5 项课题获 2014 年度教育部人文社科项目立项资助，全部为青年基金项目。 （郝玉凤）

【获全国微课教学比赛二等奖】 1 月 16 日，教育部全国高校微课教学比赛颁奖仪式在北京举行。学校获先进单位奖，马莹老师作品获作品类二等奖。全国高校微课教学大赛于 2012 年 12 月启动，1600 多所高校参赛，参赛选手逾 12000 人，参赛作品共计 11414 件，最终决出 638 件作品入围全国决赛。 （郝玉凤）

【欧洲空间局推介学校硕士生研究论文】 由海洋科学学院 2012 级研究生刘冰清作为第一作者完成的英文论文《Internal Solitary Wave Propagation Observed by Tandem Satellites》于 2014 年 3 月在美国地球物理学会刊物《Geophysical Research Letters》上发表。该期刊为地球科学领域旗舰刊物之一，在全部地学学科 172 种 SCI 刊物中排名第 11，影响因子为 3.982。该论文展示了欧洲空间局（ESA）两颗雷达卫星资料的创新应用，受到欧洲空间局的高度关注，并在其官网上对该研究做了详细报道。 （郝玉凤）

附:学校负责人及地址

(2014 年 1—12 月)

校党委书记:吴嘉敏
副 书 记:汪歙萍、何 雅

校 长:程裕东
副校长:汪歙萍(兼,10 月到任)、李延臣(10 月到任)、吴建农(4 月到任)、黄硕琳(10 月离任)、封金章(10 月离任)

临港新城校区地址:沪城环路 999 号
邮编:201306

军工路校区地址:军工路 318 号
邮编:200090

民星路校区地址:民星路 435 号
邮编:200433
电话:61900296

华东政法大学

【2014 年概况】 学校设有 18 个学院(部),有 13 个博士点、32 个硕士点、5 个专业学位硕士点、24 个本科专业,设有法学博士后流动站。有 1 个国家级重点学科、2 个国家级本科教学团队、1 个国家级实验教学示范中心、4 门国家级精品课程、5 个省(部)级重点学科、2 个教育部高等学校特色专业建设点。学校是教育部首批卓越法律人才教育培养基地,是上海市卓越法律人才、新闻传播人才教育培养基地。建有 140 多个科研机构。出版《法学》《华东政法大学学报》《青少年犯罪问题》等法学类核心期刊。图书馆藏书 223 万余册,中外文法学类数据库位列全国第一。

各类在校生 21000 余人,其中全日制本科生 12159 人、硕士研究生 3418 人、博士研究生 304 人、留学生 777 人。年内,招收全日制本科生 2989 人、研究生 1658 人。本科毕业生就业率 95.3%,研究生就业率 96.6%,获 2014 年度全国毕业生就业典型经验高校称号。教职工近 1400 名,其中专任教师 720 名;具有高级专业技术职务教师 360 名,其中教授 115 名、副教授 245 名。享受政府特殊津贴 11 人,国家百千万人才 2 人,全国先进工作者 1 人,全国优秀教师 4 人,全国十大杰出青年法学家 3 人,上海领军人才 8 人,东方学者 8 人。

学科建设。首次入选上海市卓越新闻传播人才教育培养基地;新增卓越法律人才培养班 2 个,总数增至 7 个。6 部教材入选"十二五"国家级规划教材(第二批)。获国家级教学成果二等奖 1 项,上海市教学成果一等奖 3 项、二等奖 6 项。新增市级精品课程 3 门,体育和健康教育精品课程、全英语示范课程、共享课程中心课程各 1 门。获国家级大学生创新创业训练计划项目 50 项。

研究生教育管理体制改革。以专业学位综合改革试点为平台,探索校内导师、校外律师双导师制研究生高端法律服务人才培养模式。新增专业学位硕士点 3 个、博士点 1 个。创办《法律与社会科学》杂志,搭建学术交流平台。2 篇硕士学位论文获评上海市研究生优秀成果(学位论文)。举办首届研究生高端法律创新人才夏令营,主办首届两岸青年社会科学学术论坛、2014 年 MOOT 上海国际模拟仲裁庭邀请赛。

科学研究。新增上海高校人文社会科学重点研究基地 2 个、上海法学重点研究基地 2 个。216 项课题获得立项,其中,国家社科基金项目 28 项(含重大项目 7 项、重点项目 3 项)、国家自然科学基金项目 2 项、教育部人文社科课题 10 项、司法部课题 9 项、中国法学会课题 12 项、上海市哲学社会科学规划课题 17 项。4 人获第五届钱端升法学研究成果奖,4 人获第六届高等学校科学研究优秀成果奖，1 人获霍英东教育基金会第十四届青年教师奖三等奖，1 人获第十届邓小平理论研究与宣传优秀成果二等奖，21 人获上海市第十二届哲学社会科学优秀成果奖(其中一等奖 6 项)。8 个学科项目获中央财政支持地方高校发展专项资金支持，经费达 1740 万元；近 30 个学科获得上海市 085 项目经费支持。社会治理研究院、自贸区法律研究院参与立法工作，研究成果得到采纳。

队伍建设。首次实施校聘教授制度，16 人获聘校聘教授(研究员)。新聘博士生、硕士生导师 61 人，兼职教授 83 人。引进高层次人才 14 人。获评全国优秀教师 1 人、全国杰出专业技术人才 1 人、全国十大杰出青年法学家 1 人、全国高校社科期刊优秀主编 1 人、上海市五一劳动奖章获得者 1 人；有 2 人分别入选国家高层次人才特殊支持计划和全国高校优秀中青年思政课教师择优资助计划；有 3 人分别入选上海千人计划、浦江人才计划、人才发展资金资助计划；1 人获评上海领军人才，2 人获评东方学者，有 2 人分别获首届上海高校青年教师教学竞赛一等奖和上海辅导员职业能力大赛一等奖。新招博士后 58 人，在站博士后达 138 人，是全国单一法学博士后流动站中规模最大的流动站。32 人获中国博士后科学基金资助 201 万元；34 人入选首批上海高校师资博士后资助名单，是受资助人数最多的高校。承办全国辅导员骨干专题培训、首届松江大学园区 8 校学工论坛，首次获评上海高校辅导员工作室。

合作交流。与国内 12 家政府单位、法律服务机构签署合作协议。新增 20 所境外合作院校，新签交流协议、谅解备忘录 22 份；230 名学生获市教委高校学生海外实习、海外学习资助项目资助；接受中国政府奖学金留学生 25 人、中外合作办学项目学生 125 人。首次承办教育部来华留学高端硕士学位奖学金项目，新设哈佛大学律师领导力培训项目，新入选 2 个海外名师项目。作为发起单位，参加首届金砖国家法律论坛。

校园文化。“华政青年”微信平台名列全国高校团组织前列，获评 2014 年度上海共青团新媒体工作优秀集体奖；“华政青年报”线上报道被《中国青年报》引用 1 次，被团中央官方微信、微博平台全文转载 3 次；“法援之音”获“2014 年度上海市易班十佳应用”称号。国际标准舞协会获评团中央“全国百佳体育公益社团”；承办外交部 2014 年 APEC 青年节上海赛区比赛；设立首个上海地铁“法律公益服务车站”。与中国作家协会共建，联合推出“名家大讲堂”活动。通过设立“团团基金”、实施“牵牛花”计划、筹建“华政希望小学”、组建首批研究生支教团、开展“爱·回家”春节助困等活动，推进校内外帮困助学工作。创设上海市生涯工作室，为学生职业规划提供指导。设立松江大学城高校医教结合咨询服务站点，开展学生心理健康服务工作。在全国和上海市各类学科、文艺竞赛中获奖 50 余次；体育比赛获奖 68 次，其中获冠军 26 个。

基础建设和管理。推进实训大楼建设工作，完成节能监控平台建设、新一轮物业招投标、五期学生公寓回购交接工作。完成移动校园平台建设、两校区裸光纤互联等工程。完成对馆藏外文原版图书和部分民国版图书数字化加工工作。加强校友联络工作，建有各类校友组织 77 个；完善公务卡、经费使用、财务报销等制度。完成各类审计 343 项，取得直接经济效益 189.65 万元。规范教育发展基金会管理，筹集教育发展基金近 3000 万元。（付　晓）

【与海关总署缉私局、上海海关学院签约共建】 3 月 6 日，学校与海关总署缉私局、上海海关学院在北京签署合作协议，合作内容包括人才培养、科学研究、干部培养等。（付　晓）

【中韩法律论坛举行】 4 月 19 日，第四届中韩法律论坛在校举行。来自中韩两国的专家学者就二战民间受害者的权益救济、国际航道的法律地位与通行权、东亚地区的海洋划界争端以及自由贸易区与双边投资协定等诸多议题展开讨论。（付　晓）

【获“就业典型经验高校”称号】 7 月 18 日，学校获教育部“2014 年度全国毕业生就业典型经验高校”称号。专家组对学校毕业生就业工作给予充分肯定，认为学校基本形成了招生、教学、就业相互联动的机制，在复合型、高素质人才培养方面独具特色。（付　晓）

【刘宪权获“全国杰出专业技术人才”称号】 9 月

22日，刘宪权教授获第五届“全国杰出专业技术人才”荣誉称号，是全国法学界、上海市教育系统唯一当选的文科教授。 （付 晓）

【微信平台名列榜单前列】 10月，“华政青年”微信公众号连续两周名列南方周末数据实验室推出的《全国高校团委微信影响力TOP30榜单》前列。自2014年5月成立以来，平台用户订阅量达2.3万多人，点击阅读量累计近300万人次。 （付 晓）

【中国(上海)自贸区法治研讨会举行】 10月12日，学校和上海市法学会主办的中国(上海)自贸试验区法治建设一周年回顾与展望研讨会在校举行，上海市及自贸区相关领导、兄弟院校专家学者80多人出席。与会人员围绕上海自贸区未来改革创新的内容与路径等问题进行探讨。 （付 晓）

【《法学》被评为法学学科权威期刊】 11月22日，中国社会科学院中国社会科学评价中心发布《中国人文社会科学期刊评价报告(2014年)》，《法学》被评为法学学科两个权威期刊之一。学校的《青少年犯罪问题》也首次入选社会学学科扩展期刊。中国社会科学院的评价报告主要根据期刊的吸引力、管理力和影响力等指标，将每个学科的学术刊物分为顶级期刊、权威期刊、核心期刊、扩展期刊。 （付 晓）

【竞争合规和行政性垄断国际研讨会举行】 12月1日，2014竞争合规和行政性垄断国际研讨会在校举行，联合国贸易和发展会议竞争与消费者政策署署长哈桑·卡卡亚，国家发改委、国家工商总局等国内外竞争执法机构及司法机构的代表，国内外著名学者、律师、企业界代表60余人出席会议。与会专家学者围绕竞争效果评估、针对行政性垄断的竞争执法、针对行政性垄断的司法审查等主题展开热烈研讨。 （付 晓）

【中国网络社会学专业委员会成立】 12月6—7日，中国社会学会网络社会学专业委员会成立大会暨高端论坛在校举行，学校当选为秘书处常设单位。来自全国各高校、党校、行政学院及研究机构的专家学者作专题发言，对网络社会问题和大数据研究方法进行深入探讨。 （付 晓）

【参加第一届金砖国家法律论坛】 12月11—12日，第一届金砖国家法律论坛在巴西举行。学校作为金砖国家法律论坛的发起单位之一，与中国法学会、巴西律师协会、南非律师协会、开普敦大学、印度律师协会和俄罗斯律师协会共同签署《巴西利亚宣言》。 （付 晓）

参加第一届金砖国家法律论坛

【与上海市高级人民法院签订专项合作协议】 12月23日，学校与上海市高级人民法院举行外国法查明专项合作协议签约暨“外国法查明研究中心”成立仪式。双方将在外国法查明领域开展合作，以提升上海法院涉外民商事审判工作水平。 （付 晓）

附：学校负责人及地址

（2014年1—12月）

校党委书记：杜志淳
副书记：应培礼

校　长：何勤华
副校长：顾功耘、刘晓红、林燕萍

长宁校区校址：万航渡路1575号
邮编：200042
电话：62071666

松江校区校址：龙源路555号
邮编：201620
电话：67790256

上海体育学院

【2014年概况】 学校现有二级学院6个，另设有中国乒乓球学院和附属竞技体育学校。设本科专业18个、一级学科博士点1个、二级学科博士点6个、硕士点12个、博士后流动站1个。有专任教师400人，其中正高级职称71人、副高级职称162人。在校全日制本科生4060人、硕士研究生756人、博士研究生270人，成人本专科生893人。有来自65个国家的长短期留学生合计1508人。

师资队伍建设。启动人事管理机制改革，初步完成“骨干教师教学激励计划”等改革方案。修订2014年教师和其他专业技术职务聘任办法。按照“规范管理、平稳过渡”原则，正式实施绩效工资改革方案。1人获教育部“长江学者”特聘教授称号，1人成为上海市“领军人才”，2人获得上海市高校特聘教授“东方学者”称号。选派10人出国进修1年，2人获高校国际师资核心课程进修计划资助，2人参加国家体育总局体育人文社科专项培训班，22人获国外进修、国内访学、产学研计划资助，4人获上海市“育才奖”称号，1人获“首届上海高校青年教师教学竞赛”人文社会科学组三等奖。20个教学基础研究项目获教师教学发展中心立项。2014年招聘新员工37人。加强中青年教师培训力度，年度合计培训199人次。

学科建设。对接“上海高校一流学科建设计划”和“2013—2017上海高校学科发展规划”，争取项目投入，体育学获上海市教委Ⅰ类高峰学科建设立项，心理学获Ⅰ类高原学科建设立项。获批新闻与传播、艺术和公共管理三个硕士专业学位点。获批国家体育总局“运动认知评定与调控”重点实验室、上海高校E-研究院建设项目《体育与健康伦理》，成立上海市教委“上海市学生体质健康研究中心”；教育部省部共建重点实验室“运动健身科技”通过验收，体育产业研究院完成验收答辩。推进上海社会调查中心——上海体育学院分中心的建设工作。举办“2014年全国体育科技成果展示会”和“拥抱春天——2014年首届体育产业上海高峰论坛”，启动体育产权交易中心筹建工作，首批8个体育产权交易项目正式挂牌。

科学研究。获批国家自然科学基金7项，国家社会科学基金5项，省部级课题26项，市级人才基金2项，横向课题32项。获国家科技进步奖二等奖1项，上海市哲学社会科学优秀成果奖一等奖1项、二等奖2项。发表SCI/SSCI收录期刊论文55篇。继续推进科学研究院和实验室（基地）建设。审核立项省部级重点实验室、一流学科开放基金8项。学报被评为2014年度“上海市高校精品科技期刊奖”，《运动与健康科学》杂志被SCI和SSCI同时收录，入选“2014中国最具国际影响力学术期刊”，《中国体育教练员》被评为“中国高校特色科技期刊奖”。校体育产业发展研究院承担并出色完成了国家发改委、国家体育总局两项委托课题，为国务院《关于加快发展体育产业促进体育消费的若干意见》作了大量前期决策咨询工作。学校还承担国务院《全民健身计划（2011—2015年）》实施效果的

“拥抱春天——2014首届体育产业上海高峰论坛”举行

第三方评估工作，在国内首次发布《中国公共体育服务发展报告》蓝皮书，还承担2013年上海市全民健身发展300指数的体系设计和评估实施工作。

人才培养。获国家教学成果奖一等奖1项，上海市级教学成果奖特等奖1项、一等奖1项、二等奖3项。建成市级精品课程1门、示范性全英语教学课程3门，立本科重点教改项目2项、大学生创新活动计划60项。应用型人才培养空间得到拓展，运动康复和运动训练专业获批市教委首批应用型本科专业，中等职业教育(附属竞校)——应用本科(运动训练)教育贯通培养模式获批市教委首批试点。应用型、复合型卓越新闻人才培养基地获批立项。发布《上海体育学院2014年度本科教学质量报告》。接受了市教育委员会、市语言文字工作委员会对学校开展的语言文字评估。完成085专项2014年研究生创新项目申报与审核，博士研究生立项10项，硕士研究生立项30项。组织各类毕业生学位论文"双盲"293篇次，1篇获全国优秀博士学位论文提名，2篇获上海市优秀博士毕业论文。选拔22名硕博研究生赴国(境)外高等院校或科研院所短期学习。承办"体育管理学学科发展前沿"上海市研究生暑期学校和"运动康复与老年健康"上海市研究生论坛，举办第五届京沪体育学研究生论坛。共有28人参与创业，创办企业22家。创新训练计划立项60个，第六届竞攀杯预孵化项目30个。获第九届"挑战杯"大学生创业大赛上海市比赛金、银、铜奖9项；全国银奖1项、铜奖2项。

体育竞赛。"国家高水平体育后备人才基地"被评为2013年度"年检优秀单位"。获世界杯金牌1枚、青奥会金牌1枚、铜牌1枚；获亚运会金牌2枚、铜牌1枚；获全国锦标赛、冠军赛金牌12枚、银牌18枚、铜牌40枚；获全国体育院校、大学生锦标赛金牌12枚、银牌16枚、铜牌19枚；获上海市第十五届运动会(高校组)金牌48枚、银牌35枚、铜牌33枚，居高校组金牌数、奖牌数、团体总分3项第一名，创历史之最；同时，学校被授予上海市第十五届运动会"学校体育先进单位"、"体育道德风尚奖"荣誉称号。校女子足球代表队首获2014年全国大学生女子足球锦标赛冠军。

对外交流与合作。接待境外来访团组48批次，出境总人数达到348人次，与境外14所大学和体育机构签订合作交流协议书。成功申请海外游学项目7项，探索"3+2"物理疗法硕士生联合培养项目和体育管理"2+2"本科生项目。举办来自12个国家和地区的暑期国际乒乓球夏令营。

(胡德平)

【《运动与健康科学》(英文版)杂志被SCI和SSCI数据库同时收录】 1月，学校主办的中国唯一英文版体育学术期刊《运动与健康科学》(Journal of Sport and Health Science)，通过美国汤森路透科技信息所期刊评估部门评估，正式被科学引文索引(SCI)和社会科学引文索引(SSCI)收录，追溯时间从2012年第1期(创刊号)开始，成为中国第一本被SCI和SSCI数据库同时收录的体育类学术期刊。

(胡德平)

【上海社会调查中心上海体育学院分中心成立】 2月25日，上海社会调查中心上海体育学院分中心成立。上海体育学院分中心将立足于体育特色，认真做好智库和公共体育服务平台建设。(胡德平)

【上海市花样跳绳协会成立】 3月29日，国内第一家以花样跳绳命名的省级跳绳协会——上海市花样跳绳协会在校成立。这是上海市体育总会下属的第87个社会团体。第一届理事会第一次会议选举了协会第一届理事会会长和常务副会长。

(胡德平)

【获上海市科技进步三等奖】 4月1日，上海市举行科学技术奖励大会，学校吴瑛教授为第一完成人的"关键技术环节肌肉用力特征的研究"获上海市科技进步三等奖。(胡德平)

【为参加亚信峰会元首夫人演出】 5月20—21日，亚洲相互协作与信任措施会议第四次峰会在上海举行。中国国家主席习近平夫人彭丽媛21日邀请出席亚信上海峰会的部分国家领导人夫人共同观看中国非物质文化遗产展示和传统文化节目表演，学校武术学院太极表演队学生与73岁古琴大师龚

一老师共同演绎“太极·古琴”——《高山流水》,向世界展示了中国传统文化的深厚底蕴和无限魅力。（胡德平）

【国际乒乓球联合会博物馆建设合作协议签署】 8月20日,由上海体育学院申请立项的国际乒乓球联合会博物馆建设合作协议签字仪式在市政府举行,副市长翁铁慧会见了国际乒乓球联合会主席等一行。10月13日,市长杨雄主持召开市政府常务会议,审议国际乒联博物馆建设工作。会议通过了国际乒联博物馆和中国乒乓球博物馆两馆合一的决议。新建的国际乒联博物馆是在上海设立的公益非营利性、永久性机构,是第一个引入中国的国际级体育类专业博物馆,也是国际体育组织所属唯一在异地(中国上海)建设发展的项目。该馆总建筑面积10000平方米。（胡德平）

【获国家教学成果一等奖】 9月9日,第三十个教师节暨全国教育系统先进集体和先进个人表彰大会在京举行。学校陈佩杰教授领衔的项目“面向国家重大需求,创建体医结合运动康复复合型人才培养模式”在会上获国家教学成果一等奖。陈佩杰出席大会并受到习近平、李克强等党和国家领导人的亲切接见。（胡德平）

【第四届申江国际武术论坛举行】 11月9日,由学校主办的“第四届申江国际武术论坛”举行。此次论坛以“太极拳的当代价值”为主题。来自美国、比利时、中国等多所大学、研究院的知名学者围绕太极拳的文化、教育、健康等问题,共同探讨太极拳如何更好地服务文化推广、服务大众健康。（胡德平）

【中国乒乓球学院理事会举行第六次会议】 12月3日,中国乒乓球学院理事会第六次会议在校举行。国家体育总局领导代表亚洲联盟宣布,命名中国乒乓球学院为“亚洲乒乓球联盟培训基地”。会议审议了理事会有关人员调整名单,听取了理事会工作报告和专项工作汇报,审议了中国乒乓球博物馆展藏品征集工作方案(草案),审议通过了中国乒乓球学院理事会第六次会议决议。（胡德平）

【入选“长江学者”和“上海领军人才”】 2014年,学校刘宇教授被评为2013、2014年度长江学者特聘教授,这是全国体育院校教师首次获评。上海体育学院副院长、中国乒乓球学院院长施之皓入选“上海领军人才”。（胡德平）

附:学院负责人及地址

(2014年1—12月)

院党委书记:戴　健
副　书　记:陈晓峰、詹　萌、王玉林

院　长:陈佩杰
副院长:平　杰、赵光圣(7月离任)、施之皓、毛丽娟(7月到任)

地址:长海路399号
邮编:200438
电话:51253000

上海戏剧学院

【2014年概况】 年内招收本科新生436人,硕士生62人,博士生16人,留学生92人,成人本、专科教育250人。全日制在校本科生人数为1854人,硕士生205人,博士生83人,留学生87人,成人本、专科生977人。2014届毕业生本科人数为454人,硕士生76人,博士生13人,成人本、专科生219

人，留学生 42 人。全校教职工共 515 人，其中，专任教师 279 人，外聘教师 214 人。

教学工作。建立科学的专业建设体系，继续以“以项目带动教学，以科研深化教学，以展演促进教学”三位一体教育理念确保教学的中心地位，促进“传授模式”向“学习模式”的转变，促进“教师、教学、知识”的“老三中心”向“学生、学习、能力”的“新三中心”转变。汇总本科评估专家、教学咨询专家意见，各个院系举行多轮整改举措。建立绩效考核教学评估体系，强化教学终端考核。10 月，启动教师教学发展中心工作，“中心”扶持的校级教学研究课题立项招标课题 5 个，自选课题 21 个。年内完成 79 个大学生创新项目中期检查，32 个项目结项。

课程建设。“电视剧写作”课程成功申报为 2014 年市级精品课程；“复合型中国舞表演人才培养改革实践探索”“国际表演实验教学工作室‘大师的实践与理论’”“《纪录片创作》教学创新”等课程被推荐参加 2014 年市级教学改革项目。

科研成果。年内，学校共获得省部级及以上科研项目 7 项，其中，国家社会科学基金艺术学项目 2 项，国家文化创新工程项目 1 项。市级科研项目 7 项，“世界城市文化协同创新中心”智库型平台获得上海市促进文化创意产业发展财政扶持资金支持。年内共有 7 项市教委级及以上层次的科研项目结题，其中，国家社科基金艺术学项目“近 30 年外国戏剧研究对中国戏剧的影响”通过评审。有 40 个科研项目获得学校“中青年科研项目”资助，学校投入资金 16 万元。“中国戏剧研究基地”被市教委认定为“上海市人文社会科学重点研究基地”。虚拟实验室和米亚中心分别接受了市科委和市教委的中期检查。“数字演艺集成创新文化部重点实验室”成为首批被认定的文化部重点实验室。

师资建设。年内完成铃木忠志、尤金尼奥·巴尔巴 2 位名誉教授、魏照平等 4 名客座教授的聘任，以及 6 名客座教授的续聘和 1 名兼职教授的聘任。2013 年“外专局引智项目”成功结项。完成 3 名博士后进站、1 名出站及 1 名超期在站博士后的清理工作。组织在站博士后申报第 56 批面上资助项目工作，1 人获批。申报“教师发展工程”，6 人入选“上海高校中青年教师国外访学进修计划”，其中 1 人入选高级研究学者进修计划，4 人入选“上海高校青年骨干教师国内访问学者计划”，4 人入选“上海高校实验技术队伍建设计划”，14 人入选“上海高校教师产学研践习计划”。4 人获“上海高校教师培养资助计划”资助。通过各类人才类奖项申报，2 人获育才奖，1 人获 2014 年度上海文艺人才基金文艺人才奖，舞蹈学院被评为全国教育系统先进集体。

演出工作。教学演出方面，年内共上演《渔人之家》《欲望花园》《风流的参议员》《国王正在死去》《糊涂戏班》《触摸》等 6 台本科实习剧目，其中，话剧《国王正在死去》于 7 月 4—27 日在第 28 届阿维尼翁戏剧节上连演 23 场，并上演《装聋作哑》《最后的贵族》《曹植》《电视节目》《红男绿女》《主持专业毕业汇报》等 6 台本科毕业剧目，8 个研究生毕业剧目。“上戏有戏”演出季举办期间，分别在重庆大剧院、常州凤凰谷大剧院、上戏剧院、上戏端钧剧场和新空间演出音乐剧《摩登米莉》《舞蹈精品专场》《宝黛红楼（昆剧）》戏曲音乐会《春日景和》话剧《渔人之家》《自梳女》和《微电影专场》等。承办第四届中国校园戏剧节开、闭幕式，学院参演剧目《中国梦》获得特别剧目奖。

学生工作。设立“学生党员服务日”，举办多项党团活动，举办学生党员素质拓展活动暨党训班，推进学生党团建设。举办“上海戏剧学院第四届校园心理情景剧大赛”，以“创享梦想力量”为主题，共有 7 个剧目入围决赛，该项目为上海市心理健康宣传月的特色项目。继续推进“啄壳计划”，鼓励学生作品创作，收到 120 个项目，经过专家评定，67 个项目入围“啄壳计划”。易班建设稳步发展，“易·戏剧”索票项目，为上海市易班建设重点支持的项目之一。研究生紫藤学社青年团队荣获“上海市青年五四奖章集体”称号。2013—2014 学年共有 768 人次荣获各类奖项，其中 11 名学生获得国家级、市级奖学金，465 名学生获得校综合奖学金，241 人次获得校专业奖学金，33 名学生获得新生奖学金，18 名学生获得京昆专项奖学金，上海文艺人才奖 2 人，宝钢优秀学生奖 1 人，两校区共发放奖学金 185 万余元。年内共有 198 名家庭困难学生获得助学金。

国际与校际交流。加强因公出访（境）的管理工作，制定因公出访（境）计划，年内共计82批出访团组，出访涉及20多个国家和地区。举办联合国教科文组织国际戏剧协会第七届亚太局戏剧院校校长会议暨戏剧展演、第20届人类表演学国际大会、2014世界城市（上海）文化论坛、国际导演大师班（大洋洲）、2014年大师的实践与理论引进项目——欧丁剧团等大型国际活动。与法国国立里昂戏剧技术与艺术学院进行了实质性的交流与合作。同时注重建立长期可持续发展的品牌项目，如第三届“冬季学院”等。加强对港澳台地区学生的培养，目前在校港澳地区学历生9名、台湾地区学历生5名，基本与内地本科生实现趋同化管理。年内先后有20位学生分赴台北艺术大学、台湾艺术大学、台湾实践大学进行一个学期的学习，同时，接受三所学校4名交换生，并建立了长期稳定的交换生合作机制。留学生数量略有增长，共有在读外国学生147名，其中学历生41名，汉语进修72名，短期学习34名。此外，学校拓宽海外学习派出渠道，为学生出国学习提供有力支持，年内赴海外学习实习的学生共计125名。（李　莉）

【举办“联合国教科文组织国际戏剧协会第七届亚太局戏剧院校校长会议暨戏剧展演”】 5月10日，来自中国、韩国、澳大利亚、印度、印度尼西亚、日本、伊朗、蒙古、新加坡、马来西亚、菲律宾、越南、孟加拉国等国家，以及台北和香港地区的20余所院校参加的“联合国教科文组织国际戏剧协会第七届亚太局戏剧院校校长会议暨戏剧展演”在端钧剧场开幕。本次展演由上海戏剧学院和中国戏曲学院联合主办。开幕式后，学校原创的实验京剧《起死》作为开幕剧目上演。此次活动包含校长会议、工作坊、学术交流、展演等四个部分。会议于10—15日在上海戏剧学院进行学术交流，15—17日在中国戏曲学院进行交流。（李　莉）

【“E时代的戏剧批评”学术研讨会召开】 5月16—17日由上海戏剧学院、中国话剧理论与历史研究会主办的“E时代的戏剧批评”学术研讨会召开。上海市作家协会和上海市文联的领导，以及学者、评论家、剧作家等出席；《文汇报》《文学报》《艺术评论》《上海戏剧》及《戏剧文学》等多家媒体派代表出席。学院领导出席并主持研讨会。与会代表对中国戏剧批评的传统与现状、网络时代戏剧批评的新特点、戏剧批评与剧场实践的互动关系、戏剧批评的理论创新等议题进行了深入的探讨。（师　震）

【附属戏曲学校建校60周年系列展演】 为庆祝附属戏曲学校建校60周年，举办了一系列的展演活动。5月18日，在江苏省太仓市与上海沪剧院、上海越剧院携手演出新人版沪剧《庵堂相会》，6月4日在天蟾逸夫舞台举办“庆祝上海市戏曲学校建校60周年越剧专场”。5月30日、31日，与上海戏剧学院戏曲学院携手，在天蟾逸夫舞台举行“甲子华辰——庆祝上海市戏曲学校建校60周年系列展演暨上戏2014届京剧、昆剧班学生毕业汇报演出”。演出剧目分别为京剧《龙凤呈祥》和昆剧《墙头马上》。举办“青年教师杨舒雯京剧专场”。（李　莉）

【“2014大洋洲国际导演大师班”开班】 5月19日，2014大洋洲国际导演大师班在校举行开班仪式。此次大洋洲导演大师班分别邀请了来自澳大利亚和新西兰的五位戏剧导演大师和导演艺术教育家讲课，他们是前新西兰国立戏剧学院院长安妮·露丝女士，澳大利亚维多利亚戏剧学院表演系教授罗伯特·德拉夫恩，奥克兰剧院艺术总监、新西兰著名导演科宁·麦克尔，澳大利亚国立戏剧学院导演系主任、教授埃格尔·克里普斯特以及前澳大利亚国立戏剧学院院长奥布里·梅勒。（李　莉）

“2014大洋洲国际导演大师班”开班

【举行“译”剧之力——当代外国剧作翻译现状及影响力论坛】 由上海市文联、上海戏剧学院主办，上海翻译家协会、上海戏剧学院外国戏剧研究中心、上海戏剧杂志社承办的“译”剧之力——当代外国剧作翻译现状及影响力论坛于6月12日在学院举办。会议邀请了戏剧翻译家、导演及相关专家学者围绕当代外国剧作翻译现状及影响力进行了深入探讨。 （师　震）

【举办“2014华语新导演计划”大师工作坊】 6月14日，在校举办了“2014华语新导演计划”大师工作坊。工作坊由上海戏剧学院、第17届上海国际电影节、上海艺言堂影视文化传播公司共同主办。世界城市文化协同创新中心（筹）协办。大师工作坊历时5天，6位著名导演主讲授课，20名来自全国各地及韩国、台湾地区的学员以及上海戏剧学院的10名中青年教师参加学习和交流。 （李　莉）

【举行“全球电影产业链发展论坛”】 6月16日，由上海戏剧学院与美国电影协会联合举办，“第17届上海国际电影节”的系列活动之一的“全球电影产业链发展论坛”在校举行。此次论坛为学院首次主办的国际性电影专业论坛。美国电影协会、上海电影集团、中国电影合作制片公司、派拉蒙影业公司、新闻集团、环球影业等单位负责人出席论坛。复旦大学、上海交通大学、同济大学、上海师范大学等高等院校相关院系师生和国内外业界人士共500余名参加。 （李　莉）

【举办第20届人类表演学国际大会】 7月5—8日，第20届人类表演学国际大会于学院召开。该大会首次由一个亚洲大学主办，共有中外嘉宾580人出席。国际人类表演学会主席、联合国教科文组织——国际剧协会长、上海市教委、静安区领导等嘉宾出席开幕式并分别致辞。开幕式典礼上，中外嘉宾一起欣赏了现代舞《她的国》（Her land）。本届大会主要聚焦于“先锋・传统・社群”——这三个既对立又相交的平行、跨文化、并置主题，跨越了不同的领域，重构和转化了艺术和社会之间的关系，交流人类表演学适用于中国社会的各种理论和应用方法，探讨人类表演学在中国发展的路径手段、遭遇的问题及相应对策等。 （李　莉）

【原创音乐剧《阿拉木汗传说》首演】 9月2日，原创音乐剧《阿拉木汗传说》在新疆乌鲁木齐首演，该剧由学院与新疆艺术剧院歌舞团共同打造。作为中国——亚欧博览会中外文化活动周的重要剧目，《阿拉木汗传说》获新疆维吾尔自治区领导的高度评价和现场观众的热烈反应。 （李　莉）

【举行扶持青年艺术家计划暨青年艺术创想周】 10月18—24日，“2014扶持青年艺术家暨青年艺术创想周”在上海戏剧学院举行。上海市教委、上海市文广局，上海国际艺术节和学校的领导出席开幕式。在一周时间内，举办了包括戏剧、音乐、舞蹈、诗社、插花、创意市集等内容的90多个舞台节目、283台演出、50多个讲座沙龙和20多项视觉展览，日均观众5000余人次，总计约4万人次。期间，还上演了由法国戏剧名家贝纳德・索贝尔执导的关汉卿剧作《救风尘》和《蝴蝶梦》。创想周吸引了国内外艺术团体、青年艺术个体的积极参与，获得了北京电影学院、中国戏曲学院、中央美术学院等艺术类高校以及复旦大学、上海交通大学、同济大学、北京大学、南京大学、武汉大学等综合性高校的支持。 （李　莉）

【举办“青年戏剧评论研修班”】 10月18日，青年戏剧评论研修班在学院开班，为期两周。中国戏剧家协会分党组书记、驻会副主席季国平博士担任青评班班主任。孙家正等10人担任讲座导师，毛时安等12人担任讲评导师。中国剧协主席、京剧表演艺术家尚长荣作了题为《奋力作为，锐意创新》的首场讲座。本次研修班共有50位学员，来自包括港澳台地区在内的全国各地，荟萃了全国戏剧评论界的一线精英，平均年龄36岁，三分之二具有硕士、博士或博士后学历背景，三分之一具有副高级以上专业职称。 （李　莉）

【“2014世界城市（上海）文化论坛”举行】 10月20日，以“引领潮流：世界城市的时尚未来”为主题的

"2014世界城市(上海)文化论坛"在源创创意园举行。此次论坛由上海市静安区人民政府、上海戏剧学院主办。学院和静安区领导,以及《世界城市文化报告》负责人出席。论坛深入探讨了时尚之都的文化和经济指数、全球时尚格局的变迁、东西方时尚角逐和平衡关系等重大问题,分享世界各地城市发展时尚产业的经验。 (李 莉)

【举行中国电影文学学会剧作理论委员会成立大会】 11月22日,由中国电影文学学会剧作理论委员会主办,上海戏剧学院电影学学科承办,《电影新作》杂志社协办的"中国影视文学发展的历史、现状与前景——中国电影文学学会剧作理论委员会成立大会暨首届学术研讨会"在学院举行。研讨会共收到来自复旦大学、上海交通大学、同济大学、上海外国语大学、浙江大学、重庆大学、西藏民族学院、《电影新作》杂志社等几十余所国内外高校及影视创作、研究机构的专家学者,以及博士、硕士研究生撰写的40余篇论文。 (李 莉)

【成立"曹禺戏剧文化研究与交流合作体"】 12月6日,由上海、天津、潜江、重庆、江安五个城市,以及多家曹禺研究纪念馆共同组成的"曹禺戏剧文化研究与交流合作体"(简称"曹合体")在学院成立。"曹合体"的成立,标志跨地区(五个城市)、跨领域(院校、文博、剧团)弘扬曹禺艺术的群众性学术团体诞生。 (李 莉)

附:学院负责人及地址

(2014年1—12月)

院党委书记:楼 巍
副 书 记:胡 敏

院 长:韩 生
副院长:黄昌勇、宫宝荣、张伟令、郭 宇

院本部地址:华山路630号
邮编:200040
电话:62481866

莲花路校区地址:莲花路211号
邮编:201102
电话:64800099

漕宝路校区地址:桂林路201号
邮编:200235
电话:62757585

上海音乐学院

【2014年概况】 学院设有15个教学单位。全日制在校本科生1640人,研究生727人。全校教职工520人,其中专任教师293人。

学科建设。启动上海市高峰高原学科建设项目的申报工作,启动三个上海市一流学科建设项目的中期检查工作;11月,上海高校知识服务平台第三批建设项目"上海音乐艺术发展中心"的筹建工作,通过市教委专家组验收。完成不同学科总计六门课程的准备与开设,并启动配套教材建设项目。

教育教学。加强本科教育教学管理,开展教学质量考察评估工作,评选和申报精品课程与重点课程,推进本科教学质量工程。推进青年教师激励计划、本科拔尖人才激励计划与优秀教学成果展示激励计划。改革和完善招生考试制度,实行招考分离,加强考官库和试题库建设。召开九所音乐院校招生工作研讨会,研讨本科招生工作的改革和发展。2014年学校获评国家级教学成果二等奖1项,上海市教学成果奖3项,获批2014年度上海市重点教学改革项目两项。发布2013年度本科教育质量报告。推进研究生教育改革创新，加强学校优秀研究生的培育力度和孵育机制的建设，完成2014年上海市研究生培养过程质量检查工作。对新增一级学科点下设各培养方向的课程和培养方案进行增补。2014年，我校师生共有62人次获得61项国际、国内奖项，16人次获得13项论文奖项，其他奖项18项。附中初一学生李拉获第八届莫斯科柴可夫斯基国际青少年大提琴比赛金奖。学校师生在第九届中国音乐金钟奖作品奖、重奏比赛奖以及第九届中国文联文艺评论奖等重要赛事中频获佳绩。

师资队伍。全面实施人才强校战略，成立人才工作领导小组；关注青年教师成长，启动青年教师联谊会筹备工作；加强高层次人才的培养与引进，稳妥推进绩效工资改革。2014年共招聘录用各类人员16人；1人入选上海市千人计划，1人入选上海高校特聘教授(东方学者)，2人入选上海市浦江人才计划，3人入选上海高校青年教师培养资助计划，2人入选国家留学基金委艺术类人才培养特别项目，6人入选上海高校中青年教师国外访学进修计划。49名教职工参加学院举办的第九期青年教职工岗位培训班，7名教师参加由上海市教委组织的新教师岗位培训。年内，周小燕教授被授予“全国模范教师”荣誉称号，廖昌永副院长获第六届上海文学艺术奖杰出贡献奖。

科学研究。完成科研项目《大辞海·音乐卷》及《中国新音乐年鉴》编撰出版相关工作，构建人才、学科、科研“三位一体”的科技创新机制，发挥重点学科的核心带动作用。成功申报2015年上海市教委科研创新项目1项，获批2014年度教育部人文社会科学研究规划基金项目1项、上海市教育科学研究重点项目1项，完成各类科研项目结项及“曙光计划”、“晨光计划”人才推荐申报。学校申报的作品《幻影三六》获国家艺术基金年度舞台艺术创作资助项目。10月中旬承办上海市社会科学界第十二届(2014年度)学术年会“中国歌曲与中国文化主题专场·青年论坛”，11月举办“蔡元培讲堂”开幕仪式及第一期讲堂。

艺术实践。全年共完成院级艺术实践项目130项。上半年承办了“上海之春”国际音乐节17台音乐会与2项赛事；下半年创排中国原创歌剧《一江春水》在上海大剧院隆重上演，为第16届中国上海国际艺术节揭开帷幕；大型原创音乐剧《楼兰》在全国三地巡演；承办“上海世界音乐季国际论坛(2014)——音乐跨界融合与城市文化创新”。举办第四届国际小提琴大师班、第七届当代音乐周、第十一届国际钢琴大师班、首届全国美声教学论坛、萧友梅诞辰130周年、黄自诞辰110周年纪念活动、郑律成诞辰100周年纪念音乐会、钱仁康教授百岁诞辰纪念研讨会暨文集首发式等项目共计11项，学院学术品质及社会影响力得到进一步提升。

国际交流。全年共接待来自23个国家和地区的近400位专家、学者、机构负责人来访，35批共160余名师生赴14个国家和地区进行各类文化交流、访问及演出。与丹麦皇家音乐学院续签校际交流协议，与部分院校及世界知名乐团开展交流，接待韩国首尔艺术大学校长一行，与台湾师范大学签署姊妹学校合作协议。在中法建交50周年际，学校师生代表团赴法国尼斯参加“2014法国尼斯芒卡音乐节”演出及交流活动；在美国旧金山举办第四届上海音乐学院——旧金山音乐学院国际室内乐音乐节；举办首届上海音乐学院与丹麦皇家音乐学院室内乐音乐节；“黄自先生诞辰110周年珍贵手稿文献纪念特展”分别在美国、香港、台北等地举行；学院学者赴德国汉堡参加“中德音乐节”。26位学生获得上海市教委“高校学生海外学习、实习经费”及院“十二五”内涵建设项目资助赴海外学习、实习。

学生工作。关注大学生身心健康，完成2014级新生心理健康状况测试与反馈。完成2014届高校毕业生就业质量年度报告。2014年共毕业453人，毕业生就业率为94.7%，与去年同期相比，上升了1.03%；签约率为52.1%，较去年上升8.89%。增加学生相关资助经费的投入，505人次获得各类奖学金，804人次获得各类助学金；26人获得国家助学贷款。选送2名学生入伍并申请学费补偿，2名退役复学学生申请学费减免。2014年，用于学生资助工作经费总额达230余万元；有1人获得应急帮困等补助。 (王中余)

【翁铁慧到校调研】 1月7日，副市长翁铁慧到校调研。市教委主任苏明、副主任李瑞阳等领导参加。翁铁慧希望学院能制订长期发展规划，加强现代大学制度建设,创新人才管理模式,注重财务、管理、后勤等基础工作,进一步推进文教结合,服务上海、服务社会,在建设一流城市文化中发挥更大作用。

（王中余）

【陈克宏看望周小燕】 在第30个教师节来临之际,上海市教育卫生工作委员会书记陈克宏看望周小燕教授,向她致以节日的祝贺。学院党委书记林在勇、市教育卫生工作党委秘书长谢一龙等一同看望。（王中余）

【举办“黄自先生诞辰110周年珍贵手稿文献纪念展”】 3月21日,“黄自先生诞辰110周年珍贵手稿文献纪念展”在音乐学院举行。黄自先生作为一位作曲家、音乐教育家、中国作曲学科的奠基人,作出了历史贡献。9月11日,《黄自先生诞辰110周年珍贵手稿文献巡展》在美国耶鲁大学开幕。10月1日起《黄自先生诞辰110周年珍贵手稿文献巡展》在香港中央图书馆开展,并作为10月21—22日在香港举行的《第十次中文文献资源共建共享合作会议》的特展,该展还在北京和台北展出,得到各界高度评价。（王中余）

【原创歌剧《一江春水》首演】 10月17日,由上海音乐学院创排的原创歌剧《一江春水》在上海大剧院隆重上演,为第16届中国上海国际艺术节揭幕。文化部,市人大常委会,市政府、市委宣传部领导,以及部分省、直辖市常委、宣传部长,上海市部分区县领导,市教卫工作党委、市教委领导,上海市部分高校党政负责人等出席开幕式。《一江春水》由中国上海国际艺术节委约,上海音乐学院和上海周小燕歌剧中心创排。（王中余）

原创歌剧《一江春水》首演

【首届音乐艺术专业博士研究生学术论坛暨第九届研究生艺术节举行】 11月3日,首届音乐艺术专业博士研究生论坛暨第九届“奏鸣·研究生艺术节”在校举行。本届学术论坛共计4天,有作曲与表演专业博士研究生专场音乐会、博士生学术成果发布、教授点评以及各艺术院校研究生部(处)长联席会议等四个板块。11月10日,第九届“奏鸣·研究生艺术节”举行最后一项活动——读书会。

（王中余）

【第七届当代音乐周举行】 10月10—15日,第七届上海音乐学院当代音乐周在上海音乐学院与上海交响乐团音乐厅举行。本届音乐周包括13场音乐会、三场讲座、一场乐评比赛、两场大师班,观众约7720人次。活动聚集了来自9个不同国家和地区的24位中外作曲家,6个演出团体,180余位艺术表演者,共66部音乐作品(其中6首为世界首演,26首为中国首演)。（王中余）

【获国家级教学成果奖二等奖】 在第七届高等教育国家级教学成果评选中,学院俞丽拿教授领衔的《国际一流弦乐演奏人才的培养》获国家级教学成果奖二等奖。（王中余）

附:学院负责人及地址

(2014年1—12月)

院党委书记:林在勇
副　书　记:蔡桂其(6月离任)、刘　艳(8月到任)

院　　　长:许舒亚(9月离任)
常务副院长:徐孟东(1月离任)
副　院　长:杨燕迪、张显平、廖昌永、唐立兔

汾阳路校区地址:汾阳路20号
邮编:200031
电话:64312000

零陵路校区地址:零陵路530号
邮编:200032
电话:64312000

上海杉达学院

【2014年概况】 启动非营利民办高校示范校建设。学校工作围绕制度和文化建设两大主题，落实本科教学工作合格评估整改方案和实施现代大学制度建设试点两大任务。全年招生3546人(本科3253人、专科293人)，计划完成率107%(本科计划完成率108%、专科97.7%)。在校生12335人，其中本科生11305人，专科生1030人。毕业生人数为2901人，就业率为97.76%，签约率为84.11%。

一、学校转型发展。①完成上海市非营利民办高校示范校建设申报工作，成立建设工作领导小组和办公室，制定建设方案。示范校三年创建期以推进内涵建设为核心，重点完成建立现代治理体系、优化学科专业布局、深化国际合作项目、拓展人才培养途径等四大项目。②实施现代大学制度建设试点工作。研究修订学校章程，推进以依法自主办学为基础、以完善学校治理结构为内涵、以扩大社会参与为抓手、以政府扶持制度为保障的现代大学制度建设。健全各类管理制度，各部门对2003年以来各项规章制度进行全面梳理，通过"废改立"形成有效规章制度239项。推进校务公开民主管理，落实教职工的知情权、参与权和决策权；扩大涉及教职工切身利益的重大议题票决比例。③推进发展战略的规划与制定。落实重点项目形态布局，与28家企事业单位共建产学合作教育基地，聘请45名行业专家担任兼职教授，产学合作教育格局初显规模。两校区"网络空间共享开放"的图书馆、嘉善校区综合功能的大学生素质教育中心投入使用。

二、教学改革。①优化人才培养模式。修订本科人才培养方案，突出实践能力和专业特色，使专业设置与产业需求对接、课程内容与职业标准对接、教学过程与生产过程对接。"校企合作应用型软件服务外包人才培养模式的探索与实践"获上海市级教学成果奖一等奖(2013年度)。"电气自动化技术"、"电子商务"专业中本贯通培养模式试点项目，获上海市教委批准。"护理学"获批上海市属高校应用型本科试点专业。②深化专业与课程建设。新增教育学(卫生教育方向)、食品质量与安全两个本科专业，分属于教育学和工学学科门类，纳入当年招生计划；立项校级本科教学改革项目9项、校级重点课程7门、教材建设立项6项。"专本科一贯制护理学职业教育模式的构建与实践"获批上海高校本科重点教学改革项目；"市场营销学"获评上海市全英文示范课；获批上海高校市级体育和健康教育精品课程1门。③加强教学质量保障。扩大教学督导教师队伍(专兼职17人)，听课情况进行专业集体反馈；组建学生教学信息员队伍(318人)，发挥学生参与教学管理的作用。研制基于常态化管理的教学基本状态数据库和听评课平台；继续做好教学基本状态数据库采集上报和教学质量年报工作；建立社会需求与培养质量年度报告，形成毕业生就业和人才培养良性互动机制。

三、师资队伍建设。根据学生规模数和专业定位，制订2014—2016年师资引进计划和专业教师培养计划、2015年全校分类定编定岗计划和教师岗位定编表。2014年引进副教授及以上人才13人，新进教师45人；晋升副教授13人、中级职务26人。调整辅导员学历和年龄结构，一线专职辅导员56人中具有研究生学历的24人、在读研究生7人，中青年辅导员40人。建立培养培训制度。继续实施青年骨干教师学历提升计划，选派17人在职读博(国内11人、海外6人、已获学位3人)。参加民办高校"强师工程"海外研修项目3人，学校资助海外短期访学4人；入选"上海高校教师产学研践习计划"5人，学校资助8人。参加新教师和其他科目培训40余人；130余人次参加辅导员各类专业化职业化培训。5名教师获上海市育才奖；校党委学工部副部长、学生教育处副处长刘婷婷荣获"2013上海高校辅导员年度人物"称号。

四、对外合作交流。新签和续签协议7项，学校已与10个国家和台湾、澳门地区的47所学校签署校际合作交流协议，其中开展师生交流等实质性项目的学校35所。中外合作办学"国际经济与贸易"项目通过教育部评估；建立"国际商务"和"信息技术"专业一年期留学生全英语课程。获市教委"海外名师"项目2个；获上海市高校学生海外学习、实习项目奖学金91万元，30多人获得资助，2人因家庭经济困难获学校额外资助赴美。长期外国留学生15人，自主招收港澳台本科新生3人。聘用外籍教师60人次，其中专职语言外教44人、兼职语言外教8人、专业外教8人。学校已与荷兰、芬兰、保加利亚、奥地利、波兰等学校签署协议，其中与芬兰中腾应用科技大学共同申报的双学位课程项目获欧盟批准，5万欧元经费将用于项目运行和学生奖学金；与保加利亚瓦尔纳自由大学合作的本升硕研究生项目启动，5名学生将进入硕士课程项目。接待16个国家和台湾地区到访团组60个，约206人；学生团队4个，52人；学校组团出访8次，35人次；学生赴国(境)外学习交流213人。

五、科研工作。截至10月，申报课题100项，批准立项58项，横向课题1项，当年新增科研经费近200万元。获批"上海市晨光计划"2项；上海市教委科研创新项目(自然科学类)1项。首次开展科研类成果评奖活动，科研成果和论文专著二大类12项优秀成果获表彰和奖励。制定"导师职责"，做好专家评审或学科评议、科研成果提供查询证明、开展专题讲座和宣教活动等措施，加强科研行为规范和学术道德建设。以科研项目带动学科和专业建设，组建交叉学科科研团队，跟踪学科发展，关注成果"落地"。获得民办高校重大研究项目5项，投入经费140万。信息科学工作室定位于开放性、创新性、科研与研究生教育，发挥学科基地的平台作用，带教青年教师队伍。学刊获评全国民办高校"十佳期刊"。

六、信息化建设。建设完成数据交换中心、金海校区核心机房和配套的"双核环网"校园网络万兆主干项目、嘉善校区图书馆和大学生素质教育中心有线无线网络覆盖等，创造可靠的网络环境，实现数据共享。建成校园门户、统一身份认证、公共数据三大平台，已形成招生、教学、办公等业务的信息管理框架。信息化办公室设立IT业务服务台和业务呼叫中心，提供"一站式"服务，形成对部门和师生进行业务服务的联动机制。完成"基于网络平台的课程中心和E化教室建设"、"课程中心建设"、"分布式交互语音教室建设和外语自主学习平台建设"等项目，两校区拥有交互功能的二代多媒体教室157间(占教室总数的44%)、数字语音教室32间，以及上海市高校课程中心标准的直播教室。

七、学生工作。①采取多种措施帮助学生就业。举办2015届毕业生校园招聘会、旅游管理类专场招聘会，提供1300余个工作岗位和390多个实习岗位。在新生中开设职业生涯教育课程，主办建设银行第一届"电子银行创新大赛"，开展创业计划大赛等，促进学生专业生涯发展。②扎实做好学生资助工作。完成2317名学生的家庭经济困难认定工作，发放国家助学金346.95万元。403人获国家、上海奖学金215.6万元。45人获国家助学贷款27万元，贴息4.19万元。为437名家庭经济困难学生办理学费无息缓交；增加校内外勤工助学岗位，340人次获勤工助学金17.23万元。积极争取社会资源，40余人分获"智瑾奖助学金"、"徐国炯奖助学金"等资助30.3万元；开展"夏季送清凉"、"冬季帮困送温暖"、"苏宁助学子回家"返乡车费补贴等活动。③促进学生身心健康成长。开展《大学生体质健康测试》工作，大一大二学生总体合格率为93%；指导学生体育类社团，广泛开展课外体育活动。开设《大学生心理健康教育》、《人际关系心理学》课程，普及心理健康知识；开展心理健康专题系列讲座、团体心理辅导、心理学影视赏析、心理沙龙等形式多样的宣传教育活动。

八、校园文化建设。①提升校园文化的质量和内涵。开展"大学·青春——学生座谈会""五四表彰大会""一二·九歌会"等近30项主题活动、每月一次主题班会、374场“奋斗的青春最美丽”主题团日活动等，将社会主义核心价值观融入大学学习生活。开展“希德讲坛”“易班社区”(获2014年度易班十佳工作站)“美拍杉达”“唱响杉达”“高雅艺术进校园”“人民科学家钱学森——2014上海高校巡回展”“新年音乐会”“学生骨干领导力训练营”，各院系开展中美学生设计艺术作品展、护理技能展示、经济奥斯卡、旅游节等200余项富有特色的校园文化活动。成立新闻宣传中心，加强校园媒体建设、对外宣传、网络舆情等工作，学校网站和学校微博微信、“青春杉达”微信等新媒体平台运行良好。②开展志愿服务活动。37支常规志愿者队伍，5000余人次开展包括社区、教育、医疗、慈善、环保等五大类志愿服务活动；1100余人次参与全球CEO发展大会、中国上海彩色跑比赛、亚青赛预选赛、上海科技馆、铁路上海南站等大型会议、赛事的志愿服务；42项暑期社会实践活动中有3个项目获市级优秀项目奖；完成1042人次的献血目标数。“护理专业学生人文关怀教育实践”入选上海大学生社会主义核心价值观和中华优秀传统文化教育项目；校团委被评为上海市科技馆志愿服务工作先进集体、市级大学生暑期社会实践优秀组织奖、曹路镇志愿者协会优秀单位，公利医院志愿者服务队获义工最佳团队奖等。③深入创建平安健康校园。学校连续被评为安全文明校园，本年度获上海市平安示范单位、上海高校治安安全示范点、上海市社会管理综合治理先进单位。

(蔡静玲)

【举行发展战略高层决策咨询会】 3月26日，学校召开发展战略高层决策咨询会议。全国人大常委会副委员长严隽琪教授出席，来自政府部门、著名高校、科研院所、跨国企业的领导、专家，围绕改革创新、人才培养尤其是现代大学制度的探索和实践出谋划策，提供咨询意见和建议。严隽琪强调，要用好办学自主权，创造民办的红利；要有不拘一格的学生培养模式；要进行开放式办学，探索管理、决策制度改革。 (蔡静玲)

【大数据实验室投入运行】 信息科学与技术学院的“大数据处理及其应用实验室”于5月8日通过验收投入运行。系统集成的运行和调试、教师培训工作同步进行。学校以此打造一个学科辐射、融合的技术高地。 (蔡静玲)

【主办中美师生设计艺术作品展】 5月，学校人文学院和上海师范大学美术学院、美国加州州立大学北岭分校艺术传媒与交流学院“三校教师艺术—设计作品联展”在美国加州州立大学(北岭)展览中心展出。6月15日，由学校主办的“中美学生设计艺术作品展”开幕式暨《中美学生设计作品》首发式在上海市群众艺术馆举行。 (蔡静玲)

【与中国互联网新闻中心共建传媒学院】 为对接市场需求，培养紧缺人才，学校与中国互联网新闻中心共建传媒学院。6月18日，双方签署了战略合作协议。上海市教委副主任印杰、校董事长李宣海等为传媒学院揭牌。 (蔡静玲)

【成立创新与创业学院】 6月30日，学校与上海纺织时尚产业发展有限公司共建创新与创业学院。双方共同签署了合作协议书。市政协原副主席朱晓明、上海市委宣传部原副部长朱匡宇出席揭牌仪式。 (蔡静玲)

【与上海医高专共建高职本科“立交桥”】 12月2日，学校与上海医药高等专科学校举行“构建高职本科‘立交桥’——培养技术技能医技人才”签约仪式。两校本着“优势互补、合作互赢”的原则，同意建立长期、友好、互利、共进的战略合作伙伴关系，探索建立高等职业教育与应用型本科教育培养模式、课程设置和学制贯通的“立交桥”，培养本科学历的高素质技能型医药卫生职业技能人才。

(蔡静玲)

【上海市欧美同学会杉达学院分会成立】 12月3日，上海市欧美同学会——上海市留学人员联合会上海杉达学院分会成立，搭建党组织联系海外留学人员的桥梁和纽带，让更多海外学成归来的教师职工参与学校的发展建设。 (蔡静玲)

上海市欧美同学会杉达学院分会成立

【主办“村上春树与中国”国际研讨会】 12月6日，校外语学院日语系主办“村上春树与中国”国际研讨会，来自中、日、美12所高校的日本近现代文学研究专家、上海译文出版社等单位的代表出席。 （蔡静玲）

附：学院负责人及地址

（2014年1—12月）

董 事 长：李宣海
名誉院长：古胜祥、曹光彪、杨 栖、倪维斗

院党委书记：李 进（8月离任）、朱绍中（8月到任）
副 书 记：王馥明、陈 暐

院 长：李 进
副院长：张增泰、王馥明、冯伟国、贾巧萍

地址：金海路2727号
邮编：201209
电话：50210894

上海立信会计学院

【2014年概况】 2014届共有毕业生2741人，其中，研究生45人，本科生2098人，专科生598人，截至2014年8月25日，毕业生签约率为79.72%，就业率为97.19%。年内学院共招收秋季本科生2610名，招收研究生50名，招收预科生42名，招收专升本学生153名，招收高职（专科）学生456名。

学科和专业建设。一流学科工商管理（会计）在上海市教委发布的《上海地方高校学科发展潜力评价报告》中，获评“五星潜力学科”。改进“085工程”项目实施管理方法，着力提升“085工程”项目建设质量。首届45名审计硕士专业学位研究生实现100%就业率和专业对口率。制定《本科专业设置及调整管理规定》，新增会计学（CIMA）、工商管理（国际企业管理）、数学与应用数学（金融数学）3个专业方向。

人才培养。在会计学、金融学专业开展应用型本科专业转型试点，进一步优化应用型本科人才培养模式。完成2014级本科各专业人才培养方案的审定及编制工作。制定《上海立信会计学院国际化方向班建设方案》，完善国际会计、ACCA、CIMA、国际商务、国际金融、国际税收、国际企业管理7个国际化方向班的人才培养计划。制定《教师教学评价实施办法》、修订《教学督导制度》，开发教学质量信息分析平台，加强教学质量监控与评估。制定《学期学段制改革实施方案（试行）》和《方案实施细则》，推进学期学段制改革工作。开展首届“教学开放月”活动，引领课堂教学改革，促进教育教学质量提升。开展联合培养研究生工作，全年共有8个专业12位联合培养研究生获得硕士学位。

课程体系。学院共建设立项市级精品课程2门、全英语课程2门、校级全英语课程2门，双语课程3门、精品课程6门、重点课程10门。3个项目获上海市教委重点教学改革项目立项。修订《上海立信会计学院校级课程管理办法》，进一步规范课程建设管理工作，共完成42门2013年立项的校级课程的中期检查工作，21门2012年立项的校级课程、2门市级全英课程的结项验收工作。

科研工作。学院纵向课题立项47项，其中，国家社会科学基金项目5项，国家自然科学基金项目1项，教育部人文社会科学研究课题7项，上海市哲学社会科学规划课题1项，上海市教育科学规划课题1项，上海市自然科学基金项目1项，上海市教委科研创新项目5项，上海市“阳光计划”课题3项，其他23项。横向课题立项2项。发表科研论文165篇，其中，A级4篇，B级19篇，C级(CSSCI期刊)52篇，出版专著14部。两项科研成果分别获得上海市哲学社会科学优秀成果奖论文类二等奖和著作类二等奖。学报在上海市期刊编校质量检查和第五届全国高校社科期刊评优活动中均获评“优秀”。

师资队伍建设。探索实务类人才引进、双轨特聘岗、高层次人才柔性引进的工作机制，年内共柔性引进高层次特聘教授7位，其中1位被聘为上海市“东方学者”，落实“双轨特聘岗”1人。加强具有海外背景和实务经验人才的引进，强化师资国际化培养，具有国际化背景的教师占师资总量的31%，较2013年提高6个百分点。具有实际工作经历的双师型教师所占比例达到50%，应用型师资队伍特色更加鲜明。

学生工作。创建思政教育品牌，学院思想政治理论课教学科研部教师在长三角高校思想政治理论课教学比赛中屡获好成绩。工商管理学院青年马克思主义研究会获“上海市青年五四奖章集体”称号。建设大学生事务中心、大学生创业中心、大学生艺术教育中心，促进学生成长成才，推动学生全面发展。积极推行辅导员对学生事务和所带班级学生情况“一口清”模式，增强辅导员对班级的情感管理、现场管理与互动管理。开展“尊师爱生”——构建和谐师生关系主题系列活动，出版《融于心，践于行——构建和谐师生关系征文集》，有效推动和谐师生关系的构建。《信扬华夏——大学生诚信教育体系建设》获上海市教委大学生社会主义核心价值观和中华传统文化教育优秀项目立项。语言文字工作获评“上海市市级语言文字规范化示范校”称号。学生徐浩见义勇为入选“2013上海大学生年度人物”。全年实现国家助学贷款522人，提供勤工助学岗位近402个，累计发放困难生补助22.78万元，国家助学金220.05万元，共计5460人次从中受益。

国际交流与合作。学院与10余所国(境)外院校、机构新签或续签合作备忘录、合作协议。接待来自加拿大、英国等近50批次国(境)外院校、机构代表到学院访问会谈，320余名学生参与海外学习、实习项目。建立健全留学生管理相关政策制度，规范留学生管理，截至2014年9月，注册在校外国留学生为289人，分别来自美国、加拿大、日本、韩国、蒙古、越南、老挝、哈萨克斯坦等国家，留学生层次包括硕士研究生、本科生、校际交换生、语言进修生，其中学历生76人，语言生213人。

社会服务。学院与上海市政府发展研究中心联合成立“服务经济与制度创新决策咨询基地”。加强教育培训管理，开展分层分类培训，提升培训的统筹性、针对性和实效性。学院共承办上海市教委的中小学会计制度培训和高校财务管理培训4期，总计356人次；上海市财政局系统财会人员教育培训9批次，培训学员1879人次；上海市17个区县的会计制度系列培训班17期，总计3035人次。承接上海市教委《高校社区联动——高校教师进社区》项目，该项目作为上海推动学习型社会建设的典型案例，在全国交流会上展示。

管理工作。①大学章程。制定并完成《上海立信会计学院章程(草案)》，进一步明确学校的法律地位，保障举办者、学校、教职工和学生的合法权益，保障学校依法自主办学，规范学校的办学行为，推进现代大学制度的建立。②“六大体系”建设。制定《“六大体系”建设方案》，统一规划、整体部署，全面推动以学生发展为中心的人才培养体系建设，以学科建设为支撑的科学研究和社会服务体系建设，以教师发展为中心的师资队伍体系建设，以现代大学制度为基础的校内管理体系建设，以诚信为基石的大学文化体系建设，以服务为宗旨的综合后勤保障体系建设。③财务工作。启动预算管理平台，实施“零基”预算，推动财务工作从单纯核算型向管理服务型转变。④文献资源建设工作。完成采购、编目、加工、验收和入库中文图书25629余册，外文153册；新增数据库10个，图书馆服务质量进一步提升。⑤资产管理和后勤保障工作。稳步开展设备采购、学生公寓回购及管理等各项资产管理与后勤保障工作。⑥出版工作。出版社立足教材和原创，着力打造精品图书。2014年，获国家出版基金资助项目1项、上海高校服务国家重大战略出版工程资助项目1项、上海文化发展基金图书专项出版基金资助项目1项。中国会计博物馆正式加入上海高校博物馆育人联盟。（田　原）

【首届审计硕士专业学位研究生毕业】 6月21日，学院举行首届审计硕士专业学位研究生毕业典礼暨学位授予仪式。审计署驻上海特派员办事处、上海市教委、上海市审计局的领导出席了典礼。学院2014届共45名研究生获审计硕士专业学位，占全国首届审计专业学位获得者的四分之一。（田　原）

上海立信会计学院审计硕士专业学位研究生毕业

【“服务经济与制度创新”决策咨询研究基地揭牌】 9月16日，学院“服务经济与制度创新”决策咨询研究基地举行揭牌仪式。该研究基地是学院与上海市人民政府发展研究中心联合成立的，旨在为学院对上海市政府提供决策咨询服务和智力支持提供途径，为学院培养应用型科研人才搭建平台，同时也为学院知识服务平台和专家智库建设提供支持。（田　原）

附：学院负责人及地址

（2014年1—12月）

院党委书记：李世平
副　书　记：楼军江（6月离任）、朱坚强

院　长：唐海燕
副院长：朱坚强（7月离任）、万　峰（10月到任）、邵瑞庆、李延臣（10月离任）、许　玫、周国明（7月到任）

松江校区地址：文翔路2800号
邮编：201620
电话：67705200

徐汇校区地址：中山西路2230号
邮编：200235
电话：64390390

上海电机学院

【2014年概况】 学校教学质量稳步提升。学校坚持高等技术应用型人才培养方向，与行业企业紧密相连，深化教育教学改革，逐步形成办学特色。“校企全程联合培养高技能人才的探索与实践”项目获职业教育国家级教学成果一等奖；“高等技术应用型人才培养的改革实践”等4个项目获上海市教学成果一等奖；“校企互融：双师型教师发展模式创新研究与实践”等2个项目获上海市教学成果二等奖。“自动化”与“机械电子工程”专业获批上海市属高校应用型本科试点专业。目前，学校在建国家“卓越工程师”教育培养计划专业3个、上海市试点专业2个、上海市特色专业6个、全英语专业1个，学校专业建设成效显著。学校继续推进研究生海外访学工作，首个工程硕士风电与创新海外实践基地在瑞典哈姆斯塔德大学挂牌，第二批30名学生赴瑞典参加实践学习。此外，学校还试行三学期制教学安排，探索学生自主学习的管理模式。

学科科研实力稳步增强。学校坚持应用型学

科科研发展方向，与行业企业发展需求紧密相连。学校与上海电气集团下属上海重型机器厂开展产学研合作，建设上海高校知识服务平台——大型铸锻件制造技术产学研合作中心，获批成为“大型铸锻件制造技术协同创新中心”；“大型铸锻件制造技术工程中心”纳入上海高校工程研究中心建设计划。学校分别与江苏启东、靖江、振华重工、中国南车株洲时代装备有限公司、中国科学院物联网研究中心等21家单位签署了全面合作框架协议，并在安徽芜湖与江苏启东建立技术转移中心，与闵行区共建大学科技园。在第十六届中国国际工业博览会上，学校参展的“紧凑型液压驱动单发动机道路保洁车辆”项目获高校展区优秀展品二等奖。

师资队伍持续优化。落实上海市教委高校“085”教师专业发展工程，新组建成立教师教学发展中心，开展境外短期教学研修、教学工作坊等学习交流活动，全面提升教师教学能力。获批“优青”培养27人、国内访问学者14人、国外访学进修20人、产学研践习16人、实验队伍建设项目21人，共获市教委资助547.25万元。引进博士教师60多人，进一步改善教师学历结构。完成新一轮教职工岗位聘任和干部聘任，提高了专业技术职务岗位设置比例，正高职称比例提高1%，副高职称比例提高3%。制定并实施新的绩效工资方案，提高教师收入。

国际化进程稳步推进。全年获批8个海外学习和国际化课程项目，资助优秀学生赴海外长期学习。选派112名学生赴莫斯科邮电大学等4所境外大学短期交流；选送286名学生赴美国佛罗里达理工学院等大学学习；选拔32名学生参加中美合作本科专业项目学习，10名学生参加中美合作MBA项目。聘请上海市级海外名师3名、校级海外名师30名、外籍教授15名，共开设国际课程33门，全英文授课课程14门。与美国托莱多等8所国外大学签署学分互认合作协议。留学生规模继续扩大，总人数达336名，其中132名为学历留学生。

学生工作扎实开展。学校全年招生3466名，先实施“动手能力测试”自主招生创新。2014届毕业生3152名，其中，65名学生考取研究生，25名学生投身西部建设、任大学生村官及参与“三支一扶”项目。拓展大学生实践教育基地，建设临港科技创业苗圃，提升学生创新能力素质，全年共获得大学生创业计划竞赛总决赛全国银奖等国家级竞赛奖项40余项，获得中国青少年科技创新奖。毕业生就业率98.03%，签约率89.82%，就业率连续22年保持在95%以上。

完善学校管理机制，推进现代大学制度建设。完成《上海电机学院章程（征求意见稿）》，广泛征集意见，形成发展共识，梳理并修订各项规章制度，颁布《上海电机学院招标管理办法（修订版）》等，完善学校内部结构，规范工作流程。临港校区二期工程各单体全面完成结构封顶，将按计划启用。

社会服务能力不断扩大。推进“3+3+3”技术工人培训工作，承办“李斌杯”职工技能大赛和上海电气新职工培训等工作。成立上海电机学院基金会，与广大校友、社会各界加强联系。与香港嘉道理家族签署《共建旅游职业培训中心合作声明书》，双方将利用半岛酒店等先进管理经验，提供高水平的职业教育培训，为现代服务业培养更多专业人才。

（周太军）

【获批上海高校工程研究中心建设项目】 2月21日，根据《上海市教育委员会关于公布上海高校各类研究基地建设项目名单的通知》，“大型铸锻件制造技术工程中心”纳入18个上海高校工程研究中心建设计划之中。10月，学校与上海电气集团下属上海重型机器厂进行产学研合作，建设的上海高校知识服务平台——大型铸锻件制造技术产学研合作中心获批成为“大型铸锻件制造技术协同创新中心”。

（周太军）

【获国家级教学成果一等奖】 8月5日，教育部网站公布了2014年职业教育国家级教学成果奖获奖项目名单。上海电机学院、上海电气（集团）总公司、上海电气李斌技师学院合作完成的“校企全程联合培养高技能人才的探索与实践”课题项目获职业教育国家级教学成果一等奖。这是学校首次获得该级别奖项。

（周太军）

【韩正视察新建学生公寓】 8月8日，市委书记韩正在市领导尹弘、蒋卓庆一行陪同下实地察看了学校临港校区二期工程预制装配率达到50%的学生公寓楼。学校临港校区二期工程规划建设的3栋12层学生公寓，总建筑面积近3万平方米，是上海首个公共建筑类预制装配式建筑项目。（周太军）

【与启东市人民政府签署全面合作框架协议】 10月27日，学校与江苏省启东市人民政府全面合作框架协议签约仪式在校举行。双方将在科学研究、促进科技成果转化、推动技术合作与产业链发展等方面展开全面有效合作。（周太军）

【获2014年度中国大学生创业计划竞赛总决赛银奖】 11月4日，2014年度“创青春”中国大学生创业计划竞赛总决赛闭幕。学校李彬彬老师、张谷强等学生共同参与的“上海华星导航科技有限公司”项目获2014年度中国大学生创业计划竞赛总决赛全国银奖。（周太军）

附：学院负责人及地址

（2014年1—12月）

校党委书记：曹锡康
副　书　记：宦秀芳

校　长：夏建国（11月离任）
副校长：黄兴华、徐余法、焦　斌、杨若凡

临港新城校区地址：橄榄路1350号
邮编：201306
电话：38223822

闵行校区地址：江川路690号
邮编：200240
电话：64300980

上海金融学院

【2014年概况】 学校录取新生2452名，其中，本科2044名，专科287名，专升本121名。截至2014年12月31日，学校共有全日制本科生7565名、专科生891名、专升本240名。招生范围覆盖全国27个省（自治区、直辖市），一本线上人数约占本科招生数的86%。学校共毕业学生2082名，就业率达97.98%。

一、学科专业建设。成立了数学与统计学院，设立工商管理专业艺术金融管理方向，制定《专业负责人遴选与管理办法》，完成新一轮专业负责人选聘工作。

二、科学研究工作。调整建立上海科技金融研究院和国际金融研究院，实行两块牌子、一套班子的管理体制，上海科技金融研究院通过市教委中期检查验收，开始按照智库建设的要求继续加强建设。学校与浦东改革与发展研究院合作共建“浦东研究院”，推动高校与地方发展的深度融合。获上海金融业改革发展优秀研究成果一等奖1项、上海市哲学社会科学优秀成果二等奖1项、国家自科基金项目3项、教育部人文社科项目4项、上海市政府决策咨询课题1项、上海市社科规划项目2项、上海市教育科学项目2项、上海市软科学项目1项，承担横向课题任务20项，多项研究成果受到国家和地方政府有关领导批示。

三、教学工作。新增国家级视频公开课1门、上海高校市级体育和健康教育精品课程1门、上海市外国留学生英语授课示范性课程3门。《财政学》获列第二批“十二五”普通高等教育本科国家级规划教材书目。获2014年度金融教育研究成果奖专著类二等奖1项、论文类三等奖1项。新增上海市级高校本科重点教学改革项目2项，上海高等教育学会研究课题5项。2014年有24个项目获国家级大学生创新创业训练计划立项，77个项目获上海市大学生创新活动计划项目。学生创业实践项目《百米微快递——校园快递解决方案》入选2014年第七届全国大学生创新创业年会优秀成果，“移动互联网末端快递汇聚处理方案提供商梅森铁克”获2014“创青春”全国大学生创业大赛移动互联网创业专项赛金奖。6个项目获第八届“挑战杯”上海市大学生创业大赛铜奖。市场营销专业毕业生王风斋在坦桑尼亚开展电商业务的创业故事，受到了《解放日报》、《中国青年报》、《环球时报》等多家媒体的报道和业界的关注。

四、师资队伍建设。深入推进绩效工资改革，制定《上海金融学院绩效工资实施办法(试行)》、《上海金融学院机关职能部门绩效工资实施细则(试行)》，全校12个院系、2个教辅单位和1个专职研究机构举行教代会通过各自部门的绩效工资二级分配实施细则，实行绩效工资的二级管理。借鉴北美高校的“常任轨—tenure track”制度，引进“常任轨”教师2名，创新教师引进新模式，实施针对国内高校优秀博士的“师资研究员”制度，引进高水平的师资研究员6名；实施年薪制，实现了教师的分类引进、分类考核和分类管理。开展“引智”工程，推进特聘教授的选聘工作，年内聘任丘东晓等5名海内外知名学者做特聘教授。首次面向国内外公开选聘二级学院院长和学术带头人，引进二级学院负责人1名、学术带头人1名。推进“教师专业发展工程”建设，年内有8名教师获国外访学计划、2名教师获国内访学计划、8名教师获产学研践习计划资助。

五、产学研合作。学校与中国人民银行支付清算中心、中国金融信息中心、中国太平保险集团达成合作意向。与中国农业银行上海分行、中国服务贸易协会商业保理专业委员会、上海国际展览中心有限公司、上海市租赁行业协会、上海租赁行业综合信息服务与交易平台管理有限公司、辽宁省财科所建立合作关系。学校继续推进与杨浦区政府、嘉定区财政局、交通银行上海分行、云南省金融办、甘肃省农村信用合作联社的合作，与中国日报社上海分社、上海新生源医药集团等留学生实习基地的交流合作。承办中国金融教育发展基金会2014回顾与展望年会。

六、拓展海外合作。与联合国环境规划署金融行动机构、纽约金融学院、图鸿国际集团达成合作意向。与国际著名教育培训机构Kaplan合作开办ACCA课程培训项目。与台湾辅仁大学管理学院签署合作备忘录。与教育部留学服务中心建立战略合作伙伴关系。与16所境外高校签署项目合作协议，覆盖匈牙利、波兰、保加利亚、奥地利、比利时和坦桑尼亚等新开拓国家，包括知名高校卡耐基梅隆大学(澳大利亚分校)、比利时安特卫普大学等。为师生搭建国际交流平台，教工因公出国(境)35批计127人次，接待外宾来访60批计271人次，引进外教外专45人次，全年交流交换和游学项目学生数151人。

七、学生教育管理服务。抓紧抓好学风建设工作，完成高校大学生思想政治教育工作自测自评工作，推进上海市高校思想政治理论课教学改革试点工作，继续推进易班建设，获得上海市十佳工作站称号。在上海市辅导员职业能力大赛中夺得第四名，在全国高校辅导员工作优秀论文中获得二等奖，两位学生工作者获育才奖。学生事务中心、学业发展中心建设不断推进，学生满意度达到97%。学生社团发展到87家，会员总人数达4389人次。累计2800余人次参加博雅教育项目，5814人次参加122个志愿服务项目，招募826名志愿者参与无偿献血。击剑队在参加仁川亚运会、全国大学生击剑锦标赛、上海市第十五届运动会、2014全国击剑锦标赛等国内外赛事中，取得优异成绩，学校获评上海市教育系统体教结合先进单位。全年共发放奖助学金819.14万元，奖励资助学生15659人次。其中国家级奖助学金348.73万元，资助奖励2918人次；市级奖助学金16万元，资助奖励20人次；校级奖学金243.55万元，奖励6135人次；社会捐助奖助学金9.7万元，资助奖励26人次；全年500余名学生参与校内勤工助学，发放工资156.61万元；发放临时困难补助44.55万元；指导560名学生办理了国家助学贷款。

八、学校管理工作。推进两级管理改革，新设立3个新机构，整合6个机构，更名1个机构，撤销5个机构，全校内设机构数从42个下降到39个。逐步探索建立目标管理考核制度，厘清校院两级管理权责，扩大二级院系的办学自主权，二级院系办学活力不断增强。加强校友会建设，推进基金会工作。召开三届二次、三届三次教代会，推进民主管理。

九、基本建设工作。推进新苑三号学生公寓的建设工作，做好教研综合楼立项申报工作。与斯米克集团签署合作框架协议，推进土地购置及有关合作。完成已竣工建设项目的检查验收和有关地块的合并测绘工作。开展校内房产资源的调整利用和维修改造。改版校园网主页，完成校园无线网二期建设。建设上海金融学院综合查询与统计系统，为学校决策提供强有力的数据支撑。加强数字化图书馆建设，对现有图书数据库及平台进行了调整。推进专馆建设，开展馆藏资源的推介和服务活动。完成档案馆网站建设。实施馆藏纸质档案数字化服务外包，完成14年毕业生学籍卡、录取名册录著、挂接，填补了教务系统往届毕业生成绩信息。推进纸质、电子新增档案同步归档。突破文书档案收集范围，增加实物档案门类，收集并完成整理、编制各类档案1578卷。

十、精神文明建设。认真落实群众路线整改和"回头看"工作，突出重点，抓住细节，对整改项目进行逐项对照检查，整改工作得到有效落实，整改项目共计36项，目前有31项已经完成，5项正在推进。落实党风廉政建设责任制，对全校三分之一的二级机构开展党风廉政建设责任制落实情况检查和考核，完成年度干部经济责任审计工作。推进信息公开工作，加强信息公开网站建设，建立学校官方微博微信，提高校园新闻的传播力。做好文明单位常态化建设，全面创建2013—2014市级文明单位。（高希杰）

【与杨浦区合作共建上海科技金融研究院】 1月9日，学校与杨浦区政府共同举行上海科技金融研究院成立仪式。双方在《战略合作框架协议书》上签字，并共同为上海科技金融研究院揭牌。（高希杰）

上海科技金融研究院成立

【与斯米克集团签署战略合作框架协议】 5月22日，学校与斯米克集团签署《战略合作框架协议》，双方将以学生公寓建设为合作契机和突破口，发挥各自优势，不断完善合作机制，在更广泛的领域内实现深度务实合作。（高希杰）

【"上海金融学院教育发展基金会"成立】 5月24日，经上海市教委批准、上海市社团管理局核准，"上海金融学院教育发展基金会"正式成立。基金会以"汇集各方资源，培养财经人才，资助学校发展，贡献高等教育"为宗旨，支持学校教学科研与社会服务，奖助优秀师生，资助学术交流、产学研合作、人才培养以及其他与高等教育发展有关业务等方面从事公益性、非营利性活动。（高希杰）

【举行第五届学术科技节】 10月30日，上海金融学院第五届学术科技节开幕式隆重举行。科技节以"凝聚、扬弃、登攀"为主题，上海市人民政府发展研究中心、中国（上海）自贸试验区管委会，中国金融信息中心领导，以及学校党政主要领导、师生代表近百人出席了开幕式。（高希杰）

【与中国农业银行上海市分行共建"浦江学院"】 12月18日，学校与中国农业银行上海市分行正式签署合作办学协议，共同组建“浦江学院”。根据合作协议，双方将共同制定“订单式”人才培养方案，创新教学科研管理机制和人才培养模式。

（高希杰）

【翁铁慧到校调研】 12月18日，副市长翁铁慧一行到校调研，听取了校领导工作汇报并进行了深入交流研讨。翁铁慧对学校工作给予肯定，对学校依托行业优势，创新合作办学模式的做法表示认可。

（高希杰）

附：学院负责人及地址

（2014年1—12月）

院党委书记：郑沈芳

副　书　记：鲁海波

院　长：王洪卫

副院长：吴大器（11月离任）、贺　瑛（7月离任）、陈小冰、陈晶莹（7月到任）

地址：上川路995号

邮编：201209

电话：50218899

上海政法学院

【2014年概况】 2014年，学校“以健全两级管理体制机制为重点建章立制”。年初拟定325项“立改废”计划，年底立制310项，占计划总数的95.4%。两级管理改革有序推进，制定印发《上海政法学院两级管理实施方案》和5个实施细则，明确二级学院的目标任务与责任，校院两级管理制度初步建立。制定《合同管理暂行办法》《大修工程项目管理规定》，修订完善《基本建设管理和监督的若干规定》和《基建工程廉政建设规定》等。成立基本建设工作领导小组，及采购与招标工作领导小组，完善重大事项的决策程序和审批流程。11月17日，市政府批准学校划归市教委管理。在校本科生8867人、专科生992人、研究生252人。

教学改革和人才培养。教学改革成果突出，获市级精品课程2门、市示范性全英语教学课程1门、市级教学成果奖5项、司法部教学成果奖2项、市级青年教师教学竞赛奖9项、上海高校本科重点教改项目2项。新闻学专业获上海市级卓越新闻传播人才教育培养基地建设项目。引入22门校外公开精品视频课程，启动8门微视频课程，31门研讨课的建设。发布2013年度本科教学质量报告。新增10个实验实训室建设项目，各类实验实训室达42个。新建校外实践教学基地38家，总数达239家。大学生创业项目共立项60项，8个优秀创业项目团队入住大学生创新创业实践园区，6个团队实现创业。学生首次获全国大学生创业类大奖（一等奖），3项创业成果获第八届“挑战杯”创业大赛市级三等奖。全年共评审、发放各类奖助学金5项，总计奖助4497人次，奖助金额达830余万元；发放勤工助学、困难补助等各类帮困经费150万元。学校总体就业率为97.78%。

学科建设和科研。专业结构与布局进一步优化，新增经济与金融、广播电视学2个本科专业，本科专业（方向）总数达到29个。新增“法律硕士”专业学位点。加大内涵建设支持力度。“十二五”内涵建设第七期项目四级项目立项40个，共计资金2000万元。其中“重点学科专业建设”平台1295万元，占总资金投入的64.75%；“教师专业能力建设”平台125万元，占总资金投入的6.25%；“国际化平台”300万元，占总资金投入的15%；“公共服务平台”280万元，占总资金投入的14%。依托“中国—上海合作组织国际司法交流合作培训基地”，增设反恐与国家安全、国际司法合作、丝绸之路经济带、上合组织等硕士点研究方向。国家级科学研究项目总数持续提升，今年再获国家社科基金项目10项，连续两年在上海市30多所本科院校中位居前十，在同类院校(二本)之中高居榜首。其中重点项目2项，获省部级课题11项，省部级奖项4项，其他各类课题18项，校级课题立项94项。学报加入中国(上海)法学期刊联合网。

师资队伍建设。全年共引进、招录师资15名。目前，高级职称教师占教师总数近50%；具有研究生学位教师占教师总数的90%，其中具有博士学位教师占总数的43%；45岁以下教师超过教师总数的75%。加强师资培养，选送6人进入博士后流动站，5名教师攻读博士；15名教师获得上海市高校教师专业发展工程项目资助。继续引进社会资源为学校教师进行多媒体课件制作和英语培训，组织21人到美国短期访学交流，开展170人次的各种职业培训。

基本建设。完成扩建工程的四期二标段13836.5平方米的建设任务。普陀校区改扩建工程建设进展顺利。比赛馆和训练馆已投入使用，学生礼堂土建工程、设备安装调试已经完成。按照学校3年行动计划和数字化校园建设规划方案，完成服务器虚拟化、200T海量存储建设，虚拟服务、大数据保存等项目；无线校园网(一期)建设的主要办公、就餐及活动等场所已开通覆盖，互联网出口带宽从200M到300M免费升级已经完成。统一身份认证、信息门户和数据管理三大平台建设已在试运行中，信息化应用服务的能力在逐步提高。

国际化办学。建立"中国—上海合作组织国际司法交流合作培训基地"，接受国家部委(公安部、商务部)委托培训上海合作组织国相关人员。3月，教育部批准学校为中国政府奖学金留学生培养院校，已招收70名留学生。拓展国际交流渠道，与美国马里兰大学、法国巴黎第二大学等国(境)外30多所高校建立了校际合作交流关系。海外学习实习规模继续扩大，共选送130余名优秀学生赴海外学习、实习。（方乐莺）

【"中国—上海合作组织国际司法交流合作培训基地"揭牌】 5月20日，学校举行"中国—上海合作组织国际司法交流合作培训基地"揭牌仪式暨奠基典礼。出席典礼的有中共中央政治局委员、中央政法委书记孟建柱，吉尔吉斯斯坦总统，上海合作组织秘书处副秘书长，国务委员兼公安部部长郭声琨，外交部党委书记、副部长张业遂等。上海市人大常委会原主任、中国—上海合作组织国际司法交流合作培训基地理事长、学校名誉校长刘云耕受孟建柱委托发表讲话。（张茹蓉）

"中国—上海合作组织国际司法交流合作培训基地"奠基

【第一届犯罪学论坛研讨会召开】 4月20日，由中国犯罪学会预防犯罪专业委员会和上海政法学院刑事司法学校联合主办的第一届犯罪学论坛研讨会在上海召开，主题为"当前我国犯罪学的转型与发展"。20余所高校、科研院所和实务部门的学者、专家60余人参会研讨。研讨从"犯罪学理论研究的反思与发展""犯罪学实务研究的反思与发展""犯罪学实务研究"三个议题出发，探索我国犯罪学的转型与发展。（张茹蓉）

【主办"丝绸之路经济带"建设暨"丝绸之路和平奖"国际学术研讨会】 4月22日，由学校与丝绸之路和平奖委员会、北京和平之旅文化交流中心共同主办的"丝绸之路经济带"建设暨"丝绸之路和平奖"国际学术研讨会在北京举行。俄罗斯、德国等20多个国家智库专家、学者、前政要，相关国家驻华使节，以及国内著名专家学者等出席。外交部、中联部、国务院发展研究中心、文化部的领导出席研讨会。（张茹蓉）

【"上海合作组织法律研究中心"揭牌】 4月，上海政法学院与上海市律师协会签约，合作建立"上海合作组织法律研究中心"。"上海合作组织法律研

究中心”同时揭牌。（张茹蓉）

【哈萨克斯坦纳扎尔巴耶夫大学师生到访】 6月16—22日，哈萨克斯坦纳扎尔巴耶夫大学200名师生应邀来中国参加夏令营活动并入住学校。6月19日，举行欢迎晚宴，副市长翁铁慧代表市政府向到访师生赠送长卷作品《丝绸之路》。（张茹蓉）

【获全国板球锦标赛冠军】 7月24—29日，由国家体育总局小球中心、中国板球协会主办，上海市体育局、上海市体育总会承办，由上海市板球协会协办的全国板球锦标赛在上海松江大学城举行。上海政法学院男女板球队分别获得本次全国板球锦标赛的冠军。（张茹蓉）

【“纪念习近平主席‘9·13’倡议一周年座谈会暨上海合作组织法律与国际问题学术研讨会”召开】 9月13日，上海政法学院中国—上海合作组织国际司法交流合作培训基地“纪念习近平主席‘9·13’重要倡议一周年座谈会暨上海合作组织法律与国际问题学术研讨会”召开。上海社会科学院、上海国际问题研究院、复旦大学等高校及研究机构数十位专家学者与会。与会专家学者就“上海合作组织法律与国际问题”进行探讨，主要涉及“当前中亚安全形势”、“大国对中亚的安全战略”及“上海合作组织安全合作的法律保障”三个议题。（张茹蓉）

【“海洋战略论坛”在人民大会堂举办】 12月6日，由上海政法学院、复旦大学、中国—上海合作组织国际司法交流合作培训基地主办的“海洋战略论坛”在北京举行。与会专家围绕海洋战略、海洋经济、海洋法治等话题展开深入探讨。人民日报、中国海洋报、解放日报、人民网、新华网、新浪网等多家媒体与会并报道。（张茹蓉）

【建成全国首家大学生网络思政生活线下体验馆】 2014年，学校打造“智慧e校园”易班网络平台，实现学生由易班网一键登录并享受一站式服务，建成集思想教育、教务教学、生活服务和文化娱乐为一体的学生网络互动示范社区。同时，坚持线上与线下互动，虚拟空间与现实空间对接，建成全国首家大学生网络思政生活线下体验馆，并被列为上海高校网络思政示范基地。（张茹蓉）

附：学院负责人及地址

（2014年1—12月）

院党委书记：杨俊一
副　书　记：霍　光

院　　长：金国华（6月离任）、周仲飞（6月到任）
副院长：关保英、胡继灵

地址：外青松公路7989号
邮政编码：201701
电话：39225129

上海第二工业大学

【2014年概况】 在校全日制学生共计12207人（其中，普通本科生9204人，专科生2859人，研究生97人，留学生47人），成人学历教育约6000人，毕业生3142名，就业率94.8%，签约率83%，77人应征入伍。全校在编教职工1046名，其中专任教师648名，正高级专业技术职务的教师54人，具有博士学位教师195人，双师型教师223人，具有行业背景的教师153人。获批各级各类纵向科研项目48

项，其中，国家级项目9项，省部级项目10项，委局级项目11项，其他各类纵向项目18项。3门课程被评为2014年度上海高校市级精品课程，获批和完成建设被授予上海高校示范性全英语课程各1门，1门课程入选2014年上海高校外国留学生英语授课示范性建设项目。1位教师获上海市高职市级教学名师，眼视光团队被评为2014年度上海高职市级教学团队。全年共有343名学生在各级各类科技创新竞赛活动中共获省部级以上奖项168个，其中全国一等奖14个、省部级一等奖18个。

一、探索和实施现代大学制度。成立校务委员会，制定校务委员会章程，明确校务委员会是学校治理结构的重要组成部分，是加强民主管理、保障科学决策、促进依法治校的重要组织形式之一。成立理事会，坚持开门办学，开展决策咨询、交流协商、审议监督，促进办学社会化。成立发展规划处、国际交流处、信息化办公室、后勤保障处、终身教育处、信息技术中心等职能部门和专门机构，对行政职能部门的功能、职责作了重新优化和明确。制定《上海第二工业大学学术委员会章程》，完成学术委员会、学位评定委员会、教育教学工作委员会、信息化工作委员会、专业技术职务评议委员会、聘任委员会、考核委员会等多个非常设性机构的调整和组建。

二、学科布局优化调整。制定《上海第二工业大学布局优化调整方案》及相关配套文件，实施以学部制改革为核心的学院(学科)优化重组。按“资源共享、面向应用、特色为先、鼓励交叉”的原则，原机电工程学院、电子与电气工程学院、计算机与信息学院、城市建设与环境工程学院等4个工科学院合并组建为工学部，并按学科专业方向将原有数十个系优化成8系1部。原外国语学院、人文与国际交流学院、理学院优化调整为文理学部。原分散建设的高职(专科)专业从各学院分离出来，组建成立了独立的高等职业技术(国际)学院。明确各教学单位的干部配置、内设机构和功能职责。

三、教学改革。制定《本专科专业建设论证和人才培养计划修订工作的指导意见》，明确专业特色和人才培养目标，完善课程体系和实施途径，按完全学分制的要求制定工作计划，实施教学管理。以9个085重点建设专业为基础，实施应用技术本科专业试点改革，其中机械工程、自动化两个本科专业获市教委批准进行重点建设，在建设周期内每年获380万元经费支持。新增环保设备工程本科专业1个，申报车辆工程新专业。推进085内涵建设“适应上海先进制造业人才培养的重点专业群”和“面向先进制造业的人才培养工程实践与创新基地”等重点建设项目，建成一批教学实践一体化教室。完善多项研究生管理文件。与上海市经济管理学校、大众工业学校、工商信息学校等五所中职校实施中高贯通培养模式的规模和专业覆盖面有新拓展，与市工业技术学校开展的中本贯通人才培养项目首度实现招生。5个项目获上海市教学成果奖，其中一等奖2项、二等奖3项(1项为职业教育类)。

四、学科建设与科研工作。修订8项学科和科研管理制度，新制订《上海第二工业大学学科及科研工作量计算办法》《上海第二工业大学纵向项目科研外协管理细则》和《上海第二工业大学科研风险及违约责任承担暂行规定》等3项管理制度。各级重点学科24个，2014年共投入建设经费1186.5万元。11月底，纵向科研项目到校经费为712.35万元，横向科研项目到校经费1212万元。立项专门设立为培育青年教师的科研能力的校基金项目39项，下达29.5万元经费。完成签订横向科研项目四技合同111项，合同金额1419.73万元，其中20万元(含)以上项目数有24项。申请专利27项，其中发明专利18项。获得专利授权41项，其中发明专利32项。完成1个专利价值评估和11个专利所有权的转让。11月，工学部选送的“高速大功率紧凑型电主轴”项目获第十六届中国国际工业博览会高校展区优秀展品一等奖；举办首届学科建设论坛。

五、科技园建设和技术转移工作。将静安校区(6300平方米)、宝山校区(21000平方米)规划成“二工大七立方科技园”，同时将太仓大学科技园也纳入科技园建设范围。7月，学校先后与静安区、宝山区、江苏太仓市政府签署了战略合作协议，以“制造业创意设计”为主题，共同承担科技园的规划、建设和管理，形成产业为导向的学科专业建设、科技成果孵化和技术服务三大职能。各种形式的科技成果推广和转化有20余项，已完成转化的有2

项，以专有技术实施转让的有10余项，正在实施转化的有1项。“石墨烯规模化生产”专有技术成功实施了成果转化，与江苏悦达集团合作分别在上海和江苏组建了“墨特瑞新材料科技有限公司”。通过与浙江武义、江山、海盐和上海华明公司共建技术转移工作站，实现技术转让项目9项，涉及经费达300多万。上海电子废弃物资源化产学研合作开发中心与企业联合研发废弃荧光灯具无害化成套处理线、废弃硒鼓自动化处理线、废弃LCD显示设备自动化拆解线各1套，与环保部固废中心等联合成立了“电子废物回收处理产业技术创新战略联盟”。

六、师资建设。新录用教师57名，50%以上拥有博士学位。参与国内访学、国外访学、企业践习、实验技术人员能力等项目的人数分别为5人、12人、20人和6人，共投入经费375万元。聘有一支150多人的校外兼职教师队伍。以教师教学发展中心为平台，开展各类讲座、研讨。教代会审议通过学校绩效工资实施方案，要求教师，包括教授、副教授在完成规定教学任务的同时积极承担学科专业建设、科学研究、产学研等工作职责。制定“骨干教师带头人计划”管理办法，共建有学科、教学、产学研不同主题的50多个教师团队。

七、国际交流合作。与20多个国家和地区的40余家高校和机构开展交流与合作，通过国际合作办学、留学生教育、教师国外访学、学生海外学习实习、海外名师、师生互派互换、学术交流等活动和项目为载体，实施多层次、宽领域、全方位的教育国际交流与合作。中澳合作昆士兰学院第三期合作基本完成，进行第四期合作商谈。与德国应用科技大学在本科工程类人才培养方面的合作正在扩大和深入。与美国布劳沃德学院的2个合作办学项目通过市级评审。以欧洲、北美、亚太为重点的国际化战略区域布局初步形成。共有296名学生参与了学生海外学习、实习项目。9月，举办全球合作伙伴周活动，20多位海外高校和机构的校长、专家到校共同交流应用型人才培养经验。

八、学生工作。发挥学校的劳模文化特色，建立“课程—实践”一体化的劳模育人体系。建设学生工作微信平台“上海第二工业大学学生事务中心”公众服务号。多渠道资助学生，向学生发放国家助学金，对学习优秀的学生给予资助，设立勤工助学的工作岗位。建成大学生心理健康及发展综合档案管理信息系统。

九、保障工作。按照“量入为出，收支平衡”的总原则，完成预算管理和控制。完成2014年政府专项资金采购计划项目1865.76万元，完成率100%。全年共签订合同505份(截至11月底)，共完成各类专项采购5029.24万元，采购进口设备分别合计18.7万美元、35.69万欧元。全年新增教学科研仪器设备4478台，总金额5453.12万元。工程训练中心项目规划建设校舍规模2.35万平方米，总投资1.17亿元。完成2个食堂的基础改造和功能优化，完成学生宿舍和教室空调安装，学生6人房宿舍比例降至48%。共有1380名师生参加无偿献血。学校获“2012—2013年度上海市安全文明校园”称号。 (宋偲蕾)

【首届学科建设论坛开幕】 11月1日，学校首届学科建设论坛开幕。论坛设以下五个分论坛：先进制造与控制技术、信息科学与工程技术、环境与材料学科、文理学科、经济管理。论坛共有79个学术报告，征集学术论文100余篇。与会者按照学校内涵建设的改革与发展的总体要求，依托学校各级重点学科，打破学科界限，围绕学科方向以及学科核心任务的主要问题展开交流和讨论。 (宋偲蕾)

【NFTE课程班学生在光华创业精神大奖赛上获奖】 10月25日，由北京光华慈善基金会、中国职业技术教育学会、全球创业指导基金会主办的“光华创业精神大奖赛(BESA)”全国总决赛结果揭晓。学校NFTE(创业教育培训)课程班学员张璐璐的创业项目“玛雅数字科技有限公司”获得商业项目组全国大奖，并获得代表我国参加在美国举行的全球创业精神总决赛的资格。 (宋偲蕾)

【校理事会成立】 9月28日，校理事会举行成立大会。市人大常委会原副主任周禹鹏受聘担任理事会名誉理事长，全国劳模、工人发明家包起帆任理事长。海内外10位专家、教授受聘担任理事会首届理事。会议通过了《第二工业大学理事会章程》。

校理事会是学校发展咨询、交流协商、审议监督，促进学校科学发展的重要平台。 （宋偲蕾）

【举办首届全球合作伙伴周】 9月27—29日，举办首届全球合作伙伴周活动，论坛主题为“应用型人才培养与教育国际化”。来自全球8个国家和地区的12家高校、机构的20余名校长、专家、代表同商应用技术类高校发展与合作愿景。开幕式后，学校分别与美国布劳沃德学院、马来西亚精英大学、台湾龙华科技大学签署了校际合作备忘录。伙伴周期间还举办了校长论坛、主题为“创业者职业素养与品质”的创业论坛。 （宋偲蕾）

【宝山科技园建设启动】 7月24日，由校资产经营公司与上海科房投资有限公司、上海海缤商务咨询有限公司在宝山区半岛湾1919创意园签署了宝山科技园建设三方合作协议。宝山科技园将以先进制造业创意设计产业为主题，突出发展先进制造业、工业设计、LED新光源技术、电子商务、新材料和电子废弃物再生资源利用等技术和产业。（宋偲蕾）

【签署校、区战略合作暨“静安科技园”项目框架协议】 7月21日，学校与静安区人民政府全面战略合作暨“静安科技文化创意产业园”项目合作框架协议签约仪式举行，双方签署了校、区战略合作框架协议。学校资产经营公司和静工集团的“静安科技园”合作协议同时签订。 （宋偲蕾）

【与太仓市人民政府签署全面合作协议】 3月18日，二工大与江苏太仓市人民政府全面合作框架协议签约仪式举行。以产学研合作为纽带，加强学校与地方政府、社会企业、科研机构的合作，最大程度地寻求资源共享，推动学校学科建设、人才培养、知识服务水平的提升是学校发展的重要途径。（宋偲蕾）

附：学校负责人及地址

（2014年1—12月）

校党委书记：宋宝儒
副　书　记：胡　晟、吴沛东（7月到任）

校　长：俞　涛
副校长：吴沛东（兼，7月到任）、莫惠林（4月离任）、王　刚（3月离任）、瞿志豪、邹龙飞、谢华清（7月到任）

地址：金海路2360号
邮编：201209
电话：50215021

上海商学院

【2014年概况】 上海商学院共有管理学、经济学、农学、工学、艺术学、文学、法学等7个学科门类，26个本科专业和11个高职专业。教职工500余人，其中，专技人员381人，副高以上职称的140人，具有博士学位的105人。全日制在校学生11000余人，其中本科生7900余人。学校按照建设特色性应用技术型大学的目标要求，坚持依法治校，努力推动学校各项工作科学发展。在教学工作、学术科研、队伍建设、学生工作、国际交流与合作、后勤保障、党建工作等方面取得了较好成绩。

开展合格评估工作。学校完成教学基本状态数据库采集和自评报告撰写工作。委托市教育评估院对25个本科专业开展诊断性合格评估。通过二级学院院长例会等形式，对评建工作定期督查。12月15—18日，接受教育部本科教学合格评估专家组现场考察，专家组对学校升本10年来围绕建设合格本科院校的工作整体上给予肯定。

启动转型探索。学校各职能部门以“主动学习、主动对接、主动落实”为基本原则，全面梳理规章制度232项，使各项工作规范有序开展。对照教育部《关于地方本科高校转型发展的指导意见》，开展转型发展探索与研讨，初步确立“以商立校、应用为本”的办学理念和建设与上海城市功能相适应、上海现代服务业发展需求相匹配，服务上海商贸流通业发展的特色鲜明的应用型技术型大学的发展目标定位。

副市长翁铁慧视察上海商学院商务图书馆

教学改革和交流合作。实施本科教学改革工程。新增1个本科专业，2个专业被确定为上海市应用型本科试点专业，新增国际商务、金融管理与实务2个中高职教育贯通培养专业试点。获2014年上海高校本科重点教学改革项目2项，上海市教学成果奖3项。推进国际化合作，拓展留学生教育，推进与美国西弗吉尼亚大学等海外大学的战略合作。12月，在美国西弗吉尼亚大学举行海外教师培训基地挂牌仪式。接待荷兰维腾堡大学等高校的70名留学生到访，选派258名优秀学生前往英国等国家和地区进行海外学习和实习。

科研和服务。在大数据应用研究方面，开发全国首个商业智能平台，实现多粒度区域信息数据的整合与商业价值发现，创新数据深度挖掘算法，发挥科研雷达功效。在决策咨询方面，承担商务部流通业发展司“全国城市配送体系建设指引”和“第三方物流信息平台建设指引”、上海市商务委“上海零供关系研究”、上海市发展研究中心重点课题“上海未来30年商务生态环境研究”，以及“自贸区成立一周年企业调查”“上海商务环境调查”等项目研究，其中关于自贸区挂牌一周年研究报告已转化成专报，并获得杨雄市长的批示。在标准和规划制定方面，制定“城市配送统计及绩效评估指标”行业标准，在长三角商务环境研究和城市商业体研究上取得成果。

年内，获得国家自然科学基金项目、教育部人文社科项目、全国教育规划项目教育部青年项目、上海哲学社科科学规划项目、上海市自然科学基金项目、上海市科委软科学研究计划重点项目、上海市人民政府发展研究中心发展战略研究课题、上海市政府决策咨询项目、上海市“晨光计划”等项目10项。获上海市第十二届哲学社会科学优秀成果评奖著作类一等奖1项、第六届人口科学优秀成果奖(专著类)二等奖1项、上海市体育局社会科学研究优秀成果奖三等奖1项。成立上海高校人文社会科学研究基地和上海社会调查研究中心上海商学院分中心。

队伍建设。全年共引进海外名师3人、教授3人、副教授2人、其他副高职级2人。实施新进教师岗前培训，并完善考核制度。全力推进教师专业发展工程，28名教师及实验人员参与“教师专业发展工程”，10名青年教师入选2014年“上海高校青年教师培养资助计划”，国外访学5人，国内访学6人。3名外籍教师入选2014年上海市“海外名师”项目。建设国外教师培训基地，加快搭建青年教师培养平台。实施“骨干教师教学激励计划”，通过“师生互伴计划”、“新生导航计划”“创新创业教育”等三大计划，提升教师的积极性，提高教学质量和教学水平。开展教师的评奖评优工作，组织评选了10位“优秀教师”和10位“优秀教师提名奖”。全年提拔37名中层干部，其中31名处级。

学生工作。推进学生自主管理，鼓励学生成立各种社团。已成立社团115个(本部105个、院区10个)，共有6640多名学生社员参与170余项社团活动，其中大型活动51项。支持学生参与各类竞赛，学生参赛意识和竞赛能力进一步提升，获奖总数达到266项，比上一学年增长了39.27%，获得第七届中国大学生计算机设计大赛一等奖等重大学科赛事奖项。开展校内外志愿服务活动836项,参与总人数8337人。进一步优化志愿服务网络平台建设。校红十字会学生分会开展阳光宝宝、导医项目系列服务,全年共计1000余人次参与,增幅达100%,获市级奖项2个。巩固传统媒体阵地,完善上海商学院青年微信、网站、报纸、团刊"四位一体"平台。《上商青年》微信平台荣登中国高校传媒联盟(上海)热度排行榜首。共有23468人进行了易班注册与使用。初步实现学生自主管理和智慧校园建设衔接,便利学生学习生活。易班工作站获上海市易班"十佳工作站"称号。智慧校园建设成效显著,上海科学技术情报研究所对"智慧校园综合一体化建设"项目科技查新检索分析结论为:达到国际先进水平。"智慧校园,幸福应用"项目获2014"上海智慧城市建设十大优秀应用"中的"十大创新应用"奖。学校还获得"2013—2014年度全国教育后勤系统信息宣传工作先进单位"称号。

校园规范管理。按时完成奉浦、徐汇两校区近180余项基建修缮项目,改善校园整体环境和软、硬件条件,建成学生活动中心,建成并启用徐汇食堂,开展后勤信息化建设。继续加大图书资源采购,调整馆藏资源结构,引进自动预约机、自动借还机等现代化设备,推出"移动图书馆、自助借还、自助打印复印、自助占位"等服务,提升教学、科研服务水平。连续第四次被市政府、市警备区授予的"征兵工作先进单位"称号。举行第十届教职工运动会,召开七届四次教代会暨八届四次工代会,切实做好医疗保险及教职工休养体检工作。

(张仲礼)

【在全国高校辅导员职业技能大赛上获奖】 5月,第三届全国高校辅导员职业技能大赛在山东大学举行,来自全国共6个赛区的60名选手参赛。学校财经学院辅导员刘俊成绩排名第11,获得三等奖。

(刘晋波)

【在首届上海青年教师教学竞赛中获多个奖项】 6月27—29日,学校组织教师参加首届上海青年教师教学竞赛,刘攀获自然科学应用学科二等奖、武宏琳获科学应用学科二等奖、居蓓蕾获人文社会学科三等奖。

(刘晋波)

【入选2014年"海外名师"项目】 在上海市教委公布的2014年"海外名师"项目评选结果中,学校有3名外籍教师入选,分别是:管理学院教授Mourad Dakhli、管理学院教授Alan Hudson和旅游与食品学院教授Hailin Qu。

(刘晋波)

【上海商学院商业博物馆开馆】 12月,上海商学院商业博物馆正式开馆,展出上海百年商业史料、实物300多件。类似规模的展出在国内外尚属首次。

(刘晋波)

【获"上海市语言文字规范化示范校"称号】 12月16日,学校在奉浦校区举行"上海市语言文字规范化示范校"揭牌仪式。市教委语管处和学校领导共同揭牌。

(刘晋波)

附:学院负责人及地址

(2014年1—12月)

院党委书记:李明福
副　书　记:楼文高(10月到任)、翁德伟(10月到任)

院　长:朱国宏
副院长:冯伟国(2月离任)、楼文高(10月离任)
　　　　贺　瑛(7月到任)、翁德伟(10月到任)
　　　　钟幼伟(10月到任)

徐汇校区地址:中山西路2271号
邮编:200235
电话:64870020

奉浦校区地址:奉浦大道123号
邮编:201400
电话:67102976

上海建桥学院

【2014 年概况】 学校秋季招收新生 3779 人，其中，本科生 3188 人，专科生 591 人，另录取专升本学生 260 人，全日制在校生 13413 人。2014 届毕业生就业率99.6%，签约率 96.2%。全校教职工 663 人，专任教师 460 人，其中高级职称的占 35%，研究生学历的占 70%。

本科建设。学校本科教育加速向应用型转型。机电学院汽车服务工程专业列入上海市应用型本科试点专业。新闻传播学院教师阿娜的“新闻专业产教融合人才培养模式研究”、商学院教师刘建新的“基于产教融合的工程管理专业历保方向应用型人才培养体系研究”被立为“2014 年上海高校本科重点教学改革项目”。学校出台《上海建桥学院应用型本科试点专业建设改革方案》，推出汽车服务工程专业、工程管理专业、计算机专业群、新闻学专业、日语专业 5 个校级应用型本科试点专业。年内，学校获得上海市教学成果一等奖 1 项、三等奖 1 项，立项校级教改项目 23 项。

学生工作。全面推行辅导员、专业导师、辅导员助理“三位一体”育人机制。召开上海建桥学院第四次团代会第六次学代会，选举产生新一届团委和学生委员会。43 个“三下乡”和“知行杯”团队共计超过 1000 名学生参与暑期社会实践。学校的上海科技馆志愿者人数名列上海市第二，获得 2013 年度上海科技馆志愿者工作先进集体。学生社团 124 个，新生社团参与率达 83%，举办首届社团文化艺术节。学校团委“体验红色青春，弘扬革命精神”国情考察团，机电学院“亲临历史现场，体验革命精神”文化宣讲团，商学院“和谐中国，发展中国，力量中国”政策宣讲团 3 个项目获上海市大学生暑期社会实践活动优秀项目奖，“易恩网”项目获 2014 “创青春”全国大学生创业大赛决赛铜奖。在邮储银行杯第七届全国大学生网络商务创新应用大赛全国总决赛中，学校商学院电子商务专业“有空”团队、“宴会订”团队分获特等奖、二等奖。举办第一届上海建桥学院“筑梦杯”创业大赛。64 名学生应征入伍。学生无偿献血 990 人次。

科研工作。新增立项科研项目 50 项，到账经费 204.7 万元，其中纵向课题 46 个、横向课题 4 个，上海市教委创新项目 3 个，上海市哲学社会科学规划项目 1 个。学校启动 2014 年新一轮校级重点学科和校级研究项目计划，总投入 390 万元，比去年增加近 4 倍。

队伍建设。学校新进教职工 88 人。16 位教师获“上海高校青年教师培养资助计划”资助合计约 61.5 万元。学校教师 2 人申报正高职称，11 人申报副高职称(含思政系列)，23 人申报中级职称。2 位教师赴境外攻读博士，派遣国内访问学者 10 人、国外访问学者 8 人，出国进修 7 人，企业挂职 20 人。

交流与合作。建桥—丹麦班第二期开班，丹麦奥胡斯商学院 24 人到校学习 3 个月。与 14 所境外高校签订合作协议。5 人赴美国高校考察交流，21 人赴澳大利亚高校考察交流，87 人赴台湾地区高校考察交流。（康　桥）

【成立职业生涯发展教育工作室】 4 月 21 日，学校三个职业生涯发展教育工作室成立，分别为外国语学院教师胡玲负责的“天生我才”职业生涯发展教育工作室、艺术设计学院教师胡银平负责的“追梦”职业生涯发展教育工作室、新闻传播学院教师贾存忠负责的“腾飞”职业生涯发展教育工作室。（康　桥）

【成立职业技术学院】 4 月 23 日，上海建桥学院职业技术学院成立。职业技术学院是学校第七个二级学院，下设商贸系、航空服务系、机电系、护理系、外语系 5 个系 7 个专业。（康　桥）

【建桥国际设计学院开学】 9月1日，上海市民办高校首批学历学位制留学生班——建桥国际设计学院(Intermark International Design College，IIDC)开学，有来自美国、韩国的8名设计专业留学生就读。 (康 桥)

【被评为全国优秀教师】 9月10日，学校辅导员刘伟山获教育部颁发“全国优秀教师”“全国高校优秀辅导员”称号。刘伟山是2014年度全国高校中获此称号的唯一的民办高校教师。 (康 桥)

【成立学生学习支持中心】 10月23日，学校学生学习支持中心成立。每周一至周五12点至21点向全校学生开放，开通学业咨询、课业辅导、学习沙龙、学习延伸、网络学习五个服务项目。中心内有大学英语、大学物理、高等数学、计算机应用基础四门公共基础课程专业教师轮流值班答疑，还招募师生志愿者以网上交流、线下设点、固定时间、解决预约等方式“一对一”“一对多”服务同学。中心不定期举办专题讲座、学术报告、学习经验分享、职业发展规划、出国深造策划等活动。 (康 桥)

【党建和思政成果获奖】 11月1日，在第二届全国民办高校党建工作论坛上，由学校党委书记蒋威宜等主编的《我们共同的精神家园——上海建桥学院易班建设巡礼》获“第三届全国民办高校党的建设和思想政治工作优秀成果一等奖”。 (康 桥)

【击剑队全国锦标赛获三金】 11月28日，在第二十届全国大学生击剑锦标赛中，学校击剑队获团体赛一金一铜、个人赛两金一银。 (康 桥)

上海建桥学院女子佩剑获第二十届
全国大学生击剑锦标赛团体冠军

【加入应用技术大学(学院)联盟】 12月6日，应用技术大学(学院)联盟年会在浙江宁波举行，会上公布第二批获准加入联盟的院校。全体理事单位投票赞成学校加入联盟。 (康 桥)

附:学院负责人及地址

(2014年1—12月)

董事长:周星增

院　　长:潘迎捷
常务副院长:张家钰
副 院 长:蒋威宜(兼)、郑祥展、朱瑞庭

院党委书记:蒋威宜
副 书 记:夏 雨

地址:康桥路1500号
邮编:201315
电话:58137788

上海视觉艺术学院

【2014年概况】 学校设有设计学院、新媒体艺术学院、时尚设计学院、美术学院、表演艺术学院、文化创意产业管理学院、基础教育学院7个专业学院和院务部、教务部、科研部、产业发展部4个管理部

门，实训管理中心、图文信息中心、国际艺术交流中心3个业务中心，共有教职工318人(不含兼职教师)。2014年，学校共有16个专业(含31个专业方向)面向全国26个省市招生，总计招生1004人，报到人数995人，报到率为99.1%。在校学生3900余人。

学校继续着眼于城市未来发展方向和文化创意产业发展的需要，以“需、学、研、产”一体化和“四个结合”的教育新模式，为社会培养具有国际视野、创新意识、娴熟技能和文化底蕴的复合型、应用型艺术设计人才和文化产业经营管理人才，同时，通过坚持“教育家治校、教授治学、学校自主、学生自理”的办学理念和“艺术与技术相融合”的办学定位，以及“人无我有、人有我新、人新我优、人优我精”的办学方针，在教育改革、教学管理、学科建设、师资队伍、科研工作、人才培养、国际交流合作、学生管理等各方面大胆探索实践和改革创新，取得了新的成绩。

一、完善法人治理机构，创新办学体制。9月，学校董事会换届选举，修订《上海视觉艺术学院章程》，明确董事会的权利、议事规则，以及董事会领导下的院长负责制等。推选张止静担任新一届董事会董事长和学校法定代表人，推选王荣华担任学校校长。6月，根据《上海市教育委员会关于开展非营利民办高校示范校建设工作的通知》要求，学校积极参与非营利民办高校示范校建设工作的申报。对照《上海市非营利民办高校示范校创建指标》，学校探索建立现代大学治理新体系，拓宽产教融合办学新渠道，完善教师发展保障新机制，推进教学模式改革新举措，打造学院人才培养特色品牌，在规范办学、开放办学、教师发展、提升质量等4个方面加强工作力度。经上海市教委的专家评审，成为上海市首批非营利民办高校示范校。

二、教学建设与改革。①教学管理制度修订工作正式启动。11月，对《上海视觉艺术学院本科生管理条例》《上海视觉艺术学院学士学位授予工作条例》和《上海视觉艺术学院学士学位授予工作细则(试行)》进行了修订，同时新制定《上海视觉艺术学院学位论文作假行为处理办法实施细则(试行)》。②课程教学体系开展改革。根据深化学分制改革要求，教务部门与各专业共同商讨专业课程设置的改革和调整，提出“跨专业选修课程包”的概念，打破各专业间壁垒，拓展学生专业融通性。③专业建设新发展。开展中本贯通试点，联合上海市逸夫职业技术学校申报环境设计(室内设计)专业；新媒体学院动画专业和时尚学院的工艺美术专业参与应用本科专业试点，并于10月下旬通过专家答辩，11月下旬通过市财政专项资金评审中心的答辩；增设师范类新专业，包括表演和绘画两个专业方向，报教育部批复。

三、科研工作。据统计，2014年度学校科研经费，纵、横向项目合计达到4184.4万元，初步完成年初学校下达的指标。其中“数字内容产业的创新与推广”“艺术设计原创力教学实践平台”“基于上海时尚产业的服装与服饰特色专业建设”等14个项目获得上海市教委立项；“第七届上海大学生电视节”和音乐剧“妈妈再爱我一次”等2个项目获得上海文化基金会的立项；“文物修复专业紧缺人才实训平台建设”等3个项目获得上海市文教结合工作协调小组办公室立项；“上海城市品牌综合提升项目”获得上海市经济和信息化委员会立项；申报上海教育发展基金会项目2项，上海市高等教育学会5项，上海市民办教育协会1项，国家文物局1项，其他单位3项。2014年，学校修订《科研成果转化管理办法》《上海视觉艺术学院科研工作指导细则》及《上海视觉艺术学院教职工科研工作年度衡量指标(讨论稿)》等。据不完全统计，2014年度，学校教师发表的学术论文49篇，著作11部，教师获奖31项，获得专利3项。学校有10幅(件)师生作品入围全国第十二届美展。有关教师参与“上海市工艺美术产业发展三年行动计划(2014—2016)”项目的筹备工作。

四、师资队伍建设。在引进高水平兼职教师的同时，学校通过多种途径，加强对专职教师，特别是青年教师的培养。依托市教委教师发展工程及民办高校师资队伍建设的“强师工程”，有30人次参加教学、科研、管理人员的培训，选派3名青年骨干教师赴海外访学，2人参加为期4个月的赴英国短期进修。有15名专职教师取得高校教师资格证，使具有高校教师资格的专职教师比例达到

85%。学校引进17名专业技术人员或硕士毕业生，其中具有副高以上专业技术职称的专家4人。申报三位外籍教师的“海外名师”项目，目前学校在聘的“海外名师”已达到了6名。学校经申报，成为上海民办高校教师发展中心分中心。

五、开放办学和国际交流合作。学校继续坚持走开放办学、产学研一体化的办学道路，加强与行业和企业的深度合作及国际交流合作。与德稻集团合作，在已有产品设计和动画两个实验班的基础上增设环境设计（生态建筑设计）、文化产业管理（品牌战略与管理）、服装与服饰设计等8个专业方向，使实验班扩大到10个专业方向，覆盖设计学院、新媒体艺术学院、时尚设计学院、表演艺术学院、文化创意产业管理学院等5个学院，共招收学生280余人。完成市级“文物修复专业紧缺人才实训平台建设”项目和国家文物局“文博技能人才培训基地”的申报工作，成为国家文物局全国3个高校培训基地之一。新媒体艺术学院与中国动漫集团、上海电视台合作共建水墨动画工作室，表演学院与金典公司合作共建音乐剧教学实践基地的工作顺利推进。时尚设计学院和上海培罗蒙西服总公司、浙江梦森服饰有限公司、江苏阳光集团等签订校企合作协议，新媒体艺术学院与索尼（中国）公司、巴黎婚纱摄影有限公司签署了合作协议和战略合作备忘录。

年内，学校致力于搭建国际合作交流平台，与学校建立国际合作关系的国外院校达到19个。学校举办“国际艺术与设计教育高峰论坛”、俄罗斯列宾美术学院素描作品展及大师班课程，还举办了“中高龄时尚服饰国际论坛”、“高校陶瓷艺术教育改革研讨会暨国际壶艺研讨会”等4场规模较大的国际学术会议和专业活动。

六、人才培养质量持续提升。据不完全统计，学校学生在参加各种省部级以上的竞赛中，有近71人次获得各类奖项41余项，其中国家级38项；在参加各种创新、技能和文艺、体育竞赛中，有25人次获得各类奖项22项，其中，国家级奖项3项。学校原创音乐剧《妈妈，再爱我一次》（学生版）荣获第四届中国校园戏剧节“中国戏剧奖·校园戏剧奖”专业组最高奖，学生叶麒圣获得第四届中国校园戏剧节“校园戏剧之星”称号；设计学院产品设计专业的学生徐圣、陈翔在“2014现代汽车设计大赛”中获金奖；新媒体艺术学院广编专业学生李奇峰导演、葛荣韵摄影的独立影像短片《画痣》荣获第七届上海大学生电视节紫丁香大奖和上海第九届亚洲国际青少年电影节“最佳影像作品”金奖；时尚学院纤维艺术设计专业学生郑童的系列设计作品《标点革命》在2014中国国际面料创意大赛中获金奖；产品设计专业学生周梓童获第八届“全国数字艺术设计大赛”工业设计组银奖；学校创业团队“上海Fantast动画机构”获得第八届“挑战杯”上海市大学生创业大赛银奖和2014年“创青春”全国大学生创业大赛铜奖。

毕业生的创业热情继续高涨。2014年毕业生总数827人，学校通过组织创业大赛，鼓励毕业生自主创业。在2014年第三届学生创业大赛中，共有30余组学生提交创业方案，有10多组学生分别获得一、二、三等奖，其中有5组学生获得创业基金支持，创办了公司。 （黄　华）

【杨雄到校视察】 6月17日，市长杨雄率市政府秘书长、办公厅主任李逸平，市政府副秘书长宗明，市发改委主任俞北华，市教委主任苏明，市财政局副局长金为明，市政府研究室主任王德忠等到学校视察。杨雄希望学校与其他应用型高校合作，以学校为中心，建立2—3个能与其他应用型高校共享的德稻大师工作室；希望学校能率先在上海市属高校中探索建立一个可复制、可推广的高校治理结构，推动上海高校的内涵建设和发展。 （黄　华）

【翁铁慧到校考察】 5月16日，副市长翁铁慧到学校考察，随行的有市政府副秘书长宗明、市教委主任苏明等有关部门领导。翁铁慧听取了学校有关文物修复专业等各专业工作室和德稻大师工作室建设情况的汇报，对学校面向国家和社会需求，重点加强特色学科的建设和学生动手能力的培养，为国家和社会培养复合型紧缺人才的做法表示赞许。

（黄　华）

【陈克宏、苏明到校调研】 2月20日，市教卫工作党委书记陈克宏、市教委主任苏明、市教卫工作党委原书记李宣海、市教委秘书长王志伟，发展规划处和民办教育管理处等部门的领导到校，就学校内涵发展与建设过程中存在的瓶颈，需协调解决的问题等进行调研。（黄　华）

【《妈妈，再爱我一次》获中宣部“五个一工程”奖】 9月，由学校和德稻集团、松雷蝶之舞音乐剧团等单位联合出品的中国原创音乐剧《妈妈，再爱我一次》，经全国妇联报送，获中宣部颁发的全国第十三届精神文明建设“五个一工程”奖。《妈妈，再爱我一次》在北京、上海、广州、南京、哈尔滨、重庆、青岛、深圳等十几个城市巡演130余场，引起广泛而热烈的社会反响。7月，该剧入选韩国大邱国际音乐剧节开幕演出获音乐剧节最高奖项——评委会大奖。饰演男主角的学校学生叶麒圣获2014年“上海白玉兰戏剧表演艺术奖新人主角提名奖”。

（黄　华）

【与国家文物局达成初步合作意向】 4月4日，国家文化部副部长、文物局局长励小捷一行到学校就双方开展文物修复专业教学和实践合作举行座谈，并在“给项目、挂牌子、双认证”等三方面达成初步合作意向：即在修复项目及科研项目上给予学校支持；与学校合作建立“国家文物局教育培训基地”或“可移动文物修复培训中心”；建立双认证评价模式，凡经过国家文物局认证的教育机构，只要学校准予毕业的文物修复专业毕业生，国家文物局将同时发放相关认证资格证书。（黄　华）

【首期全国“纸本文物保护修复技术培训班”开班】 8月18日，由国家文物局主办，学校承办的首期为一个月的“纸本文物保护修复技术培训班”在学校开班。来自26个省市自治区的80多位相关文博单位文物保护修复技术骨干报名。经国家文物局审核，25位学员参加了首届培训班，他们来自沈阳故宫博物馆、浙江省博物馆，陕西省文物保护研究院等4个省市博物馆、文物馆。（黄　华）

【“上海中高龄时尚服饰研究中心”揭牌】 9月11日，在中国纺织工业联合会、中国服装协会、上海市老年基金会、上海文化创意产业推进领导小组办公室、上海服装行业协会的支持下，由学校主办，江苏阳光集团、浙江华之毅时尚集团、上海中外文化艺术交流协会协办的“上海中高龄时尚服饰研究中心”在学校举行揭牌仪式。“中高龄时尚服饰研究中心”借助中、日、韩、英、法、美、瑞等国优秀的设计师和高校资源，为中国中高龄服装产业培养设计与管理人才。中心成立揭牌之际，还举行了“寻找银色光彩”——中高龄国际时尚服饰秀、“寻找银色光彩”——2014首届中高龄时尚服饰国际论坛。与此同时，《寻找银色光彩——2014中高龄时尚服饰研究》一书出版发行。（黄　华）

【俄罗斯列宾美术学院素描画展举行】 9月26日—10月31日，俄罗斯列宾美术学院素描作品展在学校举行。俄罗斯列宾美术学院已有257年历史，与意大利佛罗伦萨美术学院、法国巴黎美术学院、英国伦敦皇家美术学院齐名，被誉为世界四大美术学院之一。此次展览是列宾美术学院在海外的最大展览，所展出的93幅素描作品均是从列宾美院教学资源珍藏中精选，清晰呈现出列宾美院素描教学的传承和脉络。（黄　华）

俄罗斯列宾美术学院素描画展开幕

【15部影视作品获专项资金扶持】 12月，经上海文化广播影视管理局评审专家半年的初审和复审，由学校新媒体艺术学院广播电视编导专业老师指导、该专业学生创制的15部微电影、纪录片作品获得了2014年上海市网络视听产业专项资金共计86万元的资助。（黄　华）

附:学院负责人及地址

(2014年1—12月)

院　　长:龚学平(9月离任)、王荣华(9月到任)
院党委书记、常务副院长:邵敏华(12月离任)
副 院 长:穆端正(2月到任)、张　同、周　斌(2月到任)、俞振伟(2月到任)、毛　方(2月到任)
副 书 记:俞振伟(8月到任)

校址:文翔路2200号
邮编:201620
电话:6782500

上海兴伟学院

【2014年概况】 学院现有普通本专科生共28人,有英语(博雅方向)1个专业。学院现有教职工36人,专人专职教师10人,其中外籍教师4人。

学院的任职教授全部来自亚利桑那大学、波士顿大学等欧美知名大学,且均拥有博士学位,除此之外,学院还聘请具有多年社会和企业工作经验的实践性教授。学院注重外籍教师的管理和相关资质的申请,现已取得聘请外国专家单位资格认可等资质。

学院采取学生管理学院的模式,并且成立各个委员会,委员会主任均由学生担任。每个委员会的主任由教练指导。学院每月举行一次委员会主任会议讨论学生中的相关问题,并决定最佳的解决方案。让学生参与学院的管理,目的是培养学生的管理能力及创造能力,增强学生的社会责任感。

学院倡导博雅教育,即不为学生预设任何专业,而是注重开设涵盖文理科多元通识课程,鼓励学生探索尽可能多的学科方向,并在这个过程中找到自己的热情和爱好所在,明确自己想要继续深造的专业领域。学院以英语为教学语言,力求培养学生独立思考和思辨的能力。以5周为一个教学模块,每3个模块为一学期。每周三为学生的社团活动日,内容多样,形式也多样,有外出参观,或者聘请学者来学院讲座等。在教学安排上,鼓励教师合作,共上一门课。学生可以根据自己的兴趣选择相关课程。

学院积极推进校园环境和教学条件的改造和提高,其中校园网络的更新和新购置的图书,给学生提供了更多更有效的学习资源。学院教学仪器设备总值2224.48万元,其中当年新增3.21万元。

(汪瑶瑶)

【获批为本科院校】 学院凭借独特的办学模式、新颖的教学方式在2014年获上海市政府批准为本科院校,实行全日制本科教育以及实践型博雅教育。

(汪瑶瑶)

附:学院负责人及地址

(2014年1—12月)

董事长:陈公白

院党总支副书记:陈晓群

院　长:俞光虹

地址:勤奋路1号
邮编:201399
电话:68020823

上海外国语大学贤达经济人文学院

【2014 年概况】 秋季招收本科生 1756 人，本科专业 21 个，在校生总数 6599 人，毕业生总数 1281 人，就业率 97.6%，其中出国续读研究生 179 人，国内续读研究生 23 人。

完善教学、科研管理制度。制定《上外贤达学院实践教学基地管理办法》《上外贤达学院学生实习实训安全管理规定》《上外贤达学院关于听课制度的若干规定》《论文作假行为处理》《上外贤达学院本科专业人才培养方案管理规定》《上外贤达学院试卷存档规范》《上外贤达学院试卷阅卷参考规范》《上外贤达学院教学突发事件应急预案》等教学、科研管理制度。根据《教育部本科教学合格评估指标体系》和《上海市教学质量年度工作报告、教学质量以及教学状态数据》指标要求，撰写了《上外贤达学院 2013—2014 学年本科教学质量报告》。

推进课程和教学改革。完善专业组织架构，调整优化专业结构，2014 年开设全英语课程 17 门、双语课程 32 门。任意选修课 92 门，学生选课 5885 人次。通过资源整合，拓展校外见习基地 35 个。校级精品课程 1 门、主干课程 5 门、一般课程 10 门。建设校级重点科研项目 18 个，一般科研项目 45 个。承接市重点教改项目 2 项、市高等教育学会课题 5 项、市民办教育协会课题 2 项、市高校青年教师培养资助计划课题 6 项。“会展经济与管理专业本科学生职业技能培养研究——基于隐性知识的视角”“课程教学质量监控及评估机制的探索——以英语专业为例”在市教委立项。

交流合作。拓展海外名校合作渠道。新建设 4 个双学士专业项目：英国中央兰开夏大学—贤达(3+1)双学士学位；美国纽约州立大学—贤达(2+2)双学士学位；美国纽约电影学院(2+2)双学士学位；美国杰克逊威尔大学(3+1)双学士学位。新建设 1 个本硕连读项目：美国纽约电影学院(3+1)或(3+2)本硕连读项目。新建立 2 个境外教师培训基地：美国伊利诺伊州立大学香槟分校、英国伯明翰城市大学。新增学分互认学校 6 所：美国新墨西哥大学、美国北密西根大学、美国协和大学威斯康星分校、德国慕尼黑应用语言大学暨慕尼黑语言和翻译学院、日本别府大学、中国台湾南华大学。聘请外籍教师和专家 25 人。

师资建设。教职工总数 501 人。其中专任教师 333 人，行政人员 85 人，教辅、工勤人员 73 人。1 人入选“上海高校教师国外访学进修计划”，3 人入选“上海高校教师国内访问学者计划”，6 人入选 2013 年“上海高校青年教师培养资助计划”。8 人被聘为副教授职务。88 人次参加了学校组织的领导力与管理技能的专项培训，联合兄弟民办院校组织中层及以上管理人员赴美国伊利诺伊香槟分校(UIUC)进行了为期 21 天的高等教育管理项目的培训。聘请外籍教师和专家 25 人。

学生工作。修订完善《上外贤达学院暑期社会实践管理办法》、《上外贤达学院社团社费管理办法》，撰写了《上外贤达学院学生工作报告(2013 年)》。组织团干部、学生干部培训，受训 376 人次。开展奖、贷、勤、补、免等各项学生资助工作，11 人获国家奖学金、15 人获上海市奖学金、280 人获国家励志奖学金，128 名贫困学生获减免学费。699 名师生无偿献血。校红十字会志愿者服务队被评为“2013 年度志愿者服务优秀集体”。“寻根信仰，追梦井冈”井冈山暑期社会主义价值观主题教育实践活动获 2014 年上海市大学生暑期社会实践活动优秀项目奖；“网络聚焦失独—建立失独者互助行为模式”项目获第六届“知行杯”上海市大学生社会实践大赛优秀奖，学校获暑期社会实践优秀组织

奖。学校学生还在各项国内外竞赛中获多个奖项。（袁　源）

【庆祝建校10周年系列活动】 11月15日，学校举行建校10周年庆祝大会。市教委领导以及各兄弟院校领导、历届校友、师生代表等1000余人出席了庆祝大会。庆典以“传承·创新·发展”为主题。学校还举行了“东西方文化融合—教育国际化发展论坛”、校友嘉年华、文艺晚会等一系列庆祝活动。（袁　源）

上海外国语大学贤达学院10周年校庆

【多名教师获教学成果奖】 教师俞译、李澜参加2014民办高校国际商务专业教师“优师杯”双语教学技能竞赛获一等奖；文化产业与管理学院青年教师王哲获得“青春在讲台——首届上海高校青年教师教学竞赛”人文社会科学组三等奖。在上海市首届应用型本科青年教师教学能力竞赛中，吴琼获外语组二等奖，胥蕾获艺术类组三等奖，汪安梅获企业经营模拟—沙盘组三等奖，陈星获优胜奖。（袁　源）

【召开校教代会】 学校召开了一届二次教职工代表、工会会员代表大会。大会审议通过了《上外贤达学院师德风范》，表决通过了《上外贤达学院薪酬制度改革实施方案》。（袁　源）

附：学院负责人及地址

（2014年1—12月）

董 事 长：鲍贤嗣
副董事长：冯庆华

院　　长：张定铨
副 院 长：张祖忻、陆朴鸣
院党委书记：吕才明
副 书 记：郑　虹

虹口校区地址：东体育会路390号
邮编：200083
电话：51278000

崇明校区地址：东滩大道999号
邮编：202162
电话：39665000

上海师范大学天华学院

【2014年概况】 全年招生计划2100人，补偿性计划58人，全年总计划招生2158人，实际报到注册2152人，报到率93.89%。年末在校生总数7731人，2014届毕业生总数1712人，就业签约率85.05%，就业率96.79%。

学院完成政府专项20项，使用资金359万元：二期工程专项5项97万元；日常经费14项196.3万元；维保费4项18.3万元。学校购置了2013和2014年政府专项各类设备设施，新签有关设备供应合同67项，新增设备合同总额1202.4万元。制定了2015年政府专项设备采购预案。

科研工作。学院在研项目476项，比去年增加了82项，其中包括"上海市民办高校重大内涵建设与重点项目"结题验收、国家社科基金项目1项，"上海市重点教学改革"项目2项、"上海市教委重点课程"项目5项、"上海高校青年教师培养资助计划"项目13项、"上海市晨光计划"项目1项、"上海民办教育协会课题"2项、"国内外访问学者"项目6项、产学研践习计划项目9项。学校设立了校级优质课程建设项目13项、全英语教学改革项目9项，重点教学改革项目15项、重点教材建设项目26项。

师资队伍。学院有3名教师参与国内访学计划，资助金额为18万元；9名教师参加产学研践习计划，资助金额为45万元。有13位青年教师入选青年教师培养和资助计划，下拨金额为57万元。学校推荐42名教师参加上海市民办高校教师"强师工程"培训项目，1人参加海外研修(第三期)项目，赴英国进修半年。

学生工作。学院有辅导员64人，其中正辅导员38名，副辅导员26名。完成对所有新生的体检工作。完成了《学生工作操作程序汇编》编写工作，制定并实施了辅导员素质提升的培养计划和考核计划。落实了月度绩效考核意见和实施细则，已有17名辅导员通过教师资格证书。对2000多名新生早晚自习全面实施数据化考勤。完成1767名大二学生的集中军训，参训率达100%；3934名学生完成了四次常态化军训。参训率为98.67%。每月对全校8幢宿舍楼2018间宿舍进行卫生和安全检查，杜绝宿舍脏、乱、差的现象。全年，评选发放国家奖学金、国家励志奖学金，上海市奖学金150.8万元；获奖学生283人，发放国家和校内助学金197.66万，助学贷款251万元。

(天　华)

【在各种评比和竞赛中获好成绩】 陈佳雯老师的《面向对象程序设计(C#)》课程，被评为"上海高校市级精品课程"。在上海市应用型本科高校首届青年教师教学能力大赛总决赛中，李娟老师获艺术类组一等奖，梁洁老师获基础课程组二等奖，胡声丹老师获基础实验教学组二等奖，宋群芳老师获艺术类组二等奖，胡雅楠老师获基础课程组三等奖，聂晓晶老师获基础课程组三等奖。学生余波、张磊和李伟组成的团队获"奥派电子商务运营大赛"全国二等奖。参加"绚丽年华第七届全国美育成果展评"，参展教师获得一等奖四项、二等奖四项；参展学生获得一等奖3项、二等奖28项。在第八届"用友杯"全国大学生会计信息化技能大赛中，参赛学生获本科组全国二等奖、上海市一等奖。学校承办了全国第二十六届"韩素音青年翻译奖"竞赛颁奖典礼，得到了中国外文局和中国翻译协会的高度评价，获得了"组织承办奖"；在英译汉组比赛中，王广华、卜迅、陆凌云、李艳艳、于晓晨等老师获得三等奖和二等奖；房珊、施灿灿、张深深等学生获得了优秀奖。

(邓　宇)

【加强与国外大学的合作】 年内，先后与美国西俄勒冈大学、美国蒙哥马利奥本大学、美国辛辛那提大学、美国约拉马利蒙特大学、德国欧福大学、日本福井大学洽谈合作项目，签订合作办学协议。学校与美国西俄勒冈大学的学前教育合作项目已获批；与美国太平洋大学商学院财务管理专业合作项目也已经进入了材料准备阶段；学校与美国西俄勒冈大学的3+1经管类双学位项目已全面展开。

(邓　宇)

附:学院负责人及地址

(2014年1—12月)

院党委书记:韩晓玉
副　书　记:曹云林,许　岳

院　长:叶才福
副院长:龚春雷,史　文,朱国权,王友根

地址:胜辛北路1661号
邮编:201815
电话:39966266

上海医疗器械高等专科学校

【2014年概况】 学校招收新生1772名，其中自主招生329名，秋季招生1419名，报到率为91%。全日制在校生4535人。成人教育招生207人。学校有专业及专业方向22个。

深入开展培育和践行社会主义核心价值观的主题宣传教育活动。在市委、市政府的领导下，顺利完成学校党政领导班子换届工作。对学校部分机构设置进行调整；根据各系专业建设、内涵发展的需要，制定下发《关于进一步规范系部党政工作的意见》，加强系部党政班子建设。充分发挥校园文化引领作用，坚持“全员育人”的大思政格局，积极开展各类人文艺术活动。举行“学生心目中的好老师”评选。积极开展党建工作，开展“卓越党支部”党建案例评选活动，获上海理工大学立项2项，获市教卫党委系统、上海理工大学系统各类党建课题共4项。

教学工作运用新机制。引导教师积极参加各类教学改革项目、精品课程、重点课程等申报和评选，获批国家级教学成果二等奖1项、上海教学成果奖4项(一等奖2项、二等奖2项)；4个教学团队获市级教学团队；2门课程被评为市级精品课程；2位教师获市级教学名师称号。“医疗器械制造与维护”专业获“第四届高职高专院校重点专业建设教学设计比武”三等奖。参加首届上海高校青年教师教学竞赛，2人获二等奖，1人获三等奖。组织年度校级重点课程立项工作，25门建设课程立项。加强学校教学督导队伍建设，增聘校外专职教学督导，进一步完善学校教学质量监控体系。加强内涵建设项目管理，严格管理项目的规划立项、细化执行、建设调整、中期检查及验收等各个阶段。

科研管理注重实效。通过上海理工大学申报获批国家自然科学基金1项。签约校外科研项目30项，引入资金150.86万元，其中横向课题19项，签约经费101.86万元，纵向课题11项，签约经费49万元。教师发表论文123篇，其中A类21篇、B类40篇，论文质量有大幅度提高；出版教材18本；实用新型专利授权19件，发明专利3件，计算机软件著作权2件。

师资队伍建设常抓不懈。加大师资引进力度，年度引进博士13人、硕士10人，具有博士学位的教师42人，占专任教师的21%。加强教师的管理和培养，对新招聘教师进行师德师风、爱岗敬业专题培训。深化教师专业发展，教师中参加产学研践习7人、国内访问学者2人、国外访问学者2人。结合重点专业建设，选派优秀教师到企业挂职锻炼、赴国内外进修，努力打造具备实践能力和国际视野的双师型高职骨干教师。

实践教学坚持“巩固、发展、优化、提高”原则。通过抓环节、抓落实，过程监控等手段加强实践教学工作管理。累计投入2600万元，改造、新建7间实验实训室，新增实验实训工位数150个；新增教学仪器设备近2300万元，新增实验实训项目54个，新增实验实训指导书13本，完善校内11个实践教学基地，改善实践教学条件。

校企合作形成新的增长点。继续推进“中职—高职—应用本科”衔接，构建技能型人才培养立交桥；做好与上海医药学校的中高职教育贯通试点项目；积极探求医疗器械职教集团框架下的校企合作新的运行机制，重点走访上海医疗器械行业协会、宁波医疗器械行业协会、国药集团上海医疗器械有限公司等，签订合作协议8份。

进一步拓展对外交流与合作。国际合作办学

有了新的发展，与德国安贝格-魏登应用技术大学、英国巴斯城市学院和元培医事科技大学等海外院校签署合作协议，合作院校已经达到23家；学生赴海外实习、学习共计12批174人次，获资助金额206.4万元。教师赴德、澳、英、加等国家进行各类职业教育培训13批17人次。接待美国塔然特社区学院、德国美因茨大学、爱尔兰都柏林格里菲斯学院、德国安贝格-魏登应用技术大学、英国巴斯城市学院、加拿大尼亚加拉学院等校师生到访游学17批110人次。

社会服务多管齐下。以医疗器械类人才培养、技术服务、技能鉴定为抓手，积极开展行业监管和技术培训服务。为贵州、山西、湖北、云南等省市食品药品监督管理局举办国家医疗器械监管培训，共4期210人，举办各类医疗器械技术、职业技能培训，培训2118人次。对口支援山西药科职业学院、重庆医药高等专科学校、重庆三峡医药高等专科学校3个专业2012级133名大三学生到校就读，并有2011级98名学生顺利毕业。

学生工作落到实处。制定《上海医疗器械高等专科学校学生心理危机干预工作指南》，建立《大学生心理危机预警库》，做好危机干预。承办"2014年全国高职院校心理健康教育学术年会暨表彰大会"。"全员全过程全方位"进行就业指导和职业生涯规划，充分挖掘校友、行业协会和国际医学园区等多方资源，联合召开专场招聘会和大型校园招聘会，接待1159家单位进校招聘，提供近10000个岗位，就业率为99%。积极开展创新教育，培养学生创新精神，获"上海高校NFTE创业教育项目优秀合作伙伴奖"。学生职业(生涯)校外实践基地建设初见成效，"医专—康达学生职业(生涯)校外实践基地"项目中期检查评审获好评，"医专—诺诚学生职业(生涯)校外实践基地"项目顺利通过审批。开展校园科技创新(创业)活动，组织挑战杯"彩虹人生"职业院校学生创新创效创业大赛上海市比赛，获得全国一等奖、上海市突出贡献奖、优秀组织奖等诸多奖项。

管理工作有序推进。新校区第1标段基本建成，第二、第三标段基本完成室内工程，进入水电安装等外配套工程阶段。狠抓制度建设，结合群众路线教育实践活动，建章立制，立足长效管理，全年新建、修订22项制度。实施绩效工资改革，建立、梳理、补充、完善科研经费、财务报销、采购招标等管理制度，加强过程监督管理，不断提升管理水平。推进"设备对账管理系统""人事信息管理系统"等信息化建设工作。完善图书信息管理系统，增加多种形式的电子信息资源，充实、建设图书馆医疗器械行业特色样本库、医疗器械标准全文数据库内容。建立学校二级教代会制度，推进二级民主管理体系建设。　(龚瑞怡)

【获上海市新媒体工作优秀项目奖】 1月，学校选送的"服务新生，贴近心灵——上海医械高专贴吧建设"项目获得"上海共青团新媒体工作奖"优秀项目奖。　(龚瑞怡)

【全开放式单边核磁共振技术研发取得进展】 2月，学校"医专—纽迈低场核磁共振技术研发中心"研究人员历时8个多月，在全开放式单边核磁共振技术研发中取得进展，这对极度非均匀磁场下的核磁共振技术研究有重要意义。经过后续的系统完善和应用开发，该设备可直接应用于食品加工生产线上、超市货架前、餐饮企业的后厨间，实现食品品质检测从抽样送检到快速普检的转变。　(龚瑞怡)

【市教委领导到校调研】 4月16日，市教委副主任李瑞阳率市教委发展规划处和申教公司相关人员，调研学校浦东新校区建设情况，听取新校区基建工程进展介绍，并到施工现场进行实地查验。上海理工大学、上海医疗器械高等专科学校领导陪同调研。　(龚瑞怡)

【承办首届上海市职业学校创新创效创业大赛决赛】 5月9日，由团市委、市教委、市科委、市科协和市学联联合主办，学校承办的首届"挑战杯—彩虹人生"上海市职业学校创新创效创业大赛决赛在学校举行。大赛邀请来自上海科技创业中心、上海市创业投资行业协会、教育部大学生创业培训指导委员会等14家单位的创新创业领域专家、学者担任评委。入围决赛的62件作品分组进行答辩，通过作品展示、团队陈述、评委提问和现场答辩等环节，对作品进行考评。学校参赛作品分获特等奖2项、一等奖1项、二等奖3项、三等奖4项。其中，“便携式儿童膝内翻矫正仪”又在全国首届职业学校创新创效创业大赛决赛中获全国一等奖，“永磁磁共振系统磁体实时温控系统设计”“车载酒精检测系统”获全国二等奖。

（龚瑞怡）

【对口支援校际合作签约】 5月19日，学校与重庆三峡医药高等专科学校“联合培养人才合作协议”正式签约。学校将充分发挥国家示范骨干院校对中西部地区兄弟院校的对口支援作用，双方优势互补，协同发展，共同为提升重庆三峡医药高专医用电子人才的培养质量做出努力。

（龚瑞怡）

【获国家级教学成果（职业教育）二等奖】 9月，学校“国际化高职临床工程技术人才培养的探索与实践”研究成果通过专家组鉴定，并经市教委推荐，获国家级教学成果（职业教育）二等奖。该项目反映了学校在医疗器械技术技能型人才培养和教育教学改革中取得的创造性成果。（龚瑞怡）

【承办高职院校心理健康教育全国年会】 10月16—17日，由中国心理卫生协会大学生心理咨询专业委员会、高职院校心理健康教育工作委员会主办，上海市心理学会大学生心理专业委员会协办，学校承办的“2014年全国高职院校心理健康教育学术年会暨表彰大会”在校召开。来自全国16个省、自治区和直辖市的115名代表参加大会。大会以“加强高职心理健康教育与咨询工作沟通交流，提升心理健康工作水平；强化高职心理健康教育与咨询工作队伍建设，推进专业化和职业化发展”为主题。中国心理咨询师协会理事长郑日昌作主题报告，孟馥、林贻真、李正云、叶斌等专家分别开设心理工作坊。会议还进行了院校工作经验交流和学术论文交流，表彰了2014年度全国高职院校心理健康教育优秀论文和先进单位及个人。学校获2014年度特别贡献奖，校党委书记江才妹获突出贡献奖。

（龚瑞怡）

与宁波医疗器械行业协会签署共建协议

【医疗器械行业协会组团进校招聘】 11月21日，2015届毕业生大型校园招聘会在校举行。宁波市医疗器械行业协会在与学校签署校外共建实习（实训）基地协议的基础上，首次“组团”的11家企业进校招聘，成为校园招聘会亮点。

（龚瑞怡）

附：学校负责人及地址

（2014年1—12月）

校党委书记：江才妹（12月离任）、于　莹（12月到任）
副　书　记：江孝渔

校　长：郑　刚（12月离任）、张道方（12月到任）
副校长：丁岳伟、傅志中、魏景赋（6月到任）

校址：营口路101号
邮编：200093
电话：65483431

上海出版印刷高等专科学校

【2014年概况】 学校计划招生1919人(含自主招生280人),比上一年增加111人,实际录取新生1977人(包括自主招生283人),超计划招生58名。毕业生总人数为1414人,截至12月31日,全校就业率为99.29%,签约率为94.84%,其中毕业生到外地就业人数为470人,占毕业生总人数的比例约为33.5%;专升本207人,占毕业生总人数的比例为14.6%;出国8人,西部志愿者5人,三支一扶6人。

一、骨干校建设。学校全面推进国家骨干高职院校项目建设工作,为确保骨干校项目建设总结验收工作的顺利推进,制订和发布《关于调整国家骨干高职院校项目建设领导小组、工作办公室、各专项工作小组和子项目建设工作小组成员的通知》《国家骨干高职院校建设项目总结验收工作方案》《国家骨干高职院校建设项目总结验收工作进程安排》《国家骨干高职院校建设项目总结验收工作任务分解表》《国家骨干高职院校建设项目总结验收材料清单及工作任务分解表》等文件。发布《国家骨干高职院校建设工作简报》20余期,组织开展27个项目,包括国家骨干校建设项目中“9大项目”“上海市重点专业建设(085工程)”项目及其他骨干校建设项目的建设验收初评工作。为适应区域产业结构升级需要,创新人才培养模式,以浦东新校区建设为契机,学校建立12个“校中厂”,引入行业企业专家的同时,引入行业企业技术标准开发专业课程,推行任务驱动、项目导向的教学模式;整合行业资源,建立100个“驻厂工作站”、20个“驻地工作站”、6个“教授工作室”、5个“海外工作站”,深化订单培养、工学交替等多样化的人才培养模式改革,创新“双元制”职业教学,吸纳行业企业参与人才培养与评价,将就业水平、企业满意度作为衡量人才培养质量的核心指标,建立健全质量保障体系,全面提高人才培养质量。

二、教学工作。结合国家骨干高职院校、国家级专业教学资源库及学校教学资源库和上海市085工程等教育教学质量与改革工程重大项目建设工作,学校制订《专业建设工作管理办法》《专业建设工作委员会章程》《专业人才培养方案制订工作条例》《学生顶岗实习管理办法》《校外实践教学基地建设与管理办法》等一系列规章制度,进一步健全和完善教育教学管理制度体系,推进各项制度的实施;学校推进教育教学改革,提升教学水平,共有四门课程获上海高等学校市级精品课程(高职高专);学校开展职业教育上海市教学成果奖和国家级教学成果奖申报工作,其中,1项获上海市教学成果一等奖和国家级教学成果二等奖,1项获上海市教学成果一等奖,2项获上海市教学成果二等奖;3—9月,学校举办2014年中国技能大赛——第四届全国印刷行业职业技能大赛暨第43届世界技能大赛选拔赛启动仪式及平版印刷工决赛,其中6名学生分别获得平版制版工、平版印刷工、印品整饰工一等奖,8名学生分别获得二等奖,7名学生分别获得三等奖,4名学生分别获得优秀奖。学校还获得全国新闻出版职业教育教学指导委员会教学成果奖特等奖2项,二等奖3项。

三、科研工作。全校教师共申报各类纵向科研项目85人次,立项36项(不含横向课题),立项率42.3%。全年度承接校外项目(纵向与横向)90项,科研经费总到账362.71万元,比去年增长219%,其中纵向19项,经费80.65万元;横向71项,经费282.06万元。

学校全年共有2个项目获批教育部人文社科项目,1个项目获批上海市自然科学基金项目,实现近年来学校上海市自然科学基金立项“零”的突破；2项获批上海市“晨光计划”项目，实现连续三年该类项目申报的全部立项。在获批上海市现代大学制度专项调研课题的基础上，成为上海市现代大学制度试点高校。此外，获批1项上海市体育局社会科学决策咨询研究项目、2项上海市教委科研创新项目、1项上海市教委“文教结合”项目等。学校继续强化教师的专利申报工作，全年教师获批各类专利20余项，有教师1人获批专利数达5项之多，专利申报工作取得明显突破。

四、师资队伍建设。学校修订人事制度6条，新增人事制度6条，规范工作流程11项，并制作了人事制度汇编。共组织了5场校级面试，实际录用22人，其中，具有高级职称3人，博士学历5人，来自行业人才2人。首聘期满考核合格续聘工作首次引入考核打分模式，推行部门和校级二级考核评分制。学校获得市教委出国进修计划项目资助2人，10人获得教师产学研践习计划资助项目，获国内访学资助计划2人，并与上海烟印厂联合建立了青年教师产学研践习基地。

五、学生工作。全年共举办两场大型招聘会，邀请近400家企(事)业单位，其中近40%是以校友为代表的企业，为学校3000余名毕业生提供6000余个就业岗位。创建就业信息服务网，80余家企业参与线上的招聘，建立线上的市场准入制度和市场信息反馈机制，通过历年招聘会积累的企业资源、校企合作的企业资源、数字资源库的企业资源等相关信息构建企业信息总库，已初步整理登记近400家企业。

六、对外交流与合作工作。进一步拓宽海外交流与合作，加强与英国贝德福德大学、英国博尔顿大学、新加坡南洋理工大学、俄罗斯莫斯科印刷大学、芬兰奥卢大学等学校的交流合作。与美国弗里斯州立大学签订暑期实习交流培训协议与共建海外工作站协议；与爱尔兰都柏林格里菲斯学院签订会计专业合作办学与暑期实习交流培训协议；与法国艺术文化管理学院签订文化媒介与版权经纪方向合作办学协议；与巴黎视觉传达学院签订短期培训项目和交换生项目的合作协议；与法国IPAG商学院签订合作备忘录和海外工作站共建协议；与英国桑德兰大学签订联合培养协议；与英国贝德福特大学签订艺术专业联合培养协议；与圣彼得堡国立工艺设计大学签订合作协议；与芬兰奥卢大学签订2014暑期实习交流培训协议；与新西兰华威商学院签订游学、教师培训、暑期实习的交流培训协议；与奥克兰大学英语语言学院签订合作协议书；与塔斯曼国际学院签订合作意向书；与埃塞俄比亚博哈内那塞拉姆印刷企业签订共建海外工作站协议；与澳大利亚额迪斯科文大学签订合作备忘录。另外，学校还与英国约克圣约翰大学签订国际教育交流项目，为学校专科毕业生提供直接赴英攻读硕士学位的专科硕士6+1连读留学硕士(传媒管理)项目。

接待到访交流的海外高校领导、学者及专家共18批36人次；共有58位教师参加14个出访团组出访10个国家和地区，学校领导出访4次。学校共有105名学生参加10个出访团共出访10个国家和地区。

七、组建上海新闻出版职业教育集团。6月，上海市新闻出版局、上海出版印刷高等专科学校、上海新闻出版职业技术学校、上海理工大学出版印刷与艺术设计学院作为发起单位组建上海市新闻出版职业教育集团。上海出版印刷高等专科学校为常务副理事长、秘书长单位。12月20日召开成立大会。集团共有40家成员单位，其中，企业27家，行业协会5家，职业院校7家，研究所1家。 (高红明)

上海新闻出版职业教育集团成立大会召开

【被确定为世界技能大赛中国集训基地】 3月14日，根据国家人力资源和社会保障部《关于确定第43届世界技能大赛中国集训基地的通知》，学校被确定为第43届世界技能大赛“印刷媒体技术”项目中国集训基地单位。 (高红明)

【首届高端定向培训班正式开班】 5月15日，柯尼卡美能达办公系统(中国)有限公司首届数字印刷技术高端定向培训班在学校正式开班。此次开班协议的签订,既为学生提供更多参与社会、学习技能的新平台,也为培养更加适合社会需要的高端复合型人才创造可能。　(高红明)

【《美丽杨浦》电视栏目剧开机】 5月29日,由学校影视艺术系与杨浦有线电视中心联合开设的栏目剧《美丽杨浦》在学校举行开机仪式。该栏目剧旨以百姓喜闻乐见的形式展示杨浦区最美丽的心灵、最美丽的教师、最美丽的社区,彰显一个美丽、可爱、文明的杨浦区新形象。　(高红明)

【成为首批现代大学制度建设试点工作院校】 9月2日,上海市教委召开"实施现代大学制度建设首批试点工作启动会议"。学校作为上海唯一高职高专院校入列首批试点院校。学校领导出席启动会议并做了试点工作方案的汇报。　(高红明)

【获国家级教学成果奖】 9月4日,教育部下发了《关于批准2014年国家级教学成果奖获奖项目的决定》,正式公布2014年国家级教学成果评审结果。学校教学项目"服务印刷产业转型发展的高端技能型人才培养体系构建与实践"获得国家级二等奖。这是学校建校以来首次获国家级教学成果奖。　(高红明)

【教学资源库项目通过验收】 11月22日,根据教育部《关于公布职业教育专业教学资源库2014年项目验收结果的通知》。由学校主持并联合18所高职院校和32家行业(企业)单位共同建设的高等职业教育印刷与数字印刷技术专业教学资源库,获得了教育部评审专家组的认可,顺利通过验收。　(高红明)

【新增两项中外合作办学项目】 12月4日,接教育部国际交流司、上海市教委国际交流处通知,学校与法国艺术文化管理学院合作举办的出版与发行专业(文化媒介与版权经纪方向)、艺术设计专业(艺术经纪方向)经上海市教委批准、教育部备案,纳入国家普通高等教育招生计划,2015年9月正式招生。　(高红明)

【在巴基斯坦成立海外工作站】 12月7日,巴基斯坦SAFETYPACK公司与学校就巴基斯坦海外工作站的成立举行签约仪式。同时,学校还迎来巴基斯坦海外高技能人才首届培训班学生,进行为期两周的高技能人才培训。此次培训由印刷包装工程系印刷技术专业教师和第43届世界技能大赛"印刷媒体技术"项目中国集训基地实训指导教师共同完成。　(高红明)

附:学校负责人及地址

(2014年1—12月)

校党委书记:李　江(11月离任)、刘道平(12月到任)
副 书 记:陈　斌、顾　凯

校　长:陈　斌
副校长:滕跃民、曾　忠、黎　卫

地址:水丰路100号
邮编:200093
电话:55530024

上海旅游高等专科学校

【2014年概况】 学校在校专科生3422人,本科生1534人,研究生220人(硕士研究生197人,博士研

究生23人),夜大学学历教育学生94人,非学历培训1616人次;接受各类留学生26人,其中在读学历生5人(全日制专科学历生1人,本科学历生3人,硕士研究生1人),短期非学历交换生11人。

全年共录用新教工7人,包括应届博士生3人,应届硕士生3人、人才派遣人员(管理岗)1人(硕士)。新增兼职教师25人、兼职教授1人。完成年度教师专业技术职务评聘工作、专业技术职务岗位聘任工作以及科级定级工作,其中,3位教师晋升高级专业技术职务,27位教师晋聘高一级专业技术职务岗位。

推进教学质量工程建设。推进各类教学工程建设,包括教学资助项目以及旅游教育教学课题评选和验收工作、休闲服务与管理(专科)新专业的备案工作、旅游大类(本科)平台课程建设工作、落实和强化本专科新一轮人才培养方案的编制和执行工作、启动新一轮人才培养方案的修订工作,启动并开展休闲游憩实训基地、多功能语言学习中心、酒店管理专业人才培养和创新团队建设等中央财政建设项目、中央财政支持的职业教育实训基地建设工作。完成中央财政支持地方发展专项资金建设项目推进工作以及项目申报、会展经济与管理以及地理三个本科专业的评估工作,上海市应用型本科试点专业——旅游管理专业的申报工作,继续开展085、后示范项目建设工作。在市级教学团队、精品课程、教学名师、教学改革项目等工作中,获得市级精品课程2项、市级教学团队2项、市级教学成果奖3项。加大校企联合培养应用型人才力度,探索应用型、创新型人才培养模式创新与实践,拓展实践基地模式和建设——成立校园实训中心。开展第二届“实践教学周”系列活动。组织学生参加全国职业院校技能大赛(国赛与行赛)获得一等奖2项、二等奖2项、三等奖6项。

推动项目申报,增强学术科研实力。学校拨145万元资助54个校级科学研究项目,包括重点团队项目4项,预研究项目2项、一般项目29项,党建专题项目1项、教育部全国旅游行业指导委员会项目1项。获市教委“晨光计划”项目资助1项,获上海市人民政府决策咨询研究重点项目资助1项,获上海市自然科学基金项目资助1项。获国家自然基金项目资助2项,获国家旅游局项目资助1项。获2014年国家旅游局优秀学术成果奖专著类二等奖1项。获上海市第十二届哲学社会科学优秀成果著作类二等奖1项。学校教师全年发表论文89篇、著作29部。其中,EI论文发表5篇,核心期刊发表论文19篇。在研项目47项,含基础研究类项目12项,行业服务项目35项,核定经费324.44万元。推进学科建设。成功申报旅游管理专业硕士(MTA)学位点,完成首批MTA招生报考工作。完成085项目计划工作,编制《上海城市地理空间信息数据分析平台》。完成《2014年上海地方本科院校“十二五”内涵建设项目(重点学科专业建设)计划表》。完成地理学重点学科申报工作。完成学位点培养方案修订工作。加强国内外学术交流。与上海师范大学城市发展研究院共同承办大型国内会议“城市与区域发展院士论坛”,大型国际会议“全球城市论坛”“科技创新与城市发展国际研讨会”。参加中国旅游研究院“旅游科学年会”和“外设基地年会”,参加中国自然资源学会7周年年会,并组织安排旅游资源研究专业委员会分会场的学术报告。整理、编排旅游资源研究专业委员会2013—2014年度在兰州、海口和郑州3次会议的会议论文集。邀请国内外知名学者,先后为研究生作了26场高质量学术报告。与上海市旅游局合作承办“东方讲坛”6期。国家旅游局“研究生优奖计划”5个资助项目结项。完成《上海市旅游条例修正案》修改建议及相关解释材料的搜集工作。完成中国旅游研究院都市旅游研究基地的建设工作。

完善人才工作机制,推进人才梯队建设工作。学校建章立制、加强师资管理规范。制定绩效工资分配方案,完成《旅游学校骨干教师教学激励计划实施方案(试行)》,修订完善《“教师职业发展支持计划”实施办法和经费资助办法》《公派出国(境)访学人员管理办法》和《“双师素质”教师培养和认定办法》等文件,新拟定人才队伍建设工程系列项目“灯塔计划”“攀登计划”“雏鹰计划”“星光计划”“腾飞计划”等,新拟定《新进教职工培训工作实施方案》《引进高端人才科研启动经费使用办法》《新录用博士科研启动基金管理办法》等。修订《锦江奖教金评选办法》,2013—2014学年度学校评选锦江

"三育人"先进个人 20 名。推出各项教师资助培养计划,包括教师发展工程国内访学项目 2 项、产学研计划 2 项、世界旅游组织挂职项目 1 项、青年拔尖人才支持计划 1 项、全国旅游业青年专家计划 1 项、上海市育才奖 4 项、上师大"王乐三"奖教金 1 项、学校人才队伍建设工程"灯塔计划"项目 19 项。推动教师国外访学项目,包括教师发展工程的国外访学计划 8 项、上师大赴美全英文教学课程培训项目 1 项、上师大全英文教学培训课程项目 2 项、上师大国外访学项目 2 项、学校资助教师赴国外进行半年以上访学项目 5 项、为期一个月的短期交流项目 1 项。开展教职工校内专题培训 3 场。推进"硕博化""双师化"工程,158 人次参加各类校外培训,新增 6 人进行硕博学历学位进修,出国进修培训教师 12 人。与英孚教育机构签订长期合作协议,开设教职工英语应用能力培训班,第一期共有 30 位教师参加。

围绕立德树人,提高学生综合素质。开展各类校园文化活动 90 场,打造"礼仪风采大赛""导游风采大赛""校园十大歌手大赛""主持人大赛""SIT 游园会"等品牌活动。开展寒暑假社会实践活动,学生获委办局对接实践项目鼓励奖 1 项、上海市"知行杯"大赛优秀奖 1 项、市级优秀项目 2 项、先进个人 3 名。大学生志愿服务西部志愿者 2 名。学生项目获第十三届"挑战杯"上海市大学生创业大赛二等奖 1 项、三等奖 3 项,获"挑战杯—彩虹人生"创新创效创业大赛全国二等奖 1 项,市级一等奖 1 项、二等奖 1 项、三等奖 2 项。开展各类志愿和慈善公益活动 50 场。

进一步推进就业工作,加强就业创业教育。组织就业招聘会,邀请 50 家用人单位提供 800 个就业岗位。毕业班辅导员每学期走访学生实习与就业单位 6 至 10 家,了解学生工作情况,推动就业工作开展。共有毕业生 1283 人。其中,研究生 60 人,本科生 400 人,专科生 823 人。截至 8 月底,本科生就业率为 97.75%,签约率为 82.25%,专科生就业率为 93.80%,签约率为 72.54%,研究生就业率 95.00%,签约率 81.67%,总体就业状况平稳。开设对 2013 级全体本专科生的职业生涯发展与就业指导课程,完成上海市高校就业创新基地建设项目的建设与验收工作,开展首届"创青春,旅游梦"校内创业大赛活动,筛选出 8 支队伍进行为期一年的创业孵化。为 2014 级学生引入创业教育网络教学资源,并以创业教育为主题,依托麦可思调研公司完成 2013 届毕业生半年就业情况调研项目,完成 2014 年上海旅游高等专科学校、上海师范大学旅游学院就业白皮书。完成 2014 届实习就业单位汇编。

关注学生心理健康。完成学校品牌活动"心理健康教育活动月"项目,做好学生个案咨询工作,不断完善心理危机预警机制。学校获 2014 年度上海学校心理健康教育活动月优秀组织奖。加强资助育人和国防征兵工作。全年共有 258 名同学享受学费减免,103 名学生获得生源地国家助学贷款、23 名同学获得校园地国家助学贷款。15 名学生入伍,其中本科生 1 名、专科生 14 名。

推进合作交流,扩大教育知名度。学校全年共接待来自 14 个国家和地区的 43 个境外团组,并与美国、澳大利亚、秘鲁等 7 家境外高校和企业签订合作协议,建立多层次的合作关系。全年共办理 43 人次的教职员工赴境外访问考察、参加国际会议、讲学和进修。举办"科技创新与城市发展"中日国际学术论坛,参与筹备与协助举办上海师范大学"全球城市高峰对话—上海全球城市品牌建设及国际吸引力提升"学术会议,承接联合国世界旅游组织(UNWTO)委托的为 2 名朝鲜旅游教师进行培训的项目,完成日本温泉酒店实习项目谈判。学生海外交流多元化。学校全年度海外项目共有 30 个,选派 131 名学生赴海外游学和实习。31 名学生赴美国、西班牙、芬兰、韩国、日本等国家参加交换交流项目,91 名学生赴美国迪斯尼、圣地亚哥、夏威夷、阿联酋迪拜等地旅游企业和组织实习,5 名学生赴海外参加专业比赛。强化外籍教师管理与服务。全年,学校自聘或委托聘请来自日本、韩国、美国、西班牙的外教 10 人,主要从事公共外语的教学;先后聘请美国、加拿大、爱尔兰专业学者 8 人来学校系科访学一个月;先后邀请澳大利亚格里菲斯大学、荷兰鹿特丹大学、美国佛罗里达国际大学、日本立命馆大学等友好学校的专家学者举办学术讲座。

发挥行业培训品牌优势，扩大学校社会影响力。学校充分发挥优质教育资源优势，紧贴培训市场需求，精心进行产品设计，不断探索校际互动、校企合作、境外委培等多形式、多方位、多层次、多需求运作机制，继续开展与政府部门、行业协会、酒店集团、旅游集团等的深度合作，构建校企合作战略联盟，开拓培训新领域，开发培训新市场。全年，学校开展行业培训，共举办43个培训班次，培训人员2163人次。包括与国家旅游局合作，举办全国旅行社总经理培训班、全国旅游饭店总经理岗位职务培训班、全国旅游饭店部门经理岗位职务培训班。会同海盐旅游局、昆山旅游局、泰安市旅游局、世界金钥匙联盟组织、南京金陵饭店集团、中国华龙旅游饭店集团(协会)、阳光国际黄山饭店集团、衡山集团、广西壮族自治区旅游局、西宁旅游局等政府部门、协会联盟、集团公司等合作举办多期行业专题培训班。立足中西部地区，支援西部旅游人才的开发建设。与西宁市旅游局合作举办西宁市旅游局旅游酒店中高层管理人员培训班、西宁市旅游局旅行社经营管理人员培训班、西宁市旅游局景区中高层管理人员培训班。积极开展旅游职业教育研究，承担“中维酒店管理集团品牌与运营管理培训纲要”“中国旅游教育分会《中国旅游教育培训年度报告(2013)》”“2014年上海市东湖(集团)公司服务质量年度测评报告”“2014年上海市东湖(集团)公司宾馆服务质量暗访测评报告”“2014年上海市衡山(集团)公司服务质量暗访测评报告”，参与上海旅游职业教育集团职业教育研究，获“旅游职业教育培训体系构建研究”立项，获上海旅游职业教育集团年度优秀科研成果奖。

构建和谐校园，提高办学水平。学校以智慧校园建设为契机，完善英文网站、信息公开网站建设，正式启用无纸化办公系统，启动大数据服务平台建设，构建数据信息的集成和共享平台，推进学校状态集成数据库建设工作，完成校园导航系统、统一通信系统、综合校情分析系统、教学虚拟社区、教学实训场所调度系统等，完善OA系统、学生管理系统、师生邮件系统以及教务系统平台的升级工作。推进校园基础设施建设工作。加快“上海市花园单位”建设的步伐，完成休闲科普园3A景区申报工作，完成校园休闲餐厅、西餐认知食材基地(香草园)、分子实验室建设工作，落实健身房的建设工程前期工作，完成海思公寓修缮工程招标工作，完成校园变电站建设前期工作，完成车辆更新工作。推进旅游特色数据库建设工作，完成《旅游情报研究》编撰出版工作，推出新生专题荐读活动“营养书吧”，管理运行“五星联盟”共享域平台，推动旅游院校文献信息的共建共享，启动运行与上海市旅游局合作共建项目“上海旅游公共书吧”。完善党务公开、校务公开与民主管理等工作，完成管理制度“废改立”工作，完成各类统计、年度报告、年鉴等工作。编辑、发行《旅院简报》8期，制作视频新闻6期，各类主流媒体对学校宣传报道17篇。加强校友互动与交流，举办以“产教融合、校企合作、协同育人、发展共赢”为主题的第六届“浦江论坛”。响应市工会号召，建立爱心“妈咪小屋”。 (刘利艾)

【朝鲜国家观光总局代表团到访】 3月14日，朝鲜国家观光总局代表团一行12人到校访问，中国国家旅游局政法司及上海市旅游局相关领导陪同访问。双方就旅游人才的培养方案、师资建设、国际合作、留学生教育等问题进行了沟通与交流。2008年，中朝两国旅游部门签署关于加强中朝旅游合作会谈纪要。根据合作纪要精神，朝鲜派遣友好访华团，推动旅游管理部门和业界的交流与合作。朝鲜国家观光总局代表团此次来校主要是考察中国旅游教育的发展情况。受世界旅游组织委托，学校为来自朝鲜的两名旅游专业教师开展为期6个月的培训。 (刘利艾)

【启动智慧旅游体验示范区建设工作】 4月2日，学校召开智慧旅游体验示范区建设领导小组第一次会议，启动学校智慧旅游体验示范区建设工作。学校领导及智慧旅游体验示范区建设领导小组成员参加会议。会议从“什么是智慧旅游”“建设意义”“建设目标”“建设方案”和“保障措施”等五个方面，提出智慧旅游体验示范区建设总体设想。学校在国家AAA级景区基础上创建智慧旅游体验示范区，主要目的在于构建教学、研究、社会服务等三个平台，以信息化、智能化带动学校及旅游业的持续有序发展。 (刘利艾)

【入选教育部职业教育国家规划教材】 9月,《教育部关于公布第一批"十二五"职业教育国家规划教材书目的通知》下发,由学校教师主编的《大型活动策划与管理》《现代饭店管理》《旅行社经营管理》《旅游实践英语》《酒店前厅客房运行管理实务》以及《宴会设计与管理》等6部教材入选。首批"十二五"职业规划教材根据《教育部关于"十二五"职业教育教材建设的若干意见》,经组织出版单位申报、专家评审立项、出版单位编写(修订)和全国职业教育教材审定委员会审定等过程,共计81家出版单位的4738种教材入选。 (刘利艾)

【校园实训中心成立】 10月21日,学校校园实训中心成立。作为学校内设二级机构,校园实训中心作为学生校内生产性实训平台,承担作为国家AAA级景区对外开放服务的职能,以及学校对外宣传和接待窗口的职能。成立中心的目的是突破原有人才培养模式,呼应旅游行业新业态对人才培养新要求的一次尝试,也是适应新一轮教育教学改革的需要,更好地将课堂教学和实战训练结合起来,为探索和建立校内生产性实训运行的长效机制创造条件。 (刘利艾)

【与秘鲁一所大学签署合作协议】 10月24日,秘鲁圣伊格纳西奥洛约拉大学董事长和校长一行7人到校访问,双方就高层互访、学生与教师交流方面展开合作达成共识,并签署交换生协议。秘鲁圣伊格纳西奥洛约拉大学是一所私立大学,拥有45年历史。学校旅游、酒店、烹饪管理系下设旅游管理、酒店管理、烹饪艺术、烹饪与餐饮管理四个专业。(刘利艾)

【沿海城市灾害与风险治理国际研讨会举办】 10月30—31日,由国际综合风险防范项目(IRGP)和未来地球中国委员会(CNC-FE)灾害研究组主办,学校地理系和城市发展研究院承办的"沿海城市灾害与风险治理国际研讨会"在上海举办,来自联合国发展署、瑞士再保险、日本海外环境协力中心、上海城市发展研究中心、上海气象局、上海师范大学、北京师范大学等国内外20余名研究人员和研究生参加了此次研讨会。联合国发展署高级研究员颜建平博士等通过视频连线参加了会议讨论。此次研讨会围绕"世界城市日"的主题"城市转型与发展",就气候变化对沿海特大城市可持续发展的挑战和机遇、应对复杂的社会生态系统的理论研究进展、绿色发展对中国经济未来发展的推动、未来地球研究计划与城市问题,以及未来地球中国委员会灾害研究组2015年的工作安排进行了深入的讨论。

(刘利艾)

附:学校负责人及地址

(2014年1—12月)

校党委书记:杨卫武
副　书　记:杨荫稚

校　长:康　年
副校长:高　峻、朱承强、张建业、贾铁飞

校址:海思路500号
邮编:201418
电话:57126268

上海公安高等专科学校

【2014年概况】 学校深化公安职业教育改革,提高教育办学质量和理论科研水平,为提升上海公安民警队伍的实战能力和综合素质提供了有力支撑。年内,公安部党委委员、政治部主任夏崇源,上海市副市长翁铁慧等莅

临学校视察调研，对学校改革发展成效表示充分肯定。

学校举办各类培训班219期，培训学员1.32万余人次。其中，举办处级领导干部培训班8期，培训575人，各警种专业岗位警衔晋升培训班57期，培训2344人，各警种专业岗位“轮训轮值”培训班39期，培训1805人，其他各警种专业岗位培训班78期，培训6045人。受公安部委托，为境外警方举办高级外警培训班7期，培训196人，举办全国公安机关和公安院校业务骨干和师资培训班30期，培训2267人。毕业第二专科、本科学员1082人。

取得多项教学成果。学校的特警专业教学资源库通过教育部验收，成为全国政法院校中唯一的国家级高等职业教育教学资源库。有6门课程获“国家级精品资源共享课”立项资格(总数居全国公安院校和上海高职院校之首)，1项教学成果获得了上海市教学成果特等奖，2项教学成果荣获国家级教学成果二等奖，2项教学成果荣获上海市级教学成果二等奖(上海高职院校唯一获双奖)，并连续三年获上海市高职高专院校重点专业建设教学设计比武竞赛一等奖。

加强学员德育工作。学校坚持以政治育人、立德树人为根本，全面优化大德育工作体系，切实加强学员思想政治教育和日常养成教育。推进德育融入专业教学，通过开展主题教育活动、建立德育工作评价体系、加大学员警务化管理和日常养成教育力度等，进一步强化学员的政治意识、政权意识和警察意识。

提升在职民警培训效能。学校组织教官教师深度参与“重点能力提升”等各项市局教育训练系列活动，紧贴公安中心任务，对标反恐标准，开发“微课程”132门，制定实战培训教材37册、相关岗位标准编制25项，并深入一线广泛开展了“送教上门”“边战边训”等活动。建立领导干部“社会管理创新”教育基地，编写公安基层领导干部工作案例集。

优化“轮训轮值”培训模式。学校实施“反恐防暴能力提高班”专项培训，重构“轮训轮值”课程体系，新编《人群聚集区域与突发严重暴力恐怖案事件现场处置》等多门针对性强的专业课程，加强实战演练和战法研究，深化市、区两级“轮训轮值”互动学习交流机制。

创新开展网络选修课程。学校开发《思想道德修养与法律基础》等14门、共59课时的公安专业网络选修课，组织772名学员参加选学，考核通过率达99.8%。探索实施互联网选修课，组织学员选修复旦大学、上海交通大学等知名高校开设的7门人文、法律类优质特色网络选修课程，考试合格率达97.34%，进一步拓展了学员跨专业学习途径。

加强教学管理顶层设计。梳理重构运行制度，制定《学校学术委员会章程(试行)》《专业建设指导意见》《课程建设管理办法》等规范性文件，完善《第二专、本科课程考核管理规定》《在职培训考试管理规定》《专业实习管理办法》等教学管理制度。

加强师资队伍建设。新聘校内专职专业带头人11名、行业兼职专业带头人9名、教学骨干15名，培训45名教学部门负责人、专业带头人、教学骨干，组织22名教官教师分赴10个分局的基层一线开展为期6个月的跟班锻炼，选拔4批次24名教官教师赴美国、澳大利亚、新加坡、泰国、韩国等国家，以及中国香港、台湾等地区参加培训。警训部在年内被评为“全国教育系统先进集体”和“全国职业教育先进单位”，学校获第八届“上海市技能人才培育突出贡献奖”，1个青年集体蝉联四届“上海市青年文明号”，2名教官被授予“全国公安教育系统优秀教师”称号，3名外籍教官入选上海市“海外名师项目”，2名教官获“上海市育才奖”，8名教官教师获“市局优秀教官教师”称号；学校文化建设项目蝉联“市局基层工会优秀工作项目”一等奖。

谋划学校升级发展。学校瞄准建设“亚洲一流、世界先进”警察院校的总体目标，坚持“高端化、科学化、信息化、国际化、开放化”的要求，全面学习把握现代警务机制、国内外职业教育、信息化社会发展的趋势，组织各条线、各部门在对标世界先进、查找自身不足的基础上，分赴市局、市教委相关职能部门、市局相关单位、上海有关高校等单位进行调研，制定了《学校教育事业发展规划(2015—2020年)》，细化了工作目标、推进步骤和任务措施，为学校中长期发展奠定了重要基础。　　(丁晓丹)

【承办公安部和外省市公安机关培训任务】“公安部国家级专业技术人员继续教育基地、教学基地”是公安部在学校设立的第六个国家级培训基地。受公安部委托，学校承办了5期全国公安院校公安专业骨干师资培训班，来自全国36所公安院校570名骨干师资参加了培训。外警培训已拓展到17个国家和地区。为河北、山西、新疆等公安机关举办各类培训班14期，培训业务骨干671人。（丁晓丹）

【完成“亚信峰会”等重大安保任务】 学校紧密围绕亚信安保工作要求，开发安保实务课程12门、微课程48门、实用教材7套，编印2本工作手册，举办安保专项培训班。选派150余名骨干专业师资开展200余批次的送教上门活动，在岗培训基层小教员和参战民警9660余人次。建立战时心理健康服务保障机制，组建心理健康服务队，为全局9980余人次的参战民警提供了475批次的战时心理健康服务。组织396名教官教师和705名第二专科、本科学员直接参战“亚信峰会”等重大活动安保工作，并组织“轮训轮值”和第二专科、本科学员2.7万余人次完成上海“两会”、春节、国庆期间各类处警备勤任务243天次。（丁晓丹）

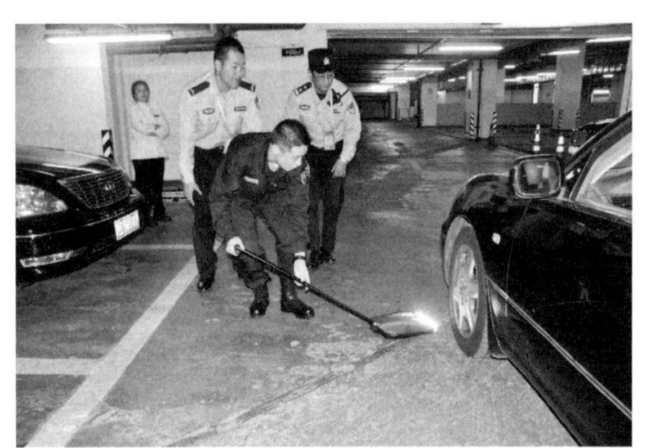

教官服务队在“亚信峰会”期间上门送教:“安检搜爆”

【提升科研水平】 学校成功举办第三届“上海国际警察教育学术研讨会”。组织师生投入科研活动，举办上海公安论坛26场，完成13个科研项目研究，编印2本论文集，并与实战单位合作，在闵行、青浦分局建立科研基地。“特警城市反恐作战模拟训练基地”科研项目荣获2013年上海市公安局科技项目一等奖，《学报》被评为“上海市优秀学报”。（丁晓丹）

【拓展公安信息化教学模式】 学校开发建设“上海公安微课程”新版网站，对全局19个条线单位和17家分县局微课程专管员开展平台应用培训，全年累计向全局推送700余门优秀微课程，累计访问量达4万余人次。进一步优化完善“e班”培训模式，培训学员100余人，增强了“e学”“e练”“e问”功能。强化特色资源库建设，优化完善公安实务案例数据库，为广大民警开展电子图书库深度搜索平台、中国知网、EBSCO外文数据库等专题培训和“送书上门”活动。数字图书馆资源总量已达41T，数字图书馆访问总量突破550万人次。（丁晓丹）

【开展上海现代警务机制升级版研究】 学校紧密围绕上海经济社会发展、城市发展目标定位，以及现代化国际大都市公安工作现状、内在规律和未来发展趋势，从社会学、公安学、教育学等多个角度，深入研究打造上海现代警务机制升级版的必要性、系统性和可行性，提出建设的基本概念、总体目标、主要特征、组成要素、升级基础、方法路径等内容，为打造上海现代警务机制升级版奠定理论支撑。（丁晓丹）

【深化公民警校三级办学体系建设】 学校进一步加大服务社会力度，深化公民警校“三级办学体系”建设，在市局交警总队成立公民警校，并指导各区县公民警校建立239个基层办学点。年内，围绕“公民反恐防暴”“青少年安全教育”等主题举办各类培训班180期，培训学员12000余人，组织开展各类校友活动60次，服务市民群众5万余人次。（丁晓丹）

附:学校负责人及地址

（2014年1—12月）

校党委书记:郑万新
副　书　记:于海生

校　　　长:白少康
常务副校长:郑万新(兼)
副校长:于海生、许　敏、郜根祖、刘　民、范立华、庄禄虔

地址:崇景路100号
邮编:200137
电话:28957114

上海医药高等专科学校

【2014年概况】 学校招收新生2015名,其中自主招生406名,三校生招生133名,中高职贯通转入214名,外省市生源占新生总数的46.7%,14.74%来自西部地区。全日制在校生为5483人,夜大学在校生610人。2014届毕业生总计1556人,就业率为98.71%。4名男生和1名女生夏季征兵入伍。学校有教职工185人,其中具有高级职称的18人,中级职称的68人。

完善制度建设。学校在深入开展党的群众路线教育实践活动和市委巡视工作的整改工作中,始终把制度建设作为学校治理的长效机制加以深化和落实。完成学校章程上报核准工作,加强内部控制中的沟通协调和联动机制,完善议事决策机制、岗位责任制、内部监督等机制,加强审计监督,对国有资产、专项建设、重要岗位加强监管监控,开展"管理岗位及关键岗位人员内部控制规范管理"专项培训。完善学校《学术规范及违规处理办法》等8个科研管理制度,规范经费使用,理顺科研管理流程。

加大师资队伍建设力度。在校内外调研基础上,制定学校《人才高地建设规划》(2014—2020年),成立学校人才高地建设领导小组和工作小组,出台《高层次人才引进工作暂行管理办法》和《特聘岗位暂行管理办法》等系列制度,加大引进领军人才——专业带头人的力度。依托市教委"教师专业建设工程"平台,共有18名专任教师赴美国、澳大利亚等医学高等院校学习医学核心课程,25名专任教师及管理人员赴香港中文大学学习PBL教学技能及实践,4名专任教师获市教委国内访问学者资助,2名教师获市教委国外访问学者资助,2名教师获市教委"教师产学研实践"资助。第二批校国际化人才培养计划护理系5名教师、人文社科部1名教师获得资助。

提升学生工作管理质量。开展心理健康教育(3—4月)、诚信教育(5—6月)、文明修身月(9—10月)、学生职业素养提升(11—12月)等主题教育月活动;编写《大学生职业素养教学大纲》《职业素养引领人生——大学生智慧训练营活动教材》、德育读本《做一个优雅的女大学生》,进行职业素养教育效果调研等活动;完成上海市心理中心达标建设工作。教师张梅、叶绮霞获上海市育才奖,辅导员集体获第三届上海高校辅导员团队拓展活动三等奖。学生接受来自政府、学校、社会及企事业单位的各类资助金额达981万余元,受助学生达7280人次。1名学生获全国职业院校关工委组织的"诚行天下"演讲总决赛三等奖。1名学生参加上海市"感恩成才　资助圆梦"演讲比赛入围上海市20强,获优胜奖。

拓展培养模式和教学科研成果。开展上海高职院校综合试点改革项目重点专业建设项目"飞跃计划"第三期建设验收,研究制定"飞跃计划"第四期建设方案。开展新设康复治疗技术、护理(老年护理方向)新专业或专业方向调研与可行性研究,引进美国全美急救体系项目教学模式,设立基础联合实验室。口腔医学技术专业教学团队获第四届上海市高职院校重点专业建设教学设计比武竞赛三等奖。《医学影像诊断学》《中医药基础》被评为市级精品课程。董文哲老师获首届上海高校青年教师教学竞赛自然科学应用学科组二等奖。另外获得的各种奖项有:国家级教学成果(职业教育)一等奖1个,上海市级教学成果奖特等奖1个、一等奖1个、二等奖3个,校内评审的教学成果特等奖3个、一等奖6个、二等奖6个,市教委第十一届教育科学研究优秀成果奖2项,1篇论文获中华医学会医学教育学会和中国高等教育学会医学教育专业委员会优秀论文三等奖。护理专业学生获得全国职业院校技能大赛一等奖1个、二等奖1个；口腔医学技术专业学生获得“日进杯”全国口腔工艺展评个人一等奖1个、二等奖1个、三等奖6个，学校获团体冠军。1名学生获2014登士柏亚洲学生瓷粉技术竞赛亚洲区决赛第二名。护理专业学生获上海市高职院校护理技能大赛一等奖2个。

提升国际化办学水平。①合作培养教师、学生。与比利时鲁汶大学养老护理专业合作培养师资，与美国查塔姆大学合作培养21名护理专业教师，与上海现代护理职教集团临床兼职教师合作开展护理专业硕士学位培养工作；与芬兰SAVONIA大学合作开展师生互换交流学习，获得交换学分；与丹麦VIA大学合作，启动养老护理专业建设与课程设置专家咨询工作；与法国蒙彼利埃第一大学药学院开展双文凭医药营销行业健康专业本科文凭项目。②交流活动。共接待国际代表团37个，计151人次；接收来自芬兰、荷兰、挪威、丹麦、美国等国各类短期国际交流学生85名。利用丰富海外合作资源，继续拓宽国际课程和学分互认、访问学者和客座教授的互派，组织8批次、140名高年级学生海外游学，进行临床见实习；共派出16批次，66人次教师赴海外开展合作交流洽谈、交流讲学、专业课程培训；邀请8批次，15位海外行业专家、教授到校进行讲学、培训；接受85名欧洲、北美学生到校进行传统医学专题学习等。

（张毅婷）

【新增临床教学基地】 学校先后与上海交通大学医学院附属瑞金医院北院、上海交通大学医学院附属新华医院、上海市浦东新区周浦医院签订建设临床教学基地、培养专业人才协议。通过院校相互依托，在教学、管理、保障等方面的有机融合，达到汇聚优质资源，产教深度融合，开创“校院合作、工学结合”的办学模式新局面。（张毅婷）

【签署院前急救教育合作交流协议】 4月，学校与新华医院急诊临床医学科、美国威斯康星医学院急诊医学部在院前急救医学教育的师资交流、学生共育、实训中心建设、课程开发、科学研究和项目申报等领域达成共识，签署《院前急救教育合作交流协议》。围绕中国美国日本院前急救体系构建、院前急救教育以及创伤急救和急诊医学举办了中国美国日本急诊医学高峰论坛。（张毅婷）

【合作开展专本贯通项目】 12月2日，学校与上海杉达学院签订专本贯通项目合作框架协议，在护理、临床医学(学校卫生保健方向)专业建立高等职业教育与应用型本科教育的培养模式、课程设置和学制贯通的“立交桥”，为技能型人才打通纵向发展和学业深造的渠道，打造热爱医药卫生岗位、具有本科学历的高素养职业技能人才。（张毅婷）

【承办国际护理技能竞赛决赛】 11月8日，由上海现代护理职业教育集团主办，学校承办的2014上海国际护理技能竞赛决赛暨上海国际护理教育论坛举行。大赛以国际通用的护理行业岗位标准为指导，本土化设计竞赛项目，是护理职教集团学术、技艺、教学交流的盛会。上海22所医院、11所职业院校和7个国际组80名护理行业精英和学生参加比赛，学校代表队荣获护生组第一名。围绕“现代医学模拟技术在护理实训教学中的运用”的主题，来自美国、丹麦、澳大利亚等国际护理教育专家、护理行业专家、卫生行政部门官员及代表、护理职教集团的特聘教师、兼职教师、国际交流学生等120余人展开研讨。（张毅婷）

附:学校负责人及地址

(2014年1—12月)

校党委书记:唐国瑶
副　书　记:唐红梅(兼)、朱文娟、郑忆文

校　长:唐红梅
副校长:朱文娟(兼)、沈岳奋、施晓谋、汤　磊

校址:浦东新区周祝公路279号
邮编:201318
电话:33759000

上海行健职业学院

【2014年概况】 进一步明确办学定位，按照学院发展三个重要目标继续推进学院各项工作。通过建设，学院基本形成鲜明的办学特色。一是体制独特，办学更接地气。学院紧紧依托闸北经济社会发展，和区域经济结合更加紧密。二是功能齐全，资源统筹利用。学院已基本建成囊括学历教育、职业培训、社区教育等多门类、符合现代职业教育体系的教育格局。三是特色明显，专业形成优势。在专业建设中，以五大专业群为"龙头"，带动相关专业共同发展。四是亮点凸显，素质全面提升。学院艺术教育、英语教学形成鲜明特色，在专业发展的同时注重学生素质全面提升。

科学决策，完善制度，提高学院规范化管理水平。先后制定和完善一系列学院规章制度，如《上海行健职业学院高级职称推荐申报实施办法》及《评分内容和标准》《上海行健职业学院关于职工高层次学历进修的若干规定》《上海行健职业学院教师国内、国外访学的相关规定》《上海行健职业学院差旅费管理办法》《上海行健职业学院会议、培训和活动审批制度》《病假、事假、婚假、产假请假制度》等。12月底，学院教代会全票通过《上海行健职业学院绩效工资分配方案(2015年试行)》。

加强干部队伍建设，开展部门服务型组织创建。学院2014年的工作取得显著成绩：上海市育才奖两名、上海市级教学成果一等奖一个、上海市级精品课程两门、上海市高校市级教学名师两名。学院党委获闸北区教育系统"先进党组织"称号。学院获得上海市花园单位、上海市安全文明校园、上海市平安示范单位、上海市高校心理健康工作先进单位、上海市高校无偿献血推进奖等荣誉称号。学院技能培训中心、学院技能鉴定所被上海市人力资源和社会保障局评定为A级机构。

加强内涵建设，师资队伍建设稳步推进。在特色校建设过程中，学院以就业为导向，对接区域经济发展，调整优化专业结构，加强特色专业建设，积极推进重点专业建设，架构了传统专业发展稳定、特色专业优势明显、重点专业实力突出及三者协调发展的专业体系。年初，学院接受市教委组织的中央财政支持项目(飞机制造技术专业、学前教育专业)验收、"085"工程项目专业建设中期检查；年底，学院接受市教委组织的特色校建设项目中期检查，都顺利通过。其中，中央财政支持项目两个专业验收都获A级。

学院积极推进课程资源库建设，"慕课""微课"建设全面启动。学院和国内在线教育资源与技术龙头企业北京超星集团和上海卓越公司合作，首批推进慕课建设的课程共5门，分别是"英语语法""网络营销基础与实务""网页制作""学前儿童数学教育""摄影"。微课建设新增6门课程。学院教师主编教材7本。

积极提升教师教学能力和"双师"素质，组织19名教师参加由德国著名职教改革专家主讲的"德国职业教育行动导向教学法"培训；商务外语系4位教师通过考试获国家商务部、中国国际贸易学会颁发的"高级外贸业务员"专业证书；成功举办第六届青年教师教学比赛，完成《重点专业实践教学体系汇编》《教师挂职锻炼汇编》。

校企合作、校际交往取得重大突破。学院与新朋程信息科技有限公司进行深度合作，设立为其公司客户服务的呼叫中心，校中厂的模式已见雏形。校企合作的"全国中职数据采集"启动。

少儿英语专业与上海吉的堡教育软件开发有限公司合作开办"吉的堡订单班"，在教学中引入企业优质教育资源。经济管理系继续推进与喜达屋酒店管理公司校企合作定向培养班，商务外语系与华为公司上海研究所建立“商务文秘”培养意向。

学院与“雅悦新天地”合作建立酒店专业、影视图文等专业的学生校外实训基地，该基地获批上海市教委“上海市大学生实训基地建设”项目。针对企业的人才需求，学院与“雅悦新天地”开办“后备干部特训班”，共有50余名学生报名参加，学生毕业后即可就业，实现学校到社会的无缝对接。

除继续积极开展订单式人才培养和实训基地建设外，学院校企合作工作有新突破。学院和市北高新园区培训中心共同建设的“创兆—大学生创新创业孵化园”成功揭牌，成为区内首个大学生创业项目。“创兆—大学生创新创业孵化园”可以为学生提供实习、实训、见习、就业、创业诸多机会，为企业和学生引入市区有关学生见习和就业创业的专项资金支持，有力地促进学院师资队伍建设质量和人才培养质量，成为大学生“一个实战、服务和圆梦的平台”。

学院在职业教育合作与交流方面进行探索和尝试，除原有中法合作专业以外，还和加拿大、英国、新加坡等国，以及中国台湾、香港等地区多所本专科院校进行广泛联系，为学院专业建设、师资培养、学生学习争取更多的机会。其中，和台湾醒吾科技大学的合作取得突破，全年教师赴台湾访学10名、学生赴台湾学习交流25名。

实训室建设、校园系信息化水平明显提高。根据特色高职院校建设要求，学院重新整合5个系所有专业实训基地的整体布局和规划。完工项目包括改善和建设实训室16间，其中，公共实训室5间(数字化语音教室、多媒体教室和机房扩音系统改建)；新增实训室方面，应用英语专业新增2间，信息技术与应用系新增2间，学前教育系新增1间，广告设计与制造专业新增4间，经济管理系新增2间。

为进一步规范管理，学院借助信息化手段，对新建实训室进行跟踪服务，梳理、更新学院实训室的管理统计台账，建立各系实训室管理联络员制度，做到每周更新一次全院实训室使用率统计数据。

学院高度重视辅导员队伍建设，进一步优化辅导员队伍结构，实行专职为主、兼职为辅，专、兼职相结合的制度。在上海市第三届辅导员团队拓展活动中，连续两年蝉联团体总分第一名，并获最佳风尚奖。学院易班积极开展一系列易班线上线下活动。“行健易班”注册认证用户数为13106人，个人发表各类话题982524个，易班综合实力排名位列高职高专第一名。

教育门类齐全，服务区域民生多点开花。作为一所“社区型高等职业院校”，高等职业教育、继续教育、技能培训、社区教育一直是学院重要工作。依托于学院现有架构和办学条件，学院积极服务区域民生，已经形成多点开花的态势。

学院继续教育努力拓展空间，提高技能培训、学历提升、文化休闲服务水平。作为闸北区内唯一的培训机构，行健培训中心和技能鉴定所合作，可以提供上海市人力资源和社会保障局颁发的各级各类职业技能等级证书。 (王　欢)

【启动赴中国台湾地区学习交流项目】 学院首批赴中国台湾地区醒吾科技大学交流学习的师生于2月25日启程。根据安排，首批经管系、艺术系和信机系的12名学生，在相关专业进行一学期学习。同时，学院6名教师也在此期间分批前往中国台湾地区醒吾科技大学进行交流学习。 (王　欢)

【法兰西商学院代表团到访】 4月25日，法国法兰西商学院代表团首次到学院参观访问。交流中，双方回顾10多年合作办学的成功经验，同时，结合法方学院发生的变化，就合作项目的稳定发展以及进一步开拓双方的合作空间等问题进行深入探讨。法兰西商学院成立于2012年，由法国5所高等商学院合并而成，与学院合作举办工商企业管理专业的法国亚眠高等商学院是其中1所。 (王　欢)

【获上海市级教学成果奖一等奖】 6月，学校的“‘师范性’和‘高职性’相融合的学前教育专业人才培养模式的创新与实践”获上海市级教学成果奖(职业教育)一等奖。多年来，学前教育专业开展“师范性”和“高职性”相融合的学前教育专业人才培养模式的创新与实践，将培养高素质幼儿园带班教师作为专业人才培养目标。根据高职院校应用型人才培养定位，学前教育专业形成学院为主体、教育局主导、行业协会指导，托幼机构积极参与的“四维一体”的合作育人机制，夯实课程建设、实践基地建设及学生学业评价等工作。学校的学前教育专业在全国首创了具有高职特色的“学前教育思想史”“幼儿行为观察与指导”“幼儿园教育活动设计与实施”“幼儿钢琴弹唱”“0—3岁早期教养”等5门课程，开发15本配套教材。（王　欢）

【承办2014年东亚儿童科学国际研讨会】 10月18日，2014年东亚儿童科学国际研讨会暨儿童脑潜能开发与行为发展论坛在上海举办。研讨会由中国教育学会联合中国优生优育协会、中国教师基金发展会与日本儿童研究所共同主办，上海行健职业学院与中国教育学会学前教育专业委员会等单位联合承办。来自东亚各个国家和地区的幼儿园、早教机构、高等院校和相关研究机构的学前教育工作者300人参加了此次研讨会。此次研讨会是“东亚儿童科学交流项目”和“儿童脑潜能开发和行为发展项目”合作实施下的学术交流。“东亚儿童科学交流项目”旨在为支援与育儿、保育、幼儿教育相关的东亚各国大学和教授的互访讲学，实现“儿童科学”的普及和国际化，进而推进各国学术交流活动的开展，为解决与儿童相关的各种问题，改善儿童的生活环境，创造美好的未来做贡献。“儿童脑潜能开发和行为发展项目”以先进的心理、教育、医学、康复等学科理念为基础，依托高科技网络平台，以促进儿童健康全面发展为宗旨，通过宣传教育、人员培训、科学研究、社会服务、国际交流和加强与社会各方的合作，为儿童全面发展打造社会、家庭、学校全覆盖的支持系统。（王　欢）

【高校辅导员素质拓展活动再获好成绩】 12月5日，学院辅导员团队参加由上海市教育委员会主办，上海政法学院承办的第三届上海高校辅导员团队拓展活动再获好成绩，以团体总分348分，连续两届蝉联团体总分第一名，并获最佳风尚奖。此次团队拓展活动是上海高校辅导员队伍建设月活动的一项重要内容，也是市教委为加强各高校互动交流，提升辅导员工作技能，增强辅导员队伍战斗力的重要举措，同时也是各高校展示自身辅导员团队形象的窗口和平台。活动共有48所高校组队参赛。（王　欢）

附：学院负责人及地址

（2014年1—12月）

院党委书记：黄　群
副书记：马毅鑫

院　长：黄　群（兼）
副院长：蔡　红、方　明

地址：原平路55号
邮编：200072
电话：56075555

上海城市管理职业技术学院

【2014年概况】 在校高职生总数为3479人。年内20个专业计划招生1419人，录取1293人新生，报到1139人。2014届毕业生1213人，就业率达97.3%。各类成人学历教育在校生3091人，年内招生1148人。成人培训教育学员总数达17506人次。

不断深化教育教学改革。学院坚持内涵发展，整体办学能力和教学质量全面提升。“园林工程”“园林植物景观设计”“应用文写作”3门课程被评选为2014年度上海市精品课程，至此学院的精品课程总门数达到16门。《酒店管理》教学团队获2014年上海市级教学团队，学院市级教学团队总数达到7个。2位教师被授予第九届高等学校教学名师奖，学院上海市级教学名师已有5名。

切实加强教学管理工作。学院以规范化建设为重点，改革听课制度，认真做好人才培养工作状态数据采集工作，撰写人才培养质量分析报告，为广大教师搭建教学成长平台。全年教学成效显著，获得诸多奖项：获全国专指委一等奖4项、二等奖3项，市级二等奖2项、三等奖3项、优秀奖1项。学生参加全国技能大赛获一等奖2项、二等奖4项、三等奖2项、优秀奖1项；参加上海市技能大赛获一等奖3项、二等奖5项、三等奖7项。

上海城市管理职业技术学院第十四届校园科技文化艺术节

科研和教学水平不断提高。《上海城市管理》杂志被评为上海市优秀学报，获上海市报刊编校质量“优秀”等第。教学研究成果突出：“高职高专房地产类专业‘四个合作’校企互动运行机制研究与实践”获第五届上海市教学成果一等奖；“基于项目导向、任务驱动的园林植物景观设计课程改革与实践”获二等奖；“工程管理类学生学习效果评价研究”获四川省教学成果二等奖。全年，学校累计获省市教学成果一等奖4项、二等奖3项、三等奖1项。

高度重视学生工作，努力构建和谐平安校园。学院坚持“育德教能”的办学理念，搭建“易班”平台，完善各类学生管理制度，加强学生管理，维护校园安全稳定。一是以争先创优活动为动力，在学生中广泛开展争先创优活动。二是完善学生资助体系，落实学生资助政策。三是加强学生健康教育，开展心理辅导。加强对有宗教信仰学生的教育引导工作，重点做好40名新疆少数民族毕业生工作。四是优化学生服务，办好学生事务。重点打造“城·心”“城·艺”“城·林”“城·影”等学生社团。年内，学院获上海市人民政府、上海警备区颁发的2013年度上海市征兵工作先进单位的荣誉称号，杨浦区先进基层武装部荣誉称号。五是锐意进取，不断提升学院校园文化活动水平。组织高雅艺术进校园、第十四届校园科技文化艺术节等大型活动。

成人教育服务社会功能不断加强。学院有专科起点本科（业余、函授、网络）、高中起点本科（网络）、专科（业余、电视、网络）、中专自学考等多种成人学历教育类型，承办建筑市场管理人员业务知识培训班，培训人员600余名。成人学历教育开发“本科自学考试”项目，已获批四个专业的自考辅导。顺利完成多项市政府下达的西部地区干部培训工作，包括新疆喀什地区住建系统管理人员培训任务等。

（沈萌耀、李　静）

【2015届毕业生供需见面会举行】 10月31日，学院2015届毕业生供需见面会顺利举行。上海中心大厦、上海市政养护管理有限公司、上海隧道工程有限公司、上海市建设工程监理有限公司、携程计算机技术（上海）有限公司、上海锦都建设集团有限公司等70多家单位到校招贤纳才，提供就业岗位800余个，涉及土建、造价、市政、信息技术、行政、服务等行业。大量应届毕业生在向招聘单位投递简历的同时，还出示了各种职业技能证书和岗位资格证书，体现“一专多能”。招聘单位普遍认为，学院的毕业生就业定位务实、准确，是企业急需的人才。许多毕业生和用人单位初步达成意向。

（沈萌耀、李　静）

【《上海城市管理》提升质量】 年内，《上海城市管理》杂志有数篇文章被《人大复印报刊资料》全文转载，还在其他城市管理相关的专业性期刊上被多次全文转载，为城市交通、生态理念、城市改造、垃圾围城、城中村等当前城市建设与管理中的热点问题提供了学理基础和研究案例，获得了较高的行业赞誉和社会影响力。杂志着力于品牌开发，编辑部进一步细化杂志新媒体运作时代的中长期规划，以优质的学术文章提升刊物质量，并通过借脑运作，梳理市场化办刊的经营理念，努力为未来赢得更好的发展空间。

（沈萌耀、李　静）

【喀什地区住建系统管理人员培训班开班】 12月1日，受上海市合作交流办、市建管委委托，由学院主办的新疆喀什地区住建系统管理人员培训班正式开班。上海和新疆相关部门及相关单位负责人近30人出席了开班仪式。成人教育学院对这次培训班从举办地点、师资配备、活动安排等方面作了精心准备，并在办班期间配备专门管理人员，做好各项培训服务工作。

（沈萌耀、李　静）

附：学院负责人及地址

（2014年1—12月）

院党委书记：杨培春
副　书　记：陈锡宝(兼)、何　光

院　长：陈锡宝
副院长：钱啸寅、李　进

军工路校区地址：军工路2360号
邮编：200438
电话：31118788

河南北路校区地址：河南北路301号
邮编：200085
电话：63250475

上海交通职业技术学院

【2014年概况】 学院在校生总数4101人，其中外省市生源占46.36%。有专任教师263人。2014年毕业生1531人，就业率90.59%。

学院包括宝山校院、浦东校院、港口学院、轨道学院和航空学院五个校区，共设10个专业系部、32个专业(含专门化方向)，其中“汽车运用技术”“集装箱运输管理”2个专业为国家级教改示范专业。

7月4日，上海交通职业技术学院划归上海市教委管理。学院根据市政府下发的有关文件精神，配合做好学院资产清查及鉴证等相关工作。

配合学院划转工作，学院对原东、西、南、北4个校区重新命名：学院本部(原北校区)更名为宝山校院，原东校区更名为港口学院，原西校区更名为轨道学院，原南校区更名为航空学院。增设一处办学场所为浦东校院。同时，学院调整了部分系部设置。

一、推进重点专业建设，提升人才培养质量。学院注意专业的内涵建设，落实“085”重点专业提升计划，制订2014年学院市级重点专业建设实施方案并上报市教委。10月份，“物流管理”和“轨道交通”2个专业获得交通运输部对重点专业教学设备支持资金共1300万元。成立汽车运用技术、汽车钣喷、水运、物流管理专业专家指导委员会，指导重点专业建设。汽车大类各专业实施“校企一体、工学交替”人才培养模式，其中“汽车运用技术”“汽车技术服务与营销”“交通安全与智能控制”等专业引入企业岗位能力要求，修订完成新一轮专业教学计划和人才培养方案，梳理部分核心课程标准，完成“2＋1”工学结合相关课程新标准制定与评审。

改革创新人才培养模式。新专业“国际商务”“机电一体化”正式对外招生；成功申报“汽车检测与维修技术专业(城市客车方向)”“新能源汽车维修技术”新专业。汽车运用技术(新能源汽车专门化方向)开发完成2门专业核心课程，实施电工上岗证培训考核，专业教学课时理实一体化比例达到30％，实践性教学占总学时50％以上。

开展精品课程体系建设。完成7门课程市级精品课程申报，其中“仓储与配送实务”“汽车服务企业管理”获批市级精品课程。编写完成《上海交通职业技术学院精品课程建设工作指导手册》。

加强教材体系建设。学校编写的《英语语法教程》《高等数学》(上、下册)公开出版，编写高职高专《廉政教育读本》校本教材，汽车专业与企业合作开发“动力电池与能源管理”和“新能源汽车维护与检测”2门课程的教材、学材、课件和仿真教学软件等，参与市人力资源和社会保障局的汽车维修漆工(五、四、三级)职业提升和汽车维修工一、二级系列教材编写，完成《汽车维修基本技能(四级)》和中高职教育贯通《汽车机械基础》校本讲义开发。

国际交流取得进展。遴选8名学生、2名教师暑期赴荷兰STC职教集团游学。11月至12月初，首次接收芬兰拉普兰职业学院1名教师、2名学生到校交流学习。

二、推进师资队伍建设，提升教学科研质量。落实教师能力提升计划。10人在读研究生，2人获批“晨光学者”培养；完成2人申报教授论文评议。组织2次较大规模校本培训：一是暑期组织教师企业实践培训，99人参加；二是11月份组织举办“2014年名校长暨教师校本培训国际论坛”活动，全体教师参加。

广泛开展教科研活动。组织市教育规划课题，完成市“晨光计划”等多项课题的申报、立项、结项工作。参与完成教育部重点课题“职业教育集团内涵发展研究”(DJA090252)。编辑出版《上海交通职业技术学院学报》第12卷，第1、2期。

三、推进校园文化建设，提升德育工作质量。举办2014年度德育工作年会，汇编校园文化活动图片剪影巡礼集，开展“德育五分钟”试点工作交流。组织开展三校区“时政大赛”活动，开展现场德育工作，通过参观公民警校、上海市禁毒管理所等单位，现身说法。配合做好2014年夏季征兵工作，共有37名学生应征入伍。

强化德育队伍建设。推荐3名辅导员参加市教委组织的相关培训；组织参加第三届上海高校辅导员团队素质拓展活动。选派思政课教师参加上海市高校第三届思政课教学法评比。承担市级德育课题“高职院校学生素质德育之道德素质的研究”。

强化素质教育功能。以读书节、艺术节、阳光体育节、技能节、社团文化节为载体，每月开展一项主题教育活动。参加上海市高校心理健康教育达标评估。

参加各类技能竞赛。6名学生入选2014年全国职业院校技能大赛上海队。组织学生参加上海市职业技能竞赛(汽车项目)暨43届世界技能大赛上海选拔赛，汽技、钣金和喷漆三个赛项均有选手入选全国选拔赛。组织2014“远恒杯”物流职业技能大赛。1名教师参加市教委组织的信息化教学设计大赛。

四、推进职教集团建设，提升校企合作质量。推进交通物流职教集团新一轮建设。集团成员单位发展至57家，形成“物流类＋汽车类＋水运类”专业并行、“行业协会＋企业＋中高职院校＋科研机构＋政府部门”“五位一体”的新格局，并迈出服务西部、跨省市合作新步伐。

建立校企双师双向交流机制。结合特色院建设，与合作单位在专业建设、课程改革、师资培养、顶岗实习等方面建立机制，共同开发专业课程、项目训练课程和企业文化课程等。

开展社会服务工作。为合作单位提供员工技术培训、学历教育和岗位继续教育服务等。

五、推进招生就业机制建设，提升社会服务质量。建立常态化招生宣传与创新宣传有机结合机制，制订招生宣传实施方案，形成招生宣传承包制和招生奖励制度，加强招生现场咨询力度。据统计，学院全年依法自主招生共涉及“汽车运用技术”“港口物流设备”等6个专业，计划招生1739人，录取1713人，实际报到1562人。11级中高职贯通共有237名学生转段进入高职阶段学习。全年学院招生总报到率达到91.19%。

抓好就业推荐工作。2014年学院毕业生1531人，涉及22个专业。全年共有134家企业到校招聘，提供岗位950个。5月举办第七届上海交通物流职教集团人才供需招聘会，汽车、物流企业共102家，提供岗位1500余个，21所成员学校(其中高职6所、中职15所)约2240名2015届中高职毕业生参加应聘。

拓展继续教育服务面。职业培训全年完成2万余人次。成人业余大专在校生共计272人。

六、推进育人环境建设，提升基础保障质量。持续改善校园环境。结合"特色院"建设，全年完成基础建设工程项目20余项。图书馆完成搬迁、改造。持续加强实训中心建设。加大数字化校园建设力度，加强安全保障。

七、推进规范制度建设，提升教育管理质量。全面推进"特色院"建设。年底"特色院"建设各项目平均完成率约80%。1月、暑期及11月，项目办先后召开项目推进评审会议，对二级项目建设情况进行逐个评审，提出整改意见，并限期整改。同时，坚持月度例会制度，以把握建设进度，确保如期完成各项目建设。落实"特色院"校院宣传工作，完成校院CIS形象设计方案以及校园布置工作。

做好规范收费工作。制定《关于规范收费工作的意见》，完成2013年度教育收费自查工作及相关报告。

规范教育教学各项管理。完成教学管理制度汇编目录编制。完成高基报表填报、新生学籍电子注册。10月份向市教委报送信息公开年报，并在学院网站"信息公开"栏目公开。12月完成《高等职业院校人才培养工作状态数据采集平台》年度上报。

积极行使民主管理职能。1月份组织召开四届三次教代会，讨论审议通过《学院2013年行政工作总结及2014年计划》、2014年为教职工办实事项目。做好"校务公开"日常管理工作，公示学校重大事项。

八、获奖情况。①学院获奖情况。学院被评为2013年度"上海市平安示范单位"。学院"物流管理(口岸物流)"专业教学团队在2014年度上海重点专业建设教学设计比武大赛决赛中获一等奖。成为"上海市职业飞翔计划"首批10所试点高校中唯一高职高专类院校。获上海高校创业教育项目"优秀合作伙伴奖"。通过上海市高校心理健康达标验收评审。获2014年上海市职业飞翔计划高校社团建设优秀组织奖、2014年上海市高校红十字应急救护比赛优秀组织奖、第三届上海高校辅导员团队拓展活动团体三等奖、全国高校"校园好声音"网络大赛上海赛区优秀组织奖。"捷豹路虎"团队获年度"卓越场地管理奖"。"奔驰"教学团队获"2014年戴姆勒铸星教育优秀教学团队奖"。"汽车运用技术"教学团队获批2014年度上海高职院校市级教学团队。②教师获奖情况。《对接国际标准的汽车技术技能型人才培养创新实践》获2013年上海市级教学成果特等奖(2014年颁奖)、2014年全国交通运输职业教育教学成果一等奖、2014年国家教学成果二等奖。《上海交通物流集团化人才培养"综合技能训练平台"建设与实践》和《上海职教集团绩效评价标准研发与建设》项目，均获2013年(2014年颁奖)上海市职业教育教学成果二等奖。《上海市特色高职院校品牌专业内涵建设与实践》(中国职业技术教育学会立项科研规划课题)获全国优秀科研成果二等奖。在第九次全国优秀职教论文评选中，《对职业院校可持续发展的哲学思考》等6篇论文分获1个一等奖、1个二等奖、2个三等奖、2个优秀奖。《限制性团体沙盘中咨询师服务细节的实施》获2014全国高职院校心理教育学术年会优秀论文三等奖。教育部"十二五"规划重点课题"个性化学习开发与提高效率研究"的相关成果《职业教育内涵建设下高职数学课堂教学模式创新研究》获2014年全国优质教育成果一等奖。在上海和全国职业院校教师信息化技能大赛上，汽车系教师余炜均获得一等奖。在市教委高职高专思政课微课程评比中，1名教师获微课现场比赛二等奖。1名德育教师被德国科隆大学及华师大职业教育与成人教育研究所聘为"同行评议在中国职业院校的可行性研究"项目同行专家。1名教师获上海市高校心理健康教育先进个人。经济管理系教师钱宇参加"青春在讲台——首届上海高校青年教师教学竞赛"获优胜奖。③学生获奖情况。4月，学院获"2013年上海高职院校汽车类(汽车营销)专业职业技能竞赛"团体第一名，6名参赛学生中1人获第一名并得到唯一的特等奖，1人获一等奖，3人获二等奖，1人获三等奖，并代表上海参加全国高职高专(汽车营销)专业技能大赛。参加全国职业院校技能大赛"城市轨道交通车辆运用与检修"赛项，获一等奖。在首届全国高职院校飞机发动机拆装技能大赛中获1个二等奖和1个三等奖。2014年上海市学生阳光体育大联赛参赛学生获高职组羽毛球比赛第四名。上海市第十五届运动会(高校组)羽毛球比赛暨2014年上海市大学生羽毛球锦标赛，参赛学生获男子单打(高职组)冠军。2014年全国板球青年锦标赛，参赛学生获高校组第四名。上海市第三届高职高专英语读报大赛，1名参赛学生获三等奖。2014年全国高校"校园好声音"上海赛区比赛，学校获2014年上海赛区优秀组织奖，教师邵晓蕾获"优秀指导老师"称号，参赛学生获"网络人气歌曲"奖。第5次组队参加年度本田节能竞技大赛，在60支车队参加的电动组别比赛中位列第22名。全国高职技能大赛，6名参赛学生获得1个二等奖、3个三等奖。在第四届长三角地区踢踏舞邀请赛中参赛学生获青年组银奖。上海市职业技能竞赛(汽车项目)暨43届世界技能大赛上海选拔赛上，学校获汽车维修技能团体铜奖。

(陈一鸣、王晓红)

【承办"2014年名校长暨教师校本培训国际论坛"】 11月21日，由上海交通物流职教集团与第三期"上海市普教系统名校长培养工程"职校校长二组培养基地主办、上海交通职业技术学院承办的"2014年名校长暨教师校本培训国际论坛"开幕。市教委职教处、市教委教育技术装备中心、市教科院职成教所有关领导，来自英国、德国、荷兰、芬兰、日本的8位国际友人，职校校长二组培养基地主持人及全体学员、上海交通物流职教集团57家成员单位代表、学院全体教师等共约230人参加论坛活动。论坛主题为"聚焦职业教育内涵建设和质量提升——多元文化背景下的共同关注"，8位中外职业院校长在论坛上作了主题演讲，并与到会的校长、企业代表、广大教师进行了现场互动和交流问答。

(陈一鸣、王晓红)

【支援西部和边疆地区教育工作】 学院认真做好六盘山片区青海交通职业技术学院3位挂职锻炼教师带教工作，以及汽车系3名教师在新疆喀什莎车县职校和宁夏交通学校的支教工作。3月，学院主动接收支教的新疆喀什地区莎车县职业学校6名师生到校参加职业技能大赛集训，精心安排新疆师生的学习和生活，搭建了两校之间友好协作的桥梁。在5月举行的新疆维吾尔自治区职业院校技能大赛汽车类3个赛项中，参加集训的师生取得优异成绩，教师组获得1个一等奖、2个三等奖，学生组获得3个二等奖、3个三等奖。

(陈一鸣、王晓红)

青年教师在新疆喀什地区莎车县职业学校支教

【开展各类帮困助学活动】 元旦期间，对250名家庭贫困的学生开展冬令送温暖活动。"奖贷助减"帮困助学方面，上报国家助学金940人，累计发放金额282万元；为家庭经济困难学生下达临时专项补助，累计补助670人，共计18.5万元。本学年国家奖学金3人，共计2.4万元；上海市奖学金4人，共计3.2万元；国家励志奖学金164人，共计82万元；共有270人次获得国家助学贷款，共计163万元；全年有600人次获得勤工助学岗位，共计发放费用25.6万元。全年奖助学总计2651人次，576.7万元。奖助学总费用比去年同期增长25%。

(陈一鸣、王晓红)

附:学院负责人及地址

(2014年1—12月)

院党委书记:俞景平(7月离任)、鲍贤俊(7月到任)
副 书 记:鲍贤俊(6月离任)
院 长:鲍贤俊
副院长:张佳敏、张伟国(7月离任)、张 勤(7月离任)、武 勇(7月离任)

地址:呼兰路883号
邮编:200431
电话:56993234

上海海事职业技术学院

【2014年概况】 学院有航海技术系、机电工程系、航运管理系、公共教学部等4个二级教学系部及1个船员职业教育培训中心,招生专业7个,全日制高职在校生3929人。全年招生809人,毕业生就业率为95.48%。共有教职工220人,青年教师中研究生学历占41%,专任教师中具有中高级专业技术职务的比例达87.61%,具有船长、轮机长等各类双师资质教师占62.89%。

学院秉承"内涵建设、特色发展"办学理念,坚持"校企一体、航运为主、教培并举、注重技能"的办学特色,优化完善航海类、航运管理类、航运工程类专业课程体系和专业教学标准,着重建立中高职贯通教育培养模式;推进校企合作、产教融合,加强师资队伍和教学设施设备建设;注重学生道德行为规范和身心健康均衡发展,促进学院人才培养能力和水平迈上新台阶。

推进特色院校和重点专业建设。完成2014年度特色院校建设实施方案申报,通过上海市教育评估院组织的特色院校建设中期检查;四个重点建设专业制定了2014年专业建设路线图、建设项目、验收要点、经费安排及相应的保障措施,开展了包括实训中心、师资队伍、人才培养模式、社会技术服务等方面共61个项目的建设;加快精品课程建设,轮机工程技术专业国家资源库子项目通过验收、航海技术专业国家资源库建设子项目立项、物流管理专业申报"双证融通"试点、航运管理专业《报关实务》完成市级精品课程建设。

深化人才培养模式内涵。围绕技术技能型人才培养总体目标,遵循行业标准、岗位需求两条主线,构建适应特色发展的"校企合作、工学结合、顶岗实习"的人才培养模式,制定完成轮机工程技术、船舶电气电子技术中高职贯通教育人才培养方案;注重实践导向的职业素养培养,根据行业动态和学生就业反馈情况,航运管理类、航运工程类专业2014级新生新增一周职业认知实习,航海技术类专业依据国际公约履约和行业法规要求,修订完善了2012级、2013级航海类专业教学标准,重点突出课程内容、实习实训与专业教学标准的紧密对接。

创新开展教育教学改革。利用校外实训基地资源,到行业、企业一线开展教研活动,了解企业用工需求、知晓行业岗位规范,掌握前沿知识、技术发展动态,进而有的放矢、创造性地开展教学改革。轮机工程技术专业实训教学着力强化安全文明生产教育和安全规程操作;公共教学部以志愿者服务和爱国爱校班级主题活动为抓手,突出"思想道德修养和法律基础"课程;推进学校体育教学改革,提高大学生体育欣赏与锻炼水平。

创新师资培养培训机制。建立"首席培训官"制度,设立驻校船长、轮机长办公室,依托中海集团丰富的人力资源平台,聘请上海海事局、中海集团、中国船级社等行业、企业的专家来校授课；学院还鼓励教师国内培训、国外进修，取得国际认证的企业行业职业资格证书，教师的履职能力和职业竞争力得到明显的提高。

教科研取得新成绩。“航海职业文化融入航海校园的探索与实践”课题获2014年度上海市教学成果二等奖；“船舶电气”教学团队获2014年上海市级教学团队称号。7篇论文在第九次全国优秀职教论文评选中获奖；1位教师获2014年上海市高职高专“用友新道”杯教学技能竞赛说课一等奖，1位教师获中国计算机学会“建纬杯”原创优秀PPT课件制作竞赛二等奖，1位教师获上海市首届青年教师教学竞赛三等奖、1位教师获评“全国优秀心理卫生工作者”等。

继续推进企业员工职业教育培训工作，增强社会服务能力。海船船员适任培训、船员素质提升培训、安全专项培训、陆岸员工业务、管理培训及入司教育等六大模块全覆盖的培训格局持续健康发展。2014年陆续开发水手/机工技师职业技能鉴定培训、LNG船舶国际标准课程培训等新项目34项，累计培训办班516期，培训17571人次。

加强教育教学设施设备建设，提升学校办学实力。在综合考虑国内外LNG、油轮、集装箱等船舶运输发展趋势的基础上，学院杨林消防救生实训基地开工建设，国内首家“环境真实、设备一流”的船舶模拟厨房投入使用；新建的航海模拟器、轮机模拟器实训室竣工验收，“海英轮”液货实习船升级改造基本完成，新增3家校外实训基地；视频会议室、多媒体教室等校园一卡通建设项目稳步推进并相继投入使用；新建校园出入口门禁控制、车辆管理系统，新添16个高清摄像头等安全技防设施，确保校园良好的治安秩序。

学生在航海模拟实训室接受操舵实训

营造和谐、健康的校园文化环境。举办第七届“校园文化节”，组织海事“好声音”、国际藏书票展、校园形象大使选拔等文体兴趣活动；开展第七届“大学生心理健康宣传月”系列活动；鼓励学生参加全国、上海市各类职业技能竞赛，学生代表队取得了上海市职业技能大赛团体三等奖、个人一等奖、上海市高职院校报关技能大赛暨全国高职高专报关比赛选拔赛二等奖。学院再次被授予上海市“文明单位”“平安单位”“安全文明校园”和“征兵先进单位”荣誉称号。学院与上海水上消防支队军民共建，配合浦东梅园警署开展公民警校活动，协助“亚信峰会”期间安保工作，获陆家嘴社区“服务亚信、奉献亚信”制高点平安志愿者优秀组织奖。

（李惠君）

【取得船员教育培训许可】 6月24—26日，国家海事局审核专家组依据《中华人民共和国船员教育和培训质量管理规则》和我国有关船员教育和培训的法律、法规、规章及其他规范性文件，对船员教育和培训质量管理体系进行了换证审核。学院通过换证审核，取得了船员教育和培训的许可。

（李惠君）

【两职业技能鉴定站获批】 经交通部职业资格中心审核批准，学院成为国家唯一拥有“船舶甲板设备操作工”和“船舶机舱设备操作工”证书考核评审资格的单位。9月，中海集团14位水手长和18位机工长通过了交通部职业资格中心组织的全国交通运输行业技师资格考试与答辩，成为首批海船船员工人技师。

（李惠君）

【中高职教育贯通培养模式试点招生】 经市教委批准，学院申请的轮机工程技术和船舶电子电气技术两个专业作为中高职教育贯通培养模式试点专业开始招生，根据产业和岗位需求，培养不同学段的航海职业人才。

（李惠君）

【举办第七届校园文化节】 学院举办第七届“校园文化节”。文化节围绕“青春志·中国梦”的主题，组织开展了海事“好声音”歌手大赛、师生硬笔书法比赛、国际藏书票展、校园形象大使选拔赛等形式多样、丰富多彩的系列活动，充分展示了学院中华优秀传统文化教育“六进”工作的成果，营造向真向善、向上向美、和谐健康文明的校园文化氛围。

（李惠君）

附：学院负责人及地址

（2014年1—12月）

院党委书记：孙欣欣
副　书　记：李根新（6月离任）

院　长：孙　琦
副院长：姚张平（常务）、张卫亮、林　海（4月到任）

地址：源深路158号
邮编：200120
电话：58311677

上海电子信息职业技术学院

【2014年概况】 学院设有8个教学系、部和3个二级学院，共设27个专业，其中，国家级重点专业4个，上海市重点专业6个。招收全日制新生3118名，有全日制在校生8000余人，毕业生就业率达98%以上。

骨干项目建设。学院迎接国家骨干高职院校建设项目验收，完成了四大项目、121个子项目、793个监测点的所有项目建设任务。完成《上海电子信息职业技术学院规章制度汇编》《素质教育“六个一”工程成效》《教师能力提升工程画册》《企业兼职教师风采画册》《骨干校建设群英谱（十佳人物）》《人才培养质量年度报告（2011—2014）》等成果汇编。4月22日骨干校建设通过省级验收，7月10日通过国家验收。5月，获“第四届黄炎培职业教育优秀学校奖”。

体制机制改革。推进学院理事会工作，学院与仪电控股签订创新孵化基地建设项目战略合作框架协议，共同开展“物联网、云计算”相关领域的高新技术研发及商业模式创新，搭建政、行、企、校合作平台，形成了“双主体，三平台”校企合作办学体制。修订和完善校企合作专业建设指导委员会、智能电子工业中心、学生创新工作室、校企合作联盟等运行的规章制度，共同开发课程和教材，共建双师团队，共享实训基地、共同开展应用研究与技术服务，构建校企合作长效运行机制。

教育教学改革。完善13项教学管理制度，坚持教学检查常态化与教学巡查专项化，加强教学质量监控体系建设。组织教师参加教学竞赛，在首届上海高校青年教师教学竞赛中获一等奖；在“2014年上海市高职高专院校重点建设专业教学设计比武大赛”中获得三等奖；在第四届上海市教学成果奖评审中，获一等奖3项、二等奖2项。学院促进各专业形成“根植行业、校企联手、工学结合”的人才培养模式。推进职教体系构建，继续中高职贯通培养试点工作，积极探索中本和专本贯通。在教学评比中，获市级教学名师奖1个、市级教学团队1个、市级精品课程3门。

师资队伍建设。学院完善《专业带头人选拔与管理办法》、《骨干教师选拔与管理办法》等制度，落实教师进修培训245人次，引进紧缺学科教师10名。完善企业专家、技术人员和能工巧匠组成的兼职教师资源库。学院有专业带头人12人、骨干教师43人、双师素质教师155人、兼职教师263人。3名教师获上海市育才奖；在全国职业院校技能大赛中，2名教师获得优秀指导教师称号；在上海市高等职业院校信息化教学大赛中，获得一等奖1

项、二等奖 2 项。

学生培养工作。开展社会主义核心价值观教育活动，创新“两课”教学，开展博文讲坛 4 次，打造“易班小熊海外游学”项目。组织思政课教师参加业务培训，组织辅导员赴浙江大学暑期培训，选送辅导员校外培训 20 余人次，完成学院第三届辅导员职业技能大赛，参加第三届市高校辅导员团队拓展活动获团体三等奖。开展第五届学生职业技能大赛，设立《学生思想道德实践成长记录卡》。开展系列高雅艺术实践活动，开展“微电影”大赛、主持人大赛、社团巡演等活动，开展各种体育锻炼活动，做好心理健康教育与咨询工作。以“奋斗的青春最美丽”为主题，组织了暑期社会实践队伍，其中有两支队伍成功申报上海市重点团队。2 名同学入选 2014 年“中国 100 青年英才培养计划”。年内，获全国技能大赛一等奖 1 项、三等奖 3 项，获得全国数学建模竞赛一等奖、二等奖各 1 项。在首届“挑战杯——彩虹人生”全国职业学校创新创效创业大赛上，参赛作品“三潭印月”获“创意设计竞赛——机械与控制项目”组一等奖。

国际交流工作。学院中德合作项目继续扩大发展，举办了“中德合作培养职教师资”方案设计研讨会，举行开放日活动，向德国教育和科教部、汉斯·赛德尔基金会、工商大会上海代表处组织的官员、专家以及职业院校的代表，展示中德职教合作项目的成果。学院与德国兰茨胡特应用技术大学、英国巴斯思帕大学、巴斯城市学院、加拿大温哥华岛大学继续合作，在职教体系、课程建设、教师培训、学生互访、考核评估、学分互认等方面进行了深层次合作。学院接待访问团组 20 批次 123 人次；接收德国留学生 6 人；邀请 6 位外籍专家到学院指导专业建设和教学管理；组织教师及管理人员赴德国、英国、新加坡等国学习交流，共计 15 批 99 人次；完成第四批“高校学生海外学习(实习)项目”；举行了中德学生交流活动 10 周年纪念活动。汇编《国际交流与合作(论文集)》《国际交流与合作画册》。完善《因公出国(境)管理流程及办法》等规章制度。

中德职业技术教育第十一期中德职教合作协议签约

社会服务工作。学院制定《学院专利管理办法》并完善相关规章制度，提高横向科研项目经费标准。评选出“自动化技术”等 6 支院级特色技术开发(服务)团队，开展 50 余项横向课题，技术服务总收入 259 余万元，完成技能培训等共计 1049 人次，落实职业资格考核共计 2000 多人次。作为职教集团牵头单位，组织 10 名中职教师完成企业实践，完成集团内 28 名特聘兼职教师资助工作，主办“2014 iExhibition 智慧会展创新论坛”，举办集团内校园人才招聘会。作为市高职高专教学研究会会长单位，举办全国高职高专“MOOC”课程研讨班，举办 170 余人参加的市高职高专院校重点建设专业负责人培训班，承办市高职高专重点专业教学设计比武大赛，并组织开展课题研究。推进沪滇德合作项目、院校对口合作支援项目、西藏日喀则地区职业技术学校师资培训项目等工作，培训人数共计 419 人次。10 月，学院被国务院扶贫开发领导小组授予“全国社会扶贫先进集体”荣誉称号。 (李　旺)

【签订战略合作框架协议】 4 月 17 日，学院与上海仪电控股(集团)公司签订《创新孵化项目战略合作框架协议》。按照协议，学院与集团公司将本着“资源共享、优势互补”的原则，在产学研联合发展、技术服务、技能培训、人才交流与培养等方面开展多种形式合作，促进“校企合作、产学共赢”。 (李　旺)

【获全国职业院校技能大赛一等奖】 6 月 27 日，全国职业院校技能大赛在天津主赛场落幕。学院参赛选手在“移动互联技术应用”赛项中，获得一等奖，在“嵌入式应用开发”“云安全技术应用”“机械设备装调与控制技术”“动漫制作”等 4 个赛项中荣获三等奖。 (李　旺)

附:学院负责人及地址

(2014年1—12月)

院党委书记:杨秀英
副　书　记:顾剑锋

院　长:杨秀英
副院长:顾剑锋(兼)、徐松鹤、吴依本、张　涛

学院本部(奉贤校区)地址:瓦洪公路3098号
邮编:201411
总机:57131333

徐汇校区地址:中山南二路620号
邮编:200032
电话:64172394

上海科学技术职业学院

【2014年概况】 学院创新育人模式与管理机制,推进特色发展、深化内涵建设,编制《文明单位社会责任报告》,全面提高人才培养质量。学院有通信与电子信息系、机电工程系、经营管理系、商务流通系、人文与社会科学系和基础教学部6个系(部),开设安全防范技术、应用电子技术、通信技术、机电一体化技术(数控机床维修)、数控技术、应用英语、社会工作、电子商务、人力资源管理等23个专业。全日制高职在校生4336人,全年招生1720人(面向20个省份招生);有毕业生1382人,签约率91.7%,就业率99.48%。

新建4500平方米"安防技术教育研发中心",跟踪产业动态、融入产业发展;新建"组网技术实训室""信息安全实训室"等8个实训室,与上海全景数字技术有限公司合作,在校内建成"安防技术联合实验室",合作开展工学一体教学实践。完成"传感器与自动检测技术实训室"实训设备的招标和设备制造合同签署,组织《数控机床故障诊断与维修》校本教材编写工作,机电一体化专业的毕业生技能考核合格率创历史新高:汽车维修高级工合格率达91.9%,数控机床装调与维修中级工合格率达92.2%。启动专业核心课程资源建设,成功申报创业能力(专项职业能力)的培训资质,200人次接受培训。与上海宝尊电子商务有限公司等企业合作开展"电子商务岗位实训""网页设计与制作""网站图片采集与处理实训"等课程的实训教学。社会工作专业与国家民政部职业技能鉴定指导中心签署"培训委托协议书",按照民政部要求,制定"社会工作通用过程的评估与结案"课程计划,完成教案、课件、视频等课程设计所包含的全部内容。

学院《高职创业教育体系建设的探索与实践》和《政、校、行、研、企多元合作,共育技防人才的实践》两项教学成果在由上海市教委、市人力资源和社会保障局组织的市级教学成果奖评选中获奖。学院电子商务专业团队参加第四届上海市高职高专院校重点专业建设教学设计比武大赛,以"资源共享、利益共赢、价值共融"作为顶层设计理念、以"对接产业、服务区域、创新模式"作为专业建设思路,获第一名。学院首次代表上海市参加"汽车技术服务与营销专业教学团队"比赛,汽车营销项目获团体三等奖。学院承接市教委委托的国家教育综合改革试验区高职高专重点项目《高职院校"双证融通"人才培养模式改革研究与实践》和《机电一体化专业"双证融通"人才培养模式改革》两个课题。

学院按照教育部《高等职业学校专业教学标准》,对2014级专业人才培养计划进行较大幅度调整:"大学英语"和"计算机应用基础"两门公共课结合高职教学特点,适当减少学分和学时,同时新增特色通识课程平台;对"大学英语"、"高等数学"和"经济数学"三门公共课程实施课程分级与学分

替换。和上海大众工业学校联合申报的中高职贯通人才培养模式改革机电一体化技术(数控机床维修)试点专业,首次招收学生42人。

学院围绕社会主义核心价值观教育,以"主题引领、认识先导、活动体验、氛围营造"构建思想政治教育立体模式。设计制作新生入学迎新专题展板,邀请解放军南京政治学院教授作题为《中国周边安全热点与新型武器装备解读》的讲座,举办"2013—2014学年学生表彰大会暨'身边的榜样 真实的力量'"主题晚会。学院通过多种渠道为学生提供奖学金和助学金资助。年内,共认定家庭经济困难学生847人,发放各类奖学金220余万元。110名学生参加校内38个岗位的勤工助学,为学生发放补贴8.8万余元。学院成立信息中心,组建项目实施小组与信息员队伍,确保项目顺利开展。新建中心机房1间,完成校区的主干网和楼层间的光纤线路架设,光纤总长度为5900米。结合校园综合布线,实现"骨干万兆互联,千兆到桌面"的性能。

学院开创就业新模式,在校园网开辟"毕业生就业"栏目,并嵌入全国大学生一站式服务系统,确保就业招聘信息及时有效传递。签约率、就业率均创历史新高。 (曹　哲)

【承接国家教育综合改革试验区重点项目】 学院承接了市教委委托的国家教育综合改革试验区高职高专重点项目《高职院校"双证融通"人才培养模式改革研究与实践》和《机电一体化专业"双证融通"人才培养模式改革》两个课题。学院以机电一体化技术专业为试点,探索符合"双证融通"要求的人才培养模式改革。 (曹　哲)

【推进对口支援工作】 学院支援贵州遵义职业学院的建设项目自2013年7月启动,根据教育部关于对口支援西部教育的方案要求,周密有序推进帮扶计划。项目得到上海市政府和市教委的高度重视。根据援建协议,学院每年面向贵州遵义职业学院成绩优异的高职生提供奖学金,面向该校家庭困难的中职生提供助学金,资助遵义职院院级领导开展国内外交流考察项目。同时制订五方面具体化帮扶项目,包括帮扶新建"电子商务"专业和重点支持建设"机电一体化技术""汽车技术服务与营销"两个特色专业;三年内帮助培训10—15名专业教师,每位教师在学院见习、培训一个月;帮助建设6门专业精品课程;重点帮助"机电一体化技术"专业实训基地建设;帮助培训5名教学管理人员等。支援项目启动以来,已在师资培训、专业讲学、课程建设指导等多方面取得实质性进展。 (曹　哲)

【在全国高职高专竞赛中获奖】 学院2011级社会工作专业学生陈佳宇、付政吴琼、赵天舒、陈怡婷在专业教师孙鸿平、徐金凤、陆飞杰带领下,赴北京社会管理职业学院参加第五届全国职业院校民政职业技能大赛暨第二届全国高职高专社会工作能力与实务竞赛。赛后,与其他院校师生进行一系列交流。4位学生获二等奖3名、三等奖1名和团队优秀奖。 (曹　哲)

附:学院负责人及地址

(2014年1—12月)

董事长:朱建新

院党委书记:庄顺根
副　书　记:周财宝

院　　　长:庄顺根(兼)
常务副院长:董大奎
副　院　长:王云飞、俞　伟、韩　芳(9月到任)

地址:金沙路280号
邮编:201800
电话:69990010

上海农林职业技术学院

【2014年概况】 学校有全日制在校学生3607人。录取新生1337名。毕业学生1190人，就业率为98.32%，8位学生被“三支一扶”录用。3名学生参加大学生志愿者服务西部计划，23名学生应征入伍。学校有教职工291人，其中专任教师131人，具有高级职称的教师46人，占35.1%。学院总占地面积267441平方米、建筑面积120170.01平方米。学院以都市农林和现代生物技术应用为办学特色，设有园艺园林系、动物科学技术系、农业生物与生态技术系、农业经济管理系、农业信息工程系、基础部、思政部五系二部和实训中心、继续教育中心等教学单位。拥有三个大型校外教学实训基地，及环境治理模拟实训室、农产品检测实训室、上农动物实训医院、生物技术综合实训室等50余个校内教学实训基地。

上海农林职业技术学院公共实训中心竣工

一、平稳完成学院隶属关系划转工作。2014年第三批行业高校划转市教委管理，学院作为唯一农业类高职院校于7月4日划转至市教委管理。学院坚持“为农服务、特色立校”的办学宗旨不动摇，为上海乃至全国的“三农”事业培养高技能人才。学院隶属关系划转工作的平稳完成和市教委、市农委共建学院协议的签订，为学院的发展和建设增添了助力。

二、确立现代大学基本治理结构。确立了“党委领导、校长负责、教授治学、民主管理”的现代大学基本治理结构，以制度规范的形式明确学院行政权力和学术权力的边界，确立学院依法办学、依章治校的运行格局。撰写学院章程，修订完善党委会、院务会议事决策规则，改选学术委员会并建立学术委员会章程及基本的工作制度，充分发挥教代会在学院重大事项决策中的作用。学院的治理结构进一步优化，为实现全国一流的农林职业院校的发展目标奠定了良好的基础。

三、办学条件稳步提升。都市农林公共实训中心项目基建部分竣工，实训基地服务教学功能进一步完善，实验实训保障能力进一步提升；“上农韵”校内亲水平台项目建设启动，完成后的亲水平台项目将集实训、教学、休闲、文化传承于一体，校园农耕文化氛围更加浓厚；工厂化种苗生产基地、农产品检测中心二期工程、农产品营销综合实训室、农业物联网应用实训室、农产品电子商务网站开发实训室等特色高职院校建设实验实训室项目顺利完成建设；实训基地生产的农产品顺利通过农业部无公害农产品认证；成功注册经国家工商局审核通过的“农奕”商标，为标准化实训和实训产品融入市场提供了保证。

四、改革人才培养模式。完成6个特色校建设专业及3个中高贯通专业的人才培养方案，制订2014级各专业人才培养方案。首个校企“双主体”办学班五四班顺利毕业，15名学生进入五四公司；园林技术、动物医学、生物技术及应用、农业经济管理、软件技术(农业信息技术)等专业积极探索并实践新型人才培养模式，并尝试探索“部分专业课程集中教学实践环节”的实验实训课授课模式，积极推进“教学做一体、理实同步”课堂教学组织模式，迈出了教学改革的新步伐。新增3个校企合作班。实训基地探索实训新模式，试行部分实训小班化、双师带班制度，推行师徒制。教学质量不断提高，学生参加全国职业院校技能大赛获8个奖项。市教育评估院对实训中心的第三次绩效评估为“优秀”。

五、推进师资队伍建设。新进人员6名，其中专任教师3名、实训中心划转人员3名。选派国内访问学者2人，13名教师赴企业进行产学研见习，7名优秀青年教师得到专业技能和理论素养的专题培训，选派33名教师先后赴美国、法国、以色列等国家和中国台湾地区培训学习。学院有1名员工获上海市模范军队转业干部称号，1名员工获上海市育才奖，1名教师获上海市园丁奖，1名教师获上海市教学名师称号，1名员工获市级机关系统优秀党务工作者称号，6名员工分获市委农办系统优秀党务工作者、优秀共产党员称号。

六、抓好学生工作。学生事务管理规范有序，辅导员队伍建设稳步推进，大学生德育工作不断深入，易班深入学生。学院构建多元化立体资助工作体系，采用奖、勤、助、贷、补、减、免等方式，使受助学生总人次达到约9000人次，累计发放各项资助经费261万元。共选送13名专职辅导员参加了上海市教委举办的辅导员专题培训；选送了4名辅导员参加了高校辅导员深度辅导技能培训；选送了9名辅导员参加了就业和心理等方面的专题培训，总计26人次。为开拓辅导员的视野，邀请校外专家到校讲座。年底，学生处组织辅导员进行了为期两天的素质拓展，进一步挖掘辅导员的潜力。12月份参加上海市高校辅导员团队拓展大赛并获得最佳团队奖。

七、重视校园文化建设。弘扬“尚农，乐耕，生生不息；博学，悟道，源远流长”的校园文化精神，举办“听写母语汉字，传承农耕文明”学院汉字听写大赛，彰显农耕文明。成功举办以“立信守善凝聚青春，尚农乐耕情结三农”为主题的第二十七届“上农之春”文化节活动，分为“农耕·农情”篇、“农林·农事”篇、“农味·农趣”篇3个板块，共21个活动项目，全方位展示师生风采。活动参与人次1500余人，观摩人次8000余人。同时，举办校内体育大联赛、辩论赛、培训班和各项传统文体活动，为同学们陶冶情操、健康身心提供了广阔的舞台。以思政课堂为载体，以社会主义核心价值观为主要内容，全年开办道德讲堂12次，通过线上传播覆盖全校师生。通过高雅艺术进校园、道德经典诵读比赛等形式丰富思政课的实践教学内容，陶冶了学生的思想道德情操，丰富了校园文化。

八、科研工作取得新成效。获市、区级立项项目(课题)13项，其中主持8项，参与5项(科技兴农项目)。校外课题到账经费116.1万元，完成100万元计划任务。

九、国际交流与合作有序发展。学院全年共选派出访法国、韩国、丹麦、美国等国家7批40人次，其中教师14人，26名学生参加海外高等学校的中、短期学习。共接待友好学校到访8次，其中法国圣·日耳曼农业学校3名教师，韩国济州高等学校4名教师、9名学生到学院交流访问，接待荷兰、西班牙等国家交流访问团5个，来访人数达47人。与丹麦农业经济学院签订合作教育协议，增加海外合作伙伴一个。 (董艳双)

【加强课程建设与教科研工作】 完成《动物医学专业国际水平专业教学标准》开发，启动《园林技术专业国际水平专业教学标准》开发。“宠物养护与疾病防治”“农产品与食品质量检测技术”2门课程参与国家级教学资源库建设。4门课程申报市级精品课程，“动物病理”课程入选。《动物外科与产科》《景观设计手绘效果图表现》入选首批“十二五”职业教育国家规划教材书目。完成37门精品课程基本教学资源建设，完成14本教材样稿。共享型专业教学资源库系统平台导入课程10门。引进“尔雅通识教育网络课程”补充公共选修课程。《果树生产》获“上海市中职优秀校本教材”。获上海市级教学成果奖获奖项目(职业教育)一等奖1项、二等奖1项。第九届全国农业职业教育优秀论文评选，获奖4篇，一等奖1篇、二等奖1篇、三等奖2篇。学院2014年科研、教学成果奖评定，科研成果奖，评出一等奖2个、二等奖3个、三等奖3个；教研成果奖，评出一等奖1项、二等奖3项、三等奖3项。

（董艳双）

【提供特色社会服务】 学院参与"国家万名专家服务基层项目""上海市千名专家服务基层行动"工作，选派专家指导各区县农业技术服务，每周发送农业实用信息。6个上海市重点专业服务队先后赴6个区县举办10多个农业技术服务及知识科普培训班。在松江区叶榭镇开展"科技文化环保"主题宣传活动。积极参加上海市首届中小学学生职业体验日活动，接待3448人次，获得市教委和市校外联办联合审批的"上海市中小学生社会实践护照"（家庭版）试点单位，并获资金资助。完成外来务工人员、农村劳动力转移培训4563人。

园艺园林、动物科学、农业经济管理、农业信息等4支农业服务团队先后在松江、宝山、浦东、奉贤、金山、青浦等6个区县举办各种培训班10多个，为兽医防治员、饲料检测工、绿化工、农机手、信息员等职业岗位培训人员400多人次。（董艳双）

【提升管理服务保障水平】 学生宿舍消防喷淋系统全覆盖，推动校园能源多元化，节能绿色校园建设顺利推进；建立食堂后勤外包单位淘汰竞争机制；成立国有资产管理委员会，推进固定资产的规范化管理；完成学院固定资产清查工作。（董艳双）

【有序推进文明单位创建工作】 全力争创全国文明单位，成立创建工作领导小组，制定《学院创建全国文明单位实施方案》，制定"2013—2014年精神文明建设规划和文明处室考核办法"，建设学院文明创建网，动态反映学院精神文明创建情况。加强与王港村的文明共建工作。通过《尚农之歌》、"百农图"、校训石等多种形式，在校园弘扬农耕文化，传播农耕文明。做好宣传和舆情应对工作，围绕"弘扬主旋律、传播正能量"搭建大宣传平台。《上农报》全年共出刊10期40版，在农民日报、文汇报、解放日报等各级各类媒体上刊发报道38篇，向社会大众展现学院在教育教学改革、特色校建设和校园文化建设中取得的成绩。加强学院门户网站建设，通过文字、图片等形式发挥门户网站宣传和信息服务功能，全年访问量达15万余人次。

（董艳双）

【农林特色专业结构体系不断优化】 学院始终坚持为农服务的方向，全面对接上海建设现代农业对人才的需求。构建了与上海"三农"发展需求相适应的专业结构体系，形成具有农林特色的"种植类、养殖类、农业经济类、农业工程类"专业群格局。通过特色校建设，专业布局和人才培养的农林特色进一步彰显。学院21个招生专业中，涉农专业占总数的57%，涉农专业学生占总数的64%，分别比特色高职院校建设前提高了21%和35%。上报市教委备案新专业：宠物养护与疾病防治、物联网应用技术（农业物联网技术）。（董艳双）

【在技能大赛、课程设计大赛中获奖】 代表上海参加2014全国职业院校技能大赛农林牧渔类、水利类、旅游类和电子信息类四大类九个小项目的比赛，共获得3项一等奖、2项二等奖、3项三等奖。园艺园林系教师许太白、徐卓颖和农生系教师冯灵芝、许英杰获得优秀指导教师称号。六名教师参加中国职教学会农村与农业职业教育专业委员会、全国农业职业技术教育研究会联合举办的第二届全国农业职业院校青年教师专业课程设计大赛，获1项一等奖、3项二等奖、1项三等奖。（董艳双）

附：学院负责人及地址

（2014年1—12月）

院党委书记：吴乃山
副　书　记：魏　华（兼）、俞锦禄

院　长：魏　华
副院长：俞锦禄（兼）、仲肇森、谢锦平

地址：松江区中山二路658号
邮编：201699
电话：57822666

上海工艺美术职业学院

【2014 年概况】 学院重视生源质量，控制招生规模，精心做好自主招生工作，根据教育部以及市教委的要求，增加上海市秋考计划数，减少外地招生数量，并调整自主招生录取规则，新生总体素质有所提高，实际录取新生 1335 名，报到率 89.42%，为历年来最高。学院毕业生总数 1286 人，截至 12 月，签约 968 人，签约率为 75.3%，比 2013 年高出两个百分点，专业对口率与 2013 年持平。毕业生在国企、行政事业单位、外资企业就业的占总数的 18.58%；下辖 WPP 学院毕业生 70%进入国际 4A 公司就业。学院就业信息服务网、毕业生信息查询系统、毕业生档案信息查询系统和用人信息平台为用人单位和毕业生提供了便捷的服务平台，毕业生的满意度不断提高。

专业建设以培养应用型人才为目标。学院抓好 12085、13085 专项及飞跃计划项目的实施工作，统筹资金、研究难点，在项目资金的支持下，各专业建设项目、教学科研、教务实训、文化创意和人才引进、师资培训及国际交流项目得以顺利实施。调整室内装饰设计与装饰艺术设计的人才培养目标，申报“景观设计”专业规划获得批准；新设核心课程 11 门，完成了教育部委派的国家级艺术类专业标准的制定(雕刻、玻璃、首饰)，得到教育部的认可；积极探索自身专业教学模式改革方向，成为《中国微课联盟》发起单位和理事单位；完善展示设计、工业设计、广告设计专业教学计划；完成数码工艺美术专业人才培养方案的修改及专业课程设置工作，完成《数码木雕》等教材的编写，使该专业初具雏形。

出台教师科研的激励与评价制度。全年共有 21 项课题获得立项，其中市级项目 6 个，院级课题 13 个，其他类 2 个。教师参与多项横向科研课题，如“教育部中国数字教育博物馆”“警惕网络有害视频信息自主判别系统”“社保中心员工多媒体设计技能的培训工作”等。学院重视对教师科研能力的培训，结合院级科研课题项目的申报指导，先后组织 4 次教师科研能力提升培训讲座，组织 2 批次骨干科研力量外出培训进修。组织实施了专利申请申报工作，全年申请专利项目 22 项，已有 12 项成功获批。教师在各级各类公开刊物上发表论文 63 篇，编撰教材、专著、校本教材 30 本。在 2014 年全球 UNITY 技术开发者大会上，数码艺术学院教师袁蔚的研究论文在大会宣读，袁蔚被大会专家推举为大会主席。学报《创意设计源》拓宽稿件相关领域，追求原创论文的数量和质量，扩大了在学界的影响力。

重点聚焦划转后的发展定位。多次举行专业布局研讨会议，研究学院整体发展方向、专业布局，做好顶层设计。学院及各二级学院组队多次到广州、深圳、湖北、浙江、黑龙江、北京、山东等地职业院校考察调研，了解同类院校在职业教育定位、为地方经济服务等功能上的做法与经验，为长期规划获取关键信息。在此基础上，学院制定了《国际艺术院校设置比较报告》《上海工艺美术职业学院升本必要性论证报告》等研究报告，制定了应用型艺术设计类职业院校的规划方案，从服务上海文创产业发展、培养高层次创意人才上找准定位，从而被市教委列入升本计划，为下一阶段的跨越式发展争取到了极大的空间。

重视师资队伍建设，在人才引进与内部培养上下功夫。共引进专任教师 13 人，其中高级职称 2 人，博士学历 1 人，提高了相应学科的整体素质和科研水平，为专业发展建设提供了有力的人才保障。学院施行教师整体能力提升项目，为在校教师提供国内外访学、产学研践习和个人深造的机会，为青年教师提供职称英语、计算机、行政能力的各项培训，并制定相关制度，为教职工教学能力、管理能力与职业生涯发展的提升创造良好的条件。全年，获评教授 2 名、副教授 7 名、讲师 25 名，其他系列正高 1 名、副高 4 名、中级 4 名。通过工会为在编职工投保住院补充保险和意外伤害保险，参加市教育工会的教师补充医疗保险，增加与补充了职工定点医疗单位，方便职工就医。

校园设施建设扎实推进。为了给师生提供更加整洁便利的学习、工作环境，重新规划行政楼格局并加以装修，提高办公室利用率，并置换空间打造符合市级标准的学院档案室、中心机房；完成十几项校园环境改善工程，进一步提升食堂、宿舍、车辆等后勤服务质量，增加洗衣房、健身中心等服务场所，为师生提供便利。启动千兆计划，全面提升校园网带宽能级，为师生信息化需求及教学过程网络化提供基本条件。

把培养高素质职业技术人才作为首要任务。学院坚持以德为先，开展学生工作，通过易班建设，了解学生思想动态，抓学风建设，树立道德楷模；通过主题班会、团组织生活、座谈会等多种形式组织学生认真、深入学习，努力培育和践行社会主义核心价值观；通过开学典礼、毕业典礼、学生运动会、艺术节等大型活动营造健康向上的校园文化，增强师生对学院的认同感。学院修订了各类奖学金、助学金评定办法，提高奖金额度，完善评审制度，以学习绩点与学生品德为评定标准，在学生中营造积极向上的氛围，同时还拓展奖学金渠道，增设育才奖学金、恩德奖学金、剑桥大学创业项目奖学金，激发学生努力学习、勤于实践、敢于创新，促进养成良好的学风和校风。

“现代艺术设计教学实训中心”项目获市发改委立项批准，正进行设计方案比选。顺利完成新的“中高职贯通五年一贯制”教学专业申报。学院中职部成功申报了新的工艺美术类中高职贯通五年一贯制教学专业，顺利完成“中高职贯通艺术设计专业”171 人、随迁子女批次 19 人的招生计划；成功通过了年度教育教学及德育实地评估、五年一贯制首饰设计与制作方向教学质量跟踪实地评估和工艺美术开放实训中心评估。学校还以赛促教，指导学生参加各类大赛，全年共获各类奖项达 30 多个。

拓展“3＋1”模式工艺传承教学体系。学院工艺美术研究中心在人才培养、技艺传承、专业研究等方面做出新成绩。大师班做好毕业生的引进与就业工作，并在新一届扩招的基础上招收部分行业有经验人员，在专业板块上引进非遗工作室两项(纸艺/黄杨木刻)，并将非遗主题(纸艺、竹刻、黄杨木雕、草编)纳入 2014 年度 3＋1 工艺传承教学体系。研究中心在科研上也异军突起，编著《中国手工艺名师传习双语教程》3 本，出版了《工艺雕塑基础》教材，在国内期刊上发表工艺教育研究论文 10 篇，课题结题两项，新增课题 4 项，举办了“刘忠荣玉雕工艺传承文献展”等以工艺研究为主线的展览、研讨、讲座 12 次，为工艺传承教育积累经验、积蓄能量。

搭建良好的合作交流与服务平台。学院根据专业建设的需求，为师生搭建良好的合作交流与服务平台，让更多的在校学生和教师能够“走出去”，提升人才培养层次。学院共有 4 批次、60 人次出访学习交流；接待 4 批次、20 人次到访参观交流；签署国际交流合作协议 4 份，交流合作包括意大利、法国、德国等国和中国台湾地区。学院积极同社会各界合作，举办第四届中、日、韩艺术邀请展和文化交流论坛，师生参加中国多媒体应用技术展览会、上海设计之都活动周等展览活动。学院设立官方微信，发布教师、校友作品及部分展览、讲座等信息，解放网、青年报、新闻晨报等媒体 10 余次报道学院的办学特色与成果，提高学院的知名度与影响力。学院全年接待了上海师范大学天华学院、黔东南民族职业技术学院、四川城市职业学院、遵义职业技术学院、台湾工艺研究发展中心参观团等 30 多家院校及单位的到访，广泛交流了办学改革、专业建设、校企合作、人才培养模式方面的探索与经验。

持续深化产学合作。学院通过工业设计教育联盟、中小服饰品牌行业联盟、人居环境设计屋、数码艺术国际高端资质认证服务中心、游戏设计与制作虚拟平台、数码创意职业人才研修基地、工艺美术珍品研习馆等多个项目，持续深化产学合作。数码学院通过4D特种电影《剑齿王朝》《细菌大作战》游戏设计、《中信银行》多媒体项目和上海电视台纪实频道《衡阳保卫战》等项目将教学成果推向社会。视觉学院与会展企业合作策划设计完成再生绿色设计项目,完成工业设计专业教学联盟的架构和场地建设,启动与相关企业的真题项目。学院启动社交、作品展示及电子商务服务平台项目,为学院师生的实践成果提供展示、交流与交易的窗口,已完成网站功能开发。 (石 群)

【与剑桥大学合作开展创业教育】 学院以创业教育为龙头,全面推进职业素质教育,与剑桥大学合作开展创业教育。双方约定,在创业教育国际化教学周活动中,剑桥大学安排两名教授来学院授课,学院组织、选拔、培训相关学生赴剑桥大学参加创业课程培训;依托成功自主创业的毕业生资源,建立项目实践为主的创业孵化途径,做好预孵化基地建设。 (石 群)

上海工艺美术职业学院与剑桥大学签订创业教育合作协议

【坚持服务社区教育】 学院坚持服务社区教育,丰富居民文化生活。在徐汇社区开办了编织、软陶、串珠等培训班,在中小学开办刨花画、剪纸、书法和动漫等工艺美术类兴趣班,共培训了933人次。学院还承担了对嘉定残联—阳光工坊特殊人群的工艺传承教育义务,又在田子坊开设工艺讲坛及共有300余人次参加了工艺美术的培训学习。学院下辖的继教学院开展学历与非学历教育培训、各类社会培训。 (石 群)

【获多项教学成果及奖项】 学院获得全国职业教育先进单位称号;获得全国就业50强单位荣誉称号;获得国家级教学成果奖职教类二等奖1项;获上海市级教学成果奖5项(特等奖1项,一等奖2项,二等奖2项),获上海市级精品课程3门。教师陈洁滋和WPP学院(广告设计与制作教学团队)分别获评上海市级教学名师和优秀教学团队。教师在教育部艺指委组织的金教鞭说课竞赛中,获得二等奖2个、数码类一等奖1个、空间类一等奖1个、工艺美术类三等奖1个、空间类三等奖1个、优秀奖14个。 (石 群)

【在各种比赛中获近百个奖项】 学院下辖各二级学院学生在国际、亚太地区、全国及上海各类艺术设计竞赛上表现优异,获得近百个奖项。WPP学院学生再度获得国际黄铅笔"年鉴奖",获得One show中华创意奖平面金奖、银奖,第六届大学生广告艺术大赛一等奖;视觉艺术学院学生获全国商科院校技能大赛会展专业竞赛一、二、三等奖;数码艺术学院学生获得全国信息技术应用水平大赛一、二、三等奖,全国职业院校技能大赛动漫赛项二等奖;环境艺术学院学生获教育部职业院校艺术设计类专业教学指导委员会"优秀毕业设计"奖大赛金奖,获得中国竹材装饰创意设计大赛一等奖;时尚与工艺学院学生获得"优秀毕业设计"奖大赛金奖、上海玉雕神工奖铜奖、优秀奖;水晶石数字艺术学院学生获得上海第七届设计双年展特等奖与一、二、三等奖,全国职业院校技能大赛二等奖,全国美育成果展评一、二等奖。 (石 群)

附:学院负责人及地址

(2014年1—12月)

院党委书记:许 涛
副 书 记:张天启

院 长:姜 鸣
副院长:张天启、杨 勃、王 敏

地址:嘉定区嘉行公路851号
电话:69977888
邮编:201808

上海建峰职业技术学院

【2014年概况】 7月，学院隶属关系由上海建工集团划归市教委，由市教委与上海建工集团共建。学院对办学定位、目标作适当调整，确立“根植行业、校企融合、工学结合”“以土建专业为特色的国内一流应用技能型高职院校”的办学目标，确定了土建大类中建筑设计、土建施工、建筑设备、工程管理、市政工程等5个院重点小类专业。

校企合作办学在深度融合上下功夫。一是拓展了与中建集团等新合作对象的校企合作。二是进一步加强了与上海建工集团校企合作的深度和广度。学院与上海建工合作的上海中心实训项目，被市教委作为典型案例推荐参加全国展示。

学院坚持按照职业教育的规律办学。一是推进人才培养模式创新。在建筑工程技术、建筑装饰工程等特色专业开展中高职贯通专业试点。在室内设计专业实施现代学徒制的试点。与上海建工各土建集团开展订单式培养。《建筑海外人才校企合作“对接”培养的探索与实践》获市级教学成果奖二等奖。二是推动教育教学改革。学院在土木工程系实施按大类招生的人才培养模式综合改革。三是扎实做好学生职业技能提升工作。学院优化专业课程设计，推动各专业实施实践课课程改革，鼓励以赛促练。在全国大学生数模竞赛、“苏一光杯”上海高职学生测量大赛等市级以上各类技能大赛中，共有31个团队和个人获奖。

推进基础管理。一是全面开展专业建设调整相关配套教学文件的调整。修订各专业的专业计划和课程教学大纲。二是做好招生与就业工作。共招生1501人，在校生突破4000人，均创建校以来最高纪录。录取分数、新生报到率等指标保持较高水平。将职业生涯规划教育纳入教学计划，积极落实学生就业。学院毕业生就业率达97%。土建类重点特色专业就业率接近100%。三是重点落实教学基础设施建设。投入1560万元建成了建筑力学实验室、医护实训中心改建、智能教室建设试点等基础设施建设项目，改善了办学基础设施。四是不断加强学生管理。以辅导员队伍建设为抓手，完善辅导员岗位责任和工作要求，使学生管理网络更加完善。

推进干部教师队伍建设。修订完善《学院中层干部选拔任用工作实施办法》《学院中层干部考核工作实施办法》等规章制度，推动青年干部定期轮岗交流和挂职锻炼。抓好“专业带头人培育工程”；推行青年教师企业践习制度，推动企业技术人员担任兼职教师等教师队伍建设工作。学院引进各类人才17人。2人获得上海市育才奖，24个团队和个人在市级以上各类教学竞赛中获奖。“建筑工程测量”课程被评为2014年度上海市精品课程，室内设计教学团队被评为2014年度上海市教学团队。在首届上海青年教师教学技能竞赛中，两位青年教师分获二等奖、三等奖。

积极开展社会服务。学院是上海建筑职教集团牵头单位，利用这个平台，广泛开展院校合作、院企合作，进行信息和办学资源共享，开展师资培训、建设类专业人才岗位职业标准等人才需求研究和相关的专业及教育教学改革研究。学院还积极开展行业企业的人员培训和继续教育。开展了上海市建筑施工行业协会岗位证书、建筑企业三类人员、注册建造师等各类培训，为上海各建筑施工企业培训近6800人。

落实“亮化、绿化、净化、美化”校园环境工程。

加强与社区联防联动，整治校园周边环境。加大人防技防投入，实现校园监控全覆盖。修订《学院应急处置预案汇编》，组织师生开展了消防、应急疏散等演练。2014 年，学院输送 28 名优秀青年参军入伍，被评为上海市征兵先进单位；有 410 位学生参加义务献血，超额完成义务献血任务，获得无偿献血推进奖。（金宁黎）

【加强思政教育和师德师风学习】 开展了“中国梦”系列宣传，落实了“劳模进校园”等学生思政教育具体措施，组织教师开展“做好老师”师德师风专题学习，促进学院师生道德生成和人格提升。学院不断完善“课堂＋网络＋活动”三位一体的校园文化建设体系，使其成为校园文化建设的重要组成部分。（金宁黎）

【开展“冬日阳光”爱心助医活动】 学院 2013 级护理 2 班学生张颖不幸患上罕见的“克罗恩病”，全院师生通过爱心义卖等方式积极为张颖募捐，社会各界也纷纷伸出援助之手。12 月 5 日，学院举行“冬日阳光”爱心捐赠仪式，将 28 万元的“爱心支票”送到张颖妈妈的手上。（金宁黎）

举行“冬日阳光”爱心捐赠仪式

附：学院负责人及地址

（2014 年 1—12 月）

院党委书记：徐　辉
副　书　记：杨光辉

院　长：徐　辉（兼）
副院长：崔　进、窦争妍、徐德明

地址：漠河路 1168 号
邮编：201999
电话：56601258

上海工会管理职业学院

【2014 年概况】 学院坚持“服务工会、服务职工、服务社会”的办学定位和“两翼齐飞”的发展战略，以提高学历教学、干部培训质量为核心，扎实推进“高职特色校”“工会示范校”建设。学校全年录取新生 2082 人，2014 届毕业生签约率 91.07%。

以优质课程评比为抓手，大力推动校内优质课程和课程资源建设工作。初步完成近 50 门课程的基本教学资源建设，建成院级优质课程 22 门。其中，“仿古陶瓷制作”被评为“上海市精品课程”。

新建食品安全检测、国际货代、前厅服务技能鉴定校内实训室；完善社工师事务所、艺术品公司、大师工作室等实习平台建设，引入真实项目，实施项目引领、“现代学徒制”等人才培养模式；深化校企合作，实现三分之二以上的专业与本行业品牌企业合作，6 个专业实现企业“订单式”培养；提高双证书获取率，11 个专业参加了人社局的高技能人才培养项目，与企业合作开展顶岗实习和考证工作，2014 届毕业生获证率 85.88%，14 个专业中高级职业资格证书获取率在 90%以上，连锁经营管理专业为市教委首批“双证融通试点专业”，对学院高技能职业人才培养起到了很好的引领作用。

实施“优师带教计划”，组织12名骨干教师与市总工会各部室结对拜师，学习、参与相关工会工作实践，参加重大课题调研，以弥补工会工作实践经验的缺乏；组织8位青年教师参加校内优师带教活动，对青年教师的成长起到了很好的传帮带作用。培训中青年骨干和中层干部136人次，外出进修培训170人次，产学研践习4人次，国内访学3人次，国外访学2人次，经费投入200多万元。新增上海市教学团队1个，获上海市教学成果奖1项，教师教学水平得到进一步提升。

新建劳模文化长廊，引领校园文化环境建设；新建“劳模育人实践基地”3个，提供学生践习机会；组织劳模育人研讨会，探索劳模精神育人的有效实施途径。

学院通过扩大培训范围、改善师资结构、改革教学方法、改建食宿条件等多种举措，进一步发挥工会干部教育培训主阵地作用。全年举办各类培训活动238期(场)，培训14795人次，比上年同期增加三分之一。学院被中华全国总工会确立为“改革开放与现代化建设和中国工运史”特色培训基地。（卢　锟）

【举办企业社会责任与社会工作发展研讨会】 1月8日，由上海市民政局、上海工会管理职业学院主办，上海星惠社工师事务所、上海星火开发区管理委员会承办的“企业社会责任与社会工作发展”研讨会召开。本次研讨会邀请政府领导、企业负责人、社会组织代表、专家学者代表等50余人到会。研讨会为企业与社会组织搭建了沟通和互动的平台，与会嘉宾围绕企业社工进入企业的空间、企业社工的角色和定位、企业社工的能力建设，及社工与企业共担社会责任的路径展开了热烈的讨论，多层次多角度剖析了企业社会责任和企业社会工作的现状。（卢　锟）

【签订校企合作协议】 3月5日，与上海铁路局上海站举行校企合作协议签约仪式。双方签署铁路物流方向的校企合作协议及劳模德育实践基地共建协议，在学生培养、专业共建、师资互通方面开展合作，以利于与企业的优势互补。（卢　锟）

【承办全国工会干部教育培训特色班】 学院作为全国工会干部教育培训示范校，按照全国总工会组织部《关于举办全国工会干部教育培训特色培训班有关事项的通知》的要求，承办全国工会干部教育培训特色班7期，共计培训367人。学院充分发挥工会干部教育培训优质资源，打造精品培训项目，体现办学特色，进一步提高教育培训水平和质量。（卢　锟）

【实施“优师带教计划”】 4月16日，“优师带教计划”启动仪式举行。为加强师资队伍建设，学院组织12名骨干教师与市总工会各部室结对拜师。通过参加重大课题调研、参与相关工会工作实践，学院教师掌握工会工作最前沿、最鲜活的内容，弥补工会工作实践经验的缺乏，提高了培训质量。（卢　锟）

【工会干部教育培训特色基地建设】 5月20日，举行全国工会干部教育培训特色基地——“改革开放和现代化建设及中国工运史培训基地”建设汇报会。中华全国总工会组织部副部长杨军日对学院特色培训基地建设的初步设想给予充分肯定，评价为“特色明显，定位准确，目标清晰，措施有力，务实创新”，并表示将对基地建设给予大力支持。经过综合评审，中华全国总工会决定在上海工会管理职业学院设立全国工会干部教育培训特色基地——“改革开放和现代化建设及中国工运史培训基地”。（卢　锟）

【劳模进课堂】 10月22日，杨怀远、徐虎等39位全国、上海市著名劳动模范齐聚学院，探讨劳模精神育人的有效实施途径，并进课堂为2014级新生带来精彩第一课。学院充分发挥、挖掘劳模在加强和改进学生思想政治教育工作和提升学生职业素养中的引导、示范和辐射作用，将劳模精神融入师生社会主义核心价值观教育和职业素养的培养，营造以劳模精神提升学生职业精神的校园文化氛围，

为弘扬劳模精神、传承劳模文化做出了有益的探索。（卢　锟）

【劳模班校友会成立】 12 月 28 日，劳模班校友会成立大会举行。劳模班历届毕业生、工会学院师生代表 460 多人出席了大会。劳模班校友会旨在联系、服务和团结校友，促进母校和各界的交流和合作，推动校友和母校事业的共同发展。劳模班校友会名誉会长、全国劳动模范徐虎回顾了劳模班的成长历程。（卢　锟）

【开展“服务基层、送教上门”活动】 “服务基层，送教上门”工会干部教育培训活动，在送教内容、送教形式和送教资源等方面均有突破和创新，全年累计为基层单位工会送教上门 150 次，培训 9340 人次。学院充分发挥工会干部培训主阵地作用，加大各级工会干部培训力度，服务职业化、社会化工会工作者队伍建设，为基层工会送去“定制化”“个性化”培训，提升基层工会干部队伍整体素质。（卢　锟）

【举办工会社工师（初级）培训与考试】 配合上海工会干部队伍建设，学院以职业化、社会化工会工作者作为培训对象，以满足专业岗位能力需求为重点，开发工会社工师（初级）职业资格标准和鉴定要素、试题库，完成培训课程和培训讲义的设计与编纂工作，组织首次培训及考试。来自杨浦区、黄浦区及徐汇区总工会等 42 名职业化、社会化工会工作者通过了社工师（初级）考试。（卢　锟）

【深入开展工会理论研究】 学院加大对工会理论研究的支持力度，通过与基层工会、企业合作，增强专业服务能力；依托合一劳动关系研究中心等平台，整合专兼职教师及社会研究力量，开展专题研究。在“全国工会学研究会优秀科研成果评奖活动”中，学院提交的 8 项成果全部获奖，其中一等奖 3 项、二等奖 2 项、三等奖 3 项。（卢　锟）

附：学院负责人及地址

（2014 年 1—12 月）

院党委书记：宋钟蓓
副　书　记：吴　萌（兼）

院　长：吴　萌
副院长：张　炜、郭洪涛

地址：南亭公路 2080 号
邮编：201415
电话：57460188

上海体育职业学院

【2014 年概况】 学院教职工 528 人，运动员 728 人，全日制高职生 378 人，其中，运动员高职生 156 人，成人教育在校生 255 人。毕业生就业率 93%。

高职教育工作。“运动休闲服务与管理”专业体能训练方向人才培养方案被市教委评为优秀案例。市教委批准学院成为“2014 年上海市地方政府促进高等职业教育发展综合改革”试点单位，并下拨专项经费用于特色教育改革。

学院承办沪港体能峰会。参与讲课的 21 位讲师由国家体育总局领导、国内外体能专家组成。峰会主题报告 7 个，分会场报告 15 个，工作坊 15 个，共计 37 堂课。在课程设计安排上，划出 40%课时总量让与会者亲自实践、操作。

学院尝试从改革考试着手，并从高职教育的特点和运动员的特点出发，改变以往一张考卷定成绩的教学方式，用多样的内容全面反映学生学习成绩和能力。学生最终学习评价内容由平时学习态度、成绩、课堂作业、互动能力和笔试成绩综合评价确定。

4月，学院举办首次高职生身体素质测试运动会，10月进行第二次测试运动会。了解学生身体素质的全面情况，并按照市教委对大学生身体素质的要求对今后术科提出明确方向。在上海市21世纪英语读报比赛中，学院学生获三等奖，这是学院高职生首次在市级外语比赛中获奖。5月，组织18名师生赴合作单位香港体育学院体验第二次教学实践课。6月，组织师生访学团赴美国新泽西学院开展为期两周的学习。10月，学院高职生组队参加上海市第十五届运动会足球比赛，男队获高职组第二名、女队获第四名。

竞技体育工作。年内，在全国最高级比赛上，学院运动员共获金牌20.5枚、奖牌65.5枚、1113分。其中，女篮成年队获WCBA联赛第三名的历史最好成绩；学生李澍寰在广州现代五项锦标赛中获男子个人第一；男子乒乓球队夺得全国锦标赛团体冠军；在全国自行车锦标赛上夺得3枚金牌，10枚奖牌。学院有36名运动员、15名教练员参加2014年仁川亚运会共获金牌28枚、其他奖牌42枚。

学院运动员在世界大赛上共取得金牌6枚、银牌2枚、铜牌1枚。6枚金牌中有3枚是由花样游泳项目在加拿大第十三届花样游泳世界杯上夺得的，创造了该项目年度最好成绩。

学院为贯彻落实市政府工作部署及体育强市战略，大力推进体育职业化发展工作。学院以“三大球”体育职业化建设为重点，男女排球、女子篮球分别与糖酒集团、东浩兰生集团、大华集团合作成立金色年华男排俱乐部、东浩兰生女排俱乐部和宝山大华女篮俱乐部。

师资队伍建设。学院对150名一线教练员进行冬训教练员培训，对市少体二线教练员进行9次36学时的培训。与静安区合作，进行区县教练员培训5次、计24学时；与市青训中心合作，进行为期6天的上海市体育传统项目体育师资培训，参加人数150人。

学院重点专业支持2批次共5名教师赴美访学；参加上海市或教育部培训10人次以上；邀请专家讲座5次，受益170人次。组织教师参加说课教学活动，提高教师对教学工作的把控能力。

启动教师工作综合评估。年内，从教师的日常教学工作、教育教改、实习实训、送教补课、重大建设项目参与度、教学科研、为运动队服务、证书考试组织及通过率、考务工作组织、学生社团、组织比赛等方面对教师工作全面评估，提高教师工作积极性，较全面掌握教师工作情况。

科研工作。全年，学院共有2个国家体育总局课题、1个市教委课题、9个市体育局课题与13个院级课题立项。有6个市体育局课题、2个市教委课题及2个院级课题通过验收。1篇论文被世界性论文大会录取，4人次5篇论文在核心期刊发表。出版《体育管理学》《运动竞赛与组织》2本校本教材。参与教育部“十二五”职业教育国家级规划教材的主编工作，出版《健身体能锻炼方式与评定》。

信息化建设。完成网络机房至食堂等节点铺设地下光纤线路的施工布线和安装调试的监督工作，完成学院机关大楼后楼网络线路的安装和无线WIFI覆盖调试的监督工作，联合网络维护商完成对办公楼、医技楼等部分陈旧的网络交换机汇聚层设备进行更新和调试的工作。

根据市教委要求，完善学院网络流量监控系统的数据和学院账户实名制上网人员的名单工作，完善网络存储设备(异地灾备)备份数据的检测和归类工作监控，完成学院机关办公电脑操作系统的安装和调试工作。（王春鸟）

【获仁川亚运会多枚奖牌】 9月19日—10月4日，在韩国仁川举行的第17届亚洲运动会中，学院36名运动员、15名教练员参加比赛，获金牌28枚、奖牌42枚。（王春鸟）

【东方绿舟训练基地冠军墙揭幕】 10月15日，在学院东方绿舟训练基地举行冠军墙揭幕仪式。市体育局和学院领导为冠军墙揭幕。冠军墙记录了从2002年绿舟基地成立至2014年年底，登上最

高领奖台的奥运冠军和世界冠军。（王春鸟）

【**承办第二届沪港体能峰会**】 10月16—18日，学院承办的第二届沪港体能峰会在学院东方绿舟体育训练基地举行。此次峰会主题为“体能测试数据的分析与应用”。百余位国内外体能专家学者参加。20余位体能专家分别作了7场主题报告、12场分会场报告。峰会上，12场工作坊活动吸引与会者积极参与，亲身体会专业体能训练的先进理念和训练方法。（王春鸟）

附：学院负责人及地址

（2014年1—12月）

院党委书记：苏清明

副书记：沈富麟（兼）、魏　燕

院　长：沈富麟

副院长：苏清明（兼）、王益民、朱学雷、虞　伟、海　线、邵国民、邱培康

地址：百色路1333号

邮编：200237

电话：64770058

上海健康职业技术学院

【**2014年概况**】 学院顺利完成3批次（即自主招生、三校生、秋季招生）的高职招生工作，招生计划数1500人，合计招生1598人，计划完成率107%，其中自主招生和三校生的招生生源比例均位列全市第一。全年高职毕业生764人，截至11月30日，就业率97.64%。

师资队伍结构进一步改善。全年共招聘43人，超额完成招聘计划。引进高级专家2人，博士研究生学历3人、硕士或硕士研究生24人、本科学历4人，专任教师22人。具有硕士研究生及以上学历占招聘专任教师总数81.8%；高级职称5人，占招聘专任教师总数22.7%；中级职称6人，占招聘专任教师总数27.3%。

学院深化综合改革，提升内涵建设水平。以制定高校章程为契机，成立编制工作领导小组和工作小组，完成高校章程的编制工作。党政领导为第一责任人全程指导章程的编制。章程体现学院医药类高专的自身定位、办学目标和办学特色，重点抓好顶层设计、整体推进和关键环节的突破。

梳理完善条线制度。举全校之力，各部门通力合作，编制行政管理、教育科研、学生管理、后勤保障、党务管理等5本制度汇编。制度成册后上传内网专栏，同时分发至各部门，为进一步规范学院管理、依法依规办事提供保障。建立学生二级管理配套制度。

首次聘请资深律师担任学院常年法律顾问，为依法治校提供有力支撑。

内涵建设得到深化。开展第三期“085”项目结题工作。对照建设计划和目标，加强第三期“085”工程建设项目的管理，梳理总结材料和建设成果，组织开展校内验收。年底，45项子项目除1项申请延期建设外，其他均已完成总结材料的上交工作。同时协助完成中央财政药剂仿真实训室设备购置项目环评、审计、总结等各项结题工作。项目总投入1100万元，年底，项目完成率100%，预算执行率98.58%。

精品课程和科研课题取得新突破。年内，申报“医学影像检查技术”“康复评定技术”“正常人体形态结构”“食品安全”“医药数理统计理论与实践”5门校级精品课程为市级精品课程。“护理解剖”“医学影像检查技术”“康复评定技术”3门精品课程获评市级精品课程。医学影像技术教学团队获市级教学团队，1名教师获市级教学名师。新增立项课题7项，其中市级3项、横向课题4项。组织开展

“现代职业教师师资培训”，为50余名行业兼职教师开展有关现代职业教育教学理念、教学管理等内容的培训，进一步提升行业兼职教师的教学水平。组织国外访学5人、国内访学7人、产学研践习20人的申报。首次对年内新引进的32名教职工进行为期半年的入职规范化培训。

教学改革、校企合作、工学结合取得新进展。护理专业与3家医院签订了合作办学协议，与30家单位签订了学生临床实践教学基地协议；医学生物技术专业新增11家实践基地；药剂专业与15家企事业单位签订实习协议，与10家单位开展深度校企合作。完善机制建设，加强制度保障。学院新增《实践教学管理办法》《毕业实习管理办法》《校外实践教学基地建设与管理办法》《关于加强实习质量监控的若干意见》等制度，以规范工学结合运行机制，保障校企合作有效开展。初步构建现代职教体系。创新开展专升本联合定向培养项目。学院与上海中医药大学开展护理专业专升本联合定向培养项目试点，并于9月招录；多学科开设中高职贯通专业。护理专业、医学生物技术专业、药学专业、康复治疗技术4个中高职贯通专业均于9月招生。教学管理部门会同相关部系，组织教学研讨会、师生座谈会，保障了教学工作的贯通一体化；试行了贯通班新生半封闭式管理，配备专职班主任。中高职贯通招生计划完成率、报到率及平均分数均高于全市平均值。

技能大赛、教学评比成果丰硕。学院在全国职业院校技能大赛中获高职组一、二等奖，优秀指导老师2人；在上海国际护理技能大赛中获高职组三等奖；医教一体“2+2”共育护理人才项目获上海市教学成果奖(职业教育)一等奖；“四早引领、三不断线”培养高技能医影人才项目获上海市教学成果奖(职业教育)二等奖；康复治疗技术获高职高专教学设计比武二等奖等，实现历史性突破。

基建工作顺利推进。全年完成院校各类大修改建项目20余项，总费用达到5502万元。3月启动崇明新校区建设工程新的项目建议书(第三版)编制工作，年底已进入市发改委的最后立项审核。11月完成《上海市徐汇区凌云社区S031101单元控制性详细规划N09街坊局部调整方案》的修改。(石月红)

【获市五四红旗团委称号】 院团委被团市委授予“上海市五四红旗团委”称号。此项评选从1994年开始，是全市各级、各行、各业团组织进行全面考核的平台，每年从全市申报的团组织中评选出50家红旗团委和140家特色团委。通过一年的创建和布点试验方向的建设，创建小组通过定期汇报、互评互访等形式，最终产生市红旗团委创建成功单位。 (石月红)

【打通中职-高职-本科通道】 市教委批准上海健康职业技术学院与上海中医药大学开展护理专业专升本联合定向培养项目(简称“点对点”贯通)。学院共有4个中高职贯通专业：护理、药学、生物技术及应用、康复治疗技术专业，招生数从60人上升到300人。贯通专业实施五年一体化培养，做到人才培养方案与思想品德教育融合、岗位技能与实验实训融合、课程设置与以后岗位要求融合。年内，上海中医药大学通过专升本招收上海健康职业技术学院的50名护理专业高职毕业生，设立急危重症护理和慢病护理两个专业方向。选拔依据主要以专科阶段的专业成绩和外语成绩而非传统的文化课考试成绩，打通了高职向应用型本科贯通的升学渠道，成为构建现代职业教育体系的“破冰之举”。通过这种以中职、高职、应用型本科一体化贯通的培养模式，学生无论在学历还是技能上都有提高。这样的培养模式在全国尚属首创。 (石月红)

【国际护理技能大赛载誉归来】 11月8日，在上海国际护理技能大赛上，陈明慧、钱兰花作为高职选手代表学院参加比赛并获三等奖。本届大赛经过初赛、复赛和决赛，历时6个月，由上海现代护理职业教育集团、上海国际医学交流中心等组织主办，吸引了来自上海22所医院、11所学校和7个国际组80名护理人员和学生参加比赛，近千名护理人员和学生观摩比赛。大赛主要考验和培养护理人员在接近真实的国际医院环境中的评估、交流、操作、团队合作、应变等临床综合护理能力。

(石月红)

附：学院负责人及地址

（2014年1—12月）

院党委书记：曹蓉蓉
副　书　记：王向军

副　院　长：徐一新
　　　　　　詹昌明

徐汇校区地址：梅陇路21号
邮编：200237
电话：64773528

崇明县校区地址：长江公路258号
邮编：202178
电话：59666661

上海东海职业技术学院

【2014年概况】 学院在校学生4684人，一次就业率98.19%。教职工434人，其中专任教师167人，具有副高及以上职称64人。教师中有"双师素质"的占47.06%。学院占地126589平方米，校内建有12个教学实训中心和75个实训室，图书馆有纸质藏书38.3万册，电子图书896.3万册。学院设4个二级学院，4个教学系，2个教学部及继续教育学院，共30个专业。

学院深刻领会全国职教会议精神，加强顶层设计，提出"岗位意识"的办学理念。各院系根据专业，对应岗位的需求、岗位能力和岗位迁移条件，强化专业设置，专业课程与职业标准相衔接，以岗位任务引领教学，提高学生适应企业需要的能力。坚持正确办学方向和教育公益性，以服务为宗旨、以就业为导向，以职教为灵魂，紧贴社会需求，立足服务区域经济。走内涵建设道路，提高质量，突出特色，实现学院可持续发展。

拓建"校中厂""厂中校"。已建近10家"校中厂"、40家"厂中校"，并把企业的生产任务带进"校中厂"，让学生的课堂与将来所从事的职业及企业岗位结合起来，真正做到学以致用。如东竞财务咨询有限公司能为企业提供代理会计业务；影视动画专业建立的"东海创意园"有制作工场，学生在工场老师的指导下学习、工作。

推出了"双百工程"。计划到2015年建成100门优质课程，启动编写100种校本实训教材的"双百工程"，年内完成了50%以上。这项工程的实施使学院基于岗位能力的人才培养模式的教学理念、教学过程得到完善，凸显出自身的育人特色。

"以赛促学、以赛促教"成为"岗位意识"教学的助推剂。技能比赛对学生树立"岗位意识"产生了积极效应，学院经管、机电、商贸、金融等专业的学生在参加上海或全国的各类专业技能大赛中屡获好成绩，报关、会计专业学生代表上海参加全国大赛，获全国一等奖。

以岗位需求为目的开展中外合作办学。学院多个专业与德国、美国、日本等国家建立了校际合作关系，有50余名学生分别赴这些国家交流学习。

学院坚持德育为先、立德凝心，从董事会到党政班子高度重视社会主义核心价值观的学习和实践，形成"一个立足点、两个层面、两支队伍、一院一系一品"的特色。一个立足点：培养和弘扬社会主义核心价值观，立足中华优秀传统文化，努力实现中华传统美德的创造性转化、创新性发展。两个层面：第一层面是学院组织的"东海讲坛"，邀请专家学者围绕社会主义核心价值观，从理论和实践两方面作阐述；第二层面是组织干部教师开展专题讲座，从国家、社会、公民三方面就学生关注的热点，进行题材广泛的学习宣传，解决了学生思想中的实际问题。两支队伍：一支是思政教师队伍，另一支是辅导员队伍。这两支队伍的建设及素质的提高，关系到正能量的宣传、学生的引导和培养。一院一系一品:学院每个院系都有这一文化建设品牌项目,例如护理系的"爱心天使在行动"、经管学院的"爱心小屋"、机电学院的"海湾之星"与航空运输系的礼仪服务等。通过这个载体,学院实现了思想教育与专业的自然融合,达到了知行统一。

为西部地区建设培养干部。5月,学院派人去新疆为毕业生举行毕业典礼,协助当地政府落实工作岗位。10月10日,随副市长翁铁慧赴新疆喀什参加了上海和喀什职业教育联盟成立仪式。招收新疆内职班学生22名,为新疆地区培养合格的职业教育大学生。学院受闵行区政府委托,为云南省少数民族地区培养干部,前后8批300余人到院接受培训。

学院制订教师道德规范、教学工作规范和加强教风、学风建设等规定,同时为教师进修、职称晋升等方面提供便利。继续实施"强师工程",鼓励教师积极参加上海和全国举办的各类教学比赛,"以赛促教"。学院教师在各种教学比赛中累计获8个奖项,包括上海市高校青年教师教学竞赛一等奖,全国思想政治理论课、微课现场教学比赛二等奖等。学院教师入围市教委教学质量工程评选,获评2项市级精品课程,2个优秀教学团队,1位教学名师。

(喻家琪)

【举办学校文化建设立项答辩会】 3月20日,"一院一系一品"文化建设立项答辩会举办。答辩会评审团由院领导及专家组成。参加答辩的有经管学院的"'爱心之家'——让爱温暖你我他"、商贸学院的"'商海经'——大学生商务素养提升计划"、艺术学院的"艺术设计创意设计工作室"、金融系的"创建金融系理财社"、护理系的"爱心天使在行动"、数字传媒系的"数字传媒系 studio 工作坊"、航空运输系的"'梦之翼'礼仪队建设"、机电学院的"'让关爱走出东海'—'海湾之心'志愿者团队建设"。各院系用PPT展示了各自的文化品牌项目,从概况和意义、实施内容和方案、预期成果、建设保障条件等几方面,围绕专业特色和服务学生成长成才的理念作阐述,体现了学院校园文化品牌的整体风貌。(岳宝华)

【举办社会主义核心价值观专题讲座】 3月21日,举办了题为"多元社会离不开核心价值观建设"的专题讲座。讲座内容围绕十八大精神,着重从"为什么要践行社会主义核心价值观、社会主义核心价值观的内涵、如何培育和弘扬社会主义核心价值观"三个方面进行解读。讲座主题鲜明,内容翔实,理论水平高,运用大量身边事例,引导大家从国家、社会、公民三个层面去践行社会主义核心价值观,传播了正能量。(岳宝华)

【在全国技能大赛中获奖】 6月25日,全国职业院校技能大赛高职组报关技能赛项在天津落下帷幕。全国26个省市自治区的58所职业院校、174名选手参加了比赛。学院经管学院教师陈磊、牟爱春带领的学院代表队,在赛事中获团体一等奖,并在优秀选手职业素养展示赛中以总分522的成绩获第一。

(岳宝华)

【新设"校长特别奖"】 年内,学院新设"校长特别奖",两位中年教师以他们工作成绩和师德获此奖项。为了弘扬获奖教师的事迹,学院分别组织两场"名师访谈"主题活动,请两位教师与现场教师互动交流。(岳宝华)

附:学院负责人及地址

(2014年1—12月)

董事长:曹助我

校　长:项家祥
副校长:赵佩琪(兼)、程龙根、尹雷方

院党委书记:赵佩琪
副　书　记:项家祥(兼)、王　玉

地址:虹梅南路6001号
邮编:200241
电话:64505555

上海工商职业技术学院

【2014年概况】 学院在校生4627名;入学报到率84.4%;毕业生1334名,就业率100%。学院有党政机构11个、直属机构3个,教学机构有2个二级学院7系1部、招生专业24个。

学院教职工324人,专任教师198人。专任教师中具有研究生及以上学历106人,占专任教师53.5%;讲师48人,占专任教师24.2%;正教授5人、副教授38人,副高及以上相当职称合计54人,占专任教师29.3%;行业类各种高级技师、工程师44人,占专任教师22.2%。学院成立教师发展中心,制订了相关制度、举措,确保师资队伍建设的可持续发展。

根据7月3日《上海市人民政府关于同意上海新侨职业技术学院更名为上海工商职业技术学院的批复》和8月6日《上海市教育委员会转发〈上海市人民政府关于同意上海新侨职业技术学院更名为上海工商职业技术学院的批复〉的通知》等文件批示,学院更名为上海工商职业技术学院。至年底,学院有嘉定、青浦两个校区。

学院有纸质图书362797册,数据库数1024GB;建立了54个稳定的校外实训基地、7个具有良好设施和"仿真"职业氛围的校内实训基地,及56个实验、实习、实训基地;有教学科研仪器设备总值5638余万元,当年投入1624余万元,年度新增教学科研仪器设备占28.8%;教学用计算机1534台,达到百名学生配备约35台;多媒体教室和语音实验室座位数4652个,达到百名学生配备约87个。

学院继续坚持公益办学,秉承"人才兴校、特色强校"的理念,继续坚持以学生职业生涯规划为导向,不断探索和推进工商"四有"人才培养模式。通过"深化校企合作、产教融合、工学交替,打造具有自身特色的校企合作办学品牌"的途径,形成"以工为主,文商两翼"发展的"一体两翼"专业布局,全力打造珠宝首饰工艺及鉴定、汽车电子技术、机电一体化技术、计算机应用技术、旅游管理等五个重点特色专业群建设。

发挥党政领导作用,增强民主治校意识。1月17日,召开首届党员大会,选举产生新的党委,形成新一届领导班子;调整、扩建基层党支部:根据党的基层支部建设原则,基层支部由原来的3个调整到12个;落实党的群众路线教育和"回头看"整改等举措,形成了中心组学习会议制度和校领导接待日制度;通过召开教代会,组建并于4月11、18日两天召开第一届工会代表大会、成立妇工委和青联会。

加强顶层设计规划,共谋建设发展篇章。学院以更名为契机,根据市教委、市社团局的要求对学院章程进行全面修改,落实法人治理结构改革,理顺理事会、党政领导班子、校务委员会关系,创新管理体制机制,形成规范办学的基本格局。发挥民主智慧,加快发展规划:7月7日,在二届二次教代会、一届二次工代会上审议、通过《学院2014—2020年发展规划》。同时编纂规章制度,规范学院发展。在新修章程基础上,根据原《新侨学院党的群众路线教育实践活动落实方案》中的第十六条整改要求,由党政办牵头,自3月起对学院各项规章制度进行修订。新的规章制度汇编共分行政工作篇(81个文件)、教学工作篇(88个文件)、学生工作篇(9个文件)、国际交流工作篇(9个文件)、继续教育工作篇(11个文件)等5个部分。 (接剑桥)

【创建非营利示范高校】 学院自5月27日起全面启动非营利民办示范高校的申报工作。6月20日向市教委提交非营利示范(高)校创建方案。9月22日—10月20日根据市教委关于申报材料修改的要求,对申报材料进行全面、系统、细致的补充、修改和完善。10月26日作为全市7所申报院校之一参加市教委组织的非营利民办高校示范校创建评审会,学院院长在会上作《上海工商职业技术学院非营利民办高校示范校创建方案》的汇报。

(接剑桥)

【加强课程建设和教学科研工作】 申报上海市高职高专精品课程获批2门(汽车动力系统拆装与维修、iOS图形界面开发);2月,申报并获准建设上海市民办教师发展中心专业教师分中心(汽车技术)。组织"教坛新秀"教学竞赛。教职工发表论文16篇,其中核心论文1篇、EI(《工程索引》)1篇,论著3部。科研立项42个,其中优青科研项目30个、市民办高校科研项目7个、市高教学会科研项目1个、市民办教育协会科研项目3个、市旅游职教集团科研项目1个。 (接剑桥)

【在各类竞赛中获好成绩】 计算机系的项目《基于深层次校企合作,计算机类专业群人才培养模式的改革与实践》获上海市级教学成果二等奖。2月,珠宝专业获"校企共建创意园区,珠宝专业技能型人才的综合实践能力培养"上海市教学成果二等奖。学院辅导员代表团队获市高校辅导员素质拓展活动团体第三名。机电工程系青年教师李海贵获"上海市五一劳动奖章"。应用外语系许慧芳被评为2013—2014年度上海民办高校优秀辅导员。计算机系主任沈碧娴获2014年度上海市育才奖。

(接剑桥)

【校企合作突出培养特色】 4月9日,学院与上海大众汽车有限公司举办机电一体化技术双元制教改试点班;9月23日,与大唐通信科技筹建二级学院—信息学院,举办大唐—工商通信教改试点班;10月,与上海大众合作组建"大众"冠名班;12月9日,与中德诺浩(北京)有限公司举办中德诺浩—工商教改试点班:汽车检测与维修专业诺浩班;艺术设计系与亚洲著名数字视觉技术企业——水晶石数字科技股份有限公司签订校企合作协议,设立工商—水晶石建筑设计动态3D技术特色班。 (接剑桥)

【试点中高职贯通】 学院的文秘、珠宝、首饰工艺及鉴定、汽车电子技术等专业分别与上海市行政管理学校、机械工业学校、大众工业学校的相关专业合作举办中高职贯通试点项目通过立项,并首届招生。旅游管理、汽车运用技术、计算机等专业与上海市商业学校、曹阳职校、科技管理学校的中高职贯通试点项目洽谈并达成合作意向。 (接剑桥)

【拓宽对外合作渠道】 5月,向市教委、教育部申报与英国博尔顿大学合作举办机电一体化技术专业专科教育项目和内地与台湾观光学院合作举办的旅游管理(餐饮方向)专业专科教育项目获批,并成立二级学院。派出骨干教师及行政管理人员7批次、计61人次赴海外培训;派出6个代表团、计18人次赴海外合作院校进行校际交流和参观访问,并签署合作协议;接待27批次的境外代表团访问,并与5所海外高校或教育机构签订合作协议;选派学生39人参加国际交流项目,3月,申报并获得外国专家聘请资格,先后聘请美国、意大利,以及中国台湾地区的专家到学院授课。 (接剑桥)

【探索学校管理新模式】 年内,探索基于CRP视野下的管理模式。高等职业院校人才培养工作状态数据采集第一次采用CRP系统自动采集取得成功,学生处利用CRP诚信银行系统实现了综合数值测评,利用CRP后勤管理平台实现了后勤网格化管理。 (接剑桥)

附:学院负责人及地址

(2014年1—12月)

院党委书记:杨奇庆
副　书　记:周　箴(兼)、朱莉莉

院　长:周　箴
副院长:朱莉莉(兼)、陈廷雨、吴建蓉

嘉定校区地址：外冈镇冈峰公路68号
邮编：201806
电话：60675958

青浦校区地址：华新镇新凤北路565号
邮编：201708
电话：60258299

上海震旦职业学院

【2014年概况】 学院招生录取1749人，实际报到1535人（上海市946人，外省市589人），报到率87.8%。毕业生就业率98.79%，签约率95.91%。有教职员工333人，其中专职教师141人，具有副高及以上职称44人，研究生及以上学历64人，专任教师中双师型教师59人。

加强内涵建设，提升人才培养质量。学院继续坚持"以综合素养为基础、以职业能力为本位"制订教学计划，开展"双证并重"的人才培养模式。根据市场需求设置"特色文化产业"方向，成立庄龙竹刻工作室、李小兰苏绣工作室、郭闽陶艺工作室。"可编程序控制器应用实训"、"视频编辑技术"获市级精品课程；"发挥政府财政项目最大效能，培养机电、数控紧缺型人才"获上海市教学成果二等奖；"数控技术职业教学团队"获上海市高职高专教学团队奖；机电工程学院获上海市教育工会"教育先锋号"称号。鲁学军副教授在上海市高职高专院校思政理论微课现场教学比赛中获三等奖。举办院第一届专业建设教学设计比武大赛，5个二级学院的专业团队开展"三说"比赛：学院院长说顶层设计、专业主任说专业规划、教师说课程设计。举办"崇尚科学、鼓励创新、展示技能"为主题的第三届科技节活动，包括15项学生职业技能竞赛、教师教学比武和2场科技讲座。校企合作项目开展顺利，全年学院共获培训费补贴21.2万元，帮助企业申请实训补贴11.26万元。

注重心理健康教育，促进学生素质全面发展。顺利通过市教委对学院心理健康教育中心达标单位的评估。1月举办主题为"让心健康成长"的第四届心理健康教育宣传月活动。开展第三届校园心理情景剧大赛、"大学生活微感悟"学生优秀微博评比、"我们是最美的"震旦微笑墙、"大家一起向前冲"学生团体拓展活动比赛，以及大学生心理健康系列讲座、心理主题班会、海报评比等。《我是最美的》校园情景剧获民办高校心理情景剧大赛三等奖，12级表演专业张婷被评为优秀女演员。以"大学生活微感悟"优秀微博评比的获奖文章为素材制作的明信片获市教委2014年学校心理健康活动月优秀宣传品奖。天使之翼爱心社获上海市"智力助残"优秀集体称号。2人获国家奖学金、3人获上海市奖学金、96人获国家励志奖学金，发放奖学金达58万元。获学院特等奖学金21人、一等奖学金40人、二等奖学金75人、三等奖学金130人、星星奖学金119人，共发放金额26.58万元。秋季助学金评选出473名家庭困难学生，发放金额123.05万元。第五届军训营顺利结营，共有2013级学生229人参加了为期两个半月的军训。参加上海市第十五届运动会高校组暨2014年上海市大学生跆拳道锦标赛，获2金3银2铜，徐磊老师获"优秀教练"称号。在上海市大学生羽毛球锦标赛中获2金1银1铜。在教育部主办的第六届全国大学生广告艺术大赛中，获上海赛区一等奖1人、优秀奖3人；在全球华人地区推广的第23届金犊奖广告大赛中，5人获优秀奖。

加强师资队伍建设。根据岗位需要和干部年轻化要求，提拔二级学院院长助理4人，提拔和调整部门正副职6人、专业主任4人。19人参加民办高校“强师工程”研修班，3人获国内访学资助，3人入选产学研践习计划，1人参加海外硕士研修班。1月举办“辅导员队伍建设月”活动和第一届辅导员职业能力大赛。在上海市第三届辅导员素质拓展大赛中获三等奖。2014年度上海市民办教育政府扶持专项资金项目获批646.2万元。为充分调动教职工积极性，完善教职工工资管理，提高工龄津贴，改善教职工待遇，对教职工工资和教师课时费进行调整并统一工资基数标准。

开展校际合作。学院和上海大学签订合作框架协议书。根据协议，上海大学在专业建设、师资队伍、干部培养、人才培养、科学研究、产学融合与校企合作、图书资源等方面给予学院指导和支持。

易班工作逐步推进。易班工作站推出的“易生活”项目，被收入上海市特色网络项目目录中，作为市网络项目特色案例推广；在民办高校党工委主办的“中国梦·校园美”摄影大赛中，有4幅作品获二等奖和入围奖，学院获优秀组织奖。

信息公开与信访工作成效明显。在市教委2013年高校信息公开评议中，学院在高职专科类学校中排名第一。学院信访工作在2014年6月被市教委评为教委系统信访优秀单位。

（郑兴兰）

【加入国际大学联盟】 4月28日学院董事长与国际大学联盟主席在国际大学联盟合作教育书上签字。学院成为中国首家加入国际大学联盟（International College and University Consortium，简称ICUC）的学院。（郑兴兰）

【震旦教育30周年庆典举行】 11月18日，主题为“传承融汇、兴学追梦”的震旦教育30周年庆典活动举行。市教卫工作党委副书记、市教委副主任高德毅出席庆典活动并讲话，市教委原领导陈铁迪、胡正昌、郑令德等应邀出席活动。应邀参加庆典活动的还有上海各兄弟院校的领导。美国加州浸会大学副校长向震旦教育30周年致贺词。

（郑兴兰）

震旦教育30周年庆典

【欧华职业技术学院整体托管工作开展】 在市教委欧华职业技术学院整体托管领导小组的领导下，学院讨论起草了整体托管的方案，拟写学院情况介绍和工作指南，制订搬迁工作的具体安置方案。做好清点、核实等交接手续，做到搬迁工作情况一日一报。欧华职业技术学院整体托管工作顺利进行。

（郑兴兰）

附：学院负责人及地址

（2014年1—12月）

董事长：张惠莉

院党委书记：黄晞建（1月到任）
副　书　记：杜飞龙（兼）、夏　臻

院　长：杜飞龙
副院长：黄晞建（兼，6月到任）、刘　彬

地址：罗店镇市一路88号
邮编：201908
电话：66866920

上海民远职业技术学院

【2014年概况】 学校有学生1471人，设置国航物流学院、现代服务系、外语系、应用技术系、艺术系等1个二级学院4个系、21个专业，下半年调整为19个专业。上海生源新生录取报到率98.49%，外省市新生录取报到率87.16%，毕业生就业率97.44%。学校占地总面积106656平方米，建筑面积62356平方米，生均占地72.5平方米。学校连续第三次被评为上海市安全文明校园，第二次获上海市征兵工作先进单位称号。

优化高职教育课程体系。参照上海市085重点建设专业、集装箱运输管理相关职业资格标准，设置港口类、航运类和货代类3大类课程，理论课学时与实践课学时比接近1∶1；扩建校内实训中心，新增专用仿真实训室，购买集装箱堆场业务、集装箱码头业务等操作软件；完成全系的双师型教师的培养；出版《集装箱运输管理》《集装箱检验与维修》等教材。该专业课程“国际通关实务”被评为上海市级精品课程。为适应上海自贸区及企业对人才的需求，国航物流学院以获得“语言交际＋专业运作＋国际文化理解”三维能力为培养目标，深化国航物流特色班建设，将国际航运人才的职业能力培养对接企业的标准和要求，调整专业培养计划，帮助学生掌握更多职业岗位需要的英语语言技能。国航物流学院毕业生就业率达100%。

改革人才培养模式。学校继续推行“2＋1”人才培养模式，酒店管理专业与上海皇廷国际大酒店校企合作。12月，该酒店被市教委批准为上海民远职业技术学院“职业生涯校外实践基地”挂牌单位。实行“以赛促教，赛教结合，强化职业能力培养”，组织学生参加职业技能赛事，年内有43人次学生在12个省市级以上职业技能竞赛和文体竞赛中获23个奖项，共获团体奖10项、个人奖33项。汽车检测与维修专业主干课程采用“理实一体化”的教学模式，“车间里有教室，教室里有车间”，教、做、学在同一时空进行，理论教学与实践教学紧密结合，新研制了汽车转向、悬架、制动综合试验车，看得见、摸得着，形象地展示了汽车结构。该专业学生中级工考核通过率98%以上，高级工通过率达到80%以上。

开展教学科研，提高师资队伍教学水平。组织教师发展论坛，拓宽教师视野。年内先后组织3次以“互学共勉、共同进步”为主题的教师发展论坛，请曾赴海内外高校访学及讲学的教师，介绍其先进的教学理念和教学方法；邀请企业高管到学校上公开观摩课，组织教师听讲、学习；组织人文素质类课程讲座，内容涉及法律、礼仪、科学等领域；请优秀教师上公开课、现场观摩讲评课，学习交流探索教学方法，提高教学水平。组织第四届任课教师说课竞赛，交流教学思想、教学方法。青年教师程晓雯在首届上海高校青年教师教学竞赛上获三等奖。年内，全校青年骨干教师获各类科研课题立项11项，分别在“晨光计划”、上海高校青年教师培养资助计划、上海市德育中心德育科研课题、上海市高等教育学会、市教委体卫艺科处课题等立项。青年教师参加的上海市民办高校重点科研项目“航运英语项目课程开发研究”，通过市教委中期检查。年内，学校有17项(由15名青年教师主持)课题结题；教师撰写发表教学科研论文，自编教材、讲义，在国内学术期刊发表论文10篇，专著1本，其中国家级期刊发表论文5篇，省部级期刊发表论文5篇。正式出版《国际货运代理实务法规与案例》《国际多式联运实务与法规指南》等教材10本，编写校本实训教材7本。外语系承担的上海市民办高校重点科研项目“航运英语项目课程开发研究”的研究成果《国际航运实用英语》和《21世纪大学实用交际英语》2本教材投在国航、物流专业的教学中,取得良好效果。应用技术系新编《机械零件测绘技术》《数控铣床四级习题册》《数控高级应知数控铣床题解》《汽车维修高级培训教材》等7本实训讲义,用于实训教学;新建了汽车维修工中级、高级应知试题库及试卷自动生成的仿真程序,提高了考证培训效果。开展网络教育质量管理探索,建立网络评教评学、网络查分系统,学生对教师教学整体满意度不断提高,当年度学生评教优良率达97%。

抓学风,促进学生综合素质及能力提升。利用主题班会、学生干部大会以及表彰大会,开展校风、学风宣传动员;以抓"上课出勤、课堂纪律、早晚自习"为抓手,抓完成作业为重点,在学生中开展"一帮一"或班级集体辅导活动,同学间互帮互学,形成良好学习氛围,培养学生对学习的兴趣,学生旷课率大幅度下降。积极建设大学生心理健康教育咨询中心,构建了"学校、院(系)、班级"三级心理健康教育工作网络体系,通过个别心理辅导与团体心理辅导相结合等多种形式,开展心理健康教育和咨询工作;建立大学生心理档案,完善心理行为问题预警和干预机制;对入学新生进行心理健康讲座,进行心理普测。学校利用节庆日,开展各类文体活动,红五月举办社团活动总结表彰汇报演出;国庆节前夕召开迎新生庆国庆师生联欢会;11月举行学校运动会;12月开展上海科技馆优秀志愿者表彰暨动员大会;年底组织师生迎新联欢会等。组织青年志愿者队伍到上海科技馆、展览会、地铁站、敬老院等开展志愿者服务活动,得到社会各界有关方面的认可和好评。2014届毕业生初次就业率达97.44%,较上年提升1.6个百分点。 (张胜利)

【在全国大学生大赛中获奖】 12月,在全国14个省市、38所院校的52支代表队参加的"世格杯"第三届全国大学生外贸跟单技能大赛暨国际贸易专业建设教学设计比赛中,由13级报关班乔沈侃、李家诚、王诚栋和13级物流特色班王佳莉等4位学生组成的2支参赛队伍,均获此次大赛团体三等奖。乔沈侃获个人三等奖。 (张胜利)

【师生赴韩国学习交流】 6月22日—7月20日,3名教师和12级、13级韩语专业20名学生赴韩国大元大学进行学习交流,参与韩国语听说读写、韩国料理制作、职场化妆、韩服文化、历史古迹探访等多种体验课程,并参观了该校医科、急救科、酒店餐饮制作、空乘服务等实训室。 (张胜利)

【在上海报关技能竞赛中获奖】 5月9日,在全市14所高职院校、36个参赛队、108名选手参加的上海"东洋科技"杯报关技能竞赛中,学校6名选手分获个人一、二等奖,2支参赛队伍分获团体二、三等奖。 (张胜利)

【连续4年获志愿者活动先进称号】 在市文明办、市教卫党委、团市委、科技馆党委、市志愿者协会五家单位共同举办的"志愿谱写科普华章 服务共筑中国梦想——2014年度上海科技馆志愿者"活动中,学校获2014年度上海市科技馆志愿者优秀集体称号,1名教师获评2014年度上海市科技馆志愿者优秀组织者,4名学生被评为2014年度上海市科技馆志愿者活动积极分子。自2008年以来,该校已有5000余人次参加上海科技馆志愿者活动。 (张胜利)

【汽车制动综合试验台研制成功】 年内,应用技术系青年教师张磊,为让学生能看到隐藏在汽车车身内的汽车悬挂装置及转向机构,研制了一个汽车制动、转向、悬架试验台,使这些结构和所起作用一目了然,学生还可自己坐上试验台操作。有了这个试验台,学生易学易记、教师易教易讲。 (张胜利)

附:学院负责人及地址

(2014年1—12月)

董 事 长:陈 彭
副董事长:陈立东

院党总支书记:黄菊良

院　　长：黄菊良（兼）　　地址：唐陆路 3892-3928 号
常务副院长：陶　敏　　邮编：201210
副　院　长：陈立东、陆锡强（2 月离任）　　电话：58960052

上海欧华职业技术学院

【2014 年概况】 7 月，由市教委安排，学院由上海震旦职业学院整体托管，原有建制保留，按照“整体托管、相对独立、确保教学、平稳过渡”的要求，开展学院的教育教学和各项工作。学院 2013 年停止秋季招生，2014 年停止春季自主招生和秋季招生。至 2014 年年底，学院的 9 个专业在校学生 590 人，其中 2012 级学生 305 人，2013 级（春季自主招生）学生 285 人。学院教职工 32 人，其中教师 12 人、辅导员 4 人、行政管理及其他人员 16 人。2014 年毕业学生 428 人，就业率 97.2%，签约率 58.64%。

学院坚决贯彻市教委关于对欧华职业技术学院实行整体托管的精神，及时成立学院整体托管领导小组，研究制订学院整体托管的工作纪律、工作原则和托管方案的基本框架，形成了“整体托管实施方案”，对托管工作中的组织动员、教职工分流、告知学生和家长，以及教学物资的搬迁工作等都做了细致布置和周密安排。欧华学院 2014—2015 学年第一学期在震旦学院开学。

一、教学工作。通过期中教学检查和“评教评学”，促进教学工作，提高教学质量。在期中教学检查中，分别对各班教学秩序、教学效果、学生作业、到课情况、课堂纪律、毕业生实习手册、毕业报告撰写、毕业答辩论文等方面进行检查。教师教案、教学大纲、教学进度等方面是检查的重点。

学院组织师生参与“评教评学”。学生从教学态度、教学内容、教学方法、作业辅导、教学效果等 5 个方面对所有任课专职教师进行评价打分；同时，专职教师从课堂学习、课堂纪律、到课率等方面对所有学生进行综合评价打分。

二、内涵建设。组织教师开展教学科研。学院从经费投入、时间安排、职称评审等方面给予教学科研充分支持。首先，对已开题的历年科研项目和“优青”项目课题进行评审结题，邀请校内外专家对学院 5 位青年教师的 6 项科研项目和优青项目课题进行评审、结题；其次，要求全体教职工围绕教学改革提出和上报研究项目或研究课题，邀请校内外专家对经过初审筛选的 11 个教学改革项目和研究课题进行评审。教学科研项目活动促进了师资队伍科研水平的提高。

三、校园文化。2014 年“每天运动一小时，健康学习和生活”的阳光体育联赛活动历时 3 个月，累计有 320 余人次学生参加了各项比赛活动。篮球、广播操、踢毽等各项比赛活跃了师生的业余文化生活，也丰富了校园文化。学院组织开展文明创建活动，大力宣传、学习和践行社会主义核心价值观，提高学生综合素质，推动学院“三风”建设。年内共评选出优秀团干部 45 人、优秀班干部 10 人、优秀团支部 10 个、优秀共青团员 56 人、文明班级 3 个、文明寝室 6 个、文明个人 78 人。1 名学生被评选为上海市优秀共青团员。

四、做好学生实习和就业工作。学院加强对毕业生实习巡视的管理制度，要求指导老师对每位学生进行全程跟踪，了解学生在实习单位的表现，做到有跟踪、有信息、有记录，能按照学院对实习工作的要求完成各阶段的工作计划。通过实习巡视指导，毕业生能按要求完成实习实训，实习单位也给予肯定。学院毕业生实习到岗率达 98%。

学院教育和引导毕业生树立正确的择业观点，

客观规划职业生涯。学院定时走访校企合作企业和有关单位，密切关注和加强联系毕业生就业事宜；学院修订完善毕业生就业工作奖励办法，建立就业激励奖励机制；邀请企业领导和专家参加学院的"校外实践基地建设研讨暨2015届毕业生就业工作推进会"，共同研讨校外实践基地建设和学生就业工作所面临的困难和问题，提出建议，加强了校企合作。

五、学生奖助学金和就业补贴工作有序展开。学院按照国家、上海市关于学生奖助学金评选要求，做好奖助学金评选和发放工作。经评选，获国家奖学金1人，发放奖学金8000元；获上海市奖学金1人，发放奖学金8000元；获国家励志奖学金22人，共计发放奖学金11万元；获学院奖学金90人，共计发放奖学金37200元；获国家助学金55人，助学金额共计78000元，累计发放各类奖助学金241200元。在资助工作上，补助11名学生回家路费3424.50元；开设勤工助学岗位22个，发放补贴36000元。为15名低保家庭毕业生发放就业补贴15000元。（沈乐华）

【6名学生应征入伍】 按照上海市及徐汇区武装部的征兵命令，学院学生积极报名应征入伍。在夏季征兵中，6名学生被批准入伍，其中女兵2人、男兵4人。（沈乐华）

【积极参与社会服务】 学院积极响应上海市红十字会号召，主动与宝山职业技术学校联系，开展预防艾滋病教育的"大手牵小手"活动，两校近300名学生参加了宣讲活动。学院学生积极报名参加义务献血活动，其中40名学生经体检合格，献出一片爱心。（沈乐华）

【在市摄影比赛中获奖】 学院组织学生参加上海市民办高校党工委组织的"中国梦·校园美"摄影比赛，12级艺术设计专业学生常莹的摄影作品获三等奖，学院获"中国梦·校园美"的系列活动组织奖。（沈乐华）

【"整体托管"平稳进行】 学院由震旦职业学院整体托管。学院2014—2015学年第一学期在震旦职业学院有序开局，教育教学各项工作平稳运行。9月9日，学院2013级学生到震旦职业学院报到注册，应报到285人，实际报到284人，报到注册率99.6%。9月10日，学院2013级学生上课，教材到位率100%，教师出勤率100%，学生出勤率96.04%。学院2012级305名学生在2014年9月报到注册完毕。（沈乐华）

附：学院负责人及地址

（2014年1—12月）

院　长：刘　彬
副院长：马绍中（10月离任）

院党总支副书记：刘　彬（兼）

地址：宝山区罗店镇市一路88号
邮编：201908
电话：66861707

上海思博职业技术学院

【2014年概况】 学院有全日制高职在校生5689人，计划内成人教育大专生396人。有教职工280人，其中专任教师194人；具有高级及以上职称71人，占36%；具有硕士及以上学位者92人（包括博

士 10 人);外籍教师 5 人。

2014 届毕业生 1665 人,截至 8 月 25 日,签约率 95.42%,就业率 99.40%,比上年同期增加 0.01 个百分点。

进一步加强对外合作。学校秉持务实、有效发展的理念,与境外教育机构开展交流与合作,先后与中国台湾致理学院、朝阳科技大学,英国巴斯城市学院、日本别府大学等签订了合作办学协议。同时坚持以学生为本,以务实的态度和专业的精神,将新拓展的合作项目做好做实,为学生提供更好的发展空间。

贯彻落实"全面育人"办学模式,确保教育教学改革和人才培养质量得到有效提高。学院于 2014—2015 学年着手实施"教师工作任务书"制度。这一制度包括课堂教学、坐班答疑辅导、组织指导学生社团或社会实践、企业践习和学生顶岗实习指导、承担教育教学改革项目五项内容,还包括教师工作任务的管理、奖励与处罚。"任务书"由教师本人填写,二级学院和相关职能部门复核。这既是一个落实全国职教会议和上海市党政负责干部会议精神的举措,又是推动学院高质量有特色发展以及激励促进教师发展的有力推手。

师生在全国性和省市级各项大赛中屡获奖项:3 项上海市级教学成果奖(职业教育)、全国外经贸职业教育教学成果奖特等奖;"远恒杯"物流职业技能大赛团体一等奖、全国职业院校技能大赛报关赛项二等奖、"东科杯"第七届全国职业院校外贸技能竞赛个人一等奖和团体三等奖(学生参赛)、上海市学生体育大联赛集体舞比赛三等奖(学院体育舞蹈队参赛)、第三届中国大学生设计大赛优秀奖(学院美术设计学院参赛)。 (陈 阳)

【实训基地建设项目通过评审验收】 1 月 16 日,受市教委委托,学院召开中央财政支持的护理职业教育实训基地——网络化急救护理实训基地建设项目评审验收会。专家组在听取汇报、提问答辩、资料查阅和现场查看后进行评议评审,一致同意通过评审验收。此次评审验收促进了学院特色(示范)高职院校项目建设和政府其他专项资金支持项目的内涵建设。 (陈 阳)

【在职业技能竞赛中获奖】 4 月 17 日,市职业技能竞赛组委会、市总工会等六部门联合在中国创业者公共实训基地召开会议,举行 2014—2015 年上海市职业技能竞赛活动启动会。会上对 2013 年上海市职业技能竞赛活动市级一类竞赛团体奖、优秀组织奖获奖单位和个人一、二、三等奖获奖选手进行表彰。学院所属的工程技术学院参加了汽车维修工项目组竞赛,并获汽车维修工团体铜奖,思博学院获上海市技能竞赛市级一类竞赛优秀组织奖,学生陈奕豪获汽车维修工个人三等奖。 (陈 阳)

【获报关技能竞赛一等奖】 5 月 9 日,由上海市教委主办、上海市高职高专经济类专业教学指导委员会、上海东海学院、广东东洋科技有限公司共同承办的上海高职院校"东洋科技"杯报关技能竞赛在东海学院举行。由龙国旗和郑学敏老师指导的思博学院参赛队获团队一等奖,并代表上海市高职院校赴天津参加教育部全国职业技能大赛。

(陈 阳)

【市建设行业职业技能鉴定点揭牌】 5 月 15 日,上海市建设行业职业技能第十六鉴定点(思博学院)揭牌仪式举行。学院作为第十六鉴定点,其职能是完成建设行业职业技能鉴定工作,引领建设行业人才培养方向,引导上海市建设行业职业技能鉴定工作健康有序地发展,同时带动和提升学院建筑工程技术专业的发展和人才培养质量。 (陈 阳)

【在全国高职院校技能竞赛获奖】 5 月 18 日,在全国高职院校土建施工类专业学生第二届"鲁班杯"建筑工程识图技能竞赛中,学院建筑工程管理学院学生薛刚、汪旭东获二等奖,学院获最佳组织奖。此次竞赛获奖,不仅提升了学院建筑工程技术专业的知名度,而且为学院建筑识图与建筑 CAD 的教学改革提供了宝贵的经验。 (陈 阳)

【在世界技能大赛上获好成绩】 年内,第 43 届世界技能大赛上海地区选拔赛暨 2014 年上海市职业技能竞赛举办。在 2014 年上海市级一类竞赛平面设计技术项目比赛中,学院获团体银奖、12 级广告设计与制作专业学生童璐璟获二等奖、11级广告设计与制作专业学生赵芷莹获三等奖，同时，童璐璟又获第43届世界技能大赛上海地区选拔赛优胜奖。此次大赛除颁发奖状、奖杯和奖金外，竞赛成绩合格选手，还可获得相应职业的国家职业资格三级证书。平面设计技术竞赛项目对应的国家职业资格证书是三级广告设计师证书。平面设计技术竞赛项目上海赛区共有56人获此证书，其中思博学院学生有20人，占获证总人数的三分之一。此次大赛取得的成绩既体现了学院广告设计与制作专业的整体教学水平，展现了学院学生的专业素质，对于进一步深化学院“双线交替、以赛促学”教学模式改革、切实加强高端技能型人才的培养具有深远意义。（陈　阳）

【获国家级教学成果奖二等奖】 年内，学院副院长姚大伟主持的教学成果“破冰产教融合，突破三大瓶颈，打造高职外经贸专业品牌”获国家级教学成果奖二等奖（职业教育）。该成果反映了学院以国际商务专业为首的外经贸类专业教学团队在师资队伍建设、教学改革、实训基地建设、社会服务等方面形成的优势、特色与取得的显著成效。（陈　阳）

【获市运会男子足球金牌】 11月11日，上海市第十五届运动会足球比赛冠军争夺战（高职组）落幕。思博学院男子足球队在决赛中获得金牌。思博学院男子足球队已连续三年获得上海市市级足球比赛冠军。（陈　阳）

【产教协同中心成立】 12月26日，上海市第110国家职业技能鉴定所落户思博学院。与此同时，学院产教协同中心成立。产教协同中心和第110国家职业技能鉴定所的成立是积极落实国务院职教决定的重要举措。在“十三五”发展规划中，学院要加强规划引领，做好顶层设计；聚焦专业建设，提升专业内涵；进一步推进校企深度合作，强化高职院校技术服务，切实推进高职教育的综合改革。（陈　阳）

附：学院负责人及地址

（2014年1—12月）

院党委书记：张建中

院　长：皋玉蒂

副院长：张学龙、姚大伟、沈小平

地址：惠南镇城南路1408号

邮编：201399

电话：68029005

上海立达职业技术学院

【2014年概况】 学院通过2014年上海市民非企业年度检查，连续2年“合格”。设置有艺术设计与传媒学院、立达-长庚护理与健康学院、立达-醒吾商贸与旅游学院、航运物流学院、机电与信息工程学院、基础与外语学院以及社会科学部等6院1部。停招商务日语专业，新增电子商务、工商企业管理2个专业。专业（或方向）总数24个。连锁经营管理和旅游管理两个中高职贯通专业完成首批学生的招生。新申报涉外护理、老年照护管理、电气自动化管理、服装设计等4个专业（专业方向）并获准在2015年招生。与上海科技管理学校合作申报的“冷链物流”中高职贯通培养专业获市教委批准在2015年招生。

年内，学校招生录取学生2113人，实际报到

2111 人，报到数达到历史最高水平；其中上海生源 1190 人，外省市生源 921 人。毕业生 1426 人，就业率 98.8%，签约率 91.4%。

继续推进立人达人强师工程，加大师资引进与培养力度，优化师资队伍结构，提升岗位聘用条件。年内，招聘教职员工 53 人，其中教师 33 人、辅导员 13 人、实验员 2 人、职工 5 人，研究生及以上学历占 80%；引进博士研究生 2 人、硕士研究生 34 人、高级职称 7 人、中级职称 12 人，充实专业负责人及骨干教师队伍。高级职称教师占 23.16%，中级职称教师占41.24%，“双师型”教师占 58.19%。选送 19 名教师赴海外学习，其中去台湾地区进修学习 15 人、去美国查塔姆大学攻读硕士 1 人；2 名青年教师参加国内访学，4 名教师参加产学研践习，45 名教师参加市教委强师工程各类培训；通过各种途径加强中青年骨干教师和双师型教师的培养。学校获批政府扶持专项资金 1029.6 万元；组织教师申报各级各类项目 69 项，其中 20 项获得立项，在研科研项目经费达 113 万元。

学院内涵建设取得新成果，“国际航运业务管理专业”和“艺术设计专业群”获评上海市教学团队，“人体生理”“高级 Web 程序开发实训”获评上海市精品课程。市教学团队覆盖 4 个学院，市级精品课程覆盖 5 个学院。

实施计算机和外语教学分层分类教育的教学改革取得初步成效。初步建成护理基础实训中心、人体生命体验馆、艺术类专业高清演播室、机电应用技术实训中心、商贸智慧型门店、烘焙实训室、航运货代模拟实训室、顺丰速运客服实训基地、基础外语数字化语言实训室等，完成投资近 1500 万元，扩展和改造实训面积 2600 平方米。

先后与英国博尔顿大学、赫特福德大学、爱尔兰格里菲斯学院、皇家外科学院签订谅解备忘录，为学生出国深造开拓渠道。同时，进一步加强与中国台湾地区技职院校合作。4 月 23 日，学校与台湾长庚科技大学合作成立“立达-长庚护理与健康学院”。全年组织 88 名学生分批赴台湾醒吾科技大学、台北城市科技大学、长庚科技大学进行短期修学；先后选派 11 名教师到这 3 所院校进行短期课程进修。

全面推进“立德树人、全员育人”工程，制定 3 年规划，构建工作体系和组织框架并确定责任、研究政策导向和资金安排。选送 2 名辅导员参加学校中级心理咨询师培训，30 人次辅导员参加校外各类专题培训。成立德育研究中心，成立调整充实社科部机构设置，成立思想品德修养与法律基础、中国特色社会主义理论、形势与政策、心理健康教育、职业生涯规划与就业指导 5 个教研室。开展丰富多彩文化艺术活动 13 项，各类演出 14 场，其他系列活动 20 余项，参与人次达 9500 余人次。

以申报市级文明单位为抓手，推进校园文化建设。开展“中华文化经典名篇吟诵”以及“伟人精神进校园”主题系列活动，开设“达人文化论坛”讲座，参加上海市第三届高校“红色经典诵读”活动，获三等奖及优秀组织奖。学院党委不断巩固党的群众路线教育实践活动成果，集中解决一批师生员工关注的突出问题。学校申报的“民办高校基层党支部建设中活动载体创新的思考”获第二届全国民办高校党建和思政工作成果优秀奖；“以校训教育为切入点，以文化人”被民办高校党工委列为重点课题申报；学校党的群众路线教育实践活动实施的《加强党的领导　发挥核心作用》整改方案，被民办高校党工委评为“落实整改工作十佳特色案例”，受到表彰。（郑贺春）

【承办海峡两岸民办(私立)高校校长论坛】 11 月 8—9 日，由上海市民办教育协会、台湾私立科技大学校院协进会主办，台湾大仁科技大学协办，学院承办的第七届海峡两岸民办(私立)高校校长论坛举行。共有 26 所台湾私立大学、13 所上海市民办高校及北京、黑龙江、河南、重庆、广东、福建、江苏、浙江、安徽、广西、云南、山西等省市的 20 余所高校校长前来参加。本届论坛促进了两岸民办(私立)高校间接触与交流。（郑贺春）

【立达-长庚护理与健康学院成立】 6 月 23 日，学院与台湾长庚科技大学签署合作协议书，合作成立“立达-长庚护理与健康学院”。依据协议，两校在教学科研、专业建设及人才培养方面开展合作。（郑贺春）

【召开发展研讨会】 1 月 15 日，学院召开发展研讨会，提出发展新目标：学生规模逐步达到6000人左右；着力建设应用艺术设计、护理、机电一体化技术、酒店管理、国际航运业务管理、连锁经营管理6个重点专业为龙头的6大专业群；加强海峡两岸高职教育合作，发挥与台资企业合作的优势，扩大与欧美发达国家的交流，培养具有国际视野的学生；在提高教学质量、形成办学特色的基础上，争取部分优势专业达到本科层次；积极探索中高职贯通培养，努力形成中等职业教育、高等专科职业教育、应用型本科职业教育贯通办学的格局，跻身同类学校的前列。（郑贺春）

【推行分层教学教改新举措】 9月15日，学院召开教学工作会议，提出推行外语和计算机分层分类教学、学分重修制及任意选修课选课等教学改革的具体内容。提出把因材施教作为教育教学改革的基本点，确保教学方法的多样化和教学管理、教学方法的精细化，继续提高实验实训室的软硬件条件，提高实验设备的先进性，逐步达到本科教学要求，为学校升本做好准备。（郑贺春）

【心理健康教育中心达标建设通过验收评估】 4月4日，学院心理健康教育与咨询中心达标建设通过市教委心理健康教育中心达标建设验收评估专家组验收评估。专家组对学院前期心理健康教育工作予以充分肯定。（郑贺春）

附：学院负责人及地址

（2014年1—12月）

院党委书记：何建中
副　书　记：郦鸣阳

院　　　长：郦鸣阳（兼）
常务副院长：朱南勤
副　院　长：何建中（兼）

地址：车亭公路1788号
邮编：201609
电话：57805678

上海济光职业技术学院

【2014年概况】 学院设有建筑系、建工系、经管系、机电系、护理学院、继续教育学院、基础部、思政教学部等8个二级学院和系部，招生专业22个。年内学院共录取2187人，报到1996人，计划报到率86.78%，录取报到率91.27%（其中依法自主招生报到率为99.2%）。学院2014届毕业生1513人，截至8月25日签约率达89.69%、就业率99.27%，与上年同期相比稳中有升。

为争取第一批进入上海市非营利民办高校示范校建设行列，学院根据市教委相关文件的要求，对照非营利民办高校示范校的各项标准，制订非营利示范校创建方案、办学特色案例、体制机制创新案例，以及各创建指标，完成要求的一系列工作。10月，学院完成上海市非营利民办高校示范校申报答辩。该工作促进了学院的内涵建设，推进了人才培养模式的改革以及"教、学、做"一体化课程的改革，带动了校内实训基地的建设，为学院健康发展输入了新的活力。同时，学院再次获"上海市安全文明校园"称号。学院还被上海市社会组织评为AAAA级单位；第一批加入了上海市民办教育发展基金会，在民办高等教育改革中发挥示范作用，为学院今后的改革和发展打下基础。

制定《上海济光职业技术学院中长期改革和发展规划纲要》，聚焦改革发展的重点与难点，以国家提出的高等职业教育"三对接"为标准，坚持依法办学、公益性和非营利性办学原则，探索体制机制改革，打造特色高等职业教育品牌。

根据行业发展、企业需要，学院探索出一套“岗位导向、项目引领、理实结合、校企协同”的双元人才培养模式。这一培养模式的核心是，校企共同制定人才培养方案，共同研究课程体系的构建、实行实践教学方法和途径的改革与创新；聘请企业专家担任专业主任，建立校企双主任制，构建企业全程参与育人的新机制。土木建筑类专业探索以“项目引领”和能力、动手“双为主”的人才培养模式，推行“订单式培养”、“项目化教学”“案例化教学”，实现理论联系实践、课堂对接工地的工学交互的培养模式；汽车检测与维修技术专业把教室搬进实训室，突出“理实一体”的教学新要求；护理专业以护士执业资格证书必备的应知应会为目标，把考证与职业技能竞赛的内容融入到课程中，实现了以证代考、工学兼备的有机结合。

组织、指导个人或团队参加全国、上海市、行业协会三个层面的职业技能竞赛。竞赛活动检验了学院教育教学质量，展现了师生的合作精神和整体实力。建工系在上海市首届高职院校“苏一光”杯工程测量技能竞赛中成绩突出，4 位学生获团体二等奖，4 位学生获团体三等奖，2 位学生分获个人二、三等奖；在天津举办的“用友杯”全国大学生沙盘模拟经营大赛中，经管系 5 位学生获高职组第一名，获特等奖。在上海国际护理技能英语比赛中，护理学院教师陈静、学生陈倩雯分获教师组、学生组第一名；在 2014 年上海国际护理技能大赛中，护理学院学生陈倩雯、顾爱巧获二等奖。

引导教师探索课程教学改革。推进“教、学、做”一体化的课程教学改革，开展项目教学、案例教学和情景教学；鼓励青年教师参与课程的持续建设和改革；以教育部信息化项目《信息化环境下校企协同教学模式探索》为抓手，鼓励每位专业教师参与开发建设课程网站、开发应用校企合作实践课教学平台；激励教师参加讲课比赛、微课堂教学比赛、各类职业技能大赛，以赛促教，进一步优化课程的整体设计，提高教学效果。

采取多种措施保障教学质量。注重构建教学质量保障体系，注重挖掘和拓展课堂教学和实践性教学的协同效应，注重教学目标、过程和效果的管理，实现教学质量的全程督导；通过定期、定点对教学目标、教学资源和教学过程管理系统中的教学质量保障控制点进行评估，做到及时发现、及时整改问题，提高管理和监控水平。同时，按照计划进度，推进教育部信息化项目实施和建设；通过教学过程的信息化建设推进教学现代化，通过应用 SAKAI 教学信息化平台承担教学全过程信息化的试点项目。遵循“以翻转课堂作为教学模式创新、以视频课程或微课程作为教学资源建设、以教学任务单作为教学信息化过程切入点、以师生互动作为教学过程实施手段”的原则，开展课程改革；将名师的现代知识、技术传授和企业优质教育资源进行对接，构建实战型课堂教学模式。此外，学院在“校校通”课程交互和学分互认方面，在教师利用平台集体备课和制作课件等方面，也取得显著成效。

尝试“理实一体”的教学形态改革。学院以建筑设计技术、建筑工程技术、园林工程技术、金融管理与实务 4 个特色专业为突破口，开展“理实一体”教学形态的改革，尤其是建筑设计技术和建筑工程技术这两个专业，在完善“理实一体”教学设施条件的同时，还在实践课程教学形态改革和教育教学内涵建设方面取得成效，领先于同类课程。同时按照工学结合的人才培养模式需求，注重学院实训教学条件的改善，改造和建设了一批“理实一体化实训室”，如土木建筑实践园、建筑设计驻校工作站、园林仿真设计施工实训室、护理婴儿沐浴室、仿真产房、数码显微互动等实训室；引进并试用 GPM 毕业综合实践管理平台，强化过程管理，提高实践质量。

抓好教师培训工作。学院提高新教师岗前培训的质量，定期邀请专家作各类讲座，选派教师开展国内外访学交流、研修考察；组织教师下企业实践、参加技能比武、参与科研项目等活动，提升教师的教育教学和科研能力。上海市教学名师、建工系应惠清教授领衔完成的“建筑施工技术课程教学资源库的建设和应用”获 2013 年上海市级教学成果职业教育类二等奖，这是学院首次获得市级教学成果奖；建筑系的“城市土地二次开发的生态规划技术引导规则研究”项目和经管系的“信息化背景下高职金融管理与实务专业银校合作教学模式探索”项目分获2013年度“晨光计划”项目B类自然科学研究和人文社会科学研究立项；建筑系的“基于信息化技术高职室内设计专业教学形态的改革与实践”项目在上海市民办高校重点科研项目中期检查中获专家高度评价和肯定并追加了经费和投入。在首届上海高校青年教师教学竞赛中，学院青年教师分获自然科学基础学科组二等奖、人文社会科学组三等奖和自然科学应用学科组优胜奖。

充分发挥为企业服务的功能，吸引企业全程介入育人过程，形成了双流动、双服务、双赢利合作态势。学院已与120余家企业合作，挂牌成立校外实习基地。除了通过“走出去”建立校外实习基地，也采取“请进来”的方式，将著名企业资源引入校园。建筑系已建立8个企业驻校工作站，企业名师将企业的实际工程项目纳入教学，实现了书本与现场，课堂与实践的对接，提高了学生的综合素质。建筑系培养出来的学生，无论是在专业技能方面，还是在工作责任心及应变能力方面，都得到了用人单位好评。学院与上海华东城建设计(集团)有限公司签署合作办学协议书，并为校企联合产学研实习基地揭牌，启动了学院第一个2014级建筑设计技术专业企业订单冠名班合作项目。

加快合作办学的国际化进程。学院与美国、日本、德国等国多所高等院校建立了合作关系，包括澳大利亚北墨尔本高等技术学院、新西兰林肯大学、纽西兰商学院、美国蒙大拿州立大学比灵斯分校、英国巴斯城市学院、日本共立财团日语学院、加拿大乔治亚应用文理学院、美国印第安纳波利斯大学等学校，在深度合作中开展学术科研交流活动，为学院进一步引进国外优质教育资源、建立开放式交流培养体系创造条件。 (济　光)

【获市级优秀项目提名奖】 在市教卫工作党委、市教委联合开展的2014年度师德建设特色项目评选活动中，学院思政部选送的项目——“思政教师在民办高职课外育人工作中的有效途径”获优秀项目提名奖。评选活动旨在培育和践行社会主义核心价值观，弘扬立德树人的师德风范，增强教师教书育人的荣誉感和责任感，进一步提升教育系统师德建设水平。 (济　光)

【获上海国际护理技能大赛二等奖】 2014年上海市国际护理技能大赛举行。学院护理学院13级学生陈倩雯、顾爱巧获二等奖。此次大赛由上海现代护理职业教育集团、上海国际医学交流中心等主办，吸引了来自上海22所医院、11所学校和7个国际组的80名护理人员和学生参赛，近千名护理人员和学生观摩比赛。大赛主要考验和培养护理人员在接近真实的国际医院环境中的评估能力、交流能力、操作能力、团队合作能力、应变能力等临床综合护理能力。 (济　光)

上海济光职业技术学院师生在上海国际护理技能大赛获奖

【开发土建类职业教育与企业培训一体化平台】 学院承担的市教委“土建类职业教育与企业培训一体化平台的开发与教育实践”项目，在中国建设教育协会的支持下，联合北京卓越华琳教育科技有限责任公司、上海建工集团二建分公司共同参与。学院主要承担项目负责和教学资源、微课程及教学平台的建设工作。此平台的开发旨在探索实施建筑工程施工全过程实录，建立拥有校企协同开发大容量、全覆盖建筑工程的教学资源库，建设系列微课程实现资源、课程一体化，建立“企业大学”服务企业教育，建立基础培训站和建筑论坛，适用建筑工程基础技能型、中高层次技术、管理型人才培养。此项目平台的开发也是一种新型的教学探索，是社会资源共享的最大化，实现低成本、低消耗的绿色教育。 (济　光)

附:学院负责人及地址

(2014 年 1—12 月)

院党委书记:祁学银

副　书　记:陈成澍(兼)、王　滟

院　长:陈成澍

副院长:祁学银(兼)、姚健敏、潘立本

地址:水产西路 2859 号

邮编:201901

电话:66761065

上海工商外国语职业学院

【2014 年概况】 学院设 12 个教学系部,22 个专业。2014 年招生计划数 3100 人,录取报到新生 2816 人,新生报到率 90.81%,其中春季招生 47 人,依法自主招生 835 人,三校生招生 222 人,上海秋季招生 388 人,外省市招生 1323 人。在校生 7314 人。2014 届毕业生 2123 人,就业率 99.53%,签约率 96.75%。

学院制定并实施《三年行动计划》。这项计划是在分析职业教育和民办教育发展形势、研判学院未来发展的优势和劣势基础上,提出的未来三年加强内涵建设六个方面的目标、任务、路线图和政策,涵盖办学定位、专业建设、队伍建设、合作平台建设、质量保障体系和社会服务能力。

"创新现代文秘综合实训基地建设,全面提升大学生职业素质""培养职场英语应用能力,推进高职公共英语教学体系改革"两项成果获上海市教学成果二等奖;"新闻采访与写作"获批上海市精品课程;公共英语教学团队入选上海市优秀教学团队。

学院在 11 月底被全国职业教育学会民办分会评为 2014 最具特色的民办高校,学院图书馆获"上海市高等学校先进图书馆"称号,学校志愿服务实践青年团队获"上海市青年五四奖章集体"荣誉称号。

青年教师在教育教学科研竞赛各方面取得诸多新成绩,先后获全国高职高专体育教师教学能力大赛一等奖(列第一名)、上海市高职高专院校思想政治理论课微课现场教学比赛获二等奖、上海市育才奖、上海外文学会高职高专外语教学专业委员会第三届高职高专英语教学大赛二等奖、第五届"外研社杯"全国外语教学大赛(职业院校组)上海赛区三等奖。在上海市高校辅导员职业技能大赛中,2 名青年教师进入上海市 20 强,分获二等奖、三等奖。

国际交流方面,2014 学年获高校学生海外实习资助项目 4 项,获批 107 万元资金,共有 40 余名学生受助分赴澳大利亚北墨尔本职业技术学院、德国慕尼黑语言翻译学院、日本大阪梅花女子学院、英国诺桑比亚大学进行短期学习;29 名学生参加美国奥兰多迪斯尼总部带薪实习。学院承接商务部援助发展中国家 6 个项目:尼泊尔、阿富汗、非洲与拉美南太地区英语国家百余名财政税务官员分别到校进行为期 10 天的培训。学院获批成为上海民办高职院校中唯一有招收外国留学生资质的学校,招生相关工作已启动。

学院着眼于大学文化氛围的塑造和大学精神的提炼与升华,围绕学生综合素质提升,有目的、有针对性地规划安排。在首届"挑战杯——彩虹人生"上海职业学校创新创效创业大赛中,学院有 4 名学生获奖;在第五期"中国 100"青年英才培养计划评选中,有 10 名学生入选;在暑期社会实践活动中,学院学生再次囊括优秀组织、优秀项目、优秀指导教师、先进个人全部奖项,志愿者服务大队获"上海市青年五四奖章集体"称号,涌现了一批红旗团支部、红旗分团委、星级社团和十佳易班等院级先进集体。人文素质教育大讲堂活动品牌培育得到学院大力支持,各系"一系一品"特色活动质量逐步提高,开展"中国梦"征文、世界读书日、外国文化节、创新创业项目竞赛、中国优秀传统文化知识竞赛等活动。傅雷生平陈列馆、中韩文化史料馆、"傅雷杯"大学生翻译奖作为校园文化载体，逐步成为学院文化的代表性品牌，在提升和传承学院文化形象、传播大学精神方面起到作用。（段仁启、葛春晖）

【入选"中国100"青年英才培养计划】 在第五期"中国100"青年英才培养计划中，经选拔，学院有10名同学入选。这项培养计划旨在培养有社会责任感，推动社会进步，具备领导能力、国际视野的青年社会英才。（段仁启、葛春晖）

【被评为"2014最具特色民办高职院校"】 11月28—30日，中国职业教育学会召开民办职业技术教育分会成立大会暨亚太地区民办职业院校合作发展研讨会。会议期间进行了2014最具特色民办高职院校的评选。在参选的50余所院校中，学院以外语教育和国际化办学的鲜明特色被评为"2014最具特色民办高职院校"。（段仁启、葛春晖）

【签约成为IIPQ-CCPA特许培训机构】 经多次商谈，学院成为IIPQ-CCPA在上海的特许培训机构。IIPQ-CCPA(国际注册会计师综合能力资格认证)，是会计从业人员从单一专业技术人员向综合管理人员转变的有效途径。考试合格的学员将获得由IIPQ颁发的相应级别证书。该证书国际通用，是专业能力和综合能力双项能力的证明。至年底，已在南京审计学院、上海师范大学挂牌设点。（段仁启、葛春晖）

【设立"创新创业工作室"和"职业生涯工作室"】 学院推进创新创业教育和职业生涯发展教育工作，参加2014年上海高校毕业生就业工作创新基地年度特色专题项目和职业生涯工作室项目申报活动。"探索创业教育新路径""'梦想之翼'职业生涯工作室"两个项目获上海市教委立项。年内，两个工作室面向学生陆续开展创新创业教育、职业生涯指导系列活动。（段仁启、葛春晖）

【共建大学生社会实践基地】 4月5日，"洁白的丰碑·2014清明纪念傅雷夫妇"活动在上海福寿园海港陵园举行，傅雷之子傅敏夫妇等家属及学院学生代表共100余人参加了纪念活动。活动后，学院与海港陵园为协作共建的"大学生思想政治教育社会实践基地"揭牌。

（段仁启、葛春晖）

附：学院负责人及地址

（2014年1—12月）

董事长：钱　莹

院党委书记：夏玲英（8月到任）
　　　　　　王一鸣（8月离职）
副　书　记：朱懿心（兼）、黄　平、周春林

院　长：朱懿心
副院长：潘家俊、朱士昌、黄　平（兼）、周春林（兼）

地址：惠南镇观海路505号
邮编：201399
电话：68020621

上海邦德职业技术学院

【2014年概况】 学院有在校学生2998人（含成人教育学生222人）。2014年招生录取全日制学生1142人，比2013年增加210人。在办专业数21个，分设6个院部：经济与管理学院、华谊兄弟艺术学院、国际交

流与外语学院、应用技术学院、继续教育学院和基础教育部。2014届毕业生861人，就业率继续保持在98%以上，签约率88.15%，呈现增长态势，学生就业质量稳步提高。

明确办学方向。学院紧紧围绕现代服务业、校企合作、国际化三个方面，逐步理清专业建设思路，积极寻求与行业高端企业合作办学。学院与苏州茉莉花假日酒店和苏州松鹤楼餐饮有限公司签订校企合作协议，成立酒店英才管理学院；与泰康人寿保险公司、万科集团和日本资生堂集团等就合作办学进行洽谈，通过合作办学探索专业拓展和培养社会发展急需人才的新路。

教学管理严格规范，教学质量稳中有升。经过努力，学院在教学和科研方面取得了一系列成果：获上海市教学成果(高职高专)一等奖、二等奖各1项，1个教师团队获上海市(高职高专)优秀教学团队称号，1名教师获上海市教学名师称号、2门课程被评为上海市(高职高专)精品课程。首次启动校级科研项目的评审工作，完成22个校级科研课题的开题，形成了学院科研项目库。开展精品课程评选，评出校级精品课程5门；重视校外科研项目的申报工作，共申报科研项目30项，获批16项，7项由市教委主办的民办高校科研项目完成中期评审，重点项目《基于计算机应用专业岗位能力培养的项目式课程体系建设和师资队伍建设》在市高校专家评审中获好评。学院形成通过科研促进教学质量提升、通过项目培育锻炼年轻教师新格局。

“强师工程”建设进一步深化。学院积极贯彻市教委工作要求，落实“强师工程”，支持校内教师国内访学、产学研践习和参加各类培训；大力推进队伍年轻化，高度重视青年教师、干部的培养，鼓励支持各分院、部门启用优秀青年；学院不断优化师资结构，具有高级职称的教师比例持续增长，有教授、副教授42人，占教师总数25.15%；教师学历层次不断提高，有硕士及以上学位教师54人，占青年教师总数的62%，50岁以下的中青年教师逐步成为教师队伍的主体。

获多项上海市教学成果奖。在市教委、市人力资源和社会保障局下发的“关于2013年上海市级教学成果获奖项目决定”中，学院华谊兄弟艺术学院的“高职包装设计人才培养模式的探索与实践”获上海市教学成果奖(职业教育)一等奖。经济与管理学院的“物流地理信息系统教学软件的高职课程开发”获上海市教学成果奖(职业教育)二等奖。获奖成果展示了学院教学改革和人才培养模式创新方面的新成就。

在上海高职院校市级精品课程、教学团队、教学名师评选中取得好成绩。在2014年度上海高职院校市级精品课程、教学团队、教学名师评选中，“中国名菜(淮扬风味)及制作”“网络设备配置与调试”被评为市级精品课程；物流管理教学团队被评为市级教学团队；1名教师被评为市级教学名师。学院通过精品课程、教学团队、教学名师的评选，在“教育质量工程”建设中促进了教学观念的转变，深化了教学改革，发挥了优秀教师引领作用，提高了教学水平和人才培养质量。

完成年度人事分配制度改革。年底，学院完成教职工人事分配制度改革工作。围绕学院发展目标，通过创新用人机制，设立特聘岗位，吸引紧缺人才和高端人才到校工作；明晰岗位分类和岗位职责，调整教师的基本教学工作量和辅导员的基本带班工作量，构建新的基本工资；根据管理岗位结构比例，按岗位聘任兑现基本工资。经过连续三年的教职工普遍增资，达到了学院“十二五”后三年发展规划中增资的目标与要求。

政府扶持资金项目落实，教学设施与实训场所得到改善。年内完成新媒体艺术实训中心(085二期)、服装设计与加工实训中心(一期)、空间照明艺术实训中心、酒店管理实训中心、现代外语实训中心、网络集成与实施综合实训室、会计与审计模拟实训室7个政府扶持资金项目的建设工作，投入建设资金1043万元。通过项目的实施，创建了一批新的校内实训基地，完成了接续的项目，使教学实训设施有了跨越式发展，办学实力得到明显提升。

学生德育教育常抓不懈。加强对辅导员的培训，鼓励和支持辅导员开展工作研究；做好学生奖、助、勤、贷工作，年度发放校内奖学金近10万元，发放国家奖学金、上海市奖学金、国家励志奖学金、国家助学金合计110万余元，发放勤工助学工资近8万元，帮助45名同学申请到国家助学贷款和生源地贷款；加强校园文化建设和社团建设，有各类学生社团14个，会员1500余人，志愿者公益性社团3个，参加人数1000余人。年内，学生在各类比赛中获国家级奖励7项、省部级5项、地市级23项。

加强校园安全卫生工作。开展秋冬季各类防火整治、消防安全演习活动。加强对食堂食品卫生重点监管与整改工作，切实防止各类安全隐患和事故发生，维护校园安全稳定。

（郑　楷、邵晶雯、孙　泉、曹敏年）

【加强校园微信公众平台建设】 学院鉴于信息时代发展的要求，为师生间微信交流提供方便，开通微信公众平台订阅号，为分院的各项活动进行移动互联网宣传提供了便捷途径，有效及时传递校园正能量，促进学院的精神文明建设。（孙　泉）

【举行“世界艾滋病日”主题宣传】 12月1日，在第27个“世界艾滋病日”宣传中，结合“行动起来，向‘零’艾滋迈进”主题，学院与宝山区卫生计生委、禁毒委、疾病预防控制中心等共同举行“2014‘世界艾滋病日’主题宣传暨大学生预防艾滋病微电影、Flash作品征集启动仪式”。宝山区卫生计生委，宝山区禁毒委、疾病预防控制中心的领导和学校领导等出席了仪式。学院师生代表在影视演艺数字化实训中心参加相关活动。（郑　楷）

【新建服装设计与加工实训中心】 服装设计与加工专业（方向）是2014年开始招生的新专业（方向），并向市教委申报了专业申请。专业引进了国内业界知名专家任教，并配备了经验丰富的实践指导教师，依靠政府扶持专项资金与自身投入，及时创建了服装设计与加工实训中心，于9月开始，投入实训课教学使用。师生们积极互动，为教学质量的提高提供保障。

（孙　泉）

【举行校企合作签约仪式】 11月26日，学院与苏州茉莉花假日酒店、苏州松鹤楼餐饮有限公司举行校企合作签约仪式。学院的“烹饪工艺与营养”和“酒店管理”两个专业是就业市场的热门专业，也是学院未来重点打造的特色专业。这也是学院贯彻落实《上海市推进校企合作培养高技能人才工作的实施意见》，加强高技能人才队伍建设的重要举措。

（郑　楷）

附：学院负责人及地址

（2014年1—12月）

董事长：朱昌宁

院　长：葛　朗

地址：锦秋路299号
邮编：200444
电话：56680657

上海中侨职业技术学院

【2014年概况】 年内，学院变更董事会成员和院领导班子并搬迁至金山新校区。招收全日制高职学生1781人，报到率89.7%。全日制在册学生4605人（其中成人教育学生141人）。毕业学生1341人，截至年底，就业率98.88%，签约率88.22%，分别比上年同期增长0.15个百分点和1.36个百分点。

内涵建设。学院围绕专业定位与校企合作、人才培养模式和课程体系、师资队伍和实践教学三方面展开研讨,探索培养一支具有发展眼光和建设能力的专业主任队伍的路径。鼓励师生参加各类技能大赛,将部分技能大赛的项目和专业技能考证的内容融入课程。外语系参加上海市高职高专院校英语戏剧表演比赛获二等奖,参加第二届上海高校日语演讲大赛——"天华杯"高校日语演讲大赛获三等奖,参加华东区上海市第三届"21世纪报杯"高职高专英语读报大赛(英语专业组)获三等奖,艺术系参加全国三维数字化创新设计大赛上海赛区两个队分获二、三等奖,全国总决赛三等奖,信息系参加2014年第一届海峡两岸大学生创新竞赛获最佳创意奖和最佳报告奖。

师资队伍建设。坚持培养和引进相结合、学历提高与技能提升并重原则,重点建设一支由专业带头人、骨干教师和管理队伍中间力量组成的核心队伍。在岗教职工270人左右,校内双师素质专任教师占82.69%。依托"强师工程"、高职高专教学能力提升平台开展师资培训,32人通过教师礼仪培训,3人参加国内访学、3人参加产学研项目。学院落实师资专项经费,注重培养青年教师,为青年教师配备指导教师,开展公开教学研讨,鼓励教师申报科研25项,选派骨干教师赴兄弟院校交流学习及海外院校考察培训。公开选拔6名青年教师为学院中层干部,鼓励青年教师"立足岗位,施展才干"。建立"教辅互评"机制,明确绩效考核指标,强化教师、辅导员的综合素质培养与测评。2名青年教师获市"育才奖",1名青年辅导员被评为民办高校"优秀辅导员"。全年,组织骨干教师25人赴境外研修访问、短期访学。

学生管理工作。开展学生综合素质测评,从思想政治与道德修养、社会实践与社会工作、文化艺术与身心发展、就业指导与实践等四个方面对学生在校期间表现,进行综合评价和记载。继续完善奖贷补助体系,年内奖助类各项资助金367.21万元,惠及学生7472人次。学校5名学生获上海市慈善基金会爱建特种基金会资助,每位学生获助2000元。组织贫困学生座谈会、爱心送温暖、新生绿色通道、新生临时补助等活动,建立贫困学生个人成长档案。年内共有19名学生应征入伍。

校园文化建设。推出"梦启航·聚中侨"新生节系列活动,开展新生一日游,金话筒主持人大赛、校园随手拍摄影比赛、新年圣诞集市等活动。培育一批新生力量,充实学生社团队伍。与金山区相关街镇合作,扶持了沂河湾文学社、腰鼓队、舞龙队、木兰拳社等一批重点学生社团。完善大学生艺术中心建设。与张堰镇文化中心合作建立舞蹈、话剧等专业艺术团队。参加张堰镇第一届运动会闭幕式演出、上海民办高校英语剧表演大赛等活动。推进大学生活动中心建设:采购和配置设施,修订规则制度,组建管理团队,为青年学生提供文化娱乐的活动空间。巩固大型赛会志愿者活动品牌,完成国际泳联跳水世界杯、国际滑联短道速滑世锦赛的志愿者组织工作。开展上海科技馆、上海世博会纪念馆、上海公安博物馆"三馆"讲解员志愿服务。支援西部,有2位学生分别在新疆喀什和西藏日喀则开展青年扶贫工作;参与西部计划志愿者服务,有4人获场馆优秀志愿者,1人获上海市优秀志愿者。

对外交流工作。接待来自6个国家和中国台湾地区的10个团组来访。合作对象除英、美、日、西班牙4个国家的学校外,新增台湾地区2所学校。组织教师25人,学生57人赴境外学校进修、访问和短期访学,其中,商务日语专业14名学生赴日本别府溝部学园短期大学参加两校交换生项目,36名学生赴美国实习,应用西班牙语专业的2名学生赴西班牙巴塞罗那自治大学、内布里哈大学参加交流生项目,2名学生赴英国诺桑比亚大学留学,3名学生赴日本别府沟部学园短期大学留学。

继续教育主要有专科成人教育、本科自考助学、职业资格证书考试培训三大块,其中企业委托培训在读学生149人,系巴士物流、雅玛多、宁波港等企业定向委托培养。专本兼读在读学生两届共700余人。组织助理物流师、国际贸易单证员等短期考证项目共300人,为中国建筑第八工程局企业组织3期培训,每期培训500余人。

后勤管理工作。健全资产管理制度,完成年度固定资产报备工作,落实食堂管理整顿措施。做好医疗保健、消防安全和食品卫生饮食安全监督管理。医务室服务学生共计2232人次,全年无医疗事故发生。

(单驹超)

【举行新校区落成仪式】 9月6日，学院举行金山校区落成典礼暨校训石揭幕仪式。上海市金山区人大常委会主任、金山区教育局局长等应邀参加典礼。学院全体教职工共同见证了新校区落成。

（单驹超）

【举行爱心慈善助学结对仪式】 12月5日，“爱心涌动·情暖中侨”第五届爱心慈善助学结对仪式举行。仪式上，50余名企业家和社会各界爱心人士与学校贫困学生进行一对一结对帮扶。学院向每位贫困学生提供每年2000元爱心助学款。出席活动的教职员工也向爱心基金会捐款。企业家慈善助学结对活动在学院开展10年，先后有200余名品学兼优但家庭困难学生获得资助，顺利完成学业。企业家们除了提供经济援助外，还提供培训、实习和就业岗位，多渠道帮助贫困学生成长。（单驹超）

【设立“爱眼免费防控教室”】 11月27日，由中华儿慈会爱眼项目基金为学院学生捐赠一批视力矫正仪并设立的“爱眼免费防控教室”在学院挂牌启用。“爱眼免费防控教室”不仅为学院学生提供校内免费的视力矫正治疗，同时也为学校周边的青少年儿童提供免费的视力矫正。（单驹超）

【参加无偿献血】 10月16日，学院学生参加无偿献血活动。据统计，此次无偿献血活动共有1000余名学生报名参加，体检合格并献血的人数达477人，累计献血量达95400毫升。（单驹超）

【获全国首届职业学校创新创效创业大赛二等奖】 7月30日，在“挑战杯——彩虹人生”全国首届职业学校创新创效创业大赛上，学院机电工程系学生沈栋梁、杨涛、朱海、张慧慧共同设计制作的参赛作品“基于正交测光传感的太阳能自动跟踪采集系统”获二等奖。该制作在上海赛区获特等奖。该赛事由共青团中央、教育部、中科协、全国学联共同主办，共有来自全国各高职、中职学校的343项作品参选。（单驹超）

附：学院负责人及地址

（2014年1—12月）

董事长：严健军

院党委书记：张玉峰

院　长：蒋志明
副院长：卓丽环（常务）、杨伟民

地址：漕廊公路3888号
邮编：201514
电话：31616009

上海电影艺术职业学院

【2014年概况】 学院加强产学结合，重视教育教学实践，全面规划与实施师资队伍建设、人才培养模式改革、社会服务。获中央财政支持实训基地项目资金200万元和上海市民办高校政府专项扶持资金、内涵建设项目资金384万元，启动了动画、编导、广告、游戏美术专业的实训基地建设。国家最佳动漫创作团队“今日动画”公司与学院产教融合、协作发展的实训基地建成，“今日动画”教学团队已融入学校教学中。编导专业以“微电影”项目引领课程体系设计，围绕微电影制作展开实践教学，实现专业内容和实践课程的综合联动。广告设计与制作专业创建专业“AM&PM”品牌，将教学项目与

品牌项目相融合。多媒体设计与制作专业围绕专业特性创建及课程学习平台、教学资源库、教学实践平台三位一体的“创意中国”专业网站，实现课程教学与实际运用的统一。

加大师资队伍培养力度。年内，参加强师培训的教师有28人。有3位教师赴英国访学，1位教师通过雅思考试，赴英国赫特福德大学攻读教育学硕士学位。选派2位青年教师赴美国纽约电影学院短期学习，1位青年教师被派往英国参加英皇钢琴考级培训。在上海市高校第一届青年教师教学比赛中，1位教师获第二名。学院重视教师职业能力培养，重点做好教师资格评定；关心教师资格理论课的学习与考试，逐一辅导，85.7%通过考试。学院重视教师职务晋升，近三年教师中获评讲师职称的比例每年以10个百分点提升，2014年1位教师通过了副教授专业技术职务任职评审、1位教师通过了二级专业技术职务任职评审，6位教师通过讲师职称的评定。

推进科研项目，提升教师科研意识。新闻采编与制作专业负责人郝红霞领衔的市教委重点科研项目“基于云计算的全媒体人才培养模式研究”通过专家中期检查答辩。2012年青年教师培养计划项目获得者全部通过答辩。2013年2位入选上海高校青年教师国内访问学者在复旦大学以优异成绩结业。2014年又有2位青年教师分别入选华东师大和中央美院的国内访问学者，12位教师获得青年教师培养计划，8位教师获得产学研项目资助，2位教师获得晨光计划资助。

强化职业教育双证融通，提升学生职业能力和素养。学院设立继续教育办公室，开展双证培训和继续教育工作。各专业探索艺术类职业教育双证融通模式，以“实际、实用、实践、实效”为原则，改革课程体系，精选课程内容，突出核心技能培养。同时，与国外艺术类相关行业协会合作，使实践教学与国际标准接轨。人物形象设计（影视服装与化妆）专业的“双证”融通教育，实现了专业课程模块与职业资格要求能力模块的对接，学院成为“上海市职业技能鉴定中心化妆师职业资格考点”。有728名学生参加国家职业资格技能鉴定培训考核，获广告师高级证书162人，通过率97.60%；获网页制作员高级证书161人，通过率87.90%；获漫画师高级证书305人，通过率91.30%；获化妆师中级证书69人，通过率97.2%。有183名学生参加专升本在校学习。积极参与教学实践，在服务社会文创实践工作中提高专业水平，师生在各类大赛中取得喜人成绩，其中获国家级奖项3个、获省市级奖项12个。

做好招生和学生就业服务。在外省市开拓生源基地，初步形成全员招生的局面。坚持把毕业生就业作为“一把手工程”，围绕提高毕业生“就业力”，以注重创业带动就业的理念，把职业素质、专业技能、就业指导作为系统工程来抓。在做好与专业实践有关的教学安排、增加教学内容的同时，拓展专业考证、职称考级的培训渠道。继续坚持让大三学生找到就业岗位、大二学生找到实习单位、大一学生找到方向和差距，秉持专业拓展与行业企业合作的理念，2014年，平均每个毕业生有3个岗位可供选择，毕业生就业率98%。

拓展社会实践，教学回馈社会。4月，在浙江南浔组织音乐歌舞和“艺汇南浔吾妆十色”——毕业服装秀专场。年底策划承办上海市老干部迎春团拜活动。学院连续多年承担上海国际艺术节“天天演”广场文化活动。“天天演”广场文化活动是中国上海国际艺术节重要城市景观和群文品牌。学院联合党支部长期与上海市彩虹笔公益基金会合作，启动关爱“星星的孩子”志愿服务计划，定期为自闭症儿童服务。

加快信息化数据平台建设，加强教育教学管理。学院在2013年下半年启动信息化数据平台建设，将教学管理、行政办公、招生管理、人事管理、学生管理、教学督导、党务管理和信息公开等融合在一个平台上。这个平台2014年上半年投入运行，为教学、科研和管理活动提供全面、安全、稳定的技术支撑和信息服务。（顾成明、郭小瑜）

【举办校庆10周年毕业展演】 12月，举办“感恩十年·爱与梦想同行”——上海电影艺术职业学院校庆10周年2015届舞蹈表演专业毕业展演首演，借助2015届毕业汇报季，以教学汇报、走出校门、进入社区、服务社会的方式，庆贺学院 10 周年华诞。

（顾成明、郭小瑜）

【获国家级动漫教育机构奖】 10 月 21 日，在由文化部、新闻出版广电总局、教育部、工业和信息化部、商务部共同主办的中国文化艺术政府奖第二届动漫奖的申报和评选工作中，学院以"当代动漫职业教育先锋，积极实践校企融合、共建专业，为产学研结合培养人才进行了有益的探索"的成果获中国文化艺术政府奖第二届动漫教育机构奖。这是学院继 2011 年在首届动漫颁奖典礼获得最佳动漫教育机构入围奖后的又一国家级奖项。

（顾成明、郭小瑜）

【获全国职业院校技能大赛高职组金奖】 6 月，在教育部主办的 2014 年全国职业院校技能大赛上，学院舞蹈专业学生获高职组中国舞表演赛项的金奖和银奖，影视动画专业学生获高职组动漫制作赛项的第一名，2 个专业的指导教师均获优秀指导教师奖。

（顾成明、郭小瑜）

附：学院负责人及地址

（2014 年 1—12 月）

院　长：江　泊

院党总支书记：顾成明

南校区地址：达尔文路 188 号

邮编：201203

电话：50271101

上海开放大学

【2014 年概况】 学校围绕"改革转型，创新发展"的工作主题，深化改革，锐意进取，推动远程教育事业取得新进步，为上海终身教育体系建设和学习型城市建设作出新贡献。年内，学校高等教育招生 31920 人，毕业学生 31417 人，在校生 90179 人。学校非学历教育板块明确"一体两翼"的发展思路，整合内外部优质资源，积极开拓各类培训项目和考试服务，全年非学历培训 9.7 万人次，2840 名学生注册单科学习，老年教育注册学习 51.1 万人次。电视中专中等教育招生 3120 人，在校生 5988 人，比上年同期增长 12.92%。

加强顶层设计，推进内设机构改革。根据"完善内部治理结构，强化事业板块统筹整合，加强管理体制机制改革"的要求，学校调整、归并了一系列职能机构，成立课程资源中心和师资中心，组建公共管理学院。启动二级院系实体化建设，撤销直属开放教育学院，推动管理重心下移，明确二级院系主要职能。

深化教育教学改革，努力提升人才培养质量。机械电子工程等 3 个本科新专业通过市教委和市学位办的检验，并被增列为学士学位授予专业，学校被增列为全国开放大学系统首个学士学位授予单位。推进新专业申报及专业结构优化工作，"家政服务""机电一体化技术"2 个专科新专业获批，并启动 20 个本、专科专业的培养方案和课程资源的优化工作。在 14 所中职、1 所高职学校中开展"中职（高职）—大专（本科）"立交桥试点。面向职业培训学员，实施"直通车式双证融通"试点。系统建设方面，立项 31 个系统"改革与发展"项目，完成 3 所分校的更名。改善实验实训和教育信息化条件，电工实验室等 6 个实验室投入使用，建成 3D 物流等虚拟仿真实验实训系统，完成数字化实验室环境及内容建设。

加强师资队伍建设，帮助员工多渠道提升。完善教职工培训进修管理办法，支持25人进修硕、博士学位，举办新进员工入职培训班。组织首批20位青年教师和管理人员赴英国开放大学参加为期21天的培训活动。开展院系教学教务管理工作系列培训。邀请香港公开大学专家开展课程设计、信息技术应用等方面的专题培训。建立开大系统专兼职教师信息库。

开展对外合作交流，扩大国际影响力。与联合国教科文组织中国委员会联合举办"2014上海泛在学习"国际论坛。与荷兰开放大学签订战略合作协议。获得招收外国留学生的资格。举办国际学生夏令营，来自16个国家的开放大学学生参加。获得非洲远程教育理事会颁发的"卓越支持机构奖"。

继续推进以"信息化的教育教学"为目标的信息化建设与改革，明确开放大学教育信息化内涵发展的任务。推进数字化校园的建设，逐步形成开放大学信息化建设标准。建设上海开放大学云计算平台，试点信息化应用已迁移至云平台，初步满足教育教学改革需要。建设上海开放大学无线网络，支持各种无线终端的接入。进一步完善现有教学平台，推进全网上形考系统的应用，开展全网上学习平台的研究与探索。完成开放教学数字化实验室的建设，推进上海开放远程教育工程技术研究中心的建设，开展教育教学与信息技术深度融合的研究，与国内外知名高校开展学术交流。新版上海学习网年内上线，新增"悦读"栏目，完成学习资源整合、互联互通建设、特色频道建设、学习活动策划、社区教育支持等工作，全面助推市民数字化终身学习。

促进社区教育发展，服务学习型社会建设。组织首届上海社区教育教学比赛，17个区县100余位教师参加。组建"上海市志愿者协会社区教育志愿服务总队"，在全市招募3000余名志愿者。新增8个社区教育课程联合教研室。举办"优秀传统文化进社区""'建智慧城市，做智慧市民'百万市民培训活动"，以及"整合社会资源，融入社区治理"上海论坛等，以学习活动传播、弘扬社会主义核心价值观。

首次获上海市"曙光计划"课题，2项课题获"晨光计划"支持，获3项市教育科研项目。信息安全与社会管理创新实验室的研究成果在《教育部简报(高校智库专刊)》上刊登。 （钱音肖、黄复生）

【与上海图书馆签订合作共享协议】 4月21日，上海开放大学与上海图书馆合作签约仪式在上海图书馆举行。校领导参加签约仪式。双方将在文献、资源、读者服务等方面开展全方位合作，共同为提升上海城市的文化软实力、推进学习型社会建设作出贡献。 （钱音肖、黄复生）

【举办"2014上海泛在学习"国际会议】 5月30—31日，学校与联合国教科文组织中国委员会联合举办"2014上海泛在学习国际会议暨联合国教科文组织开放远程教育姊妹大学网络"系列研修班。会议以"泛在学习：机遇、挑战与对策"为研讨主题，20个国家的202名代表围绕大规模开放网络课程(MOOCs)、大数据、云计算、微课与移动学习，以及开放远程教育工程技术等泛在学习领域的热点问题和最新趋势进行探讨和交流。

上海开放大学教师向会议提交论文15篇，经过校外专家评审，有4名教师的论文获得二、三等奖等奖项。 （钱音肖、黄复生）

【通过本科新专业检查和学士学位授予审核评估】 6月9日，市教委、市学位委员会委托市教育评估院组织的专家组对上海开放大学本科新专业检查和学士学位授予权进行审核。6月23日，市学位办印发《关于公布2014年上海市增列学士学位授予单位和专业名单的通知》，批准上海开放大学增列为学士学位授予单位，机械电子工程、软件工程、城市公共安全管理共3个专业增列为学士学位授予专业。自此，上海开放大学成为国内第一个获得学士学位授予资格的开放大学。 （钱音肖、黄复生）

【组建"上海市志愿者协会社区教育志愿服务总队"】 6月11日，由上海市学习型社会建设与终身教育促进委员会办公室组建的上海市社区教育志愿者服务总队在上海开放大学成立，总队直属上海市志愿者协会，日常管理和组织协调工作由"市学指中心”负责实施。总队已在全市成立 36 个工作站(包括 227 个服务点),招募了近 3000 名志愿者,其中在开放大学内部招募 97 名教职员工直接参与社区教育志愿服务工作。这些志愿者在满足市民学习需求、提升市民综合素质等方面发挥着作用。

(钱音肖、黄复生)

【首期赴英国开放大学培训项目启动】 7 月 13 日,学校组织首批 20 名骨干教师、管理技术人员赴英国开放大学就学习资源建设、支持服务、质量保障、师资建设等方面的内容开展了为期二周的“开放教育模式和教学资源管理培训项目”的学习培训。通过专题讲座、小组研讨、访问交流和实践参与,参训人员对英国开放大学的科研、教学、管理和技术应用有了系统了解。 (钱音肖、黄复生)

【殷一璀到校调研】 7 月 28 日,市人大常委会主任殷一璀、副主任钟燕群、秘书长姚海同等到校就《上海市终身教育促进条例》贯彻执行情况开展调研,市教委副主任袁雯、学校全体党政领导班子成员出席调研活动。殷一璀一行参观考察了开放远程教育工程技术研究中心、信息安全与社会创新管理实验室等教学和科研设施,并参加座谈。殷一璀在会上听取了校长蒋红关于“贯彻《上海市终身教育促进条例》,全面推进上海开放大学建设与发展”的汇报,并就学校今后的发展提出意见和建议。 (钱音肖、黄复生)

【启动开放大学“双证融通”试点工作】 8 月 6 日,市人力资源和社会保障局、市教委印发的《关于本市开展“双证融通”试点工作的实施意见》明确,由上海开放大学(包括电视中专)在上海率先开展“双证融通”试点工作。明确由市终身教育学分银行管理中心牵头“学分认可型双证融通”和“证书认可型双证融通”工作小组,“双证融通”的学分均纳入终身教育学分银行的管理平台,建立职业资格证书与学分的信息联网对接制度,畅通学分的认定、转换和累积机制。年内,成立由市教委终身教育处、高教处,市人力资源和社会保障局职建处、市职业技能鉴定中心、市就业促进中心、市终身教育学分银行管理中心及试点单位开放大学组成的工作小组;初步确定首批参与“双证融通”试点的职业资格培训项目及对应的上海开放大学专业、培训机构,制订“双证融通”管理办法,计划 2015 春季开展招生。

(钱音肖、黄复生)

【招收外国留学生】 经市教委批复,学校获得招收外国来华留学生的资质。招收外国来华留学生不仅丰富了学校对外交流与合作的形式,还拓展了办学空间,推动了学校的国际化发展战略。 (钱音肖、黄复生)

【举办第五届“终身学习”论坛】 11 月 14 日,市终身教育研究会第五届“终身学习”论坛在学校举行。论坛系上海市社联第八届学会学术活动月的一项重要活动。教育部社区教育专家组成员叶忠海结合近期颁布的《关于推进学习型城市建设的意见》,在论坛上论述了学习型城市建设的基本模式和路径。 (钱音肖、黄复生)

【参加 2014 年国际远程教育理事会校长常设会议】 11 月 19—21 日,校长蒋红应邀出席了在印度尼西亚举行的 2014 年国际远程教育理事会校长常设会议(ICDE SCOP)。会议由国际开放远程教育理事会主办、印度尼西亚开放大学承办,主题为“领导力的挑战——开放教育模式的成功之道”。在全体会议上,非洲远程教育理事会(ACDE)主席向蒋红颁发了“卓越支持机构奖”,以表彰上海开放大学对非教育合作所作出的突出贡献。会议期间,蒋红还与荷兰开放大学校长就两校在能力建设、教学资源建设、师生交流、学分互认、科研等诸多领域的合作议题进行探讨,并签署战略合作备忘录。 (钱音肖、黄复生)

【《开放教育研究》杂志入选首届“上海高校学术期刊质量提升计划”】 《开放教育研究》杂志申报的“*Open Education Research* 在线英文学术期刊的开发、建设与运行”项目在市教委联合市新闻出版局推出的首届“上海市高校学术期刊质量提升计划”中,成为 16 个入选的项目之一。(钱音肖、黄复生)

【筹建上海开放远程教育工程技术研究中心】 上海开放远程教育工程技术研究中心依托上海开放

大学，参与建设上海学习型社会和构建上海终身教育体系。该中心围绕“远程教育学习服务、数字实验技术和数字化教学实践环境”的研究方向开展了数字化学习空间、智能云学习平台、移动学习平台、数字化学习体验数据分析等方面进行研究和实验，创新建设了开放教学数字化实验室，构建了支持多终端的智能化学习环境，相关设施可用于多角度跨学科教学实验和评估分析，对开放教学和远程教学提供特色支持服务。（钱音肖、黄复生）

附：学校负责人及地址

（2014 年 1—12 月）

校党委书记：杜慧芳
副书记：王连华、张道玲

校　长：蒋　红
副校长：陈　信、王　宏、顾晓敏、王伯军

地址：阜新路 25 号
邮编：200092
电话：65834279

教育科研与考试、评估机构

Institutions of Scientific Research, Examination and Evaluation on Education

上海市教育科学研究院

【2014年概况】 全年运行各类科研项目200余项，完成率过半；承接教育部、上海市教卫工作党委和市教委等党政领导机关委托研究项目150项，其中由上海市教卫工作党委、市教委及相关部门交办的项目近100项。通过科研活动形成的成果达百万字。申报并获准立项列入科研规划的项目13项，其中获准立项国家社科基金项目3项、省部级科研项目2项。获准立项的科研项目获资助经费120万元。申报全国教育规划课题10项，3项获准立项，其中国家社会科学基金教育学年度重点课题2项（该类项目立项数合计为9项）、国家社会科学基金教育学年度青年专项课题1项（该项目为2013年入职的科研人员所申报）。申报上海教科规划项目12项，9项获准立项，其中市级重点项目（亦属上海社会科学规划教育学专项课题）1项。申报市政府决策咨询项目教育专项1项获准立项，现已完成并结项。完成10余项列入规划的科研项目研究并结题；已获准结题的课题为6项，其中，全国教科规划研究课题3项（含1项免于鉴定），上海社科规划项目1项，上海教科规划项目3项。

受教育部委托，承担“国家教育决策与支持统计服务系统”研制和“教育现代化进程监测评价指标体系”研究取得显著进展。9月9日，习近平总书记视察北京师范大学时，根据中共中央办公厅、教育部安排，市教科院院长陈国良向习总书记和其他党和国家领导人汇报“国家教育决策支持统计服务系统”和全国教育现代化进程监测评价指标体系的研制、研究工作。习总书记肯定了教育决策系统以任务、问题为导向的研制定位。截至2014年底，以“教育服务决策系统”研制和建设为抓手，市教科院与华东师范大学共建“国家教育宏观政策研究院”进展情况良好。

承担国家发改委社发司“中国职业教育发展战略及制度创新”项目并完成研究工作。评审专家认为，研究报告从教育治理体系及其现代化入手，全面阐述了中国职业教育发展战略，并对中国职业教育发展的制度创新进行了总体设计。

市教科院朱兴德所著《发展教育、经略世界——全球视野下中国教育发展战略研究》、吕星宇所著《教育过程公平——教育活动的内在品性》、陆璟所著《PISA测评的理论与实践》等3项成果获上海市第十二届哲学社会科学优秀成果著作类二等奖。市教科院16项科研成果申报上海市第十一届教育科学研究优秀成果奖。

马树超获教育部全国先进教育工作者称号。黄娟娟获上海市园丁奖。郭扬获上海市育才奖。

全年举办各种学术活动30余场次。主办第十八届海峡两岸中小学教育学术研讨会。科研人员著、编、译（或参与）专业书籍40余种，其中《2014年上海教育发展报告：开放推动教育卓越发展》《2014中国高等职业教育人才培养质量年度报告》《中小学校管理评价》《寻找职业校长：民办高校校长职业化问题研究》《台湾地区公民教育发展中“文化认同”变迁之研究》等已出版。科研人员参加境外学术活动11批次共20人次，接待学术访问的境外团组8批次。（朱　涛）

【海峡两岸中小学教育学术研讨会举行】 由教科院主办的“2014年海峡两岸中小学教育学术研讨会”于11月18—19日在上海市黄浦学校举行。研讨会主题是“学校内涵发展中的改革与创新”。海峡两岸中小学校长200余人参加会议。市政府台湾事务办公室巡视员李雷鸣、市教委副主任贾炜、黄浦区副区长程霄玉、奉贤区副区长倪闽景等出席会议。两岸学者和实践者分享了基于“优质、均衡”的顶层设计，凸显“创新、特色”的学校变革，依托“文化、素养”的课程建设以及学生核心素养与教师专业发展等教育内涵发展的核心诉求。与会者围绕学校内涵发展的要素，提出校长应有领导力、教师应有发展力、学生应有核心素养、课程应有适应力等见解。（刘 莉）

2014年海峡两岸中小学教育学术研讨会

【上海PISA 2012问题解决和财经素养测评结果发布】 市教科院于4月发布上海参加PISA 2012基于计算机的问题解决测评结果，7月发布上海参加PISA 2012财经素养测评结果。

问题解决测评共有44个国家（地区）参与。上海学生的测评平均成绩为536分，与中国澳门（540分）和中国香港（540分）并列第4名，高于OECD国家的平均值（500分）。有89.4%的学生在问题解决上达到2级（适应未来工作和社会生活需要的最基本要求）及以上水平，有18.3%的学生达到高水平（5级和6级）。男生的问题解决平均成绩比女生高25分。PISA问题解决包含多种类型问题，上海学生解决静态问题比互动问题好，获取知识比运用知识好。上海学生问题解决成绩受家庭背景影响的程度与OECD平均相当。上海学生和其他国家（地区）数学、阅读和科学成绩相当的学生相比，使用计算机解决问题的表现显著较低。

财经素养测评共有18个国家（地区）参与。上海学生表现出较高的财经素养水平：平均成绩最高（603分），达到基本水平（2级及以上）的学生比例最高（98.4%），达到最高水平（5级）的学生比例最高（42.6%）。成绩分布比较均匀：性别差异、高分端和低分端的成绩差距、不同家庭背景的学生之间的成绩差异都小于OECD国家平均值。上海学生取得好成绩的原因是多方面的。首先，学生的财经素养和数学、阅读素养之间存在非常紧密的关系；其次，60%以上的上海学生通过选修课和相关课程学习了一定的财经素养知识；第三，PISA财经素养主要指的是个人理财素养，上海学生在大都市生活环境中耳濡目染，有利于积累相关的日常生活经验，理解试题的背景和要求。上海学生财经素养测评中取得好成绩，而且没有给学生增加负担，说明只要基础夯实，其他知识和技能是可以迁移的。（陆 璟）

【《〈国家通用语言文字法〉实施办法》研讨东部片会在沪召开】 受教育部语言文字应用管理司和上海市语委办委托，市教科院“国家语言文字政策研究中心”于9月在上海召开《〈国家通用语言文字法〉实施办法》（以下简称《实施办法》）研讨东部片会。教育部语用司司长姚喜双及《实施办法》研制课题组全体成员，北京、天津、上海、江苏等东部13个省（市）语委办负责人，部分语言文字专家以及上海市交通、广电、教育等有关部门负责人出席会议。会议通报前期立法调研及中西部片会的有关情况，就东部各省市贯彻落实《国家通用语言文字法》的措施、经验以及存在的突出问题和遇到的主要困难进行交流，并就《实施办法》的立法目标、制定原则、主要内容等进行研讨。（潘 佳）

【开展上海市民终身学习需求调研】 由市教委牵头、上海市开放大学和市教科院高教研究所联合承办的“上海市民终身学习需求调研”（上海市教育综合改革的重大科研项目）6月正式立项开题。该项目旨在调查研究上海市常住居民有关终身学习方面的需求。考虑到2400万名居民的多样化与复杂性，项目组决定将总项目划分为七个小组：在职学历组、外来务工组、企业组、社区组、新型农民组、家政组和大学生组。约8万人参与问卷调查。10—12月，基本完成问卷调查、录入和调查数据的初步分析并得出基本结论。（李益超）

【召开公共服务领域俄、日、韩文译写规范研制调研座谈会】 受教育部语言文字信息管理司委托，市教科院“国家语言文字政策研究中心”于11月21日在黑龙江省哈尔滨市组织召开公共服务领域俄、日、韩文译写规范研制调研座谈会。吉林大学、东北师大、上海外国语大学等8所高等院校的俄、日、韩语专家，《公共服务领域英文译写规范》部分研制专家以及外文译写规范研制工作秘书处工作人员参加了会议。会议对《公共服务领域英文译写规范》研制工作进行全面总结，对俄、日、韩文译写规范的框架结构、起草思路、研制原则等进行深入研讨，提出俄、日、韩文译写规范研制要充分借鉴英文译写规范研制工作的经验，同时考虑特定语种的特点和使用需求，在全面深入调研的基础上确定语种译写规范的结构和内容；妥善处理好语言主权和语言服务的关系、遵循学理和服务社会的关系；广泛吸收各领域专家共同参与研制工作。《公共服务领域英文译写规范》中的《第一部分：通则》已于7月15日实施。（潘　佳）

【完成《2014中国高等职业教育质量年度报告》】 市教科院和麦可思研究院共同编制的《2014中国高等职业教育质量年度报告》于7月15日在北京发布。这是教育部职业教育与成人教育司、全国高职高专校长联席会议委托项目。编制报告是贯彻落实2014年《国务院关于加快发展现代职业教育的决定》“实施职业教育质量年度报告制度”的一项重要举措，具体从“学生发展是根本，学校工作是重点，政府引导是保障，服务地方是特色”四个维度，对高等职业教育的质量状况进行分析，客观评价高等职业教育的成就和问题。（顾晓波）

【完成“职业教育经费保障机制研究”课题】 市教科院职成教所完成国家发改委招标课题“职业教育经费保障机制研究”。该课题指出职业教育经费投入存在三大问题：一是从经费投入总量看，职业教育仍然是教育经费分配中的薄弱环节，与2005年相比，弱势格局未发生明显改变。二是生均经费投入水平近年来出现“倒挂”趋势，中职低于高中，与职业教育实践教学需要较高投入的成本规律相悖。三是学费比重偏高，民办和企业办学举办者投入严重不足，并提出依法构建起“政府履职引导为先、举办者投入问责与面向市场筹集经费并重”的多元经费保障机制等政策建议。该课题部分核心观点自2010年开始逐渐成形，课题成果引起教育部领导重视。（顾晓波）

【重点推进教育现代化监测研究】 由市教科院院长陈国良率领的科研团队在推进教育现代化进程监测研究工作中取得阶段性成果。通过研究修订完善并确定教育现代化进程监测评价指标体系。根据指标体系及相关指标数据，在对全国及各地教育现代化进程情况进行综合分析的基础上，形成教育现代化进程监测评价2012年度国家总报告、各地区2012年度监测评价报告、国际比较2012年度报告、31个省份教育现代化进程监测评价2012年度报告以及报告测算说明、指标分析数据附表等。6月、10月，教育部部长助理陈舜两次到市教科院就进一步完善教育现代化进程监测评价工作召开工作研讨会，明确了下一步的研究工作重点与要求。（付　炜）

【完成《中国职业教育发展战略及制度创新》研究项目】 12月8—9日，国家发改委招标世界银行赠款项目“中国职业教育发展战略及制度创新研究”研讨暨结题评审会在市教科院举行。结题评审专家组认为，研究报告达到预期目标，提出了中国职业教育发展体制机制创新的新思路，对制定“十三五”规划和谋划今后工作具有指导意义。（付　炜）

【参与国家义务教育均衡发展督导评估项目】 2014年国家教育督导办完成24个省份近500个区县的义务教育均衡发展评估认定工作。市教科院智力所受督导办委托全程参与此项国家义务教育均衡发展督导评估项目。在项目开展过程中智力所科研团队为国家教育督导办提供了准确的测算县域内校际差异系数和区县学校排序表。同时，通过和地方充分沟通，形成了一套测算差异系数的口径和方法。在国家督导办对接受评估的省份的反馈报告中，均采用市教科院智力所测算的区县校际

差异系数和平均值。（付　炜）

【上海市民办教育发展服务中心成立】 8月29日，上海市民办教育发展服务中心在市教科院揭牌成立。市教卫工作党委副书记、市教委副主任、市民办高校党工委书记高德毅，市民办教育协会会长李宣海为中心揭牌并讲话。上海市民办教育发展服务中心隶属于市教科院，接受市教委委托，承办民办学校办学许可证信息管理工作，协助指导和监管民办学校依法规范办学，承担民办教育咨询、服务和督查等职能。

（张　蔷）

【全国民办学校运营及治理高峰论坛举行】 9月27—28日，由市教科院民办教育研究所会同中国民办教育研究院、远东教育家联盟等机构联合主办的“全国民办学校运营及治理高峰论坛”在市教科院举行，来自全国近200名民办教育工作者参加。市教科院党委书记吴强在开幕式上致辞。教育部发展规划司副司长郭春鸣和市教卫工作党委副书记高德毅分别介绍了国家和上海民办教育改革与发展情况，国家和地方层面民办教育政策的走向和特点。本次论坛还设有“民办高校转型发展与机制创新”“民办学校国际化探索与多样化发展”“民办培训机构的融资探索与思考”三个分论坛。全国各地民办高校、中小学和培训机构的校长、董事长和专家学者交流民办学校和培训机构运营策略及治理经验，民办教育存在问题及面临挑战，探讨民办教育内涵建设思路及战略转型路径等展开分组研讨。（周翠萍）

附：院负责人及地址

（2014年1—12月）

院党委书记：吴　强

副书记：陈国良、陆　勤

院　长：陈国良

副院长：吴　强（兼，常务）、张　珏、胡　卫、马树超（12月离任）、陆　璟（12月到任）

地址：茶陵北路21号

邮编：200032

总机：64167677

上海市教育考试院

【2014年概况】 认真贯彻落实党的十八大和十八届三中、四中全会精神，深入开展党的群众路线教育实践回头看等活动，以练内功、抓内涵建设为重点，以推进招生改革，维护招考公平、公正，深化“阳光招生”，努力办好人民满意的教育为指导思想，各项考试招生工作任务顺利完成。

全年承办主要考试共48次，考生约233万余人次（科次）（不包括外语口试，各项艺术、体育类专业考试及普通高等学校联合招收华侨、香港澳门地区及台湾地区学生上海考点考试等考生数）。录取约24万人。

严格公示制度，规范特殊类型招生。对在教育部“阳光高考”平台上公示的名单认真审核，严格按照教育部规定在“上海招考热线”、相关高校招生网站和《上海中学生报・高招周刊》上公示。全年共进行17个项目的公示。此外，还公示了四类艺术类专业统考合格考生名单，其中美术与设计学类5619人、音乐类224人、编导类567人、表演类210人。

复旦大学、上海交通大学“深化自主选拔录取改革试验”实际录取在沪考生 1307 人，比 2013 年减少 24 人。参加上海市专科层次“依法自主招生改革试点”招生院校从最初的 3 所增加到 33 所，录取人数也大幅增加。

深化高招改革，按照教育部有关政策制定新的措施改革高校招生。上海首次实施“地方农村专项计划”招生，有 8 所市属院校参加第一批本科招生，安排招生计划 111 人。其中符合“地方农村专项计划”填报资格的考生达到 6739 人，有 4051 人填报，最终录取 118 人。根据上海城市功能定位、产业结构布局和城市资源承载能力，以《上海市居住证管理办法》的积分制管理办法为依据，坚持有梯度地为进城务工人员随迁子女提供相应的公共教育服务。全年共有 1627 名随迁子女考生报考，916 名被录取。

年内基本完成高教自考的标准化考点建设，补充了研究生考试标准化考点，并对市级考务指挥中心进行升级完善，各类考试所有考区的保密室以及考场均纳入考务平台，实现“国家—市级—区县—考点—考场”的教育考试多级巡查功能、身份证识别功能和反作弊功能。（王洪波）

【普通高校招生】 全年报考普通高校生源数共 74063 人（含秋季高考、春季高考、“专科层次依法自主招生”“三校生”高考等），招生总计划 62578 人（不包括艺术类不作分省计划的院校招生数），共计录取考生 67888 人，完成招生计划的 108.49％。录取按本科、高职（专科）分，本科录取 39297 人（占 57.89％），高职（专科）录取 28591 人（占 42.11％）；录取按文科、理科分，文科录取 33631 人（占49.54％），理科录取 33947 人（占 50.00％），文理不分的录取 310 人（占 0.46％）。

上海师范大学、上海工程技术大学、上海商学院、上海杉达学院、上海师范大学天华学院、上海工商外国语职业学院、上海农林职业技术学院、上海思博职业技术学院共 8 所高校参加 2014 年全市普通高校春季招生，计划招生 488 人，实际报到录取 310 人，完成招生计划的 63.52％。其中，5 所本科高校计划招生 260 人，录取报到 232 人；3 所高职（专科）高校计划招生 228 人，录取报到 78 人。参加春季招生考试报名的考生 966 人，报名数比 2013 年增加了 42 人。

全年共有 686 所普通高校在上海进行秋季计划招生（含 2 所香港地区高校和 17 所军事、公安高校），其中，上海高校 66 所，外省市高校 620 所。除西藏、台湾地区、澳门地区外，全国其他省市均有高校在上海安排普通高校招生计划。

报名参加秋季统一高考人数为 50662 人（含复旦大学、上海交通大学自主招生选拔试验录取 1307 人，内地新疆班、西藏班考生 964 人，体育单招考生 26 人等），其中文科考生 20991 人（占 41.43％）；理科考生 29671 人（占 58.57％）。报考人数比 2013 年减少约 2000 人。招生计划为 42710 人（不含未编制分省招生计划的艺术类高校招生计划数）。共录取新生 45544 人，完成招生计划的 106.64％。

集中录取阶段前新生录取情况：复旦大学和上海交通大学“深化自主选拔录取改革试验”录取 1307 人；33 所院校专科层次实行依法自主招生改革试点录取 12322 人；保送生 161 人；运动训练、民族传统体育新生 133 人，体育单招生 26 人。

全年参加上海市招收应届“三校生”的普通高校共 27 所，计划招生 5465 人（不含上海应用技术学院 20 个听力残障单独招生计划）：本科专业招生计划 560 人，其中，非艺术类专业计划 470 人（文科 429 人、理科 41 人），艺术类专业计划 90 人（文科 84 人、理科 6 人）；高职（专科）专业招生计划 4905 人，其中，非艺术类计划 3949 人（文科 2793 人、理科 1156 人），艺术类专业计划招生 956 人（文科 858 人、理科 98 人）。报考人数 9914 人。共录取新生 6360 人：本科专业录取 711 人，其中，非艺术类专业录取 609 人（文科 561 人、理科 48 人），艺术类专业录取 102 人；高职（专科）专业录取 5649 人，其中，非艺术类专业录取 4306 人（文科 3064 人、理科 1242 人），艺术类专业录取 1343 人（文科 1297 人、理科 46 人）。（黄　琦）

【普通高校招生有关数据统计】 一、报考普通高校共计 86751 人次(生源数 74063 人)(含秋季高考、春季高考、“专科层次依法自主招生”“三校生”高考等)。

(一) 按招生类别:①参加春季统一高考考生 966 人。②参加秋季统一高考考生 48391 人(不含复旦大学、上海交通大学两校“深化自主选拔录取改革试验”考生 1307 人,内地新疆班、西藏班考生 964 人等)。③普通高校招收应届“三校生”生源 9914 人。④“专科层次依法自主招生”改革试点考生 24128 人。⑤未参加上述四项考试的其他类型考生 3352 人(以录取人数计,包括复旦大学和上海交通大学“深化自主选拔录取改革试验”录取 1307 人、保送生 161 人、双学位 14 人、上海公安高等专科学校招收第二专科 712 人、运动训练 133 人、中高职贯通 976 人、上海应用技术学院等录取聋哑生 23 人、体育单招 26 人)。

(二) 按文、理科:文科考生 29839 人(占 33.36%),理科考生 31818 人(占 36.68%),不分文理的春考报名考生 966 人(占 1.11%)、“专科层次依法自主招生”考生 24128 人(占 27.81%)。参加秋季统一高考考生中文科考生 20516 人,理科考生 27875 人。

(三) 按性别:男生 40443 人(占 46.62%),女生 46308 人(占 53.38%)。参加秋季统一高考的男生 22776 人(占 47.07%),女生 25615 人(占 52.93%)。报名参加普通高校招收应届“三校生”考试的男生 3752 人(占 37.85%),女生 6162 人(占 62.15%)。

(四) 按生源:①应届高中毕业生 51210 人(占59.03%),其中,集中阶段录取 45550 人,复旦大学和上海交通大学“深化自主选拔录取改革试验”录取 1307 人,保送生 161 人,33 所院校专科层次自主招收高中毕业生 4192 人。②往届毕业的高中生和“三校生”(含在职人员)4827 人(占 5.57%)。③应届“三校生”30714 人(占 35.40%),其中,参加普通高校招收应届“三校生”考试被录取的考生 9914 人,参加秋季统一高考 882 人,33 所院校专科层次依法自主招生录取 18893 人,中高职贯通 976 人,体育单招 26 人,聋哑生 23 人。

二、普通高校在上海市招生计划共计 62578 人(不含艺术类不作分省计划的院校招生数)

(一) 按招生类别:①除秋季集中录取阶段外,招生计划 19868 人。其中,保送生 161 人(按实际录取数);春季招生 488 人(本科 260 人、专科 228 人);“三校生”(中专、中职、中技)招生 5465 人(文科 4164 人、理科 1301 人;本科 560 人、专科 4905 人);双学位 14 人(按实际录取数);公安高专第二专科 712 人(按实际录取数);运动训练 133 人(按实际录取数);复旦大学、上海交通大学自主选拔试验录取 1400 人;33 所院校“专科层次依法自主招生”10470 人;上海应用技术学院、北京联合大学和天津理工大学 3 校招收聋哑生 23 人(按实际录取数);体育单招 26 人(按实际录取数);中高职贯通 976 人(按实际录取数)。②秋季集中录取阶段招生计划(公布)42710 人,其中:艺术类计划 4251 人(不含全国统招),体育类计划 241 人,其余普通专业计划 38218 人。

(二) 按文、理科:文科计划 23011 人,理科计划 28609 人,不分文理的春季入学招生计划 488 人,不分文理的专科层次依法自主招生计划 10470 人。秋季集中录取阶段(含艺体类)文科计划 16938 人,理科计划 25772 人。招收应届“三校生”文科计划 4164 人,理科计划 1301 人。

(三) 按本、专科:本科计划 36219 人(含招收应届“三校生”本科计划 560 人),高职(专科)计划 26359 人[含招收应届“三校生”高职(专科)计划 4905 人]。其中,秋季集中录取阶段(含艺体类)本科计划 33642 人,高职(专科)计划 9068 人。

(四) 按上海市、外省市院校:上海市院校计划 51616 人,外省市院校计划 10962 人。其中:集中录取阶段(含艺体类)上海市院校计划 31813 人,外省市院校计划 10897 人。

三、实际录取考生人数 67888 人

2014 年实际录取数比计划数多招 5310 人,完成招生计划数 108.49%。集中录取阶段增招 2834 人,完成招生计划数 106.64%。

(一) 按招生类别:

1. 除秋季集中录取阶段外,共录取 22344 人,占录取总数的 32.91%。其中,保送生 161 人(占

0.23%)，其中，上海市院校121人，外省市院校40人；春季招生310人(占0.45%)，其中本科专业232人，高职专科专业78人；5月份考试的普通高校招收应届“三校生”6360人(占9.37%)，其中，本科专业711人，高职专科专业5649人；双学位14人(占0.02%)；公安高专第二专科712人(占1.05%)；运动训练133人(占0.20%)；复旦大学、交通大学两校自主选拔试验录取1307人(占1.93%)；33所院校“专科层次依法自主招生”12322人(占18.15%)；上海应用技术学院、北京联合大学和天津理工大学3校招收聋哑生23人(占0.03%)；体育单招26人(占0.04%)；中高职贯通976人(占1.44%)。

2. 秋季集中录取阶段录取45544人，占录取总数的67.09%，其中，普通类专业录取39963人(占集中录取数87.75%，占全部录取数58.87%)，本科32049人，高职(专科)7914人。艺术类专业录取5341人(占集中录取数11.73%，占全部录取数7.87%)，本科4401人，高职(专科)940人。体育类专业录取240人(占集中录取数0.53%，占全部录取数0.35%)，本科240人，高职(专科)0人。

(二) 按文、理科：文科录取33631人，占录取总数的49.54%；理科录取33947人，占录取总数的50%；春季入学招生(不分文理)录取310人，占录取总数的0.46%。秋季集中录取阶段录取文科19201人，理科26343人。

(三) 按本、专科：本科录取39297人，占录取总数的57.89%；高职(专科)录取28591人，占录取总数的42.11%。其中，秋季集中录取阶段本科录取36690人，高职(专科)录取8854人。

(四) 按上海市、外省市院校：上海市院校录取57073人，占录取总数的84.07%；外省市院校录取10815人，占录取总数的15.93%。其中，秋季集中录取阶段上海市院校录取34794人，外省市院校录取10750人。

(五) 按性别：录取男生31681人，占录取总数的46.67%；录取女生36207人，占录取总数的53.33%。其中，秋季集中录取阶段录取男生21014人，录取女生24530人。

四、1995年至2014年秋季集中录取阶段外省市院校在沪招生完成计划情况

年 份	招生计划(人)	实际录取(人)	减招人数(人)	完成比例(%)
1995	2385	1907	478	79.96
1996	2585	2075	510	80.27
1997	3342	2993	349	89.56
1998	3558	3360	198	94.44
1999	4006	3786	220	94.51
2000	5586	4528	1058	81.06
2001	6934	5981	953	86.26
2002	7443	6661	782	89.49
2003	8177	7131	1046	87.21
2004	8955	8046	909	89.85
2005	9351	8095	1256	86.57
2006	9689	8875	814	91.60
2007	9954	9246	708	92.89
2008	10938	9365	1573	85.62
2009	11584	9337	2247	80.60
2010	11974	10122	1852	84.53
2011	12396	10128	2268	81.70
2012	11935	10258	1677	85.95
2013	11182	9935	1247	88.85
2014	10897	10750	147	98.65

五、应届“三校生”招生情况

(一) 报考数30714人，其中报名参加秋季高考882人、报名参加应届“三校生”高考9914人、报名参加33所院校“专科层次依法自主招生”录取18893人(按实际录取数)、体育单招26人(按实际录取数)、聋哑生23人(按实际录取数)，中高职贯通976人。

(二) 录取情况

1. 16945人被普通高校录取，占“三校生”所有报考人数的55.17%。

2. 本科录取1170人，占被录取“三校生”人数的6.9%；高职(专科)录取15775人，占被录取“三校生”人数的93.1%。

3. 被录取的16945人中，参加普通高校招收应届“三校生”考试录取6360人[本科711人、高职(专科)

5649人]，33所院校"专科层次依法自主招生"改革试点录取8835人[全部为高职(专科)]，体育单招录取26人(全部为本科)，聋哑生录取23人(全部为本科)，集中录取阶段录取725人[本科410人、高职(专科)315人]，中高职贯通录取976人[全部为高职(专科)]。

六、报考外省市院校，经济补贴优惠政策执行结果

属于一次性经济补贴发放范围的外省市院校共有194所，录取考生2473人，占集中录取阶段在沪招生外省市院校录取人数的23%，其中一、二、三批平行志愿首轮投档录取1759人，征求志愿投档录取714人，应发放一次性补贴共计211.60万元。实际报到考生1904人，实际发放一次性补贴163.4万元。（黄 琦）

【研究生招生】 一、报名情况。①硕士研究生报名情况。全年报考上海市各硕士研究生招生单位共有121989人，比2013年增加了1830人，增幅为1.52%。选择在上海考点参加考试的考生有48935人，比2013年增加了1359人，增幅为2.86%。按考生考试方式统计：参加全国统考的有91494人；推荐免试生9837人；参加单独考试的有454人；参加管理类联考的有16301人；参加法律硕士联考的有3885人；参加"强军计划"的有18人。按考生选择的研究方向统计：选择学术型研究方向的考生有71088人，占报考人数的58.27%；选择应用型专业研究方向的考生有50901人，占报考人数的41.73%。②博士研究生报名情况。全年报考上海市各博士研究生招生单位的考生共有18751人，比2013年增加1898人，增幅为11.26%。按考生来源统计，应届硕士毕业生5073人，占27.05%；硕博连读考生1652人，占8.81%；本科直接攻读博士生917人，占4.89%；科研人员考生713人，占3.80%；高校教师考生4330人，占23.09%；行政办公人员考生806人，占4.30%；其他5260人，占28.06%。

二、招生规模和招生计划情况。①硕士研究生招生规模和招生计划。全年招生总规模为40378人(含调整计划)，其中学术型招生规模为23134人、专业学位招生规模为17244人，招生数比2013年增加1480人，增幅为3.80%。②博士研究生招生规模和招生计划。全年招生总规模为6154人(含调整计划)，招生数比2013年增加117人，增幅为1.94%。

三、考试情况。上海考区有复旦大学、上海交通大学、同济大学、上海财经大学、华东理工大学、华东师范大学、东华大学、上海理工大学、上海大学、上海师范大学、华东政法大学和上海第二工业大学12个考点，1646个考场，监考3600余人。在上海市参加考试的考生中认定违纪考生16人、作弊考生33人，两者占考生总数的1‰，比2013年总体下降0.5‰。在外省市考试参加上海市研究单位招生的违纪考生17人、作弊考生20人。

四、录取情况。①硕士研究生录取情况。全市60所硕士招生单位共上报录取硕士生40553人，比2013年增加1689人，增幅为4.3%，报考人数和录取人数之比约为3.3∶1。在录取的硕士生中，按考试方式统计：统考生24607人，单考生194人，管理类联考考生5557人，法律硕士861人，推免生9321人，"强军计划"13人。②博士研究生录取情况。全市有24个单位(不含中科院所属院校)招收博士研究生，实际录取考生6398人，比2013年增加163人，增幅为2.61%。在录取的博士生中，按考试方式统计：普通招考录取4095人，占录取人数的64%；硕博连读录取1392人，占21.76%；直接攻博录取911人，占14.24%。（张晓岚）

【成人高等院校招生】 全年招生的成人高校共74所，其中，上海市成人高校65所，外省市成人高校9所。录取49599人(含"三支一扶"和"退役士兵")，完成招生计划的100%，录取率为87%。由于教育部下拨计划数低于实际参加考试的人数，经部属院校内调部分计划，专科起点升本科、高中起点升专科的成人高等学校招生计划都满额完成。

成人高校招生统一考试共设19个考区，计有91个考点、2363个考场。应考57015人，免考2人，缺考5550人，实考51463人，缺考率9.73%。

普通高职(专科)毕业生服义务兵役退役和下基层服务期满免试接受成人本科教育招生工作继续在沪进行，共录取考生157人(其中退役义务兵147人，下基层10人)，比2013年减少28人。

（张晓岚）

成人高等院校报考人数及招生情况表

招生类型	教育部下拨计划数（含增量）（人）	与2013年相比		报考人数（人）	与2013年相比		录取人数（人）	与2013年相比	
		增加（人）	增长（%）		增加（人）	增长（%）		增加（人）	增长（%）
专科起点升本科	29211	−2961	−9.2	33589	−5054	−13.1	29211	−2961	−9.2
高中起点升本科	4221	−356	−7.8	5202	−473	−8.3	4221	−321	−7.1
高中起点升专科	16010	−691	−4.1	18224	−801	−4.2	16010	−691	−4.1
合　计	49442	−4008	−7.5	57015	−6328	−10.0	49442	−3973	−7.4

【中等学校高中阶段招生】 全年报考人数有7.78万人，其中应届毕业生7.57万人，比2013年减少0.28万人。另有6980名在沪进城务工人员随迁子女借用语文、数学、外语试卷，参加了上海市部分中等职业学校的招生入学考试。经各批次招生，被高中阶段各类学校录取的人数为74330人（不含随迁子女），招生录取率达到96.92%，达到市教委制定的预期目标。

2014年上海市高中阶段各类学校计划和录取情况表

学校类别	招生计划数（人）	实际录取数（人）	计划完成率（%）
普通高中	52694	51350	97.45
综合高中	838	672	80.19
中　专	21174	16819	79.43
职　校	6505	4622	71.05
技　校	1480	867	58.58
全市总计	82691	74330	89.89

注：不含中职校的随迁子女、外招、成人中专、艺体单招和特殊类录取人数。

（董美意）

【普通高中学业水平考试】 全年共开考10门科目，组织14项考试。其中，高一开考地理和信息科技；高二开考历史、物理、化学和生命科学，物理、化学和生命科学含技能操作测试；高三开考语文、数学、外语、思想政治及外语口语测试。全市共有163802人报名参加考试，280所高中（含综合高中）中，高一考生54769人，高二考生53675人，高三考生52514人，外语口试社会考生2844人。报考总人次数为747837。设置高一考场2248个、高二考场2177个、高三考场2144个。全年组织大规模网上评卷三次，累计选聘评卷教师3697人，累计评卷时间15天。高三外语口语测试在1月进行，高三四门科目在3月底进行，高一、高二五门科目在6月底进行。

2014年上海市普通高中学业水平考试各科目考试情况表

科　目	地理	信息科技	历史	物理笔试	化学笔试	生命科学笔试	物理技能操作测试	化学技能操作测试	生命科学技能操作测试	语文	数学	外语	思想政治	外语口试
报考人数(人)	54844	54679	53300	53305	53299	53310	53309	53313	53311	52507	52507	52507	52507	55139
缺考人数(人)	998	964	890	948	895	943	869	870	870	928	970	950	979	1195
实考人数(人)	53846	53715	52410	52357	52404	52367	52440	52443	52441	51579	51537	51557	51528	53944
满　分	120	120	120	100	100	100	20	20	20	120	120	100	120	20
平均分	80.82	76.79	83.00	71.61	66.11	65.31	18.27	18.63	18.73	90.87	96.56	84.02	74.31	13.91

（王　丽）

【高等教育自学考试】 全年进行两次自考（4月和10月）与两次证书考试（5月和11月）。其中，自学考试涉及97个专业，证书考试涉及8个项目。全年共组织考试12天（25单元），开设18282场次考试，报考总数达到355679科次。试卷印刷入闱50余天。扫描答题卡、考场记录卡23万余张。审核、打印毕业证书8000余张。

高等教育自学考试上海命题中心共组织8次命题，10次入闱集中工作；参加命、审题工作的命题教师人数约为888人次；命制课程门数共计438门次，其中新命题课程208门次，新命题套数为493套；组配试卷约493套；制作清样卷共计2282份。

高教自学考试开考主考学校为19所，开考本科专业51个、专科专业46个。全年总计参加考试的达到127834人次，290887科次。相比2013年，考生人数下降了1.9%，考试科次下降了2.1%。考试规模趋于稳定。其中，4月高教自考实际开考课程348门，参加考试65567人，理论考试146560科次，共有50074人次获得单科合格证书，毕业4182人；10月高教自考实际开考课程357门，参加考试62267人，理论考试144327科次，共有42771人次获得单科合格证书，毕业4455人。

证书考试共主考院校有5所，开设8个证书考试项目。全年考生及报考增加最多的专业为"中英合作商务与金融专业管理段证书考试"。与2013年相比，考生人数增长了144.5%，报考科次数增长了143.5%。参加考试的人数与科次如下：

主考高校	考试名称	5月		11月	
		人数（人）	科次（次）	人数（人）	科次（次）
上海财经大学	中英合作采购与供应管理资格证书考试	4094	7821	3695	8060
	调查分析师资格证书考试	22	40	5	8
上海工程技术大学	中国物流职业经理资格证书考试	999	1878	710	1339
	劳动和社会保障资格证书考试	853	2205	751	1931
	中国销售管理专业水平证书考试	858	1552	614	947
华东政法大学华东理工大学联合	中英合作商务与金融专业管理段证书考试	20020	48974	20985	50919
	中英合作商务管理与金融管理专业基础段证书课程考试	704	1458	570	1043
上海大学	能源管理师职业能力水平证书考试	92	185	194	545

此外，全年还开展了中专自考、社会助学考试，并做好相应的考籍管理等工作。中等专业自学考试共进行两次统考（1月和7月），由上海行政管理学校、上海经济管理学校、上海建筑工程学校三所学校共开考6个专业30多门课程，考试科次数为5585门。2013年下半年到2014年上半年，中等学校自考毕业生累计达到1075人。

新申请开展上海市高教自考社会助学的办学机构有9家，获批2家（上海工商职业技术学院和上海市金桥专修学院）。全市在册合格助学机构共计66家，参加自考助学的考生3.5万人。258人次的考生考籍档案转出，207人次共计776科次的考生考籍档案转入。依法依规处理违纪违规考生646人。接受考生免考272人次。（汪成辉）

【各类非学历证书考试】 全年各类非学历证书考试共9项，年度开考15次，考生总规模824233人。具体情况如下表所示：

	项目名称	开考次数（次）	考试科目（项）	报考数（人）
1	大学英语四、六级考试	2	9	574782
2	上海市高等学校计算机等级考试	1	9	88719
3	全国计算机等级考试(NCRE)	3	23	57288
4	全国英语等级考试(PETS)	2	4	34054
5	中小学和幼儿园教师资格考试(笔试)	2	32	32359
6	在职攻读硕士学位全国联考	1	15	17096
7	同等学力申请硕士学位全国统一考试	1	28	14750
8	全国中小学教师教育技术水平考试(中级)	2	19	4077
9	大学英语四、六级口语考试	1	1	1108
	合计	15	140	824233

（戴芳芳）

【翁铁慧视察高考评卷点】 6月12日，副市长翁铁慧、副秘书长宗明一行到华东师范大学高考评卷点，慰问评卷教师。翁铁慧表示，建立高考评卷教师完善的培训遴选机制和严格的评卷工作机制，可以确保评卷质量和公平。她强调，高考命题工作除了要高度重视命题的准确性和测量的科学性，更要有利于高校选拔合格人才，有利于推进素质教育，促进中学教学改革。（王洪波）

副市长翁铁慧检查高考考场

【市人大代表、政协委员视察高考评卷】 6月13日，部分市人大代表、市政协委员视察华东师范大学评卷点。代表、委员们认真察看了评卷工作过程，详细了解了评卷教师的工作情况，认为信息技术的发展以及网上评卷的全面应用使得评卷工作更加安全、快速、科学，同时严谨、有序的评卷流程也确保了考试的公平、公正。（王洪波）

【考生家长代表参观高考评卷点】 6月13日，在确保安全保密的前提下，来自杨浦、普陀、奉贤和崇明四个区(县)的8名考生家长代表到复旦大学评卷点参观。复旦大学相关部门负责人陪同考生家长代表实地参观评卷工作，并现场解答考生家长的提问。学生家长在座谈中表示，他们对评卷的保密和安全措施严密，评卷的流程科学、规范，评卷的过程公平、公正，表示非常满意、完全放心。（王洪波）

【考生代表参观高招录取现场】 7月16日，静安、虹口、松江和青浦四区的8名考生代表参观了设在上海市教育考试院的高招录取现场。在录取组负责人的带领和详细解说下，考生代表依次参观了投档组、录检组、院校联络组、体检体育组、综合组和监察办公室等，详细了解了录取全过程。考生代表们表示："录取过程公开、公正、公平，看过之后更放心了，感谢所有招考工作人员的辛勤付出。"

（王洪波）

【严格审核中招报考资格，公示监督加分名单】 根据上海市政府关于居住证积分管理的相关文件及市教委《关于来沪人员随迁子女就读上海市各级各类学校的实施意见》的精神，市教育考试院会同市教委相关职能部门，联合市政府有关职能单位，对各级各类报考对象重新梳理，对报名考生信息进行全员资格审核，对审核中发现的伪造报名身份的37名考生，全部取消其中考报考资格，并妥善处理好这些考生的后续升学事宜。中招所有加分名单经过市、区、校三级公示，社会共同监督。经公示监督，有1名考生被取消加分资格，1名考生加分分值由20分减为10分。这些举措打击了违规违法行为以及一些非法中介，保障了考生的切身利益，维护了中招政策的严肃性和公正性。（董美意）

【承办主要考试项目数据统计】 年内，教育考试院承担的各项考试共计48次，考生约233万余人次(科次)(不包括外语口试，各项艺术、体育类专业考试与普通高等学校联合招收华侨、港澳地区及台湾地区学生上海考点考试等考生数)，录取约24万人。具体数据详见下表：

项 目 名 称	报考人数(人次、科次)	录取人数(人)
全国普通高校招生统一文化考试(秋季)	50662	45544
上海市普通高校招生统一文化考试(春季)	966	310
本市应届"三校"毕业生报考普通高校统一文化考试	9914	6360
复旦、交通"深化高等学校自主选拔录取改革试验"预录取		1307
高职(专科)层次依法自主招生		12322
全国硕士学位研究生招生考试	121989	40553
博士研究生招生	18751	6398
成人高校招生全国统一考试	56661	49599
普通高中学业水平考试	747837	
上海市初中毕业生统一学业文化考试	78600	74330
中等教育自学考试	5585	

续表

项　目　名　称	报考人数（人次、科次）	录取人数（人）
高等教育自学考试(4月、10月)	290887	
学历与职业资格证书相结合考试(物流、采购等8项)	128905	
上海市高等学校计算机等级考试	88719	
在职攻读硕士学位全国联考	17096	
同等学力人员申请硕士学位全国统一考试	14750	
全国大学英语四、六级考试(含小语种)	574782	
全国英语等级考试(PETS)	34054	
全国计算机等级考试(NCRE)	57288	
全国中小学教师教育技术水平中级考试	4077	
中小学教师资格考试(笔试)	32359	
合　　计	2333882	236723

【22所高中学校招收国际课程班学生】 经市教委同意，2014年进行中外融合国际课程试点的22所高中学校可招收国际课程班学生。公办高中国际课程班招生计划单列，纳入本市普通高中招生总计划，采用提前自主招生—签约预录取—中考后正式录取的方式。 （董美意）

【整合高中学业考考务，统一管理标准】 在广泛听取学校、区（县）招办意见的基础上，中考部分考试科目的多头管理进一步被整合，并纳入统一管理标准：一是统一考务证件；二是统一考务材料；三是统一考务会议、考务规定、考务流程；四是统一考试数据信息标准。从整合结果看，业务对口更加清晰，考务标准更加统一，考务流程更加规范，工作效率大大提高，区（县）学校满意度提高。 （王　丽）

【区分高中学业考考试形式，规范管理流程】 针对高中学业水平考试形式多样，有笔试、上机考试、人机对话、实验操作，以及既有共同的考务规定，又有不同的监考要求、操作流程、管理规定等特征，制定了适合不同考试类型、考试形式和考试特点的四大类考务工作有关规定，从考场规则、考试工作人员职责、考试实施程序、考务注意事项等各方面，规范和健全不同类型的考试考务。在考试培训和管理上，做到有据可查、有章可循，材料清晰、资料齐备，使管理有依据、有规范，提高了管理效果，规避了管理风险。 （王　丽）

附：院负责人及地址

（2014年1—12月）

院　长：王　刚
副院长：刘玉祥（常务）、雷新勇

院党委书记：褚劲风
　　副书记：刘玉祥

地址：钦州南路500号
邮编：200235
电话：64511200

上海市教育评估院

【2014年概况】 市教育评估院实施“重实务、求质量、显能力，抓科研、上水平、树品牌”的发展战略，努力提高工作质量和服务水平，为促进上海教育事业的科学发展尽职尽力。

全年完成市教卫工作党委、市教委各处室委托的评估项目80余项，其中新项目近20项，执行项目经费2300多万元，涵盖基础教育、高等教育、职业教育、终身教育、民办教育、中外合作办学等各领域，涉及学校整体评估、专业评估、人员评估、大学章程核准等各类教育教学项目，全面对接市教委12个处室。

承担市新闻出版局委托的高校期刊和医学期刊出版质量综合评估、中国国际工业博览会组委会委托的中国高校展区优秀展品奖评选、上海市民办非学历教育机构设置评估、上海多所高校委托的教师高级专业技术职务学术能力评议、研究生优秀论文评选等项目。

坚持"评估实务是立院之本，评估科研是强院之路"的发展理念，不断提升服务能级与专业化水平。结合《教育评估文库》出版工作，以学校教育评估指标研究为主题，出版基础教育和高等教育阶段各类学校教育评估指标研究系列丛书10部。3人获"上海高校青年教师培养资助计划"的培养。

充分发挥亚太地区教育质量保障组织（简称APQN）秘书处的作用，借鉴国际经验，探索国际合作的方式途径。先后组团赴越南参加APQN年会和赴中国台湾地区开展高等教育质量保障交流，与台湾（地区）财团法人高等教育评鉴中心签订合作备忘录。英国投资贸易总署教育行业顾问到访。教育部原副部长章新胜、吴启迪，教育部督导办主任何秀超等分别到院指导工作。教育部评估中心、中国教育国际交流协会、中国科学评价研究中心及北京、福建、河南、云南、宁波等地评估机构到院交流。全年出访参加国际和国内教育评估学术会议共计6次，14人次。

注重基于信息贯通和数据挖掘的辅助决策分析应用。在市教委信息中心的支持下，整合全院各所（室）信息化平台，完成6个管理信息系统的新建与优化。与全球最大的科技文献出版商Elsevier公司合作成立"学科评价联合实验室"，为市教委和高校提供决策支撑与咨询服务。（刘苹苹）

【上海高校本科专业达标评估】 评估院受市教委委托统一开展2013年本科新专业和预警专业达标评估，及受上海商学院协议委托对其本科专业开展达标评估。本次参评的新专业有34个，主要采用会议评审与实地考察相结合的方法。参评预警专业有179个，其中部属高校的57个预警专业的评审以会议形式为主，其余市属高校的122个预警专业先进行通讯评审，再对异议专业进行会议评审。上海商学院25个参评专业不仅进行了通讯评审和会议评审，还安排了现场考察。本科专业达标评估具有以下特点：①构建并运用较为全面的评估指标体系；②提供较为完善的评估工作指导性文件，为大学专业开展自我评估和专家进行评审提供便利；③采用灵活多样的评估方式，尽可能减少对日常教学的干扰；④科学遴选评估专家，并对专家评估结果进行分析；⑤进行全面总结与反思，形成详实的评估工作报告。该项评估工作在全国属于先行先试，得到教育部督导团办公室和教育部高等教育教学评估中心领导的肯定。（方　乐）

【开展上海开放大学新专业检查】 受市教委、市学位委员会委托，市评估院组织开展上海开放大学的机械电子工程、软件工程、城市公共安全管理3个本科新专业检查工作，同时对学校和3个专业的学士学位授权分别进行审核。检查以专业自评、专家材料评审与分校听课、专家会议评议（含学校和专业答辩）和实地考察相结合的方式进行。从办学指导思想、师资队伍、教学与人才培养、教学条件、教学管理与服务、科研工作和学位管理等七个方面，评价学位授予单位的建设情况；从培养目标与培养方案、师资队伍、基本教学条件、教学过程、教学管理与服务、教学效果和学位管理等七个方面，评价新专业建设和学士学位专业建设的情况。同时，通过组织师生访谈、查阅试卷论文等方式重点考察学校和各专业的基本保障、师资队伍、学生培养、质量标准的建立与执行、教学和学位管理等方面，了解学校和相关专业教学质量情况及基本教学设施对人才培养的支撑情况。检查与审核专家组由教育管理专家和学科专家组成。除本地专家学者外，还聘请外省市专家和行业（企业）专家共同参与。

（王凤林）

【上海市研究生优秀成果（学位论文）评选】 受市学位办委托，市评估院组织完成上海市2014年研究生优秀成果（学位论文）评选工作。本次评选涉及22家研究生培养单位报送的博士学位论文348

篇，29家研究生培养单位报送的硕士学位论文381篇，其中专业硕士学位论文29篇。博士学位论文涉及56个一级学科，硕士学位论文涉及76个一级学科，相比2013年，增加了地理学、生态学、中国史、世界史、航空宇航科学与技术、农林经济管理、金融硕士、国际商务硕士、临床医学硕士和工商管理硕士等10个一级学科。根据评审要求，每篇论文聘请6位同行专家，从选题与综述、创新性与论文价值、基础知识与科研能力以及论文规范性等方面，对电子版论文及相关申报材料进行独立的通信评审。本次评选累计送审论文4380份，分送至77家单位，包括上海市44家高校及研究院、外省市33所高校，涉及北京、黑龙江、辽宁、广东、陕西等11省市。上海市研究生优秀成果(学位论文)评选工作旨在深化研究生教育改革，加快培养拔尖创新人才，建立研究生培养质量监督和激励机制，提高研究生培养和学位授予质量的重要措施。（陈佳妮）

【组织参加全国学生运动会科学论文报告会】 3月，市评估院受市教委委托，在全市范围征集优秀体育科学论文，从中评选参加第十二届全国学生运动会科学论文报告会的论文。经过多轮分组评审，共评选出120篇论文报送教育部。经教育部评审，上海市共有102篇论文入围获奖候选名单并在报告会上逐一作了成果展示。最终上海市获得一、二、三等奖的论文数量分别为22篇、58篇、22篇，获奖人数、总分均居全国第一。（万晓旻）

【市属高校章程核准与评议启动】 推进现代大学制度，加快大学章程建设已成为中国高等教育改革的重要抓手，教育部要求地方高校必须在2015年底之前完成大学章程的核准工作。评估院受市教委委托于2014年11月开始部署上海市属高校章程核准与评议工作。11月13日和15日召开了章程初审工作会议，成立了上海市属高校章程核准委员会。在初审会议中，组织了10位专家对上海大学和上海工程技术大学的章程进行了初审；在核准委员会成立大会上，召开了专家受聘仪式与工作研讨会。（周益斌）

【教育评估论坛暨学校教育评估指标研究丛书发布会召开】 12月18日，评估院主办的“2014教育评估论坛暨学校教育评估指标研究丛书发布会”召开。国内11个省市教育评估实践与研究领域的200多位领导和专家参加了发布会。全国高等教育质量保障与评估机构协作会理事长、教育部原副部长吴启迪应邀出席并致辞。“2014教育评估论坛”特邀上海、云南、江苏等地的资深专家作了4场专题报告，并设置了基础教育和高等教育两个分会场供专家讲座与场内互动。与会代表围绕各级各类学校教育评估指标研究，交流和共享了教育评估研究和实践工作中的经验和体会，对教育评估未来的发展趋势进行了展望与预测。（侍伟民）

【中小学心理健康教育示范校评估】 为建立上海市中小学心理健康教育工作的长效机制，促进本市中小学心理健康教育的内涵发展，市教委决定从2014年起对上海市中小学心理健康教育达标的学校开展“示范校”评估，委托上海市教育评估院具体实施。4月，在学校自愿申报、区县推荐的基础上，评估院受理34所中小学校的申报材料。5月13日，评估院对各申报学校进行会议评审，依据评估指标对各校的材料进行认真审核。5月15日举行集中答辩评审。两个评审环节共遴选出24所“拟通过”学校。6月4日至24日，评审专家组对24所学校进行现场评估。根据专家组的综合意见，24所学校全部通过2014年上海市中小学心理健康教育示范校评估。该项目的实施对于推广和辐射心理健康教育的成功经验，整体提升上海市学校心理健康教育水平具有重要意义。（郭朝红　朱　丽）

【学生农村社会实践基地合格评估】 为促进农村社会实践基地的规范管理和内涵发展，评估院受市教委德育处委托，对本市学生农村社会实践基地开展评估，本次评估立足合格评估，考察基地运作的规范性与实效性，同时关注基地特色创建。针对教育系统和社会力量举办的两类农村社会实践基地发展不均衡的现象，采取分类评估的办法，引导两者根据实际开展基地建设。同时聚焦基地的教育活动与课程建设，引导基地走内涵发展之路。评估采用基地自查和专家现场评估相结合的方式。在基地自查的基础上，评估院于10月至11月组织专家对参评的10个学生农村社会实践基地开展了现场评估。评估专家组采用资料调阅、数据核查、访谈座谈和实地考察等多种形式收集信息，经充分讨论形成评估意见。根据专家组的评估意见，10个基地均通过了合格评估。本次评估对于推进全市学生农村社会实践基地的内涵建设和优质均衡发展发挥了积极作用。（黄丹凤）

【职业教育教学成果奖评审】 受市教委委托，评估院组织了首届上海市职业教育教学成果奖评审工作。各相关单位非常重视此项工作，积极申报，共有272项成果参评。为了做好教学成果奖评审工作，组建了由市教委领导和相关处室领导参加的专家评审委员会，以及高等院校、研究机构和教科研单位70余名专家组成的评审专家组。通过会议评审、汇报答辩、专家评审委员会审议和公示等环节，共评审出10项特等奖、40项一等奖和80项二等奖。同时，在特等奖和一等奖中遴选了18项成果代表上海参评职业教育国家级教学成果奖，其中17项成果荣获国家级教学成果奖的各类奖项。

（刘　磊）

【中等职业教育应用本科教育贯通培养模式试点专业遴选评估】 11月至12月，受市教委委托，首次组织开展了上海市中等职业教育——应用本科教育贯通培养模式（简称“中本贯通”）试点专业遴选评估工作。共有35个“中本贯通”专业点申报参评。为确保评审的公正性和权威性，聘请了来自本市与外省市教育行政部门、教学研究部门、高等教育研究机构、优秀中高职院校等单位的60余位教育和行业企业专家参加遴选评估工作。本次遴选评估经过材料准备与上报、材料预审、汇报答辩和综合汇总等四个环节，共遴选出13个试点专业，上报市教委认定发文。（刘　磊）

【非营利民办高校示范校评审】 10月26日，市教委对上海杉达学院等7所民办高校申请创建上海市非营利民办高校示范校进行了评审，具体组织工作委托评估院实施。本次评审的依据是《上海市教育委员会关于开展非营利民办高校示范校建设工作的通知》。市教委按照“公益性强、体制创新、特色明显、质量领先”的原则，在捐资办学或以国资为主出资办学，出资人和举办者不要求取得合理回报的民办高校中遴选若干所学校，开展非营利民办高校示范校创建工作。通过示范校创建，引导民办高校走非营利办学道路，坚持民办教育公益性原则；引导民办高校开展创新体制机制改革，充分发挥民办体制机制的优势；引导民办高校努力提升办学质量，努力提高水平、办出特色。对非营利民办高校加大政府专项投入，发挥政府在公共资源配置方面的引导作用，促进非营利导向的民办高等教育改革发展环境的形成。对纳入示范校创建范围的民办高校，给予政策和资源支持。本次评审的重点是：创建目标是否符合民办教育改革发展趋势、创建方案是否合理可行、推进工作是否有序有效、发展规划绩效预期是否明确、管理制度是否健全。

（王纾然　吴　倩）

【高校教师高级专业技术职务学术能力评议】 2014年，评估院接受上海大学、上海理工大学、上海师范大学等6所市属高校的全部委托，及上海财经大学、上海外国语大学等3所高校的部分委托，承担该校当年度教师晋升高级专业技术职务学术能力评议的工作。截至2014年底，累计受理上述9所高校391位申报教师的1499份申报材料。评估坚持“公开、公正、公平”的原则，严格依据市教委关于高校教师专业技术职务聘任相关文件的要求，经形式审核无误，与委托学校签订委托协议后正式接受委托，开展评议工作。在学术能力评议阶段，坚持科学、公正地遴选评议专家，不断努力提升高校教师高级专业技术职务学术能力评议工作的质量，对申报教师的学术能力作出科学、公正的评价，为学校甄选出晋升高级专业技术职务的合格人选。

（陈滔宏）

【中学教师高级专业技术职务任职资格评审】 经市教委授权，秉承“讲服务、求质量、显能力、抓科研、上水平、树品牌”的方针，着眼于教师的专业化发展，从师德修养与工作业绩、教育教学能力和教育教学研究水平三方面，评估院公开、公正、公平地开展中学教师高级职务评审工作。本次评审从2014年5月启动，共分两个阶段。第一阶段为语文等24门学科教科研成果鉴定工作。共收到送审鉴定的教科研成果1728份。经入门条件和真实性抽查，未发现不符合市教委文件规定的成果。对进入专家鉴定程序的教科研成果采用“双向匿名”方式，由系统依据回避原则随机分发论文，专家匿名评审。第二阶段为德育等17门学科申报评审工作。共收到503名教师的申报材料。经资格审核，进入评审阶段的教师为485名。经过随堂听课和面试、笔试、材料审阅、评委审定、网上公示等环节，最终有307名教师获得中学高级教师任职资格。

（程　婕）

【高校类(除学报)、医学类期刊出版质量综合评估】 10月至12月，受市新闻出版局的委托，评估院开展了上海高校类(除学报)、医学类期刊出版质量综合评估工作。评估对象包括上海市高校类(73种)、医学类(71种)期刊。为了确保评估结果的客观、公平与公正，本次评估工作分为指标体系研讨、初评和复评三个阶段进行。专家组研制了《上海高校类(除学报)、医学类期刊出版质量综合评估指标体系》，根据各期刊的《年检核验表》数据、市新闻出版局的政策性数据和专业评价机构提供的学术水平数据，对评估指标和赋分标准进行了适当调整，使其更具有导向性与针对性。（闫　伟）

【上海市学科评价联合实验室成立】 在市教委的指导和支持下，9月11日，市教育评估院与全球领先的科学、技术及医学文献出版商爱思唯尔(Elsevier)公司共同组建上海市学科评价联合实验室。市教委副主任袁雯、爱思唯尔公司全球副总裁Nick Fowler出席了在评估院举行的联合实验室成立与揭牌仪式。上海市学科评价联合实验室将致力于高校学科发展与评价领域开展长期性、战略性、专业化的合作研究，建立上海高校学科专用数据库，动态跟踪和分析高校学科发展态势，为市教委及各高校提供决策支撑与咨询服务。（夏　燕）

上海市学科评价联合实验室成立

附：院负责人及地址

（2014年1—12月）

院党委书记：陈效民

院　长：王　奇(7月离任)
副院长：冯　晖

地址：陕西南路202号
邮编：200031
电话：54670198

教育电视、报刊与教育集团

Educational TV, Press and Education Group

上海教育电视台

【2014年概况】 2014年，上海教育电视台开播20周年。在全台员工的共同努力下，教育电视台进一步树立"立足教育，服务社会"的办台理念，明确服务战略、特色和精品、开门办台、人才强台、集中多元化经营等五大发展战略，提出发展目标、节目内容、生产模式、技术手段、经营方式五大转型，逐步推进教育、科技、文化、艺术、健康、民生等节目建设，为新一轮的发展打开新局面。围绕"深化转型、强化特色"的目标，各项工作取得显著成绩。教育电视台正努力成为"上海教育事业改革发展的舆论高地、上海建设学习型城市的重要平台、上海市民接受终身教育的重要途径、上海电视荧屏的独特窗口"。

教育电视台贯彻发展战略，两次改版，增强教育内涵，教育类节目从占全天的38.5%提升至66.4%，黄金时段从34.9%提升至69.9%，形成多条教育类带状节目体系。内容紧贴频道定位，凸显文化内涵，得到各界好评，并得到市文广局专报表扬。

在播自制节目有传统专业教育栏目《教育新闻》《教育山海经》《招考就业周刊》《空中老年大学》，大型健康养生栏目《健康大不同》，公益服务性栏目《帮女郎》，大型服务类节目《中高考咨询大直播》以及与上海市老干部局合作的沪上首档老年栏目《常青树》。推出原创性大型文化、科技类季播活动《我爱汉字美》《十万个为什么》，填补了上海该领域节目的空白。完成高清人文纪录片《中国之最》150集拍摄，积极建设上海开放大学课程资源，完成上海开放大学36门课程的各类视频703节，共16820分钟。

为进一步整合优质资源，丰富教育电视内涵，弘扬社会主义核心价值观，教育电视台举办和播出《大学生红色经典诵读》《"讲文明树新风"影视公益广告大赛》《上海教育年度新闻人物评选颁奖主题活动》《"走近边防线"上海市青少年国防知识大赛》《上海市级机关服务型党组织风采巡礼》《上海市"中国梦、劳动美"主题演讲大赛暨第十六届上海读书节闭幕式》《WDC世界国标舞锦标赛》《中国国标舞锦标赛》《市民辩论赛》等一系列公益性、社教性的大型活动或系列专题，还与市卫生计生委合作，启动医学人物纪录片《杏林流芳》的拍摄工作。

2014年教育电视台涌现出一批优秀节目和先进个人，获得各类奖项共33项。其中，《中国之最》获上海广播电视奖三等奖，《教育新闻》获上海广电新闻奖三等奖；在第十九届中国教育电视优秀节目评选中，获1个特等奖，8个一等奖，9个二等奖，4个三等奖；在2014年度教育好新闻评比中，获得6个奖项；还获2014"走近边防线"上海青少年国防教育活动突出贡献奖、上海市肢残人协会颁发的"智力助残"优秀集体荣誉，总编室获评上海市教育系统巾帼文明岗。

上海绿荧文化传媒有限责任公司加强市场运营机制建设，引进经营性整合营销项目，拓展校园新媒体等增值服务平台，成功举办2015年教育台节目资源推介会。 （范冬虹）

【《教育新闻》专题报道创新形式】 经过精心策划，大胆创新，《教育新闻》推出一系列优秀新闻作品。在2014年中日甲午战争爆发120周年之际，制作播出了以新闻专题和国防知识竞赛等多种形式组成的《走近边防线——青少年国防教育系列特别节目》，加强爱国主义教育，弘扬正能量。6月24日《教育视点》专栏播出《哈萨克斯坦师生上海行》，聚焦应中国国家主席习近平邀请前来访华的哈萨克斯坦纳扎尔巴耶夫大学师生，以上海为第一站进行参观访问的重要新闻，引起了良好的社会反响。市委宣传部新闻阅评督查组在《新闻评点》中连续发表《教育电视台报道哈萨克斯坦师生上海行精心精彩》《教育电视台边防系列节目把“爱我中华”落到实处》对《教育新闻》进行肯定和表扬。7 月 1 日，《教育新闻》打破常规，扩版至 15 分钟，并辟出 10 分钟对上海高校校长以献歌作为毕业礼的特别歌会进行报道，让一场大学校园里举行的歌会，成为了社会关注的热点，深受教育系统和社会各界的好评。“献给学生的歌”以及“全国中学生运动会”等多条教育新闻，均被中央电视台选用并播出。

（范冬虹）

【招考节目改革强化权威性服务性】 已经连续举办九年的《高考咨询大直播》，在 2014 年首次纳入中考节目，扩容为《中考咨询特别节目》和《高考咨询大直播》，时长扩展到 6 天，并进驻晚间黄金时段，在保持权威性的基础上增加了权威性和服务性，让更多考生和家长从中受益。2014 年 9 月，《上海市深化高等学校考试招生综合改革实施方案》发布，连推两期精心策划的《聚焦上海高考改革》特别节目，通过全面、准确、多角度的信息传递和翔实分析，将改革方案讲清楚、说明白，帮助考生和家长看懂政策，让社会真正理解改革背后的深刻内涵。同时也彰显了教育电视台教育节目的及时性、专业性、服务性，得到了上级主管部门的充分肯定。

（范冬虹）

【《我爱汉字美》获点赞】 由教育电视台原创的大型语言文化类电视季播活动《我爱汉字美》，以“在辨析中体会汉字的魅力，在生活中寻找汉字的乐趣”为主旨，着重汉字规范使用、纠错能力比拼，参赛的中学生遍布全市 17 个区县 24 所中学，也形成多场次晋级比赛框架，12 场电视比赛精彩纷呈。节目倡导“爱汉字之美，溯文化本源，求做人之真”。文化名人担任点评嘉宾，与选手展开文字和文化等多层面的交流。其间，主持人、嘉宾、选手，围绕汉语言文字展开丰富有趣的对话，共同为观众奉上一席充满睿智与活力，又十分清新雅致的文化盛宴。有别于其他汉字竞技类节目，《我爱汉字美》呈现出的差异化竞争，填补了上海该类节目的空白。《我爱汉字美》得到社会各界好评，并获得上海市文广局专报表扬。SMG 艺术人文频道也播出了该节目。

（范冬虹）

大型科普电视节目:《十万个为什么》

【推出大型科普节目《十万个为什么》】 大型科普季播节目《十万个为什么》由上海市科学技术协会、上海科技发展基金会、上海教育电视台联合举办。6 个“科学家庭”历经九场激烈角逐，在挑战“科学大拷问”“求证进行时”“分数加加加”“一起玩游戏”等特色关卡中，比拼科学知识、动手实践、团队协作等各种能力。最后，冠军家庭、现场及电视观众答题冠军共赴海外科技之旅，约会诺贝尔奖得主。中国唯一获得过被誉为“科普诺贝尔奖”的联合国教科文组织“卡林加奖”的李象益教授全程担任嘉宾，揭秘科学奥秘。《十万个为什么》还打造了“助力科学梦想计划”，邀请两院院士帮助科学少年实现他们的奇思妙想，同时节目还采用新媒体技术，通过微信公众平台、实现多屏实时互动，现场观众、电视观众通过电视、网络、手机同步参与答题，实现和科学玩个尽兴的目标，引发全民爱科学、学科学，从而提高全民科学素养，引领社会科学风尚。（范冬虹）

【《中国之最》获国家出版基金资助】 由上海教育电视台牵头，邀请科技、人文专家担纲顾问，全国教育电视台联合体统筹全国 30 余家制作单位共同参与制作的高清版大型人文系列纪录片《中国之最》，于 2014 年完成 150 集的制作。该系列纪录片摘取华夏历史五千年文明进程中的顶尖硕果，以丰富的电视手段，展开“中国之最”的绚烂画卷。在上海教育电视台晚间黄金时间连续播映数月，受到观众热烈好评。这一系列纪录片获252万元国家出版基金资助，被推荐为“全国学习贯彻实现中国梦”的20个重点出版物，并获中国教育电视优秀节目评选特等奖、上海广播电视奖三等奖。除电视播映外，《中国之最》已由上海教育音像出版社出版，被列入国家新闻出版总署“十二五”电子音像制品重点骨干工程项目，加之同步推进电子读物和网络课程资源建设和海外发行，形成多层面、全方位的文化工程。

（范冬虹）

【推出五分钟“微讲堂”系列】 上海教育电视台首创微课系列栏目，首批推出《我爱汉字美》《舞池之尚》。《微讲堂·我爱汉字美》邀请名校汉语古文字专家共同策划、上海博物馆专业学者以及复旦大学文字研究专家撰写学术稿、知名作家、节目主持人李蕾进行讲解，权威性与艺术性兼备。电视团队运用包括3D特效在内的专业手段精心制作、包装，提升节目可看性。节目全高清摄制，播出后被“上海学习网”“易班网”等教育机构收录，获得“推动了全社会规范使用汉字，共同感受汉字之美”的好评。《微讲堂·舞池之上》与获WDC（世界舞蹈总会）授权之中国地区运营机构共同协作，由著名舞者讲解和演示，以唯美短视频方式展现各舞种特色，使观众得以在短短几分钟内，明白各国标舞种的源流与精粹。

（范冬虹）

附：台负责人及地址

（2014年1—12月）

台党委书记：张道玲（11月离任），张伯安（12月到任）

台　长：蒋　红

副台长：张伯安、陆　生

地址：大连路1541号

邮编：200086

电话：65834001

上海教育报刊总社

【2014年概况】 围绕市教卫工作党委和市教委的中心工作，积极服务教育发展大局，着重提高新闻宣传能力，积极推动媒体数字化转型，不断优化经济结构，促进各媒体品种专业化、品牌化、多元化发展，取得了良好的社会效益和经济效益。

加强新闻宣传中心建设，构建教育宣传新格局。加强选题策划，传播教育好声音，制定并实施《2014年上海教育新闻宣传工作重点选题计划》，遴选出48个重点选题，形成全年新闻宣传“时间表”和“路线图”。截至11月底，共完成“上海接受国家义务教育均衡发展督导认定”“上海深化高考综合改革”“第十二届全国学生运动会”等数十项重点宣传的策划、执行和组织工作，力争做到上海教育系统在重大事件、重要节点“有声音”“不缺位”。完善工作机制，整合系统资源，发挥专业媒体作用。建立新闻宣传中心运作机制和组织架构，设立了策划部、阅评部、舆情和新媒体部、办公室和培训部。年内共撰写了《教育新闻与舆情》22期；共组织媒介素养专题培训4场；承担了市教委“上海教育”政务微博、“上海教育”政务微信、“教师博雅”官方微信的运营和维护工作。与教育电视台携手，整合双方现有媒体资源，组建了由20多个业务能力强的记者组成的核心报道团队，共同做好重大宣传报道。同时，加快建立“两委”与高校、区县教育局联动推进教育新闻宣传的工作机制，教育系统内与系统外宣传管理资源与媒体资源的整合机制，基本形成系统内外齐抓共管的教育宣传新格局。

加强媒体内容建设，服务教育能力有新提升。报刊总社各媒体根据各自定位，着重抓了三大主题宣传：一是对区县党的群众路线教育实践活动的宣传报道。新闻网和手机报利用快速传播的优势，开辟《教育实践活动进行时》专栏。《东方教育时报》连续6个月以每期四个版的篇幅，推出群众路线教育实践活动区县大巡访活动特别报道。二是对上海教育领域践行社会主义核心价值观的宣传报道。各媒体推出了“中国梦、校园美”“温暖人心的好老师”“传统文化进校园”“走进三百六十行”等系列报道，挖掘和推出了一批具有改革创新精神的典型人物。三是对教育系统贯彻落实党的十八届四中全会精神的宣传报道。开设了“贯彻四中全会精神，推进依法治教”专题，持续宣传上海教育系统践行依法治教、依法办学情况，受到广大教师的好评。典型报道助推改革发展。《上海教育》杂志开设了《智库访谈》栏目，集聚了一批教育领域的学术权威，提供了大量对教育发展的思考和建议，在此基础上推出《上海基础教育信息化发展蓝皮书》，扩大了教育工作者的视野。同时，媒体报道走出上海取得突破。《上海托幼》针对浙江省安吉幼儿园的游戏报道，深入挖掘了生态式教育的教学特点，在全国产生了巨大影响。《上海教育》对沈阳二中问题教学改革的报道，在更高的层次、用更深的观察诠释了教育改革。

加强新媒体建设，数字化转型取得新进展。新媒体建设初具规模。报刊总社积极鼓励各平面媒体利用微博、微信等平台开展自媒体建设，逐步建立在数字化条件支撑下多媒介整合传播的格局。各媒体陆续推出的“第一教育”等8个官方公共微信平台取得长足发展，订户数达到40多万，发挥了新媒体传播力强、信息海量、受众互动等优势，受到了广大用户的一致好评。在“两委”的大力支持下，上海教育新闻网建设方案正式形成，并已完成了招投标工作。三期项目包括上海教育新闻网升级改版、总社媒体资源数据库、新媒体生产展示平台及上海学生教学阅读平台等子项目，开发建设完成后，报刊总社数字化转型的基础条件得到根本改善和提高。

探索教育服务新模式，媒体经营水平有新提高。报刊总社各媒体积极开展家庭教育、健康教育、科普教育等主题活动进校园，加强与学校的深度联系与互动，以高质量的教育服务活动带动报刊发行。同时，积极探索以品牌活动的影响力带动社区发行工作，积极寻找外省市报刊发行的突破口，积极尝试数字化营销方式，不断拓宽报刊发行渠道。亲子阅读社区行、健康教育社区行等活动为开拓社区发行渠道做了有益尝试。报刊总社大力发展教育文化服务产业，积极拓展多元发展道路。一是大力推进基于报刊内容定位、与受众需求紧密契合的教育服务项目。成功举办了上海教育博览会国际教育展、美国年度教师巡讲、上海教育信息化论坛、亲子嘉年华等活动，形成了各具特色和风格的活动平台。二是充分利用自身资源优势，积极争取政府购买服务项目。

推进体制机制改革，激活内部发展新活力。报刊总社在内部组织管理架构上作了较大调整，撤销少年报分社和中学生报分社，成立了学生媒体发展中心；整合数字出版、摄影资源，成立了数字发展中心；整合学校、家庭和社会资源，筹建青少年媒介素养教育活动中心和青少年头脑奥林匹克创新教育活动中心，构建媒体发展和经济发展新机制，更有效地为广大读者提供全方位的服务。报刊总社与有资质的专业公司合作，谋划制订符合实际、面向市场的媒体人力资源管理实施方案，率先进行人力资源管理与薪酬分配体系的变革，以调动基层员工的积极性，促进转企改制的步伐。

报刊总社教育报业大楼基本建成，为持续发展奠定新基础。已制定了搬迁方案和预留发展空间的经营方案，努力盘活固定资源，提高固定资产使用效率。（龚　晨）

【评选2014上海教育年度新闻人物】 2月9日，由上海教育报刊总社、上海教育电视台和上海市中小学幼儿教师奖励基金会共同主办的“2014上海教育年度新闻人物”评选活动举行颁奖仪式。活动评选出“2014上海教育年度新闻人物”10名、提名奖

10名、记者报道奖18名；有10家单位获组织推荐奖。此外，颁给上海市新优质学校校长群体特别致敬奖。（黄　璐）

【评选首届年度优秀教学论文】 3月20日，报刊总社的《现代教学》杂志举行首届年度优秀教学论文征文评选活动颁奖仪式。活动收到全国中小学教师和校长教学论文近500篇，分教学论文、教学经验和教学案例三类，评出获奖论文82篇。

（现　代）

【承办第八届上海市中学生现代文阅读大赛】 3月22日，由报刊总社主办、《上海中学生报》承办的第八届上海市中学生现代文阅读大赛举行颁奖仪式。阅读大赛吸引了近10万名中学生参赛，3000名学生进入全市决赛。最终有681名学生分获各组别等级奖，上海中学、兰生复旦中学、市实验中学东校等65所学校获优秀组织奖。（许　诺）

【举办小记者训练营活动】 3月28日，《少年日报》《上海中学生报》小记者站崇明县分站首期小记者训练营学员开营仪式举行。82名学生成为小记者分站第一批小学员。6月28日，松江区分站举行首期小记者训练营学员结业典礼。17名学员成为小记者，35名学员成为小通讯员。（李　晔、何洁玮）

【参评第二十三届上海新闻奖】 3月，市委宣传部、市新闻工作者协会组织开展第二十三届上海新闻奖评选活动。报刊总社《少年日报》刊发的通讯《背着"书包图书馆"去上学》（作者：周雪鸥，编辑：朱慧）获三等奖。（赵国荣）

【举办上海教育博览会教育国际化展】 4月11—13日，2014第十一届上海教育博览会教育国际化展在上海展览中心举办，展会主题为"面向现代化、面向世界、面向未来"。本届教博会由市教卫工作党委和市教委指导，上海教育报刊总社主办，上海市电化教育馆提供技术支持。香港大学、复旦大学、交通大学、上海纽约大学等30所高校，上海17个区县教育局，德威国际学校、英国学校、新加坡学校、上海中学等20多所各类学校共81家单位参与了展示。数据显示，展会期间，来自全国各地进场观看展会和参加系列活动的超过10万人次。同期举办的三场"上海教育国际化高峰论坛"，为广大学生、家长、教育工作者、在沪工作的外籍人士提供了丰富的教育国际化资讯，也充分展现了上海教育国际化发展的成果和未来规划。（杜守龙）

【开展社区家庭阅读俱乐部活动】 4月26日，2014年"芝麻开门"社区家庭阅读俱乐部活动开幕。活动由亲子阅读讲堂、创意阅读公益课程及亲子故事会三部分组成。亲子阅读讲堂邀请幼儿阅读专家、小学阅读专家及儿童文学作家，深入12个社区，举办了12场亲子阅读公益讲座。创意阅读公益课程精选18部儿童文学作品，邀请富有亲子阅读教学经验的教师，面向全市适龄儿童及家长授课18次，给孩子带来精彩阅读体验，为家长提供亲子阅读方法。亲子故事会通过家庭自主选择故事文本及表演形式，统一组织海选、复选、培训及年终展演等4次现场活动，营造家庭阅读氛围。全年举办亲子阅读活动34场。（许琼琦）

【承办上海市青少年"反邪教"宣传活动】 5月9日，由报刊总社学生媒体发展中心承办的"科学护航　健康成长"上海市青少年"反邪教"宣传活动总结颁奖会举行。主题活动向全市17个区、300所中小学近23万名学生和家庭免费发放科普漫画口袋书《小无邪反邪记》，开展了"小手拉大手"倡议签名行动和"小无邪进校园"主题会活动。（沈小璐）

【举办"大手拉小手　祖孙共成长"活动】 5月14日，《成才与就业》杂志和长宁区学习办、长宁区终身教育指导服务中心、长宁区社区学院共同主办的"大手拉小手　祖孙共成长"系列活动召开总结会议。此次活动作为上海市民终身学习活动周的系列活动之一，旨在提高社区家庭的凝聚力及学习氛围、为祖辈提供切实可行的教养指导、增强祖孙三代间的理解与沟通，为家庭及社区的和谐、未来社会成员素质的提升奠定基础。（成　才）

【组队参加世界头脑奥林匹克决赛】 5月28日，由全球836支参赛队参加的第三十五届世界头脑奥林匹克决赛在美国艾奥瓦州立大学举行。上海头脑奥林匹克协会、上海市科技艺术教育中心、上海教育报刊总社组织的中国内地参赛队获得一银四铜。宝山区顾村中心校获“叠加的结构”赛项小学组第二名，闸北区第一中心小学、上海理工大学、上海工程技术大学和上海师范大学天华学院分获不同赛项的第三名。 （姚惠祺）

【开展典型人物主题宣传活动】 5月28日，《东方教育时报》启动上海教育系统先进典型人物培育与宣传项目。经区县、高校踊跃推荐，遴选出复旦大学教授汪堂家等13名高校师生、南西幼儿园园长洪晓琴等64名中小幼学校师生等典型人物，推荐给社会媒体与教育系统媒体宣传报道。《东方教育时报》等系统媒体以专版专栏方式刊发近百名典型人物的报道。上海教育官方微博平台、上海教育官方微信平台、东方教育时报微信平台、上海教育新闻网均开设专栏专页刊登典型人物报道。

（陈　易）

【举办上海基础教育信息化趋势蓝皮书发布会暨论坛活动】 5月28日、29日，由上海教育报刊总社《上海教育》杂志社和上海市电化教育馆主办的2014上海基础教育信息化趋势蓝皮书发布会暨论坛举行。论坛开幕式由上海教育报刊总社社长仲立新主持。市教委巡视员尹后庆、市教委基教处处长倪闽景，市教育信息化领导小组秘书长、上海远程教育集团副主任王宏出席并致辞。 （黄　璐）

【启动“健康校园行”活动】 6月3日，由市教委主办，上海教育报刊总社《康复》杂志社、黄浦区青少年科技活动中心承办的上海市学生健康促进保障体系建设行动计划——“健康校园行”启动暨《学生健康知识手册》发放仪式举行。活动为广大学生传递了健康行为与生活方式、疾病预防、心理健康、生长发育与青春期保健、安全应急与避险等内容。

（王　璐）

【上海教育新闻网等获优秀网站称号】 6月16日，在上海市第六届优秀网站表彰会上，上海教育新闻网（www.shedunews.com）及由上海教育新闻网主要承担内容维护和技术支持的上海教卫党建网（www.shjwdj.com），获得上海市第六届“优秀网站”荣誉称号。上海教育新闻网在上海市第五届“优秀网站”评选中也获此荣誉。 （俞　雷）

【举办第九届上海青年创业夏令营】 7月10日，由上海教育报刊总社《成才与就业》杂志与上海市慈善教育培训中心主办的第九届上海青年创业夏令营开营。来自本市中、高职和本科院校的百余名学员前往江苏省张家港市，与当地60名青年学生一起，参加为期8天的创业培训。 （成　才）

【举办全球华人中小学生阅读报告大赛】 7月12日，第十五届上海、香港、澳门与新加坡、马来西亚五地中小学学生暨2014全球华人中学生阅读报告大赛上海赛区颁奖典礼举行。全国300余所学校30多万名中学生参加主题为“让爱动起来”“梦想的力量”的阅读大赛。南汇二中肖文卉获初中组总冠军，民办华育中学游知衡获初中组优异奖，进才中学严思燕获高中组季军，控江中学巫惟聆获高中组优异奖。大赛由上海教育报刊总社《少年日报》、商务印书馆（香港）有限公司、《澳门日报》等联合主办。 （何洁玮）

【承办第十二届全国学运会中小学生书画征集活动】 7月27日—8月31日，“阳光·梦想”中小学生书画作品展在中华艺术宫、东方体育中心等场所举办，参展作品得到前来观展的中共中央政治局委员、国务院副总理刘延东等领导的高度评价。作品征集活动由第十二届全国学运会组委会主办，上海教育报刊总社《少年日报》《上海中学生报》承办，上海市长宁区美术专修学校协办。共收到全国各地包括港澳台地区中小学生书画作品一万余幅。承办方邀请书画界、艺术教育界的知名专家组成评审委员会，并评审出350幅分获各类奖项的作品，同时汇编成册。 （郭　莹）

【组织第十二届全国学运会学生记者团】 7月28日—8月2日，第十二届全国学生运动会在上海举行。为了让更多的中学生参与其中，深刻感悟“阳光运动、健康成长”的“学运会”理念，《上海中学生报》及时组织“学运会学生记者团”，从学生的视角对比赛项目、运动场馆、相关领导、志愿者、运动员、裁判、带队老师等进行采访报道，并按时向运动会新闻中心及合作会刊提供稿件。“学运会”期间学生记者采写的两百余篇稿件，被《东方体育日报》、上海教育新闻网等多家媒体刊登或转载。

（许 诺）

【举办“中国好作业”公益活动】 9月13日，上海教育新闻网举办2014年“中国好作业”公益活动交流展示活动。本届活动邀请奥运冠军、院士教授、大学校长及社会知名人士34人担任导师，为学生推出“好作业”题33道。全国有17省市逾2万名学生报名参与，提交“作业”1.2万余份。通过评选，产生了金、银、铜奖获得者，其中金奖10名、银奖23名、铜奖200名。新华社、人民日报、中新社、光明日报、中国青年报、中国教育报、解放日报、文汇报、新闻晚报、新闻晨报、东方早报、上视新闻频道、教育电视台、上海东方广播电台、东方网、大申网等媒体都对活动进行大量专题报道。

（俞 雷）

【组织“美国年度教师中国行”活动】 9月23日，《上海教育》杂志社邀请“年度美国国家教师”与“年度州教师”共4人来华参加“美国年度教师中国行”教育交流活动。他们分别是美国2012年度国家教师丽贝卡·米沃基、阿克色州2007年度教师贾斯汀·埃塞克·明凯、罗德岛州2012年度教师朱莉·波义耳、堪萨斯州2013年度教师戴安·斯莫克罗维斯基。国内参加教育交流活动的教育工作者有1400人。

（黄 璐）

【举办首届“幼·道”论坛】 10月9日，由上海教育报刊总社主办、《上海托幼》杂志承办的首届“幼·道”论坛举行。论坛以“聚焦视点，发现幼儿童真世界；传递思想，探寻幼教科学之道；广纳良言，撷取他山攻玉之石”为宗旨，特邀5位来自不同领域的专家学者在论坛上做报告，他们分别从“大校长眼中的幼儿教育”“重视儿童早期的可持续发展教育”“脑潜能开发与教育”“数据视角下的幼儿成长”“传统媒体更适合学龄前儿童发展”等多元视角阐述论坛主题——幼儿之道，幼教有道。

（周 妤）

【上海教卫直属机关党建网开通上线】 10月15日，由市教卫直属机关委员会主办、上海教育新闻网建设的上海教卫直属机关党建网正式开通上线。网站是为教卫系统机关和直属单位搭建的党建工作信息交流平台，主要功能是反映直属机关党的建设进展情况，总结党建经典经验，为推动直属机关党的建设发挥作用。

（俞 雷）

【举办第十届“亲子嘉年华”活动】 11月14日，由上海教育报刊总社主办，上海市托幼协会、上海市教育学会幼教专业委员会协办，《上海托幼》杂志联手上海市幼儿游戏教育研究所、上海70所优质幼儿园(早教中心)共同承办的第十届“亲子嘉年华”活动开幕。有70个获奖游戏在现场展示，并专设了“10年经典幼儿游戏回顾展”，彰显出游戏对幼儿教育特有的吸引力。

（周 妤）

【承办“十佳阳光少年”评选活动】 11月22日，上海市第十五届运动会闭幕式举行。北海中学孙傲雪、二十五中学丁峙昊等上海市“十佳阳光少年”受到表彰。从2014年3月起，由市体育局、市教委主办，上海教育报刊总社《上海中学生报》承办的“阳光少年”评选活动在全市展开。活动推出12版“十佳阳光少年特刊”，发起“我们心目中的‘阳光少年’”微调查，开辟“寻找‘阳光少年’”栏目，引发社会各界对“阳光少年”的关注。

（许 诺）

【承办上海市十佳“活力园丁”评选活动】 11月22日，上海市第十五届运动会闭幕式举行。上海市的“十佳活力园丁”杨广(上海交通大学附属中学)、杨志军(上海市市八初级中学)、陆志英(浦东新区林苑小学)、舒翔(位育中学)、徐瑛(嘉定区第二中学)、杜鹃志(田园高级中学)、干懿洁(汇贤中学)、缪向群(洛川学校)、李原(金山小学)、刘萍(青浦区实验小学)受到表彰。从2014年3月起,由市体育局、市教委主办,上海教育报刊总社《少年日报》承办的"活力园丁"评选活动在全市展开。由各区县推荐三名候选人,《少年日报》刊登候选人的事迹和资料。通过线上线下的投票以及现场展示活动,由专业体育院校教授、资深体育媒体人、著名运动员、有关教育专家等组成的评审团最终评选出上海市的"十佳活力园丁"。 (孙 宏)

【承办"科普校园行"科学家巡讲活动】 12月4日,由市教委主办,九三学社上海市委科普讲坛、上海市科普作家协会协办,上海教育报刊总社《少年日报》《上海中学生报》《探秘》杂志承办的2014上海市中小学"科普校园行"科学家巡讲活动总结会举行。巡讲活动中,由杨雄里院士、褚君浩院士等近70名科学家组成的宣讲团走进全市16个区县的中小学,为近6万名中小学生开设讲座103场,承办方组织完成"探秘科学现场活动"10场,并参加上海科技活动周和全国科普日活动。承办方获"2014年上海科技活动周先进集体"荣誉称号。

(谭杨红)

【举办2014上海市少儿新闻大赛】 12月4日,由市文明办、团市委、市少工委联合上海教育报刊总社《少年日报》等单位发起举办的"健康身心、美好未来"红绿领巾大寻访——2014上海市少儿新闻大赛活动举行颁奖典礼。组委会收到团体参赛文字类"随笔写"稿件1000多份、个人参赛的"随手拍"摄影作品27600多张、"随心画"绘画作品近万幅。大赛优秀作品分别在《少年日报》发表或收入专题邮册、画册。 (郭 莹)

【承办"新沪杯"法律知识竞赛】 12月6日,由上海教育报刊总社等单位承办的"新沪杯"法律知识竞赛活动举行团体决赛。上海市贸易学校、华东政法大学附属中学、上海市延安中学代表队分别摘得中职组、初中组和高中组冠军。为配合"新沪杯"法律知识竞赛,《上海中学生报》推出16版"法制专刊",对校园普法活动进行了报道,并介绍了与中学生学习、生活息息相关的各项法律条文,以中学生读者喜闻乐见的方式普及法律知识。

(许 诺)

【承办第三届上海市中小学生"我爱集邮"系列活动】 12月23日,由市教育系统集邮协会主办、上海教育报刊总社《少年日报》承办的第三届上海市中小学生"我爱集邮"系列活动颁奖会举行。全市近百所中小学3万多名学生参加了"我爱集邮"知识竞答、"我的集邮梦"征文、羊年生肖邮票设计、"我的美丽家乡"中美青少年书信交流、"我爱集邮"夏令营、"邮票里的故事"儿童剧展演、"未来集邮之星"评选和"大闹天宫"邮票首发式访谈等活动。本次系列活动历时8个月。 (孙 宏)

"美国年度教师中国行"教育交流活动

附:总社负责人及地址

(2014年1—12月)

社长、社党委副书记:仲立新

社党委书记、副社长:张伯安(11月离任)

副书记:唐洪平

副社长、总编辑:金志明

副社长:施清平、徐 勇

社址:长宁路491弄36号

邮编:200050

电话:62525555

上海远程教育集团

【2014年概况】 集团开展了最大规模的内部机构重组，对集团17个内设机构进行调整，归并一批职能相近的机构，组建师资中心和课程资源中心，加速新本科专业学院建设，整合特色学院。启动上海开放大学二级院系的实体化建设，撤销教学院系党总支和直属开放教育学院，建立院系党总支，强化院系党建工作，明确二级院系主要职能。伴随集团内部两轮机构改革，年内录用事业编制岗位人员5名，企业身份负责人3名，落实全员岗位关系管理，进一步优化了集团人才队伍结构。截至年底，集团有事业编制的职工406人。

各级各类教育继续推进。上海开放大学高等教育招生31920人，毕业学生31417人，在校生规模为90179人；非学历教育全年培训9.7万人次，2840名学生注册单科学习，老年教育注册学习51.1万人次。电视中专招生3120人，在校生规模达5988人，比上年同期增长12.92%。上海学习型社会建设服务指导中心积极履行服务学习型社会职责。组织首届上海社区教育教学比赛，17个区县100多位教师参加。组建"上海市志愿者协会社区教育志愿服务总队"。新增8个社区教育课程联合教研室，推动社区教育发展。

上海教育电视台研究确立教育台未来发展战略，逐步推进形成教育、健康、科技、文化以及优秀纪录片等带状节目体系。《教育新闻》的重点事件报道得到市委宣传部通报表扬。推出《我爱汉字美》《中高考咨询》特别节目。完成高清版大型人文系列纪录片《中国之最》制作。完成教育台五楼演播室高清改造。

电化教育馆形成上海市"基础教育数据中心""基础教育资源服务中心""教师信息技术应用能力提升培训中心""教育信息化实践研究中心"四个中心的功能定位。完成上海市基础教育学籍信息与教育部对接的准备工作。建设"上海市中小学信息管理平台"，实现全市近200万名中小学生的学籍信息统一平台管理，建设包括安全、法律、心理等13门专题课程资源的中小学教育信息化平台系统，目前访问量达16万余人次。

国内外专家参观上海开放远程教育工程技术研究中心

明确下属产业板块发展战略定位，初步形成信息技术、数字出版、教育园区、文化传媒四大板块的发展思路。理顺资产管理公司股权关系。根据事企分开的要求，完成企业法定代表人、董事变更与调整。完成两家出版社的资源整合。集团资产管理公司下属经营性企业2014年总营业收入预计1.2亿元，比2013年增长21%；预计税后总净利润2100万元，比2013年增长29%。集团企业被市教委考核为国有资产保值增值优秀企业，在市属高校中名列第一。

上海市终身教育学分银行年内新增开户数117242个，学习者新存入成绩788947条。制定了涉及50个本专科专业的430个职业培训等非学历证书转换为学历教育课程学分的认定标准。牵头实施面向院校学生的"学分认可型双证融通"和面向职业培训持证学员的"证书认可型双证融通"。成功争取到"直通车式双证融通"先行在上海开放大学（包括电中）试点。建立市人力资源和社会保障局职业资格发证信息与学分银行联网制度，启动证书与学历课程学分互认试点。（钱音肖、黄复生）

【集团工会第二届工代会暨第二届职代会召开】 7月9—10日，集团（开大）工会召开第二届工代会暨第二届职代会。大会审议通过了选举工作相关办法及工会第一届委员会相关工作报告和决议。大会期间还召开了第二届工会委员会、经费审查委员会、女职工委员会第一次会议，王连华当选为新一届工会主席，朱景伟当选为工会副主席，马丽当选为经费审查委员会主任，杜翠叶当选为女职工委员会主任。（钱音肖、黄复生）

【翁铁慧到集团调研】 12月25日，副市长翁铁慧一行来上海远程教育集团就上海终身教育体系建设、上海开放大学改革与发展、上海教育电视台进行考察调研。市政府副秘书长宗明，市教卫工作党委副书记、市教委主任苏明，市教委副主任袁雯等陪同调研。（钱音肖、黄复生）

【建立集团信息公开制度】 根据教育部相关文件要求，通过开展调研、确定主动公开信息目录、征求意见建议、建设公开专栏等工作，搭建了集团信息公开平台，并主动公开了包括教育部规定项目在内的14项内容，为提升信息公开工作水平打下了基础。集团还将建立健全信息公开运行机制，建立完善的信息公开工作制度，并将信息公开工作和推进民主政治建设结合起来，切实保障教职工的知情权、参与权、表达权和监督权。（钱音肖、黄复生）

【实施中小学教师信息技术应用能力提升工程】 为配合上海教育综合改革，促进中小学教师的教育教学方式变革，在原有开展的中小学教师教育技术能力（中级）培训的基础上，启动上海市中小学（含幼儿园）教师信息技术应用能力提升工程。此工程由市教委上海市教师专业发展工程领导小组统筹，由上海市电教馆与上海师资培训中心负责设计、组织及实施。围绕“提升工程”做好各项前期工作，起草完成《上海市中小学（含幼儿园）教师信息技术应用能力提升工程5年规划》。（钱音肖、黄复生）

【推进上海市教育信息技术应用研究项目（中小学教育类）】 在2014年度“鼓励信息技术在基础教育转型过程中面向教育教学一线的创新应用，提升上海市中小学校教育信息化应用水平”的主题下，电教馆积极组织各区（县）、学校积极申报研究项目，聘请相关信息技术应用与教育教学研究的资深专家参与研究项目的评审。经专家初评和复评，共有74个研究项目（其中13个重点项目）获得市教委立项批准。电教馆对被立项的研究项目按区域或相近研究方向组织开题，并组织专题指导与研讨活动。经过两年的探索、研究和实践，研究项目获得不少与教育教学密切结合、符合上海教育综合改革方向的信息技术教学应用成果，46个研究项目获得评审专家的认可和好评。（钱音肖、黄复生）

【开发上海市义务教育入学报名系统】 电教馆在组织区县调研，设计并开发上海市公办小学、民办中小学入学报名系统过程中，积极听取区县意见，对系统功能进行优化调整；编写系统使用手册、系统培训资料等，面向区县开展培训。通过该报名系统，家长可及时了解市、区县教育部门公布的招生政策和实施办法，查询子女入学相关信息，获取公办小学入学通知、民办中小学面谈以及录取通知等。区县工作人员可以通过此系统对符合招生政策条件的适龄儿童进行入学信息登记，并为其分配学校。该系统于2015年4月8日对外发布。（钱音肖、黄复生）

【推进上海市基础教育学籍管理系统建设】 上海市基础教育学籍管理系统构建的覆盖地区中小学生学籍信息库，实现了学籍管理系统与其他系统（公安、卫生、考试院）之间的数据联动。主要工作如下：完成与教育部的学籍管理系统的数据对接，实现跨省异动；形成全市中小学学籍数据库，建立覆盖全市中小学生（含特殊教育、国际部、农民工子女学校、民族班等）的学籍信息库，为每个学生建立电子学籍档案；构建起覆盖全市中小学生（除国际学校学生）的学籍管理信息系统，实现对“学生学籍变动”各环节的全过程管理，实现对学生全国范围内流动情况的实时监控和管理；建立市、区县、学校三级学籍管理应用平台，实现对中小学生学籍的实时动态管理，实现全市范围内学生学籍信息的共享和对基础教育的有效监管；面向第三方提供唯一权威学籍数据，为其他校外应用需求提供必要基础数据支持，例如电子学籍卡，综合素质评价，入学报名系统，中考、高考和学业考报名数据支持服务等；基于学籍数据开展了其他业务系统的应用，例如校园电子学籍卡应用等。（钱音肖、黄复生）

【实施上海市特殊教育系统信息化公共服务平台升级运维及资源建设项目】 特教通报系统各子平台完成功能升级和数据整合，特教通报系统和学籍系统实现数据对接、入学评估模块的升级。教育子系统共收录了17个区县、884所特教机构、8763名残疾儿童青少年以及1479名特教专任教师的相关信息，顺利完成了2014年的数据报送工作。特教资源建设方面，年内共建设特教资源195个，涉及课程与教学、康复与干预、支持与服务、政策与文献四个方面。

特教通报系统上海特教之窗网站开通至今，累计更新信息3556条，访问量突破79000余次。上海市特教资源库新入库资源640个，历年资源梳理1042个；访问量达861201次，累计资源检索182930次，累计下载6971次。（钱音肖、黄复生）

【推进“千校优质教育资源网络结对”项目】 “千校优质教育资源网络结对”作为由上海、浙江、江苏和安徽三省一市教育行政部门和电教系统联合推动的区域教育联合创新实践项目，历经五年的研究与实践，现有1215所结对学校，各结对学校依托长三角优质教育资源网开展活动。2014年为扩大项目覆盖范围，围绕“2014微课教学评比活动”“四地乡土学科群建设推进”“数字校园建设”“数字化课堂教学实践”等活动，推广、复制成果，搭建长三角基础教育教学交流展示平台，进一步推动优质教育资源共建共享，促进信息技术与教学深度融合，推动长三角区域基础教育教学的深化发展。其中，“2014微课教学评比活动”得到各项目学校和广大中小学教师的积极响应，参与学校近千所，共收到了1900多件微课作品。

（钱音肖、黄复生）

【建设上海市中小学专题教育项目】 顺利完成上海市中小学专题教育项目平台二期的升级改造任务，增强了平台可扩展性；拓展了学生移动学习模块；设计了符合小学生和中学生年龄特点、具有亲和力的界面；可为市区各级教育行政部门提供学生的实时学习情况统计数据。同时，建设完成健康生活（小学低年级）、健康生活（小学高年级）、食品安全与营养（初中）、疾病预防（高中）等10门课程。截至2014年底，平台访问量近20万人次，实际参加学习达5.5万人。学生对专题教育网络课程的总体认可度较高。（钱音肖、黄复生）

【完善上海市终身教育学分银行自动化数据处理系统】 截至2014年底，上海市终身教育学分银行开户数达520222人（其中学历教育开户数247341，文化休闲教育开户数272440）；各分部和网点共存入成绩数1704935条，其中学历教育课程成绩数1446148条（各分部和网点存入成绩数14574，开大集中导入成绩数1399660，自考集中导入成绩数31914），证书数19564个，文化休闲教育课程成绩239622条；转换学分总数153432个，转换课程总数39013门次。为了高效、准确地处理海量数据，学分银行开发了自动化数据处理系统。该自动化数据处理系统上线后，数据的抽取、转换和加载效率和准确度将大幅度提升，并且数据同步将达到实时。（钱音肖、黄复生）

附：集团负责人及地址

（2014年1—12月）

集团党委书记：杜慧芳
副书记：王连华、张道玲
集团主任：蒋　红
副主任：陈　信、王　宏、顾晓敏、王伯军

地址：大连路1541号
邮编：200086
电话：65834279

教育人物

Educational Personage

纪念人物

【盛宣怀(1844—1916,诞辰170周年)】 男,字杏荪,号愚斋,江苏省武进人。清末政治家,洋务运动的代表人物,开创了中国高等教育之先河。盛一生实业起家,创办许多开时代先河的事业,涉及轮船、电报、铁路、钢铁、银行、纺织、教育等领域,影响巨大。盛宣怀把教育视为兴国之本。1895年10月2日,创办天津北洋西学学堂,后更名为北洋大学,为中国近代史上第一所官办大学,亦是天津大学前身。盛出任督办成为中国历史上第一个大学校长。盛宣怀推崇"以致用为本"的西学,引进西方先进的科学技术和教育制度,对传统教育进行改造。变革传统教学内容,加重西学课程比例。采用新的教学组织形式和考核制度以及新的管理模式,初具现代学校管理模式的雏形。1896年,在上海创办南洋公学,为上海交通大学前身。盛宣怀任南洋公学督办10年,力求办成培养内政、外交、理财三事之教授的正规大学。作为中国近代第二所大学,南洋公学在高等教育史上留下许多开创之举:首立师范院,初步奠定中国近代师范雏形;设立四院:师范院、外院、中院和上院,相当于师范、小学、中学和大学,开创大、中、小学三级分层办学的先河;拟定《南洋公学章程》,采用分年级按班级授课制,为中国教育有系统有组织之肇始;《蒙学课本》,成为中国最早一本近代教科书。1901年,南洋公学选送北洋大学堂第一批学生赴美留学。为中国首批出国留学生,创中国高等学校留学教育之始。1912年,南洋公学改称上海工业专门学校。1921年,上海工业专门学校、唐山工业专门学校、北平铁路管理学校及北平邮电学校合并成为交通大学,分别称各校为交通大学上海学校、唐山学校及北京学校。1916年病逝上海,有《愚斋存稿》及《盛宣怀未刊信稿》《常州先哲遗书》《经世文续集》《林胡曾三公奏议》等著作存世。 (施　志)

【萧友梅(1884—1940,诞辰130周年)】 男,字思鹤、雪明。广东中山县人。中国现代专业音乐教育的奠基人和开拓者,音乐理论家、作曲家。幼年在澳门接融西洋音乐。1901年赴日留学,先后就学于东京高等师范学校附属中学、东京音乐学校及东京帝国大学哲学科,攻读教育学,并学钢琴声乐。1906年加入同盟会。1909年毕业回国。1912年底赴德国,就读莱比锡大学和莱比锡音乐学院。1916年以论文《中国古代乐器考》(原名为《17世纪以前中国管弦乐队的历史的研究》)获莱比锡大学哲学博士学位。1920年春回国,任教育部编审员,并与杨仲子等为北京女子高等师范学院创立音乐体育专修科,翌年,任北京大学讲师并担任该校音乐研究会导师。1927年,在蔡元培支持下,在上海创办中国第一所音乐院——国立音乐院。先后任教授及教务主任。1929年改为国立音乐专科学校任校长。1940年病逝于上海。萧友梅毕生致力于发展中国音乐教育事业,力主学习西洋音乐发展经验,并具体着手创建专业音乐院校,直接参加教学活动,编写许多教材,如《初级中学乐理教科书》《新学制唱歌教科书》《风琴教科书》《钢琴教科书》《小提琴教科书》《和声学》《普通乐学》等。发表50余篇音乐论文,有《中西音乐的比较研究》《古今中西音阶概说》《中国历代音乐沿革概略》《复兴国乐我见》等。作为中国较早掌握西洋近代作曲理论,从事专业音乐创作的作曲家,其留德期间所作《D大调弦乐四重奏》是中国第一部弦乐四重奏。创作有100多首声乐作品,两部大合唱,两首弦乐四重奏,两首钢琴曲(《哀悼引》《新霓裳羽衣舞》均改编为管弦乐曲),一首大提琴独奏等。《问》《五四纪念爱国歌》《国耻》《国民革命歌》等歌曲表达了爱国思想。多数作品收入《今乐初集》《新歌初集》和《新学制唱歌

教科书》。（上　音）

【吴定良(1894—1969,诞辰120周年)】　男,字均一,曾用名士华。江苏金坛人。人类学家,教育家,教授(二级),中国体质人类学的奠基人,中央研究院院士(1948)。1924年毕业于南京高等师范学堂教育心理系后留校任助教。1926年考取官费留学生,赴美国哥伦比亚大学心理系攻读统计学,1927年转学至伦敦大学学习生物统计学,师从著名的统计学家与人类学家卡尔·皮尔逊,1928年获统计学博士学位。1930年成为"国际统计学会"第一个中国会员。1934年被英国牛津大学授予人类学博士学位,同年加入"国际人类学社"。1934年回国任中央研究院历史语言研究所人类学组主任兼专任研究员,担任中央研究院体质人类学研究所筹备主任,创刊和主编中国人类学杂志。1945年后应聘浙江大学任史地系教授,1947年浙江大学成立人类学系与人类学研究所,任系主任兼所长。1946—1948年兼任国立暨南大学人类学系教授。1948年,当选为中央研究院院士。1950年5月,与卢于道、欧阳翥、刘咸等人发起成立中国人类学会,当选为理事。1952年任复旦大学生物系人类学教研室主任。主要研究领域为古人类学、骨骼测量学、应用人类学和统计学,并相继创建了复旦大学人类学教研室和人类学专业,创办一系列国内首次开设的新课程。在近10年中,培养本科生80余人,研究生与进修教师10余人,分布于全国各大学、博物馆及科研单位,成为承担人类学教学与科研任务的中坚力量,有的已经成为这个专业优秀的领军人才。其研究内容进一步扩大,涉及人类进化、现代人体质、测量仪器的改进等诸方面,并开始对人体工效学新领域的探索。在生物统计学和体质人类学方面,发表论文70余篇。作为中国体质人类学和人种学研究的开创者,中国人体工效学的奠基人,一些研究成果和方法,被各国人类学家所采用。（复　旦）

【黄自(1904—1938,诞辰110周年)】　男,字今吾,又字椒轩,江苏川沙(今属上海市)人。作曲家,音乐教育家。1924年秋毕业于清华学校,获庚子赔款赴美留学,入俄亥俄州欧伯林大学学习心理学,并选修乐理、视唱听写和键盘和声等音乐课程。1926年获文学士学位,同年,留校入欧伯林音乐学院专攻理论作曲和钢琴。1928年9月转学耶鲁大学音乐学校主攻理论作曲。翌年以毕业作品《怀旧》序曲获音乐学士学位,并在毕业音乐会上公演。作为中国第一部大型交响音乐作品,也是在国外演奏的第一部中国人的管弦乐作品的作者,是中国留学生中以作曲专业获此学位的第一人。1929年,任教于上海沪江大学音乐系,1930年转任国立音专的理论作曲教授,兼任音专教务主任。他集教务和教学于一身,一人承担11门课堂教学,还兼授西洋音乐史和音乐领略法两门全校性的共同课,培养出贺绿汀、陈田鹤、江定仙、刘雪庵等一批近代音乐先驱,成为在专业音乐教育机构中全面、完整、系统地传授欧洲传统作曲技术理论,高徒满门的第一人。先后担任教育部音乐教育委员会和中小学音乐教材编订委员会委员,中央文化事业计划委员会音乐研究会委员以及音乐艺文社《音乐杂志》和《新夜报》副刊"音乐周刊"主编,编印出版《复兴初级中学音乐教科书》1—6册。发起创办第一个全部由中国人组成的上海管弦乐团并任团长。创作交响音乐、室内乐、钢琴复调音乐、清唱剧等各种体裁样式的音乐作品94首。代表作品有《怀旧》《抗敌歌》《春思曲》《旗正飘飘》《长恨歌》等。致力于社会音乐教育,主持音专师生的定期音乐广播,为电台撰写音乐广播稿。1937年辞去教职专事编写专业教材,明确提出建立"民族化的新音乐"的口号。在生命的最后两年,潜心于《西洋音乐史》《和声学》《中国之古乐》3部专著的写作。（施　志）

【石筱山(1904—1964,诞辰110周年)】　男,原名瑞昌,字熙侯。江苏无锡人。著名骨科专家。出身医学世家,少时就读于神州中医专门学校,后随父从医。1924年临诊,事伤科兼针、外科,在中国江南地区颇有影响。1952年任上海市中医(公费医疗第五)门诊部特约医师,1956年始,历任上海中医学院伤科教研组主任,兼龙华医院伤科主任,市卫生局顾问,中华医学会理事,市中医学会副主任委员兼伤科学会主任委员,第三届全国政协委员、第七届上海市人大代表。

注重内外兼治,以善治骨折伤痛创石氏伤科一大流派。对正骨复位手法运用独具匠心，既灵活运用整骨理筋、外敷固定等外治法，又擅长以中药内治兼服西药，整体调理。作为石氏伤科第三代传人，倡导“十三科一理贯之”的观点，从祖国医学的经典著作和各科专著中寻求“一贯之理”，提出治疗伤科疾患需气血兼顾而以气为主的学术思想及伤科内治理论。化裁针刺、外科治法于伤科临床，丰富伤科综合治疗的内涵。对伤科的史略、病因学说、证治规律等都有研究，且有独到的见解，形成了以石氏特色理论、石氏特色诊治、石氏特色手法、石氏特色用药等为一体的学术体系。

著有《从医史中认识祖国伤科的成果》《病因及伤科病因的探讨》《筋骨损伤治略》《祖国伤科内伤的研究》《伤科论治一斑》《石氏伤科经验介绍》《伤科讲义》《石筱山医案》等。（商仲宜）

【卢鹤绂(1914—1997年，诞辰100周年)】 男，字合夫，山东莱州人。教授(一级)，博士生导师，中国科学院学部委员。九三学社中央委员会委员。1936年毕业于北平燕京大学理学院物理系。1939年在美国明尼苏达大学研究院获科学硕士学位，1941年获哲学博士学位后回国。先后在中山大学、广西大学、浙江大学、复旦大学、北京大学任教授。1957年返沪再任复旦大学教授。1960年至1977年兼任上海原子核所副所长及一室主任。1980年被选为中国科学院数学物理学部委员。曾任复旦大学校务委员会副主任，上海市物理学会理事长、名誉理事长。《原子核物理》副主编，美国物理学会会员。

主要从事理论物理和核物理方面的研究。1937年，研究发现了“热盐离子发射的同位素效应”；首创“时间积分法”，在世界上第一次精确地测定锂7、锂6的天然丰度比，被国际公认为准确值而长久采用。于1944年、1947年先后在国内《科学》发表《重原子核内之潜能及其利用》，在《美国物理月刊》发表《关于原子弹的物理学》，全面阐述核裂变的实验发现及有关理论；诠释了原子弹机理奥秘，提出了简单估算原子弹和原子反应堆之临界体积的独特方法。1945年研究出“估算铀235原子弹及费米型原子堆临界体积的简易方法”，在国际上第一个公开发表。1950年，他发表著名的《容变黏滞性之唯象理论》，首次在世界上推出“容变弛豫方程”，被誉为“卢鹤绂不可逆方程”。1954年发表用费米气统计模型估算铀235核裂变发出的中子数，扩充了爱因斯坦的化学弛豫学说。20世纪60年代初，转向受控热核反应研究，突出快脉冲、慢脉冲和稳脉冲的三大分类法。主编中国第一本有关热核反应专著《受控热核反应》。晚年进行粒子物理学和宇宙真空场结构方面研究，出版《哥本哈根学派量子论考释》的物理学著作。

1977年卢鹤绂被评为上海市先进科技工作者，1988年被中国科学院授予从事科学工作50年荣誉奖状。（复　旦）

【丁季峰(1914—1998，诞辰100周年)】 男，祖籍扬州，生于杭州，12岁移居上海。中国民主促进会会员。教授、主任医师，中医推拿专家，丁氏推拿一指禅推拿学术流派传人，㨰法推拿学术流派创始人。年幼时跟随父亲丁树山学习一指禅推拿，1931年父亲去世后，随堂兄丁鹤山学习，1936年独立开业，1939年创立㨰法。1958年起参与上海中医学院附属推拿学校教学工作。1959年，参与编写推拿专业首部教材《推拿学》。1960年，参加编写全国中医学院试用教材《中医推拿学讲义》。1978—1984年任上海中医学院附属岳阳医院推拿科主任。1979年出席并主持上海中医学院主办的“全国第一届推拿学术经验交流会”，正式提出㨰法推拿学术流派。1985年，获上海市卫生局颁发的“从事中医工作五十年”奖状，并成为全国首批推拿专业硕士研究生导师。1987年，主编的《中国医学百科全书·推拿学》分卷出版。1990年，担任国家中医药管理局全国第一批继承老中医药专家学术经验继承班指导老师。1991年，被国务院授予第一批国家级名老中医。1994年，主编的《推拿大成》出版。1995年，被评为第一批“上海市名中医”。（孙武权）

【刘佛年(1914—2001，诞辰100周年)】 男，湖南醴陵人。教育家，教育学家。1935年，毕业于武汉大学哲学教育系；1937至1939年，先后在英国伦敦大学、剑桥大学及法国巴黎大学攻读研究生；1940年初回国，先后受聘西北联合大学副教授、湖南国立师范学院教授、暨南大学教授；中华人民共和国成立初期，先后担任暨南大学校委会常委兼秘书长、上海师范学校校长、复旦大学教授等；1951 年，参加华东师范大学的筹建工作任教务长。1956 年，加入中国共产党。1957 年，任华东师范大学副校长。1958 年，发表《教学工作中的理论和实践的关系》。1961 年，中宣部、教育部组织编写文科教材，被任命为《教育学》主编。“文化大革命”中，一边劳动一边编写《教育发展史资料》。1978 年，开始担任华东师范大学校长。受教育部及上海市的派遣，1978 年 12 月，赴法国参加联合国教科文组织的教育专业会议；1979 年 6 月，任中国代表团副团长，赴瑞士日内瓦参加世界教育会议；1981 年 6 月，应邀访问美国高校，参加哈佛大学举办的教育管理讨论会。1984 年，任华东师范大学名誉校长，仍指导博士研究生，承担编写《教育基本原理》工作。

主要社会兼职有国务院学位委员会教育学、心理学学科评议组成员和召集人，中国教育学会副会长，全国马克思主义毛泽东教育思想研究会会长，全国比较教育学会理事长，全国教育史研究会理事长，上海市教育学会会长，上海市高等教育研究会会长，《辞海》副主编、分科主编，《中国教育大辞书》编辑委员会总顾问及《中国大百科全书·教育卷》副总编辑等。

长期从事师范教育和教育理论的研究，有《罗素论》《教育学》(主编)、《回顾与探索—论若干教育理论问题》(主编)、《中国教育的未来》(主编)和《刘佛年学述》等著作及《刘佛年教育文选》《刘佛年教育文集》等论文集。 (华东师大)

【吴浩青(1914—2010 年，诞辰 100 周年)】 男，江苏宜兴人。物理化学家，化学教育家，教授，博士生导师，中国科学院学部委员(院士)。1935 年毕业于浙江大学化学系。先后在浙江大学、湖南兰田师范学院、上海沪江大学任教。1952 年任复旦大学化学系副教授，1957 年筹建中国高等院校第一个电化学实验室。1961 年任复旦大学化学系教授兼系主任。1980 年当选为中科院学部委员，1981 年任博士研究生导师。曾任第五届国际锂电池会议科学顾问委员会委员，中国化学会常务理事、理事，国际电化学会会员，第二届亚洲固态离子学会顾问委员会委员等。

作为中国电化学研究开拓者之一，对电池内阻测量方法作过重要改进，被誉为“锂电子电池之父”。系统研究中国丰产元素之一——锑的电化学性质，利用微分电容—电势曲线，确定锑的零电荷电势为 0.19±0.02V，校正了文献数据并得到国际公认。在应用研究中，取得许多成果。为储备电池的生产提供有关氟硅酸的电导率与其浓度关系的数据；研制了海军用海水激活电池；数字地倾斜仪中传感器用电解液和飞行平台上用的电导液等。1984 年，在高能电源锂电池研究中，首次提出创见性的锂电池嵌入反应机理，修正了前人观点并得到国际确认。同年发表《锂—聚乙炔电池中的电化学嵌入反应》的论文，首次提出了锂在共轭双键高聚物中的嵌入反应机理，再次做出创造性贡献。“锂电池嵌入反应机理”这一成果，获得国家教委科学技术进步奖二等奖。从事教学和科研工作 60 多年，为中国培养了大批优秀教学、科研人才。主要论文有《芳香氨基醛及酮的合成》《嵌入电极反应电荷传递动力学的理论处理》《锑的零电荷电势》等 60 余篇(部)；获国家发明专利 4 项。著有《电化学动力学》及合编《物理化学》教科书等。 (复　旦)

逝 世 人 物

【郑石生(1936—2014.1.6)】 男，福建省泉州永春人。新中国第一代小提琴演奏家、教育家。1957 年自中央音乐学院毕业后，到上海音乐学院执教。1980 年至 1982 年被文化部作为专家派往芬兰从事小提琴教学与演奏。1982年至1998年任上海音乐学院管弦系主任。1986年被评为教授。历任中国音协表演艺术委员会顾问、上海音乐家协会小提琴专业委员会主任，并于1990至2003年兼任厦门音乐学校校长。

长期从事小提琴表演和教学，五十年教学与艺术生涯取得突出成绩。他是中国小提琴演奏家的杰出代表，演奏作品风格广泛、跨度大，在国内外举办数百场独奏音乐会。他培养的学生在国内外各大著名交响乐团及音乐院校担任骨干。1963年获得首届“上海之春”小提琴比赛第一名，1985年获“上海市优秀教师”称号，1992年获国务院颁发的特殊津贴，1994年获“宝钢高雅艺术奖”，2001年获文化部颁发的“欧永熙优秀音乐教育奖”，获2013年度上海文艺人才基金“优秀教师奖”等。

录制有圣桑《引子与回旋随想曲》、塔蒂尼《魔鬼的颤音》、马思聪《西藏音诗》等小提琴演奏唱片及12部世界经典协奏曲、23首中国小提琴曲等教学录像。同时，编订出版包括《柴可夫斯基D大调小提琴协奏曲》《勃拉姆斯D大调小提琴协奏曲》《圣桑小提琴名曲选》等国内外经典作品的演奏乐谱。（上　音）

【石美鑫(1918—2014.1.10)】 男，福建福州人。著名医学教育家、胸心外科专家、新中国胸心外科学奠基人和创始人之一。复旦大学附属中山医院胸心外科学教授。曾是中国共产党第十一大和十二大代表。1943年毕业于国立上海医学院，任外科助理住院医师和外科系助教。1946年进入中山医院工作，历任中山医院胸外科副主任、主任，外科教研组主任。上海市心血管病研究所副所长、所长。上海第一医学院院长、上海医科大学顾问、卫生部学位委员会副主任委员、中华医学会副会长、上海市胸心血管外科学会主任委员、上海市心血管病研究所名誉所长等，并任《辞海》《大辞海》《胸部外科学》《中国医学百科全书》副主编。

长期从事胸心外科医疗、教学和科研工作。开创了国内十多项首例手术，其中包括肺转移性肿瘤切除术、体肺动脉分流术、全脓胸全肺切除术、异位右锁骨下动脉结扎切断术、右胸切口经房间沟二尖瓣交界扩张分离术、先天性食管闭锁及食管气管瘘一期根治术、低温麻醉心内直视房间缺损缝闭术、动脉导管未闭先缝再切断术、法乐四联症一期根治术、主动脉弓动脉瘤全弓切除及同种主动脉弓移植术、体外循环下主动脉窦动脉瘤穿破缝补术、左心室室壁瘤切除术、二尖瓣双病变心内直视整复术。1950年，参加上海市第一批抗美援朝志愿医疗手术队。1958年，成功研制国产第一台静立垂屏式人工心肺机。从教65年，培养胸心外科专业医师300余名，硕士生、博士生11名；被卫生部和上海市高等教育局评聘为二级教授。

主编《实用外科学》《胸心外科手术图解》《血管外科手术图谱》《乡村医生手册》。参编全国高等医学院校教科书《外科学》《沈克非外科学》《黄家驷外科学》《血管外科学》《胸心外科手术学》等书。译著《胸部外科学及其有关病理学》杂志。发表学术论著近百篇。被评为1956年全国先进生产者，1959年全国社会主义建设先进生产者，1960年全国教育、文化、卫生、体育、新闻方面社会主义建设先进工作者。1980年获全国科学大会奖，1999年获卫生部科学技术进步二等奖，1998年获香港外科医学院荣誉院士，2001年获何梁何利基金科学与技术进步奖。1993年和1999年分别获上海市社会科学优秀成果一等奖和上海市社会科学优秀成果特等奖。（卢春来）

【王运熙(1926.6—2014.2.8)】 男，上海金山人。中共党员。复旦大学中文系、中国语言文学研究所教授，博士生导师。1947年夏毕业于复旦大学中文系，1978年晋升为教授。曾任中文系古典文学教研室副主任、主任，1981年起任中国语言文学研究所所长，直至1996年退休。曾先后担任中国唐代文学学会第二、三、四届副会长，中国古代文论学会第三、四、五届副会长、中国《文心雕龙》学会第二、三届会长、中国李白学会第一、二、三届副会长，上海市古典文学学会第一、二届会长等学术团体领导职务。

王运熙长期从事中国古典文学的教学工作。曾为中文系本科生和研究生开设过中国文学史、中国文学批评史、乐府诗研究、《昭明文选》研究、《文心雕龙》研究、李白研究、现当代名家文史论文研究等课程，所培养毕业的研究生共有数十人，不少人在古典文学研究界颇有建树和声誉。

早在上世纪四五十年代即以汉魏六朝乐府诗研究受到高度重视。后来的研究以汉魏六朝唐代文学、中国古代文学理论批评为重点，创获甚多，在古典文学研究领域占有重要地位。著作主要有《六朝乐府与民歌》《乐府诗论丛》《汉魏六朝唐代文学论丛》《文心雕龙探索》《中国古代文论管窥》等专著和大量论文，后来集结为五卷本的《王运熙文集》，由上海古籍出版社出版。除个人著述外，还参与和主编了许多著作和辞书。上世纪 50 年代末至 60 年代初，主持编选了《李白诗选》《李白研究》两书，被誉为李白研究领域的重要收获。上世纪 60 年代前期，协助刘大杰教授编写高校文科教材《中国文学批评史》(上卷)。上世纪 70 年代末，参加《辞海》编辑工作，担任中国古代文学分科主编。上世纪 80 年代前期，参加《中国大百科全书》的编写工作，担任中国文学卷编委、隋唐五代文学分支副主编；同时还与顾易生教授共同主编完成了《中国文学批评史》(三卷本)。该书曾于 1987 年获得国家教委优秀教材一等奖，多年来被全国高校用作教材。上世纪 80 年代中期起，又与顾易生教授共同主编国家重点科研项目《中国文学批评通史》(七卷本)，并亲自参与撰写。该书于 1996 年出齐，凡 300 余万字，获得了上海市哲学社会科学研究成果特等奖、国家教委优秀教学成果一等奖、第三届国家图书奖、上海市文学艺术优秀著作奖。上世纪 90 年代后期，与顾易生教授主编完成《中国文学批评史新编》(两卷本)，获得上海市教委普通高校优秀教材一等奖。王运熙教授的研究成果，在海内外学界均享有崇高声誉。2008 年，被授予上海市哲学社会科学学术贡献奖。

(杨　明)

【许曼音(1923—2014.2.10)】　女，江苏灌云人。博士生导师，上海交通大学医学院附属瑞金医院终身教授，内分泌学专家。出生医学世家，1943 年考入上海震旦大学医学院，1950 年毕业获医学博士学位，同年入上海广慈医院(现上海交通大学医学院附属瑞金医院)内科工作，历任内科副主任、上海第二医科大学医疗系Ⅰ部内科教研室副主任，瑞金医院内分泌科主任。还担任中华医学会内分泌学会理事、中华医学会内分泌学会肾上腺学组组长、上海市食疗研究会名誉理事长、糖尿病专业委员会主任、法国及美国糖尿病学会会员、上海市女医师联谊会副理事长，享受国务院特殊津贴。曾任《中华内分泌代谢杂志》《国外医学内科学分册》《国外医学内分泌学分册》《上海预防医学杂志》等杂志编委或特约编辑。在数十年的内分泌代谢性疾病及相关领域临床、教学和科研工作取得显著成绩，参与培养了博士、硕士研究生 40 余名，指导研究生所作“心钠素在肾上腺高血压中的意义”及“肠道细菌感染(如耶尔森菌)与甲状腺疾病的病因”等研究成果居国内领先。作为卫生部委办的“全国内分泌医师进修班”的创始人和主要授课、带教专家之一，为全国培养了 600 余名内分泌代谢病专科医师。作为第一负责人的“原发性醛固酮增多症的诊断及治疗”课题研究成果达国际先进水平，多次在国内外交流，得到同行专家的高度评价，1988 年分别获得国家科技进步三等奖、卫生部科技进步二等奖。曾获上海市巾帼奖、上海市保健工作先进个人、中央保健委员会奖等称号，2009 年获中华医学会内分泌学分会终身成就奖和中华医学会糖尿病学分会终身成就奖，2010 年获中国女医师协会首届“女医师终身成就奖”。参加《中华内科学》《临床内分泌学》《胰腺病学》《糖尿病在中国》《营养学》《临床用药大全》《老年病学》《内科手册》等著作的编写工作，发表相关论文 130 余篇。

(葛鹏程)

【杨之骏(1930—2014.4.7)】　男，上海人。烧伤外科专家，主任医师，博士生导师，上海交通大学医学院附属瑞金医院终身教授。1954 年毕业于上海第二医学院(现上海交通大学医学院)，同年至瑞金医院工作。历任瑞金医院烧伤科副主任、主任、上海市烧伤研究所顾问，曾任上海市人大第七、八届常委兼第七届人大市政建设委员会副主任、第八届人大科学文化委员会委员。杨之骏毕生从事烧伤临床治疗与研究工作，是中国烧伤外科医学奠基人和开拓者之一，是“中国烧伤医学终身成就奖”获得者。1958年，杨之骏等通过成功抢救大面积烧伤病人邱财康的工作，奠定中国烧伤外科治疗水平跃居国际领先地位的基础，获卫生部记大功一次。1959年，杨之骏开展早期切痂、大张同种异体皮覆盖创面、自体皮和同种异体皮混合移植的综合性临床研究，成为拯救大面积深度烧伤治疗的核心技术。1979年，杨之骏应美国烧伤学会邀请访问美国进行学术交流，后筹办了1982年在上海召开的第一届中美国际烧伤会议。杨之骏主编的 *Treatment of Burns* 一书是第一部系统介绍中国烧伤医学技术和成就的英文专著；主编的《严重灼伤的治疗》和《烧伤治疗》等著作对烧伤治疗的理念和技术在全国普及作出了杰出贡献。1984年，获国家人事部授予的“中青年有突出贡献专家证书”。1985年，杨之骏等因对大面积深度烧伤治疗的突出贡献获国家科技进步二等奖。

（葛鹏程）

【何宝泉（1939—2014.6.6）】 男，天津人。中国古筝演奏家、教育家，中国民主同盟盟员。先后就读于中央音乐学院、天津音乐学院和沈阳音乐学院古筝专业。1961年毕业后，先后任天津音乐学院古筝专业、上海音乐学院民乐系古筝专业教师。1992年创建东方古筝研究会并任会长。1996年评定为教授。曾任上海音乐家协会理事。

长期从事古筝演奏、创作、教学和乐器改革。1980年开创性地运用半音排列法设计研制了蝶式筝，获中国文化科技成果二等奖。1988年组建中国第一个专业筝乐团——上海音乐学院筝乐团，并设计高中低音的系列古筝。1997年录制出版系列古筝教学影碟片《中国古筝教程》，并获国家新闻出版总署、教育部颁发的“全国优秀音像制品”三等奖。2011年获中国民族管弦学会民乐艺术“终身成就奖”，2013年获中国音乐家协会颁发的中国古筝艺术“杰出成就奖”。

发表《制定古筝专业教学大纲的几点思考》《筝的演奏力学》《高山流水考》《唐筝演奏指法探讨》等论文10余篇；主编出版《中国古筝基础教程》《中国古筝教程》等8部教程及《潮州筝曲集》《客家筝曲集》《曹东扶河南筝曲集》等书谱10余册；国内外出版20余张（盘）音像制品。

（上　音）

【孙云畴（1917—2014.7.12）】 男，原名孙云帱，江苏高邮人。华东师范大学教授，图书馆学专家。1935—1939年就读于北京大学（西南联合大学）政治系。1942年应金陵大学图书馆馆长刘国钧聘任，担任该校图书馆编目组组长，并在图书馆学专修科任教，讲授中文编目课程。至此，步入中国图书馆和图书馆学教育事业生涯，成为先驱者之一。1947年自费留美考入美国哥伦比亚大学图书馆学院，1949年获该校图书馆学硕士学位。1950年回国。历任北京大学讲师，哈尔滨工业大学图书馆主任，郑州大学图书馆馆长，华东师范大学副教授、教授、图书馆学系副主任，河南省图书馆学会第一届副会长兼学术委员会主任。1957年加入中国民主同盟。长期致力于西文图书编目、高等学校图书馆管理和图书馆学教育的研究。主要从事图书分编工作，藏书建设，建立教学部门与图书馆的联系、高校图书馆协作组织，培训图书馆专业人员，推广文献著录标准化等。发表有《高校图书馆管理》《2000年的图书馆学教育》《图书馆工作与情报工作》《文献工作标准化三议》《图书馆定量管理评介》等20余篇论文。译有《西南非洲及其人文问题》《美国科学技术史话》《巴拿马运河的故事》《太平洋的故事》，译校《英美编目条例第二版简介》，与他人编译《正版美国史话（上下册）》等。

（华东师大）

【曾性初（1923—2014.10.2）】 男，湖南邵阳人。华东师范大学实验心理学教授、博士生导师，中国现代心理学家。1938至1942年就读中山大学教育心理学系；1943至1946年在清华大学研究院心理学系，师从中国著名实验心理学家周先庚，毕业后任北京大学助教。1948年到美国哥伦比亚大学深造，师从著名心理学家伯尔赫斯·弗雷德里克·斯金纳，1952年获该校心理学博士学位，并从事博士后研究。1952 年起任美国明尼苏达大学副研究员。1954 年回国后历任河北师范大学副教授，华东师范大学教授、实验心理学研究室主任、心理实验室主任。曾兼任国务院学位委员会教育与心理学学科评议组成员兼召集人、上海市心理学会理事长、《国际学校心理学》编委，以及澳大利亚新南威尔士大学，美国哈佛大学、宾夕法尼亚大学以及华盛顿大学等院校客座教授。主要研究实验心理学、儿童发展心理学，并运用信息论开创汉字汉语心理学。1983 年，在汉字研究中提出《汉字好学好用》独特见解，在心理学、教育学、语言文字学、中文信息编码等领域产生广泛而深远的影响。1983 年 7 月，应邀出席在香港召开的“中国语文国际讨论会”，宣读《方块字与字母文字之比较》论文，受到来自日本、美国、加拿大、澳大利亚等国家和中国台湾、香港地区代表的好评。发表论文有《汉语的信息分析》《略论婴幼儿的学习》《早期教育与早出人才》《情志与情商》《儿童全面学习录像光盘》《中国语文的特征与学习》《汉字各种笔画的频率估计》《迷信与外气的心理学解释》等。著有《实验心理学》等。

(华东师大)

【俞吾金(1948—2014.10.31)】 男，浙江萧山人。教授，博士生导师。1977 年考入复旦大学哲学系，1984 年留系任教。1995—1999 年任复旦大学哲学系主任，1999 年应邀赴中国台湾辅仁大学、台湾大学和清华大学讲学；2000 年作为富布莱特资深学者应邀赴美国 7 所大学讲学，2005 年评为教育部首届人文社会科学长江特聘教授，2014 年评为复旦大学文科资深教授。曾任国务院哲学学科评议组成员、教育部社会科学委员、人事部博士后管委会成员、上海市社联常委、复旦大学学术委员会副主任暨人文学术委员会主任、复旦大学学位委员会副主席暨人文社科学部主席、复旦大学现代哲学研究所所长、复旦大学当代国外马克思主义研究中心(教育部重点研究基地)主任、复旦大学国外马克思主义与国外思潮研究中心(“985”国家级创新基地)主任、国际价值与哲学学会(RVP)理事会成员、中华现代外国哲学学会副理事长、中国马哲史学会常务理事、上海市社联常务理事、上海市哲学学会常务副会长、上海市政策决策咨询专家、上海市高等学校教师高级职务任职资格评审委员会委员、复旦大学首届学术规范委员会主任、复旦大学发展研究院常务副院长等职。

主要研究德国古典哲学、国外马克思主义和马克思主义哲学。主持国家社科基金重点项目、教育部重大攻关项目 19 项。出版专著和译著 25 种，在国内外发表学术论文 200 多篇。获省部级以上一等奖 11 项、二等奖 7 项、其他重要奖励 5 项。在教学方面，获得省部级以上奖励 16 项。主要著作有《被遮蔽的马克思》《生活与思考》《实践与自由》《德国古典哲学》《意识形态论》《问题域的转换：对马克思和黑格尔关系的当代解读》《传统重估与思想移位》《重新理解马克思：对马克思哲学的基础理论和当代意义的反思》《从康德到马克思：千年之交的哲学沉思》《国外马克思主义哲学流派新编：西方马克思主义卷》《现代性现象学：与西方马克思主义者的对话》《实践诠释学》《寻找新的价值坐标》《文化密码破译》《邓小平：在历史的天平上》《毛泽东智慧》《生存的困惑：西方哲学文化史探要》《问题域外的问题》《思考与超越》等。

曾获评全国优秀教师、全国高等学校教学名师、国家高层次特殊支持人才(教学名师)、全国中青年有突出贡献专家；上海市十大教育楷模、上海市先进工作者、上海高校教学名师、上海市教卫系统优秀党员、上海市优秀教育工作者。获复旦大学首届“校长奖”，当选为复旦大学首届“研究生心目中的好导师”。

(魏洪钟)

【谭冰若(1924—2014.11.15)】 男，广东广州人。中国音乐学家、教育家、音乐评论家。中国民主同盟盟员，中国共产党党员，曾任上海市第八届和第九届人大代表。1942 年至 1945 年就读于日本国立东京音乐学校声乐系。1947 年考入上海国立音专(今上海音乐学院)理论作曲系学习；1951 年毕业后留校任教音乐欣赏、音乐名作及外国音乐史等课。先后担任音乐学系副系主任和系主任。1986 年评为教授。

主要从事西方音乐史和音乐名作鉴赏等课程

的教学，为中国音乐学学科的发展做出了重大贡献。发起建立“上海音乐艺术普及和提高促进会”，创建中国首个吉他协会——上海吉他协会，并任会长。退休后创立了“冰若艺舍”(声乐艺术研究室)。获第九届中国音乐金钟奖终身成就奖、上海文艺家终身荣誉奖、上海文联文学艺术奖·音乐理论奖等。2001年他所在教研组的《西方音乐史》课程荣获上海市教委优秀教学成果一等奖和国家教育部优秀教学成果二等奖。

撰有《伟大的莫扎特的创作生活与影响》《论欧美现代音乐的发展趋向》《柴可夫斯基的折中主义和悲观主义》等学术论文。是《中国大百科全书·音乐舞蹈卷》的主要撰稿人，为《解放日报》《文汇报》《光明日报》等报刊写过许多评论。

(上　音)

大 事 记

Chronicles

2014年1—12月上海教育大事记

1月

2日　教育部哲学社会科学研究重大攻关项目《大中小德育课程一体化建设研究》课题研讨会在沪召开。副市长翁铁慧出席。

同日　副市长翁铁慧到华东理工大学和上海应用技术学院调研。市教卫工作党委副书记、市教委主任苏明，市教委副主任袁雯陪同调研。

同日　市教卫工作党委书记陈克宏一行赴市教委教研室调研，并召开市教委部分直属单位座谈会。市教委巡视员尹后庆、市教卫工作党委秘书长谢一龙、市教委秘书长王志伟等参加调研。

5—6日　中宣部会同教育部就加强和改进高校思想政治理论课建设情况在沪进行调研。市教卫工作党委副书记、市教委副主任高德毅出席。

7日　教育部副部长杜占元到华东师范大学调研。市教委副主任印杰参加调研。

同日　副市长翁铁慧到上海音乐学院调研。市政府副秘书长宗明，市教卫工作党委副书记、市教委主任苏明，市教委副主任李瑞阳参加调研。

同日　市教卫工作党委印发《中共上海市教育卫生工作委员会2014年工作要点》。

同日　市教卫工作党委副书记、市教委主任苏明，市教委巡视员尹后庆做客东方网，与市民群众互动交流，共议教育热点话题。

8日　副市长翁铁慧到上海电力学院调研。市政府副秘书长宗明，市教委副主任李瑞阳、陆靖参加调研。

同日　市委常委、统战部部长沙海林到上海交通大学徐汇校区调研“两岸关系研究基地”建设发展情况。

同日　上海市民办高校教师专业发展中心成立。市教卫工作党委副书记、市教委主任苏明出席成立仪式并为“中心”揭牌。

同日　市教委召开上海教育工作通报座谈会。

同日　市教委印发《2014年上海市教育委员会工作要点》。

10日　市人大常委会副主任钟燕群到市教委调研教育立法、监督工作情况。市教委主任苏明、副主任袁雯等出席。

14日　副市长翁铁慧到上海外国语大学调研。市政府副秘书长宗明，市教卫工作党委副书记、市教委主任苏明，市教委副主任袁雯等参加调研。

同日　副市长翁铁慧到上海财经大学调研学校改革发展情况。市政府副秘书长宗明，市教卫工作党委副书记、市教委主任苏明，市教委副主任袁雯等参加调研。

同日　教育部党组副书记、副部长杜玉波到上海易班发展中心调研。副市长翁铁慧，市教卫工作党委书记陈克宏，市教卫工作党委副书记、市教委副主任高德毅参加调研。

27日　由市教卫工作党委、市教委主办的“青春放歌——2014上海学生新年音乐会”在上海大剧院举行。

同日　上海交通大学密西根学院获得2014年国际教育最高荣誉奖之一的海斯克尔国际教育革新奖。

29日　副市长翁铁慧看望慰问华东师范大学何积丰院士。市政府副秘书长宗明，市教卫工作党委副书记、市教委主任苏明等参加慰问。

2月

7日　副市长翁铁慧到市教卫工作党委、市教委机关慰问，并就深化教育综合改革，全面推进

2014年上海教育工作提出要求。市政府副秘书长宗明参加慰问。

11日　市教卫工作党委书记陈克宏、市教委巡视员尹后庆、市教卫工作党委秘书长谢一龙到上海师范大学附中视察新学期开学工作。

同日　市教卫工作党委副书记、市教委主任苏明，市教委副主任王平、市教委副巡视员杨国顺到上海市实验学校视察新学期开学工作。

12日　市委副书记、市长杨雄，副市长时光辉到上海大学科技成果产业化企业——上海上创超导科技有限公司考察调研。

13日　建立国家住院医师规范化培训制度工作会议在沪召开。国家卫生计生委主任、党组书记李斌出席会议并讲话。国家卫生计生委副主任刘谦主持会议，副市长翁铁慧出席。

18日　市教卫工作党委、市教委召开上海高校党政负责干部会议。副市长翁铁慧出席会议并讲话。市教卫工作党委书记陈克宏作上海高校党建工作报告，市教卫工作党委副书记、市教委主任苏明作上海高等教育改革发展工作报告。

20日　市教卫工作党委书记陈克宏，市教卫工作党委副书记、市教委主任苏明，市教委秘书长王志伟到上海视觉艺术学院就内涵发展与建设过程中存在的瓶颈，需协调解决的问题等进行调研。

同日　复旦大学与中国商业飞机有限公司签署战略合作框架协议。双方将在科学研究、人才培养、海外高层次人才合作、行业产业研究等领域展开战略合作。

26日　团中央书记处第一书记秦宜智到复旦大学考察调研大学生思想引领、大学生创新创业、大学生传统文化教育、学生会社团建设等工作，并看望慰问一线团学干部，听取复旦大学共青团工作汇报。

同日　市教委批准设立上海七宝德怀特高级中学，探索高中阶段的中外合作办学。

3月

6日　副市长周波考察位于上海工程技术大学国家级大学科技园的“中国联通移动互联网国际创业中心”孵化基地。该中心是市政府与中国联通共建智慧城市的重要项目之一。

7日　市教卫工作党委、市教委召开2014年上半年区县教育工作会议。市教卫工作党委书记陈克宏，市教卫工作党委副书记、市教委主任苏明，市教委巡视员尹后庆出席并讲话。

11日　市委副书记李希到华东师范大学调研。市委副秘书长彭沉雷、市教卫工作党委书记陈克宏参加调研。

13日　沪上首家海事司法鉴定机构上海海事司法鉴定中心在上海海事大学成立。

同日　市教卫工作党委、市教委印发《市教卫工作党委、市教委直属事业单位领导班子任期制试行办法》。

14日　上海商学院召开隶属关系划转工作会议。会议宣布上海商学院从市经济和信息化工作党委，正式划转至市教卫工作党委、市教委。

17—22日　国务院督导委员会办公室组织督导专家到沪进行义务教育均衡发展督导认定。在22日召开的上海义务教育均衡发展督导认定反馈暨全国督导评估推进会上，国家教育督导检查组宣布上海在全国率先实现所辖区县全部通过国家义务教育发展基本均衡区县督导认定。

18日　团中央常委、组织部部长万速成到同济大学调研，并就如何做好“服务型团组织建设”与沪上各高校团委书记及青年代表进行了深入探讨。

19日　中共中央政治局委员、市委书记韩正会见美国耶鲁大学校长彼得·沙洛维一行。市人大常委会副主任、上海交通大学党委书记姜斯宪参加会见。韩正对沙洛维被授予上海交通大学名誉博士学位表示祝贺。

20日　教育部副部长刘利民到上海师范大学教师教育基地调研。市教委主任苏明、副主任王平参加调研。刘利民观摩了“世承班”、师范本科班、中小学新任校长培训班、民办高校教务员培训班、“美丽中国”项目培训班的课堂教学，并与师生进行交流。

同日　教育部副部长刘利民到同济大学嘉定校区调研，实地了解该校中德联合培养高级工程技术管理人才、中德联合培养职业教育师资的办学模式与经验。市教委副主任王平参加调研。

24日 副市长翁铁慧到上海音乐学院调研"上海音乐教育中心"项目推进和"贺绿汀纪念馆"筹建工作。市政府副秘书长宗明,市教卫工作党委副书记、市教委主任苏明,市教委副主任李瑞阳参加调研。

27日 市人大常委会主任殷一璀率队走访市人大代表,并就上海纽约大学办学体制机制进行调研。

同日 上海市民办教育协会2013年会暨民办教育发展研讨会举行。市教卫工作党委副书记、市教委主任苏明,市民办教育协会会长李宣海,市教卫工作党委副书记、市教卫副主任高德毅,市教委副主任、市民办教育协会副会长袁雯等出席。协会"评估(咨询)中心""法律事务中心"揭牌。大会审议并通过了协会工作报告、监事工作报告及其他有关事项。

27—28日 第五届长三角基础教育课程与教学论坛在沪举行。本届论坛主题为"转型背景下的教研室建设""转型背景下的学科建设"。市教委巡视员尹后庆出席会议并作主旨报告。

28日 民建中央副主席、市政协副主席、民建市委主委、上海中华职业教育社主任周汉民,市委统战部副部长吴捷一行到上海石化工业学校,参观考察实验实训场所。

同日 市委常委、常务副市长、上海交通大学上海高级金融学院(SAIF)理事长屠光绍会见SAIF的国际评估专家一行,共商学院发展大计。市教卫工作党委副书记、市教委主任苏明参加会见。

4月

1日 经济合作与发展组织(OECD)发布了PISA 2012"基于计算机的问题解决测试"相关结果,上海学生问题解决平均成绩为536分,高于OECD平均分值。此次"基于计算机的问题解决测试"共有44个国家(地区)的适龄中学生参加,平均分值为500分。

2日 市教育考试院召开领导干部调整宣布会议,宣布王刚同志任上海市教育考试院院长,马宪国同志不再担任上海市教育考试院院长职务。市教卫工作党委书记陈克宏、市教卫工作党委副书记虞丽娟等出席会议。

同日 市教委与杨浦区政府"学校生命教育区域试点"框架协议签约暨启动仪式举行。市教卫工作党委副书记、市教委主任苏明出席仪式并讲话。市教委副主任高德毅与杨浦区副区长吴乾渝共同签署《"学校生命教育区域试点"的框架协议》,杨浦区教育局与复旦大学、同济大学、上海理工大学、上海体育学院等4所高校签署项目合作意向书。

4日 国家文化部副部长、文物局局长励小捷,国家文物局人事司长解冰一行到上海视觉艺术学院就双方开展文物修复专业教学和实践合作举行座谈。

同日 市人大常委会副主任钟燕群一行到上海中医药大学就上海中医药发展、中医药法制建设情况进行调研。市人大教科文卫委主任薛明扬参加调研。

8日 由上海交通大学自主研发的中文慕课平台"好大学在线"(www.cnmooc.org)正式上线发布,面向全球提供大规模中文在线课程。

9日 市人大常委会主任殷一璀到上海科技大学调研。

同日 2014年区县教育法制工作会议召开。市教委副主任袁雯出席会议。

10—15日 由市教卫工作党委副书记、市教委副主任高德毅任团长的"青春放歌·情系梯田"上海大学生文化交流团赴云南省红河哈尼族彝族自治州元阳县进行文化交流活动。

11日 民进中央副主席、上海市人大常委会副主任、民进上海市委主委蔡达峰到华东师范大学调研。

同日 市教卫工作党委、市教委召开2014年度直属单位工作会议。市教卫工作党委书记陈克宏,市教卫工作党委副书记、市教委主任苏明,市教卫工作党委秘书长谢一龙,市教委秘书长王志伟出席。会议提出了直属单位今后改革与发展的目标与方向。

同日 由市教委、中国日报社合作推出的"留学上海"英文网站及移动客户端同步上线发布。

11—13日 由市教卫工作党委、市教委指导,上海教育报刊总社主办的2014第十一届上海教育博览会教育国际化展在上海展览中心举办。

12日　全国政协副主席、科技部部长万钢到同济大学调研、指导学科协同创新工作。

13日、19日、26日　举办首届学生职业体验日活动，旨在加强中小学生职业启蒙，促进“普职融通”。

14—16日　全国政协教科文卫体委副主任马德秀一行在沪调研大学生创业和现代职业教育体系建设。

15日　全国政协副主席董建华访问上海交通大学。

17日　市教卫工作党委副书记、市教委主任苏明，市教委巡视员尹后庆调研奉贤区教育工作。

18日　国家体育总局科教司司长蒋志学、副司长李维波到上海体育学院调研。

同日　由华东理工大学牵头的上海生物制造技术协同创新中心正式成立。

19日　第十二届全国学生运动会开幕倒计时100天系列活动在上海市西中学举行。筹委会副主任、教育部体卫艺司司长王登峰出席并讲话。本届运动会的会徽、会歌、吉祥物同时揭晓。中国首档原创少年团队成长励志真人秀节目“我们一起来”网络赛同时正式启动。

同日　上海市校园足球联盟杯赛开幕。教育部体卫艺司司长王登峰出席开幕式。

23日　以“书香上海、成就梦想”为主题的第十六届上海读书节开幕。市人大常委会副主任、市总工会主席洪浩出席开幕式。

24日　国务院副总理刘延东召开国务院专题会议，研究审议《上海市教育综合改革方案(2014—2020年)》，要求上海当好教育改革探路者、示范者和引领者，为全国教育综合改革作出表率。

25日　中组部人才工作局副局长、中央人才工作协调小组办公室副主任李志刚一行到华东理工大学调研。

28日　市委组织部副部长冯小敏到上海远程教育集团调研指导工作。

29日　中国教育工会上海市第九次代表大会召开。市人大常委会副主任、市总工会主席洪浩，副市长翁铁慧，中国教科文卫体工会全国委员会主席万明东，市政府副秘书长宗明，市教卫工作党委书记陈克宏，市教卫工作党委副书记、市教委主任苏明出席。

同日　由市语委、市教委与上海书协举办的上海市“书法名家进校园”活动启动仪式暨首场活动在上海市第一师范附属小学举行。

30日　全市召开第十二至第十六次教育体制改革领导小组专题会议。分别审议《上海市国家教育综合改革试验区建设方案》《上海教育考试招生制度改革总体方案》《上海高等学校学科发展与优化布局规划》《2014年地方教育附加(用于地方高校建设发展部分)项目经费安排方案》《2014年上海市文教结合工作安排方案》5项议题。

同日　同济大学与上海张江高科技园区签署战略合作协议，在协同创新领域开展战略合作。

5月

6日　市政协副主席周太彤一行到上海财经大学调研学校教育科研工作。市政协副秘书长张丽、徐海鹰等参加调研。

8—14日　由市教委主办，15所中高等艺术院校和有关单位组成的“2014年上海—台湾学生艺术交流团”赴台湾地区开展交流访问。

9日　中共中央政治局原常委、国家原副主席曾庆红，市委副书记、市长杨雄等到上海交通大学视察钱学森图书馆。

12日　中国致公党上海市委员会、上海终身教育研究院在华东师范大学举行“参政议政合作研究基地”成立仪式。市政协副主席张恩迪、市教委副主任袁雯出席并为基地揭牌。

14日　副市长翁铁慧会见国际剧协(ITI)会长，介绍了上海建设国际文化大都市，打造国际教育中心的战略规划和步骤措施。市教委主任苏明等参加会见。

15日　教育部党组成员、副部长鲁昕到同济大学调研该校设计创意学院和职业技术教育学院的办学模式与经验。

16日　副市长翁铁慧到上海视觉艺术学院调研。市政府副秘书长宗明，市教卫工作党委副书记、市教委主任苏明等参加调研。

20日　“中国—上海合作组织国际司法交流合作培训基地”奠基仪式在上海政法学院举行。中共中央政治局委员、中央政法委书记孟建柱，国务委员兼公安部部长郭声琨，吉尔吉斯斯坦总统阿尔马兹别克·阿塔姆巴耶夫，上海合作组织秘书处副秘书长罗光明，中国—上海合作组织国际司法交流合作培训基地理事长刘云耕，外交部党委书记、副部长张业遂等出席并共同奠基培土。奠基仪式结束后，刘云耕，市教卫工作党委副书记、市教委主任苏明到上海政法学院天马讲堂，共同为“中国—上海合作组织国际司法交流合作培训基地”揭牌。

23日　中共中央政治局委员、国务院副总理刘延东视察上海对外经贸大学萨格勒布大学孔子学院，并出席孔子学院两周年庆典活动。教育部部长袁贵仁、国家卫生计生委主任李斌、科技部副部长王伟中、外交部副部长王超、国家汉办主任许琳、中国驻克罗地亚大使邓英、克罗地亚外长助理马尔科维奇、总统高级科技教育顾问布达科等参加视察。

同日　民进中央副主席、市人大常委会副主任、民进上海市委主委蔡达峰到上海师范大学调研民进工作。

24—26日　“上海论坛2014”在上海国际会议中心举行，主题为“亚洲转型：寻求新动力”。市委常委、常务副市长屠光绍，韩国政府原总理韩升洙等出席开幕式并致辞。

28日、6月11日　由市委宣传部、市文明办、市教卫工作党委、市教委联合主办的“学楷模　立师德　铸师魂”上海教育系统学习宣传全国教书育人楷模谢小双主题教育活动分别在杨浦区和闸北区举行。

30—31日　由中国联合国教科文组织全国委员会、上海开放大学举办的“2014上海泛在学习国际会议暨联合国教科文组织开放远程教育姊妹大学网络系列研修班”举行。本次会议主题为“泛在学习：机遇、挑战与对策”。

6月

1—2日　由市教委、市体育局、团市委、解放日报社共同主办的首届上海市学生龙文化全能赛在东方绿舟举行。市教委副主任王平出席。

10日　“2014台北—上海中学生体育节”开幕式在台北市立大学举行。上海市常务副市长屠光绍与台北市副市长丁庭宇出席开幕式并致辞。

12日　全国人大常委、致公党中央副主席严以新到华东师范大学调研研究生教育工作。教育部研究生司副司长孙也刚、市教委副主任袁雯等参加调研。

同日　市委常委、组织部部长应勇，市委组织部副部长于明黎等视察上海中医药大学。

14日　副市长翁铁慧到上海交通大学就协同创新中心建设和交大综合改革方案进行调研。市教卫工作党委副书记、市教委主任苏明，市教委副主任陆靖、袁雯参加调研。

16日　全国政协副主席、科技部部长万钢视察上海大学高温合金叶片实验室和高性能计算中心。

16—22日　哈萨克斯坦纳扎尔巴耶夫大学师生代表团在沪参观交流。该代表团一行200人应国家主席习近平邀请，来我国参加夏令营活动的，上海是该代表团中国行程的第一站。

17日　市委副书记、市长杨雄到上海视觉艺术学院调研指导工作。

20日　市政府印发《关于同意将上海交通职业技术学院等6所学校划转市教委管理的批复》。上海交通职业技术学院、上海市交通学校、上海农林职业技术学院、上海市农业学校、上海建峰职业技术学院、上海市建筑工程学校等6所学校的隶属关系划转至市教委，由市教委负责管理。

23日　市教卫工作党委印发《市教卫工作党委系统市管干部免职退休、延聘工作管理办法（试行）》。

27日　由市教卫工作党委、市教委主办的“献给学生的歌·一份特殊的毕业礼”主题歌会在上海交通大学举行。市教育发展基金会理事长王荣华，市教卫工作党委书记陈克宏，市委宣传部副部长陈东，市教卫工作党委副书记、市教委副主任高德毅，市教委巡视员印杰，市教卫工作党委秘书长谢一龙等出席歌会。

7月

1日　市政法委副书记章华调研上海金融学院法学专业。

3日　中共中央统战部调研组在沪召开“上海高校统战工作座谈会”。中央统战部六局局长王永庆主持座谈会。市教卫工作党委副书记虞丽娟参加会议并介绍上海高校统战工作。

7—31日　由市委组织部、市委宣传部、市委党校、市教卫工作党委、市教委、市财政局共同主办的2014年上海市哲学社会科学教学科研骨干研修班在市委党校举办。7日，市委常委、宣传部部长、市哲学社会科学教学科研骨干研修工作领导协调小组组长徐麟出席并作开班动员，市委宣传部副部长李琪主持开班典礼，市教卫工作党委书记陈克宏就研修工作的具体安排和要求做了说明。15日，市教卫工作党委副书记、市教委主任苏明为研修班学员作《当前上海教育改革发展若干情况与思考》专题报告。18日，陈克宏为研修班学员作《立德树人与高校青年教师的使命》专题报告。31日，研修班举行结业典礼，市委宣传部副部长李琪出席并讲话，市委党校副校长曾峻主持结业典礼，市教卫工作党委副书记、市教委副主任高德毅对本次研修工作进行总结，市教委副主任袁雯宣布哲社研修班的获奖名单。

15日　市委副秘书长、市委宣传部副部长、市政府新闻办主任、网信办主任朱咏雷一行到上海易班发展中心调研并指导工作。

同日　市教委印发《关于加强上海市基础教育科学研究工作的意见》。《意见》提出，要完善基础教育科学研究项目的设立，加大对基础教育科学研究成果的奖励，强化基础教育科学研究成果的推广，促进基础教育科学研究的交流，抓好基础教育科学研究队伍的培养，加强教育科学研究基地的建设。

17日　中宣部副部长、中央网信办主任、国信办主任鲁炜，中央网信办网络社会工作局局长黄其正，中央网信办信息化发展局副局长董宝青等一行到上海易班发展中心调研。市委常委、宣传部长徐麟，副市长翁铁慧，市委副秘书长、市委宣传部副部长、市政府新闻办主任、网信办主任朱咏雷，市政府副秘书长宗明，市教卫工作党委书记陈克宏等参加调研。

同日　市政协副主席王新奎访问上海交通大学。

18日　国务院副总理刘延东主持召开国家教育体制改革领导小组第11次全体会议，审议并原则通过《上海市教育综合改革方案(2014—2020年)》。

同日　市政协主席吴志明到上海交通大学调研。市政协副主席周汉民、方惠萍、张恩迪，秘书长贝晓曦、副秘书长张喆人，教科文卫体委主任薛沛建等参加调研。

25日　科技部党组书记、副部长王志刚到上海交通大学、复旦大学调研。

27日　中共中央政治局委员、市委书记韩正到同济大学第一附属中学和进才中学，察看第十二届全国学生运动会赛事筹备工作及各项保障安排并慰问参赛学生、教练员和志愿者。

28日—8月2日　由教育部、体育总局、共青团中央主办，上海市政府承办的第十二届全国学生运动会在沪举行。

30日　市教委印发《上海高等学校学风建设实施细则》。《实施细则》侧重于高校教师和专职科研人员、研究生的学术研究领域，旨在加强上海高校学风建设，弘扬科学精神，倡导良好的学术风气，维护高校求真务实的学术氛围。

同日　市教委成立上海市高等学校学风建设领导小组。市教卫工作党委副书记、市教委主任苏明任组长。

31日　副市长翁铁慧到奉贤区调研教育和卫生工作。

8月

4—5日　教育部副部长、中纪委驻教育部纪检组长王立英到复旦大学指导学校巡视整改有关工作，并到该校枫林校区改造现场调研。

6日　副市长翁铁慧走进上海广播电视台《市民与社会·市长热线》就上海学前教育、中高考改革、提高高等教育质量等问题与市民进行交流。

7日　副市长翁铁慧到嘉定调研教育卫生工

作。市教卫工作党委副书记、市教委主任苏明，市教委副主任贾炜参加调研。

8日　中共中央政治局委员、市委书记韩正到上海电机学院调研装配式建筑发展情况。市委常委、市委秘书长尹弘，副市长蒋卓庆参加调研。

同日　中共中央政治局委员、市委书记韩正主持召开市委常委会，审议并通过《上海市地方公办高等学校总会计师管理办法》。

同日　由教育部主办，中国大学生体育协会、上海市教委、上海交通大学承办的第三届中美大学生体育文艺周启动。

15日　上海市民办教育发展基金会在上海杉达学院揭牌成立。市教卫工作党委书记陈克宏，市教卫工作党委副书记、市教委副主任高德毅等出席了揭牌仪式。

15—17日　第六届亚太地区国际汉语教学学会年会在华东师范大学举行。会议主题是“亚太地区国际汉语教育的发展趋势”。

17日　上海纽约大学首届新生开学典礼举行，来自全球40多个国家和地区的294名新生正式入学。

20日　副市长翁铁慧出席国际乒乓球联合会博物馆建设合作协议签字仪式并会见了国际乒乓球联合会主席沙拉拉一行。市政府副秘书长宗明，市教委主任苏明，市教委副主任李瑞阳等出席签约仪式。位于瑞士洛桑的国际乒乓球联合会博物馆将整体搬迁至上海。

25日　市政府办公厅印发《市政府办公厅关于上海市青少年保护委员会更名等事宜的通知》。同意上海市青少年保护委员会更名为上海市未成年人保护委员会，由翁铁慧任主任，宗明、苏明任副主任。同意上海市青少年保护委员会办公室更名为上海市未成年人保护委员会办公室，由贾炜任办公室主任。

28—29日　市教卫工作党委、市教委召开上海高校党政负责干部会议。会议围绕落实“立德树人”根本任务，全面深化教育领域综合改革的主题，针对上海高等教育改革发展的新形势新任务新情况，对下半年重点工作做了部署。市委副书记应勇、副市长翁铁慧出席并讲话。

29日　上海市民办教育发展服务中心揭牌成立。市教卫工作党委副书记、市教委副主任高德毅，市民办教育协会会长李宣海为中心揭牌。

9月

1日　中共中央政治局委员、市委书记韩正到上海纽约大学调研。市委常委、市委秘书长尹弘，副市长翁铁慧参加调研。

同日　副市长翁铁慧到黄浦区曹光彪小学、格致初级中学视察开学工作。市教卫工作党委副书记、市教委主任苏明陪同视察。

同日　市教卫工作党委书记陈克宏到杨浦区同济一附中视察新疆学生内地高中班开学工作。

2日　市委副书记、市长杨雄，副市长翁铁慧到上海科技大学调研。

3日　教育部副部长李卫红到复旦大学调研该校中国共产党革命精神与文化资源研究中心建设情况。

4日　市教委与浦东新区政府签署《关于进一步推动教育资源与浦东新区深度融合发展的战略合作框架协议》。市委常委、浦东新区区委书记沈晓明，副市长翁铁慧出席签约仪式。市教委将与浦东新区建立战略合作联席会议制，共建浦东新区教育综合改革试验区，合作建设四大高校集聚区，共建“浦东研究院”，共建国际资格型人才培养机构，促进高校科研成果转化，推动国际医学园区等产业合作基地，共同提升浦东新区经济社会发展软实力。

同日　国务院公布《关于深化考试招生制度改革的实施意见》，明确选定上海和浙江“一市一省”作为高考综合改革的试点地区，要求率先制定出台高考综合改革试点方案，从2014年秋季新入学的高中一年级学生开始实施。

8日　市教委官方微信“上海教育”正式开通。

9日　上海市庆祝第30个教师节座谈会举行。中共中央政治局委员、市委书记韩正出席并讲话。市委副书记、市长杨雄，副市长翁铁慧出席。市委副书记应勇主持座谈会。

同日　市教卫工作党委、市教委印发《关于进一步加强规范科研经费管理和监督工作的若干意见(试行)》。

10日　中共上海市委全面深化改革领导小组第三次会议扩大会议举行。会议审议并通过《上海市深化高等学校考试招生综合改革实施方案》。此项改革从2014年开始启动,2017年整体实施。

同日　市人大常委会举行《上海市教育督导条例(草案)》解读会。市人大常委会主任殷一璀出席会议。市教卫工作党委副书记、市教委主任苏明对《上海市教育督导条例(草案)》进行解读。

同日　副市长白少康到上海公安高等专科学校调研并慰问师生员工。

同日　上海市教师心理健康服务发展中心成立。

10—11日　国信办、教育部联合调研组到上海海洋大学、上海政法学院调研易班及微信公众平台建设工作。

11日　教育部在京召集上海市政府、浙江省政府分管副市长(副省长)及教育行政部门负责同志,专题研究和审议两个试点省市高考综合改革方案。教育部部长袁贵仁,副部长杜玉波、刘利民,部长助理林蕙青及相关司局主要负责同志出席会议。会议原则同意两个试点省市高考综合改革方案,并以教育部文件的形式正式函复上海市政府、浙江省政府,同意备案。

同日　市教卫工作党委、市教委成立教育综合改革推进工作小组,统筹协调和推进落实国家教育综合改革上海试点工作各项任务。市教卫工作党委书记陈克宏,市教卫工作党委副书记、市教委主任苏明任组长。

15日　副市长翁铁慧到大同中学调研,考察学校艺术创新课程和足球队训练情况,并与该校师生进行了交流。市政府副秘书长宗明,市教卫工作党委副书记、市教委主任苏明,市教委副主任贾炜参加调研。

同日　市政府第61次常务会议审议通过《上海市公共场所外国文字使用规定》。这是国内首部规范外文使用的省级政府规章,于2015年1月1日起施行。

同日　市教委印发《关于成立上海市教育审计中心的通知》,决定在上海市教育督导事务中心内设立上海市教育审计中心。

16日　市教委印发《关于加强特级教师流动工作管理的实施意见》。明确从2014学年起,实施中小学(幼儿园)特级教师流动工作,流动对象为自愿申报人才流动且被评选为特级教师的中小学(幼儿园)教师,流动交流时间为三个学年。

17日　上海教育系统学习习近平总书记教师节重要讲话精神座谈会举行。市教卫工作党委书记陈克宏,市教卫工作党委副书记、市教委主任苏明,市教卫工作党委副书记、市教委副主任高德毅等出席。

同日　市教卫工作党委、市教委印发《关于建立完善本市教育系统培育和践行社会主义核心价值观长效机制的实施意见》。

同日　市教委印发《上海市教育委员会关于实施现代大学制度建设首批试点的通知》,决定从2014年开始,在地方高校中实施现代大学制度建设试点工作。首批试点高校为:上海大学、上海工程技术大学、上海中医药大学、上海师范大学、上海海事大学、上海杉达学院、上海出版印刷高等专科学校。

同日　市教委、市审计局印发《关于进一步加强和改进本市教育系统内部审计工作的意见》。

18日　国家主席习近平夫人彭丽媛在印度首都新德里参观泰戈尔国际学校时,观摩了泰戈尔国际学校与上海市晋元高级中学通过网络远程视频相互教授太极拳和瑜伽的教学活动。

同日　市委常委、组织部长徐泽洲一行到上海交通大学调研,了解校园建设及未来发展规划,实地考察参观了该校闵行校区校园。

同日　副市长翁铁慧到普陀区调研教育工作。市政府副秘书长宗明,市教卫工作党委副书记、市教委主任苏明,市教委副主任贾炜参加调研。

22日　由市检察院、市教委、市未成年人保护办共同建立的上海市青少年法制教育体验基地在东方绿舟成立。副市长翁铁慧、市检察院检察长陈旭共同为基地揭牌。市教卫工作党委副书记、市教委主任苏明等出席揭牌仪式。该基地将对每年前来参加为期一周国防教育培训的约10万人次的高一学生实现法制教育全覆盖,并全年向其他年龄段的青少年开放。

同日 “中英数学教师交流项目”启动仪式举行。教育部国际合作与交流司副司长陈盈晖、上海市教卫工作党委巡视员李瑞阳出席并致辞。“中英数学教师交流项目”由英国教育部、市教委、英国国家教学与领导力学院、英国数学教学卓越中心和上海师范大学共同实施。

24日 副市长翁铁慧到上海市第三女子中学调研。市教卫工作党委书记陈克宏等参加调研。翁铁慧一行视察了学校教学大楼，看望了正在开展课堂教学活动的师生，了解了课程学习及教学实践情况，并听取了该校课程建设的介绍。

25日 “民族脊梁 学界楷模——人民科学家钱学森”2014上海高校主题活动在复旦大学开幕。市教卫工作党委副书记、市教委副主任高德毅出席开幕式并参观了主题展览。

26日 科技部副部长李萌一行到上海大学考察“高品质特殊钢冶金与制备省部共建国家重点实验室”的筹建工作。

同日 由复旦大学与上海易班发展中心、东方网合作建设的上海高校首个智慧社区——“复旦大学智慧屋”启动。

27—28日 由市教科院民办教育研究所与中国民办教育研究院等机构主办的“全国民办学校运营及治理高峰论坛”举行。全国人大教科文卫委副主任委员、中国民办教育协会会长王佐书，国家教育咨询委员会秘书长、国家教育发展研究中心主任张力出席。

30日 上海温哥华电影学院开学典礼举行。市人大常委会原副主任、原副市长、上海文化发展基金会副总经理周慕尧，市教卫工作党委巡视员李瑞阳等出席开学典礼。

10月

10日 国务院总理李克强访问德国期间，中德政府联合发表了《中德合作行动纲要：共塑创新》。同济大学中德学部作为中德高校合作成功典范被列入《中德合作行动纲要》第99条：“双方应尤其重视建立高校间的可持续合作关系。上海同济大学中德学部(下辖中德学院、中德工程学院和职教学院三个机构)是共同落实高校紧密合作的成功典范。鼓励并支持中德两国高校开展双方共同出资的创新型长久示范合作。”

同日 副市长翁铁慧到复旦大学调研。市政府副秘书长宗明，市教卫工作党委书记陈克宏，市教卫工作党委副书记、市教委主任苏明，市教卫工作党委巡视员李瑞阳等参加调研。

同日 市教卫工作党委、市教委印发《关于实施“上海高校辅导员博士生培养计划”的意见》。

13日 市委副书记、市长杨雄主持召开市政府常务会议，审议通过国际乒联博物馆建设项目。

同日 市教委印发《关于推进上海高等学校科学研究分类评价的指导意见》。《意见》明确，上海将逐步建立科学合理的高等学校科学研究分类评价体系，以质量和实际贡献为导向，通过多元化的评价机制，促进高校管理体制改革和教育综合改革。

14日 市委召开中心组学习会。中共中央政治局委员、市委书记韩正强调上海教育改革要按照中央部署积极稳妥推进试点工作。

同日 江苏省副省长曹卫星率团来沪调研上海教育综合改革和推进教育现代化工作。调研期间，市政府副秘书长宗明主持召开座谈会，市教卫工作党委副书记、市教委主任苏明介绍当前上海教育改革发展情况。

15日 市人大教科文卫委副主任张辰、市教委秘书长王志伟一行调研上海电机学院、上海海洋大学、上海海事大学、上海第二工业大学2014年教育经费使用情况。

16日 上海—喀什职业教育联盟在新疆喀什成立。副市长翁铁慧出席会议并讲话。市政府副秘书长宗明，市教卫工作党委副书记、市教委主任苏明等出席会议。

同日 上海对口支援喀什四县双语教育奖教金颁奖大会在新疆喀什举行。副市长翁铁慧出席大会。市教卫工作党委副书记、市教委主任苏明出席并讲话。

同日 中国非物质文化遗产传承研究中心在上海师范大学成立。市教卫工作党委书记陈克宏出席揭牌仪式并讲话。

同日　市教委印发《关于公布上海交通大学“IFSA协同创新中心”等21个上海市协同创新中心名单的通知》，命名15所高校的21个协同创新中心为“上海市协同创新中心”，鼓励高校以重大问题为导向，与科研机构、行业企业开展深度合作，在关键领域取得突破性成果，支撑上海经济和社会发展方式的转变。

17日　上海交通大学医学院附属仁济医院建院170周年暨仁济慈善基金成立大会举行。中共中央政治局委员、市委书记韩正，全国人大常委会副委员长陈竺，全国人大常委会副委员长严隽琪，市委副书记、市长杨雄，市人大常委会主任殷一璀，市政协主席吴志明，市委常委、浦东新区区委书记沈晓明等致信致电祝贺。

同日　由上海交通大学医学院与加拿大渥太华大学医学院共建的“上海—渥太华联合医学院”成立，并落户于上海交大医学院附属仁济医院。该共建项目是我国临床医学教育领域唯一获教育部批准的与北美高水平高校合作的办学项目，也是上海唯一获教育部批准的临床医学本科专业（英语）中外合作办学项目。

24日　教育部党组副书记、副部长杜玉波到复旦大学上海医学院视察，了解该校枫林校区基本建设进展及整体规划情况。

25—26日　由科技部和上海市政府主办，同济大学、市科委等联合承办的“2014浦江创新论坛”在沪举行。本次论坛主题为“协同创新　共享机遇”。中共中央总书记、国家主席习近平，俄罗斯联邦总统普京分别致贺信。全国政协副主席、科技部部长万钢，俄罗斯总统教育科学委员会副主席、总统顾问富尔先科分别在论坛开幕式上宣读贺信并作主旨演讲。市委副书记、市长杨雄等出席论坛并致辞。

28日　在市委副书记、市长杨雄和新西兰达尼丁市市长戴夫·卡尔的共同见证下，市教卫工作党委副书记、市教委主任苏明与新西兰达尼丁市议会经济发展中心主任约翰·克里斯蒂签订《上海市教育委员会与达尼丁市议会经济发展中心关于建立全面合作伙伴关系的协议》。

29日　上海纽约大学新校区揭牌。上海纽约大学教育发展基金会同时成立。

30日　第十二届全国学生运动会总结表彰大会召开。会前，副市长翁铁慧接见了运动会组织工作先进集体和先进个人代表、优秀运动员代表、优秀志愿者代表、新闻宣传工作突出贡献奖代表。市政府副秘书长宗明出席会议并讲话。

31日　中共中央政治局委员、市委书记韩正在复旦大学会见复旦大学管理学院第一届国际顾问委员会的17位中外委员代表。第十一届全国人大常委会副委员长、复旦大学管理学院国际顾问委员会主席陈至立出席并讲话。市委常委、秘书长尹弘，副市长翁铁慧参加会见。

11月

3—6日　全国人大常委会委员、教科文卫委主任委员柳斌杰率调研组一行来沪，就高考和高等教育改革、促进科技成果转化情况进行调研。

3—12日　由中国文联、教育部、市政府联合主办，中国戏剧家协会、市文联、市教卫工作党委、市教委、市剧协共同承办，主题为“中国梦·青春梦”的第四届中国校园戏剧节举行。

4日　市教育信息化工作会议召开。会议对上海教育信息化工作进行了全面部署，明确到2020年上海教育信息化“三位一体”的发展目标。教育部副部长杜占元、副市长翁铁慧出席会议并讲话。

4—8日　第16届中国国际工业博览会在沪举行。中共中央政治局原常委、第十一届全国人大常委会委员长吴邦国，中共中央政治局委员、市委书记韩正，市委副书记、市长杨雄，市委副书记应勇等专程视察了高校展区。

5日　由市委宣传部、市教卫工作党委、市教委、杨浦区委联合组织的谢小双先进事迹报告会举行。市委副书记应勇，市委常委、宣传部长徐麟在报告前会见了报告团。

6日　副市长翁铁慧做客上海电视台《夜线约见特别节目·对话市长》（第六期），与市民探讨上海高考改革。

7日　上海交大中欧国际工商学院举行20周年院庆大会。第十一届全国人大常委会副委员长陈至立，市人大常委会副主任姜斯宪，欧盟驻华大使馆临时代办 Carmen Canon De Lasala 出席大会。会上，姜斯宪宣读了吴邦国同志的贺信，宣读了中共中央政治局委员、市委书记韩正在学院的书面汇报上所作的批示，并转达了市委副书记、市长杨雄的祝贺。

同日　市教委印发《关于进一步完善高等教育投入机制的若干意见》。

8日　复旦大学城市发展研究院成立。卫生部原部长张文康，市政协副主席周太彤出席成立大会并为城市发展研究院揭牌。

12日　中共中央政治局委员、市委书记韩正到上海交通大学调研。市委常委、秘书长尹弘，市委副秘书长、研究室主任张道根参加调研。市教卫工作党委书记陈克宏，市教卫工作党委副书记、市教委主任苏明，市科委主任寿子琪等参加调研。

同日　长三角地区应用型本科高校联盟成立大会在安徽合肥学院举行。

13日　国家教育体制改革领导小组正式致函市政府，同意备案《上海市教育综合改革方案(2014—2020年)》。

14日　市实施现代大学制度首批试点高校工作推进会和市属本科高校章程建设工作培训研讨会召开。教育部政策法规司副司长黄兴胜、市教委副主任袁雯出席会议并讲话。

同日　市教委印发《关于贯彻落实教育部〈义务教育学校管理标准(试行)〉的意见》。

15—16日　“2014—2015 DI上海青少年创新思维竞赛”举行，来自中小学、大学的150支队伍参加。全国政协常委、上海科普教育发展基金会理事长左焕琛、市教委副主任王平等出席闭幕式，并观摩了比赛。

17日　中共中央政治局原常委、国务院原副总理李岚清在上海财经大学作题为《知识分子与文化修养》的专题讲座。文化部原副部长赵维绥、上海市副市长翁铁慧等出席。

18日　由市教卫工作党委、市教委制作的上海首场校园原创“大师剧”《清贫的牡丹》在上海交通大学演出。副市长翁铁慧、市政府副秘书长宗明、市教卫工作党委书记陈克宏、市教委副主任王平等与师生共同观看演出。

19日　由市委宣传部、市文明办、市教卫工作党委、市教委、团市委和市学联主办的上海大学生社会实践30周年成果展示会暨2014年上海市大学生暑期社会实践总结大会举行。

20—21日　由教育部省部共建工作研究中心主办、上海大学等承办的2014年省部共建地方高校工作研讨会在沪举行。会议围绕推动共建高校提升办学水平、深化省部共建工作的新思路、新机制进行了探讨。教育部副部长杜玉波，副市长翁铁慧，教育部高等教育司司长张大良，市教卫工作党委副书记、市教委主任苏明，市教委副主任陆靖等出席。

21日　市委办公厅、市政府办公厅印发《上海市教育综合改革方案(2014—2020年)》。

同日　市教卫工作党委、市教委印发《关于完善中华优秀传统文化教育长效机制的实施意见》。

22日　教育部、上海市深化上海教育综合改革工作推进会在沪举行。教育部党组书记、部长袁贵仁，市委副书记、市长杨雄出席会议并讲话。市委副书记应勇主持会议。教育部党组副书记、副部长杜玉波，副市长翁铁慧签署合作协议。会议决定共同推进上海教育综合改革，以进一步增强上海对接服务国家战略能力水平、完善省级政府教育统筹机制、推动各级各类教育争创一流、深化高校考试招生制度综合改革、强化教育改革发展支撑保障等，加快推动上海率先实现教育现代化。

同日　教育部党组书记、部长袁贵仁在沪主持召开教育工作形势座谈会，听取上海、江苏、浙江、安徽教育部门负责人，部分国家教育咨询委员会委员，人大代表、政协委员对教育工作的意见和建议。教育部党组副书记、副部长杜玉波出席座谈会。

22—23日　中央网信办、教育部在沪召开创新网络思想政治教育现场经验交流会。中宣部副部长、中央网信办主任、国家互联网信息办公室主任鲁炜，教育部党组书记、部长袁贵仁，市委副书记、市长杨雄出席会议。教育部副部长杜玉波主持会议，中央网信办副主任任贤良出席，副市长翁铁慧介绍了网络互动社区建设应用情况。

24日　市委常委、统战部长沙海林到上海市行政管理学校调研民族教育工作。

24—27 日　教育部基教二司在沪举办“区域推进‘医教结合’研讨班”。教育部基教二司巡视员李天顺、市教委副主任贾炜出席开班仪式，并分别作了题为《中国特殊教育发展的新思路新举措》《医教结合——上海特殊教育改革之实践》的主题报告。

25 日　副市长翁铁慧到市教委调研。市政府副秘书长宗明参加调研。市教卫工作党委副书记、市教委主任苏明汇报了有关工作。翁铁慧肯定了2014 年市教委工作，并对 2015 年推进教育综合改革提出要求。

同日　上海交通大学与浦东新区政府签署全面战略合作协议。市委常委、浦东新区区委书记沈晓明主持签约仪式，市政府副秘书长、浦东新区区长孙继伟，上海交通大学党委书记姜斯宪等出席。

26 日　中共中央政治局委员、市委书记韩正视察环上大国际影视产业园区，调研区域经济转型的新进展。市委常委、市委秘书长尹弘等参加调研。

同日　市区县教育局局长研讨会举行。会议主题为“各区县对《上海市教育综合改革方案(区县版)》的思考以及试点综改项目的意向”。市教委副主任贾炜出席会议并解读了市教育综合改革试验区涉及基础教育部分的改革项目。

28 日　市委副书记应勇视察格致中学奉贤校区。市委副秘书长彭沉雷参加视察。

29 日　市教卫工作党委副书记、市教委主任苏明，市教委副主任贾炜走进上海人民广播电台“政风行风热线”节目，接受市民电话访谈，解答市民反映问题。

12 月

1 日　市教委印发《关于开展“百场法治讲座进百所中学”活动的通知》，决定从 2014 年 12 月—2015 年 12 月，在全市开展“百场法治讲座进百所中学”活动，由市教委邀请法律专家，走进 100 所中学(含中职校)，组织开展 100 场青少年法治专题讲座。

3 日　中国乒乓球学院理事会第六次会议举行。国家体育总局副局长蔡振华，副市长、中国乒乓球学院理事会名誉理事长翁铁慧出席会议并讲话。国家体委原副主任、中国乒乓球学院名誉院长徐寅生出席会议。会上，蔡振华代表亚洲乒乓球联盟授予中国乒乓球学院“亚洲乒乓球联盟培训基地”牌匾。

同日　副市长翁铁慧、白少康到上海公安高等专科学校调研。市政府副秘书长陈靖、宗明参加调研。

同日　由国家文物局、市政府主办，市教委等承办的国家“指南针计划”专项青少年基地建设项目现场会举行。会议对项目实施推进情况作了阶段性展示，同时启动基地二期改扩建工程。国家文物局副局长宋新潮、市政府副秘书长宗明等出席。市教委副主任王平主持会议。

5 日　“十三五”教育规划发展战略研讨会在沪举行。教育部副部长鲁昕、国家统计局副局长贾楠、副市长翁铁慧出席并讲话。

同日　国家教育宏观政策研究院建设专家咨询座谈会举行。会议围绕研究院的发展方向进行了座谈。教育部副部长鲁昕出席并讲话。市政府副秘书长宗明出席会议。

6—7 日　由教育部、市政府指导，复旦大学和中国大学智库论坛秘书处主办的首届“中国大学智库论坛”年会举行。会议主题为“建设法治中国，推进国家治理体系和治理能力现代化”。教育部副部长李卫红、副市长翁铁慧出席并致辞。

8 日　市委常委、宣传部部长徐麟，副部长陈东、李琪、朱芝松、燕爽等参观了由上海交通大学主办的“再见，延安！英国学者林迈可亲历的中国抗战(1937—1945)”图片展。

9 日　由教育部思想政治工作司、国家互联网信息办公室政策法规局指导，市教卫工作党委、市教委主办的全国高校“校园好声音”网络大赛上海赛区总决赛举行。

10 日　市人大常委会主任殷一璀到上海大学调研该校延长校区规划建设整体部署和上海温哥华电影学院办学情况。市人大常委会副主任洪浩、秘书长姚海同、副秘书长杨佳瑛，市教卫工作党委副书记、市教委主任苏明等参加调研。

同日　市教卫工作党委、市教委直属企业工作会议召开。市教卫工作党委书记陈克宏出席并讲话。市教委副主任王平、秘书长王志伟出席会议。会议要求,充分遵循市场经济规律,坚决落实现代企业制度;着力强化服务意识,充分激发委属企业发展活力;切实理顺关系,实行分级分层管理;积极稳妥有序推进具体落实工作。

同日　上海首个中职教育国际合作中心——中芬职业教育卓越中心成立。

11日　中宣部副部长王世明到上海大学调研"大国方略"课程建设工作。中宣部宣教局局长陈瑞峰、教育部高教司副司长石鹏建,市委宣传部副部长燕爽,市教卫工作党委副书记、市教委副主任高德毅等参加调研。

同日　市委常委、统战部部长沙海林到复旦大学调研统战理论研究基地工作。

13—14日　市教委主办上海市中等职业学校第三届"璀璨星光"校园文化节集中展示活动。

15日　上海商学院商业博物馆正式开馆,展出上海百年商业史料、实物300多件。商业博物馆由主馆和分馆构成,藏品8000多件。主馆藏品2000多件,"商标和商业凭证"分馆藏品6000多件。

16日　上海高校成果转化工作专题调研会召开。教育部副部长杜占元出席并讲话,副市长翁铁慧,市教卫工作党委副书记、市教委主任苏明,市教委副主任袁雯等出席会议。

17日　市教委印发《关于成立上海市改善义务教育薄弱学校办学条件领导小组及办公室的通知》,决定成立上海市改善义务教育薄弱学校办学条件领导小组及办公室,由市教委副主任贾炜担任领导小组组长,市教委副巡视员杨国顺担任副组长。

17—19日　2014年"全国高校优秀中青年思想政治理论课教师择优资助计划"入选教师经典读书班暨全国高校思想政治理论课教师社会实践研修基地工作研讨会在沪举行。教育部社科司司长张东刚,市教卫工作党委副书记、市教委副主任高德毅等出席。

18日　副市长翁铁慧到上海金融学院调研。市政府副秘书长宗明,市教卫工作党委副书记、市教委主任苏明,市教委副主任丁晓东参加调研。

18—20日　由市委组织部、市教卫工作党委、市委党校主办的2014年上海高校党政领导干部专题研修班举办。本次研修班的主要任务是推进落实中办、国办印发的《关于坚持和完善普通高等学校党委领导下的校长负责制的实施意见》和《关于加强和改进新形势下的宣传思想工作的意见》,提升上海高校党政领导特别是新上任市属高校和新划转行业高校党政"一把手"依法办学治校能力,加强思想政治建设和能力建设。市委副书记应勇出席开班仪式并作动员报告,副市长翁铁慧主持开班仪式。市委组织部副部长陈皓出席结业仪式并讲话,市教卫工作党委书记陈克宏主持,市教卫工作党委副书记虞丽娟出席结业式。来自全市44家高校的党政领导干部参加研修。

20日　市教委举办"民办中小学特色学校(项目)、民办优质幼儿园创建工作"展示活动。

21日　国家卫生计生委副主任、国家中医药管理局局长王国强到上海中医药大学调研。国家中医药管理局规财司司长苏钢强、市卫生计生委副主任郑锦参加调研。

同日　由市委宣传部、市委党史研究室、市教卫工作党委、市教委等主办的"光辉永存——第三届上海高校红色经典诵读大赛"决赛在上海教育电视台举行。

21—22日　国家中医药管理局中医药改革发展专家咨询委员会在沪召开第一次全体会议。国家卫生计生委副主任、国家中医药管理局局长王国强出席会议并讲话。

23日　教育部党组副书记、副部长杜玉波到同济大学调研并视察同济大学校史馆和建筑与城市规划学院。中组部干部三局巡视员、副局长陆国强,教育部人事司副司长魏士强等参加调研。

同日　上海政法学院隶属关系划转工作会议召开。市政府同意将上海政法学院划转市教委管理。

25日　副市长翁铁慧到上海教育电视台、上海开放大学调研。市政府副秘书长宗明参加调研。

26日　市中等职业学校体育工作推进会举行。会议主题是部署推进全市中职校贯彻教育部《学生体质健康监测评价办法》《中小学校体育工作评估办法》《学校体育工作年度报告办法》等3个规范性文件的落实，深化中职校学生综合素质评价机制、整体完善学校体育工作评价机制，全方位促进青少年学生身心健康发展。市教委副主任王平到会讲话。市体育局副局长郭蓓出席会议。

26—27日　市教卫工作党委、市教委机关召开2015年工作务虚会。本次会议主题为“深入贯彻中央精神和市委、市政府部署，统一思想、凝心聚力，以改革创新精神推进上海教育综合改革各项任务”。会议要求，进一步强化统筹协调，聚焦聚神聚力，全力以赴推进落实既定的教育综合改革工作任务。

28日　李政道图书馆在上海交通大学闵行校区落成开馆。

29日　上海交通大学综合改革方案获国家教改办批准，这标志着上海交通大学综合改革方案进入正式启动、全面实施阶段。

教育统计

Educational Statistics

上海市各级普通学校基本情况

单位：万人

指　　标	学校数（所）	毕业生数	招生数	在校学生数	教职工数	#专任教师
总　计	**3234**	**65.95**	**71.47**	**264.87**	**27.09**	**19.08**
研究生	**48**	**3.66**	**4.39**	**13.36**		
高等学校	27	3.60	4.33	13.18		
科研机构	21	0.06	0.06	0.18		
普通高等学校	**68**	**13.24**	**14.19**	**50.66**	**7.34**	**4.06**
普通高校(本专科)	42	10.31	10.42	40.74	6.62	3.64
职业技术学院	26	2.93	3.77	9.92	0.72	0.42
普通中等学校	**870**	**19.26**	**19.90**	**69.80**	**8.29**	**6.26**
中等专业学校	54	3.55	2.25	7.74	0.80	0.48
技工学校	7	0.29	0.29	0.79	0.10	0.05
普通中学	768	14.32	16.51	58.42	6.95	5.41
高　中		5.10	5.29	15.74		1.70
初　中		9.22	11.22	42.68		3.71
职业中学	28	1.05	0.79	2.72	0.39	0.28
高　中	28	1.04	0.78	2.71	0.39	0.28
初　中		0.01	0.01	0.01		
工读学校	13	0.06	0.05	0.14	0.05	0.04
小　学	**757**	**13.12**	**16.34**	**80.30**	**5.96**	**5.15**
特殊教育	**29**	**0.08**	**0.06**	**0.46**	**0.16**	**0.12**
幼儿园	**1462**	**16.58**	**16.59**	**50.29**	**5.34**	**3.49**

注：1. 表中幼儿园招生数指当年入园幼儿数。
2. 2014学年起，中科院、煤炭院所属科研机构不纳入上海市研究生培养机构统计。

上海市各级成人学校基本情况

单位：万人

指　　标	学校数（所）	毕业生数	招生数	在校学生数	教职工数	#专任教师
总　计	**726**	**211.54**	**10.48**	**214.94**	**1.85**	**0.87**
成人高等学校	**14**	**5.16**	**5.24**	**16.84**	**0.15**	**0.08**
独立设置成人高校	14	0.38	0.23	0.76	0.15	0.08
广播电视大学	1				0.03	0.02
职工高等学校	10	0.35	0.20	0.66	0.09	0.05
管理干部学院	3	0.03	0.03	0.10	0.03	0.01
普通高校举办	(52)	4.78	5.01	16.08		
函授部	7	0.27	0.32	0.94		
业　余	45	4.51	4.69	15.14		
成人脱产班						
成人网络本、专科		**4.90**	**4.48**	**12.25**		
成人中、初等学校	**21**	**0.77**	**0.76**	**2.06**	**0.05**	**0.03**
成人中等专业学校	15	0.69	0.76	1.85	0.04	0.02
全日制		0.41	0.63	1.43		
非全日制		0.28	0.13	0.42		
成人中学	6	0.08		0.21	0.01	0.01
成人小学						
职业技术培训机构	**691**	**200.71**		**183.79**	**1.65**	**0.76**

注：1. 表中成人中学、职业技术培训机构在校学生指累计注册数，毕业生数指累计结业数。
2. 普通高校举办的函授、业余、脱产班学校数是指举办这类教育的学校点数，括号内是点数之和。

研究生基本情况

单位:人

指　　标	合　计	中央部委所属	教育部所属	其他部委所属	地方所属	教育部门	其他部门
毕业生数	**36572**	**25182**	**24867**	**315**	**11390**	**11146**	**244**
攻读博士学位	4516	3829	3815	14	687	654	33
攻读硕士学位	32056	21353	21052	301	10703	10492	211
招生数	**43930**	**28645**	**28302**	**343**	**15285**	**14920**	**362**
攻读博士学位	6338	5335	5300	35	1003	963	40
攻读硕士学位	37592	23310	23002	308	14282	13957	322
在校学生数	**133554**	**90729**	**89764**	**965**	**42825**	**41735**	**1087**
攻读博士学位	27592	67529	23078	122	4392	4229	163
攻读硕士学位	105962	23200	66686	843	38433	37506	924
预计毕业生数	**52097**	**36058**	**35659**	**399**	**16039**	**15667**	**372**
攻读博士学位	13280	10880	10827	53	2400	2317	83
攻读硕士学位	38817	25178	24832	346	13639	13350	289

分学科研究生数

单位:人

指　　标	毕业生数	招生数	在校学生数	预计毕业生数
总　计	**36572**	**43930**	**133554**	**52097**
女　生	18033	21369	62980	22416
学术型学位	23131	26724	87514	33842
专业学位	13441	17206	46040	18255
哲　　学	291	320	1060	409
经 济 学	2504	2915	7467	2900
法　　学	3207	3810	10927	4141
教 育 学	1563	1981	5709	2505
文　　学	2404	2714	7857	3043
历 史 学	322	341	1237	527
理　　学	3228	4056	12727	4286
工　　学	11582	14590	46206	17870
农　　学	350	439	1426	480
医　　学	3352	4042	12285	4272
军 事 学				
管 理 学	6792	7423	23038	10403
艺 术 学	977	1299	3615	1261

普通本科分学科学生数

单位：人

指　　标	毕业生数	招生数	在校学生数	预计毕业生数
总　计	**85103**	**91478**	**364679**	**92992**
哲　学	112	119	507	125
经济学	8080	8440	33887	8780
法　学	5596	5554	22521	6111
教育学	2095	2129	9226	2499
文　学	9276	9878	37624	9189
历史学	226	196	800	188
理　学	4937	5361	21634	5375
工　学	28876	30500	125790	32837
农　学	514	538	2067	528
医　学	2078	2677	10974	2803
管理学	17110	19067	72674	17881
艺术学	6203	7019	26975	6676

普通专科分学科学生数

单位：人

指　　标	毕业生数	招生数	在校学生数	预计毕业生数
总　计	**47308**	**50453**	**141965**	**45779**
农林牧渔大类	574	736	2074	595
交通运输大类	4045	5074	13531	4054
生化与药品大类	395	418	1219	380
资源开发与测绘大类	39	183	183	
材料与能源大类	72		68	68
土建大类	2525	3025	8565	2449
水利大类				
制造大类	5281	5332	15058	5083
电子信息大类	3318	3101	8535	2818
环保、气象与安全大类	157	226	561	167
轻纺食品大类	1312	1358	3820	1128
财经大类	9613	9211	27325	9420
医药卫生大类	4944	7210	19247	5573
旅游大类	2481	2639	7592	2519
公共事业大类	779	700	2305	775
文化教育大类	4877	3793	11369	3972
艺术设计传媒大类	5368	6395	17999	5620
公安大类	1086	806	1571	765
法律大类	442	246	943	393

普通高等学校基本情况

单位：人

指　　标	学校数（所）	本专科学生数								教职工数	#专任教师
		毕业生数	#本科	招生数	#本科	在校生	#本科	预　计毕业生	#本科		
总　计	**68**	**132411**	**85103**	**141931**	**91478**	**506644**	**364679**	**138771**	**92992**	**73373**	**40558**
部　　属	10	26064	25418	27868	25430	110676	105761	27159	26308	32805	15369
市　　属	58	106347	59685	114063	66048	395968	258918	111612	66684	40568	25189
民　　办	20	25301	8564	30928	11472	92228	41178	23896	9143	6621	4041
综合大学	3	13333	12035	11794	11557	52760	51048	15391	14154	18881	8189
理工院校	27	55218	35369	59632	37991	212241	151879	58483	39315	27004	15216
农业院校	2	4435	2967	4245	3033	15481	12087	4137	3009	1472	1030
林业院校											
医药院校	3	3377	842	4394	814	13520	3706	3851	960	2162	1324
师范院校	2	9256	8742	8623	8523	35636	34541	9286	8803	6851	3886
语文院校	3	5160	1497	6263	1554	18094	6027	4917	1460	2067	1304
财经院校	18	30547	16196	35692	19855	117205	72883	30764	16871	9456	6082
政法院校	3	6482	4889	6252	5306	23446	20927	6714	5499	2395	1726
体育院校	2	1163	994	1108	1008	4438	4060	1188	1025	1215	621
艺术院校	5	3440	1572	3928	1837	13823	7521	4040	1896	1870	1180
民族院校											

普通高等学校专任教师学历情况

单位：人

指　　标	专任教师数	正高级	副高级	中　级	初　级	未定职称
总　计	**40558**	**7317**	**13018**	**16109**	**2679**	**1435**
研究生毕业	31754	6514	10209	12214	1636	1181
博　士	19037	5643	7530	5200	112	552
硕　士	12717	871	2679	7014	1524	629
高等学校本科毕业	8245	743	2677	3680	939	206
高等学校专科毕业及以下	559	60	132	215	104	48

普通高等学校专任教师年龄结构情况

单位：人

指　　标	专任教师数	正高级	副高级	中　级	初　级	未定职称
总　计	**40558**	**7317**	**13018**	**16109**	**2679**	**1435**
29岁及以下	2926	3	18	918	1295	692
30—34岁	7508	79	978	5281	824	346
35—39岁	8673	412	3121	4659	314	167
40—44岁	6545	980	2998	2363	123	81
45—49岁	5289	1600	2346	1249	40	54
50—54岁	5103	1932	2014	1070	44	43
55—59岁	2815	1249	1079	419	36	32
60—64岁	1032	686	235	100	2	9
65岁及以上	667	376	229	50	1	11

普通高等学校分学科专任教师

单位：人

指　标	专任教师数	正高级	副高级	中　级	初　级	未定职称
总　计	**40558**	**7317**	**13018**	**16109**	**2679**	**1435**
哲　学	983	186	301	395	64	37
经济学	2357	396	873	903	86	99
法　学	2804	455	777	1146	262	16
教育学	3710	287	831	1849	552	191
文　学	6308	755	1749	3135	401	268
历史学	480	157	128	166	14	15
理　学	4074	1191	1517	1113	104	149
工　学	11239	2513	4250	3916	393	167
农　学	320	78	124	80	30	8
医　学	2331	452	696	923	211	49
管理学	3100	491	1055	1250	196	108
艺术学	2852	356	717	1233	366	180

普通中等专业学校基本情况

单位：人

指　标	学校数（所）	毕业生数	招生数	在校学生数	预计毕业生	教职工数	#专任教师
总　计	**54**	**35466**	**22538**	**77382**	**25616**	**8041**	**4815**
中央部委属	1	994	501	1912	1011	210	89
市　属	51	34019	21734	74310	24189	7707	4677
民　办	2	453	303	1160	416	124	49
农林牧渔类		553	255	920	368		
资源环境类		1128	263	1142	401		
能源与新能源类		270	296	1029	342		
土木水利类		2313	1945	6301	1861		
加工制造类		4527	3550	12932	4149		
石油化工类		845	495	2403	578		
轻纺食品类		314	326	791	200		
交通运输类		2714	2377	8277	2830		
信息技术类		3877	2756	8913	3048		
医药卫生类		4908	2834	8516	2877		
休闲保健类		84	74	311	136		
财经商贸类		10728	4845	16888	6055		
旅游服务类		536	611	2159	746		
文化艺术类		1755	1287	4853	1384		
体育与健身		217	228	714	248		
教育类		92	116	337	93		
司法服务类		110					
公共管理与服务类		495	240	765	209		
其他			40	131	91		

普通中等专业学校分学科专任教师数

单位：人

指　　标	合　计	正高级	副高级	中　级	初　级	未定职称
总　计	**4815**	**27**	**1173**	**2389**	**1079**	**147**
文化基础课	1777		429	940	361	47
专业课	2875	27	736	1382	645	85
农林牧渔类	22		5	10	3	4
资源环境类	27		5	12	10	
能源与新能源类	44		16	21	4	3
土木水利类	129		39	57	24	9
加工制造类	436		142	185	100	9
石油化工类	84		31	35	13	5
轻纺食品类	59		18	29	11	1
交通运输类	217		47	106	61	3
信息技术类	354		73	193	83	5
医药卫生类	306	6	100	138	41	21
休闲保健类	6			5	1	
财经商贸类	443	1	89	229	115	9
旅游服务类	57		13	32	11	1
文化艺术类	320	16	64	168	61	11
体育与健身	204	4	60	90	47	3
教育类	60		10	18	32	
司法服务类	6		1	4	1	
公共管理与服务类	20		6	6	7	1
其　他	81		17	44	20	
实习指导课	163		8	67	73	15

普通中等专业学校专任教师学历情况

单位：人

指　　标	合　计	正高级	副高级	中　级	初　级	未定职称
专任教师数	**4815**	**27**	**1173**	**2389**	**1079**	**147**
博　士	29	3	11	11	1	3
硕　士	915	6	171	419	245	74
本　科	3671	13	971	1886	742	59
专　科	174	3	17	68	78	8
高中阶段及以下	26	2	3	5	13	3

普通中等专业学校专任教师年龄情况

单位:人

指　　标	合　计	正高级	副高级	中　级	初　级	未定职称
专任教师数	**4815**	**27**	**1173**	**2389**	**1079**	**147**
29岁及以下	632			52	457	123
30—34岁	915		16	548	338	13
35—39岁	715		93	499	122	1
40—44岁	721	1	222	436	61	1
45—49岁	788	4	357	373	49	5
50—54岁	696	10	321	333	30	2
55—59岁	340	9	160	147	22	2
60岁及以上	8	3	4	1		

中等职业学校机构数

单位:所

指　　标	合　计	中　央 部委属	地方所属	教育部门	非教育部门	民　办
总　　计	**104**	**2**	**96**	**46**	**50**	**6**
普通中专	54	1	51	16	35	2
职业高中	28		25	24	1	3
技工学校	7	1	6	1	5	
成人中专	15		14	5	9	1

中学校数、班数

指　　标	全　市	城　区	镇　区	乡　村	另有: 后方基地
学校数(所)	**768**	**608**	**128**	**32**	**8**
完全中学	91	83	6	2	1
高级中学	136	112	20	4	2
初级中学	358	283	61	14	3
九年一贯制学校	164	111	41	12	2
十二年一贯制学校	19	19			
班数(个)	**17141**	**14271**	**2472**	**398**	**159**
初　中	12527	10289	1911	327	104
高　中	4614	3982	561	71	55

中学分年级学生数

单位:人

指　　标	全　市	城　区	镇　区	乡　村	另有:后方基地
总　　计	**584205**	**486955**	**84814**	**12436**	**6267**
初中小计	**426789**	**352243**	**64386**	**10160**	**3933**
初　　一	112440	91376	17865	3199	950
初　　二	113510	92779	17914	2817	1004
初　　三	104361	86634	15512	2215	987
初　　四	96478	81454	13095	1929	992
高中小计	**157416**	**134712**	**20428**	**2276**	**2334**
高　　一	53145	45612	6681	852	867
高　　二	52670	44980	6892	798	742
高　　三	51601	44120	6855	626	725

教育系统所属中学学校数、班数、学生数

指　　标	全　市	城　区	镇　区	乡　村
学校数(所)	**660**	**509**	**124**	**27**
完全中学	67	60	5	2
高级中学	122	101	19	2
初级中学	321	248	60	13
九年一贯制学校	145	95	40	10
十二年一贯制学校	5	5		
班数(班)	**14996**	**12213**	**2411**	**372**
初　中	10831	8642	1876	313
高　中	4165	3571	535	59
学生数(人)	**508807**	**414334**	**82539**	**11934**
初　中	365429	292346	63182	9901
高　中	143378	121988	19357	2033

民办中学教学机构数、班数、学生数

指　　标	全　市	城　区	镇　区	乡　村
机构数(个)	**107**	**98**	**4**	**5**
完全中学	23	22	1	
高级中学	14	11	1	2
初级中学	37	35	1	1
九年一贯制学校	19	16	1	2
十二年一贯制学校	14	14		
班数(班)	**2113**	**2026**	**61**	**26**
初　中	1678	1629	35	14
高　中	435	397	26	12
学生数(人)	**74365**	**71588**	**2275**	**502**
初　中	60776	59313	1204	259
高　中	13589	12275	1071	243

2014年中学招生、毕业生数

单位:人

指　　标	全　市	城　区	镇　区	乡　村	另有:后方基地
2014年招生数	**165070**	**136580**	**24452**	**4038**	**1810**
初　中	112213	91189	17836	3188	943
高　中	52857	45391	6616	850	867
2014年毕业生数	**143197**	**120701**	**19797**	**2699**	**1757**
初　中	92226	77196	12992	2038	1054
高　中	50971	43505	6805	661	703

中学教职工、教师分部门人数

单位:人

指　　标	全　市	城　区	镇　区	乡　村	另有:后方基地
教职工数	**69517**	**57106**	**10703**	**1708**	**664**
教育部门办	60860	48829	10448	1583	
其他部门办	64	64			664
民　办	8593	8213	255	125	
其中:专任教师数	**54114**	**44628**	**8234**	**1252**	**506**
教育部门办	48044	38782	8057	1205	
其他部门办	54	54			506
民　办	6016	5792	177	47	

中学专任教师学历情况

指　　标	专任教师数	研究生毕业	大学本科毕业	大学专科毕业	高中阶段毕业	高中阶段毕业以下
初中(人)	**37133**	**2724**	**33625**	**774**	**8**	**2**
所占比重(%)	100.00	7.34	90.55	2.08	0.02	0.01
高中(人)	**16981**	**2543**	**14400**	**34**	**4**	
所占比重(%)	100.00	14.98	84.80	0.20	0.02	

中学专任教师职称情况

指　　标	专任教师数(人)	中学高级	中学一级	中学二级	中学三级	未评职称
初中(人)	**37133**	**4396**	**19427**	**11461**	**86**	**1763**
所占比重(%)	100.00	11.84	52.32	30.86	0.23	4.75
高中(人)	**16981**	**5435**	**7872**	**2939**	**23**	**712**
所占比重(%)	100.00	32.01	46.36	17.31	0.14	4.19

中学专任教师年龄情况

指　　标	专任教师数(人)	29岁及以下	30—39岁	40—49岁	50—59岁	60岁及以上
初中(人)	**37133**	**7669**	**14177**	**11805**	**3241**	**241**
所占比重(%)	100.00	20.65	38.18	31.79	8.73	0.65
高中(人)	**16981**	**2262**	**6997**	**5391**	**2190**	**141**
所占比重(%)	100.00	13.32	41.20	31.75	12.90	0.83

中学占地和校舍建筑面积数

单位:万平方米

指　　标	全　市	城　区	镇　区	乡　村
学校占地面积	2184.27	1583.61	489.68	110.98
# 运动场地面积	588.69	425.39	139.37	23.94
校舍建筑面积	1296.98	1058.42	197.85	40.71

分区县高中分年级在校生情况

单位:人

指　　标	毕业生数	招生数	高中在校生数	一年级	二年级	三年级
全市合计	**50971**	**52857**	**157416**	**53145**	**52670**	**51601**
黄浦区	3071	3418	9780	3434	3259	3087
徐汇区	3477	3923	11266	3942	3708	3616
长宁区	1781	1691	5212	1699	1721	1792
静安区	1273	1484	4200	1490	1433	1277
普陀区	2566	2723	8207	2770	2748	2689
闸北区	2294	2252	7066	2253	2444	2369
虹口区	2474	2384	7419	2398	2458	2563
杨浦区	3738	3639	11011	3666	3666	3679
闵行区	3489	3949	11266	3956	3679	3631
宝山区	3171	3434	10357	3453	3499	3405
嘉定区	1858	2190	6253	2202	2071	1980
浦东新区	11405	11776	34569	11801	11632	11136
金山区	1993	1940	6060	1986	2102	1972
松江区	2244	2520	7288	2530	2393	2365
青浦区	2023	1867	5768	1874	1962	1932
奉贤区	1944	1910	5978	1922	1971	2085
崇明县	2170	1757	5716	1769	1924	2023

分区县初中分年级在校生情况

单位：人

指　标	毕业生数	招生数	初中在校生数	一年级	二年级	三年级	四年级
全市合计	**92226**	**112213**	**426789**	**112440**	**113510**	**104361**	**96478**
黄浦区	3477	3351	14152	3358	3640	3566	3588
徐汇区	5652	5798	24087	5810	5953	6231	6093
长宁区	3006	3019	12986	3030	3278	3312	3366
静安区	1908	1866	7681	1867	1882	1954	1978
普陀区	4561	4636	19335	4654	4913	5000	4768
闸北区	4000	3938	16598	3940	4291	4259	4108
虹口区	3834	3865	15701	3873	3889	3969	3970
杨浦区	5270	4696	20039	4702	5092	5096	5149
闵行区	6949	10218	37258	10235	10437	8686	7900
宝山区	6661	9234	33428	9293	8702	8080	7353
嘉定区	4026	6505	23157	6525	6791	5391	4450
浦东新区	22489	29143	104961	29170	28247	24612	22932
金山区	3625	4951	17763	4951	4841	4159	3812
松江区	5359	7234	26687	7264	7217	6622	5584
青浦区	3602	4452	17653	4456	4900	4684	3613
奉贤区	4721	6119	23099	6122	6481	5741	4755
崇明县	3086	3188	12204	3190	2956	2999	3059

分区县中学基本情况

单位：人

指　标	学校数（所）	完全中学	高级中学	初级中学	九年一贯制学校	十二年一贯制学校	初高中学生数	教职工数	#专任教师	初　中	高　中
全市合计	**768**	**91**	**136**	**358**	**164**	**19**	**584205**	**69517**	**54114**	**37133**	**16981**
黄浦区	36	6	9	17	4		23932	3551	2638	1514	1124
徐汇区	37	9	7	18	2	1	35353	4259	3387	2069	1318
长宁区	26	4	4	14	2	2	18198	2834	1949	1320	629
静安区	15	4	3	6	2		11881	1631	1164	687	477
普陀区	47	9	4	15	18	1	27542	3668	2672	1901	771
闸北区	36	9	6	17	4		23664	3196	2304	1510	794
虹口区	38	4	10	18	6		23120	3246	2630	1595	1035
杨浦区	51	7	10	26	7	1	31050	4063	3223	2002	1221
闵行区	64	6	11	29	16	2	48524	5815	4433	3212	1221
宝山区	57	5	8	26	17	1	43785	4353	3661	2688	973
嘉定区	37	1	7	17	11	1	29410	3023	2405	1780	625
浦东新区	155	20	28	76	23	8	139530	14194	11955	8359	3596
金山区	30	1	8	18	3		23823	2856	2243	1566	677
松江区	36	3	5	9	18	1	33975	3768	2695	1976	719
青浦区	25	1	4	13	7		23421	2705	2163	1617	546
奉贤区	42		7	13	21	1	29077	3235	2365	1781	584
崇明县	36	2	5	26	3		17920	3120	2227	1556	671

实验性示范性中学(含重点及现代寄宿制)基本情况

单位:人

指　　标	总　计	市实验性示范性	市区	郊县	区县重点	市区	郊县
学校数(所)	**143**	**60**	**59**	**1**	**83**	**79**	**4**
班数(个)	**4318**	**1887**	**1859**	**42**	**2431**	**2336**	**95**
初　中	835	141	139	2	694	694	
高　中	3497	1760	1720	40	1737	1642	95
毕业生数	**47299**	**21813**	**21155**	**658**	**25486**	**24123**	**1363**
初　中	7655	1919	1844	75	5736	5736	
高　中	39644	19894	19311	583	19750	18387	1363
招生数	**47974**	**22160**	**21725**	**435**	**25814**	**24770**	**1044**
初　中	7248	1137	1137		6111	6111	
高　中	40726	21023	20588	435	19703	18659	1044
在校学生数	**150904**	**67050**	**65501**	**1549**	**83854**	**80499**	**3355**
初　中	29875	5113	5039	74	24762	24762	
高　中	121029	61937	60462	1475	59092	55737	3355
2014年预计毕业生数	**47778**	**22163**	**21531**	**632**	**25615**	**24448**	**1167**
初　中	8047	1970	1896	74	6077	6077	
高　中	39731	20193	19635	558	19538	18371	1167
教职工数	**19855**	**9274**	**9055**	**219**	**10581**	**9938**	**643**
其中:专任教师	15779	7316	7168	148	8463	7991	472
初　中	2485	391	391		2094	2094	
高　中	13294	6925	6777	148	6369	5897	472
学校占地面积(万平方米)	**693.84**	**422.37**	**407.35**	**15.02**	**271.47**	**250.18**	**21.29**
学校建筑面积(万平方米)	**446.78**	**269.74**	**262.57**	**7.17**	**177.04**	**166.94**	**10.10**

职业高中学校专任教师学历情况

单位:人

指　　标	合　计	研究生	大学本科	大学专科	高中阶段及以下
专任教师	**2838**	**319**	**2496**	**21**	**2**
正高级	1		1		
副高级	491	45	446		
中　级	1592	162	1423	6	1
初　级	667	87	567	13	
未定职称	87	25	59	2	1

职业高中学校专任教师年龄职称情况

单位：人

指　　标	专任教师	29岁及以下	30—39岁	40—49岁	50—59岁	60岁及以上
总　计	**2838**	**309**	**1064**	**1023**	**440**	**2**
正高级	1			1		
副高级	491		65	275	149	2
中　级	1592	5	662	657	268	
初　级	667	237	321	87	22	
未定职称	87	67	16	3	1	

职业高中(班)基本情况

单位：人

指　　标	学校数（所）	毕业生数	招生数	在校生数	预　计毕业生	教职工数	#专任教师
总　计	**28**	**10390**	**7841**	**27145**	**9643**	**3928**	**2838**
中央部门办							
地方教育部门	24	9796	7439	25604	9030	3847	2786
地方非教育部门	1	156	120	374	125	16	11
民　办	3	438	282	1167	488	65	41
农林牧渔类		101	44	252	107		
资源环境类							
能源与新能源类		44					
土木水利类							
加工制造类		1091	786	2768	883		
石油化工类							
轻纺食品类							
交通运输类		1790	1463	4883	1635		
信息技术类		1301	850	3352	1180		
医药卫生类			58	216	77		
休闲保健类		94	41	163	66		
财经商贸类		2278	1582	5554	2097		
旅游服务类		1589	1542	4868	1645		
文化艺术类		862	530	1908	801		
体育与健身		40	47	163	49		
教育类		847	564	2066	829		
司法服务类							
公共管理与服务类		146	46	173	70		
其他		207	288	779	204		

分区县职业高中学校(班)基本情况

单位:人

指　　标	学校数(所)	毕业生数	招生数	在　校学生数	预　计毕业生	教职工数	#专任教师
全市合计	**28**	**10390**	**7841**	**27145**	**9643**	**3928**	**2838**
黄浦区	4	880	565	1962	670	548	326
徐汇区	2	621	531	1637	552	243	171
长宁区	2	414	312	1201	419	192	119
静安区	1	420	49	142	36	204	143
普陀区	1	212	212	852	309	160	113
闸北区	1	241	271	838	176	153	108
虹口区	3	968	596	2277	922	348	237
杨浦区	1	499	457	1422	490	156	117
闵行区	1	664	506	1705	546	181	146
宝山区	2	772	720	2412	873	218	128
嘉定区	1					68	48
浦东新区	5	3481	2847	9645	3506	770	662
金山区							
松江区	2	350	245	798	258	321	254
青浦区	1	88	65	334	172	66	39
奉贤区							
崇明县	1	780	465	1920	714	300	227

小学校数、班数、学生数、教职工数

指　　标	全　市	教育部门	其他部门	民　办	另有：后方基地
学校数(所)	**757**	**582**	**1**	**174**	**8**
班数(班)	**20926**	**17129**	**21**	**3776**	**145**
学生数(人)	**802960**	**646230**	**720**	**156010**	**4400**
一年级	163536	135540	164	27832	521
二级级	178073	144195	149	33729	1140
三年级	163893	130434	138	33321	835
四级级	157712	126788	141	30783	920
五年级	136073	109273	128	26672	984
六年级	3673			3673	
教职工数(人)	**59619**	**49304**	**51**	**10264**	**535**
#专任教师数	51481	43260	45	8176	487

小学专任教师学历情况

指　　标	合　计	大学本科毕业及以上	大学专科毕　　业	高中阶段毕　　业	高中阶段毕业以下
专任教师(人)	**51481**	**37799**	**12776**	**900**	**6**
所占比重(%)	100.00	73.42	24.82	1.75	0.01

小学专任教师年龄职称情况

单位:人

指　标	专任教师	29岁及以下	30—39岁	40—49岁	50—59岁	60岁及以上
总　计	**51481**	**13163**	**17015**	**17508**	**3574**	**221**
中学高级教师	1055		202	696	140	17
小学高级教师	24724	75	7657	13950	2867	175
小学一级教师	18395	8332	7539	2168	347	9
小学二级教师	589	317	172	73	27	
小学三级教师	67	45	18	3	1	
未定职称	6651	4394	1427	618	192	20

小学占地和校舍建筑面积数

单位:万平方米

指　标	学校占地面积	运动场地面积	校舍建筑面积
全　市	**952.91**	**305.26**	**526.57**
城　区	698.55	226.18	423.58
镇　区	182.58	55.54	77.73
乡　村	71.77	23.54	25.26

分区县小学基本情况

单位:人

指　标	学校数(所)	毕业生数	招生数	在校学生数	一年级	二年级	三年级	四年级	五年级	六年级	教职工数	#专任教师
全市合计	**757**	**131246**	**163370**	**802960**	**163536**	**178073**	**163893**	**157712**	**136073**	**3673**	**59619**	**51481**
黄浦区	30	3152	4268	19661	4273	4426	3875	3825	3262		2171	1726
徐汇区	44	5496	8608	36844	8610	8365	6988	6926	5955		2785	2390
长宁区	23	3219	4589	20875	4598	4647	4051	4147	3432		1874	1538
静安区	12	1639	2239	10018	2243	2138	1925	2011	1701		1045	760
普陀区	25	4896	8216	34143	8223	7647	6530	6417	5326		2541	2349
闸北区	33	3702	5152	23660	5152	5197	4623	4734	3954		2091	1628
虹口区	33	3861	4866	22658	4873	4917	4495	4534	3839		2095	1858
杨浦区	44	4769	7060	30080	7063	6358	5807	5896	4956		2700	2398
闵行区	63	13477	19218	89676	19220	21005	18026	17152	14273		6004	5091
宝山区	70	11004	13678	64860	13703	13503	13581	12823	11250		4805	4413
嘉定区	39	8092	9789	48486	9811	10695	10250	9450	8280		3139	2632
浦东新区	165	31593	41726	201261	41747	47022	40583	38611	33298		12842	11853
金山区	31	5262	4806	27670	4807	5783	5652	5897	5531		2291	1915
松江区	35	10531	12473	64328	12486	14315	12951	12153	10516	1907	4093	3503
青浦区	45	7996	6501	46608	6524	9788	10437	9689	8404	1766	3550	2967
奉贤区	36	9097	7132	44070	7139	8395	10121	9762	8653		3121	2629
崇明县	29	3460	3049	18062	3064	3872	3998	3685	3443		2472	1831

幼儿园基本情况

指　标	全　市	教育部门	集体办	其他部门	民　办	另　有：后方基地
独立幼儿园(所)	1462	874	26	30	532	11
班数(班)	16890	11355	190	268	5077	75
幼儿数(人)	502889	338786	6300	7768	150035	2096
教职工数(人)	53352	31159	688	1281	20224	343
专任教师(人)	34861	24119	391	662	9689	195

幼儿园园长、教师学历情况

指　标	合　计	大学本科毕业及以上	大学专科毕业	高中阶段毕业	高中阶段毕业以下	合计中：幼教专业毕业
园长(人)	1900	1500	364	35	1	1656
所占比重(%)	100.00	78.95	19.16	1.84	0.05	87.16
专任教师(人)	34861	22638	10697	1462	64	26076
所占比重(%)	100.00	64.94	30.68	4.20	0.18	74.80

幼儿园园长、教师职称情况

指　标	中学高级	小学高级	小学一级	小学二级	小学三级	未定职称
园长(人)	451	1005	195	20	4	225
所占比重(%)	23.74	52.90	10.26	1.05	0.21	11.84
专任教师(人)	190	8473	13692	2200	279	10027
所占比重(%)	0.55	24.30	39.28	6.31	0.80	28.76

分区县幼儿园基本情况

单位:人

指　标	园数(所)	实际办园点数(个)	入　园幼儿数	离　园幼儿数	在　园幼儿数	教职工数	#专任教师	占地面积(万平方米)	校舍面积(万平方米)
全市合计	**1462**	**2010**	**165862**	**165810**	**502889**	**53352**	**34861**	**818.03**	**532.27**
黄浦区	47	62	3613	3961	11533	1327	909	8.41	8.75
徐汇区	85	118	6753	7149	22015	2726	1661	31.79	20.39
长宁区	41	59	4198	4314	13274	1600	1121	34.93	14.27
静安区	20	29	2135	1633	5634	751	446	4.87	4.33
普陀区	77	122	9036	8761	27382	2668	1908	35.86	26.85
闸北区	55	74	4699	5206	15048	1652	1105	23.45	16.19
虹口区	52	65	4223	4721	13315	1524	1031	17.68	13.25
杨浦区	84	114	6320	7319	22854	2324	1613	30.86	21.77
闵行区	155	222	20008	19051	61324	8702	4539	103.25	66.52
宝山区	156	169	16747	15842	50415	4672	3114	73.74	49.66
嘉定区	71	90	10362	10421	31329	2965	2073	53.73	33.61
浦东新区	280	416	35333	36439	109807	9987	7398	193.16	130.47
金山区	35	55	6254	5145	15480	1527	1110	37.13	18.91
松江区	109	140	17421	13098	42222	3809	2379	53.83	37.02
青浦区	79	129	8390	9172	24980	3156	1928	42.00	24.83
奉贤区	79	95	7560	9710	25889	2846	1720	45.87	29.55
崇明县	37	51	2810	3868	10388	1116	806	27.45	15.89

注:实际办园点数由市教委基教处提供。

分区县托儿所基本情况

指　　标	独立设置托儿所(所)	班数(个)	托儿数(人)	教职工数(人)	#教养员(人)
全市合计	**39**	**252**	**5550**	**848**	**467**
黄浦区	1	4	120	15	8
徐汇区	2	8	222	33	20
长宁区	17	25	629	94	49
静安区	2	8	180	29	20
普陀区					
闸北区	2	8	235	62	30
虹口区	5	38	967	78	46
杨浦区	3	26	616	32	13
闵行区					
宝山区					
嘉定区					
浦东新区	5	122	2299	447	253
金山区		5	119	27	12
松江区	2	8	163	31	16
青浦区					
奉贤区					
崇明县					

特殊教育学校基本情况

单位：人

指　　标	学校数(所)	班数(个)	学生数	教职工数	#专任教师
总　计	**29**	**475**	**7917**	**1587**	**1228**
视力残疾		26	215		
听力残疾		64	653		
智力残疾		367	6694		
其他残疾		18	355		
盲　　校	1	26	177	105	56
聋哑学校	4	64	515	251	167
弱智学校	22	352	3613	1103	886
其他学校	2	18	186	128	119
小学附设特教班		10	69		
中学附设特教班					
中职附设特教班		5	43		
小学随班就读			1227		
中学随班就读			2087		

注：1. 其他学校指对两类以上残疾人进行教育的学校。
2. 随班就读学生是普通中、小学学生的其中数，不计入独立特教校班数据中。

专门学校基本情况

单位:人

指　　标	学校数（所）	班数（个）	学生数	教职工数	#专任教师
全市合计	**13**	**86**	**1368**	**515**	**399**
黄浦区	1	4	23	27	18
徐汇区	1	5	57	31	23
长宁区	1	3	13	23	16
静安区	1	6	43	37	24
普陀区	1	3	13	27	19
闸北区	1	12	209	37	29
虹口区	1	4	27	28	23
杨浦区	1	6	72	27	21
闵行区	1	4	26	37	31
宝山区	1	11	220	35	28
嘉定区	1	1	50	31	21
浦东新区	1	12	383	106	94
金山区					
松江区					
青浦区					
奉贤区					
崇明县	1	15	232	69	52

注:专门学校原称“工读学校”。

成人本、专科分形式学生数

单位:人

指　标	毕业生数	#本科	招生数	#本科	在校生数	#本科	预计毕业生数	#本科
总　计	**51646**	**35287**	**52358**	**36396**	**168378**	**121108**	**60545**	**41432**
函　授	2685	1966	3241	2103	9447	6409	3439	2487
业　余	48859	33321	48992	34293	158464	114699	56803	38945
脱　产	102		125		467		303	

注:含普通高校举办的成人本专科及独立设置的成人高校学生。

网络本、专科学生数

单位:人

指　标	毕业生数	#本科	招生数	#本科	在校生数	#本科
总　计	**49002**	**13350**	**44775**	**13361**	**122464**	**33142**
成人生	49002	13350	44775	13361	122464	33142

成人本科分形式、分学科学生数

单位:人

指 标	毕业生数	招生数	在校生数	预计毕业生数
总 计	**35287**	**36396**	**121108**	**41432**
哲 学		4	49	
经济学	2728	1746	8175	2905
法 学	2386	1254	5285	2367
教育学	1033	888	3383	1293
文 学	3300	2474	9391	3644
历史学				
理 学	412	387	1420	499
工 学	5990	6638	21753	7622
农 学	134	146	398	151
医 学	2818	4739	13372	3715
管理学	15274	16940	53500	17660
艺术学	1212	1180	4382	1576

成人专科分形式、分学科学生数

单位:人

指 标	毕业生数	招生数	在校生数	预计毕业生数
总 计	**16359**	**15962**	**47270**	**19113**
农林牧渔大类	122	119	472	63
交通运输大类	1196	530	2027	885
生化与药品大类	47	61	222	92
资源开发与测绘大类				
材料与能源大类	92	148	490	200
土建大类	410	487	1377	562
水利大类				
制造大类	423	599	2358	867
电子信息大类	377	208	756	414
环保、气象与安全大类	29	23	58	25
轻纺食品大类	61	61	132	25
财经大类	8222	9154	24231	9018
医药卫生大类	1374	601	3501	1451
旅游大类	274	303	1042	668
公共事业大类	2047	1958	5287	2502
文化教育大类	1156	1035	3190	1324
艺术设计传媒大类	509	661	2033	997
公安大类				
法律大类	20	14	94	20

独立设置的成人高等学校专任教师学历情况

单位:人

指　　标	总　计	正高级	副高级	中　级	初　级	未定职称
专任教师数	**785**	**20**	**188**	**462**	**94**	**21**
博士生毕业	47	8	25	13		1
硕士生毕业	244		53	150	33	8
大学本科毕业	488	12	110	296	58	12
大学专科毕业及以下	6			3	3	

职业技术培训机构基本情况

单位:万人次

指　　标	学校数(所)	教学班(点)(个)	结业生数	注　册学生数	教职工数(人)	#专任教师	聘请校外教师(人)
总　计	**691**	**25967**	**200.71**	**183.79**	**16455**	**7611**	**11596**
职工技术培训学校	**21**	**1608**	**13.55**	**13.76**	**1273**	**959**	**528**
教育部门办和集体办	11	1357	9.25	9.37	1076	868	250
其他部门办	5	247	3.04	3.14	80	41	235
民办	5	4	1.26	1.26	117	50	43
农村技术培训学校	**116**	**5407**	**63.68**	**51.45**	**896**	**699**	**2042**
教育部门办和集体办	81	3905	35.01	29.29	735	612	1243
县办	64	2755	24.11	20.77	619	518	840
乡办	16	1130	10.84	8.46	109	89	369
村办	1	20	0.05	0.06	7	5	34
其他部门办	35	1502	28.67	22.16	161	87	799
民办							
其他培训机构	**554**	**18952**	**123.48**	**118.57**	**14286**	**5953**	**9026**
教育部门办和集体办	22	1066	6.84	8.95	1307	900	609
其他部门办	65	5391	30.15	23.11	1490	528	1844
民办	467	12495	86.50	86.51	11489	4525	6573

说明:表中结业生数、注册学生数均指一学年内的累计数。

校外教育单位和教职工数

单位:人

	少　年　宫		少年科技站		少　年　之　家	
	单位数(所)	教职工数	单位数(所)	教职工数	单位数(所)	教职工数
全市合计	**17**	**1127**	**5**	**192**	**1**	**27**
黄浦区	1	60	1	48		
徐汇区	1	88				
长宁区	1	40	1	34		
静安区	1	87				

续表

	少年宫		少年科技站		少年之家	
	单位数(所)	教职工数	单位数(所)	教职工数	单位数(所)	教职工数
普陀区	1	80				
闸北区	1	22	1	25		
虹口区	1	57				
杨浦区	1	38	1	46		
闵行区	1	71				
宝山区	1	52	1	39		
嘉定区	1	51			1	27
浦东新区	1	151				
金山区	1	77				
松江区	1	48				
青浦区	1	67				
奉贤区	1	56				
崇明县	1	82				

普通高等学校基本情况一览表(一)

单位:人

指标	专业(个)	在校研究生	# 专业学位	普通本专科							
				毕业生	# 本科	招生	# 本科	在校生	# 本科	预计毕业生	# 本科
总计	**2185**	**131806**	**45856**	**132411**	**85103**	**141931**	**91478**	**506644**	**364679**	**138771**	**92992**
部委属高校	**524**	**89827**	**32787**	**26064**	**25418**	**27868**	**25430**	**110676**	**105761**	**27159**	**26308**
复旦大学	71	16599	5996	3147	2915	3113	2876	12747	12041	3158	2927
上海交通大学	66	20020	7129	3695	3695	3797	3797	15971	15971	4292	4292
同济大学	76	18148	7392	4394	4298	4054	4054	18100	18005	4506	4411
华东理工大学	82	8674	2543	3629	3629	3738	3738	15195	15195	3729	3729
东华大学	55	6323	2039	3544	3544	3582	3582	14810	14810	3718	3718
华东师范大学	79	11688	3649	3621	3519	3451	3351	14192	13892	3500	3399
上海外国语大学	38	3093	1085	1713	1497	1554	1554	6027	6027	1460	1460
上海财经大学	38	5219	2891	1902	1902	1998	1998	7956	7956	1939	1939
上海海关学院	7	63	63	419	419	480	480	1864	1864	433	433
上海民航职业技术学院	12					2101		3814		424	
市属院校	**1661**	**41979**	**13069**	**106347**	**59685**	**114063**	**66048**	**395968**	**258918**	**111612**	**66684**
本科院校	**1022**	**41979**	**13069**	**70863**	**59685**	**70997**	**66048**	**280667**	**258918**	**77100**	**66684**
上海理工大学	53	6425	2524	4283	4283	4478	4478	17307	17307	4468	4468
上海大学	78	10967	2878	6491	5425	4884	4884	24042	23036	7941	6935
上海工程技术大学	96	1417		4545	3771	4958	4252	18425	16140	5183	4296
上海中医药大学	14	2219	1176	1071	842	875	814	4164	3706	1224	960
上海师范大学	92	5258	1457	5635	5223	5172	5172	21444	20649	5786	5404

续表

指标	专业(个)	在校研究生	#专业学位	普通本专科							
				毕业生	#本科	招生	#本科	在校生	#本科	预计毕业生	#本科
上海对外经贸大学	31	1619	564	2349	2241	2371	2283	9507	9172	2487	2359
上海应用技术学院	61	1132	214	4641	3856	3392	3275	15599	14705	4892	4285
上海海事大学	55	3289	1203	4460	3641	4366	4366	18577	17588	5657	4960
上海科技大学	3					207	207	207	207		
上海纽约大学	9					151	151	300	300		
上海电力学院	36	982		2525	2482	2540	2540	10535	10535	2775	2775
上海海洋大学	48	2415	524	3253	2967	3033	3033	12355	12087	3277	3009
华东政法大学	24	3725	1455	2943	2943	2926	2926	12024	12024	2964	2964
上海体育学院	19	1026	246	994	994	1108	1008	4160	4060	1025	1025
上海戏剧学院	17	288	111	454	454	436	436	1854	1854	487	487
上海音乐学院	7	590	334	302	302	406	406	1664	1664	388	388
上海杉达学院	34			2918	2466	3479	3212	12335	11305	3024	2526
上海立信会计学院	27	98	98	2552	2009	3152	2732	11076	9670	2755	2199
上海电机学院	45	188	188	3020	2011	3351	2680	12344	10037	3408	2470
上海金融学院	32			2079	1811	2326	2069	8740	7845	2291	1963
上海政法学院	28	244		2520	1946	2520	2380	9903	8903	3037	2535
上海第二工业大学	67	97	97	3188	2177	3380	2485	12063	9204	3408	2287
上海商学院	40			2901	1743	2829	2150	10175	7347	3015	1772
上海建桥学院	41			3252	2324	3723	3175	13413	11125	3312	2324
上海视觉艺术学院	16			816	816	995	995	4003	4003	1021	1021
上海兴伟学院	3			713		22	22	28	22	3	
上海外国语大学贤达经济人文学院	20			1281	1281	1756	1756	6599	6599	1356	1356
上海师范大学天华学院	26			1677	1677	2161	2161	7824	7824	1916	1916
专科院校	**76**			**6209**		**7426**		**19896**		**6251**	
上海医疗器械高等专科学校	23			1406		1610		4535		1396	
上海出版印刷高等专科学校	24			1414		1792		4913		1423	
上海旅游高等专科学校	12			828		1197		3446		1146	
上海公安高等专科学校	1			1019		806		1519		713	
上海医药高等专科学校	16			1542		2021		5483		1573	
高职学院	**563**			**29275**		**35640**		**95405**		**28261**	
上海行健职业学院	26			1354		1283		3963		1322	
上海城市管理职业技术学院	21			1215		1141		3529		1098	
上海交通职业技术学院	32			1437		1535		4025		1326	
上海海事职业技术学院	13			1337		801		3317		1422	
上海电子信息职业技术学院	27			2080		3108		8020		2450	

续表

指标	专业（个）	在校研究生	#专业学位	普通本专科 毕业生	#本科	招生	#本科	在校生	#本科	预计毕业生	#本科
上海科学技术职业学院	23			1389		1709		4529		1294	
上海农林职业技术学院	31			1182		1212		3126		860	
上海工艺美术职业学院	21			1286		1317		4173		1428	
上海建峰职业技术学院	33			1053		1501		3997		1200	
上海工会管理职业学院	27			1365		1894		4849		1380	
上海体育职业学院	4			169				278		163	
上海健康职业技术学院	11			764		1498		3873		1054	
上海东海职业技术学院	29			1447		2010		4965		1322	
上海新侨职业技术学院	30			1327		1973		4678		1207	
上海震旦职业学院	36			1267		1520		3641		902	
上海民远职业技术学院	19			716		387		1494		595	
上海欧华职业技术学院	11			428				588		304	
上海思博职业技术学院	21			1665		2183		5689		1667	
上海立达职业技术学院	27			1415		2098		5170		1334	
上海济光职业技术学院	29			1513		1981		4982		1276	
上海工商外国语职业学院	24			2082		2815		7218		2077	
上海邦德职业技术学院	22			861		1123		2702		660	
上海中侨职业技术学院	32			1341		1777		4470		1204	
上海电影艺术职业学院	14			582		774		2129		716	
上海中华职业技术学院											

普通高等学校基本情况一览表(二)

单位:人

指标	成人本专科在校生	#本科	教职工数	专任教师数	正副高	研究生学历	占地面积（万平方米）学校产权	非产权独用	校舍面积（万平方米）学校产权	非产权独用
总计	**160789**	**121108**	**73373**	**40558**	**20335**	**31754**	**3354.81**	**524.59**	**1881.32**	**370.42**
部委属高校	**71286**	**62690**	**32805**	**15369**	**10224**	**13836**	**1369.01**	**104.86**	**932.59**	**37.30**
复旦大学	9828	9401	6014	2542	1867	2378	216.30	28.70	182.75	17.45
上海交通大学	13384	13006	7203	2823	1979	2603	322.58		191.49	0.70
同济大学	13288	11986	6312	2674	1904	2388	256.79	12.52	168.20	14.74
华东理工大学	12369	8989	3513	1806	1117	1629	168.99		91.02	
东华大学	4173	3326	2294	1280	846	1078	124.67		77.29	
华东师范大学	8552	6771	4024	2145	1493	1927	115.22	63.63	121.43	3.31
上海外国语大学	4018	3574	1347	755	364	702	69.43		32.84	
上海财经大学	5637	5637	1557	1037	565	957	55.07		53.70	1.10
上海海关学院			278	143	60	114	31.23		9.36	
上海民航职业技术学院	37		263	164	29	60	8.73		4.50	
市属院校	**89503**	**58418**	**40568**	**25189**	**10111**	**17918**	**1985.79**	**419.74**	**948.73**	**333.12**
本科院校	**81990**	**58418**	**31730**	**19923**	**8776**	**15711**	**1588.05**	**157.74**	**771.87**	**185.34**

续表

指标	成人本专科在校生	#本科	教职工数	专任教师数	正副高	研究生学历	占地面积（万平方米）学校产权	占地面积（万平方米）非产权独用	校舍面积（万平方米）学校产权	校舍面积（万平方米）非产权独用
上海理工大学	4417	3513	2277	1594	612	1341	60.25	14.53	50.63	10.02
上海大学	16034	11262	5664	2824	1501	2411	183.77		116.04	8.03
上海工程技术大学	5245	3639	1519	1107	428	880	83.51	18.58	28.18	18.58
上海中医药大学	3400	2867	1347	759	333	580	0.82	29.53	2.64	16.48
上海师范大学	11960	9031	2827	1741	853	1448	154.16		76.75	
上海对外经贸大学	468	468	954	678	410	598	57.37	9.13	15.31	14.85
上海应用技术学院	4474	2696	1720	1135	471	810	101.40	4.65	58.59	5.18
上海海事大学	2443	1443	1862	1082	482	950	138.27	5.19	63.96	8.91
上海科技大学			170	46	42	46	59.87			4.65
上海纽约大学			299	91		91		1.90		8.12
上海电力学院	4640	4110	1137	750	353	642	41.65	10.03	31.40	9.39
上海海洋大学	5315	3083	1258	913	424	738	137.05	0.08	39.52	0.13
华东政法大学	3095	3001	1222	971	346	815	57.19		36.88	
上海体育学院	893	706	698	400	233	283	45.98		28.47	
上海戏剧学院	977	834	515	279	109	146	12.20		10.21	0.55
上海音乐学院	243	243	516	291	144	181	8.73		11.35	
上海杉达学院			762	565	209	369	49.28	4.53	28.64	1.30
上海立信会计学院	4236	3299	829	547	204	388	30.81	1.36	21.45	9.50
上海电机学院	3210	1830	962	654	235	576	96.16		37.28	
上海金融学院	3102	2156	689	464	205	346	26.44	18.70	14.30	10.63
上海政法学院	1944	1364	662	470	200	422	72.46		21.17	
上海第二工业大学	4539	2402	1042	648	296	429	41.04	5.54	23.51	6.58
上海商学院	1184	432	642	429	166	251	17.81	4.37	16.03	4.44
上海建桥学院	138	39	663	460	162	260	19.20	13.27	9.00	16.76
上海视觉艺术学院			389	292	123	167	49.21		12.08	4.13
上海兴伟学院	33		36	10	8	9	14.53	8.57	4.65	5.75
上海外国语大学贤达经济人文学院			501	333	100	257	8.66	1.93	7.50	7.27
上海师范大学天华学院			568	390	127	277	20.24	5.87	6.33	14.09
专科院校	**831**		**1940**	**1220**	**271**	**481**	**77.89**	**79.90**	**27.39**	**33.01**
上海医疗器械高等专科学校	69		311	198	57	135	20.25	1.70	4.05	2.17
上海出版印刷高等专科学校	58		347	201	50	124	20.71	9.88	5.88	7.92
上海旅游高等专科学校	94		247	159	39	99	0.78	21.73	1.57	6.05
上海公安高等专科学校			511	285	39	21	13.40	34.12	4.96	6.91
上海医药高等专科学校	610		524	377	86	102	22.76	12.48	10.92	9.97
高职学院	**6682**		**6898**	**4046**	**1064**	**1726**	**319.85**	**182.09**	**149.47**	**114.77**
上海行健职业学院	897		204	141	38	69	7.08	4.24	9.11	2.14
上海城市管理职业技术学院	559		295	162	44	49	19.06		11.22	0.34
上海交通职业技术学院	371		406	263	54	71	4.90	16.94	3.57	8.82
上海海事职业技术学院	225		210	89	21	29		7.39		10.40
上海电子信息职业技术学院	155		305	228	50	82	27.03	3.12	16.14	2.28

续表

指　　标	成人本专科在校生	#本科	教职工数	专　任教师数	正副高	研究生学历	占地面积（万平方米） 学校产权	非产权独用	校舍面积（万平方米） 学校产权	非产权独用
上海科学技术职业学院			251	154	50	85	21.40		11.86	
上海农林职业技术学院			214	117	20	78	26.74	41.33	2.51	9.51
上海工艺美术职业学院	186		295	212	66	58	19.22	0.53	7.88	1.21
上海建峰职业技术学院	214		218	154	45	59	13.21		9.54	
上海工会管理职业学院	65		289	217	46	107	28.60		10.82	
上海体育职业学院	254		517	221	84	19		9.40		4.76
上海健康职业技术学院	1339		291	188	60	110	11.90	5.61	4.31	3.74
上海东海职业技术学院	499		434	167	47	66	12.66		9.46	
上海新侨职业技术学院	262		324	157	30	81	13.87	8.57	8.25	2.62
上海震旦职业学院	325		348	186	62	94	5.77	9.61	4.47	6.24
上海民远职业技术学院			165	74	23	40		10.67		6.24
上海欧华职业技术学院			113	29	1	17		11.47		10.72
上海思博职业技术学院	396		285	194	65	71	33.19		3.62	7.45
上海立达职业技术学院			333	208	47	96	20.96	5.04	10.36	1.47
上海济光职业技术学院			250	150	47	59	11.25	2.59	5.86	4.30
上海工商外国语职业学院	475		431	332	65	174	19.88	3.43	15.64	3.43
上海邦德职业技术学院	322		241	103	22	44	5.13		4.84	0.57
上海中侨职业技术学院	138		324	194	62	111	17.98	15.49		20.67
上海电影艺术职业学院			155	106	15	57		26.68		7.88
上海中华职业技术学院										

成人高校基本情况一览表

单位：人

指　　标	学生情况				教职工数	#专任教师数	正高	副高	占地面积（平方米）		校舍面积（平方米）	
	毕业生	招　生	在校生	预　计毕业生					学校产权	非产权独用	学校产权	非产权独用
总　　计	**3754**	**2271**	**7589**	**4690**	**1549**	**785**	**20**	**188**	**687301**	**3694**	**556302**	**38120**
上海科技管理干部学院	38	20	83	27	92	22	2	4	16606		18551	
上海市黄浦区业余大学	651	257	728	471	138	93		20	46960		43805	
上海市徐汇区业余大学	296	211	762	527	93	62		16	40325		22553	
上海市长宁区业余大学	319	307	1758	1451	84	54	1	12	23581		35732	
上海市静安区业余大学	383	265	556	291	91	76		6	48576		59763	786
上海市普陀区业余大学	565	313	651	338	95	61	1	17	40266		31137	
上海市虹口区业余大学	110	79	213	134	73	38		6	21730	3694	29795	3694
上海市杨浦区业余大学	239	206	535	329	65	42	1	9	27714		22640	
上海市宝山区业余大学	439	134	582	443	99	52		10	29700		28912	3663
上海纺织工业职工大学	132	65	270	142	85	28		3	15267		32400	
上海医药职工大学	301	118	552	223	73	37		11	193802		64759	21190
上海开放大学					310	111	9	41	55904		62564	8787
上海市经济管理干部学院	111	143	370	107	136	33	2	14	24333		45551	
上海青年管理干部学院	170	153	529	207	115	76	4	19	102537		58140	

实验性示范性中学名单(一)

单位:所

地区		全市合计	黄浦区	徐汇区	长宁区	静安区	普陀区	闸北区	虹口区	杨浦区
市实验性示范性中学	校数	60	7	5	2	3	3	4	4	5
	校名		光明中学 卢湾高级中学 向明中学 上外附属大境中学 大同中学 敬业中学 格致中学	市二中学 南洋中学 南洋模范中学 上海中学 位育中学	市三女中 延安中学	华东模范中学 市西中学 育才中学	宜川中学 曹杨二中 晋元中学	市北中学 市六十中学 新中中学 回民中学	北郊中学 上外附中 华师大一附中 复兴中学	杨浦中学 控江中学 复旦附中 同济一附中 交大附中
区重点中学	校数	83	4	5	5	4	5	4	5	9
	校名		五爱高级中学 第八中学 第十中学 储能中学	徐汇中学 第四中学 中国中学 五十四中学 西南位育	复旦中学 天山中学 建青实验学校 华东政法附中 仙霞中学	市一中学 七一中学 民立中学 上戏附属高中	同济二附中 甘泉外国语 曹杨中学 长征中学 桐柏中学	风华中学 彭浦中学 久隆模范中学 第八中学	北虹中学 澄衷中学 继光中学 虹口中学 鲁迅中学	市东中学 上理工附中 中原中学 财大附中 少云中学 同济中学 复旦实验中学 民星中学 体育学院附属中学

实验性示范性中学名单(二)

单位:所

地区		闵行区	宝山区	嘉定区	浦东新区	金山区	松江区	青浦区	奉贤区	崇明县
市实验性示范性中学	校数	3	3	2	11	2	2	2	1	1
	校名	闵行中学 七宝中学 上师大附中闵行分校	吴淞中学 行知中学 上大附中	嘉定一中 交大附中嘉定分校	洋泾中学 实验学校 进才中学 建平中学 华师大二附中 南汇中学 川沙中学 浦东复旦附中分校 上海中学东校 上外附属浦东外国语学校 上师大附中	华师大三附中 金山中学	松江一中 松江二中	青浦中学 朱家角中学	奉贤中学	崇明中学
区重点中学	校数	4	5	3	18	4	1	1	2	4
	校名	莘庄中学 闵行二中 文来中学 田园中学	罗店中学 宝山中学 通河中学 顾村中学 行知实验中学	上外嘉定外国语 嘉定二中 安亭中学	东昌中学 上南中学 高桥中学 杨思中学 三林中学 周浦中学 新场中学 大团中学 浦东中学 陆行中学 香山中学 建平世纪中学 新川中学 北蔡中学 高行中学 南汇一中 交大附中浦东实验高中 文建中学	上师大二附中 张堰中学 枫泾中学 亭林中学	上师大附属外国语	青浦一中	致远中学 曙光中学	扬子中学 民本中学 城桥中学 堡镇中学

民办中学名单(一)

单位:所

地　区		全市合计	黄浦区	徐汇区	长宁区	静安区	普陀区	闸北区	虹口区	杨浦区
民办中学	校数	107	4	5	3	1	6	6	6	10
	校名		明珠中学 立达中学 震旦外国语中学 永昌学校(九)	西南高级中学 西南模范中学 华育中学 西南位育中学 世界外国语中学	包玉刚实验学校(九) 新世纪中学 新虹桥中学	上外静安外国语中学	兰田中学 培佳双语学校(十二) 新黄浦实验学校(九) 玉华中学 进华中学 桐柏中学	青中初级中学 风范中学 精文中学 田家炳中学 扬波中学 新和中学	迅行中学 新北郊初级中学 上外第一实验学校 瑞虹高级中学 新华初级中学 新复兴初级中学	沪东外国语高级中学 控江中学附属学校 存志中学 杨浦凯慧初级中学 上外附属双语学校(九) 东光明中学 杨浦实验学校 兰生复旦中学 同济大学实验学校(九) 交大飞达初级中学

民办中学名单(二)

单位:所

地　区		闵行区	宝山区	嘉定区	浦东新区	金山区	松江区	青浦区	奉贤区	崇明县
民办中学	校数	14	8	6	23	4	5	2	2	2
	校名	民办文绮中学 燎原实验学校(十二) 文来中学 万源城协和学校(九) 教育学院附中 协和双语尚音学校(九) 复旦万科实验学校(九) 上宝中学 星河湾双语学校(九) 协和双语高级中学 协和双语学校(九) 教科实验中学 上师初级中学 七宝德怀特	和衷中学 行知二中 建峰职业技术学院附属高中 日日学校(九) 锦秋学校(九) 交华中学 行中中学 同洲模范学校(十二)	远东学校(十二) 嘉一联合中学 桃李园实验学校(九) 怀少学校(九) 华二初级中学 斌鑫学校(九)	新竹园中学 华洋外国语学校 民远高级中学 浦东交中初级中学 兴知中学 育辛高级中学 常青中学 东方阶梯双语学校(九) 建平远翔学校 丰华高级中学 外高桥中学 弘德学校 东方世纪学校(十二) 金苹果学校(十二) 张江集团学校 中芯学校(十二) 平和学校(十二) 上师大附属第二外国语学校(十二) 工商外国语职业学院附属中学 尚德实验学校(十二) 进才外国语中学 前进中学 协和双语学校	金盟学校(九) 师大实验中学 交大南洋中学 枫叶国际学校	西外外国语学校(十二) 九峰实验学校 茸一中学 上大附属外国语中学 包玉刚实验高中	瑞大学校(九) 宋庆龄学校(九)	奉浦学校(十二) 铭远双语高中	民一中学 大通学校

民办小学名单(一)

单位:所

地区		全市合计	黄浦区	徐汇区	长宁区	静安区	普陀区
民办小学	校数	174	0	4	2	1	1
	校名			爱菊小学 逸夫小学 世界外国语小学 盛大花园小学	新世纪小学 东展小学	上外静安外国语小学	金洲小学

民办小学名单(二)

单位:所

地区		闸北区	虹口区	杨浦区	闵行区	宝山区	嘉定区
民办小学	校数	4	3	2	17	14	14
	校名	扬波外国语小学 童园(实验)小学 彭浦实验小学 童的梦实验小学	丽英小学 宏星小学 上外附属民办外国语小学	打一外国语小学 阳浦小学	双江小学 咏梅小学 弘梅第二小学 华星小学 华虹小学 弘梅小学 华博利星行小学 马桥小学 文博小学 文河小学 银星学校 育苗小学 振兴小学 浦江民办文汇学校 浦江文馨学校 民办塘湾小学 七宝外国语小学	申华小学 顾教小学 海兰小学 惠民小学 蓝天小学 罗希小学 洛和桥小学 山海小学 沈巷小学 沈宅小学 肖泾小学 杨东小学 杨行小学 益钢小学	杨林小学 中村小学 娄塘小学 华武小学 沪宁小学 庆宁小学 六里小学 包桥小学 仓场小学 行知小学 桃苑小学 天宇小学 少农小学 育红小学

民办小学名单(三)

单位:所

地区		浦东新区	金山区	松江区	青浦区	奉贤区	崇明县
民办小学	校数	44	9	19	23	16	1
	校名	博世凯外国语小学 阳光海川学校 昌林小学 福德小学 航头小学 金德小学 康桥工友小学 联营小学 梅林小学 明光金都小学 浦光小学 唐四小学 新苗小学 新星小学 宣桥小学 英才小学 育才小学 豫息小学 振华小学 智源小学 竹林小学 紫罗兰小学 博奥利星行小学 福山正达外国语小学 上外附属浦东外国语小学 新金童小学 博爱小学 大别山小学 航海小学 淮安小学 精忠小学 利民小学 鲁冰花小学 南浦小学 明辉小学 寿春小学 皖蓼小学 新农小学 徐庙小学 阳光小学 永辉小学 育苗小学 云翔小学 知见小学	金龙小学 东升小学 金安小学 新联小学 红扬小学 查山小学 水库小学 金山嘴小学 九阳小学	薛家小学 花桥村小学 张施小学 北干山小学 刘家小学 联庄小学 南门村小学 打铁桥村小学 众兴小学 陈春小学 潘家浜小学 马汤村小学 永悦小学 善荣小学 世泽小学 向阳小学 古松三村小学 新叶小学 昆港小学	隐贤小学 育才小学 蓝天小学 行知小学 青安小学 明天小学 双佳小学 新希望小学 阳光爱心小学 胜利小学 东方红小学 培英小学 民主小学 华益小学 秀龙小学 华夏小学 晨旭小学 叙中小学 小康小学 联合小学 旧青浦小学 曙光小学 立新小学	敬贤小学 民友小学 宏翔小学 曙光小学 童梦小学 致和小学 超群小学 福祉小学 志华小学 远航小学 青溪小学 厚才小学 蒲公英小学 育才小学 福星小学 星光小学	光辉小学

上海市国际学校名单

学 校 名 称	地 址
上海美国学校	闵行区金丰路258号
上海日本人学校	闵行区虹梅路3185号
上海英国学校	浦东沪南公路2729弄康桥半岛600号
上海法国学校	青浦区高光路350号
上海德国学校	青浦区高光路350号
上海韩国学校	闵行区华漕镇联友路355号
上海新加坡国际学校	闵行区朱建路301室
上海耀中国际学校	长宁区水城路11—15号
上海长宁国际学校	虹桥路1161号
上海协和国际学校	浦东金桥明月路999号
上海德威英国国际学校	浦东蓝桉路266号
上海西华国际学校	青浦区徐泾镇联民路555号
上海李文斯顿美国学校	长宁区甘溪路580号
上海虹桥国际学校	虹桥路2381号
上海不列颠英国学校	闵行区古北路1988号
上海惠灵顿国际学校	浦东新区耀龙路1500号
奥伊斯嘉上海日本语幼儿园	长宁区茅台路715弄20号
上海美丘第一幼儿园	闵行区虹许路788号(名都城内)
上海泰宁国际幼儿园	复兴西路43号
上海恩吉尔幼儿园	闵行区虹中路375号
上海东进日本人幼儿园	闵行区虹梅路3081号虹桥别墅内
上海骏台日本人补习中心	延安西路2633号美丽华商务中心B308室
上海青海韩国人补习中心	长宁区水城南路37号万科广场北楼705室
上海一麦日本人补习中心	虹梅北路3201弄26号101室
东进上海日本人补习中心	浦东新区花木路1883弄御翠园230号
上海日本人教育补习中心	长宁区水城南路55号六月汇广场5楼501室
上海新大一韩国人补习中心	长宁区荣华东道96号C座3楼
上海飞翔日本人补习中心	长宁区荣华东道96号维多利亚商务楼C座504—505室

上海市老年教育机构情况

指 标	机构数(个)	教职工数(人)	#专任教师	班级数(个)	学员数(人)
总 计	**291**	**23452**	**1739**	**25065**	**735695**
市级老年大学	4	494	41	790	27202
市级老年大学分校、系统校、区县老年大学	65	2327	343	3407	93483
街道、镇老年学校	222	20631	1355	20868	614010
另有:远程老年大学	1			511371	464745

说明:1. 2014年参加各类老年大学(学校)学习的60周岁及以上学员总数535702人,同比增加了0.9%;占上海市老年人总数387.62万人(2013年末统计数据)的13.8%。

2. 2014年上海远程老年大学集体收视(219941人)和有组织分散收视(291430人)合计511371人,其中60周岁及以上学员总数464745人,同比增长了1.7%;占上海市老年人总数87.62万人的12.0%。

历年研究生基本情况

单位:人

年份	合计			普通高等学校			科研单位		
	招生数	在读生数	毕业生数	招生数	在读生数	毕业生数	招生数	在读生数	毕业生数
1995	5301	14713	3355	4776	13378	3038	525	1335	317
1996	6507	16835	3860	5915	15307	3537	592	1528	323
1997	6725	18460	4475	6163	16841	4117	562	1619	358
1998	7874	21162	4642	7281	19499	4253	593	1663	389
1999	9413	24420	5611	8758	22656	5196	655	1764	415
2000	12652	30614	5868	11796	28582	5435	856	2032	433
2001	15826	39043	6817	14751	36528	6380	1075	2515	437
2002	19211	48896	7926	17848	45713	7481	1363	3183	445
2003	22524	59090	10079	20767	55092	9501	1757	3998	578
2004	25334	69437	13469	23545	64747	12788	1789	4690	681
2005	27692	78728	16741	25845	73557	15857	1847	5171	884
2006	30099	86906	19931	28250	81487	18833	1849	5419	1098
2007	30610	91763	23926	28748	86177	22691	1862	5586	1235
2008	32142	95498	25753	30195	89778	24431	1947	5720	1322
2009	37425	103492	28291	35418	97639	26949	2007	5853	1342
2010	38643	111717	28207	36619	105711	26843	2024	6006	1364
2011	40080	119017	30816	37971	112902	29431	2109	6115	1385
2012	44229	127014	34606	41899	120503	33189	2330	6511	1417
2013	46223	134799	35669	43659	127803	34148	2564	6996	1521
2014	43930	133554	36572	43353	131806	36013	577	1748	559

历年普通高等学校基本情况

单位:万人

年份	学校(所)	毕业生数	招生数	在校学生	教职工数	#专任教师
1995	45	3.96	4.43	14.41	6.58	2.15
1996	41	3.90	4.38	14.79	6.40	2.10
1997	39	3.90	4.51	15.38	6.26	2.01
1998	40	3.62	4.88	16.51	6.21	2.01
1999	41	4.03	6.32	18.63	6.03	2.01
2000	37	4.09	8.13	22.68	6.08	2.05
2001	45	4.28	9.86	28.00	6.17	2.17
2002	50	5.52	10.92	33.16	6.18	2.29
2003	57	7.12	12.03	37.85	6.31	2.44
2004	59	8.86	13.06	41.57	6.83	2.87

续表

年　份	学校(所)	毕业生数	招生数	在校学生	教职工数	#专任教师
2005	60	10.34	13.18	44.26	7.09	3.18
2006	60	11.05	14.04	46.63	7.17	3.39
2007	60	11.85	14.46	48.49	7.18	3.55
2008	61	12.21	14.58	50.29	7.31	3.69
2009	66	12.69	14.35	51.28	7.45	3.81
2010	66	13.37	14.46	51.57	7.42	3.92
2011	66	13.90	14.11	51.13	7.41	3.96
2012	67	13.98	13.67	50.66	7.33	4.01
2013	68	13.38	14.09	50.48	7.34	4.03
2014	68	13.24	14.19	50.66	7.34	4.06

历年成人高等学校基本情况

单位:万人

年　份	学校(所)	毕业生数	招生数	在校学生	教职工数	#专任教师
1995	66	1.66	2.43	7.55	1.19	0.52
1996	65	1.84	2.70	8.07	1.17	0.48
1997	64	2.32	2.78	8.16	1.15	0.46
1998	40	2.28	2.91	8.69	0.74	0.28
1999	39	2.27	3.67	9.82	0.77	0.33
2000	37	3.10	4.23	11.49	0.66	0.30
2001	31	2.77	5.38	13.83	0.53	0.24
2002	30	3.08	6.73	17.09	0.49	0.22
2003	27	4.24	7.22	19.80	0.45	0.21
2004	22	6.08	11.64	26.67	0.36	0.18
2005	21	7.68	9.32	22.45	0.32	0.15
2006	21	1.50	6.78	19.46	0.31	0.16
2007	21	5.20	7.26	20.68	0.30	0.15
2008	18	5.69	7.25	21.38	0.24	0.13
2009	18	5.97	6.94	21.33	0.23	0.13
2010	17	6.88	6.54	19.86	0.20	0.11
2011	17	6.06	5.79	18.86	0.19	0.10
2012	16	5.66	5.85	18.37	0.17	0.09
2013	15	5.40	5.44	17.46	0.16	0.09
2014	14	5.16	5.24	16.84	0.15	0.08

历年中等技术学校基本情况

单位:万人

年 份	学校(所)	毕业生数	招生数	在校学生	教职工数	#专任教师
1995	89	1.98	3.84	9.96	1.43	0.56
1996	88	1.82	3.11	9.32	1.39	0.54
1997	88	2.10	3.62	10.65	1.35	0.53
1998	85	2.51	4.20	12.15	1.31	0.52
1999	85	2.54	3.48	12.83	1.27	0.52
2000	83	3.80	2.98	11.77	1.25	0.51
2001	81	2.91	3.48	12.06	1.22	0.50
2002	81	2.94	3.93	12.65	1.18	0.50
2003	83	3.39	4.34	13.69	1.19	0.53
2004	82	3.08	3.87	14.05	1.12	0.53
2005	81	3.39	3.33	13.67	1.09	0.53
2006	81	3.52	3.47	13.70	1.06	0.52
2007	76	3.86	3.23	12.81	1.00	0.51
2008	73	3.71	3.24	12.08	0.97	0.51
2009	70	3.39	2.98	11.50	0.94	0.49
2010	65	3.34	2.99	10.91	0.91	0.50
2011	64	3.14	2.78	10.22	0.89	0.50
2012	61	2.77	2.76	9.88	0.85	0.48
2013	55	2.76	2.51	9.23	0.82	0.48
2014	54	3.55	2.25	7.74	0.80	0.48

历年普通中学基本情况

单位:万人

年 份	学校(所)	毕业生数	招生数	在校学生	教职工数	#专任教师
1995	756	18.38	25.94	72.40	7.22	4.65
1996	784	19.14	23.98	76.23	7.38	4.81
1997	812	24.46	23.69	74.43	7.49	4.87
1998	846	25.05	25.67	73.85	7.58	4.93
1999	855	23.28	27.24	76.68	7.67	5.03
2000	861	22.92	26.46	79.54	7.66	5.01
2001	865	24.91	26.42	80.23	7.65	5.04
2002	857	26.40	26.02	78.97	7.63	5.07
2003	844	25.77	23.04	75.47	7.60	5.08
2004	822	25.68	21.81	82.78	7.54	5.13
2005	807	25.39	20.90	77.02	7.46	5.12
2006	794	22.24	17.84	71.17	7.33	5.14

续表

年 份	学校(所)	毕业生数	招生数	在校学生	教职工数	
						#专任教师
2007	786	21.23	16.72	65.60	7.11	5.13
2008	774	20.09	16.63	61.77	6.89	5.03
2009	762	17.03	16.50	60.37	6.76	5.05
2010	755	16.13	16.33	59.44	6.73	5.07
2011	754	15.48	16.84	59.17	7.53	5.11
2012	760	14.91	17.00	59.04	7.58	5.18
2013	762	14.68	17.34	59.35	6.82	5.26
2014	768	14.32	16.51	58.42	6.95	5.41

历年小学基本情况

单位:万人

年 份	学校(所)	毕业生数	招生数	在校学生	教职工数	
						#专任教师
1995	1807	21.02	17.09	109.78	7.16	5.45
1996	1671	18.83	15.66	106.46	7.07	5.33
1997	1533	16.48	12.46	102.44	6.92	5.24
1998	1382	17.66	11.39	96.14	6.67	4.96
1999	1208	19.19	10.49	87.16	6.40	4.68
2000	1021	18.73	10.28	78.86	6.13	4.43
2001	852	17.43	10.27	72.28	5.87	4.23
2002	751	15.76	10.11	67.24	5.62	4.06
2003	686	12.87	10.05	64.83	5.34	3.88
2004	648	10.97	10.55	53.74	5.07	3.75
2005	640	10.93	10.36	53.50	4.94	3.74
2006	626	10.85	10.87	53.37	4.86	3.75
2007	615	10.55	11.00	53.33	4.84	3.85
2008	672	10.44	12.39	59.06	5.10	4.10
2009	751	11.36	13.86	67.12	5.48	4.43
2010	766	12.44	15.05	70.16	5.58	4.52
2011	764	13.09	16.94	73.11	4.82	4.63
2012	761	12.95	17.23	76.04	4.89	4.81
2013	759	13.45	18.10	79.25	5.81	4.98
2014	757	13.12	16.34	80.30	5.96	5.15

历年幼儿园基本情况

单位：万人

年　份	独立幼儿园（所）	幼儿数	教职工数	#专任教师
1995	1041	30.77	3.08	1.98
1996	970	26.82	2.95	1.83
1997	937	25.72	2.79	1.73
1998	944	24.91	2.60	1.60
1999	937	24.22	2.53	1.55
2000	958	24.12	2.52	1.50
2001	1003	23.40	2.42	1.44
2002	1001	24.21	2.42	1.46
2003	1014	25.22	2.47	1.49
2004	1017	26.58	2.56	1.55
2005	1035	28.70	2.79	1.70
2006	1057	29.98	3.04	1.88
2007	1058	31.32	3.19	2.02
2008	1058	32.88	3.36	2.17
2009	1111	35.38	3.60	2.36
2010	1252	40.03	4.09	2.67
2011	1337	44.42	4.58	2.92
2012	1401	48.06	4.90	3.13
2013	1446	50.10	5.10	3.29
2014	1462	50.29	5.34	3.49

历年特殊教育学校基本情况

单位：人

年　份	学校（所）	毕业生数	招生数	在校学生	教职工数	#专任教师
1995	39	363	1140	5728	1434	841
1996	39	620	910	6164	1512	929
1997	38	749	793	6313	1512	914
1998	36	656	722	5168	1580	953
1999	35	760	902	5269	1604	973
2000	34	844	1139	5407	1584	943
2001	32	615	731	5463	1599	946
2002	32	639	641	5529	1653	987
2003	31	767	692	5463	1629	985
2004	29	809	650	5358	1597	978
2005	28	853	692	5238	1598	1002

续表

年　份	学校(所)	毕业生数	招生数	在校学生	教职工数	#专任教师
2006	28	869	675	5043	1614	1047
2007	28	886	741	5043	1603	1092
2008	29	828	752	5131	1612	1115
2009	29	901	758	5044	1594	1121
2010	29	918	776	5036	1596	1143
2011	29	907	732	4927	1577	1158
2012	29	876	783	4885	1580	1177
2013	29	813	602	4724	1588	1207
2014	29	844	621	4603	1587	1228

小学基础信息统计表

单位名称	小学学校数（所）	在校生总数（人）	班　数（个）	多媒体进普通教室的班数(个)
上海市	**605**	**645925**	**17118**	**17187**
黄浦区	32	19378	663	634
徐汇区	42	32195	867	874
长宁区	22	19078	547	547
静安区	15	10026	316	331
普陀区	25	31764	882	870
闸北区	29	19863	585	585
虹口区	30	19764	598	598
杨浦区	41	25585	881	881
闵行区	45	60658	1565	1565
宝山区	69	52848	1399	1412
嘉定区	25	36290	862	862
浦东新区	121	169367	4275	4275
金山区	22	25374	636	636
松江区	17	38536	824	842
青浦区	22	32399	788	830
奉贤区	20	34854	856	856
崇明县	28	17221	542	557
委属单位	0	725	32	32

小学理科教学仪器达标学校统计表

单位名称	理科教学仪器达标校类别:达标(所)	理科教学仪器达标校类别:不达标(所)
上海市	**603**	**2**
黄浦区	32	0
徐汇区	42	0
长宁区	22	0
静安区	15	0
普陀区	25	0
闸北区	29	0
虹口区	30	0
杨浦区	41	0
闵行区	45	0
宝山区	66	2
嘉定区	25	0
浦东新区	121	0
金山区	22	0
松江区	17	0
青浦区	22	0
奉贤区	20	0
崇明县	28	0
委属单位	1	0

小学实验教学人员状况统计表

单位名称	实验教学人员合计(人)	专职实验教学人员(人)	兼职实验教学人员(人)	高级职称实验教学人员(人)	中级职称实验教学人员(人)	初级职称实验教学人员(人)	其他实验教学人员(人)
上海市	**1907**	**742**	**1165**	**160**	**1017**	**625**	**105**
黄浦区	106	45	61	9	61	34	2
徐汇区	44	31	13	7	24	8	5
长宁区	45	7	38	1	24	18	2
静安区	55	26	29	3	28	21	3
普陀区	68	31	37	2	40	24	2
闸北区	142	46	96	38	77	23	4
虹口区	94	30	64	12	54	27	1
杨浦区	151	86	65	10	63	74	4
闵行区	90	46	44	4	63	23	0
宝山区	177	71	106	14	103	43	17
嘉定区	101	26	75	3	52	30	16
浦东新区	440	151	289	32	200	175	33
金山区	81	44	37	5	42	28	6
松江区	36	16	20	0	24	10	2
青浦区	128	54	74	16	66	44	2
奉贤区	98	16	82	4	60	30	4
崇明县	48	14	34	0	34	12	2
委属单位	3	2	1	0	2	1	0

小学实验及功能教室数量统计表

单位名称	实验室及功能教室数量合计(个)	科学实验室(个)	综艺实践室(个)	体艺实验室(个)	计算机实验室(个)	语言实验室(个)	多媒体实验室(个)	其他实验室(个)	装备用房使用面积合计(万平方米)	实验室使用面积(万平方米)
上海市	**7088**	**898**	**597**	**2663**	**944**	**136**	**951**	**899**	**98.23**	**9.13**
黄浦区	337	39	31	98	42	4	94	29	2.41	0.38
徐汇区	521	60	23	181	65	0	28	164	4.70	0.40
长宁区	215	25	14	73	29	11	25	38	2.22	0.34
静安区	189	22	19	69	27	2	19	31	1.29	0.26
普陀区	315	51	28	110	44	5	34	43	2.79	0.41
闸北区	230	34	20	93	32	0	24	27	2.05	0.39
虹口区	323	37	18	120	40	4	74	30	2.50	0.29
杨浦区	457	65	22	199	67	1	50	53	3.81	0.48
闵行区	520	77	58	209	74	1	60	41	10.19	1.09
宝山区	687	72	33	251	100	6	155	70	5.52	0.66
嘉定区	358	42	30	130	37	2	17	100	4.24	0.38
浦东新区	1622	183	164	563	201	98	256	157	41.05	1.93
金山区	238	29	22	102	32	0	32	21	3.92	0.35
松江区	191	41	24	99	25	0	0	2	2.51	0.40
青浦区	292	41	34	129	43	1	23	21	2.58	0.50
奉贤区	278	40	24	111	40	0	30	33	3.49	0.58
崇明县	305	38	33	121	43	1	30	39	2.92	0.29
委属单位	10	2	0	5	3	0	0	0	0.02	0.01

小学实验及功能教室装备状况统计表(一)

单位名称	实验室及功能教室仪器器材设备原价合计(万元)	仪器(万元)	科学仪器(万元)	数学仪器(万元)	科学室设备(万元)
上海市	**117432.73**	**9912.18**	**8583.32**	**1328.86**	**8053.87**
黄浦区	6053.54	1721.91	1670.86	51.06	268.21
徐汇区	10735.01	485.42	314.65	170.77	336.99
长宁区	3581.02	157.37	146.02	11.35	147.38
静安区	2863.81	145.80	123.79	22.02	305.78
普陀区	5394.51	156.02	131.81	24.21	361.04
闸北区	8554.48	391.99	300.51	91.47	1646.81
虹口区	6467.77	321.61	253.68	67.93	177.69
杨浦区	4930.72	482.26	414.62	67.63	295.61
闵行区	9296.70	607.54	513.82	93.72	619.44
宝山区	11285.32	513.78	452.28	61.49	261.88
嘉定区	6379.43	649.42	576.21	73.21	347.44
浦东新区	23722.00	1830.47	1629.69	200.79	1453.73
金山区	3803.33	389.28	316.63	72.66	311.25
松江区	1995.13	372.18	325.78	46.40	222.49
青浦区	3534.76	621.97	544.07	77.91	546.61
奉贤区	3586.27	509.76	410.11	99.65	386.73
崇明县	5226.45	554.40	457.80	96.60	363.79
委属单位	22.50	1.00	1.00	0.00	1.00

小学实验及功能教室装备状况统计表(二)

单位名称	功能教室器材设备(万元)	综合实践器材设备(万元)	体艺室器材设备(万元)	计算机室器材设备(万元)	语言室器材设备(万元)	其他功能教室器材设备(万元)
上海市	**99466.68**	**6127.49**	**24911.06**	**30914.65**	**2379.93**	**35133.55**
黄浦区	4063.42	172.95	1248.09	1568.87	47.42	1026.09
徐汇区	9912.59	89.75	2247.11	2833.81	0.00	4741.92
长宁区	3276.28	136.39	783.54	992.34	248.00	1116.01
静安区	2412.22	266.26	827.28	670.52	30.73	617.42
普陀区	4877.44	207.59	1027.39	2434.10	58.93	1149.44
闸北区	6515.68	194.98	626.18	1876.10	1.62	3816.80
虹口区	5968.47	945.72	1094.82	1355.26	99.80	2472.86
杨浦区	4152.85	159.07	1288.72	922.31	31.22	1751.53
闵行区	8069.72	1160.07	2640.03	2648.04	3.01	1618.56
宝山区	10509.65	136.49	2570.04	3070.66	113.86	4618.61
嘉定区	5382.57	174.34	1374.47	927.58	3.73	2902.44
浦东新区	20437.80	1404.87	4710.04	6726.69	1681.66	5914.53
金山区	3102.81	149.40	842.95	883.36	0.00	1227.10
松江区	1400.46	225.21	570.52	575.72	0.00	29.02
青浦区	2366.17	281.99	908.64	852.34	0.00	323.21
奉贤区	2689.78	233.51	883.59	1125.39	57.24	390.04
崇明县	4308.26	188.89	1267.15	1431.55	2.71	1417.96
委属单位	20.50	0.00	0.50	20.00	0.00	0.00

小学计算机、校园网装备状况统计表

单位名称	计算机台数(台)	拥有校园网的学校数(所)	拥有计算机室的学校数(万元)	计算机原价总金额(万元)	网络及外部设备原价总金额(万元)	多媒体设备总金额(万元)
上海市	**157732**	**591**	**605**	**74488.06**	**27676.80**	**59468.16**
黄浦区	8764	30	32	4766.25	1010.05	2735.83
徐汇区	9857	41	42	4461.18	1480.49	3265.63
长宁区	5356	22	22	2885.95	1402.65	2000.69
静安区	4868	13	15	2692.28	1320.69	1682.90
普陀区	5876	25	25	3278.11	919.72	2652.43
闸北区	6049	29	29	2616.75	794.51	1709.32
虹口区	8826	30	30	3684.54	943.33	2634.32
杨浦区	9577	41	41	4502.25	1817.39	3251.87
闵行区	14983	45	45	6847.42	2277.72	3690.36
宝山区	12867	61	69	5001.62	2373.42	4013.47
嘉定区	6120	25	25	3190.77	1258.52	2610.52
浦东新区	34853	121	121	17234.82	7787.02	18888.10
金山区	5171	21	22	2332.97	699.06	1389.94
松江区	4593	17	17	1946.99	326.48	1640.83
青浦区	6148	22	22	2670.74	949.79	1455.90
奉贤区	6116	20	20	2893.96	868.55	3305.44
崇明县	7463	28	28	3358.97	1427.42	2520.62
委属单位	245	0	0	122.50	20.00	20.00

小学当年购置教育技术装备经费情况

单位名称	当年教育技术装备购置经费总计(万元)	当年教育技术装备财政拨款(万元)	当年教育技术装备自筹及其他(万元)
上海市	**46932.62**	**43838.67**	**3093.95**
黄浦区	1214.04	1166.43	47.61
徐汇区	1688.27	1688.27	0.00
长宁区	1855.27	1708.94	146.33
静安区	1888.45	1842.73	45.71
普陀区	2353.88	2353.88	0.00
闸北区	3728.16	3390.84	337.32
虹口区	2536.34	2268.36	267.98
杨浦区	2537.36	2537.36	0.00
闵行区	4095.50	4095.50	0.00
宝山区	2949.24	2665.47	283.77
嘉定区	1793.67	1793.67	0.00
浦东新区	12286.65	11193.69	1092.96
金山区	1879.16	1386.17	492.99
松江区	518.25	381.14	137.11
青浦区	1082.18	890.46	191.72
奉贤区	2182.74	2178.39	4.35
崇明县	2343.46	2297.35	46.10
委属单位	0.00	0.00	0.00

小学实验及功能教室使用状况统计表

单位名称	自然(科学与技术)实验演示开出率(%)	自然(科学与技术)实验分组开出率(%)
上海市	**98.75**	**98.87**
黄浦区	99.46	99.88
徐汇区	100.00	100.00
长宁区	99.49	100.07
静安区	100.00	100.00
普陀区	97.94	98.86
闸北区	96.02	96.59
虹口区	100.00	99.30
杨浦区	100.00	100.00
闵行区	100.00	99.95
宝山区	96.14	97.01
嘉定区	100.00	98.96
浦东新区	94.77	94.77
金山区	100.00	100.00
松江区	100.00	100.07
青浦区	100.00	94.67
奉贤区	100.00	100.21
崇明县	93.67	99.29
委属单位	100	100

小学图书室(馆)管理人员状况统计表

单位名称	图书室(馆)管理人员总计(人)	专职图书室(馆)管理人员(人)	兼职图书室(馆)管理人员(人)	高级职称图书室(馆)管理人员(人)	中级职称图书室(馆)管理人员(人)	初级职称图书室(馆)管理人员(人)	其他图书室(馆)管理人员(人)
上海市	**849**	**470**	**379**	**22**	**332**	**312**	**183**
黄浦区	37	15	22	1	12	22	2
徐汇区	47	31	16	0	13	23	11
长宁区	26	2	24	1	14	8	3
静安区	16	11	5	0	7	9	0
普陀区	31	15	16	0	11	12	8
闸北区	31	12	19	2	12	16	1
虹口区	60	37	23	2	34	20	4
杨浦区	49	26	23	0	12	33	4
闵行区	62	44	18	2	30	27	3
宝山区	74	42	32	2	38	18	16
嘉定区	39	36	3	0	1	22	16
浦东新区	166	74	92	2	37	59	68
金山区	40	22	18	2	25	3	10
松江区	30	19	11	3	9	7	11
青浦区	52	28	24	3	33	8	8
奉贤区	40	21	19	2	17	12	9
崇明县	48	34	14	0	27	13	8
委属单位	1	1	0	0	0	0	1

小学图书室(馆)设施状况统计表

单位名称	建有图书室学校数(所)	阅览室数量(个)	电子阅览室数量(个)	藏书室数量(个)	资料室等数量(个)	阅览室使用面积(平方米)	电子阅览室使用面积(平方米)	藏书室使用面积(平方米)	资料室等使用面积(平方米)
上海市	**591**	**925**	**280**	**796**	**424**	**88527.60**	**16909.80**	**80366.30**	**15377.10**
黄浦区	30	37	13	22	12	3831.50	714.80	1439.60	340.10
徐汇区	40	72	10	36	19	5282.10	420.20	1514.10	452.40
长宁区	22	30	11	20	19	2553.00	629.00	1404.00	738.00
静安区	13	20	9	10	9	2200.80	565.50	300.00	332.50
普陀区	25	37	7	25	18	3811.40	391.10	1700.60	609.10
闸北区	29	38	20	24	19	2600.10	844.80	1481.00	630.00
虹口区	30	33	10	32	19	3332.50	493.20	1895.40	626.00
杨浦区	41	58	11	41	30	4467.50	763.00	1929.00	969.00
闵行区	45	61	38	54	40	7966.30	2531.40	3808.10	2019.80
宝山区	61	90	32	183	33	7711.50	1666.10	41361.10	1082.60
嘉定区	25	45	18	29	23	5356.60	1166.70	1630.30	1298.20
浦东新区	121	206	59	172	111	19996.80	3982.20	11111.40	3761.20
金山区	22	32	6	27	15	3081.00	350.00	2170.00	416.80
松江区	17	24	4	20	16	3541.00	325.00	1710.00	740.00
青浦区	22	53	15	32	17	5408.80	1093.40	2445.10	539.40
奉贤区	20	39	10	30	13	3554.20	642.60	2407.50	496.00
崇明县	28	49	6	38	11	3491.50	276.00	1989.90	326.00
委属单位	0	1	1	1	0	341.00	54.80	69.20	0.00

小学图书室(馆)藏书状况统计表

单位名称	图书数量（万册）	图书金额（万册）	电子图书数量（万册）	电子图书金额（万元）
上海市	**2274.20**	**32577.49**	**367.90**	**1368.58**
黄浦区	75.25	925.15	2.70	70.06
徐汇区	117.13	1822.46	2.40	153.23
长宁区	98.26	1022.50	0.34	5.80
静安区	42.43	809.10	0.83	25.87
普陀区	86.81	1114.05	0.37	17.84
闸北区	86.18	1303.61	11.09	80.42
虹口区	93.58	1063.18	3.76	11.64
杨浦区	108.03	1479.14	0.13	7.61
闵行区	189.47	3225.59	1.75	131.51
宝山区	229.86	2593.85	296.64	141.70
嘉定区	102.93	1613.75	10.05	64.92
浦东新区	542.01	7611.12	21.22	367.32
金山区	102.78	1641.64	1.28	41.57
松江区	89.69	1592.61	3.54	35.55
青浦区	105.68	1674.85	3.39	20.08
奉贤区	115.48	1767.11	4.24	102.61
崇明县	82.12	1297.68	4.16	90.86
委属单位	6.50	20.10	0.00	0.00

小学图书室(馆)当年购置情况统计表

单位名称	当年图书购置经费合计(万元)	当年图书购置财政拨款(万元)	当年图书购置自筹及其他(万元)
上海市	**4275.76**	**3690.08**	**585.68**
黄浦区	84.72	80.99	3.73
徐汇区	209.53	203.25	6.28
长宁区	96.19	72.97	23.21
静安区	81.41	81.41	0.00
普陀区	132.43	132.43	0.00
闸北区	126.85	102.96	23.89
虹口区	84.60	58.36	26.24
杨浦区	224.72	218.58	6.14
闵行区	403.46	403.46	0.00
宝山区	293.20	177.67	115.52
嘉定区	265.32	241.65	23.67
浦东新区	1138.79	959.73	179.06
金山区	190.56	170.47	20.09
松江区	166.31	158.31	8.00
青浦区	166.54	122.51	44.03
奉贤区	386.77	382.86	3.91
崇明县	224.38	122.46	101.92
委属单位	4.00	4.00	0.00

中学基础信息统计表

单位名称	学校数(所)	在校生人数(人)	班数(个)	多媒体进普通教室的班数(个)
上海市	**655**	**509167**	**15058**	**15677**
黄浦区	32	21625	749	855
徐汇区	30	26222	787	882
长宁区	23	17710	612	612
静安区	17	11602	384	463
普陀区	40	23798	733	787
闸北区	30	19743	638	638
虹口区	32	15515	527	514
杨浦区	39	21584	787	808
闵行区	49	38101	1170	1170
宝山区	49	38127	1040	1192
嘉定区	30	25958	715	715
浦东新区	128	125794	3497	3499
金山区	25	22052	619	625
松江区	28	25706	685	685
青浦区	22	23148	627	687
奉贤区	40	27961	729	729
崇明县	35	16816	553	608
委属单位	6	7705	206	208

中学理科教学仪器达标学校统计表

单位名称	开展理科实验操作考核的学校(所)	理科教学仪器达标类别:达标(所)	理科教学仪器达标类别:不达标(所)
上海市	**644**	**652**	**3**
黄浦区	32	32	0
徐汇区	30	30	0
长宁区	23	23	0
静安区	16	17	0
普陀区	38	40	0
闸北区	30	30	0
虹口区	32	32	0
杨浦区	39	39	0
闵行区	49	49	0
宝山区	44	47	2
嘉定区	27	30	0
浦东新区	128	128	0
金山区	25	25	0
松江区	28	28	0
青浦区	22	22	0
奉贤区	40	40	0
崇明县	35	34	1
委属学校	6	6	0

中学实验教学人员状况统计表

单位名称	实验教学人员合计(人)	其中专职实验教学人员(人)	兼职实验教学人员(人)	高级职称实验教学人员(人)	中级职称实验教学人员(个)	初级职称实验教学人员(个)
上海市	**3705**	**2044**	**1661**	**575**	**1805**	**1047**
黄浦区	236	161	75	63	94	64
徐汇区	74	49	25	3	24	28
长宁区	146	82	64	16	77	49
静安区	91	68	23	10	44	35
普陀区	104	47	57	8	68	19
闸北区	315	279	36	87	162	57
虹口区	122	60	62	14	74	27
杨浦区	214	139	75	20	102	83
闵行区	168	68	100	21	86	61
宝山区	312	190	122	59	159	64
嘉定区	241	173	68	43	119	60
浦东新区	846	411	435	100	382	250
金山区	116	40	76	16	56	32
松江区	88	44	44	2	56	22
青浦区	193	75	118	45	94	53
奉贤区	246	90	156	34	118	86
崇明县	113	37	76	22	58	25
委属学校	80	31	49	12	32	32

中学实验及功能教室数量统计表(一)

单位名称	实验室及功能教室数量合计(个)	物理实验室及功能教室(个)	化学实验室及功能教室(个)	生物实验室及功能教室(个)	通用技术/综合实践实验室及功能教室(个)	体艺实验室及功能教室(个)
上海市	**10908**	**1177**	**1067**	**921**	**821**	**2655**
黄浦区	514	61	59	46	46	131
徐汇区	595	53	45	45	32	149
长宁区	437	53	41	36	22	94
静安区	345	29	25	24	16	71
普陀区	745	65	64	50	52	173
闸北区	446	54	46	39	26	133
虹口区	454	46	42	35	36	91
杨浦区	554	64	61	55	48	129
闵行区	728	77	71	64	70	210
宝山区	819	82	75	67	48	182
嘉定区	494	52	49	37	32	135

续表

单位名称	实验室及功能教室数量合计（个）	物理实验室及功能教室（个）	化学实验室及功能教室（个）	生物实验室及功能教室（个）	通用技术/综合实践实验室及功能教室（个）	体艺实验室及功能教室（个）
浦东新区	2396	249	217	185	188	535
金山区	362	47	43	35	34	95
松江区	415	55	49	40	34	124
青浦区	304	45	39	34	21	66
奉贤区	508	55	53	49	44	117
崇明县	539	53	50	43	45	155
委属学校	253	37	38	37	27	65

中学实验及功能教室数量统计表(二)

单位名称	计算机实验室及功能教室（个）	语言实验室及功能教室（个）	多媒体实验室及功能教室（个）	其他实验室及功能教室（个）	装备用房使用面积合计（万平方米）	其中实验室使用面积（万平方米）
上海市	**1296**	**288**	**1521**	**1162**	**155.81**	**40.94**
黄浦区	68	20	39	44	5.70	2.09
徐汇区	62	2	32	175	8.90	1.45
长宁区	54	23	64	50	5.20	1.58
静安区	42	4	114	20	3.71	1.04
普陀区	94	20	147	80	8.26	2.39
闸北区	59	1	46	42	7.10	1.62
虹口区	48	16	97	43	7.57	2.04
杨浦区	73	5	75	44	6.08	1.81
闵行区	98	12	73	53	11.52	2.33
宝山区	92	9	173	91	11.67	2.86
嘉定区	59	11	25	94	6.82	1.64
浦东新区	255	131	430	206	34.21	9.76
金山区	43	7	30	28	5.07	1.42
松江区	62	10	7	34	8.64	1.53
青浦区	43	3	28	25	4.09	2.08
奉贤区	62	7	60	61	7.54	2.79
崇明县	57	3	63	70	6.41	1.39
委属学校	25	4	18	2	7.34	1.12

中学实验及功能教室装备状况统计表(一)

单位名称	实验室及功能教室仪器器材设备原价合计(万元)	仪器(万元)	物理仪器(万元)	化学仪器(万元)	生物仪器(万元)	数学地理仪器(万元)
上海市	**217458.23**	**35730.69**	**14476.88**	**6270.19**	**11110.58**	**3873.05**
黄浦区	13464.76	2210.93	786.19	493.54	595.62	335.58
徐汇区	18728.04	2947.28	1170.07	595.78	992.20	189.23
长宁区	12431.99	1631.29	674.26	289.01	433.18	234.84
静安区	8071.80	1466.33	467.37	95.73	616.18	287.05
普陀区	10191.24	1233.72	528.54	182.84	296.19	226.15
闸北区	11214.91	762.42	382.22	131.44	185.73	63.02
虹口区	6790.08	2044.82	948.18	292.74	480.97	322.93
杨浦区	7617.46	1768.24	825.89	267.49	450.58	224.28
闵行区	14132.21	2415.14	962.00	360.73	847.47	244.95
宝山区	18101.34	1739.76	789.90	274.55	564.15	111.16
嘉定区	12489.43	1725.25	556.94	239.11	615.71	313.49
浦东新区	44364.23	8116.23	3634.04	1373.78	2563.84	544.57
金山区	6619.54	1012.92	499.69	185.51	287.57	40.16
松江区	6075.32	1016.01	339.24	263.37	333.69	79.71
青浦区	4003.60	746.68	261.09	176.05	224.76	84.77
奉贤区	7734.59	1530.53	553.51	261.46	548.16	167.41
崇明县	9951.96	1531.57	606.06	269.15	510.24	146.12
委属学校	5475.72	1831.58	491.69	517.90	564.35	257.64

中学实验及功能教室装备状况统计表(二)

单位名称	实验室设备合计(万元)	物理室设备(万元)	化学室设备(万元)	生物室设备(万元)
上海市	**26991.28**	**9422.84**	**9357.86**	**8210.58**
黄浦区	1433.42	562.97	555.72	314.73
徐汇区	1437.03	443.01	546.18	447.85
长宁区	894.68	310.99	284.15	299.54
静安区	978.55	360.40	281.07	337.09
普陀区	1718.13	597.88	662.95	457.30
闸北区	938.90	293.70	353.86	291.34
虹口区	884.34	362.73	220.91	300.70
杨浦区	1105.59	327.51	438.87	339.21
闵行区	2066.64	686.20	726.09	654.35

续表

单位名称	实验室设备合计(万元)	物理室设备(万元)	化学室设备(万元)	生物室设备(万元)
宝山区	1359.02	470.59	501.87	386.56
嘉定区	1410.81	460.57	582.60	367.64
浦东新区	5831.15	2112.29	2041.76	1677.10
金山区	1075.13	453.41	321.25	300.47
松江区	1013.02	377.47	359.25	276.30
青浦区	968.58	237.47	281.90	449.21
奉贤区	1301.42	394.71	476.85	429.86
崇明县	1114.32	398.84	425.28	290.19
委属学校	1460.53	572.11	297.29	591.13

中学实验及功能教室装备状况统计表(三)

单位名称	功能教室器材设备(万元)	其中通用技术、综合实践室器材设备(万元)	体艺室功能教室器材设备(万元)	计算机室功能教室器材设备(万元)	语言室功能教室器材设备(万元)	其他功能教室器材设备(万元)
上海市	**154736.26**	**10413.98**	**37056.24**	**46551.30**	**6275.24**	**54439.50**
黄浦区	9820.40	681.66	2628.91	4503.38	705.82	1300.64
徐汇区	14343.72	224.56	2183.45	3577.75	39.23	8318.73
长宁区	9906.02	915.51	2597.87	1403.29	599.80	4389.55
静安区	5626.91	711.71	1278.51	2354.95	63.03	1218.71
普陀区	7239.39	457.96	1597.13	2689.88	280.02	2214.41
闸北区	9513.59	591.12	1666.11	3281.24	10.34	3964.78
虹口区	3860.93	576.81	767.53	1320.76	262.22	933.61
杨浦区	4743.64	468.85	1880.32	927.18	197.79	1269.50
闵行区	9650.43	1576.02	2461.97	3932.89	277.20	1402.35
宝山区	15002.56	369.66	3713.25	3001.25	175.25	7743.16
嘉定区	9353.37	249.09	2137.85	2012.57	449.28	4504.58
浦东新区	30416.86	2330.44	6178.55	9427.08	2759.04	9721.74
金山区	4531.49	188.79	1032.99	1387.95	25.55	1896.21
松江区	4046.29	292.75	1427.28	1276.54	149.12	900.61
青浦区	2288.34	117.96	591.77	960.96	36.51	581.14
奉贤区	4902.64	336.60	1828.48	1645.80	115.12	976.64
崇明县	7306.08	317.99	1565.25	2257.77	61.92	3103.15
委属学校	2183.61	6.53	1519.03	590.06	68.00	0.00

中学计算机、校园网装备状况统计表

单位名称	拥有计算机室的学校数(所)	拥有校园网的学校数(所)	计算机台数(台)	计算机原价总金额(万元)	网络及外部设备原价总金额(万元)	多媒体设备总金额(万元)
上海市	**642**	**655**	**245600**	**124809.34**	**59446.01**	**85250.09**
黄浦区	32	32	16352	9490.74	3925.54	6455.72
徐汇区	30	30	12645	5657.28	2986.40	3939.40
长宁区	23	23	10138	5767.67	3751.56	5103.17
静安区	16	17	8368	4858.17	3151.20	2579.45
普陀区	38	40	14502	8685.74	3469.41	5305.55
闸北区	30	30	11856	5846.86	2043.34	2794.98
虹口区	32	32	12742	5876.05	1992.76	3176.21
杨浦区	39	39	14369	6695.22	2524.95	3714.58
闵行区	49	49	19699	9096.60	4489.96	5678.26
宝山区	45	49	13213	5517.13	4796.84	5080.38
嘉定区	29	30	10188	5381.88	2182.42	3758.86
浦东新区	127	128	51127	26500.23	14706.44	22557.45
金山区	25	25	7366	3249.36	1196.71	2191.54
松江区	28	28	10394	5833.57	1119.78	2783.98
青浦区	22	22	6521	3045.02	1121.00	1577.11
奉贤区	40	40	11059	5416.67	2336.15	3724.75
崇明县	35	35	11062	5091.75	2978.96	3678.69
委属学校	2	6	3999	2799.39	672.59	1150.02

中学当年购置教育技术装备经费情况

单位名称	当年经费总计(万元)	当年财政拨款(万元)	当年自筹及其他(万元)
上海市	**5686.91**	**5069.02**	**659.91**
黄浦区	211.61	200.67	10.94
徐汇区	502.60	502.60	0.00
长宁区	68.98	61.74	7.24
静安区	133.01	133.01	0.00
普陀区	446.65	446.65	0.00
闸北区	105.95	93.92	12.03
虹口区	113.43	60.06	53.37
杨浦区	280.68	278.59	2.09
闵行区	492.34	492.34	0.00
宝山区	453.61	408.15	45.46
嘉定区	319.62	288.34	31.28

续表

单位名称	当年经费总计(万元)	当年财政拨款(万元)	当年自筹及其他(万元)
浦东新区	1150.62	1051.66	98.96
金山区	174.16	127.04	47.12
松江区	336.40	172.92	163.48
青浦区	301.06	220.83	80.23
奉贤区	457.87	432.48	25.39
崇明县	136.66	96.38	40.28
委属单位	1.64	1.64	42.03

中学实验及功能教室使用状况统计表

单位名称	物理实验开出率(%)	化学实验开出率(%)	生命科学实验开出率(%)	科学实验开出率(%)	计算机室利用率(%)
上海市	**99**	**99**	**99**	**92**	**98**
黄浦区	100	100	100	100	100
徐汇区	100	100	100	82	100
长宁区	100	100	100	100	99
静安区	100	100	100	63	100
普陀区	94	92	100	100	99
闸北区	100	100	100	100	93
虹口区	100	99	99	97	100
杨浦区	99	99	95	93	100
闵行区	100	100	100	100	100
宝山区	100	98	96	78	94
嘉定区	100	100	99	100	100
浦东新区	94	100	99	100	90
金山区	100	100	99	100	100
松江区	100	100	100	94	100
青浦区	100	100	100	61	100
奉贤区	98	98	100	100	100
崇明县	97	96	92	90	100
委属单位	100	100	100	100	95

中学图书室(馆)管理人员状况统计表

单位名称	图书室(馆)管理人员总计(人)	专职图书室(馆)管理人员(人)	兼职图书室(馆)管理人员(人)	高级职称图书室(馆)管理人员(人)	中级职称图书室(馆)管理人员(人)	初级职称图书室(馆)管理人员(人)	其他图书室(馆)管理人员(人)
上海市	**1295**	**975**	**320**	**57**	**515**	**472**	**251**
黄浦区	64	53	11	4	20	36	4
徐汇区	54	49	5	1	15	26	12
长宁区	47	41	6	2	22	16	7

续表

单位名称	图书室(馆)管理人员总计(人)	专职图书室(馆)管理人员(人)	兼职图书室(馆)管理人员(人)	高级职称图书室(馆)管理人员(人)	中级职称图书室(馆)管理人员(人)	初级职称图书室(馆)管理人员(人)	其他图书室(馆)管理人员(人)
静安区	38	33	5	2	16	13	7
普陀区	66	51	15	4	43	15	4
闸北区	58	50	8	2	25	23	8
虹口区	52	39	13	2	26	17	7
杨浦区	63	48	15	6	19	35	3
闵行区	93	73	20	8	46	38	1
宝山区	95	76	19	6	40	28	21
嘉定区	54	43	11	0	11	22	21
浦东新区	254	172	82	8	68	82	96
金山区	57	40	17	0	27	19	11
松江区	77	54	23	1	28	35	13
青浦区	54	33	21	2	24	11	17
奉贤区	73	44	29	2	35	23	13
崇明县	73	54	19	5	40	24	4
委属单位	23	22	1	2	10	9	2

中学图书室(馆)设施状况统计表

单位名称	阅览室数量(个)	阅览室使用面积(平方米)	其中电子阅览室数量(个)	电子阅览室使用面积(平方米)	藏书室数量(个)	藏书室使用面积(平方米)	资料室等数量(个)	资料室等使用面积(平方米)
上海市	**1203**	**177500**	**428**	**39997**	**852**	**88647**	**543**	**36806**
黄浦区	44	9752	26	2272	33	4438	31	3445
徐汇区	72	7862	16	1050	38	3232	12	654
长宁区	41	6803	23	2395	23	2229	19	1614
静安区	45	7922	14	1128	21	835	16	928
普陀区	77	11121	21	1738	49	4675	36	2520
闸北区	55	9246	19	1768	35	3713	25	1713
虹口区	47	6220	20	1151	43	3294	27	1355
杨浦区	53	10252	30	3168	41	3085	26	1879
闵行区	92	12048	33	2706	67	7157	44	2933
宝山区	82	10697	32	2674	60	6431	41	3243
嘉定区	65	7813	30	2686	41	3857	26	1880
浦东新区	234	34888	74	8100	178	20281	108	6481
金山区	40	5307	17	1377	31	4683	19	1205
松江区	54	7396	13	1560	41	3784	23	1235
青浦区	52	7921	17	1516	38	2888	16	2248
奉贤区	66	9227	19	1542	45	5029	43	1751
崇明县	64	5964	18	1455	54	5231	28	1188
委属单位	20	7061	6	1711	14	3805	3	534

中学图书室(馆)藏书状况统计表

单位名称	图书数量(万册)	图书金额(万元)	电子图书数量(万册)	电子图书金额(万元)
上海市	**3325.78**	**56169.35**	**515.70**	**1855.48**
黄浦区	185.91	2689.93	13.58	246.51
徐汇区	180.56	3582.27	1.02	76.11
长宁区	107.43	1530.95	12.96	54.79
静安区	95.50	1782.84	5.92	93.48
普陀区	205.98	2862.11	2.64	85.83
闸北区	136.62	2856.07	8.64	58.43
虹口区	120.68	1486.80	3.82	35.23
杨浦区	165.90	2535.02	11.00	28.97
闵行区	268.46	4807.75	10.15	121.99
宝山区	188.01	3631.24	306.25	114.92
嘉定区	140.98	2290.36	34.01	94.84
浦东新区	704.73	12110.65	55.59	416.73
金山区	125.05	1925.08	3.63	75.28
松江区	181.03	3058.89	11.98	64.00
青浦区	125.12	1997.18	6.73	44.25
奉贤区	164.03	2621.88	17.72	107.45
崇明县	156.86	2891.79	6.78	112.52
委属单位	72.93	1508.55	3.28	24.16

中学图书室(馆)当年购置情况统计表

单位名称	当年图书购置经费合计(万元)	当年图书购置经费财政拨款(万元)	当年图书购置经费自筹及其他(万元)
上海市	**5686.91**	**5069.02**	**659.91**
黄浦区	211.61	200.67	10.94
徐汇区	502.60	502.60	0.00
长宁区	68.98	61.74	7.24
静安区	133.01	133.01	0.00
普陀区	446.65	446.65	0.00
闸北区	105.95	93.92	12.03
虹口区	113.43	60.06	53.37
杨浦区	280.68	278.59	2.09
闵行区	492.34	492.34	0.00
宝山区	453.61	408.15	45.46
嘉定区	319.62	288.34	31.28
浦东新区	1150.62	1051.66	98.96
金山区	174.16	127.04	47.12
松江区	336.40	172.92	163.48
青浦区	301.06	220.83	80.23
奉贤区	457.87	432.48	25.39
崇明县	136.66	96.38	40.28
委属单位	1.64	1.64	42.03

高中在校学生人均经费情况

金额单位：元

区县名称	财政拨款生均				实际生均					其中：生均公用经费					2014年生均公用占%
	2014年	2013年	增减金额	增减%	2014年	位次	2013年	增减金额	增减%	2014年	位次	2013年	增减金额	增减%	
黄浦区	51486.24	40845.58	10640.67	26.05	51952.48	3	44348.44	7604.04	17.15	20361.48	3	18126.21	2235.27	12.33	39.19
徐汇区	33326.93	30262.20	3064.73	10.13	38873.69	8	37909.00	964.69	2.54	11756.96	7	11452.45	304.51	2.66	30.24
长宁区	48631.35	43456.91	5174.44	11.91	60479.35	2	52941.19	7538.16	14.24	28440.84	2	24084.97	4355.87	18.09	47.03
静安区	83794.39	73199.09	10595.30	14.47	77839.75	1	73297.02	4542.73	6.20	38293.58	1	37442.09	851.49	2.27	49.20
普陀区	30545.54	30167.43	378.11	1.25	34527.45	13	34521.33	6.12	0.02	11516.68	8	11515.96	0.72	0.01	33.36
闸北区	35686.47	31186.35	4500.12	14.43	41152.11	4	38704.10	2448.01	6.32	6936.60	13	8534.37	−1597.77	−18.72	16.86
虹口区	37134.41	36676.28	458.13	1.25	40849.60	6	38550.30	2299.30	5.96	6449.28	14	7092.34	−643.06	−9.07	15.79
杨浦区	37355.06	33422.36	3932.70	11.77	40974.32	5	34182.95	6791.37	19.87	8704.38	10	6557.06	2147.32	32.75	21.24
闵行区	33212.47	35701.68	−2489.21	−6.97	34553.86	12	36311.23	−1757.38	−4.84	6959.58	12	8308.69	−1349.11	−16.24	20.14
宝山区	34906.96	32991.00	1915.96	5.81	38417.69	9	36554.81	1862.88	5.10	15519.21	4	15515.42	3.79	0.02	40.40
嘉定区	31350.03	28627.43	2722.60	9.51	36437.32	10	32793.83	3643.49	11.11	13814.43	5	11623.59	2190.84	18.85	37.91
浦东新区	27413.40	25754.19	1659.21	6.44	29765.06	14	27780.17	1984.89	7.14	10005.18	9	9850.34	154.85	1.57	33.61
金山区	22513.95	20103.82	2410.13	11.99	27288.83	15	23229.53	4059.30	17.47	3537.20	17	2492.42	1044.77	41.92	12.96
松江区	30883.94	26347.04	4536.90	17.22	35416.30	11	30454.52	4961.78	16.29	7462.59	11	7876.57	−413.98	−5.26	21.07
青浦区	19233.43	21911.18	−2677.75	−12.22	26284.38	17	25359.33	925.05	3.65	5981.54	15	4654.67	1326.87	28.51	22.76
奉贤区	27466.25	26033.78	1432.46	5.50	26872.43	16	23899.86	2972.57	12.44	4841.90	16	4803.74	38.16	0.79	18.02
崇明县	33840.91	30890.83	2950.08	9.55	40021.39	7	28995.81	11025.57	38.02	11906.02	6	4365.81	7540.21	172.71	29.75
郊区小计	28746.45	27404.77	1341.68	4.90	32058.21		29330.95	2727.26	9.30	9317.27		8421.82	895.45	10.63	29.06
市区小计	42450.74	37730.66	4720.08	12.51	45982.71		42131.79	3850.92	9.14	14948.34		14114.35	833.99	5.91	32.51
区县合计	34146.92	31532.62	2614.30	8.29	37570.27		34533.83	3036.44	8.79	11600.22		10808.06	792.16	7.33	30.88

初中在校学生人均经费情况

金额单位:元

区县名称	财政拨款生均				实际生均					其中:生均公用经费					2014年生均公用占%
	2014年	2013年	增减金额	增减%	2014年	位次	2013年	增减金额	增减%	2014年	位次	2013年	增减金额	增减%	
黄浦区	54355.57	48724.87	5630.71	11.56	53844.14	1	47960.93	5883.21	12.27	23216.36	1	22094.88	1121.47	5.08	43.12
徐汇区	32127.53	30831.70	1295.83	4.20	32751.22	9	31545.10	1206.12	3.82	10810.41	8	10443.51	366.90	3.51	33.01
长宁区	37717.61	38478.41	−760.81	−1.98	43260.51	4	40458.76	2801.74	6.92	16161.27	2	16159.65	1.62	0.01	37.36
静安区	71696.28	64828.87	6867.41	10.59	44207.51	3	37931.71	6275.80	16.54	15522.12	3	11998.19	3523.93	29.37	35.11
普陀区	30433.58	30125.97	307.61	1.02	33207.28	8	31516.31	1690.97	5.37	12355.29	5	12354.66	0.63	0.01	37.21
闸北区	39099.15	34710.11	4389.04	12.64	37538.74	5	37416.91	121.83	0.33	11337.18	7	14079.18	−2742.00	−19.48	30.20
虹口区	43321.85	37833.91	5487.95	14.51	45241.95	2	38176.11	7065.84	18.51	13338.02	4	10326.27	3011.75	29.17	29.48
杨浦区	35801.19	34982.46	818.73	2.34	37212.08	6	34840.90	2371.18	6.81	11615.15	6	9773.37	1841.78	18.84	31.21
闵行区	28385.03	25157.32	3227.72	12.83	28343.23	10	26276.46	2066.77	7.87	10598.63	9	8621.41	1977.22	22.93	37.39
宝山区	22157.96	21939.85	218.12	0.99	23642.21	13	21929.80	1712.41	7.81	8748.67	11	8671.01	77.66	0.90	37.00
嘉定区	28617.33	26421.72	2195.61	8.31	25949.56	12	23282.02	2667.54	11.46	8976.60	10	6451.90	2524.69	39.13	34.59
浦东新区	21231.24	19967.66	1263.58	6.33	21213.54	16	20076.11	1137.43	5.67	7210.85	14	7078.10	132.75	1.88	33.99
金山区	26223.69	20072.59	6151.10	30.64	26376.03	11	19339.68	7036.35	36.38	7889.92	13	3930.43	3959.49	100.74	29.91
松江区	19714.58	25651.23	−5936.65	−23.14	21789.34	14	25429.74	−3640.41	−14.32	5255.28	16	9241.85	−3986.56	−43.14	24.12
青浦区	22069.65	19722.12	2347.52	11.90	21456.86	15	19404.04	2052.82	10.58	4011.31	17	3611.81	399.49	11.06	18.69
奉贤区	24542.79	22506.50	2036.28	9.05	21210.29	17	20481.87	728.42	3.56	5733.39	15	5619.68	113.71	2.02	27.03
崇明县	39651.67	32347.09	7304.58	22.58	36854.90	7	30418.98	6435.92	21.16	8374.67	12	7190.98	1183.69	16.46	22.72
郊区小计	24039.93	22442.53	1597.40	7.12	23707.58		22046.02	1661.55	7.54	7465.18		7021.50	443.69	6.32	31.49
市区小计	40232.95	37677.60	2555.35	6.78	39602.38		36638.01	2964.37	8.09	13842.39		13192.79	649.60	4.92	34.95
区县合计	28557.26	26866.59	1690.67	6.29	28132.82		26263.32	1869.50	7.12	9217.37		8780.46	436.91	4.98	32.76

小学在校学生人均经费情况

金额单位：元

区县名称	财政拨款生均				实际生均					其中：生均公用经费					2014年生均公用占%
	2014年	2013年	增减金额	增减%	2014年	位次	2013年	增减金额	增减%	2014年	位次	2013年	增减金额	增减%	
黄浦区	45957.81	42554.73	3403.08	8.00	45889.75	1	42190.35	3699.40	8.77	19481.07	1	18107.38	1373.69	7.59	42.45
徐汇区	22306.53	21622.97	683.57	3.16	22561.11	8	22126.77	434.34	1.96	7375.86	9	7116.08	259.78	3.65	32.69
长宁区	25850.50	26745.30	−894.80	−3.35	28468.03	7	25184.59	3283.44	13.04	9903.12	5	8464.27	1438.85	17.00	34.79
静安区	41872.17	40953.99	918.19	2.24	38603.06	2	35346.72	3256.34	9.21	12759.19	2	10272.81	2486.38	24.20	33.05
普陀区	20561.77	20027.97	533.80	2.67	20868.12	10	20428.03	440.09	2.15	6440.20	11	6439.44	0.76	0.01	30.86
闸北区	29600.76	28940.69	660.07	2.28	30136.06	4	28136.36	1999.70	7.11	10020.40	4	9032.88	987.52	10.93	33.25
虹口区	27663.99	26717.45	946.53	3.54	29151.41	6	26750.29	2401.13	8.98	8918.24	6	8820.18	98.05	1.11	30.59
杨浦区	30509.08	29094.10	1414.98	4.86	29714.78	5	23709.49	1005.28	3.50	10415.25	3	8415.83	1999.42	23.76	35.05
闵行区	18236.42	17982.13	254.29	1.41	18597.11	13	17532.52	1064.60	6.07	6240.50	13	5682.08	558.43	9.83	33.56
宝山区	20500.50	19555.48	945.02	4.83	21053.62	9	19401.36	1652.26	8.52	8368.37	7	7945.87	422.51	5.32	39.75
嘉定区	24130.49	20509.62	3620.87	17.65	19406.25	12	17521.34	1884.91	10.76	6999.19	10	5381.25	1617.94	30.07	36.07
浦东新区	17699.89	16778.35	921.54	5.49	17071.87	15	16387.72	684.15	4.17	6263.71	12	6118.91	144.80	2.37	36.69
金山区	20515.94	15383.06	5132.88	33.37	20477.83	11	14968.78	5509.05	36.80	5706.84	14	2949.53	2757.30	93.48	27.87
松江区	14741.91	17392.91	−2651.00	−15.24	15689.82	16	16169.62	−479.80	−2.97	4166.84	15	5526.85	−1360.01	−24.61	26.56
青浦区	19207.87	16164.87	3043.00	18.82	18554.50	14	15734.74	2819.76	17.92	3724.87	16	3699.81	25.06	0.68	20.08
奉贤区	18582.13	15803.60	2778.53	17.58	15079.50	17	12668.20	2411.30	19.03	3445.73	17	3368.61	77.11	2.29	22.85
崇明县	31571.08	27184.00	4387.08	16.14	31406.89	3	26448.50	4958.39	18.75	7607.86	8	6265.84	1342.02	21.42	24.22
郊区小计	19160.77	17761.82	1398.95	7.88	18437.52		16870.98	1566.54	9.29	5989.25		5571.48	417.77	7.50	32.48
市区小计	28805.29	27919.83	885.46	3.17	29130.63		27409.28	1721.35	6.28	10073.46		9198.17	875.29	9.52	34.58
区县合计	21769.64	20479.84	1289.80	6.30	21329.18		19690.11	1639.07	8.32	7095.65		6541.53	554.12	8.47	33.27

幼儿园在校学生人均经费情况

金额单位:元

区县名称	财政拨款生均				实际生均					其中:生均公用经费					2014 年生均公用占%
	2014 年	2013 年	增减金额	增减%	2014 年	位次	2013 年	增减金额	增减%	2014 年	位次	2013 年	增减金额	增减%	
黄浦区	35213.90	27254.01	7959.89	29.21	32886.31	2	29299.49	3586.82	12.24	11870.52	1	11655.87	214.64	1.84	36.10
徐汇区	21622.82	17814.81	3808.01	21.38	21728.61	7	21357.02	371.59	1.74	7229.87	9	7069.97	159.90	2.26	33.27
长宁区	30563.02	25256.38	5306.65	21.01	30631.73	3	28120.40	2511.33	8.93	11592.36	2	11193.45	398.91	3.56	37.84
静安区	40750.48	35818.43	4932.05	13.77	40870.49	1	38877.18	1993.31	5.13	11475.90	3	10275.90	1200.00	11.68	28.08
普陀区	18337.95	16238.94	2099.01	12.93	19901.11	11	18931.43	969.68	5.12	9346.25	4	9344.95	1.30	0.01	46.96
闸北区	18190.91	13305.88	4885.03	36.71	18785.36	12	17564.85	1220.51	6.95	4780.43	14	5176.89	−396.46	−7.66	25.45
虹口区	20149.08	18345.74	1803.35	9.83	22589.51	5	19389.75	3199.76	16.50	5160.96	13	4357.06	803.91	18.45	22.85
杨浦区	22444.41	18671.20	3773.21	20.21	22337.52	6	20625.69	1711.83	8.30	7235.96	8	6072.95	1163.01	19.15	32.39
闵行区	19564.95	19418.41	146.54	0.75	20082.95	10	19942.79	140.16	0.70	8890.14	5	8838.69	51.45	0.58	44.27
宝山区	18641.36	14597.95	4043.41	27.70	17975.07	15	16423.62	1551.45	9.45	6618.39	11	5181.50	1436.89	27.73	36.82
嘉定区	21933.75	18036.97	3896.77	21.60	23944.51	4	20620.57	3323.93	16.12	8156.01	6	6072.74	2083.26	34.31	34.06
浦东新区	17990.07	13856.89	4133.18	29.83	18639.48	14	16126.45	2513.03	15.58	6712.76	10	6485.86	226.90	3.50	36.01
金山区	17049.98	13784.07	3265.91	23.69	17089.01	17	15770.05	1318.96	8.36	1790.13	17	2791.23	−1001.11	−35.87	10.48
松江区	17252.80	13040.89	4211.90	32.30	17734.81	16	14926.08	2808.72	18.82	4630.42	15	2867.11	1763.31	61.50	26.11
青浦区	21487.85	15339.09	6148.76	40.09	21175.67	8	17883.67	3292.00	18.41	7373.24	7	4212.55	3160.69	75.03	34.82
奉贤区	18695.10	14711.05	3984.05	27.08	18721.65	13	16706.27	2015.38	12.06	3524.89	16	3242.67	282.22	8.70	18.83
崇明县	20498.76	17576.35	2922.42	16.63	20840.81	9	19002.37	1838.45	9.67	5654.93	12	5267.90	387.03	7.35	27.13
郊区小计	18836.01	15261.71	3574.30	23.42	19261.23		17178.50	2082.73	12.12	6438.06		5659.71	778.35	13.75	33.42
市区小计	23429.87	19459.48	3970.39	20.40	23911.29		22156.44	1754.85	7.92	8263.85		7915.00	348.85	4.41	34.56
区县合计	20098.31	16420.77	3677.54	22.40	20538.97		18552.97	1986.00	10.70	6939.75		6282.42	657.33	10.46	33.79

中专、技校、职校生均经费情况

金额单位:元

区县名称	财政拨款生均				实际生均					其中:生均公用经费					2014年生均公用占%
	2014年	2013年	增减金额	增减%	2014年	位次	2013年	增减金额	增减%	2014年	位次	2013年	增减金额	增减%	
黄浦区	61275.04	39986.10	21288.94	53.24	52750.81	2	40506.26	12244.55	30.23	18881.08	2	11779.81	7101.27	60.28	35.79
徐汇区	28905.31	27464.91	1440.40	5.24	29902.41	7	29579.67	322.75	1.09	7256.32	6	7119.08	137.24	1.93	24.27
长宁区	43515.08	51430.70	−7915.62	−15.39	47844.19	3	41557.24	6286.95	15.13	11004.48	3	10298.62	705.85	6.85	23.00
静安区	47264.47	44261.01	3003.47	6.79	84174.70	1	57002.77	27171.93	47.67	41034.94	1	14038.46	26996.48	192.30	48.75
普陀区	25155.01	21620.43	3534.58	16.35	26835.62	8	26832.59	3.03	0.01	6584.54	9	6583.66	0.88	0.01	24.54
闸北区	29477.40	26829.84	2647.56	9.87	33611.49	5	33546.60	64.89	0.19	5094.16	14	3417.79	1676.37	49.05	15.16
虹口区	26312.14	23227.21	3084.93	13.28	30462.54	6	27837.48	2625.06	9.43	7131.31	7	6097.87	1033.44	16.95	23.41
杨浦区	32692.00	25291.89	7400.11	29.26	35753.55	4	30806.29	4947.26	16.06	7445.17	4	6914.58	530.59	7.67	20.82
闵行区	11939.27	8462.62	3476.65	41.08	14459.30	17	3722.29	5737.01	65.77	6557.23	10	3782.74	2774.49	73.35	45.35
宝山区	18042.75	13949.50	1093.25	6.45	22921.73	10	21395.55	1526.18	7.13	2594.68	17	3671.14	−1076.46	−29.32	11.32
嘉定区	14881.51	12719.03	2162.48	17.00	15674.45	16	14922.85	751.61	5.04	3002.82	15	3148.27	−145.45	−4.62	19.16
浦东新区	18912.84	17054.70	1858.14	10.90	20416.80	13	18798.56	1618.24	8.61	6962.50	8	6863.26	99.23	1.45	34.10
金山区	16592.52	12251.19	4341.33	35.44	18093.77	15	12769.28	5324.50	41.70	2625.07	16	1698.69	926.38	54.54	14.51
松江区	18835.02	15398.81	3436.22	22.31	20804.06	11	18197.35	2606.71	14.32	5621.15	13	5007.39	613.76	12.26	27.02
青浦区	16213.56	13860.69	2352.88	16.98	19197.72	14	15818.87	3378.85	21.36	5855.75	11	3641.60	2214.14	60.80	30.50
奉贤区	23542.34	21848.63	1693.71	7.75	25180.17	9	23185.96	1994.21	8.60	7402.38	5	5749.01	1653.37	28.76	29.40
崇明县	28215.08	25433.19	2781.89	10.94	20599.07	12	18123.62	2475.45	13.66	5817.85	12	4242.80	1575.05	37.12	28.24
郊区小计	17905.17	14662.07	3243.10	22.12	19163.85		15563.43	3600.43	23.13	5604.47		4527.88	1076.59	23.78	29.24
市区小计	38540.83	32082.17	6458.66	20.13	41413.40		35042.97	6370.43	18.18	12665.61		8523.70	4141.91	48.59	30.58
区县合计	22776.58	18489.92	4286.66	23.18	24416.25		19843.81	4572.44	23.04	7271.38		5405.91	1865.46	34.51	29.78

职校生均经费情况

金额单位:元

区县名称	财政拨款生均				实际生均					其中:生均公用经费					2014 生均公用占%
	2014 年	2013 年	增减金额	增减%	2014 年	位次	2013 年	增减金额	增减%	2014 年	位次	2013 年	增减金额	增减%	
黄浦区	61275.04	39986.10	21288.94	53.24	52750.81	2	40506.26	12244.55	30.23	18881.08	2	11779.81	7101.27	60.28	35.79
徐汇区	28905.31	27464.91	1440.40	5.24	29902.41	8	29579.67	322.75	1.09	7256.32	7	7119.08	137.24	1.93	24.27
长宁区	43515.08	51430.70	−7915.62	−15.39	47844.19	3	41557.24	6286.95	15.13	11004.48	4	10298.62	705.85	6.85	23.00
静安区	47264.47	44261.01	3003.47	6.79	84174.70	1	57002.77	27171.93	47.67	41034.94	1	14038.46	26996.48	192.30	48.75
普陀区	25155.01	21620.43	3534.58	16.35	26835.62	9	26832.59	3.03	0.01	6584.54	10	6583.66	0.88	0.01	24.54
闸北区	29477.40	26829.84	2647.56	9.87	33611.49	6	33546.60	64.89	0.19	5094.16	13	3417.79	1676.37	49.05	15.16
虹口区	26312.14	23227.21	3084.93	13.28	30462.54	7	27837.48	2625.06	9.43	7131.31	8	6097.87	1033.44	16.95	23.41
杨浦区	32692.00	25291.89	7400.11	29.26	35753.55	5	30806.29	4947.26	16.06	7445.17	6	6914.58	530.59	7.67	20.82
闵行区	13266.84	11729.14	1537.70	13.11	16678.13	15	12049.53	4628.60	38.41	8405.74	5	5624.25	2781.49	49.46	50.40
宝山区	15333.76	14555.60	778.17	5.35	18946.51	14	17835.10	1111.40	6.23	2145.88	15	3290.41	−1144.53	−34.78	11.33
嘉定区	0.00	0.00	—	—	0.00	16	0.00	—	—	0.00	16	0.00	0.00	—	—
浦东新区	17922.63	16186.96	1735.68	10.72	19392.31	13	17969.92	1422.39	7.92	6744.79	9	6630.41	114.38	1.73	34.78
金山区	0.00	0.00	—	—	0.00	16	0.00	—	—	0.00	16	0.00	0.00	—	—
松江区	18835.02	15398.81	3436.22	22.31	20804.06	11	18197.35	2606.71	14.32	5621.15	12	5007.39	613.76	12.26	27.02
青浦区	24340.90	23655.67	685.23	2.90	24387.76	10	26833.08	−2445.32	−9.11	4191.80	14	5716.94	−1525.14	−26.68	17.19
奉贤区	44265.67	32156.25	12109.41	37.66	44755.62	4	33739.64	11015.98	32.65	12514.90	3	10519.66	1995.24	18.97	27.96
崇明县	28215.08	25433.19	2781.89	10.94	20599.07	12	18123.62	2475.45	13.66	5817.85	11	4242.80	1575.05	37.12	28.24
郊区小计	19549.25	17217.82	2331.43	13.54	20315.75		17924.86	2390.88	13.34	6386.21		5751.73	634.47	11.03	31.43
市区小计	38540.83	32082.17	6458.66	20.13	41413.40		35042.97	6370.43	18.18	12665.61		8523.70	4141.91	48.59	30.58
区县合计	26110.08	22328.17	3781.91	16.94	27604.14		23810.05	3794.08	15.93	8555.49		6704.73	1850.75	27.60	30.99

索　引

Index

索 引

说明：①本索引的主题词索引及人名索引采用主题分析索引方法，按主题词首字的汉语拼音字母顺序排列。串文图片索引按页码顺序排列。②索引名称后的数字表示内容所在的页码，数字后面的a、b表示内容所在版面的左、右区域。③在上海的教育单位和在上海发生的事件名称前的“上海”两字一般均予省略。括号内高校名称一般用简称。

主题词索引

A

B

C

D

E

F

G

H

I

J

K

L

M

N

O

P

Q

R

S

T

W

X

Y

Z

人名索引

H

J

K

L

M

N

P

Q

X

Y

Z

串文图片索引

《2015 上海教育年鉴》编纂人员

总 编 审:李瑞阳

副总编审:王　磊

《上海教育年鉴》编辑部:刘　捷　蒋侯玲

供稿单位组稿人:(以姓氏笔画为序)

丁晓丹　万翰杰　王中余　王月艳　王　欢　王春鸟　王洪波　王晓红
王　影　石月红　石　群　卢　锟　田　原　付　晓　印成君　吕颜婉倩
刘　丰　刘文星　刘红菊　刘丽英　刘利艾　刘　勋　许　凌　孙　泉
孙　慧　孙　磊　杜龙兵　杜　宇　杨怿璐　杨　琼　李　莉　李惠君
吴余洁　吴福昌　邱增勇　何　杰　汪　海　沈乐华　沈　俭　沈萌耀
宋莉莉　宋　娟　宋偲蕾　张茹蓉　张胜利　张毅婷　陆隽炜　陈　成
陈　阳　陈志荣　邵小平　范冬虹　林　深　尚　娅　罗　涛　岳宝华
金宁黎　周太军　周　莉　郑贤兰　郑贺春　单驹超　封　萍　项　慧
胡振凯　段仁启　侯元丽　姚明强　秦　凤　袁　源　贾亮亭　顾文华
钱音肖　徐皓刚　高兰兰　高红明　高希杰　高　哲　郭　秀　黄成金
黄　华　梅湘瀛　曹婷婷　龚瑞怡　接剑桥　章玲苓　蒋　洁　蒋　萍
程　菲　甄炜旎　虞　兰　潘　旻　戴安然　戴　泓

供稿单位审稿人:(以姓氏笔画为序)

马景红　王邦永　王　英　王剑岳　王海岳　冯志成　冯　洁　冯　辉
冯　磊　吕　洋　刘　丽　刘宏正　刘学岚　刘　彬　许国春　孙　红
严　奕　杨存忠　杨秀英　杨　玲　杨晓群　李　静　连　军　肖建农
吴健民　邱培康　邱　晴　何星海　张　权　张　军　张伯安　张欣建
陈　弘　陈宇卿　陈　挺　陈晓萌　陈　彭　邵志勇　欧阳红忠　罗英华
周春林　周婉婉　郑　虹　赵　健　胡花玉　胡　晟　胡燕红　姚为民
姚志华　秦　凤　秦立卿　夏　星　顾成明　顾贤凯　倪永培　徐沫扬
徐　虹　高志刚　高校亚　高　琳　唐国遥　陶海根　黄复生　曹士勋
曹　斌　龚　晨　盛　懿　葛　朗　董伊金　蒋乃平　蒋明军　蒋　萍
喻家琪　鲁海波　滑智平　游录泉　管琰琰　薛文隽

特邀审稿人:(以姓氏笔画为序)

王正华　江　岚　杜道灿　沈勉荣　沈蕴辉　钟　智　宣念蜀　顾剑华
郭天和

主要摄影作者:(以姓氏笔画为序)

叶辰亮　朱水苗　李立基　顾　超　谈乐达

英文翻译:江　岚

责任编辑:鲍　静
特邀编辑:余鸿源
封面设计:张志全

图书在版编目(CIP)数据

2015上海教育年鉴/上海市教育委员会编.—上海：上海人民出版社，2015
ISBN 978-7-208-13370-9

Ⅰ.①2… Ⅱ.①上… Ⅲ.①教育工作-上海市-2015-年鉴 Ⅳ.①G527.51-54

中国版本图书馆CIP数据核字(2015)第250626号

责任编辑 鲍 静
封面设计 张志全

2015上海教育年鉴
上海市教育委员会 编
世 纪 出 版 集 团
上海人民出版社出版
(200001 上海福建中路193号 www.ewen.co)
世纪出版集团发行中心发行 浙江新华数码印务有限公司印刷
开本 890×1240 1/16 印张 46 插页 20 字数 1151,000
2015年12月第1版 2015年12月第1次印刷
ISBN 978-7-208-13370-9/G·1758
定价 200.00元